荊楚文庫

〔光緒〕興國州志

（上）

〔清〕陳光亨　纂修

〔清〕王鳳池　劉鳳綸　續補

董恩林　點校

荊楚文庫編纂出版委員會

崇文書局

荊楚文庫

〔光緒〕興國州志

GUANGXU XINGGUO ZHOUZHI

圖書在版編目（CIP）數據

〔光緒〕興國州志 /〔清〕陳光亨纂修 ;〔清〕王鳳池，〔清〕劉鳳綸續補 ; 董恩林點校 .-- 武漢 : 崇文書局， 2020.10
ISBN 978-7-5403-5791-7

Ⅰ. ①興…
Ⅱ. ①陳… ②王… ③劉… ④董…
Ⅲ. ①陽新縣－地方志－明清時代
Ⅳ. ① K296.34

中國版本圖書館 CIP 數據核字（2019）第 222801 號

責任編輯：薛緒勒　李慧娟
整體設計：范漢成　曾顯惠　思　蒙
責任校對：董　穎
責任印製：田偉根
出版發行：崇文書局有限公司（中國・武漢）
地址：武漢市雄楚大道 268 號 C 座
電話：(027)87680797　郵政編碼：430070
録排：武漢偉創偉業廣告有限公司
印刷：湖北新華印務有限公司
開本：710mm×1000mm　1/16
印張：64.125
版次：2020 年 10 月第 1 版　2020 年 10 月第 1 次印刷
定價：280.00 元（全二册）

ISBN 978-7-5403-5791-7
9 787540 357917

出版説明

湖北乃九省通衢，北學南學交會融通之地，文明昌盛，歷代文獻豐厚。守望傳統，編纂荊楚文獻，湖北淵源有自。清同治年間設立官書局，以整理鄉邦文獻爲旨趣。光緒年間張之洞督鄂後，以崇文書局推進典籍集成，湖北鄉賢身體力行之，編纂《湖北文徵》，集元明清三代湖北先哲遺作，收兩千七百餘作者文八千餘篇，洋洋六百萬言。盧氏兄弟輯録湖北先賢之作而成《湖北先正遺書》。至當代，武漢多所大學、圖書館在鄉邦典籍整理方面亦多所用力。爲傳承和弘揚優秀傳統文化，湖北省委、省政府決定編纂大型歷史文獻叢書《荊楚文庫》。

《荊楚文庫》以“搶救、保護、整理、出版”湖北文獻爲宗旨，分三編集藏。

甲、文獻編。收録歷代鄂籍人士著述，長期寓居湖北人士著述，省外人士探究湖北著述。包括傳世文獻、出土文獻和民間文獻。

乙、方志編。收録歷代省志、府縣志等。

丙、研究編。收録今人研究評述荊楚人物、史地、風物的學術著作和工具書及圖册。

文獻編、方志編録籍以 1949 年爲下限。

研究編簡體横排，文獻編繁體横排，方志編影印或點校出版。

《荊楚文庫》編纂出版委員會

2015 年 11 月

前　　言

我的家鄉湖北陽新，建縣始於西漢初年，名曰"下雉"，屬江夏郡，其範圍約當今日陽新及周圍數縣，見《漢書·地理志》《漢書·伍被傳》。三國吴國大將甘寧曾任西陵太守，孫權分下雉爲下雉、陽新兩縣隸之，直屬吴都武昌郡（今鄂州），見《三國志》卷四十七、卷五十五。至東晋安帝義熙年間（405—418），省下雉入陽新，"下雉"之名遂廢，見《大清一統志》所引史荃《武昌記》。隋朝立國，先改陽新爲富川，再變而名永興縣，屬江夏郡。大唐相沿不易，或歸武昌郡、或改江夏郡，隸屬幾變。五代先後爲吴王楊行密、南唐李氏王朝轄地，南唐時永興縣設通羊鎮（今通山縣治）、青山場（今大冶縣治），開爐冶煉。宋太平興國二年（977），以鄂州永興縣置永興軍，次年改稱興國軍，轄永興、大冶、通山三縣，隸江南西道（後改稱江西路），見《宋史·地理志四》。元世祖至元十四年（1277），升爲興國路總管府，隸江西行省；至元三十年（1293）割隸湖廣行省，仍轄永興、大冶、通山三縣，見《元史·地理志六》。明代改稱興國州，廢永興縣爲州治，轄大冶、通山二縣，屬武昌府，見《明史·地理志五》，清代沿用不改。民國時期改稱陽新縣，與大冶、通山兩縣分治，相續至今。同時，宋太平興國年間，析江西贛縣七鄉爲興國縣，歷元、明、清、民國不變。故湖廣興國州與江西興國縣是兩個不同的行政區域，不可混而不辨。

《興國州志》始修於宋代。現存者，有明代唐甯、林愛民纂修《興國州志》七卷本（現存嘉靖三十三年刻本），清康熙年間楊遵、馮之圖修纂、王之賓續修《興國州志》二卷本，雍正年間魏鈿、顔星修纂《興國州志》十一卷本。清道光二十年（1840），州學教授羅子峰奉知州金寶樹之命，纂修《興國州志》，未刊刻，大概没有完全修成。咸豐元年（1851），鄉賢、翰林院編修陳光亨，退休還鄉，奉命修纂州志，遇時事多限，斷斷續續，至同治九年（1870），始在知州吴大訓的主持下，設局全面修纂州志，陳氏爲主修，歷時四年，在羅子峰舊稿基礎上，修成《興國州志》二十卷，尚缺《人物志》和節孝列傳等部分。光緒初年，鄉賢、翰林院編修王鳳池致仕返鄉，主持《興國州志》續補工作，終成《興國州志》三十七卷（包括卷首），并刻版存藏。光緒十二年（1886）後，鄉賢、前江西鉛山知縣劉鳳綸主持續修州志，於各卷都有所增補，并於光緒十五年（1889）刊刻面世。光緒二十二年（1896），熊奎斗續增兩卷四十餘頁，附於光緒十五年版之末，成三十八卷本，此即爲本次整理所依據的底本。是後，劉鳳綸繼續主持《興國州志》的續補工作，於光緒三十年（1904）修成《補編》四卷。這是清代前後修纂《興國州志》的大致情況。

明清《興國州志》記載着明清時代陽新及周邊數縣社會、政治、經濟、文化習俗等各方面發展狀況，不僅對世人瞭解本地歷史大有裨益，對當前制定本地社會、政治、經濟、文化等發展戰略與措施也有着十分重要的參考價值。

正因爲如此，陽新縣政府地方志辦公室、檔案局領導曹仕力、王定生等同志根據黨和國家大力發展文化軟實力的戰略決策，立足於秉承陽新文化傳統的目標，於2009年委托我擔綱整理《興國州志》，要求加以校注，并譯成白話文，以利鄉邦幹群閱讀。我檢視全書後，提出只可標點、簡注，不必今譯，遂成方案。

整理工作以光緒二十二年刻三十八卷本《興國州志》爲底本，給予標點、注釋。注釋以淺解語詞、政制爲主，詩文詞章一般不作詳解；底本内容錯誤，亦暫置不論；個别字詞、年代、地名、史實等明顯有誤有疑，且影響讀者理解之處，則略加考證校勘，與詞語注釋一同出注。如《輿圖》部分“圖”之所示與文字説明偶有不同，其中必有一誤，遂出注辨誤；又如卷十二“歷代秩官”之“知軍”“趙善宣”條“修《富川志》六卷”，按語曰：“趙善宣之志，即教授潘廷立所撰，《書録解題》作‘紹興四年’，則是高宗年號，舊志趙善宣與潘廷立俱作光宗時仕興國，年代不同，未知孰是。”考此《書録解題》即南宋陳振孫《直齋書録解題》，其書卷八載："富川志六卷，潘廷立撰，太守趙善宣紹熙四年也。軍治永興，本富川縣，故名。"此"紹熙"即光宗年號，與舊志所載趙善宣、潘廷立仕光宗時一致，可見《書録解題》并没有作"紹興"，可能是舊志按語者誤將《書録解題》之"紹熙"誤看成"紹興"，遂生"年代不同未知孰是"之疑。又如卷二十《文學・李翔傳》"蘇軾由黄川量移汝州"，"黄川"顯系"黄州"之誤，因歷史上并無"黄川"其地，且衆所周知蘇軾謫官黄州，故徑改，不出注。另外，個别生僻詞彙，前册已注，後册再現亦隨時注之，爲讀者計也。凡原文中爲表示謙卑而將自稱詞"臣""臣某""名某"刻小字號者，一律改爲與正文同樣大小字號；凡原版雙行小字，一律改爲單行，夾注者仍爲小字，非夾注而實爲正文者改爲與原版單行字相同字型大小；凡因清代避諱而改之字，一律改正，如明孝宗"弘治"年號，清代避高宗弘歷諱而改爲"宏治"，改回爲"弘治"；缺筆者補正，如"弘"字因諱而缺最後一點，現給補上。

整理工作前後耗時三年餘，初版於2012年8月由崇文書局推出。豎排繁體，綫裝八册，藍布封面，頗有韻味。

如今，七年過去，又逢湖北省委、省政府組織編纂《荆楚文庫》，本書幸被選中。崇文書局領導與責任編輯，集中人力，加緊排版、精校，及時推出本書的"文庫版"，令我感佩不已。但限於時間與精力，本次再版，唯應因《荆楚文庫》統一體例，删除了简注内容，其餘一仍其舊，無所修補，實愧我心。仍祈鄉邦耆宿、學界專家不吝指正。

借此機會，再次感謝陽新縣政府地方志辦公室、檔案局領導曹仕力、王定生等同志爲本書初版所作出的努力！也要感謝我指導的09級碩士生徐林青、高菲菲、趙倩倩、梁媛、劉娟，和10級碩士生尉侯凱、徐來、郭曉峰等同學對本書初版部分標點與校對工作所付出的辛勞。

華中師範大學　董恩林

2019年10月7日識於武昌桂子山耕夫齋

目　録

卷　首

重修《興國州志》序

興國之志，修於宋者再，修於明者三。修於國朝者亦再，今所見康熙、雍正二志是也。自雍正十三年至今，凡百三十餘年，以六十年一修之例考之，時已過矣。余早歲倖登史館，承乏諫垣，兢兢焉思以直言報國，於鄉邦文獻未暇參稽，鄉先輩亦無議及此者。道光丙午告養歸里，教授羅君子峰以書貽予與李惺夫大令，囑爲主修。詢知羅君於庚子年應州侯金公之命，輯有志稿，未及刊刻者也。時州中大水爲灾，道殣相望，余出辦賑事。已而，文廟冲塌，余出辦工程事。告竣時，羅君已下世，李君亦出宰長安。咸豐辛亥，始在學宫西廡，集同人設立志局。未幾，粵匪陷鄂，明年陷州，彼此避地流離，此事不復問矣。及大軍再經克復，余自江西回州，奉旨總辦團捐事務，又經當事委辦省城工程，夜以繼日，心勞力瘁，此事又不暇及矣。然念自告養以來，雖艱難困苦之餘，披覽書籍，於州志稍有關涉，未嘗不腹存而手記之。今值海宇安謐，公務清理，上憲檄催各府州縣均修志乘，徵文考獻，端在斯時。歲庚午，長沙吴公大訓來攝州篆，因請走柬，集城鄉紳士，訂有條規，使之采訪各里簿册。既集，余因與一二同志悉心訪察，矜慎登載。至舊志及羅稿之是者存之，誤者正之，繁者削之，闕者補之。務求切實，不貴華藻；務求允協，不敢狥私。一切體裁，俱詳《凡例》中。分門别類，得書凡二十卷。其間作輟無時，聚散不一，蓋至是已四歷寒暑矣。或方訝成書之難，余曰："修史之難無出於《志》，古人言之矣。况我州之《志》尤有難者：代遠年湮，軼事多缺，其難一；舊志訛謬，更正爲多，其難二；地經兵火，無載籍可稽，其難三；局中以公項餘款支用，薪水薄微，士人裹之，其難四；墨守舊志者不免齟齬，其難五；余年老多病，精神易疲茶，其難六。有此六難，其成書談何容易！”雖然，二十年來，中經灾荒兵燹，屈指同事多就凋謝，其存者正如落落晨星，而獨留余一老與諸年少，晝夜參訂，卒以成書，以遠紹宋、明及國朝二志之傳，不可謂非厚幸也，斯又豈余一身之幸乎哉！刊刻既竣，因述其顛末，以爲之序。

賜進士出身、欽加四品卿銜、前户科掌印給事中、山東道監察御史、掌貴州道、協理京畿道、武英殿協修、翰林院編修加四級陳光亨謹撰，時年七十有七。

重修《興國州志》序

《興國州志》之垂成而未成者，又十數年矣，今何幸得睹全書也。吾師秋門夫子由諫垣乞養歸里，時際多艱，賑捐團防，比歲勞慮，而於州志一事，則無時無處不存注心目之間。得羅稿後，即與易、萬、尹、阮諸先生及門弟子輩，徵文考獻，反復搜討。一事未確，必遠近證之，以要其實；一字未愜，必再三易之，以歸於當。瀝二十年心血始成墨本，惟“人物”一門與近年滿例節孝，尚待補輯。惜乎有志未竟，而忽夢同楹奠矣。州人士仰失山斗。幾有瘞文之嘆。而補亡束皙，又非易易。歷任州父母官，固常提振斯舉。若陸公彥頎之聘杜仲丹孝廉、嚴公葦雲之囑池邀集徐、萬、石、劉諸士，池復奉大中丞彭公手諭，催令檢校速成。均不過辨正録者之訛、刊者之謬，而於我師已定之本，不能有所改易。第以四鄉寥闊，補采各條未獲如期彙集，梓工又頻作輟，日延一日，卒未蕆事，資幾匱矣。李公芋生刺史復莅興國之明年春，則清查已鋟之棃、未刊之稿，盡收入署，公暇檢閱，限工期成，不百日而告竣。斯書也，吾師成於始，二十年緩以慎；李公成於終，百十日速以神，使百數十年之缺典，犂然綱舉目張，上答名公卿采風問俗，不遺下邑，用赴我聖朝同文同倫之盛軌焉，豈不懿哉！夫一邑之乘，與通志相貫聯；一時之書，與國史相終始。虛實真僞，隻字千秋，非苟爲炳炳烺烺者所能稱其體例。此志，則吾師所堪自信，而亦州父母官與士民所共信者，登諸輶軒，不稗野置之幸矣。

賜進士出身、翰林院編修、以知府分發江西署理南康府事、守制在籍王鳳池謹撰。

續補《興國州志》序

從來，莫爲之前，雖美弗彰；莫爲之後，雖盛弗傳，天下事大較然也。《興國州志》修於李公復任之年，克期蕆事，不無罅漏。幅員既廣，耳目難周，此志乘之成不難能而可貴乎？乙酉春，余捧檄來權斯篆，飭書檢《志》呈閱，旁搜遠紹，言約事賅，乃益服李公辦事之才之通而敏也。今閱數年矣，山長劉公鳳綸以續《志》請，與余意適相合。竊思一邑之大，歷時既久，其間嘉言懿行、忠孝節烈之卓卓可傳者，指不勝屈，略焉而不詳也可乎哉？欽惟我朝武烈文謨，媲隆往古。然自髮逆倡亂，流毒東南，所在爲墟莽，而興邑廬舍獨能保全完固，毋亦此邦之人勤樸而篤厚，有以感召休祥與！聖教之覃敷也、文物之蔚起也，夫且日新而月異矣。獨以志乘所詳、教養所係，竟任其略而不之顧，不重滋予咎哉？有此補刊，則前之略者今加詳焉。異日愛民之宰，遵而循之，變而通之，以康乂斯民，其所係正非小也。若夫舉廢墜以新耳目，則吾有志焉而未逮云。是爲序。

光緒十二年丙戌孟夏月甯鄉龍兆霖撰

續補《興國州志》序

聖朝文教治天下，風俗人心蒸蒸然近於古，而同文同倫之盛，於今爲烈矣。我皇上御極之三年，鄂省重修《通志》，徵文考獻，采重輶軒，而邑志固其先焉者。緗學識譾陋，不獲以文章報國，黼黻皇猷，第忝司民牧，凡分所當爲，皆黽黽焉不敢諉，况志之關繫風俗人心，尤非淺鮮耶！緗以光緒六年冬十二月授篆應城，越明年，前中丞彭公椒取縣志顧。應舊無《志》，僅存嘉慶乙亥邑令奚雨谷先生重輯之稿。余慨然曰："先生，蜀人也。《志》未修，令責也。"迺籌款若干，延名下士就奚稿而增補删訂，閱十一月而應《志》以成，而奚《志》即因之以著。竊緗以同鄉後學會逢其時，竟先生未竟之志，抑何幸也！去秋承乏是邦，訟獄煩興，日不暇給。間取州《志》一覽，不禁有感於州紳王丹臣太守叙云："李公之成速以神，使百數十年之缺典，犁然綱舉目張。"蓋有隱與應《志》相吻合者，又何其奇也。今山長劉君暢陔同年，復以《續補州志》告竣，請余序。余學殖荒蕪，叵焉滋愧，然又何敢以不文辭！惟念劉君與邑之諸君子搜輯修纂，備極詳明，倘得摩義漸仁，相觀而善，將人心日益正、風俗日益純，夫豈非緗所暢然愉快者哉！嗚呼，據事直書，寶笈焕光華五色；拾遺補闕，璚編鋪綵藻陸馥。以之焜耀於宋明之前《志》，暨國朝康熙、雍正二志也，詎不懿與？至續補巔末有前州牧龍艮山刺史之序在。

光緒十五年夏五月華陽羅緗撰并書

續補《興國州志》序

我州爲省境東偏邊邑，二百年來，涵濡聖朝，醲化重熙，累洽民俗，蒸蒸日上。而山川景物亦各獻精華，以焜燿於糺縵卿雲之復旦。其間可紀可傳者，積時寖多，大有踵事而增之勢。此邑乘重修，莫不樂其美備而相與有成也。謂成之易乎？自康熙四年成《志》上下二卷，雍正十三年廣爲十卷；荏苒至道光間，我陳師秋門給諫始提倡斯舉，因兵燹多故，旋修旋輟；太史王丹臣前輩開局采訪，而三十六卷之稿乃得付之剞氏。又以其書尚待更補，遲遲未成。準以六十年一修之例，時數之過不啻倍之，何其難也！謂成之難乎？前刺史芋僧李公權經費、第原稿，提署開雕，不數月而樣本就緒；艮山刺史龍公頒續訪册，出板讐校，甫越一稘，彙齊編録，刊其謬、補其漏。雖昨春因辦賑停刊，而今刺史雲五羅公嘉惠士民，留心舉廢，復敦諭而玉成之，新秋遂全書告竣，又何易也！於乎，民之父母，所好好之，有良吏自有循績，豈特田疇殖、子弟誨！即此志書一端，文章典要，垂之無窮，俾後人得資考證，觀感而奮興，孰非賢父母遺愛之所被乎！綸自八年告養歸田，十二年講學富川書院，得與同人輩襄理是役。竊惟康熙《志》規模簡括，髣髴大輅椎輪，雍正《志》門類加詳。我先太高曾祖繼梅先生實司纂輯，而秋門師以史才綜核定稿，弁詞小注，有功後學；丹臣前輩相繼附益，茂矩愈恢。此次承流竟委，繙新册，搜舊志，惴惴焉惟恐或遺，亦不敢汗漫從事，蓋所登較前刻增十之三四矣。自惟淺陋續貂，滋慚後之君子。届期重修，合并焉、討論焉、潤色焉，是則鄙人所深幸而厚望也夫。

賜進士出身、翰林院庶吉士、誥授奉政大夫、前知江西鉛山縣事加五級、里人劉鳳綸撰并書。

光緒十五年己丑孟秋月穀旦

興國州志目録

凡　　例

一、宋、明原志今不可考，惟依本朝康熙、雍正二舊志，踵增前稿，經知州李公提署編刊，期在速成，舛漏不免，因未刷分。知州龍公發板校對，并印給續采訪册，次第更補，以成完書。

一、舊志歷修序文匯列簡端，今概選入《文録》。

一、上諭敬謹首録，以便恭讀欽遵。

一、前後協修及采訪各職名，以次彙列。內有兩次在事者，名不重登。

一、舊志分類簡略，今以輿地、政典、學校、祀典、官師、選舉、恩例、人物、列女、時事、藝文、雜志，凡十二爲綱。又分子目七十有二，以類相從，庶幾有條不紊。

一、此次續補各門，分列前刻各類之後，注明"增補""又增"，以清眉目。

一、方志每類篇首各弁題詞，前刻以足資考證者注明掌故，弁詞有無未嘗拘定。仍之。

一、舊志只繪總圖，今增州城内外圖及四十里分圖、八景圖附後。

一、州中名山水叙入山川脉絡，其有關古迹及附郭江驛要覽者，分列"增補"，以便省覽。

一、附郭諸廟列入《壇廟》門，其各鄉寺觀另載卷末《雜志》。

一、各類有見正史者，以史爲據；有史未詳而見於他書者，亦爲采入。所引諸書注明於下。

一、沿革謹遵本朝《一統志》表，斷自兩漢爲始，次第分别序登。

一、舊志各坊里未詳地界，今取著名山水標於圖内，區其界限遠近，期於一覽周知。

一、《秩官》中事迹少者，仍依舊志，附載於下，不另立傳。

一、《秩官》人物，有見正史及名人集中，文不全録，摘要入傳。

一、《秩官》人物，其有傳者，於名下注"有傳列某類"，以便查考。

一、《秩官》人物各名，前刻遵史例只載字某、别號，未及詳注。

一、《秩官》中，祀名宦人物中祀鄉賢者，於傳内聲叙，或傳後注明。

一、舊志如《秩官》之王洙、《選舉》之羅定道，查與興國無涉，是以未録，餘仿此。

一、《名賢》衹列前代諸公，本朝概入《官績》。

一、先代科貢、薦辟、仕宦職銜等類，有舊志漏載，今始録送，其證據顯確者，一例補入。若但以家乘傳聞，附録各門之後。

一、州人改籍他省登科第者，如係本人改籍，照科分列入；如係祖父改籍，而本人猶時來故鄉者，附録各類之後。

一、《援例》一門，前刻限實職暨分發到省三班選用者方録。此次查各里續訪册内，職銜濟濟，未便拘泥，彙録附後，以彰階秩之盛。

一、恩賜、封贈、蔭恤、獎叙各類，與《選舉》有别，今取《宋史》“恩例”二字，立《恩例志》并之。

一、《孝友》中，割股廬墓頗多，其無他事實者，彙列《孝友傳》後。

一、勤於王事及罵賊不屈各節，其忠義與立功殉難有别，此次并入《義行》增補。

一、方志《列女》歸《人物》内，此次訪册列女過多，前刻所載既分舊志、新志，又分節烈、殉難、貞孝、女壽，又分各里子目，卷帙繁重，另爲一志居之。

一、《節婦》前經兩次增刊，此次增而又增，分里重叠，未及翻移，閲者詳之。

一、《列女》中，已經旌表者，於名下注明。

一、各傳有後嗣科名榮顯者，載之以彰報示勸。

一、《藝文》中，采録文詩，必有關國計民生，及州中風土人情，舊志所載未及盡登。

一、各類有開刊後補送者，彙入《補遺》，各類之末。

修志職名

原纂修

四品卿銜、前户科掌印給事中、翰林院編修　陳光亨

續補纂修

翰林院編修、前南康府知府　王鳳池

翰林院庶吉士同知銜、前鉛山知縣　劉鳳綸

前後協修

舉人、隨州學正　易簡

舉人、揀選知縣　尹科昌

舉人、儘先選用知縣　陳咸亨

拔貢、候選直隸州州判　馮竣

國子監博士銜　萬斛泉

舉人、荆門州學正　劉漢杰

舉人、鶴峰州教諭　石建點

舉人、棗陽縣教諭　楊金鎔

舉人、揀選知縣　石焼

歲貢、孝廉方正　徐安侯

舉人、即選教諭　劉孔彰

舉人、揀選知縣　石起年

恩貢、候選教諭　阮琛

恩貢、候選教諭　陳元棉

增生、選用訓導　邢廷揚

優貢、直隸州知州　馮德材

廪貢、候選訓導　佘以埈

附生　柯拔

附生　方木仁

童生　黄殿樞

歲貢生　張毓林

歲貢、候選教諭　佘青選

二品銜候補道　李滋森

刑部主事　熊冠斗

刑部員外郎　易俊

舉人、揀選知縣　鄭依周

舉人、即選教諭　成可貞

舉人、揀選知縣　陳震

舉人、揀選知縣　鄧林春

增貢　鄧兆遴

生員、訓導　秦承忠

生員　蔡奎

生員　萬寶成

拔貢、教習　李子華

歲貢　方兆鼎

廩貢　阮紱

生員　柯泮

廩生　熊奎斗

廩生　陳世昌

廩貢、試用訓導　費光業

生員　劉文雄

生員　鄭子黄

六品銜　石葆昌

優生　吴兼善

前後采訪

舉人、知縣　佘以增

舉人、揀選知縣　徐春芝

舉人、揀選知縣　鄒國光

舉人、揀選知縣　劉均
舉人、揀選知縣　柯奎斗
舉人、揀選知縣　馮恢京
封職　劉煥
五品藍翎、中書科中書　李鴻儀
都司　秦定甲
訓導　柯光室
武舉　明光斗
武舉　陳萬鵬
縣丞　阮豪
歲貢　黄有亨
歲貢　李畿
拔貢、黄梅縣訓導　袁光澍
歲貢　馮迓衡
訓導　袁煒
州同銜　易長華
舉人、教習　黄壽庭
貢生　劉煥啟
增生　李應斗
職員　鄭道均
職員　周紹濂
廩生　曹奎斗
生員　王際盛
生員　李輝斗
生員　司學鍠
生員　陳斌
生員　陳昀
生員　華藻

生員　成鴻構
生員　徐旭
生員　汪步瀛
生員　費承慈
生員　徐鼒
生員　程溪周
生員　劉允升
生員　方煦春
生員　程光宇
生員　柯長齡
生員　邢鴻翔
生員　柯鴻翥
生員　劉景苑
生員　王之泮
生員　明利金
生員　石懋建
生員　吴郁蘭
生員　朱清格
生員　趙雲蒸
生員　明得月
生員　石炳南
生員　艾銓
生員　曹曙
監生　謝時若
監生　王恒玉
監生　馬端枝　趙光容
職員　徐喆
恩貢　候選直隸州州判　劉赤

恩賜副貢　王佐臣
副貢　徐競齋
武舉　鄭錦堂
封職　易承紱
封職　程輝斗
封職　樂經邦
同知銜　柯光堂
廩貢、訓導　艾葵
廩生　蕭逢年
六品銜　李鳳鳴
廩生　馬天驥
職員　曹承訓
廩生　阮經邦
廩生　張榜
廩生　王國賓
職員　佘以埜
職員　秦時舉
職員　劉鳳蘭
職員　劉紹先
職員　阮德脩
職員　陳其昌
廩生　黄翱鳳
生員　石上流
生員　朱英
生員　劉鳳燮
生員　賈森桂
生員　石思湑
生員　柯澍

生員　王撫辰
生員　樂鼎如
生員　李杜
廩生　黄鶴鳴
生員　徐治溥
廩生　柯凌雲
廩生　蔡庚合
副貢　樂鴻章
副貢　陳鳳恩
副貢　王萬年
副貢　陳若水
監生　成經邦
監生　袁寶書
廩生　吴伐桂
廩生　吕侃
廩生　柯鳳翥
廩生　蕭蔭青
增貢、孝感縣訓導　劉鳳高
歲貢　徐祖惠
增貢　鄧兆華
廩貢、中書銜　朱芳
廩生　馬步逵
廩貢　蔡迪元
生員　柯益發
生員　樂承平
生員　陳焕昌
職員　鄧林蔚
職員　陳紹舜

生員　張逢時
職員　李善根
生員　譚鳳來
廩生　陳若龍
生員　黄鼎
職員　劉樹森
生員　程錫麒
武舉　馬中良
生員　石家烜
生員　何希遜
生員　劉楷
職員　陳依仁
生員　陳鴻猷
職員　鐘安國
生員　袁定邦
生員　陳廷瑞
監生　朱以之
生員　石同壽
職員　劉壽椿
職員　石成憲
生員　馬雲錦
生員　董登瀛
生員　邱鳴鳳
監生　吴景春
生員　舒桂林
生員　譚琛
職員　劉緒
生員　蔡寅亮

生員　明步月
生員　伍照南
生員　胡毓華
生員　王兆麟
歲貢　蔡翔
附貢　明漸磐
生員　成雲衢
生員　程子箴
生員　王濬南
職員　李作霖
生員　鄭熀昌
生員　鄭首春
生員　郭森
監生　楊清之
生員　孔安邦
生員　梅焯
歲貢　王迪吉
生員　柯占春
監生　成利金
生員　陳流泰
職員　羅瑞楨
武舉　舒鴻羽
生員　余亮寅
廩生　阮俊
職員　阮治進
生員　石聲諧
生員　柯龍潛
生員　陳治安

生員　黄閣
生員　成原伯
職員　梁春泰
職員　李相臣

參訂

職員　黄善興
生員　孔春藻
生員　劉紳
生員　秦璜
監生　劉紹盛
童生　陳燿

校録

生員　方拈筆
生員　袁壽熙
職員　黄浚
童生　劉奎典
童生　劉少泉
童生　盧清卿
童生　劉維揚
童生　劉□

上　　諭順治九年

命禮部頒卧碑於天下學宫，置於明倫堂之左，曉示生員：朝廷建立學校，選取生員，免其丁糧，厚以廪膳，設學院、學道、學官以教之，各衙門官以禮相待，全要養成賢才，以供朝廷之用，諸生皆上報國恩，下立人品。所有教條，開列於後。

一、生員之家，父母賢知者，子當受教；父母愚魯或有非爲者，子既讀書明理，當再三懇告，使父母不陷於危亡。

一、生員立志，當學爲忠臣清官，書史所載忠清事迹，務須互相講究，凡利國愛民之事，更宜留心。

一、生員居心忠厚正直，讀書方有實用，出仕必作良吏。若心術邪刻，讀書必無成就，爲官必取禍患。行害人之事者，往往自殺其身，常宜思省。

一、生員不可干求官長，交結勢要，希圖進身。若果心善德全，上天知之，必加以福。

一、生員當愛身忍性，凡有司官衙門不可輕入，即有切己之事，止許家人代告；不許干與他人詞訟，他人亦不許牽連生員作證。

一、爲學當尊敬先生，若講説皆須誠心聽受，如有未明，從容再問，毋妄行辨難；爲師長者，亦當盡心教訓，勿致怠惰。

一、軍民一切利病，不許生員上書陳言。如有一言建白，以違制論，黜革治罪。

一、生員不許糾黨多人，立盟結社，把持官府，武斷鄉曲，所作文字不許妄行刊刻，違者聽提調官治罪。

諭興教化康熙九年

上諭禮部：朕惟至治之世，不專以法令爲務，而以教化爲先，其時人心醇良，風俗樸厚，刑措不用，比屋可封，長治久安，茂登上理。蓋法令禁於一時，而教化維於可久，若徒恃法令而教化不先，是舍本而務末也。近見風俗日敝，人心不古，囂凌成習，僭濫多端，狙詐之習日工，獄訟之興靡已。或豪富凌轢孤寒，或劣紳武斷鄉曲，或惡衿出入衙署，或蠹棍詐害善良。萑苻之刦掠時聞，讎忿之殺傷叠見。陷罹法網，刑所必加，誅之則無知可憫，宥之則憲典難寬。念兹刑辟之日繁，良由化道之未善。朕今欲法古帝王，尚德緩刑，化民成俗。舉凡敦孝弟以重人倫、篤宗族以昭雍睦、和鄉黨以息争訟、重農桑以足衣食、尚節儉以惜財用、隆學校以端士習、黜異端以崇正學、講法律以儆愚頑、明禮讓以厚風俗、務本業以定民志、訓子弟以禁非爲、息誣告以全善良、誡窩逃以免株連、完錢糧以省催科、聯保甲以弭盗賊、解讎忿以重身命等項，作何訓迪勸導及作何責成，内外文武該管各官督率舉行爾部，詳察典制，定議具奏，特諭。

御製至聖先師孔子贊并序康熙三十四年頒布天下，俾勒石於學宫

蓋自三才建而天地不居其功，一中傳而聖人代宣其藴，有行道之聖得位以綏猷，明道之聖立言以垂憲，此正學所以常明，人心所以不泯也。粤稽往緒，仰溯前徽，堯、舜、禹、湯、文、武，達而在上，兼君師之寄，行道之聖人也；孔子不得位，窮而在下，秉删述之權，明道之聖人也。行道者，勛業炳於一朝；明道者，教思周於百世。堯、舜、禹、湯、文、武之後，不有孔子，則學術紛淆，仁義湮塞，斯道之失傳也久矣，後之人而欲操二帝三王之心法，以爲治國平天下之準，其奚所取衷焉？然則孔子之爲萬古一人也審矣。朕巡省東國，謁祀闕里，景仰滋深，敬摛筆而爲贊曰：

清濁有氣，剛柔有質，聖人參之，人極以立，行著習察，舍道莫由。惟皇建極，惟后綏猷，作君作師，垂統萬古。曰惟堯舜，禹

湯文武，五百餘歲，至聖挺生。聲金振玉，集厥大成，序《書》删《詩》，定禮正樂，既窮象繫，亦嚴筆削。上昭往緒，下示來型，道不終晦，秩然大經。百家紛紜，殊途異趣，日月無逾，羹墻可晤。孔子之道，惟中與庸，此心此理，千聖所同。孔子之德，仁義中正，秉彝之好，根本天性。庶幾夙夜，勖哉令圖，溯源洙泗，景躅唐虞。載歷庭除，式觀禮器，摛毫仰贊，心焉遐企。百世而上，以聖爲歸；百世而下，以聖爲師。非師夫子，惟師於道；統天御世，惟道爲寶。泰山巖巖，東海泱泱，墻高萬仞，夫子之堂。孰窺其藩，孰窺其徑，道不遠人，克念作聖。

顔子贊

聖道早聞，天資獨粹，約禮博文，不遷不貳。一善服膺，萬德來萃，能化而齊，其樂一致。禮樂四代，治法兼備，用行舍藏，王佐之器。

曾子贊

洙泗之傳，魯以得之。一貫曰唯，聖道在兹。明德新民，止善爲期。格致誠正，均平以推。至德要道，百行所基。纂承統緒，修明訓辭。

子思子贊

於穆天命，道之大原。静養動察，庸德庸言。以育萬物，以贊乾坤。九經三重，大法是存。篤恭慎獨，成德之門。卷之藏密，擴之無垠。

孟子贊

哲人既萎，楊墨昌熾。子輿闢之，曰仁與義。性善獨闡，知言養氣。道稱堯舜，學屏功利。煌煌七篇，并垂六藝。孔學攸傳，禹功作配。

御製訓飭士子文康熙四十一年

國家建立學校，原以興行教化，作育人材，典至渥也。朕臨馭以來，隆重師儒，加意庠序。近復慎簡學使，釐剔弊端，務期風教修明，賢才蔚起，庶幾棫樸作人之意。乃比來士習未端，儒效罕著。雖因内外臣工奉行未能盡善，亦由女諸生積錮已久，猝難改易之故也。兹特親制訓言，再加儆飭，女諸生其敬聽之。

從來學者，先立品行，次及文學、學術、事功，源委有叙。女諸生幼聞庭訓，長列宫墻，朝夕誦讀，寧無講究？必也躬修實踐，砥礪廉隅。敦孝順以事親，秉忠貞以立志。窮經考義，勿雜荒誕之談；取友尊師，悉化憍盈之氣。文章歸於醇雅，毋事浮華；軌度式於規繩，最防蕩佚。子衿佻達，自昔所譏。苟行止有虧，雖讀書何益！若夫宅心弗淑，行己多愆，蜚語流言，挾制官長；或隱糧包訟，出入公門；或唆撥奸猾，欺孤凌弱；或招呼朋類，結社要盟。乃如之人，名教不容，鄉黨弗齒。縱倖逃褫撲，濫竊章縫，返之於衷，能無愧乎？况夫鄉會科名，乃掄才大典，關係尤鉅，士子果有真才實學，何患困不逢時？顧乃標榜虚名，暗通聲氣，夤緣詭遇，罔顧身家；又或改竄鄉貫，希圖進取。囂凌騰沸，網利營私。種種弊情，深可痛恨！且夫士子出身之始，尤貴以正，若兹厥初拜獻，便已作姦犯科，則異時敗檢逾閑，何所不至？又安望其秉公持正，爲國家宣猷樹績，膺後先疏附之選哉？

朕用嘉惠爾等，故不禁反復惓惓。兹訓言頒到，務共體朕心，恪遵明訓，一切痛加改省，争自濯磨，積行勤學，以圖上進。國家三年登造，束帛弓旌，不特女身有榮，即女祖父亦增光寵矣。逢時得志，寧俟他求哉！若仍視爲具文，玩愒勿儆，毁方躍冶，暴弃自甘，則是女等冥頑無知，終不能率教也。既負栽培，復幹咎戾，王章具在，朕亦不能爲女等寬矣。自兹以往，内而國學，外而直省鄉校，凡學臣師長皆有司鐸之責者，并宜傳集諸生，多方董勸，以副朕懷。否則，職業不修，咎亦難逭，勿謂朕言之不預也。尚敬聽之哉!

康熙四十一年正月頒發

御製《周易折中》序康熙五十四年

易學之廣大悉備，秦漢而後，無復得其精微矣。至有宋以來，周、邵、程、張闡發其奥，惟朱子兼象數天理，違衆而定之，五百餘年無復同異，宋元明至於我朝，因先儒以開之微旨，或有議論已見，漸至啟後人之疑。朕自弱齡留心經義，五十餘年未嘗少輟，但知諸書《大全》之駁雜，奈非專經之純熟。深知大學士李光地，素學有本，易理精詳，特命修《周易折中》，上律河、洛之本末，下及衆儒之考定，與通經之不可易者，折中而取之。越二寒暑，甲夜披覽，片字一畫，斟酌無怠。康熙五十四年春告成，而傳之天下，後世能以正學爲事者自有所見歟?

御製《康熙字典》序康熙五十五年

《易傳》曰:“上古結繩而治，後世聖人易之以書契，百官以治，萬民以察。”《周官》:外史掌達書名于四方，保氏養國子，教以六書，而考文列於三重。蓋以其爲萬事百物之統紀，而足以助流政教也。古文篆隸，隨世遞變。至漢許氏，始有《説文》，然重義而略於音。故世謂漢儒識文字而不識子母，江左之儒識四聲而不識七音。七音之傳肇自西域，以三十六字爲母，從爲四聲，横爲七音，而後天下之聲總於是焉。嘗考管子之書所載，五方之民，其聲之清濁高下，各象其川原泉壤深淺廣狹而生，故於五音必有所偏得，則能全備七音者鮮矣，此歷代相傳取音者，所以不能較若畫一也。自《説文》以後，字書善者，於梁則《玉篇》，於唐則《廣韻》，於宋則《集韻》，於金則《五音集韻》，於元則《韻會》，於明則《洪武正韻》，皆流通當世，衣被後學。其傳而未甚顯者，尚數十百家。當其編輯，皆自謂毫髮無憾，而後儒推論，輒多同異。

或所收之字繁省失中，或所引之書濫疏無准，或字有數義而不詳，或音有數切而不備，曾無善兼美具、可奉爲典常而不易者。朕每念經傳至博，音義繁賾，據一人之見，守一家之説，未必能會通罔缺也。爰命儒臣悉取舊籍，次第排纂，切音解義一本《説文》《玉篇》，兼用《廣韻》《集韻》《韻會》《正韻》。其餘字畫，一音一義之可采者，靡有遺逸。至諸書引證未備者，則自經史百子，以及漢、晋、唐、宋、元、明以來詩人文士所述，莫不旁羅博證，使有依據。然後古今形體之辨、方言聲氣之殊，部分班列，開卷了然，無一義之不詳、一音之不備矣。凡五閲歲而其書始成，命曰《字典》。於以昭同文之治，俾承學稽古者得以備知文字之源流，而官府吏民亦有所遵守焉。是爲序。

御製《性理精義》序康熙五十六年

朕自冲齡至今六十年來，未嘗少輟經書。唐虞三代以來，聖賢相傳授受，言性而已。宋儒始有性理之名，使人知盡性之學不外循理也。故敦好典籍，於理道之言尤所加意。臨莅日久，玩味愈深，體之身心，驗之政事，而確然知其不可易。前明纂修《性理大全》一書，頗謂廣備矣。但取者太煩，類者居多，凡性理諸書之行世者不下數百，朕實病其矛盾也。爰命大學士李光地詮擇進覽，授以意指，省其品目，撮其體要，既使諸儒之闡發不雜于支蕪，兼使學者之披尋不苦於繁重。至於圖像律曆、性命理氣之源，前人所未暢發者，朕亦時以己意折中其間。名曰《性理精義》，頒示天下。讀是書者，自有所知也矣。

御製《春秋傳説彙纂》序康熙六十年

六經皆孔聖删述，而孟子特言孔子作《春秋》，左氏、公羊、穀梁三家各述所聞以爲傳，門弟子各衍其師説。末流益紛，以一字爲褒貶，以變例爲賞罰，征言既絶，大義弗彰。至於灾祥讖緯之學興，而更趨於怪僻，程子所謂炳若日星者不因此而反晦乎！迨宋胡安國進《春秋解義》，明代立於學宫，用以貢舉取士，於是四傳并行。宗其説者，率多穿鑿附會，去經義愈遠。朕於《春秋》，獨服膺朱子之論。朱子曰：春秋明道正誼，據實書事，使人親之，以爲鑒戒，書名書爵亦無意義。此言真有得者，而惜乎朱子未有成書也。朕恐世之學者，牽於支離之説而莫能悟，特命詞臣纂輯是書。以四傳爲主，其有舛於經者删之；以集説爲輔，其有畔於傳者勿録。書成，凡四十卷，名之曰《傳説彙纂》。夫《春秋》之作，以游夏之賢不能贊一詞，司馬遷稱七十子之徒口授其傳而人人異端。當時已無定論，後之諸儒欲於千百年後懸斷聖人筆削之旨，不亦難乎？是書之輯，亦唯擇其言之當於理者，雖不敢謂深於《春秋》，而辨之詳，取之慎，於屬辭比事之教，或有資焉。是爲序。

《聖諭廣訓》序雍正二年

《書》曰："每歲孟春，遒人以木鐸徇于路。"《記》曰："司徒修六禮以節民性，明七教以興民德。"此皆以敦本崇實之道，爲牖民覺世之模，法莫長焉，意莫厚焉。我聖祖仁皇帝久道化成，德洋恩普，仁育萬物，義正萬民。六十年來，宵衣旰食，祗期薄海内外，興仁講讓，革薄從忠，共成親遜之風，永享昇平之治。故特頒上諭十六條，曉諭八旗、各直省兵民人等，自綱常名教之際，以至於耕桑作息之間，本末精粗，公私鉅細，凡民情之所習，皆睿慮之所周，視爾編氓誠如赤子。

聖有謨訓明徵，定保萬世守之莫能易也。朕纘承大統，臨御兆人，以聖祖之心爲心，以聖祖之政爲政，夙夜黽勉，率由舊章，惟恐小民遵信奉行久而或怠，用申誥誡，以示提撕。謹將上諭十六條，尋繹其義，推衍其文，共得萬言，名曰《聖諭廣訓》。旁征遠引，往復周詳，意取顯明，語多直樸，無非奉先志以啟後人，使群黎百姓家諭而户曉也。願爾兵民等仰體聖祖正德厚生之至意，勿視爲條教、號令之虚文，爲謹身節用之庶人，盡除夫浮薄囂凌之陋習，則風俗醇厚，室家和平。在朝廷德化樂觀其成，爾後嗣子孫并受其福，積善之家必有餘慶，其理豈或爽哉！

皇上平定青海告成大學碑雍正三年

我國家受天眷命，撫臨八極，日月所照罔不臣順，遐邇乂安，兆人蒙福。乃有羅卜藏丹津者，其先世固始汗，自國初稽首歸命。當時使臣建議，畀以駐牧之地，其居雜番、羌，密近甘、凉，我皇考聖祖仁皇帝睿慮深遠，每廑於懷，既親禦六師平定朔漠，威靈所加，青海部落札什圖兒等震讋承命。聖祖仁皇帝因沛殊恩，封爲親王，兄弟八人咸賜爵禄，羈縻包容，示以寬大。而狠心梟性，不可以德義化，三十年來，包藏異志。朕紹登寶位，優之錫賚，榮其封號，尚冀革心，輯寧部衆。而羅卜藏丹津昏謬狂悖，同黨吹拉克諾木齊、阿爾布坦温布、藏巴札布等實爲元惡，謂國家方弘浩蕩之恩，不設嚴密之備，誕敢首造逆謀，迫協番羌，侵犯邊城，反狀彰露，用不可釋於天誅。遂命川陝總督、太保公年羹堯爲撫遠大將軍，聲罪致討，以雍正元年十月師始出塞，自冬涉春，屢破其衆。凡同叛之部落，戈鋋所指，應時摧敗，招降數十萬衆，又降其貝勒貝子公台吉等二十餘人。朕猶憫其蠢愚，若悔禍思愆，束手來歸，尚可全宥。而怙惡不悛，負險抗違，乃决剪滅之。計以方略密付大將軍羹堯，調度軍謀，簡稽將士，用四川提督岳鍾琪爲奮威將軍。於仲春初旬禡牙徂征，分道深入，搗其窟穴，電掃風驅，搜剔巖阻。賊徒蒼黄糜潰，窮蹙失據，羅卜藏丹津之母及逆謀渠魁悉就俘執，擒獲賊衆累萬，牲畜軍械不可數計。賊首逃遁，我師逾險窮追，獲其輜重侶，羅卜藏丹津孑身易服，竄匿荒山，殘喘待斃。自二月八日至二十有二日，僅旬有五日，軍士無久役之勞，内地無轉輸之費，克奏膚功，水清西徼。三月之朔，奏凱旋旅，鐃鼓喧轟，士衆訢喜。四月十有二日，以猖逆之吹拉克諾木齊等三人獻俘廟社，受俘之日，臣民稱慶。伏念聖祖仁皇帝威靈震於遐方，福慶流於奕葉，用克張皇六師，殄滅狂賊，行間將士亦由感激湛恩厚澤，爲朕踴躍用命。斯役也，芟夷凶悖，綏靖番羌，俾烽燧永息，中外人民胥享安阜，實成先志，以懋有丕績。廷臣上言：稽古典禮，出征而受成於學，所以定兵謀也；獻馘而釋奠於學，所以告凱捷也；宜刊諸珉石，揭於太學，用昭示於無極。遂爲之銘曰：

天有雷霆，聖作弧矢，輔仁而行，威遠寧邇。維此青海，種類實繁，錫之茅土，列在藩垣，被我寵光，位重禄富，負其阻遐，禍心潛構。恭惟聖祖，慮遠智周，睠念荒服，綏撫懷柔。朔野既清，西陲攸震，爵號洊加，示之恩信。如何凶狡，造謀逆天，鼓動昏愍，寇侵於邊。惟彼有罪，自干天罰，桓桓虎貔，爰張九伐。王師即路，冬雪初零，日耀組練，雷響鼙鉦。蠢兹不順，敢逆戎旅，奮張螳臂，以當齊斧。止如山嶽，疾如風雨，我戰則克，賊壘其空。彼昏終迷，曾不悔戾，當翦而滅，斯焉決計。厲兵簡將，往搗其巢，逾歷嶔嶇，坦若坰郊。賊弃其家，我縶而獲，牛馬谷量，器仗山積。蹇兔失窟，何所逋逃，枯魚游釜，假息煎熬。師以順動，神明所福，旬日凱歸，不疾而速。殪彼逆謀，懸首藁街，獻俘成禮，金鼓調諧，西域所瞻，此惟雄特。天討既申，群酋惕息，櫜戈偃革，告成辟雍，聲教遐暨，萬國來同。惟我聖祖，親平大漠，巍功焕文，邁桓軼酌。流光悠久，視此銘辭，繼志述事，念兹在兹。

御製《詩經傳説彙纂》序 雍正五年

朕惟《詩》之爲教，所以成孝敬、厚人倫、美教化、移風俗，其用遠矣。自説《詩》者各以其學行世，釋解紛紜，而經旨漸晦。朱子起而正之，《集傳》一書，參考衆説，探求古始，獨得精意，而先王之詩教藉之以明，國家列在學宫，著之功令，家有其書，人人傳集四始六義，曉然知所宗尚。我皇考聖祖仁皇帝右文稽古，表章聖經，纂纂《周易折中》，既一以本義爲正。於《春秋》《詩經》，復命儒臣次第纂輯，皆以朱子之説爲宗，故是書首列《集傳》，而采漢唐以來諸儒講解訓釋之與傳合者存之，其義異而理長者别爲附録，折中同異，間出己見，乙夜披覽，親加正定。書成，凡若干卷，名曰《詩經傳説彙纂》。朕惟《詩》三百篇，先王所以明勸懲而行黜陟，蓋治世之大經。而後世文人學士，乃以風雲月露之辭自托風雅，學經者又溺於訓詁詞章之陋習，烏在其能明先王之道也哉？皇考指授儒臣，勒爲是編，期以闡先王垂教之意，與孔子删詩之旨，學於是者有得於興觀群怨之微，而深明於事父事君之道，從政專對，無所不能。則經學之實用者，而所謂用之鄉人、用之邦國以化天下者，亦於是乎行焉。刊校既竣，敬述聖意，序之簡端。

御製《書經傳説彙纂》序雍正八年

朕思六經皆治世之書，而帝王之大經大法昭垂萬古者，惟《尚書》爲最備。蓋自繼天立極，精一執中，二帝三王之心法遞相授受，而治法亦因之以傳。今觀《書》所載，成天平地、經國造邦、建官立教、禮樂兵刑之宏綱大用，與夫賡颺都俞之休風、嘉謨嘉猷之陳告，凡所爲永膺天命而致時雍協和之效者，雖相去數千年，尚可於方策中想見。其欽明寅畏之衷，敷布經綸之迹，後之君臣得奉爲模楷，以追踪於唐虞三代之隆，詎不於《書》是賴哉？我皇考聖祖仁皇帝，聖學淵源，治功宏遠，存於中者二帝三王之心，發於外者二帝三王之治，而稽古好學，於典謨訓誥之篇，沉潛研究，融會貫通。初命講官分日進講，著有《解義》一篇，頒示海内。復指授儒臣，薈萃漢、唐、宋、元、明諸家之説，參考折中，親加正定，廣大悉備；於地理山川，援今稽古，靡不精核，爲《書經傳説彙纂》，凡二十有四卷。兹值刊校告竣，與《易》《詩》《春秋》諸經，次第傳布，敬製序文，勒之卷首。

夫後世之天下，唐虞三代之天下也，而治法之垂爲典章，心法之原於性命者先後同，揆百世之聖君賢輔未能易也。故爲君者，必思比德於堯、舜、禹、湯、文、武，而後無忝乎爲君；爲臣者，必思媲休於皋、夔、伊、傅、周、召，而後無忝乎爲臣。朕夙夜兢兢，冀克守主敬存誠之道，以遂覲光揚烈之懷，尤冀卿尹百執事，共體元首股肱之誼，殫協恭勵翼之忱，寅亮天工，誠和民志，俾薄海内外永底乂安，於以遠宗聖哲，而仰承皇考尊崇經學、啟牖萬世之盛心，顧不美歟！是爲序。

御製重修文廟碑記乾隆三十四年

舉江、淮、河、濟以贊海，吾知其不知海；舉嵩、岱、恒、華以贊地，吾知其不知地；然則，舉道德仁義以贊孔子者，其亦類於是乎？夫江、淮、河、濟豈不爲海所納？而不足以形海之大，然海固不拒江、淮、河、濟以爲水也；嵩、岱、恒、華豈不爲地所載？而不足以究地之厚，然地固不讓嵩、岱、恒、華以爲土也；道德仁義豈不爲孔子所垂？而不足以盡孔子之量，然孔子固不外道德仁義以爲教也。教之義，始見於《虞書》而未有定所。夏校、殷序、周庠，學則三代共之，是國學所昉乎！夫三代既有學亦必有教，而吾以爲孔子立道德仁義之教者何？蓋三代以前之教，非孔子不明；三代以後之教，非孔子不立。亦猶江、淮、河、濟非海不納，嵩、岱、恒、華非地不載，道德仁義非孔子不垂也。國學始於元太祖置宣聖廟於燕京，由元及明，代有損益修葺，至本朝而崇奉規模爲大備。列聖右文，臨雍必事輪奂。乾隆戊午，朕詣學展儀，先詔易蓋黄瓦，聿昭茂典。然丹雘雖致飾壯觀，而上棟下宇風雨燥濕，歷年既久，浸欹是虞，爰以歲丁亥發帑二十餘萬，特簡重臣司其事，越己丑仲春告蕆工，朕親釋奠以落成焉。先是，言臣有以宜乘此時修復辟雍圜水之制爲請者，禮官以爲三代之制弗相沿襲，實政不必泥古，朕以其言良是，遂從之。門殿諸額一準《會典》，皆親書，各懸於其所。舉大工者必泐碑以志，故敘其事書之。若夫述孔子之言仍以頌孔子，是猶繪日月星辰以象天，朕有所不能。

諭取士乾隆四十三年

上諭：文以明道，自當以清真雅正爲宗。朕曾諄諄訓諭，而文風總未能醇，蓋非一朝一夕之故。本年會試，闈中進呈前十名卷，朕詳加披閲，文體較爲純正，尚不失制義之本。放榜後，詢之大學士于敏中。據奏，近年風氣喜爲長篇，又多沿用墨卷，膚詞爛調，遂爾冗蔓浮華，即能文者亦不免爲趨向所累等語。士子平日覃心經術，探討古文及時文諸大家，以立其體，作文尤須體會先儒傳説，以闡發聖賢精藴，獨出心裁，屏除習兒語，其文自然合度，何必動輒千言，因陳不察耶！昔陸機云要辭達而理舉，固無取乎冗長；韓愈曰惟陳言之務去。二語實文章正鵠，士子宜深味乎其言。嗣後鄉會兩試及學臣取士，每篇俱以七百字爲率，違者不録。其庸熟墨派悉行剔除；又或過爲新奇，墮入牛鬼蛇神惡道，尤在所澄汰。操觚者慎毋掉以輕心，司衡者各宜示以正軌，務期風會蒸蒸日上，以副朕崇雅黜浮之至意。將此通諭中外知之，欽此。

諭各督撫飭屬勸課農桑速清案牘嘉慶十九年

上諭姚文田奏請急農桑緩刑獄一折：

國家政在養民。農桑者，天下之大本。朕親耕，后親蠶，躬行爲天下先，誠以民生所亟，一日不再食則饑，終歲不製衣則寒，布帛菽粟，其事至恒，而所關至鉅。定例考核吏治，首列勸課農桑，所以責望牧令者，莫要於此。古者，物土之宜，耕九餘三，歲有豐歉，民無凍餒；近者，膏腴之産多以蒔烟，倉廩所儲兼以釀酒，地利未盡，禁令復弛。地方偶值兵灾，雖蠲賑頻施，民猶不免饑寒。本務不修，無怪乎閭閻之貧且病也。著通諭直省督撫，各飭所屬府州縣官，務知朝廷貴農重粟之意，以勸課農桑爲亟。境内沃壤，悉令樹植嘉穀。有勤於南畝者，勞之相之；其糜穀病農者，抑之懲之。地産日豐，蓋藏饒裕，衣食足而廉耻興，富教之政其庶幾乎至。除莠所以安良，刑者不得已而用之，若訟獄繁興，株累者衆，其妨於農事者甚大，著問刑官吏，遇有應訊案牘，務速爲剖判曲直，嚴懲誣枉，勿得拖累無辜，以恤民生而厚民俗。其各實力奉行勿怠，欽此。

諭講《朱子全書》以端士習嘉慶二十二年

上諭御史周祖培奏請敕各省學政講明《朱子全書》以端士習一折：

教化爲立政之本，以正人心，以厚風俗。非特各省學政當講明正學，以端士習，即督撫藩臬以至道府州縣，各有治民之責，皆應隨時化導，俾小民遷善遠惡，力返淳風。宋儒《朱子全書》，固足以闡明經術，而五經及四子書炳若日星，若在官者各能身體力行，以爲編氓倡率，亦何不可收世道人心之益！朕前降諭旨，令牧民者，惟以孝弟、忠信、禮義廉耻爲民之先務。直省大小官吏，果能仰體朕意，實力奉行，廣爲勸諭，使父誡其子，兄誡其弟，久之漸摩成習，薰德而善良者衆，日計雖不足，月計則有餘也。其有愚頑梗化之徒，狃於邪説，則明刑所以弼教化導，與懲創相輔而行，使民知畏法而生懼心，即漸知慕義而生愧心，至於有耻且格。則經正民興，自無邪慝矣。將此通諭知之，欽此。

諭求治理嘉慶二十四年

上諭：朕恭閲皇考高宗純皇帝《實録》，内載乾隆九年五月欽奉諭旨，爲治以安民爲本，安民以教養爲本。人君總其成於上，而分其任於督撫；督撫總其成於上，而分其任於州縣。州縣者，民之司命而又與民最親者也。身居此官，身履此地，民生之休戚，民俗之諄疵，鷄犬桑麻之細，日用飲食之常，良奸之不一其類，勤惰之各異其情，必一一洞悉於中，而後加之調濟。州縣所屬地方，雖廣狹不一，事務亦繁簡不同，然一月之中豈無齋戒停刑之日？亦有因公下鄉之時，果然乘此餘暇，不辭勞瘁，親履田間，與父老子弟歡然相接，如家人父子，言孝言慈，啟其固有之良，化其惰窳之習，因而詢問疾苦，講求利益，審物土之宜，因閭閻之便，利所當興者舉之，害所當除者去之，則教養兼施，善政莫大於是。用是再頒此旨，通行訓誨，自督撫以至州縣，皆當身體力行，以奏治效等，因欽此。

仰見我皇考以教養斯民爲亟，訓飭司牧，至再至三。朕惟治民之道，教養兼資，人君不能獨理。於是設官分職，布於天下，皆所以分教養之責者也。朕夙昔孜孜，諴和萬民，舍此二事亦無以爲群工勸者。乃身任牧民之職，日視其民之陷於匪僻，罹於饑寒，而莫之省，肆行邪教而不能禁，其獨能安於心乎？夫知民生疾苦，莫親於州縣。其視民如子，則民亦必視之如父母。誠能使百里之内，官民相習，閭閻利弊無不周知，勸其勤儉，化其偷惰，俾之衣食足而禮義興，則雖古之循吏何以逾此。若但以簿書期會爲稱職，甚或祇顧身家，朘民自殖，一任其民之冥頑顛連，而視同秦越，則於朕誠求保赤之心背之遠矣。此又在督撫體朕此意，善爲督率。一省之中，州縣不下百人，其間賢不肖亦至不齊，爲督撫者不可以愛憎爲取舍，其考課報最必以實政爲先。牧令之中，察其盡心教養者，即獎勸而薦舉之，玩視民瘼者即參劾而懲創之，俾中材亦知自奮。久之，百爾嚮風，日計不足，月計有餘，民生可底於厚，民俗可底於醇。庶慰朕勤求上治、諄諄訓誡之意焉。將此通諭知之，欽此。

諭端士習道光十五年

上諭御史俞焜奏嚴核優劣以端士習一摺：

從來民風之醇樸，由於士習之端謹。凡有教士之責者，不徒課以文藝，務在敦崇實行，嚴爲旌别，以樹風聲。若如該御史所奏，近來各地方官，於貢、監生員并不隨時稽察，教官舉報優行，人數日增，不無冒濫，其有素行不端者，類皆徇隱不報。刁劣之徒肆無顧忌，往往出入公庭，勾串書吏，或以他人漕糧出名包攬，或以不干己事聯名訟訐，逞筆舌以玩法，恃衣頂爲護符，甚至勢壓鄉閭，挾制官長，犯法滋事，日積愈多，於風俗人心大有關係，不可不嚴行甄核。著各直省督撫、府尹、學政，嚴飭該地方官，暨各教職，務須隨時訓誡，認真稽查，舉優者勿徇虛名，報劣者毋許姑息。倘乃瞻徇隱匿，致釀事端，即將各該地方官及教職，從嚴參辦，决不寬貸。將此通諭知之，欽此。

御製四言韻文序道光十九年

前據署兩江總督陳鑾、署江蘇巡撫裕泰、江蘇學政祁寯藻奏請，飭下推闡聖諭廣訓，内黜異端，以崇正學一條，擬撰有韻之文頒發各省。當經降旨，著翰林院敬謹撰擬。兹據掌院學士等進呈《四言韻文》一篇，候朕欽定。朕詳加批閱，足以闡明聖諭，啓迪愚蒙，著禮部即頒行各直省學政，恭書刊刻，遍頒鄉塾。俾民間童年誦習，激發良知，涵育薰陶風俗，蒸蒸日上。朕實有厚望焉，欽此。

敕闡聖諭廣訓黜異端以崇正學韻文：

惟天生民，異質同性。畀以五常，統乎百行。自聖及凡，無邪有正，本體既明，趨向乃定。惟聖覺世，振頑啟愚，防以刑政，迪以詩書。雷霆儆户，日月照衢。提撕引掖，惟善之驅。緬思古昔，俗美化醇。豆觴知義，箕箒明倫。以忠於上，以孝於親。里因仁美，鄰以德薰。蓋惟先民，正學是尚。户謹師承，家遵蒙養。行不履邪，言不涉妄。聖教既昌，皇風斯暢。聿有二氏，曰老曰釋。老主清净，釋宗寂滅，爲教雖殊，其指則一。今之異端，乃襲其説。嗟彼異端，何獨非民。不知父子，不知君臣。若飲狂藥，如墮迷津，離經畔道，與匪爲鄰。匪之不除，邪説競作。僞托師巫，妄言禍福，結會傳徒，糾盟黨惡。使我良民，受其愚惑。惟民之愚，見異思遷，謂可成佛，謂可昇仙。教之不悟，信之愈堅，不惜軀命，無論金錢。嗟爾之軀，生自父母，望爾承先，待爾啟後，達固爲榮，窮亦可守，奈何不肖，受其協誘。嗟爾之財，辛苦所餘，累非朝夕，積自錙銖，衣食所賴，緩急是需，奈何被惑，罄其蓄儲。今爲爾告，爾其敬聽。自來百邪，不敵一正。見晛雪消，遇霜草隕。身敗名隳，曾不轉瞬。不見異端，男女同室，廉耻道亡，綱常理息。如彼禽獸，豈容天日，一旦伏誅，悔之何及！不見異端，茹素念經，愚我黔首，亂我儒衿。生爲民蠹，死受國刑。殃禍不救，祈祝無靈。不見異端，創立名號，敢肆譸張，自外覆燾。翦鴞于林，磔鼠在道，曾不崇朝，首領莫保。前車可鑒，覆轍當思，何習其教，更拜爲師。念此蠢蠢，哀我蚩蚩。狂瀾不返，疇其拯之。乃飭疆吏，乃命守土，爲爾去莠，爲爾除蠹。殄此虺蛇，投彼豺虎。一警迷塗，同歸覺路。自今庶民，各守爾義。農服耕耘，上修孝弟。商阜其財，工勤其藝。莫作非爲，永保勿替。更告爾兵，武藝爲先。冠不在美，衣不在鮮。武勇既備，禮讓并嫻。毋蹈非分，永守勿愆。矧今盛世，何生不育？化及昆蟲，澤被草木，飽煖有資，俯仰俱足。幸生其時，太平可樂，勿干國憲，勿犯王章。各安本務，共享平康，秋田息蜡，春社烹羊，人其永壽，天亦降祥。

輿圖

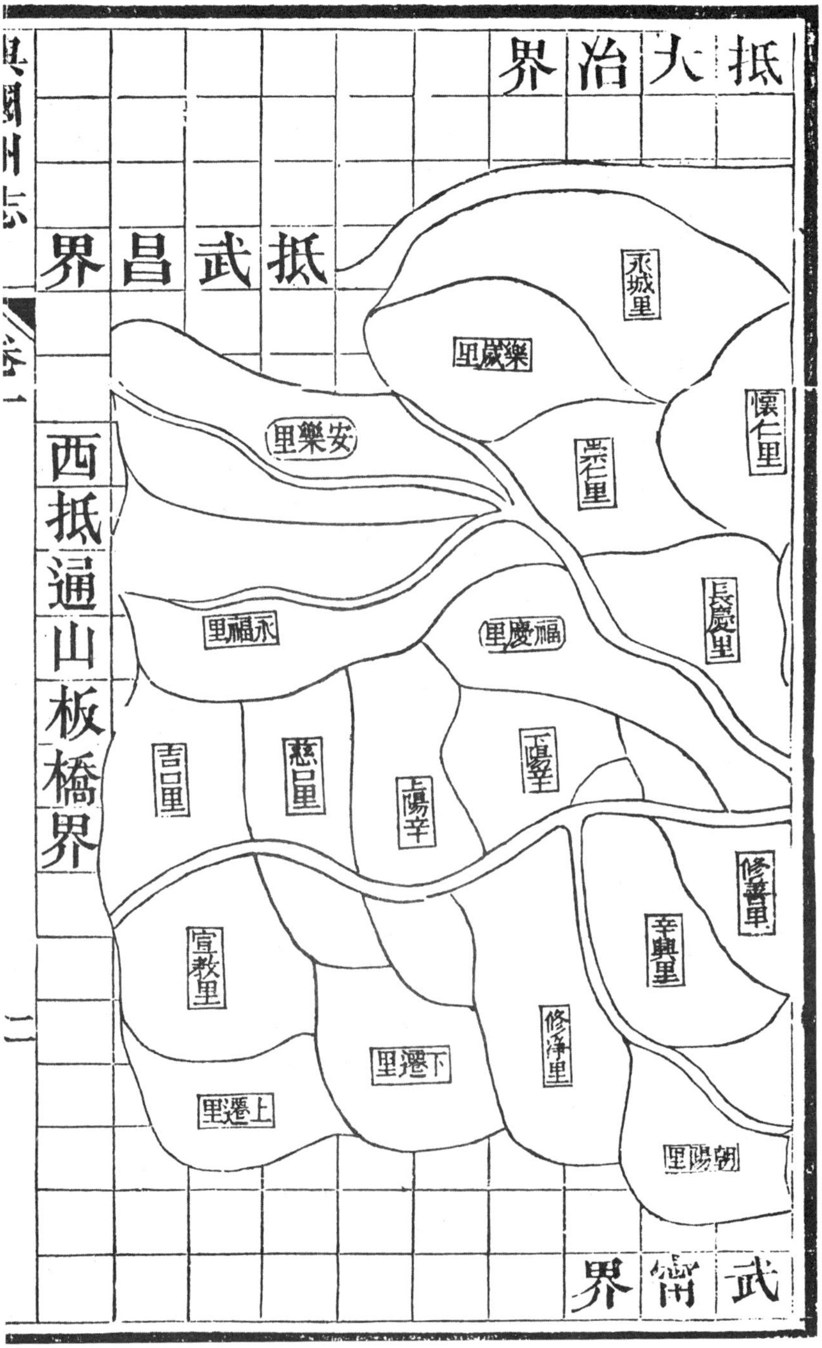
抵大冶界
抵武昌界
西抵通山板橋界
武甯界
永城里
樂咸里
安樂里
懷仁里
崇仁里
長慶里
永福里
福慶里
吉口里
慈口里
上陽辛
下陽辛
修善里
辛興里
宣教里
修淨里
下遷里
上遷里
朝陽里
興國州志 卷一 二

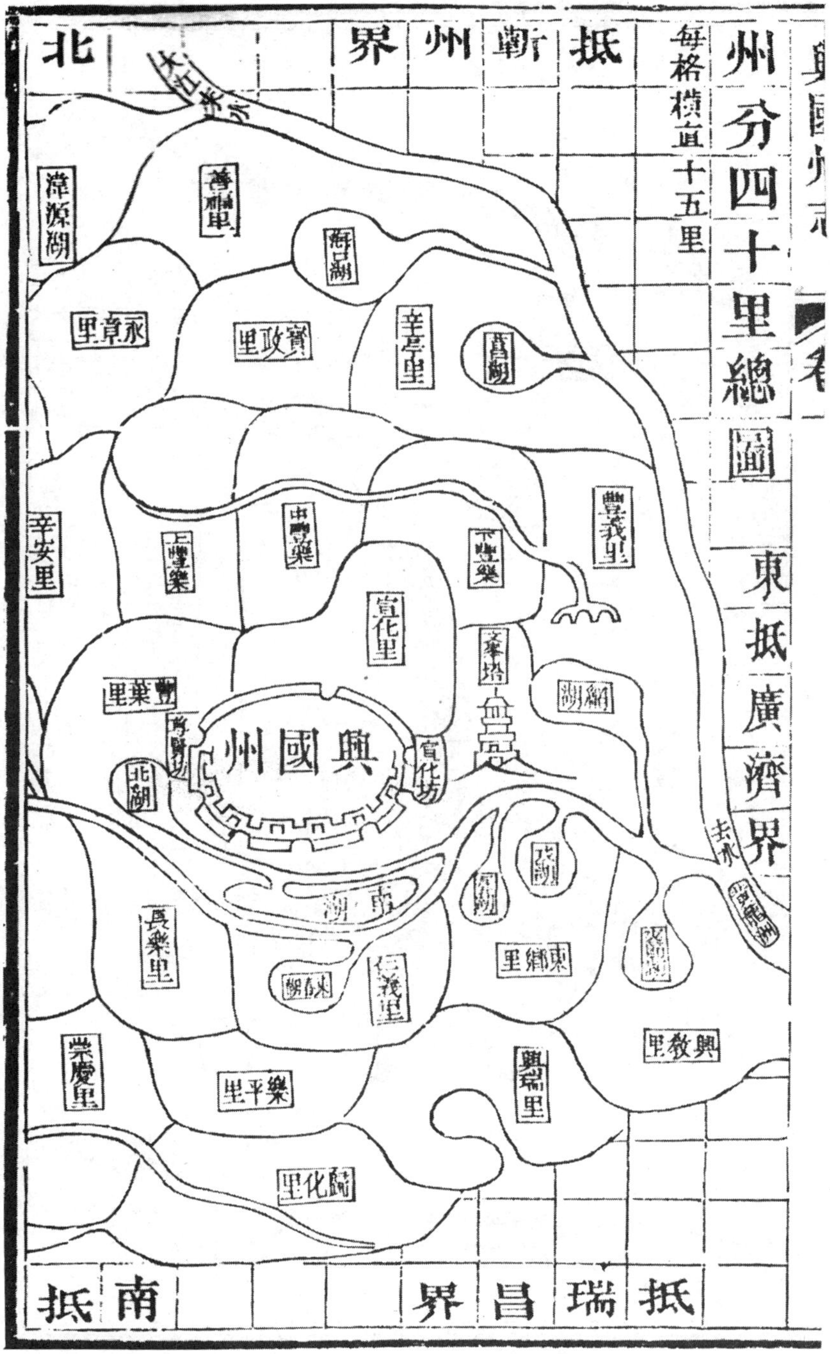
州分四十里總圖
每格橫直十五里
北抵蘄州界
東抵廣濟界
南抵瑞昌界
大江
漳源湖
善福里
永章里
寶政里
辛安里
上豐樂
中豐樂
下豐樂
豐義里
宣化里
豐樂里
興國州
北湖
宣化坊
文峯塔
南湖
長樂里
仁義里
東鄉里
興教里
崇慶里
樂平里
歸化里
去水

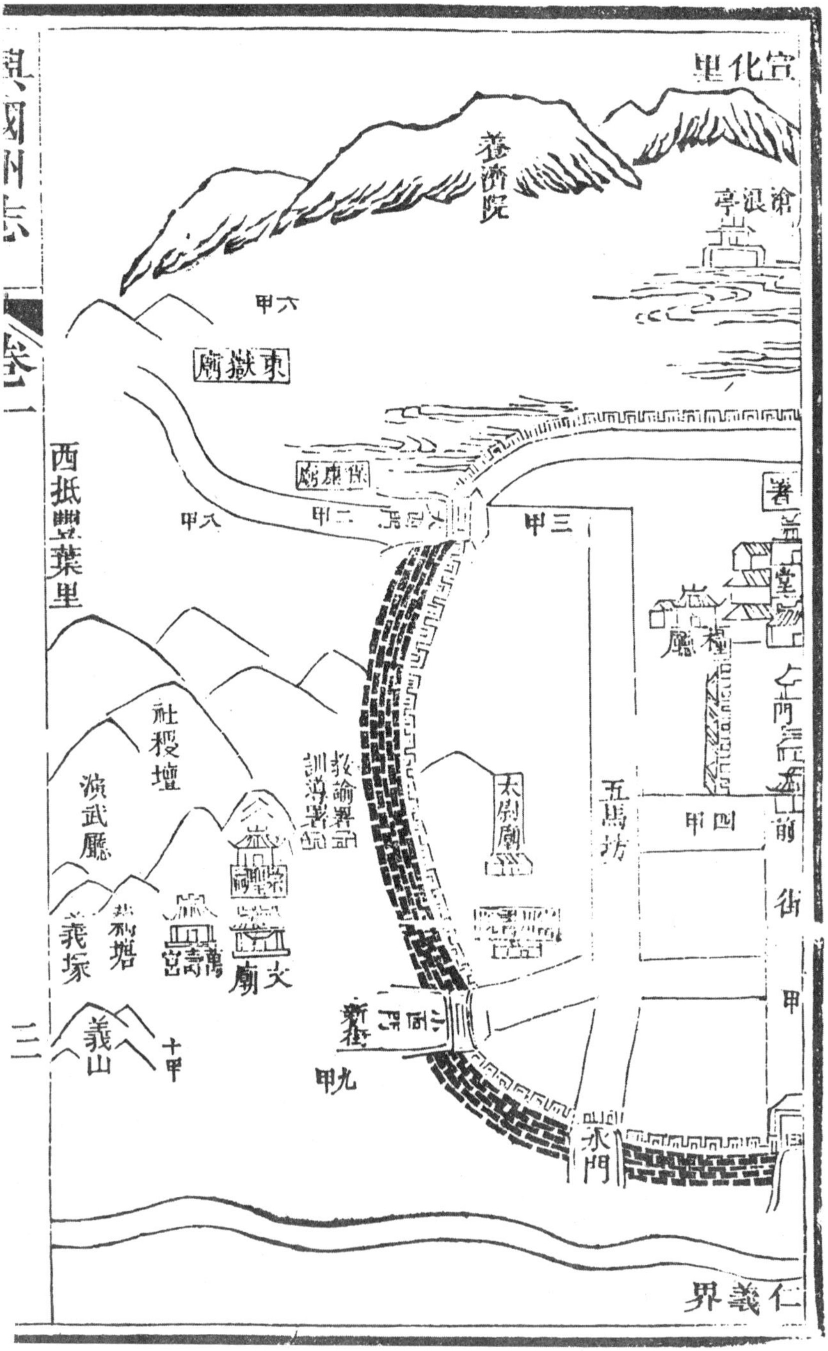
興國州志
卷二
三
宮化里
養濟院
滄浪亭
六甲
東嶽廟
西抵豐葉里
八甲
二甲
三甲
社稷壇
演武廳
教諭署
訓導署
太尉廟
五馬坊
四甲
前街
甲
義冢
義山
十甲
九甲
萬壽宮
文廟
新街
水門
仁義界

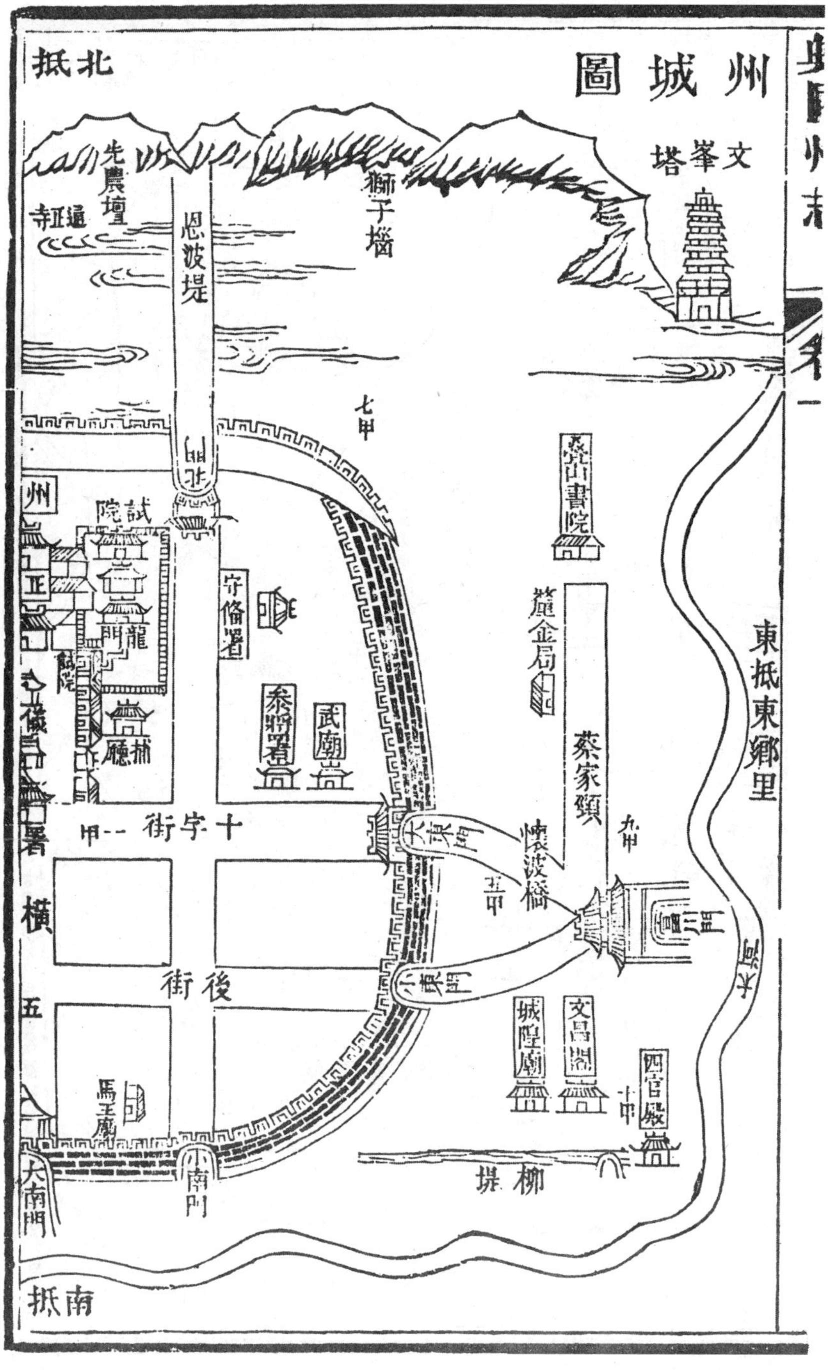
州城圖
北抵
文峯塔
先農壇
恩波堤
北門
試院
守備署
參將署
武廟
龍門
捕廳
州署
十字街
大東門
懷波橋
小東門
後街
橫街
城隍廟
文昌閣
四官殿
馬王廟
小南門
大南門
柳堤
東抵東鄉里
南抵

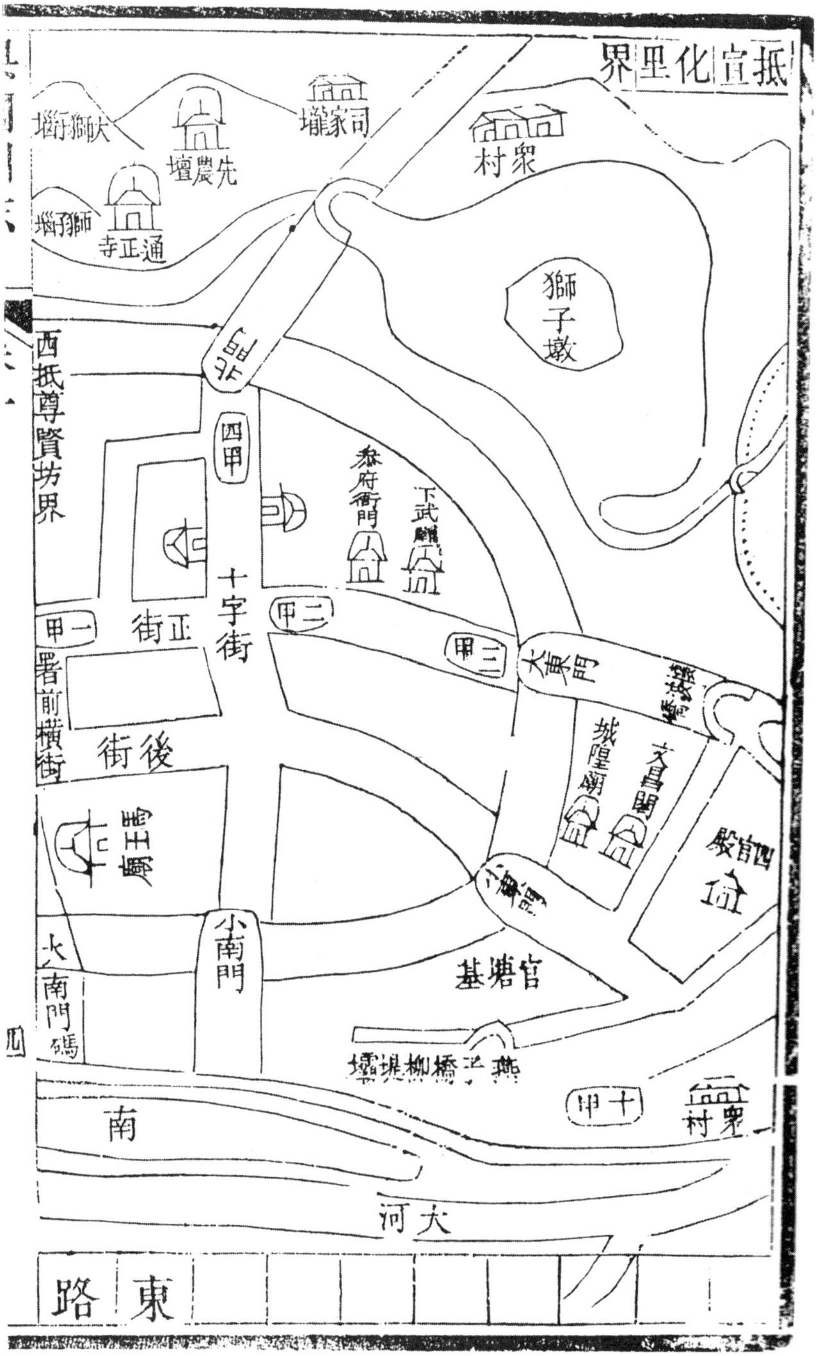
抵宜化里界
司家壠
大獅衙壠
先農壇
衆村
獅子壠
通正寺
獅子墩
北門
西抵尊賢坊界
四甲
參府衙門
下武廟
十字街
一甲
正街
二甲
三甲
大東門
署前横街
後街
城隍廟
文昌閣
馬王廟
西官殿
小東門
小南門
大南門碼
官塘基
燕子橋柳堤壩
十甲
東村
南
大河
東路

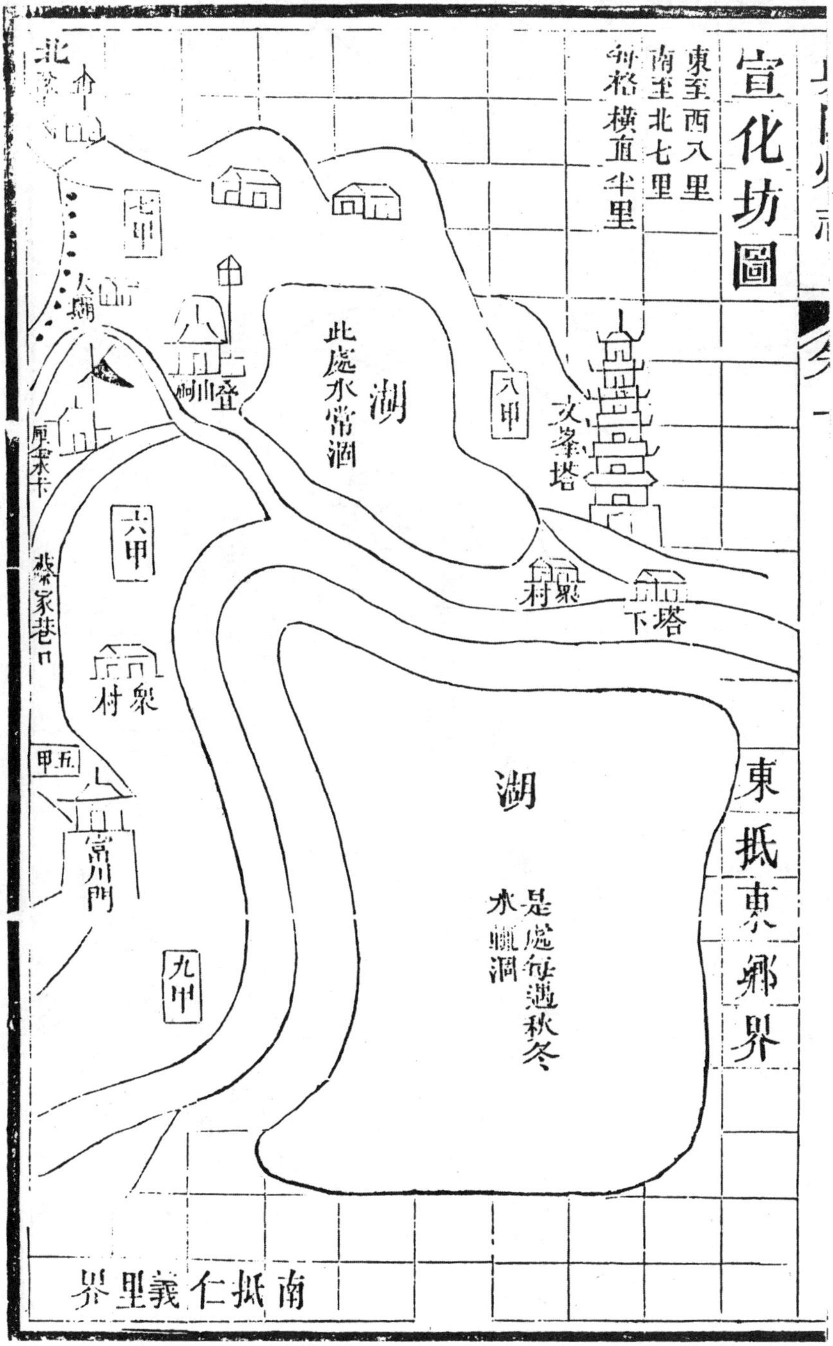
宣化坊圖
東至西八里
南至北七里
每格橫直半里
此處水常涸
湖
文峯塔
七甲
八甲
六甲
九甲
五甲
泉村
塔下
湖
是處每遇秋冬水輒涸
東抵東鄉界
南抵仁義里界

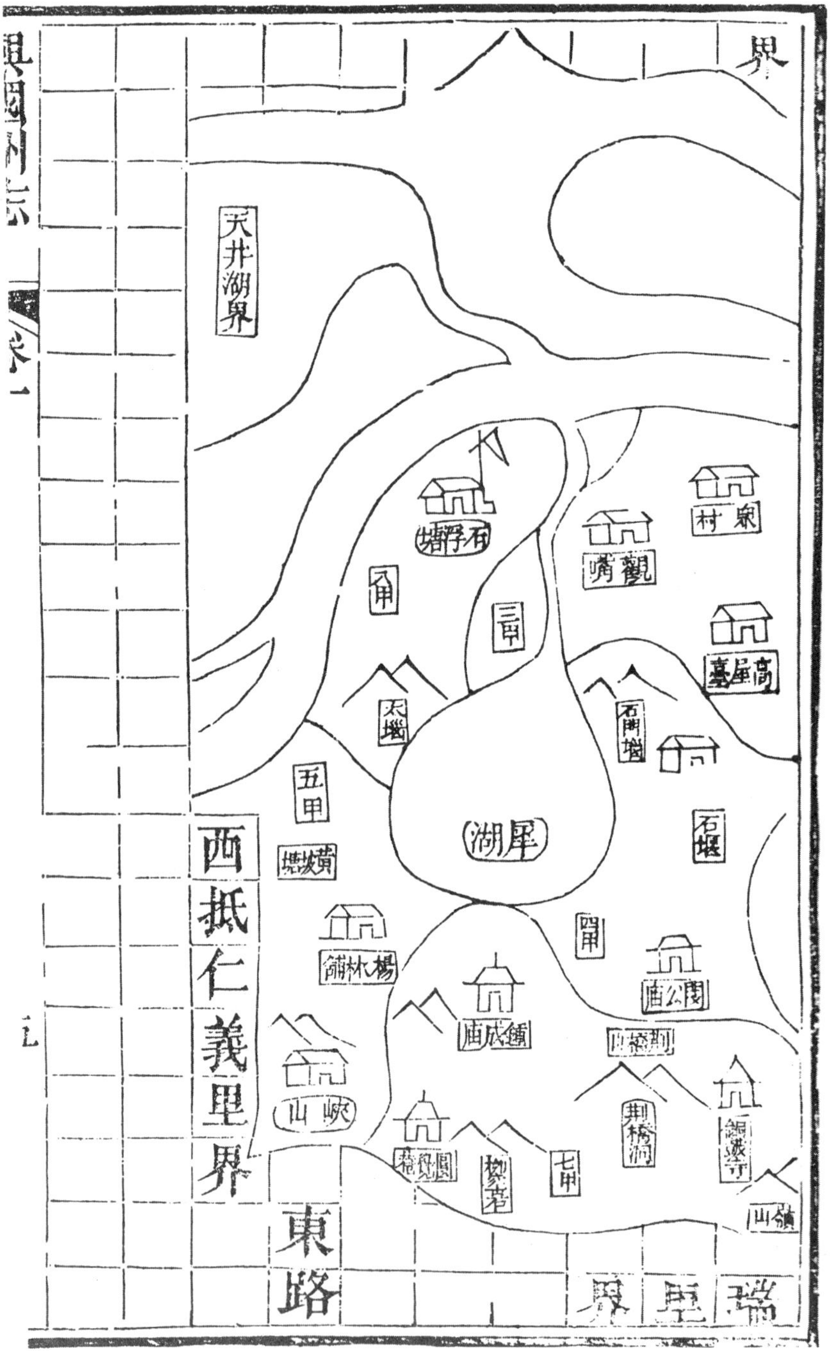
界
天井湖界
石浮塘
八甲
三甲
泉村
觀嶺
高屋臺
石門墩
石堰
五甲
犀湖
黄坡塘
楊林舖
四甲
閔公廟
峽山
荆橋洞
銅鼓寺
圓覺菴
七甲
西抵仁義里界
東路

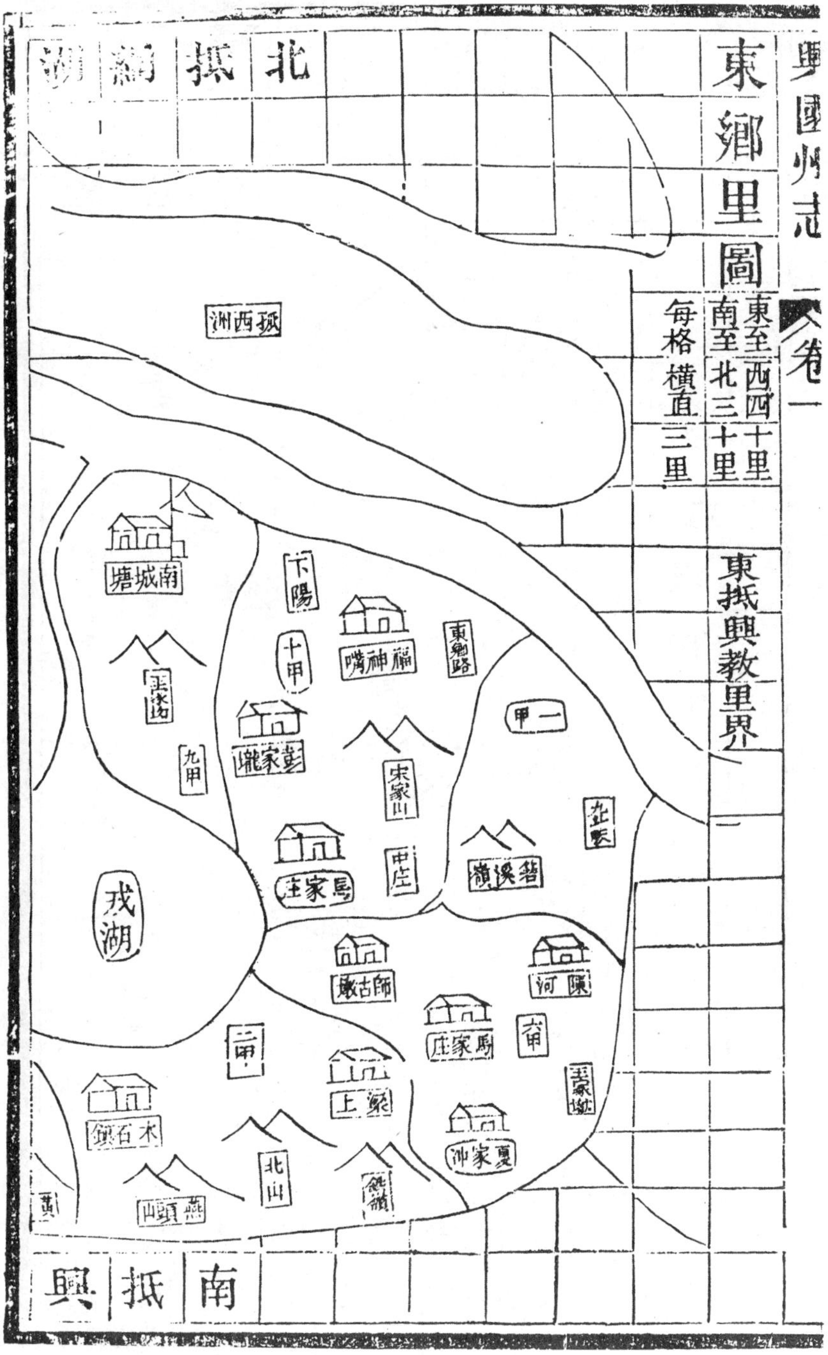
興國州志
卷一
東鄉里圖
東至西四十里
南至北三十里
每格橫直三里
東抵興教里界
南城塘
下陽
十甲
福神嘴
彭家壠
九甲
一甲
宋家山
馬家庄
中庄
戎湖
馬家庄
夏家冲
木石鎮
燕頭山
北山
南抵興

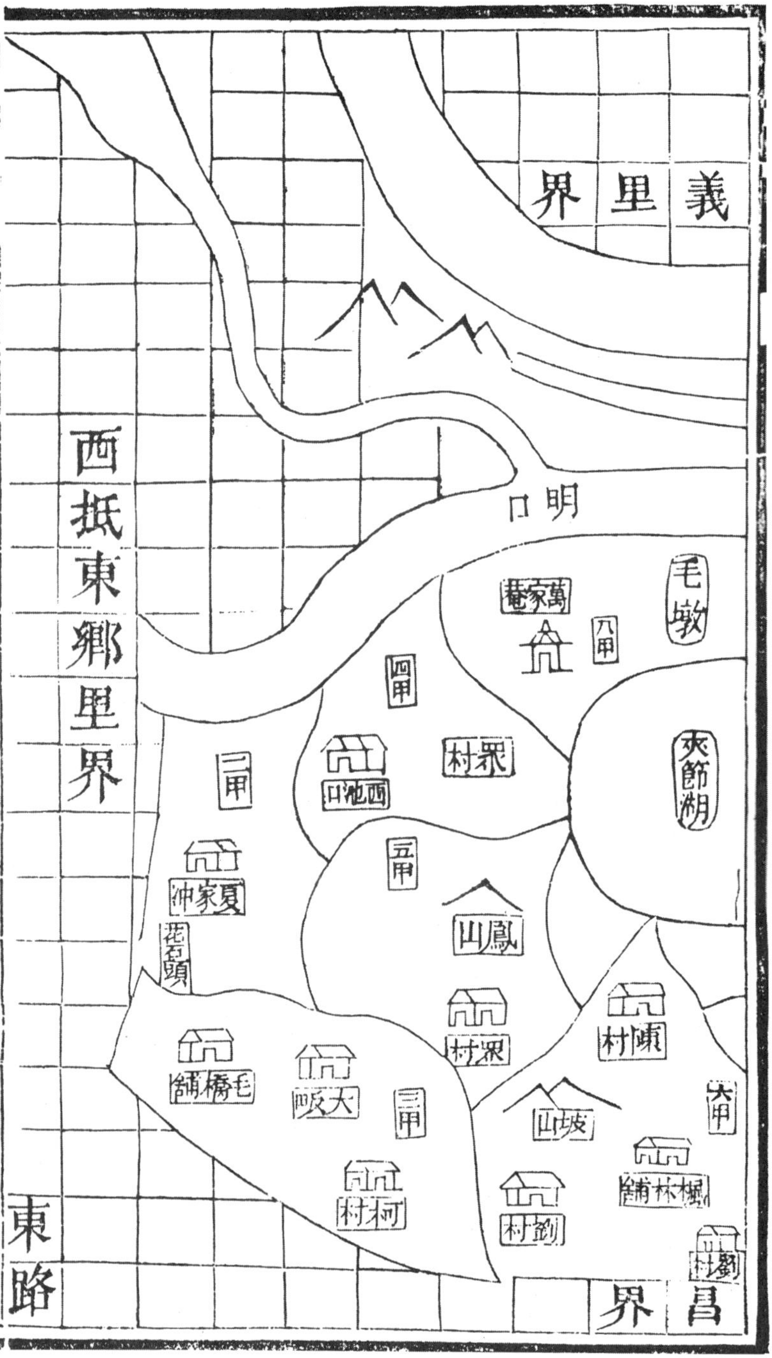
義里界
明口
西抵東鄉里界
萬家菴
八甲
毛墩
四甲
衆村
二甲
西池口
夾節湖
五甲
夏家冲
鳳山
花石頭
陳村
衆村
毛橋舖
大畈
三甲
坡山
六甲
楓林舖
柯村
劉村
劉村
東路
昌界

六

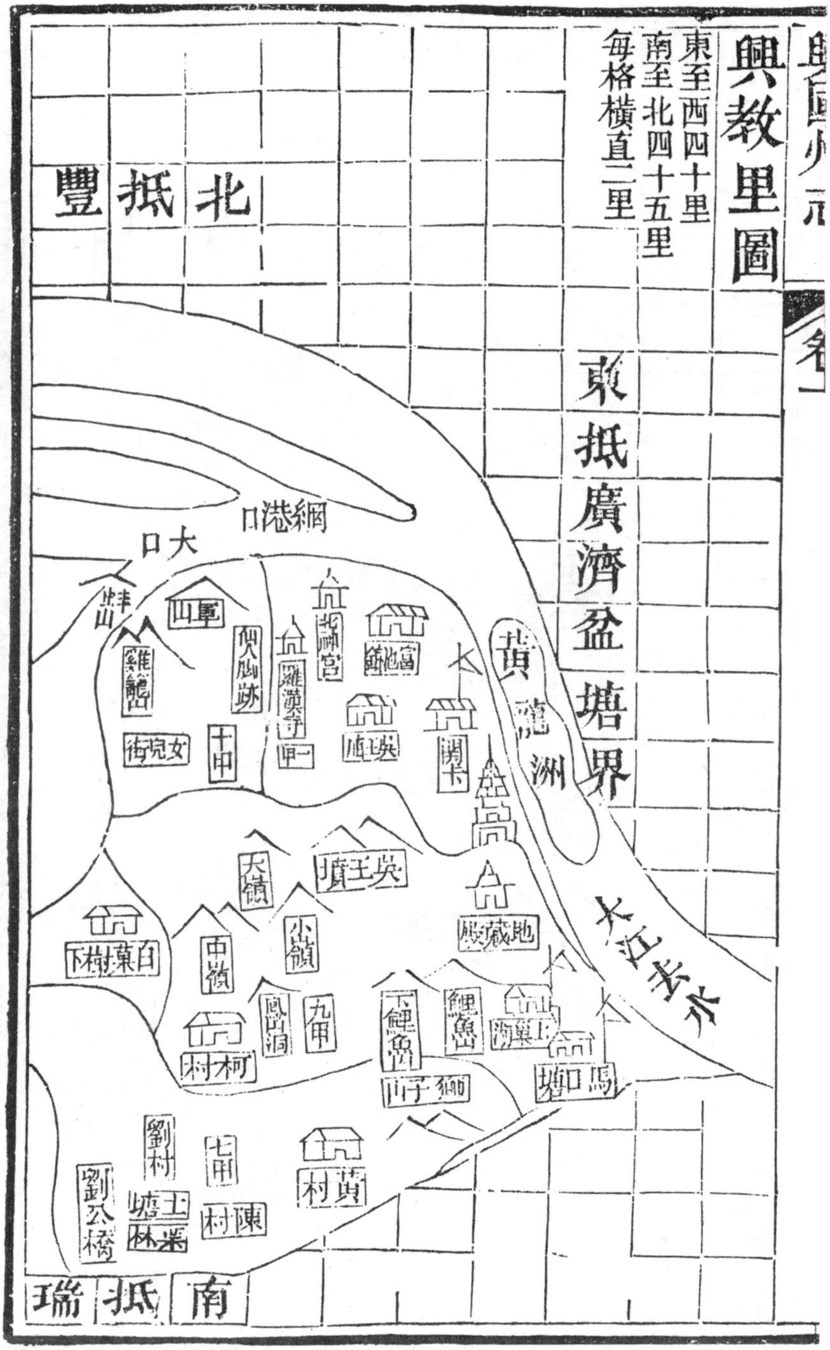
興教里圖
東至西四十里
南至北四十五里
每格橫直二里
北抵豐
東抵廣濟盆塘界
南抵瑞
網港口
大口
黃龍洲
羅漢寺
女兒街
十甲
吳王廟
大嶺
小嶺
中嶺
地藏殿
白葉樹下
九甲
柯村
獅子山
馬口塘
黃村
陳村
七甲
劉村
劉公橋

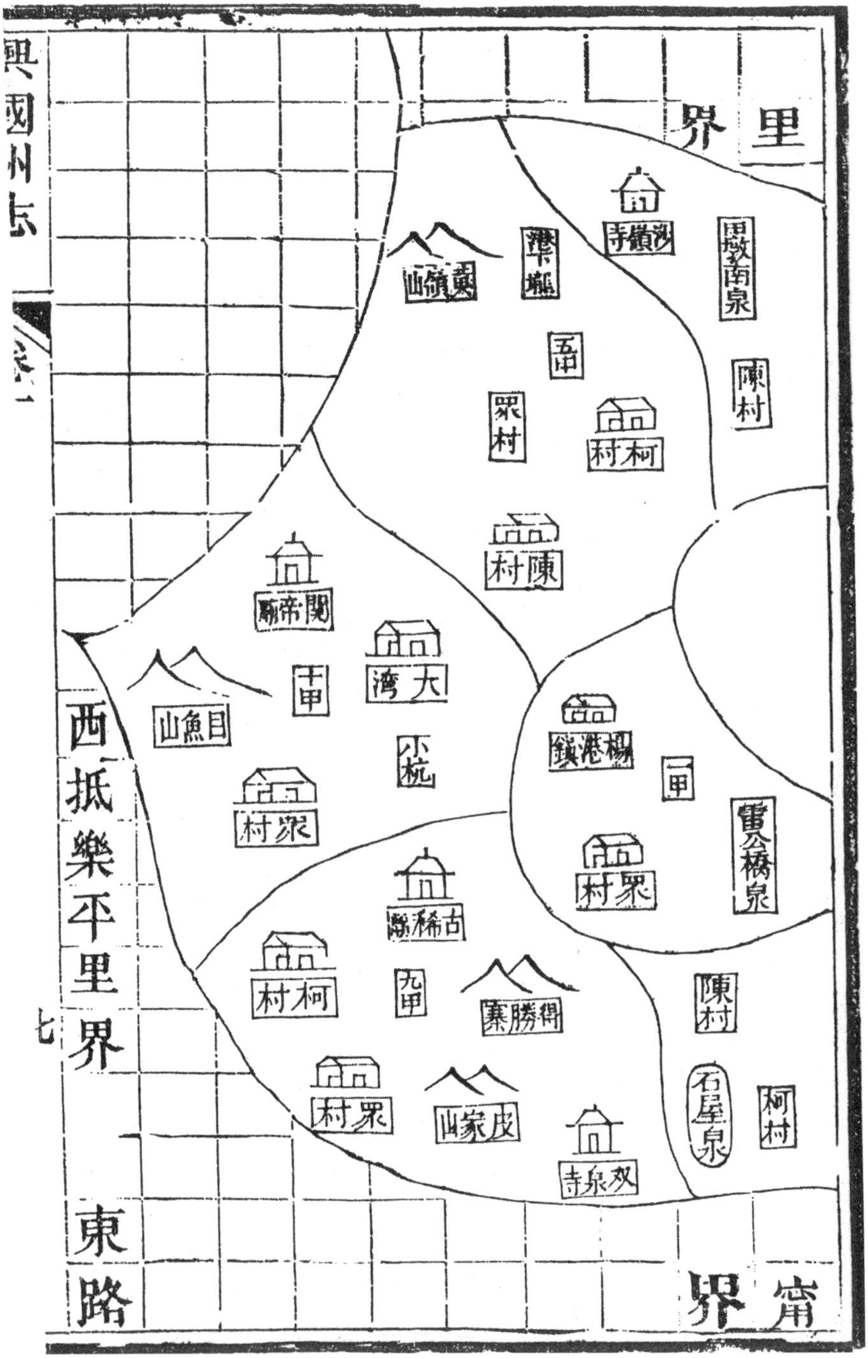

興國州志
卷一
七
里界
沙鎮寺
陳村
五甲
衆村
柯村
陳村
關帝廟
大湾
十甲
目魚山
衆村
楊港鎮
一甲
雷公橋泉
衆村
柯村
九甲
得勝寨
陳村
石屋泉
柯村
衆村
皮家山
双泉寺
西抵樂平里界
東路
甯界

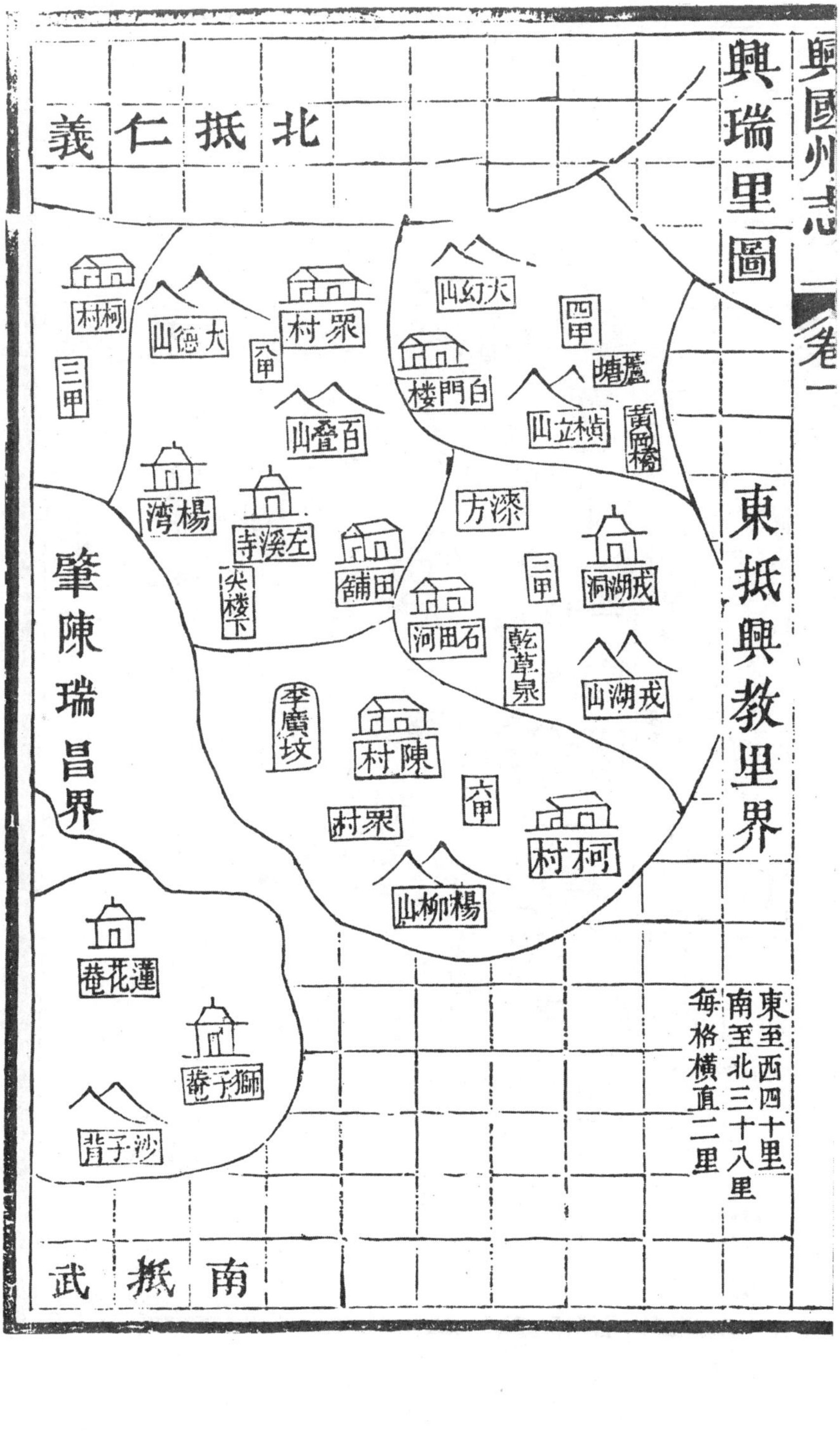
興國州志　卷一
興瑞里圖
北抵仁義
東抵興教里界
南抵武
肇陳瑞昌界
柯村
三甲
大德山
眾村
六甲
百疊山
楊灣
左溪寺
田舖
尖樓下
大幻山
四甲
白門樓
蘆塘
橫立山
黃岡橋
漆方
二甲
戎湖洞
石田河
乾草泉
戎湖山
李廣坟
陳村
六甲
眾村
柯村
楊柳山
蓮花菴
獅子菴
沙子背
東至西四十里
南至北三十八里
每格橫直二里

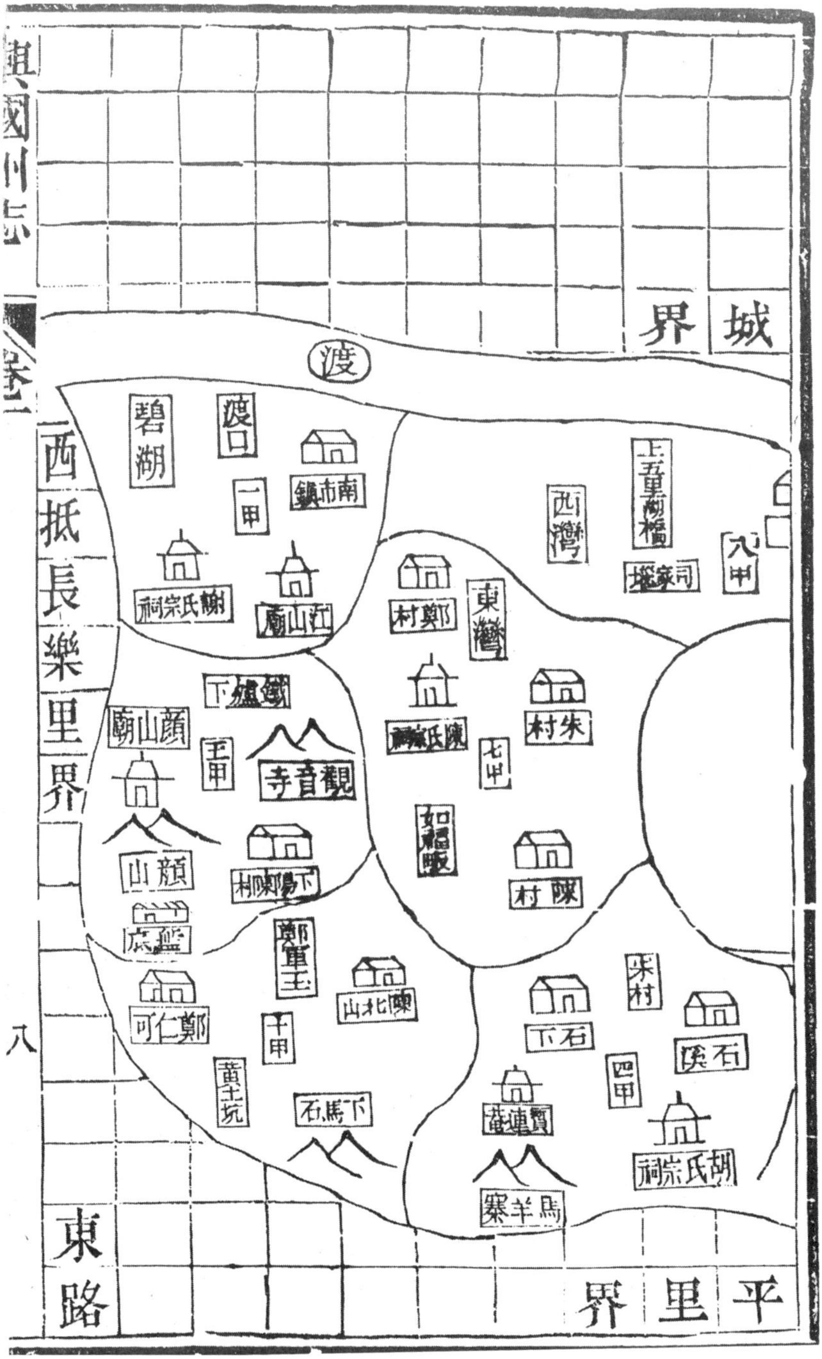
興國州志
卷二
八
城界
渡
碧湖
渡口
一甲
南市鎮
謝氏宗祠
江山廟
西灣
八甲
鄭村
東灣
顏山廟
觀音寺
朱村
七甲
如福畈
陳村
顏山
陳北山
鄭仁可
十甲
黃土坑
下馬石
米村
石下
石溪
四甲
寶蓮菴
胡氏宗祠
馬羊寨
西抵長樂里界
東路
平里界

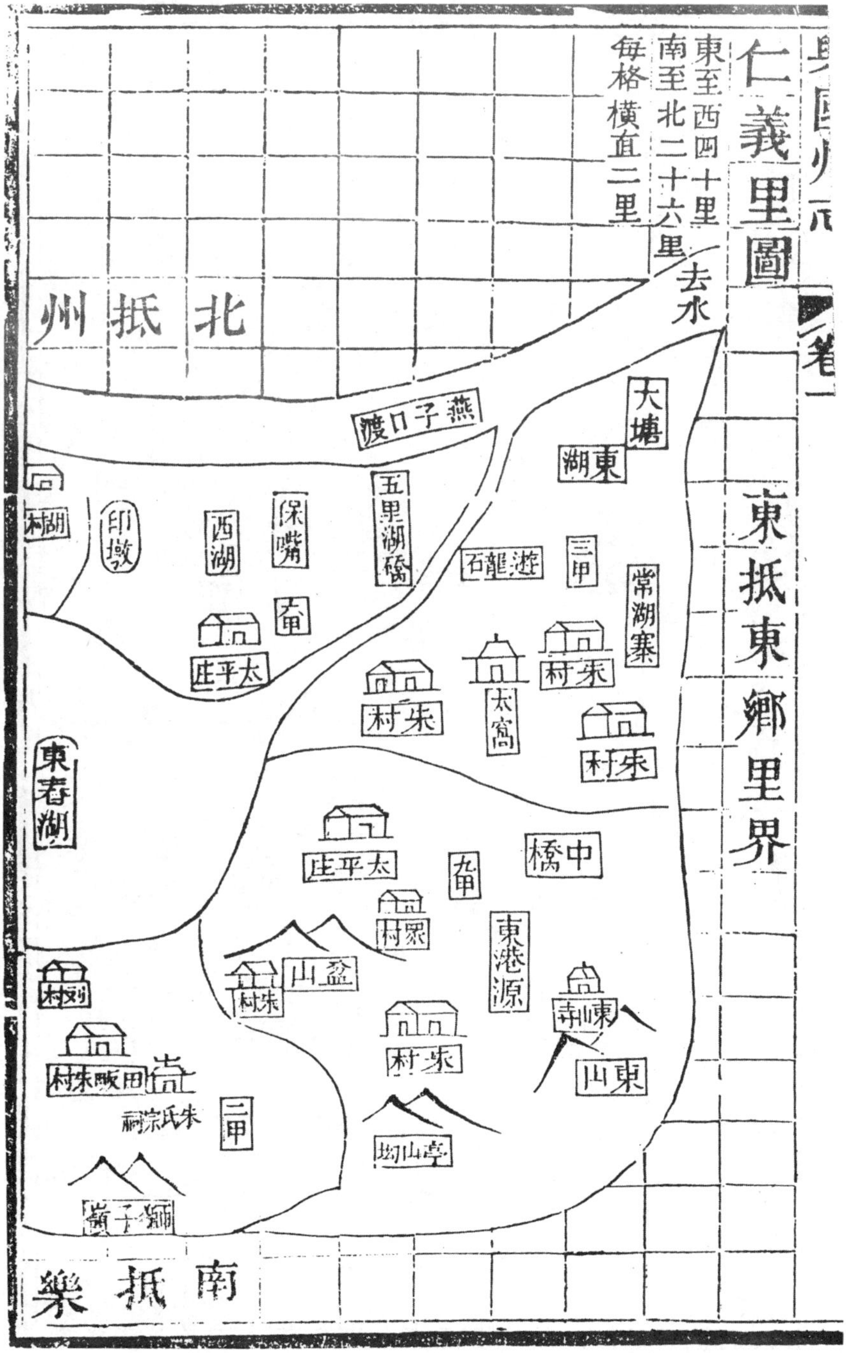
仁義里圖
東至西四十里
南至北二十六里
每格橫直二里
卷一
北抵州
去水
燕子口渡
大塘
東湖
五里湖橋
保嘴
西湖
印墩
遊龍石
三甲
常湖寨
東抵東鄉里界
太平庄
東春湖
中橋
太平庄
東港源
盆山
東山
亭山坳
二甲
朱氏宗祠
獅子嶺
南抵樂

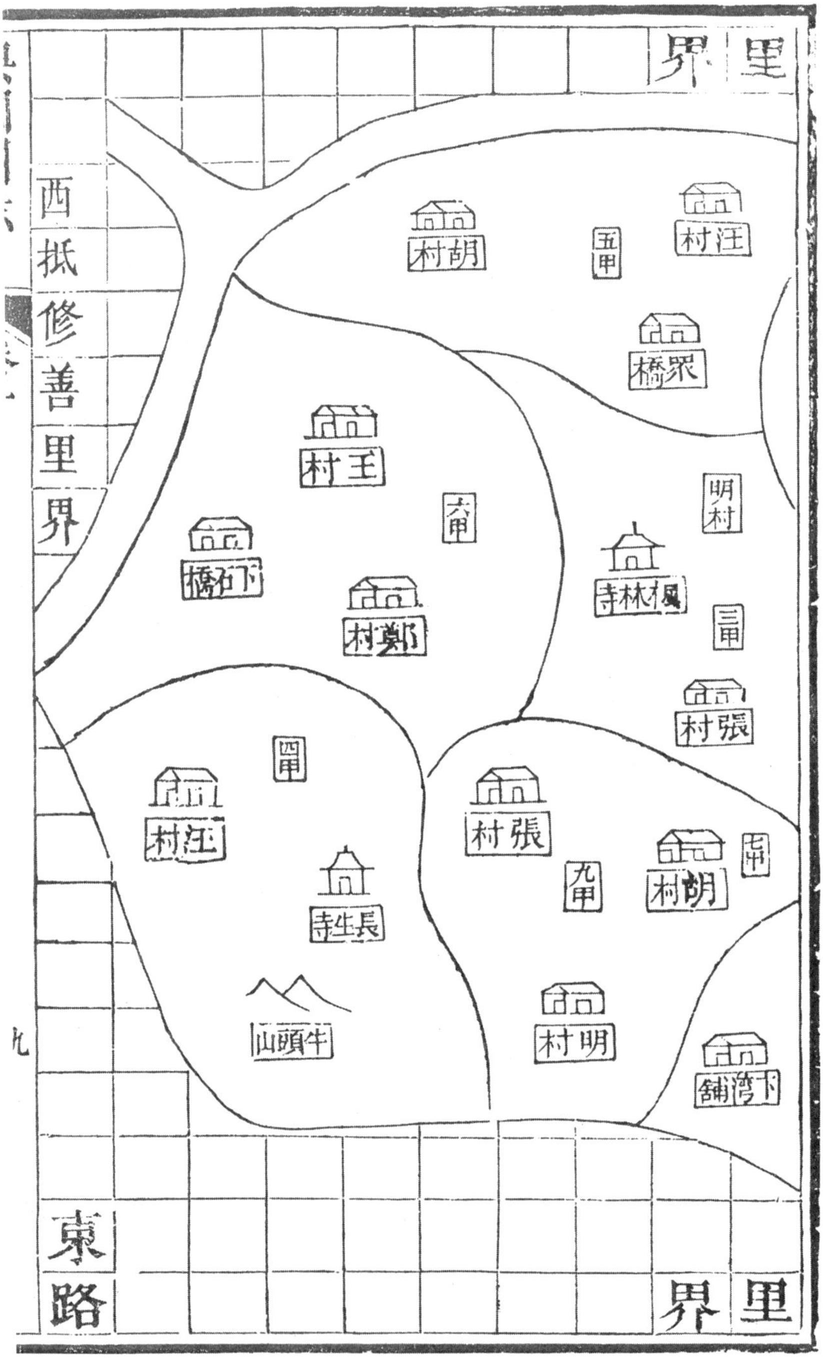
里界
西抵修善里界
胡村
五甲
汪村
衆橋
王村
六甲
明村
下石橋
楓林寺
鄭村
三甲
張村
四甲
汪村
張村
九甲
胡村
七甲
長生寺
牛頭山
明村
下灣舖
東路
里界

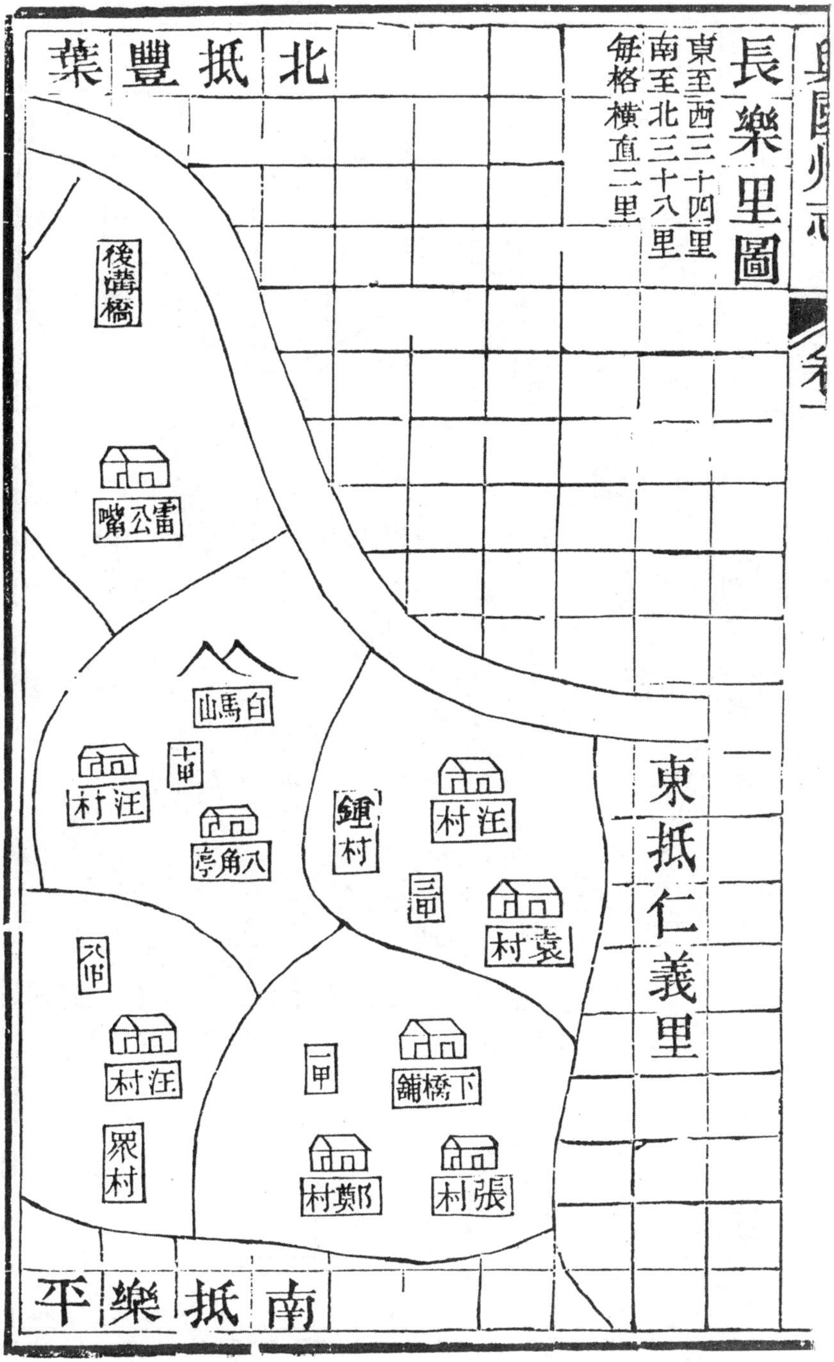
長樂里圖
東至西三十四里
南至北三十八里
每格横直二里
北抵豐樂
東抵仁義里
南抵樂平
後溝橋
雷公嘴
白馬山
汪村
八角亭
鍾村
汪村
袁村
汪村
衆村
下橋鋪
鄭村
張村

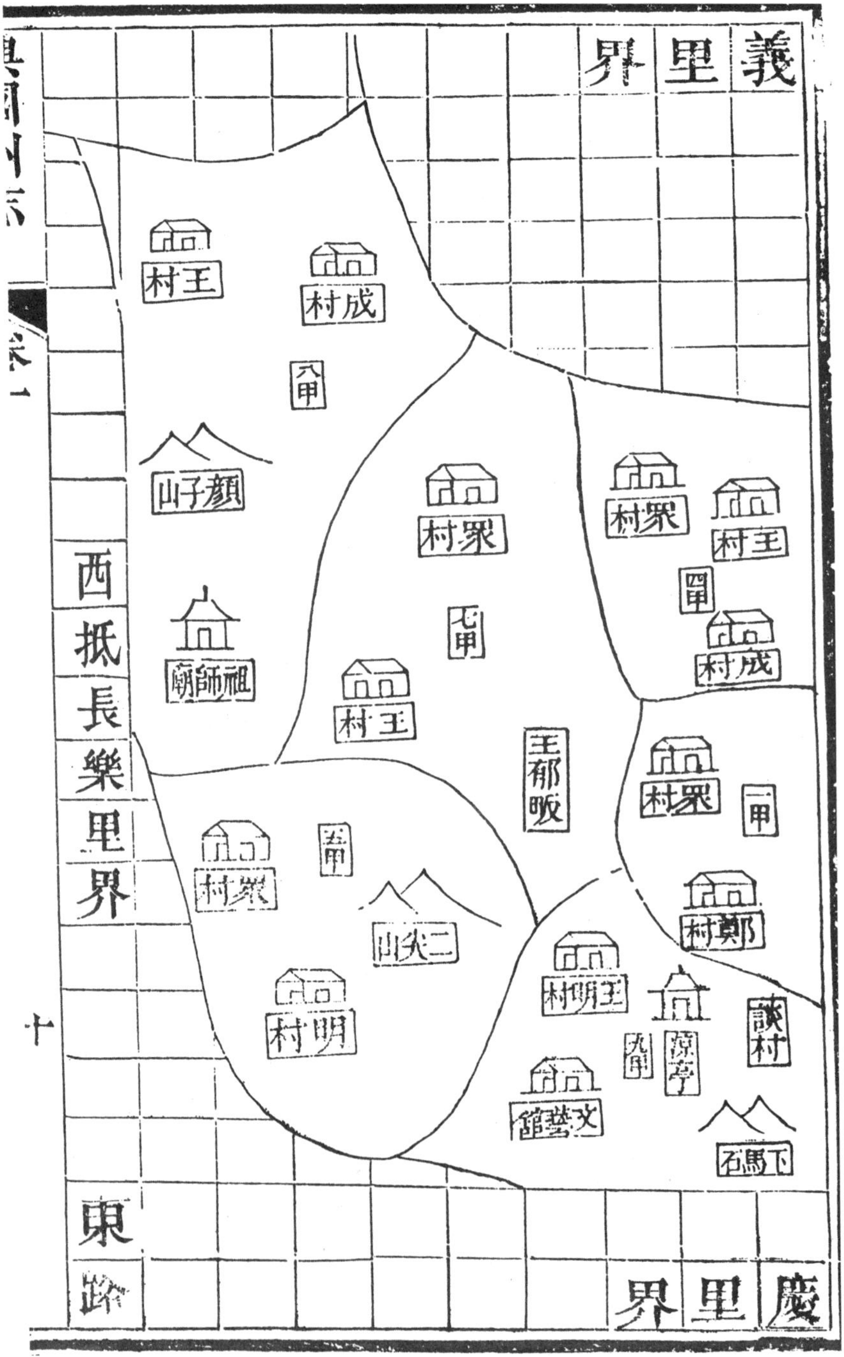

義里界
興國州志
卷一
十
西抵長樂里界
東路
慶里界
王村
成村
六甲
顏子山
祖師廟
眾村
七甲
王村
王郁畈
五甲
眾村
二尖山
明村
眾村
王村
四甲
成村
眾村
一甲
鄭村
王明村
三甲
涼亭
談村
文藝館
下馬石

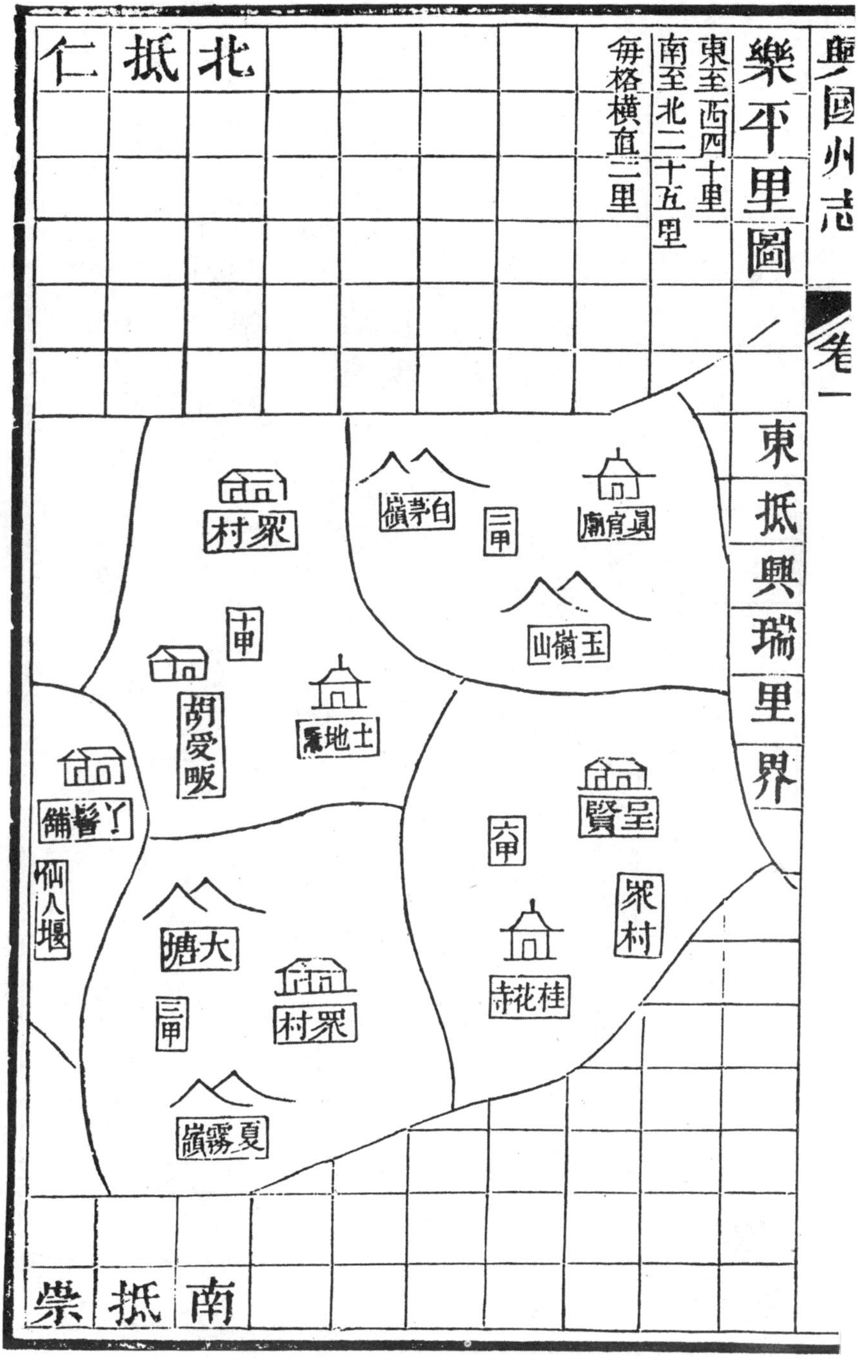
輿圖州志
卷一
樂平里圖
東至西四十里
南至北二十五里
每格橫直二里
北抵仁
東抵興瑞里界
南抵崇
衆村
白茅嶺
三甲
眞官廟
玉嶺山
十甲
胡愛畈
土地祠
了髻鋪
仙人堰
呈賢
六甲
衆村
桂花寺
大塘
衆村
三甲
夏霧嶺

興國州志 卷一 十一

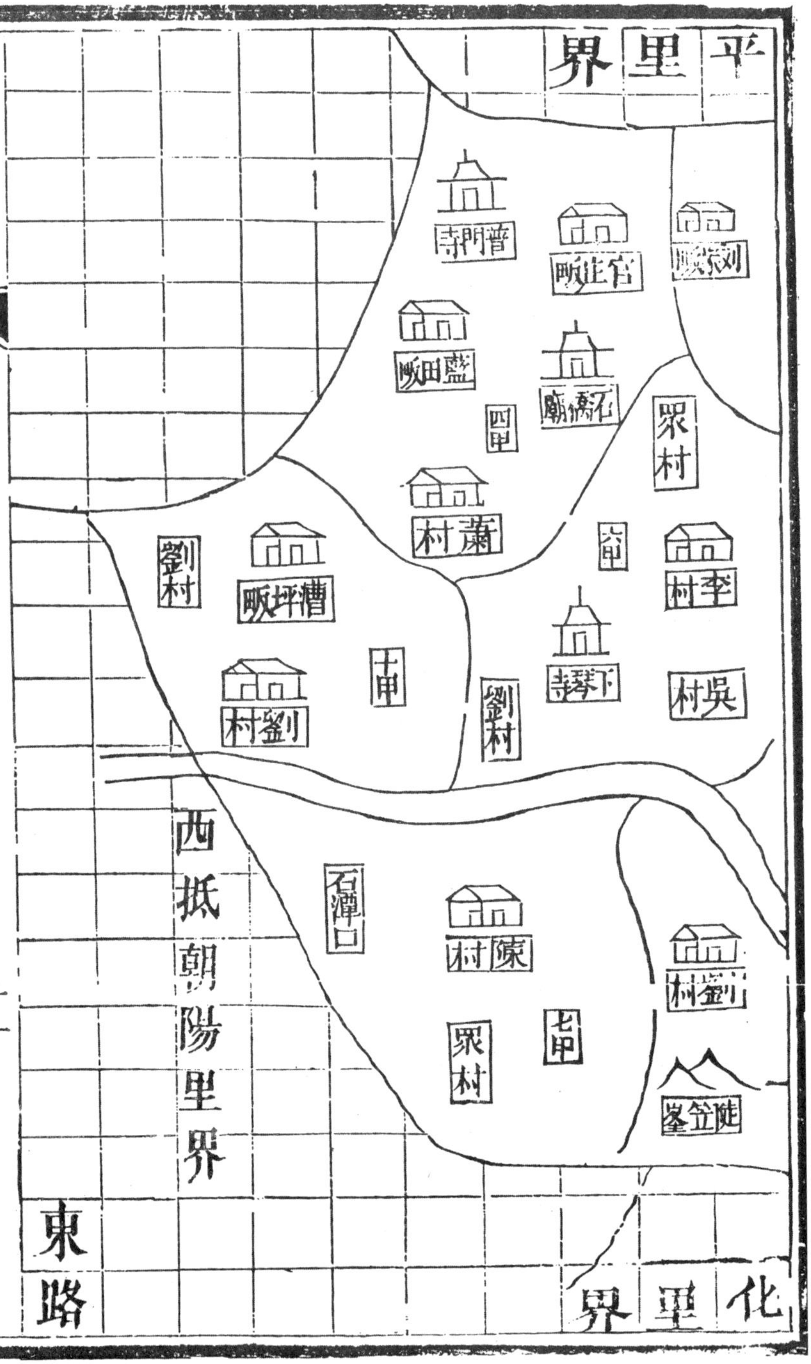
平里界
普門寺
官莊畈
劉家畈
藍田畈
石橋廟
四甲
眾村
蕭村
劉村
曹坪畈
十甲
劉村
李村
下琴寺
吳村
劉村
西抵朝陽里界
石潭口
陳村
劉村
七甲
眾村
陡笠峯
東路
化里界

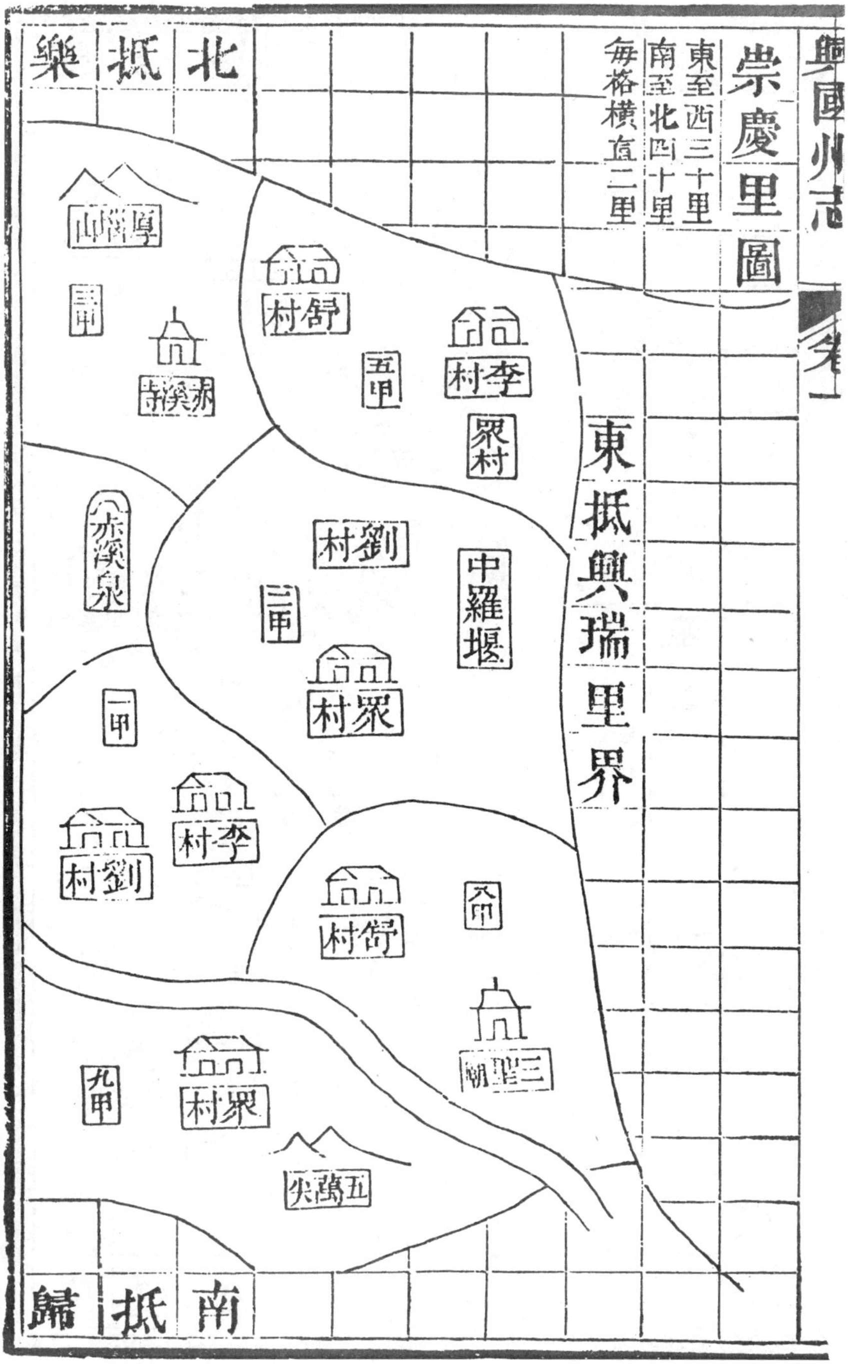
崇慶里圖
東至西三十里
南至北四十里
每格橫直二里
北抵樂
東抵興瑞里界
南抵歸
舒村
李村
五甲
劉村
中羅堰
三甲
一甲
李村
劉村
舒村
三聖廟
九甲
赤溪寺

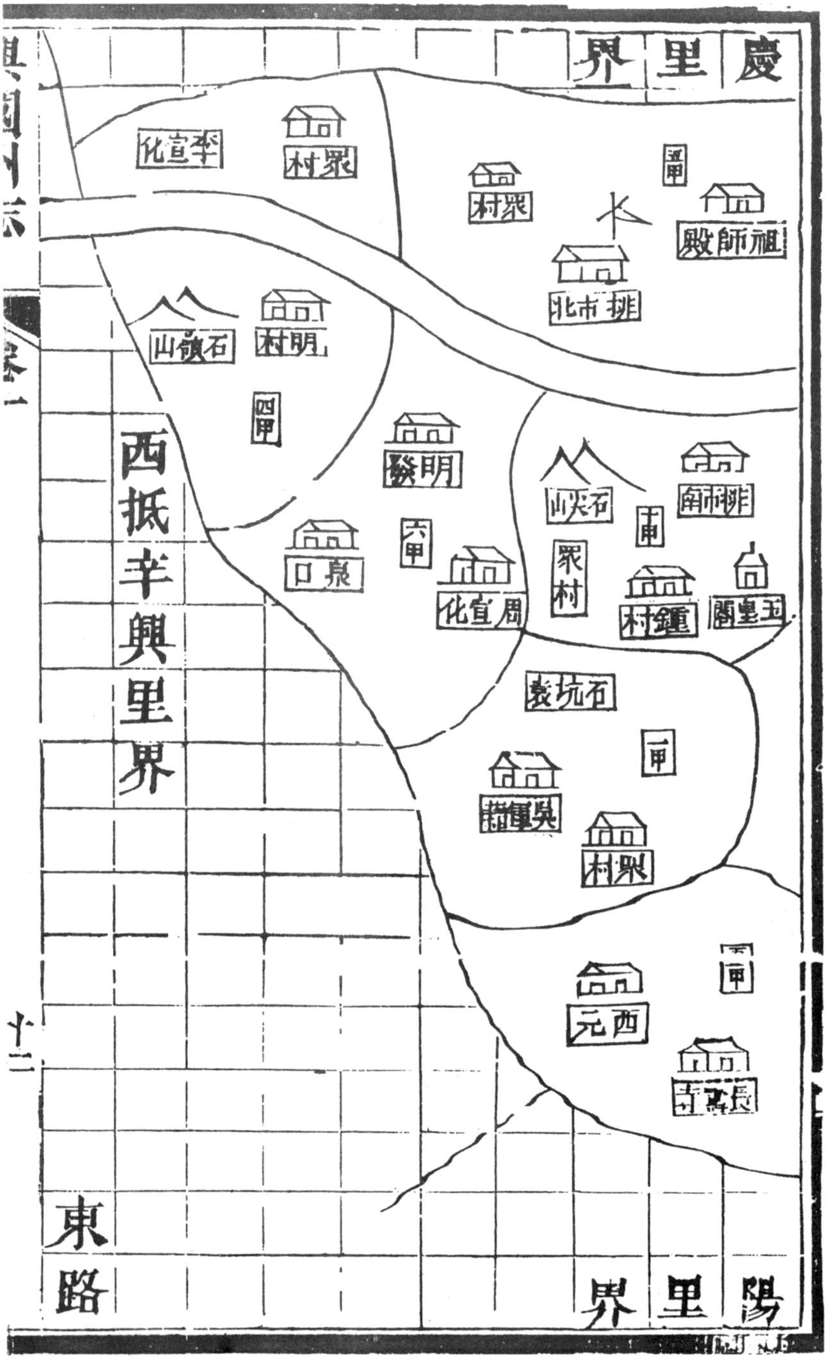
興國州志
卷一
十二
慶里界
李宣化
衆村
衆村
祖師殿
排市北
石嶺山
明村
四甲
西抵辛興里界
明發
泉口
六甲
周宣化
石尖山
排市南
十甲
衆村
鍾村
玉皇閣
石坑裘
一甲
衆村
西元
長壽寺
東路
陽里界

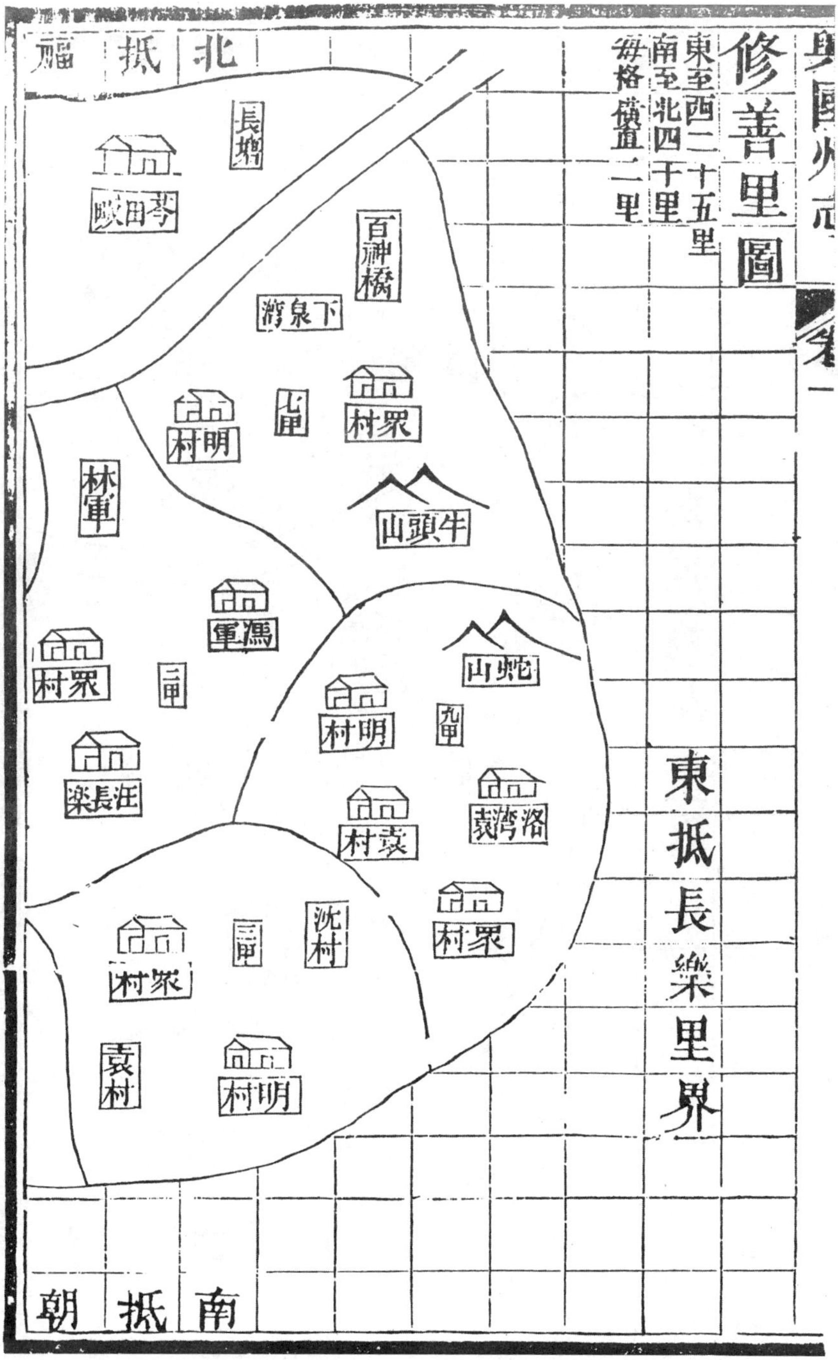
修善里圖
東至西二十五里
南至北四十里
每格橫直二里
北抵
長塘
李田歐
百神橋
下泉灣
七甲
眾村
明村
牛頭山
林軍
馮軍
眾村
三甲
汪長樂
蛇山
明村
九甲
洛灣袁
袁村
眾村
沈村
三甲
眾村
袁村
明村
東抵長樂里界
南抵朝

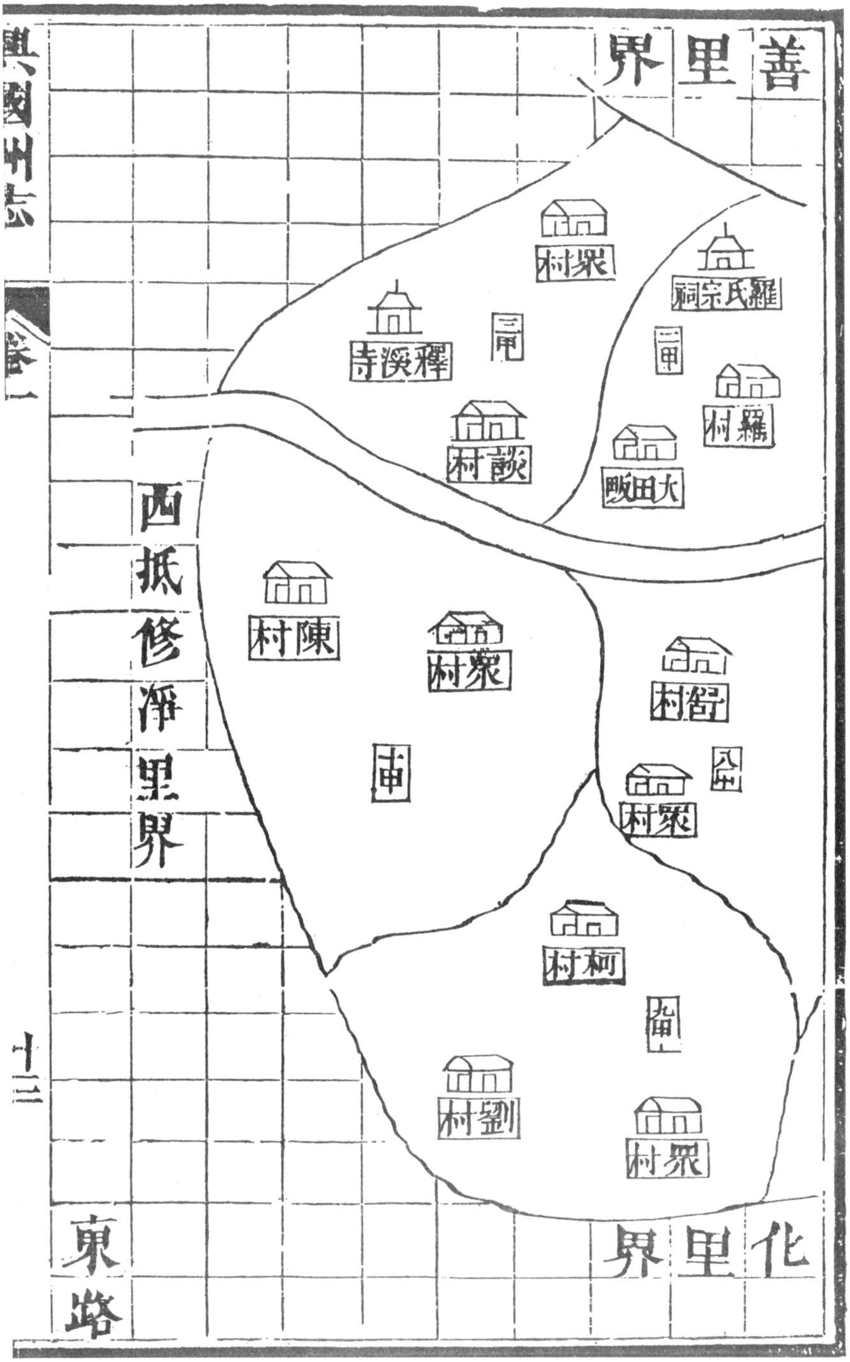
興國州志 卷一
十三
善里界
化里界
西抵修淨里界
東路
釋溪寺
羅氏宗祠
羅村
談村
大田畈
陳村
舒村
柯村
劉村
二甲
八甲

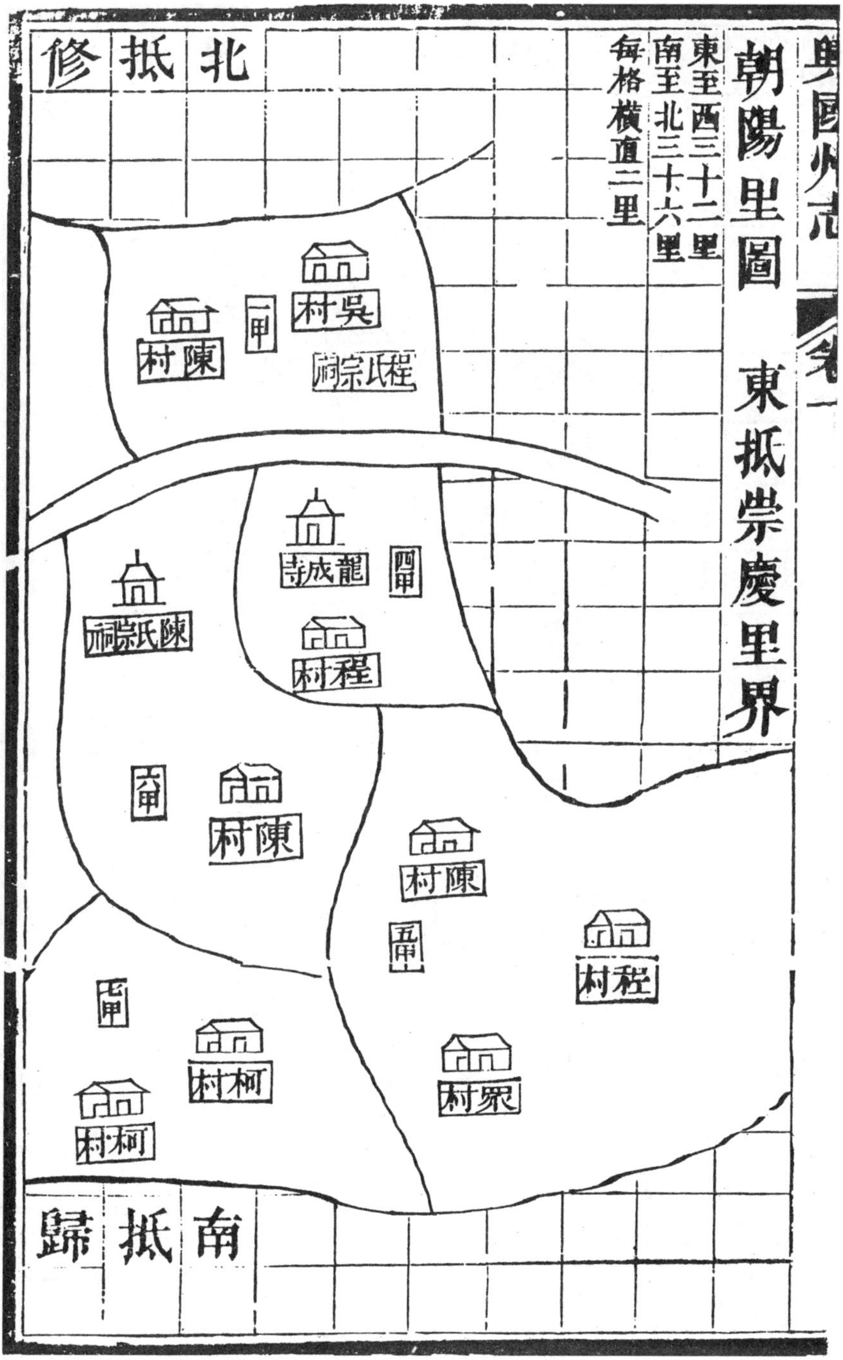
輿圖州志
卷一
朝陽里圖
東抵崇慶里界
東至西三十二里
南至北三十六里
每格橫直二里
北抵修
南抵歸
一甲
村吳
村陳
祠宗氏程
寺成龍
四甲
祠宗氏陳
村程
六甲
村陳
村陳
五甲
村程
七甲
村柯
村柯
村眾

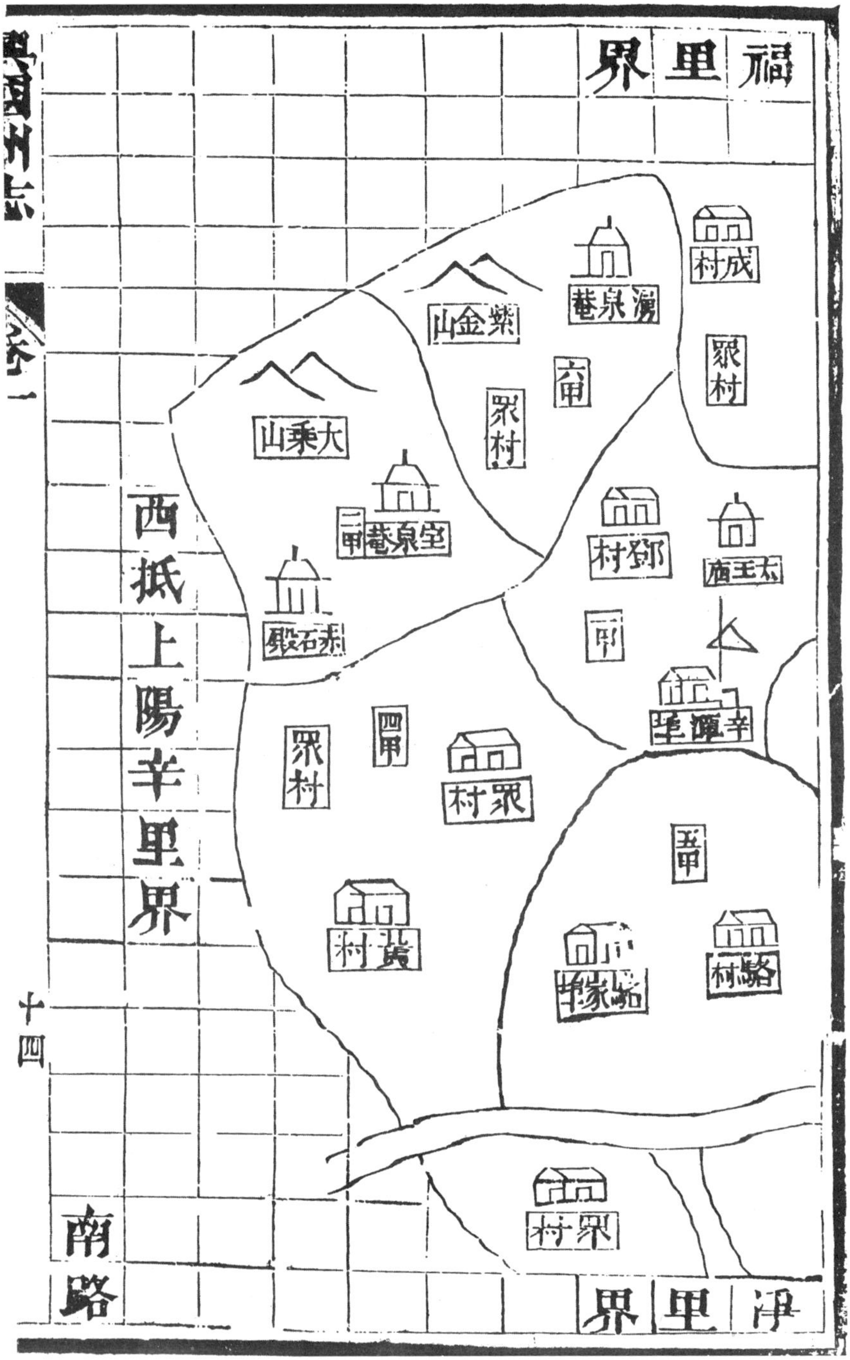
興國州志
卷一
十四
福里界
紫金山
湧泉菴
成村
衆村
六甲
大乘山
室泉菴
三甲
赤石殿
鄧村
太王廟
西抵上陽辛里界
四甲
衆村
五甲
黃村
駱村
南路
淨里界

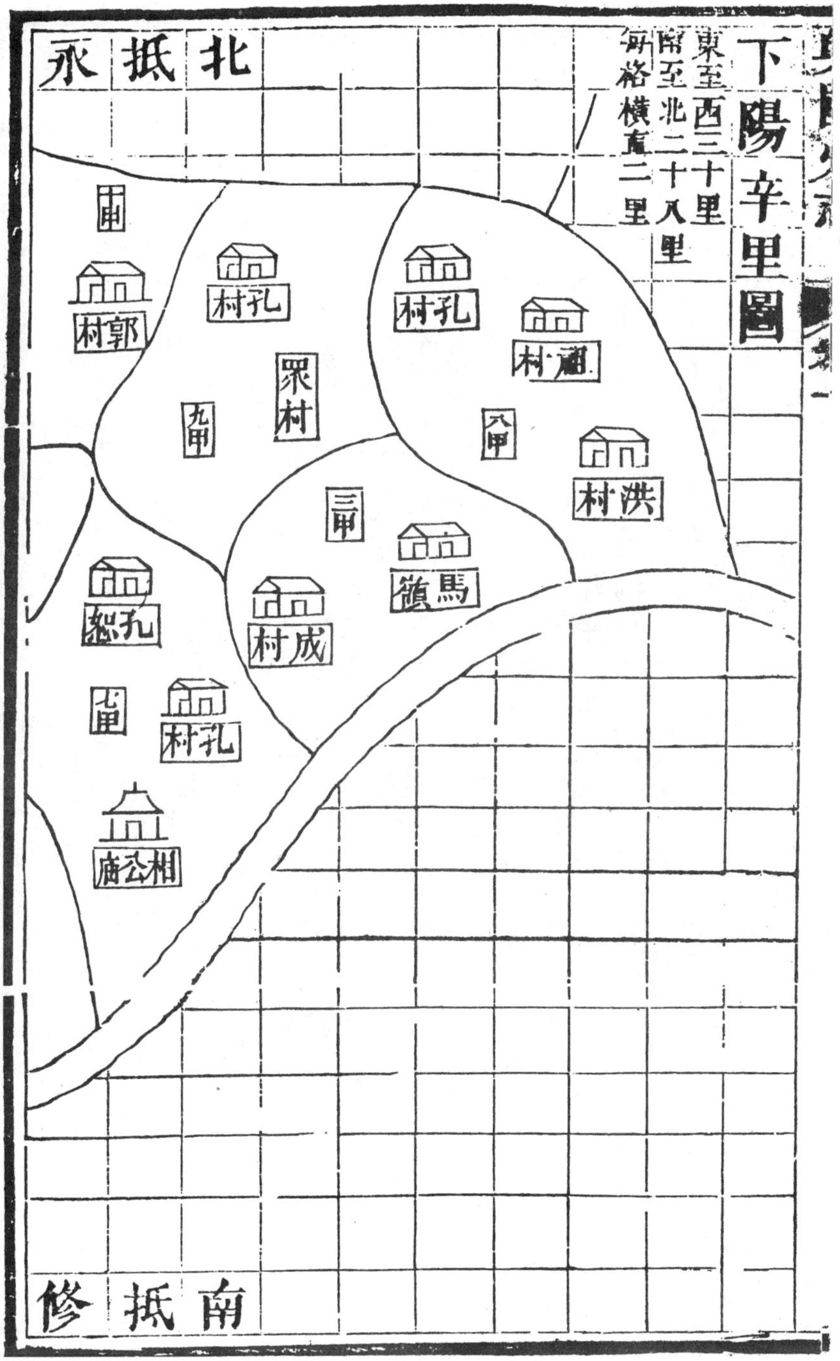
下陽辛里圖
東至西三十里
南至北二十八里
每格橫直二里
北抵永
郭村
孔村
孔村
洪村
成村
孔村
相公廟
南抵修

興國州志 卷二 十五

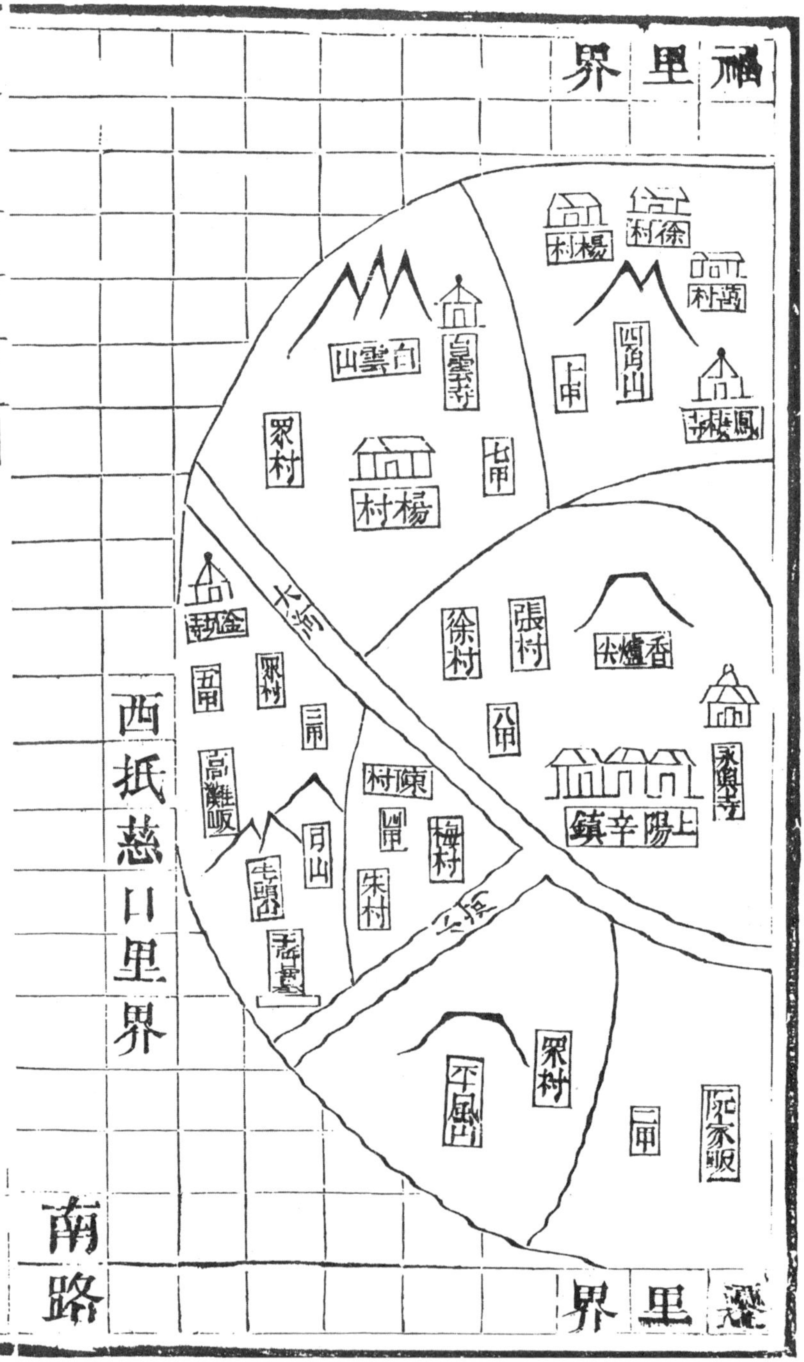
福里界
楊村
徐村
四角山
上甲
白雲山
白雲寺
七甲
楊村
大港
張村
徐村
香爐尖
八甲
永興寺
上陽辛鎮
三甲
五甲
高灘畈
月山
陳村
四甲
梅村
朱村
小港
西抵慈口里界
二甲
南路
里界

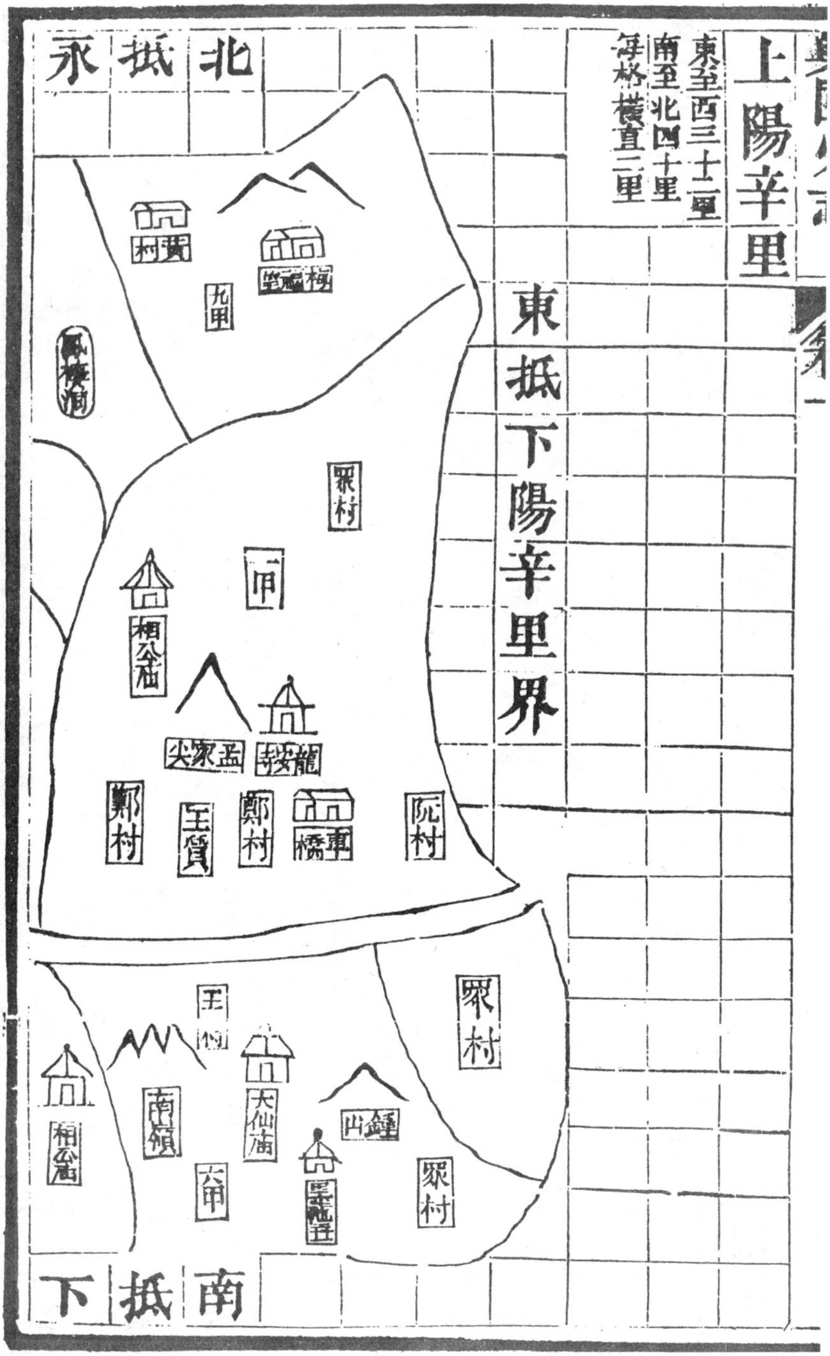
上陽辛里
東至西三十二里
南至北四十里
每格橫直二里
北抵永
東抵下陽辛里界
南抵下
九甲
眾村
一甲
相公廟
孟家尖
鄭村
阮村
王村
大仙廟
六甲
眾村
相公廟
眾村

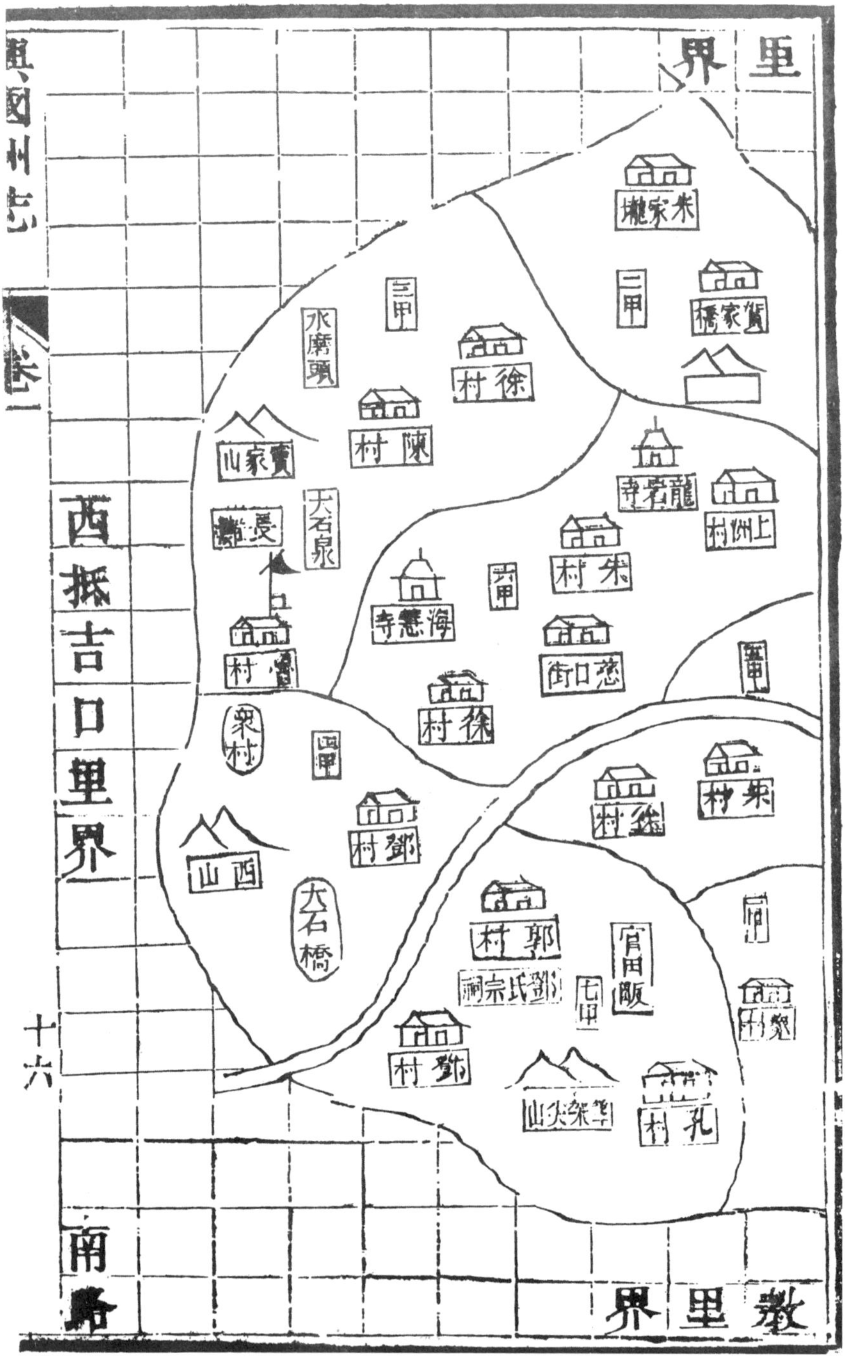

興國州志
卷一
十六
里界
數里界
西抵吉口里界
朱家壠
二甲
賀家橋
三甲
水磨頭
徐村
陳村
寶家山
大石泉
龍岩寺
上洲村
朱村
六甲
海慧寺
慈口街
徐村
四甲
鄧村
西山
大石橋
郭村
官田畈
鄧氏宗祠
七甲
鄧村
孔村

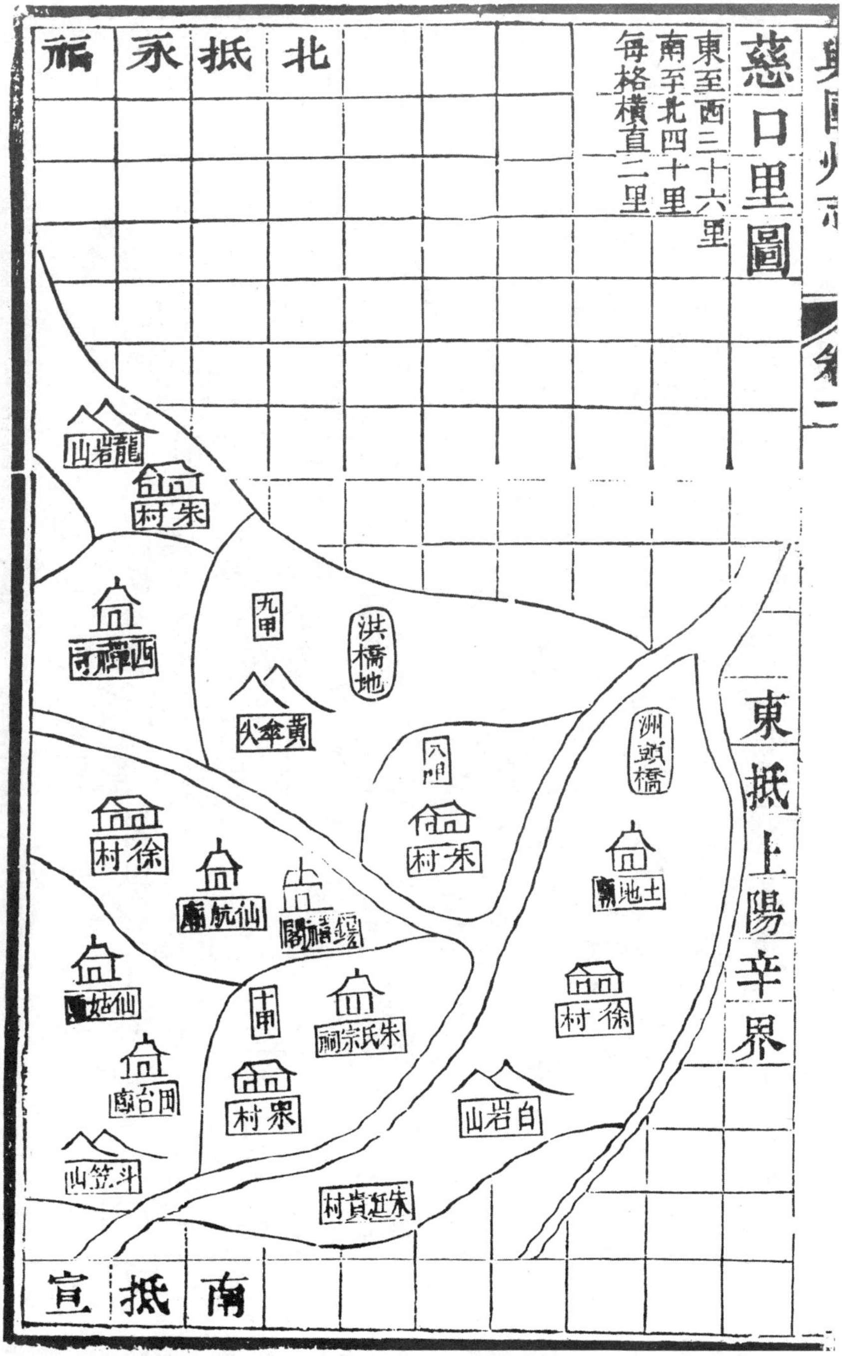
慈口里圖
東至西三十六里
南至北四十里
每格横直二里
北抵永福
東抵上陽辛界
南抵宣
龍岩山
朱村
西禪寺
九甲
洪橋地
八甲
朱村
洲頭橋
徐村
仙航廟
十甲
朱氏宗祠
白岩山
斗笠山
徐村

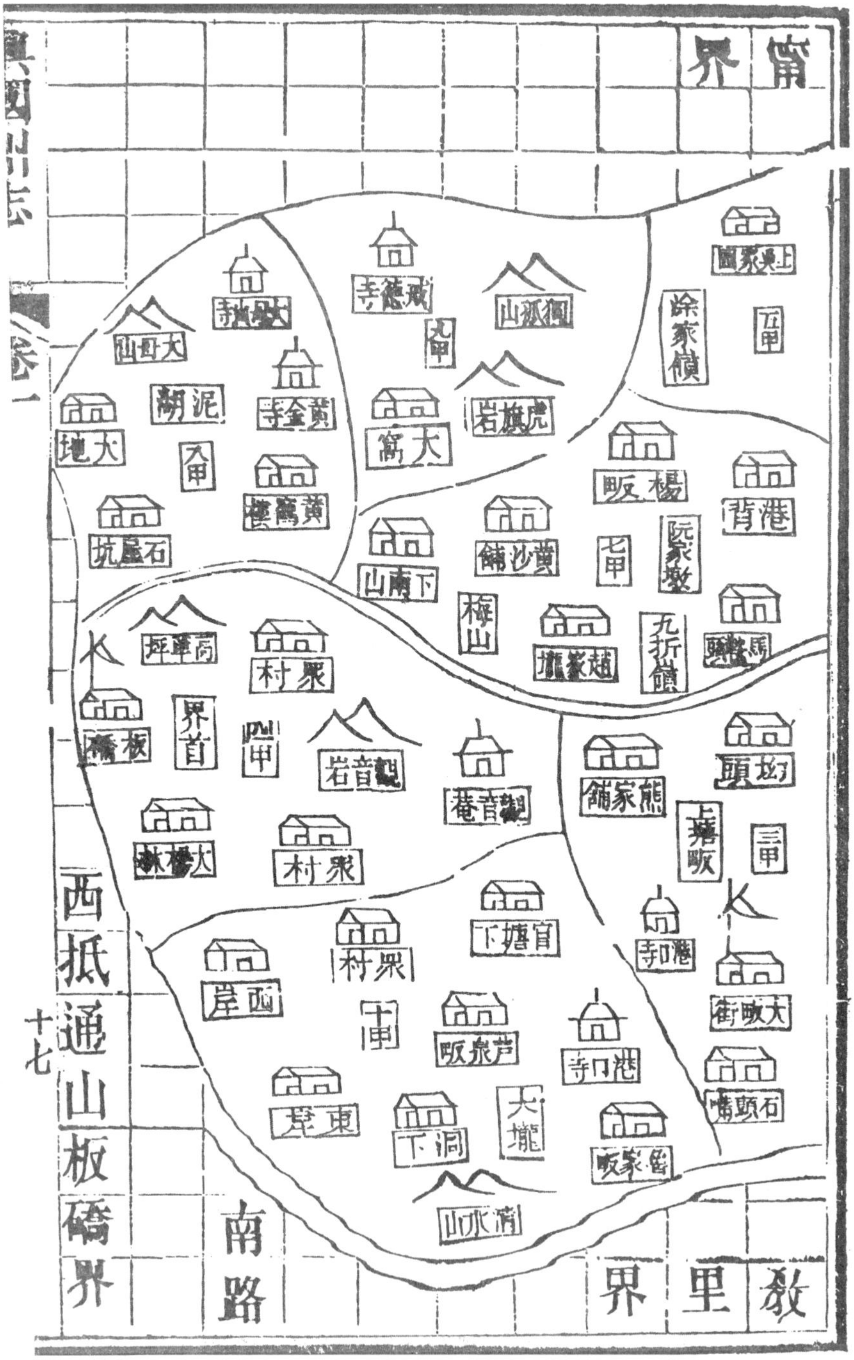

興國州志 卷一
十七
甯界
上興家園
徐家鎮
五甲
戒德寺
獨孤山
九甲
泥湖
大地
黃金寺
八甲
虎旗岩
大窩
楊阪
港背
黃沙鋪
下南山
七甲
阮家墩
石屋坑
梅山
趙家壠
九折鎮
高峯坪
眾村
界首
四甲
觀音岩
觀音菴
板橋
熊家鋪
坳頭
上塘阪
三甲
眾村
官塘下
港口寺
大阪街
西岸
眾村
十甲
芦泉阪
港口寺
石頭嘴
東岸
下洞
大壠
留家阪
清水山
西抵通山板𥕢界
南路
敎里界

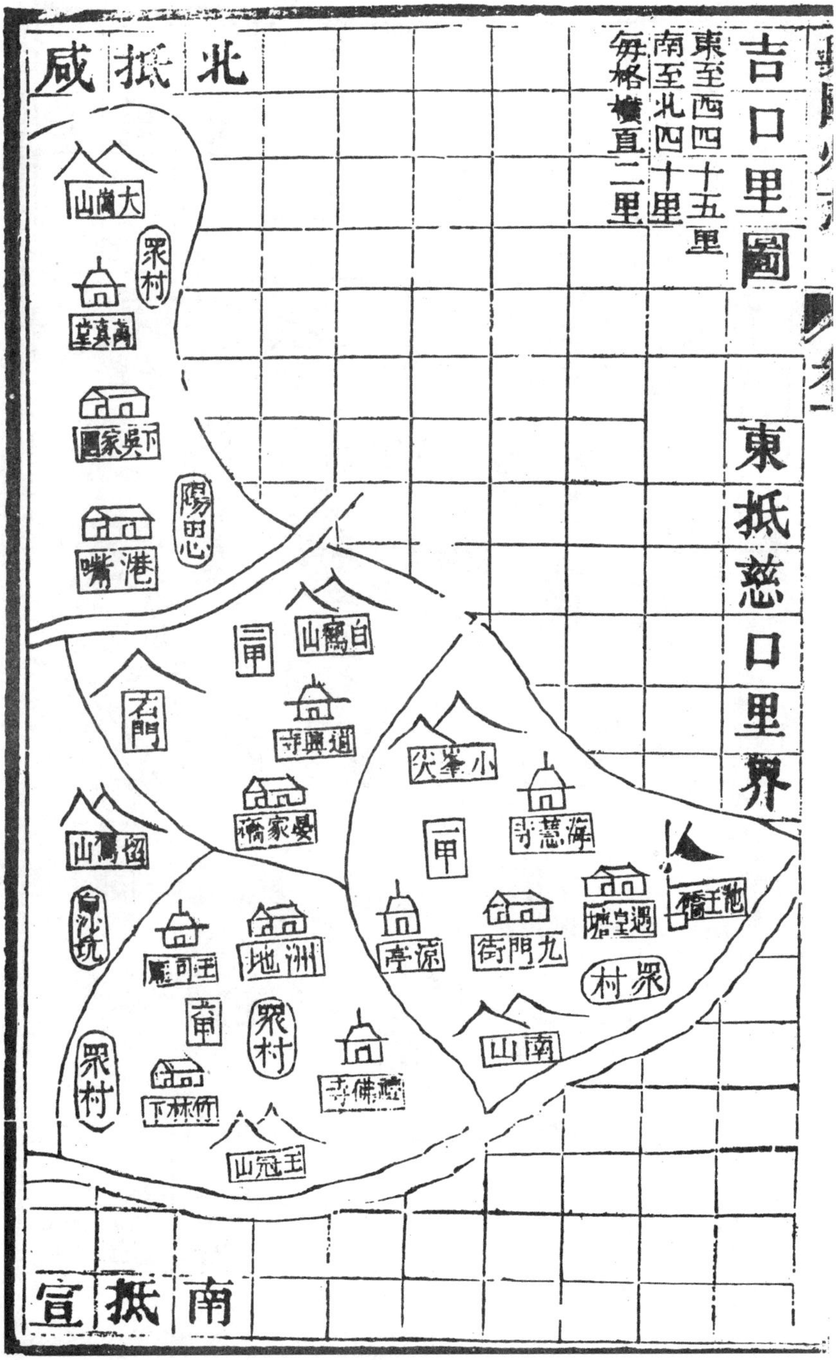
吉口里圖
東至西四十五里
南至北四十里
每格橫直二里
北抵咸
東抵慈口里界
南抵宣
大崗山
衆村
南真堂
下吳家園
港嘴
白鶴山
二甲
石門
道興寺
晏家橋
小峯尖
海慈寺
一甲
池王橋
九門街
源亭
衆村
南山
洲地
王司廟
衆村
衆村
竹林下
王冠山

口里界
西抵通山界
南路
遷里界
白岩山
南洞山
米家山
店村頭
石門鋪
太子廟
桂花墩
火峯山
十八

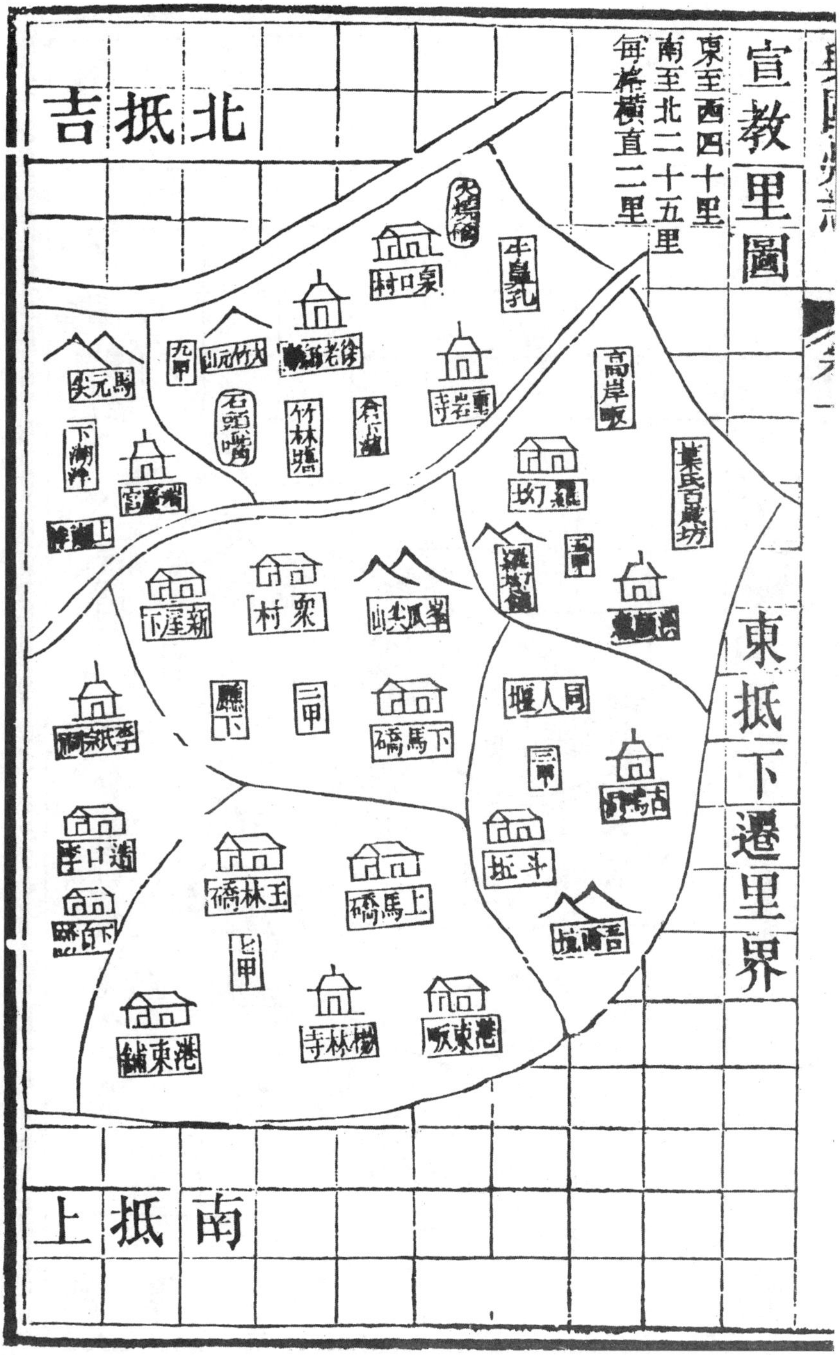
宣教里圖
東至西四十里
南至北二十五里
每格橫直二里
北抵吉
東抵下遷里界
南抵上
馬元尖
石頭嘴
竹林塘
重岩寺
高岸畈
新厓下
栗村
三甲
下馬橋
同人堰
王林橋
上馬橋
七甲
港東舖
港東畈

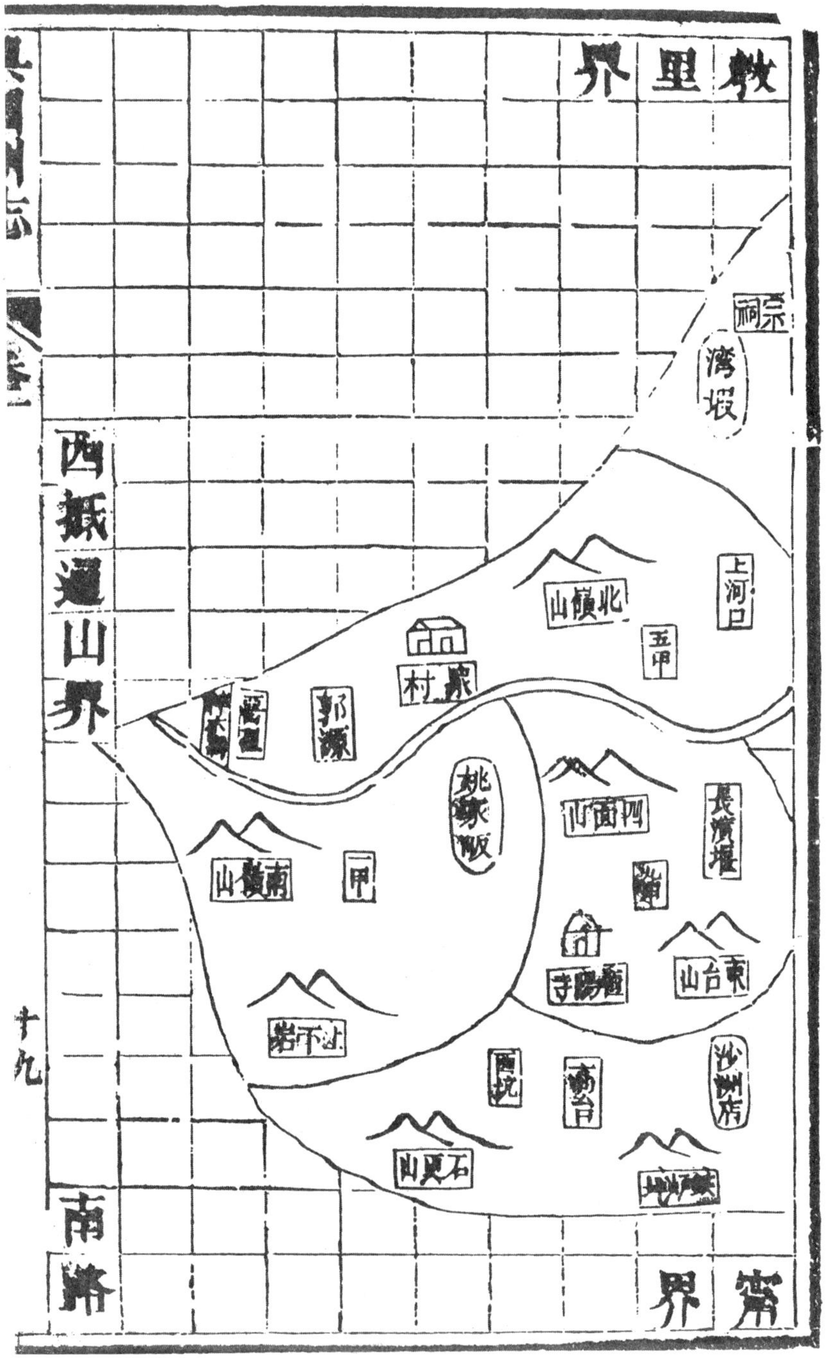
敦里界
西抵通山界
南路
上河口
北嶺山
五甲
郭源
四面山
南嶺山
一甲
東台山
沙洲
石夏山
十九

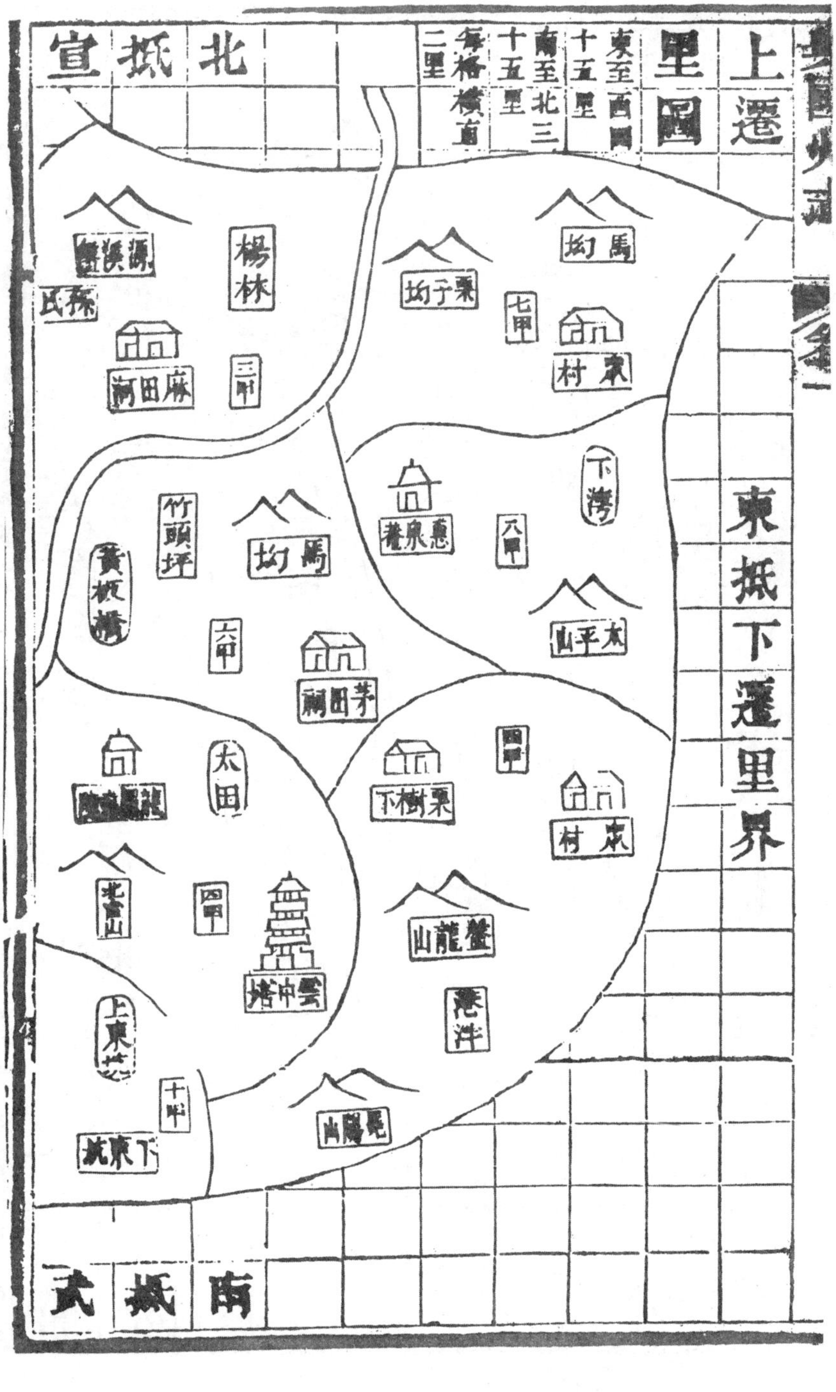
上遷里圖
南至北三十五里
每格橫直二里
北抵宣
東抵下遷里界
南抵武
馬坳
七甲
楊林
三甲
麻田河
竹頭坪
馬坳
八甲
下灣
太平山
六甲
茅田祠
栗樹下
太田
四甲
雲中塔
蟠龍山
十甲

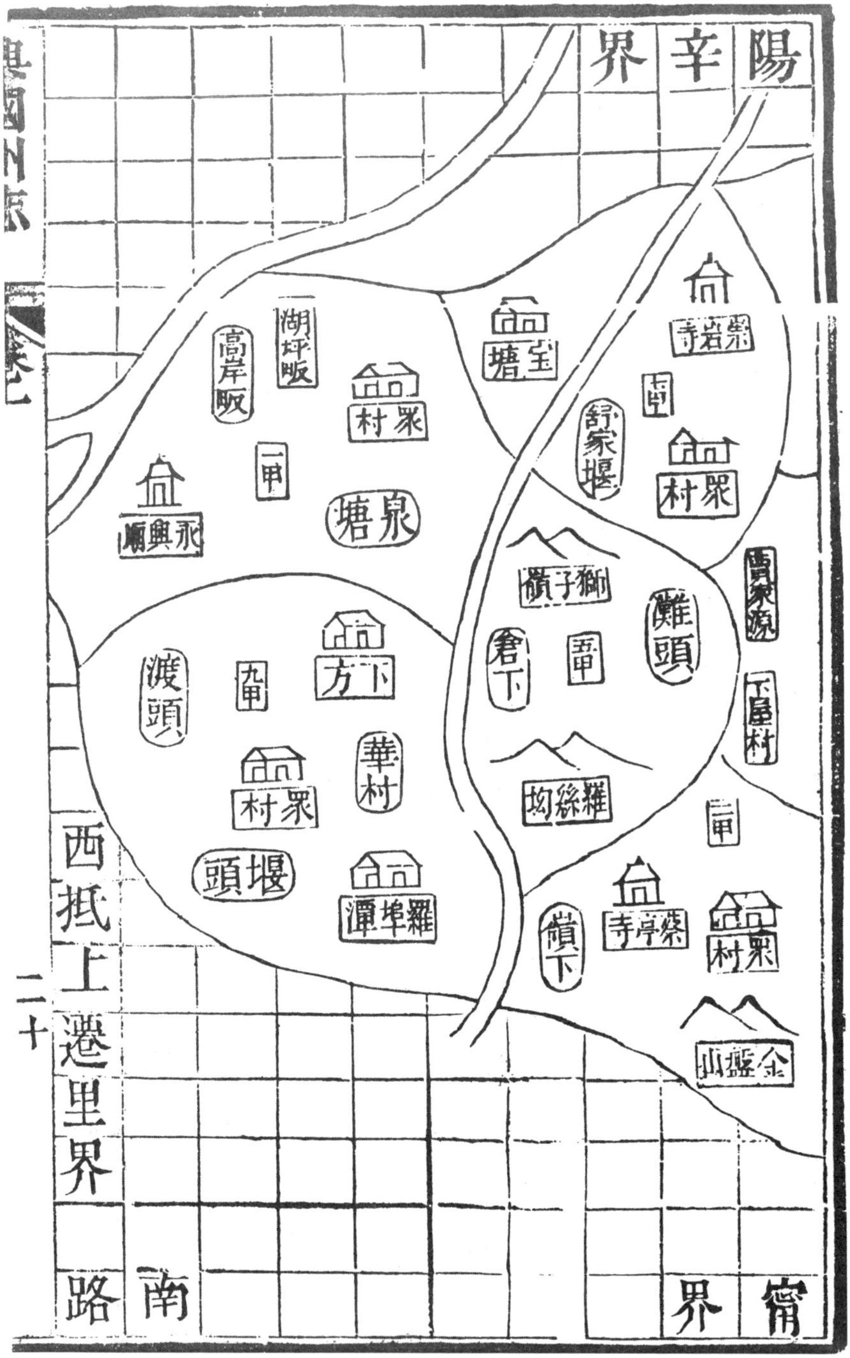
興國州志 卷之一
二十
陽辛界
宝塘
紫岩寺
高岸畈
湖坪畈
聚村
七甲
舒家堰
聚村
一甲
永興順
泉塘
獅子嶺
難頭
賈家源
倉下
五甲
渡頭
九甲
下方
下屋村
華村
羅絲坳
三甲
聚村
堰頭
羅埠潭
嶺下
紫亭寺
聚村
金盤山
西抵上遷里界
南路
甯界

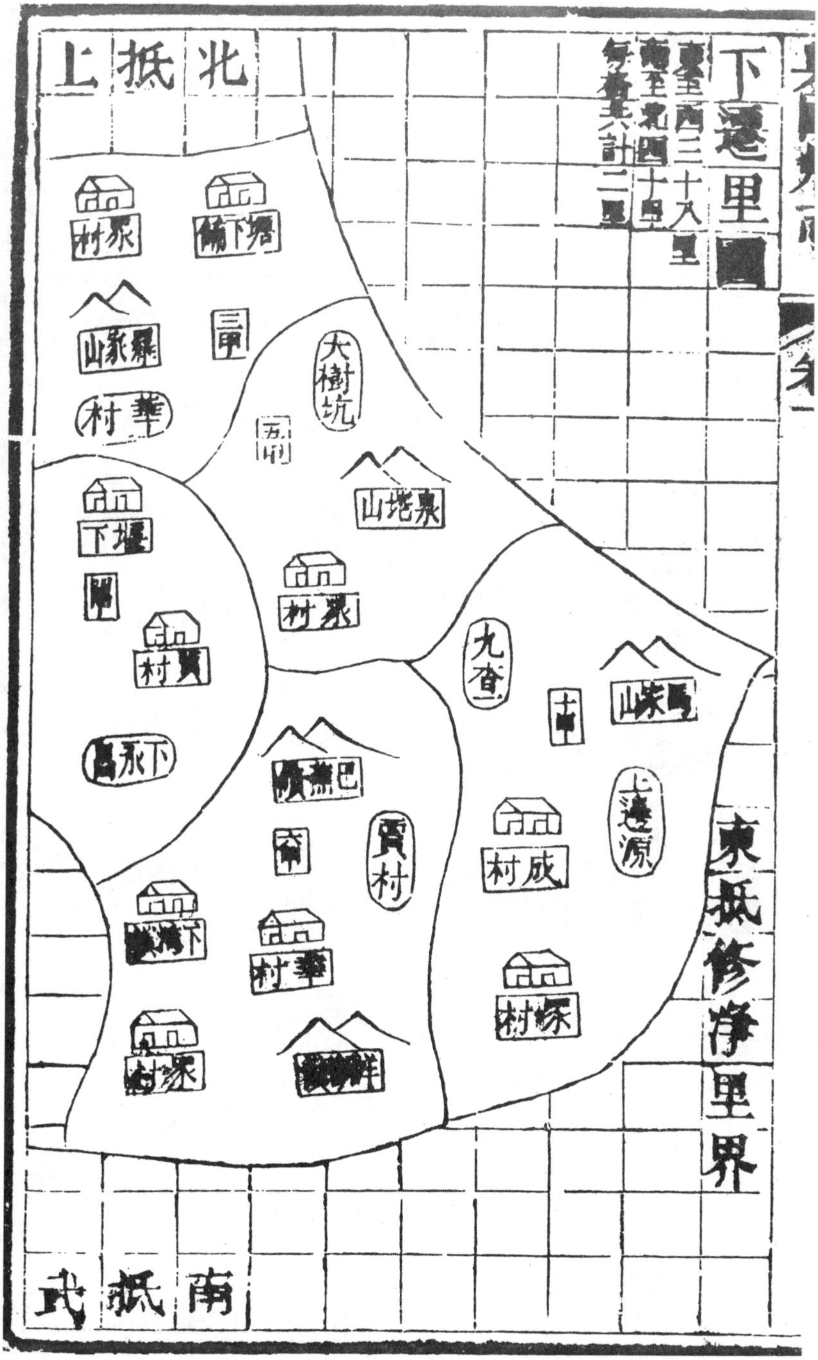
下遷里圖
北抵上
東抵修淨里界
南抵武
大樹坑
貢村
上遷源

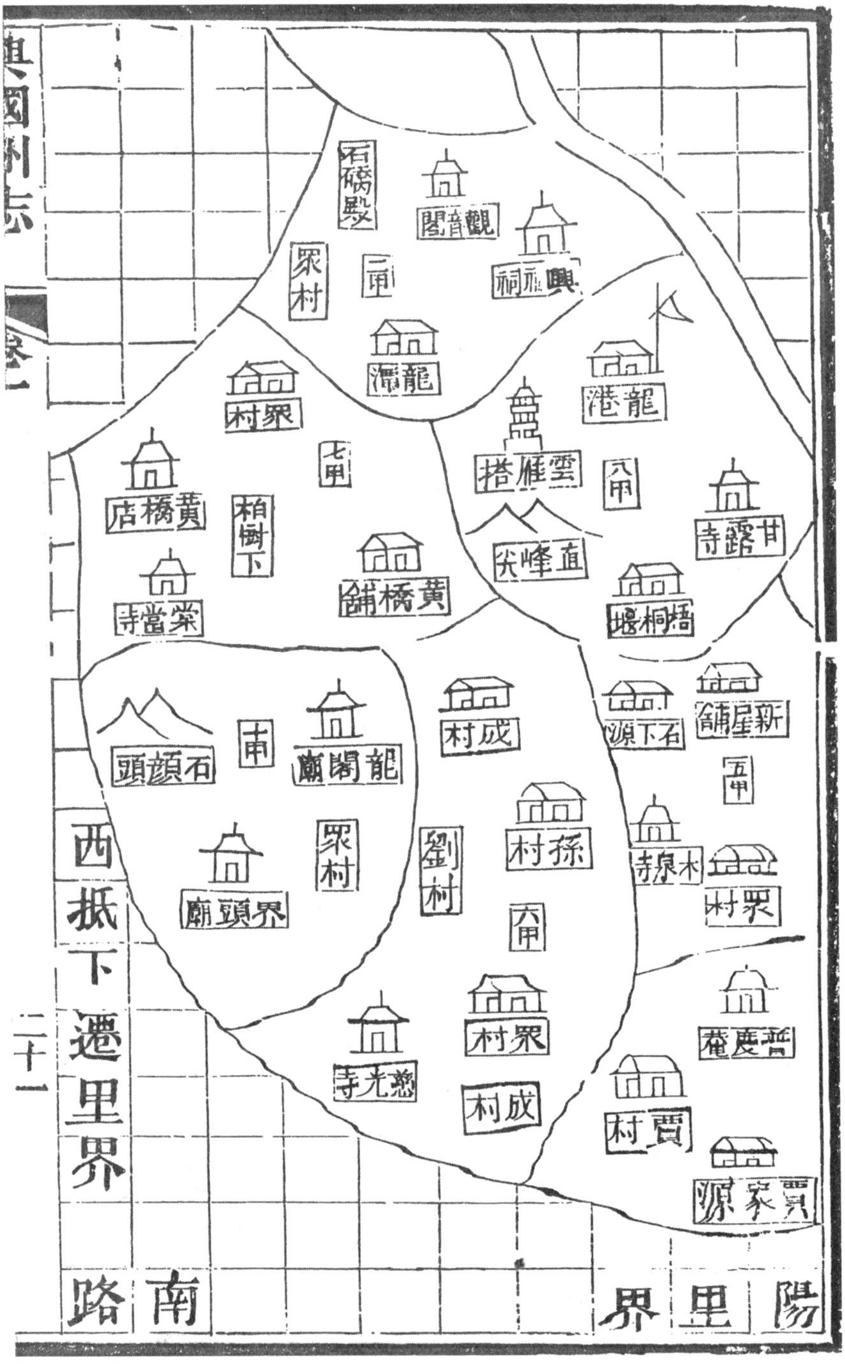
興國州志
卷一
二十一
石磧殿
觀音閣
興福祠
聚村
二甲
龍潭
聚村
七甲
黃橋店
柏樹下
榮當寺
黃橋舖
龍港
雲雁塔
八甲
甘露寺
直峰尖
梧桐墕
新屋舖
石下源
成村
五甲
石顏頭
南
龍閣廟
西抵下遷里界
聚村
界頭廟
劉村
孫村
六甲
木泉寺
聚村
慈光寺
聚村
成村
普慶庵
賈村
賈家源
南路
陽里界

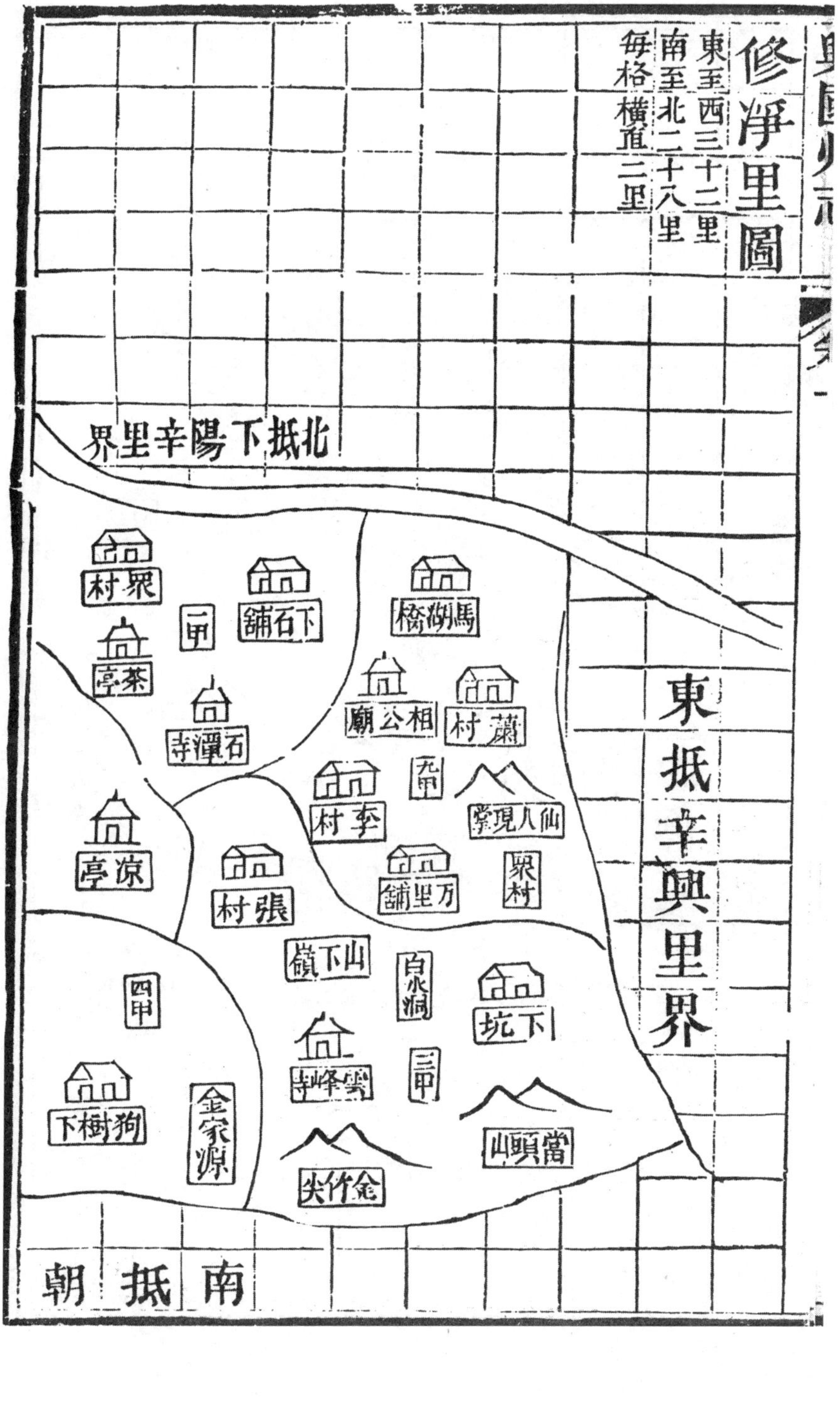
修淨里圖
東至西三十二里
南至北二十八里
每格橫直二里
北抵下陽辛里界
眾村
下石舖
一甲
茶亭
石潭寺
馬湖橋
相公廟
蕭村
九甲
李村
仙人現掌
涼亭
張村
万里舖
眾村
山下嶺
白泉洞
下坑
四甲
雲峰寺
三甲
狗樹下
金家源
當頭山
金竹尖
東抵辛輿里界
南抵朝

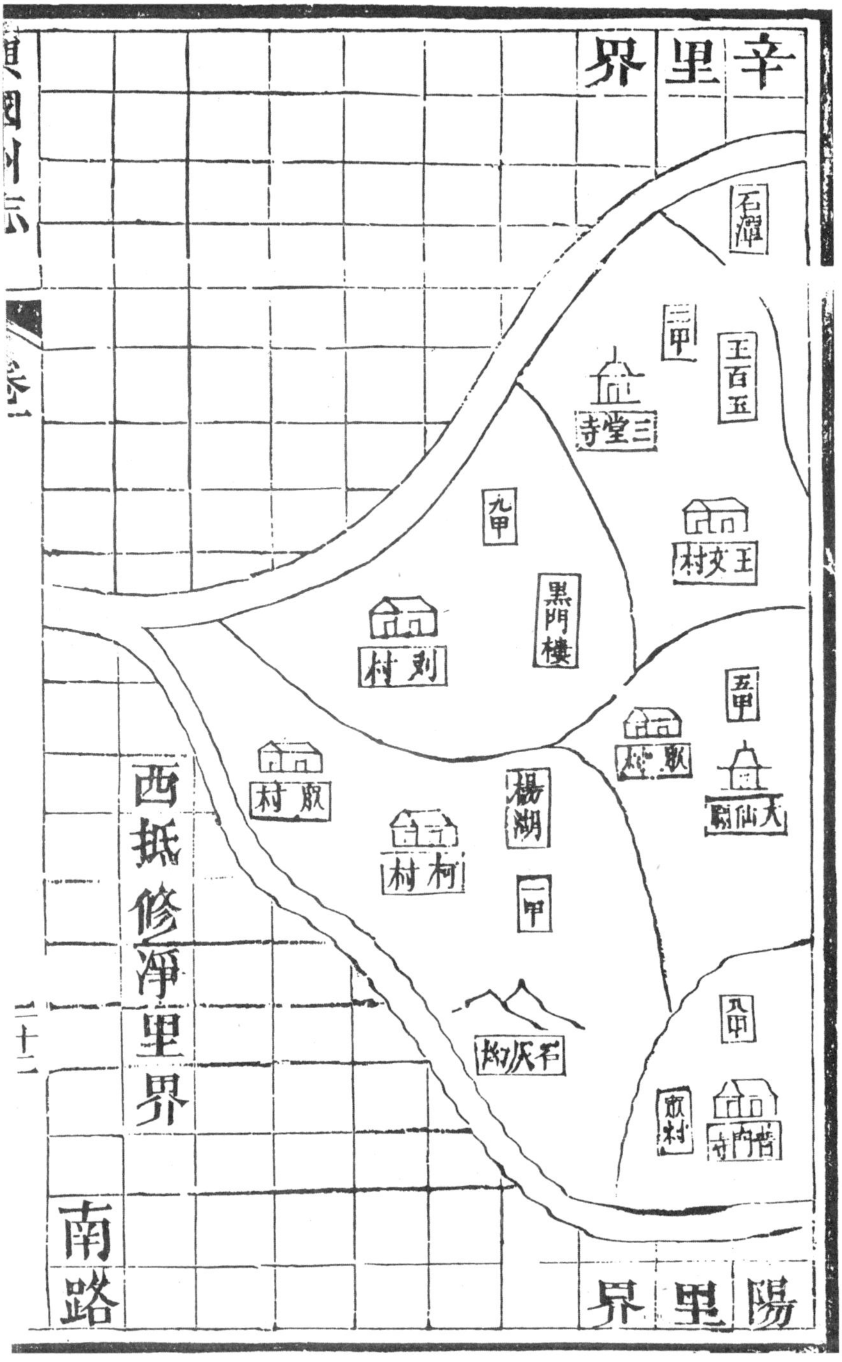
辛里界
二甲
王百五
三堂寺
九甲
王文村
黑門樓
劉村
五甲
大仙殿
楊湖
柯村
一甲
八甲
西抵修淨里界
南路
陽里界

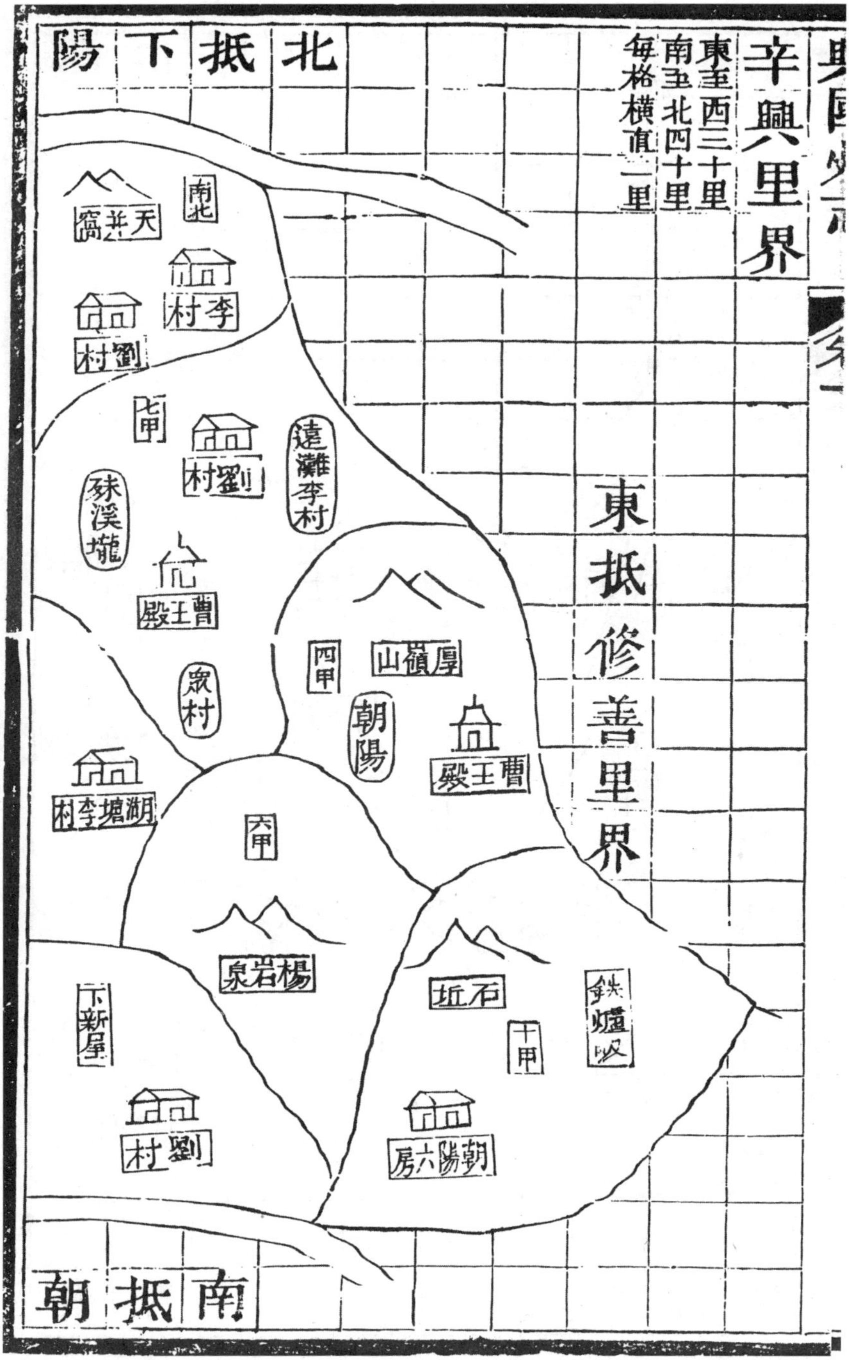
辛興里界
東至西三十里
南至北四十里
每格橫直一里
北抵下陽
東抵修善里界
南抵朝
天井窩
南北
李村
劉村
七甲
劉村
遠灘李村
曹王殿
衆村
四甲
厚嶺山
朝陽
曹王殿
湖塘李村
六甲
楊岩泉
石坵
鉄爐坳
十甲
下新屋
劉村
朝陽六房

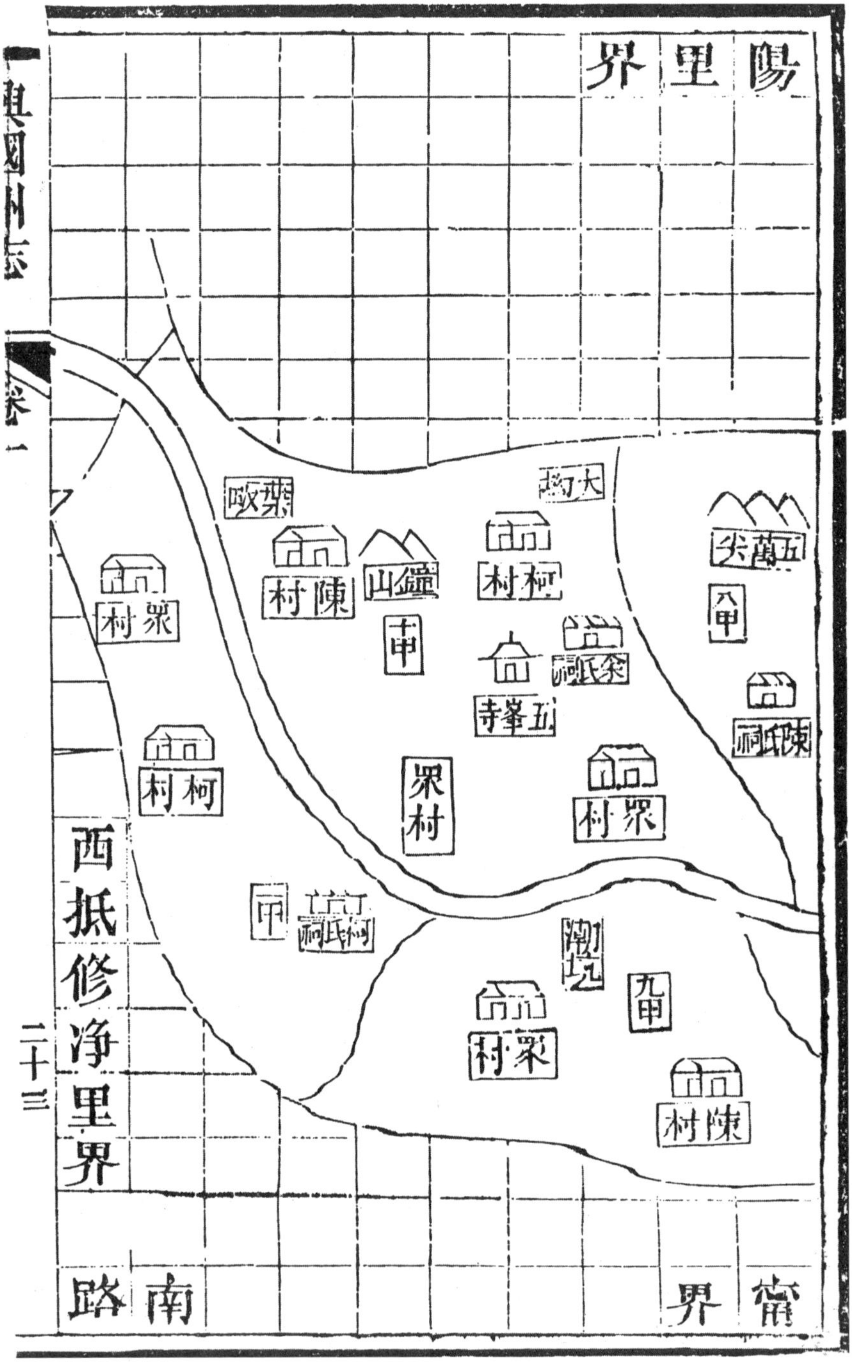
興國州志
卷一
二十三
陽里界
西抵修淨里界
南路
甯界
衆村
陳村
鐘山
十甲
柯村
大坳
余氏祠
五峯寺
衆村
柯村
八甲
陳氏祠
衆村
甲
柯氏祠
九甲
衆村
陳村

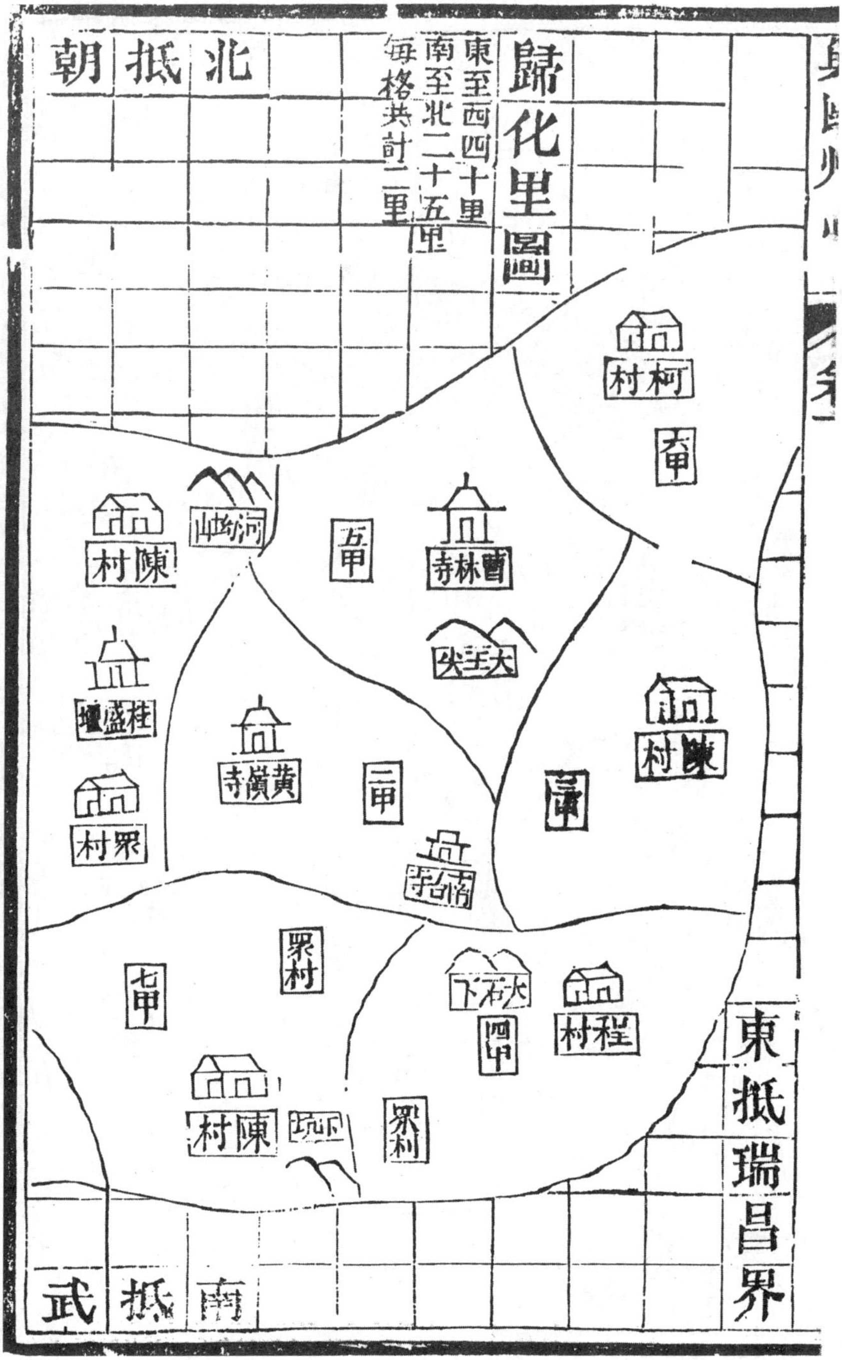
歸化里圖
東至西四十里
南至北二十五里
每格共計二里
北抵朝
柯村
曹林寺
陳村
大王尖
黃嶺寺
聚村
陳村
程村
東抵瑞昌界
南抵武

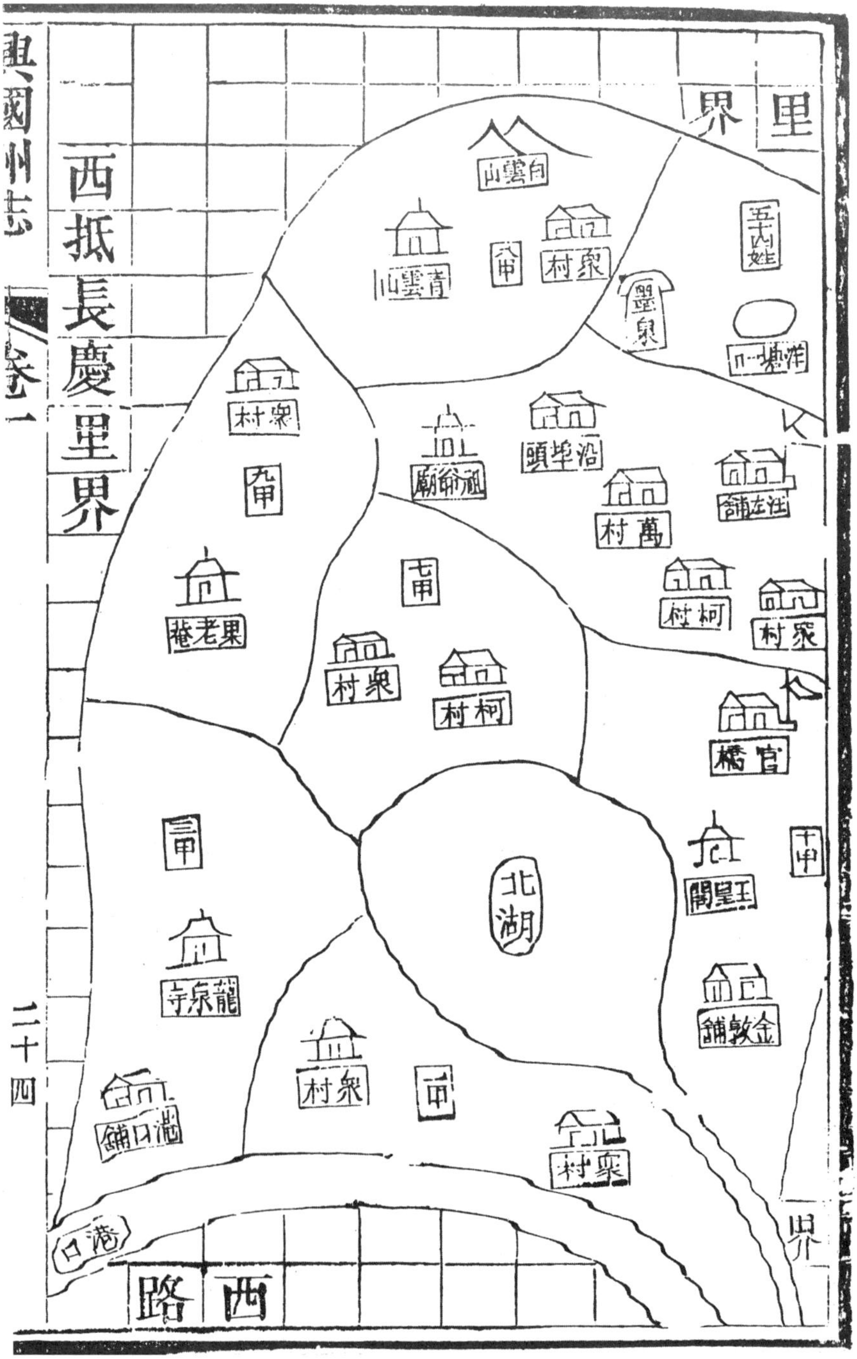

興國州志
卷一
二十四
西抵長慶里界
里界
白雲山
青雲山
泉村
八甲
泉村
九甲
沿埠頭
萬村
柯村
泉村
七甲
果老庵
泉村
柯村
官橋
北湖
十甲
三甲
龍泉寺
金敦鋪
泉村
泉村
港口
西路
界

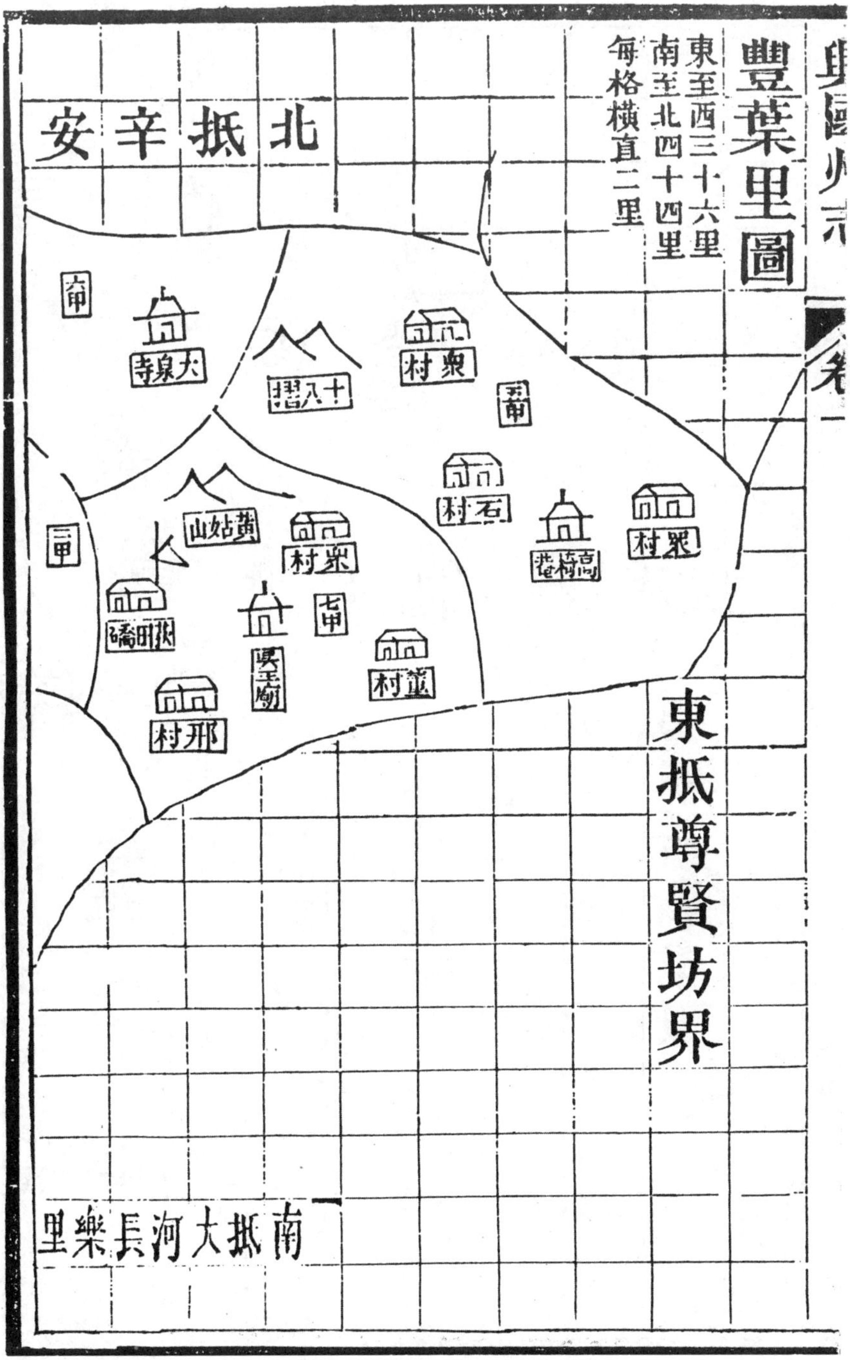
豐葉里圖
東至西三十六里
南至北四十四里
每格橫直二里
北抵辛安
東抵尊賢坊界
南抵大河長樂里
大泉寺
十八摺
石村
黃姑山
吳王廟
董村
邢村
二甲
七甲

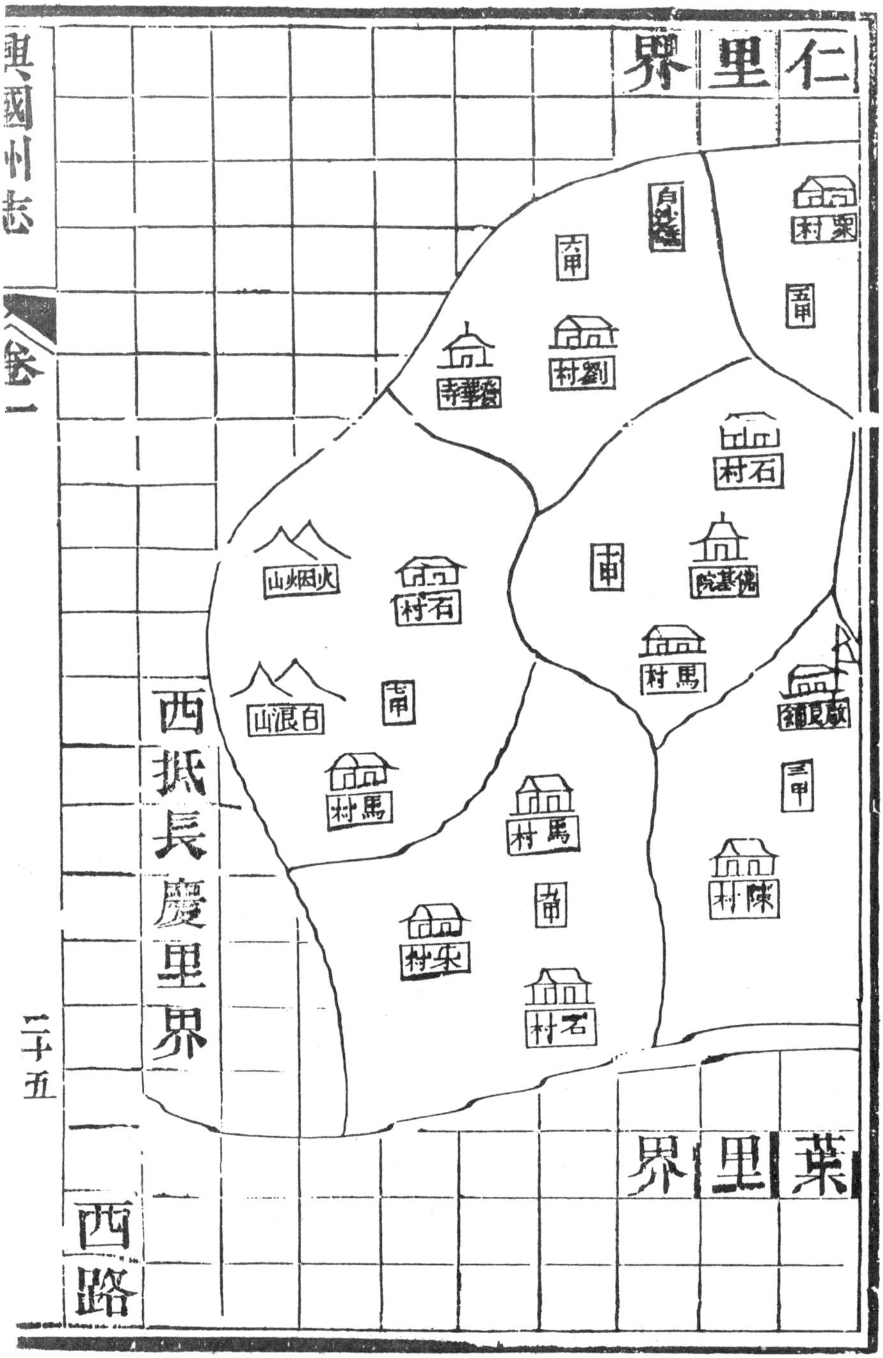
興國州志
卷一
二十五
仁里界
梁村
五甲
六甲
劉村
石村
佛基院
馬村
火田山
石村
白浪山
七甲
馬村
三甲
馬村
陳村
朱村
石村
西抵長慶里界
葉里界
西路

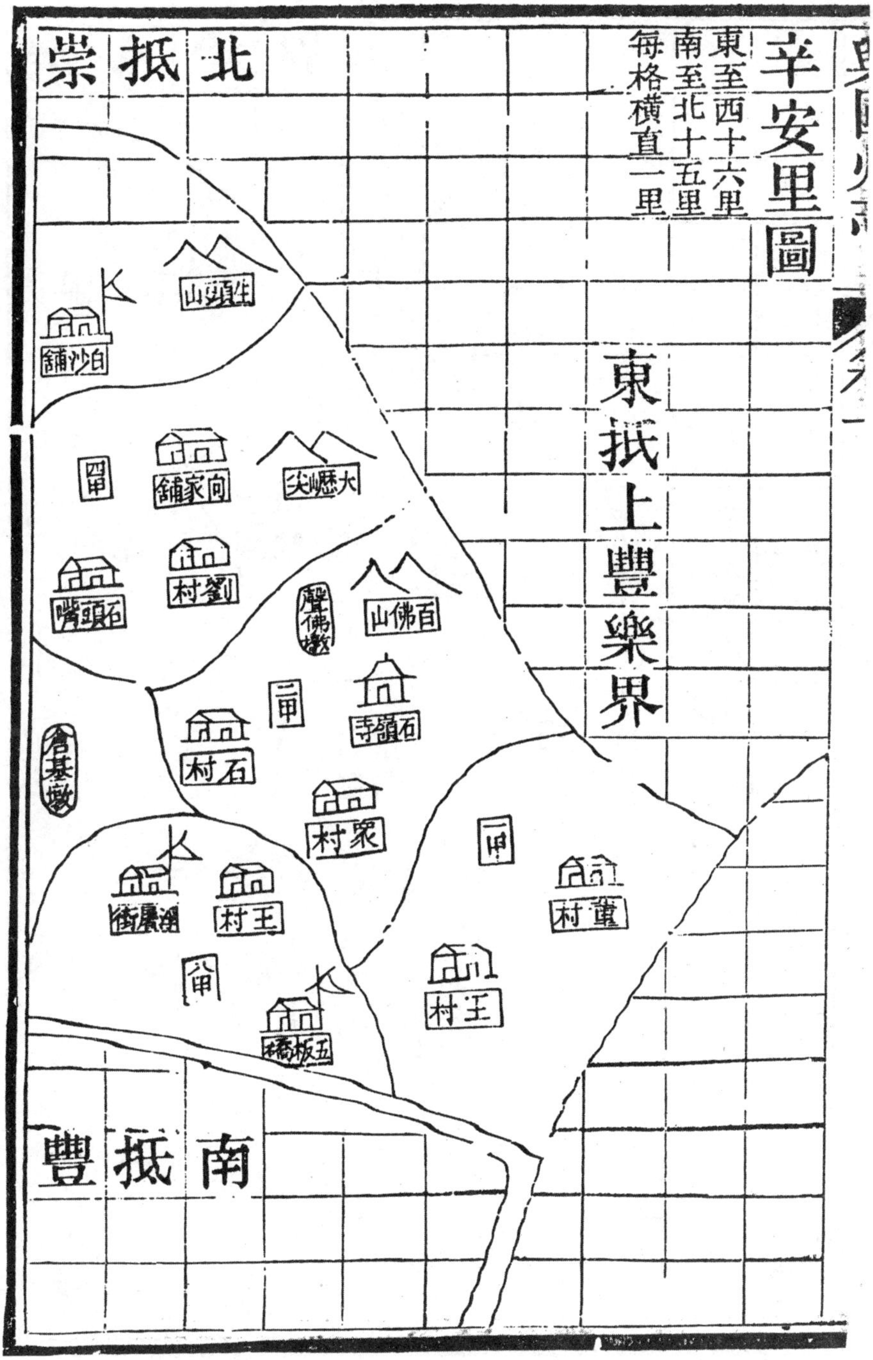
辛安里圖
東至西十六里
南至北十五里
每格横直一里
北抵崇
東抵上豐樂界
南抵豐
白沙舖
向家舖
四甲
劉村
石頭嘴
百佛山
三甲
石嶺寺
石村
倉基墩
一甲
王村
五板橋

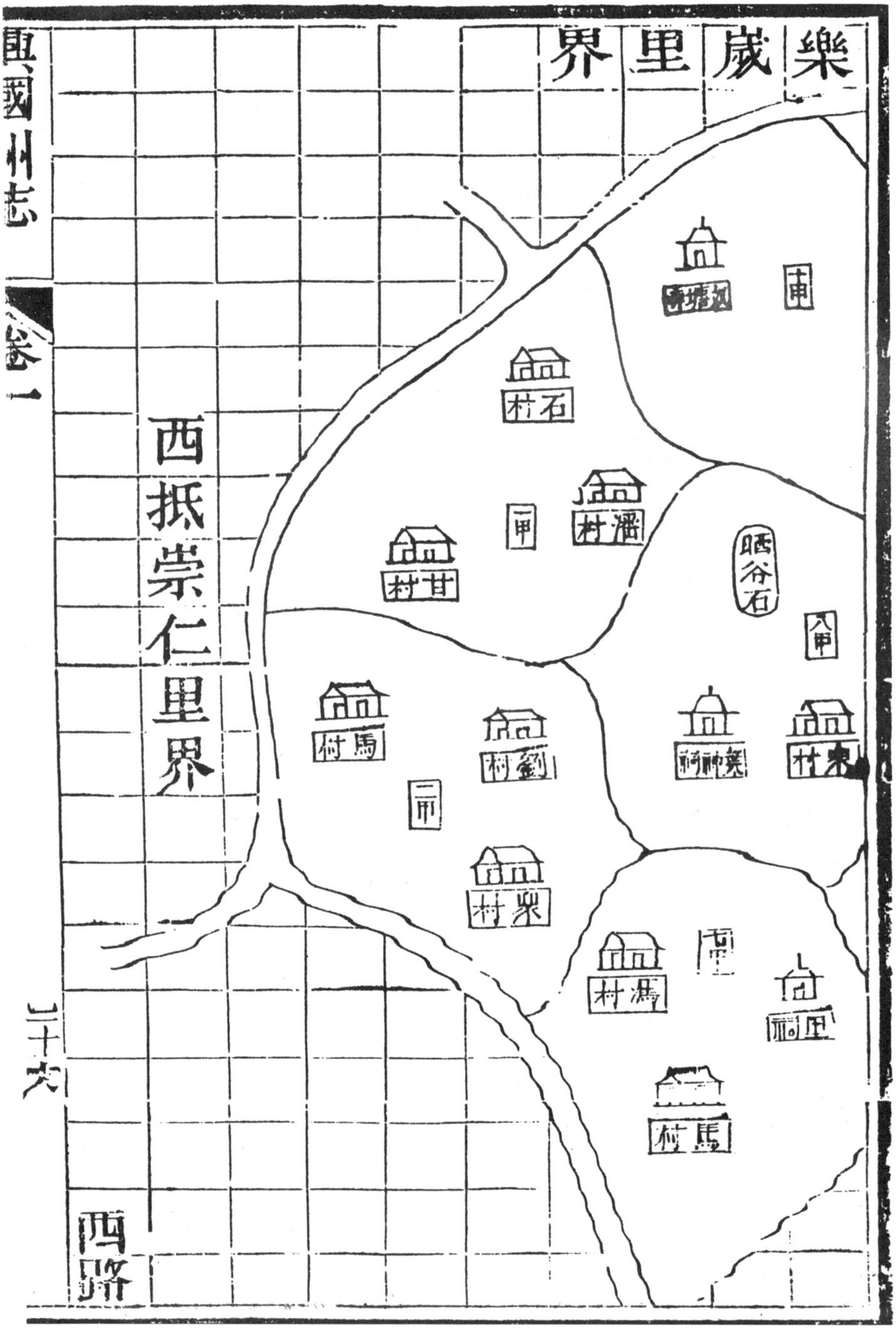
興國州志
卷一
二十六
樂歲里界
西抵崇仁里界
石村
潘村
甘村
一甲
晒谷石
八甲
馬村
劉村
二甲
東村
梁村
馮村
馬村

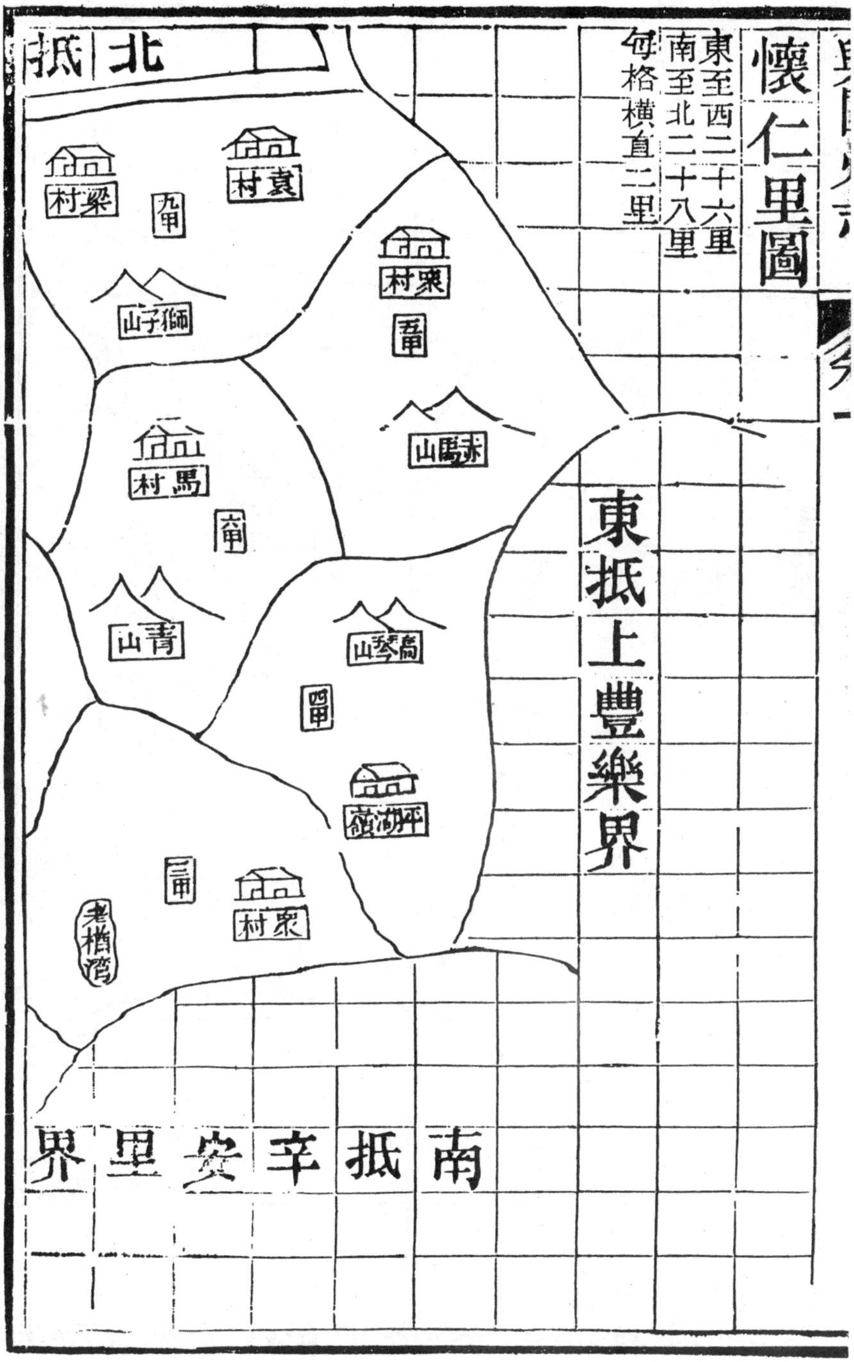
懷仁里圖
東至西二十六里
南至北二十八里
每格横直二里
北抵
梁村
袁村
九甲
獅子山
東村
五甲
赤馬山
馬村
青山
高琴山
四甲
平湖嶺
東村
東抵上豐樂界
南抵辛安里界

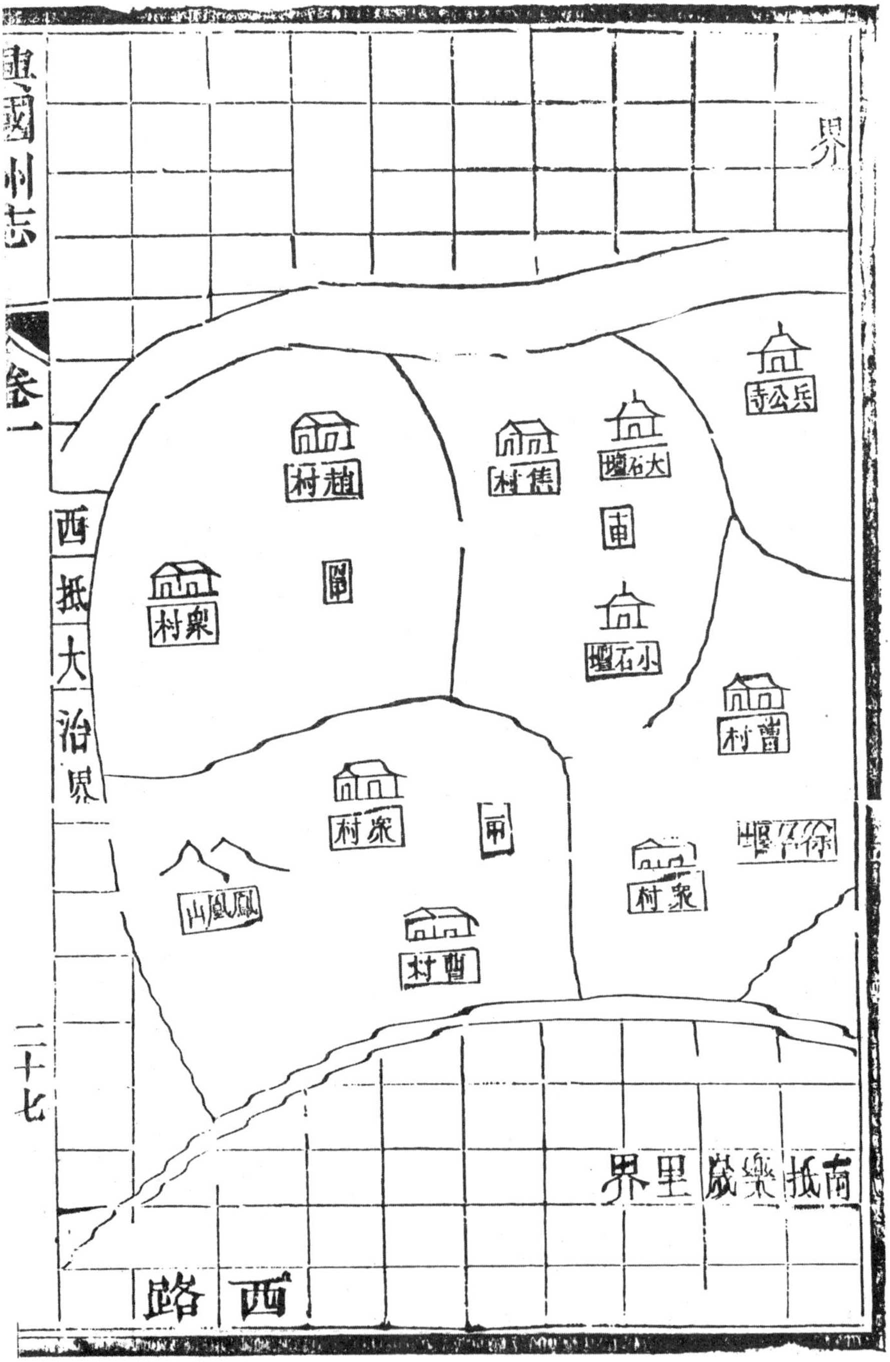
興國州志
卷一
二十七
西抵大冶界
南抵樂歲里界
西路
界
兵公寺
趙村
焦村
大石壇
梁村
小石壇
曹村
鳳凰山

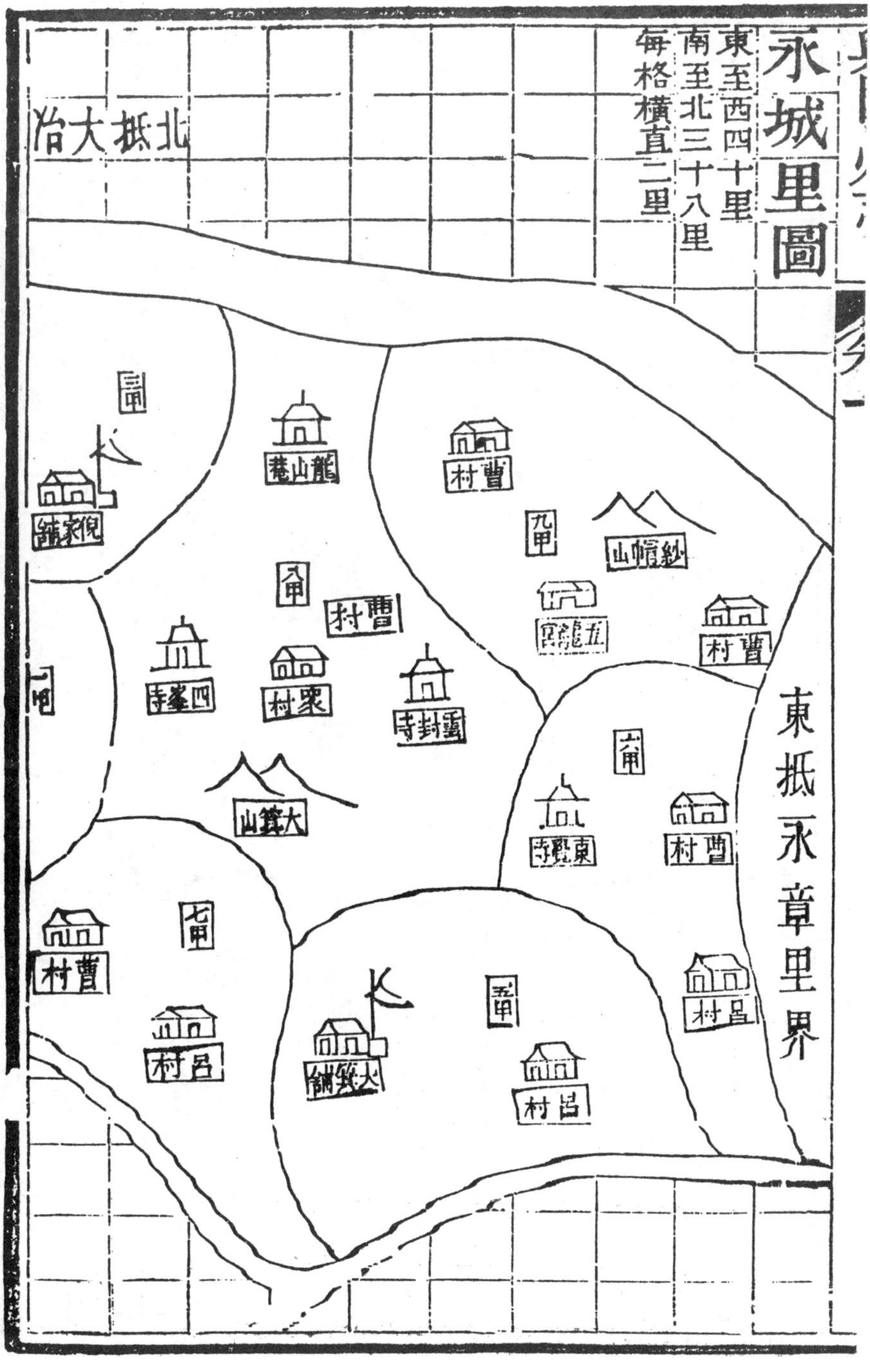
永城里圖
東至西四十里
南至北三十八里
每格橫直二里
北抵大冶
東抵永章里界
三甲
龍山菴
倪家舖
曹村
九甲
紗帽山
五龍宮
曹村
八甲
曹村
四峯寺
聚村
雲封寺
一甲
大箕山
六甲
東覺寺
曹村
七甲
曹村
吕村
五甲
大箕舖
吕村
吕村

興國州志 卷一

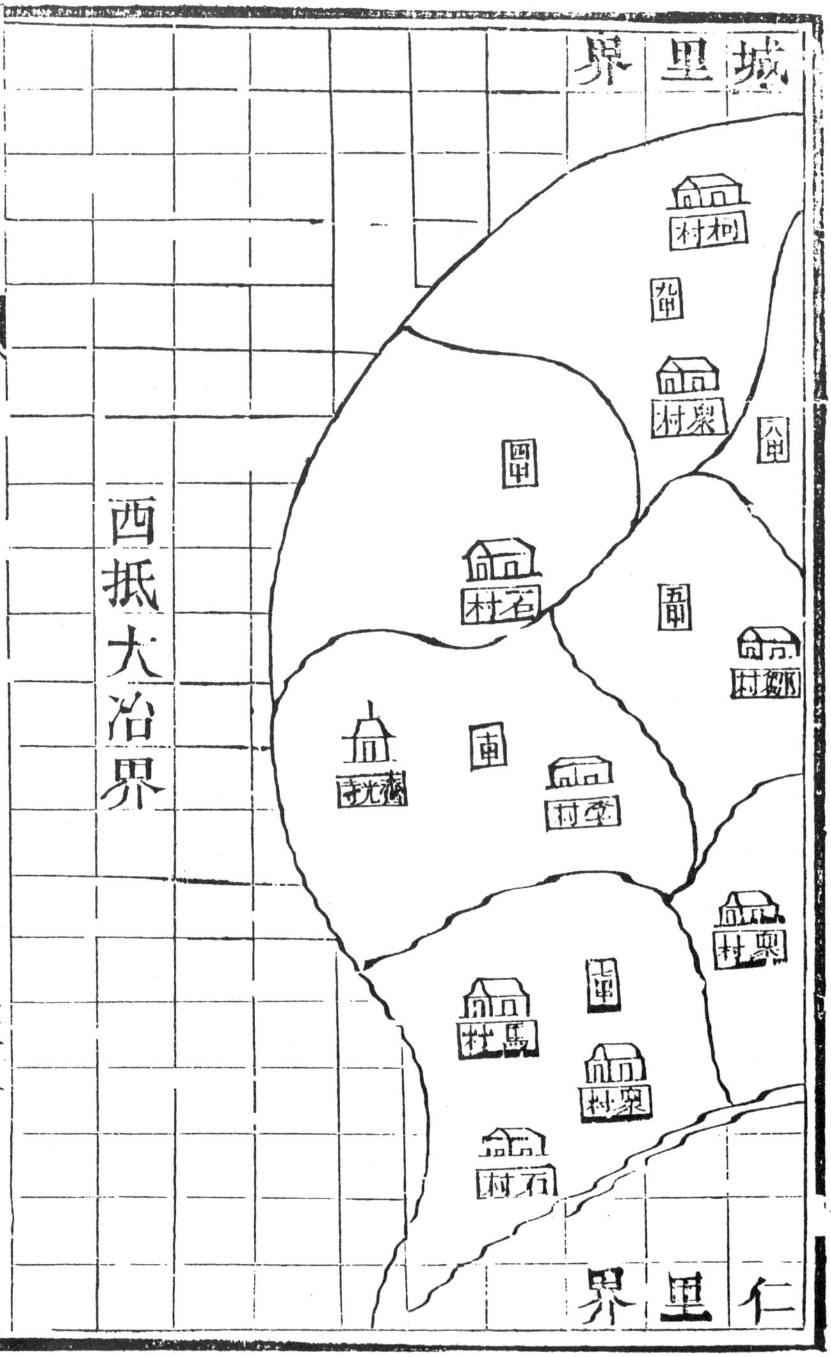

二十八

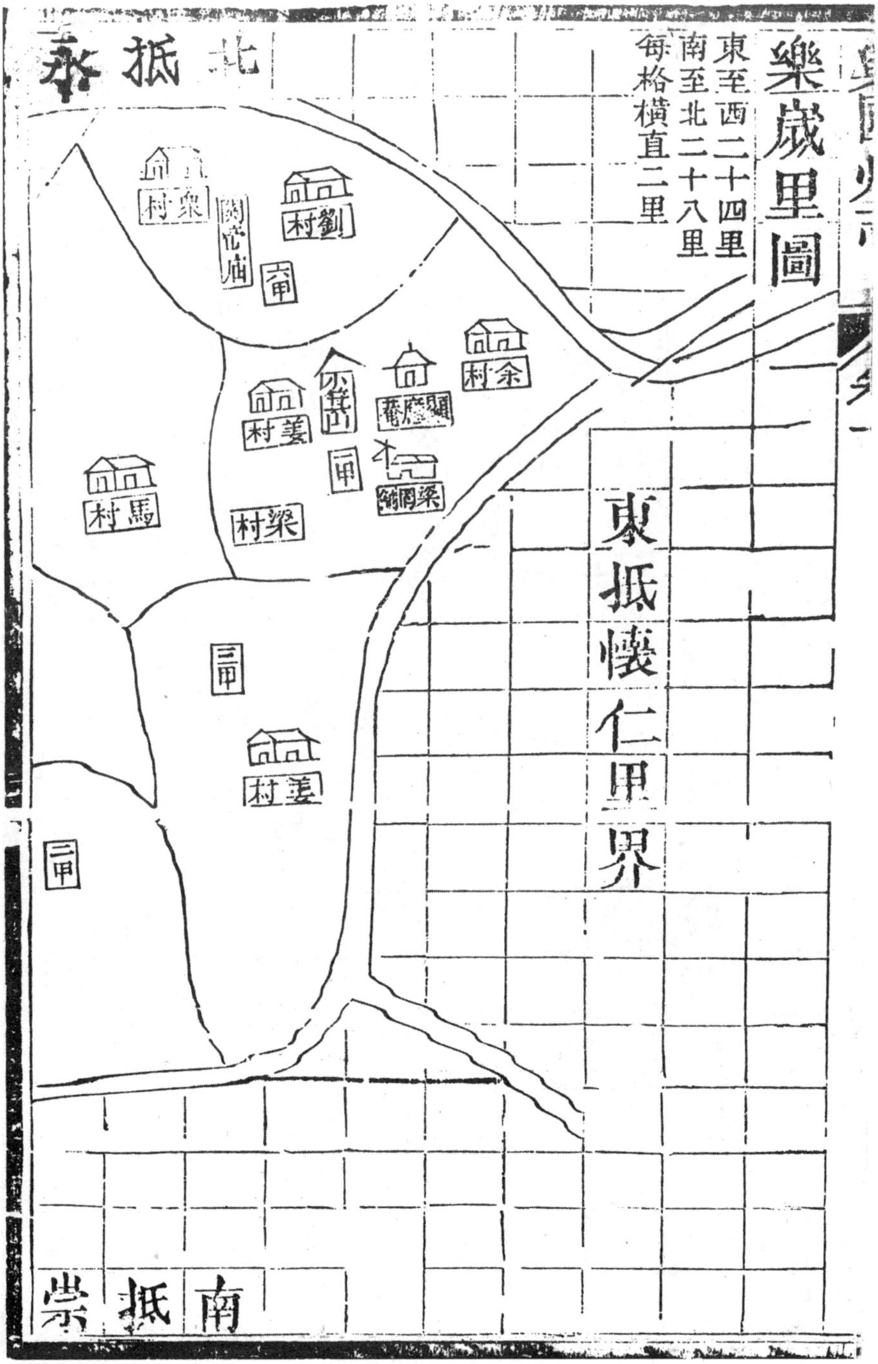

樂歲里圖
東至西二十四里
南至北二十八里
每格横直二里
北抵
東抵懷仁里界
南抵崇
劉村
六甲
余村
姜村
一甲
馬村
梁村
三甲
姜村
三甲

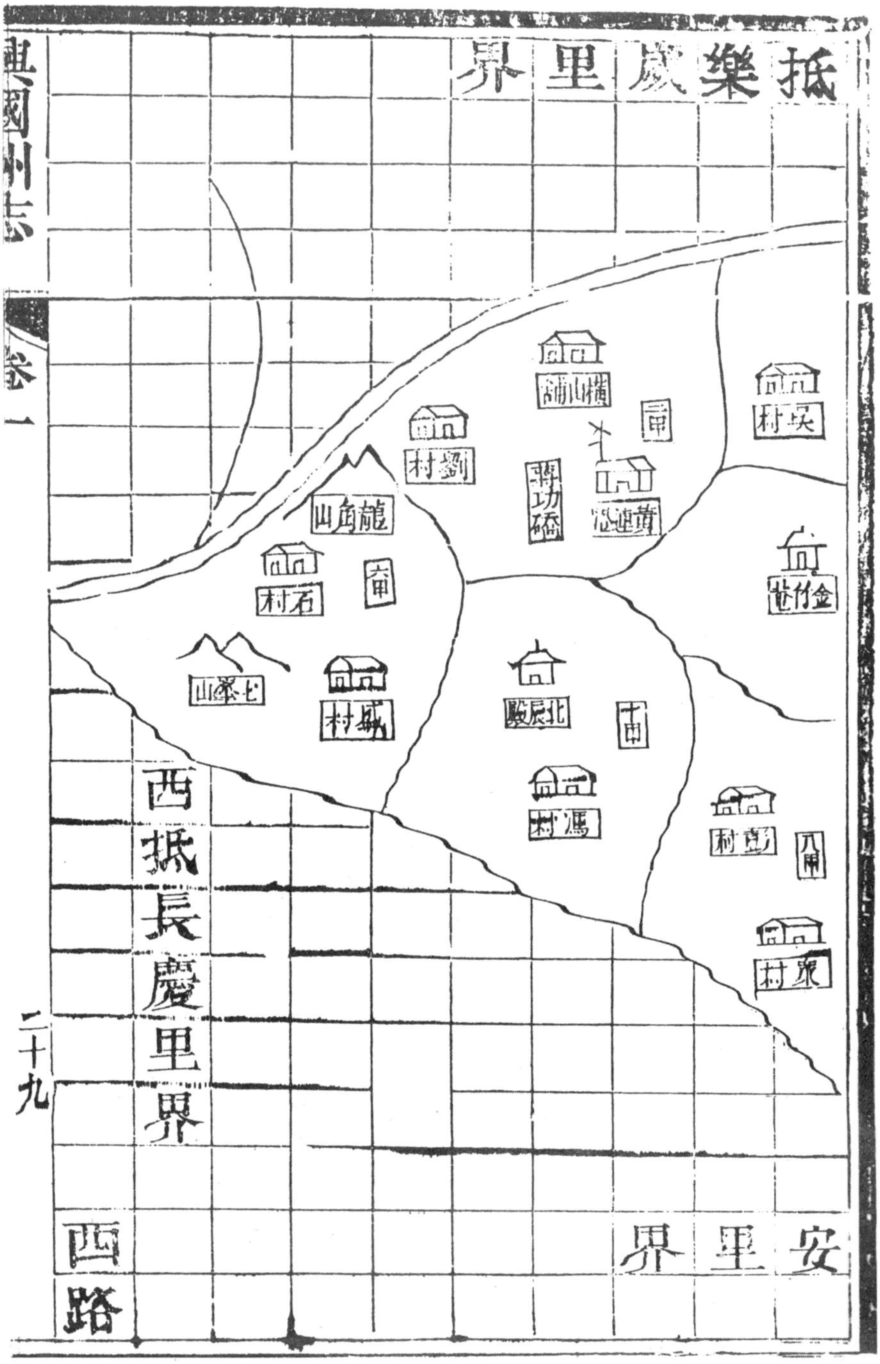
抵樂歲里界
興國州志
卷一
橫山鋪
吳村
劉村
二甲
將功磡
黃連沿
龍角山
石村
六甲
金竹巷
七峯山
盛村
北辰殿
十甲
西抵長慶里界
馮村
彭村
八甲
泉村
二十九
西路
安里界

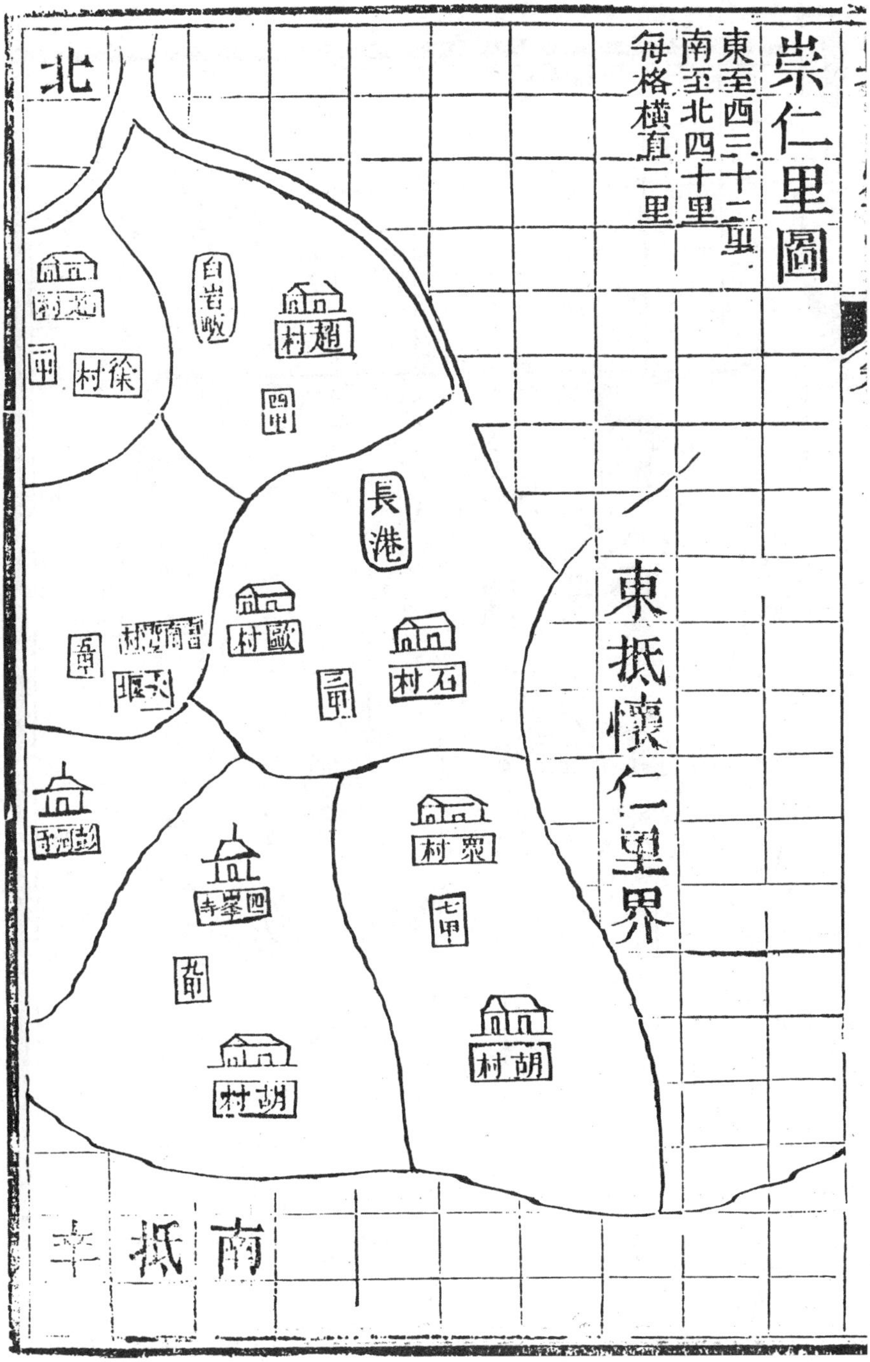
崇仁里圖
東至西三十二里
南至北四十里
每格横直二里
北
東抵懷仁里界
長港
白岩畈
趙村
徐村
歐村
石村
衆村
七甲
胡村
胡村
四峯寺
南抵

興國州志 卷一

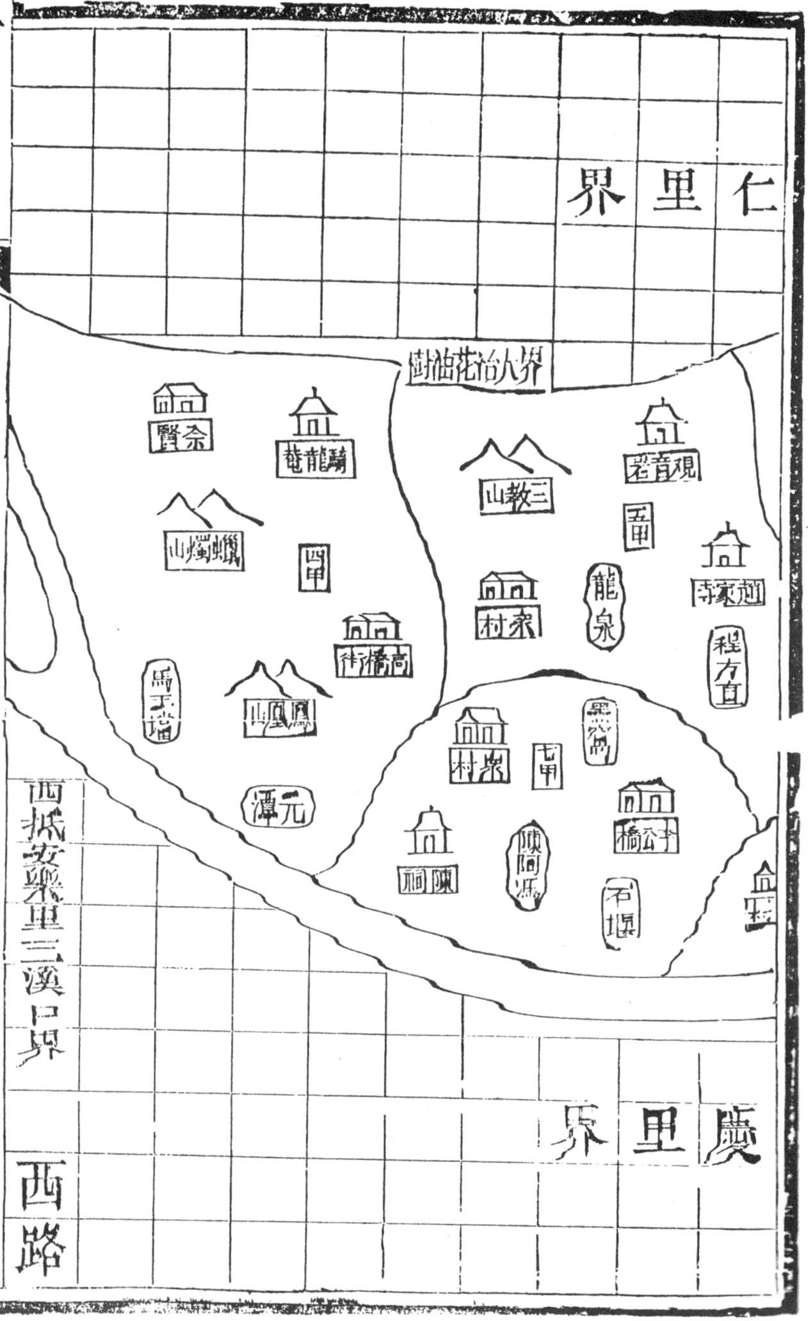
仁里界
余賢
騎龍菴
蠟燭山
四甲
高橋街
鳳凰山
元潭
三教山
觀音岩
五甲
龍泉
趙家寺
七甲
陳祠
石堰
西抵安樂里三溪口界
慶里界
西路

二十

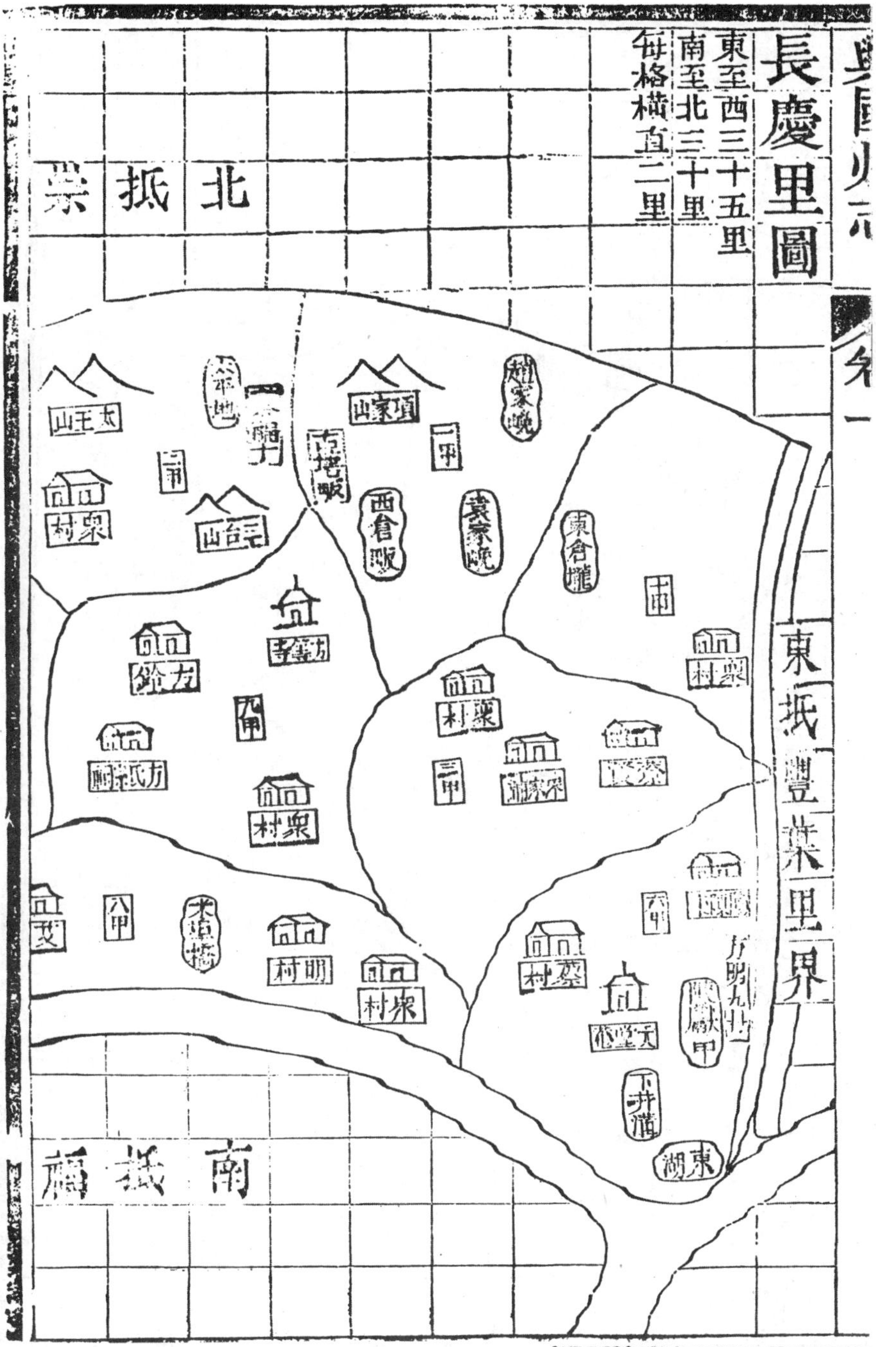
長慶里圖
東至西三十五里
南至北三十里
每格横直二里
北抵崇
東抵豐業里界
太王山
項家山
西倉畈
東倉壠
泉村
明村
東湖

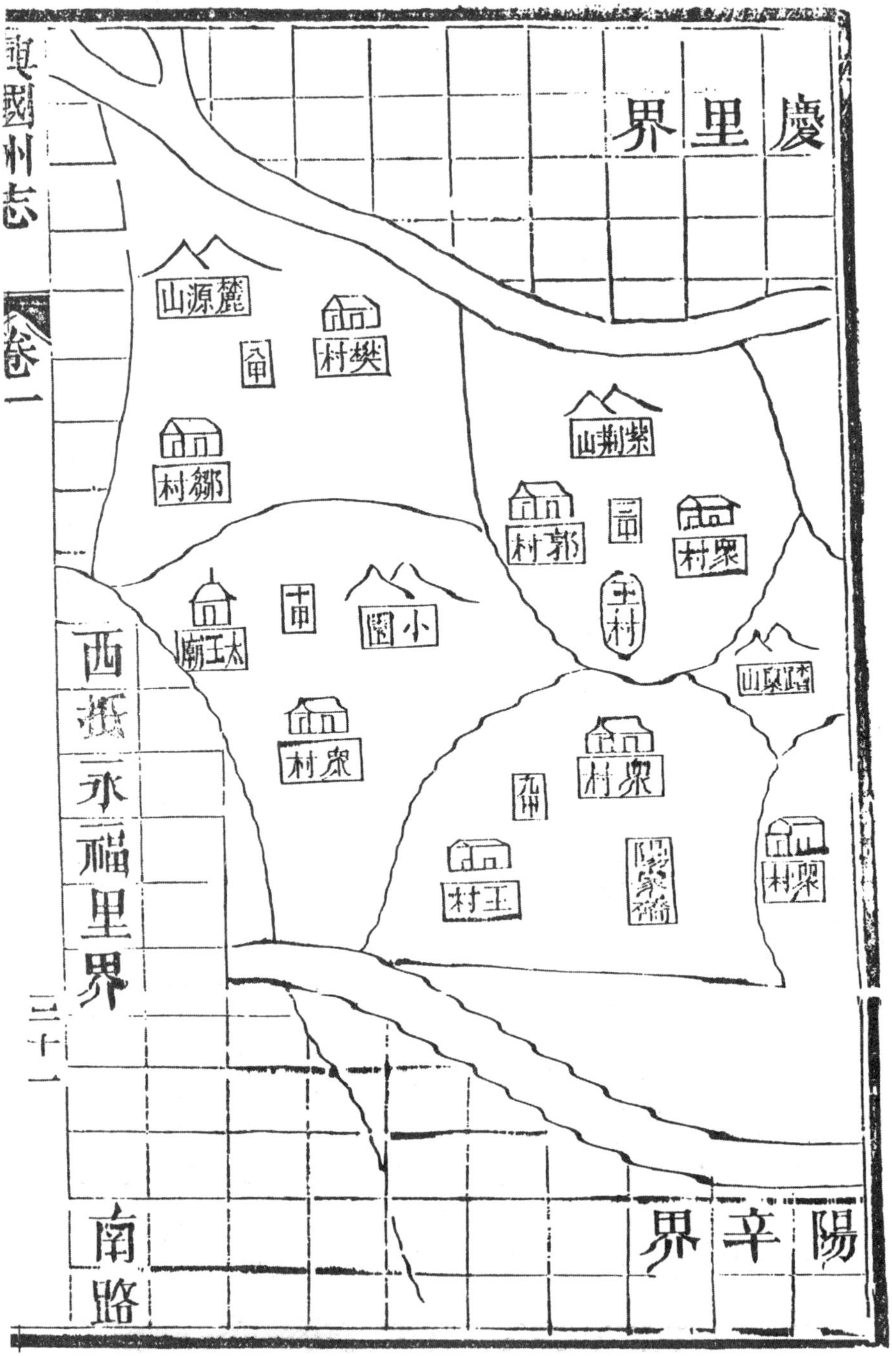
興國州志
卷一
二十一
慶里界
麓源山
樊村
鄒村
紫荊山
郭村
二甲
聚村
王村
十甲
小圍
太王廟
聚村
聚村
九甲
王村
聚村
永福里界
南路
陽辛界

福慶里圖
東至西四十里
南至北二十五里
每格横直二里
北抵長
東抵豐葉里界
南抵下
獅岩
四甲
衆村
石龍山
三甲
太王庙
五甲
半边山
衆村
楊林
六甲
七甲
丁髻山
衆村
光賢寺

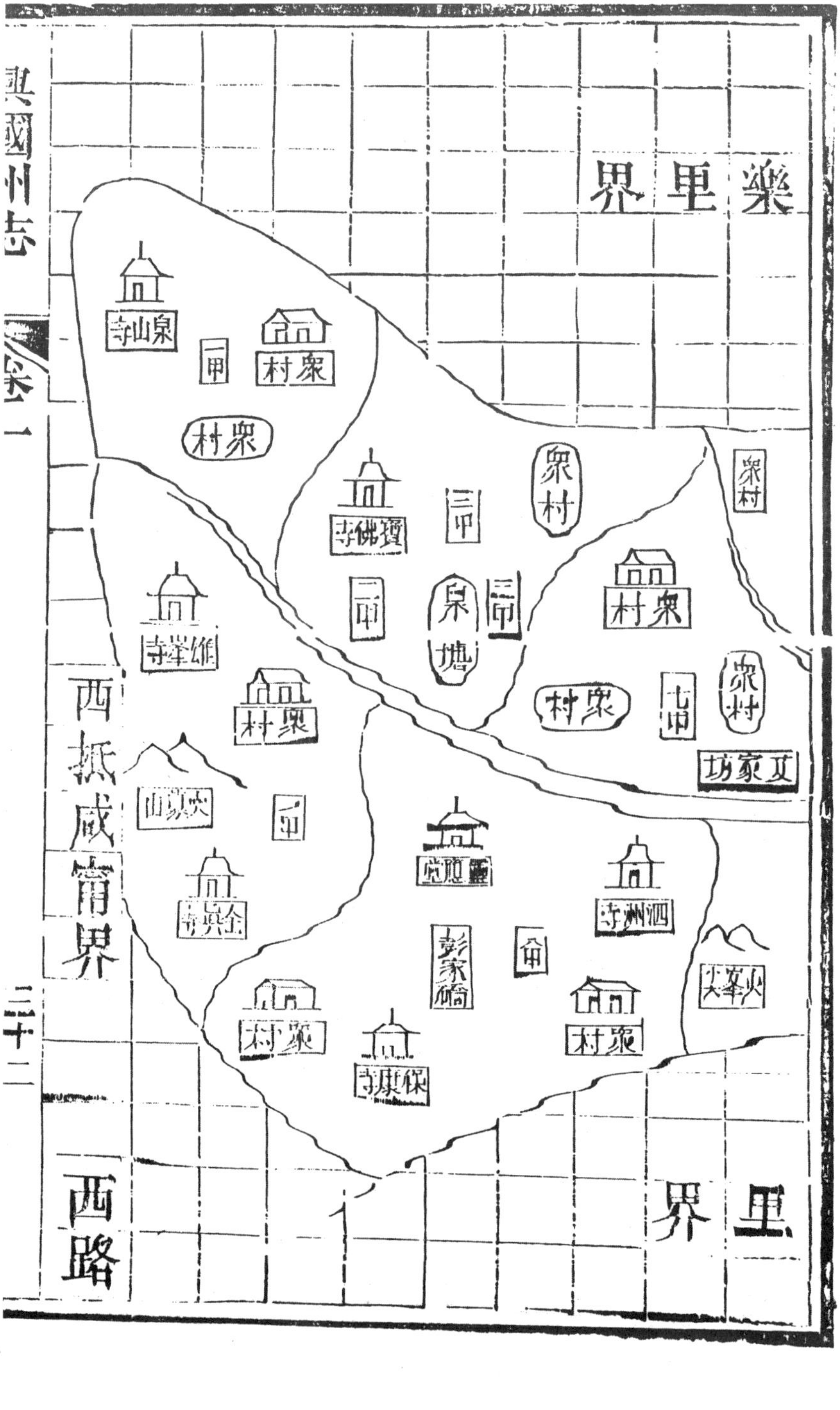
興國州志
卷之一
三十二
樂里界
泉山寺
一甲
泉村
寶佛寺
三甲
泉塘
七甲
艾家坊
雄峯寺
西抵咸甯界
全真寺
泗州寺
彭家橋
保康寺
西路
里界

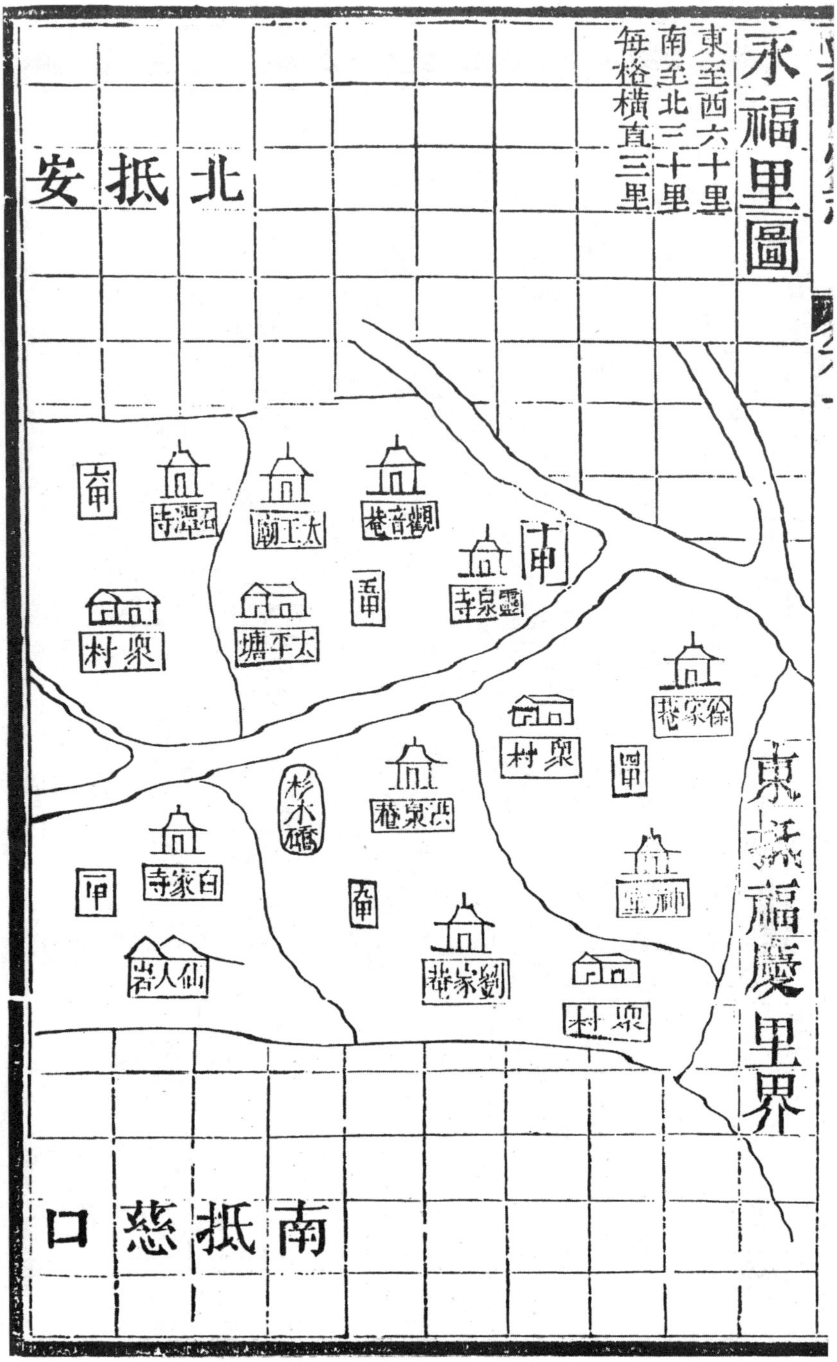
永福里圖
東至西六十里
南至北三十里
每格橫直三里
北抵安
石潭寺
太王廟
觀音菴
靈泉寺
衆村
太平塘
徐家巷
衆村
杉木橋
洪泉菴
白家寺
神堂
仙人岩
劉家巷
衆村
東抵福慶里界
南抵慈口

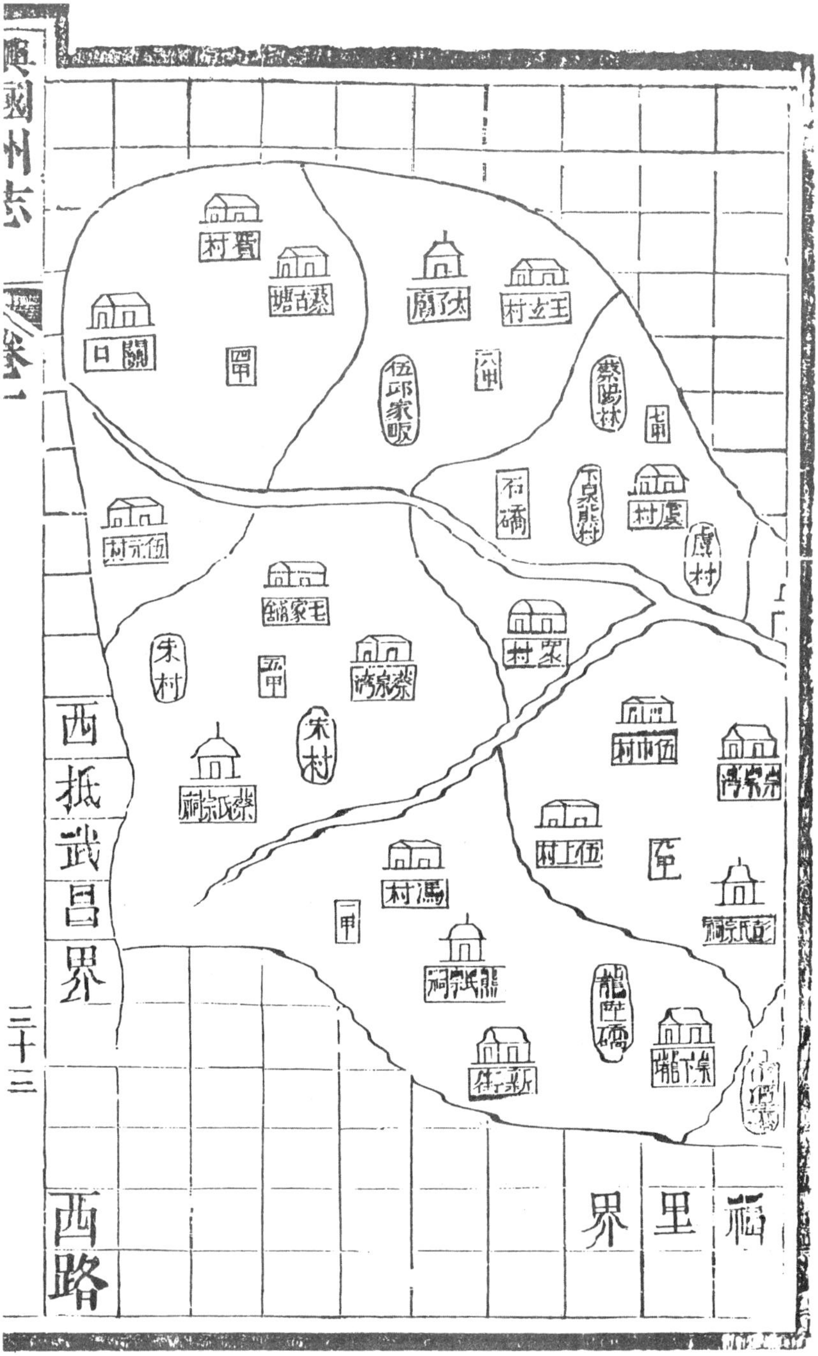
興國州志
卷一
三十三
關口
太子廟
伍邱家畈
四甲
六甲
七甲
蔡陽林
石磧
毛家舖
宋村
五甲
蔡家灣
蔡氏宗祠
伍市村
伍上村
馮村
一甲
熊氏宗祠
彭氏宗祠
新街
西抵武昌界
西路
福里界

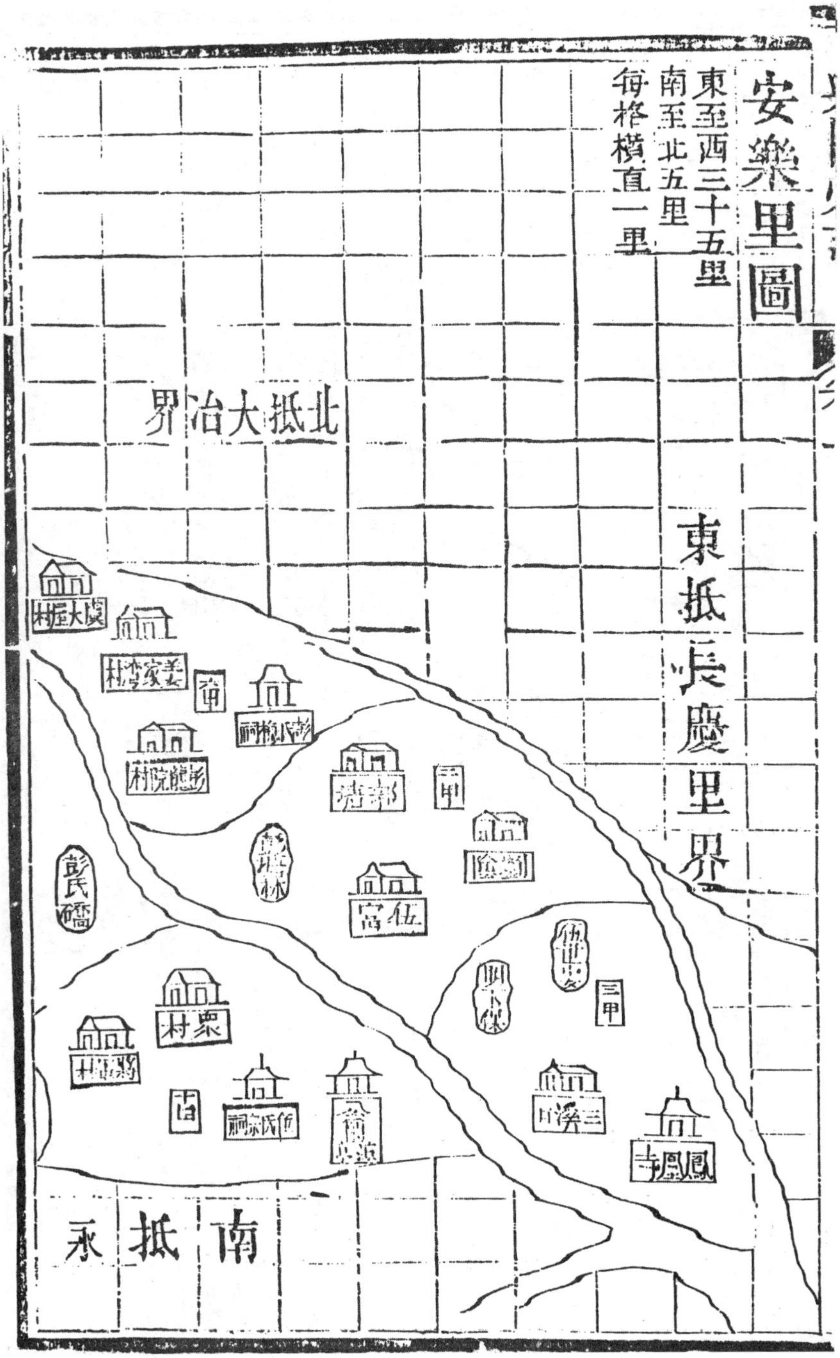
安樂里圖
東至西三十五里
南至北五里
每格橫直一里
北抵大冶界
東抵長慶里界
南抵永
姜家灣村
彭氏礄
伍富
三甲
泉村
伍氏宗祠
三溪口
鳳凰寺

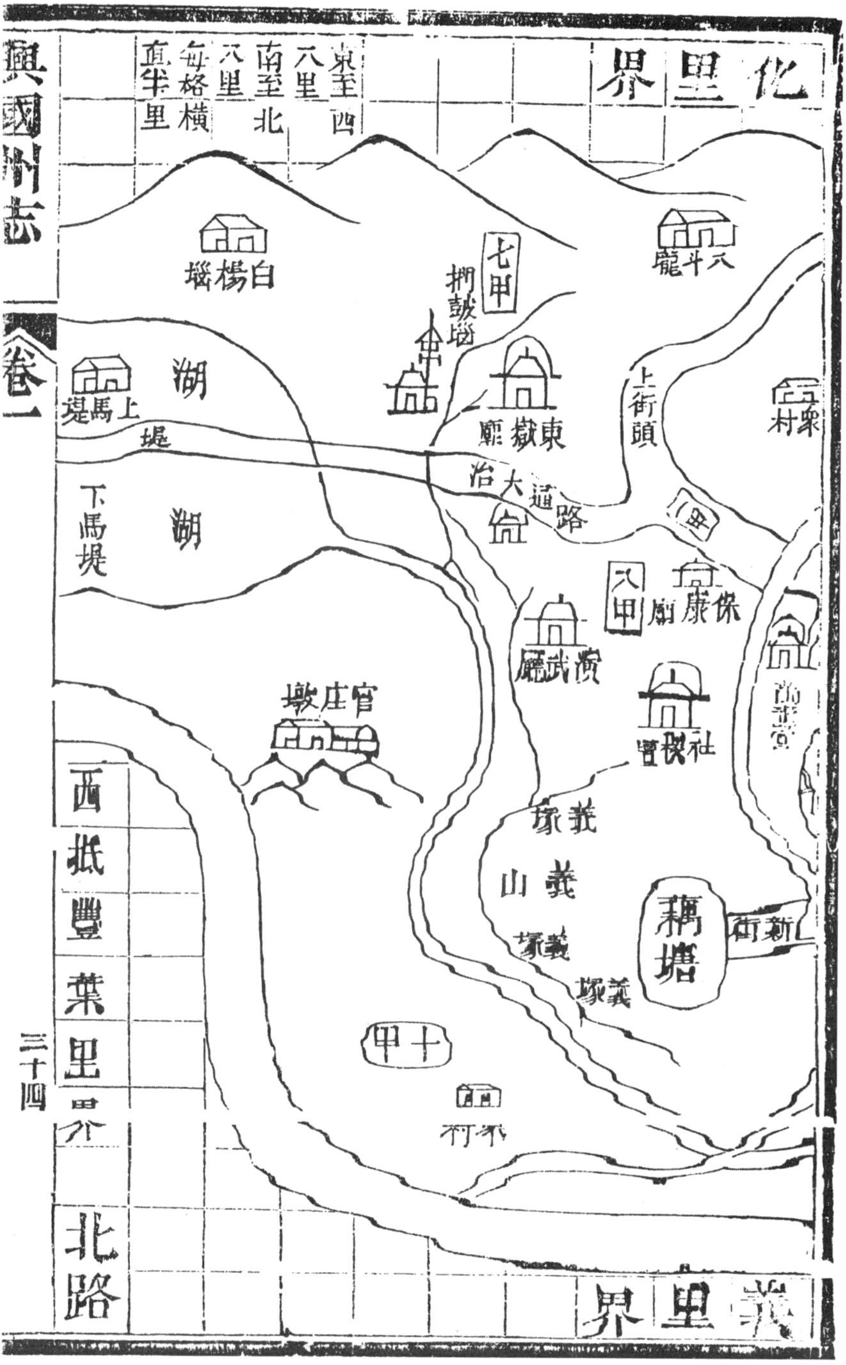
興國州志
卷一
三十四
化里界
東至西八里
南至北八里
每格橫直半里
白楊塆
七甲
上馬堤
湖
堤
東嶽廟
上街頭
治大道路
下馬堤
湖
八甲
保康廟
演武廳
官庄墩
社稷壇
義冢
義山
義冢
義冢
藕塘
新街
十甲
西抵豐葉里界
北路
義里界

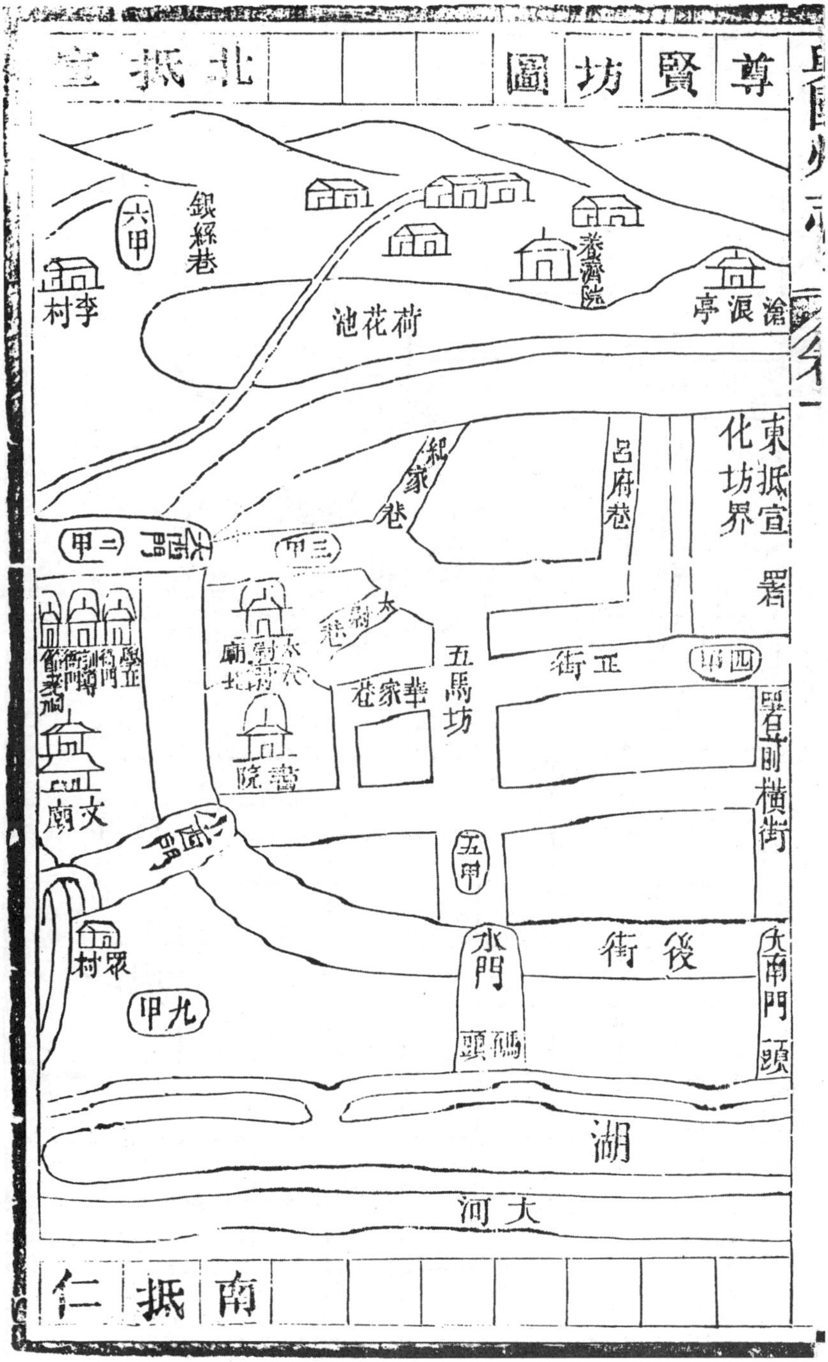
尊賢坊圖
北抵宣
銀絲巷
六甲
李村
荷花池
養濟院
滄浪亭
紀家巷
呂府巷
東抵宣化坊界
二甲
三甲
五馬坊
正街
四甲
華家巷
文廟
五甲
水門
碼頭
後街
九甲
湖
大河
南抵仁

興國州志 卷一

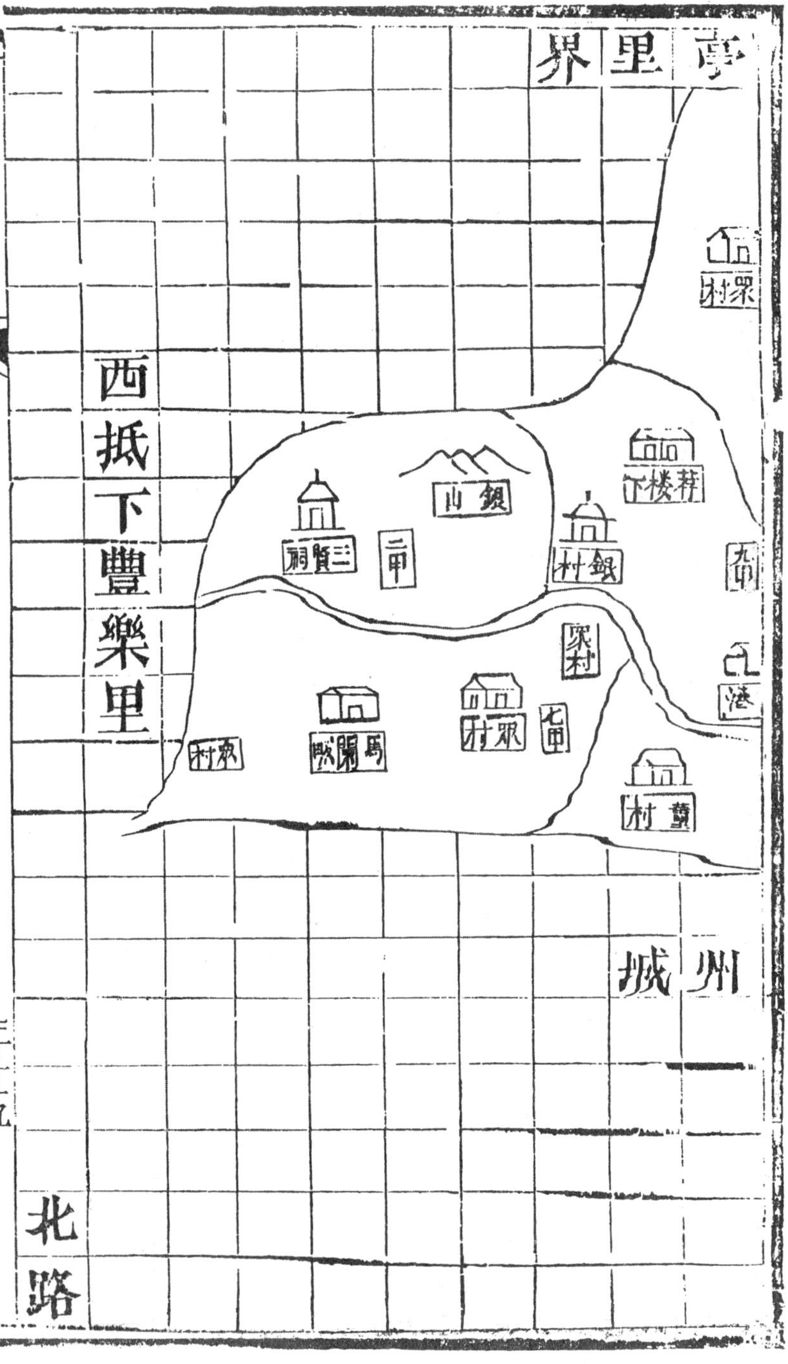

三十五

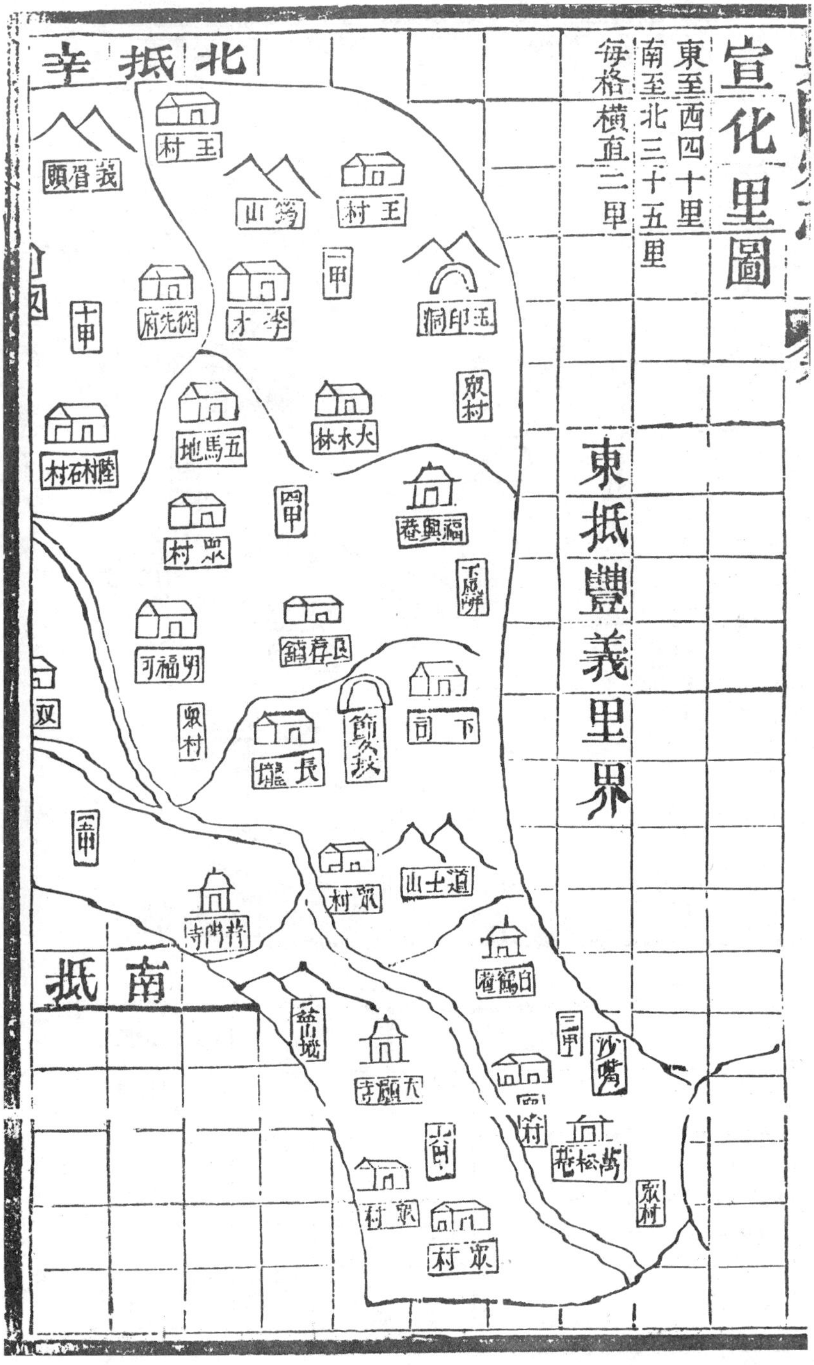
宣化里圖
東至西四十里
南至北三十五里
每格橫直二里
東抵豐義里界
北抵辛
南抵
王村
十甲
一甲
四甲
大木林
五馬地
福興菴
下司
道士山
白鶴菴
萬松菴
沙嘴

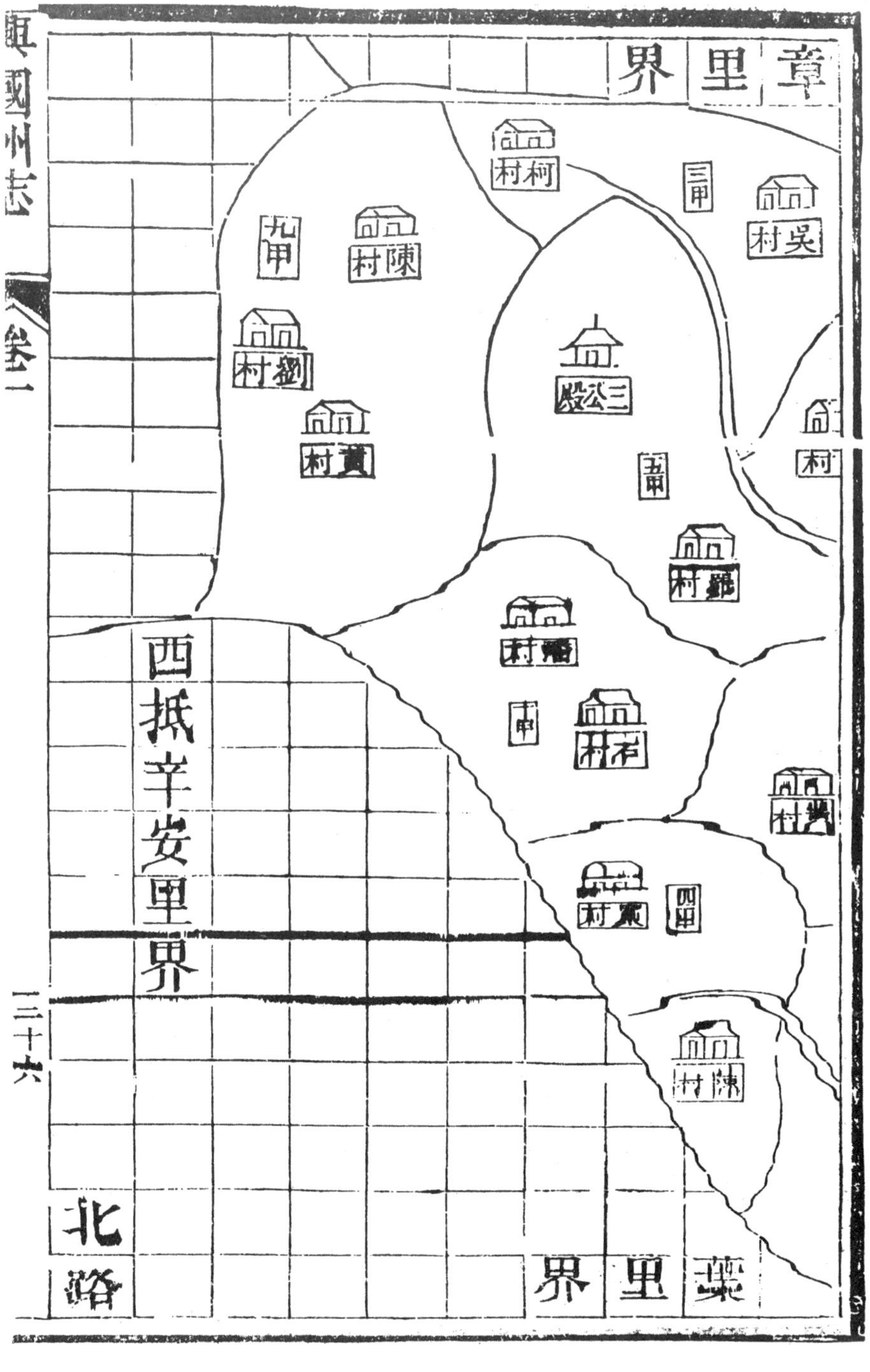
興國州志
卷二
三十六
章里界
柯村
三甲
吳村
九甲
陳村
劉村
黄村
三公殿
五甲
十甲
西抵辛安里界
四甲
陳村
北路
藥里界

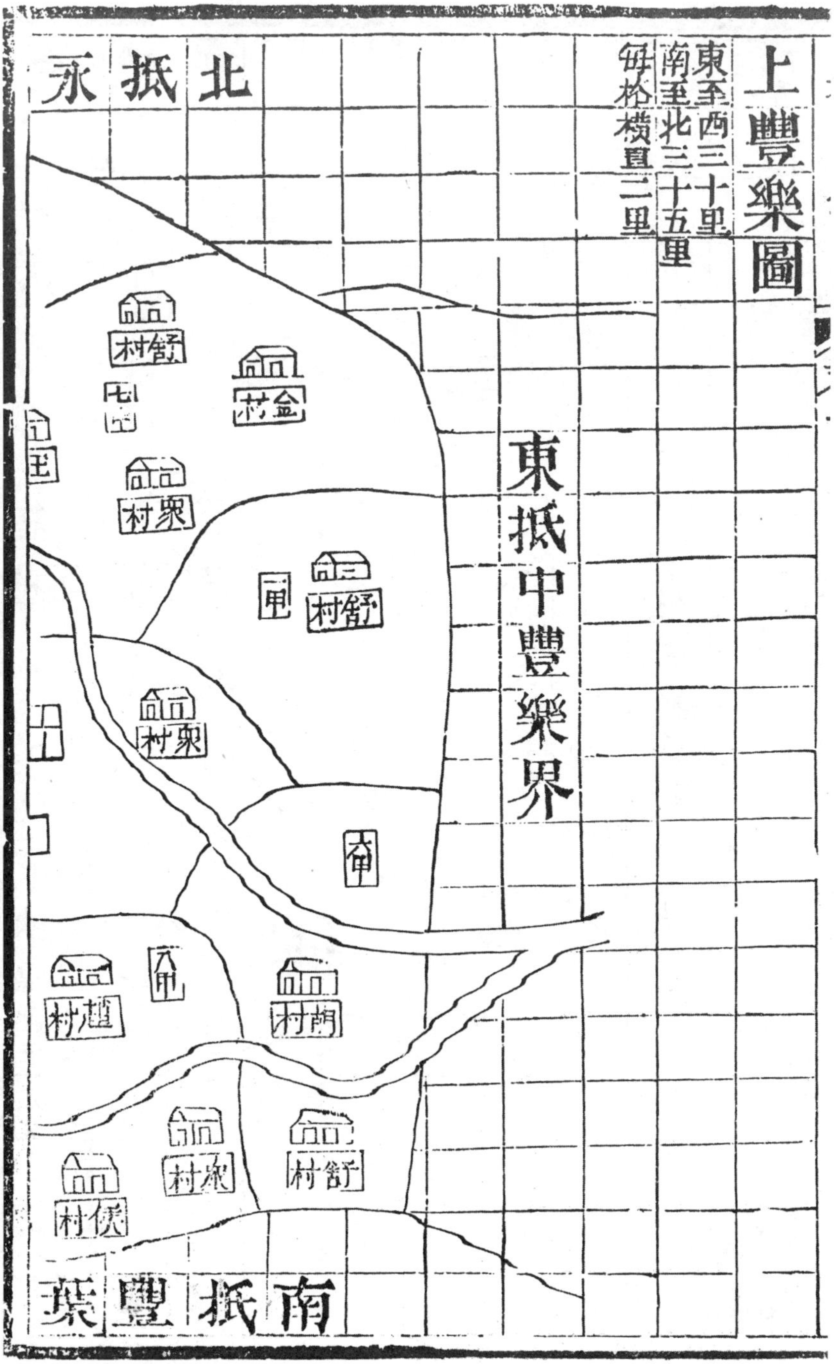
上豐樂圖
東至西三十里
南至北三十五里
每格橫直二里
北抵永
東抵中豐樂界
南抵豐渠
舒村
金村
衆村
舒村
衆村
趙村
胡村
衆村
舒村
侯村

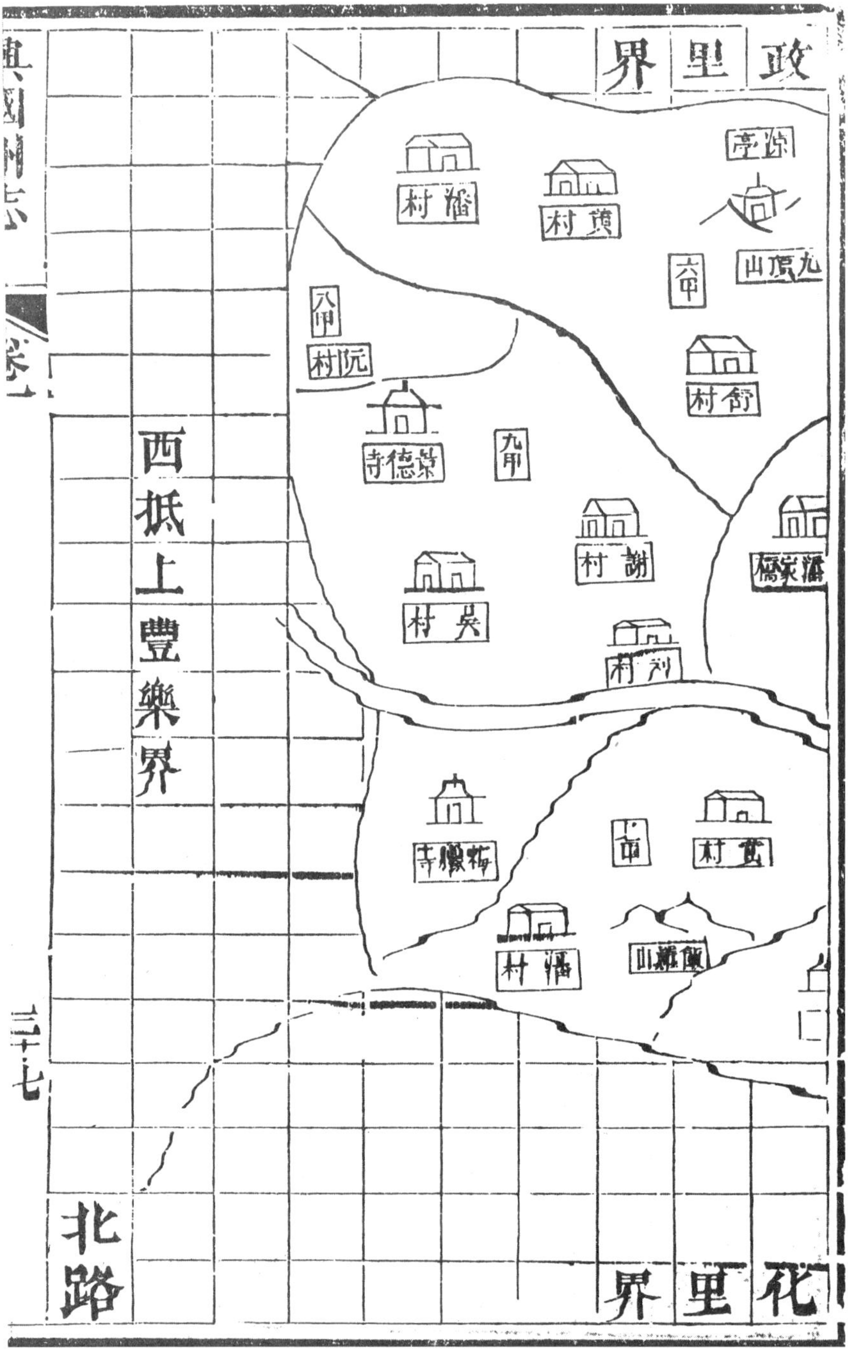
興國州志
卷一
三十七
政里界
涼亭
九頂山
六甲
潘村
黃村
八甲
阮村
舒村
九甲
謝村
吳村
劉村
西抵上豐樂界
十甲
黃村
潘村
北路
花里界

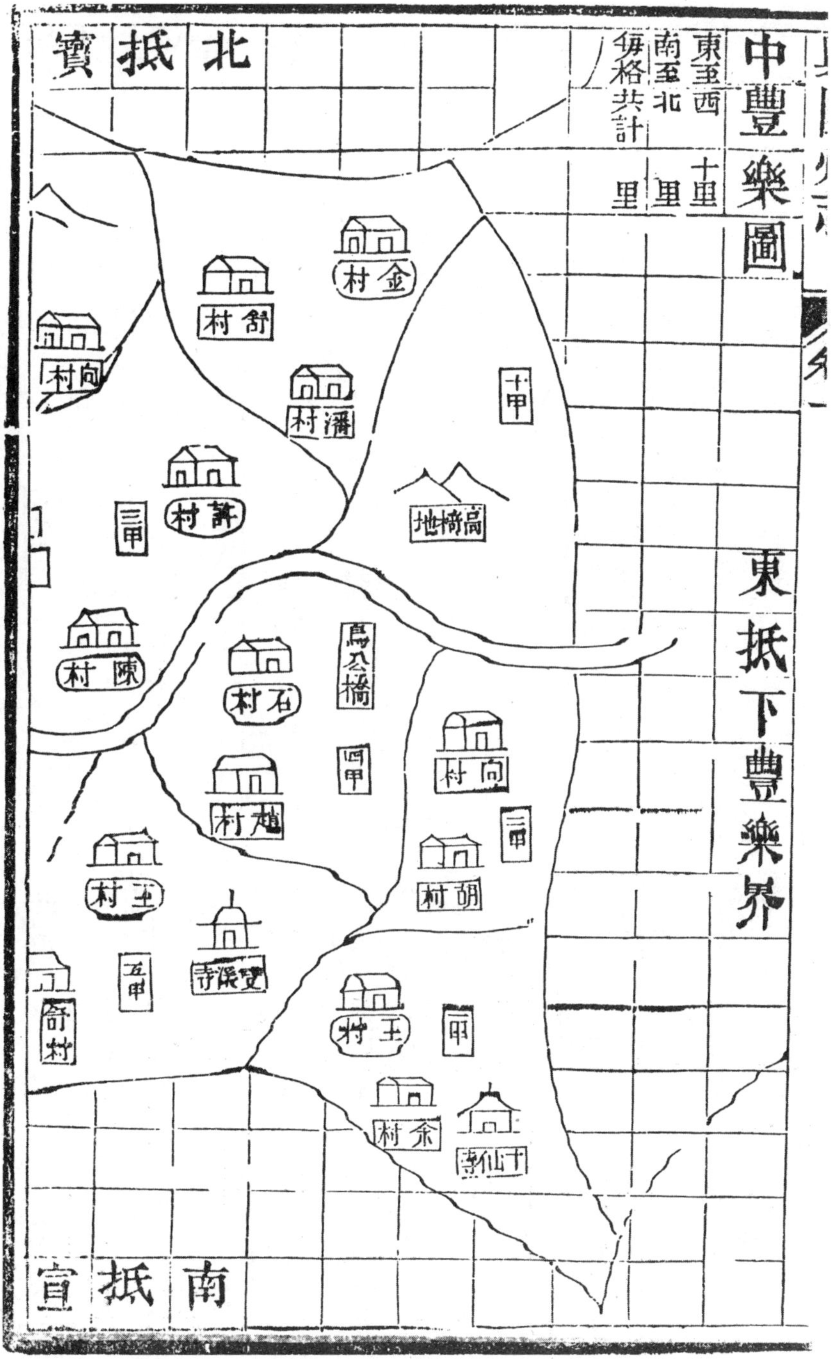
中豐樂圖
東至西　十里
南至北　里
每格共計　里
北抵寶
東抵下豐樂界
南抵宣
金村
舒村
向村
潘村
十甲
許村
三甲
高橋地
陳村
石村
烏公橋
四甲
向村
趙村
三甲
胡村
王村
五甲
寶溪寺
舒村
王村
一甲
余村
十仙亭

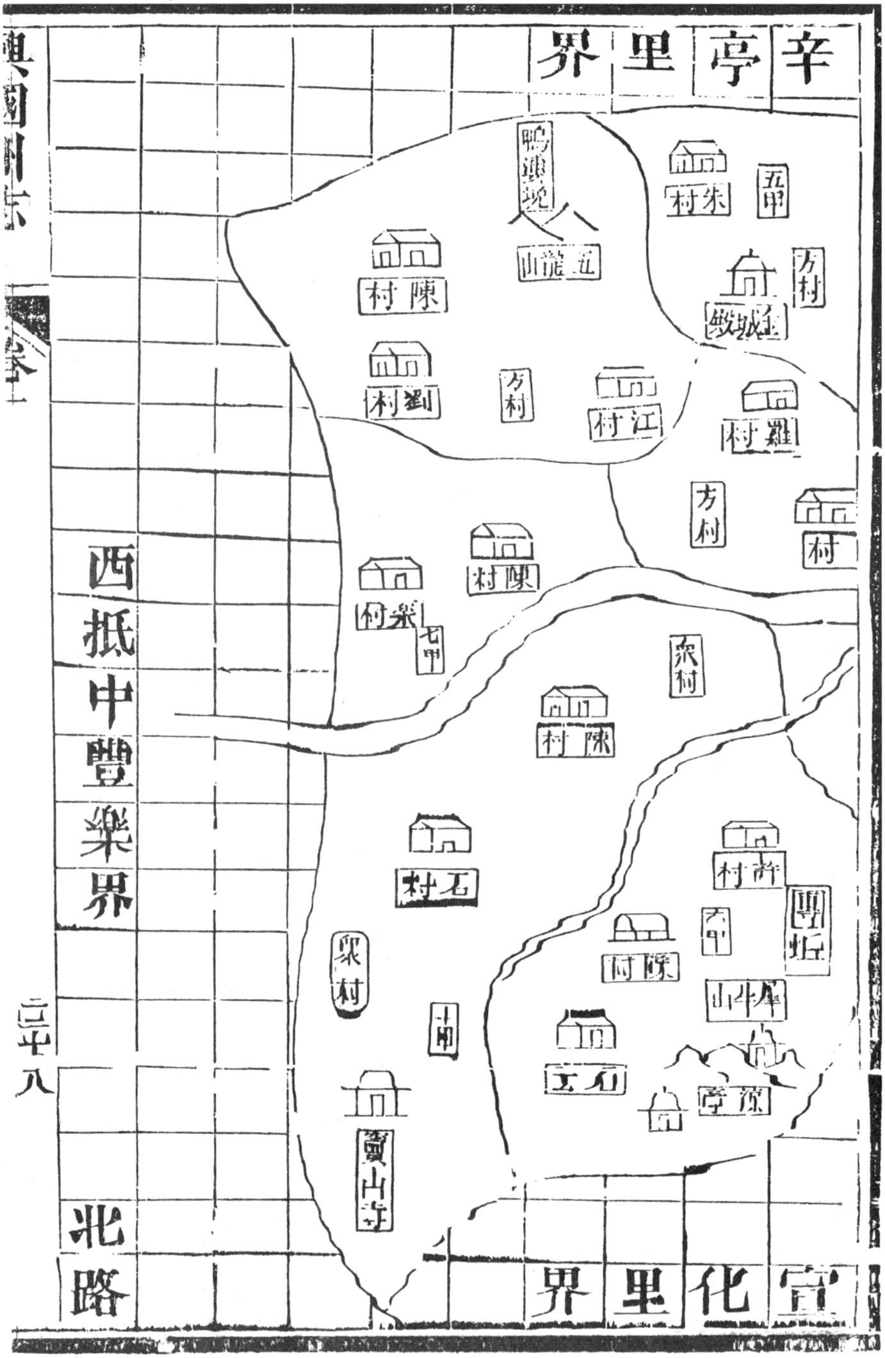
興國州志
卷一
三十八
辛亭里界
西抵中豐樂界
北路
宣化里界
五龍山
陳村
劉村
方村
江村
朱村
五甲
方村
羅村
方村
陳村
梁村
七甲
陳村
石村
梁村
十甲
寶山寺
許村
六甲
陳村
犀牛山
涼亭

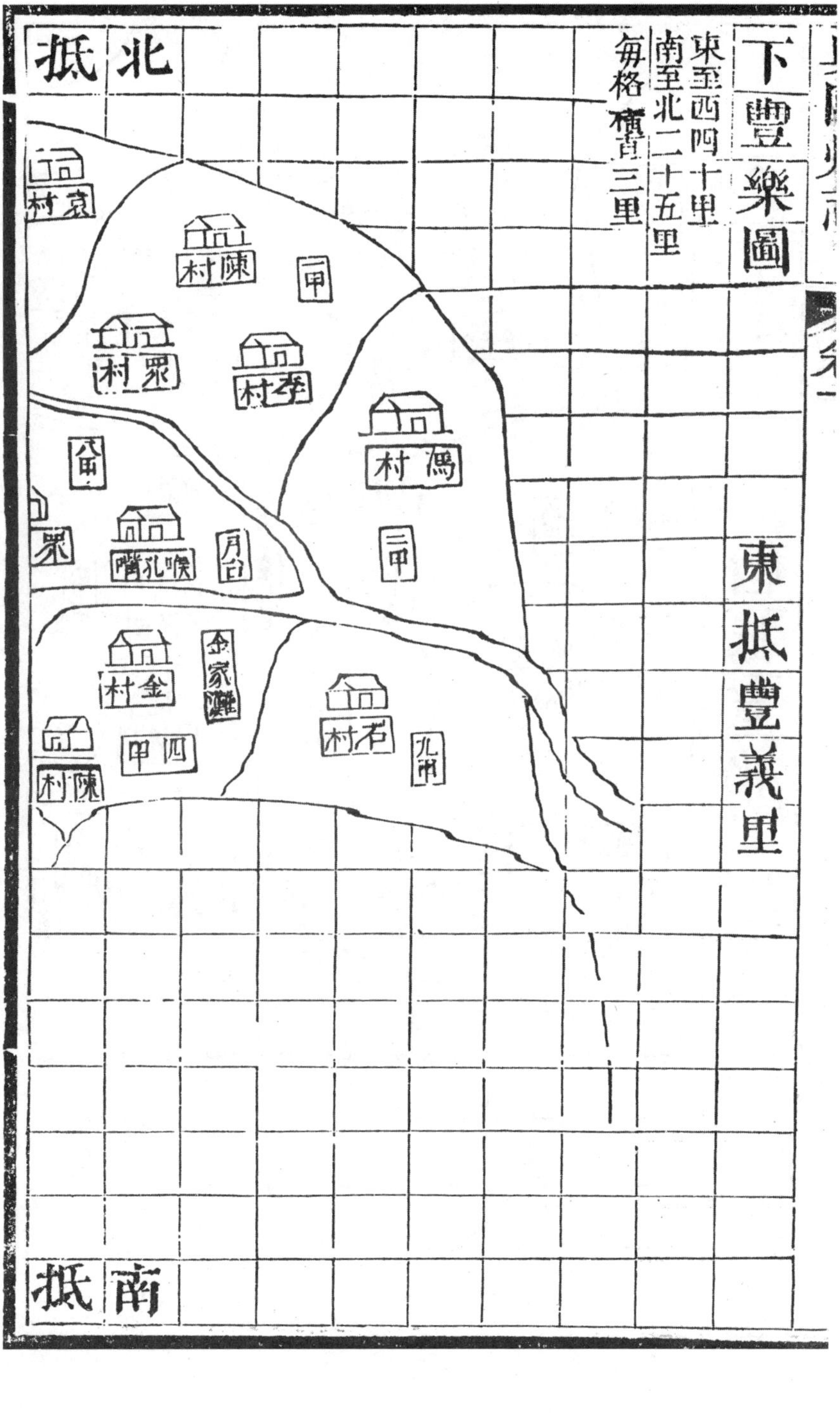
下豐樂圖
東至西四十里
南至北二十五里
每格横直三里
北抵
東抵豐義里
南抵
袁村
陳村
一甲
眾村
李村
馮村
八甲
喉孔嘴
月台
二甲
金村
金家灘
四甲
陳村
若村
九甲

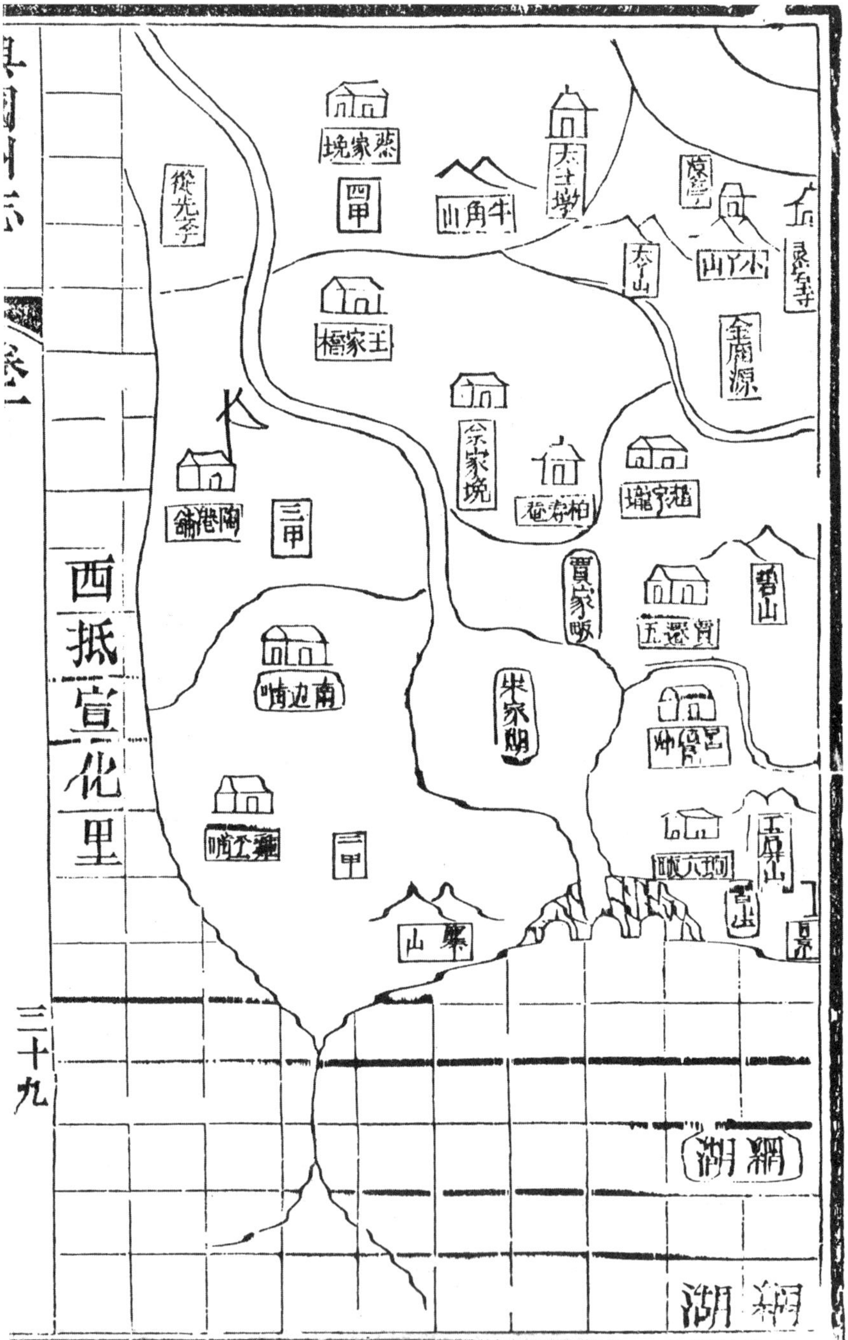

四甲
牛角山
王家橋
三甲
二甲
西抵宣化里
賈家畈
網湖
網湖
三十九

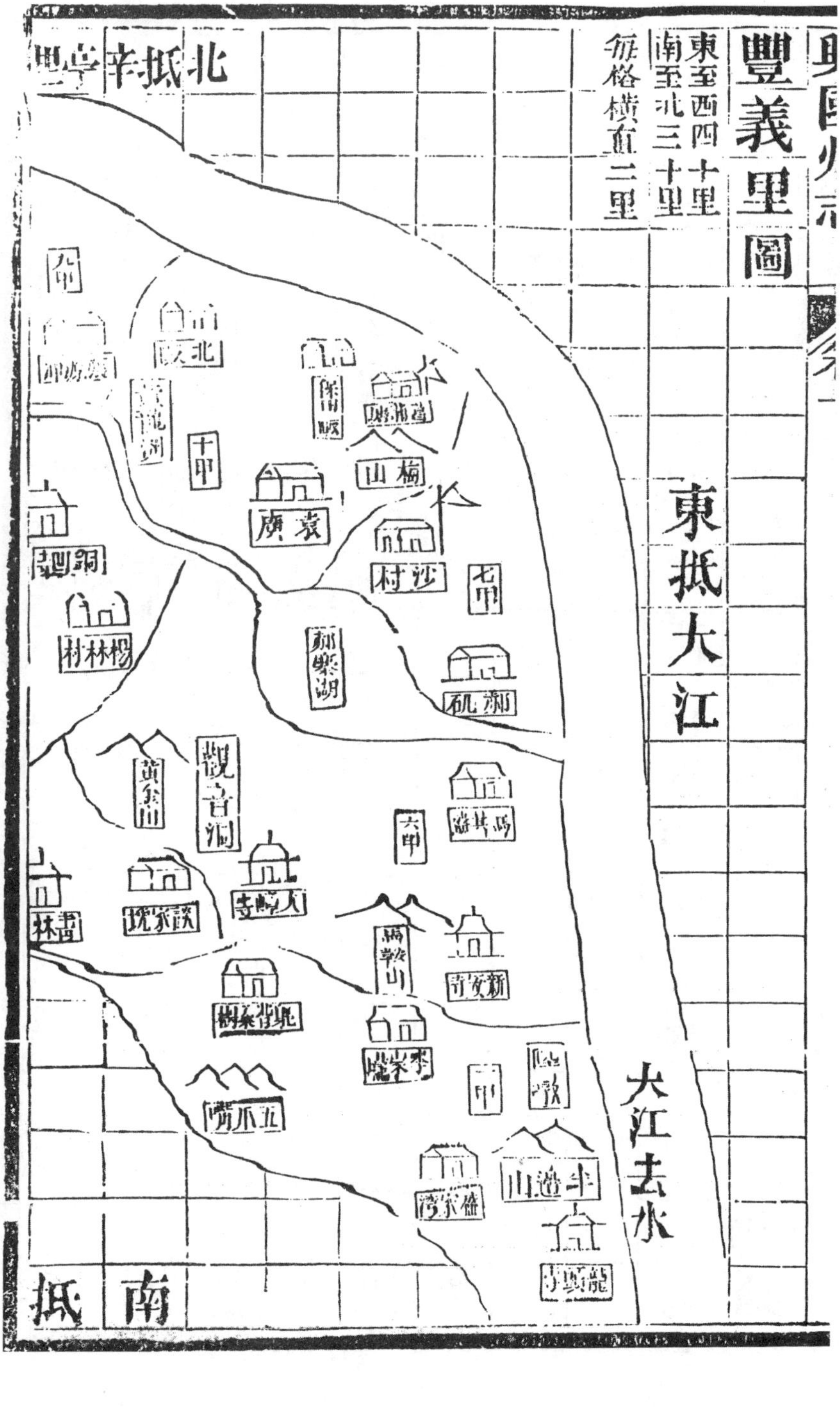
豐義里圖
東至西四十里
南至北三十里
每格橫直二里
北抵辛亭
東抵大江
大江去水
南抵
十甲
梅山
沙村
七甲
楊林村
觀音洞
六甲
一甲

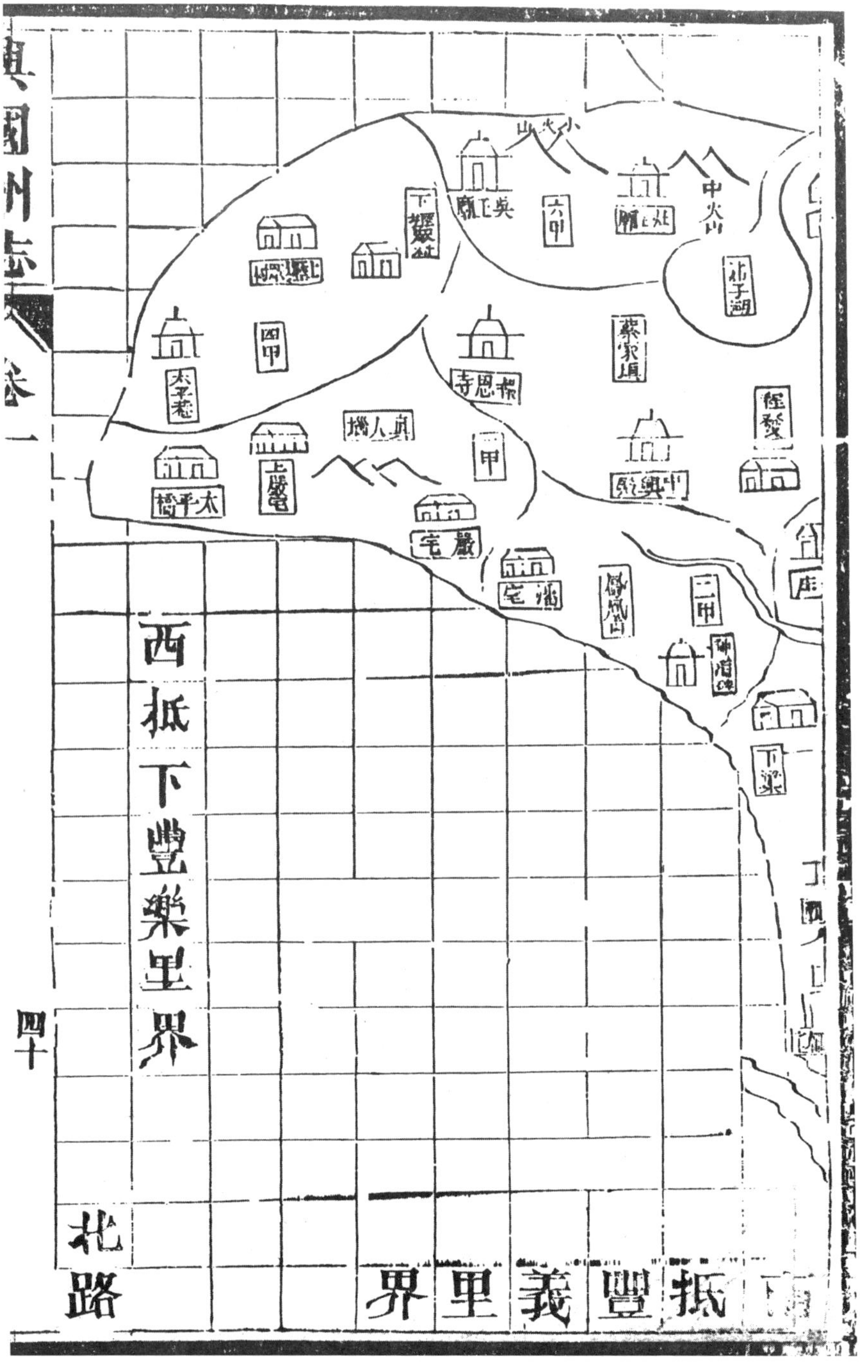
興國州志 卷一
四十
西抵下豐樂里界
南抵豐義里界
北路
小火山
中火山
六甲
四甲
一甲
二甲
報恩寺
真人橋
太平橋
嚴宅
潘宅

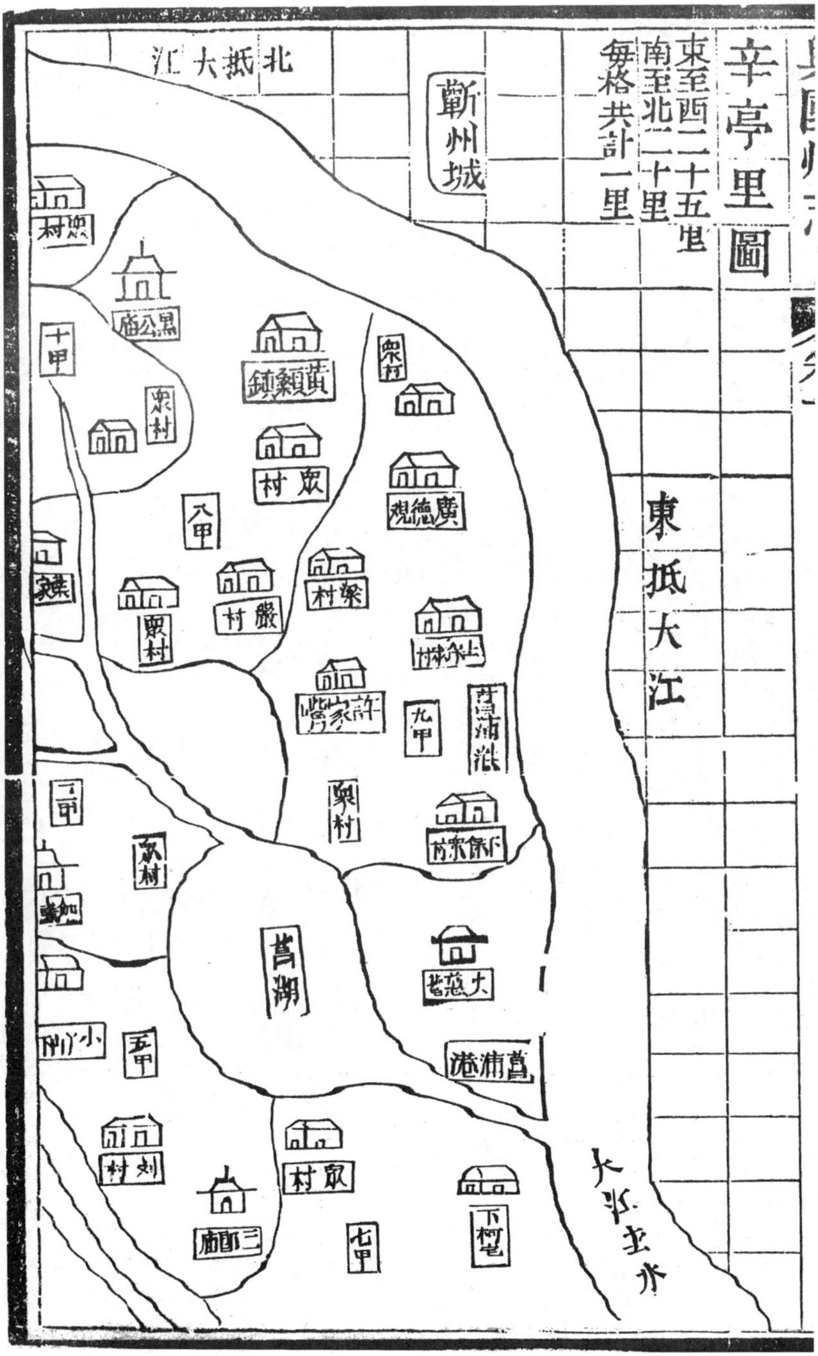
辛亭里圖
東至西二十五里
南至北二十里
每格共計一里
北抵大江
蘄州城
東抵大江
黑公廟
黃顙鎮
廣德觀
十甲
八甲
九甲
五甲
七甲
菖湖
菖蒲港
大慈菴
三郎廟
下柯宅

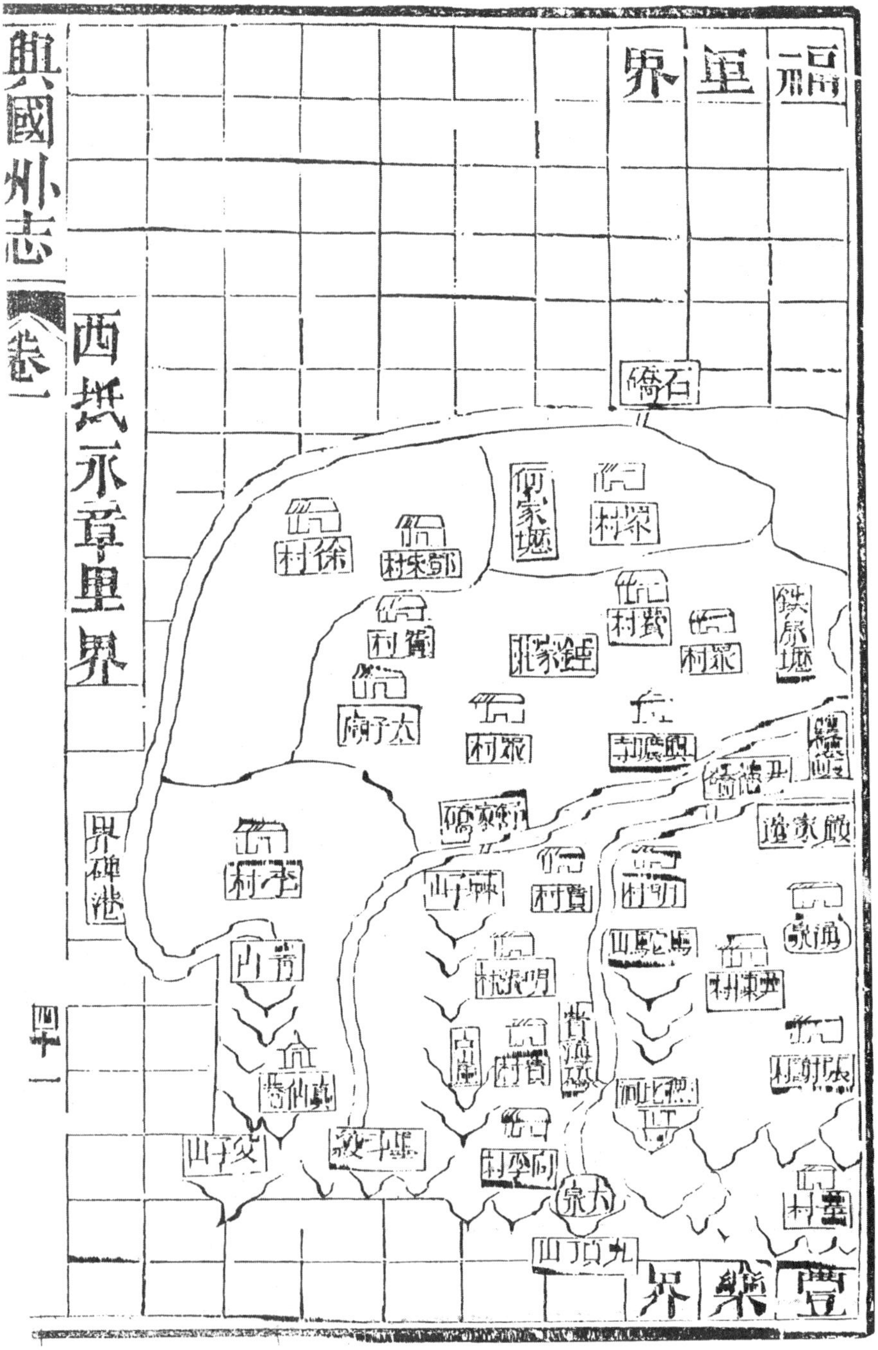
興國州志 卷一
四十一
西抵永章里界
豐樂界
石橋
徐村
何家壢
太子廟
界碑港
李村
青山
大泉
九頂山

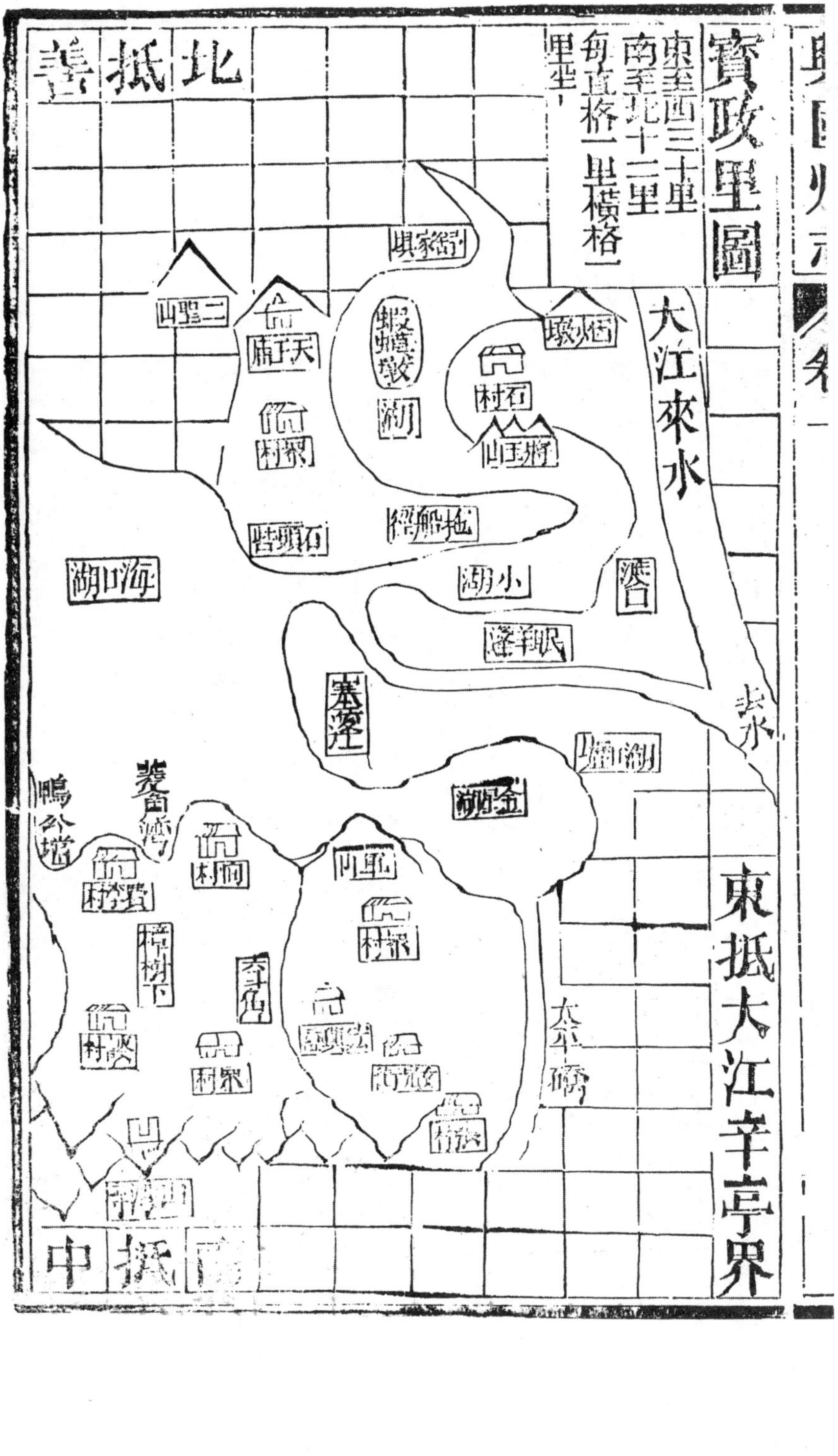
實政里圖
東至西三十里
南至北十二里
每直格一里横格一里半
大江來水
去水
東抵大江辛亭界
海口湖
小湖

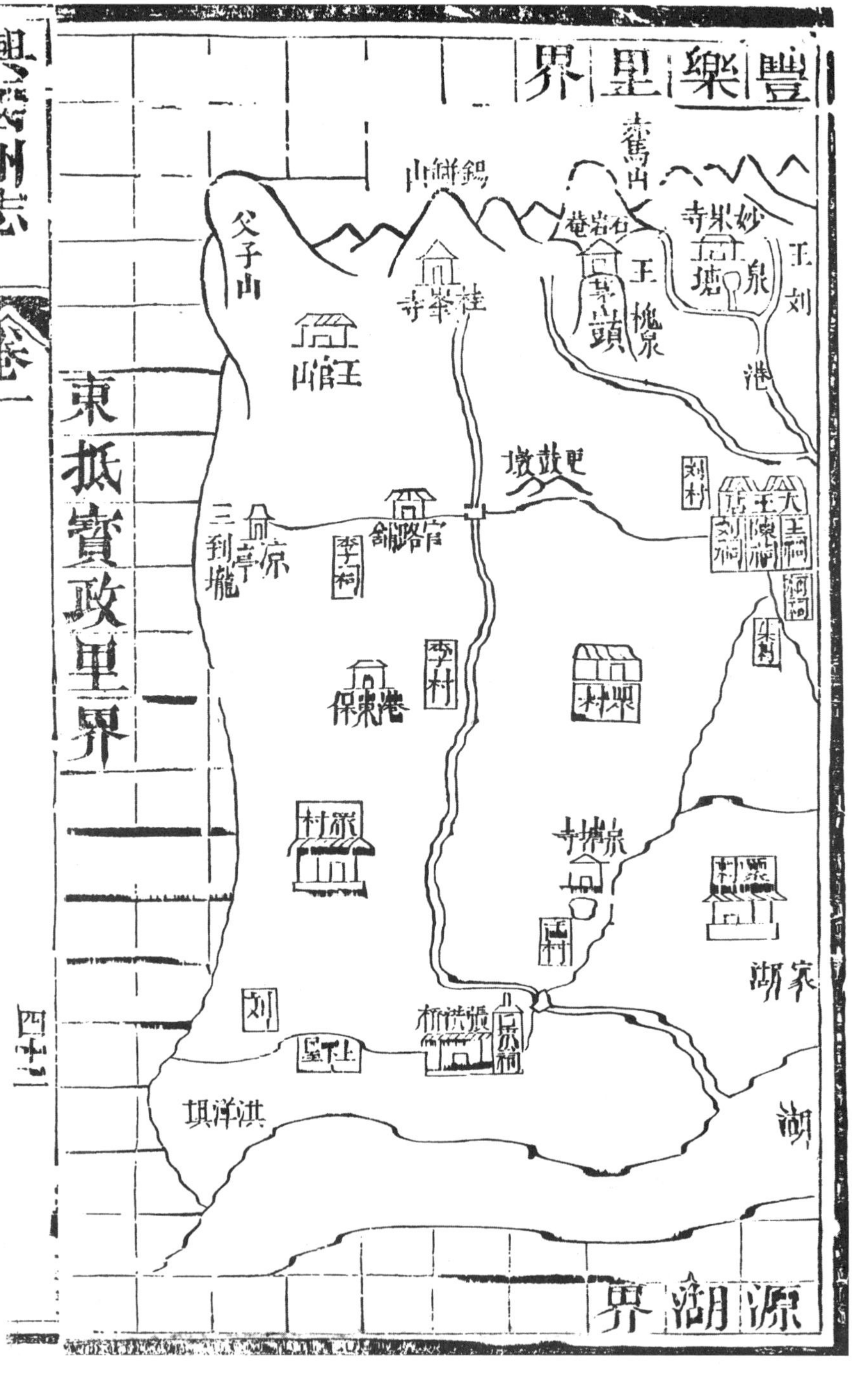
興國州志
卷一
四十二
豐樂里界
東抵寶政里界
源湖界
鍋餅山
父子山
王館山
桂峯寺
石岩菴
妙果寺
王塘
泉
王刘
港
槐泉
更鼓墩
官路舖
涼亭
三到壠
李祠
李村
港東保
刘村
大王祠
陳祠
刘祠
何祠
朱村
果村
泉塘寺
家湖
湖
刘
張洪橋
洪洋垻

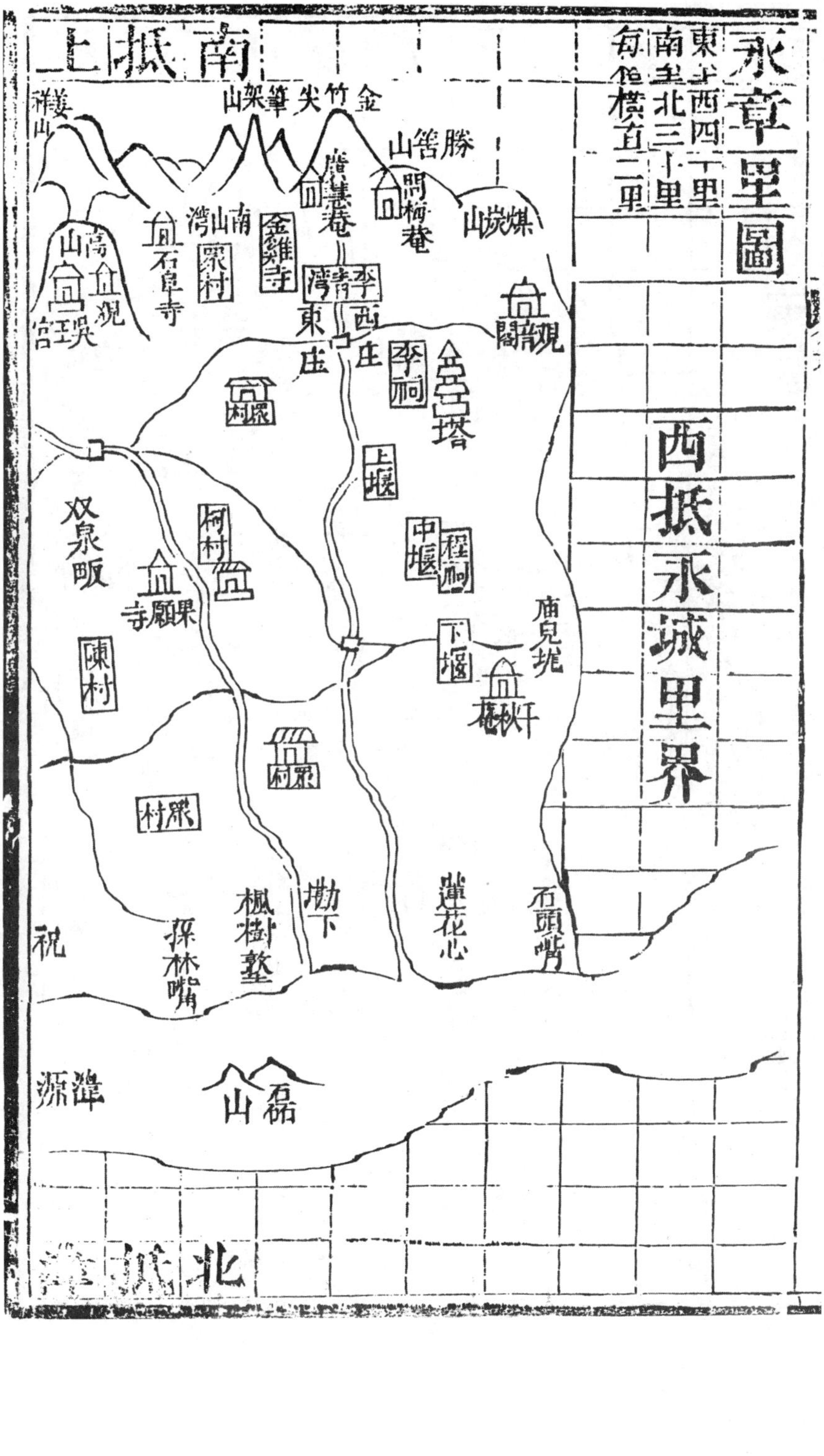
永章里圖
東至西四十里
南至北三十里
每格横直二里
南抵上
西抵永城里界
金竹尖筆架山
勝筶山
煤炭山
南山湾
金雞寺
石阜寺
李青湾
東庄
西庄
李祠
塔
上堰
中堰
程祠
下堰
双泉畈
柯村
果願寺
陳村
千秋庵
楓樹墊
探林嘴
蓮花心
石頭嘴
磊山

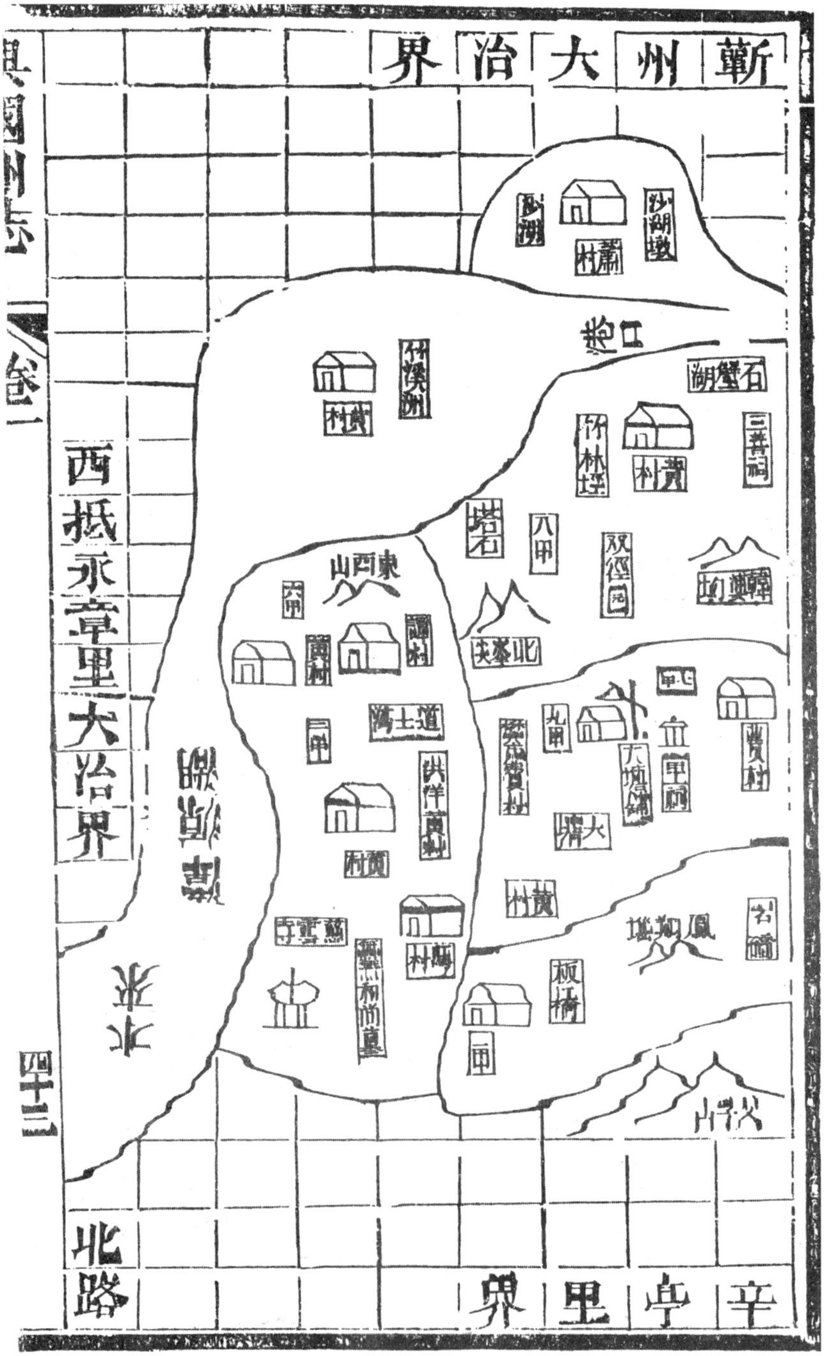
蘄州大冶界
西抵永章里大冶界
北路
辛亭里界
沙湖墩
蕭村
沙洲
石壁湖
竹溪洲
黃村
竹林坪
三菩祠
八甲
東西山
六甲
北峯尖
道士湾
二甲
九甲
大塘
黃村
梅村
板橋
興國州志
卷一
四十二

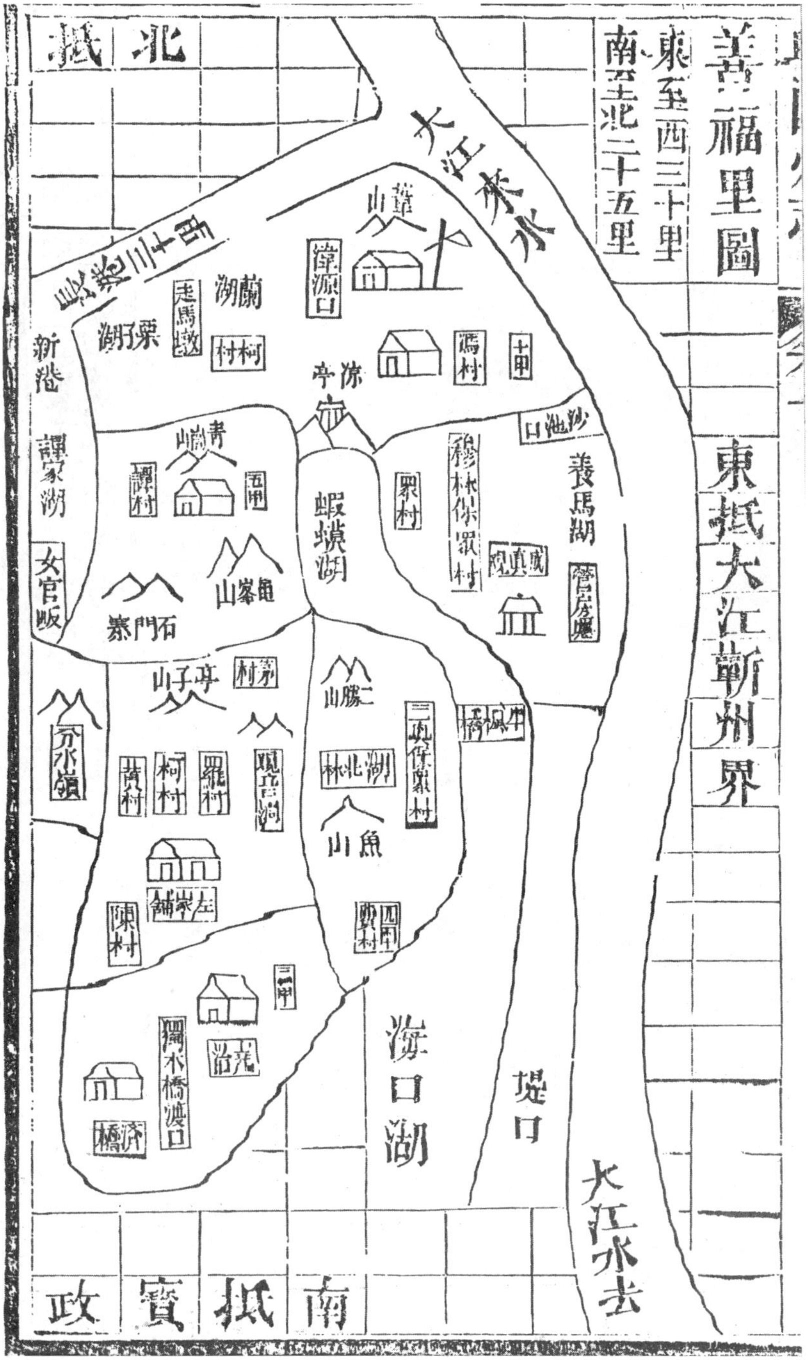
善福里圖
東至西三十里
南至北二十五里
北抵
東抵大江蘄州界
南抵寶政
大江來水
大江水去
蘭湖
栗子湖
走馬墩
柯村
漳源口
涼亭
馮村
十甲
新港
譚家湖
譚村
五甲
蝦蟆湖
聚村
穆林保聚村
沙灘口
養馬湖
女官畈
石門寨
亭子山
茅村
分水嶺
二甲保聚村
黃村
柯村
羅村
觀音洞
魚山
左家鋪
陳村
四甲
三甲
獨木橋渡口
海口湖
堤口

石圖四十二畫工吳金台張
相德周歷各處照形勢分繪

八景圖

滄浪烟雨
學米友仁畫法
雷作和
興國州志
卷一
四十五

仙觀晴霞
摹范寬筆
雷作和

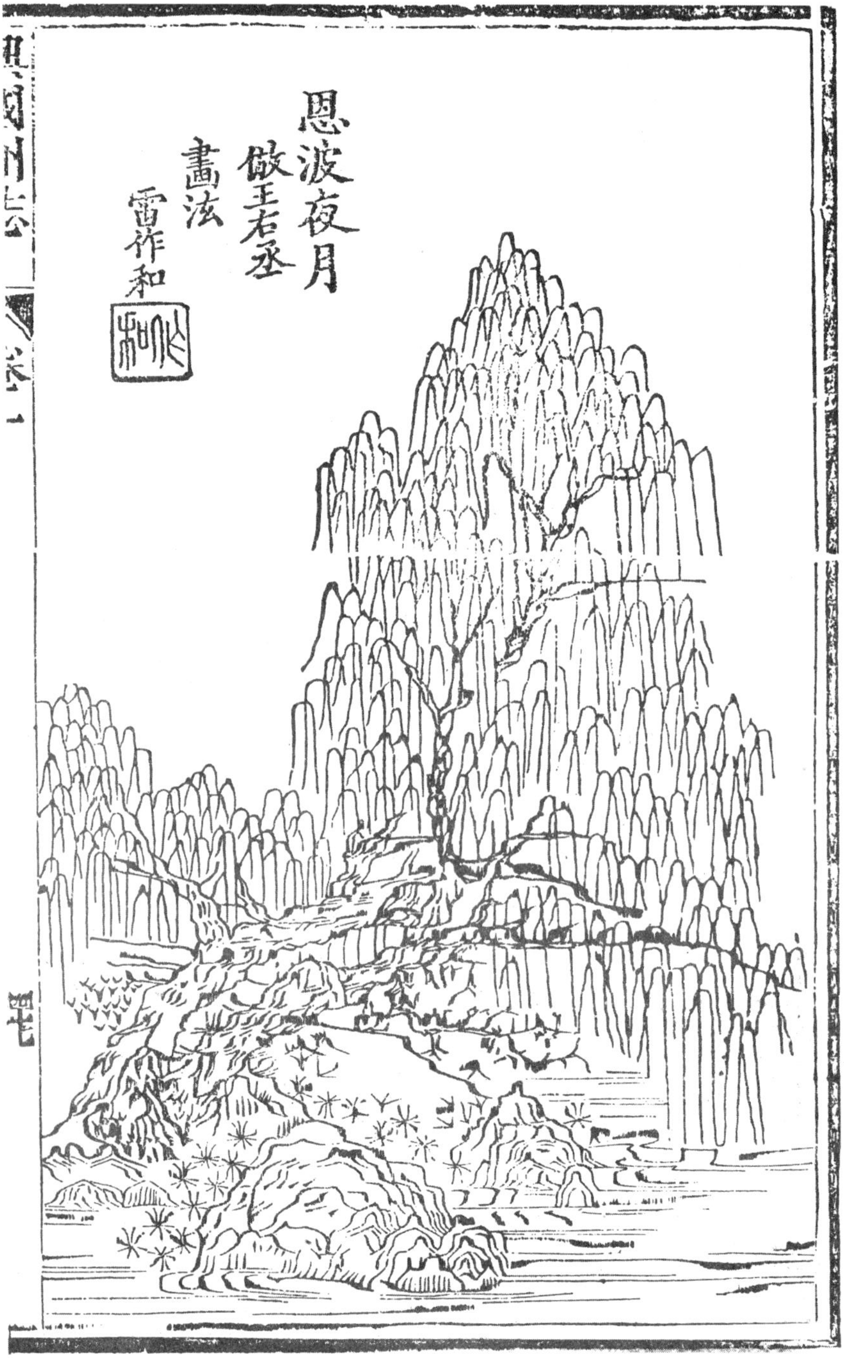
興國州志
卷一
恩波夜月
倣王右丞
畫法
雷作和

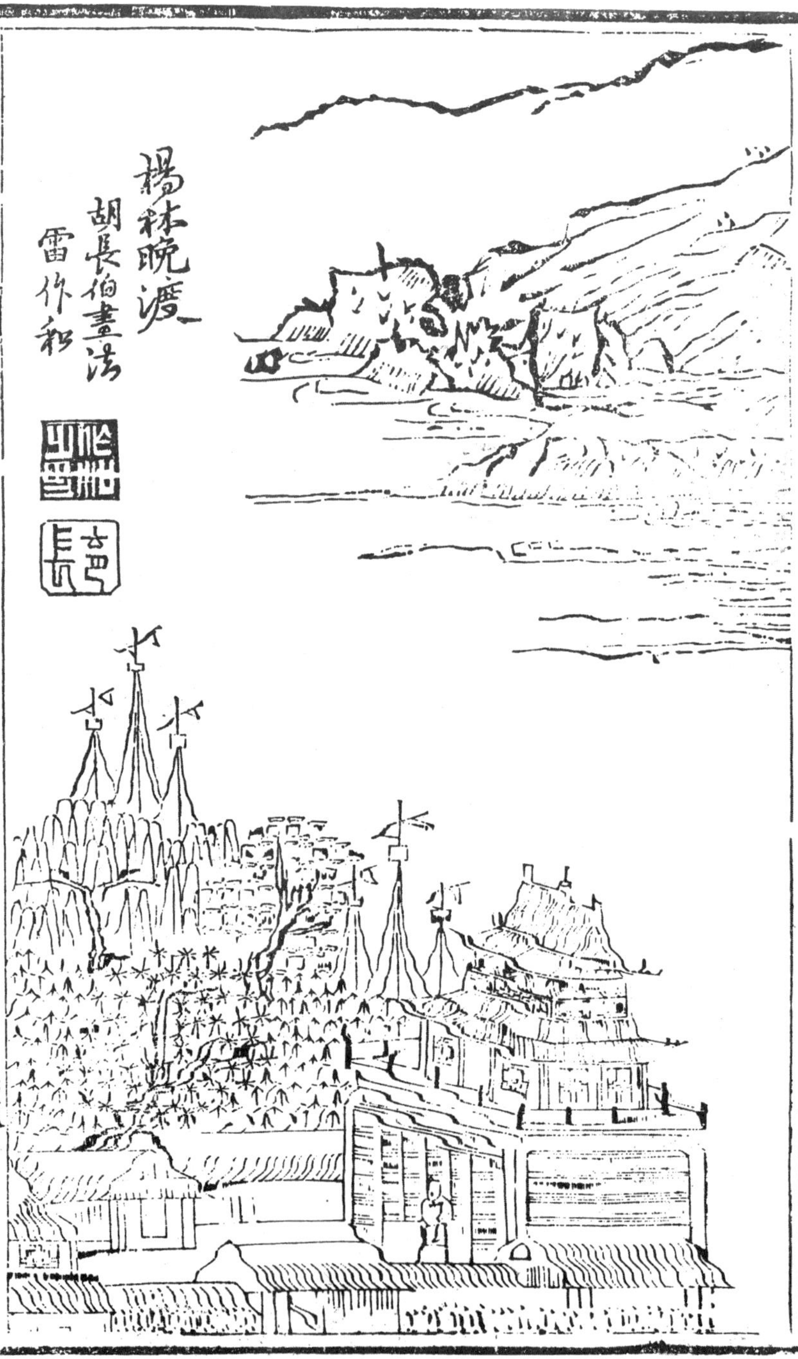
楊林晚渡
胡長伯畫法
雷作和

南市魚歌
學唐六如寫法
雷作和

宋山樵唱
徽董
紫范
霖作和

興國州志 卷一 五十

謝墩夕照
倣趙松雪畫

卷之二

輿地志

建置沿革

秦并天下，罷諸侯而郡縣之。興國自漢以下而縣、而軍、而路、而府、而州，建置不一，沿革棼矣。然其見諸正史者，則固班班可考也。至舊志所載，有正史不及詳者，有與正史相背者，今兼采古今地理雜志，互爲考證，而附録於後焉。

漢

前漢江夏郡，領縣十四，其一下雉。莽曰閏光。見《漢書・地理志》。

舊志云：下雉在永興縣東南四十里，今州昌平鄉下洋有下雉潭。按唐《元和郡縣志》云“下雉在永興縣東南一百四十里”，此與舊志所載里數相去懸遠，且州東并無一百四十里地。又按宋《輿地廣記》云“下雉去今州四十五里”，此説近之。

東漢江夏郡，領縣十四，其一下雉。見《後漢書・郡國志》。

三國吴孫權自公安都鄂，改名武昌。以武昌、下雉、尋陽、陽新、柴桑、沙羡六縣爲武昌郡。見《三國志》。

舊志云：孫權自公安徙鄂，更鄂曰武昌。析鄂之南境置陽新縣。又引明《一統志》云：奉新縣在興國州西南一百二十里，吴置，隋并入富川縣。按：今州西南百里有陽新里，又有陽新市，當是古陽新縣治。至奉新縣，今莫詳其處。按《明史・地理志》云“州西南有奉新廢縣”，則奉新固有其地。若宋《寰宇記》謂陽新故城在永新縣西南一百二十里，遍查史志，并無永新名目，或云永興之訛，亦無所據。

晋

武昌郡統縣七，其一陽新。見《晋書・地理志》。

舊志：東晋安帝義熙中，省下雉入陽新。又云：置高陵寨，今千秋鄉寶政里。

宋

武昌太守領縣三，其一陽新侯相。見《宋書・州郡志》。

南　齊

郢州武昌郡領縣五，其一陽新。見《南齊書・州郡志》。

梁

陽新

舊志：梁武帝普通七年，置安昌縣。又引《寰宇記》：安昌縣在永興縣西北九十里。按《明史・地理志》：州北有安昌廢縣。今莫詳其處。

陳

陽新見《隋書・地理志》、永興。見《大清一統志》：陳析陽新，置永興縣。

隋

江夏郡統縣四，其一永興。陳曰陽新，平陳改曰富川，開皇十一年廢永興縣入，十八年改名焉。見《隋書・地理志》。

舊志：開皇九年廢陽新爲富川，并安昌入焉，即陽新安昌奉新地。《寰宇記》云：在永興縣西南五十里。又云：開皇十八年省富川縣，改居高陵故城。

唐

鄂州江夏郡領縣七，其一永興。見《唐書・地理志》。

舊志：太宗貞觀元年，復置鄂州，屬江南道，領縣五，永興屬焉。玄宗開元二十一年，分江南爲東西道，永興屬江南西道江夏郡。代宗大曆十三年，移永興縣治今長慶鄉仁風里。德宗貞元年，徙永興縣於長樂宣化里深湖口，即今朝天鄉。憲宗元和初，升武昌郡，永興隸焉。按唐《元和郡縣志》云：陳永興故城在永興縣東五十里，東臨江水。宋《輿地廣記》云：下雉去今州四十五里，又五里爲永興故城。《輿地紀勝》云：隋改富川曰永興，居高陵故城。《方輿紀要》云：高陵故城在今州東南六十里。據此數説，隋之永興治即陳之永興治，而所謂高陵亦即陳之永興治也。至唐貞元年遷於長樂鄉深湖口，則此永興乃宋之軍治、元之路治、明及本朝之州治也。若《明一統志》謂高陵城在今州西一里，則未免舛錯矣。

五　代

梁唐舊志：永興縣屬吴，爲吴王楊行密地，隸武清軍。

晋漢周舊志：永興縣屬南唐，隸武昌郡，設通羊鎮，置青山場，開爐治。按：通羊鎮，今通山縣治；青山場，今大冶縣治。

宋

太平興國二年，以鄂州永興縣置永興軍。三年，改興國軍同下州，領縣三：永興、大冶、通山。見《宋史・地理志》。

舊志：開寶八年，平江南，鄂州隸江南道，統縣九，一永興。太宗分天下十五路，仁宗分二十三路，以鄂州屬荆湖北路。太平興國三年，與姑孰分紀年之號，升姑孰爲太平軍，永興爲興國軍，隸江南西道。徽宗崇寧中，興國軍屬江西路。

元

至元十四年，升興國軍爲興國路總管府，隸江西。三十年，自江西割隸湖廣，領録事司一、縣三：永興附郭、大冶、通山。見《元史・地理志》。

舊志：元分天下爲二十二道，興國路屬江南湖北道。至元十七年，設録事司，隸江淮行省蘄黄道宣慰司。十九年，罷宣慰司，隸江西道。三十年，改屬湖廣行省。順帝至正十一年，羅田人徐壽輝僭稱帝，僞號天完，改元治平。遣僞將丁普郎、徐明遠陷興國，改路爲軍。至正十三年，總管秦文鬱、經歷趙璧，以永興縣達魯花赤島列石等來，開府治於興國，開縣治於永興。至正十八年秋，僞漢陳友諒大義元年，改軍爲路。

明

太祖甲辰年係元順帝至正二十四年。二月爲府，洪武九年四月降爲州，以州治永興縣省入，領縣二：大冶、通山，屬武昌府。見《明史·地理志》。

國朝興國仍爲州，與大冶、通山同屬武昌府。

沿　　革增補

下雉舊縣東南四十里，在昌平鄉下羊。按：通山本通羊鎮，此名下羊，猶上雉、下雉之義，西漢置，東漢因之。

奉新舊縣西南百二十里，吴置，隋并入富川縣。

安昌舊縣西北九十里。梁置，隋并入富川縣。

富川舊縣西南五十里。陳陽新縣，隋開皇九年改富川，十八年改永興，徙居高陵故城，在千秋鄉寶政里。

永興舊縣在寶政里。唐大曆十三年，遷永興於長慶鄉仁風里。貞元八年，遷永興於長樂之深湖口，即今門枋寨，寨距治三十里。元開府治於興國軍，開縣治於永興，即今山川壇。

仁風舊里在長慶鄉。

河泊舊所富池、漳源、海口、等湖各置河泊一人、攢典一人，今裁。

肇陳舊汛南百二十里。舊設緝捕府同知一員，順治三年廢。今地名上寶，界江西瑞昌。

以上舊志。

黄顙口舊汛光緒十一年，黄顙口巡檢衙門移駐龍港鎮。

新移設龍港巡檢司光緒十年，知州宋熙曾詳總督卞寶第、巡撫彭祖賢，會奏請將興國州黄顙口巡檢改爲龍港巡檢，十一年奉到部覆，移駐龍港地方。

星　野

《周禮》:“保章氏以星土辨九州之地。”後世分野之説實始於此，但言人人殊，難以臆斷。吾州舊志援引諸説，未免紛歧。且考歷代史志，亦無指明興國分野者。惟欽定《明史・天文志》所載，張十六度至軫九度，鶉尾之次，湖廣之武昌府興國州，荆州府歸、夷陵、荆門三州，黄州府蘄州，襄陽、德安二府，安陸、沔陽二州，皆翼軫分。今特録之。

疆　域附坊里

興國州屬武昌府，隸湖北布政使司，在省東南三百八十里。

東，至富池大江心六十里，界廣濟。舊志“東界江西德化”，誤。興國無德化界也，今更正。西，一至栢林一百四十里，界咸寧；一至闞口一百二十里，界武昌。

南，一至羊腸山九十里，界江西武寧；一至沙子背九十里，界江西武寧。

北，至漳源口一百里，界大冶、蘄州。

東南，至永城鋪七十里，界江西瑞昌。

西南，一至石艮山一百八十里，界江西武寧；一至吉口里界首嶺，計一百五十里，界通山。

西北，一至海螺堤一百里，界大冶縣治；一至興冶菴七十里，界大冶。

東北，一至黄顙口大江心六十里，界蘄州；一至沙村大江心六十里，界廣濟。

東西廣二百里，南北袤一百九十里，東南距西北一百七十里，西南距東北二百四十里。編户爲坊二，爲里三十八。總名四十里，每坊里十甲。

尊賢坊　宣化坊二坊附郭從州治前中分，右屬尊賢，曰上廂；左屬宣化，曰下廂。

宣化里在宣化坊東北，西抵銀山，東盡長河，北界豐義。

豐義里在�山東，北抵沙村，江東盡富池口，南抵淘港鋪，界宣化里。

豐葉里在黄姑山西南，西至沿埠頭，南盡港口，東抵朝天堤，界宣化里。

上豐樂　中豐樂　下豐樂三里在百福山、父子山之間，西抵汪武頸，東界宣化，南北俱高山，總名長樂源。

新亭里在小丫山北，北界黄顙口大江，西抵海口，東至菖蒲塘，界豐義。

寶政里在九頂山之北、新亭之西。

善福里在湋源湖、海口湖之間，南接寶政，東、北俱界大江。

永章里在父子山北，善福、寶政之西，北連大冶湖。

新安里在百福山、白閬山之間，南接豐葉。

崇仁里在七峰山東，北抵龍角山，南至白沙鋪，界新安。

懷仁里在赤馬山麓，東抵汪武頸，西界崇仁。

樂歲里在小箕山東南，界崇仁，北接永城。

永城里在大箕山東北，東抵五龍山，界永章，北界大冶縣治。

長慶里在三教山南，西抵三溪口，東接豐葉西，北抵興冶菴，與大冶縣分界。

福慶里在紫荆山東北，北抵三溪口，界長慶、安樂，西界永福，東抵港口。

安樂里在鳳凰山西，東抵三溪口，西抵關口，界武昌縣，南北俱高山。

永福里在九龍山北、安樂里之南，西抵大塘坳，界武昌縣，一抵柘林，界咸寧縣，東接福慶。

以上十九里屬州治北鄉

吉口里舊名鷄口，在九龍山南，北界永福，東接慈口，西抵塘嶺，界咸寧縣，一抵板橋，通山縣界。

慈口里在吉口里東，南有市，黄沙河水由此入長河，南界宣教，東抵上陽新。

上陽新　下陽新二里在四角山南，西接慈口，南帶長河。上陽新有市，爲三國吴陽新縣治。

宣教里在蛇嶺東，北抵長河接慈口，西抵韓家鋪，界通山縣，南界雙遷。

上雙遷　下雙遷二里在石良山東北，南盡分水嶺，東至竇塘河，界歸化，西抵何家坳，界通山縣。

修浄里在鍾山之南，東接新興，西接宣教、雙遷。

歸化里在龍港之南，南抵牛市嶺，界江西武寧，東北界崇慶、朝陽。

崇慶里　朝陽里二里在沙子背北、厚嶺山南，東抵新開山，界江西瑞昌。

新興里在排市長河上游，西接修浄，北接陽新，南界崇慶。

修善里在厚嶺山北，跨河北抵黄土坑，界福慶；西接新興，東北抵牛頭山，界樂平。

樂平里在牛頭山東南，西接修善，南抵下馬石，界江西瑞昌。

長樂里舊名下樂平，在顔子山北，南接樂平，北瀕長河。

仁義里在玉嶺山北，西接長樂，東界東鄉。

東鄉里在玉嶺山東，南抵木石港，界興瑞，東界興教，北抵長河。

興瑞里在大德山北，與江西瑞昌接壤，故名興瑞。北抵東鄉，東南界興教。

興教里在坡山東北，西接東鄉，南界江西瑞昌，東盡富池。

以上十九里屬州治南鄉

州境滓以上，自九龍至白崖，以山分南北；滓洲以下，自港口至富池，以河分南北。大勢自西而東，故鄉分南北，無東西之名。

疆　域增補

新定分汛各里光緒十一年准部覆案。

州吏目分汛十七坊里

尊賢坊　宣化坊　豐葉里　辛安里　上豐樂　懷仁里　崇仁里　樂歲里　永城里　長慶里　福慶里　安樂里　永福里　上陽辛　下陽辛　慈口里　吉口里

龍港巡檢分汛十三里

修浄里　崇慶里　上雙遷　下雙遷　宣教里　朝陽里　歸化里　興瑞里　長樂里　樂平里　修善里　辛興里　仁義里

富池巡檢分汛十里

興教里　東鄉里　豐義里　辛亭里　永章里　寶政里　善福里　中豐樂　下豐樂　宣化里

附録舊分汛各里以便查考

州吏目舊汛尊賢坊、宣化坊、豐葉、長慶、福慶、永福、吉口、慈口、上遷、下遷、宣教、修凈、崇慶、上陽、下陽、修善、辛興十七坊里。

黄顙口巡檢舊汛辛亭、豐義、永章、寶政、善福、永城、樂歲、樂仁、懷仁、辛安、安樂、上豐、中豐十三里。

富池巡檢舊汛興教、興瑞、東鄉、仁義、樂平、長樂、朝陽、歸化、宣化、下豐十里。

附　舊傳鄉名

朝天鄉履尊賢、宣化二坊，附郭一帶，今朝天堤尚存其名。唐貞元遷永興治於此，即宋之軍治、元之路治。

長慶鄉履豐葉、仁義、樂平。

長樂鄉履崇仁、懷仁、辛安、上豐樂、中豐樂、下豐樂、宣化里。

安豐鄉履永福、安樂、長慶、福慶。

千秋鄉履永城、樂歲、永章、寶政、善福。

崇儒鄉履上遷、下遷、宣教、修凈、崇慶、朝陽、歸化。

富水鄉履吉口、慈口、上陽辛、下陽辛、修善、長樂、辛興。

昌平鄉履興教、興瑞、東鄉、豐義、辛亭。

舊設團名

咸豐七年，州中防禦粤匪，附郭及南北鄉分設十六團，每團立團長、鄉長、保長、甲長，巡撫胡文忠公林翼委知府邢高魁來州，閲團校練，并勸捐助餉，奬叙有差。

乾字團　元字團　亨字團　利字團　貞字團　仁字團　義字團　禮字團　智字團　信字團　孝字團　友字團　睦字團　婣字團　福字

圑　壽字圑

附録舊志原列古時歷朝統轄州域各則以備稽考

唐　荆揚唐堯因帝嚳建九州，南爲荆，東爲揚，興在鄂渚、潯陽之間，爲荆揚域。

虞　荆虞舜肇十有二州，其一荆州，興屬荆。

夏　荆禹定九州同前。

商　荆

周　楚武王封熊繹子於丹陽，爲楚子爵。夷王時，熊渠稱王，得江漢民和，封其中子紅爲鄂王。

春秋夏汭

戰國楚

秦　南郡秦分天下爲三十六郡，屬南郡地。

山　川

山自湖南平江縣之黄龍山，綿亘百餘里，至三界尖崇陽、通城及江西義寧州分界處。分二支：一東行，起大城山，歷黄荆嶺、太陽山，起九宫山入州境；一西行，起白羊山，東折，歷楚王山、北山，過石竹嶺，起太墓山入州境太墓山，治西百八十里，一名太母山，高二十餘里，有三十六峰靈泉，禱雨輒應，世傳唐李靖母墓在焉。有讀書堂、墨池遺迹。按《新唐書》，李靖，京兆三原人，封衛國公。其母墓疑不應在此。石竹嶺分支右行，起九折嶺、鷄口山治西百四十里，連山屏列，中斷處有小低峰承之，形如鷄口，故鷄口里以此山得名，山南有石門，詳《古迹》、風火尖重岡叠嶺間忽起數尖，如銀燭朝天，一峰尤卓絶雲表，爲數百里之望。諸山，盡慈口市。大墓山起雙尖山，分三支：一左迤數十里，起九龍山治西南百二十里，山不甚高，蜿蜒四出、白茅山一名白崖，又名黄崖，南麓名烏崖。兩山夾峙，天光如綫，谷口有劉四郎墓、四角山一名石角山，由陽新市後三里許逾嶺，豁然平曠，周遭十餘里，自成邱壑，水匯南山，下落石罅中，名尾閭洞，潦則近洞處漲而爲湖，其西通烏崖東南，山外則鳳樓洞在焉。東有龍山，相傳爲孟嘉落帽處。按：孟嘉落帽之龍山，在荆州府江陵縣。又陽新市後有孟嘉山，上有孟嘉宅，即嘉葬處、大崍尖山勢峻崢，過紫荆山治西八十里，與大崍山連亘十餘里，吴楚往來要衝。山之東有望夫山，治西南七十里，長河繞其下，山半有石，如人抱子狀。舊志載：《武昌記》："昔有婦人送夫出征，至此化爲石，雙履之迹宛然。"北有丫髻山，治西七十里，山有二：一在樂平里，近下馬石，此近三溪口、石龍山，盡滓舊志沿用此字，俗呼爲習，按字典無此字。洲之白崖山，此中路之山也；一北行，過柘林坪、太塘坳，北折過關口，東行二十餘里，經闔閭山治西九十里，盡石牛山；一北行，起大冶縣之屏風峽，東起五龍宫山，南折起三教山治西北七十里，有龍泉，旱禱即應。

白崖山一名龍崖。按：白崖之名有四：一在滓洲，一在烏崖對岡，一在寶塘，此在三教、七峰之間。分二支：一起龍角山治西北八十里，頂有二小峰，似雙角并峙，原名龍耳，唐天寶四年更名，北起大箕山治西北八十里，迤東有三角山。《武昌記》："天欲雨，有聲如吹角。"《湖北通志》作"角山"，西起鹿耳山治西北八十里，群峰秀拔，兩峰尤高聳，巔有太坪，雲氣常覆其上，土人以候晴雨、石鼓山元志和上有三石鼓，鼓鳴即雨，盡海螺山治西北九十里，瀕大冶湖；一東行，起七峰山治西北五十里，七峰連次，排雲可數，特擅岡巒之奇、白閬山治西北四十里。七峰山旁起小箕山曠野平疇突起一峰，老樹蒼蔚，環攢如鴉髻，有寺名飛來，相傳有神女墓在焉，白閬山伏行過銅山尖，起百福山治西北三十里，舊名石榴山，其最高處名龍樓，産茶甚美，北有石榴呰。百福山，一支東行，經十八折仙路蟠曲，故名，歷五櫧屹，起大小黄姑山治北二十里，又起犀牛山治北二十里，道傍石上牛迹宛然，山北又名西門山，迤行二十餘里，南盡盆山治東北五里，四面如覆盆，東盡横泊洲治東十里，在楊樹湖東，有小山横枕，湖上建塔，爲州治下關。夏水泛漲，則凹處可通舟楫，往來避風其間，東北起焦山、道士山治東北三十里，巖間一石突起，北面拱立，若道士禮鬥狀，因名，盡門枋寨橋。黄姑山，東南行，起銀山治西北十五里，元時於此采銀，明萬曆間復開銀場，礦盡山崩，旋廢。山麓有觀，曰長壽。有乳公泉、龍王泉、硃砂崖、雲穀、風穴、雪坡諸勝，蘇東坡嘗游此，大書鐵壁二字，鎸於崖石，今存，透迤平岡，經白楊腦，過古龍關一名五龍關，起蟠龍山治西城外，自五龍關北來，蜿蜒若龍，爲學宫後山。又自白楊腦東迤，起湄峰崖及大小獅子岡，爲州治後山。黄姑山旁起横山治西北十五里，平行十數里，盡官莊墩、百福山，北行過汪武頸，起錫缾山，分二支：一支西行，起赤馬山治西北六十里。山赤色，勢若騰驤，經鐵矢源，盡五龍山治西北八十里。《隋書・地理志》："山有五峰，狀如龍。"舊志："下有逆龍泉，濁水出即雨。"；一北行，起父子山治北四十里。昔有父子學道於此，北有泉塘，南有小山名觀音崖，明末土人在此避亂，經鳳翔腦分泉嶺，盡漳源口之葦山山在江之濱，名見《水經注》。東有蝦蟆山，治北八十里，亦見《水經注》，山下即蝦蟆湖。父子山東行，起九頂山治北四十里。岡巒層叠，澗路鬱紆，高八里許，爲長樂源、大冶湖往來孔道、筠山治北四十里。縱横十餘里，産茶甚美。有古寺，名興曠，建於東晋，屢毁，復興。寺後有羅漢峰，宛如羅漢趺坐雲表。南面馬馱山，怪石懸磴，有洞曰觀音洞，生成菩薩尊者像。外爲普陀崖，舊有菴，前即九頂山，最上大泉出焉，渟爲龍湫，可溉田十頃。有顧白崖峰，仰攢霄漢，群巒護焉。又東涌泉塘，清濁日三易，或曰脉通小姑，故應潮，或曰源在大山中，伏出故瀵。節顧景星《白茅堂集記》。筠山北行，起海口之軍山治北七十里，海口湖東。東行起荆山治北五十里。上有玉印洞，洞口有石如印迹，洞下數十步，有石梅一株，花幹宛然如生，《輿地紀勝》以爲卞和得璞處。按：卞和荆山遺迹在今南漳縣地、鳳凰山治北五十里。山頂旁出小峰，如鳳冠然，南唐屯兵於此，依山築城，遺迹尚在，上有鳳山洞、小丫山治北五十里，興、蘄孔道、靈崖山治東北五十里、梅山治東北五十里。沙村背後郝寨湖濱，詳《古迹》，盡下山磯。東行起大了山治北四十里，興、蘄孔道、碧山秀削如筆，一名筆山、花山、黄荆山治東北五十里、馬鞍山北負大江，南臨下雉湖，周迴凡三里。山下荒壘數十，相望成行，土人謂古蠻王陳兵張設旗鼓處。山巔有洗馬凹，廣二畝，深幾五尋，外堤之高如堅壁，而陰靄積生其中，甚幽，但水涸耳。節《吴國倫記》，盡半邊山治東五十里。一面臨江，懸崖如削，一名半壁山。咸豐四年十月初十日，羅觀察澤南殲粤匪於此，墮崖死者以萬計。水師統領彭侍郎玉麟摩崖横書"鐵鎖沉江"四字，丁總兵泗濱摩崖直書"東南半壁"四字。此北路之山也。

九宫山分二支：一自何家坳東行，起北臺山治南百四十里。由九宫山東北伏行六七十里，平原中突起一山，巔如卓筆，中有坪，下俯懸崖，望之若臺；上爲寺，寺側爲龍圖書院，見《古迹》；東北行，起蛇嶺，蜿蜒二十餘里，盡象鼻崖俗呼牛鼻孔，在寶塘河西岸，崖石嵌空有巨孔，如象鼻，中通行人，亦異觀也；蛇嶺又北折，起高峰尖在吉口里長河之南，形勢聳峻，高出群山、十甲山，盡寶塘河之白崖山。一東行，起武寧縣分界之石良山山勢嵯峨，吴楚要衝、太平山治西南百四十里。宋道士章自然修道於此，有十八景，元揭傒斯各有題咏，見《藝文》、高泉山，北折，起崖嶺山，過牛市嶺吴楚要衝；起金竹尖，過石灰坳，盡鍾山治西南百里，在陽新市對岸，由高泉山東行，歷黄土嶺一名黄土山，治南百里，東接瑞昌，南界武寧、沙子背，迤邐數十里，至羊腸山山極險峻，磴路蟠屈，數十折而後得上，吴楚最要衝也，自羊腸山東行三十里，至瑞昌之汪家山，折而西行三十里，至黄沙嶺，與羊腸山對峙中爲柯樂源，自黄沙嶺折而東行，起大德山治南七十里，在游洪源。大德山分三支：一支北行，過苦楝坳，起黄嶺山治東南四十里。中有巨石屹立，三十余丈，土人呼爲石人。黄嶺山分支，一西行起下霧嶺治南五十里，在興、瑞之間。明季肇陳，緝捕同知夏之彦開山通道，有石碑，大書“下霧嶺”，今存。下有甘溪泉，石罅生樹，文理斑駁，結子堅瑩，相傳爲娑羅樹，歷下馬石，起厚嶺山俗呼厚腦山，任排市背後。崖谷峻深，居民稠密。山北有峰，名桃花尖，石泉甘洌，里人用以造茶，稱桃花絶品。排市後有石尖山，頂有三石盆，水清净不涸不溢，旱則居民洗盆，常致用，名浴泉，紆迴數十里，盡馬嶺在新塘鋪對岸；一東行，起陽鳥山治南五十里，俗呼楊柳山、黄姑尖，北折，盡宋山治南二十里。宋山樵唱，爲州八景之一；一北行，過下彭坳，歷山棗嶺，起玉嶺山治南三十里。山西有寺，相傳龔真人得道處。頂有洞，投石其中，聲轟若雷。南麓有泉，土人汲以療疾，輒效。玉嶺山分支，一西行，歷白茅嶺，北折，起顔子山治南三十里。宋道士雷時中修道處，詳見《寺觀》，西盡白馬山，東盡仙人洞口下臨碧湖；一北行，過陳家坳，逶迤十餘里，盡南市之鎮山治南十里，今呼城山。東五里有印山，在常湖中，高二丈許，圓正紺碧，夏秋間浮水面如印；一東北行，歷柳峰砦，起東山治南二十里。與宋山對峙，如屏障然，盡楊林鋪。一支東北行，起薄峰尖，至坡山塘，西行迤邐，盡百叠山治東南四十里，在古石田驛，舊名八脚山。蘇東坡有“溪上青山三百叠”句，因呼爲百叠山；北行十餘里，起牛湖洞山，盡南城諸山南城山，治東南三十里。世傳南唐李煜屯兵處，山於此兩營迹；東起坡山治東南七十里。峭壁十丈，頂平如樓，嶄然出衆山上，原名碧雲山，東坡由興國往江西筠州視其弟子由，嘗登此，因名。里人於此製茶，名坡山鳳髓，山有響鈴石，盡夾節湖之獅子崖。一支東行，起横巘山，至六峰坳折而北行，起中陽山治東南五十里；中陽山西折，起鷄籠山治東南五十里。山勢峻險，世傳伍子胥屯兵於此，山巔有金鷄隱伏，遇晦冥，其光往來出没；自六峰坳又西北，起發拆崖，歷大嶺、中嶺、小嶺，盡於軍山治東五十里。下繞長河；又富池下五里有鯉魚山，二山相連，形如雙鯉，俯瞰江流，若有揚鬐鼓鬣之勢，與半邊山對峙，爲州境大會水口，此南路之山也。

州境之水匯於長河即《水經注》所謂富水也。河有二源：一出通山縣之通羊河東北流經板橋鋪入州境，一出通山縣之九宫山北流經寶石河入州境。至大畈合流二十里，經慈口市，黄沙河北來注之黄沙河，一自栗子坳、九折嶺，由竇家橋，經鷄口山下，遶茅坪，出小港口；一自石竹嶺，至李祠源，由黄沙鋪經苦竹嶺下，會小港口，遶福山堰下角畈，烏崖水左來注之，至慈口市入長河。十五里至陽新市，寶塘河南來注之寶塘河，一自石艮山，經茅田河；一自太平山，經馬家山口，至河口合流，歷寶塘，遶象鼻崖，至白崖山入長河。東流十五里，至新塘鋪，龍港河南來注之龍港河發源於瑞昌之柯樂源，經洋港龜湖，遶石壁，至大橋鋪上流，北下瑞昌縣之雙港橋水合流，至龍港南，會茶寮、黄橋諸水，北折過龍潭，至新塘鋪入長河。十里遶望夫山，十五里至排市，又五里至花潭癸寨，湖水北來注之。又東十里逾滓洲，十五里至港口，三溪河水北來注之三溪河，一自大塘坳，經王英畈；一自闕口，經伍家祠；一自花楢樹，遶鷄公山，至三溪口合流，徑入厢，南納桐高湖、三叉湖，北納石臼湖、上河寨、下河寨諸水，至港口入長河。又十五里，沫寨湖水北來注之。又東五里，九寨水南來注之九寨水，舊名肘湖，自下彭坳下霧嶺，會下馬石仙人堰水，又至下橋南會獅子崖泉口水，北會盤谷排港水，徑七里冲橋、劉婆市北折，遶白馬山，東行經祖家鋪，南會東春湖、碧湖諸水，至九寨港入長河。又東抵南市，西灣湖、東灣湖水南來注之。又五里，常湖寨水南來注之。又五里，抵州城，小河水西來注之小河，一自銀山南麓、小滑石口出朝天堤橋，今呼堤頭湖；一自黄姑山南大滑石口，出横港，經郭家畈，合堤頭湖水，出思量橋，會南湖水，沿港遶城南，至四官殿前燕子口入長河。又東過下港橋，歐家寨水北來注之。銀山東麓水出雙港，經歐家寨，至盆山，合楊樹大小湖水，於下港入長河。又十里，濁子湖水南來注之。又五里，西湖水南來注之西湖水，一自下彭坳，一自山棗嶺，一自陽烏山，會於木石港，遶宋山麓，至鍾成觀下入長河。又經石浮，東行五里，牛湖水南來注之牛湖，一自大德山之游洪源，一自坡山西，至上新岡合流，遶百叠山，經石田驛抵牛湖洞，至大河口入長河。又十里，至南城，明港水北來注之石灰寨、茅荻湖合流明港，入長河。又二十里，網港水北來注之。網港，自百福山北、父子山南兩畔□小溪水經竹橋、良薦橋入門枋寨湖，門枋寨湖又受�山南及龍窟源諸水，經寨橋入網湖，合南塘湖、橋東湖，由網港入長河。又東五里，夾節湖水南來注之夾節湖水，一自坡山，一自嘈裏源，一自界首鋪，至鷄籠山下，匯舒婆湖入長河。繞軍山，出富池黄龍洲入大江。其不由富池入江者，一爲漳源湖受七峰山、龍角山、大箕山、黄漣港、赤馬山水，抵舞龍山嘴，經馬家湖，會大冶湖，至漳源口入江，一爲海口湖受父子山、九頂山、�山、鳳凰山北諸溪水，西會蝦蟆湖水，至海口港入江，一爲菖蒲湖受小丫山、靈巖山北諸溪水，由菖蒲港入江，一爲郝寨湖受荆山源水，經沙村入江。此州中水道之原委也。

附　録洞、砦、湖、池、泉、井、洲、潭

笠山洞治南十五里。

牛湖洞治東南二十五里，一名飛雲洞。洞當山臍間，窈窕深邃，有犀牛、雲鶴、松月、石林、百畝田諸勝。

鳳栖洞在四角山之南，一名小寶陀山，舊傳紙衣僧、趙居士并隱此洞，有二十六勝：栖鳳、捫蘿、雲海、雪窩、羽蓋、幢幡、霜鐘、鳴鼉、地鼓、叢芝、煉臺、雪山、雨山、霞標、月犀、起龍、仙掌、躍鯉、百畝山、天柱峰、普陀巖、卧如來、鸚鵡臺、羅漢田、唐僧取經、貝闕珠宫。

朝陽洞在鳳栖洞北，懶拙道人服氣處，一云懶拙和尚，在朝陽里赤溪寺洞。

白雲洞在孟嘉山。

荆橋洞在栗灣山。内有丹竈、玉田、月石、雪山、普陀巖、仙人榻、鵝管、石荔枝、石壺、盧石烏、龍岡諸勝。

鼓鳴洞治南百二十五里。洞深兩重，内重：石鐘、石鼓，擊之有聲，又有仙座、

仙床諸迹；外重：石獅伏地爲爐壁，有石佛像，里人争供奉焉，後遂築廟於外，四圍栽種桃竹，緑陰掩映，鳴禽上下。洞外數百步，峭壁有人影石，望之儼然。

石屋洞治南五十里。形如屋，高數丈，中有龍泉。

洪顔洞在羊腸山對岡，深里許，石罅中透天光，有石田、石佛、石鐘鼓之類，厓間有詩，惟“身閒沾佛國，地勝隔塵寰”之句字迹隱約可識。

白雀洞在中陽山。山故無洞，明季有彈者見白雀，逐之，入石罅，乃伐榛莽，得洞，因名白雀。

大泉洞在紫荆山。相傳有石佛隨流涌出，今尚存洞口，數顯靈驗。

赤溪洞在朝陽赤溪寺側。初進，高闊數仞，洪泉涌溢，匯爲沈潭，泅水過乃達二重，兩旁有徑，泉水中流，可通小舟，天將雨，數日前必涌紅水，故名赤溪，里人横渠築堰溉田。

柳峰砦治東南三十里。元末陳憲、黄普禄率衆避亂處。

石榴砦在百福山北。元末鄉人於此避兵。元至正二十一年八月，明太祖遣康茂才、趙德勝拔興國石榴砦，即此。

馬鞍砦治南二十七里，在馬鞍崖。

蠻王砦一在石港，一在瓦橋源，一近梧塘畈。按：瓦橋源在治南五十里，距山口羅不遠；梧塘畈治南二十里，俗呼馬影砦。

得勝砦治南三十八里，在大德山下。

鯽魚砦治南九十里。元末張文忠築率鄉人避兵處。

太平砦在太平山。元末楊普雄據此拒敵。

顔山砦在顔子山。元至正十二年徐壽輝陷武昌，遣僞將丁普郎、徐明遠攻興國，縱兵四掠，里富户陳仲明發粟糾衆，據山拒之，保全數千家，里人至今尸祝焉。

富水湖即康熙志所載深湖也，雍正志改名富水湖，在州治南里許，今呼南湖。按：《水經注》：富水出陽新縣之青湓山，西北流徑陽新縣，又西北流徑下雉縣。則富水當指長河而言，不應名此一湖也。

渾湖康熙志無，雍正志謂州治右爲富水湖，左爲渾湖。今按：渾湖并無其處，或疑即濁子湖。

富池湖康熙志無，雍正志謂在州東六十里。今按：其處實無此湖，但魚課册有富池上中下各湖名目，是兼衆湖而言，非一區别有富池湖也。

蓮花池在州治北門外，即古放生池。東亘恩波堤，西接目連埧，獅岡北枕，雉堞前環，夏月水漲，紅蕖碧葉，一望無際，不減西湖景色。

桃花泉在州治大西門外二里，傍有桃花菴，今廢。泉水甘冽，日汲可供數百家。

龍王泉在銀山之西小滑石口，上有龍王菴。

乳公泉在銀山寺厨房内，有僧乳峰，故名。

大泉州西二十里，北山之麓。長流不竭，荻田數千畝田半賴其灌溉。

巖泉州西二十餘里，自雲山之東南麓。怪石巉宕，高嵌如宫，源深不可測，匯處闊數畝水面，列石數區，若幾若床，可坐數十人，冬温夏寒，遇旱反溢。

石潭泉治北四十里，在大丫山之南。有宋封金谷龍王廟。

三潮泉治西北四十里，泉水一日三涌。

鹿泉在赤馬山。

逆龍泉在舞龍山，水渾即雨。

瑞檜泉在白閬山。

慶雲泉在白閬山。

龍泉在三教山下。

龍角泉在龍角山。

官坑泉在大乘山之側，灌濟田畝，四時不竭。

泉坪在鷄口山東北。山半有坪，泉塘在焉。坪田千餘畝，沿山分流，上下溉田萬餘畝，乘流運機，有水碓十數區，其利甚溥。

談婆泉舊志：即龍潭，在下遷里。今有惠泉菴供泉神談仙姑，鄉人禱雨輒應。

大泉塘舊志：在賨塘父子山北，亦有大泉塘。

赤巖泉在歸化里。巖高數十丈，其色赤，泉出巖間，溉田可六十餘石。

段泉在顔子山盤谷之陽。平地涌出如沸，盤谷田疇賴其灌溉。

栗泉在顔子山南麓。清澈如鏡，時有洪濤涌出，一晝夜或二三日始復故，數日之内必徵大雨，下與段泉合流，一方賴之。

槐泉治南二十五里，在鑾王砦下王姓祖祠側。

西湖泉治南三十里。宋封惠澤龍王。

大陂泉舊志：牛湖内北山下。平港一泉，細沙沸涌，若聞人聲，或以足頓地，則沙直衝水面。

紫瑶泉治東五十里。泉有兩穴，旱則并開，味甘美。

玉泉治東六十里。高二丈五尺，如瀑布。

急遞鋪井在譙樓東。

義井按察司分司前。元録事翟居德鑿常平倉内，今呼三眼井。

大井福聖寺左。深二丈許，近底處如兩鋼相屬，中有石若龜蛇狀，水自其口出，清冽如注，冬夏不溢不竭。

水谷井在荻田橋北三里許。井邊闊數十畝，勢如仰釜，大雨時水消其中，未嘗久張；久晴則水反涌溢。如水陡消，則三日内必大雨，土人以卜晴雨甚驗。

孤栖洲在横泊洲之下十里。舊志：名妙子洲，在網湖中，中有一樹，呼曰孤栖。

黄龍洲《輿地紀勝》：在富池江中。乾道中，新生舟楫夾洲而下，可無風濤之虞。上有仙女屋。節《吴國倫記》：富口外有洲，溯江而上，長亘十里，沙石皆黄色，相傳洲初成時，風雷夜吼，波濤震天，故以黄龍名。歷宋尚住千餘家，以淘金捕魚爲生，郡志所稱“卷雪樓”在焉，即宋進士焦抑遇黄衣道人處。元初一夕雷雨，沉没。越二百餘年復隱隱起，水落時始見。

新洲瀕江，在黄顙口、海口港之間。

州前潭、南市潭、圻潭一名麀潭、花潭、湄潭、新潭、石門潭、洲頭潭均在大河上下。岸曲激射成潭，嚴冬水落，村民聚漁其間，同湖寨之利焉。

子午洞在上遷里，一名流水洞。穿山南北，路通行旅，編修王鳳池名以栖雲，有“日月門雙闢，風雲路一條”之句。補遺。

山　　川增補

坡山原名碧雲。蘇東坡由黄州赴江西筠州，經此登山，有掃石壁歌刻懸岩。里人於此造茶，名曰坡山鳳髓。又山有響鈴石，大如栗，小如指，摇之有聲，無心觸目可遇，有心求之，終日不得。

百叠山東南四十里，在古石田驛。東坡有“溪上青山三百叠”之句，謝公寓郡因以爲號。

大德山治東南百里。有峰名白雲尖。

黄嶺山東南四十里。

南城山東三十里。世傳南唐李煜屯兵處，遺堞尚存，山北有兩營遺迹。

鷄籠山東五十里。相傳伍子胥屯兵處。

陽鳥山一名楊柳山。

軍山有二：一在南鄉富池西五里，一在北鄉海口湖東。

中陽山治東南五十里。

宋山東南二十里。通係官山，昔爲豪族侵占，暗載地米開種，因而盜賣瑞民，且强禁州民樵采。郡守唐將價一百餘兩贖回，查勘立界入官，柴山聽民樵采，熟地佃民耕種，每年納稞銀三兩四錢八分，州牧送學，并港口麥租一起支用，案卷俱存可查。崇禎二年老志注。

九龍山在永福里。

鯉魚山濱江，治東六十五里。

東山治東南十里。

顔山南三十里。宋道士雷時中得道處。

下羊山治東三十五里。

玉嶺山治南三十里。

下霧嶺治南五十里。

鍾山西南九十里。山頂有湖名荻湖。

赤溪山治西南九十里。

龍山西九十里，在陽辛。今傳孟嘉尖，即嘉所葬之處。

牛頭山治南五十里。

石尖山西九十里。山頂有三石盆，水澄清，不涸不溢，旱則居民洗盆，常致雲雨，名浴泉。

四角山治南百里，一名石角山。

紫荆山治西南四十里。

烏崖山西百二十里。上有都御史劉彭年祖墓碑。

渫泉山南二十里，上有真如寺。

北臺山西百六十里。在茅田，宋學士吴中復書院，今廢。

蟠龍山在治儒學後。

西門山北二十里。有仙姑臺，昔有三鬟至此問津，入臺不見。

銀山西北十五里。

石艮山在上遷里。

犀牛山北二十里。上有石平如掌，相傳仙姑至此而化犀牛，留迹道側，至今猶存。

龍角山北七十里。初名龍耳，後改名龍角。

盆山治北八里。

大箕山治北七十里。有兩百倚山半壁，分列左右，上有大石覆之，天然石屋。又有石窪，形如馬迹，呼馬蹏石。

小箕山北六十里。

九頂山

七峰山治北五十里。

鹿耳山治北八十里。

百福山北三十里。原名石榴砦，山頂有寺，産茶極美。

白閬山北四十里。

舞龍山北八十里。《隋地理志》云“永興有山，名舞龍”，其狀也。一名五龍山。

父子山北六十里。

赤馬山北六十里。

荆山北五十里。昔有人於洞獲一杖，非石非玉非木非竹，忽一日有道人持去，遂不見。

梅山北五十里。沙村濱江石壁上，有“梅山”二字，縱横各五尺，題“己酉孟冬范純仁書”。

筠山治東北六十里。

鳳凰山

半邊山濱江，治東七十里。

黄姑山北三十里。

大丫山北五十里。

馬鞍山治東北六十五里。

小丫山北六十里。

桃花尖上有泉甚甘，産茶，名桃花絶品。

闔閭山北六十里，在安樂里。世傳吴王闔閭屯兵處。

丫髻山有二：一在南鄉樂平，一在北鄉福慶里。

雪巖山

白巖山有四：一在滓洲，一在烏巖對岡，一在寶塘，一在七峰山後。又名龍巖。

黄土山南九十里，一名黄土嶺。

靈仙山

潘家山北七十里。山有石，似水晶，色暗而質脆。

三角山

石鼓山山有石鼓，鳴則雨。

石牛山

海螺山治西北九十里，濱大冶湖。

厚嶺山治南六十里。

虎泉東五十里。巖下三泉并出，溉田百頃。

左溪泉東七十里，一名後腦山。

梅洞東五十五里，在興教里獅山後。

歐家湖治東十五里。

夾瀧湖治東南四十里，一名舒婆湖。

西湖治南十五里，夏漲冬涸。

牛湖治東南二十五里，一名戎湖，夏漲冬涸。

常湖治東十餘里。

東春湖治南二十五里，在仁義里。

上巢湖治東八十里，匯合上巢山下水入江。

海口湖治北八十里，濱江。

滰源湖俗名大冶湖。

網湖治東北二十五里。

堤頭湖治北五里。

菖蒲湖治北八十五里，濱江。

郝寨湖治東北五十里，沙村郝磯。

下雉潭治東四十里。

百箭港在富池里許。

湖洞泉在豐義里大丫山下，形如洞，故名。

甘溪泉在樂平里，甘冽異常，歲旱禱雨輒應。

白蠟泉在修净里。水甘而美，行路比之“楊枝水”云。

仙姑井在畈螺山麓，清冽，溉田十餘畝。

碧湖治南三十里。

石屋潭在興教里。

龍湖在修净里龍港。

迹潭在福慶里，岸石有張果驢迹，因名。

南巖洞

下霧嶺洞

甂甎洞治北郭蓮花池北。吴國倫著書處。

風火砦治西南百三十里。

池口砦宋高宗建炎中設池口、磁湖二砦。按：池口寨即今富池鎮。

磁湖砦大冶東四十里。按：宋徽宗時，興國軍轄永興、大冶、羊山三縣，屬江西路。

高陵寨治北七十五里，在寶政里。

門枋寨治東北三十里。

南寨北寨二寨在夾澌湖畔。

獅巖一在興教里，一在修善里。

文峰塔在治東八里横泊洲，嘉慶二十四年建。

步雲塔在龍港鎮，光緒十二年建。

湯公尖治南三十五里，峰連厚嶺山。

謝公墩即叠山書院地。

六墩在富池北。高墩棋布，村樹烟籠，足供眺覽。

毛墩在興教里象鼻山麓，與獅巖對峙。

聲佛墩在辛安里百福山巔，俯瞰蘄黄。明季寺僧名大川者，聲佛其上，遠聞蘄州，荆邸王渡江訪僧，爲建龍樓焉。

石門在吉口里鷄口山南。下臨深澗，上逼危崖，鳥道難通，有巨石三，架合城門，高廣三尋，空容駟馬，吴楚行人由如城，執有神工焉。編修王鳳池詩："何處飛來石，憑空設此門。乾坤神闔闢，吴楚足藩垣，捫斗通天座門東爲北斗崖，穿雲插地根。皇仁牢鎖鑰，固守在元元。"

望夫山即菁山，武昌婦人化石處。

三嶺大嶺、中嶺、小嶺，在興教里，富池至高壟鋪通衢。劉光雯建亭小嶺，施茶。今貢生陳翰玉重修。

女兒階在興教里，富池至高壟鋪通衢。山峻石磴，叠級如階，石壁鎸"劉履姑修"四字，因名嶺，舊有亭。咸豐間柯雲霓修。

仙人足迹在上巢山石蹬。

山　川補遺

魚山在善福里。綿長三里許，有飛瀑奇觀。

二勝山在善福里。兩峰對峙，故名。長五里許，濱江，與蘄州麒麟山對峙。

葦山在善福里。長三里許，官私山各有界，東南之麓有寺。

石鏡山在永福里。山半有石壁，計高廣各五尺，光燭數百步。今被鑿壞，只存十餘片，大者徑尺，窺見鬚眉。進士徐學榜詩曰：石鏡懸巖阿，探奇特一過。想從盤古鑄，應自女媧磨。鑒比金尤遠，明方月更多。乾坤都照盡，不獨楚山河。

龜峰山在善福里。長五里，崖前有古洞，極幽邃。

黄山嶺在善福里。諸峰峭拔，林壑清幽。明黄孟岊建菴於韓婁坳，謂不減桃源之勝。北麓有泉，能治疫，東爲北峰尖，層巒屈曲。本里諸山由此支分。

三教山在長慶里，有石成觀音像。

南砦北砦在辛安里白閬山巔，明季村民避賊處。賊掠砦時，以木石擊退，保全甚衆，今呼南北砦。

仙人洞在坡山。方廣丈餘，攀磴而上，石樓明敞，容坐數人。明進士劉之待讀書處。

木魚洞在吉口里。有雪山、雨山、龍塘、白鷺仙橋、天柱、普陀岩諸勝。

白鶴洞在吉口里白鶴山。有石如白鶴，因名。有普陀岩、百畝田、仙人床、雪山、雨山、仙人曬網諸勝。

玉印洞在豐義里。在石碣，高五六尺，有懸巖，滴水碣上，成石椀，水能清目，治氣疾。

雙泉東南六十里，有寺。

蛇嶺在宣教里。

碧山治東北四十里。

大墓山治西百八十里，一名大母山，相傳唐李靖母葬此。

武聖洞在懷仁里。廣十餘丈，有石乳滴水，可供數人飲。

觀音洞在善福里龍王山麓。廣二畝許，有鍾乳結蓮座二大士像，旁有石藕、鐘鼓諸勝，同治間建寺，曰慶緣。

形　　勢

襟山帶江，土沃民萃，西連江夏，東出預章，此爲衝要。漢武帝時，淮南王安謀反，其臣伍被曰："守下雉之城，絶豫章之口。"謂此也。唐天復二年，淮南將李神福擊杜洪於武昌時洪爲武昌節度使，得永興，曰："永興大縣，餽餫所仰，已得鄂之半矣。"宋建炎三年，金人窺洪州，取道於此時金人入江州，既而由黄州張家渡渡江，至武昌上岸，遂入興國軍大治縣界，取山路犯江西，蓋境壤相錯，侵軼爲易矣。顧景范《讀史方輿紀要》。

興國爲楚省下游門户，北濱大江。與蘄州對岸之漳源口地勢低窪，黄顙口地勢逼窄，與田家鎮對岸之沙村地勢平衍，半邊山山勢孤峙；且漳源口、沙村、半遷山，面山背湖，皆非扼險之地，如江北有警，止可於黄顙口、沙村等處，隨地立營，以爲江面炮船聲援，隨時巡邏，以防北賊南渡耳。東南地連江西，防堵要路有五：東則瑞昌接壤之界首鋪，南則瑞昌接壤之羊腸山，武寧接壤之沙子背、牛市嶺、石艮山。而五路之中，羊腸山、沙子背、牛市嶺三路最爲喫緊，界首鋪、石艮山二路次之。蓋瑞昌屬於九江，時有大兵駐紮，故瑞昌無虞則界首之防堵可緩；石艮山係武寧邊界，過武寧邊界十餘里即屬義寧州，義寧山峻路仄，守禦較易，故義寧無虞則石艮山之防堵亦可緩；若羊腸山、沙子背、牛市嶺，乃江西入境必由之路，爲興國防堵最要之區，且三路相距六七十里，不難互相應援，舍此則境内山多雜而無險，路多歧而無要，顧此失彼，防不勝防，故論扼守之地，以此三路爲重。至興國西境，與通山、咸寧、武昌、大冶接壤，興國能守則通山、咸寧、武昌、大冶均免動摇，而省城亦無竄擾之虞。至興國水勢，自排市至富池，百有餘里，夏秋水漲，岸没壢湮，則河湖混一，水面遼闊，炮船甚爲得力。至冬水既落、春水未發之時，河岸露而湖壢分，雖有炮船亦無所用其力矣。右係咸豐年間《防堵粵匪條議》。

卷之三

輿地志

鎮　市

富池鎮州東六十里，濱江。

劉婆市州南三十里，在今八角亭。

南市州南十里，今廢。

桂勝壇州南九十里，今有市。

木石港州南三十里，今有市。

鹽埠頭州西三十五里，今有市。

楊港州南百里，今有市。

三溪口州西七十里，今有市。

荻田橋州西二十里，今有市。

太王殿州北八十里，今有市。

高橋州西六十五里，今有市。

滓洲州西南四十里，今有市。

八湘州西六十里，今有市。

排市州西南六十里，夾河两岸皆有市。

太子廟州北七十里，今有市。

龍港州南九十里，今有市。

石田河州東南五十里，即古石田驛，今有市。

慈口州西南百二十里，今有市。

港口州西南三十里，市今廢。

堰下距寶川市二里許，今有市。

湄潭市州西南六十里。

沙洲店州西百五十里，今有市。

新塘鋪州西南八十里，今有市。

白沙鋪州西北五十里，今有市。

陽新市州西南百里。

黄連港州西北七十五里，今有市。

寶川市州西南百二十里，即寶塘，今廢。

黄顙口鎮州東北五十里，濱江，爲興蘄孔道。

大畈州西南百四十里，今有市。

章田市無考。

佛圖市州西北三十里，即今浮屠街。

硤口市無考。

小箕鋪州西北七十里，今有市。

劉公橋市州南六十五里。

塘　堰

築土遏水曰塘，壅水爲埭曰堰，皆所以資灌溉者也。我州堰之見於史者，《唐書·地理志》云：永興縣北三十里，有長樂堰，貞元十三年築舊志誤作“至元十三年”。按：其地當在豐樂里之長樂源，然至今無知其名者，至舊志所載各里塘堰，其不可考者更多矣。今姑備存其名，而於近日采訪所開者概置不録，以防争端云。

宣化里塘十一山口塘、從壟塘、石頭塘、石觜塘、新塘二處、新泉塘、柘木塘、馬家塘、大塘、中塘。　堰三沙港堰、長港堰、石堰。

豐義里塘三鴨公山塘、新塘、大塘。　堰一湖洞泉堰。

豐葉里堰四紫福院堰、楊灣堰、樓山堰、白楊塇堰。

福慶里塘三上平畈塘、長灘畈塘、佘師畈塘。　堰七塢槎泉堰、談家陂堰、鄒家衝堰、渡頭港堰、大畈港堰、杜林港堰、田東山堰。

長慶里塘四西倉畈塘、東阜凹塘、方等塘、官山凹塘。　堰二龍泉堰、黄陂口堰。

安樂里塘三十三桐油塘、大橋塘、冲心塘、搪山塘、楊師塘、藋壟塘、尖角塘、祝家塘、樂家塘、公山廟塘、楊家灣塘、姜家壟塘、廟前塘、屋口塘、伍家山塘、吴家山塘、賈家壟塘、伍祥塘、黄塘、林塘、楊家山塘、九分塘、孫家山塘、株林冲塘、雷婆塘、鮑家山塘、禮官塘、石家壟塘、方壟塘、相元田塘、屋背塘、駱家塘、松栗塘。堰三楊坑堰、清塘堰、夏泉堰。

上豐樂里塘五全家窩塘、石盤頭塘、石山塘、大東山塘、青水塘。　堰一禁源堰。

中豐樂里塘三山口塘、潘家畈塘、金山口塘。　堰二大堰、蓮塘口堰。

下豐樂里塘二十六西公壆塘、秦家塘、猪踏塘、塘壆塘、龍畈頭塘、石塘、屋畔塘、楊家莊塘、張家塘、地界頭塘、牛欄塘、青光嶺塘、栗窩塘、大塘、衆屋塘、角頭塘、衆家坑塘、烏株林塘、黄兒畈塘、黄连塘、黄塘、许家塘、大�塘、荻新塘、胡家塘、石頭山塘。　堰一田畈頭堰。

辛安里塘一下山畈塘。

修净里塘二慈光寺塘、黄土塘。　堰六吴潭堰、橋頭堰、蕭陂堰、牛車堰、梅家堰、蕭家堰。

歸化里塘一涯塘。　堰一石湖堰。

上樂平里塘五圭塘、東塘、大塘、丫山塘、曹家山塘。　堰五羅山堰又名仙人、張家峽堰、王家山堰、浴塘堰、沙郷堰。

下樂平里塘十七張華塘、祖大塘、山壆塘、盤庄塘、郭大塘、山田塘、古塘、劉塘、城隍岡塘、陳家塘、屋畔塘、山田塘、汪由山塘、下庄塘、石觜頭塘、大山壟塘、後坑尾塘。

修善里塘一南源塘。　堰一新田堰。

仁義里塘五東溪塘、洪沙壟塘、熊家塘、大山下塘、西冲塘。　堰二泉陂堰、石堰。

永福里塘三十六程塘、小井塘、張公壟塘、南山塘、黄潭塘、苦竹塘、陳師塘、楊頭壟塘、高塘、楊塘、蛇頸塘、九經塘、石檀塘、黄塘、石塘、石角塘、南山塘、古憐塘、胡系塘、茅田塘、蔣家畈塘、殷墳塘、深坑塘、黄家塘、蓮花塘、吴婆塘、王坑山塘、花墳壟塘、傅家塘、阮口塘、蘆水塘、山下壟塘、大井塘、桃家山塘、杭冲寺塘、横溪塘。

吉口里堰二興波堰、黄沙堰。

慈口里塘五靈寶塘、全家陂塘、萬公塘、桂塘、塘頭塘。　堰一官堰。

宣教里塘四傳榻凹塘、沙頸塘、高灘畈塘、塘頭塘。　堰四石官材堰、駱家堰、大堰、南洞口堰。

上陽新里塘四楊塘、沈畈塘、車橋塘、盧家庄塘。　堰一流堰。

下陽新里塘三大壟塘、長峰坳塘、角塘。　堰一官坑堰。

朝陽里塘一孔塘。　堰三羅堰、流泉堰、直溪堰。

辛興里塘四屋畔塘、大塘、冲塘、屋後壟塘。　堰三門首港堰、大港頭堰、長港堰。

永城里塘六石伏嶺塘、石姑塘、楢皮塘、庄塘、何家畈于家山塘、瓦窑塘。　堰五黄谷瀆堰、三角橋堰、姊妹頭堰、李阿劉堰、石橋園堰。

樂歲里塘十六胡家海塘、楊樹塘、屋畔塘、盛公塘、黄泥塘、積塘、小窩塘、何陳塘、吴家塘、鄒家塘、石榴塘、鹿兒塘、國琛塘、大黄塘、馬家塘、蝦公塘、打埧坵塘。　堰六金橋堰、清塘堰、芭茅塘堰、土坑堰、烏龜塘堰、金橋中央堰、花石壟堰。

崇仁里塘三承田畈塘、千秋畈塘、後畈塘。　堰一石屋港堰。

懷仁里塘三十一李家塘、大畈塘、盛家塘、窩塘、沙塘、劉家塘、竹家壟塘、栗樹塘、屋畔塘、張家畈塘、油榨塘、梁公塘、汪塘、山堺張邊塘、小塘、石公塘、千秋畈塘、潤塘、黄辛塘、大畈頭塘、瓦窑畈塘、大堺塘、長塘、鴨子塘、栗樹塘、石塘、程家堖塘、梁家塘、大溝畈塘、三角塘、海塘。　堰十白沙橋堰、大港堰、屋上首堰、大畈堰、太堰、山港堰、石頭港堰、湖港堰、北山井堰、南江畈堰。

善福里塘三西坪畈塘、屋後塘、屋上首塘。

寶政里塘一費家邊塘。

辛亭里塘三石牛塘、屋畔塘、梅家塘。　堰八大港畔堰、石塘泉堰、屋畔堰、山背堰、泉堰、大港堰、龍安橋堰、鵲壋小港堰。

永章里塘四山下堰、大泉塘、大畈塘、山平冲塘。

東鄉里塘一張家冲塘。

興教里塘五陳家塘、西池上塘、後底塘、安崇隴塘、下西池塘。　堰二黄連堰、潘家堰。

崇慶里塘七新塘、高塘、彭城塘、下山碗塘、油籮塘、毛家塘、仙人迹塘。　堰六梅龍橋堰、樊家堤堰、劉師堰、龍潭堰、彭家堰、漕平堰。

上雙遷里塘一下芳田塘。　堰五石門底堰、七里坑堰、長演堰、上青陽堰、下青陽堰。

下雙遷里塘三沿河冲塘、沿河塘、長泉塘。　堰三港西堰、上永昌堰、下永昌堰。

關　津橋堤鋪附

古龍關州西北五里，一名五龍關。舊志云：地僻，無巨商大賈，不可以關，今久廢。

牽牛問渡關雍正舊志載崇禎古志云：州西牽牛嶺，有牽牛問渡關。今莫詳其處。

上馬蹄湖渡即古龍關外朝天堤，夏秋水漲，用渡。

思量橋渡在山川壇西南里許。原係江姓渡口，因其船少，行人不便，於同治三年十一月，三局公買一半，價文錢二十二千，招人賃渡，所分頂謝方公柱，湖餉一錢五分歸船户完納。

沫口渡州西南十里，今無渡。

港口渡州西南三十里。崇慶里李寶峰捐設義渡。

大瑶渡州西三十五里。

石岊渡州西十五里。

滓洲渡州西南四十五里。

花潭渡州西五十里。

排市渡州西南六十里。

湄潭渡州西六十五里。

邱家渡州西南六十里。

新塘鋪渡州西九十里。

南市渡州南十里。

陽新渡州西南一百里。

石浮渡州東南十五里。

楊林渡州東南五里。

軍山渡州東五十里。

南城渡州東三十里。

大礄鋪有渡驛路可往龍港，州西七十五里。　白蛇壢有渡州西南十五里。

盆山渡在州東北里許。先是鄒吴二姓所施義渡，久廢，今里人醵金買田取息，爲雇渡之費。

楊樹湖渡州東北八里，一名鄒家壖。

盧家湨渡州北五里。

門枋寨渡州東北三十里。州人司宗玉黄玉捐設渡船。

鮑公橋朝天堤橋圮，知州鮑旭重修，人呼鮑公橋。　湄峰巖橋在萬家壖。

五里湖橋州東南五里。湖中有二橋：上五里湖橋通長湖寨，下五里橋抵楊林鋪。

郭家畈橋治西七里。

官橋治西十里。

沫口橋治南十里。

費師橋治北十里。

雙港橋治北十里。

良薦大橋治北二十里。明嘉靖間，州人劉本端修石礄三眼，長二十丈。隆慶間，州同王可大重修。又有小橋，距大礄里許，同治辛未年里人重修。

竹橋治北二十里，在犀牛山下。

董信橋治北三十里。

蜈蚣橋治北三十里。橋石赤色，有白紋連接，數十條，形似蜈蚣，故名。

大橋治北四十里。

潘家橋治北三十里。

巖頭橋治西北二十里。

荻田橋治西二十里。

永濟橋治西三十里，明盧志仕修。

大塘橋治西三十里，即大塘鋪，今呼五板橋。

葉坡橋治西北五十里，距白沙鋪里許。

白沙橋在白沙鋪口。

石田橋治石田河岸，闊十餘丈。舊架木橋，水漲輒冲去，咸豐八年里人陳光亨等倡修石墩，編木於上，行人始不病涉。

黄岡橋州治東南六十里，興瑞往來通衢。不知建於何時，向有碑，元至治二年九江范士奇撰記，載《藝文志》，稱劉公子善、景顔等重修，易名爲劉公橋。按：宋王梅溪先生，於孝宗乾道元年由饒赴夔，經瑞昌、永興、道中詩有“岡畔泥深知有雨，渡頭舟小喜無波”之句，下注“黄岡橋爲水所没，用小舟”，蓋黄岡之名已久矣。

永興橋治西百四十里。在吉口里大畈下首，轉頭山前，吴楚通衢。

排市橋西南六十里，又名送客橋。

大板橋治西北七十里，在小箕鋪左。

黄運橋治西北七十五里。

三角橋治西北八十里，有碑。

蔣公橋治西八十里。

西平橋治西北八十里。

牙兒橋治西九十里。

車橋治西南九十里。

萬家橋在新塘鋪。

洲頭橋在陽新西八里。

大畈橋在大畈。

三義橋治西百二十里。

賀家橋在治西南百二十五里福山堰。兩岸相距數十丈，舊架木橋，山水漲輒冲没。同治初，里人賀金榜欲易以石未果，尋没，妻駱氏承夫志，捐資修建，橋成旋圮，次年移基重建，更於橋頭建涼亭施茶，行人德之，稱爲賀家橋。

三和石橋在鵽口山北麓。舊有板橋，覆以亭。亭圮，咸豐中，里人阮蘭齋提修，易爲石橋。

關　　津增補

燕子口渡治南里許。

上涇義渡治南二十里。

大田義渡治南百三十里。

寶塘義渡治西南百二十五里。

富池渡治東六十里。

堰下義渡治西南百二十里。

牛湖義渡治南三十里。

八湘渡治西北四十里。

神林渡治南五十五里。

茅田河義渡治西百四十里。

網港口渡治東北五十里。

古明橋江西武寧至州通驛。

四義橋在興教里小坡塘畔。劉品坡倡修，劉鳳鳴重修。

石屋潭橋在興教里。劉仲謝倡建，劉静山重建。

毛橋在興教里。西池鋪至高壟鋪通驛，坡山劉姓倡修。

石棚橋在永城里。黄顙口至省通驛。

樟樹橋在興瑞里。康熙間，瑞邑庠生柯任創建；乾隆癸卯，庠生柯統萬重修，同治丁卯，職員柯起鳳重修。

良公橋治南四十里。

高橋治西北五十五里。

黄橋在修净里。古黄坪市、寧州、武寧至州通驛。

半邊山堤沿江十里許，同治二年創築。

界頭鋪江西寧州至州通驛。

下霧關界瑞昌下馬石。咸豐間，築垣設關，扼隘防守。

附　新設救生紅船

城外燕子口等處，入夏水漲，渡船時形不慎。光緒十五年，知州羅緗并榷務委員同知王肇祥，捐設救生紅船一雙，州紳劉鳳綸同爲倡捐，并勸募紳商集資成款，所有善後經費章程及樂捐姓名，分别泐石富川樓上。

古　迹

舊志古迹門首載前代廢縣。按：廢縣乃前代建治之所，應入《沿革》，今惟取前人遺迹堪俱憑吊者録之，其他有門類可歸者，仍入各門。

子胥城舊志：東六十里，相傳伍子胥所築。即永興故城。

子胥營舊志：即今安樂里闔閭山。《武昌記》云：吴王闔閭與楚相持，伍子胥屯兵於此。後人建祠，名將軍林。按：宋《輿地廣記》："永興故城臨江，俗傳伍子胥所築。"本朝《方輿紀要》："在今州東南六十里，其城一名子胥城。"又云："永興城在今州南闔閭山下，世傳伍子胥爲闔閭屯兵於此，本名闔閭城。"舊志所載與此相符，但考闔閭自用子胥之謀，與楚交戰，皆從淮右陸路，與國屬楚地，在江南，當時交兵并不由此，且主客異形，子胥何得於此屯兵且築城也？

政和堂在滄浪亭。南宋理宗淳祐四年，知軍李壽朋建於廳後。舊志"甲辰"誤作"甲申"，又載王質有詩。考《宋史》列傳，質卒於淳熙十六年，距淳祐甲辰五十五年，又按質詩係咏荆州和政堂，非咏政和堂也，今并更正。

平政堂王質《雪山集》有《平政堂記》，當是孝宗淳熙年間，知軍徐行簡所建，今據以增入。

十咏堂在滄浪亭。北宋慶曆時知軍王琪有《望江南詞》十首，紹興時知軍黄仁榮建堂，取以名之，光宗绍熙時知軍趙善宣重修。

謀野堂王梅溪先生云：興國江山似杭之西湖，謀野堂在軍宅後，富於觀覽，予赴夔門，張使君采開宴於此。有詩載《藝文》。

湖山堂在公署後，陶去秦有詩。

雲水草堂在蓮花池内，與滄浪亭相對，明知州周鵬建。

滄浪亭宋元豐時知軍唐砥建，原名凝翠。紹興時知軍王綯改名滄浪，淳熙時知軍林仁厚復滄浪舊址，皆失傳。淳祐時，知軍李壽朋建於政和堂後。明嘉靖二十八年，知州周鵬改建於蓮花池内，築橋數架，與雲水草堂相通，以後久廢。

恩波亭在恩波堤橋上，與滄浪亭相望。舊名澄心，又名三柳，知軍易名棠陰，王溉易名飲緑。張釜重建，遂名恩波。

鑑湖亭在福聖寺後山。

申明亭城鄉建置不一，有存有廢。

水壺亭在古永興縣治後山。

釋心亭治西。

芭蕉亭在分司署後。

江湖清思亭在富川門外新堤上，便民，倉北知州周鵬建。

去思亭治西半里，明時爲知州樊繼建。

蒼雲亭富池羅漢寺内，有古檜。宋知軍李壽朋建亭其旁，題曰蒼雲，蓋用東坡“老檜鬱鬱似蒼雲”之句。

川上樓在富川門上。明正德時建，萬曆時知州梁之禎重建，康熙時知州高夢龍重建，同治十一年毁於火，光緒戊寅修復。

奎星樓即古陽新門城樓。

去思樓即州治南門樓。宋知軍張采建，今據王質《雪山集》增入，質有記，載《藝文》。

南薰樓在治南。明知州周鵬建，或曰即去思樓舊址也。

捲雪樓在富池黄龍洲上。宋時建大樓七間，極偉壯，每潮漲時石柱半插入水，登臨四望，江面萬頃，群山環合，郡守周紫芝采東坡赤壁詞“卷起千堆雪”之語。元至正間，一夕洲沉，而樓亦没。國朝康熙時復建於江口南崖，今久廢矣。

富池驛樓在倉前河街。

望雲閣宋知軍劉蒙之建。淳熙時知軍黄茂材重建，易名懷古，今失其處。

懷坡閣在東門外。蘇東坡自黄適筠，知軍楊繪命李仲覽往迎至興國。後仲覽登第，瞰湖築室，畫東坡像於上，名懷坡閣。元録事夏日孜重建。

在兹閣在東門外城隍廟，左州人潘師道建。原名文在閣，董其昌書額，易名在兹。有葉向高、翁正春、賀逢聖碑文，潘世標頌。

富川書院治小西門内。

涂公精舍在城内。州人感總督涂公宗瀛德政，建此尸祝。

叠山書院治東。宋臣謝枋得於景定甲子以忤賈似道，安置興國軍，因東坡《宿石田驛》詩有“溪上青山三百叠”句，遂號叠山，築室於此，聚徒講學，後人名其地爲謝公墩，立叠山祠祀公。明萬曆中知州楊士元廣其地建叠山書院。

龍圖書院治西南上雙遷北臺山，宋龍圖閣直學士吴中復讀書處。後人因建龍圖書院，旁有北臺寺，里人王德尚重修，咸豐丙辰毁於粤匪。

浣花亭在治東坡山麓。

晦菴書院在慈口里。排演洲朱姓建有膏火田數畝。

廣惠祠州治西，宋嘉定建，今廢。

東坡先生祠堂王質有記。

孟嘉宅陽新里有孟家堰、孟家山，相傳嘉宅於此。

汪參政生祠王質有記。

謝公祠即在叠山書院。

陸宣公祠舊志：在劉婆市。先是市有劉婆，苦酒税，宣公出使，道過其家，還奏除，民感其德，立祠祀之。按：《唐書》陸贄本傳并無出使事，舊志所云不知何據，惟官翰林學士時，嘗請罷京師間架榷酒抽貫等令，豈劉婆市酤酒者感其德而祀之耶？

吴明卿北園在滄浪亭北。明參政吴國倫築，内有甑甀洞諸勝，詳自記。

鍾太傅洗墨池舊志：在陽辛鍾山。世傳鍾繇隱居於此，鐘繇墨池見《九域志》及《寰宇記》。按，《三國志·魏書》：“鍾繇初仕漢，除陽陵令，後仕魏，卒官太傅。”是時，三國屬吴，鍾太傅似非隱此。

蘇學士洗墨池在坡山巔。石盆盛水，四時不竭，舊呼仙人盆，坡公來游，因改名。

范忠宣梅山墨迹二字在沙村山石壁，題“己酉冬范純仁書”。未經摩崖，字迹朗然。按《宋史》，己酉爲神宗熙寧二年，是年八月純仁罷諫職，判國子監，旋知河中府，徙成都路轉運使，貶知和州。豈由蜀赴和州路出大江過沙村而書此耶？

蘇東坡鐵壁墨迹在銀山右峡口，“鐵壁”二字鎸懸崖間。明嘉靖知州楊祐仿刻二字石旁，字較小。里人明天維翼以亭，今廢。

甘將軍墓在富池鎮後二里許。明嘉靖元年，詔有司修理歷代帝王陵寢及名臣賢士之墓，知州王稷考舊志得將軍墓修理，州人郭浹爲撰碑文，文載《藝文志》。按：碑文稱《應天府志》“公墓在直瀆山下”，晋伏淊《北征記》亦載：姑孰十八里直瀆山前有吴將軍甘寧墓。據此，則將軍墓固非一處矣。

孟宗墓據陶靖節所撰《孟府君傳》稱：宗卒，葬陽新。今失其處。

孟嘉墓在陽新孟家山。

孟珙墓按《宋史・李庭芝傳》：珙爲荆帥，善相人，旦夜，夢有車騎，稱李尚書謁，已。明日，李庭芝至，珙見其魁偉，異之。時四川有警，即以庭芝權施之建始縣。後庭芝登進士，珙辟至幕中，主管機宜文字。珙卒，庭芝感珙知，扶其柩，葬之興國。考珙，棗陽人，破蔡滅金，功績甚著，卒於江陵府治，贈太師，謚忠襄。兄弟四人，子十人。且江陵距興國甚遠，何須庭芝扶柩葬之興國也。又珙墓在興國，未詳其處。康熙間府志謂：公卒，諭葬武昌縣賢庾鄉紫金山。

彭汝礪墓明一統志云：州南三十里地，曰下彭源，相傳有宋尚書彭汝礪墓。按《浮梁志》：祀汝礪爲鄉賢，又載其墓在浮梁。未知孰是。

李翔墓在崇慶里，内有碑，今没。

吴必大墓舊志：在宣教里黄林橋，有碑，載門人謝枋得題。按：叠山先生以理宗景定五年甲子謫居興國軍，朱子卒於寧宗慶元六年庚申，下距甲子計六十五年，而伯豐又先朱子卒，則叠山之未親炙於伯豐可知。又考叠山盡節於元世祖至元廿六年己丑，今碑刊元大德八年枋得志，不知大德乃成宗年號，大德八年甲辰上距己丑計十有六年，叠山復起九原而撰此志耶？而州中吴氏譜載之，上雙遷里人重立碑識之，所謂以訛傳訛也。

劉四郎墓在治西慈口里馬崖山，係宋時人。元初，其子孫遷居四川巴縣中進士者。入明，嘉靖己酉，户科給事中劉起宗以言事出攝武昌司理，入州省墓，州牧周鵬因表樹之。越歲丙辰，州判孫濂、州牧鄭聚東相繼重修，州人徐綱撰記，碑尚存。

王質墓在陽辛市對河牛頭山。

義門劉子承墓興教里。劉子承，字崇五，墓在坡山麓高隴鋪對岸龜山，子姓繁衍，環坡山而居，分莊三十有六。

樞密墓在州東南四十里大澤源，即今何子恕地。舊有石坊，已毁。樞密朝代、姓名無可考。

夏廷震墓在州南朝陽里。

成務墓在州南二十里吴塘畈。

吴國倫墓在州東十里，地名陳埠老鸛嘴。

曹竹坡墓舊志云：永城里。曹璇，字竹坡，明進士，志遇之父，贈中憲大夫，墓在石頭嘴之曹家腦，次子志遂祔葬塋右。

徐綱墓在福慶里先賢山，有碑。

吴溟鯤墓在富池黑竹窊。溟鯤，江蘇常熟人，爲富池巡檢，卒於任。墓側有公地，歲取稞錢，繳官奉祀，朝代無考。

從二姑墓在州東陳埠。知州張輝祖建碑。

節婦程氏在安樂里鳳凰山麓。節婦，徽人，汪瓊妻，僑寓三溪市。瓊客死，氏聞，旦夕悲號，坐卧一小樓，足不履地，饔飧不給，持家具易棺，遂自經死。州牧馬攀龍葬之，康熙甲午好義者修其墓，張翰操作記。

節婦王氏墓在州東十里常湖寨范家嘴。節婦係李右孟妻。

逸士周懶農墓在州東南四十里長壟坳，知州高夢龍題碣。

無無和尚墓在永章里。

萬氏字冢在豐葉里，地名王廣壟。咸豐八年，即選訓導萬斛源隨李忠武公續賓追剿粤逆，於三河陣亡。贈知府銜，其子福成往求骸骨不得，歸檢斛源遺墨葬之，名曰字冢，陳光亨爲之記。

卷之四

輿地志

風　俗

班固《地理志》云：凡民函五常之性，而其剛柔、緩急、音聲不同，繫以水土之風氣，故謂之風；好惡、取舍、動静無常，隨君上之情欲，故謂之俗。風俗也者，其時地不同，故其美惡亦異也。興國一隅，宋知軍周紫芝謂爲民醇矣，而明州同林愛民則以爲人習刁風；武昌知府武廷括謂爲民醇矣，而知州楊遵則以爲尚氣太甚。此豈其説之歧，正以其時之異耳。

試即今日之風俗言之，士重經術，不學幕，耻習訟詞；家雖貧，兒童必令讀書，有父母行乞，宗族佽助，以供束脩者；農勤墾植，境無曠土；工不尚技巧藝事，以堅樸爲貴，無巨商大賈；聚族而居，往往棋置數百户，重宗譜，嚴别異姓同姓，宗有祠，祠立之長，家法一就長約；歲時承祀，肅衣冠，百十里外畢至；喪謹殯葬，必封必樹，或歷千百年石碑竦峙，春秋拜埽，凡無主之冢，亦遍及之；男女婚姻，多於齠齔議定，廢疾貧苦終不改，甥女不字舅家；隆母黨，數世猶相往來；先公家之急，軍興，輸餉饋，慷慨蠲資，二税應期，歷無逋負，此皆俗之近厚者。至若士民略相見禮儀，矜意氣，遇事不相下，忿至輒持械赴鬥；葬以形家言，喜作佛事，此又薄俗可憂者。昔人云風俗與化移易，是望有居德善俗者，使之變澆薄而歸於醲厚也。

物　產

興國物産之見於古書者，今不恒有。宋季劉稱"川名曰富，人實多貧"，今之謂矣。然五土之性，各有所宜，庶物蕃生，供人食用。舊志但列其名，今於各類中略加注釋，而以前史及他書之言及方物者，繫之於首焉。

鄂州永興有銅有鐵。見《唐書·地理志》。

興國軍貢紵。見《宋史·地理志》。

宋時銅、鐵、鉛、錫坑冶，閩、蜀、湖、廣、江、淮、浙路皆有之。渡江後，其數日減。紹興末，江東西、福建、廣西、湖南二十州，歲産鐵八十六萬三百二斤十三兩，興國軍二萬四千九百斤；江、湖、閩、廣、浙東二十州，歲産鉛十九萬一千二百四十九斤十三兩，興國軍六千斤。見《朝野雜記》。

銀山西有黄姑山，俱産銀，大坡山産茶。見《明史·地理志》。

穀　類

稻黏者曰糯，不黏曰粳。　黍黏者爲秫，不黏爲黍。蜀黍俗名高粱，玉蜀黍俗名玉米。

稷即穄，一名粢，與黍相類，古人黍稷并稱，有赤白黄黑數種。

粟　麥大小二種。

蕎麥　胡麻一名脂麻，白黑二種。

菽　類

大豆有黄黑青斑數種。　赤小豆　緑豆　蠶豆

豇豆紅白二種。　扁豆一名蛾眉。　豌豆　刀豆

羊角豆俗名豆角，紫白二種。

蔬　類

菘俗名白菜。　芥　韭　葱

芹　莧　馬齒莧俗名長命菜。　同蒿

萱名忘憂草，俗名金鍼。　薺菜俗名地菜。　萘菜俗名甜菜，又名莙蓬。

波棱一名赤根菜，種出波斯，俗名波菜。　苦蕒　蕓臺俗名油菜。

蒜大蒜，園蔬；小蒜，野生。　百合　薑　大椒俗名辣椒。

茄　瓠甘者爲瓠，苦者爲匏。　薤俗名藠葉，細似葱，空而長根，如小蒜。

壺俗名壺盧，長柄大腹。　王瓜　南瓜俗名番瓜。　越瓜俗名稍瓜。

絲瓜　苦瓜一名癩蘿蔔。　冬瓜　芋一名蹲鴟，赤白二色，種分水陸。

山藷一名番薯，紅白二種，輿民倚爲歲糧。　薯蕷俗名山藥。　竹筍　茭筍　松菌　茅菌　蔓菁一名諸葛菜。

蘿蔔一名萊菔。　胡蘿蔔形小，黄赤二色。　葵二種：一葵菜，又名滑菜；一向日葵，禾高花大子可食。　萵苣　藕

果　類

櫻桃　桃子　李子　杏子

梨子　林檎俗名花紅。　枇杷　安石榴種出女石國。

銀杏俗名白果。　楂俗名山查。　棗　栗大者爲栗，小者爲榛。

柿二種：一實大，甘可啖；一實小，可榨油。　櫧子甘苦二種。　橘

柑　橙　金櫻子　落花生

菱　芡俗名鷄頭。　蓮子　葡萄

花　類

梅花　蘭花　桃花　杏花

牡丹　紫荆一名滿條紅。　芍藥一名婪尾春。

杜鵑花一名紅躑躅，一名映山紅。　蝴蝶花　薔薇花一名牛棘。

茉莉一名夜來香。　芙蓉　玉簪　海棠一名八月春。

夜合　辛夷一名木筆花。　紫薇俗名怕痒花。　鷄冠花
菊花　桂花一名木犀。　夾竹桃　綉球
木槿　山茶　蠟梅　月季花俗名月月紅。

竹　類

紫竹　毛竹　苦竹　烏啼竹
天竹一名天竺。　水竹　叢竹一名慈竹。　箬竹

木　類

松　柏　杉　檜
棘　荆一名黄荆。　楓　檀
槐　梓名木王。　檉一名西河柳，又名觀音柳。　榆
櫟結實者名栩，一名橡；不實者，名棫。　楝有花實，名苦楝子。　樟
椿葉香。　樗葉臭。　桑　柘
椇一名石李，一名木屈，又名鷄距。色似珊瑚，味甘。　桐三種：白桐花大，膏桐實可榨油，梧桐琴材，實孕於葉。
柳　白楊　黄楊每歲長一寸，閏年反縮，四季長青，一名萬年枝。
烏桕　冬青一名女貞。　肥皂莢俗名皂角樹。　椶俗名棕。

草　類

棉花草本花，類廣之木棉，一名吉貝。　苧麻　葛一名鹿藿。
蕨　稗　芭蕉一名甘蕉。　茅一名菅。
莎　茜俗名過山龍，可染絳。　烟草種出淡巴國，因名淡巴菰，一名烟，又名相思草。
虎耳草一名金絲荷。　鳳尾草葉附莖對生。　狗尾草一名光明草。　荏蘅一名馬蹄香。
蓼水陸二種。　蘆葦　蒲　萍大者爲蘋。

藥　類

何首烏　苿苢一名車前，俗名蝦蟆衣。　菖蒲一名昌陽，一名堯韭。
艾　卷耳即蒼耳。　三七一名山漆。　花椒
茵陳　白芨　葳蕤俗名玉竹。　黄精
貫衆一名管仲。　蒼术　葶藶　草决明俗名六安茶。
杜仲　天南星　金銀花　麥冬
天冬　半夏　馬兜鈴實垂如馬項鈴。　土茯苓一名豨苓。
荆芥　桔梗　紫蘇　鉤藤
茺蔚一名益母草。　香附即莎草根。　菟絲子　木賊
夏枯草夏至即枯，俗呼芒椎草。　枸杞根名地骨皮。　萹蓄
常山即黄荆根。　牛蒡子　青木香　木通
南黨蔘一名明黨，俗名山姑娘。　薄荷　石斛
青蒿　威靈仙

禽　類

鶴頂有丹毛。　雁大者曰鴻，一名陽鳥。
鵝　雉漢避吕后諱，改呼野鷄。
鷄　鴨　鳧俗名野鴨。　燕
雀一名簷雀，俗呼麻雀。　烏返哺烏，又一種名鴉。　鵲一名乾鵲，俗呼喜鵲。　鴿　鶯一名仓庚，一名黄鸝，俗呼黄栗留。　鳩一名鵻。　鷺鷥
鸛　鷹一名鵜鳩。　鶉一名鴽，俗名鵪鶉。　鶺鴒俗呼雪姑。
鴝鵒南唐避李主諱，改呼八哥。　杜鵑一名子規。　布穀依聲呼割麥插禾。
百舌一名反舌。　桑扈一名竊脂，俗名白頰鳥。　伯勞一名鶪，一名姑惡。
啄木　梟即鴞，一名鵩。　鵜鶘俗名淘河。　畫眉
翡翠雄曰翡，雌曰翠，俗呼水狗。

獸　類

馬　驢　牛　羊

犬　㲋　猫　獐

麂　兔　狐　狸

豺　獾　野猪　獺

鼬鼠俗名黄鼠狼。

鱗　類

鯉　鯖　鮊一名陽鱎。　鲇大者名鯷。

鱮即鰱魚。

魴即鳊魚。　鱖一名桂魚，俗呼鯚魚。　鮒即鲫魚。

鰈即鱤魚。　鰷即鯈，俗呼鰵魚。　鱨俗名黄颡。　鱅俗呼胖头。

鱧即七星鱼，俗名烏鱼。　鲟鱼　黄鲴　銀魚一名鱠，一名白小。

春魚生巖穴中，夏月隨水出，身小長半寸，黄質黑斑，牛湖産者最佳。　鰌俗名泥鳅。

鱓俗名黄鳝。　鰻鱺俗名白鳝。　河豚一名鯸鮐。　金魚

介　類

龜　鱉　蟹　蝦

螺　蚌　蝸牛

蟲　類

蠶　蟬一名蜩。　蛾　蜻蛉俗名紗羊。

蝙蝠俗名簷鼠，一名夜燕。　蠅　蚊一名白鳥。　蜂有蠟蜂、黄蜂、土蜂各種。

蜾蠃黑色，細腰蜂。　螟蛉桑蟲，類蛸蛸。　蝶一名春駒，大者名鳳車。　螢一名熠燿。一名丹鳥。

阜螽一名蚱蜢。　螳螂　蟋蟀一名趣織，一名吟蛩。　絡緯俗名紡綫娘。

竈馬俗名竈鷄。　蜘蛛　壁蟢一名壁錢，俗呼蟢子。　蠅虎

蟻大者名蚍蜉。　蛣蜣一名蜣蜋，黑甲，能以土包糞爲丸。

鼠婦一名伊威，生甕器底溼地，俗名地鱉。　蛙俗名蝦蟆，一鳴螻蟈。　蟾蜍一名癩蝦蟆。

蛇　蜥蜴一名守宫，俗名壁虎。　蜈蚣　蝎

蚓　蚿即百足蟲。　蛭俗名馬蟥。

貨類

銀銀山産銀，久禁取冶。	石炭	石灰	薪炭
棉布	葛布	山粉即藷粉。	豆粉
棉纸	火纸	影皮纸	桐油
柏油	茶油	棉油	菜油
麻油	柿油	茶葉	蜂蜜

義所

養濟院：即舊志安養院，宋知軍田公創建，在北門外厲壇之西，今呼爲孤貧院。原額四十九名，其口糧支銷錢糧正項。同治六年知州王公臣弼捐銀八十兩，添額四十名，每名按季實發州平文銀五錢。又女孤貧院一所，在小西門外新街，同治元年知州徐公芝捐建；六年，王公臣弼捐銀九兩六錢七分一厘，以爲修理之費。

育嬰堂：在大西門外。道光十九年，知州蔣公嘉瑞倡捐錢數千緡以爲修葺、養嬰之資；二十九年，大水冲塌，基尚存。

同善堂：在小西門内。同治二年，官紳士民捐資公建。

普濟堂缺。

惠民藥局缺。

義館：康熙六十年，知州高公夢龍購民基創建，在陽新門内北街，

今廢。

漏澤園：宋知軍虞旗孫置田架屋，舍僧守之，名義冢，以濟死無葬所者，今失其處。舊義冢三：一在北門外獅子山之麓，傍湖邊一角；一在儒學白虎山；一在北門外五里湄峰巖湖東北一面。知州王公侯捐置新義冢三：一在司家壟尾，一在花墳壟，一在赤壁嘴。係道光二十九年，知州宋公宴春同州紳籌費公置。集善堂設立吉口里大畈街阮氏祠，同治十一年衆姓捐資公請給示。

附　録　光緒八年同善堂現辦章程

總理善堂各項事務首士二人。堂内所議各條章程，書牌四塊：一爲同善堂進出辦理章程，一爲同善堂額設各端善事，一爲同善堂隨時濟急各善事，一爲同善堂本年勸捐樂輸增廣。挂於堂内，管賬人於日中所辦各事隨時登簿，并填書牌内，以便衆目昭彰，而堂内堂外亦易清查，如不即時登載，查出即作弊論。俟一年辦畢，將堂内進出一切稟官存案，榜示善堂首士。如有因事稟明告退者，由官擇選賢能接辦。善堂内外人等均不准指名舉報，致啟嫌疑争端。至於洋烟、賭博、燕會，堂内永遠禁止，以肅堂規而省糜費。

專理額設各善事進出首士二人。同善堂捐置鋪屋六院，價共九十錢貳千六佰柒拾捌串文。富川門外鋪屋壹院，價九十錢壹佰拾串文，每年租錢貳拾四串文。懷坡橋鋪屋壹院，價九十錢柒佰貳拾串文，每年租錢壹佰貳拾串文。城隍廟巷口鋪屋壹院，價九十錢叁佰捌拾伍串文，每年租錢肆拾肆串文。富川門内鋪屋壹院，價九十錢肆佰捌拾串文，每年租錢陸拾陸串文。小西門内屋壹院，價九十錢壹佰叁拾叁串文，每年租錢壹拾肆串文。大東門外鋪屋壹院，價九十錢柒佰捌拾串文，每年租錢陸拾伍串文。每年共鋪租錢叁佰叁拾叁串文。官斛茹箕，每年額繳九十大錢叁佰陸拾串文。每年共進款九十錢陸佰玖拾叁串文。義學修脯房租，每年額定九十錢肆拾伍串文。牛痘局修脯，每年額定九十錢肆拾串文。義渡萬家壩一處，每年約有半年之久，每月九十錢肆串，額定九十錢貳拾肆串文。施丸藥，每年額定九十錢叁拾串文。育嬰每名月給九十錢陸佰文，以一年爲限，堂内額養拾名，每年定九十錢柒拾貳串文。孤貧每名月給足錢叁佰文，堂内額養孤貧陸拾名，每年額定九十錢貳佰肆拾串文，閏每年加九十錢貳拾串文。施棺木每具額定錢壹仟叁佰文，堂内額施棺木捌拾具，每年額定九十錢壹佰零肆串文。每年共額定無閏之年出九十錢伍佰伍拾伍串文，閏年出伍佰柒拾伍串文，以進款除出款，有閏應剩錢壹佰壹拾捌串文，無閏應剩錢壹佰叁拾捌串文，留作修理鋪屋及租難足額開除，如能有餘則歸存儲。有餘存儲，不准動用，俟錢滿百串，始行作一分生息，滿三百串添置産業，增廣額用。不足，不准借用他項，亦不准裁減用款，或首士自捐、或商之總首如數勸捐，隨時彌補清楚，亦不得藉捐多錢，致滋流弊。

專理隨時應急各善事進出首士二人。各行客捐，賣客每串抽捐錢壹文歸入善堂，以供各項善事之用。糧食行十一家、蔴行六家、花行六家、布行三家、油行一家，共計二十七家在賣客所捐。無幾，以二十七家合計，每年約收數百串在善堂，辦理各項善事，不患乏費，不獨有惠窮民，即鎮市亦沾益不淺。如各行有抗不遵辦，及收多報少者，隨時禀官查究。其捐數由專首士按月查明，報知總首商辦一切。

水龍。如遇不測火灾，大龍叁拾人，小龍貳拾肆人，即時往救撲滅，事後按名各給錢壹佰文。每年驗修，大龍壹串貳佰文，小龍壹串文。

濟急。凡遇難民過境，男婦大口，每名給錢貳拾文，小口每名給錢拾文，由州署查點人數，開單送堂復點，按名給發，隨時按年月日注簿。

救溺。凡行舟遇風或失足被溺者，按舊章救獲，生者每名賞九十錢壹仟文，溺死者五佰文，隨時按年月日注簿。

收瘞。凡附近州城官山，堂内不時巡驗，如有墳冢陷，尸骸暴露，雇工安埋聚墩，再，堂内於西門外藕塘邊設有收瘞所，凡有男女孩尸無力安埋者，送至該處，雇工看管；隨時收瘞，按次注簿。官山近水者，遍栽楊柳，防水冲擊，每年給看楊柳錢貳串肆佰文。

修路。凡近州城通衢要路及橋津等處，如有水冲倒塌不便往來之處，小工拾串以内者，隨時修補，以便行人；大工，商之總首勘估，酌議興修。

上五項善事，如遇應急之時，由堂内首士開條，交領錢之人赴專辦。首士支取，按季匯繳總首，作爲堂内收條，扣除捐款。有餘存積置産，俟各項善事均有應辦之費，始行停止客捐。不足，歸首士在於各行之中勸捐彌補，不得另借他款，違者公同議罰賠償。

專理堂内一切及勸捐首士二人。

北鄉良蔫張家新屋後庄房壹所，水田貳石零五斗，花地山地壹佰零四塊，價九十錢肆佰伍拾串文，每年共納租九十錢伍拾肆串文。

北鄉劉頭畈水田肆斗貳升，價九十錢柒拾捌串文，每納稞九十錢伍串伍佰文。

本城上厢成家壟花地壹連叁塊，價九十錢拾伍串文，每年納稞九十錢貳串文。

樂盧氏捐北鄉樂東三花地拾伍塊，每年納稞九十錢拾伍串文。

尹春發充公福慶里水田并湖地計拾壹石零柒升，每年按豐歉分收小麥及稞租錢文。

以上五款，除完糧外，所餘不論多少，概付管賬及局价人作爲薪工之資。其局价工食，即由管賬人酌議擇雇，堂内概不開銷。願當者書據經營，限以三年爲一届。

堂内勸捐。祇勸捐丸藥、育嬰、棺木三項，均不准勸捐現錢入堂。如遇好善之人，勸令自行製備丸藥，開係何藥、能治何病，送入堂内，首士登入捐牌，堂内代爲發給。如捐育嬰幾名，則書捐條幾紙，交堂内首士，隨時登入捐牌，俟有嬰孩報名者。堂内額數已滿，查明嬰孩姓名、住址、生時，發給捐條一紙，令其按月自赴捐户領取。如捐棺木幾具，亦即書捐條幾紙，首士隨時登入捐牌，俟有領棺木者。堂内額施已滿，即將捐條交來領者一紙，自赴捐户具領。如此辦理，庶捐不虛施，人受實惠，合州好善之人必樂於從事，堂内亦無物議，可以永遠施行。

捐款有餘存儲，改爲下年新捐書牌注明。

卷之五

政典志

户　口

宋初　户六萬三千四百二十二，口一十萬五千三百五十六。治平甲辰，永興縣户六萬二百八十二，口十萬六千五百有八。嘉定甲辰，永興縣户一萬九千七百九千一，口無考。按：此時户口登耗之數甚屬可疑，今細推之治平甲辰，"永興縣"三字疑羨。

元缺。

明　洪武八年，永興縣户九千一百二十九，口三萬九千五百三十八。

永樂八年，州户九千九十二，口五萬七千九百二十五。内，官户一十五，軍户四千三百二十二，貼軍户三千二百五十五，醫户一，僧户一，道户一，雜役户六百，匠户九十一。

宣德　正統　景泰　天順俱缺。

成化八年，户五千九百三十，口六萬五千四十五。

正德七年，户六千二百二十，口六萬七千一百三十一。

嘉靖十一年，户六千二百六十五，口七萬六千九百有二。二十一年，户六千一百，口七萬七千有二。三十一年，户六千七十三，口六萬八千七百六十二。

國　朝

雍正舊志：國初，原户三千二百五十户，丁二萬一千二百五十。内除豁免運夫丁三百六十四，實在人丁二萬八百八十六丁。嘉慶省志：興國實額人丁二萬九百三十丁，自康熙五十五年至乾隆三十七年，歷次編審，滋生人丁共三千六百九十一丁，永不加賦。蓋自丁隨糧派，而編審無關實政，編審停止，而造報尤屬虚文。今姑據光緒七年分編册分里登載，司牧者果動念於户口之增減，或有意於保甲之舉行，此亦其大略焉爾。

尊賢坊　烟户三千二百九十八户，内流寓六十四户，大小男女共二萬六千三百九十一丁口，保正五名。

宣化坊　烟户二千四百四十五户，按内流寓四十五户，共大小男女一萬四千八百八十五丁口，保正五名。

宣化里　烟户四千零四十户，大小男女共二萬六千九百五十丁口，保正七名。

豐義里　烟户三千八百四十五户，大小男女共二萬六千四百八十丁口，保正十一名。

豐葉里　烟户六千七百三十三户，内流寓十户，大小男女共五萬六千四百九十五丁口，保正十五名。

上豐樂　烟户二千八百户，大小男女共一萬八千三百零八丁口，保正三名。

中豐樂　烟户二千七百八十五户，大小男女一萬四千五百七十九丁口，保正二名。

下豐樂　烟户二千九百四十七户，大小男女共二萬零一百零九丁口，保正二名。

辛亭里　烟户二千九百七十八户，大小男女共一萬九千四百五十一丁口，保正四名。

寶政里　烟户三千二百五十八户，内流寓二十九户，大小男女共二萬一千七百零四丁口，保正四名。

善福里　烟户二千九百八十四户，大小男女共一萬八千九百四十六丁口，保正八名。

永章里　烟户二千九百七十七户，大小男女共一萬九千零七十丁口，保正四名。

辛安里　烟户二千九百四十八户，内流寓三户，大小男女共一萬六千七百六十五丁口，保正二名。

崇仁里　烟户三千一百五十三户，大小男女共二萬零三百九十七丁口，保正二名。

懷仁里　烟户二千八百九十户，大小男女二萬零一百三十七丁口，保正二名。

樂歲里　烟户二千五百四十户，大小男女共一萬八千一百二十四丁口，保正四名。

永城里　烟户四千三百十二户，大小男女共二萬三千二百七十三丁口，保正四名。

長慶里　烟户四千四百零五户，大小男女共二萬六千八百十三丁口，保正十名。

福慶里　烟户三千四百零三户，内流寓二户，大小男女共二萬三千五百二十八丁口，保正十一名。

安樂里　烟户三千九百五十户，大小男女共一萬八千三百三十五丁口，保正十名。

永福里　烟户三千七百二十五户，大小男女共二萬六千一百六十七丁口，保正十名。

吉口里　烟户五千零九十五户，大小男女共三萬四千四百四十二丁口，保正十八名。

慈口里　烟户三千八百二十五户，大小男女共二萬一千七百六十丁口，保正十五名。

上陽辛里　烟户三千八百二十五户，大小男女共二萬四千六百二十八丁口，保正十三名。

下陽辛里　烟户三千九百八十四户，大小男女共二萬二千八百七十一丁口，保正七名。

宣教里　烟户三千六百九十四户，大小男女共二萬八千一百五十八丁口，保正十九名。

上遷里　烟户四千八百九十户，大小男女共三萬二千三百八十三丁口，保正二十名。

下遷里　烟户三千八百六十二户，大小男女共二萬三千八百四十丁口，保正十名。

修净里　烟户五千四百二十九户，内流寓十二户，大小男女共三萬五千九百七十四丁口，保正十三名。

歸化里　烟户三千零五十户，内流寓三户，大小男女共一萬九千三百九十二丁口，保正十九名。

崇慶里　烟户三千七百二十户，大小男女共一萬九千九百七十二丁口，保正八名。

朝陽里　烟户二千八百三十户，大小男女共一萬八千六百五十丁口，保正八名。

辛興里　烟户二千三百十七户，大小男女共一萬八千九百五十五丁口，保正九名。

修善里　烟户三千九百八十一户，内流寓十户，大小男女共二萬二千三百九十四丁口，保正二十名。

樂平里　烟户三千九百零二户，大小男女共二萬四千一百零九丁口，保正六名。

長樂里　烟户三千七百四十一户，大小男女共二萬三千一百十三丁口，保正十名。

仁義里　烟户三千四百四十二户，大小男女共一萬五千八百十五丁口，保正十一名。

東鄉里　烟户三千六百五十五户，内流寓十一户，大小男女共二萬五千三百五十九丁口，保正十二名。

興瑞里　烟户六千一百五十四户，内流寓七户，大小男女共五萬一千九百四十五丁口，保正三十名。

興教里　烟户三千八百五十户，内流寓十九户，大小男女共二萬二千八百七十八丁口，保正十二名。

以上烟户共一十四萬七千八百六十五户，大小男女共九十六萬七千九百八十九丁口，保正三百八十六名。

田　　賦

任土作貢，自古已然，惟國朝准人丁隨糧均攤法最良美，百姓熙熙，胥安耕鑿焉。

宋初　苗米四萬六千七百七十九石，二縣俱在内。紹興，苗米壹萬五千二百一十七石，二縣俱在内。嘉定甲辰，永興縣米一萬九千五百一十八石三斗九升七合一勺四抄。

元缺。

明洪武　永興縣秋糧：米八千六百五十九石三斗一升五合二勺；夏税大小麥十九石一斗二升合八勺，絲二百七十斤九兩六錢六分。

永樂八年，官民田地塘四千三百三十頃二十四畝二分，賦二萬八千五百零一石五斗零三合三勺。秋糧：租米二萬五千一百四十石四斗七升七合七勺；秋雜，黄豆三千零九十七石一斗七升一合五勺，芝麻一十二石二斗三升零一勺。夏税：大麥五斗八升七合五勺，小麥二百五十一石零三升六合五勺，絲七百四十六斤一十兩二錢七分，折絹五百九十七匹九尺六寸一分。

宣德　正統　景泰　天順俱缺。

成化八年，官民田地塘四千四百五十二頃九十八畝八分，賦二萬八千七百四十四石二斗一升。

弘治缺。

正德元年，官民田地塘四千九百二十頃七十八畝，賦三萬八百零五石二升五合。

嘉靖十一年，官民田地塘四千四百五十七頃四十畝零九分，賦二萬八千七百六十九石七斗零八合八勺。秋糧：正米二萬五千三百九十六石七斗一升二合，黄豆三千一百零九石一斗四升二合二勺，大小麥二百二十二石六斗二升四合二勺，絹六百二十八匹一丈九尺五寸八分。屯田，子粒四百石零二斗三升。

嘉隆後行一條鞭法，均徭里與兩税爲一。

萬曆四十六七八年，加徵地畝九厘，秋麥二糧每石派徵遼餉銀二錢七分六厘一毫一絲一忽，共銀七千八百七十六兩九錢四分八厘五毫。

崇禎三年庚午增田賦，畝加三厘，共加銀一千三百三十七兩二錢二分二厘二毫。

十年丁丑，加畝輸六合，每石折銀八錢，共加銀二千一百三十九兩五錢五分六厘三毫二絲。

國　朝雍正七年丁隨糧派

上則田三千九百六十頃三十一畝一分一厘一毫三絲六忽。每畝科秋糧六升。該米二萬三千七百六十一石八斗六升六合七勺四抄二撮。

平湖田九十頃一十五畝一分七厘九毫七絲。每畝科秋糧四升，該米三百六十石零六斗零七合一勺九抄。

低湖田一百一十七頃七十八畝一分零六毫七絲。每畝科秋糧二升。該米二百三十五石五斗六升二合一勺三抄四撮，共糧二萬四千三百五十八石零三升六合零六抄六撮。

上地六十頃七十二畝六分零七毫五絲。每畝科秋糧六升三合一勺。該米三百八十三石七斗八升八合七勺九抄四撮。

中地九百五十頃九十五畝一分八毫三絲。每畝科秋糧三升合七勺。該米三千零一十四石五斗一升四合九勺三抄。

民塘一百四頃四畝八分三厘五毫一絲。每畝科秋糧五升。該米五百二十石零二斗四升合八勺。以上田地塘秋糧米共二萬八千二百七十六石五斗八升一合六勺一抄六撮。每糧一石派徵正賦條遼銀一兩六分五厘八毫二絲三忽二微，每銀一兩派帶丁銀一錢二分九厘六毫四絲九忽七微二塵三纖八渺六茫二沙八灰，通共每石秋糧、條遼、班匠、表箋御茶、隨漕驢脚、地丁等項，派徵銀一兩二錢四厘六忽八微九塵二纖二渺五漠三茫。

更名上田二十八頃八十七畝七分零八毫三絲。每畝科秋糧六升。該米一百七十三石二斗四升九合二勺。

更名平湖田一頃三畝九分三厘八毫。每畝科秋糧四升。該米四石一斗五升七合五勺二抄。

更名低湖田四頃八十九畝五分七厘。每畝科秋糧二升。該米九石七斗九升一合四勺。

更名上地一十六畝零七厘五毫三絲。每畝科秋糧六升三合一勺。該米一石零一升五合九勺六抄。

更名中地一十六頃一十三畝三分五厘。每畝科秋糧三升一合六勺九抄九撮。該米五十一石一斗四升一合二勺二抄。

更名塘四十二畝五分八厘五毫三絲。每畝科秋糧四合九勺九抄九撮八圭九粒。該米二石一斗二升九合二勺一抄。以上更名田地塘共五十一頃五十三畝二分二厘六毫九絲，共科秋糧米二百四十二石五斗零二合五勺八抄八撮，每米一石該穀一石四斗九升。作爲穀三百五十九石八斗三升八合八勺五抄六撮一圭二粒。每穀一石折銀四錢六分六厘。共派徵銀一百六十七兩六錢八分四厘九毫六忽九微五塵一纖九渺八漠。每兩派帶丁銀同。又課銀四兩五錢，通共實徵正帶班匠丁銀一百九十四兩九錢零。

低湖地四十二頃五十畝三分五厘。每畝科六麥一勺三抄八撮三圭二粒四粟，小麥五升九合六抄二撮六圭九粒。二麥共二百五十一石六斗二升四合六勺，爲夏稅。每石原派徵正賦條遼銀八錢一分七厘三毫七絲九忽九微二塵，後改派徵銀九錢三厘三毫五絲三忽零零零七渺。每兩帶丁銀同。實徵丁麥銀二百三十二兩三錢四分四毫一絲三忽四微五塵五纖六渺九漠八茫。

新墾升科田地雍正七年：中則田六頃五十二畝一分三厘。每畝科秋糧四升。該米二十六石八升五合二勺。下則田一十頃八十七畝九厘。每畝科秋糧二升。該米二十一石四斗四升一合八勺。中則地三頃六十畝七毫。每畝科秋糧三升一合七勺。該米一十一石四斗一升二合二勺二抄一撮九圭。以上田地升科秋糧共米五十九石二斗三升九合二勺二抄一撮九圭，每石派徵正賦條遼銀一兩六分五厘八毫二絲三忽二微，實徵銀六十三兩一錢三分八厘五毫三絲七忽五微九塵九纖四渺四茫。帶丁銀兩同前。

雜　　餉

上中下湖共水米七千七百六十六石一斗二升八合八勺，黄麻、熟鐵、綫膠、魚課等銀九百四十二兩九錢六分八厘九毫九絲二忽二塵五纖三渺九漠二茫。

遇閏加銀二百二十二兩九錢二分一厘二毫三絲三忽四微一塵一纖。

門攤商税額，銀六十七兩五錢九分一厘六毫七絲五忽六微七塵八纖四渺七漠一茫。　以上録舊志。

錢糧項下

起運：有閏，銀二萬六千一百二十六兩六錢一分四厘；无閏，银二萬五千九百三兩六錢九分三厘。

存留銀二千八百六十五兩七錢五分四厘，内除坐支官役俸工等銀二千二百九十兩四錢八分八厘外，應解司銀五百七十五兩二錢六分六厘。

馹站銀二千三百四十四兩八錢一分九厘。内，三百五十四日，應除坐支夫馬工料等銀四十二兩四錢三分外，應解司銀二千三百二兩三錢八分九厘；若三百五十五日，則夫馬工料等銀四十二兩五錢五分，司銀二千三百二兩二錢六分九厘。

耗羡，有閏，銀三千四百四十六兩四錢五厘；無閏，銀三千四百二十一兩八錢八分五厘。内除坐支佐雜養廉銀二百六十兩外，應解司銀，有閏，三千一百八十六兩四錢五厘；無閏，三千一百六十一兩八錢八分五厘。

蘆課正銀一兩七錢二厘，耗銀一錢八分七厘，以上蘆課正耗銀兩全數解司。

税粿項下

牙税銀一百七兩二錢五分，此項税銀係照同治十二年奏銷册報開載，嗣後如有增减，再行隨時更正。

茶税銀二十兩。

田房税正額銀一十二兩五錢七分，盈餘銀兩儘徵儘解。

牛馬税銀儘徵儘解，無定額。

水課銀三兩。

徐州衛津貼銀三百一兩五錢一分五厘。

坐支項下

馹站三百五十四日額，支銀四十二兩四錢三分；三百五十五日額，支銀四十二兩五錢五分，係排夫工食。閏月按日加增。

耗羨銀二百六十兩，内州判養廉銀八十兩，吏目養廉銀六十兩，富池口巡檢養廉銀六十兩，黄顙口巡檢養廉銀六十兩。

存留銀二千二百九十兩四錢八分八厘，内：各官俸銀三百二十九兩三錢五分五厘，提解司庫、文廟等祠祭祀銀九十二兩三錢三分五厘，關帝廟祭祀銀三十五兩七錢四分六厘，本府馬快銀三十兩，步快銀四十八兩，府學齋夫銀二十四兩，門斗銀二十一兩六錢，膳夫銀一十三兩三錢三分三厘，清軍廳步快銀四十八兩，皂隸銀七十二兩，糧捕廳步快銀四十八兩，皂隸銀七十二兩，經歷馬夫銀六兩，府司獄皂隸銀一十二兩，州門子銀一十二兩，捕快銀四十八兩，禁卒銀四十八兩，庫子銀廿四兩，斗級銀二十四兩，民壯銀一百八十兩内裁汰銀一十二兩，提解司庫。皂隸仵作銀九十六兩，轎傘扇夫銀四十二兩，孤貧口糧布花銀六十九兩三錢，鋪司兵銀五百七十六兩九錢三分八厘，迎送皂隸銀一十四兩六錢四分，渡夫銀一十兩六分五厘，州倉支剩米折銀八兩七錢七分五厘，教官俸銀三十一兩五錢二分，齋夫銀三十六兩，門斗銀二十一兩六錢，廩糧膳夫銀九十二兩，州判門皂馬夫銀五十四兩，吏目門皂馬夫銀三十六兩，黄顙口富池巡檢皂隸銀二十四兩，分司看守門子銀三兩五分。

以上存留項下額支銀二千三百四兩二錢五分七厘，内除祭祀餘剩充餉并荒故丁豁免銀一十三兩七錢六分九厘外，實坐支銀二千二百九十兩四錢八分八厘。

漕南項下

隨漕淺船正項并席板銀三千五百四十一兩七分一厘。

隨漕淺船耗羨銀三百八十九兩五錢一分八厘。

驢脚正項銀八百九十八兩五分一厘。

驢脚耗羨銀九十八兩七錢八分五厘。

漕糧正米八千九百七十四石二斗九勺，每石一兩三錢，折價銀一萬一千六百六十六兩四錢六分一厘。

漕糧耗米八百九十七石四斗二升一勺，每斗一錢三分，折價銀一千一百六十六兩六錢四分六厘。

漕糧水脚每正米一石一錢五分，折銀一千三百四十六兩一錢三分。

漕糧兑費銀五千兩。

南糧正米七千四百九十九石六斗四升六勺，每石一兩五錢，折價銀一萬一千二百四十九兩四錢六分一厘。

南糧耗米七百四十九石九斗六升四合一勺，每斗一錢五分，折價銀一千一百二十四兩九錢四分六厘。

南糧水脚每正米一石一錢五分，折銀一千一百二十四兩九錢四分六厘。

漕南盈餘銀四百兩。光緒元年詳准核減二成，隨正搭解糧庫兑收，按季撥歸藩庫供支。

以上録《光緒元年鄂省丁漕指掌》。

耤田附

耤田四畝九分，每年收穀九石二斗，由州變價以作備辦祭致。先農祭品之用，其變價銀若干，按年造册，報部核銷。

四十里落河漕南正米九十七石二斗七升七合。四十里落河地丁正銀二百八十六兩二錢三分一厘。二項無著錢糧，歷來歸官捐解。

蠲　恤

蠲恤之政，史不絶書，而實濟於民者蓋尠。皇朝軫念民依，蠲緩、蠲免、蠲賑，湛恩叠沛，與唐虞三代比隆矣。今將前史及省志所載指明興國者，并彙録焉。

宋

孝宗淳熙七年，興國大旱，蠲賦予粟。見《湖廣通志》。

寧宗慶元年五年己未，興國軍水，賑之。見《宋史本紀》。

理宗景定元年春三月詔，興國等處經兵，農民失業，應輸開慶元年以前二税盡除之。見《宋史本紀》。

元

成宗大德三年己亥夏五月，興國等處旱，免酒課，賑之。

大德十年丙午七月，以米七萬七千八百石，賑糶興國等處饑。

仁宗皇慶二年癸丑秋七月，興國屬縣蝻，發米賑之。

延祐元年甲寅，興國路饑，發廩減價賑糶。

延祐二年乙卯夏五月，興國路等處饑，并發廩賑糶。

泰定四年丁卯六月，興國路饑，賑糶有差。

文宗至順二年辛未秋，興國路蟲傷稼，免今年田租。

順帝至正五年乙酉春三月，興國等處饑，賑之。

明

太祖洪武九年三月，免湖廣今年税糧。

成祖永樂二年，命御史郭林等賑湖廣水灾。九年，湖廣水，遣使賑之。

宣宗宣德九年八月，賑湖廣饑，蠲税糧十之四；冬十月，以應運南京及臨清倉賑濟。

英宗正統元年，湖廣饑，免税糧籽粒六十餘萬石。六年秋七月，賑湖廣饑。十三年，湖廣各屬大旱，免秋糧屯糧共四十萬石。代宗景泰元年，湖廣大饑，免二年税糧籽粒十八萬八千四百七十石。

憲宗成化十一年，湖廣大水，免秋糧。

弘治元年十月，賑湖廣饑，免本年夏税。

正德三年大旱，饑，南工部侍郎畢亨來賑之。十二年，遣御史吴廷舉賑湖廣饑。

嘉靖元年，賜天下田租之半，免正德十五年以前逋賦。十年大水，免湖廣各府及衛所秋糧。十五年，湖廣大水，發本省倉糧及事例銀兩賑饑。三十九年，免被灾税糧。

國　朝

順治二年蠲湖北賦。九年夏五月，武昌等府各屬大旱，蠲免本年錢糧十之六。十八年夏五月，武昌等十州縣旱，賑恤有差。

康熙元年，蠲免順治十五年以前未徵各項錢糧。秋旱，有司賑恤。二年夏，武昌等處十四州縣俱大水，蠲免本年錢糧十之一。十五年，武昌等處十三州縣俱大水，蠲本年賦十之三。十八年，江夏等十五州縣俱大旱，蠲賦十之三。二十四年，江夏等十六州縣水，賑穀有差，本年錢糧全行蠲免。二十五年，蠲免錢糧一半。二十八年，蠲免地丁錢糧及驢脚南米十分之三。二十九年，武昌等處三十五州縣饑，賑穀有差。三十年，豁免湖南應輸漕米一年。四十四年，江夏等九州縣并沔陽等四衛水，蠲賦。四十五年，豁免四十三年以前未完銀米，已完在官准抵見年未完足者。舊志有。四十七年，江夏等一十州縣并武昌等四衛水旱蟲鼠灾，蠲賦，賑穀有差。五十年，豁免湖北地畝人丁應徵銀兩并歷年舊欠一次。五十一年，全免湖北地丁錢糧及歷年舊欠。舊志有。五十二年，蠲免湖北地丁錢糧。五十三年，嘉魚等十四州縣并武昌等六衛水旱灾，蠲賦，賑穀有差。五十四年，江夏等五州縣并武昌等三衛水，蠲賦，賑穀有差。五十五年，江夏等十二州縣并沔陽等三衛水，蠲賦，賑穀有差。五十六年，豁免帶徵地丁屯衛銀兩。

雍正四年，江夏等十二州縣，并武昌等六衛大水，蠲賦，賑米有差。五年興國等六州縣，并武昌等八衛大水，蠲賦。八年春，蠲免湖北錢糧。九年，地丁銀每兩正銀蠲免三錢六分有奇。

乾隆元年冬，全行豁免江夏等十九州縣重丁銀兩，自二年爲始。七年夏秋，江夏等二十州縣，并武昌等六衛水灾，蠲賦免南米，賑穀有差。八年，興國吉口等里，并黄岡庶安等鄉，地方田地山水冲壓，難以墾復，所有應徵秋糧等，米共二十五石六斗二升零，麥三斗八升零，條餉等銀共十八兩三錢分九厘，以四年爲始，照數開除。本年，興國、黄岡二州縣水灾，蠲賦免南米。十三年，湖北輪免錢糧一次。三十二年，江夏等十三州縣，并武昌等七衛水，蠲賦免南米，賑穀有差。三十四年，江夏等十四州縣并武昌等六衛水，蠲賦免南米，賑穀有差。冬十二月，蠲免次年地丁錢糧十分之二。四十三年，江夏等三十一州縣并武昌等九衛所夏旱，蠲賦免南米，賑穀有差。冬十月，奉上諭蠲免漕糧一次。四十四年，江夏等十八州縣及九衛所夏旱秋水，於正賑畢加賑一月口糧。五十年，江夏等四十七州縣并武昌等十衛所大旱，蠲賦免南米、雜糧、秋糧，賑穀有差。并發帑金五百萬兩賑恤，興國州領銀十萬兩。五十三年夏六月，江夏等十五州縣并武昌等九衛所水，蠲賦免南米，賑穀有差。六十年，蠲免漕糧一次，又江夏等二十四州縣應於丁巳戊午年蠲免二次。

嘉慶元年，蠲免地丁錢糧一次，興國人於嘉慶二年輪免。二年，蠲緩武昌、興國十九州縣應徵錢糧。七年，蠲緩武昌、興國等十三州縣，緩帶節年錢漕等項。八年正月，蠲免武昌、興國等十九州縣民屯正耗錢糧一分；三月，蠲緩武昌、興國等九州縣錢糧，分錢糧，分作三年帶徵。

道光二十八年，大水，緩湖邊十九里錢漕等項。二十九年，大水，饑，本年應徵錢漕暨二十八年緩徵之十九里，全行豁免；鄉紳給事中陳光亨、陝西知縣李煒又請領藩庫錢四萬緡賑之。

同治八年，大水，緩湖邊一十九里正銀八千二百五十六兩，於九年分秋後帶徵。

光緒十三年夏，大水，秋冬大旱，全緩十一里、半緩十四里錢漕，於次年秋後帶徵；州紳李觀察滋森、劉庶常鳳綸請發帑銀一萬五千兩，又勸本地獎捐銀六千兩，又請發積穀二萬石賑之；又易樞密俊函懇大府，發賑外免米穀厘金。

光緒十四年七月，南鄉蛟水成灾，知州薛福祁詳准分别蠲緩興教、興瑞、東鄉、朝陽、崇慶五里地丁，五十年秋後帶徵，并發藩庫錢二千緡分賑淹斃人口、冲倒房屋各灾户有差。

光緒十五年，豁免十三年灾緩錢漕，已完者流抵。

卷之六

政典志

城　池

宋

興國舊無城，只設木栅爲防，宋始設門六：東曰富川，南曰班條，西曰順城，北曰朝宗，東南曰樂輸，西北曰承恩，又西北五里許置古龍關。

明

元至正二十四年甲辰，明太祖改興國府，郡人劉英知府事，明年檄修小城，周數里，以環府治。因舊址爲門五：東曰朝天，南曰宣化，西曰桂華，北曰安貞，西北曰阜城，選民丁一千守之。吴元年，明太祖初稱吴王。丁未，調守安陸，城漸弛弗修。

正德六年辛未，知州婁睿因舊址築城，高丈餘，厚一丈，甃砌磚石，上設串樓，九百六十四間。更從民便，於丁字街、十字街添設門二，選居民工賈八百餘丁守之。

十一年丙子，知州唐珉增修，爲門五，額仍舊，西一面依山，其三面皆塹湖。久之，盡圮，僅址存。

嘉靖三十三年甲寅，知州唐寧擴其基，建石城，周七百八十二丈三尺。

隆慶中，知州唐汝禮因城圮頗爲黠盗所窺，極力爲備盗法。

萬曆六年戊寅，知州楊士元因舊址重修，周六百餘丈，高二仞，厚半之，爲門五：東曰下雉，西曰永興，小西曰陽新，南曰鎮山，北曰高陵。敵樓五，水門三，警舍三十。詳見吴國倫《成城記》。

國　朝

康熙四十年，知州李元璽重修，率練達耆庶蔡伯勝、舒可貞、吴公凌、陳鳳占、談小西、潘命臣、劉明其、柯成伯。督工完固。

雍正九年，知州魏鈿增修城樓二，合計城垣周六百三十二丈八尺，算得三里零五分十一步，城門八，城樓七，城堞九百零四。

公　署

宋

知州署，宋時軍治。紹興十七年丁卯，知軍薛倞新譙樓儀門，設廳，唐制，諸郡燕犒將吏，謂之旬設。今廳事曰設廳，公厨曰設厨。東西兩廡。

知軍周紫芝重修鐘鼓樓刻漏。有記。舊志云：周紫芝創譙樓。按：薛倞在紫芝前已新譙樓矣，不可謂創，今更正。

乾道九年癸巳，知軍陳寅建後堂。

淳熙十五年戊申，知軍張釜復修。

淳祐四年甲辰，知軍李壽朋建政和堂於廳後。舊志：嘉定甲申創修。今據王質《政和堂記》更正。

明太祖吴元年時元至正二十七年丁未，知府劉英建正廳譙樓，通判郝真建東西房二十四間。

洪武三年庚戌，通判鄭璨建儀門并獄，又建知府署於廳後、同知署於廳左、通判署於廳右、經歷署於通判署前。

洪武十二年己未，譙樓灾。二十五年壬申，知州王彬重建，并架閣庫。

洪武三十二年己卯，知州李文聲建東西吏房。

永樂間，知州趙闢改建正廳。

弘治十四年辛酉，知州胡瀛修儀門，改同知州判、吏目署俱在右。

正德六年辛未，知州婁睿建大廳，東建樓庫，西增鑾駕庫。

隆慶元年丁卯，州同王可大重修譙樓。有記。

國　朝

順治四年丁亥，肇陳二寇亂，州署盡毁。

順治間，州同馬恭循建州同署，在儀門内西北；州判閆樸建州判署，在儀門内西南。

康熙元年壬寅，知州楊遵建正廳，凡三間，額曰重闢；左右班房二東西書吏房二十間。前儀門，又前頭門，門上更樓，門内東寅賓館三間，額曰偃之室，西收糧廳三間即古皇、册局；儀門内東土地祠三間一院堂，左五顯祠三間二堂，額曰四知老志曰計過。右挂號房三間，左庫，庫後庫吏房三間；三堂樓一座，額曰拱北；内宅後樓一座，額曰延遠。州人盧高有記。

康熙三十五年丙子，譙樓火，知州張輝祖重建。

康熙二十四年乙丑，大堂圮，至五十八年己亥，知州高夢龍重建，額曰清畏，并建戒石坊。州人徐學榜有記。

康熙間，州判丁其隆建州判内堂宅，吏目俞應垣建吏目署，在儀門内東偏。

道光二十年庚子，知州金寶樹重修鼓樓及大堂。有記。

咸豐三年癸丑九月初三日，粤匪竄州，官署同日盡毁。

同治三年甲子，知州王臣弼及州紳陳光亨、易長華、石嵩年、佘含章、張大鴻、劉振藻、譚炳光、陳謙亨、鄭道均、馮峻、李炳翘、欒登達、石堅城籌費興工，州署及州判、吏目署并考棚，一一修復，三載告竣，共用制錢三萬餘緡。

學正署舊在學灣，元至元庚寅年，教授陳松年以富水湖息修建。

明洪武三十年，知州李文聲這正訓導宅，明季兵燹，盡壞。

雍正十年壬子，學正鄧天人籌費重修。州人李應熙有記。

咸豐三年癸丑九月，署盡毀。同治五年，陳光亨等提公費，買蟠龍山民房，移建學正訓導署。

倉　廒

常平倉在下雉門内南街，萬曆二十八年庚子，知州馬攀龍建。崇禎時知州崔元登買前鋪房九間，每年收租以爲修葺費，後廢，倉穀借貯南糧倉。

國　朝

雍正八年庚戌，知州魏鈿詳請重建，後經兵燹，儲穀無存。

南糧倉，古志名便民倉，在城東半里許，知州胡瀛建。

漕糧倉，古志亦名便民倉，在富池。咸豐三年正月上旬，粵逆自省城東下，過富池，開倉，見内貯粗米，毀之而去。

兑軍倉，在蘄州挂口螃蟹磯。州民貯米，以待兑運，今廢。

預備倉六：一在滄浪亭後，一在東港源，一在排市，一在盤塘畈，一在長樂源長崙，一在佛圖市，今俱廢。

樂豐廒，在州治儀門内，原名廣濟倉。洪武十九年丙寅，改名樂豐廒，久廢。嘉靖三十年辛亥，知州周鵬重建，尋復廢。

社倉。雍正三年乙巳，湖廣總督楊宗仁請行朱子社倉法，興國州奉文，於各里建倉，均立倉長，司其出入，後廢。至光緒五年，湖廣總督李瀚章先後會湖北巡撫潘霨、彭祖賢、布政司五大經通飭各州縣，興復社倉。興國州分三年籌辦，其得穀二萬擔，知州李輈按里建倉，選立社長司事。

尊賢坊儲穀叁百壹拾伍石　　宣化里儲穀肆百陸拾伍石
豐葉里儲穀肆百九拾伍石　　豐義里儲穀肆百伍拾石
福慶里儲穀肆百伍拾石　　長慶里儲穀陸百石
安樂里儲穀陸百柒拾伍石　　修善里儲穀陸百石
宣化坊儲穀肆百零伍石　　上豐樂儲穀肆百陸拾伍石
中豐樂儲穀貳百捌拾伍石　　下豐樂儲穀肆百玖拾伍石
辛安里儲穀陸百叁拾石　　修净里儲穀陸百陸拾石
歸化里儲穀伍百肆拾石　　慈口里儲穀柒百捌拾石
樂平里儲穀肆百貳拾石　　長樂里儲穀伍百柒拾石
仁義里儲穀貳百柒拾石　　永福里儲穀陸百石
上陽辛儲穀叁百玖拾石　　下陽辛儲穀叁百陸拾石
崇慶里儲穀伍百貳拾伍石　　宣教里儲穀肆百伍拾石
朝陽里儲穀肆百貳拾石　　辛興里儲穀肆百捌拾石
永城里儲穀伍百壹拾石　　樂歲里儲穀伍百壹拾石
崇仁里儲穀伍百柒拾石　　懷仁里儲穀伍百壹拾石
善福里儲穀伍百壹拾石　　東鄉里儲穀陸百石
賓政里儲穀肆百貳拾石　　吉口里儲穀伍百伍拾伍石
辛亭里儲穀貳百肆拾石　　永章里儲穀捌百陸拾石
興教里儲穀肆百貳拾石　　興瑞里儲穀柒百捌拾石
上遷里儲穀肆百伍拾石　　下遷里儲穀貳百柒拾石

社穀善後章程八條

一、社穀雖係按各里應徵米數捐收，富者多捐，貧者少捐，而其設立之意則在惠濟貧民，保衛地方，不能論原捐之多寡區別貧富，亦不能論原捐之里甲較論遷移，總宜以一里之倉穀救一里之居民，保貧即所以保富也。但倉穀有限，居民甚夥，一遇荒年，群思争領，最易滋生事端，尤宜預定散放條規，則豐歉之年均有遵守，庶衛民之事不致病民矣。

一、各里均已造倉，凡有社穀概行歸倉，不准另存他所，所便官因公下鄉隨時清查，其出入穀石，概用現發鎸烙里名州斛，以杜弊竇而免歧異。

一、社長急須飭令保甲，協同各姓户長，不論貧富，按户造册，計丁若干口。其族大者，雖數千户，統歸族長，合爲一册，册内注明某房散户長某某；或有同姓不宗者，則歸各户長分造各册；若有小姓數十户及數户不等者，亦必各造各册；而户長造册亦不必挨户查造，照依各姓族譜紅丁抄寫，以歸簡便，而免遺漏。俟册造齊，由社長照抄一分以里中所有之穀按册酌派穀數，計石不計斗，隨册呈繳，存案榜示。如遇出糶易新、出借取息，不取息之年稟請官示，各族户長照數照示，具領分給。

一、軍户已由衛官捐穀備荒，原與民户按糧捐穀各别，本可無須查造户册。惟軍户買有民田亦已照糧捐納，若不糶借，未免偏枯，如因稍有民糧按户糶借，亦難遍及。應由各里社長飭令軍籍户長，查明光緒五六七三年軍户完納民糧券票，計共幾户，按户造册，仍將册票送交社長清算，共捐穀錢若干，以此次穀價造倉雜用每石合錢壹千叁百文之數應攤穀若干，注明册内。凡遇散領之年，准軍籍户長照依注明穀數具領，以昭公允。

一、社長按册派定穀數，即將原册送交各姓族户長，分給散户長，照依册中户口逐細稽查，分别極貧、次貧、又次貧三等，酌定分領數目，預先通知各户均書花押，如遇領穀之年，照此辦理，以免臨時争論。至豐年收穀還倉，若領穀者有逃亡絶户無可取償，准户長於族中公款内提出歸還，庶不致有放無收，而地方亦永有此穀矣。

一、社穀減價出糶及出借不取息，固須先儘貧户，尤應以官示緩徵錢糧之年爲限。若因存儲日久，出糶易新及出借取息，則由社長照依册派數目，分給族户長，由族户長分給花户，擇其愿領者給發，不必限給貧户，庶可隨領隨還，而無滯礙難行之處。第各里貧富不同，情形互異，凡遇出糶易新及出借取息、不取息之時，尤宜責成社長酌量里中情形，稟請出示照辦，以期便民，其未稟官而私動倉穀以作弊論，准里中紳耆稟請查究。

一、糶借收獲息穀，以二成歸公，以一成作爲鼠耗及社長雜用開銷，庶社穀愈積愈多，社長無賠補之虞，樂於從事，亦可以久遠。該社長仍每年年底將存儲穀數造册，呈案備查。

一、社長原議三年爲一届，限滿，由舊社長選舉里中殷實、公正四五人，由官訪擇二三人，諭飭接辦，俾免舊社長專舉招尤。諭定之後，新舊社長不得在鄉私相授受，致有扶同捏飾情弊。舊社長必取新社長全收字據存執，一面抄粘稟卸，新社長亦即赴州，另具全數領狀存案，方爲交接清楚。若有痞棍濫紳鑽充干預，及舉報不實，許里中紳耆稟請查究。

光緒十三年丁亥，水旱兩灾，知州薛福祁詳准散發積穀，賑濟四十里，存倉社穀盡數散放，報銷有案。

鋪　　遞

今之鋪，即古之驛，蘇東坡集有石田驛，王梅溪詩注有永城驛，今皆謂之鋪，所以遞文書也。有兵有徭，廢置不常，兹仍舊志録之。

急遞總鋪，在州署東數家短巷内。永充六名，徭編四名。

西北通大冶縣

金墩鋪永充五名，徭編一名。　荻田鋪永充五名，徭編一名。　大塘鋪永充五名，徭編一名。

啟梁鋪永充五名，徭編一名。　白沙鋪永充四名，徭編一名。　梁公鋪永充五名，徭編一名。

小箕鋪永充二名，徭編二名。　大箕鋪永充五名，徭編一名。　倪家鋪永充四名，徭編一名。

北通蘄州

費師鋪永充四名，徭編一名。　良薦鋪永充二名，徭編二名。　淘港鋪永充二名，徭編二名。

大丫鋪永充二名，徭編二名。　小丫鋪永充三名，徭編一名。　黄顙鋪永充一名，徭編二名。

東南通瑞昌縣

楊林鋪永充四名，徭編一名。　硃紅鋪永充四名，徭編一名。　臨岡鋪永充四名，徭編一名。

板橋鋪永充四名，徭編一名。　石田鋪永充三名，徭編二名。　西墀鋪永充四名，徭編一名。

高壟鋪永充三名，徭編二名。　黄岡鋪永充五名，徭編無。　永城鋪永充二名，徭編一名。

西南通通山縣

吴塘鋪永充二名，徭編二名。　駱灣鋪永充二名，徭編一名。　阮灘鋪永充三名，徭編一名。

車橋鋪永充二名，徭編二名。　陽新鋪永充一名，徭編二名。　慈口鋪永充一名，徭編一名。

四路共三十一鋪。計永充一百零四名，每名工食銀二兩四錢零六厘八毫；徭編四十五名，每名工食銀七兩二錢。共額工食銀五百七十六兩九錢三分八厘。

卷之七

政典志

營　　制

宋升永興爲軍，始有兵，其見諸宋史兵志者可按也。元制無考，明時興國分隸武昌蘄州三衛，兵制亦無可詳。本朝屯兵因明之舊，而并設營制，興國兼轄大冶、通山，謹備録之，以昭武備焉。

宋

建隆以來之制，侍衛司所領步兵之額，一曰忠節。太平興國三年選諸州廂軍之强壯者立，淳化四年增各軍指揮，總爲六十，興國指揮一。見《宋史·兵志》。按此雖係禁兵，因係興國指揮，亦爲登載。熙寧以後之制同。

廂兵。建隆以來之制，諸州馬軍，一曰揀中騎射，一曰水軍，一曰保節，江南路、興國各一。

熙寧以後，江南路騎兵、步軍之額并改，號曰效勇，一曰水軍，一曰揀中騎射，一曰保節，江南路、興國各一。

建炎後禁兵，一曰忠節，一曰武雄，興國各一。

建炎後廂兵，一曰效勇，興國一。

建炎後砦兵，興國二砦。池口，即富池鎮，磁湖。

乾道年復建興國四營。詳見《藝文志》王質《四營記》。

明

兵隸分巡武昌兼兵備僉事，隸下江防兵備僉事，隸武昌正衛、武昌左衛、蘄州衛。

國　朝

興國城守營，參將一員，守備一員，千總一員，把總二員，經制外委四員，額外外委二員駐防本城，馬步戰守兵原設共四百四十八名。乾隆四十七年起，至咸豐八年止，除陸續奉文改撥外，實馬步戰守兵丁三百二十名。同治九年，奉文裁撤道士洑營，酌留撥歸本營兵丁二十名，現在馬步戰守兵丁三百四十名。

一、州屬水汛七塘

駐防富池鎮興國營千總一員，汛兵十六名，分防水塘六處，下八里至上巢，抵江西界；上十六里至沙村塘。

上巢塘塘兵一名，下三里至江西營馬頭塘。

沙村塘兵二名，上八里至菖蒲港塘。

菖蒲港塘兵二名，上七里至黄顙口塘。

黄顙口塘外委一員，塘兵七名，上九里至海口塘。

海口塘兵五名，上六里至沙池口塘。

沙池口塘兵二名，上七里至道士洑營、施家洲大冶縣界。

一、州屬陸汛一十塘

浮圖街塘兵二名，州西北四十里。

黄連港塘兵二名，州西北七十里。

港口塘兵二名，州西三十里。

排市塘兵二名，州西六十里。

駐防龍港鎮興國營把總一員，汛兵十九名，分防陸塘五處，州西南一百里。

茶僚塘塘兵二名，州西南一百一十里。

大橋塘塘兵二名，州西南一百二十里。

陽新塘塘兵二名，州西一百里。

車田畈塘兵二名，州西一百四十里。

南城塘兵二名，州東三十里。

一、分轄大冶縣四塘

駐防大冶縣興國營把總一員，汛兵三十名，分防陸塘三處：

長虹鋪塘兵二名，州北一百一十里。

保安鎮外委一員，塘兵十三名，州西北一百五十里。

道士洑鎮外委一員，塘兵十一名，州北一百三十里。

一、分轄通山縣二塘

分防通山縣外委一員，塘兵二十九名，分防陸塘一處。寶石河塘兵五名。

卷之八

學校志

學　　宫

各州郡立學由來久矣，方志《學校》一門於歷代崇祀先師及諸賢從祀本末，次至祭器、樂器、禮儀，詳悉登載，已涉統同。舊志更以《學政全書》編載成卷，體例尤爲不合。今惟取一州學校興修年代及學租、學額，悉著於篇，而書院、試院、京館及賓興公款，皆學中事也，備録於後。

宋

仁宗慶曆四年甲申，詔州縣立學，興國軍學自此始。在今州治西北隅，面放生池或云即舊公館，或云福聖寺傍，學宫後爲宏覽堂。

神宗熙寧間徙治南，地卑濕，學者病之。

哲宗元祐七年壬申，知州胡師文徙於舊址之岡西附東向。

孝宗乾道六年庚寅，知軍葉模以市聲相雜，改建西岡北附南向。即今學宫後岡，王質有記，植柏於殿西北隅。

寧宗嘉定七年甲戌，知軍李壽朋廣大成殿。本年知軍虞旗孫改建門堤，增宏規制，立泮水、咏歸二亭。軍教授聞人模有記。

元

世祖至元十四年丁丑，升軍爲路，立路學。

順帝後至元六年庚辰，總管申克温葺堂廡，建公廨，創大成雅樂，新從祀像。傳行簡有記。

至正三年癸未，總管焦思忠以禮殿卑陋，重修。姚希載有傳。

至正六年丙戌，達魯花赤石抹帖木耳不花、總管蕭正臣創建兩廡，奉從祀像，建應門，列棨戟，作東西齋欞星門。歐陽元有記。

至正八年戊子，教授陳松年修大成殿廊宇講堂，葺齋舍，補祭器，創學倉。陳松年有記。

至正二年壬辰，兵燹，城郭邱墟，禮殿獨存。

明

洪武四年辛亥舊志誤作三年，今據胡仲記更正，通判鄭瑮署府事，卜地增廓，重建兩廡戟門、明倫堂、東西齋。東爲日新齋，西爲進德修業齋。黄州府教授胡仲有記。

洪武六年癸丑，同知翟珪改建明倫堂於文廟後，改舊明倫堂爲集義堂，設東西齋，築堤於泮池之左，以通學者往來。重建泮水、咏歸二亭於堤上。

洪武三十年丁丑，知州李文聲修二舊亭，廣神厨五間於西廡後，築杏壇於明倫堂後。

天順三年己卯，州同李暄重修。太常寺少卿彭時有記。

成化八年壬辰，知州葉普重建明倫堂於舊堂之左，闢射圃於虎山之麓，以殺其勢。工部郎中吴理有記。

弘治十四年辛酉，知州胡瀛以學宫不宜居後岡之巔，徙明倫堂於今址，南向。聖殿兩廡，戟門居前，舊泮池十餘畝，約而小之，中置石橋。徙官廨四所於龍山下。王守仁有記。

正德缺年，知州李東重修。

嘉靖九年庚寅冬十月，改稱文宣王曰先師孔子，去塑像，題以木主，别作啟聖祠。十六年丁酉，知州劉綸建啟聖祠於學右。十九年庚子，知州吴希賢改建於聖廟左。二十年庚戌，知州周鵬修墻垣，砌以磚侍郎朱廷立有記，學東南隅建學正宅一、訓導宅三。東爲坊，曰義路禮門判官晏梅題；西爲號舍，凡三十楹胡瀛建，前爲學門，在櫺星門左。

國　朝

順治八年辛卯，巡道李呈祥捐修大成殿，并兩廡戟門碑在明倫堂右，建崇聖祠。

順治十七年庚子，知州楊霖重修大成殿兩無戟門，工未竣遷去，後任楊遵、學正程一棐、訓導羅光映捐俸繼成之。盧高有記。

康熙五十四年乙未，知州高夢龍修大成殿敬一亭。徐學榜有記。

雍正二年甲辰，知州黄澄修兩廡鄉賢祠、名宦祠、戟門、櫺星門。三年乙巳，修明倫堂。六年戊甲，修泮池并橋。

雍正九年辛亥，署教諭顔星建啟聖祠。有記。

雍正十三年乙卯，知州高鑒暨州紳士庶重修大成殿碑建戟門，改射圃於學左。有記。

乾隆二十四年己卯，知州蔣曰棠重修。蔡卜年有記。

乾隆三十三年戊子，學正諶潮重修。有記。

嘉慶十三年戊辰，知州椿齡重修。有記。

道光二十八年戊申，大水冲塌，明年更甚。三十年庚戌，知州宋宴春同州人陳光亨，及衆紳耆等，勸捐重修，培高基址，累石爲垣，殿廡、泮池，悉加葺治。

咸豐三年癸丑，粤匪竄州，古柏被毁。

咸豐十一年辛酉，粤匪李秀成竄州，墻垣多被毁。州人陳光亨及衆紳耆等，酌提公款修補，改明倫堂爲崇聖祠，改敬一亭爲明倫堂，而建尊經閣於其上，遷敬一亭於殿之東北隅，與古柏亭相對。

學　　碑

宋

御製元聖文宣王贊并加封號詔碑。

高宗御書孝經石刻。

魯國圖碑。

元

成宗大德十一年加聖號詔碑。

國　　朝

欽定條約八則頒刻學宫卧碑。

御製訓飭士子文碑。

御製平定青海文碑。

四箴碑。在敬一亭内。

唐狄梁公碑。舊志：宋刻石學宫，其時蘇東坡來訪，李仲覽爲書，范文正公撰文。以狄之忠、范之文、蘇之書，稱爲三绝碑云。

學　　額

文學附學生員，原額歲科各十五名。雍正四十年奉詔，太學增生員五名。今定額歲科各二十名。

武學生員歲試定額十五名

廪膳生員三十名

增廣生員三十名

歲貢三年二名

咸豐八年，督撫會奏，興國州團練出力。奉旨加廣文武學額各二名，以本年爲始，永遠遵行。

咸豐九年，督撫會奏，興國捐輸至本年止，共銀六萬五千四百四十二兩五錢七分五厘。以六萬兩請廣永額，文武各六名；以四千兩請廣一次額，文武各二名。文以十年科試爲始，武以十一年歲試爲始，餘銀歸於續案，并計辦理。

同治三年，督撫會奏，興國捐輸并咸豐九年餘銀一千四百四十二兩五錢七分五厘，共銀七萬六千五百七十二兩零七分五厘。以四萬兩請廣永額，文武各四名，共足十名之限定例：大州縣加額不過十名；又以三萬六千兩請廣一次額，文武各十八名，分作兩次取進，以四年歲試爲始。餘銀歸於續案，并計辦理。

同治六年，部議興國捐輸并三年餘銀五百七十二兩零七分五厘，共銀四萬二千九百一十五兩三錢三分五厘。因永額已足十名，不准再加，請以銀四萬二千兩加廣一次額，文武各二十一名，分作兩次取進，以七年歲試爲始，餘銀歸於續案，并計辦理以後停止。

今共除加廣外，永額歲試，文三十二名，武二十七名，科試文三十二名。

學租附

宋山通係官山，昔爲豪族侵占，暗載地米開種，因而盗賣瑞民，且强禁州民采樵，郡守唐將價一百餘兩贖回，查勘立界入官，柴山聽民樵采，熟地佃民耕種，每年納租銀三兩四錢八分。州牧送學，并港口麥租一起支用。案卷俱存可查，崇禎二年老志注。

原額學田八石，共納租穀五十石，舊書開載於崇禎年間，奉院變價充餉無存。今查學院册開，康熙二十六年清出麥地、學基、湖漁折價等項，共銀三十兩六錢三分五厘。内，土名港、口火寨、董基墩等處麥地二頃四十八畝四分四厘七毫二絲五忽，佃民吴甫國、石廷念等承種。乾隆二十九年清查，案内議定每畝折銀五分四厘六毫，共租穀折銀一十三兩五錢六分五厘，較舊書原額載租銀一十二兩，計增銀一兩五錢六分五厘。又學前基地二百三十間半，今又清出租屋二十間，二共基地租屋二百五十間半，民李雲可、明實宜、袁良辟等佃住，每間認納地租銀七分，共納地租銀一十七兩五錢三分五厘。又學前深簺湖業甲袁政謙、朱秉玉、石順忠等每年認納湖漁折價，其納稞銀二兩五錢。以上共納租銀二十三兩六錢，係賑給貧生，按名入册奏銷。

港口草稞，於道光元年學政吴邦哲移請知州奚大壯立案，每歲繳錢貳拾千，遇期交納，定歸齋長收管，非關學宫，不得私行開銷。

附録　港口麥地弓數

舊志載：官莊墩橫路港口上塅麥地，共計三千三百一十四弓三尺。

富水湖魚稞，州治南兩湖左渾湖、右富水湖。富水湖屬儒學，取稞碑載明倫堂。

卷之九

學校志

考　　棚

考棚在州署左，道光四年甲申，知州沈照勸捐倡建，六年丙戌落成。有記。二十一年辛丑，州人主劉懋節捐資修葺，加廣坐號。咸豐間粵匪之亂，盡毀。同治五年丙寅，知州王臣弼與紳士陳光亨等籌費，與州署同時興修，坐號計三千六百有餘。十三年甲戌夏，東隅墻傾，號多毀折，光緒戊寅年知州陸祐勤與州人士籌款修復。

書　　院

叠山書院。即叠山祠，在州富川門外，祀宋忠節公枋得，今稱其地曰謝公墩。弘治十二年己未，知州胡瀛徙祠於學宫北，再徙學東。嘉靖十九年庚子，知州吴希賢改建故址。萬曆四年丙子，知州楊士元廣其地開書院，買祭田五十畝，其糧四十里公攤。順治十一年丙申，訓導魏師段重修有記，後田飽私橐。康熙五十八年己亥，知州高夢龍查券，按畝清丈存田四石六斗，莊房一所，屋側地大小十塊，載稞壹兩二錢，屋門前荒田大小二邱，屋後柴山一面；田分二處，在銀山南麓，一處二石八斗，一處壹石八斗。雍正六年，知州黄澄、學正王昇、訓導杜世英率諸生重建。乾隆二十三年戊寅，楹壁蟻腐，學正諶潮同訓導鄧鵬暨齋長生員，易以磚石，修祠前埂以防水患，高七尺長十丈。二十七年壬午，續買民地，加修前埂，高一丈一尺，長一十六丈，後祠塌於水。道光二十七年丁未，訓導張寶鎰，集紳士易文蔚等重建。咸豐十一年辛酉，毀於兵。同治十年辛未，四品卿銜陳光亨暨生員陳寶善、李輝斗、佘以埈等籌費重建。光緒四年，知州李輈捐廉，聘處士萬斛泉主講，并連年捐給肄業生童膏火，始立課程，而勵實學。八年撥捐錢二千串文發典，每月一分生息，以一半作院長修脯，一半作肄業生童膏火。光緒九年，湖廣總督涂宗瀛捐銀五千兩，札興國州知州宋熙曾具領，一并發典生息，爲州中叠山書院添補修脯膏火之費，只准用息，不准動本，亦不得將本息挪作他款支用；并在江南購得《史記》諸書及湖北官書處所刊經史子集，共一百五十七部，發交叠山書院收存，以備肄業生童誦讀，俾廣見識；另片奏允在案，經州紳以銀易錢八千串文，存典，每月一分生息，由管院諸生支息開消。

富川書院。乾隆八年癸亥，知州靳樹椿會商兩學，集紳耆公議，將城城西古陽新門内公餘隙地營建。又，乾隆二十九年甲申，知州汪垕捐俸建奎光閣，署曰雲浮。有碑。

蓮花池魚稞錢一百九十緡，不敷束修膏火，同治九年知州吴大訓籌款五百串，歸書院購鋪屋納租，旋池塞魚稀，稞減近半，鋪時停租，仍形支絀，知州嚴鶱昌撥捐款銀三百兩，李輈又籌捐錢一千串文，發典，每月一分生息，以助膏火。

義　學

城内義學一所，咸豐十年庚申，知州薛文光捐廉創建。經州紳提公款置田收息，歲送束脩六十串文。今由署給發。

又義學一所光緒十二年知州龍兆霖捐廉添設，束脩五十串文，由署按季給發。

黄顙口義學一所同治十一年知州鍾廷瑞捐廉創設，束脩陸拾串文，由署按季給發。光緒十二年，知州龍兆霖改肆拾串文。

筠山義學一所光緒元年知州燕永烈捐廉創設，束脩陸拾串文，由署按季給發。十二年，知州龍兆霖改肆拾串文。

富池義學一所光緒十二年知州龍兆霖捐廉創設，束脩伍拾串文，由署按季給發。

同善堂義學一所束脩肆拾伍串文，由管堂紳按季致送。

附公産

疊山書院業

一、銀山南麓田四石六斗，一處二石八斗，一處一石八斗，歲納租穀五十九石九斗九升八合。

一、余文藻捐田一石、册米七斗三升在宣化坊二甲景山柱完納。歲納租穀一十五石。

一、發典生息錢二千串文，每月一分生息，按季取收。又發典生息錢八千串文，每月一分生息，按季取收。

富川書院業

一、小東門内鋪屋坐北朝南一連三院，價六百六十串文，歲納租錢八十串文。

一、署後蓮花池魚稞，歲納錢九十串文。

一、龍港葉畈成捐助田四石，計二十一坵，册米一石六斗，歲納租穀八十石。

一、永城里上塅曹龍堂莊門首田三斗，計二坵册米一斗二升，歲納租穀六石。

一、王志龍山堂地一塊，計種一斗，歲納稞錢一串五百文。

一、張太户新屋門口田一斗五升，計一坵册米六升，歲納租二石二斗五升。

一、官橋葉家祠堂門口田五斗八升，計四坵册米二斗，三升二合，歲納租八石七斗；外花地三塊，納稞錢一串五百文。

一、后坑黃鳴竹捐田五斗三升，計三坵，册米二斗一升二合，歲納租穀。

一、陸家壟袁鍾玉捐田二石零六升五合，册米八斗二升六合；陸家壟田大小四坵，龍谷源田大小六坵，洪家畈田一坵，歲納租穀。

又發典生息錢一千串文，每月一分生息，按季取收。

義學業

咸豐十年，置穰禾壟太婁保莊屋一所，水田三石一斗，計大小十七坵，價三百七十串文，册米一石二斗四升，在下豐樂六甲完納，歲收租穀三十四石。

闔州科歲卷費業

一、州署東轅門鋪屋一院，歲賃租九十錢六十串文。

一、州署西轅門鋪屋一院，歲賃租九十錢五十串文。

一、迎賓館地基，歲賃租九十錢二十四串文。

一、南倉地基，歲賃租九十錢七十五串八百文。

一、常倉地基，歲賃租九十錢六十四串九百文。

一、參府東轅門鋪屋一院，歲賃租九十錢二十四串文。

一、參府西轅門鋪屋一院，歲賃租九十錢二十二串文。

一、參府西轅門又鋪屋一院，歲賃租九十錢二十四串文。

一、十字街鋪屋一院，歲賃租九十錢一百七十串文。

一、文昌閣後重一院，歲賃租九十錢二十四串文。

一、黃顙口新洲麥壢原，計方圓一萬三千九百三十二丈，每文夏季納麥租一升，計共納麥一百三十九石三斗二升；秋季每丈納課九十錢十文，共納課九十錢一百三十九串三百二十文。

一、港口草場，歲取草課九十錢三十六串文。

一、黄龍洲，課九十錢二十串文。

一、置鄭世人地一塊，歲納課九十錢一串四百四十文。

一、銀山一座地，未清查立界。

一、大西門外育嬰堂廢基一塊。

一、富川門外兩傍公基，直出至河。

一、儒學門口廠基，及橋東西地基二段。

一、學灣西齋舊基一塊。

一、懷坡橋地基一段。

一、歲試州考文童卷，價九十錢三百二十串文。

一、歲試州考武童卷，價九十錢四十串文。

一、歲試州考印紅九十錢一十二串文。

一、歲試州考廩保飯食九十錢二十串文。

一、歲試府院考禮房文童卷，價九十八錢三百串文。

一、歲試府院考府兵房武童卷，價九十八錢一百串文。

一、科試州考卷，價九十錢三百二十串文。

一、科試州考印紅九十錢一十二串文。

一、科試州考廩保飯食九十錢二十串文。

一、科試府院考卷，價九十八錢三百串文。

光緒八年，定章此項公業出息，衹准科歲卷費開銷，他事不得動用，違者賠還。

中賓興業

一、中賓興局屋，在小西門外新街，坐西朝東，屋一院，上下二重，計房七間。

一、銀山莊屋一所，共田二石五斗八升，計二十五坵，共地三十九塊，水塘一口。歲納租穀三十八石，納稞九十錢一十三串七百九十二文。

一、大井頭地，大小共一十三塊，歲納稞九十錢六串文。

一、白楊壟，共地大小一十三塊，歲納稞九十錢三串文。

一、雙港，共田三石二斗五升，計二十五坵，歲納租穀一十九石六斗五升，納稞九十錢一十九串一百五十文。

一、程法祠堂，共田九斗九升，計二坵，歲納租穀一十五石。

一、張用陸典花地八大塊，又油榨門口田一斗，歲共納租稞九十錢二十串文。

一、司家壟共田一石，又花地大小四十六塊，歲納租十七石二斗五升，納稞九十錢一十三串九百文。

一、石政戲子林，共地大小六塊，歲納稞九十錢六串文。

一、良薦朱家壟田七斗三升，歲納租一十石零五斗。

一、西禪林共地三塊，歲納稞九十錢一串文。

一、卞蘆花地三塊，歲納稞九十錢五串文。

一、懷波橋上首坐北朝南鋪屋一院，歲納賃九十錢三十串文。

一、水門下首河邊街鋪屋一院，歲納賃九十錢二十二串文。

一、新街上段河邊街房屋一院，歲納賃九十錢二十串文。

每歲共納租穀一百零四斗，稞九十錢八十七串八百四十二文，屋賃九十錢七十二串文。

一、光緒六年將原買當鋪地基賣出，得價一千八百串文，典有鋪屋取息。

北賓興業

一、北賓興局屋，在學灣，坐西朝東，屋一院，計上下四重，房六間。

一、三溪口劉廠田二石六斗八升未載坵，歲納租穀五十一石四斗。

一、安樂里鳴雀壟許家山陳子仁劉廠等處，共田一石一斗，計十坵，歲納租穀二十一石二斗五升。

一、安樂里水田三石五斗一升，計五十三坵，歲納租穀七十一石。

一、安樂里油榨上首伍奎煌等處田五斗八升，計三坵，歲納租穀十一石六斗。

一、泠水保水田一斗八升，計一坵，歲納租穀三石六斗。

一、陳思賓水田七升，計一坵，歲納租穀一石四斗。

一、善福里大屋邊水田二石九斗五升，計八坵，又松木等處地七塊，歲納租穀四十九石五斗，地稞九十錢五串八百文。

一、寶政里鍾家莊等處水田五石九斗七升五合，計十五坵，又花地二塊十厢，歲納租穀二十九石二斗，稞九十錢三串五百二十文。

一、寶政里卜家壟水田六斗二升，計三坵，又花地一塊，歲納租穀十石，稞九十錢一串一百文。

一、辛亭里鳳凰山下水田一石六斗三升八合，計二十四坵，又花地三塊，又黄土地九塊，歲納租穀二十五石九斗三升，稞九十錢三串零八十文。又保塘一大口十二股内股半，張家塘一口，樟樹塘一口三十股之一股，老兒塘一口九股之一股，下兒塘一口十二股之一股。

一、寶政里下河水田六斗九升五合，計六坵，又花地大小大小五塊，又土地二塊，計六厢，歲納租穀十一石七斗，稞九十錢七串零四十文。

一、皮家壟花地一塊，歲納稞九十錢五百文。

一、寶政里祭橋後背畈水田二斗，計一坵，歲納租穀四石。

一、善福里细三甲門口水田五斗，内二斗八升，歲納租穀四石二斗五升。

一、長湯花地二塊，計六厢，歲納稞九十錢二串九百文。

一、長樂園曹家莊房一所，連三一重，園院一塊，屋五間，大倉一間，又水田四石八斗九升，計四十四坵，又地大小十五塊，又大小塘三口，歲納租穀八十一石七斗五升，稞九十錢五串三百九十文。

一、宣化里徐元祖祠下首等處水田共一石二斗五升，計三坵，又花地一塊，歲納租穀十七石六斗，稞九十錢一串二百文。

一、宣化里黄屋内等處水田四斗五升，計三坵，歲納租穀九石。

一、曹家莊西邊山水田八升，計一坵，歲納租穀一石五斗。

一、長樂園私賓興歸公田一分，歲納租穀十六石六斗二升五合，租九十錢九百文。

一、辛安里石姓新屋下水田一石一斗三升，又朱子昌田四斗，計十三坵，又花地大小八塊，又朱子昌花地一塊，歲納租穀三十一石八斗五升，稞九十錢四串六百三十一文。

一、王興畈麥田三斗，計二坵，歲納租穀六石。

一、七劉灣水田八斗，又石高門口水田一斗三升，計三坵，歲納乾租穀四石。

每歲共納租穀四百六十三石一斗五升五合，地稞九十錢三十六串零六十一文。

南賓興業

一、南賓興局屋在小西門内後街柯家祠堂下首斜對門，坐南朝北，屋一院，上下共計二重，大小房共計六間。

一、湖田畈田五斗三升，夾節湖田一石三斗，夾節湖地九塊，歲納租穀二十八石七斗，稞九十錢一十串文。

一、太塆田十石零二升五合，太塆地大小一百九十一塊，東莊田一石六斗三升，東鄉路田三斗八升，又田畈田八斗三升，又太塆莊屋，兩院共計四重，歲納租穀一百八十三石二斗二合，稞九十錢三百零一串零七十八文。

一、後壟田一石五斗三升二合，白門樓田七斗，石坑鋪田三斗，車橋田一石七斗六升，又官路橋地二塊，歲納租穀四十六石五斗五升四合。

一、南土塘屋一院，歲納賃九十錢六串文。

一、藍田畈田共九斗三升，歲納租穀二十石。

一、竇塘田十六石三斗一升四合，又山地一所，歲納租穀三百六十三石三斗五升五合，稞九十錢一串文。

一、竇川社上首屋一院，歲納賃八十四錢二十七串文。

一、堰下東厮屋一所，歲納稞九十錢六串五百三十文。

一、賽顔田四石三斗三升六合，歲納租穀一百二十石。

一、隱水大畈田七石零六升，又隱水地數五石二斗，歲納租穀一百五十五石五斗。

一、陽港田四斗八升，歲納租穀九石。

一、小西門内鋪屋三院，歲納屋賃九十錢六十七串文。

一、鄭均玉田八斗七升，歲納租穀十三石零五升。

每歲共納租穀九百三十九石三斗六升一合，屋賃九十錢一百零六串五百三十文，地稞九十錢三百十二串七十八文。

三局均以歲收存息，視鄉會人數多寡，臨期酌量派分，無定數。其出入賬，按届禀請存案榜示。

文昌宫字藏善後業光緒十四年參將熊朝鑑倡捐置産，有碑

一、司家壟田壹石二斗三升，計十一坵。歲租二十四石五斗，又營中每月捐錢壹緡。

京館

京都興國州會館，明萬曆間工部員外郎黄士吉捐建，在崇文門外東草場第四條胡同，後爲豪强所奪。

國朝雍正間進士劉晋元訟於官，乃復之。歲久，傾塌，僅存遺址。乾隆十二年丁卯，節鎮蔡卜年改建於正陽門外東街口外東草廠頭條胡同，西向，凡二進，前後各三間，楹計四十有八，價一百八十金。有記。嘉慶十五年庚午，刑部主事石時榘購館南房五間，門其北而合諸館，價紋銀三百兩。有記。道光間，館漸傾頹，庶吉士陳光亨假歸，同侍衛秦定三、知縣成錫慶等，勸捐得四百餘金，公存生息，以備買館，中經離散折閲頗多，同治十一年壬申，以七百金寄交編修王鳳池，以二百餘金葺修舊館，更置新館於崇文門外南五老胡同，價計五百金。

卷之十

祀典志

壇　　廟

赫赫神明，必有栖止之區，今取壇廟之已登祀典者，考其興修始末，録之於前。至祀典未載而州中舊有廟祀者，此史記所謂遠方祠宇，民各自奉祀，不領於天子之祝官者也，亦附録於後。

社稷壇　古志近福聖寺。

神祇壇　州大西門外有山川壇，按祀典，中祀雲雨風雷，左祀本境山川，右祀本州城隍。舊名山川壇，嘉慶十六年奉部文，更正曰神祇壇。

先農壇　雍正五年詔郡縣建先農壇，祀先農。知州黄澄即厲壇西北買獅子巷僧地一畝，水田七斗，築壇建廟，一重兩楹兩厢，周以墻，置倉。

聖廟詳《學校志》。

崇聖祠今改置學宫内。

鄉賢祠

名宦祠

忠義孝弟祠

節孝祠在學宫右側。

關帝廟古志載，富川門外右臂。明萬曆十八年，知州黄如金感夢，移祀下雉門内北街。咸豐三年，毁於粵逆。同治元年重建。一在蟠龍山，與學宫毗連，州城上五甲建，毁於粵逆，同治一年重建正殿，十二年續修成功。現爲萬壽宫，朝賀行禮於此。

文昌閣　先在小東門外城隍廟左，歲久圮壞。同治五年改建於小西門内富川書院左間壁，光緒七年復移建故處。

城隍廟　古志云：富川門右，有堂，有亭，有東西序，有重門。今考廟中碑記云：明嘉靖間，有州人宋御、趙崇俊等修。萬曆二十二年，州紳吴國典提修一次。崇禎二年，州人俞堯儀等重建拜亭。國朝順治十一年，耆民鄒京望等提修正殿，康熙三年重修一次，道光十六年重修一次，至咸豐五年毁於土匪，九年合州重修，同治六年續修成功。

厲壇　在北關外通真觀前。

龍神廟　在州署左，一在上武廟右今移富川書院左。

保康廟　在大西門外里許。咸豐丙辰年，州患蝗，遍地生子，次春州人士設局收蝻子，按斤給錢。咸豐十年，州紳陳光亨因於福聖寺廢址改建此廟，祀劉猛將軍，蝗患乃息。次年即毁於賊，同治元年復建，一如舊制。

以上俱見祀典。

太歲廟　在賈家橋以上北街。

馬王廟　在大南門内。

江山廟　在大南門内，祀明韓成。

岳忠武廟　在山川壇巷内，又有神像在太尉廟内。咸豐三年正殿毁於賊，移祀於後。

太尉廟　在大西門内。

藥王廟　在太尉廟右，祀韋慈藏。

宣明宫　一在小南門内，一在富川樓西。

關中王廟　在大西門外。

平浪王廟　在大東門外蔡家徑。

張睢陽祠　在小西門外，臨河，塌於水，移祀上武廟側。

三賢祠　在叠山祠側，祀宋蘇東坡、黄山谷、王梅溪。祠久圮，今遷主叠山祠内。按：東坡、梅溪二公曾至興國，至山谷先生未過州境，不知何以與二公并祀也。

惠澤龍王廟　在州東南三十里，地名西湖。

昭勇祠　在富池，俗稱吴王廟，宋政和二年祀吴將軍甘寧。王質有記。

吕蒙廟　在州北十里雙港地方。按：《三國志・吕蒙傳》：孫權以尋陽、陽新爲蒙奉邑，州境立廟。或由此歟？

東山五侯廟　在州南東山巔。

高山廟　在州北六十里永章里，土名大王殿，舊志"祀吴孫策"，今祀孫權。

陸宣公祠　在州南四十里劉漊市。陸贄使外郡，過此，奏免本邑酒税，民立祠祀之。

痘母祠　同治十年建於文昌閣故址，光緒七年移建四官殿左間壁。

屈子祠　在富川門外，被水淹塌，同治間附近士民重修。

皋陶廟　在吏目署側。《後漢書・范滂傳》："滂入獄，獄吏請祭皋陶，滂曰：'皋陶聖人，必知吾枉，如其有知，當訴於帝；如其無知，祭之何益。'"可見漢朝獄中即有此祠也。

蕭曹廟

蒲圻廟　均在州署儀門内。

三公祠　在關聖祠後。

四官殿　在富川門右南糧倉之南，前明稱三官殿。《三國志・劉焉傳》注所謂"天地水三官"也，吴國倫有記。國朝嘉慶間增入火官，因名四官殿。

張公祠　在福聖寺後，久廢。張公名輝祖，今與椿公齡同祀於保康廟左，因名張椿二公祠。

李剛介公祠　在富池吴王廟右，光緒四年建。李公名櫄，安徽宣城人，由荆門直隸州保升知府補用。率師擊賊，屢立戰功，迨咸豐三年防剿田家鎮，連捷四戰。九月初十日，渡江迎擊，乘勝進追，至興國富池口，賊人四面圍合，後援莫繼，遂至陣亡。事聞，奉旨從優議恤，加贈道銜，并建立專祠。

東獄廟　在西門外三里，咸豐三年毁於兵，光緒四年，參將熊朝鑒同州紳王鳳池，集捐重建。

祠　　祀

壇廟祀典，昭代特隆，群臣百姓不能徧見而盡識之，於是各以其俗，因陋就簡，議禮之家或以病焉。今取一州之應列《祠祀》，而詳於《大清會典》諸書者，恭録其要，庶行者知所遵循，聞者有所觀感云。

社稷壇

歲以春秋仲月上戊日致祭。前期二日，承祭、陪祭、執事各官，各致齋於公廨，祭之日，設州社、州稷神案於壇上正中，北向，陳鉶二羹、簠二黍稷、簋二稻粱、籩四形鹽、藁魚、棗栗、豆四韭菹、醓醢、菁菹、鹿醢、案前設俎，陳羊一、豕一；又前設香案一，陳祝文、香盤、爐鐙；左設一案，東向，陳篚一實帛二黑色、尊一、爵六；又設福胙於尊爵之次，設洗於階下之東。當階爲主祭官拜位，其後爲陪祭官拜位，文東武西。鷄初鳴，主祭官以下朝服咸集；黎明，引贊二人引主祭官入至盥洗所盥洗；通贊贊執事者各司其事，贊就位；引贊引主祭官、引班引陪祭官，咸就位；立贊迎神，引主祭官升詣香案前跪，司香跪奉香，主祭官三上香，興；贊復位，引主祭官降階復位；立贊跪叩，興，主祭官暨陪祭官行三跪九叩禮。贊初獻，引主祭官升詣神位前跪，司帛捧篚進獻奠於案，司爵捧爵進獻奠正中，皆退；贊讀祝，引主祭官詣香案前跪，陪祭官皆跪，司祝三叩，興，奉祝文跪於右，讀畢，叩如初，興，以祝文復於案，退；贊叩，興，主祭官暨陪祭官三叩，興；贊復位，引主祭官降階復位，立贊亞獻，引主祭官升詣神位前，獻爵於左，贊終獻獻爵於右，均如初獻儀；贊賜福胙，引主祭官升詣香案前跪，司爵跪進福酒於右，主祭官受爵拱舉，司爵接爵，興；司饌跪進豆肉於左，主祭官受豆拱舉，司饌接豆，興，各退；贊叩，興，主祭官三叩，興；贊復位，引主祭官復位；立贊送神，贊跪叩，興，主祭官暨陪祭官行三跪九叩禮；贊徹饌執事官徹饌，贊瘞；祝帛執事官奉祝，次香，次帛，次饌，詣瘞所。禮畢各退。

祝文：惟神奠安九土，粒食萬邦，分五色以表封圻，育三農而蕃稼穡。恭承守土，肅展明禋，時屆仲春秋。敬修祀事。庶丸丸松柏，鞏磐石於無疆；翼翼黍苗，佐神倉於不匱。尚饗。

先農壇

歲以仲春亥致祭。祭日，主祭、陪祭、執事各官設先農神案於壇正中，南向。祭品帛一、羊一、豕一、鉶一、簠二、簋二、籩四、豆四。儀節與祭社稷壇同，祭畢，各官更蟒衣詣耤田，行耕耤禮：印官秉耒，佐雜捧青箱播種，各九推，農夫終畝。耕畢，更朝衣望闕行三跪九叩禮，以耕耤日期具報。

祝文：惟神肇興稼穡，立我烝民。頌思文之德，克配彼天；念率育之功，陳常時夏。茲當東作，咸報先疇，洪惟九五之尊，歲奉三推之典，恭膺守土，敢忘勞民！謹奉彝章，聿修祀事，惟願五風十雨，嘉祥恒沐於神庥；庶幾九穗雙歧，上瑞頻書於大有。尚饗。

神祇壇常祀　雩祀　祈祀　報祀

常　祀

歲以春秋仲月諏吉致祭。設案一於壇正中，南向。雲雨風雷神位居中，境内山川神位居左，城隍社位居右。祭品帛七、鉶一、羊一、豕一、簠簋各二、籩豆各四。禮節并如祭社稷壇。

祝文：惟神贊襄天澤，福佑蒼黎。佐靈化以流行，生成永賴；乘氣機而鼓蕩，温肅攸宜；磅礴高深，長保安貞之吉；憑依鞏固，實資捍禦之功。幸民俗之殷盈，仰神明之庇護。恭修歲祀，正值良辰，敬潔豆籩，祇陳牲幣。尚饗。

雩　祀

歲孟夏後諏吉雩祭。陳設儀注同前。通禮。

祈　祀

若間不雨及潦，諏宜祀之辰，具祝文隨時擬撰，備牲牢、籩豆、香帛、尊爵、爐鐙，守土大吏率屬素服祈禱，爲民請命。行禮儀節與常祀同。通禮。

報　祀

既應而報。陳設供具、朝服，行報祀禮儀節均與祈祀同。通禮。

先師廟舊志載，奉祀生孔興稜，係孔聖六十六代裔孫

歲以春秋仲月上丁日，釋奠於先師孔子。長官正獻，兩序以其貳及所屬，兩廡以食餼學弟子員各一人分獻。

崇聖祠　學正正獻，两序訓導分獻，兩廡皆食餼學弟子員各一人分獻。《欽定禮部則例》。

陳設器數

先師位前：帛一、牛一、羊一、豕一、登一、鉶二、簠簋各二、籩豆各十、尊一、爵三、爐一、鐙二。四配各帛一、羊一、豕一、鉶二、簠簋各二、籩豆各八、爵三、爐一、鐙二，東西各尊一。十二哲各帛一、鉶一、簠簋各一、籩豆各四，爵三，東西各羊一、豕一、尊一、爐一、鐙二。兩廡二位共一案，每位爵一，每案簠簋各一、籩豆各四，東西各羊三、豕三、尊三。統設香案二，每案帛一、爵三、爐一、鐙二。牲載於俎，帛正位，四配異篚，十二哲東西共篚，尊實酒疏，布冪勺具。

崇聖祠正位前：各帛一、羊一、豕一、鉶一、簠簋各二、籩豆各八、爵三、尊一、爐一、鐙二。四配各帛一、簠簋各一、籩豆各四、爵三，東西各羊一、豕一、尊一、爐一、鐙二。兩廡東二案，西一案，均簠簋各一、籩豆各四，每位爵一，東西各帛一、羊一、豕一、尊一、爐一、鐙二，俎篚冪勺具。《大清會典》。

設洗於階東，設樂舞於殿外兩階。金編鐘在東，玉編罄在西，皆十有六。應鼓一、柷一、敔一、麾一、琴六、瑟四、簫六、籩六、篪四、排簫二、塤二、笙六、搏拊二、旌二、羽籥三十有六。

崇聖祠禮儀節與大成殿同，惟無歌舞

大成殿行禮儀節

祭之前一日，有司飭廟户潔埽殿廡内外，視宰官公服詣神厨視宰。正獻官率各官及執事生入學習儀，教官率樂舞生入學習舞、習吹樂，用六佾。祭日五鼓，陳牲帛齍盛，省視如儀。正獻、分獻官入廟將事，禮部則例。起鼓三次，引獻官至臺下立，樂舞生就位，執事者各司其事，分獻官、陪祀官各就位，正獻官就位，瘞毛血迎神，樂奏昭平之章，行三跪九叩頭禮；奠帛，行初獻禮，樂奏宣平之章；引承祭官詣盥洗畢，詣酒尊所，司尊者舉冪酌酒，引詣先師位前，上香，奠帛，獻爵，三叩首，興；讀祝，跪，衆官皆跪，讀畢，承祭官衆官俱三叩首，興；贊詣四配位前，上香，奠帛，獻爵，一拜，興，復位；行分獻禮，引分獻官詣東哲、西哲、東廡、西廡神位前，俱如承祭官禮儀，俱復位；行亞獻禮，樂奏秩平之章，贊升壇獻爵，如初獻儀，畢，復位，分獻官各復位；行終獻禮，樂奏叙平之章，贊升壇獻爵，如亞獻儀，畢，承祭官、分獻官各復位；贊飲福受胙，贊詣飲福位，跪，贊飲醴受福胙，叩首，興，復位；謝福胙，承祭官衆官俱行一跪三叩頭禮；贊徹饌，樂奏懿平之章，樂止；送神樂奏德平之章，行三跪九叩頭禮，贊讀祝者捧祝、司帛者捧帛、司饌者舉饌詣瘞所，望瘞詣望瘞位，焚祝帛、瘞饌豆，復位，樂止，禮畢。

祝文：惟先師德隆千聖，道冠百王，揭日月以常行，自生民所未有。屬文教昌明之會，正禮和樂節之時。辟雍鐘鼓，咸恪薦於馨香；泮水膠庠，益致嚴於籩豆。兹當仲春秋，敬修祀事，以復聖顔子、宗聖曾子、述聖子思子、亞聖孟子配。尚享。

樂　章春祭樂章，夾鐘爲宫，倍應鐘起調；秋祭樂章，南吕爲宫，仲吕起調

昭平之章

大哉孔子，先覺先知，與天地參，萬世之師，祥徵麟紱，韻答金絲，日月既揭，乾坤清夷。

宣平之章

子懷明德，玉振金聲，生民未有展也。大成俎豆千古，春秋上丁，清酒既載，其香始升。

秩平之章

式禮莫愆，升堂再獻；響協鼖鏞，誠孚罍甗；肅肅雍雍，譽髦斯彦；禮陶樂淑，相觀而善。

叙平之章

自古在昔，先民有作，皮弁祭菜，於論思樂。惟天牖民，惟聖時若，彝倫攸叙，至今木鐸。

懿平之章

先師有言，祭則受福；四海黌宫，疇敢不肅；禮成告徹，毋疏瀆；樂所自生，中原有菽。

德平之章

梟繹峨峨，洙泗洋洋，景行行止，流澤無疆；聿昭祀事，祀事孔明，化我庶民，育我膠庠。

崇聖祠祝文：惟王奕葉鍾祥，光開聖緒，盛德貽後，積久彌昌。凡聲教所覃敷，率循源而溯本，宜肅明禋之典，用申守土之忱。茲當仲春秋，敬修祀事，以先賢孔氏、孟氏、顏氏、曾氏、孔氏、孟孫氏配。尚饗。

名宦祠

丁祭畢，考官詣祠行禮。唱贊生唱，就位，上香，迎神，跪，奠帛，三獻爵，讀祝，三叩首，興，送神，禮畢。

陳设，爵三、簠簋各一、籩豆各二、羊豕各一、鐙二、爐一、尊一、香盤一、帛一。陳祝文於案右。

祝文：卓哉群公，懋修厥職，澤被生靈，功垂社稷。今值仲春秋，謹以牲帛醴齊，用伸明薦。尚饗。

鄉賢祠

丁祭畢，考官詣祠致祭，禮儀陳設均與名宦祠同。

祝文：於惟群公，孕秀茲邦，懿德卓行，奕世流芳。今值仲春秋，謹以牲帛醴齊，用伸明薦。尚饗。

忠義孝弟祠

丁祭後二日，地方官詣祠致祭，禮儀與名宦祠同。

陳設：飯一盂、饌五器、饅頭二盤，餘與名宦祠同。

祝文：惟靈秉賦貞純，躬行篤實。忠誠奮發，貫金石而不渝；義問昭宣，表鄉閭而共式。祇事懋彝倫之大，性摯莪蒿；克恭念天顯之親，情殷棣萼。楷模咸推乎懿德，恩綸特闡其幽光。祠宇維隆，歲時式祀，用陳尊簋，來格几筵。尚饗。

節孝祠

春秋丁祭後二日，地方官詣祠行禮，陳設儀注與名宦祠同。

祝文：惟靈純心皎潔，令德柔嘉。矢志完貞，全閨中之亮節；竭誠致敬，彰閫内之芳型。茹冰蘗而彌堅，清操自勵；奉槃匜而匪懈，篤孝傳徽。綵綸特沛乎殊恩，祠宇昭垂於令典。祗循歲祀，式薦尊醪。尚饗。

關帝廟

咸豐四年，奉旨敕封關聖帝君升入中祀，并加封三代王爵。每歲春秋仲月諏吉致祭，祭品：牛一、羊一、豕一、籩豆各十。主祭官行三跪九叩禮。後殿祭品不用牛，籩豆各八，行二跪六叩禮。其五月十三日致祭，不設籩豆，用果實五盤，後殿同。

祝文：惟帝星日英靈，乾坤正氣。允文允武，紹聖學於千秋；至大至剛，顯神威於六合。仰聲靈之赫濯，崇典禮於馨香。兹當仲春秋，用昭時饗。惟祈昭格，克鑒精虔。尚饗。

五月十三日祝文：惟帝九宇承庥，兩儀合撰。崧生岳降，溯誕聖之靈辰；日午天中，届恢台之令序。聰明正直壹者也，千秋徵肸蠁之隆，盛德大業至矣哉。六幕肅馨香之薦，爰循懋典，式展明禋，苾芬時陳，精誠鑒格。尚饗。

樂　章春祭，夾鐘均清，倍應鐘起調；秋祭，南吕均清，仲吕起調

格平之章　迎神

懿鑠兮焜煌，神威靈兮赫八方，偉烈昭兮累禩，祀事明兮永長，達精誠兮黍稷馨香，儼如在兮洋洋。

翊平之章　初獻

英風颯兮神格思，紛綺蓋兮龍旗，奭桂醑兮盈卮，香始升兮明粢，惟降鑒兮在兹，流景祚兮翊昌時。

恢平之章　亞獻

觴再酌兮告虔，舞干戚兮合宫懸，歆苾芬兮潔蠲扇，巍顯翼兮神功宣。

靖平之章　终獻

鬱鬯兮三申羅，籩簋兮畢陳儀卒度兮肅明禋，神降福兮宜民宜人。

彝平之章　徹饌

物惟備兮咸有，明德惟馨兮神其受，告徹兮禮終罔咎，佑我家邦兮孔厚。

康平之章　送神

幢葆葳甤兮神聿歸，馭鳳軫兮驂虬騑，降烟熅兮餘馚馡，顧回靈盼兮德□明威。

康平之章　望燎

焄蒿烈兮燎有輝，神光遥燭兮祥雲霏，祭受福兮茂典無違，庶揚駿烈兮永奠疆畿。

後殿祭光昭王、裕昌王、成忠王。

祝文：惟王世澤貽庥，靈源積慶，德能昌後，篤生神武之英善，則歸親宜享尊榮之報。列上公之封爵，錫命優隆；合三世以肇禋，典章明備。恭逢諏吉，祇事薦馨。尚饗。

又五月十三日祝文：惟王迪德承家，累仁昌後。崧生岳降，識毓聖之有基；木本水源，宜推恩之及遠。封爵特超於五等，馨香永薦於千秋。際仲夏之届時，命禮官而將事。惟祈昭格，鑒此精虔。尚饗。

文昌廟

咸豐四年，奉旨文昌帝君升祔中祀，春秋二仲諏吉致祭，及二月初三日，聖誕致祭，一切禮節與武廟同。并頒發祝文樂章。

春秋二仲祝文：惟神道闡苞符，性敦孝友。并行并育，德侔天地以同流；乃聖乃神，教炳日月而大顯。仰鑒觀之有赫，示明德之維馨，兹當仲春秋，用昭時享，惟祈歆格，克鑒精誠。尚饗。

二月初三日：惟神功參橐籥，撰合乾坤。溯誕降之靈辰，三台紀瑞；度中和之令節，九宇承輝。若日月之有光明，闡大文於孝友；如天地無不覆載，感至治於馨香。爰舉上儀，敬陳芳薦，精禋罔斁，神鑒式臨。尚饗。

樂　章春祭，夾鐘清均。倍應鐘起調；秋祭，南吕清均，仲吕起調

丕平之章　迎神

秉氣兮靈躔，翊文運兮赫中天，蜺旌兮戾止，雕俎兮告虔，迓神庥兮於萬斯年。

俶平之章　初獻

神之來兮籩簋式陳，神之格兮几筵式親；極昭彰兮靈貺，致蠲潔兮明禋，升香兮伊始，居歆兮佑我人民。

焕平之章　亞獻

再酌兮瑶觴，燦爛兮庭燎之光，申虔禱兮神座，儼陟降兮帝旁，粢醴潔兮齋遬，將綏景運兮靈長。

熤平之章　終獻

禮成三獻兮樂奏三終，覃敷元化兮緊神功，馨香達兮肸蠁通，歆明德兮寅衷。

懿平之章　徹饌

備物兮惟時，告徹兮終禮儀，神悦懌兮鑒在兹，垂鴻佑兮累治重熙。

蔚平之章　送神

雲騈駕兮風旗招，神之歸兮天路遥，瞻翠葆兮企丹霄，願迴靈眷兮福我朝。

蔚平之章　望燎

烟熅降兮元氣和，神光燭兮梓潼之阿，化成耆定兮櫜弓戢戈，文治光兮受福則那。

先代祝文：

教貽式穀，垂抑邪扶正之規；禮重升馨，著崇德報功之典。載稽譜牒，衹肅苾芬，惟文昌帝君，學裕本原，道参位育。緬馨香之至治，久極尊崇；申報享之隆文，宜昭誠敬。升中祀，式舉上儀。於戲，德迪前光，十七世仁風普洽；慶餘積善，億萬年文運長新。敬布明禋，尚祈昭鑒。尚饗。

又二月初三日祝文：惟文昌帝君，道備中和，補超亭毒。稟貽謀而允紹，欽毓聖之有基。雲漢昭回，際岳降崧生之會；馨香感格，興水源木本之思。式肇明禋，用光彝典。尚祈神鑒，享此清芬。尚饗。

厲　壇

每歲清明日、七月望、十月朔，祭無祀鬼神於城北郊。前期，守土官飭所司具香燭、公服詣神祇壇，以祭厲告本境城隍之神，上香，跪，三叩，興，退。至日，所司陳羊三、豕三、米飯三石、尊酒、楮帛於祭所，設燎爐於壇南。黎明，禮生奉請城隍神位入壇，設於正中，香案一、爐鐙具，贊禮生二人引守土官公服，詣神位前。贊跪，守土官跪；贊上香，守土官三上香。贊叩，興，守土官三叩，興，退。執事者焚楮帛，守土官詣燎爐前，祭酒三爵。退。禮生仍奉城隍神位還神祇壇，退。

祝文：

幽明殊路，土守維均，人鬼分途，食求豈異？維聰明正直而壹有以作之鑒，覩庶君蒿凄愴之情，無不極其情狀。爰遵定制，聿舉明禋。凡斯無祀之魂，俱屬有生之類。爲男爲女，姓莫紀於宫商；是故是新，代何稽於子丑。號風嘯雨，親既絶於依葭；附草栖烟，餒幾同乎有葛。謹設壇於北郭，仰主祭於尊神。惟兹中元禁烟焚衣之節，敬備牲醴，肅具飯羹，統一境之幽魂，索群靈而大享。鬼言歸也，庶幾望壇壝以知歸。神之格思，尚其鑒馨香而來格。尚饗。

保康廟

元劉永忠爲指揮使，元亡，自沉於河，神能驅蝗，世稱劉猛將軍。國朝雍正二年，總督李維鈞以劉猛將軍靈迹顯著，奏請所在官司秩祀以春秋戊日，得旨允行。咸豐七年七月，奉上諭：劉猛將軍驅蝗正神，著禮部議加增致敬。硃筆加封“保康”二字。八年，御書“嘉穀蒙庥”四字，頒直省製額恭懸。每歲春秋，守土官諏吉致祭。届期，守土官具祝文隨時撰擬、簠簋各一、籩豆各四、羊豕各一、爐一、鐙二、篚一實帛一白色、香盤一、尊一、爵三，陳設廟内。質明，守土官公服入廟，行二跪六叩首禮。

龍神廟

雍正二年，敕封四海龍王之神。東曰顯仁，南曰昭明，西曰正恒，北曰崇禮。五年，分送各直省龍王神像，建廟奉祀。乾隆二十四年，貴州巡撫周人驥請定外省龍王祠祭祀日期，經禮部議覆，照在京致祭。

龍神祠於春秋仲月辰日致祭。陳設祝版一、帛一白色、白瓷爵三、簠簋各二、籩豆各十、羊一、豕一、鐙二、爐一、尊一、香盤一。儀注與關廟同。

祝文：惟神德洋寰海，澤潤蒼生。允襄水土之平，經流順軌；廣濟泉源之用，膏雨及時。績奏安瀾，占大川之利涉；功資育物，欣庶類之蕃昌。仰藉神庥，宜隆報享。謹遵祀典，恪按良辰，敬布几筵，肅陳牲幣。尚饗。

卷之十一

祀典志

舊　　志

文　　廟

先師四配十二哲及東西廡，先賢先儒之名目位次概未紀載，似覺疏漏。謹按：歷朝以來，封號間有改易，至國朝歷年升列及從祀諸賢儒，并兩廡中有原東移西、原西移東者甚多，竊恐世遠年湮，不無少紊。此次謹將列聖、諸賢儒名目位次，臚列於上，庶後世得所稽考焉。

大成殿正位

至聖先師孔子

東　　配

復聖顏子漢永平十五年祀七十二弟子，顏子位第一。魏晋祀孔子，均以顏子配。唐貞觀二年，以孔子爲先聖，顏子配饗。

述聖子思子宋大觀二年從祀，端平三年升列哲位，咸淳三年西配饗。

西　配

宗聖曾子唐開元八年從祀，宋咸淳三年配饗。

亞聖孟子宋元豐七年配饗。

以上配位，宋以前皆稱封嘗。元至順元年，贈顔子兗國復聖公、曾子郕國宗聖公、子思子沂國述聖公、孟子鄒國亞聖公。明嘉靖九年，改稱復聖顔子、宗聖曾子、述聖子思子、亞聖孟子。國朝因之。

東　哲

先賢閔子

先賢冉子

先賢端木子

先賢仲子以上唐開元八年從祀。

先賢卜子唐貞觀二十一年，以經師從祀；開元八年以十哲從祀。

先賢有子唐開元八年從祀，國朝乾隆三年升列哲位。

西　哲

先賢冉子

先賢宰子

先賢冉子

先賢言子以上唐開元八年從祀。

先賢顓孫子唐開元八年從祀，宋咸淳三年升列哲位。

先賢朱子宋建炎四年生，慶元六年卒，年七十一。淳祐元年從祀，國朝康熙五十一年升列哲位。

以上哲位，宋以前皆稱封爵，明嘉靖九年改稱先賢某子。國朝因之。

東廡先賢

公孫僑《左傳》，魯襄公八年始見，昭公八年卒。國朝咸豐七年從祀，原西移東。

林放唐開元二十七年從祀，明嘉靖九年改祀於鄉。國朝雍正二年復祀，原西移東。

原憲以下至顔噲，俱係唐開元二十七年從祀。

南宫适

商瞿

漆雕開

司馬耕

梁鱣

冉孺

伯虔

冉季

漆雕徒父

漆雕哆

公西赤

任不齊

公良孺

公肩定

鄡單

罕父黑

榮旂

左人郢

鄭國

原亢

廉潔

叔仲會

公西輿如

邽巽

陳亢

琴張

步叔乘

秦非

顔噲

顔何唐開元二十七年從祀，明嘉靖九年罷，國朝雍正復祀 。

縣亶國朝雍正十年從祀。

牧皮國朝雍正二年從祀，原西移東。

樂正克國朝雍正二年從祀。

萬章國朝雍正二年從祀。

周敦頤宋天禧元年生，熙寧六年卒，年五十七，淳祐元年從祀。

程顥宋明道元年生，元豐八年卒，年五十四，淳祐元年從祀。

邵雍宋大中祥符四年生，熙寧十年卒，年六十七。咸淳三年從祀。

西廡先賢

蘧瑗《左傳》，魯襄公十四年始見，卒年無考。《史記》，定公十四年孔子猶主於其家，其卒，後於公孫僑蓋三十餘年。唐開元二十七年從祀，明嘉靖九年改祀於鄉，國朝雍正二年復祀，原東移西。

澹臺滅明唐開元二十七年從祀，原東移西。

宓不齊以下至申棖，俱係唐開元二十七年從祀。

公冶長

公晳哀

高柴

樊須

商澤

巫馬施
顏辛
曹邺
公孫龍
秦商
顏高
壤駟赤
石作蜀
公夏首
后處
奚容蒧
顏祖
句井疆
秦祖
縣成
公祖句茲
燕伋
樂欬
狄黑
孔忠
公西蒧
顏之僕
施之常
申棖
左邱明唐貞觀二十一年以經師從祀。
秦冉唐開元二十七年從祀，明嘉靖九年罷，國朝雍正二年復祀。
公明儀國朝咸豐三年從祀，原東移西。
公都子國朝雍正二年從祀。

公孫丑國朝雍正二年從祀。

張載宋天禧四年生，熙寧十年卒，年五十八，淳祐元年從祀。

程頤宋明道二年生，大觀元年卒，年七十五，淳祐元年從祀。

以上先賢位，以前從祀者皆稱封爵，明嘉靖九年改稱先賢某子。周、張、程、邵五子，嘉靖時稱先儒，崇禎十五年改稱先賢，位在七十子之下、漢唐諸儒之上。國朝俱稱先賢不稱子。

東廡先儒

公羊高周人子夏弟子，唐貞觀二十一年從祀。

伏勝秦博士，唐貞觀二十一年從祀。

毛亨年無考，受詩於荀卿，以授毛萇。按《史記》，楚考烈王二十五年荀卿廢居蘭陵。距漢興三十二年，《太平御覽》引《毛詩正義》云“荀卿授漢人魯國毛亨”，則是秦漢間人。國朝同治二年從祀。

孔安國漢武帝時爲博士侍中，唐貞觀二十一年從祀，原西移東。

后蒼漢宣帝時爲博士，明嘉靖九年從祀。

鄭康成漢永建二年生，建安五年卒，年七十四。唐貞觀二十一年從祀，明嘉靖九年改祀於鄉，國朝雍正二年復祀，原西移東。

范寧晋咸康五年生，隆安五年卒，年六十三。唐貞觀二十一年從祀，明嘉靖九年改祀於鄉，國朝雍正二年復祀，原西移東。

陸贄唐天寶十三年生，永貞元年卒，年五十二。國朝道光六年從祀。

范仲淹宋端拱二年生，皇祐四年卒，年六十四。國朝康熙五十四年從祀。

歐陽修宋景德四年生，熙寧五年卒，年六十六。明嘉靖九年從祀。

司馬光宋天禧三年生，元祐元年卒，年六十六。咸淳三年從祀，原西移東。

謝良佐宋元豐八年進士，生卒年無考，與楊時同稱程門四先生。國朝道光二十九年從祀。

羅從彦宋熙寧五年生，紹興五年卒，年六十四，明萬曆四十二年從祀。

李綱宋元豐六年生，紹興十年卒，年五十八。國朝咸豐元年從祀，原西移東。

張栻宋紹興三年生，淳熙七年卒，年四十八。景定二年從祀，原西移東。

陸九淵宋紹興九年生，紹熙三年卒，年五十四。明嘉靖九年從祀，原西移東。

陳淳宋紹興二十三年生，嘉定十年卒，年六十五。國朝雍正二年從祀。

真德秀宋淳熙五年生，端平二年卒，年五十八。明正統二年，原西移東。

何基宋淳熙十五年生，咸淳四年卒，年八十一。國朝雍正二年從祀，原西移東。

文天祥宋端平三年五月二日生，元至元十九年卒，年四十七。國朝道光二十三年從祀，原西移東。

趙復生卒年無考。以宋端平二年至北庭，當列元儒之首，國朝雍正二年從祀。

金履祥宋紹定五年生，元大德七年卒，年七十二。國朝雍正二年從祀，原西移東。

陳澔宋景定二年生，元至正元年卒，年八十一。國朝雍正二年從祀，原西移東。

方孝孺元至正十七年生，明建文四年卒，年四十六。國朝同治二年從祀。

薛瑄明洪武二十二年生，天順八年卒，年七十六。隆慶五年從祀，原西移東。

胡居仁明宣德九年生，成化二十年卒，年五十一。萬曆十二年從祀。

羅欽順明成化元年生，嘉靖二十六年卒，年八十三。國朝雍正二年從祀。

吕柟明成化十五年生，嘉靖二十一年卒，年六十四。國朝同治二年從祀，原西移東。

劉宗周明萬曆六年生，國朝順治二年卒，年六十六。道光二年從祀，原西移東。

孫奇逢明萬曆十二年生，國朝康熙十四年卒，年九十二。道光八年從祀，原西移東。

張履祥國朝同治十一年從祀。

陸隴其明崇禎三年生，國朝康熙三十一年卒，年六十三。雍正二年從祀。原西移東。

張伯行國朝光緒四年從祀。

西廡先儒

穀梁赤周人子夏弟子，唐貞觀二十一年從祀。

高堂生秦末漢初人，唐貞觀二十一年從祀。

董仲舒漢武帝初年對策，爲江都相。元至順元年從祀，原東移西。

毛萇漢河間獻王博士，當武帝時。唐貞觀二十一年從祀。

杜子春漢永平初年，年九十。唐貞觀二十一年從祀，原東移西。

諸葛亮漢光和四年生，建興十二年卒，年五十四。國朝雍正二年從祀，原東移西。

王通陳至德二年生，隋義寧二年卒，年三十五，一作開皇二年生，年三十七。明嘉靖九年從祀，原東移西。

韓愈唐大曆三年生，長慶三年卒，年五十七。宋元豐七年從祀。

胡瑗宋淳化四年生，嘉祐四年卒，年六十七。明嘉靖九年從祀。

韓琦宋大中祥符元年生，熙寧八年卒，年六十八。國朝咸豐二年從祀，原東移西。

楊時宋皇祐五年生，紹興五年卒，年八十三。明弘治八年從祀。原東移西。

尹焞宋熙寧四年生，紹興十二年卒，年七十二。國朝雍正二年從祀。

胡安國宋熙寧七年生，紹興八年卒，年六十五。明正統二年從祀，原東移西。

李侗宋元祐八年生，隆興元年卒，年七十一。明隆慶六年從祀，原東移西。

吕祖謙宋紹興七年生，淳熙八年卒，年四十五。景定二年從祀，原東移西。

袁燮國朝同治七年從祀。

黄榦宋紹興二十二年生，嘉定十四年卒，年七十。國朝雍正二年從祀。

蔡沈宋乾道三年生，紹定三年卒，年六十四。明正統二年從祀，原東移西。

魏了翁宋淳熙五年生，嘉熙元年卒，年六十。國朝雍正二年從祀，原東移西。

王柏宋慶元三年生，咸淳十年卒，年七十八。國朝雍正二年從祀，原東移西。

陸秀夫宋端平三年十月八日生，祥興二年即元至元十六年卒，年四十四。國朝咸豐九年從祀。

許衡宋嘉定三年生，元至元十八年卒，年七十三。皇慶二年從祀。

吴澄宋淳祐九年生，元元統元年卒，年八十五。明宣德十年從祀，嘉靖九年罷，國朝乾隆二年復祀，原東移西。

許謙元至元七年生，後至元三年卒，年六十八。國朝雍正二年從祀，原東移西。

曹端明洪武九年生，宣德九年卒，年五十九。國朝咸豐十年從祀，原東移西。

陳獻章明宣德三年生，弘治十三年卒，年七十三。萬曆十二年從祀。

蔡清明景泰四年生，正德三年卒，年五十六。國朝雍正二年從祀。

王守仁明成化八年生，嘉靖七年卒，年五十七。萬曆十二年從祀，原東移西。

吕坤明嘉靖十五年生，萬曆四十六年卒，年八十三。國朝道光六年從祀。

黄道周明萬曆十三年生，國朝順治三年卒，年六十二。道光五年從祀，原東移西。

陸世儀國朝光緒元年從祀。

湯斌明天啟七年生，國朝康熙二十六年卒，年六十一。道光二年從祀，原東移西。

以上先儒位，明嘉靖以前從祀者皆稱封爵，嘉靖九年改稱先儒某子。國朝稱先儒不稱子。

崇聖祠正位

肇聖王木金父公

裕聖王祈父公

詒聖王防叔公

昌聖王伯夏公

啓聖王叔梁公

以上正位。明嘉靖九年，於大成殿後立啓聖祠，祀叔梁公。國朝雍正元年，詔封孔子先世王爵，合祀五代，更名啓聖祠爲崇聖祠。

東　配

先賢孔氏名孟皮，國朝咸豐七年配饗。

先賢顔氏名無繇，唐開元二十七年從祀，明嘉靖九年配饗。

先賢孔氏名鯉，宋咸淳三年從祀，明嘉靖九年配饗。

西　配

先賢曾氏名晳，唐開元二十七年從祀，明嘉靖九年配饗。

先賢孟孫氏名激，明嘉靖九年配饗。

東堂先儒

先儒周氏名輔成，年無考，明萬曆二十五年從祀。

先儒程氏名珦，宋景德三年生，元祐五年卒，年八十五。明嘉靖九年從祀。

先儒蔡氏名元定，宋紹興五年生，慶元四年卒，年六十四。明嘉靖九年從祀。

西堂先儒

先儒張氏名迪，年無考，國朝雍正二年從祀。

先儒朱氏名松，宋紹聖四年生，紹興十三年卒，年四十七。明嘉靖九年從祀。

以上先賢先儒，明嘉靖時稱先賢某氏、先儒某氏，國朝因之。

文廟祀位增補

名宦祠

三國吴

甘寧

宋

謝濤　王琪　楊繪　李宜　周紫芝　張采

葉模　沈坦　趙彥倓　虞斿孫　馮去疾　趙逢龍

李壽朋　陸九齡　江介　汪澈　郭象知軍。

朱京監税二名，省志載入《名宦》。

元

陳天祥　翟居德　龍卜花　秦文郁

明

樊繼　鮑旭　吴紳　胡瀛　唐珉　李東
楊祜　吴希賢　唐汝禮　楊士元　萬廷謙　余樞
崔元登　姚文明　楊愛民　海瑞　馬敭　楊明英
翟萱　何應奎　張堯臣　王喬棟　洪天擢

國　朝

王俟　張輝祖　高夢龍　黄澄　椿齡　曾成
李呈祥

鄉賢祠

晋

孟嘉

五代南唐

吴舉

宋

吴中復　吴幾復　吴審禮　吴立禮　吴擇仁　李翔
盛子充　王質　王希聖　吴必大

元

梁廷鳳　馬鏞

明

劉英　馬濤　成務　俞彧　劉諒　徐鏞

劉珂　鍾湘　劉守緒　徐綱　劉壽嶠　吳國倫
劉師穎　華存禮　曹志遇　徐汝化　劉文定　石炬
潘師道　馮之圖

國　朝

方師誨　石玖光　陳治策

東廡先儒增補

許慎光緒二年從祀，位在東廡先儒后蒼之次。

西廡先儒

劉德光緒三年從祀，位在西廡先儒董仲舒之次。

輔廣光緒六年從祀，位在西廡先儒黄幹之次。

恭録《御頒大成殿額文》自康熙至光緒：萬世師表，生民未有，與天地參，聖集大成；聖協時中，德齊幬載，聖神天縱，斯文在兹。

附　録

文廟木主考明嘉靖九年定：先師主高二尺三寸七分，闊四寸，厚七分；座高四寸，長七寸，厚三寸四分，朱地金書。四配主高一尺五寸，闊三寸二分，厚六分，赤地墨書。崇聖祠五主同四配。十哲兩廡主高一尺四寸，闊二寸六分，厚五分，皆座高二寸六分，長四寸，厚二寸，赤地墨書。

卷之十二

官師志一

歷代秩官

歷代官制不同，雖一州一邑，有相沿者，有不相沿者。舊志以官爲類，每類各標朝代，不免雜錯。今分朝代，而以各秩官依次編載焉。

三國吴太守

甘寧有傳。

唐縣令

韓仲卿據李白《去思碑記》增入，有傳。

宋秩官序次悉遵《宋史·職官志》

知軍宋初，命朝臣出守列郡，號權知軍州事。軍謂兵，州謂民政，其後文武官参爲之，見《宋史·職官志》。

王子輿有傳。

真宗謝濤有傳。

仁宗景祐王居　王琪有傳。

英宗治平朱缺名。

神宗元豐楊繪有傳。　孫路有傳。

唐砥建凝翠亭。

哲宗元祐胡師文

哲宗紹聖董敦逸字夢授，永豐進士，由監察御史出知興國軍，見《宋史》。舊志有傳，今删。

徽宗宣和劉蒙之有傳。　李宜有傳。

高宗紹興薛徽言有傳。　陳最有傳。　王絢有傳。　黄失名，據《儒學魯國圖碑》增入。　徐章　應繪奏博糴授官人免科配，奏起催魚税額。　王㝢王質《題名記》以㝢爲首。　宋時有傳。　孫世顯　薛倞新譙樓儀門，設廳東西兩廡。　富元衡有傳。　蔡積　徐清　周紫芝有傳。　滎仁榮創十咏堂。　周冲　邢繹字復巷，鄭人。舊志有傳，今删。　章籍　史祺孫　王綸字德言，建康進士，據《宋史》增入。

孝宗隆興陳巖肖翰林。　董昌裔　張采有傳。

孝宗乾道葉模有傳。　向澮字伯海，江西清江人。　陳寅

孝宗淳熙梁季珩　向仕俊創百花亭。　黄茂材易謀野堂爲對咏堂，望雲閣爲懷古閣。　徐行簡字聖可，作平政堂，王質有記。　張釜字君量，易三柳亭爲恩波亭。　郭份　王之荀　林仁厚復滄浪亭。　王溉　郭豸有傳。

光宗紹熙沈坦有傳。　趙善宣重修十咏堂，修《富川志》六卷。按：趙善宣之志，即教授潘廷立所撰，《書録解題》作紹興四年，則是高宗年號，舊志趙善宣與潘廷立俱作光宗時仕興國，年代不同，未詳孰是。　陳杲

寧宗慶元曾映　高子滿　孫介宗　王萬樞立貢士條約。

寧宗嘉泰趙伯虎　田公僅創安養院。

寧宗開禧趙彦倓有傳。　趙不熄徙貢院於城東隅，創使星館。　許錫　趙師勉

寧宗嘉定虞斻孫有傳。　趙球字君善，蘇州進士，清心寡欲，惟藏書萬卷。　趙師夏　葉凱　張攀有傳。　王潤孫　陳球　馮去疾有傳。

理宗端平吕沆字叔朝，歙人，銓試第一。舊志有傳，今删。　楊迪　朱熠温州平陽人，武舉第一，據《宋史》增注。　韓國正以臨川貳車攝。據王質《詩總聞》跋增入。　趙逢龍有傳。　趙淇有傳。舊志列元總管，按：虞集所撰《趙文惠公神道

碑》:“宋時知興國軍，後仕元爲湖南宣慰使。”無爲總管事，今更正。

理宗淳祐李壽朋有傳。

通判太祖去藩鎮，乃設通判，以監諸州刺史。

神宗元豐郭周孚字仲先，建安人。舊志有傳，今删。

哲宗紹聖趙子昇

高宗紹興方失名。據《儒學魯國圖碑》增入。

孝宗乾道王濱據王質《去思樓記》增入。

理宗淳祐趙希經　陳日强據王質《詩總聞》跋增入。

判官州軍幕職官。

向宗傳據宋朱彧《可談》增入。

推官缺。

司理參軍掌訟獄勘鞫之事，見《宋史・職官志》。

真宗祥符王絲有傳。據范文正公所撰墓表增入。

教授慶曆四年詔諸路州軍監各立學，始置教授，見《宋史・職官志》。

哲宗紹聖馮介

高宗紹興吴球有傳。　俞舜凱立魯國圖碑於大成門外，現存。

孝宗陸九齡有傳。

光宗紹熙潘廷立浙江括蒼人，修《富川志》六卷。　聞人模　毛鼎新字新甫，浙江黄岩人。　陳觀國

縣令宋制，選人作令曰某縣令，京朝幕官則爲知縣，事見《宋史・職官志》。

高宗紹興陳升知永興縣，據《宋史・食貨志》增入。　江介有傳。據《朱子文集》增入。

縣丞熙寧四年制，縣户二萬已上增置丞一員，見《宋史・職官志》。

神宗元豐李扶字持國，松溪進士，調永興丞，攝大冶縣事。舊志有傳，今删。

主簿掌出納官物，銷注簿書，見《宋史・職官志》。

仁宗黄注字夢升，分寧進士。舊志有傳，今删。　蔡志學字及之，進士。

舊志載永興簿有王洙，其傳又云調富川簿。永興在隋曰富川，在宋并無富川之名，何得云永興簿又云富川簿乎？今按《宋史》有洙傳，又歐公集有洙墓志，稱洙舉進士，

爲盧州舒城尉，坐事免官。久之，調賀州富川簿。是洙乃賀州富川簿也，舊志殆因永興在隋曰富川，故誤耳。今特削之，而志其事於末。

監税《宋史·職官志》曰："監當官，掌茶鹽酒場務征輸及冶鑄之事，諸州軍隨事置官。"

太宗淳化秦義字致堯，監興國軍茶務。

真宗歐陽曄字日華，文忠公修之叔父，咸平進士，監興國軍鹽酒税。舊志有傳，今删。

仁宗葛源字宗聖，進士，監興國軍茶場。

神宗元豐朱京字世昌，南豐進士，以御史論事謫監興國軍鹽税，見《宋史》。舊志有傳，今删。

孝宗淳熙張漢卿監興國軍酒税，視事三月，有所不樂，和陶靖節歸去來辭，束裝徑歸。舊志有傳，今删。

附駐節按：駐節官雖尊，而非地方專官，今準《公羊傳·内則》"先之"之義，附列於後，後代仿此。

高宗紹興汪澈有傳。據王質《汪参政生祠堂記》增入。

理宗景定印應雷元年，以直徽猷閣知江州，主管江西安撫司公事，節制蘄、黄、興國三郡軍馬。據《宋史·理宗本紀》增入。　汪立信六安人，淳祐進士。景定二年，以直華文閣知江州，主管江西安撫司公事，節制蘄、黄興國三郡軍馬。舊志有傳，今删。

元

達魯花赤世祖至元二年，定蒙古人充各路達魯花赤，漢人充總管，回鶻人充同知，凡文案一同判行印信，聽達魯花赤對識，長官收掌。十六年定江南，上中路置達魯花赤二員，下路一員。

順帝至元速真據歸化里陳氏譜增入。　忽都帖木兒　倒剌沙　石抹帖木爾不花　島列石據舊志《沿革志》增入。"島"一作"鳥"。

總　管

順帝至元陳天祥有傳。

至正辛巳張琦

至正辛巳申克温

至正癸未焦思忠字恕卿，創大成殿。

至正蕭正臣創兩廡應門。

至正庚寅洪彬

至正甲午秦文郁從龍卜花開設路治，後守城，没於兵。　岳延齡

同知缺　推官缺

通　判

張完　邢以忠字天弼，江西武寧縣人。延祐乙卯進士，爲台州教授，遷興國通判，遂家焉，今荻田橋邢姓，其後裔也。據《武甯縣志》增入。

順帝至正史鑒　柳長華山東人，至正間進士，爲浙江儒學提舉，謫興國路通判，元末兵亂，隱居興國，遂家焉。

幕　職

成宗錢天祐　翟居德省志作居敬，有傳。　李仲安　張應元　温彦鐸經歷。　張淵經歷。　王慶知事。　王道輔　趙廷芝　趙璧經歷。　夏日孜録事，重修懷坡閣。

永興令

向明　李文友

永興簿

張文忠永興人，有傳，列《武功》。　陳康

教　　授

趙汝晞　金林　吴亨龍

成宗大德趙權　黄元慶　謝起東　費守　徐垚　趙興仁　周善兼　張廷桂　孔文學句容人，以兵亂不能歸，遂家焉。克仁，其子也。據《吴國倫集》增注。　陳淮　連山

曹焕　吕回友

順帝林南翔　陳松年補祭器，創學舍。　傅行簡江西新喻人，建公廨，創大成雅樂。　姚熙載作《禮殿題名記》。　李缺名。　何玠　劉淙　張灝據張中《大成殿記》增入。　蕭必賢　馬鏞本郡人，傳列《人物志》。

附駐守

龍卜花有傳。

附陳友諒時總管四人

楊賢　劉以仁　易仲仁　鄭安勛

明秩官序次，悉遵《明史·職官志》

知　　府元至正辛丑，明太祖遣徐達等取興國。甲辰，改爲興國府，領永興、大冶、通山三縣。舊志改府作癸卯年

太祖甲辰劉英本郡人，傳列《人物志》。

丁未黄聚

辛亥楊暹

同　　知

甲辰李健

洪武戊申劉瑛

壬子陸傳

癸丑翟珪改造明倫堂，筑泮堤，建亭，詳見《學校》。

通　　判

癸卯郝真

丁未丑閆　鄭璨字文益，密縣人，建明倫堂東西齋。

推　　官缺

經　　歷舊志以經歷二人歸入幕職，按《明史·職官志》無幕職，今故直書經歷

戊申王鎬

庚戌臧元善

照磨　檢校　司獄俱缺

教　　授

方迪　胡伯恭本郡舉人。洪武三年選充儒學。《師生題名碑》作訓導。

李暹長沙府攸縣人。

訓　　導

馬濤傳列《人物志》。　曹元本郡人，洪武三年選充。

韓衡通山人，辟舉。　王好問本郡人，洪武間選充，據《儒學題名碑》增入。

永興知縣

向炳據胡伸《修學記》增入。

縣丞　主簿　典史俱缺

知　　州洪武九年降爲州，省永興縣入之

洪武丁巳連敏由江西瑞昌知縣升。

乙丑郭翀進士。　孟芳

苑士英　姜彬

王彬　程希道

周景濂　余宗仁

費士賢　劉銘

李文聲由訓導升。　李貞監生。

錢泉字繼源，北直隸平谷人，修州志十一卷。

永樂己丑王彦楨　楊達監生。

乙未趙闢舉人。　樊繼有傳。

洪熙宣德。苟

正統鮑旭有傳。

天順楊缺名。

成化趙熙舉人。　周公亮

成化庚寅葉普福建監生，修明倫堂，有《吴玶記》。　趙珣舉人。

楊義舉人。　吴紳有傳。

弘治丁璣有傳。　程迪舉人。

弘治己未胡瀛有傳。　周瀚舉人。

正德黄嵩舉人。　婁睿舉人，正德六年修城。

鄭闓　唐珉有傳。

王稷南直隸昆山舉人，修富池甘將軍墓。　李東有傳。

譚紹宗字汝賢，四川銅梁人。　吴法舉人。

楊祐有傳。　劉綸雲南舉人。

吴希賢有傳。　阮範江西安福舉人。

羅應元雲南舉人。

嘉靖戊申周鵬字雲羡，廣東南海人，修學宫，建水雲草堂、滄浪亭、南薰樓、江湖清思亭。

唐寧字松泉，南直隸懷遠舉人。

丙辰鄭聚東字孟起，四川廣安舉人。　向爨字序柏，貴州舉人。

林騰鯉字士龍，廣西永安舉人。　潘翊字汝昭，浙江錢塘舉人。

鄒孟哲字宗道，江西萍鄉舉人。　戴大禮字蓮宇，浙江烏程人。

李東苹江西豐城舉人。

隆慶劉奮庸據《明史》增入，有傳。　譙田龍據省志增入，有傳。

唐汝禮有傳。

萬曆丙子楊士元有傳。　張仕可字叔見，四川涪州舉人。

張恒字伯常，南直隸上海進士。　葉德華舉人。

黄如金字汝礪，浙江海寧進士。　韓子祁字繡雲，浙江舉人。

顧起淹字箴吾，南直隸吴縣進士。　吴一繪福建舉人。

柳烺甘肅寧夏進士。

庚子馬攀龍字禮純，四川巴縣舉人，捐修儒學。　吴遇江西舉人。

朱希閔北直隸景州舉人。　楊以柏南直隸宣城舉人。

高維岳字君翰，南直隸宣城舉人。　謝天祐江西舉人。

丙辰萬廷謙有傳。

己未余樞有傳。　李時蕃字太初，浙江金華舉人。

陳堯宗福建同安人。

崇禎崔元登有傳。　林翹楚福建舉人。

梁之禎字拙菴，四川劍州舉人，建川上樓。　姚文明有傳。

孟良範有傳。　周汝誼字賈生，南直隸上海人，崇禎十五年特恩賜進士。

同　知舊志作州同，按《明史·職官志》曰“同知”，今更正

洪武丁巳楊永

乙丑冲霄　李宗文

任從政　陳璉
朱鎬　胡則文
永樂己丑汪深有傳。舊志俱作叔淵，據俞彧舊志序“叔淵名深”，今更正。
正統朱善祥　王珪
金元凱　董登　駱繹
景泰李瑄江西廣昌人，自南京主事謫同，修學宫，彭時有記。
成化謝逢春　林失名，閩人有“清官林貳侯”之謂。
童柷有傳。　胡瀛後升知州。
吕綬　徐禄據《學宫題名碑》增入。
柯武監生。　袁菊監生。
嘉靖鄧珍有傳。　徐徽南直隸武進人。
吴良南直隸蕪湖監生。　霍珫“霍”一作“鶴”。
牟泰四川巴縣進士，自員外郎謫。　高世岳有傳。
鄭允璋福建閩縣進士，自員外郎謫。　黄立江西吉安例貢。
周國相陝西灌陽監生。　徐完南直隸吴縣監生。
林愛民有傳。　張阜時江西吉水監生。
陳天錫南直隸涇縣貢生。　范譔南直隸宣城人。
應存性進士，自郎中謫。　唐一鳳
王可大進士，自郎中謫。　張同仁進士，自户部郎中謫。
朱正色　何惟愈
袁有鳳進士，自户部郎中謫。　黎文杰
陳江福建將樂監生。　楊克抑
俞沇貢生。　浦士及
聞朝中南直隸英山選貢。　張褭
張學周　鄭必達
徐光家貢生。　楊所涵監生。
汪仕任字荷元，河南南陽貢生。　董待庸字瞻揚，山西休縣人。
王復　黄嘉爵

李之秀有傳。　王起蛟北直隸平鄉貢生。

州判官舊志稱州判，按《明史·職官志》稱判官，今更正

洪武王景昭　洪三友
徐壽之　李景茂
周惠　朱文旺
永樂馬衷監生。
正統吴普善
成化苗林　林豫
弘治蔡坤進士，自給事中謫。　潘淮
李璋有傳。
正德晏梅監生。　唐璧
沈序例貢。
嘉靖王賓山東泰安人，見富池甘將軍墓碑。
海瑞據《明史》增入，有傳。　毛世禄浙江鄞縣人。
馬敭有傳。　朱鶴江西吉安人。
蔡日齊江西大庾監生。　舒文舉江西南昌舉人。
謝恩四川射洪人。　徐學道北直隸景州人。
孫濂監生南直隸宣城人。　蕭以訓字于式，江西安福監生。
張鳴鳳字羽王，始安舉人，由順天府判謫。爲吴國倫序甔甀洞稿。
王學會有傳。　吴子相
吴夢德　王之相字子宗，南直隸宣城人，監生。
胡汝臯字良臣，江西峽江監生。　楊一道南直隸武進人，監生。
朱昆舉人，知縣謫。　楊立
葉時及　梁大相選貢。
顧會約貢生。
萬曆陳懋林　鄔茂材貢生。舊志“鄔”作“鄢”。
尹應聘　王學讓

諶應泰選貢。　金有蕃
江孟奇　李熞河南人。
馬歘貢生，福建人。　胡光宗
胡爾瞻　楊光裕字元鼎，貴州貢生。
郭衛上江西人。　蔚孟
周居仁北直隸人。　尹見
曾日琥貢生。　楊名英有傳。
史承英浙江人，升本州知州。

吏　目

張善慶　周彦銘
黄榮　林真護
張宗玉　李東暘
黄觀翁　賀璿
邢敏　李恭
傅夢弼　劉粲
永樂孫續
景泰姜渭舊志誤作典史。
成化趙禧
弘治潘沂
正德梁繍監生。
嘉靖冀良弼山西平遥人，同知州王稷立甘將軍墓碑。
張祥　翟萱有傳。
范友直　周邦輔
何應奎有傳。　李尚德河南監生。
張大悦福建莆田人。　吴勝任江西吉安人。
宣希文　黎經綸廣東番禺人。
黄世榮廣東南海人。　吕大武南直隸武進監生。

王文南直隸儒士。　楊集廣東監生。
王彬南直隸武進監生。　余鳳浙江人。
李瑀福建莆田人。　蘇美珠
劉琚　潘士元
劉鵠監生。　張廷宦監生。
萬曆雷霈監生。　陳尚德
王一鶚　吴惟通監生。
揭世仰　蔡萬年
陳所有　梁思愛
金懋瑞南直隸海門人。　李文秀陝西人。
郭暉山東人。　丁昌祚揚州人。
羅誥廣東人。　張堯臣有傳。
李遇夏有傳。

學　正舊志作教諭，按《明史》“州曰學正，縣曰教諭”，今更正

林宗哲福建福清縣人。　李公達浙江奉化縣人。
陳蘭玉廣東茂名人。　陳文原
陳紹先南直隸吴縣人。　陳宗盛廣東茂名人。
余宗　盛珪浙江餘杭人。
蔣昂有傳。　林克閏福建舉人。
周綱南直隸嘉定舉人。　朱睿有傳。
正德癸酉鄭緯有傳。　劉伯善福建莆田舉人。
成化壬辰賈輝　鄭兖
程時悦　張策廣西桂林人。
倪鎧浙江上虞人。　萬珊黄岡貢生，據黄岡縣志增入。
張佑浙江鄞縣人。　徐鑒江西上饒人。
吴賢四川人。　吕天恩廣西灌陽舉人。

王三聘雲南舉人。　劉輔仁福建漳浦監生。
張繼文浙江寧海貢生。　劉子蘇
陳雲鶮廣西全州舉人。　丁邦寧南直隸丹徒貢生。
叚尚錦　陳子鳳黄安歲貢生，黄安縣志“陳”作“程”。
欒上應　夏建寅
萬曆劉炟漢川歲貢，據黄岡縣志增入。　廖守晋舉人。
楊春芳舉人。　張文錦舉人。
林翔舉人。　舒子侑貢士。
姚閏　黎朝熙貢士。
王堯仁字佑匡，江西鄱陽舉人。　彭萬里
徐鳴珂　劉尚節
楊所修有傳。　阮國允黄州舉人，據黄岡志，係歲貢。

訓　導

陳時申《儒學題名碑》作“程時中”，洪武六年充府訓導。
張文海本州人，《儒學題名碑》作張海，洪武八年以儒士以充府訓導。
夏斗旻本州人。洪武十四年選充。　陳允修本州人，洪武十七年選充。
曾彦　王琛
畢用升　任中
永樂羅景文四川叙州人。　管福浙江衢州府舉人。
熊麟　陳源江西豐城舉人。　秦育
宣德秦振據《儒學題名碑》增入。
景泰鄒儀　王政
成化何全四川南充人。
庚子朱端　方安　蘇恭
正德夏儒江西新建人。　林時盛福建古田人。
嘉靖姜杲四川人。　謝汝潔福建福州人。
楊鍾和四川岳池人。　張瓛四川涪州人。

陳璟四川内江人。　金桃浙江嘉興人。
劉惇福建漳川人。　陳謙四川成都人。
陳濟四川射洪人。　郭昇江西南昌人。
李博四川資陽人。　林琥江西分宜人。
王化民廣西人。　劉孚四川簡州人。
侯大有四川隣水人。　謝以聰江西安福人。
張文俊福建上杭人。　郭斌四川人。
賈儒　徐桐浙江金華府人。
宋厚　徐之葵四川人。
王策北直隸平鄉人。　董任良四川人。
劉希文　陳廷誥四川人。
張國仕四川人。　邱希霄
蘇克民　莫恃英舉人。
羅曰英　李春茂
馮克先　熊軒
劉天寵　馬圖見
何永淶　吴守經
楊達春　王良臣
徐應召　蘇文光
程應徵　劉守儀
項利資　王思齊
朱正煌　張莒
芮澤　胡來賓
金一恪　汪大沛
桂一崑四川巴縣人。　余夢龍
王立先　左价
孫崇禮　易廷相字義卿，德安歲貢。
曹光先　顧良粹

李之白京山人。　楊裕

馬負圖字文初，四川人。　周卜世字以滋，京山人。

程良駷

巡　檢主緝捕盜賊，盤詰奸僞。外府州縣關津要害處俱設。見《明史·職官志》

周瑄富池司。　丁澄富池司。

李鍾河南上蔡人，富池司，據《甘將軍墓碑》增入。　王鐸黄顙司。

驛　丞典傳郵送迎之事，見《明史·職官志》

吕杰南直隸蕪湖人，據《甘將軍墓碑》增入。

河泊所官掌收魚稅，見《明史·職官志》

張永孝陜西安定人，據《甘將軍墓碑》增入。

附駐守督糧道布政司參政參議分司諸道之一，見《明史·職官志》

王喬棟有傳。

附駐守下江防道布政司參政參議分司諸道之一，見《明史·職官志》

洪天擢有傳。

附緝捕府同知萬曆三十八年，州人朱衮爲瑞昌訓導，因肇陳地界興瑞姦宄潜煽，詳請立興瑞里。時湖廣巡撫張問達、巡按史記事、江西巡撫王佐、巡按顧造，會題立緝捕府，移武昌同知鎮壓之，兼轄湖廣之興國、大冶、通山、江西之武寧、瑞昌

羅以旌北直隸廣平人。　林彦樞廣東番禺人。
林杞浙江仁和人。　馮乘雲山西絳州人。
施時垚浙江平湘人。　尚覲光山東萊州人。
余樞字玉簾，江西南昌人。　陳南金字比卿，福建莆田舉人。
王嘉量北直隸保定人。　夏之彦有傳。
徐應問江西南昌人。　蘇孟燦廣東人。
李世球廣西人。　楊煜字丹邱，雲南人。
趙三薦有傳。

國　朝

知　州

順治何鳴鑾有傳。　史承英字雄飛，浙江人，由本州州判升。
程文光遼陽旗生員。　季道庸字凝之，湖南泰興貢生。
許安邦字定國，遼陽前衛人。　楊霖字竹菴，旗進士，修舉廢政，刁頑向風。
康熙楊遵有傳。　王之賓　高攀鳳
丙辰王俟有傳。
辛酉張輝祖有傳。
庚辰朱源淳福建莆田廕生。
辛巳何瑞涵鑲藍旗監生。
甲申李元璽鑲紅旗廕生。
丙戌佟國琪藍旗廕生，遷員外郎。
甲午高夢龍有傳。

辛丑黄澄有傳。

雍正己酉魏鈿字理齋，山東東阿縣人，癸卯恩科進士。莅州次年，提修州志。

癸丑高鑒字曉峰，鑲紅旗漢軍監生，重修聖廟，纂成州志十卷，今存。

乾隆己未孟昺

癸亥靳樹椿有傳。　任潁江蘇宜興人，由同知署，善折獄。

丙子宋兆元　孟智佺順天府宛平人。

戊寅蔣曰棠字侃齋。　梁濟生字文川，直隸正定舉人。

癸未汪垕字承齋，浙江人，在富川書院建奎光閣。

戊子金潢　鳳翔

阿霖　吴鎮見胡興逷先生傳，作丙申年任。

乙巳温有光山西人，援例出身。乾隆五十年州中大旱，朝廷發帑賑恤，有光同書役侵蝕飢民，死亡無算，事發繯首。

己酉王琉文

庚戌瞿應咸　秦錫疇江蘇無錫舉人。

嘉慶丁巳康乂民江西泰和拔貢。由恩施縣丞擢知來鳳縣，時川匪擾亂，集紳士、招鄉勇防禦，以卓異升興國知州。

癸亥錢清履浙江嘉善舉人。

甲子何星衢

丙寅椿齡有傳。

己巳石城浙江錢塘進士，兩署州事。

庚午趙方泰山西興縣舉人。

癸酉楊慧江蘇金匱廕生。

丙子楊承懋江蘇金匱廕生。

丁丑楊念劬直隸清苑吏員。

戊寅奚大壯四川蓬溪進士。

庚辰陶洽浙江會稽監生。

道光辛巳陶紹侃江蘇武進諸生。

癸未蘇昶順天大興議叙。　周鳴鑾湖南長沙舉人。　吕恂順天房山舉人。　沈照順天宛平議叙。

己丑蔣嘉瑞江蘇常熟監生。

丁酉鄒均江西南豐監生。　黄詩浙江人。

己亥金寶樹江蘇元和進士。

庚子李兆元山西舉人。

辛丑祁爾誠山西進士。

癸卯陳師魯字曉堂，雲南劍州進士選。　劉耀藜貴州進士。　王震浙江拔貢。　陳大焕江西新城人。

戊申林之華字棣園，福建舉人。

己酉宋宴春字少梅，江西奉新人，補。

咸豐癸丑保忠内務府漢軍正黄旗人，署州事，咸豐五年二月在省殉難。

甲寅郭維鍵四川内江人，道光癸巳進士，由工部主事出爲知州，咸豐甲寅署州事，次年在省殉難。

丙辰宋斯年江西奉新人，代理。

丁巳周瑞字芝房，湖南巴陵生員，時帶官兵，兼代理。

戊午向先薰字碧橋，湖南溆浦拔貢，署。

己未薛文光字照南，貴州貴筑蔭生，補。

辛酉徐芝有傳。

同治壬戌文南邦字湘浦，湖南益陽舉人，署。

癸亥劉昌緒字鏡溪，山東清平進士，署。

甲子趙晏清字月川，陝西臨潼人，體察地方利病，提徵收浮欵，買穀備荒，代亡絶户完落河錢糧，而糧差歷年墊繳苛索之弊以除，通詳立案，以垂永久。

乙丑王臣弼字右星，江南太倉州人。興國錢糧，每兩向徵州平一兩四錢一分，因查出糧書解餉，有冒開之費，按數分抵，每兩減去一分，有碑立儀門外。

戊辰陳樹菱字松譜，四川忠州拔貢，署。

己巳吴大訓字瑞生，湖南長沙軍功，署。

辛未鍾廷瑞字毓棠，四川德陽進士，署。

州　　同雍正九年裁

順治李沔山東金鄉人。　張碩弼甘肅鞏昌府貢生。　李超麟山東嘉祥人。　喬國棟陝西岐山人。

康熙乙巳馬恭循字文肅，山東臨邑貢生。　范愷江南蘇州府監生。

乙丑張第直隸監生。　胡良佐旗人。

己卯真泰鑲黃旗監生。

丙戌周行字竹墅，山西龍門歲貢。工詩文，精書法。

甲午袁霆鑲白旗監生。　朱紹渠順天府通州監生。

雍正甲辰計暹江蘇江寧監生。

州　　判

順治鄭邦璧　張懋新直隸貢生。

張法孔旗人。　閻樸字金門，陝西延安府貢生。

康熙丁其隆字昌武，陝西鎮番貢生。

己未方岱浙江會稽人。　陳可毅河南光州監生。　張監仲河南監生。

己巳劉啓秀江南無錫監生。

癸未劉宗泗山東東平州監生。

庚寅祝國盛順天府宛平吏員。

丙寅范振德順天府宛平監生。

雍正鄭瑞山西例貢，由教改授。

乾隆龔之璜

己卯金宗器　孟之哲

戊子郝謙

嘉慶庚申邱映華

壬申王有壬浙江拔貢。

己卯陳家驥

道光壬午徐蟾桂

丁亥喬彦鳳

丁酉陳進　宓缺名。

壬寅吴福堂

己酉范承敬　温天佑

咸豐黄缺名。

丁巳楊鎮邦廣東香山監生。

戊午高衍字芸庵，安徽貴池供事選授，癸亥出差山西，本年回任。

同治癸亥吴晋恩江西南城吏員。　方榮慶河南人。

戊辰李予弼字鼎臣，安徽懷寧監生。

辛未余士端字小純，安徽黟縣監生，署。

學　正

鄧嶸福建舉人。　吴思穆

鄧錦字子燦，黄岡舉人。　程一棐字篤臣，黄陂舉人。

龔宏毅字偉度，潜江舉人。　劉遐祚字菊水。

陳敏常康熙癸卯黄岡經魁，據黄岡志補注。

唐宗勳字志齋，湖南衡山舉人。

盧世銓歲貢。　何右彬黄岡歲貢。

吴國貞康熙甲子舉人，據黄岡縣志增入。

夏誌字特書，石首舉人。

王昇字育菴，黄梅舉人。　顔星字石邨，公安舉人，續修州志。

鄧天人字竹邨，湖南安化舉人，修理聖廟。　李祖嶠

諶潮長沙人。　胡芬廣濟舉人。

段光鑑　王處俊

胡翹霜麻城舉人。　胡建瀛字若東，黄陂舉人。

楊兆豫蘄水舉人。　吴鳳藻黄陂舉人。

辛亥司克蒸字飲香，蘄水舉人。　戴廷炬雲夢附貢。

丁巳熊壯猷雲夢歲貢。　萬希科黄岡舉人。

戊午楊春芳蘄水舉人。　吴邦哲道光辛巳舉人。
庚申項映字煦齋，麻城附生，署。
癸亥史佩珩字韻珊，漢陽廩生，署。
癸亥朱榜字金門，漢陽舉人，選。
己巳張詠棠字華之，孝感貢生。　吴光珩道光甲午舉人。
己巳萬裕鵬字翔雲，黄岡舉人。

訓　導

董廷策　龔日章
潘君諧　魏師段有傳。
羅光映有傳。　王希文
姜祚昌字雲菴。　陳炎
雷先字天一，江陵歲貢。　胡濬字導九，漢陽人。
汪呈虯字又陽，江陵人。　杜世英字蓮亭，竹山歲貢。
李一朝字同野，襄陽人。　郭春汶字柱山，潛江歲貢。
徐乾源　譚之鵾
張先名　鄧鵬黄陂人。
喻炳　胡錫冕
馬曰遴　李光台
夏照　夏偉璉
帥承治字康衢，黄梅廩貢。　張典孝廩貢。
張寶鎰字璞山，黄陂舉人。　蕭士傑天門廩貢。
咸豐壬子汪仁樹字崑山，漢陽附貢。　鍾全泰廣濟廩貢。
丁巳周詩材天門廩貢。
戊午聶昌南字丙生，東湖廩貢。
庚申陳明灼穀城廩貢。　徐憲會孝感附生。
己未李樹瀛字香洲，石首廩貢。

吏　目

順治李雲龍直隸人。　王之爵浙江人。

李文秀河南人。　劉位浙江人。

俞應垣直隸人。

康熙胡國泰浙江紹興人。

己未喬養貞陝西吏員。　潘士良浙江人。　陳旭江南和州人。

癸酉萬名顯　高允恭順天大興人。

壬寅杜泮英浙江山陰人。

雍正乙丑毛鳳韶浙江山陰監生。　吴坤休寧監生。

乾隆己卯謝秉仁

戊子郭元龍

嘉慶乙丑鄭逢寅

戊辰馮學源　陳玉麟

戊寅張師品

道光戊子楊煦字□□，江蘇陽湖監生。

蘇缺名。

趙廷燮　曹樹寶

王淳　陳昂

咸豐壬子藍大智　光緒己丑王步鰲字者相，九月署。

丁巳方其校湖南臨湘監生。

光緒庚寅王駿宇字鏡屏，六月任。

庚申任嘉植字雲陔，江蘇宜興監生。

同治白履清四川奉節監生。

癸亥何錫祺字禧堂，河南脽州監生。

丁卯胡世觀字彬如，安徽涇縣附貢。

富池鎮巡檢

傅世隆　武方治陝西富平人。
靳應傑順天人。　汪大元安慶人。
嚴爾壽盛京人。　黄玉樹江南鎮江人。
朱清曦浙江人。　史居正順天大興人。
曹振坤山西太平人。
舒維坤浙江紹興人。
古克己陝西武功人。　劉士雋
王太新　易開泰
徐寶瑚　王啓藻福建人。
藍新綸浙江定海廳人，咸豐五年在州屬修净里地方殉難。
戊午袁潤霖湖南長沙人。　鮑維垣字紫庭，直隸臨榆人。
丁卯劉錫書字光庭，四川漢州人，選授。　糜豪俊字彦之，四川秀山人。
壬申蕭耀南字星齋，四川人。

黄顙鎮巡檢

陳紹浙江人。　單豫周浙江人。
章元秩浙江會稽人。　王一鶚浙江上虞人。
苗始發直隸清苑人。　范岐浙江鎮海人。
張沛　丁鳳梧
顧耀　陳元豹
李聯　張日新
凌茂松字鶴巢，浙江人，咸豐三年在省殉難。　單爲鐔
癸丑王錦元山西介休監生，咸豐三年在州殉難，贈鹽運司知事。
癸丑黄守信江西浮梁監生。　繆培園
己未黄鼐湖南沅陵監生，補。
辛酉王壽昌安徽桐城監生，署。　柳熙壽湖南長沙監生。

癸亥陳曦字福堂，四川新都監生。　朱大中字少雲，陝西長安監生。

附駐守分巡武昌兵備道省志：駐興國州，康熙六年裁。
舊志注：順治四年移鎮，康熙元年裁

屠奏疏孝感人，副使。　蕭時彦字鶴林，副使。
郝炯字仲木，右參議。　李呈祥有傳。
劉鳳翔僉事。　張雲龍僉事，遼陽貢生。
張元璘僉事。　盛際斯僉事，嘉善貢生。

附駐守守道康熙三年移鎮

程衡字平世，杏山貢士。

附緝捕府同知順治四年裁

張夢白　何鳴鳳

興國營參將順治四年設

高士清　鄔乘鸞
孫喜策　陸顯貴字明宇。
高鼎字九重，山西五台人。　張華基字公韜，廣濟人。
藺泗後升安籠鎮總兵，陝西人。　昂三滿州人。
張自彪字虎臣，北直進士。　吴志福建漳浦人，功加左都督。
曾成有傳。　劉化儒字雙亭，陝西人，功如左都督。
曹建龍字麗大，福建人，功加左都督。正一品俸，升江西總兵。
陳嘉謨字久則，浙江仁和人，功加左都督。　馬猷忠
王朝相陝西人。　馮缺名。
劉宏善字元章，陝西人，癸未榜眼，二等侍衛，陝江副將。
曾鳳儀有傳。
王俊美字陛選，山東單縣人，世襲拜他喇布勒哈番。

李國采　馬化貞陝西固原人，功加侍衛。
高得伏字振菴，陝西固原人，功加侍衛。　武逢堯漢軍鑲黄旗人。
廣瑞蒙古正白旗人。　許文謨四川新都人。
張順　董寧川
姚國棟歷城人。　何守林甘肅人。
楊安滿州正紅旗人。德林阿旗人。
劉興國河南人。　興安泰旗人。
都爾松阿旗人。　德音圖旗人。
吉興旗人。　趙永泰北直人。
張鐖山西人。　安德純河南人。
諶萬芳湖南人。　清保旗人。
托克通武旗人。　墨爾根泰旗人。
書紳旗人。　李常剛山東人。
董玉龍直隸人。　鍾聲江西萍鄉人，咸豐四年在黄州府屬陣亡。
哈塔佈旗人。　雙禧旗人。
温發魁河南人，以守備署。　玉貴滿州鑲白旗人，荆州駐防。
鳳寬漢軍旗人，荆州駐防。
德綬鑲白旗人。　馬旭林字東生，四川懋功廳人。

守　備

張國勳
李潤
劉本善　馬應舉
化守登甘肅鞏昌府人。　徐汝智陝西人。
王明德江夏人。　洪大貴江夏人。
張煛北直人。　歐陽定儼本州人。
陳鴻江夏人，一云山西人。　啓承阿旗人。
諶瓊林湖南人。　武納西旗人，荆州駐防。

趙鵬飛山東人進士。　海隆阿旗人。
秦承恩江夏人。　胡炳煌武昌人。
王代昌字會亭，江夏人。

千　總駐富池鎮

陳崇旺　常汝存
史賓　周英
胡定安　劉得功
徐功　蔡科
陳有功　羅應廉
干射德
王啓先　李成英本州人，原籍江西建昌，武舉，後升處州衛守備。
趙發科黄陂人。　吴成宗
曾傳先　葉元端江夏人。
張成發孝感人。　胡忠雄本州人。
蔡功烈本州人，武生，加都司銜。

左司把總駐龍港泛

徐得申　王光坎
蘇自禮　陳鳳
尹文　張滿倉
薛國貞　鄧文珍
趙城壁　鄭良玉黄岡人。
袁占敖黄岡人。　田雄黄岡人。
廖志和黄岡人。　李得春本州人。
舒文衡石首人。

右司把總駐大冶縣

韓得功　林雲鳳

徐有勝　袁尚隆

李龍　康明德

吴成宗升千總。　歐陽洪黄岡人。

藍茂秀本州人。　張文陞江夏人。

李殿元本州人。　龔明爵黄岡人。

蔡紹陽麻城人。　陳金榮江夏人。

明緘三本州人。

學　正

辛巳蔡先衢蕲水歲貢，署。

張百揆字叙臣，黄岡人，己酉解元。

訓　導

龔周楨字古香，黄梅附貢。

包長庚字星垣，黄岡歲貢。以勞績保訓導，賞戴藍翎。

富池鎮巡檢

癸酉昝葵字□□，安徽懷寧監生，署。

甲戌張照林字明遠，河南封邺監生。丙子奉調闈差，旋省，丁丑回任。

丙子周受祉字莪階，湖南長沙監生，署。

庚辰周宗翼字祥雲，江蘇荆溪監生，署。

辛巳謝鈺字麗生，福建龍巖州監生。

陳文宇字棟臣，湖南監生。

吴盛唐字琯生，江西附生。　吴彭年字漢槎，河南人，署。

黄顙鎮巡檢光緒十年，知州宋熙曾詳請黄顙口鎮巡檢駐龍港鎮，湖廣總督卞寶第、巡撫彭祖賢奏准，十一年奉部文改移龍港

癸酉萬家振字拙安，順天通州供事。

丁丑張國鈞字□□，江蘇鎮洋俊秀，署。

戊寅楊寶森字芷舲，浙江錢塘增貢。

陳恩綬字春膏，江西武寧監生。

龍港鎮巡檢

方穀字哲夫，湖南監生，光緒十一年六月到任。

方文翰字樹屏，安徽桐城監生。

汪仁壽字松君，安徽涇縣監生。

王開泰字奠六，四川大竹監生。

參　將

吴運釗湖南人，署。

熊朝鑒字子衡，湖南花翎敢勇巴圖魯。丁丑春，赴部引見，秋間復回本任。

徐统恩字錫三，湖南人，署。

守　備

白象魁字在田，鄖陽人。　王勝祥字麟齋，咸寧人，署。

李家勲字策臣，應山人，署。　李廷魁字彤階，山東臨清州人，庚辰進士，光緒十五年任。

蔣明榮字信甫，江夏人。

松盛字雲濤，蒙古正白旗人。

富池千總

興貴字春圃，荆州駐防，滿州鑲藍旗人。

李鵬漢

龍港把總

董開泰黃岡人。

明德勝

王兆元本州人，以外委署。

張紹良字利鋒，以世襲雲騎尉署。

李貞福字海門，黃州人。

卷之十三

官師志

秩官列傳

三國吴

甘寧，字興霸，巴郡臨江人。建安十三年陳計於孫權，破黄祖。權遂授寧兵，屯當口舊志作富口。後隨周瑜破曹操於烏林，拜西陵太守，領陽新、下雉兩縣。見《三國志》。

唐

韓仲卿，南陽鄧州人，愈之父。爲武昌令，有美政。既去，縣人刻石頌德，終秘書郎。見《唐書·韓愈傳》。李白《去思頌碑》云：君自銅鞮尉調武昌令，惠如春風，三月大化，白額且去，清琴高張，兼操刀永興，二邑同化。

宋

王子輿，字希孟，密州莒人，太平興國八年進士。歷官至光禄寺丞，使西蜀决獄，還知興國軍。子輿精於吏事，久掌茶鹽漕運，周知利害，裁量經制，公私便之。卒官右諫議大夫、户部使。見《宋史》。

謝濤，字濟之，富春人，長居蘇州，登淳化三年進士。以秘書省著作佐郎知興國軍。時真宗考責能吏，一日，自内出中外賢吏有治狀者二十四人，付中書以名召，濤由興國召見長春殿，即日試學士院。後卒官太子賓客，分司西京。濤少以文行，有名於時。在官臨事，所至必有能稱，不幸中廢以疾，不克盡其所爲也。見歐陽修所撰墓志。

王琪，字君玉，華陽進士。調江陵簿，上十二策，仁宗嘉納。慶曆中，以中書出知興國軍政，尚簡静。祀名宦祠。

楊繪，字元素，綿竹人，進士。通判荆南，以集賢校理爲開封推官，歷官至御史中丞。時王安石用事，賢士多謝去，繪言老成之人不可不惜，後以他事貶荆南節度副使。數月，分司南京，改提舉太平觀，起知興國軍。爲吏敏强，主於惠愛，而賦性疏曠。卒以是見廢斥，然表裏洞達，一出於誠，爲范祖禹所重。見《宋史》。

孫路，字正甫，開封人，進士及第。元豐中，通判河州，徙知蘭州。夏人入寇，論捍禦功，進五階。元祐初，將棄河湟，路力言不可，議遂止。後以龍圖閣學士知成都，未行，坐他事削職，知興國軍。見《宋史》。

劉蒙之，清江人，徽宗宣和間以奉議郎知興國軍，置清水閘，築朝天隄，建軍學，創望雲閣，遂占籍永興縣。

李宜，高宗時知興國軍事。金兵入境，遣使檄降，宜焚書，斬使，嬰城固守，金兵不得入，民賴以安。祀名宦祠。

薛徽言，字德老，温州進士。紹興中宣諭湖南，時郴道桂陽旱饑，請於朝，不待報，即發衡、永米以賑，而以經制銀市米償之。宰相吕頤浩謂其擅移經制銀，出知舉國軍。尋入爲郎，遷起居舍人。秦檜於上前論金黄色人和議，徽言直前，引義固争，反復數刻。中寒疾卒。見《宋史》。

陳最，字季常，長溪進士。高宗時，嘗使川陝，與虜分畫地界，卒從最議。時秦檜方主和議，不悦，出知興國軍。

王絢，知興國軍。時自建炎以來，内外用兵，所在多逃絶之田。紹興二年七月詔：絢及知永興縣陳升率先奉詔，誘民墾田，各增一秩。見《宋史》。

宋時，紹興中守興國軍。言諸州縣違期歸業者，其田已佃及官賣者，即以官田之可耕者給還，詔從之。見《宋史》。

富元衡，字公權，蘇州進士，先知潞州，改知興國軍，歷利州路提刑。拒饋遺，嘗曰：吾家以清白相傳，今不啻足矣。揭“知止”名其堂，遂乞休，卒年八十六。

周紫芝，宣城人。少隱居陵陽山南，年六十一，始以廷對第三，歷右司員外郎。出知興國軍，爲政簡静，有《出郊勸農詩》《鼓樓刻漏記》。祀名宦祠。

張采，字元亮，鄭人。隆興甲申，知興國軍，居官三載，禦猺變有法，借億江州忠義新軍，事治而民不擾，建南門，冠樓其上，州判王濱題名“去思樓”，王質爲之記。舊志無傳，今據《王質集》補録。

葉模，字叔範，縉雲人。乾道四年知興國軍。六年，創修軍學，并修四營以舍軍，王質均有記，稱其有志、有才、有仁人長者之心。

郭彖，字汝象《湖北通志》作次象，歷陽人。淳熙間，以朝散郎出知興國軍。時軍無貢院，歲比即軍學爲試所，彖捐俸創修，士人便之。所著有《睽車志》五卷。

沈坦，字嶺垣，浙江人。紹熙丙辰，知興國軍，撙節浮費，傾資爲軍民代輸淮衣一年。貧不能歸，遂家富池鎮。

趙彦倓，字安卿，宋宗室。開禧初，知興國軍。歲旱蝗，軍需益急，屬邑令吴格負上供銀，彦倓坐累，貶秩，令愧謝。彦倓曰：“屬時多艱，宜寬民力，何以謝爲？”潰卒據城外爲變，彦倓捕而斬之，散其餘黨。見《宋史》。

虞旗孫，允文子。嘉定七年甲戌，以大理丞知興國軍，改建學宫門堤，事無大小，次第畢舉。祀名宦祠。

張攀，字從龍，常熟人，進士。累官知興國軍，創富川館，以請佃錢補解月椿之不及。

馮去疾，字北山，朱子門人。嘉定間，知興國軍，刊四書定本於滄浪亭，號興國本。祀名宦祠。

趙逢龍，字應甫，鄞人，嘉定進士。歷知興國、信、衢、衡、袁五州，提舉廣東、湖南、福建常平，每至官，有司例設供張，悉命撤去。事至，面問決遣，撫諭惻怛，民不忍欺。尤究心荒政，以羡餘爲平糴本。見《宋史》。

趙淇，字元德，衡山人，忠靖公葵之子。知興國軍，宋末兵驕，或白晝相率入民家取其資以去，淇曰："此我家部曲裨校也，何敢然！"旦日坐府統制，官拜謁庭中，受命不敢違。後仕元爲湖南道宣慰使。謚文惠。見元虞集所撰《神道碑》，今據增入。

李壽朋，理宗淳祐中知興國軍。百廢俱舉，尤嚴武備，招水步軍六千人，建富池、沙地等寨，置戰艦五十，修《富川志》十卷。

王絲，字敦素，會稽人。祥符八年擢進士第，釋褐除興國軍司理參軍。精意獄事，無不得其情，前後劾重辟而昭雪者凡十一人，郡中稱曰神明。官至兵部員外郎，權三司監鐵判官。卒，范文正公爲作墓表，稱其苦志清節，稱薦者皆當世名臣，朝廷一用之而克樹風績，惜其位未大、道未顯而終也。據《范文正集》補録。

吴球，字元璞，政和人。建炎廷試，首言陛下用相非人，太學生陳東以直諫誅，臣恐異日有指鹿爲馬之禍。又言陛下有畏避小心，無恢宏遠略。降下州助教，按：下州，今泗水縣。未幾，復賜進士出身，任興國軍教授。

陸九齡，字子壽，金谿人。與弟九淵相師友，登乾道五年進士。調桂陽軍教授，以親老道遠，改興國軍。未上，會湖南茶寇剽廬陵，聲摇旁郡，衆請九齡主備寇事，調度屯禦皆有法。及至興國，地濱大江，俗儉嗇而鮮知學。九齡嚴規矩、肅衣冠，勸綏引翼，士類興起。不滿歲，以繼母憂去。服除，調全州教授。未上，卒。寶慶二年，特贈朝奉郎、直秘閣，賜謚文達見《宋史》，祀名宦祠。

江介，字邦直，初爲興國軍司户參軍，後知興國軍永興縣。以舊爲郡椽，習知其俗。移書諸臺，爲陳五弊：一曰税重之弊，二曰淮衣之弊，三曰續起上供之弊，四曰累年不免水旱之弊，五曰魚池榷税之弊。悉中時病。盗劫民尹惠政家，殺其奴而逸。尉恐負課，協惠政使自誣爲殺奴者，知介不可欺，賂吏移鞫軍獄。介條舉其可疑者九事，毅然以去留争之，惠政乃得免。永興田多水少，介以水種難備旱，兼課陸種。天申錫宴，舊例百物皆取之民，吏緣爲奸，介白太守，和買予直，民甚便之。善政多類此。見《朱子文集》。

汪澈，字明遠，浮梁人，進士。紹興三十一年秋，以御史中丞出爲湖北京西宣諭使。詔凡吏能否、民利病悉以聞。澈自行都至興國，百姓訴淮衣税縑加額之苦，明年澈還，拜參知政事，具白其事，天子即詔有司勿加。令下，一郡三縣之民，莫不感戴，請於太守張采，爲立生祠，王質有記。見《宋史》及《王質集》。

元

陳天祥，字吉甫，自寧晋徙家洛陽。至元中，爲從事郎、郢復等處招討司經歷。時興國軍以籍兵器致亂。天祥擢知本軍事，領軍士纔十人入城，諭以權置兵仗自衛，民皆稱便，由是流移復業。用土兵收李秘聰山寨，不戮一人，他寨各散去。居歲餘，代去，而興國復變。後拜中書右丞，以老辭。卒，年八十，封趙國公，謚文忠。祀名宦祠。

翟居德，字安常，金臺人，爲録事參軍。旱禱即雨，時學舍介佛老之居。立采芹、攀桂二坊，以防侵越。穿義井於城東，闢放生池，潴水以備不虞。舊有棠愛碑亭，林南翔撰記。《湖北通志》，居德作居敬。

龍卜花，字巨川，封邱人。至正間，徐壽輝監軍楊普雄破興國，卜花率衆復之，以功升黄州翼副千户，守興國。十三年冬，僞右丞梅某以兵數萬水陸來攻，卜花禦戰，破之，擒獲無算。十六年九月，僞丞相倪文俊率衆十萬掩殺城下，卜花出戰，力盡被執，城遂陷。祀名宦祠。

明

樊繼，字景昭，句容人。永樂中，知州事，興學校，毁淫祠，教民葬祭用朱子家禮。嚴於鋤惡，有豪民彭禄、彭芳爲害，諭改不悛，置於法，强梗屏迹。有持檄至州刷文卷者，索土産，纔取荆山源尺八紙以塞其意，或曰："使者得無怒乎？"曰："吾敢犯怒。"州患虎，禱於城隍，明日兩虎自鬭死。州治西門朝天堤壞，命二人董於堤之兩端，往來者各負土一簣，不日而成，民號樊公堤。在任八年致仕，民於堤上建去思亭，祀其像於中。祀名宦祠。

鮑旭，字景升，池州舉人。正統中知州事，修常平倉六所，慎典出納，水旱不爲灾。朝天堤橋圮，甃以石，復亭其上，人呼爲鮑公橋。

吴紳，字廷瑞，歙縣舉人。弘治間知州事，清勤寬厚。在官九年，惟携一僕。巡撫韓文每按部，所屬多獲譴。按州，未至行臺，先詣獄亭察勘，擬大辟不過數人，深嘉之。後擢官去。

丁璣，字玉夫，丹徒人，弘治進士。邃於《易》，知州事時，每至學必爲諸生講貫，性剛方，鋤强梗。民有馮柏者，肆惡無忌，按律治之，一州稱快。然事母孝，每刑人輒以母命恕之。

胡瀛，字孟登，羅山進士。由州同升知州，莅事明敏，剔奸蠹，整士風，改建學宫，移富池便民倉於城東半里許。民戴其德，肖生像於去思亭。祀名宦祠。

唐珉，字玉和，仁和舉人。正德間知州事，以城久圮，於丙子歲更築之。甫完，而鄰邑有警，民恃以無虞。丁丑歲饑，請賑，多所全活，後遷長沙同知。

李東，字元震，番禺舉人。知州事，下車即置豪强十數人於法，自是奸宄潛踪。舊多逋賦，東征一緩二，輸無愆期。

楊祜，字汝承，錢塘人。以庶吉士出知州事，風裁凛然。妖人向四保自號活佛，結龕高鐘嶺，謁者塞途。祜執按之，民惑乃止。振士風，敦義行，修恩波堤。後歷官至江西僉事。祀名宦祠。

吴希賢，字宗孟，宣城舉人。知州事，性樸茂，事弗便於民者悉裁之，即謝公墩立祠，祀謝叠山先生。

譙田龍，南充舉人。隆慶中，由通山縣擢知興國州，有善政，民戴之不忘。

劉奮庸，洛陽人，嘉靖三十八年進士。隆慶初擢尚寶卿，時大學士高拱頗專恣，奮庸疾之，條上五事：一、保聖躬；二、總大權；三、慎儉德；四、覽章奏；五、用忠直。疏入，帝不怒也，而附拱者謂奮庸久不徙官，怏怏諷刺，相與詆訾之，遂謫知興國州。兩月，神宗即位，擢山西提學僉事，再遷陝西提學副使。見《明史》。

唐汝禮，字默齋，浙江蘭谿舉人。隆慶間知州事，時瑞昌民雜處興國，多梗化逋賦。請立興瑞里，凡瑞民居興疆者易入興籍，其已入瑞昌學者改入興國州學。又履畝丈田，無有不均，民德之。功未竟，以憂去。

楊士元，字仁甫，太倉州進士。萬曆丙子莅州，見城圮，時有盜警，請於撫按兩臺，留貢金爲修城資，擇民之有家者分董其役，易土以石，爲門八，爲警舍三十，居民始獲安堵。又捐俸建書院於叠山祠旁，以舍士之來學者，并捐謝公祭田五十五畝。前牧唐公丈田未竟，力竣其役。後遷襄陽同知，去，士民思之。

萬廷謙，字百谷，南昌舉人。萬曆丙辰任州事，值州凋敝，調濟協宜，民賴以安，改建廳事，并修譙樓。

余樞，字玉簾，南昌舉人。初爲浦江令，有賢聲，萬曆己未莅州。催科有法，胥吏侵漁之弊悉除。在任三年，去之日，父老祖送，道擁不得行。

崔元登，字澹生，江西南城舉人。知州事，綜核吏事，杜絶諸弊，長於聽訟，奸徒一見即識之，時稱神君。崇禎二年修《興國州志》。

姚文明，字南瞻，四川射洪舉人。知州事，性寬和樂易。民有訟事，爲反覆勸諭，至有涕泣而去者。州人肖像祀於西門外福聖寺右。

孟良範，字洛九，遼東人。由功貢授咸寧令，擢知州事。强敏有膽氣，時雙遷里巨盜華紅毛等，結黨剽掠，範率家丁子弟馳捕，獲渠魁十數人殲之，盜風少息。升武昌府知府。

汪深，字叔淵，浮梁人。永樂己丑任州同，持身醇謹，吏肅民安，與知州錢泉同修州志。

童柷，浙江蘭谿人，成化十一年進士，官給事中。二十一年正月朔，星變求言，柷因陳言獲譴，貶興國州同知，後終袁州知州。據《明史》補録。

鄧珍，字鎮岡，廣東舉人。嘉靖初任州同，廉介自守，人不敢干以私。嘗往謁何御史鰲，宿巨族家，巨族以百金請托，珍艴然拒之，遂投他宿。

高世岳，字瑶峰，福清人。由經歷遷州同，雖起家刀筆，耻爲俗吏。督賦清軍悉有法，時吏目何應奎以無罪死，嘆曰“可以去矣”，遂解綬去。

林愛民，字惟牧，福寧進士。嘉靖辛亥，以户部主事謫州同。始至，有重獄胥吏飾案求直，愛民廉知其狀，繩以法，强梗屏迹。申革商税，宏奬士風，壬子修州志七卷。

李之秀，字偶生，山陽人，曉天文。崇禎時由保舉授州同，清釐軍政，暇即與士子講禦亂之策，擢知階州，去。後死流賊之難。

李璋，字德芳，浙江景寧縣人，弘治壬戌進士。刑部主事，以忤權貴左遷州判。與人接，和而不流，後官陜西道御史。

海瑞，字汝賢，廣東瓊山人。嘉靖中舉鄉試，入都即伏闕上平黎策，由教諭遷淳安知縣。都御史鄢懋卿行部過，供具甚薄，懋卿恚甚，屬巡監御史袁淳論。瑞時已擢嘉興通判，坐謫興國州判。官久之，擢户部主事，歷官南京右都御史，贈太子太保，謚忠介。生平爲學，以剛爲主，自號剛峰，天下稱剛峰先生。見《明史》。

馬敭，字抑之，上蔡進士。以御史論事謫州判，禮士愛民，一介不妄取，著有《昭德録》。

王學曾，字唯吾，南海人，萬曆五年進士。由知縣擢御史。光山縣牛産犢若麟，巡撫不以聞，帝命徵之。學曾抗言：“麟生牛腹，次日即斃，則祥者已不祥矣，陛下何自聞之？此必左右小人以奇怪惑聖心也。今四方灾旱，老稚流離，啼饑號寒，陛下不聞也；北敵梟張，士卒困苦，呻吟嗟怨，陛下不聞也；宗室貧窮，饔飧弗繼，愁困涕洟，陛下不聞也。

願陛下收還成命，内臣語涉邪妄者即嚴斥之。”帝責其要名沽直，降興國判官，後遷主事。因争三王并封，復削籍，卒於家。熹宗時贈太仆少卿。據《明史》補録。

楊名英，陜西人，以選貢授州判。年少倜儻，善騎射。屬流賊渡江楚省，當道檄援，名英率衆星夜赴難，不三日城陷，死於賊。

翟萱，昌邑監生，官吏目。性慈良，不忍多取民一物。嘉靖八年南巡，以廪餼薄，撻死，民哀之。

何應奎，字南崖，廣昌監生，授吏目。耻爲詐言虚禮，弗徇長官之欲。嘉靖十八年南巡，以董夫役不忍連捕死，民爲之慟。

張堯臣，浙江人，由三考出身，官吏目。崇禎癸未，流賊陷楚省，設僞官於大冶，遣其黨掠興國，堯臣率鄉兵至石鼓瑙堵剿，殁於陣。

李遇夏，順天人，崇禎末爲州吏目。時闖賊南下，其黨竄掠州境，官民奔避，遇夏守死不去。晝則取神廟麾蓋兵仗，巡行城壘，夜燒大竹爲炮，聲聞不絶，賊疑之，不敢近。

蔣昂，侯官舉人，授州學正。與諸生論學，不及他事。士有空乏者周之，後遷温州教授。

朱睿，字伯通，無錫舉人，授州學正。淹貫子史，議論皆有體要。誨諸生不間寒暑，後遷衡陽令。

鄭緯，字克經，新淦舉人，正德癸酉任州學正。精易學，年雖耄而教不倦，立旌善、紀過二簿，以示勸戒。

楊所修，字澹淵，成都舉人，授學正。文章自出機杼，精書畫，尤工風竹，州人寶之。每月集諸生較試，人文蔚起。州人相傳，此閹黨請《三朝要典》者也。按《明史》，閹黨之楊所修，河南商城人，萬曆三十八年進士，由渭南知縣入爲兵部給事中。至本州學正，據舊志係成都舉人，非閹黨也，特識於此，以免古人被誣。

王喬棟，雄縣人，舉進士，知朝邑縣，崇禎初，累遷湖廣參政。時楚大亂，諸道監司多不至，喬棟兼綰數篆。乙酉之夏，李自成據武昌，喬棟時駐興國州，城陷，自經城樓上。國朝乾隆四十一年賜謚忠節。見

《明史·忠義傳》及《勝國殉節諸臣録》。

淇天擢，字西岩，歙縣進士。崇禎十七年八賊陷蘄州，天擢爲江防道，移駐興國，防賊渡江。時茅坪鄭老大等聚衆叛，天擢倡諸義士破之。舊志入“國朝”，今據省志更正。

夏之彦，南直隸廣德州人，爲肇陳緝捕同知。有德政，開通興瑞山路，路有碑，名夏霧嶺，今瑞昌所屬之八門關帝廟，右有夏公祠，士人尚稱爲夏甘棠。

趙三薦，廣西全州舉人，崇禎間由瑞昌令升肇陳緝捕同知。爲人嚴毅，捕奸明決。順治乙酉，流賊入境，土盜乘之，遂遇害。

國　朝

何鳴鑾，字青岩，遼東人，以功貢知州事。大兵入楚，投誠，急兵餉有功，超擢本省巡撫。

楊□，字從先，蒲州舉人，康熙初年由閿鄉令遷知州事。時州署經兵火，捐資營構。其爲治，謹守名法，以行廉慈士，民愛之，有《輿頌録》。州志殘廢，力任編纂，成上下二卷，今存。

王俟，字陟菴，山東長山人，康熙庚戌進士，丙辰知州事。捐俸修葺學舍，清釐虎山學基地及港口學，租之侵於民者每歲十有二金，悉還諸學。買湄峰巖作義山，以爲貧民葬地。時值大軍羽檄交馳，志勤撫字，人賴以安，後遷重慶府知府。

張輝祖，字可大，正黄旗蔭生，康熙辛酉莅州。值大旱禱雨，暍死，州人悼之，爲立廟於大西門外福聖寺右，廟久廢。咸豐己未，州人建保康廟於廳事之左，設祠，以公與嘉慶間賢牧椿公并祀。

高夢龍，字雨亭，江南山陽監生，康熙甲午知州事。性明敏，民之良否，一見即識，奸徒譸張爲幻皆不能欺，一時有神君之目。有民争水，教以引水過山之法，呼爲趵突河。在任八年，修聖廟，設義學，代輸茶税，清叠山祠田畝，重修滄浪亭，美政甚多，至今人猶樂道之。

黄澄，字澹園，宛平監生，康熙辛丑莅州。念切民瘼，紳士阮聖正、萬英、成其校等以丁銀偏累，請均入田糧，澄即據情申請，當事奏允，積弊遂除。捐資修節孝祠，率紳士重建叠山書院。莅任七載，去日，人持一觥祖，道擁不得行。

靳樹椿，字大千，鑲黄旗漢軍人，乾隆間知州事。甫下車即修街衢，以叠山書院圮廢，因集紳士購隙地於陽辛門内，倡建富川書院。復立課程，與諸生講論其中。後遷廣信府知府，爲游客媒孽，罷官以卒。

椿齡，字繩山，鑲黄旗漢軍人，嘉慶己未進士。以知縣分發河南，遷知興國州。聽訟明决，勤於撫字。值大旱露禱，甘霖立應。見聖廟欹圮，勸捐修葺，以羡金修滄浪亭；製木桶貯水於市以備火灾；又於沫口築堤捍水，行人德之，呼爲椿公堤，并建亭於其上以祀。辛未又大旱，屢報灾而上台屢駁，其後部吏之有憾於公者反謂報灾遲延，議以革職，奉旨送部引見。適丁内艱，貧不能行。丁丑，來，興國士民相約醵金饋之，并製“民不能忘”額懸于富川樓。公嘗署蘄、沔二州，紳士皆來饋贐。及引見，以筆帖式用。未幾，卒，子亦亡。州人聞而悲之，咸豐己未，與張公輝祖并祀云。

徐芝，字實詮，湖南湘潭人，道光癸卯舉人。咸豐間，以軍功保舉知縣，留於湖北補用。十年，署通山縣，有德政，調署州事。性悃愊，勤於聽斷，凡胥役詐索之弊，草除殆盡。辛酉春，粤匪上竄通山，團紳鄉勇來州協同護衛。端午，賊至州，芝將死之，州父老麇集公署，負登炮船以免。

魏師段，字松岩，黄岡人，官訓導。重修叠山祠，清祭田以剔侵漁，祠碑今存。

羅光映，字明初，鄖陽貢生，官訓導。康熙二年，剿西山寇，解軍餉入黔，勤勞過甚，病没於署。

曾成，福建人，有勇略，官興國營參將。康熙戊辰，撫標兵變，首逆夏逢龍將下竄，州人惶懼，成撫馭軍士，輯和紳民，境賴以安，以功擢總兵，去。

曾鳳儀，字瑞菴，河南南陽人，任興國營參將。撫馭有法，鎮静不擾，温恭謙虚，有古儒將風，後升江西副將。

李呈祥，字五鹿，山西翼城舉人。官分巡武昌兵備道，駐州。時有負固者，多方招徠，勵己清慎，聽訟明决。順治六年，捐修聖廟，重建啓聖祠。累遷兵部侍郎。

燕永烈，字鼎臣，山西介休人。子諒清儉，悃愊無華。光緒元年，筠山教匪病民，激起衆怒，毁其福音堂，永烈捐廉賠建，保全居民，頌聲載道，竟以此撤任。卒於省寓，州人感愴遺愛，爲尸祝焉。新增。

卷之十四

選舉志

進　　士

進士科起於隋，唐宋因之，在衆科中尤貴，其得人亦最盛。其初舉而試於禮部也，皆謂之進士。試畢放榜，合格者賜進士及第。後又廣之爲賜進士出身、賜同進士出身，然後謂之登科，即今之所謂進士也。州人士之與於斯選者，隋唐無聞焉，至宋則有七十二人，抑何盛也！故志選舉以是爲之首云。

宋

太宗雍熙二年乙酉梁灝榜舊志誤四年丁亥，今據《宋史》更正。是年廷試初唱名及第。

吴鶚有傳列《宦績》。

仁宗天聖二年甲子宋郊榜

吴幾復有傳列《宦績》。

吴嗣復

天聖五年丁卯王堯臣榜

李平

寶元元年戊寅吕溱榜舊志“溱”誤“榛”，今據《宋史》更正。

吴中復幾復兄，有傳列《名賢》。

慶曆二年壬午楊寘榜舊志誤三年癸未，今據《宋史》更正。

闞洞

闞洙洞弟。

張軻

慶曆六年丙戌賈黯榜

郭衮

皇祐元年己丑馮京榜

吴審禮嗣復子，有傳列《宦績》。

嘉祐二年丁酉章衡榜

周傳

郭良肱

英宗治平二年乙巳彭汝礪榜

吴立禮中復子，有傳列《名賢》。

治平四年丁未許安世榜治平三年詔禮部三歲一貢舉。

吴秉禮

郭良翰

陳損之

神宗元豐五年壬戌黄裳榜熙寧四年罷詩賦，專用經義策論。

曹滋

元豐八年乙丑焦蹈榜

李翔有傳列《文學》。

哲宗元符三年庚辰李釜榜舊志“釜”誤“滏”，今據《宋史》更正。元祐四年復詩賦，與經義兼行。紹聖初，罷詩賦，專習經義。

吴公衮

吴壎

徽宗崇寧二年癸未霍端友榜

盛子充有傳列《名賢》。

大觀三年己丑賈安宅榜

曹缺名。

政和二年壬辰莫儔榜舊志“莫”誤“黄”，今據《宋史》更正。

劉軫

政和四年甲午

吴哲按《宋史·徽宗本紀》，是年未放進士，惟二月丁巳賜上舍生十七人及第。吴哲豈十七人之一乎？

政和五年乙未何㮚榜

李沔

宣和三年辛丑何涣榜舊志“涣”誤“焕”，今據《宋史》更正。是年罷三舍法。

張邦

高宗紹興十二年壬戌陳誠之榜建炎二年，又定詩賦經義取士。

劉儀

紹興十八年戊辰王佐榜紹興十五年經賦分科。

吴彦夔有傳列《宦績》。

紹興二十七年丁丑王十朋榜

周朋來

趙汝弼

紹興三十年庚辰梁克家榜

王質有傳列《名賢》。

周震來朋來弟。

孝宗乾道五年己丑鄭僑榜

沈繼祖

乾道八年壬辰黄定榜

沈榮祖繼祖兄。

淳熙二年乙未詹騤榜

趙崇古

淳熙五年戊戌姚頴榜舊志“頴”誤“隸”，今據《宋史》更正。

周泰來朋來兄。

淳熙十四年丁未王容榜

周之綱泰來子。

光宗紹熙元年庚戌余復榜

焦抑探花。

桂如篪

寧宗慶元二年丙辰鄒應龍榜

桂如淵如篪弟。理宗紹定元年爲四川制置使，四年罷。嘉熙初年爲四川安撫使。見《宋史》。

劉餘慶

嘉定七年甲戌袁甫榜舊志"甫"誤"雨"，今據《宋史》更正。

趙必擇汝弼侄孫。

嘉定十年丁丑吴潛榜舊志誤"十年"作"甲戌"，今更正。

周文虎　桂如震如篪弟。

桂如琥

嘉定十三年庚辰劉渭榜舊志誤"十二年戊寅劉謂"，今據《宋史》更正。

萬必正

趙淳夫

理宗寶慶二年丙戌王會龍榜

桂諃如震子。

端平二年乙未吴叔告榜舊志"告"誤"誥"，今據《宋史》更正。

馮偉

馮沅

桂評

嘉熙二年戊戌周坦榜舊志"坦"誤"桓"，今據《宋史》更正。

馮倜偉弟。

桂謨如震子。

淳祐四年甲辰留夢炎榜舊志誤"四年"作"庚子"，今更正。

馮億偉弟。　馮偲倜弟。
馮儀沅父。　王宗旦質曾孫。
吴由已
淳祐七年張淵微榜
姜育
趙良幹必擇子。
寶祐元年癸丑姚勉榜
趙良傑必擇子。
洪慶龍
寶祐四年丙辰文天祥榜
趙汝定
桂讜
開慶元年己未周震炎榜
馮泌儀子。
趙良才必擇子。
趙時渥
景定三年壬戌方山京榜
蕭成之
度宗咸淳元年乙丑阮登炳榜
趙時臨時渥弟。
趙若琔
趙時領淳夫子。
咸淳十年甲戌王龍澤榜
成鐣字聲之，號修堂。

元仁宗皇慶二年詔行科舉，順帝元統三年罷，又六年而復

梁廷鳳有傳列《文學》。舊志列《辟舉》，省志列《進士》，科分已不可考，姑從

省志登之。

明太祖洪武二年開科，六年罷，十七年復設科。

以子午卯酉年鄉試，辰戌丑未年會試

成祖永樂四年丙戌林環榜

趙貴和御史。

秦榮祖御史。《湖廣通志》："興國州人。"《國子監進士題名碑録》及《湖北通志》俱作咸寧縣人。

憲宗成化五年己丑張昇榜

徐鏞有傳列《名賢》。

孝宗弘治三年庚戌錢福榜

徐鉞字用寧，鏞弟，知府。

徐鈺有傳列《名賢》。

弘治六年癸丑毛澄榜舊志誤四年癸丑。

郭浹字從仁，官御史、按察使司僉事。

弘治九年丙辰朱希周榜　弘治十五年壬戌康海榜

劉珂有傳列《名賢》。

鍾湘有傳。據《通志》增入。

武宗正德九年甲戌唐皋榜

劉守緒有傳列《名賢》。

正德十二年丁丑舒芬榜

劉守愚有傳列《宦績》。

世宗嘉靖五年丙戌龔用卿榜舊志誤六年丙戌。

楊儒魯字得之，三任知州，升户部廣東員外郎，山東按察僉事，轉雲南按察提學。

嘉靖十一年壬辰林大欽榜

葉國華字尚實，順天府尹。省志係主事。

嘉靖二十三年甲辰秦鳴雷榜

徐綱有傳列《宦績》。

嘉靖二十九年庚戌唐汝楫榜

吴國倫有傳列《名賢》。

嘉靖三十二年癸丑陳謹榜

劉師潁有傳列《名賢》。

熊坦新會令。舊志誤嘉靖己未丁士美榜，今據《進士題名碑録》更正。但《碑録》下注云："興國州民，籍通山縣人。"。

穆宗隆慶五年辛未張元忭榜

鄭宗學字汝志，初任四川巴縣知縣，行取御史，遷福建提學僉事、雲南布政使左參議，所歷有聲。著有《鷃鶡詩集》。

神宗萬曆二十一年壬辰翁正春榜

黄士吉有傳列《宦績》。

萬曆二十六年戊戌趙秉忠榜舊志誤戊戌顧起元榜，今據《題名碑録》更正。

曹志遇有傳列《宦績》。

按明《題名碑》，是科，志遇二甲五十七名，與蒲圻魏説、江夏汪之彦、張文光、熊廷弼同榜，武郡中第稱盛云。

萬曆三十五年丁未黄士俊榜

石炬有傳列《宦績》。

萬曆四十一年癸丑周延儒榜

潘師道有傳列《宦績》。

萬曆四十四年丙辰錢士升榜舊志誤四十五年丙辰，今更正。

劉之待有傳列《宦績》。

莊烈帝崇禎元年戊辰劉若宰榜

梁招孟有傳列《宦績》。

崇禎四年辛未陳于泰榜

曹景參字弼劉，志遇子。傳臚，任禮部主事，轉員外郎，擢南京刑科給事中，轉吏科都給事中。

崇禎七年甲戌劉理順榜舊志"理"誤"履"，今據《題名碑録》更正。

馮之圖有傳列《宦績》。

崇禎十六年癸未楊廷鑑榜

劉世斗字宿占，官户部主事，奉使本省徵軍餉，聞變歸里不仕。

舊志載州士占外籍登第者十二人今另録於後。

英宗天順四年庚辰王一夔榜

馮俊官都御史，廣西慶遠府宜山縣籍。

憲宗成化五年己丑張昇榜

劉規官御史，四川重慶府巴縣籍。

成化十七年辛丑王華榜

馮良輔俊子。

成化二十三年丁未費宏榜舊志“宏”誤“鋐”，今據《題名碑録》更正。

劉春規子，榜眼。按《明史·劉春傳》，官禮部尚書，謚文簡。

孝宗弘治九年丙辰朱希周榜

劉台規子，官雲南參政。

武宗正德三年戊辰吕柟榜

劉鶴年台子，雲南布政使，以清譽聞。

正德九年甲戌唐皋榜

劉彭年春子，巡撫貴州，右副都御史。

世宗嘉靖五年丙戌龔用鄉榜

鄒堯臣官參政。舊志云：“衢曾孫。”按，衢以歲貢，官雲南鶴慶府經歷，因家焉。故於堯臣名下不注其籍，今查《題名碑録》，則云：“雲南大理府趙州人。”

嘉靖八年己丑羅洪先榜舊志誤九年己丑，今更正。

張烜官都御史，廣西慶遠府宜山縣民籍。舊志誤慶遠衛軍籍，今據《題名碑録》更正。

嘉靖十七年戊戌茅瓚榜

劉起宗彭年子，遼東苑馬寺卿。

嘉靖四十一年壬戌徐時行榜

劉世曾鶴年孫，巡撫雲南，右副都御史，有征緬功。舊志未載，今據《明史·劉春傳》增入。

穆宗隆慶二年戊辰羅萬化榜

劉世賞起宗子，廣東左布政使。據《劉春傳》增入。

國　朝

順治六年己丑劉子壯榜舊志誤四年己丑，今更正。

華士眉字良白，任山西長治知縣，有惠政。

順治九年壬辰鄒忠倚榜

盧高有傳列《宦績》。

方師誨有傳列《宦績》。

順治十二年乙未史大成榜舊志誤十年乙未，今更正。

吴景祉有傳列《宦績》。

華士瞻字公望，觀政刑部，授兵部職方司主事。

張翰揚有傳列《宦績》。

順治十六年己亥徐元文榜舊志誤十五年己亥，今更正。

吴豈黄字美在，任河南濬縣知縣，升汝寧府知府，未赴任卒。

康熙三十三年甲戌胡任輿榜舊志誤三十二年甲戌，今更正。

吴甫生景祉子，有傳列《宦績》。

康熙四十五年丙戌王雲錦榜舊志誤四十四年丙戌，今更正。

袁守待有傳列《宦績》。

康熙四十八年己丑趙熊詔榜舊志誤四十七年己丑，今更正。

徐學榜有傳列《宦績》。

雍正五年丁未彭啓豐榜

劉晋元有傳列《宦績》。

乾隆二年丁巳于敏中榜

柯時懋有傳列《宦績》。

乾隆七年壬戌金甡榜

李應熙有傳列《文學》。

趙鰲有傳列《宦績》。

乾隆十三年戊辰梁國治榜

程英銘有傳列《宦績》。

乾隆十六年辛未吴鴻榜

虞庭琮字兩巖，湖南桂東縣知縣。

乾隆二十六年辛巳王杰榜

王永恭字牧堂，浙江新昌縣知縣，兩充同考官。

石玖光有傳列《宦績》。

乾隆三十六年辛卯黄軒榜

董子醰字方舒。

嘉慶元年丙辰趙文楷榜

石時渠玖光孫，有傳列《宦績》。

嘉慶六年辛酉恩科顧皋榜

陳治策有傳列《宦績》。

嘉慶十年乙丑彭浚榜

石長甲寄籍陝西鎮安縣，有傳列《文學》。

嘉慶十三年戊辰吴信中榜

張聯奎字葆光，山東即用知縣，歷任博山縣、單縣知縣。

嘉慶二十二年丁丑吴其濬榜

潘光藻有傳列《宦績》。

嘉慶二十五年庚辰陳繼昌榜

梁有恭字儼齋。

道光二年壬午恩科戴蘭芬榜

鄧射斗有傳列《文學》。

道光六年丙戌朱昌頤榜

陳光亨字蘅書，翰林院庶吉士，己丑散館，奉旨以庶吉士留館教習。壬辰授編修，充武英殿協修、纂修。遷山東道監察御史，掌貴州道、協理京畿道。擢户科給事中，轉户科掌印，稽查舊太倉、裕豐倉。己亥科順天鄉試監試，巡視西城、北城，京察兩次一等。告歸養親。咸豐二年粵匪竄鄂，三年奉旨督辦團練、捐輸事務。九年賞加四品卿銜，有傳列《宦績》。

方炳文有傳列《宦績》。

道光二十年庚子李承霖榜

李煒有傳列《宦績》。

同治元年壬戌徐郙榜

石會昌有傳列《宦績》。

同治二年癸亥恩科翁曾源榜

柯掄有傳列《宦績》。

同治四年乙丑崇綺榜

王鳳池字丹臣，原名凰池，翰林院庶吉士。辛未散館，授編修，援例改知府，分發江西，署南康府知府。

同治十三年甲戌陸潤庠榜

劉鳳綸原名鳳金，字暢陔，翰林院庶吉士。光緒丙子散館，改外選，任江西鉛山知縣，加同知銜。

光緒六年庚辰王仁堪榜

鄭昌運字熙陔，寄籍江西武寧。丙子會試中式，庚辰補行殿試，即用知縣，分發河南。

光緒十一年丙戌趙以炯榜

熊冠斗字紫垣，刑部主事。

會試副榜

明明會試中備榜者，謂之副榜，送吏部授學正、教諭、訓導

萬曆戊戌科

劉三友字龍皋，授湖南桂東縣教諭，選四川德陽縣知縣。

萬曆庚戌科

楊繼泰字五華，歷任山東商河縣、江西廬陵縣教諭，累遷雲南賓州知州，陝西平涼府、雲南永昌府同知。

附録　進士

宋

李漢仁孝宗淳熙進士，大理寺評事。　蕭惟玉嘉定戊辰進士，中書舍人。

元

孫任五至元丙子舉人，丁丑進士。

國　朝

陳壽元道光庚戌進士，寄籍江西武寧縣。

補　遺

李朴宋紹聖元年進士，據舊志備考補録。

舉　人

簡試舉人見於《北齊書》，策試舉人見於《舊唐書》，不過謂舉到之人耳。在宋爲漕試，謂之發解。解送南宫，登科則除官，不第須再舉。元時亦然。明始定爲入仕之途，至今舉人遂有定名矣。

元

仁宗延祐四年丁巳

劉深按：元代雖有鄉試而無舉人之名，州舊志載有劉深，不知何據，姑仍之。

明

太祖洪武十七年甲子鄉試是年始定制，以四書制藝取士。

楊用按察使。

洪武二十年丁卯鄉試

蔡雄知府。

洪武二十三年庚午鄉試

陳本御史，廣東按察使。

洪武二十六年癸酉鄉試

王蔭生江西臨川縣知縣。

陳毅

洪武二十九年丙子鄉試

成務有傳列《名賢》。

夏廷震兵科給事中。

惠帝建文四年壬午鄉試

戚端

朱黻

成祖永樂三年乙酉鄉試

趙貴和進士。　張斌歷官四川長寧縣教諭，蓬溪崇寧等縣知縣。

曾貫

永樂六年戊子鄉試

鄧銓　汪素教諭。

姜志光禄寺署正。

佘瑀

王敏中

胡斅

永樂十二年甲午鄉試

曹謙南京鹽運使運同。

李浩國子監學録。
黄瑮字克寬。
永樂十五年丁酉鄉試
張惓國子監學正。
謝潭字永清，兵部郎中。
姜思齊
陳智
永樂十八年庚子鄉試
譚興祖
永樂二十一年癸卯鄉試
明愷教諭。
宣宗宣德七年壬子鄉試
劉端經魁，字宗正。
官壽昌
英宗正統三年戊午鄉試
汪愋
正統六年辛酉鄉試
嚴雲南直隸泰興縣教諭。
正統十二年丁卯鄉試
葉芳
代宗景泰四年癸酉鄉試
陳軏教諭。　嚴仲正雲子，南直隸蘇州府同知。
景泰七年丙子鄉試
韓孟端順天府大興縣知縣，省志：江夏人。
周銘教諭。
袁渼四川茂州學正，升淮王府右長史。
英宗三年己卯鄉試
周宗智舊志是科遺其名，誤以大冶徐宣爲興國人，今據省志更正。

天順六年壬午鄉試

葉文玫

憲宗成化元年乙酉鄉試

馮濂字伯溪，四川仁壽縣知縣。

成化四年戊子鄉試

徐鏞進士。

丁銓

成化七年辛卯鄉試

陳輅軏弟，四川儀隴縣知縣。

袁昂雲南臨安府推官。

成化十年甲午鄉試

徐鉞進士。

成化十三年丁酉鄉試

袁相渼子，字汝弼。

成化十九年癸卯鄉試

馮體乾字勉之，濂子。

成化二十二年丙午鄉試

徐鋐鈺兄，司務。據《徐氏譜》，官大理寺鄉。

孝宗弘治二年己酉鄉試

劉珂進士。

郭浹進士。

吴傑教諭。

徐鈺進士。

弘治五年壬子鄉試

鍾湘進士。

鄒縉紳

石鉞字廷威。

弘治八年乙卯鄉試

陳竽軏子。

馮本有傳列《宦績》。

弘治十四年辛酉鄉試

劉守緒亞元，進士。

譚魯字希曾，南京貴州道御史。

周啓東有傳列《宦績》。

弘治十七甲子鄉試

朱日曜字晦之。

武宗正德二年丁卯鄉試

明誠　陳績竽子，河南湯陰縣知縣。

柳孟芳四川合州知州。

郭泗浹兄，教諭。

正德五年庚午鄉試

傅雲知縣。

費讓安徽盱眙知縣。

柯貴德

劉守愚進士。

正德十四年己卯鄉試

吴憲傑子，知縣。

鄧材教諭。

世宗嘉靖元年壬午鄉試

徐化字誠之，白衣中式，官知縣。按《明史·選舉志》：士子未入學者，當大比之年，間收一二異敏，三場并通者，與諸生一體入場，謂之充場。儒士中式即爲舉人，不中仍歸提學官考試。此云白衣中式，蓋即此也。

楊儒魯進士。

嚴光治中正孫，歷任嘉興推官、寧波同知、茂州知州。

嘉靖七年戊子鄉試是年各省主試皆遣京官。

周包荒啓東子，有傳列《宦績》。　葉國華進士。

馮瓏字良川，廣西潯州府通判。

嘉靖十年辛卯鄉試

徐綱白衣中式，進士。

劉壽嶠有傳列《宦績》。

嘉靖十六年丁酉鄉試

徐直之鉞子，知縣。

嘉靖十九年庚子鄉試

劉師潁進士。

嘉靖二十五年丙午鄉試

陶弼字良弼，歷任廣東信宜縣、四川綿竹縣知縣，擢雲南姚安府通判，左遷福建都指揮使經歷，無子，卒。後州牧張公仕可碑以記之。

劉儲壽嶠侄，有傳列《宦績》。

嘉靖二十八年己酉鄉試

吴國倫解元，進士。

劉旁字仲將，山西介休縣知縣。

嘉靖二十一年壬子鄉試

熊坦進士。

嘉靖三十四年乙卯鄉試

葉棣有傳列《宦績》。

皮志文字桃泉，福建建寧縣知縣。

嘉靖四十年辛酉鄉試

石子璞户部四川司主事。

鍾文印四川巫山縣知縣。

嘉靖四十三年甲子鄉試

華存禮有傳列《宦績》。

穆宗隆慶四年庚午鄉試

鄭宗學進士。

神宗萬曆元年癸酉鄉試

劉文定有傳列《宦績》。

萬曆七年己卯鄉試

黄大賁字思素，河南潁州知州。

萬曆十年壬午鄉試

黄士吉進士。　曹志遇進士。

黄大壯字思貞，河南光山教諭，遷四川富順知縣。

徐汝化有傳列《宦績》。

萬曆十三年乙酉鄉試

劉唯一字文裕，四川犍爲縣知縣。

孫敏政有傳列《宦績》。

曹景辰字睹雲，任北直清苑縣教諭，累遷江西饒州府推官、南昌府同知、永昌府知府、雲南金騰道，卒官雲南按察使司。　成正位四川順慶府同知。

萬曆十九辛卯鄉試

劉三友會試副榜。

華三祝字師石，北直肥鄉縣教諭，升貴州思州府推官。

萬曆二十二年甲午鄉試

石炬進士。

李承望四川重慶府同知，遷夔州府知府。

華至禮四川成都府通判。

楊繼時字際明，廣東連州知州。

俞堯衢雲南晋寧州知州。

萬曆二十五年丁酉鄉試

楊日楚四川巫山縣知縣，行取工部主事。

潘師道進士。

萬曆三十四年丙午鄉試

曹景旦字周待，河南許州知州。

萬曆三十七年己酉鄉試

楊繼泰會試副榜。

萬曆四十年壬子鄉試

梁招孟亞元，進士。

劉之待進士。

萬曆四十三年乙卯鄉試

余有光字九常，在江西三署知縣，升廣信府同知、貴州黎平府知府。

吕嗣著

余文明據《湖廣通志》增入。

萬曆四十六年戊午鄉試

王登邦四川安縣知縣，遷推官，卒官貴州石阡府知府。

熹宗天啓四年甲子鄉試

曹大壯字履亨，四川樂至縣知縣。　曹景參進士。

劉良炘字其夏，貴州鎮遠縣知縣。

天啓七年丁卯鄉試

馮之圖進士。　吕嗣哲

莊烈帝崇禎六年癸酉鄉試

劉世斗進士。

崇禎九年丙子鄉試

方師誨進士。

張令聞有傳列《文學》。

崇禎十二年己卯鄉試

吴景祉進士。

柯邦棟

崇禎十五年壬午鄉試

何玉蟾字月朗。

國　　朝定制三科會試，揀選知縣，故不具載

順治三年丙戌鄉試二年乙酉定鄉會試。三場試題：頭場《四書》藝三、《五經》藝各四，士子各占一經；二場論一、判三、表一；三場策五。

華士眉進士。

何讓

順治五年戊子鄉試

梁受孟字虛益，卒官長沙府教授。

順治八年辛卯鄉試

華士噡進士。

盧高進士。

張翰揚令聞子，進士。

董用康字爾公，歷任臨武縣、湘潭縣教諭，康熙壬子貴州鄉試同考官，後任福建平和縣知縣。

順治十一年甲午鄉試

吳豈黄進士。

馬申嘉字仲甫，巴陵縣教諭。

順治十七年庚子鄉試

吳兩生景祉子，經魁。

楊倧成字仲節，江西永豐縣知縣。

康熙二年癸卯鄉試是年停四書五經藝，改爲兩場：頭場試策，二場試四書論、經論、表判。

王大騏字逢伯，江南六安州知州。

康熙五年丙午鄉試

瞿之俊字千民。

康熙八年己酉鄉試七年仍復舊制。

鍾良知有傳列《文學》。

陳愚晋元，有傳列《宦績》。

康熙十一年壬子鄉試

吳甫生解元，進士。

康熙二十年辛酉鄉試

徐學標字元奪，應城縣教諭。

康熙二十二年甲子鄉試

劉光漸字鴻次，世斗孫。

陳箕據《省志》增入。

康熙二十九年庚午鄉試

徐學榜學標弟，進士。

袁守待進士。

康熙三十二年癸酉鄉試

明濂字景茂，任鄖縣教諭。

康熙三十五年丙子鄉試

嚴自愉字繼諧，任蘄水縣教諭。

康熙三十八年己卯鄉試

瞿學元亞元，有傳列《文學》。

謝文通有傳列《文學》。

潘士英字紹筠，任湖南新化縣教諭。

康熙四十一年壬午鄉試

胡崇文字啓周，歷任湖南會同縣教諭、荆門州學正。

康熙四十四年乙酉鄉試

梁方經字緯臣。

胡齊泌據《省志》增入。

康熙四十七年戊子鄉試

梁郊孟有傳列《文學》。

明芹字僖采，考授内閣中書。

康熙五十二年癸巳恩科鄉試是科於二月舉行。

袁承麟字五川。

王雍字克際。

王政字班五，任湖南桂陽縣教諭。

柯何芳字洵叔。

蔡世鋭字鉅鹿。

康熙五十六年丁酉鄉試

劉晉元進士。

柯時懋進士。

康熙五十九年庚子鄉試

斌邁字道立，任荆州府訓導，著有《陽城山房稿》。

伍聰光字愈輝。

李應熙進士。

雍正元年癸卯恩科鄉試是科於四月舉行，加中三十名，次年補行正科。自此湖南湖北分爲兩闈。

馮道揆有傳列《文學》。

李應明有傳列《宦績》。

曹立春字盛木。

雍正七年己酉鄉試

侯光裕字騂集。

謝家誥有傳列《宦績》。

雍正十年壬子鄉試

曹鼎字履新。

雍正十三年年乙卯鄉試

劉定正字若水，乾隆丁巳恩科會試榜，後續中明通榜。任沔陽州學正，遷江西樂平縣知縣，去後民立祠以祀。

費日昇字方盛，乾隆乙丑科會試榜，後續中明通榜。

乾隆元年丙辰恩科鄉試

程英銘解元，進士。

石堪立字如卓，大挑一等，改教，歷任黄岡、當陽縣教諭。

成昌期

乾隆六年辛酉鄉試

費維垣字楠音。

張永熙字賡庸，今聞曾孫，壬戌會試榜，後續中明通榜。

盧庭琮進士。

趙鰲北闈，進士。

乾隆九年甲子鄉試

方立經北闈，有傳列《宦績》。

乾隆十二年丁卯鄉試

侯謹度字相二，光裕子，大挑二等。歷任荆門州學正、江陵縣教諭，遷福建福安、海澄、古田等縣知縣。

葉修贈有傳列《宦績》。

乾隆十五年庚午鄉試

董南楚解元，字如崑，子醇父。

謝聲亮經魁，字鶴鳴，家誥侄，大挑二等，選麻城縣訓導。

乾隆十七年壬申恩科鄉試

石鈞光字相堂，大挑二等，選應城縣教諭。

石玖光進士。

石鎧光有傳列《文學》。

乾隆二十一年丙子鄉試

曹伯爵字孔昭，大挑二等，選監利縣教諭。

袁高元知縣。

劉慶海有傳列《文學》。

乾隆二十四年己卯鄉試乾隆二十二年易表以詩，而去論、判，移經文於二場。二十三年復於第一場增性理論。

王永恭進士。

乾隆二十七年壬午鄉試

李世源字觀瀾，大挑二等，選竹谿縣教諭，截取福建直隸龍岩州州同。

乾隆三十年乙酉鄉試

萬年書晋元，有傳列《文學》。

董子醇進士。

馮以璧字尚簡。

乾隆三十三年戊子鄉試

徐仁鑑字佑衡，大挑一等，借補山東臨清直隸州州判。

乾隆三十六年辛卯鄉試

程才濂英銘子，有傳列《宦績》。

潘恒月字□□，大挑二等，選天門縣教諭。

乾隆三十九年甲午鄉試

余端字希吕，大挑二等，選建始縣訓導。

程英光字暉吉。

乾隆四十四年己亥恩科鄉試

李之恢字癯石，著有《平泉山房詩文集》《可吾盧課幼草》，有傳列《文學》。

柯道然字太光。

盧之都字見邦，大挑二等，選東湖縣教諭。

劉永泰字石臺。

汪紹泮字獻功，大挑二等，選鍾祥縣訓導。

乾隆四十五年庚子鄉試

侯安國字仲玉，大挑一等，分發直隸，署臨城縣，改教職。歷任黄安縣、天門縣教諭，推升漢陽府教授。道光庚子重赴鹿鳴宴，年八十六。

乾隆四十八年癸卯鄉試

石亨澈字星坪，玖光子，有傳列《宦績》。

乾隆五十三年戊申鄉試五十一年去論，移八韻詩於頭場。是科罷專經，輪試五經，本年輪試《詩經》。

石純治字同人，著有《日下集》《磊問堂一賢集》。

方晋源有傳列《文學》。

石時和有傳列《宦績》。

乾隆五十四年己酉恩科鄉試是科輪試《易經》。

石時桀亨澈子，進士。

乾隆五十七年壬子鄉試庚戌會試輪試《禮記》，是科輪試《春秋》。

劉朝靖字觀光，大挑二等，選黄安縣教諭。

徐洲字樞北，大挑二等，選潛江縣教諭。
柯道坦字補梅。
乾隆五十九年甲寅鄉試是科五經并試。
劉文源字冠霞，經魁，揀選知縣。
李克模字灑亭，著有《問字亭制藝》，梓行。
乾隆六十年乙卯恩科鄉試
蔡兆元字澄川。
柯增熒字曙光。
嘉慶三年戊午鄉試是科加中十五名。
鍾茂詮有傳列《文學》。
成筠字見大。
嘉慶五年庚申恩科鄉試
汪員嶠字月三，大挑二等，選廣濟縣教諭。
王基字覺巖，大挑二等，選房縣訓導。
陳治策進士。
嘉慶六年辛酉鄉試
張聯奎進士。
黄舒字蔚光。
李善揚字樸亭。
蔡興讓字懷谷，大挑二等，選授鄖縣教諭。
嘉慶九年甲子鄉試
佘雨有傳列《文學》。
石長甲寄籍陝西，進士。
嘉慶十二年丁卯鄉試
石開棟字景亭，性敏力學，英年早逝，士林悼之。
羅德崐有傳列《文學》。
嘉慶十三年戊辰恩科鄉試
盧嘉會

嘉慶十五年庚午鄉試

潘光藻亞元，進士。

吕調玉字時燭，大挑二等，選荆門州訓導。

嘉慶二十一年丙子鄉試

司光國有傳列《文學》。

嘉慶二十三年戊寅恩科鄉試

石應期字海琴，玖光子，有傳列《文學》。

成錫慶有傳列《宦績》。

梁有恭進士。

嘉慶二十四年己卯鄉試

佘柏郃字翼臣，雨弟。

郭書字作霖，大挑二等，選宣恩縣教諭。有傳列《文學》。

明玉池字奂若，大挑二等，選漢陽縣教諭。

方炳文進士。

石建熿字子恬，截取選棗陽縣教諭。

柯毅然字林浥。

道光元年辛巳恩科鄉試

鄧射斗進士。

道光二年壬午鄉試

陳光亨進士。

道光五年乙酉鄉試

鄭昌谷字文植。

道光十一年辛卯恩科鄉試

石建灼字見三，更名庭葵，時榘子，覺羅官學教習。

吕名侯字心臣。

道光十二年壬辰鄉試

袁西霖字雨三。

劉炳有傳列《文學》。

馬呈才字賢書。

道光十四年甲午鄉試

羅有文經魁，字寅川，大挑二等，選松滋縣教諭，推升漢陽府教授。有傳列《文學》。

王國平字大年。

張兆基字弼臣，大挑二等，選孝感縣教諭，以軍功保知縣，分發浙江，歷署青田、宣平，加同知銜。三爲同考官。

李克湑改名煒，進士。

道光十五年乙未恩科鄉試

劉燀字耘松，大挑二等，選應城縣訓導。有傳列《宦績》。

佘以增有傳列《宦績》。

易簡有傳列《文學》。

道光十七年丁酉鄉試

尹科昌字柏亭，著有《柏亭制藝》，梓行。

李光燿字邁西，寄籍陝西鎮安縣，改回原籍。大挑二等，選公安縣教諭。

道光十九年己亥恩科鄉試

李啓善字希衡，辦理團捐，以知縣儘先選用。

陳圭元字静巖，有傳列《文學》。

道光二十年庚子恩科鄉試

柯冠時字彩之，著有《寓園檢稿》四卷。

陳咸亨字滙川，有傳列《義行》。

道光二十三年癸卯鄉試

陳時夏字佔畢。

馮恢京字思永。

道光二十四年甲辰恩科鄉試

成輝久

道光二十六年丙午鄉試

鄒國茆更名國光，有傳列《孝友》。

楊光榮字錦春，大挑二等，選安陸縣教諭。

道光二十九年己酉鄉試

張迪元字酌清。

李雍善字雁賓，煒子，遵例以知縣分發四川。

劉均字聖矩，辦理團防，保舉内閣中書銜。

咸豐元年辛亥恩科鄉試

方瀛字仲舫，炳文子，考取覺羅官學教習，辦理團捐。以内閣中書儘先選用，後在曾文正公幕府，保舉同知補缺，後以知府升用，在營病故。奏恤蔭一子入監，六月期滿，以知縣用。有傳列《文學》。

咸豐二年壬子鄉試

劉漢杰字秀升，有傳列《文學》。

咸豐八年戊午并補行乙卯鄉試

石潤金字竹生，建灼子，考取覺羅官學教習。

侯廣章字心如。

徐春芝字蘭書。

柯掄進士。

石建點字心波，有傳列《文學》。　柯奎斗字振芳。

咸豐九年己未恩科鄉試

王鳳池進士。

石曾昌建灼子，進士。

同治元年壬戌并補行辛酉鄉試

鄭依周字完城，選建始縣訓導。

蔡樞字彩林。

同治三年甲子鄉試

楊金鎔字熙春，任棗陽縣訓導。

劉鳳書字渭珍，揀選知縣，改就教職。

劉鳳金字暢陔，更名鳳綸，炳從侄，考補景山官學教習，進士。

同治六年丁卯鄉試

黄庭更名壽庭，字安德，考取宗室官學教習、國史館謄録。

陳愷更名震，字小岩，圭元子，揀選知縣。

光緒元年乙亥恩科鄉試

劉孔彰字柳泉，考取咸安宫教習，己丑大挑二等。

石烷原名毓圭，字介吾，揀選知縣。

石起年字甲農。

成可貞字慎亭，揀選知縣，己丑大挑二等。

馮德權字經軒，峻子，考取國史館謄録，咨送功臣館，揀選知縣。

鄭昌運字熙陔，寄籍江西武寧。

光緒八年壬午科鄉試

熊冠斗亞元，進士。

鄧林春字樹人，揀選知縣。

柯錫福字价叔，寄籍甘肅環縣，十五年改回本籍。

附録　舉人

明

王務儀永樂間舉人，德化縣知縣。

姜宏禰宣德乙卯科。

徐泉字必源，天順壬午科。

徐湧字必海，成化丁酉科。

王泰字魯岳，成化間舉人，宛平知縣。

姜宏裕弘治乙酉科，南直隸六安州知州，復調甘肅蘭州衛。

石從政嘉靖戊午科。

蕭維嘉靖戊子科。

蕭浦嘉靖戊子科。

華士捷萬曆癸酉科。

國　朝

陳壽元道光丙午舉人，寄籍江西武寧縣。

劉毓齡咸豐乙卯舉人，寄籍陝西鎮安縣。

黄加焜字耀卿，咸豐戊午補行乙卯科舉人，寄籍陝西安康縣。

倪藍田同治庚午舉人。寄籍陝西鎮安縣。

柯益恭字子謙，光緒己卯舉人，寄籍陝西平利縣。

卷之十五

選舉志

歲　　貢

州學三歲兩貢，值國家有慶典，或登極，則以當貢者爲恩貢。以其次爲歲貢，此明制也，國朝因之。顧舊志所載，考充年代及歲恩名目多不可考。今自乾隆以來，謹核年代，依次臚列，其恩貢則標明於其上焉。

明自永樂元年癸未起

王思憲訓導。

俞瑀陝西沔縣訓導。

熊江郎中。

沈澄僉事。

陳常御史。

鄭友主事。

阮壽四川大足黔江知縣，升潼川知州，有政績。

楊希禮四川馬湖府同知。按：馬湖府今爲馬邊廳。

徐讓

徐孟瑀字疇衍，廣西河池縣知縣。

劉諒有傳列《名賢》。

劉清

潘昭知縣。
董綱主簿。
鄒衢官雲南鶴慶府經歷，因家焉。
萬安
夏淵
鍾南知州。省志作正統年間。
彭傑
汪讓經歷。
鍾鉞主事。
樂黼經歷。四川烏蒙府同知。
郭輔知州。
伍爵縣丞。
潘權兵馬司。按：兵馬司有正副指揮，此未詳。
易讓字崇禮，廣西陸川縣知縣。
郭琮縣丞。
秦琪字耐久。
胡瑶
黄禮同知。
姜芝典寶。
駱驥
劉昌鶴臚寺序班。
司永安雲南太和縣知縣。
袁如章昂子。
汪瑗縣丞。
郭俊縣丞。
李堅吏目。
連芳
熊美

吳鑑縣丞。

柳文南直隸定遠縣知縣。

劉憲四川蓬州訓導。

畢嵩推官。

費儉吏目。

劉珣浙江湖州府訓導。守緒守愚父。

陳定川知縣。

衡平訓導。

陳政

胡衡

嚴宏清主簿。

馮體中字建之，國子監學正，四川雅州州判。

明遠

董炬字德昭，棗陽縣教諭，升陝西洵陽縣知縣。

鄧潮訓導。

鍾清

易卿字元輔，四川銅梁縣訓導。

田賦

王浩教諭。

姜潔縣丞。

王弼

王訓

黃鉞

吳超知縣。

馬葉知縣。

徐欽知縣。

張翼

王畿照磨。

譚永敬字心齋，四川宜賓縣主簿。
蕭韶州判。
汪環經歷。
李貴四川夾江縣教諭。
王泰知事。
姜英王府教授。
葉璁教諭，敕封主事。國華父。
楊正經歷，贈僉事。儒魯父。
鄭邦
姜表
馮體範字式之，江西玉山縣訓導。
明義鍾縣丞。
劉欽
成材判官。
司守約字恩波，南直隸江浦縣知縣。
謝理經歷。
費暘
劉守經珦子，浙江開化縣訓導。
黃冕字一泉，廣西南寧府推官。
明燁主簿，後升四川蓬溪縣知縣。
郭濟
劉學夔訓導。
謝璠訓導。
萬珊
姜琨
袁永弼沅州府訓導。
司守觀
劉守績字近齋，江西星子縣訓導。

劉師曾嘉靖癸丑。
葉濚訓導。
明汝器江西德化縣知縣。
劉楫
劉師賢字石泉，守經子。
馬訓教諭。
馬緒歷任河南新蔡縣教諭，江南無爲州知州。
柯大顯
楊儒衡
袁永年麻城縣訓導。
周啓南浙江仁和縣訓導。
柳尚古南直隸六安州學正。
劉璜
馮弁字仲敬，陝西鎮安縣教諭。
袁永徽河南汝陽縣訓導。
鍾傑竹山縣訓導。據《竹山縣志》補入。
朱希益
李如佩江西袁州府訓導。
劉侗
金石字汝介，河南開封府通判。
吴試訓導。
易道南字希時，江南上海訓導，升鄖陽王府教授。
劉焯字文熙，浙江崇德縣訓導。
劉烶字文晦，浙江湖州府經歷。
華春盛字東泉，黄州府訓導，升四川中江縣知縣。
周包茅字元忠，啓東子，仁和縣教諭。
華春選字濟川，常寧縣訓導，升江西上猶縣知縣。
黄宗簡字繼時，冕子，廣東羅定州州判。

董儒舊志“醇所令”未解。
莊以善字則勸，南直隸懷遠縣訓導。
陳本蘄州訓導。
李耀松滋縣訓導，升河南開封府教授。
朱衾江西瑞昌縣訓導，萬曆三十八年詳立興瑞里。
司奇訓導。
張春和隨州訓導。
劉儹字文成，桂東縣訓導。
劉師關
莊以簡訓導。
劉之感承天府訓導。
皮志顏字子學，任南直盱眙訓導，四川蓬溪教諭。
吴贇恩。
華春焕江西廣信府訓導。
俞一舉訓導。
鄒袠宜城縣訓導。
成聯芳漢川縣訓導。
徐承孺雲南禄豐縣知縣。
郭宏遠四川龍安府教授。
朱家龍主簿。
柯世禎
黄大同字思與。
黄裳吉字文中，穀城縣教諭，升河南安陽縣知縣。
樂自端衡山縣訓導，升漢陽府教授。
吴寏南直隸宿州州判。
明輔世通判。
董三策字成中，黄州府訓導。
易應芳字九畹，江西吴江縣丞，升四川萬縣知縣。

熊士騄通山籍，廣東肇慶府教授。

吴嘉會

徐守鼎

吴邦儲

石之介

劉家英

劉之桂河南羅山縣訓導。

曹大議字司平，雲夢縣教諭，升江西德化縣知縣。

侯嘉善字空衡。

馬道遵漢陽縣教諭，升江西德化縣知縣。

吴承寵

柳日萱字榮伯，北直隸磁州知州。

劉良笏四川成都縣知縣。

石題之原名子錫，四川梁山教諭，升達州知州。

熊士驥

曹大雅字泰山。

石攻玉字盤山，四川梓潼縣知縣。

雷一鳴字禹門。

劉興覲有傳列《義行》。

司忠朝字公爾。

陳啓明字東星，黄岡縣訓導。

劉用灝字良甫，之待子，國初官沔陽州知州。

馮思翼字伯常。

石麟祥字□□。

朱懋甲字若鼎，歷任雲夢縣教諭、江西臨川縣知縣。

國　朝

順　治二年定直省起送貢生，府學每年一人，州學三年二人，赴京應廷試

侯維烈字方伯，枝江縣教諭。
吕師周
吴豈拙
吴自拔
華愈燦字新之，江西瑞州府同知。
譚學海字茹新。
舒子彥字希善，施州衛訓導。
曹士灝字太原。
郭維楚
馮俞昌有傳列《宦績》。
張異卿有傳列《文學》。
華士鰲字季綸，岳州府訓導。
袁汝芳字陽夏。
華士睿字叔思，士眉弟，新田縣教諭。
余振業有傳列《文學》。

康　熙元年酌減歲貢，府學三年二貢，州學二年一貢。八年復故，二十六年概免廷試

舒崇隆字丹對。
曹可稷字邵公。
馮全昌字得全，之圖子。
徐學知
柳世懋字濟美。

侯鎮笏字端甫，保康縣教諭。采訪册作廪貢。
朱定蕃黄州府訓導。
曹可仰字天長，江華縣教諭，升藍山縣知縣。
陳懋字孔彰，江陵縣訓導。
吴一生字衍先，景祉子。
伍慶祺字乃章，麻城縣教諭。
佘士襘副榜。
欒之賔字信生。
涂上達字我瞻。
盧秀字子實。
佘士久字德修，慈利縣教諭。
何森然字端木。
欒元聲字遠韻。
劉佳仕字倍中。
鍾角字平倩，黄梅縣教諭。
劉韜字道祉。
劉克壯字依仁。
盧湛字子見。
朱成銓字元度。
潘興儒字右文，一字静軒。
盧以劭高子，有傳列《孝友》。
朱榮眷
鍾正軾字湯有，□恩。
盧思永字恒士。
佘文潔字昆易，士襘子。
陳遇瑛字修五，襄陽府訓導。
王正朝字廷立，麻城縣訓導。
周有簵武昌籍。

廖廷相字容菴，博學工書。

鄭勸

蔣之升

江宗省志。

江文選省志。

鄧正誨省志。

王之清省志。

胡俊省志。

胡齊泌省志。

雍　正

癸卯恩貢徐時雨字若霖。

余逢年字書田，巴東縣訓導。

莊六藝字一游。

徐澐字漢初。

王定植字天培。

明夢拔字斐文。

汪聖道字孔之。

余連年字乾三，漢陽縣訓導。

張坦忠

乙卯恩貢張翰扶字仲鷹，令聞子。

乾　隆

丙辰佘文清字幼澄，士襘子。

戊午袁懋迪字卓山，宜昌府訓導。

己未梁方殿字丹上。

陳汝昂

壬戌金文璸字順應。

伍福字漢眉，南漳縣訓導。

甲子石朝光字吾匏，光化縣訓導。

袁懋淵字清凝。

乙丑劉繼梁字杭川，著有《杭川文稿》。

丙寅恩貢吴養韓字爾建，著有《易經補圖》。

謝祖武字克繩，著有《四書句解》四十八卷。

丁卯恩貢柯次桓字步雲，穀城縣訓導。

柳成陰字宏載。

戊辰恩貢孟復又字御天，保康縣訓導。是年，各省學政考驗十三氏子孫，照考選拔貢例，拔其尤者送部貢，入成均，准作恩貢。

辛未樂球字睿安。

壬申劉光霍字仲冀。

甲戌劉十賢炎子，有傳列《文學》。

樂光霖字沛三。

丙子石起易

丁丑譚之鵬

己卯潘師相字贊皇。

庚辰恩貢馮碧字鹿村。

辛巳樂鳴鳳字育萬。

壬午盧廷聿字修予。

汪謙字步湖。

癸未柯瑞燦字紹韓。

甲申馮以榦字荆揚，天門縣訓導。

石可樞字密臣，竹山縣訓導。

丙戌盧廷士字□□，枝江縣訓導。

戊子曹立綱字領三。

鍾榮國字羽儀，房縣訓導，以軍功候補知縣。

己丑費以坦字魚山。

庚寅袁任字道剛。

壬辰劉光昺

袁崇德字景湖。

袁政銑字鍾陵，鍾祥縣訓導。

萬選字唯一，保康縣訓導。

癸巳石銓光字衡堂，候選訓導。

乙未程應開字勉齋，文泉縣訓導，署沔陽州學正。按：乾隆二十七年，沔陽州分設文泉縣，以州訓導爲新縣訓導。

袁秉禹字維甸。

丙申潘國楷字以端。

佘繼明有傳列《孝友》。

丁酉石夢烈字眉東，著有《北村文稿》。

己亥恩貢董夢奇

庚子周之鼎字定三。恩賜副榜。

辛丑汪漢洋字表南。

壬寅羅萬象字□□，德琨父。

乙巳恩貢姜兆三

袁光家字獻廷。

劉觀源

馮夢筆字静齋，篤行好學，著有《四書論語解説》十卷、《詩文録》數卷。

袁敬章字緝熙。

丙午劉超字定佐，著《有性理匯全》《五經析義》。

丁未劉體仁字藝圃。

張藜坦

庚戌恩貢劉文井字□□，繼梁孫，著有《醒園詩勺》。　黄宇巍

辛亥陳希遂字玉茗。

壬子恩貢方嵩月字根道，任應山縣訓導，卒於官。

陳泰月字舒齋，黄岡縣訓導。

甲寅恩貢呂建東字謙菴，選竹山縣教諭，未任，卒。
侯述職字夏雲，謹度子。
乙卯陳正先
梁光傑字景山。
陳繼綱
曹鳳炳未詳年分。
潘國模未詳年分。

嘉　慶

丙辰劉均顯
丁巳恩貢蔡代淑字涘山。
明霽月字泉山。
戊午阮亨鰲
己未恩貢明嶽嵩字卷石。
庚申曹蔀有傳列《孝友》。
陳治策中鄉會試。
辛酉陳希邁有傳列《文學》)。
王興庚字紹白。
壬戌劉灝字甫池。
癸亥謝振紱字孔書。
甲子侯晋錫字子藩，光裕子。
阮亨德
曹家詵字周和。
乙丑舒觀國字侗伯。
丁卯洪秉鈞有傳列《文學》。
戊辰恩貢石用翱字犖平。
己巳邢克燮字調鼎，竹山縣訓導。
柯上台

庚午劉萬澄字辛伯。

辛未柯道暹字曉窗，工書，博學，任竹山縣訓導，年逾八十告歸。

癸酉石時椿字嵩齡，候選訓導。

甲戌袁顥字萬書。

乙亥梁引慶字元有，方殿孫。

丁丑朱冠南字超芳。

戊寅恩貢趙貢揚副榜。

己卯趙榮登字孔山，小試三元，竹山縣訓導。

庚辰徐崇雅字冠城。

李興璵未詳年分。

道　光

辛巳恩貢王楨

明益元字鷺門，霽月子。

恩貢林之秀寄籍四川郫縣。

駱曙字光壁。

壬午曹興正字蕃國。

癸未劉贊字乳山，文井子，著有《韻辨》四卷。

乙酉石時櫱字右觀，玖光孫，候選訓導。

丙戌侯玉字元翰，晋錫子。

丁亥程建杰字偉之，才濂侄。

庚寅劉士賀字迎韓。

李蘭臺字翔南。

壬辰袁見泳字静季。恩賜舉人，著有《愛日堂集》《粘餘録》等書。

甲午鄒魯光字若愚，著有《横嶺草廬文集》。

乙未恩貢金國楠字丹牧。

丙申趙聰達字方玉，候選訓導。

樂倫清字全吉。

戊戌徐義坡字少蘇，恩賜舉人。
己亥汪用恒字玉珊，恩賜舉人。
辛丑曹曙東字席珍。
盧宗渠字秘書。
壬寅李克涵字養源。
甲辰恩貢孔廣絣字京周。
方維城字金台。
乙巳石光銓字漱亭。
丙午恩貢張申字義恒。
陳訓誥字翬棟。
馮鶴鳴字支百。
吕名峰字嵐石。
戊申朱衣字班玉，候選訓導。
庚戌恩貢馮祖惠字潤之，恩賜舉人。
恩貢吕文龍字長修。
賈請業字孔廷。
石焕杞字卿如。

咸　豐

辛亥李炳翹字七光，克涵子。
壬子王全任字步伊，著有《玉樹山房文稿》。
癸丑汪蔚林字冲斗。
佘以堦副榜。
甲寅易文蔚字崇本，以辦理團防，保舉國子監學正銜。
乙卯明應泰字石臺。
戊午恩貢明鏞字以間。
吕名僖字曉丹。
己未劉子貞字竹書。

譚德芳字丹林。

庚申恩貢劉會霖有傳列《文學》。

賀書字若虛。

劉鳳枝字弁玉，以辦理團防，保舉儘先選用訓導。　劉翰文字星垣。

辛酉恩貢馮瑞錦字功甫，鶴鳴子，候選教諭。

恩貢阮琛字憬臣，候選教諭。

同　治

壬戌譚新畬字麗亭。

癸亥黄有亨字悦之。

甲子李畿字升秀，以辦理團捐，保舉儘先選用訓導。

乙丑恩貢明清漣字才光。

丙寅恩貢伍淋字道濟。

馮建侯字作舟。

丁卯馮迓衡字階三，候選訓導。

己巳徐安侯字錫蕃。

庚午柯亭柏字宗海。

辛未佘青選字鳳麗，候選教諭。

壬申恩貢陳元棩字醒哉，有傳列《文學》。　李兆掄字克成。

癸酉羅萬斗

光　緒

乙亥恩貢鄧兆華字春舫。

蔡迪元字碧峰。

丙子明賡颺字蘭石。

王迪吉字冠傑，候選訓導。

己卯李奉慈字有蔭。

趙以州字部泗，就職訓導。

辛巳恩貢劉赤字禄門，候選直隸州州判。　劉其清字咸庶，候選訓導。

壬午蕭延年原名逢年，字賦棊。

阮緯字伯卿。

甲申方兆鼎字馨山，候選教諭。

乙酉阮巽龍字璧如。

丙戌徐祖惠字龍溪。

戊子蔡翔字小松。

己丑石致中字子雲。

張毓林字柳村。

歲　貢補遺

明

姜貴元樂歲里人。永樂。

石斌正統。任南直隸清和縣知縣。

徐尚質弘治。

徐萬銘字自昭。嘉靖戊申。

全秉直嘉靖庚申。

徐尚祐字申之。嘉靖辛酉。河南彰德府訓導，升九溪衛教授。

柯懋芳萬曆辛巳。字蘭室。

全其倫萬曆丁巳。

侯廷表萬曆。官石首縣教諭。

譚守一字會朝。萬曆。竹山縣教諭。

鄭洪烈崇禎辛巳。選州判。

石子珍天啓辛酉。河南汲縣知縣，以中官握權告歸。

侯廷耀字子泉，天啓間官荆門州學正。

侯廷錫字懷邦。天啓。竹山縣教諭。

梁方擔招孟子。崇禎癸未。江南上海縣知縣。
華愈敏字蘭石。崇禎。
劉良燧
袁朝佐
侯友俊
侯廷禮字琴軒。
侯鶴
曹志遴字如舉。
曹大吕字即陽。
曹大夏
曹景楠
曹可彬字林生。
曹景周字元聖。
曹大賓字象賢。
曹大素字華山。
李樽肄業南京國子監，廣西龍陰州同知。　黄添裼任浙江崇德縣丞。
鄧景澄
楊儒紳字□□，陽陵府同知。
袁熺字閑晦。
石爲崙官江西知縣。
李添佑肄業國子監。
李添申蘇州府同知。
易成先曲江典史。
劉師頗有傳列《忠義》。
徐建化字南郊。江西德化縣知縣。
余有功候選訓導。
趙鑑字樂善，官驛丞。
劉師孔有傳列《宦績》。

劉師啓嘉靖癸亥。

劉師洛萬曆丙子。黄梅縣訓導。

蕭廷璥字世光，上高知縣。

馬中先

柯瑞洲字白蘋，南鄭訓導。

石廷璋黄州府教諭。

國　朝

侯鎮案字匡生。順治丙戌。應城縣教諭。

譚學瓊字友尼。順治己亥。四川昭化縣知縣。

譚學瑀字介卿。順治。孝感教諭，升浙江仁和知縣。

侯廷召字漢基。順治間任黄安縣教諭。

樂韶音字輯霖。康熙己丑。

譚學思字對臣。康熙甲辰。

譚學忠字直城。康熙。廣濟縣訓導。

柯世禎字以周。康熙甲寅。

楊善嵩字中岳。康熙乙卯恩。江南英山縣丞。

賈日亮字君弼。康熙癸亥。

王隆啓雍正己酉。

柯天祥雍正己酉。江西上高縣訓導。

馮煜昌字次昭。

袁敬亭

劉懋勳

副　貢

鄉試備榜始於元明，謂之副榜。崇禎十三年，准作貢，而州人可考者絶少。今依舊志自國朝始。

順　　治五年，詔直省鄉試副榜、諸生廪監准貢。十一年議准廷試

丁酉佘士襘有傳列《文學》。

康　　熙元年，停貢額。十一年仍作貢，其廷試停止

乙酉袁良爕字元鼐。

辛卯王遇午字三星。

雍　　正

壬子劉炎字應洲，揀選直隸州州判。

乾　　隆

戊午程逢年

辛酉張裔昇有傳列《文學》。

庚午曹伯爵中鄉試。

壬申邢繼鈞

壬午佘道肇字天倬。

乙酉梁期發字明南。

壬子王升俊字近光，歷署麻城、黄岡教諭，黄州府訓導，任房縣訓導。

乙卯鄧林蔚字鵬飛，選當陽縣教諭。

譚之鶚據省志增入。

嘉　　慶

戊子陳之章字東陽。

曹國學

辛酉譚曰爲字韋菴，考補鑲黄旗官學教習，選任興山、竹谿等縣教諭，著有《小有洞詩鈔》。

石登時

甲子成和珍字荆石，巴東教諭，著有《四書音義》，梓行。

庚午趙榮密字□□，巴東縣教諭，未赴任，卒。　彭守信字薰德。

癸酉袁晋字弁石。今生徒於大畈建祠以祀。

丙子吕佩璜字思修。

乙酉趙貢揚有傳列《文學》。

道　光

壬辰柯南先主講富川書院，有傳列《文學》。

丁酉蔡韜元字輝先。

丙午陳賓寅字春旭。

咸　豐

壬子柯輝先字琢之。辦理團防，保舉不論雙單月，選用州判。

戊午佘以堦字鼎台。

同　治

甲子徐競齋字渠菴。

光　緒

丙子易俊字南舫，北榜。

壬午欒鴻章字雁村。

乙酉陳若水字淡仙。

王萬年字七光。

戊子陳鳳恩字子香。

附録　副榜

明

華述禮嘉靖間兩列副榜。

王惟周萬曆丙子副榜。

曹景明字良孝，萬曆己卯副榜。

梁楚産字南良，萬曆乙卯副榜。

劉世賢字思齊，崇禎己卯副榜，任山東兖州府同知。

李右郢武生，中崇禎壬午副榜。

蕭時元萬曆辛卯。

國　朝

李正芳順治辛卯、甲午兩列副榜。

吴豈群豈黄弟，順治甲午副榜。

李大誥正芳子，康熙乙酉副榜。

柯作舟字伯菴，三列副榜。

拔　貢

明弘治中，南京祭酒章懋奏，請於常貢外，令提學行選貢之法，不分廩膳，增廣生員，通行考選，務求學行兼優、年力富强、累試優等者，乃以充貢，三五年一行。下部議，行之。此選貢所自始也，明稱選貢，國朝稱拔貢。

明

曾大仁字君德，江西按察僉事。按：明選貢始弘治，舊志以此爲洪武選拔，誤。

夏斗旻廷震父，本州訓導。

鄭均叔中軍都督府經歷。

孔啓元字原夫，浙江副使。查興國孔氏譜，無啓元名，而舊志《人物傳》有孔克仁，亦字原夫，官浙江按察使，疑即一人。但克仁係洪武初人，其時雖有辟舉，尚無選拔。舊志於明選拔門注云即古辟舉，豈以此誤耶？

葉普字道昭，以營造提舉，任將作司，隸工部。舊志以營膳提舉，任伴作司。按，洪武元年以將作司隸工部，六年更置營造提舉司及提舉分司，每司設正提舉一人、副提舉二人，無營膳提舉伴作司也，今更正。又舊志於普名上標永樂，亦誤。

俞科字石峰，宋御史中丞俞杲裔，由選貢司教江西浮梁縣，浮梁祠祀之。著有《石峰漫稿》，卒年八十。舊志列歲貢，今更正。

戚元禮字文卿，歷杭州守。

田奎字思文，直隸大興縣丞。

陳忠字彦良，廣州百户。

易應斗副榜。

潘興科字翼銘，陜西洵陽縣知縣。

曹相國字明登，福建連江縣主簿。按采訪册作恩貢。

劉守教有傳列《孝友》。

劉從聖字愚卿。

侯嘉藩字价人，廣東監提舉、德安府推官。

劉佃儲兄，山東高唐州訓導。舊志列《歲貢》，今據吴國倫《甔甀洞集》改入。

劉傚儲弟，四川仁壽縣知縣，據吴國倫集補入。

劉之斗師穎子，舊志列《歲貢》，今據吴國倫集改入。采訪册云：萬曆庚辰選貢。

劉惟賢

華愈秀字九岳，崇禎乙亥。

國　　朝

順　　治元年定制，府州縣學廪生隨科試後赴提學道考，選府學二名、州縣學一名。十一年癸巳，復行一次

石今剖字遠静，浙江會稽縣丞。
俞慶維有傳列《文學》。
王以家
袁吉字定久，《袁守待傳》作恩貢。
雷作霖有傳列《宦績》。

康　　熙十年辛亥、二十四年乙丑、三十六年丁丑各行一次，三十九年停止，六十一年准再行一次

丁丑鍾正儔字曾若。
雍正五年，定以六年考選一次。
癸卯周旋有傳列《文學》。
吴元仕據《湖北通志》補入。
乙卯趙鰲中鄉會試。

乾　　隆六年，定以十二年考選一次。廷試以知縣教諭揀用，餘歸教諭班選，四十二年始用七品小京官

辛酉方立經中順天鄉試。
癸酉鄧光仁有傳列《文學》。
乙酉胡興遐有傳列《文學》。

嘉　　慶

辛酉張聯奎中鄉會試。
癸酉郭書中鄉試，有傳列《文學》。

道　光

乙酉鄭道和字達甫，候選教諭，辦團，保國子監學正銜。

丁酉馮峻有傳列《文學》。

己酉劉登雲字月齋，廷試二等第一，以知縣分發山西，歷署山陰、臨汾、襄陵等縣，補平遥縣，加同知銜。

咸　豐

乙酉易步瀛字萊峰，簡弟，有傳列《義行》。

辛酉劉鳳玉字翰青，考取國史館謄録，差滿，議叙國子監學録，從左爵相營保同知，以知府留陝補用。復經新疆將軍金保補缺，後以道員用。陝西巡撫邵保加監運使銜，署同州府知府。

黄加煉字丹田，寄籍陝西安康縣。

癸酉袁光澍字漢門，朝考二等，選任黄梅縣訓導。

易俊字南舫，朝考一等第二，刑部七品小京官，轉主事、軍機處行走。丙子科，中順天鄉試副榜，現補員外郎。

乙酉李子華字蘭芳，考補正黄旗官學教習。

附録　選貢即拔貢

明

曹廷貴洪武間以討賊功，官南京五城兵馬司。

蕭彦韶字允和，景泰四年授河南睢州州判。

鍾文學字子克，嘉靖丁卯。

柯成棟字瑞欽，萬曆癸巳署武寧縣事。

石應恩萬曆戊戌。

曹大醇字攸居，萬曆癸卯，鴻臚寺序班。

劉宗令崇禎戊辰。

華愈善崇禎乙亥。

柯士琮興瑞里人，選貢，任南昌縣教諭。崇禎末，南昌城陷，與妻程氏同死難。

張鴻翔

曹景恤字尼範。

曹可儀字義人。

趙本溥字淵泉，候選州判。

趙亮字希寅，河南縣知縣。

劉師原

梁交孟字吐元，招孟弟，浙江仁和知縣。

國　朝

黄道中字小脩，康熙戊午候縣丞。

袁汝揚字叔宣。

艾芳道光己酉拔貢。

艾耀甲咸豐辛酉拔貢，均寄籍陝西鎮安縣。

尹焕奎道光丁酉拔貢，寄籍陝西鎮安縣。

優　貢

順治二年，令直省府州縣學，選其文行兼優者，考選入監。雍正十一年，令各學政三年任滿，保送優生、廩生准作殿貢，附生准作監生。乾隆四年，限大省無過五六名、中省三四名、小省一二名。三十四年，優貢照拔貢例，同督撫考復，會銜保題。

國　　朝

道　　光

丙午易亨字丹如，廷試第一，考補正藍旗官學教習。期滿，引見，以知縣分發陝西，歷署宜川、永壽、山陽、沔縣、鳳縣、鎮安等縣知縣。回逆亂陝，以守城功保加運同銜。有傳列《宦績》。

同　　治

庚午馮德材字藝先，峻子，考充鑲紅旗教習。俸滿，用知縣。光緒十一年，投效廣西鎮南關外軍營，以功保留廣西，補用直隸州知州。

援例貢生

國　　朝

袁良恪有傳列《文學》。

張文燦字方平。

李應庚字楚川。

潘成己字修安。

梁方愚字智菴，例貢，候選光禄寺典籍。

以上舊志

正途例貢

國　　朝

蔡開科字書五，廪貢，孝感訓導。

佘用時字錦屏，廩貢，黄安訓導。
費光業字擔農，廩貢，訓導。
袁均平字秀霞，廩貢，訓導。
佘以埈字德明，廩貢，訓導。
陳裕亨字補愚，廩貢，訓導。
方申翰字心牧，廩貢，訓導。
黄鶴鳴字□□，廩貢。
盧芳華字蘭室，廩貢。
艾茭字慕韓，廩貢。
朱芳字沃生，廩貢，中書銜，候選訓導。
佘以壚字圭屏，廩貢，訓導。
馮潤字芳澤，廩貢。
汪開甲字□□，廩貢。
彭桊甲字□□，廩貢，訓導。
佘寅中字亮臣，廩貢。
阮紱字福卿，廩貢。
曹從龍字香洲，廩貢。
阮綸字叙卿，廩貢。
阮春門字秉貞，廩貢，訓導。
劉鳳起原名鴻，字照屏，廩貢，訓導。
鄭春和字□□，廩貢，訓導。
吕金臺字□□，增貢，府經歷。
柯夢蘭字素波，廩貢，宜城教諭。
梁炳春字□□，增貢。
劉鳳高字可人，增貢，孝感訓導。
鄧兆華字春舫，增貢。
鄧兆遴字直卿，增貢，有傳列《隱逸》。
阮經邦字錦川，增貢。

王廷芳字蘭谷，增貢，有傳列《忠義》。
石焕棣字競秀，增貢，著有《易書詩經解》。
李應斗字暉吉，增貢，訓導。
王冀之字冶城，優附貢，工書。
潘敬暹字少渤，附貢，訓導。
佘印川字森屏，附貢，兵部學習主事。
柯光室字樹國，附貢，荆門州學正。
曹運升字□□，附貢，訓導。
樂璣字楚南，附貢。
成鴻構字心如，附貢。
董焕章字□□，附貢。
石建立字卓如，附貢。
佘兆狷字蔚霞，附貢，荆門州學正。
易壽崧字念堂，附貢，新疆直隸州知州。
易利賓字心正，附貢。
鍾容大字慶雲，附貢。
王之泮字清和，附貢。
柯鵬九字新甫，附貢，有傳列《忠義》。
陳流泰字采珍，附貢。
劉紀字受卿，附貢，縣丞。
曹奎斗字星垣，附貢。
柯夢高字以功，附貢。
舒大鎔字士如，附貢。
譚霞舉字象輿，增貢，布經歷銜。
明漸磐字希周，附貢。
彭元吉字谷山，附貢，候選縣丞。
樂汝諧字雄北，附貢。
王春生附貢。

卷之十六

選舉志

武進士

唐宋以來，有武舉而無武進士，至明成化間，鄉、會并行。弘治十七年定爲三年一舉，萬曆三十八年始定會試額。崇禎四年，以時方需材，殿試傳臚悉如文例。然終明之世，州人未聞有中隽者。

國　朝

順　治

辛丑盧嘉璋字天寵，任太倉衛守備。

乾　隆

丁巳蔡卜年有傳列《武功》。

辛巳俞道泰字□□，由京堤塘截取漕標，試用守備。

程萬年有傳列《武功》。

己丑鍾蘭臺字馥亭，歷任廣西梧州、潯州協左右營守備，升熝毒營都司。

道　光

丙戌秦定三榜眼，有傳列《武功》。

光　緒

己丑柯定三字焕采，衛用千總。

武　舉

明

萬　歷

癸卯葉恒盛石塘游擊。

壬子曹景澮字炅爾，江西康山守備。

吴學曾字富軍。

崇　禎

壬午潘全斌解元，有傳列《忠節》。

孫承武

國　朝

順　治

辛卯盧世援直隸遵化營守備。

王名世浙江都司。

陳元良

甲午趙一翥解元。守備。

李時發字昌廷。

司其迴字天戟，直隸滁州守備。

趙一騰

丁酉邢茂常

庚子盧嘉璋進士。

歐陽鼎略字東谷，安慶防江守備。

康　熙

癸卯瞿之軫字玉武，之俊弟。

皮爾類字哲人。

丙午王德尚有傳列《義行》。

丙子石其掄有傳列《孝友》。

戊子柯祥昊字天昭。

柯瑞梗字魁奪，祥昊侄。

庚子石雄字飛九。

雍　正

癸卯鮑明儒字方舒。

萬年清字蔚文。

壬子盧秉鈞字金聲。

乙卯蔡卜年進士。

乾　隆

戊寅鮑鼎新字敬修。

辛酉鄢斗牛字錫友，江西廣信衛守備。

周定邦

甲子俞道泰進士。

庚午鄧雲臺亞元。

夏曰瑚字禹謨。

丙子徐殿鰲亞元，山東德州衛守備。

王永清重赴鷹揚宴。

程萬年進士。

己卯余鼎元字定林，江蘇松江府白梁幫衛千總。

庚辰恩科俞大鵬

乙酉柯聯第山西德勝營守備。

鮑文浚字禹川，浙江杭嚴衛守備。

鍾蘭臺進士。

戊子鄒世楷

庚寅鄧雲龍

辛卯張飛熊字秉齋。

甲午柯長青亞元，字丹墀。

丁酉邢雲漢

庚子李金堂江蘇太倉衛千總。

丙午王國治

邢大英歷署竹山、黄梅千總。

戊甲李玉堂

汪聖銓字衡萬。

己酉恩科馮成翥字超群，衛守備。

孟鼎字必昌。

甲寅余克鈞字秉國，端侄，歷任浙江、江西衛千總，道光年間高家堰潰，漕運阻梗，言於漕督，用倒塘灌運法，遂獲濟。後升江蘇太倉衛、太河衛守備，調山東濟寧衛守備，加都司銜。

乙卯恩科柯鵬翥字中洋，江淮衛千總。

袁高輻字輪柱。

嘉　慶

戊午阮鳩柏

徐之榮

程臺

庚申恩科石開泰

甲子袁祥蘄州衛千總。

徐永清荆門營新堤鎮守備。

丁卯石玉堂亞元。

戊辰劉萬春

柯開元字廣泰。

癸酉汪大鵬字懋亭。

丙子張鵬翥解元，字綏之，遠安鎮營千總，歷官福建建寧鎮右營游擊。

戊寅汪大觀亞元，字飛池。

梁蘭臺更名得朋。

阮九柏

道　光

辛巳恩科汪蘭臺亞元。候選衛千總。

壬午秦定三進士。

馮國泰字金陵，鄖陽鎮千總。

乙酉汪鴻恩字貴和，安陸營千總。

戊子曹占元字朝選。

壬辰樊步鰲分督標右營效用。

甲午虞鰲字魚山。

乙未恩科梁柏臺有傳列《忠義》。

黄金甲有傳列《忠義》。

丁酉石堅城字瀟雲，開泰子。

舒清和字聖瑞，選用千總。

馮開泰字大有，鄖陽鎮把總，署本營守備。

己亥鄒見甲字振三。

邢大本

庚子胡射斗字觀國。

張鵬程字良佐，賜花翎，前署南京守城都司，歷任江蘇崑山縣新陽守備。

癸卯明光斗字憲章。

甲辰恩科楊逢春字岩泉。

虞鰲字秋山，考取本省提塘，升京提塘，授直隸守備。

丙午舒鴻羽字奎士，選用守備。

盧春亭字友石。

己酉舒魁斗字君之，清和侄。

王政字萬年。

咸　豐

辛亥恩科陳萬鵬字君爵，由營千總遵籌餉例，以營守備補用，加都司銜。

洪定國字佑文。

壬子張永泰字濟海，現在本省督標效用。

胡金甲字真之，補用千總。

己未補行戊午阮奎璧字永作。

陳定甲字順德。

李步鰲字軒然。

彭萬年字標山。

同　治

壬戌補行辛酉伍奎光字良爵。樂奏凱字信臣。

馮定泰字有容。

彭中和字□□。

陳騰蛟字恒光。

石魁陞字意和。

甲子費定甲字明萬。

許大鵬字洛之。

吴聯科字芝祥。

彭晴川字宏章。

馮聯甲字金光。

丁卯樂善華字竹軒。

王金榜字有餘。

楊寅春字振玉。

庚午李芹植字匀之。

袁炳南字福成，甲戌大挑，分發湖廣督標，以千總補用。

王雙桂字錫元。

金國鈞字官三。

癸酉程逢年字箴墅。

樊龍章字廷瑞。

明登瀛字惟亨，補用千總。

劉成金字楚材，補用千總，加守備銜。

陳鵬來字用之。

李長庚字有光。

柯林先字獻壁。

光　　緒

乙亥恩科鄒雄萬字茂發。

向依進字金榜。

金翔翱字正安，候補守備，兼襲雲騎尉。

丙子石上達字崑臣。

鄭錦堂字言采，補用千總。

王義臣字以忠。

己卯馬中良字春門，解元，督標中營千總。

游占元字爰采。

石林城字廣大。

壬午梁登雲字文興。

柯定三字焕采。

乙酉陳定三字清之。

戊子周淩霄字春舫。

張鰲字錦川。

附録　武舉

明

楊希義洪武丙子。

楊儒偉

劉興亮文定子，有傳入《義烈》。

國　朝

鄭龍岡康熙丁卯。

卷之十七

選舉志

薦　　辟

孝廉、秀才猶有鄉舉里選，諸侯貢士之遺法。至隋始罷州郡之辟，廢鄉里之舉。科目取人，遂爲千古定制。然非常之士，由論薦而見用者，不獨漢晋爲然也。舊志自晋迄宋有辟舉門，自明以來有薦擢類，今并入薦辟。至國朝，登極之年，選舉孝廉方正，而廷試後以外官用者，亦歸於此焉。

晋

孟嘉有傳入《名賢》。

五代南唐

吴舉有傳入《名賢》。

宋

吴擇仁有傳入《名賢》。

向友臨

石琮

馬驤

王希聖祀鄉賢祠。

馬宗勉

董令蛟

吳好禮

吳必大有傳入《名賢》。

元

梁廷鳳有傳入《文學》。按本傳無習舉之文，因舊志已載，仍之。

馬鏞有傳入《文學》。

張文忠有傳入《義行》。按本傳增入。

明

王則大有傳入《宦績》。

馬濤有傳入《文學》。

馮惟德據《湖廣通志》增入。

劉仕榮有傳入《宦績》。

萬文彬山東恩縣知縣。

陳紹祖字世功，洪武間以人才授福建將樂縣令。

國　朝

袁良陞有傳入《宦績》。

劉世高字用智，順治間以洪承疇薦，署益陽知縣，雲南劍川知州，康熙間授江南桃源知縣，卒於任。

佘鳴珂字玉卿，嘉慶元年，舉孝廉方正六品銜，已載《獎叙》。

萬斛泉字清軒，咸豐六年，胡文忠公林翼薦舉隱逸，稱斛泉平日以小學、《近思録》爲宗，精研《大學衍義》《性理》諸書，家貧性孝，取與不苟。旨獎七品頂戴。光緒九年涂制軍宗瀛奏薦，稱斛泉恪守程朱，躬行實踐，講學不倦，老而彌篤。加國子監博士銜七品。已載《獎叙》。

成憲字毓芳，錫慶子，咸豐元年以廪貢生舉孝廉方正，朝考引見，以直隸州州同用。

徐安侯字錫蕃，光緒三年以歲貢生舉孝廉方正。

附録　薦辟

宋

石維新字興周，仁宗慶曆二年壬午辟舉。

石舉二字偉元，高宗紹興二年壬子以辟舉授判官。

石必得

元

石廷瑞

明

吕必忠宣德九年以廪生薦任浙江金華府知府。

陳榮授河南開封府經歷，正統七年以河工授府推官。

劉用大以人才薦授蘄州州判。

軍　　功

元

張文忠有傳列《武功》。

明

宋榮宣化里人。國初，克興原有功，授萬户。洪武五年實授百户，十一年調山丹衛。按《明史・兵志》:“初，太祖爲吴王，置十七衛親軍指揮使司，罷各翼統軍元帥，令諸將有仍元舊稱樞密、平章、元帥、總管、萬户者，名不稱實，甚無謂也。其核所部兵五千人者爲指揮，千人爲千户，百人爲百户，五十人爲總旗，十人爲小旗。”榮之由萬户而實授百户，蓋以此也。

錢志廣辛興里人。洪武五年以功授天長衛百户，後調甘肅衛，宣德七年升千户。

袁伯和修善里人。洪武六年以武昌軍征進有功，授南京金吾左衛百户，永樂間調濟川衛。

王榮三下豐樂里人。天長衛軍調廣西桂林右衛，洪武五年以功升總旗，二十八年升本衛百户。

張和豐義里人。洪武八年由天長衛軍調彰德衛，以征進有功升百户，尋調廣寧中屯衛前所。

李源興教里人。洪武八年由武昌衛軍調燕山左衛總旗，後以功累官金吾左衛指揮。

夏得舟宣教里人。洪武間充武昌衛左所，升百户。

韓良興教里人。由武昌衛征進有功，升本衛千户。

項任興教里人。由天長衛軍調鷹揚衛，有功，升本衛千户。

朱震卿宣化坊人。武昌衛總旗。

潘宗三辛亭里人。由武昌衛軍調長沙，有功，升總旗。

凌忠興教里人。由武昌衛軍以功升本衛百户。

倪顯下豐樂里人。永樂三年以功授金吾後衛百户，正統七年調貴州烏撒衛左所。以上衛所官，舊志列《武勛》，今并入《軍功》。按《明史・兵志》:“衛所者，天下既定，度要害地，係一郡者設所，係連郡者設衛。大率五千六百人爲衛，千一百二十人爲千户所，百十有二人爲百户所，所設總旗二、小旗十，大小聯比以成軍。”

鄧嘉會有傳列《武功》。

賈榮有傳列《忠義》。據《皇明表忠紀》增入。

程志升崇禎十六年以督兵團練得法，給守備職銜。存江防兵備道楊給付札增入。

國　朝

吴貞有傳列《忠義》。

趙云有傳列《忠義》。

梁勇有傳列《武功》。

王國用有傳列《武功》。

陳彪本省撫標把總。

劉光德任四川安龍關千總。

余正賢隨征吴逆得功，官陝西階州游擊，年老致仕，寓居鄂城。

劉大雄乾隆五十六年，以軍功任湖南武岡營守備。

袁九松有傳列《忠義》。

徐遠俊字位雄，考歸督標，署守備，攝理游擊印務。

歐陽定志有傳列《忠義》。

李光春有傳列《忠義》。

趙既發有傳列《武功》。

尹昌景有傳列《忠義》。

袁騰蛟以軍功保舉儘先補用千總。

秦定甲字臚卿，武生，援例都司銜。同治五年投效江南軍營，以功保舉守備，留湖北儘先補用，賞戴藍翎。八年以從剿捻匪全股蕩平，賞换花翎。

鄒榜甲武生，同治元年投效江蘇營，以功累保守備，賞戴花翎。又以功累保至游擊，留江蘇補用。

從會雲字俊才，武生，同治三年以從征粤匪有功，累保至都司。九年從剿平捻匪，保升游擊，留湖廣督標儘先補用，并賞戴花翎，加參將銜。

袁輝南武生，以軍功累保都司，賞戴花翎，捻匪肅清，保免補都司，以游擊儘先拔補。

汪有湘以功累保都司，賞戴花翎，加參將銜。從剿回逆，保至記名提督，賞給敢勇巴圖魯，復賞達春巴圖魯。

王有才以軍功累保參將，同治七年加保免補參將，以副將遇缺即補。

佘有雄字光和，由行伍從征湖南、四川、陝西等處，援巴河經制外委，署黄州把總。

汪自康字壽菴，宣化里人。咸豐九年由武童投效徽防唐軍門仁廉營，隨同霆軍轉戰數省，以功保千總藍翎。旋保守備，賞换花翎。同治間累保游擊、泰將、副將、總兵，賞强勇巴圖魯，記名遇缺簡放提督，加賞薩凌阿巴圖魯。光緒五年，李傅相鴻章委署樂亭都司，十年檄帶淮軍鎮守北塘。

佘拔群字冠卿，雨孫，以軍功累保記名總兵，賞戴花翎。

佘兆興字嘉爵，柏部子，以軍功累保都司，賞戴藍翎。

佘登雲字國爵，柏部子，以軍功保儘先補用守備，賞戴花翎。

佘瑞奇字芝卿，柏部孫，以軍功保都司，賞戴藍翎。

徐騰鳳字瑞臣，咸豐九年投效楚軍，保六品藍翎守備、花翎，同治三年加保以參將儘先補用，五年歸湖廣督標差委，歷署德安營參將、督標、左營游擊。

柯柏棟以軍功保游擊銜，補用都司，賞戴藍翎。

陳連福投效江南軍營，累保守備都司銜，賞戴藍翎。

張耀忍從鮑軍門超剿捻匪，累保游擊，賞戴花翎。

盧怡順從軍剿粤匪，累保儘先補用都司，賞戴藍翎。

陳廷發咸豐元年投效霆軍，保舉守備，賞戴花翎。迭戰有功，累保游擊。光緒三年歸湖廣督標儘先補用。

王文煌字輝庭，投效江蘇軍營，隨援浙閩，克復湖州、長興、漳州、漳浦各府縣，累保千總儘先拔補，賞戴藍翎。

張猷兆基弟，隨兄督帶團勇攻剿獲勝，湖廣總督楊保以營千總儘先拔補。

劉輔軍字紫卿，由武童以軍功保外委藍翎，洊保花翎總兵，加提督銜，署甘肅金塔協借，補陝西榆林游擊，賞颺勇巴圖魯。

曹衍誥以軍功保藍翎千總。

石立培字□□，以軍功洊保都司，儘先補用，賞戴花翎。

張龍驤鵬程子，以功保花翎守備，補淮揚水師中營二司把總。

鄭得勝字□□，咸豐初以剿賊功，蒙曾文正公累保總兵花翎，賞給敵勇巴圖魯。

汪攀桂以軍功保儘先補用都司，加游擊銜。

梁國棟以軍功累保參將銜，賞戴花翎。

梁爲學以安徽軍功保外委。

李殿元湖北興國營經制外委，加千總銜。

明大鵬以陝甘軍功保千總，儘先補用。

袁漢川以陝甘軍功保千總，儘先補用。

張元吉以陝甘軍功保千總，儘先補用。

張光明湖廣督標右營藍翎，儘先補用。

李捷榮守備銜補用千總，賞戴藍翎。

張義廷有傳列《忠義》。

張長林有傳列《忠義》。

張茂蘭兩江補用參將，賞戴花翎。

吴祥發兩江補用副將，賞戴花翎。

張永發鵬程子，以功保把總，江寧候補。

吴思贊參將花翎，加副將銜。

張鵬萬武生，以功保守備江南，協標候補。

張百川鵬程孫，六品軍功江南協標，候補把總。

潘錦有傳列《忠義》。

秦久勝有傳列《忠義》。

潘鼎臣有傳列《忠義》。

譚同朝字尚鄉，康熙時以功授守備銜。

江自松字恒青，以軍功保把總藍翎、守備花翎，加保都司，留湖廣督標，儘先補用。

向安邦福建候補都司，賞戴花翎。

張得勝鵬程子，以功保藍翎守備，江寧城守協標候補。

汪定澄字樹亭，武生，以甘肅軍功保千總，儘先補用，賞戴藍翎，重游泮水。

劉國安以軍功保花翎守備，委署千總。

袁祖禮字立齋，以功洊保游擊，京都神機營當差。

尹昌鳳昌景弟，以功累保參將。光緒十一年隨霆軍南征，在邊瘴故，鮑爵帥超奏准議恤。

楊德泰字和章，以功保守備，加都司銜，賞戴花翎。

李長貴字會雲，以軍功保千總，儘先拔補，賞戴花翎。

樂達發以軍功洊保副將，躍勇巴圖魯。

劉先執以軍功保花翎千總。

向連春字允文，以功保藍翎，儘先守備。

舒紳字進明，武生，以軍功保藍翎千總。

李勝啟字定本，以軍功保千總，儘先拔補。

舒清倫以功保藍翎守備。

劉定選以軍功保藍翎守備。

梁仁字觀臣，任通山外委。

舒錦字吉門，軍功五品銜。

朱浩文字海石，軍功五品銜。

舒世啟字庭芝，以功洊保藍翎守備。

從香得以軍功洊保藍翎守備。

軍　功文職

萬斛源有傳列《忠義》。

吕岱雲有傳列《忠義》。

秦榮有傳列《宦績》。

方翊元有傳列《宦績》。

邢世銘字子賡，以八品銜委辦湖北糧臺軍裝局務，累保知縣，分發安徽，授銅陵縣知縣，加同知銜。

梁有光字毅於，增生，以江南軍功累保即選州判，升用知縣，補甘肅狄道州州判，賞戴藍翎。

秦勳廷字彤卿，以安徽軍功保從九品，遇缺即選，賞戴藍翎。復以功保知縣，歸部候選，加五品銜，賞换花翎。

吕達同治二年以陝西軍功保知縣，歸部候選，加五品銜，賞戴藍翎。

袁益謙附生，以陝甘軍功保儘先選用訓導。

汪慶雲附生，以陝甘軍功保儘先選用訓導。

秦承忠字以臣，榮子，附生。咸豐十年，以安徽軍功保遇缺即選訓導。

方兆鼎字馨珊，廩生。在江蘇直隸軍營以功保教諭，歸部候選。

馮其祥字明山，同治二年以陝西軍功保舉不論雙單月選用從九品。

石煇南字燦亭，監生。投效曾文正公大營，以功保縣丞、府經歷，分發安徽，遇缺即補，賞戴藍翎。歷署廣德、直隸州杭村巡檢、阜陽縣丞。

李滋森字蘅石，尊賢坊人。由國子生以軍功保升知縣，署甘肅昌吉縣事，復以功累保遇缺題奏，道加二品銜，賞戴花翎，奉旨出使俄羅斯。

朱希文例貢生，以軍功保縣丞，加五品銜。

劉鑌字曉峰，以軍功累保同知，賞戴花翎，分發安徽，署潁州府撫民同知，授廬州府江防同知，調任鳳廬分防同知，署鳳陽府知府。

劉先煊字旭光，在甘肅隨營，以軍功歷保縣丞，留新疆補用賞戴藍翎。

劉紀字受卿，附貢生，光緒十一年從軍廣西，保縣丞，旋在廣東瓊州剿黎匪，營次積勞病故，議恤。

尹啟健以軍功保知縣。

明邦忠字藎臣，由文童以軍功洊保知縣，署理甘肅平羅、靖遠等縣，加同知銜。

易壽崧字念堂，附生，考取謄録。以鹽大使隨同中俄分界大臣烏里雅蘇臺將軍長順赴新疆中段，渡特克斯河至東北格登山，有高宗純皇帝《平準夷御製銘》勛記，俄欲以山屬俄，壽崧條陳將軍，力争其地，得入中界。旋赴南路，定貢古魯克界，長將軍與劉爵帥錦棠意見不合，崧著《貢古魯克辨界》，遂定格登山。經金將軍順奏明，重脩碑亭。崧以功累保運同銜甘肅、新疆，即補直隸州知州。

佘繩武字精丞，候選按照磨，以軍功保加五品，分省補用。

孫其昌東鄉里人。以軍功洊保同知銜，即補知縣，賞戴藍翎。

附録　軍功

明

王大權字原衡，洪武間以軍功授指揮。

徐鎰以軍功授指揮。

袁天素崇禎間奉檄剿闖賊，以功授千總，子朝達亦授千總、朝适授百户。

國　朝

李成英宣化坊人。康熙間以軍功補浙江處州衛千總。

方師定長慶里人。康熙間隨鄔參將出生，以功擢至湖南參將。

卷之十八

選舉志

援　　例

納粟予官，始漢文帝。明嘉靖間，尚書高燿奏開乞選事例，請於歲貢、援例等監生，預授在外布、按經歷等官。援例之名，始見於此。舊志《援例》一目有載職銜者，有僅載姓名者，概仍其舊。此次所載，則以實職爲限，必分發到省，及不論雙單月儘先選用者，方彙入焉。

明

劉炌字文旃，《采訪册》作選貢、四川夾江知縣。

樂進賢鴻臚寺序班。

譚守身字大本，《采訪册》作歲貢、江西新建縣丞。

劉守則實授京衛經歷。

劉守質初授北京忠義右衛經歷，升任祁州州判。

王佐卿

盧本立南直隸舒城知縣。

楊儒習《采訪册》作嘉靖辛亥歲貢。

楊儒楷南直隸金壇縣丞，《采訪册》作嘉靖庚戌歲貢。

劉師庠樊湖吏目。

盧彦字少桂，經歷。

盧音字二桂，縣丞。

徐嘉璧

徐嘉瑾

熊名選字舉菴，四川鹽亭縣主簿。

熊名世字步雲，南直隸興化縣。

譚學閔字調適，守身子，大理寺評事，《采訪册》作歲貢。

曹景焕字闇倩，江西南康縣丞。

成正化字育寰，貴州平越府通判。

石爲嶔字崑麓，江西萬安縣主簿。

袁世科字登明，山東膠州同知。

余自强有傳列《文學》。

余自昭《采訪册》作附貢。

葉時蕃

吴天恩嘉靖丙寅，由吏員任光澤縣縣丞。據《光澤志》增入。

國　朝

袁汝雲有傳列《耆壽》。

盧以誠字至昆，任福建蒲城縣巡檢。

袁良怡汝雲子，有傳列《宦績》。

袁承楚良陞子，有傳列《宦績》。

馮枚大字聖卜，俞昌子，候選縣丞。

袁承秦良陞子，有傳列《宦績》。

馮敷大字敬五，俞昌子，候選州同，舊志作縣丞。

袁承齊字念渤，候選州判。

熊光賓字克先，候選縣丞。

趙志璣字幾玉，鰲父，候選州同。著有《居易齋詩集》四卷。

董漢賢有傳列《義行》。

柯必壽字九如，候選州同。

袁秉鈞字調陽，承秦子，候選州同。
袁秉柱字亮公，候選州同。
葉永芳字裕臣，候選縣丞。
王正綿字最遠，候選縣丞。
柯祥景有傳列《義行》。
陳遇讚愚子，有傳列《孝友》。
袁光觀字利賓，候選縣丞。
吕士達字漢一，候選縣丞。
盧以勸字掖人，高子，候選縣丞。
袁承伊字正儀，候選縣丞。
明家傳有傳列《義行》。
袁秉敬字克皇，候選州同。
易光世字裕崑，候選《縣丞》。
阮豪字繼咸，候選州同。
袁秉恭字鼎二，候選《州同》。
熊起泮字紹遊，候選縣丞，一作考選州同。
鍾先鐸字覺世，候選《縣丞》。
王慧字爾芳。
邢維繕字元德。
黄學鏞字廷宣。
石璞有字雲剖。
蔡世録字樹功。
袁良愷字西臣，良怡弟。舊志注：優生不應入此。
邢維紀字倚越。
鍾秀字東曙。
袁秉政字致和。
袁良悟字次泌，廣西全州三角司巡檢。
石傑字魁皇。

董儒林字西翰。
袁秉棟字懋公。
程宜惠字亮疇。
石豪字履中。
董儒榜字掄元。
汪秉興字應時。
張文煒字映奎。
董正智字舜哲。
袁崇星
王世榮字文秀。
柯隆貴字榮三。
董魁字殿廷。
石鋭光字大山。
李祥興字贊文。
柯隆仕字榮遇。
董儒德字希顏。
譚繼章字聖彩。
李天民
王汶興字界魯。
趙傑字聖典。
柯顯仁字乾元。
明士闢字相乾。
石堪澍字通六。
石堪睿字秉乾。
明士開字唐選。
徐琮字連珍。
吕興檜字孔植。
徐俊字超于。

柯國泰字掄彦。
石堪樂字非勉。
吕和衷字方寅。
柯東表字贊堯，縣丞。
吕和政字尊五。
周明草字夢祥。
劉壽萬字仁山。
徐應隆字燕清。
朱顯虞字舜若。
方立興字於詩。
董儒仙字超凡。
姜永亮字廷弼。
劉光衍字羲策。
劉鴻
張啓鋐字惠公。
張儒瑚字禹珍。
程天吉字其輝。
張儒連字湯貴。
俞有則字秉懿。
劉光勇字仲可。
李紹膺字裕後。
譚續章字舜友。
潘成全字舍六。
石秉明字定南。
李郁字雍珩。
明嘉煒字聖赤。
袁楫臣
蔡代洋字聖謨。

明永清字大定。

賈成燕字合九。

伍一驥字青度。

王成龍字慶萬。

邢魁字玉衡。

賈成烈字卜五。

盧秉義字希元。

王建中字民表。

袁崇漢字郢川。

曹可交

王畿字常一。

李國禮

司齋榮字遠光。

程斌

鍾冕初字肇璜。

汪基夫字乾六。

華世祉

華世敬

姜隆先字世豐。

蕭承頒字書來。

鄭鰲字咸萬。

蕭承遴字循萬。

徐敦愉字希穆。

趙大璞字世珍。

金道緯字象東。

張榮字勢澐。

劉慶澤字扶遠，候選州同。

袁衮字河清。

袁房字嘉謨。
袁傑字漢三。
馮大字履吉。
曹自高字凌遠。
馮承安字寧萬。
馮承授字仲傳。
邢中立字易周。
程英琦字錫山。
程應璞字荆山。
袁秉華
熊起源字心海。
汪基賢字希聖。
汪士彤字仲淡。
汪基榮字魁士。
王河興字乾來。
賈成偉字用極。
王泗興字魯源。
馮爲徵
馮爲模
馮生光
馮際泌
潘學忭字樂安。
樂光韓字又昌。
樂正聲字尼山。
鄒伯芝字蘭室。
蔡大明字奇猷。
劉繼衛字駕三。
袁承鎮字藩四，候選吏目。

袁承鎬江南華亭縣典史。
徐長炤字臨下。
張敬機字少廷。
王鋭字匪鈍。
程文魁
周家孝字景虞。
柯清明
馬元春
王備武字兼文。
馬世超
朱桐字現凰。
吴鐘雲字瓊章。
方時雍字永和。
柯隆字漢三。
張啟鎧字魯山。
曹職教字師契，候選州同。
劉光邦字仲佐。
吕大彦字偉士。
許大珪
陳公會
程天鼎
曹自童
劉士苾
舒善愚
程應芝
陳宗蕃字亦舉，貢生，候選州同。
以上舊志。

援例職官

周嘉運監生，任江西龍南縣知縣。

余紹淇克鈞子，字竹川，由監生捐縣丞，分發東河。

劉傳經有傳列《宦績》。

劉鳴盛有傳列《宦績》。

秦承壎有傳列《忠義》。

鄭春和廩貢，試用訓導。

阮卿雲監生，不論雙單月選用州同。

蔡開科更名宗瑞，字書五，廩生，任漢陽孝感縣訓導。

阮肇文不論雙單月選用布政司經歷。

阮先拔不論雙單選用縣丞。

柯益祖進魁子，字潤之，不論雙單月選用從九。

虞翼雲字若谷，不論雙單月選用從九。

袁汝衎廣西興業縣知縣，升貴州平越州知州。

石奉儀内閣供事，任陝西興平縣典史。

李應斗字暉吉，增貢，分缺選用訓導。

鄭道均字豫章，理藩院供事、議敘、府經歷，分發安徽。

易鵬九字勛臣，江西候補通判。

李宗元煒子，候補布經歷，賞戴藍翎。

易自衡字□□，以從九分發安徽，署英山縣典史。

羅錫麟字舟之，有文子，監生，以府經歷分發江西。

周均藻字輝典，監生，分發安徽，候補縣丞。

姜學詩監生，任廣西永福縣典史。

阮治進字超舉，不論雙單月選用從九。

秦承惠字義臣，榮子，監生，分發安徽，候補同知。

柯長齡監生，江西東平衛千總。

羅應麟監生，儘先選用衛千總。

方佐清字季常，監生，不論雙單月選用府經歷。
黄善興分發兩淮鹽課大使，加知州銜。
易壽祺不論雙單月儘先選用從九。
李子芳以從九分發陝西。
阮春門字秉貞，增貢生，試用訓導。
曹運升附貢生，不論雙單月選用訓導。
劉鳳起字照屏，傳經孫，廩貢生，選用訓導。
劉方玉字著先，選用府照磨。
佘以境由保舉布照磨，加捐布理問候選。
佘以埈廩貢生，不論雙單月選用訓導。
劉鳳典字瑞臣，内閣供事，候補巡檢。
劉鳳章字仙陔，詹事府供事，捐按經歷。
彭榮甲廩貢生，不論雙單月選用訓導。
伍紹藻字晴川，由監生援例分發安徽巡檢。
易傑字偉生，廣東試用府經歷、布理問銜。
佘承瓚東河試用主簿。
佘榮江西試用從九。
盧近思監生，以縣丞分發江西試用。
易輝分發四川巡檢。
李桂芳字竇卿，監生，貴州候補巡檢。
馬名定郡庠生，分發江西候補巡檢。
吴崇善以巡檢分發廣東補用。
羅肇麟貢生，不論雙單月選用從九。
徐曙貴州天柱縣縣丞。
阮鼎三貴州思南府經歷，歷署安化、普安、興義、永寧等縣知縣。
吕金臺增貢，補四川嘉定府經歷，歷署資州、平武、赤水等縣事。
柯夢蘭字素波，廩貢，試用訓導，歷署安陸府訓導、宜城縣教諭。
柯進魁字步青，監生，以從九署直隸多倫諾爾巡檢，因陝西軍功給六品銜。

柯光室字樹國，夢蘭子。附貢，分缺先用訓導，署荆門州學正。

陳履亨字蔭千，增生，鴻臚寺序班，試用訓導。咸豐九年襄辦團捐出力，保舉以知縣不論雙單月選用。

陳際春字用珍，監生，以知縣分發安徽。歷署貴池、鳳臺、定遠等縣，補旌德縣，加同知銜。

石承露字濟川，監生，以通判分發四川，署綏定府城口廳通判。

李楷字漢臺，以從九分發廣西，署武緣縣典史，補宣化縣三官司巡檢。

方申翰字心牧，廪生，分缺選用訓導，軍功保舉五品銜，賞戴藍翎。

佘兆狷字霞蔚，附貢，試用訓導。歷署荆門學正、枝江縣訓導，後以助餉保舉儘先選用布政司理問。

佘林成字龍川，分發安徽巡檢，署石碌縣典史，護理石碌縣知縣，補茹麻分司。

佘用時字杏林，廪貢，補黄安縣訓導，加鹽提舉銜。

佘印川字界民，附貢，以主事籤發兵部武庫司，兼武選司行走，加員外郎銜。

周書中字渭川，監生，以通判分發浙江，加鹽提舉銜，署金華府通判，賞戴花翎。改省廣東，署理潮州府通判，加捐知府，賞加三品銜。兩廣總督劉於協餉案内保補缺，後以道員升用。

劉蔚霞字冠林，以布政司經歷分發山西，改發江西，署南安府照磨，加知州銜，賞戴藍翎。

秦臺字青門，定三子，以縣丞分發貴州，署思州府經歷，賞戴藍翎，襲騎都尉世職，父卒於軍，奉旨服闋。後以知縣留貴州補用。

李占鳳字象赤，應斗子。以未入流分發貴州，補遵義縣典史，升補天柱縣縣丞，定番州、羅斛州州判，署桐梓知縣。

鄭懋字净書，理藩院供事，議叙府經歷，分發甘肅，補平凉府經歷。

佘紹洙武生，江南興武衛千總，升山東臨清衛守備。

佘紹沅克鈞子，監生，署湖北頭幫千總，加衛守備銜。

佘文偉監生，署山東武城、糧河等縣縣丞，補汶上縣縣丞，加同知銜。

佘勛之監生，江西南昌衛千總，升安徽滁州衛守備。

佘焕監生，江西大庾縣赤石司巡檢。

潘晟字曉滄，觀藻子。監生，以府經歷分發四川，軍功累保同知直隸州知州，留貴州補用，賞戴花翎。

李宗蔭煒子，署陝西糧庫大使，即補知縣，加同知銜。

潘敬暹字少渤，觀藻子。附貢生，不論雙單月儘先選用訓導。

陳裕亨字補愚，光亨弟。廩貢，不論雙單月選用訓導。

張元凱兆基子，由文童保六品頂戴，援例捐分江西按經歷，復隨荆將軍多剿賊楚境，案内賞戴藍翎，加五品銜，改發浙江。

佘藻醇監生，分發浙江，候補鹽課大使，加六品銜，賞戴藍翎。

佘以壚廩貢生，加同知銜，不論雙單月選用訓導。

劉振藻字達夫，候選布政司理問，加同知銜。

劉鳳蘭字殿玉，五品銜，不論雙單月選用詹事府主簿。

徐運典監生，以縣丞分發江西候補，加鹽提舉銜。

費光業字擔農，善福里人。優廩貢生，不論雙單月儘先選用訓導。

劉躍藻監生，分發山東，遇缺前先補用巡檢，賞戴藍翎。

李登朝字執恒，占鳳子。監生，以通判分發貴族候補。

周鴻藻號瀾生，以翰林院待詔不論雙單月選用。

劉綬青號紫閣，以巡檢分發江西補用，加布理問銜。

劉鳳高字可人，傳經孫。優增貢生，同治癸酉科調考優貢，試用訓導，署孝感、漢陽訓導。

柯際典字石渠，附生，補廣東潮陽縣丞，署新安縣知縣。

石時懋字勉齋，以藩庫廳分發湖南，軍功保升知州，賞戴花翎。

易偉字子英，以主簿分發湖南，軍功賞戴藍翎，五品銜。

援　例增補

明

劉師問楚府典膳。

劉師覺黄州衛指揮簽事。
劉師嘉南京大醫院吏目。
劉之雲太醫院吏目。
伍燧四川新繁典史。
李以誠山西祁縣盤陀驛丞。

國　朝

石立熿提舉銜，兩淮試用鹽運判。
曹鳴岡六品銜，廣東州吏目。
樂聲宏字梅嶺，安徽候補知縣。
劉斌字觀臣，廣東候補巡檢。
方成璐候選布經歷銜。
柯叶蘭浙江縣丞。
林一枝分發江蘇補用縣丞。
成哲夫分發江西補用縣丞。
佘世勳府照磨，不論雙單月選用。
吴明善字高軒，以從九分發廣東。
蕭榮馨字正平，不論雙單月選用從九。
劉連茹字蔭予，不論雙單月選用從九。
柯思原候選典史。
柯思本候選典史。
劉鳳鳴字朝陽，不論雙單月選用從九。
劉久安字謙夫，不論雙單月選用從九。
秦文榘字魁一，三班從九。咸豐九年，巡撫胡文忠公札調，委帶前興營。
劉鳳綬字香陔，興教里人。附貢生，不論雙單月分缺先選用訓導。
劉汝霖字希菴，興教里人。附貢生，不論雙單月分缺間選用訓導。

援　　例職銜

劉冰字鉏雪，貢生，布理問銜，有傳列《文學》。

鍾安國字□園，布經歷銜。

陳湄字在之，州同銜，有傳列《孝友》。

鍾鳳翥字惟石，州同銜。

陳薰字弘緒，同知銜。

程玉峰字蓮溪，州同銜。

程秀峰州同銜。

成躍先州同銜。

李士柏字新甫，州同銜。

舒元會字雄萬，縣丞銜。

方幹字文林，州同銜。

馬登瀛字琢之，州同銜。

方善述字受益，縣丞銜。

吕逢盛縣丞銜。

柯射斗字柳亭，翰林院待詔銜。

焦守烶州同銜。

曹明嶽布照磨銜。

明泰治布經歷銜，字新邑。

阮斌州同銜。

石光裕州同銜，加二級。

劉生輝布經歷銜，加二級。

徐光彩布經歷銜。

劉重之州同銜。

劉鳳翔州同銜。

劉蘭芳州同銜。

王登雲州同銜。

趙連同知銜。
邢廷珍州同銜。
李成實布經歷，加同知銜。
李春華字命之，州同銜。
李作霖字象玉，候選州同，加同知銜。
阮裕光經歷銜。
林鳳府知事銜，字文玉。
黄廷煦布經歷銜。
曹登甲同知銜。
王立傳州同銜。
馬廷珍字光遠，州同銜。
萬樹春布經歷銜。
譚國順中書銜。
朱安國布理問銜。
劉鼎甲字象明，州同銜。
劉文炳字勝芳，州同銜。
馬聯甲字維亨，州同銜。
柯冠玉按照磨銜。
鄧林蔚布理問銜。
江炳榮字秀松，州同銜。
梁正光字聲揚，州同銜。
梁有聲字顯光，縣丞銜。
梁春泰字振庭，縣丞銜。
姜兆祥字易之，州同銜。
姜超榮字宗國，州同銜。
余文藻府經歷銜。
曹炳先字熙敬，布經歷銜。
曹承訓字省吾，州同銜。

鄧蘭字秋波，州同銜。

華裕泰字鳳林，同知銜。

章雲字攀雲，縣丞銜。

樂永忠州同銜，加二級。

張書紳翰林院待詔。

馬蔚文字衡宇，州同銜。

柯雲翰林院待詔銜。

柯寶臣縣丞銜。

柯柏先州同銜。

蔡冲斗翰林院待詔銜。

李春臺字善騰，州判銜。

馬恢先字上元，州同銜。

樂和成字書芸，縣丞銜。

劉德先字懷川，布理問銜。

劉鳳銜原名美玉，布理問銜。

鄧林蒸字青雲，州同銜。

程逢時布理問銜。

徐海榮州同銜。

樂聲直布理問銜，字大如。

樂文達州同銜，加二級。

樂登達都司銜，字龍門。

徐北川布經歷銜。

易延禧翰林院待詔銜。

樂鳳翥字儉臣，縣丞銜。

梁春廷縣丞銜。

梁如春縣丞銜。

姜恒吉字心能，翰林院待詔銜。

柯光堂字醉白，候選州同，加同知銜。

劉樹森字海瀾，翰林院待詔銜。
李善根字芳植，縣丞銜。
佘以埜字耕于，典籍銜。
陳紹舜字濟川，州同銜。
吴瀛字愚齋，州同銜。
佘自昇州同銜，字沁菴。
佘舉國字丹霞，布理問銜，加二級。
吴美玉字玉其，州同銜。
王芹溪字台峰，翰林院待詔銜。
方泰元布理問銜。
徐治州同銜。
徐潢光禄寺署正銜。
徐嵐布經歷銜。
徐喆布理問銜。
阮臨川布經歷銜。
阮汝霖布經歷銜。
舒懷清字連吉，同知銜。
舒桂年州同銜。
張近知州同銜，字寬明。
柯春熙字書城，州同銜。
劉壽椿字均之，翰林院待詔銜。
劉繩祖字盈豐，州同銜。
劉金泉字秀川，繩祖子，州同銜。
羅樹藩布理問銜。
李善揆州同銜。
佘含章布理問銜，字三如。
李光斗同知銜。
石霞亨字成渡，府經歷銜。

石菁華字蒸烈，府經歷銜。
劉潤泉縣丞銜，字守明。
譚霞舉字象輿，增貢，布經歷銜。
譚修安字石城，布理問銜。
成濟時州同銜。
舒龍翔字文明，州同銜。
樂九成州同銜。
舒鴻儀字聖一，州同銜。
李拔字衡門，州同銜。
盧椿國字幹廷，布理問銜。
趙作舟字理齋，州同銜。
樂聲發字芥舟，州同銜。
趙作霖字相齋，府經歷銜。
樂繼韶字連炬，翰林院待詔銜。
柯鋭平字昆和，鹽提舉銜。
周銘州同銜。
譚連生同知銜。
汪華鳳州同銜。
蕭桂馨字署冰，藩經歷銜。
鄧林蔚字象易，布理問銜。
胡桂馨字新玉，布經歷銜。
易翰藻布理問銜，字克實。
伍龍翔字華爵，府經歷銜。
吴景福同知銜，字晴軒。
宋兆蓮同知銜，字淋碧。
劉文龍字蘭玉，翰林院待詔銜。
石開甲字載陽，同知銜。

援　　例武職

陳魁璧字菉軒，都司銜。

方中字子剛，都司銜。

鄭錫爵千總銜。

邢晋臣字羽儀，衛守備銜。

趙光宗千總銜。

明紹榜衛守備銜。

李報平字善騰，衛千總銜。

汪秋元都司銜。

石秉鈞字相玉，衛守備銜。

譚養真守禦所銜。

石懷瑾字清其，守禦所銜。

石鵬翥字謂之，守禦所銜。

考取職官

國　　朝

石奉儀内閣供事，任陝西興平縣典史。

劉鳳典字瑞臣，内閣供事，候選五城吏目。

劉鳳章字仙陔，詹事府供事、按經歷。

王廷珍詹事府供事官。

易延福字幼航，玉牒館供事，理問銜，候選縣丞。

袁耀祖字景陽，詹事府供事官，方略館議叙，雙月選用從九。

曹逢年國史館供事，縣丞銜。

劉國琛字孟和，翰林院供事官。

黄浚字深之，詹事府供事。

附録　職官

宋

蕭文彬太常寺博士。

蕭幹杭州知府，調淮安知府。

蕭德袁州知府。

馬時通字叔達，參軍鈐轄。

元

蕭紹周永興縣主簿。

馬應亨字嘉夫，江西巡檢。

馮彦字子英，任福建光澤縣知縣。

張谷才貢生，雷州府海康縣知縣。

明

侯嘉策任廣東海豐縣知縣。

蕭廷恭丹陽縣令。

朱永武字繩菴，上遷里人。成化間授山東益都縣典史。

譚同鳴字芩雅，學閔子。萬曆間任四川夔州府經歷，以征苗功授奉節知縣。

劉昌北京序班。

鄭一槐字三庭，宗學子，候選知縣。

黄朝璣永樂初，任四川綦江縣知縣。

楊希信正統間江南安慶府同知。

黄仁鑑成化五年，任四川經歷，遷雲南經歷。

楊子谷嘉靖間鴻臚寺序班。

楊勝正嘉靖間由廩生入大學，任陝西、寧夏衛經歷。

楊子翰萬曆間南直隸寶應縣巡檢。

楊子炫萬曆間任廣東廉州衛經歷。

徐敷之官縣丞。

徐文重字孟泉，綱子，由南京户部照磨轉太常寺。

徐文徵字仲泉，綱子，由北京後府經歷遷南京刑部員外郎。

阮崇北字碧桂，任福建永春縣知縣，升廣西承寧州知州，復升廣東南雄府知府。

黄谷顯明初雲南大理府知府。

尹東桓浙江寧波府推官。

尹民教寧遠縣知縣。

梁守模任福建巡海守備。

王斌蘄州衛管軍百户。

徐鑑官指揮。

馬自錦字太行，北京守備。

蕭宗信湖南鎮筸鎮把總。

卷之十九

恩例志

宋太祖開寶二年，詔禮部閲貢士十五舉嘗終場者，賜本科出身，其後特奏名，恩例自此始。本朝鄉、會試年老諸生賞給副榜，舉人及各項職銜與此相仿。今立恩例一門，凡與恩賜者按科彙入，至封蔭獎叙以及賞給冠帶，皆國恩也，并附録焉。

恩　　賜

定例：年届八十之恩拔歲副優貢生，賞給舉人；年届八十之廪增附及例貢監生，報捐在十科以前曾經歷試者，賞給副榜；九十賞給舉人；八十以上賞國子監學正銜；九十以上賞翰林院檢討銜；九十五歲以上賞編修銜；百歲以上賞國子監司業銜。

乾隆周之鼎字定三，歲貢，己酉副榜。

劉光乙乙卯舉人，嘉慶丙辰翰林院檢討。

嘉慶萬年書舉人，辛酉翰林院檢討。

明霽月歲貢，甲子舉人，戊辰國子監學正。

邢繼棫甲子舉人，乙丑翰林院檢討。

侯翼字相容，丁卯舉人，己巳翰林院檢討。

阮模字永遵，丁卯副榜，戊辰舉人，國子監學正。

陳朝選字相坤，丁卯副榜。

陳世章丁卯副榜。

蔡崇基字懋亭，戊辰副榜。

石可崧字鍾川，庚午副榜，癸酉舉人，國子監學正。
吕青雲字雍軒，庚午副榜，癸酉舉人。
曹屏藩癸酉副榜，有傳列《孝友》。
趙鵬飛癸酉副榜。
曹家詵字周和，歲貢，癸酉副榜。
李登瀛癸酉副榜。
馮守先字懷仁，癸酉副榜。
石計儀字又村，癸酉副榜，著有《亦馨室詩稿》。
蔡諴癸酉副榜。
道光曹品戊子副榜。
李心堂甲辰舉人，丁未翰林院檢討。
劉萬融字紹陶，甲辰副榜。
馮國和丙午副榜。
咸豐袁見泳字永泉，歲貢，辛亥舉人。
劉廷選辛亥副榜。
王政辛亥副榜。
陳昂字巍軒，壬子副榜。
馮正源壬子副榜。
徐義坡字少蘇，歲貢，戊午舉人，庚申國子監學正銜。
陳圭璋戊午副榜。
王全升字際衢，戊午副榜。
石逢春己未舉人，戊辰翰林院編修。
費肯堂己未副榜。
王元安己未副榜。
董春華己未副榜。
同治汪用恒字玉珊，歲貢，壬戌舉人。
向葵甲子副榜。
馮祖惠字潤之，歲貢，庚午舉人。

柯豫章庚午副榜。
阮承棫字光周，庚午副榜。
趙聰達癸酉舉人。
洪鋒癸酉副榜。
劉永庸字蘭室，癸酉副榜。
光緒羅法點癸酉舉人，光緒丙子翰林院編修。
趙德勝字榮之，乙亥恩科舉人，著有《螺峰别業詩集》四卷，待梓。
李廷珍丙子舉人，庚辰翰林院編修。
劉兆極丙子副榜。
王佐臣丙子副榜。
成良崑字芝玉，庚午副榜。
堯逢吉字馨如，光緒丙子副榜。
李松筠字清一，己卯副榜。
曹燮理字義方，光緒己卯副榜。
曹文字思藻，光緒乙酉副榜。
趙璧完字懋修，光緒乙酉副榜。
李燮戊子舉人，字堯臣。

封　　贈

明

誥贈通議大夫譚永敬以子魯官御史。
敕贈承直郎劉守敬安人莊氏以子師穎官兵部主事。
誥封奉直大夫楊勝正以子儒魯官户部廣東員外郎。
誥贈中憲大夫曹竹坡以子志遇官知府。
敕封承德郎劉壽崙安人陳氏以子儲官兵馬司指揮。
誥贈中大夫潘赤以孫師道官浙江參政。

誥贈中大夫潘銑以子師道官浙江參政。
敕贈文林郎譚守身以子學閔官大理寺右評事。
誥贈中憲大夫梁楚鄉恭人曹氏以子招孟官廣東惠州府知府。
敕贈承德郎石榴安人明氏以子炬官工部主事。
誥贈奉直大夫黄宗愚宜人明氏以子大賓官直隸鳳陽府潁州知州。
晋贈奉直大夫黄輕清宜人劉氏以子士吉官工部員外郎。
敕封承德郎石如堅以孫子璞官户部主事。
敕封承德郎石中奎以子子璞官户部主事。
誥封奉直大夫石中奇以子子錫官四川達州知州。
敕封文林郎石爲屏以子攻玉官四川梓潼縣知縣。
晋贈中憲大夫余容恭人胡氏以子有光官貴州黎平府知府。

國　朝

晋贈奉政大夫張應世以孫翰揚官户部郎中。
晋贈奉政大夫張令聞以子翰揚官户部郎中。
敕封文林郎吴國光孺人董氏以子豈黄官河南濬縣知縣。
敕封文林郎徐應達孺人毛氏以子學榜官河南淇縣知縣。
貤贈修職郎瞿之俊以子學元官湖廣耒陽縣教諭。
敕封文林郎袁同秩孺人鄭氏以子守待官山西靈石縣知縣。
貤贈修職郎潘良德八品孺人方氏以子士英官湖南新化縣教諭。
貤贈修職佐郎余自昭八品孺人劉氏以子振業官湖南安仁縣訓導。
貤贈修職佐郎余自强八品孺人曹氏以孫連年官漢陽縣訓導。
貤贈修職佐郎余振越八品孺人孫氏以子逢年官巴東縣訓導。
敕封忠顯校尉李時榮安人談氏以子成英官武昌城守營千總。
敕封文林郎劉洪翼孺人曹氏以子晋元官阜平縣知縣。
誥封奉直大夫袁汝雲宜人吴氏以子良怡官直隸廣平府同知。
貤贈文林郎謝艾清孺人陳氏以孫家誥官山西馬邑縣知縣。
貤贈文林郎謝繩武孺人李氏以子家誥官山西馬邑縣知縣。

貤贈武德郎鄢子遴以孫斗牛官江西廣信衛守備。
誥封武德郎鄢天傳以子斗牛官江西廣信衛守備。
誥贈明威將軍歐陽之藩恭人黄氏以子鼎略官山東東平所領運千總。
貤贈武功大夫蔡曰洪夫人石、王氏以曾孫卜年官貴州上江協副將。
貤贈武功大夫蔡承通夫人陳、盧氏以孫卜年官貴州上江協副將。
誥贈武功大夫蔡良衛夫人柳氏以子卜年官貴州上江協副將。
誥贈文林郎程應遇以子英銘官知縣。
貤封修職佐郎謝家誂八品孺人洪氏以子聲亮官麻城縣訓導。
貤贈修職郎石允暇以子堪立官教諭。
敕贈文林郎趙志璣以子鰲官山西襄垣縣知縣。
貤贈武德郎俞容恩宜人李氏以孫道泰官京堤塘試用守備。
誥贈武德郎俞緘三宜人劉、楊氏以子道泰官京堤塘試用守備。
貤贈文林郎侯樹慈以孫謹度官福建知縣。
敕贈文林郎侯光裕以子謹度官福建知縣。
貤贈文林郎鄧學賢孺人袁氏以孫光仁官永州府教授。
晋贈文林郎鄧必榮孺人徐氏以子光仁官永州府教授。
貤贈修職佐郎柯朝北八品孺人黄氏以子道暹官竹山縣訓導。
貤封修職郎劉光疆孺人何、周氏以子慶海官教諭。
貤贈文林郎石定漢孺人王氏以孫玖光官河南閿鄉縣知縣。
誥贈文林郎石固有孺人馬氏以子玖光官河南閿鄉縣知縣。
貤贈武翼大夫程君華淑人劉氏以曾孫萬年官游擊。
貤贈武翼大夫程文攀淑人何、華氏以孫萬年官游擊。
晋贈武翼大夫程應操淑人成氏以子萬年官游擊。
敕贈儒林郎李國傑安人梁氏以子世源官福建州同。
貤贈徵仕郎萬叔霞孺人鄭氏以孫年書官教諭。
貤贈徵仕郎萬至文孺人司氏以子年書官教諭。
貤贈修職郎盧秉鑑八品孺人鮑、佘氏以子之都官東湖縣教諭。
貤封修職佐郎汪會川孺人張氏以子紹泮官鍾祥縣訓導。

貤封登仕佐郎劉益梡九品孺人王氏以弟傳經官巡檢。
貤封修職佐郎鍾昂初以子榮國官房縣訓導。
誥贈武德騎尉鍾河以孫蘭臺官廣西守備。
誥贈武德騎尉鍾榮萱以子蘭臺官廣西守備。
貤封昭武大夫鍾鴻聚以侄蘭臺官尯毒營都司。
貤贈武信騎尉黄垂萬安人陳氏以孫金甲官湖北鄖陽城守營把總。
敕封武信騎尉黄恒益安人胡氏以子金甲官湖北鄖陽城守營把總。
敕封奮武郎袁秉鋭孺人張氏以子九松官貴州古州鎮標右營把總。
貤贈武德騎尉歐陽涵山宜人方氏以孫定儼襲雲騎射。
誥贈武德騎尉歐陽德雄宜人王氏以子定儼襲雲騎射。
誥贈武德騎尉張夢熊以子鵬翥官千總。
貤封武德騎尉張光裕以侄鵬翥官千總。
誥贈武德騎尉柯南杞宜人王氏以子凌雲任湖北襄陽城守營守備。
貤贈朝議大夫方倚中恭人柯氏以孫立經官知府。
誥贈朝議大夫方定韓恭人李、伍氏以子立經官知府。
貤贈修職郎方立繹八品孺人吴氏以子晋源官教諭。
貤贈修職郎石亨治以子時和官教諭。
貤贈昭武都尉余志合恭人許、嚴氏以孫克鈞官山東濟寧衛守備都司銜。
晋贈昭武都尉余愷恭人馬氏以子克鈞官山東濟寧衛守備都司銜。
貤封武德騎尉余克鉅宜人石氏以弟克鈞官江蘇太倉衛守備。
貤封武略佐騎尉余克銘安人柯氏以弟克鈞官温州衛千總。
貤贈中憲大夫石玖光恭人謝、許氏以孫時渠官山東道監察御史，加三級。
貤贈朝議大夫石亨瀓恭人馮氏以侄時渠官山東道監察御史，加三級。
誥贈中憲大夫石亨澈恭人馮氏以子時渠官山東道監察御史，加三級。
貤贈奉政大夫石亨滌宜人馬氏以侄時渠官御史，加一級。
貤封奉直大夫馮承閬宜人□氏以外孫石時渠官山東道監察御史。
貤贈修職郎汪箕五八品孺人鍾、俞氏以子員嶠官廣濟縣教諭。
貤贈修職郎蔡代淑八品孺人袁氏以子興讓官鄖縣教諭。

貤贈文林郎陳遜修孺人柯、張氏以孫治策官浙江雲和縣知縣。
敕贈文林郎陳受益孺人朱氏以子治策官浙江雲和縣知縣。
貤贈修職郎羅萬象孺人舒氏以子德崐官教諭。
貤贈修職郎趙立誠以子榮密選巴東縣教諭。
貤贈修職佐郎吕大彤以子調玉官荆門州訓導。
貤贈修職郎石時棨以子建熿官棗陽縣教諭。
貤贈修職佐郎邢繼柱八品孺人李氏以子克爕官竹山縣訓導。
貤贈修職佐郎柯元才八品孺人賈氏以子次桓官穀城縣訓導。
貤贈武德騎尉柯世德宜人成氏以孫鵬翥官江南淮安衛千總。
誥贈武德騎射柯國運宜人楊氏以子鵬翥官江南淮安衛千總。
貤贈文林郎方志潔孺人明氏以孫炳文官湖南寧鄉縣知縣。
誥贈文林郎方敦臨孺人伍氏以子炳文官湖南寧鄉縣知縣。
貤贈文林郎方敦惆孺人柯氏以侄炳文官湖南寧鄉縣知縣。
誥贈中憲大夫陳順钐恭人黄氏以孫光亨官户科掌印給事中，加三級。
誥封中憲大夫陳立湜恭人吴氏以子光亨官户科掌印給事中，加三級。
貤贈文林郎陳立洟孺人柯氏以侄光亨官翰林院編修。
貤封中憲大夫陳立澈恭人鍾氏以侄光亨官户科掌印給事中，加四品卿銜。
貤贈奉政大夫吴衍珀宜人柯氏以外孫陳光亨官户科掌印給事中。
貤封修職郎譚彬孺人程氏以子曰爲官興山縣教諭。
貤封修職佐郎趙鵬飛以子榮登官竹山縣訓導。
貤贈中議大夫潘成時淑人鄧、明氏以曾孫觀藻官浙江知府，加二級。
誥贈中議大夫潘國柯淑人周氏以孫觀藻官浙江知府，加二級。
誥贈中議大夫潘家祺淑人陳氏以子觀藻官浙江知府，加二級。
貤贈文林郎陳元斌孺人樂氏以外孫潘觀藻官翰林院編修。
誥封武德騎尉余克鍾宜人邢氏以子紹洙官山東臨清衛守備。
貤封武德騎尉余克治宜人謝氏以侄紹洙官山東臨清衛守備。
貤封武略佐騎尉余克鎰安人吕、阮氏以侄紹洙官興武衛千總。
貤封修職郎余紹泗八品孺人何氏以侄文偉官山東武城縣縣丞。

誥封奉直大夫劉永宜人張氏以子嗚盛官福建縣丞，加五級。
誥贈振威將軍秦雲龍一品夫人樂氏以曾孫定三官福建提督。
誥贈振威將軍秦厚豐一品夫人劉氏以孫定三官福建提督。
誥贈振威將軍秦澤林一品夫人盧氏以子定三官福建提督。
貤封昭武都尉秦彬恭人劉氏以侄定三官中衡協參將。
貤贈修職郎羅萬峰八品孺人劉氏以孫有文官教諭。
貤贈修職郎羅南岡八品孺人趙氏以子有文官教諭。
敕封文林郎封李奪錦以子啟善保舉知縣。
誥贈通奉大夫秦定一夫人趙氏以子榮安徽即補道鹽運使銜，加三級。
貤封通奉大夫秦煜夫人石氏以弟榮安徽即補道鹽運使銜，加三級。
誥封修職郎成玉丹孺人劉氏以子和珍任巴東教諭。
貤贈奉直大夫馮以陞宜人柯、徐氏以孫峻候選直隸州州判，加四級。
誥贈奉直大夫馮正琦宜人程氏以子峻候選直隸州州判，加四級。
貤贈朝議大夫陳盛唐恭人程氏以孫際春官安徽旌德縣知縣，同知銜，加一級。
誥封朝議大夫陳美先恭人劉氏以子際春官安徽旌德縣知縣，同知銜，加一級。
誥贈奉直大夫石全忠以子承露官四川通判，加一級。
貤封奉直大夫石蘊藻以弟承露官四川通判，加一級。
貤贈朝議大夫佘逢年恭人王氏以孫以增官浙江知縣，同知銜，加一級。
貤贈朝議大夫佘允燕恭人李氏以子以增官浙江知縣同知銜，加一級。
貤封文林郎佘允杰孺人劉氏以侄以增官浙江知縣。
誥贈奉政大夫佘廷楷宜人邢氏以子兆狷即選布理問，加二級。
晋封朝議大夫佘夢煦恭人劉、蔡氏以子印川官兵部主事，加三級。
貤贈朝議大夫佘允瑩恭人董、李氏以侄印川官兵部主事，加三級。
誥贈建威將軍趙士川一品夫人宋氏以曾孫既發官漢中鎮總兵，加二級。
誥贈建威將軍趙有福一品夫人方氏以孫既發官漢中鎮總兵，加二級。
誥贈建威將軍趙大合一品夫人黄氏以子既發官漢中鎮總兵，加二級。

敕贈儒林郎方桂森安人盧氏以子翊元署和州知州。
貤贈中議大夫易芝廬淑人畢、闞氏以曾孫亨官陝西知縣運同銜，加二級。
誥贈中議大夫易雲坡淑人李氏以孫亨官陝西知縣運同銜，加二級。
誥贈中議大夫易環山淑人張氏以子亨官陝西知縣運同銜，加二級。
貤封奉政大夫劉懋節宜人許氏以孫登雲官山西知縣，加四級。
誥封奉政大夫劉興讓宜人柯氏以子登雲官山西知縣，加四級。
誥封朝議大夫柯進廷恭人陳氏以子掄官福建知縣，同知銜，加一級。
貤贈朝議大夫柯亭棟恭人何氏以侄掄官福建知縣，同知銜，加一級。
貤贈修職佐郎方承甸八品孺人盧氏以子桂林保舉訓導。
貤贈奉直大夫王正爲以孫大騏官江南六安州知州。
誥贈奉直大夫王家屏以子大騏官江南六安州知州。
貤贈修武校尉蔡際堯九品孺人盧氏以子功烈官興國營外委把總。
貤贈武略佐騎尉鮑珣安人潘氏以孫文濬官江南蘇州衛後幫領運千總。
敕封武略佐騎尉鮑金鐸安人王氏以子文濬官江南蘇州衛後幫領運千總。
貤封建威將軍趙凌雲一品夫人馮氏以弟既發官漢中鎮總兵，加二級。
貤贈武略騎尉李善鎰安人盛氏以孫殿元官興國營經制外委，加千總銜。
貤贈武略騎尉李龍士安人劉氏以子殿元官興國營經制外委，加千總銜。
敕贈文林郎李之良孺人周、曹氏以子應明官福建莆田知縣。
敕封文林郎李夢筆孺人袁、石氏以子煒官陝西富平知縣。
貤贈修職佐郎邢尚烈孺人佘、楊氏以子廷揚保舉不論雙單月選用訓導。
貤贈奉政大夫邢尚鴻宜人陳氏以孫世銘同知銜，安徽銅陵縣知縣。
誥贈奉政大夫邢崇運宜人董氏以子世銘同知銜，安徽銅陵縣知縣。
誥贈武功將軍徐義燧以孫騰鳳官參將，加一級。
誥贈武功將軍徐時堅以子騰鳳官參將，加一級。
貤贈武功將軍徐翔鳳以弟騰鳳官參將，加一級。
誥贈武德騎尉胡得勝以嗣子忠雄官興國營守備。
誥贈武德騎尉胡景泰以子忠雄官興國營守備。
貤贈武德騎尉胡春芳以弟忠雄官興國營守備。

誥封武德騎尉萬斛舟以子福成襲雲騎尉。
貤封武德騎尉萬功成以弟福成襲雲騎尉。

封　　贈增補

明

敕贈承德郎劉錦安人吴氏以子珂官太僕寺寺丞。
敕授承德郎劉珂安人陳氏以本身官太僕寺寺丞。
敕封承德郎劉珦安人黄、吴氏以子守緒官刑部主事，署員外郎。
敕授承德郎劉守緒安人居氏以本身官刑部主事，署員外郎。
敕贈承直郎劉琨孺人吴、吴氏以子守質北京忠義右衛經歷。
敕授承直郎劉守質孺人吴氏以本身官北京忠義右衛經歷。
敕贈文林郎劉師勃孺人朱氏以子之待官浙江巡按御史。
敕授文林郎劉之待孺人周氏以本身官浙江巡按御史。
敕授承直郎劉師穎孺人董氏以本身官兵部主事。
誥贈朝列大夫鄭體廣宜人阮氏以孫宗學福建提學道。
誥封朝列大夫鄭两泉宜人尹氏以子宗學福建提學道。
敕封文林郎梁守讓孺人汪氏以子受孟長沙府教授。
誥贈中憲大夫曹宗泰以孫謙官南京鹽運同。
誥贈中憲大夫曹榮一以子謙官南京鹽運同。
誥贈朝議大夫曹元賢以孫廷貴任南京五城兵馬司。
誥贈朝議大夫曹添惠以子廷貴任南京五城兵馬司。
誥封奉直大夫黄珉六宜人葛氏以嗣孫士吉官工部虞衡清吏司主事，署員外郎。

國　　朝

敕授文林郎劉晋元孺人柯氏以本身官山西阜平知縣。

貤贈修職郎劉冕揚孺人蔡、黄氏以子煇官應城訓導。

貤贈奉政大夫劉冕揚宜人蔡、黄氏以孫振藻議敘布理問，加同知銜。

誥封奉政大夫劉煇宜人柯氏以子振藻議敘布理問，加同知銜。

貤贈修職郎劉傳經孺人文氏以子炳官黄岡教諭。

貤贈修職郎劉正之孺人賈氏以弟鳴盛官福建縣丞。

覃恩貤贈儒林郎正之孺人賈氏以孫鳳綸官翰林院庶吉士，加一級。

誥贈奉政大夫劉正之宜人賈氏以孫鳳綸官江西鉛山知縣，加同知銜。

誥贈資政大夫劉正之夫人賈氏以孫鳳玉官陝西知府，補用道鹽運使銜，加三級。

貤贈修職郎劉焜孺人黄氏以弟煇官應城訓導。

誥封朝議大夫晋通奉大夫王步雲夫人陳、朱氏以孫鳳池官江西知府，加四級。

敕封文林郎王大椿孺人馬、鄧氏以子鳳池官翰林院編修。

誥封朝議大夫晋通奉大夫王大椿夫人馬、鄧氏以子鳳池官江西知府，加四級。

貤贈朝議大夫晋通奉大夫王萬選夫人吴氏以兼祧子鳳池官江西知府，加四級。

覃恩敕封儒林郎劉烇孺人陳、李氏以子鳳綸官翰林院庶吉士，加一級。

誥封奉政大夫劉烇宜人陳、李氏以子鳳綸官江西鉛山知縣，加同知銜。

貤封朝議大夫劉烇恭人陳、李氏以侄鳳玉官陝西知府，補用道。

貤封資政大夫劉烇夫人陳、李氏以侄鳳玉官陝西知府，補用道鹽運使銜，加三級。

誥封朝議大夫劉焕恭人陳氏以子鳳玉官陝西知府，補用道。

誥封資政大夫劉焕夫人陳氏以子鳳玉官陝西知府，補用道鹽運使銜，加三級。

誥贈通議大夫周德愈淑人潘氏以孫書中官廣東知府，升用道。

誥贈通議大夫周光榮淑人邢氏以子書中官廣東知府，升用道。

貤封通議大夫周詩中恭人吴氏以弟書中官廣東知府，升用道。

貤封修職郎易爲霖孺人袁、劉氏以子簡官隨州學正。

貤贈修職佐郎袁彬孺人劉氏以子光澍官黄梅縣訓導。

貤贈修職郎曹職撫孺人馮氏以子立春官監利縣教諭。

誥贈奉政大夫晋朝議大夫張雪亭以孫兆基官浙江青田知縣，同知銜，加一級。

誥封奉政大夫晋朝議大夫張應宿以子兆基官浙江青田知縣，同知銜，加一級。

貤封奉政大夫張楚南以侄元凱官浙江按經歷，五品銜。

貤封中議大夫劉灼淑人徐氏以侄鳳玉官陝西知府，鹽運使銜。

貤封儒林郎劉傳經安人文氏以孫美玉議叙布理問銜。

敕封儒林郎劉灼安人徐氏以子美玉議叙布理問銜。

誥封奉直大夫梁崇濬以子有光官狄道州州判。

貤封奉直大夫梁養瑚以孫有光官狄道州州判。

貤封武德佐騎尉黄謙益宜人柯氏以侄孫善芳世襲雲騎尉。

誥封武德騎尉黄金煐宜人朱氏以侄善芳世襲雲騎尉。

貤封昭武都尉胡萬明恭人李氏以孫射斗兵部差官。

誥封昭武都尉胡大年恭人石氏以子射斗兵部差官。

誥封奉直大夫劉萬彪宜人陳、王氏以孫鳳蘭選用詹事府主簿，加四級。

誥封奉直大夫劉煥啟宜人袁、范氏以子鳳蘭選用詹事府主簿，加四級。

貤贈奉政大夫陳湄宜人黄氏以外孫劉鳳綸官江西鉛山知縣，加同知銜。

貤贈文林郎石瑶三以孫堪立官黄岡教諭。

敕封修職佐郎石堪任以子可樞任竹山縣訓導。

敕封修職郎石時校以子建點官鶴峰州教諭。

誥封朝議大夫石亨瑝以子時懋官湖南知州，加二級。

誥贈中議大夫石時森以孫會昌補用同知直隸州，加三級。

誥贈中議大夫石建灼三品淑人陳氏以子會昌補用同知直隸州，加三級。

誥封奉直大夫晋朝議大夫易承紱恭人王氏以子俊官刑部主事。

誥贈奉政大夫易长庚宜人袁氏以子鵬九官江西通判，加鹽提舉銜。

貤封奉直大夫易謙吉宜人賈氏以侄俊官刑部主事。
貤封朝議大夫易宗紱恭人王氏以侄俊官刑部主事。
貤封朝議大夫易紹紱恭人洪氏以侄俊官刑部主事。
貤封奉直大夫易聯甲宜人俞氏以弟俊官刑部主事。
貤封朝議大夫王秀嶺恭人袁氏以外孫易俊官刑部主事。
誥封奉政大夫劉啟後宜人潘氏以孫鑌官同知。
誥封奉政大夫劉紹書宜人马氏以子鑌官同知。
誥封昭武都尉吴榮發恭人楊氏以子量福世襲騎都尉。
貤封昭武都尉吴啟發恭人董氏以侄量福世襲騎都尉。
貤封奉直大夫余文燮宜人劉、潘氏以子榮官江西試用從九。
貤封武德騎尉劉潮坒以侄震襲雲騎尉。
誥封宣武都尉俞有誥以子道泰揀選以衛守備用。
誥贈奉政大夫佘西園宜人鄭氏以子以壚三班訓導，加同知銜。
誥贈奉直大夫佘太和宜人石、蔡氏以子以境選用布理問，加二級。
貤贈徵仕郎劉有三七品孺人石氏以孫漢杰官荆門直隸州學正。
敕贈徵仕郎劉湑一七品孺人程氏以子漢杰官荆門直隸州學正。
貤封武德騎尉潘金勝宜人張氏以孫攀龍襲雲騎尉。
誥封武德騎尉潘青雲宜人徐氏以子攀龍襲雲騎尉。
誥封武德騎尉潘良驥宜人黄氏以子延浚襲雲騎尉。
貤封武德騎尉潘清臣宜人劉氏以侄延浚襲雲騎尉。
貤贈奉直大夫黄拙軒宜人孫氏以孫善興兩淮鹽大使，加知州銜。
誥封奉直大夫黄卧巖宜人柯、陳氏以子善興兩淮鹽大使，加知州銜。
貤贈修職郎萬傑孺人陳氏以子選官訓導。
貤贈資政大夫李金玉夫人石氏以曾孫滋森官甘肅題奏道，二品銜。
誥贈資政大夫李步青夫人邢氏以孫滋森官甘肅題奏道，二品銜。
誥封資政大夫李亨元夫人朱氏以子滋森官甘肅題奏道，二品銜。
誥贈奉政大夫熊焕錫宜人祝、胡氏以孫冠斗官刑部主事，加三級。
誥贈奉政大夫熊夢飛宜人衛、梁氏以子冠斗官刑部主事，加三級。

誥贈建武將軍江太祺夫人馮氏以曾孫自康官提督。
誥贈建武將軍江光植夫人彭氏以孫自康官提督。
誥封建武將軍江明武夫人鍾氏以子自康官提督。
誥授建武將軍江自康夫人董、朱氏以本身官提督。
貤贈修職郎劉炆孺人袁氏以子鳳高官孝感訓導。
貤封奉直大夫明師森宜人王氏以孫邦忠官甘肅平羅知縣，加知州銜。
誥封奉直大夫明應乾宜人鄧氏以子邦忠官甘肅平羅知縣，加知州銜。
貤封奉直大夫明應晋宜人鄭氏以生子邦忠官甘肅平羅知縣，加知州銜。
誥贈武功將軍劉士鐸夫人李氏以孫輔軍官副將。
誥贈武功將軍劉朝萬夫人李氏以子輔軍官副將。
誥贈武德騎劉贊揚宜人明氏以孫國安官守備。
誥贈武德騎劉錦章宜人成氏以子國安官守備。
貤封中憲大夫易宗紱以侄俊刑部員外。
貤贈中憲大夫易紹紱以侄俊刑部員外。
貤贈奉直大夫易聯甲以弟俊官刑部主事，加一級。
貤贈奉直大夫易伸以弟俊官刑部主事，加一級。
誥封奉直大夫柯夢蘭宜人費、舒氏以子光室官荆門州學正，加五品銜。
誥授奉直大夫柯光室宜人石、劉氏以本身官荆門州學正，加五品銜。
誥授奉直大夫佘以境宜人石氏以本身選用布理問，加二級。
誥授奉政大夫佘以壚宜人石氏以本身三班訓導，加同知銜。

封　　贈又增

誥贈武略騎尉柯大成安人彭氏以子鴻翥恩騎尉，後補千總。
貤贈武略騎尉柯飛熊安人楊氏以侄鴻翥恩騎尉，後補千總。
誥封昭武都尉萬柱亭恭人吴、張氏以曾孫福成世襲雲騎尉。
貤封昭武都尉萬告德成恭人劉氏以弟福成世襲雲騎尉。
貤贈武信都尉萬子登孺人方氏以孫年清騎都尉。

貤封武翼都尉張宏森淑人洪氏以侄金龍官黄州都司，加三品銜。
誥封武德騎尉華富川宜人蕭、朱氏以子仲成雲騎尉，候補守備。
貤封武德騎尉華省卿宜人朱氏以弟仲成雲騎尉，候補守備。
敕封武德佐騎尉明咸章宜人劉、洪氏以子登瀛千總銜，加一級。
貤封武德佐騎尉明周章宜人全、談氏以侄登瀛千總銜，加一級。
貤贈武德騎尉張子書宜人梁氏以孫紹良襲雲騎尉。
誥贈武德騎尉張鰲宜人全氏以子紹良襲雲騎尉。
誥封武德騎尉張紹良宜人蔡氏以子公洵襲雲騎尉。
貤封武德騎尉張清善宜人石氏以侄公洵襲雲騎尉。
誥封奉直大夫樂步萬宜人黄氏以子永忠州同銜，加二級。
誥授奉直大夫樂永忠宜人阮氏以本身州同銜，加二級。
誥贈奉直大夫吴光宇宜人曹氏以子美玉州同銜，加二級。
誥授奉直大夫吴美玉宜人石氏以本身州同銜，加二級。
誥封奉直大夫樂德清宜人馬氏以子文達州同銜，加二級。
貤封奉直大夫樂信達宜人袁氏以弟文達州同銜，加二級。
誥封奉政大夫樂文達宜人陳氏以子聲宏同知銜，安徽候補知縣。
貤封奉政大夫樂聲宣宜人易氏以弟聲宏同知銜，安徽候補知縣。
敕贈修職郎方南成孺人王氏以子兆鼎候選教諭。
敕封儒林郎明春園安人丁氏以子泰治布經歷銜。
敕授儒林郎明泰治安人艾氏以本身布經歷銜。
敕贈承德郎徐玉山安人蕭氏以子徐潢光禄寺署正銜。
敕授承德郎徐潢安人王氏以本身光禄寺署正。
敕贈承德郎徐登塔安人程、湯氏以子喆布理問銜。
貤贈承德郎徐炳安人黄氏以孫喆布理問銜。
敕贈文林郎李自方以生子啟善舉人，保舉知縣。
貤贈奉政大夫李一枝宜人舒、陳氏以孫成實布經歷，加同知銜。
誥贈奉政大夫李德修宜人劉氏以子成實布經歷，加同知銜。
誥封奉政大夫李成實宜人柯氏以子作霖州同，加同知銜。

誥授奉政大夫李作霖宜人徐氏以本身州同，加同知銜。
貤贈文林郎羅心田安人程氏以孫法點賜翰林院編修，加一級。
敕贈文林郎羅耕書安人石氏以子法點賜翰林院編修，加一級。
貤贈徵仕郎劉秀南七品孺人石氏以子赤恩貢，候選直隸州州判。
貤贈武德騎尉邢雍嶺宜人彭氏以孫晋臣衛守備銜。
誥贈武德騎尉邢恩永宜人賈、羅氏以子晋臣衛守備銜。
貤贈奉直大夫萬南輝宜人李氏以孫樹春布經歷銜，加二級。
誥贈奉直大夫萬崇巖宜人胡氏以子樹春布經歷銜，加二級。
貤贈修職郎吕華國孺人劉氏以子逢盛縣丞銜。
貤贈修職郎劉超元孺人袁、盧氏以子鳳書舉人，注選訓導。
貤贈奉政大夫曹伯甸宜人瞿氏以孫登甲同知銜。
誥封奉政大夫曹光耀宜人向氏以子登甲同知銜。
誥贈奉直大夫王會臺宜人陳、吴氏以子立傳州同銜，加二級。
貤封奉直大夫王立藩宜人成、黄氏以弟立傳州同銜，加二級。
誥贈奉政大夫朱安國宜人陳氏以子芳中書銜，加五級。
貤贈奉政大夫朱立南宜人華氏以孫芳中書銜，加五級。
貤封登仕佐郎柯槮孺人劉、寇氏以子思原候選典史，加一級。
貤封登仕佐郎柯儲卿孺人劉、寇氏以子思本候選典史，加一級。
誥封奉直大夫馬大觀宜人馮氏以子蔚文州同銜，加二級。
貤封奉直大夫馬炳文宜人李氏以弟蔚文州同銜，加二級。
誥贈奉直大夫佘允樹宜人朱氏以子舉國布理問，加二級。
誥授奉直大夫佘舉國宜人王、楊氏以本身布理問銜，加二級。
敕封儒林郎阮官璧孺人袁、朱氏以子臨川布經歷銜。
貤封儒林郎阮翰才孺人章氏以弟臨川布經歷銜。
貤封儒林郎阮映川孺人鍾氏以孫汝霖布經歷銜。
敕封儒林郎阮敬賓孺人袁氏以子汝霖布經歷銜。
誥贈奉政大夫舒守樸宜人羅氏以子懷清同知銜。
誥授奉政大夫舒懷清宜人方氏以本身同知銜。

敕贈承德郎榮光安人袁氏以孫近知同知銜。
敕封承德郎張書紳安人阮氏以子近知州同銜。
誥封奉政大夫陳魁璧宜人王氏以子陳薰同知銜。
誥封奉政大夫陳美成宜人王氏以弟陳薰同知銜。
誥封奉直大夫周獻廷宜人董氏以子銘布理問銜，加二級。
誥授奉直大夫周銘宜人吴氏以本身布理問銜，加三級。
誥封奉直大夫程體國宜人成、王氏以子玉峰州同銜，加三級。
誥授奉直大夫程玉峰宜人李、胡氏以本身州同銜，加二級。
誥封奉直大夫程九皋宜人王氏以子秀峰州同銜，加二級。
誥授奉直大夫程秀峰宜人李氏以本身州同銜，加三級。
敕封承德郎陳恩波安人李氏以子紹舜州同銜。
誥贈奉直大夫李昇宏宜人王氏以子士柏州同銜，加二級。
誥授奉直大夫李士柏宜人韓氏以本身州同銜，加二級。
敕贈儒林郎黄寶齋孺人王氏以子庭官宗室教習。
敕贈儒林郎阮樂齋安人王氏以子裕光布經歷銜。
貤封儒林郎阮玉衡安人徐、夏氏以弟裕光布經歷銜。
貤封奉直大夫劉宏富宜人吕氏以孫鼎甲州同銜，加二級。
誥封奉直大夫劉煜南宜人張氏以子鼎甲州同銜，加二級。
貤封奉直大夫劉宏容宜人梁氏以孫文炳州同銜，加二級。
誥封奉直大夫劉紹先宜人吴氏以子文炳州同銜，加二級。
誥封奉直大夫馬瑞庚宜人曹氏以子廷珍州同銜，加二級。
誥授奉直大夫馬廷珍宜人石、羅氏以本身州同銜，加二級。
貤封奉政大夫趙成裕宜人焦氏以孫連同知銜。
誥封奉政大夫趙榮崑宜人歐陽、雷氏以子連同知銜。
誥贈奉直大夫石運玉宜人袁、李氏以子光裕州同銜，加二級。
誥授奉直大夫石光裕宜人曹、李氏以本身州同銜，加二級。
貤贈承德郎曹衍壽安人劉氏以孫鳴岡廣東州吏目，加六品銜。
貤贈承德郎曹懋棣安人徐氏以子鳴岡廣東州吏目，加六品銜。

貤封修職郎章魁玉孺人阮氏以子雲縣丞銜。

誥贈奉直大夫佘仲遐宜人孫氏以子自昇州同銜，加二級。

誥授奉直大夫佘自昇宜人王、李氏以子自昇州同銜，加二級。

貤封奉直大夫鄧林選宜人王氏以弟林蔚布理問銜，加二級。

誥封奉直大夫文林郎鄧潤宜人劉、吴氏以次子林春舉人，知縣；三子林蔚，布理問銜，加二級。

貤贈修職郎方樹蘭孺人江、陳氏以子善述縣丞銜。

誥封奉直大夫劉繼志宜人李氏以子生輝布經歷銜，加二級。

敕封儒林郎徐福川安人朱氏以子光彩布經歷銜。

敕贈儒林郎蕭廷材安人李氏以嗣子桂馨藩經歷銜。

貤贈儒林郎蕭國棟安人成氏以子桂馨藩經歷銜。

誥封奉直大夫柯步春宜人朱氏以子柏先州同銜，加二級。

誥授奉直大夫柯柏先宜人張、黄氏以本身州同銜，加二級。

貤封儒林郎劉鳳沼孺人陳氏以弟美玉布理問銜。

貤贈文林郎晋朝議大夫譚華如恭人郭氏以孫連生同知銜，隨帶加一級。

誥封文林郎晋朝議大夫譚國順恭人孫、朱氏以子連生同知銜，隨帶加一級。

貤贈儒林郎徐光閣安人陳氏以孫北川布經歷銜。

敕封儒林郎徐深清安人陳、葉氏以子北川布經歷銜。

貤贈奉直大夫黄南林安人費氏以孫廷煦布經歷銜，加二級。

誥封奉直大夫黄既木宜人明氏以子廷煦布經歷銜，加二級。

誥贈奉直大夫江有渚宜人朱氏以子炳榮州同銜，加二級。

貤封奉直大夫江秀玉宜人吴、華氏以弟炳榮州同銜，加二級。

誥封奉直大夫柯向榮宜人周氏以子春熙州同銜，加二級。

貤封奉直大夫柯先榮宜人徐氏以侄春熙州同銜，加二級。

誥封奉直大夫汪景荻宜人方氏以子華鳳州同銜，加二級。

誥授奉直大夫汪華鳳宜人方氏以本身州同銜，加二級。

誥封奉政大夫柯澮如宜人謝、余氏以子鋭平鹽提舉銜，加一級。

誥授奉政大夫柯鋭平宜人吴氏以本身鹽提舉銜，加一級。
敕封儒林郎胡經邦安人王氏以子桂馨布經歷銜。
敕授儒林郎胡桂馨安人袁、柯氏以本身布經歷銜。
貤封儒林郎譚詩柯安人袁氏以孫霞舉布經歷銜。
敕封儒林郎譚廷詔安人全氏以子霞舉布經歷銜。
誥封朝議大夫李春芝恭人賈氏以子光斗同知銜，加一級。
誥封朝議大夫李輝斗恭人梁氏以弟光斗同知銜，加一級。
貤贈奉政大夫李善揚宜人余氏以孫光斗同知銜，加一級。
誥封奉政大夫李春芝宜人賈氏以子光斗同知銜，加一級。
貤封奉直大夫李明隅宜人徐氏以子善揆州同銜，加二級。
貤贈奉直大夫李珠宜人陳氏以孫善揆州同銜，加二級。
誥贈奉直大夫佘作孚宜人石氏以子含章布理問銜，加二級。
誥授奉直大夫佘含章宜人劉氏以本身布理問銜，加二級。
敕贈儒林郎佘作孚安人石氏以子含章布理問銜。
貤贈儒林郎佘允球安人周氏以弟含章布理問銜。
誥贈奉直大夫盧丹霞宜人明氏以子椿國布理問銜，加二級。
誥授奉直大夫盧椿國宜人周氏以本身布理問銜，加二級。
貤封奉直大夫劉鳳停宜人石氏以孫生輝布經歷銜，加二級。

蔭　襲

明

宋宗洪武間襲父榮實封百户，卒，子英襲。
韓允兆襲父良本衛百户。
錢晗襲父志廣甘肅衛千户，卒，子義襲。
項道保襲父任本衛百户，寧德元年征進有功，升千户。
朱曜襲祖震卿武昌衛總旗，正統二年征進有功，升本衛百户。

潘思恭襲祖宗三長沙總旗，復調本衛百户。

以上從舊志《武勛門》中摘録按：嘉靖初，霍韜疏請核内外武職，第其功閥，祖考相承。

國　朝

王建侯以祖國用官廣西副總兵，恩賜監生，舊志列《援例》。

秦承恩字俊臣，咸豐元年，以祖定三官總兵，賞二品蔭生，朝考掣選都察院經歷，改捐知州，兼襲騎都尉世職，署四川高縣事。

袁光謙以父九松陣亡，襲雲騎尉。

梁道鴻以父柏台陣亡，襲雲騎尉。

李芳名以父光春陣亡，襲雲騎尉，任鄖西守備。

成祚應以父千里陣亡，襲雲騎尉。

劉震以父潮地陣亡，襲雲騎尉。

歐陽定儼以兄定志陣亡，襲雲騎尉。

歐陽治平以嗣父定志陣亡，襲雲騎尉。

胡英龍以嗣父得勝陣亡，襲雲騎尉。

胡忠雄以嗣父得勝陣亡，襲雲騎尉，借補興國營富池汛千總，署興國營守備。

黄善芳以嗣父金甲陣亡，襲雲騎尉，署興國營守備。

秦錫綸以父承壎遇苗逆之難，襲雲騎尉。

吕宗濂以父岱雲招撫藍逆遇害，襲雲騎尉。

柯凌雲以父南杞陣亡，襲雲騎尉。任襄陽營守備，子大成襲雲騎尉，孫鴻翥襲恩騎尉。

趙德光以嗣父既發陣亡，襲騎都尉，兼一雲騎尉。

尹璋玉以父昌景陣亡，襲騎都尉。

潘攀龍字鑲銓，以嗣父錦陣亡，襲雲騎尉、恩騎尉，世襲罔替，督標候補守備。

張榮泰武生，字爲九，以嗣父長林陣亡，兼襲雲騎尉，候補守備。

黄熒字於詩，以兄有成陣亡，襲雲騎尉，修補守備。

華仲成字文哲，以父見發陣亡，襲雲騎尉，候補守備。

胡寅直以祖得勝陣亡，例襲雲騎尉。

鄒軒廷字用之，以父敦裕陣亡，襲雲騎尉，候補守備。

秦文佳以父久勝陣亡，襲雲騎尉。

潘延浚字成之，以父鼎臣陣亡，襲雲騎尉。

吴量福以父祥發陣亡，襲騎都尉。

萬福成以嗣父斛源殉難，襲雲騎尉。

秦學賢字哲臣，咸豐七年，以祖定三軍營病故，賞六品蔭生，引見，以通判用。又以父瑞龍陣亡，兼襲雲騎尉，選授雲南魯甸通判，調署元謀縣事。

劉清安字竹坪，監生，從九，不論雙單月分缺先選用。以軍功保藍翎，六品銜，襲雲騎尉，以父遜和陣亡，蔭。

張紹良以父茂蘭陣亡，接襲雲騎尉，候補守府，光緒四年署理龍港泛把總。

劉鳴海以父紀在瓊州軍次積勞病故，蔭監生。

成斌祚應子，接襲雲騎尉。

張公洵以祖茂蘭陣亡，接襲雲騎尉，候補守府。

吴安國字森白，以兄安邦陣亡，襲雲騎尉。

張肇昌接襲恩騎尉，候補千總。

趙繩祖以祖既發陣亡，接襲騎都尉。

獎　　叙

明

潘政甫有傳列《義行》。

王貫有傳列《隱逸》。

國　　朝

俞順思字柏巖，雍正元年考選孝友文行，賞八品頂戴。

余鳴珂字玉卿，嘉慶元年舉孝廉方正，賞六品頂戴。

潘觀藻加二級。　佘以增、易簡、張兆基、佘允瑩均加一級。　佘紹松、柳紹元、孫裕基、佘鴻舉、徐成龍、趙光照、王鴻均給鹽運司知事銜。　俞敦仁、方濟川、佘以堪、劉青煒、李士柏、駱春華、李咸藻、吕觀成、阮經、石兆綬均給八品頂戴。　張如鏜、曹文昭、李堯爕、李士鵬、朱紱均加九品頂戴。　董步雲開復附生。

已上，道光二十一年崇陽滋事，本州防堵出力人員。

劉蔚霞道光二十二捐修考棚，賞按察司經歷銜。

李啟善、佘夢煦均紀録二次。　彭俊英、王霖、阮玉山、阮道生、阮良弼、劉勳、譚衡之、張書紳、張耀、袁瑞祥、賀萬清、柯炳均給八品頂戴。　易文蔚、佘紹泗、陳徽典、阮玉南、阮輝中、阮弼臣、阮勝萬、譚光照、袁世光、張德芳、阮漢章、陳謨、張秀庭、蕭芬、蕭邠、蕭春山、章廣林、柯垣益、柯向榮、陳聯甲、易觀光、陳育萬、黄麟呈、佘文彬、柯奎先、石楚珩、徐序賓、李有功、陳紀、陳增輝、黄善興、蕭從恩、王振邦、王榮錢、陳遇泰、蕭漢章、佘以垓、徐利溥、陳泰亨、劉增榮、程兆榮、黄開泰、易文炳、陳敦智、劉灼、陳春和、佘鳳鳴、佘邦基、石宣元、佘文爕、譚敬之、朱獻廷、阮萬邦、阮龍書、程鳴鳳、劉胥原、賀魁、阮貞祥、柯光奎、王佐均給九品頂戴。

已上咸豐二年建修文廟捐資出力人員。

萬斛泉字清軒，賞給七品頂戴。　宋鼎字楚材、鄒金粟字□□。均賞八品頂戴。

已上，咸豐七年湖北巡撫胡公訪舉隱逸，奉旨特賞。

陳光亨加四品卿銜。　陳咸亨、李啓善均知縣不論雙單月選用。　方瀛免選知縣，以内閣中書不論雙單月儘先選用。　劉均加内閣中書銜。　陳履亨免選訓導，以知縣不論雙單月選用。　鄭道和、易文蔚均加國子監學正銜。　柯輝先以州判不論雙單月選用。　譚兆元加國子監典簿銜。　劉鳳枝、李畿、陳愷、方桂林、袁煒、邢廷揚、王全聽、董化龍、陳鼎亨均以訓導不論雙單月選用。　佘文爕、易長華均加府知事銜。　佘以境加布政司照磨銜。

已上，咸豐十年本州團捐出力人員。

陳光亨加一級。 陳謙亨加國子監典籍銜。 鄭成和以訓導不論雙單月選用。

已上，咸豐十年興修本省貢院出力人員。

獎　　敘增補

李鴻儀字守先，附貢生，中書銜，練勇殺賊，賞戴花翎。

柯凌雲字桐門，廩生，以團練功獎加五品銜。

曹毓華崇仁里州同，以團練出力獎五品銜。

明光斗武舉，以團練獎五品銜。

朱斌字文琳，下豐樂庠生，以團練出力獎五品銜。

柯紹先郡庠生，咸豐七年以辦團出力獎五品銜。

馬亨字履平，團練出力獎六品銜。

劉烇有傳列《孝友》。

劉焕有傳列《義行》。

劉灼有傳列《義行》。

劉會霖有傳列《文學》。

陳元棉有傳列《文學》。

石成憲監生，以辦團捐獎六品銜，字介于。

曹國華崇仁里附生，以勸捐出力獎六品銜。

陳振翥下豐樂增生，以勸捐出力獎六品銜。

費喬鶯字明石，監生，善福里人，以辦團捐獎六品銜。

費遇清字漱香，善福里人。咸豐六年，以運餉偵探出力獎六品銜。

鄭道南鹽大使銜，以辦團獎六品銜。

何希遜興瑞里附生，以團練獎六品銜。

劉绍先字惟賢，貢生，團練出力獎八品銜。

謝時若監生，以團練出力獎八品銜。

李亨元監生，以團練功獎八品銜。

俞燮堂修善里人，以辦團捐獎八品銜。

羅景倫以辦團出力獎八品銜。

黄繼裕以辦團功獎八品銜。

以上均胡中丞林翼咨獎。

邢建勳豐葉里，候選縣丞。咸豐乙卯，半壁山偵探出力，曾文正公獎六品銜。

成信有傳列《義行》。

成孝思字藝堂，以團練出力，經江西耆中丞獎六品銜。

獎　　叙又增

明

劉錦天順間，大軍征洪江，以助餉獎七品散官。

劉琨嘉靖間，以助餉獎七品散官。

劉守敬嘉靖間，以助餉獎七品散官。

國　　朝

李鳴鳳字東園，以辦團，胡文忠公獎六品銜。

黄步月字西雲，辦團，胡文中公獎八品銜。

朱斌字文琳，以辦團，胡文忠公獎六品銜。

鄭光文字斗南，以辦團，胡文忠公獎八品銜。

徐綸字經三，慈口里人。咸豐間，粵匪竄境，知州向公恐資盜糧，以征存餉錢萬貫委綸徙鄉藏護，賊退璧歸，獎加六品銜。

欒璣字楚南，以勸捐，胡文忠公獎八品銜。

汪步瀛庠生，辦團，胡文忠公獎六品銜。

卷之二十

人物志

興國人物，自晋以上不可考。今自晋以下，其事迹之孅有見諸正史及前朝紀載者，列爲《名賢》；其服官中外，著有政聲者，列爲《宦績》；次則文學、武功、忠義、孝友，以及爲善于鄉，義行可風者，各以類登載。至耆壽之民、隱逸之士，亦附于篇末焉。

名　　賢

晋

孟嘉，字萬年，江夏鄳人，吴司空宗曾孫也。陶潜《孟府君傳》云：曾祖父宗以孝行稱，仕吴司空。祖父揖，元康中爲廬陵太守。宗葬武昌陽新縣，子孫家焉，遂爲縣人也。君少失父，奉母二弟居。娶大司馬長沙桓公第十女，閨門孝友，人無能間。嘉少知名，太尉庾亮領江州，辟廬陵從事，轉勸學從事。褚裒時爲豫章太守，正旦朝亮。裒有器識，亮大會州府人士，嘉坐次甚遠，裒問亮："聞江州有孟嘉，其人何在？"亮曰："在坐，卿但自覓。"裒歷觀，指嘉謂亮曰："此君小異，將無是乎？"亮欣然而笑，喜裒得嘉，奇嘉爲裒所得，乃益器焉。陶《傳》云：舉秀才，又爲安西將軍庾翼府功曹，再爲江州別駕、巴邱令。後爲征西桓温參軍，温甚重之。陶《傳》云：奉使京師，除尚書删定郎，不拜。孝宗穆皇帝聞其名，賜見東堂，君辭以脚疾不任拜起，詔使人扶入。嘉好酣飲，愈多不亂。温問嘉："酒有何好而卿嗜之？"嘉曰："公未得酒中趣耳。”又問：“聽妓，絲不如竹，竹不如肉，何也？”嘉答曰：“漸近自然。”一坐咨嗟！轉從事中郎，遷長史，年五十三卒於家。見《晋書》列傳。

孟陋，字少孤，嘉弟。少而貞立，清操絶倫。喪母，毁瘠，殆于滅性。不飲酒食肉十有餘年。親族謂之曰：“少孤，誰無父母？誰有父母？若毁性無嗣，更爲不孝也。”陋感此言，然後從吉。簡文帝輔政，命爲參軍，稱疾不起。桓温躬往造焉，或謂：“孟陋學爲儒宗，宜引在府。”温嘆曰：“會稽王尚不能屈，非敢擬議也。”陋博學，長於三禮，注《論語》行於世。卒以壽終見《晋書·隱逸傳》，祀鄉賢祠。

五　代

吴舉，字太冲。李煜時，以明經爲彭澤主簿。宋太祖遣曹彬征江南，前鋒兵破池陽。遣使招降郡縣，至彭澤，其令欲降，舉責以大義，遂殺使者。彬部下執之，舉曰：“吾世食禄李氏，國亡而死，職也。”彬義而釋之。當是時，嘗仕煜者，皆隨煜至至師，得復補吏，舉獨弃去不顧。至太宗太平興國二年，詔求李氏故吏所在。敦遣舉，始至京師，以爲鄆州平陰主簿，卒官零陵令。舉學《春秋》、通三傳，臨大節知所守，歐陽修銘其墓。《宋史·吴中復傳》作“仲舉爲池陽令”，歐陽公《吴君墓碣銘》作“舉爲彭澤主簿”，彼此互異。按歐公與中復同時，《墓碣》所載較《宋史》爲詳，今從之。祀鄉賢祠。

宋

吴中復，字仲庶。舉次子，進士及第，知峨嵋縣。邊夷民事淫祠，悉禁之。居官廉，代還不載一物。通判潭州，御史中丞孫抃薦爲監察御史，初不相識也。或問之，抃曰：“昔人耻爲呈身御史，今豈有識面臺官耶？”遷殿中侍御史，劾宰相梁適，適罷。中復亦通判虔州，未至，復還臺。彈宰相劉沆，沆罷。改右司諫，同知諫院，遷御史知雜事。此下舊志及省志俱有“風節峻厲，仁宗以飛白書‘鐵御史’三字賜之”之語。累進龍圖閣直學士、知江寧府。郵兵苦巡轄官苛刻，縶而鞭之。獄具，法不至死，中復以便宜戮首惡，流其餘，入奏爲令。歷成德軍、成都府、永興軍。河北行青苗法，使者至，將先下州縣。中復檄之曰："斂散自有期，今先事擾之，何也？"拒不聽，且以報。安撫司韓琦方疏諫青苗，録其語以上。關内大旱，民多流亡，中復請加賑恤，執政惡之，遣使往視，謂爲不實，削一階，提舉玉隆觀。起知荆南，坐過用公使酒免，卒。中復樂易簡約，好周人之急，士大夫稱之。見《宋史》列傳。祀鄉賢祠。

吴擇仁，字智夫，以父任父名審禮。爲雍邱主簿。元祐中，嘗詣朝堂白事，宰相范純仁異之，曰："簿領中乃有是人耶！"建中靖國初，畿内飢，多盜，以擇仁知大鹿縣。始至，令賊曹曰："民窮而盜，非天性也。我以静鎮之，若亡命、椎埋、故犯，一切誅之，毋得貸。"群盜相戒，不入境。中貴人譚積奴犯法，按致于理。積恚，造譖。徽宗召户部郎中宋喬年往鞫。喬年，伉吏也，疾驅至，慮囚擿隱，剔抉帑庾出入，不能得毫毛罪。歸傳舍，擇仁上謁，喬年迎笑曰："所以來，爲察君罪，顧乃得一奇士，吾令薦君矣。"居數日，召詣闕。時方有事青唐，擢熙河路轉運判官，即以直祕閣。爲副使從招討使王厚，領兵深入，克蘭廓城柵十三。加直龍圖，進集賢殿修撰，爲京畿都轉運使。鄭州城惡，受命更築之。或讒于帝，帝遣人取塊城上緘以來，令衛卒三投之，堅緻如鐵，讒不能售。遂拜户部侍郎，兼知開封府。府吏有竇鑑者，以捕盜寵，官諸司使，服金帶，狃舊態來前，擇仁叱而械諸獄。賣珠人居民貨久不返，事急匿宦官楊戬第，擇仁迹取之，竄於遠。戬中以事，出爲顯謨閣直學士、知熙州，徙永興軍。後起知青州，未拜，卒。見《宋史》列傳。祀鄉賢祠。

吴立禮，中復子。治平二年進士，歷官御史，有父風烈。祀鄉賢。按：《宋史・吴中復傳》附從孫擇仁，未載立禮，其事迹無可考，惟岳珂《愧郯録》載元祐末議南北郊，有立禮與吕大防、蘇軾、范祖禹等主合祭一事。

盛子充崇寧進士。親喪，廬墓，鄉里稱其孝。藏書甚富，家有萬卷閣。與王黼同舍，黼既相，一無所求，仕止朝奉郎。見《明一統志》，祀鄉賢祠。

王質，字景文。其先鄆州人，後徙興國。博通經史，善屬文，游太學，與九江王阮齊名。阮每云“聽景文論古，如讀酈道元《水經》名川，支川貫穿周匝，無有間斷，唾咳皆成珠璣。”著論五十篇，言歷代君臣治亂，謂之《樸論》。中紹興三十年進士第，用大臣言，召試館職，不就。明年，金主完顏亮南侵，御史中丞汪澈宣諭荆襄。又明年，樞密使張浚都督江淮，皆辟爲屬，入爲太學正。時孝宗屢易相，國論未定，質乃上疏，論戰守和事。天子心知質忠，而忌者共讒質年少好異論，遂罷去。會虞允文宣撫川陜，辟質偕行。一日，令草檄契丹文，援毫立就，辭氣激壯。允文起執其手曰：“景文天才也！”入爲敕令所删定官，遷樞密院編修官。允文當國，孝宗命擬進諫官，允文以質鯁亮不回，且文學推重於時，可右正言。時中貴人用事，多畏憚質，陰沮之。出通判荆南府，改吉州，皆不行。奉祠山居，絶意禄仕，淳熙十五年卒。見《宋史》列傳。祀鄉賢祠。

吴必大，字伯豐。以父彦夔蔭爲饒州司户，遷吉水縣丞。屬臺諫指朱子爲僞學，遂弃官歸。早事張栻、吕祖謙，晚事朱子，其造詣亞於黄幹、李燔，與陳淳相伯仲。朱子《答林德久書》云：“有江西吴必大者，相從累年，明敏過人，從事州縣，隨事有以及人，而自守勁正，不爲時勢所屈，甚不易得。”其卒也，朱子《答劉季章書》云：“伯豐講論，剖析貫通，非諸人所及，心固期以遠到，不謂乃止於此。今承來諭，又得其守之堅，此尤不易。吾道不幸，遽失此人。”見元趙復《朱門弟子五十三人列傳》。所著有《師誨集》，祀鄉賢祠。

明

孔克仁，由行省都事進郎中，嘗偕宋濂侍太祖，太祖數與論天下形勢及前代興亡事。陳友諒既滅，太祖志圖中原，謂克仁曰：“元運既隳，豪傑互争，其衅可乘。吾欲督兩淮、江南諸郡之民，及時耕種，加以訓練，兵農兼之，進取退守。仍於兩淮間饋運可通之處、儲糧以俟。兵食既足，中原可圖。卿以爲何如？”克仁對曰：“積糧訓兵、觀釁待時，此長策也。”及徐達等下淮東西，又謂克仁曰：“壬辰之亂，生民塗炭。中原諸將孛羅擁兵犯闕，亂倫干紀，行已夷滅；擴廓挾太子以稱戈，急私讐，無敵愾之志；思齊輩碌碌，竊據一方，民受其害；士誠外假元名，反復兩端；明玉珍父子據蜀僭號，喜於自用，而無遠謀。觀其所爲，皆不能有成。予揆天時、審人事，有可定之機，今師西出襄樊，東逾淮泗，首尾相應，擊之必勝，大事可成，天下不難定。既定之後，生息猶難，方勞思慮耳。”克仁侍帷幄最久，故獲聞太祖謀略居多。洪武二年四月，命克仁等授諸子經，功臣子弟亦令入學。已，出知江州，入爲參議，坐事死。見《明史》列傳。按《明史》謂爲句容人，《舊志》謂爲陽新里人。吴國倫《興國孔氏譜序》謂：“克仁父文學，教授興國路，以中原烽燧起，不能復東，遂家焉。”又云：“克仁歷官浙東按察使，卒於官。其弟克寬疏以其柩歸葬興國，詔許之。”又，《孔氏譜》云：“克仁子希彰，後占籍陽新里，故《舊志》稱爲州人也。”

成務，字惟幾，樂平里人。洪武二十九年舉人，授廣元教諭。適御史按部，率諸生郊迎，以望見，遽麾諸生返。御史至，問：“諸生何在？”對曰：“大人行李甚盛，恐士子見之壞心術，已麾之去矣。”御史奇之。薦擢行人，使暹羅。改御史，歷四川、河南、陝西、順天諸處，振揚風紀。永樂間，設貴州省，上見務英偉，曰：“黑御史可任按察使。”務至，威不可犯，庭無留政，人以“鐵面”稱。後卒於官，詔賜祭，貴州廟祀之。歷仕二十五載，未嘗携家。見《楚紀》。祀鄉賢祠。

劉諒，字守貞，宣化坊人。景泰間，以國子生授直隸鹽城知縣。竈户非重犯，不服有司勾攝。諒至，別竈户之籍名於官者，餘悉編氓，法乃得行。慨科目乏人，延禮碩彦，訓誨諸生，暇則出郊勸農，親授芸刈之法。值蝗，禱於城隍，蝗皆入海死。每旱，禱雨輒應，有一村不雨，廉得妻殺夫冤，人尤異之。淮賊喬亮猖狂，捕不獲，過鹽城，當道責諒捕之。亮聞，曰“毋累賢父母”，自投聽。解出境，仍亡入海。九載考績，民不忍舍，復留三年，致仕歸。見《分省人物考》。祀鄉賢祠。

徐鏞，字用和，永章里人。成化五年進士，授行人，擢監察御史。巡視通州。奏定漕卒輓輸章程，著爲令，人便之。時浚大通河，鏞獨疏不可，既而漕舟果不達。按閩還，以灾異論，列却貢獻、正課程、革奸弊、均禄食四事，與同官共劾太監汪直八罪，并其黨王越、陳鉞諸人，直等遂得罪。又極論名器之濫，請汰冗官。會地震，修省，旋舉慶成宴，鏞以非上下交修之義，請罷之，謫鎮原令。值歲饑，修預備倉，掘地得窖錢十萬，悉周貧乏，及代流亡輸累歲逋課。弘治初，擢知淮安府，轉廣西參政河南布政使，總督漕運。持法糾邪，軍民沾惠。卒，賜祭葬。見《明史紀事本末》及《楚紀》。《湖廣通志》祀鄉賢祠。

徐鈺，字用礪，鏞弟，弘治九年進士。武宗時，中官横恣，與御史趙佑、朱廷聲交章極論，爲閹黨勒罷。劉瑾誅後，鈺復起，終四川布政使。見《明史·趙佑傳》。舊志載："鈺弱冠，使交趾。烹猩猩以獻，鈺舉箸，抉两目啖之，交人懾服云云。"按：猩猩美在唇，不在目也。祗此一事，何必作傳，今特删之。而録《明史》所載，以表其大者。

劉珂，字公佩，興教里人，弘治九年進士。吴寬薦爲南直隸長洲知縣。崇學校，除盗賊，墾民田三千餘畝，興水利七百一十處，置義冢三，毁淫祠十，復流亡三百餘户，貯賑米一萬一千餘石，修橋梁四十座。工部奏徵郡屬雇役浚河錢，珂力言於當道，疏請歲省費不下十餘萬。補太僕寺丞。奏草本寺丞四員，陳備邊水利八事，又陳邊務七事。及劉瑾柄政，乞歸。不治生産，賬窮乏，家居二十餘年卒。見《分省人物考》。萬曆戊寅，知州楊士元題祀鄉賢祠。

鍾湘，字用秀，修善里人，太昌簿鉞子。弘治十五年進士，授户部郎中，擢知漳州府。會粤省山寇倡亂，詔閩撫合兵剿之。兵屯其境，芻粟之費日不下數百金，悍卒不可法御，湘區畫誓戒，皆有法度，率死士搗巢穴，縛首惡以獻，脅從者給牛粟遣之，賊感泣，皆就降。以功進階三品，禄視參政。歲飢，賑濟有方，活數萬口。嬰疾，篤。庫有羡餘數千兩，攝篆者欲私分之，湘曰："汝欲以此污吾名節耶！"悉登之簿籍。擢廣東參政，未行，卒。見《分省人物考》。祀鄉賢祠。

劉守緒，字克承，興教里人。正德九年進士，爲江西奉新知縣。十四年，從提督御史王守仁剿宸濠。時濠自攻安慶，伏賊千餘於新舊墳廠，以備省城之援。守緒奉檄同典史徐誠領兵四百，從間道夜襲破之，以摇城中。逾二日，大軍遂攻破省城。宸濠解安慶之圍來援，守仁復遣知府伍文定等分道并進，并遣守緒等各領兵百餘，張疑設伏，待文定等兵交，然後四起合擊，遂敗宸濠，搶之。守緒護檻車，隨守仁至杭州，付太監張永。守仁奏稱：守緒等效績輸能，亦有等列，然皆首從義師，争赴國難，協謀并力，共收全功，請加爵賞旌擢，以勸天下之忠義。其後咨開功次，守緒列二等，累遷太僕寺卿。祀鄉賢祠。

吴國倫，字明卿。嘉靖己酉領解額，庚戌成進士。由中書舍人擢兵科給事中，與李攀龍、王世貞、宗臣、徐中行、梁有譽、謝榛稱“嘉靖七子”。時嚴嵩柄政，楊繼盛疏斥其奸，詔下獄。臨刑，國倫與王世貞、宗臣往哭西市，倡衆賻送。嵩假他事，謫江西按察司知事，量移南康推官，調歸德。居二歲，弃官歸。嵩敗，起建寧同知，遷邵武府知府，調廣東高州府。值山海二寇合勢攻城，國倫悉力防禦，以平賊功擢貴州提學僉事，轉河南參政。大計罷歸，四方求文之士不東走太倉，則西走興國。世貞既没，國倫猶無恙，在七子中最爲老壽。見《明史·文苑傳》。萬曆甲寅，知州高維岳題祀鄉賢祠。

劉師潁，字方回，興教里人。性潁慧，七歲能屬祠，稱神童，十三就試學使，拔冠軍。荆藩聞而致幣，請爲儀賓，却之曰：“非吾志也。”嘉靖庚子舉於鄉，癸丑成進士，廷試當列鼎甲，相臣嚴嵩意有所屬，抑置二甲，授兵部主事。提督武學，屢上書言軍政，又奉命發輜車餉邊，及赴雲中兑塞馬，一切用軍興法，所過不擾。遷職方司，監脩太城。會三殿災，從大司馬分董大工，著有成績，賜白金、文綺勞之，尋擢武選司郎中，以病告歸。見《明一統志》。師潁生平直諒冲虚，事母孝，不交有司。子之斗，傳其遺詩行世。萬曆戊寅，知州楊士元題祀鄉賢祠。

宦　　績

宋

吴鶚，太宗雍熙二年進士。初任黄州司理參軍，以薦擢通州判官。會歲飢，河朔流民轉徙失業，鶚奉命招復，民獲安集。課最，遷大理寺丞。卒官龍圖閣直學士。

吴幾復，仁宗天聖二年進士。知蓬州，多惠政，任滿去，父老拜庭下曰："被使君惠久矣，鄉民不敢輕至，今聞還朝，故來相送。"且歌曰："使君來兮父母鞠我，禮化行兮無寒餓；使君去兮復留不可，意悵悵兮泪雙墮。"祀鄉賢祠。

吴審禮，嗣復子，仁宗皇祐元年進士。爲瑞昌令，後知辰州。猺人數爲寇，審禮以誠信結之，一境晏然。比去，猺人復爲寇，詔復任，在辰十年，境無一警。祀鄉賢祠。

吴彦夔，高宗紹興十八年進士。歷任江寧縣尉、武寧縣令。見《武寧縣志》。通判荆南府，後知廣南韶州州軍事，兼提點銀銅坑冶。州多淫祠，婦人喪夫悉送僧寺，彦夔嚴禁之。在韶二年，廉名特著，歸舟惟載廣藤一條，長數十丈。必大，其子也。

明

劉英，字朝英。元至正二十三年，明太祖取興國，改興國路爲興國府，授英爲知府。英建公署、築城防、有能績，後以事左遷福州府同知。祀鄉賢祠。

王則大，字時廣。洪武二十一年，以薦舉知福建福清縣，莅事精白。復以廉能薦，召見。赴京，卒於道。

劉仕榮，字朝臣，興教里人。永樂七年，以人才選授四川叙州府宜賓縣驛丞，勤慎有聲。遷福建福州府巡檢，潔己愛民，屢膺上考，卒於任。

石斌，字冬一，辛安里人。明正統間貢生，任江南清河縣知縣。單車就道，不携眷屬，廉清自矢，行橐蕭然。尋卒於官，家貧子弱，遂旅葬治所。

馮本，字明德，宣化里人。博學清才，甫冠，舉弘治八年鄉試。初任四川華陽縣知縣，有惠政。繼知蓬溪，蓬溪固無城，本至，亟繕之，縣民始得所恃。後擢雲南嵩明州知州，卒官雲南僉事。

周啟東，字意魯，閩莆田人。父禮，官荆王府紀善，遂占籍興國。啟東中弘治辛酉鄉舉，官江南涇縣知縣，寬和清潔，甫考成即勇退。會知州胡瀛改創學宫，思得其所居地而廣之，東無難色，因以桑棗園易焉。子包茅，嘉靖辛酉歲貢，仁和教諭；包荒，另有傳。

劉守愚，字克明，興教里人。州學生，舉正德庚午鄉試，丁丑進士。初知江西浮梁縣事，案無留牘，士民頌之。有御史某，搆里人，守愚履勘訟地，得其情，竟不直之。任南昌司馬時，有都御史家居者，特旨起用，縣申其母老不能遠離，守愚責以忠，强之出，在任以公正廉明聞。官終南京刑部員外郎。

周包荒，字練江，啟東子。嘉靖七年舉人，任四川江津縣知縣，調鄷都，擢涪州知州，料理麻陽軍務，叙功擢重慶府知府，致仕。舊志云："包荒令上部，入名官。"按：上部，今不知何地。

徐綱，字立之，慈口里人。父興漢，好施予，蚤世。綱甫十齡，母黄氏守節。嘉靖十年，以白衣録賢書，二十三年登進士，除陝西西安司理。每多平反，擢兵科給事中。值虜深入，奉敕往宣大等處查勘邊務，不激不縱，晋吏科都給事中。世廟建醮，命在廷諸人黄冠行香。公極諫，廷杖瀕死，復諫，乃止。歷任鴻臚寺、太僕寺、光禄寺及北京光禄寺卿，順天府尹。舊志：京兆尹乃漢代官，非明代官，今依省志更正。晋工部左右侍郎，奉督大石窩，修理元都殿、永陵兼朝宗橋等大工。屢沐恩賚，并蔭其子。萬曆改元，不阿權相，致仕。越歲，復除本部尚書。不就。三年卒，賜葬於福慶里之先賢山。綱爲人正直端方，寬和樂易，所居不務赫赫名而所在見德、所去見思。巡按舒鰲、李栻節薦境内人材謂："綱立朝騰正直忠厚之聲，居家著簡重清修之譽，素履不逾於晚節，典型允屬於老成。”數言可見大概云。祀鄉賢祠。

劉壽嶠，字景仁，朝陽里人。嘉靖十年舉于鄉，授四川儀隴知縣，移攝大竹，以廉能遷南昌府同知。兩邑争留不可，各立祠祀之。西昌有熊生，恃嚴相戚，侵鄉人田。群訴諸上官。上官心不直熊生，而卒莫能爲鄉人地移。嶠鞫之，召生，叱曰：“若倚相公勢耶！”命鞭之，悉還所侵田。因奏記乞休，會以王命采木行，既竣事，持羡金千餘還公帑，遂飄然納綬去。祀鄉賢祠。

劉儲，字文英，壽嶠從子。舉嘉靖二十五年鄉試，屢上春官，不第。謁選得江西瑞昌縣。已，用薦者言，改直隸唐山縣。又用薦者言，召補北城兵馬司正指揮。尋以事忤中貴人，出爲雲南晋寧州知州。據《吴國倫集》補録。“唐山”作“柏人”。按：柏人，漢時地名，在明爲唐山，今據《一統志表》更正。

葉棣，嘉靖三十四年舉人。任江西武寧縣知縣，有廉仁之頌。時城址爲江水所嚙，久廢不治。棣慨然議築，逾年功成，屹然爲一巨鎮。後遷兩淮運判。據《武寧縣志》補録。

華存禮，字泰峰，春盛子，嘉靖四十三年舉人。初知南直隸桃源縣，愛民如子，引淮水溉民田。民德之，作生祠於河上，署聯云：“千年會合黄淮水，萬姓瞻依華泰峰。”舊志。行取户部主事，累升員外郎、雲南大理府知府、金騰道兵備副使、布政使司署巡撫。七十一致仕，八十六卒。見《存禮墓碑》。祀鄉賢祠。

劉文定，字子静，興教里人。萬曆元年舉人，官黄岡縣教諭，謙冲恬雅，不愧師範。據《黄岡志·循良傳》補入。擢六合知縣，縣故衝繁疲敝，一意休息，不獵聲譽。有巨盗爲害，公善除之。縣人感其德，立祠祀之。遷陝西寧州知州，以母老乞養歸。祀鄉賢祠。

黄士吉，字元甫，興教里人。爲諸生時，豪宕負俠，舉萬曆壬午鄉試，授建昌教諭。壬辰成進士，任工部員外郎，督造清寧兩宫。神宗勞之，御書“半窗明月”以賜。庚子典試貴州，任浙江提學道。任宦十年，僅中人產。創興國會館於京師崇文門外東草廠第四條衚衕，公車北上者德之。所著有《元雲閣稿》。

曹志遇，字稚孚，永城里人。年甫冠，舉萬曆壬午鄉試，戊戌成進士。除户部主事，視河西關務，潔白自持。繼司餉徐州，出守巴渝。會蹇尚書子不法，按如律。鄉人有爲其屬吏者，以墨聞，不爲私覆。再守廣東高州，高故瀕海，值島夷猖獗，殄滅之，疆圉晏然。高志蠹蝕，捐俸纂修。舉墜釐廢，功施爛如。遷羅定道。致仕歸，築大美堂於箕山之陽，課子訓孫，足迹不涉城市。卒之日，囊無餘鏹。著有《萬蕉亭稿》，祀鄉賢祠。子景參。

徐汝化，字應時。萬曆十年舉於鄉，博極群書，工詞賦。與吴明卿倡和，有《青桂社稿》。性孝友，築愛日堂以娱親。事伯兄汝器，有灼艾風。令河間，政教爲當世重。以丁艱疾，卒，祀鄉賢祠。

孫敏政，字見蒲，尊賢坊人。舉萬曆十三年鄉試，選隨州學正，升南京國子監助教，累遷四川重慶同知、貴州遵義府知府、兩淮都轉鹽運使。守遵義時，絶苞苴，鋤刁健，倡議修堤防，民至今利賴焉。據《遵義府志》補録。

石炬，字石門，宣化里人。萬曆三十五年進士，南京工部清水司主事，管夏鎮閘，啟閉以時。有要人舟次夏鎮，命啟閘，不聽，淹留旬日，心銜之，竟罷歸。卒，祀鄉賢。

劉師孔，字伯時，興教里人。歲貢生，司訓惠州。月吉講課，惟尚樸學，誨諸生一以敦行爲先，士風丕變。皇甫少參焕深嘉之，委署博羅縣事。訟理惠敷，遷四川閬中教諭。去之日，士紳祖餞，父老攀轅。未至蜀，便道歸里，卒於家。

劉之待，字世聘，興教里人。萬曆丙辰進士，初授松江府推官，行取御史，巡按浙江。性伉直，與楊太保漣先後疏劾魏璫，革職，時稱忠烈。崇禎二年復官，府志有傳，疏載文録。

潘師道，字太乙，辛亭里人。舉萬曆丁酉鄉試，癸丑成進士。歷任大理寺評事、户部福建清吏司員外郎，出知福建邵武府，調福州府。福州大旱，師道多方賑恤，禱寸輒應，福人爲作靈雨亭紀其事。大學士福清葉向高稱其飲冰茹蘗，愛民如子，爲二百年來守郡所僅見。遷浙江布政使司右參政、四川按察使，或云遷浙江布政使，署巡撫事。歸，卒。祀鄉賢。舊志雖列鄉賢，官階僅書四川按察使，事實并無一字。今從《潘氏誥封碑》中采録官階，從葉文忠公文中采録事實。至崇祀鄉賢朝代，仍不可考。

梁招孟，字良山，懷仁里人。舉萬曆壬子鄉試第二，崇禎戊辰成進士。由内閣中書遷江西道監察御史，改南京户部郎，出知廣東惠州府。會肇慶兵衡決，巡撫某分常股之一安插於惠，惠民難之。招孟榜諭再三，冀相安於無事。無何，磨旗唱梱，勢如沸，招孟以計縛判卒四百餘人，惠民遂獲安堵。又值烏禽山賊，起，當事檄署嶺東兵備道兼監軍事。招孟條上征山事宜，申明紀律，探賊所出没險要，及官軍進剿，臨機應變，受其指者所向輒破，賊遂殄。已而擢淮海巡道，歷任江西驛鹽道，署山西按察使司，所至皆有政聲。尋爲兩浙都轉鹽運使。值明鼎革，遂解組歸，自號息阿。著有《息阿山房文集》。據盧庭琮所撰傳補録。

馮之圖，字書先，永城里人。負文名，中萬曆戊午副榜，與陳際泰、黎元寬諸人游。天啟丁卯舉鄉試，崇禎甲戌成進士，任户部主事，署郎中事。時設新餉司，收兑無成法，運户弗便。之圖察其弊，有到即收，無許留難，一時中飽者斂迹。通惠河水涸，漕艘不前，之圖至天津督之。懷宗書其名於屏，旋擢漳南道參議。會武平清流山寇竊發，撫軍主剿。之圖推至誠撫之，兼攝守道，駐節海上，晝夜戒嚴，沿海以安。一時有廉幹稱，而鳳節矯矯。大計，竟謫官歸。明季地方不靖，有鄭大發踞太平山作亂。之圖偕下江防道洪天擢平之。當事屢薦不起，自號鹿門老樵，卒年八十七，著有《谿聲堂制藝》《易老堂詩文集》行世。國朝康熙十九年，湖廣巡撫張朝珍奏請崇祀鄉賢祠。

國　朝

盧高，字遠心，宣化里人。性穎異，丱角食餼，家貧力學，博通經史百家言。順治辛卯壬辰鄉會聯捷，選庶吉士，授檢討。乙未試加一級，外轉浙江驛鹽道，署杭嚴道鹽運司、按察司事，不延一幕，游刃有餘，戊戌以疾致仕。所餘清俸，置產給宗族，又置各莊義田各十餘石，歸林七年終，年四十三。著有《泊舟草》《翠環堂詩集》《說郛》。子四，以劭，歲貢生。

方師誨，字忠焉，長慶里人。順治九年進士，任山西定襄縣知縣，值歲飢，屢詳請賑恤。居官廉介，紙帳布被。没於任，貧至不能具棺。康熙三十五年，湖廣總督吴琠疏請崇祀鄉賢，著有《四書補疏》《諸史提論》。

袁良陞，字亦山，修善里人。少倜儻，善决事。順治初，楚南北軍書旁午，經略洪承疇聞其才，辟就幕府。獻書萬言，洪大悦，留參軍務，委署茶陵。屯田奏功，擢長沙通判。委以支放，持籌六省，刻期立辦。偏沅巡撫袁廓宇倚爲臂指，事平叙功，擢陝西慶陽府同知，駐扎靈州。州苦河决，禱於神，而河遂徙；修鑿漢唐二渠，灌溉可資萬頃；兩護寧夏道，報最，列上考。丁艱歸，遂不復仕。子承楚，字念湘，北直隸完縣知縣；承秦，字念渭，初爲廣東東安縣知縣。粤例：州縣編審，民間約費千金，公用外，長吏可得其半，承秦白之撫憲，請除之。遷貴州開州牧，州界苗蠻，明始建置，未立教職。承秦甫下車，即詳請題允，乃捐廉倡建學宫，由是文風丕變，苗悉向化。開屬有硃砂、水銀三廠：曰用砂、曰斗甫、曰白馬。利之所在，人争趨焉，因之命盗迭見，承秦力請封閉，民患乃息。

袁良怡，字棣菴。援例入仕，初任福建將樂知縣。時蝗爲田害，良怡徒跣露禱，蝗蝻遂絶。後升河曲州知州、廣平府同知，所至俱有政績，民號“袁活佛”云。

雷作霖，字蘇生。以辟舉，授浙江平湖知縣。愛民如子，培植士類，秩滿歸林，與從弟作和詩酒倡和，飄然塵俗之外。

馮俞昌，字曰俞，之圖子。順治五年歲貢，授江陵縣訓導，遷直隸容城知縣，後補福建同安知縣。時大兵征臺灣，躬督軍需，捐俸以恤窮詹，閩民謳思如戴父母。以疾致仕，栖遲山莊，不入城市，年八十有二卒。

吳景祉，字二來，宣化坊人。順治十二年進士，知江西南豐縣，焚香告天，廉隅自勵。或勸其稍自潤，曰：“視作秀才時何如？而尚求羸也？”及罷官，貧不能治裝。子甫生領解如歸里，年八十餘卒。

張翰揚，字伯鷹，尊賢坊人，令聞子。幼以敏聞，每爲文，意與境會，未嘗起草。富於史學，上下古今。所擬制策奏議，俱期有用於時。舉順治辛卯鄉試，乙未成進士。授户部主事，典視德州及臨清倉務。數上大司農書，敷陳利弊甚悉。時倉儲多逋，前官或已報而未足，州縣或已赦而復徵，十數年來，紛拏轇轕。翰揚乃設法清理，俾官民掛欠俱獲彌補。或謂：“君司出納，曷不自爲利？”翰揚曰：“無損於國，有益於民，又可了前官事，烏用自利爲？”遷四川司郎中。以上疏言事降調，初補太原府同知，明年缺裁，補南昌府通判。所至存心利物，旋牽意外累，解任赴勘，事白，將謁選，以疾卒。翰揚性倜儻，好施予，人多頌其義。卒年三十九，無嗣，論者不能無憾於天道云。所著有《樂言莊集》《小草廬集》《華游集》《燕歌蠡草》諸篇，其《雁字百咏》，尤爲膾炙人口。

陳愚，字智若，永福里人。父仲謀，助餉，載《義行》。愚生而穎悟，有神童之目。康熙八年，中鄉試第二，初任荊門州學正，遷四川遂寧縣知縣。遂寧賦額舊七千，兵燹後，民户凋殘，部檄清丈，將復其舊，民皇皇思逃。愚曰：“有我在，必不重累吾民。”晝夜經畫，裒多益寡，視舊額三十之一，民志乃定。未幾，奉令招墾，民多争訟。愚履畝編甲，增二千餘户，遠人如歸，而邑無土滿之患。城久隤，以贖鍰并捐俸，次第修築，兼修學宫，工成而民不擾。邑人唐某令楚時，管軍需，事定核銷，應賠十八萬兩有奇。愚憫其已故，妻子困窮，會赦，詳請豁免，僅免其半，再請格於部。以是鬱鬱，遂卒。位不滿德，人皆惜之。所學邃於《易》，著有《易經統集》《餘古堂集》《聞見録》《四書纂要》《歷代帝王規鑒》。明進士吕潛志其墓。

吳甫生，字宣臣，景祉子。天姿英敏，過目不忘。康熙三十三年進士，選庶吉士。散館日，試墨葵詩，甫生有“具有丹心依絳闕，獨將鐵面上烏臺”之句。上深賞之，改御史，掌京畿道，兼登聞院事。立朝蹇諤，不事婞阿，而河工一疏尤覘風裁。壬午，典試陜西，復命日，御書《金山夜月》詩以賜。甲申告歸，僦居漢陽，惟日飲酒賦詩焉。著有《列女傳續》《甑甀洞稿》若干卷。卒之日，橐無遺金。謹按：乾隆十八年，始定御史爲從五品。其在康熙年間尚係七品，故當時庶常散館，往往有授御史者，并非超擢也。

袁守待，字紹宏，修善里人。康熙丙戌進士，知山西靈石縣。甫下車，值大旱，禱介子廟，甘霖立沛。時軍需旁午，正供外，一不擾民。吏部尚書嵇曾筠贈詩有“盡力勤王事，留心察庶情”之句，丁酉爲同考官，稱爲得士，卒於官。

徐學榜，字石洲，慈口里人。康熙己丑進士，知河南淇縣。愛民如子，獄無冤者。尤振勵風教，公餘，進諸生課文藝。邑有佳子弟，輒引而教之。兩爲同考官，所取皆名下士。辛丑，淇大饑，捐俸以賑，民賴全活，於縣南門外立碑記之。性廉介，以病解任，行李蕭然，著有《石洲文稿》。

柯時懋，字建中，東鄉里人。父清瀛，以孝旌。時懋幼，端慤，每授書，一再讀輒默坐，叩之則已成誦矣。少受知於學使潘公宗洛，王先生汝驤主講江漢書院，亦深賞之。康熙丁酉舉于鄉，乾隆丁巳恩科成進士，年六十矣。歸授，徙其所爲教，皆聖賢爲己之學。又十年，選授河南修武縣知縣。下車訪民疾苦，興利除弊，孜孜如不及。後以卓異薦，未行，卒於官，修武士民如失慈父母焉。

李應明，字東輝，豐葉里人。舉雍正元年鄉試，乾隆乙丑大挑一等，分發福建，充丁卯科鄉試同考官。歷署興化府、漳州府通判、莆田縣知縣，補屏南。屏南喬野，喪祭禮多不具，應明參考儀制，訓示士民，數月之間，舊俗一變，民感其化，建祠祀之。

謝家誥，字繼典，中豐樂里人。雍正七年舉人，授山西馬邑縣知縣。甫下車，值歲祲，即申請施賑，全活甚衆，縣之報灾，自家誥始。著有《學庸獻疑》《汲古詩文》行世。

程英銘，字新三，朝陽里人。乾隆十三年進士，授四川鄰水縣知縣。有生員甘文林、熊宗裴、熊興誠等被誣，擬大辟。英銘廉其冤，力救得釋。文林後以庚辰成進士，宗裴、興誠皆由明經官教職，當時美之，詳《鄰水縣志》。後官山東海縣，邑爲乾隆初設，規模未就，到任次第舉行，并捐俸教民種植。阿大中丞嘉其留心樹蓄，旋署曹州府通判，亦有善政。

趙鰲，字東世，下豐樂里人。雍正乙卯拔貢，乾隆六年中順天鄉試，聯捷成進士，任山西襄垣縣知縣。時襄垣大水冒署，勘灾具報。廉知小販入城者，俱有私税，悉革之，貧民稱便。壬申爲鄉試同考官，旋卒於署，家人鬻肩輿以治棺。鰲在家，事親孝，且能文，渤海高鑒知興國時，甚重之。及卒，哭以詩，歷叙其生平才行云。

方立經，字錦川，長慶里人。乾隆辛酉拔貢生，甲子順天鄉試舉人，以教習期滿籤發山西知縣。歷任珙縣、榮河縣。丁艱服闋，改發直隸，歷任淶水、盧龍、宣化諸縣。宣化值歲飢，大府以河工督餉急，立經陳民間疾苦，并寫《元道州詩》上幕府，自以不稱職，請罷，大府感而稍緩，宣化民賴以蘇。遷昌平、保安知州，權順天、西北兩路同知，嘗以臨民者易任性，遂自號耐亭。旋擢湖南永州府知府，再守直隸正定府，所屬有以灾告者，必爲陳乞賑恤，百姓圖像以祀焉。護理口北道，以失察被議，奉旨原品休致。自念出仕三十年，歷荷恩眷，歸里後，每月朔旦必朝服望闕叩謝云。

葉脩贈，字耘石，陽辛里人。乾隆十二年舉人，辛巳大挑二等，授黃梅縣教諭。在任十餘年，惟以陶成士類爲務。黃梅數厄於水，邑令屬行部勸捐、監賑、修堤，心切民瘼，不避艱辛。秩滿，保以知縣用，不就。初，脩贈以舉人入都，以《蘆花詩》得名，人呼爲“葉蘆花”。詩學陸放翁，著有《耘石草堂詩集》，書法亦秀勁。

石玖光，字辰川，崇仁里人。乾隆二十六年進士，謁選，得河南閿鄉縣。縣多沙壤，而東南近峪地宜泉，西北臨河地，可井，教以疏鑿車戽之法，民始知有水之利。會王師征金川，承辦兵差，事無誤而民不擾。

及聞凱旋，大吏檄所過，預備供頓，慨然曰：“民憊矣，設兵不我過，是以虚費困吾民也！”乃遣健步偵大軍，則從潼關渡河，閿鄉遂無所事，民益德之。邑舊患狼，至是益肆，齋戒爲文祭告山神，患遂已。去任，狼復出，父老焚前文致祭，即不爲害。擢懷慶府通判，歷署懷慶、南陽府，所至勤聽斷、修書院，人以“福星”稱之。告歸十五年卒，年七十八。祀閿鄉名宦，復祀本州鄉賢。

程才濂，字尋溪，英銘子，乾隆三十六年舉人。自少以才名著，有《活水園詩鈔》。大挑二等，選漢陽教諭。任滿考績，畢制軍以“可任民社”保薦赴京，選授山東城武縣知縣，調菏澤縣，以同知升用。菏澤界黄河，時有水患，才濂督夫役修築堤防，遇灾必請賑恤，鄰邑亦爲之歌頌。旋署濟寧州知州，以年衰致仕。

石時和，字喈鳳，崇仁里人。乾隆五十三年舉人，嘉慶戊辰大挑二等，選南漳縣教諭。内艱服闋，補恩施縣教諭，截取授廣東吴川縣知縣。吴川濱海，民風獷悍，和清儉有威，深懲奸蠹，硇川司巡檢趙某縱胥協斃民命，和力去之。約己便民，縣無留獄。在任三年，民安其政，歲終獻采薪者充庭，牓市門曰“官清民樂”，建生祠於黄陂墟，歲時致祝。

石時椝，字傳方，玖光孫。乾隆己酉舉人，考取覺羅官學教習。嘉慶丙辰成進士，改翰林院庶吉士。散館，改主事，籤分刑部，嘆曰：“人生不幸乃爲刑官。”每遇讞獄，必悉心求得其情。性質直，不能與時俯仰，遇疑獄輒侃侃與上官争，亦以是淹滯在刑曹二十年。積資平進，歷員外郎、郎中。道光元年，始擢山東道監察御史，轉四川道，所上疏如疏通銓改、禁止開墾，皆切中時弊。嘗奉命稽查京倉，有家丁索得陋規，即逐之。逾年以病歸。生平無他嗜，惟嗜酒，每與人飲，酣暢淋漓，不知富貴爲何物也。

陳治策，字耘蕙，仁義里人。少負奇氣，文亦如之，食餼後，困諸生者三十年。嘉慶四年充歲貢，是年恩科聯捷成進士，以知縣籤發浙江，授處州雲和縣。雲和地瘠，農復惰窳，治策起家寒畯，知穡事，每循行阡陌，教以種植之宜、潴洩之法，民率而行之。間遇旱潦，他邑告歉，而雲和獨無害。其爲政務達民隱，每坐堂，皇至者，輒使前問所患苦，婦孺皆得各言其情。或下鄉履勘公事，徐與百姓言孝弟姻睦之道，勤勤懇懇，有若家人相告語者。縣署火，遠鄉僻壤來吊唁，越數日，輪木石瓴甓者、輸錢米者，閱兩月而署成。性孤峭，自言非用世才。告歸，百姓留之不得，乃相與立生祠，立去思碑。既歸，苦貧，請改教職，授德安府教授。學使鮑侍郎檄知府聘主漢東書院，從學數百人，時比之趙江漢先生云。所著有《盤谷山房詩集》七卷、《文集》五卷行於世，同治七年州人士呈請崇祀鄉賢。

潘觀藻，原名光藻，字賓石，長慶里人。少孤，母陳氏矢志食貧，教之成立。觀藻博學能文，舉嘉慶庚午鄉試第二，丁丑成進士。改翰林院庶起士，己卯授編修。乙酉督學四川，任滿因事左遷。乙未援例以知府分發浙江，初署金華，再署衢州，詳裁龍游、開化兩縣，辦漕陋規。再署處州，决縉雲縣。鄭姓兄弟争産，獄褫劣紳之唆訟者，一縣快之。補台州，台屬産罌粟花，以熬鴉片烟獲厚利，時方令所在拔除。臨海知縣某以操切致變，上官檄觀藻督捕，犯皆遠颺，逐被劾歸里。遇事之有益於族黨者，知無不爲。值崇陽鍾人杰戕官謀叛，有觀兵興國之意，觀藻倡捐千緡，募勇守通山界，賊旋平。居恒念母氏苦節，言之輒泫然。在台州時，倡建勵節堂，籌費分給節婦之貧苦者。咸豐辛亥，州人士修節孝祠，獨捐建門外石坊，具見不匱之孝思云。

成錫慶，字子勃，尊賢坊人。嘉慶二十三年恩科舉人，道光丙戌大挑一等。分發江蘇省，歷屬宜興、奉賢。奉賢多命案，差保、地棍借端勒派，鄉民輒破家，錫慶嚴禁之。前任楊本初偕紳士立同善堂，遇命案借錢爲費。錫慶至，捐廉襄助，申明規條，民甚德之，去日，供長生禄位於同善堂。後鋪蕭縣，以事左遷，罷歸。居林下者廿年，嘗言爲官甚苦，妻、子之言都不敢聽，亦足見其廉勤矣。

方炳文，字雲石，長慶里人。六世祖師誨祀鄉賢。父敦臨，庠生，客陝西，值白蓮教起，駡賊遇害。炳文年十二，隨母間關歸。幾無以爲生，而刻苦力學，爲文戛戛獨造。道光六年成進士，以知縣分發湖南，署鄠縣。有府胥以事至嚇取民財，執而杖之，曰："吾寧忤上官，不忍若輩之朘我民也。"每聽訟，務以誠感。有母訴其子者，反覆開示，已而責其子曰："吾欲養而無親，汝有親而不養乎！"聲泪俱下，子感動哭投母懷，母亦泣，遂爲母子如初。補寧鄉，值湖南北大水，流民多在境，捐俸倡賑，勸富室助之，資送以歸，所全活其衆。在寧鄉五年，不輕入人罪，而捕誅胡十二、俞十四等十數人，則皆擾害鄉里，前令屢捕而不獲者也。後調善化，以卓異送部引見，卒於都。

李煒，原名克洧，字蘭舟，豐葉里人。天資明敏，舉道光十四年鄉試，二十年恩科成進士。以知縣分發陝西，歷署山陽、城固、岐山、富平、咸陽、咸寧縣事，所至有聲。巡撫林文忠公稱爲關中良吏第一，丁外艱歸。咸豐元年起復，補富平，調長安十年，署商州。同治元年粵逆竄陝，甫經大軍擊退，而回民搆衅滋事。時煒已回長安任，籌度情形，分別良莠，請於上憲，剿撫兼施。親歷鄉鎮，諭居民，舉辦團練，聯絡聲勢，以自固其圉，復設法安插難民，民皆德之。方事之殷，各省兵麕至，一切供張，當事者皆倚煒取辦。事平，録其勞，以知府保升，檄署同州府，未赴任卒。

秦榮，字仔仁，恭武公從子也。髫齡嗜學，弱冠淹通經史，試闈場，文名藉甚。爲人沉毅多略，福艾奇龐，群以"國器"目之。咸豐元年，以例貢生，隨恭武追剿粵匪，累功洊保知府。九年，巡撫翁同書檄統水陸兵勇。值捻逆張落刑犯張家溝，榮以水師會步隊敗之，連毀北岸賊壘，復懷遠城，賞加道銜。又率水師克復臨淮，進攻鳳陽，以功賞戴花翎，署鳳陽知府。時捻逆勾髪賊圍鳳陽，造雲梯，百計攻撲，榮登陴巡守，飛炮洞帽，從中兵斃焉。左右皆股栗，榮神色不變，旋出奇擊退之。乃買牛開墾，設棧銷鹽，爲善後計，城賴以安。事聞，賞加監運使銜，以道員記名簡放。欽差大臣袁檄辦糧臺，兼護理安徽布政使印務。人頌其德，爲勒碑於鳳之昭忠祠。同治二年以病歸，卒於家。

方翊元，原名海涵，字子白。幼沉静，長隨伯父炳文任湖南，令與湘中諸名宿游，肆力爲古文辭。歸游於庠，旋食餼，閉户讀書，凡有裨於國計民生者，莫不討究，以期見用於時。咸豐三年粵匪竄州，明年曾文正公以兵部侍郎督師討賊，恢復江漢。翊元往謁，曾公異之，留置幕府，往來各大帥營，遇事敢言，莫不推誠相與。以功擢訓導，保知縣，賞戴藍翎。同治元年，大軍克復和州，曾公謂此州淪於賊且十年，非得良吏撫綏之不可，檄翊元往。至則請支餉，并捐俸修築銅城閘，以扞一州水患，又請買牛給種，招集流亡，俾民漸復其業。本年，賊由九洑洲渡江，上竄大府。檄翊元入西梁山營同官軍固守，及賊退回任，則地方凋劫益甚，向所興利皆廢矣。憂勞之餘，遂得心疾，歸里卒。翊元性惻怛，喪亂以來賙恤困苦，而自守確然，雖一介未嘗妄取云。所著有《師非我齋文集》四卷、《詩集》十二卷、《駢體文》二卷、《駐春軒詩話》四卷。

宦　績增補

劉晋元，字繼梅，興教里人。雍正丁未進士，知山西武寨縣事。武寨，巖邑也，捕務訟件，旁午紛沓，晋元措理裕如。丁母憂去，父老攀留；泣涕不忍別，上官聞而嘆曰："劉令誠良有司也！"在家與修邑乘。服闋，補阜平，嘗却李姓金。有少尉歿，貧不能治喪，出資殮而窆之。未一載；卒於任，同寅賻助始得歸櫬，其操守可知矣。

劉傳經，字心蓮，興教里人。以從九分發甘肅，署平羅縣典史，補固原州吏目。固原羌戎雜處，號難治。傳經恩威互用，甚得民心。以年壯才明，辦事勤奮，調任伊犁霍爾果斯巡檢。松將軍筠深器之，手書"求慊"字以贈。俸滿，例得保擢，以親憂歸，時年方五十。遂優游終老於家，蓋淡泊之志素定去。

劉鳴盛，字鳳岡，興教里人，監生。應順天度，不售，援例以縣丞分發福建，署邵武禾坪縣丞。禾坪分轄十二都，歲無麥，遍野鴻嗷，遂議平糶，向章平糶甲米，期定六、七兩月。鳴盛變通辦理，起四月，訖七月，每升米價十七文，間日開糶，以兩月之米延濟，四□□民大便。

旋補晋江右獅縣丞，代理泰寧、同安等縣事。同安海□□赤綮，甫莅任即革陋規、釐積案，士民德之。咸豐間，剿辦粤匪，□金助餉。加五品銜，并得二代封典。著有《和聲詩集》四卷。子灼，著有《花萼山房詩鈔》《赤壁游草》，克世其家云。

余以增，字春屏，宣化坊人。幼讀父書，少長爲邑學聞，諸生。壯取秋解，大挑一等，以知縣籤發浙江，初署富陽，再署桐鄉，治皆最。尋補長興令。書院陿且陊，增至，葺而廓之，月氣數百人。歲警水，民多流亡，增捐俸。粟乏，餓纊羸寒，富室從臾助之，訾活無算。縣濱大湖，故藪盜，增梟其渠，餘悉解歸農。轉歷烏程、孝豐、諸暨、江山等縣，在官無赫赫名而去後恒見思。

陳光亨，字秋門，興教里人。幼穎異，明大義。由翰林編修，累遷御史給事中。立朝剛方，彈劾不避權貴。年五十乞養歸里，值軍興，奉旨督辦團練，與曾文正、官文恭、胡文忠往復，函商防堵事宜，在本邑勸集餉捐二十餘萬，加廣學額，又商定漕規，積弊永除，州中殘廢多所興復。爲人清廉正直，平易近人，主講富川書院十餘年，文風丕振，士民德之，擬請崇祀鄉賢，以格於新例年限遲之。有《養和堂遺集》，梓行。子晥，諸生。

宦　績又增

石亨澈，字玉溪，玖光子。乾隆癸亥舉人，任穀城訓導，課士勤密。時教匪滋擾，邑令公出城被圍者旬餘，亨澈躬率紳民，登陴固守，匪退令返，讓功不居，因炮震重聽告歸，著有《環山書屋文集》。

劉煇，字耘松。幼有孝性，予棗橘必懷以遺母。舉乙未鄉試，大挑選應城訓導，司鐸十餘年，文風丕振。粤匪之亂，與縣令王辦團勸捐。賊撲城，煇督團擊却之。有陳生因案牽累，上憲札取年貌，煇白其冤，得不褫。旋以疾告歸，著有《最樂堂詩集》。子振藻，五品銜。孫紀，諸生。

石會昌，字芝生，詩槼孫，庭葵子。領咸豐己未鄉薦，同治壬戌成進士，分發四川，署崇慶。懲刁俗，民稱便。又署梁山，苦雨，會昌禁燒熬以禱，立霽。李傅相鴻章入蜀時，道經梁山，索閲案卷，稱其實心愛民，剛而不激，介而能通，許爲名吏。充甲子、丁卯、庚午同考官，得士最盛。丁母憂，回籍，捐祭費贍族黨。服闋，仍歸原省。署滎昌，授滎經，所至有循聲，前後在讞局，訊結不下千案。告疾歸，越五年卒。

易亨，字禮臣，尊賢坊人。積學工書，以優貢充教習，俸滿分發陝西，歷署汧鳳、宜川、永壽、鎮安等縣。其在宜川也，會菑旱，便宜出官粟平價予糶，無力者蠲俸賑之。屋流離、樲露殍，行之數月，天乃雨，歲則大熟。回逆之變，調省辦防，以功加運同銜。子壽崧，亦以功擢新疆牧，人謂易氏家傳治譜云。

柯掄，字健菴，興瑞里人。同治癸亥進士，宰閩之壽寧、福鼎，儉以助廉，有疑獄輒微行，廉得其實治之，民以不冤。總督李鶴年以閩省第一賢員聞。解組歸，主講富川書院，裁成後進，孜孜不倦，卒捐立三莊義學銀一千八百兩，又捐下莊坂、天葬墳等處義學銀一千五兩。子五，建侯，附貢，候選縣丞；建杰，附生。

文　學

宋

李翔，字仲覽，元豐八年進士，多學善吟。爲諸生時，蘇軾由黄州量移汝州，將泝大江，逆西江，適筠州即今瑞州府。視其弟轍，知軍楊繪命翔往迎至興國。後翔登第，建懷坡閣以寓思焉。《湖廣通志》祀鄉賢祠。舊志云："軾謫黄州，每過訪之。"未詳所出，今據王質《雪山集》改正。

元

梁廷鳳，字儀甫，懷仁里人。偉容儀，善談論。爲思恩簿，任滿歸，宿林叔大家，談論鋒起。叔大語人曰：“此百叠山中第一人也，功名豈易量哉！”祀鄉賢祠。此舊志原文，其他事實并無可考，姑録於此。

馬鏞，字迪堅，辛安里人。師廬陵彭士奇先生，至正己丑以茂異授沅州學正，遷本郡教授，郡人敬畏。嘗作《理本書》，又修《富川志》，未成而卒，祀鄉賢祠。

明

馬濤，字用舟，鏞次子。洪武間，辟舉本州儒學典訓。嘗慨父修志未就，後遷霸州學正，得游元書府，求録李壽朋舊志，因續成焉。卒官河南嵩縣知縣，祀鄉賢祠。

俞彧，字文彧，錢塘人。洪武中，以先世事謫居興國，號瓠落子，有軒曰“瓜軒”，自爲傳記。嘗施藥濟貧，建言除佛老，寓叠山數十年，以詩文自娱，不求人知，有《叠山録》三卷。無子，不復娶，依弟以老。嘗高歌，䃊然若雷鳴谾谷，人聽其音以卜休咎。按：俞彧撰《興國州志序》云：“郡守錢公、貳守汪公屬予以郡志，予辭以寄寓不能悉風土事實。”又自作《瓠落子傳》云：“錢塘人，以先世事謫居興國，寓叠山東麓數十年。”據此當入流寓，舊志云入祀鄉賢，今仍列《人物志》。

司守謙，字益甫，宣化里人。天才超逸，下筆萬言，與吴國倫同時相倡和。年二十餘，以諸生賫志。没，詩文散逸，獨存《訓蒙駢句》一卷，然才子司川伯之名，至今猶嘖嘖人口也。

易應斗，字太乙，尊賢坊人。萬曆壬辰年選爲拔貢生，庚子科中南京副榜，癸卯科中本省副榜，任廣西永福縣知縣。居官有守，歸里能施。崇禎二年修州志，著有《燕粤吟》《帟槐閣稿》。

余自强，字弱生，宣化坊人。有光子，增監生。值明季擾攘，有欲舉之者，辭不出。著有《烽殘草》《蒼迴堂》《夜雨齋》諸稿，與鍾伯敬、譚友夏游，詩亦近之。

張應世，字用甫，尊賢坊人，廩生。生有異廩，肆力於古，設教三十年，究心《易》理，一時學者奉若蓍龜。著有《河洛集説》及《匡鼎詩説》《鑑性彙纂集》《史略》等書。家貧，好周人急，丁亥歲祲，將所得館穀百石悉以賑飢。子令聞。舊志列入《義士》，今改入。

國　朝

張令聞，字譽公。崇禎丙子舉人，爲孝感教諭，以學行引翼士類。又任荆門州學正，秩滿遷四川珙縣知縣，以子翰揚貴不赴。學問淹博，書法奇古，所著有《澴水吟》等集。歸林四十餘年，郡守以下皆師事之，年九十三，無疾卒。子翰揚、翰扶。

俞慶維，字孔彰，宣化坊人。弱冠游庠，每試輒冠其曹。順治間，學使者黄澍奉詔選國子生，得慶維卷，詫爲奇才。榜其卷於國門，一時名噪楚北。貢入大學，謁大司成曹公，與語奇之，曰："如君者非有求於某，某固有資於君者也！"爾後不復以師生見。宰相余國柱，故人也，聞其至京，喜曰："是必來。"久之，不至。一日，遇於衢，載與俱歸，語次，以微語嘗之曰："三十年老明經，始得一州縣耶！"不應。一宿去，明旦偵之，則已束裝歸矣。越十餘年，復入都，得州判職，又不就。歸，益窘迫，所居室不蔽風雨。晚年改號輻衡子，褐衣蔬食，以明經終。慶維於書無不通，書法逼近懷素，得酒輒書，書無恒語，口占手揮，頃刻千言，各有意致，似不從人間來者，至今人皆寶之。

佘士禬，字澹菴，宣化坊人。父應鵬，學行醇茂。禬率庭訓，沉潛經史，而屢困棘闈，僅中副車。教授生徒，問字者無虛日。子文潔、文清。

張異鄉，字以同，修净里人。博通經史，爲文不趨俗徑，以歲貢官四川綿竹縣知縣。工詩，著有《姑溪近草》諸稿，膾炙人口。

余振業，字鴻期，宣化坊人。有光孫，與同懷弟振鉞有聲藝苑。黄岡王宗伯澤宏視學順天，延襄校閲，拔識多名俊。康熙四年與修州志，傳記多出其手。以歲貢授湖南安仁縣訓導，安仁兵燹後，絃誦久廢，比至，殷勤勸課，士風丕變，卒于任。

鍾良知，字在格，修善里人。康熙己酉舉人，授湖南善化教諭，仿蘇湖學規，訓迪諸生，人文蔚起。庚午爲雲南同考官，解元尹泰、庶常趙宸輔皆出其門。癸酉，興國大旱，覽家書流涕，因傾囊買穀三百餘石，泛舟歸給鄉里，至今稱義舉焉。按：康熙雍正間大比之年，聘取鄰省舉人、教職之有文名者爲同考官，故良知以教諭爲滇同考官也。

瞿學元，字悦齋，之俊子。十歲失怙，母吴氏教以義方。康熙己卯以第二名領鄉，薦授耒陽教諭。修葺學宫，勤於講學，受業者甚多。

謝文通，字方江。父廷聖，州中名宿。通承家學，志行皎潔，與後輩燕見，雖盛暑必肅衣冠。凡才氣自豪者，對之躁氣頓消。康熙己卯舉于鄉，授漢陽縣教諭。未任，卒。

梁郊孟，字浚來，懷仁里人。十歲能文，十六入泮，旋食餼，與兄有孟受知學使邱公。康熙戊子登賢書，立品清峻，學問淹通，著有《四書大易授徒録》，武、黄模間學者多取法焉。

李應熙，字緝安。康熙庚子舉人，宗人府正藍旗官學教習。乾隆壬戌成進士，選庶吉士，年已五十矣。以母老告歸，逾年卒。應熙家故貧，且好游，所至多不可，而睥睨物態，感傷激鬱，若無可如何者，而一發於詩文。當時惟武寧盛于野兄弟相知最深，應熙没後，爲序其所著《鐵甕》《馬肝》等集以傳。書法遒勁，至今人皆寶之。

馮道揆，字聖一，宣化里人。嗜古力學，爲文不趨俗好，髫年受知於督學潘公，宗洛稱爲吴明卿後一人，一時名噪江漢間。雍正癸卯中鄉試，年四十，賫志以没。

周旋，字履元，尊賢坊人。雍正元年拔貢生，所學尤邃於《易》，著有《斲窗新編》四十卷、《杜詩夢》六卷、《沙鷗集》四卷，皆卓然可傳。性孤峭，不能諧俗。八年，大府聘修《湖廣通志》，不就。與修州志，甫三月，與同事不合，擲筆告退，作《感懷》詩十首，中有“中郎稱妙手，估客亦相知”之句，蓋有爲言之也。

袁良恪，字備三。博學多能，以名諸生充歲貢，弱冠隨兄良怡任，遇疑事輒迎刃而解，前後三十餘年，多所裨益。雍正庚戌，與修州志。

張裔昇，字二霞，翰扶子。乾隆辛酉科副榜，就職直隸州州判。掌教富川書院三十餘年，生徒以千計。裔昇性敏勤學，搜羅經諸子百家，爲文博麗，著有《二霞文集》，學者稱爲“富川先生”。

石鏜光，字金堂，崇仁里人。幼有至性，事嗣母能色養。母歿，以贍舅氏，三鬻而三贖之。友愛兄弟，讓産至數千金。學問深邃，乾隆壬申恩科，與弟鈞光同領鄉薦，大挑二等，選天門縣教諭。有諸生誣罹危法，或勸鏜光揭生以自解，鏜光毅然持之，事以卒白。秩滿移疾歸，年八十一，卒，孫時和已中鄉試矣。

鄧光仁，字體園，慈口里人。乾隆癸酉拔貢，考補鑲藍旗官學教習，報滿選穀城縣教諭。丁憂服闋，選竹山縣教諭。病《竹山志》散佚，搜羅舊聞編輯成書。推升湖南永州府教授，致仕歸里。光仁生平好學，讀經史及大家文皆有評解，著有時文《踵廬約編》行世，最後有《湘行草》《長安紀話》，待梓。

萬年書，字東曙，尊賢坊人。乾隆乙酉科舉鄉試第二名，主正定府平山、天貴二書院，以方正見重。時有執政慕其名，欲致之者，介然不往。後授潛江縣教諭，嘉慶辛酉會試賜檢討，歸里主富川書院。著有制藝待梓。

胡興遐，字錫齡，辛亭里人。倜儻有大志，工古文詞，弱冠食餼，每試輒冠其曹。乾隆乙酉考取拔貢生，廷試後，授職直隸州州判，未就南歸，主講富川書院。從游多知名士，所著有《箋書釋詩騷》數卷、《海紅樓詩稿》十卷。

方晋源，字昭德，長慶里人。安貧力學，舉乾隆戊申鄉試。有友令陝西山陽，聘主豐陽書院。值教匪告警，令從征，托以家事。晋源爲經紀，旦夕入慰其老母，如是者三年。生平廉潔自矢，嘗將北上，道出富池，適兑運州牧贈以金，辭曰“饋贐”，晋源面却之曰：“吾豈效鄙夫藉口漕糧，浮收同吏胥分肥耶？”州守慚謝。嘉慶丁丑，大挑二等，選授長陽縣教諭，兼主佷山書院，訓迪不倦，卒于學署。喪歸之日，生徒百餘人，附舟號泣。已而建祠，與邑令劉公并云。

鍾茂詮，字徽典，修善里人。伯父榮國，官房縣訓導，茂詮隨往，受業者甚多。嘉慶初，白蓮教煽亂，圍房七日，茂詮與伯父各以一繩繫腰，曰："城破則畢命於繩耳。"及圍解，上官查辦習教案，牽連應誅者甚夥，茂詮習知其良莠，密白於官，多所全活。嘉慶戊午嶺鄉薦，年已五十，人以爲陰德之報。戊辰大挑二等，選授長陽縣教諭。長陽辟陋，文無師法，茂詮循循善誘，如在房時，連歲遂有□□□者。司鐸七年，告歸，越十年卒。著有《翰圃制藝》《接引心》等稿。

陳希邁，字雙泉，仁義里人。嘉慶辛酉歲貢，篤學勵操，博聞强識，爲文取法歐蘇，詩宗少陵，其渾樸處似之，著有《躋雲軒詩文集》。

佘雨，字東之，豐義里人。父自燿，增生，以篤行爲閭里望。雨率父教，勵品勤學，爲文章一準先正。舉嘉慶甲子科鄉試，大挑二等，選保康縣訓導。告歸，主講富川書院。雨性冲淡，得失不介於□，吟咏之餘，别無所好，著有《大雅山人詩集》三十卷，梓行者十之□，外有《讀書儷記》四卷。弟柏部，字錦嵐，少師事雨，亦以文□□，嘉慶己卯科鄉試，著有《左傳譜略》《樂律圖考》及《都門草》《□門草》等書。

石長甲，原名文斗，樂歲里人。垂髫入泮，有"神童"之目。長，好天□□。嘗言秦得歲，楚將有亂，遂適秦。比至，則白蓮教匪起於秦，滋於楚，流離瑣尾，遂不得歸。鎮安縣令馬公見其文，異之，□入□。時兵火後，士籍多淆。爲援例入太學，嘉慶甲子入試秦闈，登賢書。明年成進士，以知縣分發浙江，忽得病，卒於都。時宗人□榘官刑部，爲經紀其喪。其所撰述，僅存《玉笋山房詩文稿》一卷。

羅德琨，字玉岡，宣化里人。嘉慶丁卯科舉人，大挑二等，選施南府訓導。在任十六年，修府志三十卷。德琨淹貫經史，勤於著述，有《景行録》十五卷、《服物統譜》三十卷、《姓氏尋源》八卷、《字學十辨》□卷、《安雅堂詩集》十卷，道光間輯州志稿，舊志闕誤者亦多。

洪秉鈞，字鸞岡，陽新里人。好古多聞，工詩賦。試輒高等，以次充嘉慶丁卯歲貢，掌教富川書院十有七年，一時名士多出其門。爲文敏捷，每脱稿爲人持去，亦不自珍惜也。

司光國，字漢典，宣化里人。困諸生者二十年，嘉慶丙子科中鄉試第七。時直省文風浮濫，光國平日獨宗先正，闈墨出，人始知宗先正者亦中雋也，時習爲之一變。家素裕，兄宜和以好施貧其家，無幾，微怨兄，偶以事怒之，受杖惟謹。好夜讀書，又好飲酒，卒以此傷其生，未及北上，士林惜之。著有《犀岩窗稿》四卷，藏於家。

趙貢揚，字禮石，鰲孫。家貧力學，早食餼，充嘉慶戊寅寅恩貢，中道光乙酉副榜。性端方，主講富川書院，州牧重之。有以私干者厚贄請謁，力却之。著有《擷經堂稿》。

馮峻，字登洲，宣化里人。聰敏好學，爲文能獨出機杼，而尤肆力於古，學使朱公蘭深賞之。道光丁酉科考取拔貢生，明年廷試，報罷，就直隸州州判職以歸，或謂："君年方壯，且争名者於朝，盍留諸?"峻曰："顯揚未可知，而重幃遠隔，余不能恝然也!"咸豐間粤匪陷州，屢脅以僞職，終不屈。克復後，襄辦捐輸，不激不隨。與修州志，未及成而卒，著有《融峰試草》《滋德堂雜著》。

陳沆，字霏之，仁義里人，治策次子。學有家法，因隨任雲和，納監生。應鄉試，每學使録科輒第一，而數奇，九膺房薦不售，嘗嘆曰："監生多原伯魯後世，誰知我爲讀書人乎?"著有《自然居古文》《駢文》各二卷。其子元棩將以付梓，無何，粤匪竄擾，遂失之，人以爲沆身後之厄云。

成斌邁，字道立，樂平里人。幼負異稟，經史輒過目成誦，爲文援筆立就。學使潘公洛按臨武昌，三屬合試，斌邁六題并構，學使驚爲奇才。招入署，與宜興儲氏伯仲共司襄校。後舉康熙庚子鄉試，選授荆州府學訓導。著有《陽城山房文集》。儲中子先生序而評之，然其行事俶詭不羈，或謂爲智者之過云。

萬選，字惟一，尊賢坊人。性剛毅廉退，嗜學能文，試輒冠軍。乾隆壬辰邊學使考授歲貢，庚戌選保康縣訓導。在任十年，課諸生以經術爲先，後告歸，年登九十。

鄧射斗，字班黄，慈口里人。性敏工文，一日能構十三藝。年十七入庠，旋食廩餼。授讀三十餘年，生徒多所造就。道光辛巳、壬午連捷南宫，知湖南宜漳、沅江等縣事，爲治不煩而理，卒於任。著有《四書衍義》《困棘集》《課蒙草》《湘游草》。

文　　學增補

明

劉之斗，字世卿，興教里人。師潁子，萬曆庚辰選拔貢生。涉獵經史，尤精於《易》。工書法，瓣香二王。著有《星樞詩文集》。

國　　朝

劉慶海，字甫觀，興教里人。舉乾隆丙子科鄉試，揀選知縣，歷任鄖縣、鍾祥、公安等縣教諭，訓課士子，以飭品敦倫爲先。遷湖南永州府教授，著有《厲廉集》。八旬致仕，優游林下，誘掖後進，多所成就。

劉冰，字鉏雪，以貢生候選布理問。學綜箋注，務究本源，著有《詩經説約》四卷。書臨鍾王，人得片楮輒珍弆之。性慷慨，遇荒歲輒賑貸無少吝。

劉宇儀，字嘯墅，興教里人，庠生，慶海從侄孫。究心古文，工吟咏，爲人敦樸，誼篤友于。家僅中人，弟産落，分郭外田與之，俾終天年，族鄗義之。著有《南游日記》《唐宋八家文軌》《辨體書》《照齋詩文稿》。

劉十賢，字定藩，歲貢生，尊賢坊人。夏太史觀川主講江漢，呼爲友，聲名藉甚。平居深默無妄談，接人藹然可親。著有《校書堂文集》。

郭書，字湘帆。拔貢生，中嘉慶己卯舉人，大挑二等，選宣恩縣教諭。訓迪有方，士風丕變。工詩文，書臨趙、董。家居以孝友聞，并倡立賓興，士林德之。著有《文賦》及《古近體詩》各集。

劉炳，字午橋，興教里人。道光壬辰舉人，揀選注部。甲辰大挑二等，授黄岡教諭。以品端學裕、教士有方膺上考。咸豐間，與黄岡令葛致遠共督團防，捐廉助餉。旋遷漢陽教授，歷校河東、晴川、問津、紫峰各書院課藝，釐正文體，士風丕振。歸田後，足不涉公庭，接人和煦，鄉里化之，卒年七十八。著有《棣花軒試帖合編》《求慊堂雜著》。

張如鏜，號聲甫，宣化坊人，優廪生。道光辛丑，崇陽滋事，防堵出力，議叙正九品銜。性聰穎，讀書一目十行，以經古冠軍。入泮，丁酉備取選拔。著有《希齋詩集》。

劉會霖，字西疇，興教里人。弱冠，以府試冠軍，入郡庠，歲科必高等。七膺房薦備中三，卒以數奇見遺，以恩貢生候選教諭。光緒丁丑，門人劉鳳綸宰鉛山，延會霖講學鵝湖，一闡朱陸奥旨。著有《乙照齋制藝》。

柯南先，字大庾，豐葉里人。舉道光壬辰副車，隱居授徒，歲論秀門，弟子十居四五，或相繼擢高科、登顯仕去。束脩所入悉以屬弟。弟故揮霍好施予，家日嗇弗問也。纂有《古文貫》《五經翼訓》《四書瀹注》《學庸繹》，傳於時。

馮瑞錦，字功甫，永城里人。弱冠冠於庠，晚貢成均，研究性理，言動有日録。著《雲房問答》數千言，羽翼聖教。

易簡，字芳谷，宣化坊人。性孝友，道光乙未舉於鄉，甲辰大挑二等，選建始訓導。丁母憂未赴任，服闋，隨州學正，亦未之官。主講富川書院，尚實學，州城義舉多所提倡。著有《周易集解》，待梓。

孔廣綝，字京周，歲貢生，下陽辛里人。博涉經史百家書，作文不趨時徑。晚又得《朱子學歸》讀之，喟然謂其門人萬斛泉曰："吾乃今知儒者之道，真在此不在彼，而前日詞章之習，貽誤匪淺也！"朝夕坐一齋，教二子，務於篤實，後繼列膠庠。著有《論語管窺》《禹貢錐指摘要》《經對舉隅》及《潄六山墅文稿》諸集。

柯序先，字鶴岡，庠生，東鄉里人。性坦率，人雖面謾不以爲疑，然窮年兀兀，癖嗜簡編，有“書癡”之目。手著《廣姓纍珠》三十卷、《尋源録》十卷、《詅癡集》十卷。

黄子芳，字芹香，善福里人。弱冠補弟子員科，試輒高等，食餼。著有《四書撮鈔》，待梓。惜嬰病累，年三十三而卒。

劉漢杰，字臞梅，懷仁里人。舉咸豐壬子鄉試，學宗先正，尤精□文。授荆門直隸州學正，加内閣中書銜，勗士以立行爲先，風爲之變。性純孝，母年過百齡，凡有行止，無不禀承母命。奉諱後歸，主講富川書院，啟誘後進，人咸思之。著有《屏山詩文集》。

文　學又增

盧秀，字子實。歲貢生，才敏學博，試輒冠其曹，康熙四年與修州志。舊志。

劉守禮，經術湛深，爲文卓犖有奇氣。髫齡補諸生，試輒上等，著有《易經講義》《古詩選注》諸書，學者稱“三泉先生”。舊志。

劉世系，崇慶里諸生，能文工詩，康熙四年與修州志。舊志。

石魁，字公黄，諸生。學問淵博，文名藉甚。著有《西潭文集》二十四卷、《枕笈秘書》三卷、《天經實義》二十四卷及《古今忠孝傳》、《孤游草》等書。舊志。

劉漢章，字虚侯。崇仁里諸生，三友子。博通經史，著有《陶間集》行世。

李之恢，子癯石，宣化里舉人。志趣高邁，抗心希古，爲文自出機杼，清超拔俗。主講富川書院，與江西武寧高士張望以文字相過從，稱知己。恢卒，望爲文誄之。著有《平泉山房詩文集》。

石應期，字海琴，玖光子。未冠，補諸生，嘉慶戊寅舉於鄉，十上春官不弟，以大挑補竹山訓導。致仕歸，主講富川書院，生徒争自濯磨，氣節、科名一時稱盛。應期性峭直，愛才如命，教人以敦品勵行爲先。

著有《屏山堂詩古文集》。子時榕，亦著有《鄂游草》《續草》諸詩集行世。

阮賓賢，字卓夫，吉口里諸生。少負異才，文譽藉甚。游陳制軍中孚幕，公件多出其手。性剛介，好義舉，倡建賓興，士林利賴。著有《小霞齋詩文雜著》行世。

羅有文，字龍洲。道光甲午經魁，大挑选松滋訓導，主講谷山書院，從游者四縣雲集，以"才學兼優、堪膺民社"注上考。奉委辦團，又勘松滋水灾，并督修堤工。叙六品銜，國子監學正，調署公安，終漢陽教授。著有《松窗史録》《周易觀象》《續雨堂詩集》。

陳圭元，字静巖，道光己亥人。性沉默，研心理學，言動不苟，有白沙遺風。授徒講藝，首重器識，薰其德者化爲善良。子震、孫鳳恩，三世登科，人謂純修之後必大。

方瀛，字仲舫，炳文子。咸豐辛亥舉人，以功保内閣中書，晋同知，升用府。會試四膺房薦。光緒七年鮑爵帥超聘入幕，由川而黔而滇，進駐廣南，相機剿法。十一年和議成，軍撤，投效天津北塘江提督自康營，以積勞病故。經李爵相請恤，功在奏牘。瀛生於湖南官舍七齡，能詩見賞。陶文毅公湘軍初起，瀛即從戎，出入胡文忠、曾文正幕府，委辦軍務。時幕中賓僚之盛，比古名帥，瀛日與討論軍事，詩酒唱酬，不數年交游多得達官，終未嘗往干焉。爲人方雅和易，有膽識。嘗奉符轉運江楚間，舟過賊壘，僕從怖伏艙内，中炮斃。瀛坐矢石間卒不爲□□□，遇賊脅奪肩輿，有鑲銀在橐，勢危甚，瀛神色不變，竟以他辭紿賊免。初寓婦翁家，有僞職媚其酋，以五百金丐撰壽言者，怒辭以拒。翌日，僞黨大索不得，執婦兄勒賄而去，人壯之。瀛嗜學强記，諸子百家靡不淹貫，又諳練時務，於用兵要隘、山川形勢瞭如指掌，有所感激，一寄之於詩，時比之李玉溪、杜樊川云。著有《聽雨樓賸稿》，選載《藝文》。

華蔚巖，字椒堂，下遷里諸生。研心數學，博綜群書，揮麈清談，有晋人風。著有《列國總論》《追逋草》《椒堂集》行世。僑居江西武寧，從游多知名士，《武寧縣志》列《寓賢》。

陳元棉，字醒齋，仁義里歲貢，治策孫、沆子。博學工文，迭膺房薦，咸豐間督辦團防捐輸，叙六品銜。棉爲人魁岸倜儻，曉暢軍機，遭逢不偶，未竟其用，士林惜之。著有《韞石窗詩集》十卷行世。

石建點，字心波，鏜光曾孫。幼穎耽書，淹貫經史，工詩、古文辭。未冠餼於庠，登咸豐戊午賢書，大挑二等，授鶴峰州訓導，歷任五載，月課講藝，勖以敦行。鶴峰，古美容土司，地俗健訟，點懲其尤，刁風頓戢。有周生應得廪缺，吴生恃富，援案牽誣，希圖攙越，點直之，竟補周。及歸，鶴人贈以“心迹雙清”額。點爲人端嚴耿介，取與不苟，非其人不交。老猶好學，手不釋卷，生平作養後進，桃李盈門。著有《紉蘭齋詩文集》。

黄蘭澤，字香帆，東鄉里諸生，性穎，十齡屬文，工敏如宿士。餼于庠，試輒冠軍。青衿領袖，門下掇巍科、膺顯秩者濟濟，竟以數奇不售，甫逾强仕而卒。著有《試帖選腴》八卷，箋釋精詳，批竅道要，士林珍爲枕秘。

熊榮，字蕘臣，樂歲里諸生。幼穎，經史過目成誦，爲文豪宕不羈如其人。屢躓闈場，不獲展其抱負，遂放懷山水間，以詩酒自娱，人比之陶元亮云。著有《咏史詩集》。子奎斗，廪生。

陳楷樹，字子巖。永章里郡廪生，敦倫飭品，以實學誘掖，後進多所玉成。著有《學庸輯義》《聚奎堂文稿》。子若龍、若麟，俱庠生。

石增烈，字介性。博學能文，磊落不羈。著有《丐鋤騶詩稿》，陜西路閏生德爲之序。

陳時臯，字玉光。仁義里增生，績學能文。弱冠，與弟登甲同游庠。生平肆力詩、古文辭。爲人和易，宿望巋然。著有《柳溪集》四卷。孫鴻猷，諸生。

武　　功

明

朱希光，崇禎十六年獻賊入境，同鄧嘉會拒戰白沙鋪，追至大冶縣，擒僞官奚鼎鉉，人皆壯之。舊志列《義士》，今改入。

鄧嘉會，字君顯，典吏也。獻賊犯境，同朱希光拒戰白沙鋪，殲其渠。巡撫何公録其功，補黄安主簿，攝縣事，招撫流亡，重建縣署。

國　　朝

梁勇，字常卿，樂歲里人。由興國營百總剿西山賊，獲渠魁。補荆州把總，隨順承郡王渡江，攻長沙、安仁、彬州、崗口等處，克復來陽、常寧、永州、新寧等城，屢負重傷。擢千總，調赴常德，攻辰龍關。至貴州，恢復石阡。進攻平遠，追抵芙蓉關、高家磽而獻馘焉。復奪瀘溪、麻陽賊糧，攻重關及走馬街，所在有功。功加四等，都司簽書。後滇逆未靖，調至霑益州堵剿，單騎招撫僞郭總兵、龔游擊等，繳僞扎六十四張，由是克復滇城。召見，加都督僉事，補陝西撫標游擊，食正二品俸，歸林二十餘年卒。按：西山賊蓋流賊餘黨，李來亨等竄伏鄖襄山中，康熙三年官軍討平之。

王國用，字君寵。康熙間任廣西桂林協副將，軍功紀録七次，世襲章京拖沙喇哈番，食正一品俸。子蔭恩監生。按：舊志於國用出身、功績、年代俱未及載。今訪得州南十五里，東陽畈地方石姓山内，有國用墓，墓碑亦僅書官階，惟旁書國用生於癸未，没於康熙五十五年，兹據録之。

蔡卜年，字松齋，長慶里人。初肄舉子業，中雍正乙卯武舉，乾隆丁巳進士。授藍翎侍衛，選貴州天柱營都司，累遷至山西潞澤營參將。考選軍政，恩賜蟒袍，升貴州上江協副將，調署古州鎮總兵，護理貴州提督印務，保列一等，實授廣西左江鎮總兵。因副將任内事，降補福建建寧營游擊。時值臺灣凶番猖獗，奉委在北路蛤仔市口進兵，獲凶番首級三十五顆，直抵庸仔三社凶番巢穴，毁其寮糧，其安分生番皆招撫投順。調台灣鎮中軍游擊，兼署北路協副將。致仕歸里，卒年八十三。卜年官侍衛時，移修京都興國館於頭條衚衕，州人士德之，設神主以祀焉。

程萬年，字自邠，宣教里人。乾隆丙子武举，辛巳恩科進士。由侍衛分發廣西，補柳州城守營都司，調三里營都司，署賓州營參將。壬申年推升四川叙馬營游擊，奉檄統領官兵出征金川，彈壓南路丹東吉等處關隘，乙未隨阿將軍擒索諾木凱旋。復奉檄統領漢土官兵，彈壓西藏察木多台站，兼理都昌糧務。

魯福山，永福里人。武力絶人，以軍功出身。嘉慶二十五年，從征陝西教匪，立功受千總職。道光十八年，升莊浪協副將，署西安鎮總兵。

秦定三，字竹坡。道光壬午武舉，丙戌會試中式，己丑殿試一甲第二，授二等侍衛，以年勞選廣西桂林營游擊，升中衡協參將。二十一年英夷擾粤，定三以防勦出力，賞戴花翎，擢四川維州協副將，貴州鎮遠鎮總兵。二十九年，湖南逆匪李沅發謀逆，奉旨帶兵撲滅，賞"慤勇巴圖魯"勇號。咸豐元年，給長孫承恩二品蔭生。旋因粤匪倡亂，奉命赴粤西會勦。是時賊甚猖獗，定三身先士卒，一日七勝，由廣西、兩湖、九江、安慶而至江南。四年奉命赴廬州，督辦北路軍務，進紮舒城之三角井，逆首羅大剛踞桐、舒兩城，以賊衆十餘萬圍撲我軍，各營多潰。定三以本部親兵千餘，及曹營團丁千餘，相持十九晝夜，次子瑞龍陣亡，卒奮力擊退，克復舒城。賞騎都尉世職，尋擢福建陸路提督。時桐、舒連年旱蝗，定三焚香祝天，雨沛，蝗亦飛去。七年□由臨淮赴江南，會攻溧水句容，旋克復。因行營日久，受潮溼□病，卒於溧水軍營，諭賜祭葬。予謚"恭武"。長子臺，貴州縣丞，加恩以知縣留貴州補用。并賞一子六品銜。

趙既發，字豐山，豐義里人。咸豐五年，粤匪再陷鄂，都統多隆阿公把總擢千總，七年從攻黄蠟山，身先士卒，毁賊壘田十八座。復宿松縣，又獲楓香驛、駝龍山、分茅嶺、界嶺、石牌諸勝仗，遂擢都司。九年以楚軍回援宿太，三次血戰，擢游擊，賞换花翎。隨克石牌僞城，奪獲僞印無數，賞“毅勇巴圖魯勇”號。十年春，擊退小池驛援賊，復潛山縣城。粤匪乃勾連捻逆十餘萬來犯，均擊破之。十一年春，賊由湖北下竄援安慶，襲楚軍。既發鏖戰十餘日，賊始潰。累擢至副將，加總兵銜。調攻桐城，克之。復率所部星夜追剿，收復宿松、太湖、黄梅、廣濟。是役也，績甚鉅，奉旨記名以總兵，遇缺簡放。同治元年夏，調攻廬州，有功，加提督銜。秋從多公援陝，以荆紫關之捷受傷，假歸。湖北閣督官文恭公、巡撫嚴公争禮之，爲招毅健四營使統焉。旋因渭南來下，復調至陝，時多公及各營將官俱被圍。既發至，破賊壘四十餘座，圍遂解，授漢中鎮總兵。明年攻潼關，統領營事務，官軍駐渭河，倉頭鎮已潰之，賊渡河來撲，既發直前奮擊，身受重傷，衝圍出。堅守營壘，賊不得逞。越二日遂殞，時同治二年六月十四日也。上聞，深悼之，照提督陣亡例，從優議恤，敕建專祠於殉難地方，給賞恤銀八百兩，贈提督銜，給騎都尉兼一雲騎尉世職，同治三年予謚“武毅”，特旨賜祭一壇。

卷之二十一

人物志

忠　　義

明

賈榮，建文时官指揮。三年，與燕將朱能戰於衡水縣，被擒送北平，不食，道卒。咸豐四年二月，光亨避粤寇於梓木墩族人家，見故紙堆中，有前明大學士錢士升所編《皇明表忠紀》一卷，其《死戰列傳》中載賈榮事，注湖廣興國人，因以片箋録置行篋中，烽火頻年，流離四竄。七年由江右旋里，檢閱舊志，并無其名，而此紙尚存。豈忠節之靈，固有不泯者歟？陳光亨識。

潘全斌，崇禎壬午武科領解。時闖賊據安陸，巡撫王養基奇其才，授以統總，所披甲前繡“盡忠報國”、後繡“竭力勤王”，三戰三捷，復遇賊於乾灘驛，以浮橋斷，陷陣死。舊志列《科貢·補遺》，今改入。

柯永亮，永章里人，諸生。流賊入境，與子天潤、天生、天淑，一家十八口同赴水死。

盧成茂，諸生。明末流賊掠境，捐資募戰士，身冒矢石，力竭陣亡。合家同死者十三人，妻金氏、子世駿年十三，携手投井，被救得免。

李本素，尊賢坊人。明末獻賊屠蕲州，剽掠四出，士女紛紛逃避，素慨然曰：“吾爲誕生，義不受辱，有死而已！”妻王氏曰：“君死義也，妾儒家女，豈肯踉蹡走稠人中？計惟相從地下耳！”遂同縊。子正若，兩列副榜；孫大誥，副榜。

國　朝

舒柏，字銀河，甲申流寇之亂，柏奉檄剿賊於南市、黄𩔖口、石鼓腦等處，有功。賊入境，復率鄉勇拒賊於雙港橋，斬賊目，奪其馬，後賊勢益張，力戰陣亡，長子龍同死。

姜一俊，督兵守城，禦流寇，死之。

徐建熜，弟建煉，并有智勇。土賊鄭大發剽掠四出，州牧知熜兄弟，以討賊屬之。熜單騎投賊壘，喻以利害，賊倔强，遂手刃渠魁及其黨百餘人，賊平。有司上狀，授都司，辭弗就。後流賊猖獗，煉率數十騎，横衝之，斬首二百級，乘勝直追，墮計被害。熜見弟亡，仗劍迎賊，殺傷無算，自辰至酉，力竭，兼中流矢，自刎死。

吴貞，字五台。順治元年，剿茅坪賊有功，授守備，領先鋒搗賊巢，手刃數十人，以援兵不至，陷陣死。江防道洪天擢設主川上樓即富川樓，題曰“忠勇”，西望招魂，哭之。

吴宿，字連山，尊賢坊人。順治三年，土賊犯州城，宿以大義往責渠魁，遂遇害。至死，罵不絶口。

趙云，字龍之。先隨某將軍出征，授千總。筆投效於贛州林軍門，有功，奏守吉安。順治二年，與賊戰，没於陣。據舊志備遺彙入。

王日新，字玉齋，吉口里人。茅坪鄭大發叛，受江防道洪天擢命，領兵入賊巢，死之。

鄭愛明，從知州何鳴鑾進剿鄭大發，何墜馬，明爲易馬，力戰死之。

邢占魁，有勇力，乾隆三十七年，聞官軍征金川，遂赴四川大營投效，嘗夜率百騎攻虜營，拔之。越數日，又出，遇伏受重傷，忍痛力戰，得虜首級而歸，旋以創潰卒於軍。賞恤銀百兩，贈武信郎。

袁九松，貴州古州鎮右營把總，升左營千總。乾隆癸巳從征金川，奮勇争先，陣亡。子光謙，襲雲騎尉。

徐國興，嘉慶三年，從征教匪，得功。八年，剿賊平利縣，陣亡。

柯南杞，興國營外委，嘉慶四年，隨征四川教匪，陣亡。

成千里，通山泛經制外委，嘉慶四年，從征教匪，一年，在鄖縣花菓園陣亡。

歐陽定志，黄州協營，左哨二司把總。嘉慶四年，從征教匪，以功記名千總。五年，在鄖縣花菓園陣亡。

胡得勝，興國營黄顙泛經制外委，從征教匪，見仗二十八次，升千總。嘉慶五年，在竹谿縣石店河，力戰陣亡。

馬大順，額外外委，陣亡。

李光春，漢陽城守營把總，嘉慶間從征，陣亡。

以上七人俱賞給雲騎尉世職，襲次完時，給與恩騎尉罔替，入祀昭忠祠。

方敦臨，字理川，諸生。少厲志經史，與友石長甲遷陝西鎮安之石泉溝居焉。嘉慶元年，白蓮教起，臨奉父喪歸故里，途遇賊，家人驚散。臨與妻伍氏、姊夫馬可榜護喪，賊脅降，臨罵之，賊殺可榜，并以刃擬伍氏曰："不從，且殺爾妻。"臨曰："君子處必死地，萬無一足顧，何有於妻孥？"罵益厲，遂遇害。時賊以官軍至，奔去。明日，家人遇伍氏，問知死狀，得尸槀葬秦中，時年三十九。所著有《易義經解》若干卷、《地理圖》十卷。子□，長炳文，進士；次桂森，年十八，孑身走三千里，往秦負其喪歸葬。道光二十八年，鎮安縣令徐琨詳請祀昭忠祠。

石之詩，嘉慶八年授徒河南泌陽，遇賊脅降，詩大罵，遇害。

吴夢熊　金蘭臺　張玉　程建璧　佘開元　黄鳳霄　石康太　王興康　吴茂林　汪朋　李善春　袁中允　許得勝　彭鎮　劉得勝　李榮　朱相林　柯太　朱安照　張太　俞德　俞洪　明士元　楊定太　劉中漢　葉太　袁中高　盧順　成先河　吴加堂　李光揚　李順　張得生　萬升　汪大興　李龍　樂永龍　劉茂　朱萬清　汪明　丁光福　漆升　張順虎　舒太　袁連爵　汪升　張連第　賀光　汪得貴　程定元　談玉先　洪餘松　馮正鈿　羅言遇　明良槐　姜佳樹　柯玉祥　袁

廷貴　談廷玉　胡加月　劉敖　駱雄　錢太

以上兵丁六十三名，俱嘉慶初年從征教匪陣亡，祀昭忠祠。

黄金甲，東鄉里人。武舉，在省督標效用，拔補鄖西縣存城把總。咸豐元年，從征廣西，賞戴藍翎。六年，從征黄州、漢陽，擢守備。同治元年五月，賊陷鄖西，金甲血戰陣亡。子善坪、善坡，女及婿張德魁俱死。事聞，贈都司銜，給雲騎尉世職，祀昭忠祠。侄震聲投營立功，擢守備，賞戴花翎，管帶突騎營馬隊。同治五年，在孝感縣隨剿捻匪陣亡。

梁柏臺，武舉投效，拔補衛昌營千總。咸豐二年三月，出師宜都縣，防堵粤匪。五月，調防荆州府城。七月，出師岳州府馬鞍山，兼防堵監利縣楊林磯，屢獲勝仗。三年八月，剿賊田家鎮，中炮死，賞恤雲騎尉世職，祀昭忠祠。

蔡忠烈，興國營外委。咸豐二年，帶兵赴省，隨巡撫常公守城拒賊，城陷死之，祀昭忠祠。

明輝先，六品軍功，代理興國營存城，右司額外外委。咸豐五年，隨征省城，陣亡，祀昭忠祠。

劉朝地，咸豐七年，投效大營，隨臬司李公剿賊出力，賞七品頂戴。八年克復麻城、黄安等縣，與有功，賞戴藍翎，以把總儘先補用。九年，隨統領德公，往揚州潑水灣及六合縣剿賊，力竭陣亡。給恤喪銀二百兩，賞雲騎尉世職，祀昭忠祠。

萬斛源，字海舟，諸生，能文工書。咸豐八年，隨李忠武公剿賊立功，奏保訓導。進攻廬州，駐軍三河鎮。十月初十日，賊衆環撲，忠武陣亡，斛源同時效命。贈知府銜，附祀忠武專祠，賞給雲騎尉世職，祀昭忠祠。

秦承壎，字雁臣，榮子。咸豐九年，投效臨淮軍營，援例主事，加員外郎銜。十年，從剿捻逆張落刑立功，賞戴藍翎。同治二年，苗沛霖叛，壎押運餉鹽，道經壽州，被執不屈，遂遇害。事聞，給雲騎尉世職，祀昭忠祠。

尹昌景，字春臺，永福里人。咸豐十年，投效水師統領楊公營，以功累擢都司，加游擊，賞戴花翎。同治元年，從攻寧國府，破之，擢參將。六年，從提督鮑公剿捻逆，獲勝，賞“偉勇巴圖魯”，加副將。復隨提督劉公於山東，大獲奇捷，賞“勵勇巴圖魯”。次年二月，赴直隸饒陽剿賊，陣亡。事聞，贈總兵銜，賞騎都尉世職。

吕岱雲，字潤生，名侯子，增貢生。投效陝西巡撫劉公營。同治三年，奉檄招撫藍逆，中變遇害。事聞，贈訓導銜，賞雲騎尉世職，祀昭忠祠。次子宗洛，七年在宜川縣，隨官兵偵探北山蜩匪情形，遇賊，被害。

汪若根，把總。咸豐十年，安徽陣亡，祀昭忠祠。

黄有成，守備。同治二年，江蘇常熟縣陣亡，祀昭忠祠。

吴安邦，千總，加五品銜。同治二年，江蘇常熟縣陣亡，祀昭忠祠。

劉遜和，千總。同治三年，黄州府屬陣亡，祀昭忠祠。

何榮萬，把總銜。同治三年，襄陽縣王家樓陣亡，祀昭忠祠。

張鳳朝，參將。同治六年，河南陣亡，祀昭忠祠。

丁玉春，參將。同治六年，河南陣亡，祀昭忠祠。

周春林，江西把總。同治□年，在外省陣亡，祀昭忠祠。

劉立熞，咸豐九年，從提督鮑公，攻賊安慶府集賢關，陣亡。

袁基敖　李長庚　余定元　明開甲　黄魁敖　梁建煦　馬廷輝　談忠　戴升　石得　王名太　羅方魁　袁鰲　朱兆祥　程大年　周定國　朱必達　劉榮大以上興國營守兵。均咸豐二年在江夏縣陣亡，祀昭忠祠。

羅恒先咸豐三年，在本州陣亡，祀昭忠祠。

朱美玉興國營戰兵。咸豐四年，在本州陣亡，祀昭忠祠。

彭玉興國營戰兵。咸豐四年，在本州陣亡，祀昭忠祠。

馬升興國營守兵。咸豐四年，大冶縣陣亡，祀昭忠祠。

郭連升　周昌銀　梁朝一以上興國營守兵。咸豐四年，天門縣陣亡，祀昭忠祠。

龔景清　程魁元　楊經魁以上興國營守兵。咸豐五年，通山縣陣亡，祀昭忠祠。

明榮光興國營馬兵。　董金山興國營戰兵。均咸豐五年，江夏縣陣亡，祀昭忠祠。

王福勝　李嘉春均係營勇。咸豐五年，在本州陣亡，祀昭忠祠。

黄鳳甲興國營守兵。咸豐五年，大冶縣陣亡，祀昭忠祠。

舒在保湘中右營勇。咸豐八年，在三河鎮陣亡，祀昭忠祠。

汪得勝勇丁。咸豐九年，在石牌陣亡，祀昭忠祠。

陳國安開化營勇。咸豐九年，在潛山縣陣亡，祀昭忠祠。

鄭士章　金禮庚俱勝勇。咸豐十年，在外省陣亡，祀昭忠祠。

梁有元利右營勇。在桐城陣亡，祀昭忠祠。

陳雙發興國營戰兵。咸豐十一年，在武寧縣陣亡，祀昭忠祠。

程儉良　王起秀　明長青俱建威營勇。同治元年，在南陽陣亡，祀昭忠祠。

方金成　陳華林　孫文山俱勇丁。同治二年，在陝西陣亡，祀昭忠祠。

方程鵬新昌營勇。同治二年，在麻城陣亡，祀昭忠祠。

尹昌巽同治三年，在棗陽陣亡，祀昭忠祠。

吴興德同治四年，在棗陽陣亡，祀昭忠祠。

張臣忠同治五年，在天門陣亡，祀昭忠祠。

駱有弼雲勝等營勇。在江南陣亡，祀昭忠祠。

吕興右副右營勇。在信陽州陣亡，祀昭忠祠。

劉朝煜湘左營勇。在安徽陣亡，祀昭忠祠。

唐龍春壯勇營勇。在河南陣亡，祀昭忠祠。

朱連升仁勝營勇。在河南陣亡，祀昭忠祠。

譚全義開化營勇。在河南陣亡，祀昭忠祠。

以上陣亡。

趙文亨貢生。事孀母孝。賊至，率衆禦賊，被執。賊脅降，亨仰天不言，遂遇害。

馮永儀永城里人，儒士。賊執，欲降之，儀叱曰：“我讀書人，忍負君親作賊耶！”

賊怒，殺之。

陳春甲諸生。賊毆傷其母，甲冒刃衛之，賊見其儒雅，欲散脅爲僞先生。不從，遇害。

朱燕祥諸生。粵匪入州，祥瀝酒祖堂，飭族無得從賊，并散粟給族人，又憤鄉猾倚賊魚肉鄉里，以計殺其渠，尋被仇家遮殺山徑。其妻陳氏繼夫志，捐義學田三石。

程才作被擄至大冶，連日不食，賊怒，殺之，臨死駡不絶口。

蔡潤會禦賊被害，同死者張學謙、蔡代義、興義、會鑑、會泰。

方銘輬被執，閉陳姓樓上。時六人謀共逃，賊覺詰之，輬曰："謀由我。"賊殺之，餘得免。黄給諫元善彙奏，准旌入祀忠義祠。

陳承榆　承棟　承楮　延桂　延勳　謝朝友　羅有均七人并刀拒賊，力竭被殺，惟朝友更摻。

明邦伐　邦熊　邦豪　邦域　邦桂　邦紅　昌杰　昌耀　袁祖訓　宗隆賊至排市，中隔小河，伐等鳧水往擊，賊擁岸以炮拒之，俱溺死。

明守愚在箬溪遇賊，憤駡被殺。

方開國賊追急，投水，賊泅水執而殺之，臨死駡不絶口。旌。

蔡祥秀有勇力，賊至，奮擊被擒，不屈死。

王賢柏與賊鬥，賊邀衆同來殺之，其子駡賊，賊盡落其齒。

劉光禮賊擄其侄，禮以計脱之，賊覺，遂殺禮。

陳時燦賊脅不從，受重撲，身無完膚，駡不絶口，遂遇害。

王文連因孫被執，駡賊見殺。

樊儉慶賊逼逃水中，被石擊死。

明應相路遇賊，誣爲探，殺之。

楊從田賊脅不從，磔死。

王忠官賊至，匿婦女於樓，賊欲登樓，官力阻被殺。

羅德龍賊脅不從，妻韓氏、子廣禮、弟德珠俱遇害。

馮正燮賊至，責以大義，與孫開茂皆遇害。

舒德僊被賊縛至州城，磔死。

潘運秋不降賊，遇害，侄文舉與叔難。

陳思楷與賊接仗，殺賊大旗手，中洋槍死。

蕭功銘率鄉勇殺賊，遇害。

李善佾率衆禦賊，賊擁至，毀其居，執佾殺之，臨死駡不絶口。

劉濂中負母避賊，賊追至，同遇害。旌。

陳敦璧瑞昌縣人，充信團勇，遇害。

柯道煌在沙子背，與賊接仗，遇害。

陳才㻪及妻抗賊，遇害。旌。

蕭顯秋因子被執，駡賊，賊殺之。旌。

王基勳賊執，趣之行，勛厲聲駡賊，賊怒，剖其腹，斷其脰而去。

石騰光賊執，使出掠不從，遇害。

潘良煌率兄弟六人擊賊，見殺。

明邦汰擊賊，賊衆至，不勝，赴水死。旌。

鄒良璧諸生，被脅，投水死。

明邦和與義子添喜被賊追至，投水死，均旌。

方周耿被賊擄至排市，駡賊，賊怒，臠解之。旌。

方兆文監生。　鄒良坦　鄒時科俱擊賊，被殺。

王輔瑞　鄒題名　楊光華　李善寶俱與賊鬥，死。

明應銘　郭承堂　郭承仁　汪思奘　馮德鑲　德鋐　祖岡　羅甫克　黃顯孝俱被執不屈，駡賊死。

明邦河　邦汜　邦銀　昌武　汪加元　趙志煜　太倉　趙志欽俱與賊鬥，不勝，赴水死。

趙太儒　方銘龍旌。　方銘泮旌。　方銘富旌。　陳安鰲旌。　潘家津　陳彦海　蕭功貞　方開洪旌。　方敦淑旌。　方敦松旌。　方成寶俱被逼不從，赴水死。

明昌杏旌。　楊生文旌。　方開來旌。　蔡杰發　樊合儉　樂國香　樂昌金　鄒守治　鄒時緯　明邦樟　明昌福　陳希晏　趙思　李善富均被執不屈，見殺。

王耀三　李裕三　舒清林

劉中成旌。 樂昌杞 徐化龍監生。 李盛岳 舒德鍾 吴相之 李克恕 吴坤雄 吴著容 吴坤坪 劉中槐

劉中佐 劉中丑 劉朝進 劉朝奎 劉朝璣 劉朝方旌。劉中安 劉中準 羅仲台 羅甫執 羅世黄 羅世周 羅德夏 程才煇 程建杞 程建禄 程茂棟 談時輝 談時來 談大玉 談時金 王文玉 陳登閣監生。 陳承才 陳彦義 陳彦棟 陳彦炫 陳延生 張輝一 張輝錬 張揮達 張承德 張承選 張承利 張承貞 張承譜 張承發 張承星 張承孟 張承煊 張承寅 張承錫 張承鼎 張承昌 張敬友 張敬龍 張承利旌。 劉朝芳 張敬林 張敬閔 張敬高 張敬誼 張敬鳳 張敬均 張敬達 張敬發 張敬松 張敬執 張敬文 張繼百 張繼義 張繼高 張繼角 張光彩 張能雲 張盛發 張長發 紀裔富 劉正柱 劉立講 王安武 成祖富 成祖雲 成祖茂 成祖賓 成祖愉 成德海 成德恒 成崇枝 成我楊 成先廷 成先賞 成先賓 成先誨 成先迪 成先烈 成先默 成先梅 程友賢 陳承選 劉中珠 劉敏監生。 劉立歡 劉立章旌。 劉連中旌。 劉立端 劉中紹 劉中榮 劉文中 劉中有 劉中枝 劉正端 劉中治 劉立亨 劉中凡 劉立茂 劉立先 劉立亢 舒善其 舒德烈 舒德傑 舒德達 舒德湘 舒德深 舒獻冲 舒獻沅 舒靖義 舒靖昱 舒靖銀 舒由間 鄧成汶 成善訓 成善信 成德禮 成崇年 成良基 成先怡 蕭功迪 陳思引 陳思進 陳彦焰 陳彦炳 成德信 成崇鉛 陳正禮 陳承和 陳承星 陳繼峨 陳繼界 陳繼詩 陳步青 劉咏豳 鍾名植 劉朝湖旌。 蕭顯琥旌。

以上拒賊遇害。

王海文 明昌鍠 明昌蜀 張輝元 王文講 樊儉發 王雇工失名。 馮翰華監生。 劉士晴 劉萬翠 劉士泳 劉士然 成祥喜 劉中恕 劉士儼 劉士略 劉士富 劉中延 劉朝敖 劉中元 劉選中 劉中模 劉中針 劉朝鑑 劉正亭 劉朝榜 陳才延 劉立松 劉以立 劉正洲 劉中南 劉立文 劉申通 舒靖錫 劉正榮 劉立章 張

敬儒　張繼派　張繼洪　張繼堦　張茂喜　張歡喜　張然喜　蕭仕溶　陳思合　蕭仕旺　蕭仕岸　蕭輝瑚　蕭顯柳　蕭仕新　徐準和　陳彦章　陳承樟　王武章　朱安臘　蕭顯鰲　余厚義　洪友蓮　曾運海　劉錦章　曾運杞　唐似成　劉朝芝　劉旺喜　劉福喜　蔡正順　蕭仕托　蕭仕昆　蕭功元　蕭功亨　蕭顯喬　蕭仕滔　蕭功洗　蕭功富　鄧秀枝　蔡杰諒　蔡杰正　蔡英玉　蕭功棠　蕭功棣　鄭祖珩　蔡霞珠　陳承弟　蕭功炆　鄧裕發　鄧裕貴　鄧安平　鄧承東監生。鄧安年　蕭功悌　柯遐柱　蕭功文　鄧裕祥　蕭功愷　鄧安玉　李士彬　鄭光錫　鄧安泰　胡錫興　柯遐文　蕭輝松　蕭功詳　賈綱元　賈紀維　賈紀棹　賈紀槐　賈敦祥　賈祥文　柯昌黄　華道坤　華祖坦　華繼義　華美相　華美玉　陳恩幹　陳思作　陳承瑜　陳延伐　陳繼毓　陳能高　王世容　王忠雲　王全本　王賢瓊　王定邦監生。王定國　王義田　王義信　王義春　朱隆貴　方開禮　譚華遂　潘崇青　潘運國　涂立海　涂立堂　劉良煌　舒靖適　汪有琥　駱蔭樗　駱蔭札　駱量山　駱西祚

以上遇害。

忠　　義增補

元

樂世禄，字國卿，福慶里人。元季，徐壽輝攻郡城敗，殘兵延劫，國卿率衆剿追，境賴以安。嗣麻城賊復出，大肆擄掠，國卿戰捷數次，追至清水潭，賊衆四圍，遂遇害。

明

劉師頗，字伯良，興教里人。以歲貢拜信宜令，行經海島，遭颶覆舟，師頗與其子俱躍波出，人咸異之。抵信宜，海徼地僻，多逃逋，師

頗留心召撫，條陳積弊六事，爲當道所器重。海寇圍高州，師頗提兵擊散，歸過廣東，海寇大至，復率信宜民敗之。越數日，賊襲師頗舟，舟没，師頗猶手格二賊。被執不屈，遂遇害。

劉興亮，文定子。明季武舉，有膂力，一躍數十步。時流賊四竄，亮結寨自固，遠近多依之。一日，賊擁至，縱火焚寨。亮迫，負母逃，遇樹鉤母衣不得脱，遂與衆俱遇害。

國　朝

馬滕龍，字雲冲。明貢生，道遵之子。順治乙酉年，因父自漢陽府教授升授江西德化縣尹，便道歸家。流寇入境，合家避難，賊獲龍，迫索其父，以劫宦囊。龍遂誑賊，赴水滅迹。其妻女見之，懼污，相聯溺水死，三冢合葬於父墓右。

陳會吾，順治初，流寇入境，脅使爲役，吾奮然曰："我丈夫也，而爲賊役乎！"遂罵賊而死。

柯鵬九，附貢生。咸豐四年，粤匪踞州，脅充僞職，堅拒弗從，邢觀察來州辦理團捐，題"節比何蕃"以贈。

張義廷，宣化坊人。賞戴藍翎，儘先補用都司，在潛山太湖，血戰陣亡。

石蓮茹，字穀蒋，豐葉里人。咸豐初，賊踞興國，下僞令，茹大罵，鄉里危之，茹慷慨自若。候選道邢高魁駐師興國，偉其概，表於閭，曰"義烈"。

李盛逮，字依霞，長慶里人。咸豐辛酉五月，因兄被髮賊虜，往救，兄得逃，賊絆逮，挾至中途，亟罵不肯前，慘遭賊殺。

劉光相，樂歲里人。被賊執，脅降之不從，遂見殺。

馮永儀，文童，樂歲里人。被執不從，賊殺之。

劉光炆，樂歲里人。被擄罵賊，不屈死。

劉光韓，樂歲里人。被擄不屈，賊殺之。

徐化龍，號性廉，監生，慈口里人。賊至，沿村擄掠。化龍率村民拒之，被害。

陳達之，監生，崇慶里人。駡賊，被害。

劉朝和，崇慶里人。遇賊不從，被害。

劉立榜，崇慶里人。被執不從，賊殺之。

蕭焕章，武昌府附生，同弟雲章逃至尖山，集紳耆起勇堵賊，勢不敵死。

邱渭川，修净里人。年五十二，遇賊不屈，被害。

劉朝汧，崇慶里人。不從賊，被害。以上十二人，俱係咸豐辛酉夏粤逆入境殉難。

吴郁蘭，字孔文，崇仁里人，生員。咸豐間粤匪入境，隱居龍山之麓，曾作《崇正論》，巡撫胡文忠義之，獎給“寸心自知”匾額。

王廷芳，吉口里人，附貢生。咸豐間，粤匪竄境，縛授爲令，誓不屈，將殺之，鄉氓救免。府尊邢高魁額其門曰“疾風勁草”。

鄒敦裕，以軍功保儘先外委。咸豐六年，在安徽桐城縣三河鎮血戰陣亡。

潘鼎臣，以陝甘軍功累保儘先補用參將，賞戴花翎。咸豐五年，在潛山太湖血戰陣亡。

華見發，藍翎把總，升用千總。同治八年，隨同楚軍在陝甘川榆剿賊，血戰陣亡。

張長林，以軍功累擢藍翎守備。同治九年，隨同楚軍在陝甘王家角剿賊，血戰陣亡。

潘錦，以陝甘軍功累保藍翎千總。咸豐五年，復隨江南大營追剿，克復一帶地方，蒙保花翎，儘先守備。七年，在潛山縣與賊對壘，血戰陣亡。

秦久勝，字益善。咸豐間，投效安徽營，以功累保都司。光緒乙亥，奉調甘肅，迭次戰剿出力，累擢副將。嗣遇賊於寧夏滚泉池地方，血戰陣亡。

吴祥發，花翎。兩江儘先補用副將。咸豐七年，賊竄潛山太湖一帶地方，與賊血戰陣亡，祀昭忠祠。

秦瑞龍，定三次子，字小坡。湖南□□，補府經歷。隨父大營征剿粵匪。咸豐七年，乏糧兵潰，爲賊所乘，於安徽桐城縣之板凳嶺血戰陣亡。全忠兼以全孝，憤不顧身，事君竟忘事親，心誠報國。事聞，賞給雲騎尉世職。

劉守一，字理庭，崇仁里監生。賊至，禁薙髮，守一不從，被執，榜掠備至，罵不絶口，遇救得免。

陳洪銓，興教里諸生。咸豐四年，粵匪入境，脅充僞旅帥，銓投水，賴救免。賊復脅其子猷獻，亦不屈。

石建烈，玖光曾孫。咸豐間，粵匪踞州，僞令禁薙髮，犯者輒被害。烈薙髮如平時，朔望必肅本朝衣冠，拜謁祖堂。嘗遇賊求死，賊以爲迂也，笑釋之。

忠　　義又增

明

袁天素，豐義里人。明末，奉檄剿闖賊有功，授千總，陣亡。

袁朝達，天素子。授千總，隨父陣亡。

袁朝适，天素子。任百户，隨父陣亡。

方仲宇，下豐樂人。明末，闖賊至境，脅仲宇不從，且誦《正氣歌》，遂遇害。賊酋曰："此義士也！"命瘞之。

國　　朝

石名緘，字金三，豐葉里儒士。粵匪竄境，擄其孤侄，憤罵與争，遇害。

劉正倫，崇慶里人，拒賊被害。

賈允執，下豐樂人。粵匪至境，脅從不屈，遇害。

全承寬，吉口里人。隨通山勇禦賊，被殺。
姜開基，見子被賊執，争之被殺。
程才釘，長慶里人。賊至，與兄逃，賊追之，同溺水死。
張茂蘭，以軍功保花翎，兩江補用參將。陣亡，奏准世襲。
徐時櫨　鄭連園　鄭詔祚　鄭正福　鄭柳門
鄭昌詠　鄭正松　鄭昌鯉　鄭承渡
均係咸豐辛酉拒賊被殺。
王耀三，咸豐六年，州屬陣亡。
程賢貞，勇丁。同治二年，在軍陣亡。
陳輝文，勇丁。同治四年，在黄岡縣陣亡。
夏文明，勇丁。同治五年，在安陸府屬陣亡。
劉安國戰兵。　邢國太　袁詩星　周兆基　廖元　梁登臺
以上守兵，均咸豐四年在江西縣屬陣亡。

卷之二十二

人物志

孝　　友

宋

黄遵，性至孝，精繪事，所得值悉易甘旨以奉母。慶曆中，嘗感疾，卒凡三日而蘇，曰："適見紫衣金帶者謂'汝母壽尚有十年，矜爾孝，可歸終養'，遂取筆注其籍。"越十年，母終，服除，遍辭親識而卒。《湖廣通志》。

明

吴國典，字型可，任楚府典儀。生母馮早世，事父及繼母汪，盡子道。繼母舉兩弟，撫教成立，以腴産予之。家素封，勇於爲善，凡修城堤、繕祠宇、賑饑掩骼，捐資不下數萬金。

石榴，字汝茂，下豐樂里人，四歲孤，事母賈氏，竭力承歡。子炬，官工部郎中。

徐應招，字縉岑，諸生。父患痿痺，扶持四載，父没。竭力養母。有弟，性傲而酗於酒，屢戒不悛。或曰："盍訟之官？"招泣曰："我不能友而弟是校，可謂孝乎？"弟卒感悟。

石麟禎，字公迪，廪生，炬長子，育於嫡母余氏。順治乙酉，闖賊渡江掠州境，偕弟輩奉嫡母避之土塘，賊擁至，執母索金，禎匍匐請曰：“幸縱母，與若金。”賊釋母，責如約，禎僞爲解囊者，度母去遠，因謂曰：“予貧士，安所得金？前爲老母，故誑爾。”賊大怒，將刃之，弟麟文、麟武、次子惟岳相繼前争死，賊并殺之，母獲全。禎爲人謙退慈仁，而卒以孝死，族黨哀之。

吴康，字惟穆，事繼母譚氏以孝聞。幼弟，譚出也，撫之成立。

譚宏襟，父母年登八旬，宏襟承顔適志，孺慕不衰。父母同歿，號泣七日，不食卒。後旌。

劉漢宗，黄州人，徙居興國，以孝稱。父歿，廬墓三年。

劉永灝，懷仁里人，明義官。事母孝，依依膝下，雖甚寒暑不少易。母没，哀毁，廬墓三年。

華春第，諸生。居父母喪，寢苫枕塊，廬墓三年。據采訪册增入。

莊侍，字克闇，興教里人，事父母色養備至。侍父疾，匕藥必親。葬祭用家禮。久之，芝生墓上，人以爲孝徵。歲祲，道遇餓者，歸謀諸婦，脱簪珥，爲粥往食之。所活人，終不令之知也。子以善，歲貢，有父風。據《吴明卿集》增入。

國　朝

劉洪性，字秉善，興教里人。明末，避流賊於江西瑞昌之瓜山，促父季先而躬負母行。賊猝至，錯愕失措，少頃，雷電交作，賊退得□，人咸嘆爲孝感。入國朝補州學生員。

李之昱，字爾臣，三歲喪父，母王氏守節撫之。家故貧，昱見母艱苦狀，輒涕泣。比長，勉力井臼，不以衣食憂母。崇禎甲戌，母病，旦夕哭泣，祈北斗，愿以身代，叩頭流血，母果愈。嘗夜半比舍灾，母已寢熟，昱急負母走，母聾不省人語，卧不肯起。火及户，昱窘，解綿衣漬池水納牖中，身自蔽母，火頓滅。昱四十尚無子，有鄰翁程姓者，夢神告曰：“之昱何患無子？其楣上金字額，孝可回天，即其子數也。”康熙甲戌，以孝聞於官，官贈以額，與夢符，人皆異之。後生子四：應熙，翰林庶吉士；次應顔、應顯、應頒。雍正二年，以母節子孝，同日受旌。

柯清瀛，字仙聚，六歲孤。稍長，母語以父生平梗概，輒泣。奉母孝，嘗以事至漢口，忽心悸，亟歸抵家，母果寢疾。聞通山有名醫，往迎之。值山水泛漲，舟楫不通，瀛號泣，適有竹筏浮至，遂得渡。詣醫家，請夜行，途遇二虎，瀛叱之，虎摇尾去，人嘆爲孝感。有里長被竊，將鬻妻子以償官，瀛得其狀，慨然代償，里皆義之。子時懋，進士。

潘曰化，字楚琳，下豐里人。幼失怙，刻木奉祀。母疾，延醫，道遇虎，泣告，虎退。康熙癸卯，大水，一日城中火，人多奔水中，化雇船數十拯之，得生者無算。壽九十。子命臣，孝亦如父。孫道閔，諸生。舊志列《壽考》，今改入。

石震先，字愓亭，崇仁里人。母患疾，不能動履，震先偕妻侍奉七年弗怠。醫言鰻魚可治風，時方嚴寒，破冰取之，母食之果愈。表侄幼孤，撫養成立。家僅中人産，而於修學宫、建州署皆勉力捐助。孫燦光、龍光，庠生。舊志列《隱逸》，今改入。

方倚中，字依儒，長慶里人。三歲時隨母送族人葬，且喜且哭，母問故，對曰："兒喜有母，又恐似若之無母也。"既長，依依左右，不肯赴省應試。父患沉疴，禱於神而愈。母病哽，與妻旦夕侍榻前，母不食，亦不食。母没，哀毁，廬墓三年。有盗過其門，相戒曰："此方孝子家也，犯之不詳。"嘗捐資修大瑶畈港石橋，行人便之。孫立經，舉人，歷官直隸正定府知府。

王大興，字近可，嘗就學城中。聞父病，覓醫，夜行水道，舟緩，大興仰天呼號，忽得風，瞬行八十里。泊岸，約四更。馳至大湊湖，有虎踞道，大哭，虎即去。抵家僅得永訣。居喪，號慟氣絶復甦。後事祖及母俱能致其孝。子隆啓，早食餼。

李正伯，蘄州人。崇禎十年，獻賊掠江北，舉家南避，遇賊殺其兄弟，復執其父母。正伯哀號，乞以身代，賊刺之，傷其左臂，傍一賊叱曰："此孝子也，殺之不祥。"舍之。夜夢神以藥涂傷處，創遂合。事雙親色養終身。善醫，活人不取值，年八十三卒。

廖必達，字良芝，甫成童即念家貧親老，弃儒業醫，以給親膳。偶出，必刻期歸省。遇闖賊，冒死衛親，刃傷其臂。母唐氏疾篤，刺血和藥在進，且屬妻曾氏斷兒乳以乳母。疾愈，復祈壽武當、九華諸名山。或以孝題贈，却之曰：“吾豈以親沽名耶？”子二：廷楨，諸生；廷相，明經。

鮑珣，字容若，諸生。未冠，隨父就學永豐縣幕。半載，父患痢，垢污必親浣。及没，哀毁骨立。扶柩歸，過鄱陽，狂風暴發，舟多覆。珣撫棺哀號，得無恙，人謂孝感。妻潘氏，事孀姑王亦以孝聞。子名儒，舉武科。媳王氏，敬事舅姑，姑偶跌折足，左右扶持，過勞致疾，卒。

盧以調，字燮臣，三歲失恃，事繼母以孝聞。父光，廩生，應康熙壬子鄉試，以病没闈中。調奔至，一慟幾絶。後逢試期，竟日悲號，遂終身不應試。

陳遇讚，字綸客，遇子，增貢生，候選縣丞。隨父任之蜀。父疾，叩天求代。父卒，哀毁逾禮，扶柩歸，越險數千里。及母没，朝夕哭泣。友愛庶弟，自襁褓至成立無間。子明揚、孫良松俱以孝聞。

盧以劭，字克念，高次子，年十七，列郡庠，旋食廩生。母李嘗持齋，遂侍母茹素廿餘年。母没，廬墓。異母兄弟四人，俱先卒，劭事諸母不異所生。劭子斯爲孝亦如父。父没，廬墓。後遘疾，臨終，屬其子曰：“必葬我於父之墓側，庶相依如生前也。”斯爲庠生，雍正壬子與修州志。

陳國祥，福慶里人。五歲失恃，每私哭於野，恐傷父心也。事繼母鄒氏無異生母，鄒寢疾，祥日侍榻前，衣衾垢穢必自浣滌。叔其謂祥：“盍令人代？”祥曰：“母疾久矣，慮有惡臭，假人手，或生憎。”其曲盡孝道如此。

楊以權，字天衡，上陽新里人，博學。父没，廬墓，攀柏悲號，柏爲之枯。妻陳氏爲姑吮癰，姑病篤，叩天求代，嘗糞味甘，悲慟幾絶。乾隆三年聞於官，題請建雙孝坊旌之。子貫百，諸生。

潘良瑚，字濟美，善事親。土賊執其母索財物，瑚冒刃號救，受四傷不肯退，賊感而釋之。嘗出粟賑饑，拾金不昧，施寒衣棺木無算。年登九十，鄉里稱之。子士明，孫四，俱庠生。舊志列《壽考》，今改入。

陳華國，字質生，諸生。值闖賊亂，奉親匿山中，流離之際，甘旨不缺。居喪哀毀，廬墓。子遇瑛，歲貢；孫夢麟，庠生。舊志列《隱逸》，今改入。

謝廷聖，字五常，事親孝。群盜夜掠其家，冒刃衛親，得無恙。子文通、曾孫家誥、元孫聲亮，俱舉人。舊志列《隱逸》，今改入。

潘良德，字帝錫。親喪，廬墓三載。壽九十四，五世同堂。子士英，舉人。舊志列《壽考》，今改入。

姜應甲，字自天，樂歲里人。幼喪父母，刻木爲像，朝夕奉祀，里中呼爲丁孝子。親所遺産，悉讓於兄。以授徒爲業，人有鬻子者，捐館金贖之。壽九十四。子隆福，庠生。舊志列《壽考》，今改入。

劉洪翼，字秉翰，廩生，事親孝。親疾，衣不解帶。父没。廬墓。見有妻子離異者，傾資保全。道拾遺金，俟其人還之。子晋元，進士。舊志列《隱逸》，今改入。

李南狩，諸生。避流寇，與妻薛氏茹苦，而奉母必甘旨，人咸稱之。

瞿之佐，年十四入泮。嗣母賈氏患沉疴，之佐侍湯藥，卧不解帶者數月。婦陳氏，孝亦如之。子祖元、孫士琪，俱諸生。

石其掄，子銓掌，康熙丙子武榜，孝事嫡母。母患患痺痿數年，扶持不少懈，忽長瘤，虱出無數，其掄取吞之，虱遂止。兩次當補官，皆以母老不就。子泰臨，諸生。

曹職撫，字則后，永城里人。歷事三母，奉養無異。撫幼弟成立。州侯黄題額褒之。子立春，舉人。

侯樹慈，字倫若，家居授徒，多所成就。事父母竭盡心力。父没，廬墓三年。子光裕，舉人。

張士達，字非聞，庠生。父疾，醫藥罔驗，刺血和丸以進。禱北斗，願以身代。妻孫氏，奉湯藥、浣垢穢，歷三年無倦。士達嘗過石屋，雷雨猝至，避樹下，樹幾折。恍惚中若有移之者，得無恙。子文燦，援例歲貢。

李之章，字漢上，諸生。幼失恃，善事繼母，雖厲色以待，孝敬不衰。妻劉氏亦能曲意承歡。父所遺産悉委諸弟。

明良棟，福慶里人。年十七，母徐氏卧病，侍湯藥閱五月，不歸私寢。疾劇，嘗糞知不可爲，乃齋沐告天，乞以身代。未幾，母没，哀毁幾滅性。

江啓躍，幼喪父。孝事母，母多疾，旦夕寢興榻前，無敢離。病劇，醫辭不治，躍曰："人言嘗糞可測生死。"遂嘗之，悲；越日復嘗，乃喜。自是母病漸瘥，後母卒，哀毁骨立，喪葬如禮。

潘士經，字叙典，諸生。事父能得歡心。父病久，筋骨痠疼，士經爪膚分痛，不離左右。居母喪，恐傷父心，每潛哭他所。及父没，慟絶復蘇者再。

張令典，字二書。父早卒，事母先意承志，産業悉以讓兄。舌耕自給，以理學教生徒，一時英達多出其門。舊志列《隱逸》，今改入。

柯瑞璋，少孤，事母備致孝養。慟父早世，布衣疏食終其身。母卒年九十，瑞璋已七十，居喪不以衰老廢禮。兩弟生計窘，屢分潤之。子隆焜，庠生。舊志列《義士》，今改入。

易光大，字天若，諸生。早失怙恃，事繼母，色養不衰。友愛諸弟，分居日，把臂涕泣。田宅讓弟多取。於四，俱庠生。

石大有，字能謙，九歲孤，事母能色養。母疾，偕妻朝夕奉湯藥，六閱月弗懈。疾劇，齧指瀝血書禱於神，願促己算以延母。母夢神語云："鑒爾子誠孝，延爾壽一紀。"後果如神語。子朝光，歲貢。

王大驥，諸生。竭力承歡親老，孺慕弗衰。兄弟分居，田産聽弟自取，人皆以爲難。

鄧可久，五歲失恃。父性嚴峻，可久能保歡心。父没，喪葬盡禮，事繼母談。談怒，輒偕妻跪閾外，怒解始起。

鍾音，字次三，諸生。父正光，以科試没於鄂城。時音七歲，柩至，奔迎入室，有沮之者，哭曰："父生居此，豈忍没不登堂乎？"撫棺擗踊，見者淚下。子仕初，髫年入泮，事母亦以孝聞。

曹立徐，諸生。七歲喪父，執禮如成人。越數年，母没，晝夜號慟。鄰里爲之罷宴。刻像奉祀，每食必祭哭盡哀。檢故篋，得父遺命，乃鬻田産，修祖塋，凡傍支無後者，咸爲立碑。

董漢儀，字祖舒，增生。母病經年，率妻朝夕奉湯藥，衣不解帶。弟早逝，訓侄儒先成名。捐資修學宫。歲饑，减價平糶。子飛龍、儒教、孫正東，俱庠生。

石文元，字緝五，例貢生，候選州同。事二親皆得歡心。母患沉疴，調治三載，藥必先嘗。子六，三游庠。乾隆間題請建坊。

程先立，諸生。少孤，長力學，舌耕以養母。值母怒，跪請鞭撻，怒解始起。母患鼻癰，以口吮之。居母喪，廬於柩側。一夕，大風雷，懼損母柩，跪泣達旦，聞者惻然。舊志作通山人。

劉光暹，字仲升，庠生，興教里人。居父母喪，葬祭盡禮。廬墓三年，思慕弗衰。妻瞿氏亦盡孝道。子二，俱入泮。

蕭世樸，幼失恃。父鰥居廿餘年，伴寢視食，不離左右。父病，稽首北斗，求以身代。及没，廬墓三年，朝夕悲號。兄亡，遺孤在襁褓，視若己出，撫之成立。

萬邦憲，字階遠，諸生。素篤孺慕，父病累月，朝夕侍側，藥餌先嘗，夜則虔禱於天，旋瘳。

成其功，字蟾客。父遘危疾，其功年十六，多方調治，衣不解帶者三月，禱天求代，父果瘳。子自天，庠生。

以上舊志

陳思楫，字作舟，歸化里人。父涇川，嘉慶庚辰以他姓事累禁府獄，楫傷之，謂其妻余氏曰："予將以身代父脱，獄解，予亦得歸矣。如不歸，汝其終吾事乎？"妻泣而諾之。子熙和甫九月，乳抱在懷，顧之凄然泪下。至省，請於官，父得歸，楫竟卒於獄。氏聞大慟，又恐傷翁心，陽爲慰藉，奉養十餘年，翁卒。曰："吾今日乃得終夫事也。"子長，教之成立。

徐近隆、近盛，慈口里人。兄弟力作總養母。母年七十，且瞽。比舍灾，隆、盛適在田，倉皇奔歸，火已及户，不見母，遂冒火入。火熸，鄰人往視：一抱母首，一伏母身，俱斃，而母尸無焦傷。聞者莫不哀之。

徐時浚，字修之，尊賢坊人。父以事戍廣東。越二年，往省，至則父已逃。勾牒下矣，伺撫軍出，遮輿請代。數被笞，尋染瘴，瀕危，泣曰："死不足惜，若吾父何？"病少間，復泣訴。撫軍爲動容，曰："爾父已逃，爾將誰代？"顧左右給以錢，蓋資之歸也。及歸，則父已先至。既而母没，結廬墓側，旦則歸營父膳，夜則往宿墓所，雖大風雨無間。未幾，卒。一子復夭。州人士爲立侄孫以嗣，并醵錢四十緡，其族中亦助二十緡，買地爲祭産，歲取所入，以佽其家云。

易光辰，字雲衢，尊賢坊人。事父母備致孝養。母性畏雷，及没，光辰廬墓側，遇大雷必號其母，使無怖。兄弟謀析居，弗能禁憫，季弟幼，携與同處受室，後始均分其産焉。子肇標，事繼母洪，曲盡孝道。洪稍不懌，輒跪謝，解顔始起。母疾劇，夜延醫，倉皇失路，忽一燈熒然，照行數十里。醫至，投劑，母果瘳。母没，忌日必哭以祭之。

佘允湘，尊賢坊人。家貧，少失怙，事母孝。母没，廬墓。墓距城十餘里，日則小貿城市，夜則歸宿墓所，歷三年如一日。一夕，大風甚雨，中途燭滅，忽有燈光導致墓前，遂不見。道光丙戌年旌。

鄭鳳鳴，監生，上陽新里人。數歲喪母，即知悲慟。事父及繼母，曲意承歡。父遘痢疾，治鮮效，嘗糞以驗輕重。母病久，動履需人，鳳鳴負之出入。復患癰，舐之而愈。父初貿於蜀，及歸，家中落，意多不適，每怒，鳳鳴和顔受之。晚年，傭貿以備甘旨。妻子凍餒，不遑恤也。

易京班，尊賢坊人。傭汲養親，自啖糠核而羞膳必豐。母没，寢苫枕塊，茹素三年。道光間旌。

董興麟，少喪母，擗踊哭泣如成人。事繼母趙若所生母，發疽，吮之而愈。因染毒卒。嘉慶七年旌。《湖北通志》。

彭菲安，樂里人。親疾，侍榻前三年。没，居廬六年。先後不入内寢凡九年。每食必祭，忌日則哭慟。兄早世，言之輒流涕。妻熊氏亦能孝養。子諧律，庠生。道光十七年旌。

王家紙，少孤貧。傭工養母，旦出必告，歸即問安否。遇主人設食，必舍肉以遺母。主人感其孝，命之食而别以饋之。

趙珩，字象儀，監生，永城里人，榮密子。平居孝養。父病，市藥省垣，夜渡保安湖，舟覆，獨獲甦。侍母疾，適粵匪至，被脅。珩以母病哀訴，賊釋之。前後居喪，廬墓山中六年。一夕，有劫賊過廬，見其慘戚狀，去之。山下有湖，朝夕往來，舟子不取其值，固與之，亦弗受。其孝之感人如此。

從先惟，宣化里人，四歲而孤，事母甚謹。家貧拮据，適鋤禾得一瓦器，啓視有錢六千。喜曰："此天賜以供吾母也。"母没，廬墓，有虎經墓側，視眈眈然，惟叱曰："爾何爲者？"虎徑去。自是家人戒勿往，惟不聽。

阮譽邦，吉口里人。侍父疾，寢食俱廢，每夕祝天求代。父卒，哀毁致疾。母没，廬墓年餘，疾增劇，歸家十數日而卒。初，季弟病，譽邦襆被眠弟側，調護倍至，數月不歸私寢。

秦輔春，庠生。尊賢坊人。事父母甚謹。母久疾，禱北斗而愈。母卒，廬墓三年。

石白元，尊賢坊人。家不中資，而養親必豐腆。母患風痺，率妻董氏服事惟謹，三年不懈。居喪一遵古禮，不入内寢，不用浮屠。里黨欽之，舉鄉飲介賓。道光甲辰同旌。

汪有清，豐葉里人。咸豐辛酉夏，粵匪掠境，執其母索金。有清請以身代，因執有清去，行里許，遂大罵賊，賊殺之。旋有畜犬奔庭中作嚎訴狀，家人隨往得屍。妻陳氏痛夫慘死，欲以身殉，姑止之，遂矢志終身。

劉立運、立連、立遴，長慶里人。咸豐辛酉，粵匪入境，運兄弟負母逃。賊猝至，三人以身衛母走。賊復追，并力與搏不勝，俱遇害。黄給諫元善奏旌，準入忠義祠建坊。

佘繼明，字理齋，尊賢坊歲貢生。八齡而孤，授徒家塾，定省無曠。自題其居曰“依依壽母之堂”，邑名士胡興遐爲之跋。子元禮，廩生。

樊永江，福慶里人。咸豐辛酉，粵匪至，母闞氏卧病，江不忍去，賊曳之出，連刃之，氏驚氣絶，江奔跪床前而死。賊退，族人歸，視江猶端跪如生。

王朝柱，樂平里人。孝事雙親。親没，茹蔬廬墓。

成玉丹，諸生。下雙遷里人。與妻劉氏善事繼母，有“子婦雙孝”之目。道光間旌。子和珍，副榜，官巴東教諭。

鄢子遴，尊賢坊人。事繼母克孝，妻陳氏亦以孝稱。乾隆五年題請建坊。

馮德遺，永城里人。力農養母。母没，廬墓三年，見母遺物即涕泣。除夕必携卧具宿墓側，終其身不易。

曹啓賢，字雲南，監生，永城里人。嗣父没，孝事嗣母。母晚年患風痺，寢食起居躬親扶持，歷三年如一日。家素貧，及稍豐，爲生父置祭産。恩待兄弟，歲饑餽族人粟。子正龍、從龍，庠生。

曹文發，字徐揚，永城里人。養親必具甘旨、温席、扇枕、終身弗懈。親没廬墓。

馮國賜，字貢予，永城里人。父患哽，母患嗽。賜侍疾，衣不解帶者恒數月。親没，每逢生、忌日，必泣祭。友愛幼弟，時濟其乏。子三，迓、衡，歲貢。孫三，倪、桂、心，庠生。

石之綸，字經大，樂歲里人。家甚貧，事繼母王氏，竭力供養，終母百有二歲不衰。

石增達，字君上，樂歲里人。母没，哀毁，廬墓三年。

程文洛，永章里人。家居養親，定省如禮。講學於鄉，頑獷者多爲所化。

張鵬搏，字霄白，諸生。豐義里人。親没，廬墓三年，戀戀不忍去。既歸，猶時望墓哀號。元孫逢時，諸生。

劉朝律，崇慶里人。少孤，事母孝。母没，廬墓三年。

柯瑞蕃，興瑞里人。父先没，偕弟瑞昌力農養母。母性嚴，每怒，兄弟各率妻跪請罪，怒解始起。朝夕問視不能農忙廢。出耕，耒耜必争負；秋冬報賽宴會，恒相讓。一室怡怡，鄉里稱羨。

柯隆訓，興瑞里人，生有至性。母中風四年，隆訓服事惟謹。耕穫歸，必先扶母起，母食然後食。嘗夜聞母呼，急趨之，跌傷手足不使母知。母没，哀毁盡禮。

石漢相，永福里人。母患癱瘓，舉動需人，漢相扶持，歷九寒暑不懈。弟早没，撫孤侄逾於己子。年九十八卒。

闞榮，監生，修善里人。年十三，父患臀癰，舍溲吮之。父没，廬墓。事母極得歡心。母没，哀如喪父，忌日誕辰號泣終日。

明師炟，修善里人。母卧病四年，朝夕調護，未嘗暫離。嘗爲母禱武當山，千里徒步，不憚也。

柯進松，興瑞里人。傭工養母。母患毒六年，每夕必歸，洗瘡敷藥，親任其事。母没，哀慕甚篤。凡母所縫衣履悉珍藏之，每出曝則涕泣終日。

柯益涵，興瑞里人。少孤貧，力耕養母。自食草蔬而甘旨無缺。侍母疾，衣不解帶。母亡，終日如孺子泣。身没無子，族人庠生長齡爲捐田立嗣，以承其祀。

朱新書，字聽濤，諸生，下豐樂里人。早失恃，事父惟謹。父疾，累月調湯藥、澣衣衾，必身親之。父母忌日，雖老，必齋戒以祭。没年八十。一子清格，孫崇實，俱庠生。

陳以莊，福慶里人。繼母病，嘗糞以驗增減。每糶谷，遵母命不概其斛。

王廷簡，上雙遷里人。居母喪，茹蔬廬墓，三年如一日。妻舒氏，亦以孝稱。

阮愚堂，字天才，吉口里人。生母早卒，哀毁骨立。三事繼母，皆如所生。母患痺，愚堂左右調治，負之出入，歷九年不懈。孫榮、森、俊俱游於庠。

李克純，字元吉，事親能色養。父母没，哀毁逾禮，每值忌辰，終日涕泣。

譚世感，善福里人，販笠營生。躬噉藜藿，奉母必豐，三十餘年如一日。母没，哀毁廬墓三年。

張世忠，字兼恕，豐義里人。祖患風痺，忠念父衰，昕夕代扶持，悉當祖意。衣衾穢污必親滌除，閱七年無間。事父母亦極意承歡，子龍翔，廩生。

陳公其，仁義里人。嗣於叔，嗣母性卞急，虐使之，公其順受。母患病，食常需肉，日采樵易肉以養。時有虎出爲害，公其卒未嘗遇，人以爲孝感。

盧德學，仁義里人。嗣母陳氏以節著。德學事之，曲得歡心。母疾，朝夕扶持，垢穢皆親滌。

馬發雄，辛安里人，事親孝謹。自茹草蔬而厚於奉親。親没，廬墓數年，忌日涕泣不食。

蕭仕緢，字琴堂，修净里人。父没，養母，昕夕不離左右。咸豐辛酉，粤匪竄境，仕緢年近七旬，患足疾，欲負母逃，力不逮，惟依母涕泣。賊睹其狀，不忍傷而去。

秦厚泰，長慶里人。父患病，伏枕六年。厚泰左右就養不遺餘力。咸豐辛酉，賊掠其家，駡賊而死。胡文忠公咨獎。

方鎰元，孝事母。母年高多病，朝夕侍側，飲食必親調，歷三十六年弗懈。

王武茂，宣化里人。母没，廬墓三年。

石光瑞，字祥玉，下豐樂里人，事親能色養。夏扇枕席，冬則以身温被。親稍有不懌，率子弟等長跪請罪，意解方起。從弟光斑，字犀霞，孝亦如之。

李燦興，永章里人，事母孝。一日隨兄耕於野，有虎攫其兄而蹲焉，興持農器值前奮擊，中虎要害，虎委兄去，興負歸。兄傷肘，醫云："口嚼蛣蟯，敷患處可治。"興如其法，兄卒愈。

魯象雅，永福里人。長兄寢疾，親嘗湯藥，晝夜籲天求代，兄疾果瘳。

蕭榮馨，字正平，修凈里人，候選從九品。性孝，色養父母二十餘年無少懈。居喪，哀祭盡禮。嘗於闤闠中拾遺金，立待其人反之。鄉里有泛駕子弟，輒訓導使就規矩。居恒研究經義，言笑不苟。著有《孝弟故事對語》二卷。經紳耆舉孝廉方正，因格于例未果。

費光樞，字懷金，善福里人，監生。少孤，事母孝。嘗課徒村塾，旦暮必歸省。遇大風雨阻，輒望閭號泣。母歿，哀毀逾常，數日勺飲不入口。廬墓終喪，衰絰垢敝不去身。族黨稱之。

柯鳳起，字點吾，從九銜訓蒙。供養有嘉肴、瓜果，必懷遺母。偶歸，輒依依膝下不忍去。年六十餘，懼母，憂其體衰，以紅繩束發作兒戲以娛母，人謂有老萊子風。母歿，盡哀盡禮，卒年七十八。

劉用杰，字秀南，崇仁里人，品端學粹。母疾，與妻石氏侍湯藥，衣不解帶數月。母卒，哭泣三年，泪繼以血，目幾眇，柴骨慘黯，人不忍見。子燮烺孝友世篤赤，明經。孫中漢、凌漢，諸生。

鄭光文，上陽辛，監生。懋遷資財，一無所私。生平曲體親志。親歿，哀毀柴立，忌日祭泣如孺子，終其身。子子黄，諸生。

徐鼐，字品珍，慈口里人。父母歿，廬墓終制。

孝　友增補

明

劉宗哲，字大泉。性豁達，仗義輕財，散粟濟荒，善則歸親。精堪輿，得吉兆，呼兄弟擇而取。友愛摯誼，人所不及。

劉守教，字克寬，興教里人，州學生，嘉靖甲午選貢，投四川成都司訓，調江西東鄉。板輿迎養，久之，母思鄉歸，守教累牘乞養。當道惜其才，不許。居無何，夜半心動，晨起，已報轉職中州矣。便道馳歸，不十日而母終，蓋孝感也。後補河南徽王府教授。

國　朝

鄧明珠，字華璧，永福里人，家貧，竭力事親年三十餘。失偶，慮再娶虐其子而遺母憂，遂不娶。母性嚴，或怒不與語，常繞膝呼累百十聲，母顔爲解。每具饌，母命無過豐，明珠曰："母存不以羞，母百歲後能嘗兒一臠乎？"母喪，哀毁逾恒，年八十八卒。

劉光迪，字仲謝，例貢生，興教里人。居父喪，年甫十二，哀戚如禮，吊者動容。事兄克盡其恭。性好施人，有稱貸必給其求。族女桂姑適柯，貧而寡，光迪憐之，撫養以終其節。他如修石橋、捐祭器動費數百金，無少吝云。

劉正之，字文端，興教里人。幼穎悟，年十二應童試，有聲冠，庠試優等。性孝友，家居侍養，先意承歡。親殁，哀毁骨立，孺慕之思老而彌篤。與兄益梲、傳經、弟鳴盛，怡怡聚處，論文講道，衰齡無間。好施與，歲荒輒捐穀倡賑，里黨德之。他如修橋、施藥、恤寡、字孤諸善舉無不隨時樂助。處世謙和，雖拂意事，不與人較。嘗輯《敬信録》刊送。子烇、焕，均二品封。孫鳳綸，庶常知縣；鳳玉，陝西知府。人咸稱積善之報云。

陳立浞，字曉泉，興教里人，性孝友，悦親順親，曲盡其誠。兄弟析産，推多取少，怡怡然數十年如一日。治家嚴明有法，好解推，陰行善不令人知。歲荒輒捐穀賑鄰，全活甚衆。接人和煦，終身無疾言遽色。子四：長光亨，號秋門，以編修任臺諫，寄書勖以忠孝格言，秋門彙集成帙，毁於兵，士林惜之；次復亨，國學；三咸亨，舉人；四裕亨，廩貢。諸孫膠庠迭起，方興未艾云。

鄒國茆，字魯典，樂歲里舉人。屢薦春闈，不售。隱居授徒，修金所入輒分與弟。孝友式於宗黨，著有《松竹山房》文稿。

劉萬全，字純玉，朝陽里人，事親孝。道光壬午，大水漲，全救父棺，隻身赴水以殉。

費達意，字慶先，安樂里人。四齡失怙。稍長，母患足疾，扶持温凊，歷三十餘載，人無間言。

伍東有，安樂里人。性至孝，色笑無違，親殁廬墓。

孫友江，字朝海，東鄉里人，性至孝。祖母病篤，江刲股療愈。祖母嘆曰："世言久病無孝子，吾竟有孝孫矣！"母病，侍湯藥年餘，不少離。母卒，哀毁骨立，里人稱無間言。

王國隆，字傅舟，上遷里人。親喪，廬墓，哀毁。居常目不邪視，湛深經術，著有《祀説》《古今名臣論》《蛾子文集》，待梓。

王義玉，上遷里人。性素孝，貧鰥，外貿江右德安縣，遂迎母氏養焉。同治七年秋，鄰火沿燒其家，時玉外出，聞之急奔歸。冒火入門，遍尋母不見，疑已出，因出詢外人，復入負母出。逾時死，其母後七日亦死。鄰人哀之，合葬焉。立孝子碑於墓，今改扦故土。

梁道鋒，字明德，樂歲里人。父喪，廬墓三年，形容枯瘁，見者憐之。嘗以膏腴田一斗五升捐義學，族人止之曰："爾産幾何，何爲此？"卒不聽，予之，後窮約自甘。

石中白，字圭三，樂歲里人，進士長甲之祖也。親殁，廬墓三年，與兄中書俱精《易》理。

柯求仲，興教里人，性孝。母殁，廬墓三年。

鄧能謙，下陽辛里人，早失怙，事母以孝。母殁，寢苫枕塊，水漿不入。族人再三勸進飲食，始蘇，後廬墓終制。

秦志麟，字孔瑞，下豐樂里人，庠生。父病劇，焚香乞以身代。父母殁，哀毁骨立，盡禮三年。

趙思定，下豐樂里人。早孤，傭工養母，晨昏必歸省。母病，嘗糞驗。母殁，毁瘠骨立。

李冠斗，職員，尊賢坊人，事母至孝。母患瀉疾十餘年，穢污皆親滌，須臾不離左右。母歿，哀毁骨立，歲時致祭，痛泣如嬰兒，終身一日。

成達萬，仁義里人。秉性肫摯，事繼母二，俱以孝聞。侍疾恒累月，衣不解帶。母歿，廬墓三年。

陳清第，號袖峰，崇慶里人，監生。少孤，事母孝。母歿，廬墓六年。

陳慶平，崇慶里人。其兄操舟業，載商鹽，遇風浪，土匪奪之，商以盗賣鳴于官。平痛兄冤，代訴不得直，死于獄，鄉人哀之。

馮可興，永城里人。兄弟析居，獨養繼母。母病，澣衣供食必躬親，無稍懈。一夕歸遇虎，泣曰："母病在床，如傷余，何人侍奉?"虎竟顧而去，論者以爲孝心所感云。

李春榮，永城里人。事親孝，定省無少懈。家雖貧，甘旨未嘗不備。

鄭宗熹，上陽辛人。親歿，廬墓三年。

阮承域，吉口里人，庠生，同治庚午，恩賜副榜。少孤，力學，事母孝。長館家塾，晚必歸省。遠地聘，雖重脩不就。母病，侍湯藥不解帶者累月。母歿，廬墓三載。平居好讀書，不予外事。接人以和而持躬耿介。著有《自箴十則》暨《附光集》，待梓。紳耆等稟舉孝廉方正，未詳，卒。

袁世鋭，字利用，吉口里人，事母至孝。母歿，廬墓三年。

全家洪，字錦川，吉口里人，操農業，以菽水得親歡。母歿，恐傷父心，恒私哭于野。父歿，墓廬距家六里許，地僻少人烟，三載不飲酒、不茹葷，人謂其孝出自性真云。

石德金，辛安里人。家貧力農，侍父疾九年，溺污皆自浣濯。父足軟，負以出入，依之左右。歿，尤哀毁逾恒，歲時致祭，輒號泣至痛，終身如一日。

石建烜，字亘軒，稟性肫摯。母疾篤，刲肱和羹以進，疾旋愈。隱居教授，著述甚多，雅不愿以文名，士林重之。

鄧漢藻，字偉石，幼以順親爲心。父疾，彌留囑以奮志芸窗。喪畢，留心鄴架。越數年，游於庠。事母先意承歡，偶遘小疾，慮思憂，强起以解之。此殆古之所謂養志者歟！殁，年二十二。

孝　　友又增

李大咸，字帝音，豐葉里人。繼母熊患疫疾，卧不起者四年，咸侍湯藥，服事維謹。母殁，廬墓。山有虎迹，咸出入不怖，亦卒無害。嘗買雷姓爲奴，知爲獨子，焚券遣之。舊志。

陳明揚，字樸菴，諸生。侍父疾，衣不解帶。居喪哀毁，勺飲不入口者五日。母明泣曰："父亡弟幼，兒若死，吾何依？"乃起啜粥。事母竭力承歡，撫孤侄如己出。郡侯黄獎"庠序領袖"額。舊志。

方依儒，辛安里人。父應明，患沉疴，儒晝夜禱神，疾竟瘳。壽至八十。母陳患哽，儒依依榻前，母不食，亦不食。母殁，以哀毁死。生平好施，捐修石橋，行旅稱便。子定韓，廪生。孫立經，舉人。舊志。

袁秉鈞，字調陽，監生，承秦子，性孝友。十齡時母馮患病劇，父以其痘也戒勿近，鈞趨跪榻前，以頭觸地，流血遍體。及長，與諸弟敦勉力學，肄業江漢書院，主講王公汝驤器其文，七試鄉闈不售，赍志以殁。舊志。

吴續大，孝事繼母。母疾，刲股以療。從兄貧乏，分産以給。邑南襟湖，行人病涉，醵金築堤，往來便之。

陳湄，字在之，治策子。諸生，肄業大學，名噪六堂，援例就職州司馬。爲人慷慨多略。隨父宦游，服勞備至。與弟沆文詩切劘數十年，怡怡無間。里有争，輒解囊寢之。卒之日，遠近嗟嘆流涕。著有《顔麓山房遺稿》。子元幹、元霖，孫熉、利、寅，均諸生。

易肇杞，字芝廬，尊賢坊人，監生。乾隆間督修黌宫。家居孝友，年逾八旬怡怡不衰，人争羡之。曾孫俊，刑部員外郎。

張曜辰，字登甲，豐義里人。族有糾伐祖墓喬木，力阻不聽，曜辰情急，遽以刃剚腹明其誠，衆遂却，封樹得全。孫逢時，諸生。

鄭凌雲，上陽辛人。舌耕供養，未嘗遠離。母病，凌雲衣不解帶，親滌械牏，侍養服勞始終無間。孫依周，舉人。

劉烇，字慧夫，正之子。優行諸生，肄業江漢、鹿洞兩書院，學益進，屢薦不售。侍庭闈，色養備至。與弟焕有無與共，怡怡無間，强仕逾艾。丁親憂，哀如孺子。咸豐間，辦團有聲，伏莽起畏而繞道，追擊潰之，事聞獎叙。爲人外剛内慈，面折人過，人自不恨。兵燹後，家不中資，見貧苦必設法以周施膏丹，歲以爲常。族苦儺祭，累爲定均，户章累除。子鳳綸，散館改外，迎養鉛山。烇令裁陋規、減騎從、禁傳詞、去非刑、灾增賑、課增獎、孤貧增額，事事以勤慎愛人爲勗。在鉛五載，鳳綸告養歸里。後年餘卒，齡七十有九。著有《居官居家格言》《醫學藝學易知録》行世。

柯舒齋，下遷里人。事嗣父，奉養服勞，親滌溺器。父病痢，不解帶者月餘，憫而却之，舒齋佯退而隱伺，一夕如厠失步，遽趨前扶持，其委曲承奉如此。每於床前説古今可喜可愕之事以悦聽，又嘗焚香禱天求益父算。及卒，哭祭盡哀，偶見手澤，悲不自勝。與人和易，貸貧乏無少吝。子占春、孫坤，俱庠生。

胡射斗，字觀國，中豐樂武舉。孝性純篤，父遘痢疾，射斗承糞嘗之，泣曰："醫云味甘不治，今甘矣，可奈何！"居喪哀毁。適粤匪至，家人驚散，射斗撫棺悲號，賊感而去。當侍疾時，射斗妻董氏刲股和藥。伉儷孝聲，里閈共式。子裕甲，武生。

陳聖拱，性友愛。弟産中落，拱分財以贍，歲時伏臘對飲爲歡。弟殁，爲之殮葬，必厚必慎，遇佳節感觸欷歔，教養諸侄成立。年八十六以壽終。

朱清格，下豐樂增生。父患風痺，格侍湯藥數年，不少離。咸豐甲寅，粤匪至，朱村衆皆驚散，格獨留。賊欲加刃，見其左右扶持，情詞懇至，感而釋之。子崇實，諸生。

阮輝堂，字石泉，吉口里監生。性至孝，母患頭疾，老益甚，輝堂侍湯藥不少離，飲食梳洗躬爲服勞，如是者十餘年。善醫，不受值，孜孜診視惟恐不瘳。負不能償者，焚其券。卒之日，遠近莫不流涕，有哭踊於道者。子孫均膺封職，曾孫躋仕、版列膠庠者濟濟，人謂仁孝之報云。

黄用霖，字義菴，善福里增生。學宗程朱，誘掖後進，性和而介，不少婞婀。兵燹後，創立里規，不逞之徒敬憚斂迹。敦内行孝，養父母孺慕不衰。弟析箸十餘年，家漸落，復與合爨，以課讀脩金爲弟理婚嫁，營室置産，晚更怡怡，昕宵共處，有姜被之風云。

曹蔀，字梧峰，歲貢。事親唯諾惟謹，與弟介峰怡愉若師友。持己恭而待人恕。授徒講學，門下多知名士。著有《葦藓堂時文》。

鄧月蜍，字蟾光，永福里人。母鄒年老多疾，夜則以身温被，晝則負之以行。每外出必禀，母不答不敢出。母殁，哀毁柴立，人稱孝焉。

胡玉珂，長樂里人，性至孝。奉養承歡數十年，依依膝下，有老萊風。兄弟友于甚篤，翕和之氣溢於門庭，人争羡之。

陳曰新，字石嶺，湄子。性至孝，事母黄宜人，定省扶持，依依膝下。宜人年高，每欲窺園，躬負以行。宜人曰："吾兒孝能如吾意，愿爾後嗣孝亦如兒。"曰新勤樸公正，克恭天顯，爲人解紛，人多德之。子利寅。諸生。

明大倫，修善里人。性至孝，髫齡失恃，父病延醫，嘗糞劑藥，夜則號泣禱天，求以身代，病遂愈。兄疾，親煎藥餌，有然鬚風。先後居喪廬墓六年，著有《守墓詩録》。

佘鳳舉，字燦文，尊賢坊人。力學敦品，養親先意承志，旨甘將缺，潛寘庋閣如宿物，蓋恐親知而惜費不安也。讀書城南，風雨必歸省，終其身塵懷明發，彌留之際泣稱"不孝"者再。生平好施，每外出必橐錢以給貧者，嘗雪夜聞行乞聲，即披衣起而飲食之，其誠心周濟如此。子青選，歲貢；丹選，廩生。孫宗起，廩生；宗裕，庠生。

陳大猷，下豐樂監生。侍祖父病，衣不解帶，旋患便結，醫治莫效。訪有吹蜜穀道方，大猷不避穢污，如方時時呼吸之，疾頓瘳。

華美江，字源清。父燿彩好施予，雖窘乏必貸以承志。每大雨，令江蓑笠護橋未嘗却避。母賈病劇，除夕走數十里，禱太平山寺，刺臂血酹酒，跪而待旦，挈神前水歸，和藥進，病愈。父病，誓以終身茹素禱，病亦愈。江農人，至性如此，可以風矣。

熊夢飛，字伯川，樂歲里諸生。幼侍祖庭，即知温凊。及長，膂力過人，先衆搏虎，有卞莊風。遇術士以符兵擊人，人皆辟易。夢飛試之，術者應手踣，妖僧固不勝傅公也。父病禱神，渡值風濤，竟無恙，疾亦瘳。逾十年，又病，醫云："糞苦方治。"夢飛嘗而甘，悲不自勝。居喪，水漿不入口者累日，廬墓終制。奉母色養，曲盡子職，族黨有以不孝首，即痛繩之。貸不能償者，焚其券。途遇病，診方施藥，無論識不識也。自壽句云："浪得虛名傳藉藉，恐叢實過詈申申。"因號疏慵散人，可知其志矣。子冠斗，刑部主事。

朱正來，下遷里人。家貧，力作養親。母卧病十餘年，扶持調護不少離。一日偶出，暴雨溪漲，正來臨流涕泣，忽有老人指涉處得歸。後循其迹者，仍不得涉，咸驚爲孝感云。

柯道慨，字介節，興瑞里人。性誠樸，居平好談忠孝事。居父母喪，先後廬墓六年，不入内室。服闋，每晚焚香拜墓，風雨無間，終其身。

朱德發，辛安里人。母柯老而多病，德發侍湯藥，扶持無懈。柯殁，廬墓三年，墓旁多虎迹，德發不懼，亦無害也，人謂孝感。

桂光維，興教里人。家貧，力田以養，自食藜藿，奉母必市甘旨，先意承順，怡聲下氣，母偶不樂，則歌以娱之。孝出至誠，人言無間。

柯隆顯，興瑞里人。性至孝，奉養必具甘旨，温凊之勤，數十年不懈。親殁，廬墓三年。

柯愈槐，興瑞里人，謹愿好學。繼母遇之苛，時加鞭楚，槐引過自責，歡侍如恒，有薛孟嘗遺風。年三十殁，里黨哀之。

彭以德，安樂里人，性至孝。力農養親，承歡無間。親殁廬墓，隆冬酷暑不少離。哭泣三年，哀容無改。爲人鯁直樸誠，兄弟友于，恩誼甚篤，人稱長者。

蕭功恢，修净里人。事母孝，一日偶出，鄰舍火起，焚其門。恢至，冒火入室，負母而出。額焦，襦袴俱然，母竟無恙，人謂祝融鑒其孝云。

柯照明，興瑞里人。幼有至性，母病，父外出，取藏錢市甘旨及珍藥，父歸索，受責不言。既娶，奉盥調羹，承歡孝養。兄苦債，照出匳金以償，皆冲齡所難能者。乃甫逾弱冠，竟以瘵死，可憫也。

朱容札，字緘書，慈口里人。廬墓六載，年逾周甲，孺慕不衰，鄰里共稱其孝。

舒文國，字鑑藻，中豐樂諸生，性孝。母患癱瘓，文國侍湯藥，躬滌中群。外姑張貧而瞽，迎養以終，人義之。弟淮歿，助資治喪，撫侄以恩，俾孀弟婦趙得遂柏舟之志。歲歉，則市穀賑飢。粤匪至，憂憤成疾而卒。子桂林，諸生，清倫守備。

石山穀，性至孝。親歿，哀毁柴立。既葬，廬墓泣血，七晝夜不食，聞者哀之。劉孝廉漢杰爲之傳。

柯鴻翥，字傳書，東鄉里諸生。事繼母劉，曲意承歡。有妹，劉出也，嫁而婿故，殉焉。遺一孤，鴻翥撫字教誨如己出，遠近賢之。

劉仁懋，字壽安，興教里人。節母杜老而患痺，筋攣骨疼，艱於步履，仁懋左右扶持，或負以行，七年如一日，可謂能用勞矣。

柯進邦，東鄉里人，性至孝。力農供養，每外出必禀母，起居飲食侍奉無懈。弟七人通有無、敦式好，樸誠煦嫗，足式浮澆。

割股孝行

石才儒，字大成，割股療父。　吴良招，割股療親。
何希國，割股療伯父。　黄仲濟，割股療繼母。
俞國柱，割股療繼母。　吴康侯，割股療親。

以上舊志。

徐廷均，下豐樂里人。嗣父性嚴，少不如意，撻之流血，廷均每順受。母疾，割右股療之；父疾，割左股療之。

石孝亨，宣化里人。割肝療父，父歿，廬墓。後修墓，力負畚鍤，創裂嘔血卒。妻李氏，亦刲股療翁。

朱樸久，仁義里人。四歲失恃，事繼母能色。歲饑，自啖甘藜藿，而供母必豐。母疾，割股療之。

王文乙，福慶里人。割股療母，晚年乞丐，孝養不衰。

王文丁，福慶里人。割股療繼母文，丁，卒。父中風，妻尹氏日夜侍側，扶持調治。

邢尚城，監生，豐葉里人。割股療嫡母。父歿，廬墓三年。

柯進楠，興瑞里人。教事父母、嗣父。母病，割股療之。

柯進宇，興瑞里人。事父孝，兩次刲股療繼母。

程自修，永章里人。割股療母，母歿，廬墓。

王定瑚，字夏曰，豐義里人。刲股療祖父，瑚孫鼎福亦刲股療祖母，瑚之孝有以先之也。

程應奇，永章里人。繼母病篤，刲股和藥以進，病遂痊。知州靳公獎“純孝格天”額。

談逢基，上遷里人。祖母王氏病篤，焚香祝天，割肝和羹以進，病頓瘳。知州李公獎“純孝可風”額。

黄道腹，善福里人。割股療母，時年十五。

黄彝良，善福里人。嚙股療母，時年十七。

汪秋元，長樂里人。父病，焚香籲禱，刲股和藥，病遂瘳。

陳彦禮，長慶里。割股療母，知州陸公獎“摯性彌綸”額。

萬金亭，豐葉里人。本身父病，割股和羹以進，病遂瘳。

李聖有，豐葉里人。割股療繼母。

董兆登，宣化里人。割股療嗣母，母歿，廬墓三年。

董允光，宣化里人。割股療父。

黄象茂，善福里人。割股療母。

黄象旦，善福里人。割股療父。

汪德英，長樂里人。割股療嗣母。
王泰，諸生，樂平里人。割股療生母。
趙以默，永城里人。割股療嗣母。
王朝棟，樂平里人。割股療母。
石智瑞，宣化里人。割股療繼母。
陳興文，仁義里人。刲股療嗣父。
陳柏臺，仁義里人。刲股療母。
董兆銀，割股療嗣父。
秦瀚洋，下豐樂里人。割股療繼母。
劉繼煌，豐義里人。割股療叔。
歐陽趙明，崇仁里人。割股療母。
董恩深，豐葉里人。割股療繼母。
鄒守黄，福慶里人。割股療嫡母。
柯誠益，興瑞里人。割股療母。
沈觀本，修善里人。割股療母。
費緯光，寶政里人。刲股療母。
張繼發，修净里人，割股療父。
張繼有，修净里人，割股療父。
邱良淇，豐葉里人。割股療母。
陳開榜，辛安里人。割股療母。
陳周爰，字芳谷，崇慶里人，監生。割股療父。
李明時，字中聖，寶政里人。性至孝，割股療母。
張繼平，寶政里人。性至孝，母患喉痛，割股療之，立愈。
汪憲文，長樂里人。母疾，割股和羹以進，即愈。
趙克默，字識之，永城里人。刲股療母。
曹用圭，字秀三，永城里人。監生，割股療嗣母。
王春生，上遷里人，庠生。母病，割股和羹以進，遂瘳。
劉中鐸，福慶里人。平居事節母以孝聞。年十九遇粵逆之難，母被賊逼溺，殮後自經以殉。

劉懋沾，興教里人。刲股療母。

劉嗣芬，興教里人。刲股療嗣母。

萬永秋，割股療父。

李善衎，割股療母。

義　　行

元

張文忠，字甫相，歸化里人，性耿介。身長一丈二尺，腰十圍，技勇絶人。元末立鯽魚寨，保護鄉里。至正十三年，總管秦文郁舉爲永興簿。明太祖戰陳友諒於康山，文忠率衆轉餉助軍，進秩大夫。

明

潘政甫，下豐樂里人。洪武五年大祲，輸粟千石助賑，敕賜冠帶，建尚義坊旌之。孫則禮復於正統五年，出粟千石救荒，亦受旌。

徐貴美，慈口里人。正統七年大饑，出穀一千三百石助賑，敕旌"義民"。工部侍郎綱、武功知縣化，其曾孫也。

楊昭，陽新里人，諸生。正統七年，出穀一千三百石助賑，敕建義門坊旌之。孫儒魯，官僉事。

石豳，下豐樂里人。慕張公藝同居之風，立祠堂，刊家範，置義田，并濟鄰里之貧不能存者，又捐百金修儒學，同居六世。子鉞，舉人。

潘赤，字正南，新亭里人。歲祲，捐賑，有司旌之。孫師道，官布政使。

潘銑，字國振，赤子。與兄弟同財，作"孝弟、忠信、禮義、廉耻"八訓，垂示子孫。師道，其子也。舊志列《隱逸》，今改入。

劉福堯，字晴峰，興教里人。萬曆間，呈請上憲於肇陳地方立興瑞里，定吴楚之界，清户口之册，興民得免賠累，瑞民亦息鬥争，有功於丁糧甚大。

陳天祐，萬曆己丑，歲饑，捐穀千石助賑，更爲粥以食老稚之就食者，又捐千金修大成殿、啓聖祠、明倫堂，州牧馬公深嘉之。

周士燦，諸生。設謀剿風火尖、茅坪寨土寇，兼守城有功，巡撫何公義之，後以選貢授廣濟縣訓導。

陳王庭，廪生。流賊入境，偕知州何鳴鑾守城，出謀破賊，城賴以安。

國　朝

劉興覲，興教里歲貢。明季族人因亂逃散，出田三百畝，招之耕種，宗族始獲還定安集焉。

陳仲謀，字望宇，永福里人。順治三年，大兵過境，捐豆助餉。子愚，舉人。

馮大熼，字煜公，宣化里人，有勇力。明末流寇至境，熼提戈殺賊，賊不敢近。家素豐，亂離中嘗解囊濟急。遷城市，火逼其宅，熼下拜，風反火滅。年九十七，五代同堂。舊志列《壽考》。今改入。

柯師襄，字仲鐸。順治間，鄉民謀亂，極力開導。族有好勇疾貧者，收養於家以固其心，一時奸宄爲之感化。子成商、孫景涵，俱諸生。

佘應蛟、夔，兄弟俱諸生。順治四年，大疫；九年，大旱。施藥施賑，多所全活。捐修學宫，改建啟聖祠，蛟與夔及從弟鵬爲之倡。夔子二：士旂，廪生；士久，歲貢。

阮承封，好義舉。明末，土寇肆暴，上書軍門，用其策，而渠魁授首。里有因貧鬻妻者，助資保全。年九十三卒。孫鳴世，諸生。

趙遠伯，長慶里人，積而能散。己丑歲祲，里中質田乞糴者踵至，慨然分給，并焚其券。妻鄧氏、子傑，俱能同志以成義舉。

賈純肖，豐義里人。順治九年，歲歉，出粟以賑，活人甚多。

柳文上，字子達。待宗族周其困乏，造就諸子弟。康熙癸酉歲饑，賑穀百石，多所全活。舊志列《隱逸》，今改入。

劉兆元，順治十八年歲祲，捐米八十石，爲粥以食餓者。康熙二年冬，州城火，元有積穀二百石得無恙，因分以濟被灾之家。康熙二十七年，督標兵夏逢龍作亂，城鄉震恐，倡義安輯并助軍餉。有友人被誣，出百金以解其事。子三，俱庠生。孫炎，副榜。

張繼啟，字瑞卿，下樂平里人。康熙初年，剿西山逋寇，檄下興國徵夫運糧，里甲猝不能辦。啟集弟侄充夫三十一名，星夜前往，以爲倡，州牧奬爲"義民"。按：西山逋寇，蓋流賊餘黨李來亨等竄伏鄖襄山中，康熙三年官軍討平之。

盧定超，字遠脱，豐葉里諸生。康熙六年歲祲，出穀貸人，不能償者皆不索值。嘗以銀一百三十兩買陳人産，復代賠餉三十金。陳後貧，遂還其産。平生所行多類此。孫秉鈞，武舉。

王德尚，字公遠，上雙遷里人，康熙丙子舉武科。少失恃，事父及繼母曲意承歡。好讀書，多大略。明季流寇之亂，雙遷蹂躪尤甚，農民逃散，田畝荒蕪。迨入國朝，逋賦歲積。德尚倡籲上官豁免以招徠之，由是流亡復業。二十二年歲祲，賑穀五百石，一方賴以保全。里故有先賢吴仲庶龍圖書院，後廢爲寺，兵火後德尚復之，以爲後學肄業地。孫大興，諸生。

伍聰俊，康熙十年大旱，出穀賑飢，鄉人賴之，壽九十八。子亮，諸生。孫福，歲貢，開國諸生。舊志列《壽考》，今訂入。

袁允權，康熙十年大飢，捐穀二百石，全活甚多。壽登九十二。舊志列《壽考》，今訂入。

柯才，興瑞里人，嘗爲陳人贖身，撫族子之孤成立。康熙二十七年，督標兵夏逢龍因裁兵激變，屬邑震恐，才糾衆保城。年八十二卒。子次桓，歲貢。

華其仕，陽新里人，早失怙恃，事兄維謹。田廬聽其自取，遇歲歉減價出糶，不足則買米以繼。貧不能葬者助之。里有佳子弟，資以言之膏火，使力於學。子世禧、世祉，俱諸生。

李之良，字夢賚，諸生。康熙三十二年，大飢，捐粟助賑。族有鬻子者，代贖歸。卒之日，里黨無不流涕。妻曹氏能體夫志，捐田建茶亭於汪左鋪，至今猶存。子二：應明，舉人；應庚，諸生。舊志列《隱逸》，今訂入。

潘學惠，上豐樂里人。家僅中人産，而性好施濟。康熙三十二年，大飢，勉力助賑。鄰有鬻子者，傾囊以贖，州牧張公贈以"一鄉善士"之額。孫士相，歲貢。

吕士通，諸生。周貧恤孤，施棺修路，皆傾囊不吝。康熙三十二年，大旱，減價糶穀千餘石。子興懷，廪生。

伍慶選，諸生。康熙三十二年大旱，捐穀分濟，里黨稱頌。子聰光，舉人。

鄒京望，明末兵燹，學宫傾頽，巡道李公廉其慷慨好義，委之董修。

程文煒，字方直，諸生，饒於資。康熙四十三年，有江西難民流離州境，助之歸里。修學繕城，首捐弗吝。孫英銘，進士。曾孫才濂，舉人。

黄必望，字定昌。康熙三十四年暮，自外歸，道拾一囊，晨往候之。有人匍匐來，泣曰："我陽新里長，餉迫囊金一百一十三兩遺此，不獲，惟有投監死耳！"必望出金還之，州牧張公表其閭。

柯祥景，字慶五，候選縣丞。兄弟析居時，田廬聽弟侄自取。康熙四十七年，穀價昂起，景往湖南糴穀八百餘石，減價以糶。其貸不能償者亦不索也。竹林橋爲吴楚通衢，捐金修之。子鳳，諸生。

董漢賢，字又舒，由諸生援例爲縣丞。性篤孝，好義樂施，里有長者之稱。既没，妻石氏體夫志，周恤貧乏。雍正三年，舉行社倉，捐穀百石。

石廓然，字有容，好義輕財。妻董氏相助推解，建凉亭於浮屠街，捐田施茶。雍正三年年，舉行社倉，首捐穀百石，爲諸里倡。卒之日，傭丐望門垂涕。

劉世甲，崇慶里諸生。幼喪父，事母撫弟以孝友聞。康熙十年大旱，出穀以賑族鄰。州牧王公置義冢，甲捐資瘗枯骨數十棺。

王正爲，力學篤行。永福里尹爾黄虧欠糧餉當是爲里長，變産得百金，遺於湖畔，爲拾之，坐以待旦，爾黄哭至，盡還之。子家屏有父風，里人楊某賣牛得假銀，父及繼母詬責交加，計窮投水，遇家屏引至家，爲易銀而遣之。孫大騏，舉人。

王維藩，居排市。有過客投宿，遺白金五十餘兩，藩驚曰："此必某客所遺也。"因持金追至州，則客已誣他人，將訟之官矣。藩大呼曰："若所遺在此！"受誣者叩頭謝。某客欲分金酬之，不顧而去。

明家傳，字敬菴，監生。少孤，奉母訓維謹。祖遺房産，悉委之從兄弟。族有不能嫁娶者，極力資助。周恤鄰里，終身弗懈。子如漢，有父風。

程極天，字豈下，輕財好施，五建橋梁，四設茶亭。值官建社倉，捐穀百石，并捐資修學宫州署。子宜惠，能承父志。

蔡良益，字公從。捐資修荻田橋，州牧高公過之，嘆曰："此義舉也，公從獨能任之耶！"又修官橋、泥港橋、下港橋、朝天堤、仰山凉亭。年逾八十，樂善不倦。

萬家榮，字優寵，祖咸安有窖金，避寇他適。事平，命榮往取，悉陳於祖，分之昆季。有逋欠者，鬻子來償，榮焚券還其金。子二：長年清，武舉；次傑，諸生。

潘學津，字聖渡，長慶里人。好義樂善，修學宫、州署及常平倉，穀俱首捐以爲一州倡。子成己，援例歲貢。

袁同寀，字可臣，諸生。每歲暮，分穀以周族黨。又修橋梁、施棺木，皆捐資不吝。妻亦助夫行義。子恕，諸生。

司安國，字宗玉，諸生。好義樂施，門枋寨橋廢，行人病涉，與弟黄玉倡義渡，捐田一石二斗，地課一兩三錢，以爲舟子工食。宗玉子裔榮，監生；黄玉子成，諸生。分修州志。

王大從，字用臣。修談梁路二十里，行人便之。鄰有鬻子婦者，捐金以贖，并多方周之，俾得保聚。子德瑞、建章，俱諸生。

華其簾，字惟菴，下雙遷人。捐修長泉寶塘二處河岸。丙戌秋，渡漢江，狂風暴作，行舟多覆，簾大呼：“能救一人，給銀三兩。”傍舟齊往，拯起三人。子武備，諸生。

徐學灝，陽新里人，遷富池。捐山一嶂，與人共葬，貧無所瘞者德之。

徐一驤，字駕千，嘗與徽客洪長卿同舟，卿聞父訃，急覓他舟歸，遺金一百八十餘兩。閱四旬，卿子至，以原封還之。歲凶，設法周急，修塘橋，捐百金。長子宏，諸生，早卒，媳全氏守節撫孤。孫曾多，列膠庠。

朱靖甫，州之東關人。城東楊林渡南岸陡峻，人苦顛躓，靖甫捐百餘金砌石爲堤，長四十丈，行人便之。

徐可鑪，兩拾遺金，俱訪其人還之。有因債鬻妻者，力爲籌資保全。

鄭聖學，上陽辛里人。嘗晨起如厠，拾銀數錠，守候至暮無耗。次日其人來尋不獲，會大水，欲投溺。聖學覺而趨救，詢驗與之。陳京卿光亨爲文紀其事。子若蘭，庠生。孫道和，拔貢。

柯松若，創立義學，周恤貧窮，施藥施棺，樂善不倦。子隆仕，有父風。

梁方仕，貧而好義，見梁公鋪上下數十里無茶亭，行人病之，因建亭，捐田施茶。

徐咸先，歲入田租，悉以濟貧乏。求貸者必令書券，旋毁之。其令書券，俾求者有可居之名；其毁之者，恐無力相償歲久致累也。子琮、大勇，俱諸生。

袁永忠，少孤力學，事母孝。嘗捐金瘞骸骨、救凍餒。年七十有八，卒。

明以善，字復園，嘗拾遺金百數，立待其人，還之。舊志列《隱逸》，今改入。

胡茂之，性好義，嘗修官橋及犀牛山等處險路，以石砌者三千餘丈。壽登九十三。舊志列《壽考》，今改入。

汪必儻，字再眉，孝友端方，濟貧施棺，復捐修長慶橋。舊志列《隱逸》，今改入。

柯省三，里有小河，爲吴楚要津。省三捐資砌石爲橋，高四仞，寬五尺，長四十丈，三年竣工，費以萬計。并捐田二畝、山一嶂，爲修補資，因名裕後橋。

鄒魯臣，捐修袁家堰、荻田橋及白谷橋，并加堤頭湖堤土三尺，行人稱便。

鄧永賓，嘗捐穀五百石，入武昌府積穀倉，上憲嘉之。

汪興垂，捐修十里湖堤，并造義渡，置田數畝以爲渡子工食。嘗拾遺金，即訪其人還之。

石允暇，諸生。性孝友，與諸兄析居不較田産腴瘠。子堪立，舉人。

張元卜，好義舉，邑中椿公堤、白米田、石坑港，皆通衢也，俱捐資修石橋，行人稱便。

陳善伯，嘗拾遺金三十兩，即訪其人還之。

阮具名，捐修石橋數次，約費二千餘金，又嘗捐田施茶，捐松山一嶂以濟族人，壽九十卒。

易肇樹，貢生。乾隆乙巳年大飢，捐穀助賑。樂善好施，至老不倦，年九十四卒。

陳如山，仁義里人。嘉慶間，重修文廟，本里應派工費，如山慨捐，知州椿公獎“慕義堪型”額。

王定秀，初與弟析居，弟浮蕩，産且盡，秀復與夥居。數年，弟漸改行，遂分己産之半與之。

曹屏藩，字明定，親没，廬墓，置祭産。嘗倡修海螺堤義渡。嘉慶癸酉年，恩賜副榜。子庠生逢泰，孫獻魯俱好義。道光間，重修海螺堤，并勸近里捐助，工竣，而其家已罄矣。曾孫曙、繼志，俱諸生。

李寶峰，捐資建義學及青山嘴港口兩處義渡，復建厚嶺山涼亭，每歲施茶四月。

李可珍之妻舒氏，捐田二石一斗五升立周急，所以濟李姓十三莊鰥寡孤獨者。

宋凌雲，業醫。好義舉，捐建茶亭一所，義學二所，并田三石六斗，收租生息爲諸義舉之資，均不令子孫經手。

易步瀛，拔貢生。道光戊申、己酉歲大水，道殣相望，瀛傾資散粥，饋米施藥，全活甚多。

邢尚烈，監生。道光己酉歲大飢，倡首勸捐買米二百石，分濟族人。鄒芝開，諸生。咸豐癸丑，粵匪竄境，執芝開令辦餉。開叱之，遂縛見其渠，不屈，命斬之。有二三老輩泣請曰："此翁我鄉好人，貧乏多蒙推解，愿代死。"賊怒稍釋，其子營救得免。

徐廷諍，字子義，慈口里人，荆府典膳。九歲失怙，即能經紀其家，饒於資，州牧下令舉大事，廷諍輒居先。嘗出粟助賑，庀材修學，獨修州城東南二門，并作城樓其上，巍然爲一州鉅觀。據《吴明卿集》增入。

王定連，字湯猷，諸生。性慷慨好義，族里有急靡不周，恤興國差徭不均，定連援郭制軍所定章程，呈請遵行，合邑賴之。舊志列《孝友》，今改入。

王端，字守正，上遷里人，性慷慨。明正統間，捐粟賑饑，授義官。

義　　行增補

元

劉子承，字崇五，興教里人。性仁惠，遠近稱爲長者。元季紅巾賊起，所過焚掠，相戒勿入劉善人家。以泛舟賑饑事聞於朝，敕旌義門，今坡山麓尚有義門坊遺迹云。

劉子善，興教里人。至治間，黄岡畈有橋圮於水，子善捐資修復，鄉里德之，易名劉公橋。九江范士奇撰記文采入省志，具載文録。

陳仲明，富於資。至正十二年，徐壽輝陷武昌，遣僞將掠興國，仲明發粟糾里中子弟立寨於顔山拒之。獲保全者千家。

明

阮應智，吉口里人。元末大亂，智集丁壯立寨，保障一方。洪武歲大饑，發粟以賑，鄉里德之。

鍾永昭，宣德間歲饑，出穀千餘石，周給族黨，活人無算，敕賜義官。

鄭三庭，上陽辛人。明末流賊入境，率衆力拒，人賴以安。

袁澄，字晤之，豐義里人。成化甲申，南京大饑，助賑三次，授義官，坊鐫御書“仍然仁風”四字。

鍾聲震，成化元年大祲，出穀助賑，敕賜冠帶。

郭彦連，家饒裕，親故匱乏者貸之，不能償者焚其券。成化十四年大饑，輸粟助賑，旌爲義民。

劉仕華，字朝彦，興教里人。里有劉公橋，劉子善所修也，歲久橋圮，仕華捐資獨修，費以千計。遺訓子孫，世修此橋，今計十有一修焉。

劉宗武，字寶墩，興教里人。成化間，捐穀濟飢，全活甚衆。事聞於朝，授宗武孫珇義官。

劉鐸，字文振，興教里人。素封好施，里中貧乏賴以舉火者奚啻百家？歲荒施賑，不一而足。今裔孫繁衍，咸謂善人之後必大云。

朱廷烈，上遷里人。天啓癸未，蛟水成灾，廷烈捐完本里錢漕。今有“高臺九甲朱廷烈，好義濟人大丈夫，一里丁糧盡代納，聲名萬載播皇都”之謡。

阮惟魁，吉口里人。弘治十八年大饑，捐穀千餘石助賑，賜義官。

阮文禄，吉口里人。捐金助賑，敕授義官。

尹友萬，弘治間歲祲，捐穀千石助賑，敕賜義官。

尹旦申，字古泉。正德間歲饑，捐穀千餘石助賑，敕賜冠帶。

賈文悦，字仲惠，豐義里人，好闢佛而能施予。正德己巳歲饑，輸粟助賑，朝廷義之，授散官。嘉靖庚寅，捐立碧山家廟，充以祭田。凡族之不能婚嫁殯葬者助以資，吴州尊獎“敦義風世”額。

劉錫，興教里人。正德間出穀賑饑，授義官。

劉珽，興教里人。正德間出穀賑饑，授義官。

朱文達，上遷里人。洪武間出粟賑饑，授義官。

劉玹，興教里人。成化間出粟賑饑，授義官。

劉琇，興教里人。成化間出粟賑饑，授義官。

劉本端，字德山，崇慶里人。性仁厚，廑心利濟，捐修橋梁，不一而足。如排市滓洲帥橋、良薦大了山麓等處，遺迹尚存。子三、孫十九，曾、玄目見者七十二人，年九十，無疾而卒。

張鏷、鐄兄弟，天啟元年大祲，減價平糶，復捐穀千餘石助賑，敕授義官。

國　朝

陳能也，仁義里人。里有七里冲溪，廣十餘丈，舊架木爲梁，水漲輒漂没，能也易以石，爲洞九，横亘如長虹。子孫世任修葺，能也名其良，土人名良公橋。

樂遇聖，中豐樂里人。順治間，路拾遺金五十兩，晚候道傍。久之，有鄰人方某來泣告以故，急還之。方感其義，製聯以頌。

舒嘉麟，字振公，中豐樂里人。康熙三十二年大饑，捐穀二百餘石助賑。張州尊額贈“惠人”二字。曾孫觀國，歲貢。

張任卿，字又尹，庠生，康熙時賨政里人。樂善好施，州尊李公獎給“義傳千古”匾，今存。

劉元剛，字履柔，興教里人，郡庠生。性儉約，而施濟不少吝，假貸者或積歲無償。券盈篚，病篤，命其子啟緘，盡出而焚之。卒之日，爇香擁門，有哭於道者。

王堯瑞，上遷里人。雍正庚戌歲荒，捐粟五百石助賑，魏州尊獎給“義益一方”匾額，今存。

王可傳，上遷里人。性廉介，樂善不倦。曾路拾遺銀一袱，立候久之，無向詢者，即在州城榜招銀主，驗實悉以歸之，人咸欽嘆。他如修橋、造路、置渡等事，倡捐者不一而足。

孫大戴，號兩礄，東鄉里人。性慷慨，遇善舉竭力爲之。乾隆丁丑歲荒，出穀千餘石，減價平糶，全活一方。前任靳、宋兩州尊均獎以額。

陳竹軒，字德新，永福里人。家貧，醫游江南六安州界，拾遺金五十餘兩，坐候久之，無向訊者，暮宿驛亭，有布商來覓，詢實還之，商酬以半，不受。時里人吴勳材同寓，甚契之，訂爲姻好。晚年醫寓漢口，遇赤貧乞診者，屢却謝儀。壽八十一卒。

馬佩玉，號竹溪，監生，樂歲里人。道光丁亥歲，創興馬氏義學，學正帥承治爲之序。悉心經畫，多所成就。州中向無義學，後各里多仿行之，鄉老稱善，臚額於堂。

俞明彰，賦性明敏。仗義輕財，凡族黨有善事，則誘掖以成其美。兄孔彰，廷試拔元，好游山水不治家。明彰助資以勵其志，年七十七無病卒。生子七，曾孫道泰，武進士。

張昌賓，號懷三，援例捐布理問銜。道光辛卯壬辰，州大水，捐資搭棚庇難民，設廠施粥，并置有義冢。

孔毓博，下陽辛里人。重義氣，不吝財，族中貧乏賴以舉火者計數十家。前州尊魏公題贈“義蓋一方”匾額。

阮大脚，字巨明，永福七里崗人。幼貧，嘗亦脚行，大脚名始著。稍長，傭於鄰，積二十餘年，買田二石餘斗，以二斗爲遠祖祭産。歸與妻耕，敝衣蔬食，歲糴餘粟，得錢置産倍焉。居傍有二溪，行者苦之。一日，出藏鏹建石礄二，捐田一斗爲歲修計，又捐田六斗設義漿於橋畔，行人德之。

王安易，字經三，豐義里人。敦行善事，修蓮蓬山路，而築亭於山腹以憩行人，族有不能殯葬者助之。居恒書名言十三條以自警。

馮潤，字芳澤，永城里人。性孝友，侍親疾累月不緩衣帶。掇芹後隱居授徒，以朱子主敬爲宗，得脩金輒以贍族中孤貧。

曹獻魯，號克承，永城里人。西海螺堤，興冶通衢也，屢傾圮，倡會鄉里續修，募捐不足，賠二千金有奇，里人高其義。

劉載蘭，興教里人。仙人脚迹山，由興國至武穴通衢，凡十五里，崎嶇險阻，實艱于行。蘭與儒士鄭儀亭創捐，鑿通道路，經年始成，遂如平坦。并建有凉亭一座於山腰，置義産，以每歲所入，雇人煎茶，行人便之。

黄懋秉，字松軒。里有斷港，延袤周數丈，慨然解囊，措金二百餘，創建石礄，病涉者至今稱便。

吴聲遠，字□□，崇仁里人。捐修馬家湖石橋。子儒齋續修，又費六百餘金，鄉里義之。

柯長齡，字林熙，興瑞里人，庠生。同治元年，鄉大饑，長齡捐穀賙恤。陳人聘瞽目妻乞食於外，齡置酒邀集夫家，勸其合卺，終無嫌怨。孝子柯益涵，中年歿，無後，齡捐田并錢爲之立嗣，捐白茅嶺茶亭義田數畝，又洋港義學、本里育嬰堂，多其創捐勸成。

劉焕，字遠岑，興教里人。國學生，工書，肄業鹿洞、江漢，受知駱蔚亭、袁金谿兩山長。性愷悌，接人和煦，里有争力，爲剖説寢其事。咸豐間，邢太守高魁駐州，札委辦團，土客各匪無所容。里有脅從者被仇控，遠岑輒白而活之。平居好施，有小坡塘，埠通衢也，買舟捐田置義渡，行旅便之。其幼子鳳典，稟案勒碑。

蕭肇權，字金玉，修净里人。於龍港張山坳捐建茶亭。

蕭桂馨，修净里人，母命捐修龍潭竹山莊義渡。

費光業，字擔農，善福里人。廪貢，試用訓導。同治間捐設桐木橋義渡，費數百金。

鍾松圃，長樂里人，家貧樂施，凡鄉里義舉，無不解囊勷成。於七里冲建亭、捐田施茶，又捐修石橋，費數百金。

萬福，字有孚，尊賢坊人，居豐葉里。少家貧，傭資，孝供節母，愛撫弱弟。稍長服賈，家漸裕，捐立祭會，建字藏路燈、石橋於沿埠鎮。

阮承武，吉口里人，捐修本州育嬰堂，授八品銜。

章登梯，字攀雲，吉口里人，候選縣丞。光緒七年，與弟監生章霞建義學於祖祠西，館具悉備。捐田五石，歲收穀四百斛，充脩金膏火。州尊嚴公鸞昌示刊定章，獎"義行可風"額。

袁冶村，豐義里人，好善樂施。子監生宗玉遵遺命，捐田二石助富川書院膏火。

陳才源，字達三，仁義里人。知醫，貧病多賴診治，不受值。咸豐間，貿遷，買得浙之被擄幼童，詢係獨子，才源惻然，即携童訪還其家，人義之。

義　　行又增

明

方添晟，下豐樂人。明正德間，出穀助餉，賜義官。子本仁，捐修犀牛山麓竹橋，兩世好義。孫麒、鳳、麟，俱諸生。舊志。

劉用賢，字良述，興教里人。家素封，豁達好施。除夕，有盜伏屋梁，用賢覺，呼之下，盜跪乞命。用賢憐其貧，予十金俾改行，遠近稱長者。

國　　朝

袁良愷，字西成，候選州同，汝雲子。行己端潔，鄉里重之。倡修學宮，未竣而歿。子承鈞續捐巨款，克繼父志。舊志。

鄭萬良，上陽辛里人。富而好義，崇陽汪、韓兩童落魄不偶，良憐而食之，訓誨玉成如己出。汪名文盛，仕至大理卿；韓亦顯貴。良卒，汪表其墓，稱猶子焉。

朱志謨，字公諧，下豐樂人。康熙間，江夏有匪亂，志謨率壯士隨參將會成，不避艱險，護送糧舟。曾嘉其勞，以詩獎之。

易光宙，字元洪，尊賢坊人，鄉飲大賓。乾隆乙巳，捐穀助賑。丙子出穀平糶。知府宋公獎“從善如流”額。

張永燦，豐義里人。捐資重修帥橋，又修龍堤石徑，不下數百金。子天祈，修袁廣山石路，兩世好義，後先濟美云。

舒紹安，字竹墅，中豐樂人。性嚴毅，好施與。乾隆五十年大饑，市米贍族。鄰人趙、劉構訟不已，紹安解囊寢之，二姓至今尸祝。享年八十有六，彌留命家人焚券，輾然而逝。曾孫桂林，諸生。

程懋誠，宣教里人，萬年曾孫，捐建仰天塘茶亭。

鄭晋山，上陽辛人。道光己酉水灾，晋山收漂骸瘞而碑之，市米以賑。嘗修余家坑石橋，不吝巨費。子首春，孫東平、子黄，俱諸生。

鄭錫侯，上陽辛人。性仁厚，爲人解紛，輒傾囊助之，里鄰賴以無訟。孫昌谷，舉人。

王大椿，字竹坡。性伉爽，里鄰有争，就正曲直，負譽者自甘罪咎，惟恐彦方知也。提倡遠近義舉不一而足，壽逾八旬，爲邑中耆望。子鳳池，編修。孫世珍，諸生。

劉懋節，字景青，興教里人，急公好義。道光二十年，捐修考棚，費二千餘金。孫登雲，拔貢，知縣。

石耿光，字覲周，豐葉里監生。家居孝友，遇善舉概捐樂成。道光二十一年大饑，耿光市米分濟族鄰，費數百金，不少吝。享年八十有二。

劉謹文，字熊岡，宣化坊監生，性仁厚，有隱德，捐義學祭産不下千金。嘗買一婢，能言其母家、夫家，謹文偶至蘭谿訪得之，具奩送還，終不言。殁後，其人來謝，莫不嗟嘆。輯有《蓄德編》八卷刊送。子孔彰，舉人。

方樹蘭，字香畹，上遷里諸生。性端方，事親以孝聞，捐建義莊、義塾，族鄗賴之。

劉灼，字品坡，鳴盛子。性謹飭，好義舉，捐修橋路、凉亭、義渡不下千金。著有《赤壁游草》二卷、《醫方輯要》二卷。

嚴和，字瑞玉，辛亭里人，家僅中人。道光己酉大饑，和典田市米助賑，見鬻子者哭於道，即傾囊代贖。咸豐間，和施池藕，任人取以度荒。享齡九十有一，人謂積善之徵云。

王清平，字經傳，辛亭里人，居瀕江。同治間，攤費築堤，猝不及，清平典産興工，家幾落。當水漲時，親督衆加土，科頭跣足，不避風雨，得保無虞，里人至今頌之。

陳咸亨，字春谷，光亨第，道光庚子舉人。性沉静，生平未嘗疾言遽色。咸豐間，粤匪突至，被執。咸亨徐徐曉以大義，賊感而釋之。旋辦接徵助餉，叙功以知縣即用。善醫，遠近就診全活無算，酬不受，亦不厭也。嘗夢侍李醫聖時珍側，寤而嘆曰："前身得非瀕湖弟子乎？"後至蘄州過李墓如夢，其精詣神通如此。

□□霖，字巨川，豐義里諸生，家僅中人。道光己酉大饑，用霖市米賑粥。咸豐間辦團，巡撫羅公澤南駐兵馬鞍山，用霖帶團勇邏偵半邊山渡口，賊不得渡，獎六品銜。邢太守高魁辦從賊，用霖白數人冤，得不死。

舒守樸，字咏周，中豐樂監生，端謹尚節操。咸豐間，粤匪竄州，脅以僞職，守樸曰："賊勢如此，必越境而免。"遂逃居江西。嘗與羅孝廉有文倡立義塾，至今利賴。

陳振翥，字晋菴，下豐樂增生。家不中資，歲饑輒市米鹽贍族，當粤匪煽誘，愚民多被蠱惑，振翥誡以義方，陳族無受僞職者。

朱芳川，下豐樂諸生，性嚴正。咸豐間，賊踞省城，開僞科，無知年少相率附試，芳川徒跣追還，曉以大義，族鄗得免從逆，保全甚衆。

闞步斗，修善里人。性任俠，而慕金谿陸氏學，家居内外整肅，爲閭里式。道光間，崇陽民變，知州祁公延步斗教習軍士武技。咸豐七年，粤匪竄州，步斗又奉札訓練團勇，州境獲安。有勇知方，庶乎近之。

孫鰲，東鄉里人，監生，大戴子、與弟監生利國捐修橋梁、義渡。

全德菴，字利貞，吉口里人。咸豐甲寅粤匪竄通山，路經全村，德菴被執，駡賊不屈，乘間得脱。

成信，字卓夫。咸豐四年，粤匪竄擾，創練義勇，附鄰境武寧官兵攻剿，經江西，巡撫耆奬給從九品職，《武寧縣志》列入《忠義》。

趙連，永城里人。咸豐八年捐修大港石橋，費數百金，今稱趙保橋。

黄寶齋，宣化坊人。創立義田，捐地作義塾。歲饑，施穀贍族。子庭，舉人。孫浚，供事。

鄭景咸，上陽辛人。捐修小泉石橋，費數百金，行人德之。孫遐箋、曾孫佑青，俱諸生。

徐南竹，吉口里人，家僅中資，鄰有楊姓以貧故，數溺女。一日聞楊産女，遣妻阮氏往救，典裙釵佽助撫養，遠近稱賢，溺女之風頓息。

陳暭，字質甫，興教里廩生。沉毅多略，寡言笑，通經能文。歲饑，察里中貧户豆區釜鍾，貸如其需，不濫不漏。仁智兼盡，莫不稱頌。卒年三十，未竟其用，惜哉！

費攀桂，字冠南，中書科中書。性敏博學，慷慨好施。道光間，捐田百畝爲族中貧子弟膏火資。子瓊枝，克繼父志，捐建義塾，費五千餘金。

費奉萱，字陶植，善福里人，貢生。好義舉，嘗捐建茶亭，費數百金，行旅便之。

劉廷芳，性豪爽，輕財好義。嘗買一女奴，知其有夫也，憐而還之。

石受侯，字仁一，諸生。家素封，積穀數千石，人勸其減價售，受侯曰："吾將有待。"無何，歲大饑，悉發賑貧，全活無算。越數歲，又饑，貧者相謂曰："石公得毋活我乎？然得一不敢望再也。"受侯又散穀賑之。後嗣徙于河南，其義聲猶嘖嘖人口云。

吕明播，永城里人。在倪家鋪驛開設茶店，有客三人酣飲劇談，匆匆而去，遺槖銀三百兩。播拾存，遽追不及，向晚客來尋問，播出還之，强酬以半，播曰："利若銀則不言矣！"固辭。越月，客製"拾金不昧"額懸店楣，觀者莫不稱道。

柯其萃，字樸菴，興瑞里監生，慷慨好義。光緒十四年，歲大祲，其萃遵母命，兩次市米以賑，閭里稱頌。

李浩，字大本，明永樂甲午舉人，考取國子監學録，居東鄉里。爲人好施予，遇困乏輒假貸，雖久逋，不責償也。會試中明通榜，授南陽唐縣司訓。丁内艱，服闋，改仕濟寧州。據興教里眠犬山浩墓碑補傳。

袁本玽，修善里人，字崇載。明弘治間捐穀賑饑，賜義官。補遺。

徐用癡，吉口里人。家貧，課讀自給，以妻張匳金權其息，夏施茗、冬施衣，行二十餘年不倦。

卷之二十三

人物志

耆　　壽

明

曹璇，字竹坡，永城里人。性嗜學，競名節，重然諾。栽花種竹，泉石自娱，號竹坡居士。年九十三卒。子志遇，進士。

吴子鈿，字東陽，秉性仁厚，禔躬淑慎，年九十一猶訓子課孫不倦。

國　　朝

袁汝雲，字岱行。有才識，負重望。州牧以下有疑，皆就問焉。尤好賑恤困窮，年九十四卒。子良愷、良怡。

劉尚，好讀書，喜吟咏，著《狂游草》二卷，年九十一卒。

阮成鳳，字净凡，貌古行端，口無擇言，年九十猶手不釋卷云。

石其景，品端行潔，年登九十有六。

柯長卿，好善樂施，年登九十有二。

蕭達仁，敦行孝弟，好讀書，不急榮利，年登九十。

孫禮旃，博覽子史，尤精術數，嘗預言歲時豐歉、里人休咎，悉驗。年九十七卒。先三日，率其子萬成與鄰里别，至期，沐浴衣冠，端坐而逝。

鍾芸軒，諸生。和平正直，年登九十有三。

劉之印，字廷貴，辛安里人。家素豐，不吝施與。孫曾游庠，登賢書者數人。乾隆乙卯奉旨給“五世同堂、七葉衍祥”匾，年九十五。子永昌，字隆萬，樸實長厚，屏迹市城。嘉慶元年，蒙賜絹素白金，并賞給八品職銜，年九十一，無疾而卒。

萬選，詳見文學，年登九十。

石中解，字科南，樂歲里人。年届百歲，五世同堂，奉旨建坊，次年卒。

鄧安相，豐莱里人，年登百歲。詔授登仕郎。

曹善朝，字魯書，年登百歲，五世同堂。

樂大觀，福慶里人，年届百歲，奉旨建坊。

陳悊，字且仁，髫年入泮，屢列優等，年登九十有五。

駱相廷，永福里人，少好讀書，晚肆志山水。年登百有一歲，無疾而終。

樂容高，永福里人。性樸誠，敦品行。子六、孫二十八，五世同堂，年九十八，無疾卒。

石得潙，字斗南，辛安里人。持身謹慎，性好施與。親見五代，年九十三卒。

阮隆鎬，字定泗，吉口里人。敦孝友，重信義。年登百歲，五世同堂，無疾而終。孫達梧，游庠。

丁周爵，吉口里人。有弟四，析居時田産聽弟侄自取，存年九十六。

李添英，字廷玉，下豐樂里人。年登九十九，五世同堂。子興秦，字官禄，存年九十，亦見元孫。

劉崇達，崇仁里人。年登九十四，子孫蕃衍。

鄢松亭，尊賢坊人，年登九十七。

明國榜，尊賢坊人。言行不苟，至老手不釋卷，年登九十一。

汪漢東，性渾樸，卒九十八。妻萬氏卒年九十七。子：禮加，年八十；濟川，年七十六。七世同居，五世同堂。

柯道淮，興瑞里人，年登九十一。

柯瑞振，字容光，興瑞里人，年登九十三。

柯道運，興瑞里人，存年九十三。

石中立，豐葉里監生。言行謹飭，不輕入城市，五世同堂，年登九十四。吴學政獎"齒德尊鄉"額。

邢繼益，豐葉里人。雅好詩書，年登九十六。

侯定信，字南有，中豐葉里人。五世同堂，卒年八十七。

程光前，永章里人。母先殁，父老，前伴寢者二十年。妻邱氏奉甘旨，亦曲當翁意。父卒年九十，前年九十八，邱年九十三，五世同堂。

陳才洪，字鳳川，東鄉里人。家貧，竭力養親。性嗜酒，爲承奉不給，遂絶飲二十餘年，迨喪畢復飲。存年九十。

陳才元，仁義里人，存年九十。

李世澤，字夏濱，永章里人，殁年九十二。

李世埠，字華堂，永章里人，殁年九十。

李永梅，字南有，永章里人，殁年九十。

曹肇基，字松嶺，永城里監生，存年九十四。

曹蕃衍，永城里人，存年九十。

石光朝，字廷彦，辛安里人。年九十七，五世同堂。旌"瑞凝五葉"額。

王道晏，字聚和，長樂里人，卒年九十九。

陳汝清，仁義里人，殁年九十二。

陳才運，仁義里人，殁年九十二。

謝正淮，仁義里佾生，殁年九十一。

陳汝誥，仁義里人，存年九十。

劉士惇，舉人，劉均之父，住崇慶里，年九十六。

劉朝懷，崇慶里人，年九十三。

李克炲，崇慶里人，年九十。

吴錫照，崇慶里人，年九十二。

舒崇炅，朝陽里人，年一百有九歲。

舒嘉楷，朝陽里人，年九十六。

舒嘉梅，朝陽里人，年九十。

柯隆飛，興瑞里人，年九十六。

柯道照，興瑞里人，年九十一。

柯瑞堦，興瑞里人，年九十二。

陳承乾，歸化里人，年九十二。

胡占鰲，宣化里人，年九十。

程景星，宣化里人，年九十三。

樊善楷，宣化里人，年九十三。

樊廣惟，宣化里人，年九十六。

羅逢源，宣化里人，年九十一。

羅輝典，宣化里人，年九十。

羅翠亭，宣化里人，年九十三。

羅景星，宣化里人，年九十一。

羅有周，宣化里人，年九十。

羅景溪，宣化里人，生員，年九十一。

羅建賢，宣化里人，年九十一。

羅庶翼，宣化里人，年九十，恩授鄉飲。

譚樓章，字高木，吉口里人，年九十三。

譚華頤，字坤元，吉口里人，年九十六。

阮佐斗，字星燦，吉口里人，年一百有一歲。邑侯蔣詳請上憲給“聖朝人瑞”匾額。

阮朝露，吉口里人，年九十一。

阮一本，吉口里人，年九十二。

袁昇，吉口里人，年九十一。

袁崇樛，字柄大，吉口里人。年九十八，邑侯蔣贈額，詳給衣頂，請旌建坊。

譚詩柯，號峻峰，吉口里人，監生，年八十，五代同堂。

譚廷詔，號運溪，吉口里人，監生，年九十。

譚廷光，吉口里人，年九十二。

譚南山，吉口里人，年九十六。

阮武禧，吉口里人，年九十。

阮召植，吉口里人，年九十一。

全偉文，吉口里人，年九十。

全雲會，吉口里人，年九十二。

阮名揚，吉口里人，年九十五。

阮添瑞，吉口里人，年九十三，散財賑饑，賜七品銜。

孟孔愿，舉人，光德之父，住吉口里，年九十四。

徐陽山，字大本，慈口里人，庠生，年九十。

徐周爰，慈口里人，年九十六，舉介賓。曾孫多列膠庠。

徐于髡，慈口里人，年九十。恩賜九品。

徐義恕，慈口里人，年九十四。恩賜九品。

徐紋綵，號疊霞，慈口里人。年九十四，五代同堂。鄉先賢陳治策贈以詩，見《盤谷山房集》，一家科名濟濟。

徐良五，慈口里人，年九十七。

徐敦怡，號敬軒，慈口里人。年八十一，五代同堂。

徐敦璉，慈口里人，年九十二。

楊仲班，上陽辛里人，年九十一。

李世瑞，上陽辛里人，年九十二。

梅能厚，上陽辛里人，年九十二。

鄭柱祚，字正南，上陽辛里人，年九十。

鄭漢祚，試名造國，上陽辛里人，年九十二。

鄭墅祚，字建輝，上陽辛里人，年九十三。

鄭退爐，字鎔點，上陽辛里人，年九十一。

章廣林，宣教里人，年九十六，夫婦齊眉，見五代孫。

章壽菴，宣教里人，年九十一。

賈學書，豐義里人，年九十二。

賈成悦，豐義里人，年九十四。

王宗魯，豐義里人，年九十三。

袁新甫，豐義里人，年九十四。

張元玉，豐義里人，年九十二。

袁錦川，豐義里人，年九十二。

袁敦本，字相泉，豐義里人，年九十，五代同堂。

石可宣，字孟交，崇仁里人，年九十五。

石堪珪，字聖執，崇仁里人，年九十四。

石鈿光，崇仁里人，年九十三。

石和鈞，字銘象，崇仁里人，庠生。品學兼優，合州舉孝廉方正，不就。兩學復舉，辭曰："四字何有於我哉！"太史石時榘有傳讚。殁，年八十九。

歐陽昌盛，字濟美，崇仁里人，年九十。

吕應籌，字海屋，崇仁里人，年九十三。

吴先燭，字玉台，崇仁里人，年九十五。

石時宋，號聯輝，崇仁里人，存年九十。

侯宗達，字相國，崇仁里人，年九十三。

石建昌，字盈廷，崇仁里人，年九十六。

石成玉，字彬如，崇仁里監生。性孝友，生平自置産業，遵母命，分給黨兄弟輩。族黨義之，年八十八。

石漢文，崇仁里人，年九十二。

劉定治，字平國，崇仁里人，存年九十。

李興桂，字攀月，上豐樂里人，年九十。

李添安，字忠秉，上豐樂里人，年九十。

李添謨，字訓典，上豐樂里人。年九十，五世同堂。

陳守佑，字自天，上豐樂里人，年九十。

劉材章，字聖達，上豐樂里人。年九十七，覃恩准给八品頂戴。

劉爲瑾，字懷玉，上豐樂里人，年九十一。

石正智，字性哲，上豐樂里人。存年九十二，覃恩准给九品頂戴。

蔡元佳，安樂里人，年九十五。

蔡英鋒，字慶安，安樂里人，年九十二。

伍清泰，字春芳，安樂里人，年九十一。

彭祖成，字會大，安樂里人，年九十。

蕭哲玉，長慶里人，年九十七。

蕭應廣，長慶里人，年九十。

蕭世瑞，長慶里人，年九十。

汪若兹，字東成，長樂里人，年九十一。

汪若懽，字均樂，長樂里人，年九十一。

張純光，長樂里人，年九十。

蕭季彦，號古軒，修凈里人，年九十三。

蕭宗賢，字希聖，修凈里人，年九十三。

蕭備五，修凈里上庠生，派名鳳顯，字羽谷，年九十。

王隆禮，字慎節，上雙遷里人，年九十。

王文詞，字立成，上雙遷里人，年九十六。

王武愷，字軍勝，上雙遷里人。年九十四，五世同堂。

王武光，字斗燦，上雙遷里人，年九十。

王静安，上雙遷里人，年九十，五世同堂。

王義遠，上雙遷里人，存年九十二。

李世發，字育萬，永章里人，年九十二。

李運芹，字作山，永章里人，年九十一。

李運金，字荆三，永章里人，年九十。

李用珍，永章里人，年九十。

李景貴，永章里人，年百歲，已旌。妻王氏，亦年九十六。

曹善發，字育萬，永城里人，年一百有一歲。

曹爲安，字能萬，永城里人，年一百。

曹焕瑬，字流玉，永城里人，年九十六。

曹衍治，字寧一，永城里人，年九十七。

曹步鳳，字來儀，永城里人，年九十三。子孫曾玄計百十餘口，州尊高夢龍額以“四代斑衣”。

曹衍浩，字孟然，永城里人，年九十三。

曹善佑，字定保，永城里人，年九十一。

曹永波，字安瀾，永城里人，年九十四。

曹屏藩，詳見《義行》，年登八十有九。青衿累葉，一門雍睦，可風。兄文健，年八十六；文伊，年八十九；弟文侯，年八十四。長子焕昭，年九十三，孫善行，年九十一。

馮祖闔，字坤易，永城里人，年九十五。

吕家燭，永城里職員，名達尊，年九十一。

曹忠興，號丹石，永城里人，年九十三。持家孝謹，著有家訓。

曹興乾，字易先，永城里人，年九十六。

馮常山，永城里人，年九十。

趙宗遠，字宋潢，永城里人，年九十二。

趙世和，字順萬，永城里人，年九十一。

趙定静，字能安，永城里人，年九十三。

孫良貴，字天爵，東鄉里人，年九十二。

孫大晁，字再光，東鄉里人，年九十二。

孫成發，字華山，東鄉里人，年九十五。

孫學溶，字盛洲，東鄉里人，年九十一。

孫從禹，字開夏，東鄉里人，年九十一。

鄧俊權，下陽辛里人，年九十一。

孔傅朧，下陽辛里人，年九十一。

孔繼泮，字順安，下陽辛里人，年九十五。

孔繼恒，下陽辛里人，年九十一。

馬良光，號玉岩，樂歲里人的，年九十四。

石增泰，字慶雲，樂歲里人，年九十一。

石增弟，字善長，樂歲里人，年九十。

馮德祥，字興瑞，樂歲里人，年九十七。

劉士通，字廷拔，樂歲里人，年九十三。

馮正富，字方穀，樂歲里人，年九十四。

梁崇逯，字官賢，樂歲里人，年九十三。

梁道焕，字耀北，樂歲里人，年九十四。

柯和鏞，字笙合，樂歲里人，年九十。

梁崇鍾，字必鳴，樂歲里人，年九十二，恩賜八品頂戴。

梁養淵，字邃然，樂歲里人，年九十二，恩賜迪功郎。

梁崇法，字審度，樂歲里人，年九十七。

梁養翎，字羽高，樂歲里人，年九十一。

梁崇周，字之德，樂歲里人，年九十。

馬太旦，字相周，樂歲里人，年九十三。

馬之華，字慶雩，樂歲里人，年九十二，恩賜八品頂戴。

馬方高，樂歲里人，年九十一。

馬應福，字如東，樂歲里人，年九十一。

劉士林，字茂盛，樂歲里人，年九十五。

馮正梅，字作林，樂歲里人，年九十一，選舉鄉飲介賓。

石玉貴，字平三，樂歲里人，年九十三。

石臨膠，字升秀，樂歲里人，年九十。

石臨敏，字登賢，樂歲里人，年九十。

石之桐，字龍門，樂歲里人，年九十四。

余繼華，字西山，樂歲里人，存年九十。

余裔亮，字明光，樂歲里人，年九十。

艾傳人，永福里人，年九十，廉平公正，子孫世登膠庠。
王炳運，字寵光，永福里人，年九十。
蔡際漢，長慶里人，年九十。
劉泰光，字覲文，懷仁里人，年九十四，覃恩授八品頂戴。
劉泰昂，字百軒，懷仁里人，年九十。
劉泰琇，字文玉，懷仁里人，年九十一。
吕世盛，字於斯，懷仁里人，年九十一。
葉應祕，字盛玉，懷仁里人，年九十。
梁先謨，字顯周，懷仁里人，年九十一。
梁先誥，字盛周，懷仁里人，年九十。
梁引誌，懷仁里人，年九十一。
梁養悦，字邦萬，懷仁里人，年九十二。
梁養澤，字惠遠，懷仁里人，年九十一，覃恩登仕郎。
馬維邠，字踰梁，懷仁里人，年九十。
劉孔樹，號碧溪，懷仁里人，年九十八。例授八品，爲人正直。
張能杓，字永隆，寶政里人，年九十。
李憶泉，寶政里人，年九十六。
李秉道，寶政里人，年九十三，例授八品。
尹世松，字長青，寶政里人，年九十四。
向光昌，字禹拜，寶政里人，年九十一。
向光斌，字魁武，寶政里人，年九十。
吴德誠，字敦寶，號樸亭，中豐樂里人，年九十三。
金華地，字廣厚，號紹庭，中豐樂里人，年九十。
向顯珍，字儒爲，中豐樂里人，年九十。
金國瑊，字皆玉，號一枝，中豐樂里人，年九十一。
石名作，字轚林，中豐樂里人，年九十。
舒德祐，字啟後，號正菴，中豐樂里人，年九十。
張承經，字如六，寶政里人，年八十八。

俞士箕，字子旭，宣化坊人，年九十五。

易肇樹，尊賢坊人，年九十四。

易明玉，尊賢坊人，年九十。

朱濂溥，字盛川，仁義里人，年九十二。

趙名揚，下豐樂里人，立身恭謹，年九十一卒。

柯希梓，字先可，下豐樂里人，年九十六無疾終。

許時道，字本源，下豐樂里人，年九十二卒。

許繼廣，下豐樂里人，年九十五卒。

程凌雲，下豐樂里人，好施與，年九十二卒。

秦宏梁，字廷貴，下豐樂里人，卒年九十歲。

秦厚鐶，字萬典，下豐樂里人，卒年九十二。

劉見瓊，字孟黄，崇仁里人。性孝友，課徒六十餘年，善行甚多，年八十八。

劉定熙，字咸庶，崇仁里人。耿介自矢，課徒有法，年八十八。

石璞光，字廷玉，崇仁里人，年九十二。

石亨兼，字福山，崇仁里人，年九十一。

石亨芳，字蘭谷，崇仁里人，年九十。

馬之元，字用九，辛安里人，年九十一。

馬遇菁，字明萬，辛安里人，卒年九十。

馬祥桂，字粟萬，辛安里人，卒年九十。

馬祥柏，字漢臺，辛安里人，卒年九十二。

馬祥梅，字占魁，辛安里人，卒年九十三。柏，其胞兄也，人稱“一門雙壽”。

石盛周，字書錦，辛安里人，歿年九十二。捐資助建育嬰堂，州尊蔣額以“好善樂施”。

馬遇松，字挺秀，辛安里人，年九十，無疾而終。

王書元，辛安里人，卒年九十三。

方開法，長慶里人，年九十三，妻鄧氏亦九十三。眉壽年齊、祥徵伉儷云。

朱有爵，辛安里人，年九十歲。

曹永坡，字松嶺，永城里人，卒年百有一歲。妻吴氏存年九十九。

曹興渠，字周漢，永城里人，卒年九十六。

曹興杞，字南木，永城里人，存年九十三。

曹永杭，字周南，永城里人，存年九十二。

曹興芬，字蘭室，永城里人，卒年九十一，妻劉氏卒年九十二。俱眼見七代。

伍葆光，安樂里人，年八十餘，著有《周易象義審正》。

王定昌，樂平里人，卒年一百零八歲。

鄭茂榜，樂平里人，卒年九十。

袁用霖，字巨川，庠生，豐義里人，慷慨好施。道光己酉歲饑，同宗有鬻妻者，幫給錢米，得以保全。咸豐間，伍某兩父子被誣將刑，巨川力救得免。現年八十八。

劉欽臣，監生，崇慶里人。廉潔自持，不干非分事，以讀書課子爲樂，歿年九十八。

成東山，仁義里人，年九十。

朱美瑄，字排岩，仁義里人，年九十。

陳思述，字方孟，福慶里人。性和藹，酷愛斯文。子孫書香勿絶，年九十一卒。

陳吉熹，字齊歡，福慶里人。慎行謹言，無争忤事，年九十一卒。

張隆吉，福慶里人，歿年九十一。

樂振閣，字錦堂，福慶里人，歿年九十一。

明成，監生，修善里人。持躬謹慎，教子課孫，雖衰齡不倦，歿年九十。

談品貢，雙遷里人，膝下孫曾繁盛。現年九十。

王義遠，雙遷里人，性樸誠，現年九十二。

王義睿，雙遷里人，素有孝行，年九十三卒。

劉益週，字步陞，興教里人，歿年九十一。

陳本楠，號潤階，興教里人，現年九十三。

陳順楚，興教里人，歿年九十。

周英貴，興教里人，歿年九十一。

柯勝詒，字希文，東鄉里人，歿年九十四。

柯道魁，興瑞里人，現年九十二歲。

柯隆煜，興瑞里人，歿年九十一。

王箕武，字成南，業儒兼精醫。覃恩賞正九品頂戴，年登九十一。

袁加旦，修善里人，年九十七歲。

成我榜，字英烈，修净里人，歿年九十。

成我汪，字泗海，修净里人，歿年九十。

成先宦，字惕藹，修净里人，歿年九十一。

明良愉，修善里人，年登九十有五。

耆　　壽增補

胡萬利，長樂里人，年八十九。

胡紹俊，長樂里人，年八十九。

胡良朝，長樂里人，年八十九。

胡興泮，長樂里人，年八十九。

蕭應珀，修净里人，年九十四。

成詩可，樂平里人。性穎好學，澹於名利，創立善舉，誘掖後進，年九十一，無疾而終。

王興淮，上遷里人，年九十二。

王隆順，上遷里人，興淮之子。性嗜學，年四十猶負笈從師。倡修橋路，樂善不倦，舉鄉飲大賓，年九十。

談建鈜，上遷里人，年九十。

王惟賢，上遷里監生，重儒雅，輕財好義，年九十。

王全耀，上遷里人，存年九十。

朱松象，字長青，上遷里人，年九十一。

朱清福，上遷里人，年九十一。

朱首元，下遷里人，務農，渾樸有古人風，年九十一。

朱坤山，下遷里人，軒爽磊落，勤儉治家，年九十。

鄧錦光，下遷里人，年九十六。

成仁壽，監生。下遷里人，積學能文。子兆元，諸生，年九十三。

李國楊，寶政里人，年八十八。孫召棠，諸生。

費增儒，寶政里人，年九十三。

李定岱，寶政里國學生，年八十四。

徐盛顏，慈口里人，五代同堂，七子十九孫。後裔繁衍，列入膠庠，年八十二。

徐以任，慈口里人，年九十一。

焦永漢，上陽辛里人，年九十六。

郭至雷，上陽辛里人，年九十七。

鄭遐箴，貢生，上陽辛人，年九十。

鄭昌紱，監生，上陽辛人，五代同堂。孫佑青，諸生，年九十五。

鄭煉祚，上陽辛里人，年九十。

鄭和萬，上陽辛里人，年九十。

王武班，宣教里人，年九十三。

李光鰲，宣教里人，年九十三。

程文珮，從九品，宣教里人，年九十六。

鍾良佐，修善里貢生，性仁嗜學，年九十。

胡全初，宣化里人，年九十。

葉開豪，宣化里人，年九十。

田先爔，宣化里人，年九十四。

鄧順茂，字松巖，尊賢坊人，年八十八，恩賜九品。孝友温和，樂善不倦。孫林春，舉人。

賈自南，下遷里人，年九十三。

賈能亨，下遷里人，年九十六。

盧正琪，豐葉里人，鄉飲大賓，年九十四。

盧通衢，豐葉里人，年九十二，恩賜八品。

李天玢，豐葉里人，監生，年九十。

李魁光，豐葉里人，年九十。

李南山，豐葉里人，年九十一。

李相玉，豐葉里人，年九十五。

李訓謀，豐葉里人，年九十一。

石玉貴，字平山，樂歲里人。六旬連舉三子，親見入庠，年九十三歲。

胡立禮，字國順，崇仁里人，年八十七。

曹光耀，監生，字於廷，永城里人，現年八十二。

鄭堯裔，上陽辛里人，年九十三。

孟佐廷，吉口里人，年九十三。

袁益謙，修善里生員，隨穆將軍圖善□，保舉訓導，年九十。

明有成，修善里人，年九十二。恩賜八品。

梁輔國，監生，字相廷，懷仁里人，年九十。

梁養澄，字河清，懷仁里人，年九十。

梁養憲，懷仁里人，年九十三。

袁昇，字煦齋，吉口里人，年九十。

魯安國，永福里人，讀書敦品，存年九十二。

馮遵先，樂歲里太學生，年八十二。生有智略不遇。以孝友正家，裔孫代列膠庠。

馮耀先，樂歲里從九。有隱德，不校横逆，鄉里稱長者，年八十四。

馮正銅，樂歲里人，存年九十二。

曹禹疏，永城里人，存年九十三，見四代孫。

曹曰璡，永城里人，監生，年九十，見四代孫。

曹一枝，永城里人，性誠樸，年九十二。

朱璧鋭，字明達，仁義里人，年九十二。

朱映泉，字若顏，仁義里人，監生，恩授登仕佐郎。孫曾林立，多列膠庠，年九十。

阮遠照，吉口里人，存年九十。

阮文森，吉口里人，存年九十二。

賈振恒，下遷里人，年九十六。

賈尚福，下遷里人，年九十八。

石時來，崇仁里監生，年九十。

阮彬之，上陽辛人，存年九十一。

曹東美，從九銜，年九十，四世同堂。按：東美之祖屏藩，恩賜副榜，年八十九；父逢泰，庠生，年七十八；伯祖文健，監生，年八十六；文伊，從九品，年八十九；叔祖文侯，監生，年八十四；文健子煥昭，字覲光，年九十三；文健孫善行，年九十一。一門壽考，甲於州中云。

程方來，字敦本，從九銜，宣教里人，存年九十一。

朱任大，字錦堂，宣化坊人，年九十五。恩賜八品，五世同居。

程盛有，豐葉里人，年九十。恩賜從九銜。

蔡先豪，長慶里人，年九十四，四代同堂。

李之柱，字擎天，豐葉里人，年九十八。

柯勝華，字遐封，興瑞里人，年九十七。

鄒偉臣，福慶里人，年九十。

鄒恩榮，福慶里人，現年九十一。

鄒禮菴，福慶里人，年九十。

成祖質，上遷里人，年九十一，四世同堂。

羅漱石，宣化里人，從九銜，年八十九。

羅步高，宣化里人，監生，年八十八。提建義學，士林賴之。

羅受天，宣化里人，年九十。

成先怡，修净里人，年九十一。

徐宏粱，慈口里人，年九十三。

孫禹疏，字礪山，上遷里鄉飲大賓，年九十二。

孫孔贊，上遷里人，年九十四。

陳哲，字愚公，永福里諸生，年九十。蔣學使贈“士民矜式”額，加八品銜，卒年九十五。

倪達墀，字丹廷，永福里人。性高曠，善卜筮。授徒所得，盡以沽飲，年九十五，無病而逝。

尹啟迢，字萬來，永福里人，存年九十五，五世同堂。子瑜，庠生。

石光榮，永福里人，年九十三。

魯慶駘，永福里人，年九十二。

石遠河，永福里人，年九十。

江光斗，宣教里人，年九十一。

梁綱，字紹白，懷仁里鄉飲大賓。樂善好施，捐修白砂石礄。年百有八歲。

吴炌望，修善里人，存年九十。

劉春發，永福里人，卒年九十四。

王興璧，辛安里人，存年九十二。

陳季谿，下豐樂人，明嘉靖時人。年九十六，子孫繁衍，書香不替。

陳漢廷，下豐樂，嘉慶時人，年九十二。

許時洲，下豐樂，年九十一卒。舊志錯載其子繼廣名。

汪志解，下豐樂，康熙時人，殁年九十五，恩賜九品。

汪賢祥，下豐樂，乾隆時人，殁年九十一，恩賜九品。

王光斗，宣化里人，没年九十。

尹有道，永福里人，年九十三。子利辛，庠生。

王成業，永福里人，從九銜，年九十。子芬，庠生。

孟佐廷，吉口里人，年九十三。

孟勝萬，吉口里人，年九十。

孟傳賢，吉口里人，年九十。

孟鳳來，吉口里人，年九十。

孟文魁，吉口里人，年九十。

劉朝槐，字楚材，崇慶里人，年九十。

羅冠玉，宣化里人，年九十二，妻李氏年九十。

張希仁，辛亭里人，鄉飲大賓，年八十九。

李善繼，字獻文，修净里人，年九十。

王全剛，上遷里人，年九十。

阮正書，上陽辛人，年九十。

朱溥鎔，仁義里人，年九十。

李紹周，上豐樂人，年九十三。

李添安，上豐樂人，年九十。

李興桂，上豐樂人，年九十。

柯道生，興瑞里人，年九十。

鍾先炬，字用光，長樂里人，年八十九。

陳白仁，義里監生，年九十，恩賜九品。

羅淑青，朝陽里人，年九十二。

羅仲富，朝陽里人，年九十。

袁高壇，修善里人，年九十一。

袁太柳，修善里人，存年九十。

劉泮文，宣化里人，年九十四。

孟咸如，吉口里人，年九十一。

卷之二十四

人物志

隱　　逸

明

王貫，字守一。淹通經史，尤長於詩，篤學力行，隱居高尚。撫憲高其文行，以師事之，奏給七品冠帶。年八十七卒。

易道充，字希頤，尊賢坊人。慕周茂叔之爲人，自號溯濂居士，超然塵壒之外。年七十，臨終，括胎髮墮齒於囊，命附棺入殮孝之。以子之斗貴受封。

熊楚望，字繼遠。立己峻介，不隨時俯仰。與同里吴大参、漢陽蕭祭酒詩文相倡和，而家徒壁立，泊如也。

李國經，尊賢坊人。試不售，遂閉户修實學。崇孝友、崇禮讓，兼攻古文辭，自號青蓮子，著有《居易草》。

馮錤，字松波。力田寡營，足不入城市。兄弟析居，田宅聽弟自取。嘗摩孫之圖頂，顧其父曰："此子當亢吾宗。先人世爲善，汝其培植之。"之圖後成進士。

盧嘉銘，字公賓。孝友端方，抱經濟才，督師左良玉聞其名，促授職不就，隱居以終。

國　朝

華國禮，字賓王，下雙遷里人。以諸生游燕，著《定膽丸》教朱之弼、之佐兄弟，歸。後弼官兵部尚書，佐亦入史館。復遣使迎之，將薦於朝，國禮堅辭，單騎南歸。所著有《之燕草》、《緑遶山民房詩集》。

梁楚書，字麟吐。湛深經術，絶意名場，授徒武、黄間，游其門者多知名士。子郊孟，舉人。

梁有孟，字民譽，廩生。初應童試，郡侯張公奇其才，拔冠軍。文奇古，邱學使歲試幕下，擬後等，及搜遺，置第一，旋招入幕中，校藝所取皆知名士。凡足迹所至，俱有題跋。

鍾三綱，字幼常，性穎異。年十三入泮，旋食餼。後應秋試，得而復失，遂絶意仕進，舌耕自給。

胡謙，字子益，家貧力學，隱居養親。

雷作和，字育長，别號宋山樵客。性洒落，好吟咏。得奇山水，竟日忘歸。興之所至，操筆立就，尤工書畫，時稱"三絶"。

姜于蕃，性英敏，工文詞，數奇不偶，教授生徒以終。

楊文蔚，字馥之，陽新里諸生，性瀟灑。軒中植竹千竿，焚香校書史，嘯傲烟霞，倚鳳棲一帶爲放懷游息之地，著有《鐵峰集》。

熊謙吉，字公益，諸生，弱冠有聲士林。事親能色養，兄弟析箸産，取其瘠者，訓子孫讀書務法聖賢。子士邇，髫年入泮，慷慨推解，修圮橋崎路，乞丐雖頻至，必慊其意而去，鄉里稱善。

盧秉政，諸生。貌温而行方，人仰之若泰山北斗。喜誘掖後進，游其門者多登賢書，而卒窮經以終。

張翰搏，字鵬季。言笑不苟，雖盛暑衣冠必肅，澹然名利之場，博極群書，四方問字者無虚日。

盧思順，廩生。胸次磊落，才思不群，工楷書，善詩賦，州主高公甚敬禮之。

石敬臺，字熙華，隱居讀《易》，諳星理，捐資修半壁山江堤，水鄉德之。官節相遣使辟，不就。晚年築受虛齋於陽辛石角山，著有《奇門化機太乙天文》行世。

費震川，字禹門，善福里人。績學不求聞達，善草書，縱逸不拘。復工詩，得力於少陵者居多。酷嗜山水，歷游題咏殆遍。著有《禹門詩草》。

隱　逸增補

俞思順，字柏岩，慶維侄，能文工詩，童試冠軍者再，數奇不售。雍正元年，開孝友文行之試，有司申送思順，省試第一，時年已八十矣，給八品頂戴，以壽終。舊志。

盧以勸，字掖人，高子。康熙六年，肄業太學，授縣丞，不就。與兄劭、勛倡和怡怡，著有《欵風閣詩集》。舊志。

廖廷相，字容菴，才敏嗜學，下筆千言，能詩工書，弱冠餼於庠。士之出其門者多掇巍科、宰名城。廷相竟以明經老，時論惜之。舊志。

阮良夐，字介石，吉口里人。明末寇亂，夐甫十齡，擄於賊，縛竿上射之，矢輒辟易，賊大駭，詢以詩書，應對清敏，遂止焉。旋以取水逸，追之，會雷電大作，得免。篤志好學，連不得志於有司，隱居教授。作佛事，辨以黜邪崇正，俗爲之變。

石中珪，字公執，樂歲里人。性剛直，面斥人非，不少寬假，廉正式於一鄉，不逞子弟有恐聞知而改行者。康熙間，舉鄉飲大賓，知州黄公澄贈"性情高寄"額。

方希成，字敦誦，上遷里人。性端慤，通經敦行。道光間，知州陶公延希成爲大賓，親詣學宫，行鄉飲禮。望重一時，里閎矜式。

阮承柄，字秉鈞，吉口里諸生。開敏嗜學，持躬耿介，而待人和易，家居篤於倫誼。著有《霽齋文稿》四卷、《扶教集》四卷。

胡純修，字崇德，懷仁里人。隱居講學，不慕榮勢，博雅工詩。著有《周易精講》《樂律解》《仙觀集》《度荒草》。

鄧兆遴，字直卿，尊賢坊增貢生。潛心績學，童試兩冠其曹。爲人持重敦樸，有長者風。主講富川書院，人浮於舍，門下多顯達，卒以數奇老。

陳元幹，字實園，仁義里諸生。治策孫湄子，博學多聞，性端方，接人煦煦，嘗説史事，誘掖後進，口如懸河，使人忘倦，時比之許魯齋云。著有《噴飯集》二卷、《覆瓿雜著》三卷。

曹國佐，字秀岩，崇仁里諸生。爲人敦篤有爲，提倡義舉，任勞任怨，期底於成。里有争，相率質成。年逾大耋，物望咸歸。子占元，武舉。孫惠疇，諸生。

阮玉衡，字堅菴，吉口里封職。方雅高邁，耽研性理，以"防微杜漸主敬存誠"銘座右，生平未嘗疾言遽色。精醫，抉靈樞之奥，而不輕診疾。晚尤好學，默坐一室，圖史自娱。守全歸之義，脱落鬚髪、齒甲什襲檢存。年六十四，無病而卒。著有《管録》二卷、《蘧山雜著》三卷。子紱，廪貢；禹門、翰門，俱諸生。孫樹棻，諸生。

方　　技

舊志目録附《方技》於《仙釋》，閲其傳則又不分標目，今特摘出，另爲一類。

國　　朝

程高，字仰之，攻舉子業。初不知醫，因母病篤，徒步一日夜，走鄂城求醫。倦倚洪山塔下，夢紫衣人授以異方，高驚返，以方醫母，果愈。由是醫臻神境，求者應接不暇，乃列多竈煮藥於庭，病者坌集，各令取飲，立效，藥資弗較也。

馮生枝，字鹿門，永城里人。通醫術，在京師往來名公卿間，咸重之。鮑侍郎桂星未遇時，母病，生枝助藥餌以治，使二子正本、正立受業焉。及桂星視學湖北，絶不通一問，亦不許二子赴試。繪有安分圖，三韓覺羅、舒昆及鮑桂星皆題其卷。

張元春，字旦尾，一字綠溪。精畫法，武寧盛樂稱其圖“寫古人能得其意象，不徒具衣冠而已”。見《三盛詩集》。

方　技增補

蕭世魯，字九成，修凈里人。精醫，人以厚幣延輒拒，窮簷告以疾，即往診視。嘗曰：“富者醫易得，貧病之人誰肯一顧乎？”流寓江右奉新、安義等處，感其德者設主而尸祝焉。

周文煥，字濟菴，吉口里監生。精岐黄，不受謝直，全活甚衆。道光戊申，修黄沙堰，督匠鑿山，有巨石飛下中煥踣，冠服碎裂，衆皆股栗趨視，竟無恙。共嘆：“善人有神佑焉！”

王興楊，字漢春，興瑞里人。學邃品粹，童試屢魁曹偶。精靈樞、素問、脉訣，診治全活無算。子映階，應試有聲，克承先志，醫術濟人，兩世濟美云。

袁宗邵，字湘舲，吉口里人，方雅安詳，工繪，有逸致。往來金陵、姑蘇間，與薦紳先生交，争接草爲平原之留名藉甚，人方之沈石田、仇十洲云。

荆楚文庫

〔光緒〕興國州志（下）

〔清〕陳光亨 纂修
〔清〕王鳳池 劉鳳綸 續補
董恩林 點校

荆楚文庫編纂出版委員會
崇文書局

卷之二十五

列女志

節孝貞烈，朝廷所旌奬，以風勵天下者也。舊志人各有傳，多屬陳言。今删其冗者，仍録於前。此次所録，年代愈久，人數愈多，今於各里採訪中，擇其孝義兼全、阨窮堪憫者，各爲立傳。其循分守節合年例者，第書姓氏、存没，仿《唐書·孝義傳》例也。又，舊志概書某妻某氏，固屬從夫之義，然本志原係列女，自當以婦爲主，今大書某氏二字於上，而用夾行注其夫名，仿邵遠平《元史類編》例也。至孝女、孝婦有不因節而著者，並録其事，另爲一類。而刲股行孝雖愚，亦不可没，因附録焉。

節孝婦

明

劉茂惠知府劉英女。英以事謫海鹽知縣，時判官周惟登僑寓海鹽，因以茂惠妻其子真。後真殁，英亦殁。茂惠還興國，年甫二十餘，貧依二弟，矢志以終。

徐氏汝化女，陳國相妻，生子二。夫故時氏年二十，矢志靡他。

劉氏張鳳妻。年二十孀，嚙指誓守，卒年八十。

張氏吴稽妻。稽客燕時娶焉，殁不能歸，氏父母逼令再適，誓死不從。因焚夫尸裹之背，抱二歲孤，沿途乞食，歸夫故里以終。

盧氏吴璧良妻。年十九夫亡，無子，悲憤自經，以救免。起事舅姑，冰霜自勵。

後年老無依，雙目俱瞽，族里哀之。

江氏辛亭里潘師孔妻。年二十餘孀，守節，奉舅姑，生事、葬祭皆以禮，督孤子良臣勉於學。

盧氏江惟海妻。年十七孀，子孺生方數月，氏紉鍼事舅姑。孺生長，爲賊掠去，越七年歸而卒，遺腹生子殤，媳改適，氏孑身苦節五十餘年卒。

李氏劉宗狀妻。年十七孀，撫遺腹子，良礪艱貞六十三年卒。孫世斗，崇禎癸未成進士，官主事。

陳氏劉壽暹妻。夫歿無子，遺兩妾，禮嫁之。苦節四十餘年，詔旌其門，見《明一統志》。

皮氏孫瑜妻。年十九守節，撫孤啓泰，補州庠而夭，遂乏嗣，奉姑以老。

鄒氏吴貞妻。貞死茅坪鄭老大之難，氏年二十九，慟不欲生。江防道洪天擢詣其家，泣慰之曰："汝夫以忠節死，天必佑之，奈何不念此藐孤乎？"遂歷艱苦，撫孤成名。

國　朝

劉氏董曰彦妻。年十七適董，生子用康，六月而孀。值流寇，携子避山中，遭賊飛刃中顱，死而復甦。用康長，督學綦嚴，後以舉人歷任教職。氏就養署中，訓飭如前。陞平和縣知縣，歸裝載石，皆遺教也。

徐氏袁良陛妻。年十六適袁，十九遭闖賊殺掠，夫遇害。遺孤承熙甫數月，氏奉姑匿山中得免。賊去，忍慟撫孤，間日一食，八十三歲卒。

趙節婦不知其姓，并逸其夫名，世居朝天隕。流寇入境被掠，欲污之，不從。賊以利刃磨其肩，詈曰："死則死耳，賊奴敢辱我！"賊終不忍殺，與之食，不食。問之，曰："老姑卧蒙茸中不食已數日矣，我忍食乎？"賊驚異，厚遺之而去。康熙壬申，州孝廉鍾良知任善化教諭，時賊已歸順長沙營，與鍾詳言之，鍾亦歿於任，其外孫石懷忠歸述其事云。據《老志雜説》。

鄭氏諸生盧芳妻。于歸二年，適闖賊起，夫與奴婢皆遇害，氏衛姑哀告得脱。遺腹生子思皇，教訓成立，雖布衣，名傾貴顯，氏卒年八十九。

石氏梁守郁妻。年二十六孀，子淳孟、祥孟俱幼，家計蕭條，流寇四起，氏艱苦備嘗。

王氏庠生成世衍妻。年二十九孀，奉翁如父，翁老卧病，氏滌垢穢不假婢手，年八十五終。子斌邁，康熙庚子舉人。

陳氏石可煉妻。年二十餘孀，紡績以供舅姑，殯葬盡禮。嘗歸寧，途拾遺金三十兩，命第訪至吴念元家還之，壽八十五終。

向氏永章里程天三妻。十八于歸，孝奉翁姑，二十七孀，撫孤文杭、文楷，守節三十六年。旌。

劉氏石型文妻。二十七孀，矢志事姑，孝養備至。康熙戊辰，夏逆猖獗，州人騷動，氏攜子負姑入山避匿，守節三十九年終。

劉氏吴希頌妻。年十九守節奉姑，念吴姓原籍河南，不知族姓，爰建赤壁菴以奉先代神主，并塑姑像祀之。

楊氏諸生方鵬妻。二十七孀，家徒壁立，上事舅姑，下字孤兒，惟氏一人是賴，氏母年老子喪，并迎至家養之。

雷氏姚惟美妻。二十一孀，僅遺一女，氏傭工以守。女嫁依婿，婿貧且夭，爲撫外孫。所居破漏，風霜逼寢，苦節六十餘年以終。

明氏舉人吴兩生妻。

鄭氏吴周妻。明適吴，生二子。兩生父官江西南豐知縣，往省，卒於江州舟次。氏聞奔赴，以其柩歸。無何，長子夏夫婦俱喪，遺一子。次子周繼卒，媳鄭氏年二十二，矢節撫侄，而侄復殤。時周叔父甫生官京師，憐之，召入京邸，爲立嗣。已而告歸，同寓漢陽。逾年，甫生及其婦子俱故，鄭乃鬻釵服，扶諸柩歸葬，與一寡婢相依，歲時哭奠，鄰里哀之，守節三十四年卒。

瞿氏[illegible]女。年十八贅盧暢，結褵未半載，暢往省父嘉璋於江南太倉衛署，遽卒於[illegible]者再，以救免。暢兄夫婦繼逝，遺一孤兒。氏矢志靡他，撫侄如子[illegible]四十餘年，足不逾閾。

[illegible]程[illegible]光祁[illegible]年十八孀，夫無兄弟，翁繼翔納側室三，各生一子，俱在襁褓，[illegible]翁逝。氏矢志撫育，備極劬勞，至於成立而氏卒，此所謂鞠躬盡瘁死而後已者歟。

潘氏鍾欽六妻。二十一孀，欲以身殉，母諭之曰："爾雖無子，夫尚有親，從夫地下，弃舅姑於堂上矣。"遂節哀，孝奉舅姑，并撫侄爲嗣，年七十餘卒。

何氏佘道博妻。董氏佘自强妻。易氏佘自省妻。柯氏佘自新妻。何年二十九孀，無子，與諸侄同居，侄相繼亡。董年二十二，易年二十一，俱無子，惟柯有四子。均奉何如姑，矢志勵節，艱苦無怨，族里憐而敬之。易之初孀也，將以身殉，其父諸生易光明泣曰："必成爾志，俟我身後可耳。"父歿，氏遂絶粒而死。嗚呼！若氏者，節與烈兼之矣。

欒氏福慶里張盈孝妻。二十二孀，家貧，無子，姑諷改字，氏泣不從，養姑以終。

馮氏石玠有妻，進士馮之圖曾孫女。十六于歸，三月夫夭，矢志事姑。越十四年，夫兄璞有生次子鏜光，氏撫於呱呱之中，以養以教，後中乾隆壬申恩科舉人，曾孫時和、元孫建點，俱舉人。

賈氏鍾振敉妻。敉父良知，官善化教諭，隨往。敉卒，氏年二十一，矢志撫侄光遇爲嗣，苦節四十載，遇後補諸生。

劉氏曹自卓妻。十八適卓，六月而孀，哀毁骨立。立嗣職鎧，以節終。

汪氏袁承徽妻。于歸一載，徽卒。遺腹生子，三歲復殤。室如懸磬，歸母家以終冰操。

何氏成世都妻。

程氏成世豐妻。何生子六月夫故，撫孤生孫，子夭孫亦夭，其祀遂斬。程氏夫亡，遺腹生子，與姒何氏同矢柏舟，奉姑訓子，州牧高公以"松筠雙貞"額奬之。

尹氏王保柱妻。

明氏王居愷妻。尹年二十孀，撫侄居愷爲嗣，守節三十四年，愷娶明氏生二子卒，守節亦如姑。

陳氏劉元轍妻。轍業儒早逝，僅生一女，氏孝事舅姑，雖竟[illegible]殘襦蔽體，泊如也。

鄒氏諸生孔毓脺妻。十九而孀，無子，所親私媒之，氏[illegible]其議始息，以節終。

李氏年十八適劉某，半載夫出貿蜀旋亡，年少無子，或諷他適不從，家貧常[illegible]一食，卒以節終。

江氏李甯遠妻。二十三孀，艱貞自矢，老而無依，族人以侄之蓮嗣之。

成氏王德仕妻。二十于歸，生一女。夫亡，茹荼勵節，計五十年。郡守戴公、州牧佟公并奬以額。

石氏劉之宋妻。二十一孀，斷指自誓，撫嗣子，以苦節終。

黄氏柯成商妻。年二十九守節，撫孤子景涵，長爲名諸生。

談氏柯景顔妻。二十六孀，無子。奉姑孝，姑殁，不食數日。賴叔姑、節婦黄氏勸諭，遂以節終。

瞿氏易啓疆妻。幼讀書，慕節烈，見再醮婦輒曰：“何不似古某某也。”年十六于歸，未半載而孀，閉户自經，氣已絶矣，救之，逾時始蘇。起奉舅姑，撫侄爲嗣。後有媒者，氏覺，剪髮破面，以矢不二，人以爲有古烈女風云。

成氏程敬五妻。二十五孀，遺三女，翁憂鬱卒。氏勤針黹，事姑撫女，以節終。

侯氏潘祐堂妻。十七于歸，未逾月孀。投繯將斃，救之獲甦，乃鎖閣誓志，卒全冰操。

鮑氏鄭啓沃妻。二十孀，遺腹生子，食貧事姑。子公搏、孫韜，俱諸生。

阮氏袁俊明妻。譚氏袁蕃臣妻。阮年二十孀，撫遺腹子蕃臣，長娶譚氏，生子懋良。逾年，蕃臣卒，譚氏矢志，姑婦相依。乾隆己巳，旌表建雙節坊。

曹氏柯和鍾妻。馮氏柯顯仁妻。曹年二十一守節，撫遺腹子衍運，娶黄氏，生子顯仁。而衍運夫婦殁，氏撫孫成立，娶婦馮氏，生子景。而顯仁卒，景亦殤，馮年二十六守節，矢志如祖姑。乾隆間捐萬金修興、冶連界海螺堤石橋五座、路五百餘丈，行人呼爲節婦橋，卒年七十二。

石氏徐萬吉妻。葉氏徐聿觀妻。石年十八孀，撫遺腹子聿觀，娶婦葉氏，生子希�。甫週歲而聿觀卒，姑婦共勵冰操，歷五十年，知州張公奬以額。

石氏袁懋衍妻。二十一孀，撫遺腹子士弼，冰霜自勵，孝事繼姑。姑殁，葬祭盡禮。

陳氏柯元志妻。二十四孀，撫遺腹子强生，舅姑欲奪其志，剪髮自誓，姑復虐使之，氏惟順受而已。

吴氏程文定妻。二十一孀，撫遺腹子應績。家貧，自啖草實，而事翁力具甘旨，族黨賢之。

陳氏趙承全妻。年十九孀，翁姑早殁，撫遺腹生子揆一，以節終。

鄧氏徐省裔妻。生一子而孀，舅姑以家貧，私令媒之。氏覺，泣曰："婦得長奉老人，撫孤成立，庶可告泉下人耳。"卒守艱貞以老。

陳氏黄茂柱妻。年十七孀，撫遺腹子，孝奉舅姑，守節以終。

王氏李右孟妻。生子之昇、之昱，年二十九孀。家徒壁立，躬操作以事舅。後之昱以孝聞，母子同日受旌。孫應熙，翰林院庶吉士。

劉氏梁方迪妻。二十六孀，撫三歲孤先佐，躬紡績以事孀姑。雍正九年旌。

馮氏劉宏育妻。宏育，廩生。方氏劉元孟妻。馮氏，進士之圖女，二十婦孀，子元孟甫三歲，矢節撫孤，左右惟一老婢。元孟長，娶進士方師誨女孫，生男甫三月，而元孟卒，方時年二十七。家勢中落，姑婦相依爲命。馮卒年八十五，方氏哀毁，閨門嚴肅，一守姑風。

吴氏貢生佘士久妻，明經一生女。士久才而不禄，氏年二十五撫孤湘蘭，讀書入泮。康熙戊辰，避夏逆之亂，攜子入窮谷，以利刃自隨，里黨重之。

石氏諸生侯鎮遠妻。二十一孀，茹荼撫孤子澤愷，後爲諸生。曾孫光裕，雍正己酉舉人。

朱氏柯祥立妻。二十六孀，奉姑撫孤，苦節六十二年卒。孫隆錕，庠生。

馮氏司裔隆妻。年二十孀，遺二女，孝事繼姑，以節終。

賈氏華孟若妻。陳氏華可琳妻。賈年二十孀，遺孤可琳。氏矢志撫之，值歲祲，翁諭他適，氏往哭夫墓，歸而自經，救之得生，復剪髮破面，示不可奪。可琳娶婦陳氏，生子七月而琳卒，陳氏依姑，苦節不二。

鄧氏劉貴妻。年二十孀，孤僅七月，矢志撫之，紡績事姑，壽登九十。子長而夭，媳石氏節亦如之。

鄧氏李右萃妻。二十六孀，子之玉方二歲，家人欲奪其志，氏訴於官乃寢。後玉生子應前，甫週歲玉卒，氏復撫孫以終。

梁氏府庠生曹可作妻。幼通女史，二十五孀，矢志撫二孤，躬勞苦，嚴課讀，卒年六十六。厥後如鼎乾及鐸立功等，俱列諸生。

馮氏諸生劉之亨妻。二十八孀，子景命、景仰俱幼，氏奉姑訓子，不辭勞瘁。一夕火作，負姑出烈焰中，得無恙，守節四十二年卒。

馬氏石大容妻。周氏石大安妻。馬年二十六守節，撫二孤，訓誨不倦。周年二十三孀，子秉彝甫七月，閉門投繯，姑救獲甦，遂同姒設榻於孀姑床側，相左右焉。

吴氏鄒子順妻。二十八孀，子定國、安邦俱幼，奉姑孝養，課子成名，卒年七十二。

李氏諸生謝繩武妻。二十八孀，子家誥六齡、家詵甫週，矢志守節，敬事舅姑，禮法自防，義方垂教。家誥舉人，家詵食餼。

謝氏董儒棟妻。二十守節，撫孤成立。

鄧氏萬廷暹妻。十七于歸，生子家彬，甫二齡而寡，遺腹生子家文，俱撫之成立。

陳氏李子芝妻。蔡氏李良彦妻。陳年二十三守節，撫孤良彦，娶婦蔡氏，生孫紹膺，三月彦卒，蔡年二十七，以苦節終。

羅氏費翰武妻。適費三載，夫亡，子僅六月，撫之成立，事舅姑惟謹，郡侯黄額獎之。

柯氏監生費瓛錫妻。年廿七孀，撫嗣在宏，守節三十餘年。

舒氏向義先妻。年十八于歸，生子國印孀，撫之成立，年七十卒。

邢氏曹孔書妻。年二十守節，孝事孀姑，撫孤可隆成立，至老不渝。

柯氏陳汝元妻。年二十孀，念舅姑年老，二孤在抱，矢志守節，卒年七十八。

石氏曹自糾妻。年二十于歸，事翁姑惟謹。夫故，守節課子，卒年七十。

劉氏程文宣妻。家貧，忍飢奉翁姑。夫病，刲股以療。夫卒，氏年二十六，撫孤成立，守節四十年。

蕭氏宣化坊盧遠明妻。年十八于歸，生一子而孀，孝奉高堂，脱簪訓子，苦節五十餘年卒。

馬氏許光宗妻。年二十孀，提甕析薪，以養姑鞠子，苦節以終。

李氏曹立左妻。適曹五載而寡，孤甫三歲，剪髪自矢。孝孀姑，隆師傅子雲，列州庠。

張氏從五龍妻。年二十孀，泣曰："我當追蹤從二姑耳。"吞金，家人救之，死而復生，撫孤輔益，卒年六十。

胡氏張道邇妻。年二十孀，矢志撫孤，奉姑竭力，苦節三十餘年。子大鵬，列宫墻。

方氏程準先妻。劉氏程應坪妻。方年二十六孀，撫三孤。長子應坪，弱冠入泮，早卒。媳劉氏勵節如姑，孝亦如姑。

陳氏許應煬妻。年二十孀，遺孤尚稺，舅姑繼亡，苦節四十四年卒。

石氏許應輝妻。年十九孀，奉舅姑，撫遺孤，苦節四十餘年卒。

吴氏石有方妻。年十九孀，生子未週，舅姑垂暮，氏克盡孝慈，守節三十年終。

明氏李之寧妻。年二十三孀，撫遺孤，苦節三十七年終。

柯氏庠生劉光甲妻。十八于歸，生子慶澤，數年夫歿，遺腹生子慶池，皆撫之成立，事舅姑以孝聞。

葉氏蔡良易妻。二十五孀，守節以終。

馬氏陳宗琬妻。年二十孀，遺孤希理甫六月，撫之成立，守節四十年。孫夢祖，庠生。

姜氏潘尚允妻。十八于歸，越七載夫歿，剪髮誓守，事病翁十二年，躬親扶持，以節孝著。

鍾氏劉慶選妻。教諭鍾良知女孫。二十五孀，遺孤甫週，悲號幾絶。繼姑侯氏，患疾五載，氏竭力侍奉，課子登賢補諸生。

李氏袁良楫妻。生子承燧、承卓而孀，絶食瀕死，復强起撫孤。治舅姑喪，克盡禮。兩子繼卒，遺孫秉檠，煢煢相依，苦節三十七年。

程氏張裔蔡妻。年二十一生子，逾月而孀，紡績撫孤，以節壽終。

洪氏鄭之鸞妻。年十九孀，矢志撫孤。孤將娶婦而夭，以侄承祀，亦夭。苦節五十八年，老而無依，卒於母家。

王氏徐朝梃妻。二十三孀，立嗣守節，卒年六十二。

何氏明良德妻。二十二孀，遺孤六月。舅繼歿，事姑甚謹，苦節三十三年卒。

唐氏原任廣西副將王國用冢婦。少知書，年二十九孀，屏去華麗，孝養舅姑，子建侯，恩賜監生。

程氏易通伯妻。二十七孀，撫孤光霞、光照，上奉舅姑，皆取給於十指，以節壽終。

王氏明崇武妻。二十七孀，無子，姑老多病，氏竭力以養，扶持調護，歷三十年，晚歸母家，茹苦以終。

吴氏鄭良啓妻。二十六孀，家貧，奉姑孝，撫二孤成立，苦節三十九年卒。

李氏程建勳妻。十六孀，舅姑早卒，遺孤亦夭，苦節六十餘年。知州魏公額以獎之。

劉氏盧茂春妻。二十孀，生一女，依夫弟以活。未幾，夫弟及娣相繼亡。遺三子，氏撫之，織紉辛勤，俾諸侄成立，苦節四十餘年卒。

馬氏豐葉里石必達妻。康熙壬戌春，夫負薪，死於虎。氏年十九，矢志撫嗣子。越八年五月，有虎入室，傷翁臂，氏徒手斃之，若有神助。復嚼蛣蜣，以愈翁傷，供養二十餘年。翁歿，乞助以葬。七十以苦節終。

吴氏生員劉漢書妻，進士豈黄女孫。二十七孀，絶粒數日，旋起，奉舅姑，撫孤士芬列膠庠，守節四十六年卒。

黄氏陳公鉉妻。孝事孀姑，年二十一夫故，撫孤東川。矢志守節，每值寒食，親詣墓所祭奠涕泣，歷六十年如一日。

譚氏慈口里朱必展妻。二十六孀，矢志守節，姑患疾四載，晨夕調護弗懈。

鄭氏庠生柯唐洲妻。吴氏柯愈晟妻。二氏姒娣也，鄭年二十四孀，無子。吴歸晟數載，産二女，娶妾傅氏，生子東表，甫週而晟故，妾亦繼逝。二氏共勵清操，鞠孤子，嘗指東表嘆曰："柯氏不絶，此一綫耳。"相對而泣，鄭苦節四十二年歿，吴苦節二十二年歿。

程氏盧以陽妻。生子斯龍，甫二齡，陽卒，織紉供姑，教子成立。

張氏程天葵妻。年二十三孀，撫孤成立，娶婦柯氏，生孫未週而子卒，媳亦誓守，姑婦苦節各數十年。

江氏石宏殷妻。十九于歸，未三月孀，守節奉舅。舅歿，殯葬如禮，歷三十餘年，齋戒自持以終。

楊氏李國楨妻。金氏李文林妻。楊年二十六守節，撫侄文林爲嗣，娶婦金氏。未幾林歿，金斷髮矢志，孝事孀姑，撫侄建都承祀。

附録　先年採訪未詳里居節婦

王氏生員梁方起側室。年廿五守節撫孤，歿年五十一。乾隆元年題旌。

劉氏曹得解妻。年廿八守節，孝舅姑，撫孤成立，卒年五十三。

張氏董正信妻。年廿四苦節，撫孤之筆成諸生，歿年八十。

樂氏周以和妻。年廿三守節，奉舅姑立嗣，嗣嘗刲股以療母疾，歿年七十六。

嚴氏柯愈熾妻。年廿三守節撫孤，孝事舅姑，歿年七十九。

李氏劉長青妻。年廿六守節立嗣，事姑盡孝，歿年六十。

石氏胡紹綖妻。年廿一守節撫孤，孝事舅姑，歿年六十七。

王氏石仁忠妻。年廿五守節，撫孤奉姑，歿年七十八。

阮氏石泰鑒妻。年廿三守節奉孀，歿年五十二。

熊氏蔡永年妻。乾隆三十八年題旌。

翟氏程應鼇妻。乾隆三十八年題旌。

樂氏張宗仁妻。乾隆五十八年題請，見省志。

陸氏曹焕達妻。

王氏方開榮妻。

汪氏王履清妻。

熊氏魯士楚妻。乾隆五十六年旌，見省志。

石氏潘衡右妻。

石氏曹興麟妻。

姜氏潘學壽妻。嘉慶二十三年題旌。

陳氏王永遐妻。嘉慶十五年題旌。

鄧氏郭從昱妻。

李氏黄鳳聖妻。道光十二年題旌。

徐節婦佚其夫名。道光間題旌。

明氏蔡恒青妻。道光十六年題旌。

田氏柯勝興妻。年廿三守節，撫遺腹子，奉姑，没年八十一。

董氏石府永妻。年廿五守節，撫孤養姑，没年七十七。

王氏成先延妻。

舒氏程應典妻。年廿七守節，撫遺腹孤，孝舅姑，没年六十。

樂氏阮永國妻。年三十苦節撫孤，没年七十四。孫鼎元，諸生。

劉氏方見南妻。年廿四守節，没年九十。

石氏羅仲帛妻。年廿六守節撫孤，孝奉舅姑，没年五十。

李氏王隆棣妻。年廿六守節，没年五十五。

王氏馮祖耀妻。年廿五守節撫孤，没年五十二。

王氏樊廣雪妻。年廿六守節撫孤，没年五十八。

吕氏吴德濂妻。年廿七守節立嗣，孝養舅姑，没年六十九。

許氏馬期洋妻。年廿一守節立嗣，孝事舅姑，没年四十五。

陳氏張克武妻。年廿八苦節撫孤，没年八十三。

魯氏王肇乾妻。年廿四守節，没年六十六。

周氏樂宗儀妻。年廿三守節，没年七十。

孫氏張瑞彩妻。年十九守節，没年六十一。

成氏王文相妻。年廿五守節，没年七十四。

劉氏徐長春妻。年廿四守節，没年五十八。

方氏張榮秋妻。年廿六守節撫孤，没年七十二。

李氏程才江妻。年二十守節，撫孤建楷，没年四十九。

黄氏程建楷妻。年廿八守節，没年五十。

羅氏舒德鈺妻。年三十守節撫孤，没年六十八。

曹氏袁太珊妻。年廿九守節撫孤，姑疾，刲股以療，没年七十二。

彭氏方開經妻。年廿四守節撫孤，孝事翁姑，没年七十五。

黄氏方銘席祖母。年廿七守節，没年七十五。

余氏徐洪田妻。年廿三苦節，没年七十四。

李氏阮善作妻。年十九守節，没年七十二。

蔡氏彭宗煌妻。年廿八守節，没年八十。

陳氏劉荆源妻。年廿六苦節撫孤，孝事舅姑，没年六十一。

陳氏劉士昌妻。

成氏孫承乾妻。年廿八守節以終。

石氏吕明焕妻。

成氏柯道枝妻。年十八守節以終。

舒氏陳道三妻。年廿八守節以終。

邱氏曹松嶺妻。年廿五守節以終。

舒氏洪道松妻。年廿五守節以終。

蔡氏明鳳師妻。年廿七守節以終。

王氏陳禪書母。年廿三守節，没年六十。

姜氏彭清遠妻。年廿八守節以終。

洪氏羅忠貞妻。年十九守節以終。

熊氏馮正貴妻。年廿七守節以終。

賈氏王文琳妻。

張氏張藻亭女。年廿七守節，没年六十。

洪氏王建國妻。年廿一守節撫孤，没年六十一。

鄭氏徐南璧妻。年廿七守節，没年五十七。

孔氏陳世伊妻。年廿三守節，没年五十四。

□氏黄國賓妻。年廿六守節，没年五十七。

潘氏柯一峰妻。

樂氏袁耀炘妻。年廿七守節以終。

許氏周光榮妻。年廿四守節，没年六十。

黄氏張京宏妻。年廿六守節，没年五十五。

柯氏張星璧妻。年廿一守節，没年六十二。

石氏劉鳳來妻。年廿一守節立嗣，孝事孀姑，没年七十五。

鄭氏鄧御賓妻。年十八守節，没年五十五。

袁氏羅甫鏜妻。年廿四守節以終。

周氏張昌逢妻。年廿三苦節以終。

劉氏陳思暄妻。年廿四守節以終。

石氏劉良梅妻。年廿四守節，没年四十九。

程氏黄慶樹妻。年十八守節以終。

汪氏許崑源妻。年廿四守節，没年六十五。

李氏永福里艾選科妻。年十九守節，撫前氏二歲孤文渠成名。

王氏黄岐山妻。年十八守節以終。

伍氏陳繼寬妻。年廿九守節以終。

葉氏王武謀妻。年廿一守節，没年五十一。

劉氏陳麒宗妻。年廿二守節以終。

鄧氏袁世裔妻。年廿五苦節，没年五十九。

劉氏徐時坦母。夫故守節以終。

孫氏石自福妻。年十九苦節，没年八十。

王氏袁崇國妻。年廿八苦節立嗣，没年六十。

邢氏貢生邱楚璧妻。夫故，守節以終。

朱氏袁高文妻。年廿六苦節立嗣，没年七十。

石氏吴根迪妻。年廿七守節撫孤，孝事翁姑，没年七十六。

鄧氏陳以安妻。年廿七苦節撫子，子夭，復撫孫，没年八十。

阮氏袁崇蒸妻。年廿三苦節立嗣，没年六十一。

梁氏袁世矽妻。年十九守節立嗣，没年六十七。

汪氏袁崇沔妻。年廿四守節立嗣，没年七十二。

汪氏李善傑妻。年廿七苦節撫孤，没年三十五。

潘氏吴大熙妻。年廿一守節，没年五十九。

劉氏趙先諫妻。年三十苦節撫孤，没年七十二。

朱氏鄭蘭亭妻。年十七守節撫孤，孝舅姑，没年四十二。

潘氏許繼榛妻。年廿六守節撫孤，没年六十五。

徐氏袁崇熑妻。年廿四守節撫孤，完娶而殤。媳阮氏侍姑守志，立嗣承祀，氏没年六十。

劉氏洪盛揚妻。年廿四守節撫孤，没年七十七。

徐氏朱守標妻。年廿三守節以終。

王氏成祖蘭妻。年廿八守節撫孤，没年三十八。

陳氏劉成璜妻。年廿三孀，撫孤。孤長而夭，偕孀媳守節以終。

鄭氏王朝近妻。年廿六守了撫孤，没年七十。

孔氏劉士涵妻。夫故守節，嘉慶三年題請。

張氏程懷周妻。年十九守節撫嗣以終。

葉氏董儒模妻。夫故守節以終。

阮氏陳繼輝妻。年十九守節撫孤，奉舅姑以終。

馮氏程建惠妻。

劉氏李興漢妻。見省志。

劉氏石岩妻。見省志。

程氏柯興楠妻。見省志。

劉氏程應坪妻。見省志。

盧氏程逢年妻。見省志。

秦氏劉萬仕妻。見省志。

衛氏程應坎妻。見省志。

明氏王朝相妻。見省志。

明氏吕金台妻。見省志。

馬氏費觀台妻。見省志。

劉氏柯時懋妻。見省志。

方氏石肇甲妻。

柯氏余道倫妻。見省志。

鄭氏劉萬琥妻。

馮氏柯乾元妻。見省志。

鍾氏鄭武祚妻。

吴氏柯洪儼妻。見省志。

蔡氏董某妻。

余氏金章懷妻。見省志。

金氏樊廣熊妻。

王氏李某妻。見省志。

劉氏洪道瑚妻。

胡氏柯蔚唐妻。見省志。

馬氏石如楠妻。

柯氏劉光清妻。

成氏駱永坤妻。

劉氏趙泰純妻。

邢氏潘庭秀妻。

王氏潘德楂妻。

陳氏潘家祁妻。

許氏方德松妻。

王氏陳位南妻。

石氏趙弼臣妻。

柯氏陳德清妻。

洪氏駱永東妻。

華氏王義持妻。

趙氏陳靈秀妻。

程氏吕兆漢妻。

劉氏駱永來妻。

明氏李聖紅妻。

周氏石亨洮妻。

成氏王世卜妻。

孔氏王文延妻。

石氏吕明燦妻。

王氏馮用圭妻。

王氏華亮賢妻。

譚氏李大廸妻。

劉氏王武絢妻。

趙氏潘嘘雲妻。

補　　録此係舊志所遺。今據採訪册核其年代，應在舊志之中者，彙列於此

節孝婦

朱氏辛安里石縣然妻。年二十九守節，艱難撫孤，歿年七十四。

司氏懷仁里生員劉樞妻。年十七適樞，甫一年，樞遠遊不返，無嗣，氏年七十以節終。

石氏懷仁里梁楚立妻。年十九守節，時值喪亂，艱苦流離，撫育遺孤，卒延宗緒，歿年八十。

汪氏懷仁里馬思聰妻。年十二四守節，歿年八十四。

梁氏崇仁里劉崇文妻。年二十四守節，歿年五十七。

柯氏永城里吕興政妻。年二十五守節，歿年四十二。

侯氏永城里曹卓爾妻。年二十三守節，食貧撫孤，歿年六十。

戴氏長慶里堯福宇妻。年二十六守節，族豪逼嫁，抵死不從，歿年八十三。

朱氏上陽辛鄭漢卓妻。年二十二守節，撫孤洪範成諸生，歿年六十二。

王氏永章里柯增直妻。年二十八守節，孝事翁姑，撫二孤，次子世厚成諸生。歿年六十五。

徐氏中豐樂里柯世權妻。年二十五守節，歿年六十餘。

石氏中豐樂里劉國宏妻。年二十六苦節撫孤，歿年七十三。

陸氏下豐樂里趙繼興妻。年二十三守節撫孤，歿年七十三。

劉氏下豐樂里趙嘉尚妻。年十八守節撫孤，歿年六十。

鄭氏慈口里徐文成妻。年二十九守節撫孤，歿年六十四。

祝氏興教里柯啓文妻。年廿九守節撫孤，歿年七十八。

曹氏尊賢坊鄢萬才妻。夫故守節，乾隆二年建坊旌。

汪氏寶政里徐上妻。年二十八守節，歿年七十三。

黄氏寶政里費道藻妻。年三十守節，孝翁姑，撫孤，歿年五十六。

程氏永章里王元卿妻。年二十六守節，歿年八十。

胡氏永章里王時珊妻。年二十四守節，歿年七十一。

卷之二十六

列女志

節孝婦分里上

華氏張允燕妻。年二十守節撫孤，歿年八十。

石氏張令嗣妻。年二十一守節，養姑立嗣，歿年八十一。

秦氏張令名妻。年二十孀，食貧撫孤，守節四十年歿。

廖氏沈紹峥妻。年二十八守節，歿年八十二。

明氏郭鍾煇妻。于歸三年夫故，立侄爲嗣，苦節四十六年。嘉慶十年建坊旌。

易氏王景孟妻。年二十九守節，歿年六十九。

程氏州同蔡克齋妻。年廿四守節撫孤，歿年七十六。建坊旌。

袁氏劉典嗣妻。事太翁、太姑及繼姑以孝聞，年二十八守節，遺孤二，相繼殤，滋泣喪明，歿年五十四。彙旌總坊。

吕氏俞開泰妻。年二十七守節，刲股療姑，撫孤成立。

姚氏易輝玉妻。年三十守節，撫二子成立。

成氏陳維則妻。年十八守節，旌表建坊。

董氏吕功烈妻。年二十四守節，歿年六十七。

柯氏鄧修五妻。年二十五守節，歿年七十五。

柯氏黄端仕妻。年二十一守節，計三十年。

王氏葉朝英妻。年二十七守節，計五十三年。

胡氏葉天樞妻。年二十四守節，計五十六年。

柯氏葉天海妻。年二十四守節，計五十六年。

邢氏秦岷源妻。年二十九守節，計三十八年。

成氏陳憲園妻。年二十五守節，撫嗣成立，計廿七年。

李氏黄宇信側室。年二十九守節，計三十八年。

陳氏梁養鈞妻。年二十五守節，計四十二年。

范氏鄭運甓妻。年二十七守節，計四十七年。

袁氏生員石夢甲妻。年二十守節，計五十一年。

柯氏李興梁妻。年二十五守節，計五十四年。

阮氏李興培妻。年十九守節，孝舅姑，撫嗣，歿年七十五。列總坊。

程氏生員李錦霞妻。年二十九守節撫孤，姑病，刲股療之獲愈，氏歿年六十九。

陳氏萬宴林妻。年廿九守節，家貧子夭，歿年五十六。

石氏蔡際烈妻。年二十九守節立嗣，歿年六十九。彙旌總坊。

俞氏陳家珍妻。年二十四守節立嗣，歿年七十一。列總坊。

陳氏袁太禮妻。刲股療姑，年二十八苦節撫孤，歿年五十七。

俞氏易康錫妻。年二十九守節撫孤，歿年六十二。列總坊。

蔡氏易京琇妻。年廿四守節立嗣，刲股療翁，歿年三十四。列總坊。

吴氏易開启妻。年廿八守節，孝舅姑，歿年四十二。列總坊。

張氏易麟書妻。年二十三守節，孝舅姑，歿年三十七。列總坊。

成氏易京琦妻。年廿五守節，孝姑撫孤，計廿七年。列總坊。

陳氏易兼善妻。年二十六守節，事姑撫嗣，歿年六十五。列總坊。

鄧氏阮伊明妻。年廿五守節，孝姑撫子，計三十一年。列總坊。

吴氏阮達森妻。年廿二守節，孝翁姑立嗣，計二十八年。列總坊。

李氏阮達樸妻。年二十一守節，孝事舅姑，撫孤夭，復撫侄孫爲嗣，歿年六十一。

成氏陳麒宗妻。刲股療姑，年二十四守節，撫嗣成立，歿年六十三。列總坊。

余氏監生吕資萬妻。年二十六守節，孝翁撫孤，歿年五十三。列總坊。

程氏吕光斗妻。年二十五守節，孤夭，復撫孫，歿年五十九。列總坊。

董氏吕銹川妻。年二十一守節，遺腹生子夭，依從孫以終，年五十五。列總坊。

謝氏皮相堯妻。年二十八守節，事舅姑，存歿盡禮，課子成立，歿年八十。列總坊。

蔡氏李善江妻，年二十六守節撫嗣，計三十九年。列總坊。

方氏鄧傑銑妻。年二十六守節，教子成立，計三十四年。列總坊。

佘氏鄧傑鎮妻。年二十三守節，計三十一年。列總坊。

宋氏李克謨妻。年二十九守節，撫孤成立，存年八十一。

易氏監生李文遴妻。

羅氏李咸濟妻。易氏年三十守節，撫二孤。長咸濟早歿，羅氏年二十八守節撫孤，孝事孀姑。易氏年七十八，羅氏年五十，俱存。

石氏李興賓妻。年二十一守節，歿年七十五。

葉氏徐義敏妻。年二十九守節，計四十六年。

陳氏石名焕妻。年二十三守節，計四十二年。

柯氏石文典妻。年二十七守節，歿年六十一。

劉氏李興禄妻。年十八守節，存年七十。

劉氏李淑善妻。年十八守節，孝事舅姑，存年六十。

盧氏姜從梧妻。年二十三守節，存年六十六。

潘氏石義臺妻。年二十八守節，計二十七年。

石氏李滋善妻。年二十九守節，計四十三年。

董氏曹爲浩妻。年二十七守節，存年五十九。

馬氏秦惠遠妻。年二十四守節，存年五十九。

石氏秦久紋妻。年二十二守節，歿年六十八。

阮氏生員秦邦清妻。年十九守節，孝姑撫嗣，計三十三年。

劉氏秦方之妻。年二十餘守節，計二十三年。

周氏梁崇濟妻。年二十四守節，存年五十九。

鍾氏馬偕璧妻。年十七守節，存年五十七。

盧氏議叙八品阮經妻。年二十三守節，計三十年。

李氏阮達琮妻。年廿八守節孝姑，撫嗣成立，歿年六十六。

方氏汪景秋妻。年二十九守節，孝翁姑，教子成立，計二十七年。

胡氏葉隆江妻。年二十四守節，存年五十九。

王氏陳大治側室。年二十五守節，存年五十四。

阮氏鄧志書妻。年二十九守節，計二十五年歿。

徐氏鄧志書側室。年二十一守節，三十四年，存。

陳氏鄧方謨妻。年二十八守節，存年七十二。

陳氏俞利用妻。年二十九家貧苦節，存年五十八。

袁氏張學謙妻。年二十五守節，孝翁姑，撫嗣成立。

周氏易盛鑾妻。年二十守節撫孤，存年五十三。

佘氏明國桓妻。年二十一，家貧苦節，養翁立嗣，卒成家業，存年六十八。

謝氏佘以壂妻。年十四，聞翁病就養，未幾翁歿，姑復多疾，夙夜服勤。成室逾年，姑卒，夫繼歿，撫嗣守節，存年五十五。

楊氏葉文禄妻。年二十九守節撫孤，存年七十五，已旌。

李氏佘以銓妻。年二十一夫客死他鄉，封帛誓守，存年五十七。

吴氏陳慈義妻。年二十六苦節撫孤，存年六十。

劉氏佘以楠妻。年二十八守節，存年六十六。

鄧氏袁金堂妻。年二十九守節，存年六十。

石氏生員袁建邦妻。年二十八守節，存年六十。

劉氏生員張翼之妻。年二十六守節，家貧養姑，存歿盡禮。存年五十六。

李氏吕名選妻，幼育於吕。及笄成婚，生一子而名選卒。赤貧，紡績以養老稺，苦節四十九年。

柯氏蔡會平妻。年二十八歲守節，撫遺腹孤，存年五十九。

李氏羅仲翼妻。年二十七守節撫孤，計二十年歿。

余氏秦周萬妻。年二十一守節，計三十一年。

梁氏李克銑妻。年二十一守節，存年五十二。

柳氏生員吕大本妻。年廿六守節，撫孤成立，歿年六十六。

楊氏全雲帆側室。年二十一孀，撫孤成立，苦節三十五年，存。

陳氏明謙益妻。年二十四守節，存年五十一。

王氏生員梅廷馥側室。年二十九守節，撫孤成立，存年五十一。

張氏萬永貞妻。年二十四守節，存年五十一。

成氏鄧志芬妻。年二十五守節，計三十年。

劉氏佘生大妻。年二十二守節，計三十七年。

吴氏程順鄢妻。年二十五守節，計三十二年。

蔡氏陳彦漢妻。年二十六守節，計三十八年。

周氏陳彦真妻。年二十八守節，計四十七年。

鄭氏徐義輝妻。年二十四守節，計三十九年。

劉氏易大鎰妻。年二十八貧苦守節撫孤，存年五十一。

以上尊賢坊

石氏袁政揚妻。年二十五守節，計四十八年。

袁氏吴應珂妻。年二十家貧苦節，計三十年。

胡氏周炳文妻。年二十守節，計四十年，教子夢霖成諸生。

易氏王百朋妻。年二十七守節，歿年七十六，乾隆卅五年建坊。

鄒氏王質菴妻。年二十九歲守節，乾隆三十五年建坊。

賈氏王廣泉妻。年廿四守節，歿年七十二，乾隆三十五年建坊。

王氏生員劉大英妻。年廿九守節，撫孤成立，歿年八十三。

鍾氏生員易象妻。年廿七苦節，孝姑撫嗣，歿年五十。列總坊。

陳氏張子桂妻。年二十一歲守節，歿年六十五。已旌。

鄧氏吴樂墉妻。年二十五守節，計五十五年。

李氏周品賢妻。年二十三孀，撫遺腹子成立，計四十六年。

柯氏周允中妻。年二十九孀，家貧奉姑苦守，計五十三年。

蔡氏諸生周孔彰妻。幼通女史，年廿七守節，計四十九年。

萬氏黄光清妻。年二十八守節養舅姑，撫孤成立，存年八十二。

吴氏周自梅妻。年二十四守節撫孤，歿年七十二。列總坊。

潘氏俞鶴鳴妻。年十九苦節，事姑立嗣，計四十四年。列總坊。

劉氏黄元位妻。年二十九守節撫嗣，計四十五年。列總坊。

王氏易賢縉妻。年二十六守節，家貧撫孤，歿年七十一。列總坊。

陳氏黄巾岱妻。年二十二守節撫孤，計四十年。列總坊。

王氏袁宗秀妻。年二十六守節撫孤，計四十年。列總坊。

汪氏周濟九妻。年二十二苦節，孝繼姑撫孤，歿年四十二。

袁氏潘文漢妻。年二十九守節，歿年七十三。

宋氏吴洪檜妻。

司氏吴柱焕妻。宋年廿孀，姑子與氏子同在襁褓，姑年就衰無乳，氏哺叔必先於其子。氏子旋殤，俟叔生子柱焕立以爲嗣，娶司氏。焕歿，司年二十三，與孀姑相依爲命，宋守節五十年歿，司守節三十年，存。

柯氏監生吴元吉妻。柯氏吴柱熌妻。柯年廿九守節孝舅姑，撫侄柱熌爲嗣，娶柯氏。熌卒，柯年廿二，守節立嗣，柯歿年四十三，柯存年六十三。

潘氏監生易金堂妻。王氏易金堂側室。生子爲霖三歲，夫故，時潘年三十，王年十九，合志守節，孝養老姑。姑病，潘旦夕謹奉湯藥，王割股和羹以進。潘母家貧，弟遠貿，潘歸侍母疾，及歿，殯葬如禮，又贖弟所鬻先壟，人皆義之。王守禮老而不渝，嘗卧病，有戚屬來視，診其脉，以爲子若孫也，開目始知，怒呼子孫，切責之。卒年九十三。俱已旌。爲霖，優增生。孫簡，舉人。步瀛，拔貢；登瀛、逢瀛，俱諸生。

佘氏封職柳生棠妻。年二十八守節，孝事翁姑，孤歿，復立孫承祧，存年八十。

俞氏阮先銀妻。年二十九歲守節，歿年四十七。

胡氏張修平妻。年二十作守節，計三十四年。

潘氏陳公河妻。年二十七歲守節，存年六十六。

汪氏周傳起妻。年二十五守節，家貧撫嗣，計三十一年。

明氏周倎起妻。年二十三守節，孤夭，復撫嗣，計十年歿。

陳氏吴柱焜妻。年二十五守節立嗣，存年六十。

周氏吴敦一妻。年二十六守節，家貧撫孤，存年五十五。

吴氏孫學點妻。年廿夫客死，家貧無子，紡績以養姑，存年六十。

程氏孫本梓妻。夫病篤，割股和羹以進。夫卒，氏年廿八，家貧撫孤，存年六十。

柯氏汪啓錩妻。孫氏汪應瑍妻。陳氏汪應珞妻。柯年廿七守節，撫二孤。長應璵，娶孫氏，年二十守節立嗣；次應珞，娶陳氏，年十八守節立嗣。柯氏歿年五十七，孫氏歿年五十一，陳氏歿年四十七，一門三節，鄉里欽之。

俞氏張敬熟妻。年二十九歲守節，歿年六十九。

鄧氏俞道修妻。年二十五守節，事姑撫孤，歿年四十三。

伍氏俞有仁妻。年二十九歲家貧苦節，歿年七十七。

石氏俞道柳妻。年二十三守節，歿年六十六。

石氏俞國僎妻。年二十五歲守節，歿年七十三。

湯氏俞道維妻。年二十九守節，孝翁姑，課子成立，歿年六十二。

周氏羅士福妻。年二十歲守節，存年六十八。

王氏周宇森妻。年二十九守節，存年六十九。

吴氏周元亨妻。年二十三歲守節。

陳氏周廣至妻。年二十七守節，存年六十五。

吴氏李克訓妻。年二十七守節家貧，孝翁姑，存年五十五。

陳氏周宇波妻。年二十七家貧守節，孝翁姑立嗣，存年六十三。

董氏周啓富妻。年二十六歲守節，計五十五年。已旌。

潘氏周宇澄妻。年二十六守節，計三十四年。已旌。

李氏陳光炾妻。割股療姑，年二十四守節，計卅五年。

王氏朱全仁妻。家貧，事姑孝，年廿四守節，計四十年。

陳氏朱全信妻。年二十七孀，依孀姒王氏，守節計卅一年。

邢氏蔡忠烈妻。年二十九守節，計十五年歿。

以上宣化坊

陳氏石迪忠妻。張氏石厚星妻。陳年二十四守節，撫孤厚星，没年六十七。張年廿八守節，没年五十二。已旌。

朱氏羅虎文妻。年十九守節，撫二孤成立。没年六十餘。曾孫時雨，諸生。

石氏張英奇妻。年二十六歲守節，没年七十二。

歐陽氏馮從極妻。年二十五守節，没年七十六。

馮氏盧斯隆妻。年二十一歲守節，没年七十一。

吴氏馮顔赤妻。年二十七守節養姑，撫孤成立。彙旌總坊。孫祖惠，歲貢生，同治庚午恩賜舉人。

李氏程文舉妻。年二十八歲守節，没年九十八。

陳氏羅克大妻。年二十守節立嗣，没年七十一。

陸氏劉萬均妻。年二十五歲守節，没年七十六。

賈氏王明仙妻。年二十六守節，没年七十三。

張氏監生馮以懋妻。年二十三守節，撫三孤成立，没年八十五。

張氏馮南極妻。年廿九歲守節，没年七十一。旌總坊。

梁氏馮敬菴妻。年二十七守節，没年六十一。旌總坊。

王氏馮正杰妻。年廿三歲守節，没年五十四，旌總坊。

張氏馮正煋妻。年二十八守節撫孤，没年六十一。旌總坊。

周氏馮松舟妻。年二十四歲守節，没年七十七。

金氏馮正台妻。年二十六守節立嗣，没年六十二。旌總坊。

張氏李生湖妻。年二十六歲守節，没年五十。

袁氏馮靖菴妻。年二十七苦節立嗣，没年六十二。

樊氏李生泮妻。年二十七歲守節，没年五十七。

王氏吴平百妻。年廿四守節，撫孤成立，没年五十六。旌總坊。

石氏李士寛妻。年二十五歲守節，没年五十七。

袁氏王用恒妻。年二十守節奉翁姑，没年六十二。旌總坊。

賈氏王智隆妻。年廿八歲守節，養姑撫嗣，没年七十八。

邢氏李興日妻。年十九守節立嗣，没年五十七。旌總坊。

許氏陸元柱妻。年二十四歲守節，存年八十一。

余氏監生王國珍妻。年二十六守節，没年四十四。旌總坊。

明氏石道瑞妻。年二十五歲守節，没年六十五。

張氏石聖順妻。年二十七守節，刲股療翁，没年九十四。

張氏石厚遨妻。年二十七歲守節，没年八十六。

袁氏石家鰲妻。年二十四守節撫孤，刲股療姑，没年六十。

石氏鍾廷建妻。年二十九歲守節，没年八十五。

劉氏石廷獻妻。年三十守節，以女紅養舅姑，没年七十。
張氏羅德煌妻。年二十八歲守節撫嗣，没年七十四。
從氏羅德嶙妻。年二十八守節立嗣，没年七十五。旌總坊。
趙氏盧楷訓妻。年二十七歲守節，没年七十。
洪氏馮紹業妻。年廿九孀，撫嗣，刲股療翁，没年五十三。列總坊。
舒氏盧廷珩妻。年二十七歲守節，没年八十。
周氏董正運妻。年廿六守節立嗣，養舅姑，没年八十三。列總坊。
陸氏江大熊妻。年三十歲守節，没年八十。
吴氏楊一連妻。年廿七苦節，奉舅姑，撫遺腹孤成立，没年五十。
王氏董嘉義妻。年十九歲守節，存年八十。
鄒氏楊性誥妻。年廿九守節撫孤，没年七十。旌總坊。
郭氏劉建裕妻。年廿六歲守節，没年七十八。旌總坊。
汪氏袁光泰妻。年二十九守節撫孤，没年六十。列總坊。
舒氏華恒月妻。年二十七岁守節，没年七十九。
李氏劉長青妻。年十六孀，截指誓志，撫嗣成立。列總坊。
張氏從祖河妻。年十九歲守節撫嗣，没年四十。已旌建坊。
汪氏郭璣生妻。年十九守節，没年六十九。
徐氏馬祥智妻。年十七歲苦節自持，没年六十三。
江氏從慈桂妻。年二十一苦節撫孤，列總坊。
王氏明邦興妻。年三十歲守節，没年七十九。
阮氏監生羅茂先妻。夫故立嗣，奉舅姑罔懈。列總坊。
石氏司學然妻。年二十七歲守節，没年六十七。
彭氏鍾志藝妻。年二十四守節立嗣，没年六十餘。列總坊。
馬氏田達德妻。年三十歲守節，存年八十。
盧氏司大業妻。年二十一守節立嗣，没年七十。嘉慶間建坊。
盧氏全萬明妻。年二十九歲守節，没年六十七。列總坊。
董氏熊良松妻。年二十二守節撫孤，没年七十六。列總坊。
王氏程應官妻。年二十三歲守節，没年八十四。

潘氏司進槐妻。年二十九守節撫孤，孝養舅姑，没年六十八。

孟氏陳家珆妻。年廿九岁守節撫孤，孝奉孀姑。列總坊。

邢氏監生徐星鑒妻。年廿八守節撫嗣，養舅姑，没年七十。列總坊。

陳氏司進楩妻。嫁一年，楩卒。明年，翁没，遺二孤：概八齡，梃四齡。氏奉姑撫之。概長游泮，生子學鍠，氏子之，概復早世。鍠讀書入學，則氏督課之力也。梃亦早世，氏偕概婦盧、梃婦馮，霜幃相對，機聲互答，二娣奉氏如姑。其族翁光國孝廉，見輒嘆曰："苦人，好人。"没年七十二，道光戊戌年彙旌總坊。

梁氏王訃艮妻。年二十九守節撫二孤，没年□十。

俞氏程文謨妻。許氏程鎬英妻。金氏程才忠妻。俞年二十四守節，撫遺腹孤鎬英。許年二十九守節，撫三月孤才忠。金年十九守節，撫嗣建松。一綫相延，三孀是賴。俞没年七十二，許没年五十一，金没年七十。

許氏李承開妻。成都人，先世與李皆由興國遷蜀，以同鄉許字焉。年十六，隨夫婦興國，明年夫卒，誓死立嗣，没年六十四。

李氏石家智妻。董氏石鳳瑞妻。姑婦也。李年二十五守節撫孤，没年八十四。董年二十八守節，没年八十七。

鄭氏鍾繩武妻。年廿七孀，守節五十餘年，族戚罕見其面。撫嗣志椿娶成氏，生子而椿卒，成氏亦勵志撫孤。列總坊。

李氏陳後楷妻。年廿四守節，養姑撫孤。孤生子而没，復偕孀媳撫孫成人，旌總坊。

黄氏監生司宜棫繼妻。年二十四守節，恩撫前室子珪，援例衛千總。没年八十三，旌總坊。

柳氏江明華妻。年二十一守節，夫兄欲奪其志，氏剪髮毁容乃止，没年七十六。

王氏馮正燕妻。燕弱冠嬰羸疾，家事皆氏經紀。燕没撫嗣，養舅姑。彙旌總坊。

程氏張元焜妻。于歸四年夫故，守節四十七年没。

盧氏張裕光妻。年十六守節，没年五十三。

陳氏張克武妻。年三十歲守節，没年六十七。

劉氏羅德盛妻。年二十一守節撫嗣，没年六十三。

柯氏張家亨妻。年二十歲守節，存年五十三。

袁氏張孝洲妻。年二十一守節，存年六十一。

鄧氏張家國妻。年二十八歲孀，苦節三十八年，存。

馮氏張亨溉妻。年二十一守節，存年三十四。

皮氏張家學妻。年二十九歲守節，没年五十七。

柯氏張通進妻。年二十六守節，刲股療姑，存年六十七。

宋氏王美玉妻。年博士一歲守節，存年七十二。

譚氏王義璟妻。年二十二守節，存年五十四。

孔氏馮志美妻。年十九歲守節，存年六十五。

程氏馮從松妻。年二十守節，存年七十二。

明氏王忠濟妻。年十九歲守節，存年六十一。

石氏王文絟妻。年十八守節，存年六十七。

董氏王盛祥妻。年二十九歲守節，存年六十二。

趙氏馮德城妻。年二十二守節，没年六十八。

張氏馮正鎬妻。年二十一歲守節，没年五十七。

全氏馮祖濱妻。年二十三守節，没年六十一。

張氏馮祖鉅妻。年二十七歲守節，没年五十三。

余氏馮德文妻。年二十四守節，没年七十二。

羅氏袁高熾妻。年二十五歲守節，豐年六十二。

張氏馮祖渭妻。年二十七守節撫孤，刲股療翁，存年五十七。

余氏袁高灼妻。年二十八歲守節撫孤，存年七十二。

柯氏羅世發妻。年二十二守節，存年七十四。

馬氏羅廣璠妻。年二十三歲守節，存年六十六。

鄭氏盧我汰妻。年二十四守節，存年六十五。

曹氏盧我洪妻。年二十三歲守節，没年六十八。

石氏盧嗣珠妻。年二十五守節立嗣，存年五十八。

陳氏盧棣訓妻。年二十七歲守節，存年七十一。

佘氏盧亥訓妻。年二十五守節，存年五十七。

吴氏陸安桐妻。年十九歲孀，苦節三十五年，存。

余氏陸定玉妻。于歸四年孀，刲股療姑，守節五十七年没。

陳氏鍾盛材妻。年十八歲守節，没年四十三。

盧氏陸安宥妻。年十九守節，紡績自給，没年六十。

賈氏鍾濟洲妻。年二十九歲守節，存年五十四。

江氏陳繼閔妻。年二十四守節，存年五十七。

石氏陳繼顔妻。年二十一歲守節，存年六十一。

袁氏佘以壎妻。年二十二守節，存年五十七。

周氏全家順妻。年二十四歲守節，存年七十四。

李氏全心一妻。年二十七守節，存年五十三。

歐陽氏樊善富妻。年二十歲守節，存年六十五。

陳氏馬顯茂妻。年二十三守節，存年六十二。

謝氏宋德啓妻。年二十六歲守節，存年六十三。

胡氏董正直妻。年二十七守節，刲股療姑，存年七十。

余氏馬顯楓妻。年二十歲守節，存年六十八。

王氏貢生鄒光祖妻。年二十七守節撫孤，存年六十。

邢氏孫本朝妻。年二十五歲守節，存年六十二。

徐氏潘運湘妻。年二十八守節，存年七十四。

趙氏马尚裕妻。年二十五岁守節，存年七十七。

張氏徐祖名妻。年二十四守節，存年七十四。

程氏從明發妻。年二十九歲守節，没年五十六。

余氏佘敦炳妻。年二十三守節撫孤，存年六十六。

張氏倪達全妻。年三十風守節撫孤，没年五十四。

王氏吴相坤妻。年二十九守節，存年七十。

方氏華國文妻。年二十七歲守節撫孤，存年六十三。

趙氏董嘉利妻。年二十苦節，撫遺腹孤，存年六十六。

邢氏程建杜妻。年二十八歲守節立嗣，没年四十九。

馮氏程建珀妻。年二十八守節，存年六十二。

倪氏江大連妻。年二十八歲守節，存年六十五。

王氏董永東妻。年二十守節，撫孤養姑，丐食以給，存年五十九。

石氏余崇英妻。年二十八歲守節立嗣，存年六十三。

程氏樊本垙妻。年二十七守節，撫孤兆圭成諸生，没年七十。

向氏余德雄妻。年二十六歲守節，存年五十五。

范氏諸生程茂煌妻。年二十七守節，丐食撫三子，存年六十七。

黄氏盧修其妻。年二十四歲守節，存年六十六。

徐氏盧嗣玠妻。年二十七守節，奉舅姑撫孤，存年五十四。

程氏徐華虞妻。年廿六歲守節，奉翁撫孤，没年四十六。

阮氏董兆濂妻。年二十五守節，没年六十四。

馮氏司進梃妻。年廿七歲守節立嗣，没年七十一。

袁氏余仁墀妻。年二十六守節，没年六十一。

阮氏袁光純妻。年二十四歲守節，存年五十八。

董氏羅世貞妻。年二十七守節撫嗣。嗣夭，遂依侄孫以老。

王氏余德珍妻。年二十五歲守節，茹苦以終。

樂氏盧聖基妻。年二十四守節撫嗣，没年四十四。

柯氏盧我洋妻。年二十五歲守節，存年六十。

易氏盧我昇妻。年二十一守節，養姑立嗣，没年五十八。

盧氏司進渠妻，孝廉光國冢婦。年二十五守節撫孤，承順翁姑，没年七十五。旌總坊。

曹氏董嘉雄妻。年二十八守節，撫三月孤，躬親樵汲，孤長復夭，貧苦愈甚，存年五十八。

馮氏盧嗣杞妻。年二十三歲守節，存年五十二。

陸氏徐業啓妻。年二十八守節，没年四十九。

葉氏董巨川妻。年二十一歲守節，存年五十二。

司氏陳德杰妻。年二十六孀，苦節二十五年，存。

朱氏吏員王良剛繼室。年二十三歲守節，存年五十一。

谢氏王巨雄妻。年二十一守節，存年五十一。

袁氏程建貞妻。年二十歲守節，没年四十一。

張氏石亨楷妻。幼育於石，成婚二年而孀。守節，存年五十一。

馮氏程建望妻。年二十三歲守節，存年五十二。

邢氏盧嗣璪妻。年二十六苦節撫孤，存年五十二。

盧氏監生譚體和繼室。年二十四守節撫孤，恩撫前室子，刲股療翁，存年五十一。

以上宣化里

鍾氏趙交會妻。年二十八歲守節，没年六十五。

张氏汪士焬妻。年十九守節，没年七十四，乾隆間建坊。

張氏孟曰意妻。年二十四歲守節，没年五十九。

盧氏賈學璠妻。年二十四歲守節，没年五十九。

趙氏潘贊虞妻。年二十三歲守節，没年八十。

王氏賈學瑞妻。年二十四歲守節，没年七十三。道光間建坊。

潘氏汪基堂妻。年二十四歲守節撫孤，没年七十。

董氏賈學琦妻。年二十五守節立嗣，没年六十，嘉慶間建坊。

盧氏張星浩妻。年二十六守節，撫孤成立，没年四十六。已旌。

潘氏張文星妻。劉氏張宫列妻。汪氏張曜昌妻。潘年二十五守節，撫孤宫列。劉年二十一守節，立嗣曜昌。汪年十九守節立嗣。潘卒年八十，劉卒年八十餘，汪卒年六十餘，并列總坊。

石氏張天頊妻。年二十一歲守節，没年七十。

石氏賈建業妻。年二十三守節撫孤，刲股療翁，没年八十六。

王氏潘德虎妻。年十九歲守節，没年三十五。

佘氏賈懃業妻。年二十四歲守節立嗣，没年七十七，列總坊，詳省志。

從氏潘席珍妻。年二十歲守節，没年六十八。

舒氏生員賈遇章妻。年二十九守節，撫孤成立，存年八十一。

許氏趙萬明妻。年二十六歲守節撫二孤，没年七十四。

張氏賈遇彧妻。年二十六，彧遠游不返，矢志立嗣，没年八十一。

姜氏張麒星妻。年二十二歲守節立嗣，没年八十。

葉氏袁步雲妻。年二十七歲苦節撫孤，没年七十六，入省志。

汪氏賈遇銓妻。年二十六歲守節，没年七十六，已建坊。

程氏袁官德妻。年二十九孀，奉姑撫子，没年八十三。孫光澍，廪生。

潘氏賈盛渚妻。年二十一歲守節立嗣，没年八十。列總坊。

嚴氏柯光庭妻。年二十五歲守節撫孤，孝舅姑，没年八十，列總坊。

黄氏張曜宏妻。年二十九歲守節立嗣，没年五十三。

嚴氏賈遇圭妻。年二十一守節撫孤，没年五十八，列總坊。

柯氏賈學詩妻。年二十九歲守節，没年七十。

鄒氏張曜銀妻。年二十九苦節撫四孤，老不逾閾，没年七十九。

舒氏張曜錢妻。年三十歲守節，没年七十。

羅氏賈享業妻。年二十四守節撫孤，刲股療翁，没年五十四。

余氏生員賈雙衍妻。年二十九歲守節，存年八十五。

柯氏王良月妻。年二十四守節立嗣，孝事舅姑，没年八十。

方氏张星祐妻。年二十九岁守節撫孤，没年八十。

张氏金南秩妻。年二十五守節奉翁姑，撫二孤，没年六十。

吴氏陳聖德妻。年二十八歲守節撫孤，没年六十。

馮氏黄奇淮妻。年二十歲守節，撫孤成立，没年七十。

黄氏柯勝均妻。年二十九歲守節，没年六十。

李氏汪永洳妻。年二十五守節，没年六十五。列總坊。

馬氏柯理平妻。年二十七歲守節，没年三十七。

范氏汪厚銀妻。年二十守節，刲股療姑，没年八十。

袁氏汪厚銓妻。年二十四歲守節，嚙指矢志，没年三十五。

向氏蔡尚武妻。年二十六守節撫孤，没年八十五。

王氏柯敦廣妻。年二十九苦節撫孤，没年六十一。

竇氏黄加祝妻。年二十八苦節，奉翁姑撫孤，冰操以終。

程氏王文慶妻。年二十七守節，奉姑撫孤，没年七十。

賈氏袁懋璋妻。年二十一守節，奉孀姑立嗣，没年七十餘。蔡氏張天秀妻。年二十二守節撫孤，奉舅姑，茹苦以終。

汪氏賈懋璋妻。年二十一守節，奉姑撫孤，苦節以終。

周氏王安啓妻。年二十一守節，撫八月孤，没年八十餘。

張氏孟宗柱妻。年二十二守節，撫三月孤，没年七十五。

吕氏馬尚利妻。年二十一守節，没年七十九。

石氏潘運瑜妻。年二十四守節存年七十九。

柯氏余星平妻。年二十七守節，没年七十七，已旌。

徐氏柯增河妻。年二十三守節，孝事衰翁，撫孤成立，没年六十六。

王氏張洣列妻。年二十九守節撫嗣，没年八十八。

袁氏監生易鴻遠妻。年三十孀，奉舅姑立嗣，没年七十。列總坊。

陸氏陳公堯妻。年三十守節，没年六十八。

賈氏袁秉章妻。年二十四守節立嗣，奉衰翁，没年六十。

湯氏王定仙妻。年二十一守節，冰操以終。

樂氏夏茂逌妻。年二十七苦節，奉孀姑，没年四十三。

嚴氏汪永藻妻。年三十守節，没年六十三。

黄氏張永遠妻。年二十苦節撫孤，孝奉舅姑，没年六十。

鄧氏張賢天妻。年二十五守節，没年六十二。

賈氏汪厚炳妻。年二十六守節，奉孀姑撫孤，没年八十一。列總坊。

金氏張虞廷妻。年二十四歲守節，没年八十九。

汪氏張星洪妻。年三十守節，没年八十。

張氏金國榕妻。年二十六歲守節，存年八十。

賈氏袁存淦妻。年二十七守節立嗣，没年七十二。

柯氏汪厚瑛妻。年二十一歲守節撫孤，没年三十六。

柯氏汪永享妻。年二十三守節，没年五十七。

江氏柯昆垣妻。年二十三守節，没年七十八。

陳氏潘元煐妻。年二十七守節，旌總坊。

歐陽氏李興鳳妻。年二十四孀，奉姑撫孤，苦節以終。

汪氏陳順武妻。年二十五孀，孝翁姑撫孤，賙恤族里，没年六十。

潘氏張永學妻。年十七夫故，葬畢自經，家人解救，二日始苏，遂矢志奉瞽翁撫嗣。嗣夭，復撫嗣孫，没年七十。

蔡氏王安輔妻。年廿四守節，没年七十八，知州阿霖獎額“鐵骨天成”。後其家不戒於火，房櫳皆燼，而此額獨存，洵鐵骨哉。

黄氏袁啓篋妻。張氏袁啓笥妻。娣姒也。黄年二十五守節立嗣，没年七十二。張年二十九守節，没年七十一。

吴氏袁士賁妻。年二十九孀，撫月餘孤，矢志以守。孤夭，復兩撫嗣子，卒承夫祀，其遇蹇而其志貞矣，没年八十五。

向氏張錫蕃妻。貞女石氏張曜國聘室。向年二十八守節，孝事孀姑，撫孤曜國。石年十六，國殤，奔喪撫嗣，忍飢奉孀姑，不二其心。向没年八十餘，石没年六十九，并旌總坊。

從氏張曜瑚妻。貞女程氏張世蓬聘室。從年廿四守節，刲股療翁，立嗣世蓬。程年十七，未婚蓬故，矢志奉孀姑撫嗣。從没年六十，列總坊。程存年五十三。

金氏張天賜妻。年二十九守節，没年八十。

蔡氏張曜瓊妻。年十六于歸，侍疾逾月而孀，矢志撫嗣，刲股療翁，門臨通衢，外人罕見，没年六十四。

石氏駱先禎妻。年二十八守節撫孤。孤長，娶王氏，生子而卒。王年十九，隨姑撫孤，無二志。石存年七十七；王存年五十六。

邱氏黄慶爵妻。年十七歲守節，没年五十七。

賈氏馬應清妻。年三十守節撫嗣，刲股療孀姑，冰操以終。

尹氏李興鈢妻。年二十五歲守節，存年七十四。

王氏袁基德妻。年二十九苦節撫孤，没年七十四。

汪氏柯吏書妻。年二十五歲守節奉翁，没年六十。

王氏夏煒金妻。年二十六守節，撫孤奉舅姑，没年四十一。

黄氏張列俊妻。年二十七歲守節，存年七十二。

石氏王立進妻。年二十六守節，没年六十八。

朱氏張成三妻。年二十五歲守節，存年六十八。

向氏汪永大妻。年二十守節，奉姑撫孤，没年三十六。

明氏張列諧妻。年二十九歲守節，存年六十四。

伍氏張列寬妻。年二十三守節，存年六十二。

柯氏趙季文妻。年二十九歲守節，存年七十一。

孫氏柯敦金妻。年二十一孀，撫七月孤成人，苦節以終。

馮氏張利書妻。年二十九歲守節，存年七十九。

歐陽氏趙清平妻。年二十四苦節，撫孤奉翁姑，存年六十四。

華氏趙懷青妻。年三十歲守節，没年五十七。

汪氏柯際銓妻。年二十四苦節撫孤，存年六十七。

馮氏張慶光妻。年二十六歲守節撫孤，存年七十三。

金氏張世英妻。年二十八孀，撫二孤，丐食養姑，存年七十。

周氏賈遇榜妻。年二十九歲守節撫嗣，存年六十。

劉氏潘元智妻。年二十六苦節撫孤，存年六十三。

蔡氏潘運墀妻。年二十歲守節，没年五十。

張氏賈位三妻。年二十二守節立嗣，孝事舅姑，存年六十八。

王氏孟顯召妻。年三十歲守節，存年六十。

李氏張曜光妻。年二十三守節，丐食養翁姑，撫二孤，年七十四。

馮氏張曜部妻。年三十歲守節，存年七十五。

程氏賈盛楷妻。年二十四守節，撫五月孤，養舅姑，没年六十五。

趙氏梅安桁妻。年二十七歲守節撫孤，存年五十五。

賈氏趙憲章妻。年二十八守節，没年六十三。

劉氏趙凌發妻。年二十九歲守節，没年五十九。

盛氏黄加華妻。年十九守節，存年六十三。

王氏張曜寧妻。年二十五歲苦節撫孤，没年六十六。

華氏賈遇正妻。年二十二守節，存年六十一。

宋氏柯際崙妻。年二十七歲守節，没年四十七。

黄氏袁存需妻。年二十八苦節撫孤，冰操以終。

王氏潘成紅妻。年二十一歲守節，没年五十八。

賈氏汪輝達妻。年二十三守節，存年五十三。

高氏王安述妻。年二十八歲守節，丐食撫孤，以全節没。

柯氏袁聖川妻。年二十一守節，撫遺腹孤成立，存年六十一。
舒氏陳立金妻。年二十八歲守節撫孤，没年六十。
黄氏夏基誥妻。年二十八守節撫孤，存年五十六。
程氏袁咸熙妻。年二十七歲守節，存年五十六。
金氏劉興二妻。年二十四守節立嗣，存年五十四，已旌。
趙氏賈遇全妻。年二十六歲守節，存年五十六。
陳氏王立坤妻。年二十守節，存年五十二。
黄氏張順和妻。年二十九歲守節，存年五十一。
王氏歐陽星軌妻。年二十六守節，存年五十一。

以上豐義里

柯氏邢克謀妻。年二十九守節，歿年六十五。
彭氏邢繼忠妻。年廿五守節立嗣，歿年八十四。
盧氏柯必發妻。年二十七守節，歿年四十五。
吴氏邱象珍妻。年廿五守節，歿年四十九。
嚴氏邱曰周妻。年二十九守節，已建坊。
沈氏李有元妻。年廿六守節，歿年七十七。
王氏周乘瀧妻。年二十四守節，歿年七十九。
鄧氏王瑞聖妻。年廿九守節，歿年六十一。
郭氏生員鄧朝密妻。年二十七守節，歿年六十三。
明氏鄧之楊妻。年廿四苦節撫孤，歿年五十八。
張氏盧之秦妻。年二十歲守節，乾隆癸卯建坊。
李氏袁崇禮妻。年二十守節，歿年七十。
董氏生員李翔鸞妻。年二十五守節立嗣，歿年六十六。
鄧氏李克榜妻。年廿六守節，撫遺腹子成立，没年六十。
袁氏李興柳妻。年二十七家貧苦節，歿年七十。
王氏李克誠妻。年廿一苦節，撫五月孤成立，歿年七十八。
李氏吴祥兆妻。年二十四守節，歿年六十七。

謝氏石詒光妻。年廿九守節，歿年三十八。

張氏柯希添妻。年廿八苦節，養舅姑，撫嗣子，歿年七十五，總坊彙旌。

周氏邱承謀妻，年二十守節，孝翁姑，立嗣，歿年五十三，總坊彙旌。

謝氏陳希盛妻。年廿九苦節撫孤，没年七十餘，總坊彙旌。

彭氏汪若聖妻。年廿四苦節撫孤，年六十八，總坊彙旌。

彭氏邢尚烋妻。年二十苦節，奉姑撫孤，年五十五，總坊彙旌。

邢氏生員盧廷楨妻。董氏監生盧正瓊妻，邢年廿四守節，孝養舅姑撫孤正瓊，娶董氏，年二十瓊卒，依孀姑以守。嗣子宗懋、孫南煇，俱諸生。嘉慶癸酉同建坊旌。

石氏趙大楝妻。年二十守節，撫孤成立，歿年六十四。

方氏鄧遇頤妻。年廿餘，夫遠客不歸，封髮自守，孝養舅姑，求族之賢者繼其夫後。

陳氏李秉鈞妻。年三十歲守節，歿年四十九。

周氏李樫傳妻。年廿九守節，歿年六十。

邢氏李興講妻。年廿四歲守節，歿年七十六。

邢氏李興日妻。年十八苦節無子，歿年六十七。

盧氏李興久妻。年廿四守節，歿年七十五。

許氏李克足妻。年廿二守節，歿年七十六。

鍾氏李興桂妻。年廿四守節，歿年七十九。

李氏董學志妻。年廿八守節，歿年六十六。

劉氏董開詩妻。年廿四守節，歿年五十。

鍾氏董學德妻。年廿五守節立嗣，歿年六十四。

石氏董恩深妻。年廿五守節，歿年八十四。

劉氏董學和妻。年廿三守節，歿年五十三。

秦氏柯希楚妻。年廿一苦節無子，歿年七十。

石氏柯和閏妻。年廿八守節，歿年七十七。

彭氏柯聖道妻。年十九守節，歿年七十。

蔡氏柯聖容妻。年十九守節，歿年五十五。

王氏柯昌發妻。年廿七守節，歿年八十。

石氏柯興乾妻。年廿四守節，歿年七十，列總坊。

馬氏柯昌瀾妻。年廿五，家貧苦節，歿年七十九。

涂氏柯瑚遐妻。年廿八守節，歿年六十。

佘氏鄧義光妻。年廿三守節，歿年六十八，列總坊。

方氏鄧有光妻。年廿六守節，歿年七十六，列總坊。

汪氏鄧傑銘妻。年廿二守節，歿年四十一。

余氏鄧遇貴妻。年廿六守節撫孤，事翁姑，歿年六十九。

蔡氏鄧昌修妻。年廿四苦節撫孤，存年七十八。

宋氏鄧遇柯妻。年廿四守節，傭工養舅，歿年六十五。

陳氏鄧安勤妻。年廿六歲守節，終養舅姑，歿年八十四。

馮氏彭易山妻。年廿三守節，歿年七十八。

石氏鄧昌朋妻。年十九守節立嗣。姑病，刲股以療。數年，病復作，又剖肝以療。年九十無疾而終，列總坊。

石氏邢光彩妻。年廿六歲守節，歿年六十八。

李氏彭恒賁妻。年廿三守節，姑病，刲股療之，歿年九十。

程氏邢敬贊妻。年廿九歲守節，歿年八十一。

余氏邢鐶璧妻。年廿八家貧守節，歿年七十六。

李氏邢崇焕妻。年三十歲守節，歿年八十三。

邱氏邢尚岩妻。年廿六守節，歿年七十。

石氏邢世尊妻。年三十守節，歿年八十四。

彭氏邢勳和妻。年廿四守節撫孤，存年八十三。列總坊。

柯氏邢尚桂妻。年廿三守節，歿年七十九。

馬氏邢尚淮妻。年廿四守節立嗣，歿年八十一。

吴氏邢冠城妻。年廿九守節立嗣，歿年六十四。

李氏邢尚鐮妻。年廿四守節，歿年七十八。

石氏邢光宗妻。年三十守節，歿年八十七。

程氏邢尚桃妻。年廿九守節立嗣，存年八十一。

羅氏邢克發妻。年廿一守節立嗣，歿年八十一。

李氏邢崇洪妻。年廿六守節立嗣，歿年五十六。

李氏邢尚錢妻。年三十守節，歿年六十七。

蔡氏邢尚銑妻。年廿二守節，歿年三十八。

馬氏鍾衛茂妻。年廿二守節立嗣，歿年六十一。

石氏周有貴妻。年廿八守節，歿年七十一。

明氏周家達妻。年廿七守節，歿年七十。

邱氏周昌貴妻。年廿五守節立嗣，歿年五十。

李氏周家本妻。年廿六守節立嗣，歿年三十九。

張氏周昌華妻。年廿八守節，歿年八十四。

王氏周之溪妻。年廿九守節，歿年六十四。

邢氏周有鴻妻。年廿一守節，歿年七十六。

邢氏周昌紙妻。年廿四守節，刲股療姑，歿年五十一。

羅氏汪道昂妻。年二十守節，歿年七十四。

李氏汪賢鳳妻。年廿二守節，歿年七十六。

葉氏汪道永妻。年廿八守節，割股療姑，歿年九十一。

邢氏鄭衍鳳妻。年廿四守節，歿年五十五。

談氏王永周妻。年十九守節立嗣，歿年五十四。

柏氏王蕃棫妻。年廿七守節，歿年八十。

王氏樂世光妻。年廿七守節，歿年四十六。

洪氏樂宗堯妻。年三十苦節撫嗣，歿年六十六。

沈氏樂宗起妻。年廿四守節撫孤，歿年六十七。

周氏樂希隆妻。年廿二守節立嗣，歿年六十九。

李氏潘家琦妻。年三十守節，歿年九十六。

吴氏盧正羨妻。年廿九守節，歿年七十四。

吴氏盧之杰妻。年廿三守節，歿年四十三。

柯氏盧之翼妻。年廿八孀，其叔欲嫁之，族人爲訟於官得免。家貧，傭工乞食以給，卒年六十七。

李氏盧功發妻。年廿八守節，存年八十。

李氏盧正環妻。年廿八守節，傭工以給，歿年六十四。

江氏盧正廣妻。年二十守節，歿年六十四。

石氏盧宗遴妻。年廿九守節，歿年八十四。

舒氏盧宗幹妻。年廿九守節，歿年五十九。

邱氏盧功美妻。年廿六守節，歿年六十。

邢氏盧功曜妻。年廿五守節，歿年六十五。

石氏盧正琟妻。年廿一守節，歿年七十七。

王氏盧我達妻。年廿八苦節奉翁。翁病，刲股以療，歿年六十四。

吕氏石得玖妻。年廿二守節，存年七十八，同治八年建坊。

石氏盧功祥妻。年廿八守節，歿年七十六。

李氏石達麟妻。年廿九守節，歿年七十六。

蕭氏石越光妻。年廿八守節，歿年三十八。

鄒氏石信光妻。年廿八守節，歿年七十。

宋氏石光度妻。年廿四守節，歿年五十九。

姜氏石名霧妻。年廿七守節，歿年八十二。

邢氏石代江妻。年廿四守節，歿年七十四。

邢氏石彛昌妻。年廿五苦節撫孤，歿年八十九。

萬氏監生吴官瀾妻。年廿三守節，歿年七十二。

董氏吴焕河妻。年廿六守節撫嗣，孝事翁姑，勤儉所餘，推賙戚鄰。歿年七十九。

梁氏吴焕麟妻。年廿八守節，歿年五十八。

張氏江志佳妻。年廿八守節，歿年六十七。

張氏江紹珩妻。年廿二守節，歿年七十一。

胡氏張德貴妻。年廿七守節，歿年五十八。

邢氏沈文晏妻。年廿九苦節，撫周歲孤成立。未幾，子婦俱亡，携孫乞食，歿年六十六。

余氏邱承周妻。年廿三守節，歿年八十五。

吴氏邱承福妻。年廿一守節，歿年六十四。

邢氏邱承淇妻。年廿八守節，歿年六十三。

田氏葉隆楷妻。年廿七守節，歿年六十七。

鍾氏葉隆洸妻。年廿六守節，歿年六十八。

石氏鄒朝廷妻。年廿二守節，歿年七十。

袁氏蕭顯淮妻。年廿九守節，歿年七十九。

許氏劉明相妻。年廿五守節，歿年六十六。

舒氏許太校妻。年廿一守節，歿年六十九。

石氏許太槼妻。年廿三家貧守節，歿年四十。

盧氏許太杰妻。年廿七守節撫嗣，歿年七十六。

李氏許太梧妻。年廿五守節，存年九十。

徐氏許光寰妻。年十八守節，撫遺腹子成立，歿年六十二。

盧氏宋君恩妻。年廿二守節，歿年六十二。

陳氏馬期祥妻。年廿四守節，歿年七十二。

王氏馬期祛妻。年廿四守節，歿年六十七。

鄧氏趙崇職妻。年廿八守節，歿年八十四。

李氏趙尚淮妻。年廿五守節，妻舅姑撫孤，歿年四十二。

許氏陳公孝妻。年廿五苦節，終養翁姑，歿年七十八。

方氏涂上淮妻。年廿八守節，歿年五十八。

馮氏譚國柱妻。年廿八守節，歿年七十一。

鍾氏監生邱大經妻。年廿一守節，孝事太翁及翁姑。翁病，刲股療之。歿年七十一。

易氏武生董占魁妻。年廿九守節，存年五十五。

邢氏董正建妻。年十九守節立嗣，歿年五十七。

秦氏董其池妻。年十七守節，撫遺腹子，存年五十九。

鄧氏董士瑀妻。年廿七守節，存年七十四。

涂氏董學晏妻。年十八守節，歿年五十八。

石氏董鼎臣妻。年廿八守節，存年五十四。

李氏柯延漢妻。年廿七守節，存年五十四。

汪氏增生柯柏臺妻。年廿四守節立嗣，存年五十七。

梁氏柯柏堂妻。年廿九守節，歿年五十。
劉氏生員柯柏棟妻。年廿七守節立嗣，存年五十七。
王氏柯延顯妻。年三十苦節撫孤，存年五十八。
向氏柯柏名妻。年三十守節，存年五十四。
董氏柯興定妻。年二十苦節撫孤，歿年六十五。
秦氏彭先鏌妻。年廿三守節，存年六十四。
方氏彭茂之妻。年三十守節，歿年四十八。
陳氏邢崇鋭妻。年三十守節，存年五十三。
馬氏邢崇鋒妻。年廿九守節立嗣，存年五十八。
羅氏邢崇庚妻。年三十守節，存年六十三。
吴氏邢尚桃妻。年廿四守節立嗣，存年七十一。
葉氏邢義大妻。年廿七守節，存年五十七。
石氏邢蕃實妻。年廿七守節，歿年五十六。
萬氏邢金廷妻。年廿九守節，歿年五十三。
石氏邢陵石妻。年三十守節，存年七十一。
李氏邢珍玉妻。年廿五守節，立侄承祧，存年五十八。
張氏邢崇敏妻。年廿四守節，存年五十八。
盧氏邢用年妻。年十九家貧守節，存年七十一。
邱氏邢崇溪妻。年廿二守節，存年五十七。
彭氏邢文藻妻。年廿八守節，歿年七十二。
劉氏邢金之妻。年廿四守節，存年七十一。
吴氏邢文會妻。年廿一守節立嗣，存年六十三。
虞氏邢尚銹妻。年廿六守節，存年七十四。
邱氏邢尚煦妻。年廿三守節，歿年六十五。
石氏邢平石妻。年廿九守節，存年七十三。
石氏邢崇棠妻。年廿四苦節撫嗣，乞食養舅姑，歿年五十二。
邱氏邢崇楝妻。年廿九守節，歿年五十九。
李氏邢崇淇妻。年廿五守節，歿年五十三。

熊氏邢尚錦妻。年廿五守節，歿年五十五。

劉氏邢崇鐙妻。年廿四守節撫孤，謹事舅姑，存年五十五。

鄭氏鍾方麒妻。年廿六守節，存年六十五。

孔氏鍾書蘭妻。年廿九守節，存年五十五。

李氏周昌綢妻。年廿七守節，存年四十六。

熊氏周應泮妻。年廿九守節，存年五十四。

李氏周希模妻。年十九守節，豐年七十七。

明氏周昌鐮妻。年三十守節撫孤，孤歿復撫嗣孫，存年七十五。

邱氏周先麒妻。年廿二守節，歿年三十四。

羅氏汪修貴妻。年三十守節，存年五十五。

張氏汪若義妻。年十二守節，存年六十一。

李氏涂珠榮妻。年廿二守節立嗣，存年七十六。

方氏涂珠唐妻。年廿九歲守節，存年六十九。

汪氏涂上元妻。年廿七守節，歿年五十八。

邢氏涂珠玉妻。年廿九歲守節，歿年五十七。

羅氏涂珠琇妻。年廿九守節立嗣，歿年五十二。

董氏邱禹貢妻。年廿一歲守節，存年六十二。

劉氏邱憲典妻。年廿二守節，存年六十五。

董氏邱良譜妻。年二十歲守節，存年五十六。

李氏鄭世伉妻。年廿九守節，存年五十三。

葉氏樂宗藤妻。年廿六歲守節，存年七十六。

石氏樂宗緒妻。年廿八苦節撫孤，存年五十八。

石氏樂魁高妻。年三十歲守節，歿年五十。

曹氏樂永桂妻。年廿八守節，歿年五十八。

葉氏樂永端妻。年十九守節撫嗣。姑病，刲股以療。存年七十五。

石氏盧功俊妻。年廿五歲守節，存年六十七。

葉氏盧開華妻。年三十守節立嗣，存年七十。

邢氏盧永焕妻。年廿二歲守節，存年五十八。

李氏盧功福妻。年廿九守節，存年五十七。

周氏盧功暉妻。年三十歲守節，歿年五十三。

汪氏吴坤仁妻。年廿九守節，存年五十四。

周氏吴相城妻。年廿九歲守節，存年七十五。

鍾氏蕭晴瀾妻。年二十守節，奉姑教子，存年六十一。

明氏蔡略勤妻。年三十守節撫嗣，子十餘歲被賊擄。紡績養姑，存年五十三。

戴氏蕭功武妻。年廿八苦節，撫養二孤，日常絶粒，冬無寒衣，存年六十二。

邢氏蕭功林妻。年二十夫病篤，于歸二旬夫故，守節撫嗣，存年五十三。

陸氏江經鎔妻。年廿五歲守節，歿年七十。

李氏江經燿妻。年廿四，家貧守節，存年六十七。

周氏葉開鳳妻。年廿三歲守節，存年六十三。

佘氏葉隆起妻。年廿九守節，歿年六十六。

虞氏葉隆松妻。年廿九歲守節，歿年五十九。

陳氏劉宗禄妻。年廿七守節，存年七十六。

邢氏陳才東妻。年廿八歲守節立嗣，存年五十六。

蔡氏陳才乾妻。年廿八守節，歿年六十八。

蔡氏陳顯爵妻。年廿四歲守節，存年六十九。

魏氏陳德海妻。年廿四苦節撫孤，刲股療姑，存年五十六。

蔡氏陳東漢妻。年十九守節，家不中資而恤貧周急，存年六十。

周氏陳汝麒妻。年廿八歲守節，存年六十四。

許氏石光珪妻。年廿三守節，歿年三十三。

秦氏石澤柳妻。年廿五歲守節，存年五十四。

方氏張學河妻。年三十守節，存年六十七。

柯氏李克焕妻。年廿七歲守節，存年六十三。

熊氏李善治妻。年廿七守節，歿年五十六。

萬氏王衍燈妻。年廿八守節，存年六十九。

石氏許太本妻。年三十守節，歿年六十七。

方氏許承相妻。年十九守節，終養舅姑，存年五十八。

吴氏許繼棣妻。年廿八守節，子夭孫亡，歿年七十五。

黄氏萬占鰲妻。年廿八守節，存年六十六。

袁氏許繼楮妻。年廿五守節，遇賊不屈被傷，存年五十九。

柯氏馬可遥妻。年廿二守節，存年五十五。

胡氏鄧昌坦妻。年三十苦節撫孤，存年六十八。

戴氏鄧昌溱妻。年廿八苦節，事姑撫嗣，存年六十。

萬氏鄧昌林妻。年廿八守節撫孤，孝事孀姑，存年五十八。

李氏鄧昌址妻。年三十守節，歿年六十。

李氏鄧昌瑢妻。年二十守節，歿年六十六。

方氏鄧昌射妻。年三十守節，歿年六十四。

董氏鄧隆榮妻。年廿九守節，善事叔舅姑，存年五十四。

周氏李克炳妻。年廿九苦節撫孤，存年六十六。

周氏葉必昌妻。年十九守節，存年七十一。

柯氏石名利妻。年廿五守節，歿年四十。

邢氏涂珠禮妻。年廿七苦節立嗣，存年五十七。

吴氏邢尚鍈妻。年廿一守節立嗣，存年六十一。

李氏柯道經妻。年廿八苦節撫孤，存年六十二。

馬氏義士劉光禮妻。光禮遇賊被害，氏矢志苦節。

吴氏柯際遠妻。年廿三守節，歿年三十三。

汪氏馮品一妻。年廿二守節，存年五十三。

朱氏盧功燧妻。年十九守節撫遺腹子，存年五十二。

陳氏潘道海妻。年廿七守節，終養舅姑，存年五十二。

汪氏石應貴妻。年十七歸石，數月夫故，歿年二十九。

邢氏方承汰妻。年三十守節，存年五十二。

邢氏李興松妻。年三十守節，存年五十二。

吴氏汪道陞妻。年廿三守節，存年五十二。

鄧氏馬發律妻。年廿五守節，存年五十二。

以上豐葉里

吴氏黄忠中妻。年廿五苦節撫孤，没年七十。

朱氏吴顯訓妻。年廿一守節撫嗣，没年八十一。列總坊。

姜氏潘尚應妻。年二十守節撫孤，侍翁疾十年，扶持盥滌，不假人手，没年八十餘。旌建坊。

馬氏劉一蒙妻。年廿八守節，没年七十五。

李氏劉永炳妻。年廿四守節撫孤，没年四十九。

石氏吴光華妻。年廿四守節撫孤，没年六十。

潘氏劉一棣妻。年廿六守節撫孤，孫曾昌熾，没年六十八。

劉氏洪聖揚妻。年廿五守節，没年七十。

汪氏柯一枝妻。年廿七守節，没年八十一。

楊氏柯希莘妻。年廿七守節，存年九十。

李氏陳烋宗妻。年廿二孀，苦節三十三年没。

黄氏柯和光妻。年廿八守節，没年六十八。

潘氏柯良洋妻。年廿六苦節撫孤，没年八十七。

張氏黄士榮妻。年廿五苦節撫嗣，没年七十。列總坊。

吕氏吴德漣妻。年廿六守節撫嗣，養舅姑，没年五十二。

葉氏柯有容妻。年廿八守節，紡績自給，没年七十。

趙氏柯祖暐妻。年廿六苦節撫嗣，没年六十五。

程氏黄慶煦妻。年十九孀，艱貞不二，没年五十。

朱氏吴德賓妻。年廿二守節撫孤，孫曾繞膝，没年百歲。

何氏柯勝義妻。年廿七苦節撫孤，没年四十七。

黄氏吴爨序妻。年廿三守節撫孤，孝奉翁姑，没年六十。

魏氏柯良渭妻。年廿六守節撫孤，存年八十七。

陳氏吴際根妻。年廿一孀，苦節四十餘年没。列總坊。

舒氏石正壽妻。年十九守節，存年七十八。

石氏吴理冰妻。年廿七守節撫孤，没年六十餘。列總坊。

張氏石執榮妻。年廿七守節，殁年七十二。

石氏劉材棟妻。年廿六守節，撫遺腹孤成人，没年七十五。

甘氏劉材高妻。年廿九守節，没年七十六。

石氏劉爲璵妻。年廿五守節撫孤，存年七十八。

石氏劉玉渭妻。年廿九守節撫孤，養舅姑，没年七十。

馬氏劉玉江妻。年廿九守節撫孤，没年七十。

吕氏石執坤妻。年廿三孀，剪髮矢志，家貧無子，以女工成家。始而求嗣於族，無應者，至是且争嗣之。存年八十。

吴氏田學謀妻。年廿七苦節撫孤，孝事瞽翁，存年八十四。

田氏陳希懋妻。年廿八守節，没年四十九。

許氏陳希保妻。年廿八守節，存年六十八。

張氏劉才星妻。星没，親老子幼，苦節四十餘年，存。

趙氏黄復義妻。年廿六守節，堅貞不移，存年六十。

劉氏黄慶銑妻。年廿三守節，撫孤奉姑，存年七十三。

洪氏吴一得妻。年廿四守節撫孤，存年七十五。

曹氏吴至熣妻。年廿一守節撫孤，孝事舅姑，没年六十三。

姜氏吴方烈妻，年廿九守節撫嗣，没年六十。

黄氏劉一榮妻。年廿八守節，存年六十九。

樊氏柯以言妻。年廿七苦節養姑，存年七十。

柯氏陳公茂妻。年廿九苦節撫孤，存年七十二。

董氏石正唐妻。年二十守節，没年五十五。

劉氏柯萬發妻。年二十八守節，撫六月孤成立，存年七十。

馬氏洪崇暹妻。年二十九守節撫嗣，存年六十三。

陳氏黄復江妻。年二十守節撫嗣，存年六十一。

程氏黄顯浩妻。年二十九守節，存年六十五。

姜氏陳汝興妻。年二十四守節，存年六十三。

柯氏吴仕銘妻。年二十五守節撫嗣，存年五十九。

馬氏劉爲榮妻。年二十五守節，敬奉衰翁，没年五十七。

羅氏柯介凡妻。年廿二苦節撫嗣，存年五十六。

張氏吴貢淮妻。年廿二守節撫嗣，没年四十。

陳氏吴志模妻。年廿五守節，撫六月孤，存年五十七。

田氏吴至燾妻。年廿七苦節，撫二孤，存年五十七。

趙氏洪懋柳妻。年廿九孀，苦節二十九年，存。

方氏吴采玉妻。年廿二守節撫嗣，存年五十六。

郭氏吴志煇妻。年廿四守節，撫遺腹孤，存年五十六。

鄧氏吴著偕妻。年廿一守節撫嗣，孝奉舅姑，存年五十四。

潘氏劉才坪妻。年廿四守節，存年五十四。

許氏洪懋雲妻。年廿六守節撫孤，恪奉舅姑，存年五十四。

梁氏諸生吴成章妻。舅患痢，章嘗糞以驗差劇，氏亦勤滌垢污。未幾，舅没，章亦没，氏年廿八，奉姑撫子。没年六十六。

石氏吴朝冕妻。年十九孀，舅姑繼没，遺幼子。氏撫育完娶，生二子，夫婦相繼卒，復兩撫之，子其長。没年五十二。

程氏吴鉅光妻。年二十守節奉姑。姑病，叩天求代。没年五十六。無子，族人立侄嗣之。

費氏吴仕堦妻。年廿二守節撫孤，存年五十一。

以上上豐樂里

陳氏舒嘉綱妻。年廿六守節撫孤，没年八十。

梁氏向文義妻。年十九守節立嗣，没年八十餘。

李氏舒靖淥妻。年廿三守節，撫嗣奉姑，没年六十。

侯氏諸生謝聲亭妻。年廿八守節，撫孤振瑗入學，没年六十。

劉氏謝慈禮妻。年廿二守節撫孤，奉翁姑，没年六十。

樂氏舒靖雅妻。年三十守節撫孤，孤卒撫孫，没年七十八。

陳氏向志河妻。年廿五守節，没年八十一。

潘氏向顯議妻。年廿二，守節撫嗣。没年七十餘，列總坊。

石氏舒宜南妻。年廿二守節，撫孤奉翁，没年八十五。

江氏舒靖亭繼妻。年二十守節，孝事病姑，没年七十餘。

趙氏阮遠燈妻。年三十苦節撫孤，没年五十七。

張氏向先璜妻。年十八守節，撫遺腹孤，没年七十餘。列總坊。

張氏司進業妻。年二十五守節，没年七十。

方氏金章烈妻。年三十苦節撫孤，没年六十。孫國鈞，武魁。

吴氏胡心言妻。年廿五守節撫孤，恪事病翁，没年七十。

柯氏生員金珊妻。年廿六苦節撫孤，没年八十六。列總坊。

許氏舒德鄰妻。年二十守節撫嗣，復撫穉孫，没年八十四。

趙氏舒獻泮妻。年二十守節，存年七十一。

邢氏胡紹毅妻。年十九守節，撫遺腹孤，刲股療姑，没年八十。孫心瑞妻李氏，年三十守節，存年六十六。

馮氏謝良松妻。年廿八守節撫孤，存，五十六。

胡氏石顯楷妻。年廿七守節撫嗣，没年六十。

趙氏金鵬飛妻。年廿九守節，存年六十三。

舒氏阮光蘭妻。年廿六守節，存年七十二。

李氏舒文治副室。年廿七守節，存年六十四。

石氏阮光濱妻。年廿七守節撫嗣，没年六十。

董氏金和貴妻。年三十守節，存年七十二。

馮氏樊本書妻。年廿七守節，撫遺腹孤，没年七十二。

羅氏謝從麟妻。年廿八苦節撫孤，存年七十一。

袁氏胡純梅妻。年廿八守節，并日一食，存年七十餘。

羅氏石自高妻。年廿八守節撫嗣，没年七十二。

馮氏樊本岡妻。年廿七苦節撫嗣，孝事翁姑，没年七十。

趙氏石顯漳妻。年廿五守節，撫六月孤，没年四十。

舒氏諸生謝树荣妻。年三十守節，撫孤成立，存年七十二。

趙氏舒靖準妻。年廿九守節，撫孤成立，存年六十。

舒氏謝廷玉妻。年廿九孀，撫半月孤，矢志不撓，存年六十四。

舒氏胡純杰妻。年廿九守節，孝翁姑，存年六十二。

舒氏向能泮妻。年廿六，守節撫孤茂華，入武庠。没年七十一。

瞿氏舒靖鼎妻。年廿三守節，没年五十六。

舒氏謝忠清妻。年廿八守節撫孤，孝奉舅姑，没年五十四。

石氏向志滿妻。年廿七守節，存年五十六。

王氏金傳煒妻。年廿三守節，孝事舅姑，存年五十五。

陳氏朱意錦妻。年廿八守節，没年四十一。

程氏胡心特妻。年二十守節撫嗣，存年五十六。

吴氏謝良嵐妻。年廿六守節撫嗣，存年五十六。

趙氏胡心埬妻。年廿五守節撫孤，存年五十六。

張氏胡心玪妻。年廿五守節撫孤，存年五十三。

王氏金國商妻。年廿九苦節撫孤，存年五十三。

羅氏向錫三妻。年廿八守節撫孤，存年五十四。

徐氏石自純妻。趙氏石自濟妻。

劉氏石自沽妻。徐年廿七守節，撫六月孤。劉年十九，與姒趙同月孀，趙無子，劉遺腹生子，遂兼祧趙，娣姒共勵節，奉舅姑以終。

石氏阮開材妻。年廿四守節撫嗣，没年四十四。

李氏向吟甫妻。年廿九守節撫孤，没年四十。

以上中豐樂里

李氏趙光達妻。年十九守節，撫八月孤，没年六十七。

趙氏許應仕妻。年廿九苦節撫子，没年七十九。

劉氏趙光榮妻。年廿四守節，撫遺腹子殤，復撫嗣，没年七十一。

陳氏洪正相妻。年廿八守節撫嗣，没年五十三。列總坊。

潘氏許光彩妻。年廿三守節撫孤，没年七十六。

胡氏許敬南妻。年廿七守節，奉姑撫孤，没年七十八。

王氏洪正釁妻。年廿八苦節撫嗣，没年六十七。

汪氏許時清妻。年廿四苦節撫嗣，没年六十一。

石氏許先昂妻。年廿九苦節撫孤，敬奉衰翁，没年八十五。

黄氏趙先台妻。年二十孀，孑身苦守，没年八十。

舒氏胡定玉妻。年廿三，夫外出不歸，撫孤成立，没年七十二。

石氏胡紹謀妻。年廿七守節，没年七十九。

賈氏趙先密妻。年十八孀，堅志撫嗣，孝奉翁姑，以節終。列總坊。

羅氏許繼瑶妻。年廿二苦節撫嗣，没年八十。

石氏趙先佐妻。年廿八守節撫孤，終養衰翁，没年七十二。

劉氏趙先應妻。年廿八守節撫孤，没年八十九。

舒氏洪道松妻。年廿八守節，撫遺腹子，奉翁姑，没年七十三。

馮氏趙先桐妻。年廿三守節，没年七十三。

舒氏程應琠妻。年廿七守節，撫遺腹子。没年五十三。列總坊。

陳氏趙先瑞妻。年廿九守節撫孤，没年六十三。

舒氏程祥英妻。年廿八孀，奉姑撫孤，没年七十七。列總坊。

秦氏趙光巽妻。年廿九苦節撫嗣，没年六十六。

黄氏潘運鏞妻。年廿八守節撫孤，奉翁姑，没年八十一。列總坊。

潘氏趙德星妻。年廿七守節撫嗣，没年六十一。

董氏陳瀣友妻。年廿八苦節，撫遺腹子，奉舅姑，没年七十八。

陸氏程應玟妻。年廿七守節撫孤，没年八十。列總坊。

舒氏洪茂玖妻。年廿八守節，撫遺腹孤，没年七十二。列總坊。

江氏趙先玨妻。年廿六苦節撫孤，没年五十六。

王氏趙光朝妻。于歸五載孀，遺孤甫十月，阨窮撫之，没年七十。

阮氏石宏雁妻。年廿二孀，丐食撫嗣，没年七十二。

袁氏程富英妻。年三十守節撫孤，孝奉翁姑，没年八十三。

徐氏趙光湯妻。年十九守節，撫遺腹子，没年三十三。

馬氏汪道具妻。年廿四守節立嗣，没年五十七。

秦氏汪道質妻。年十九守節立嗣，没年七十八。

向氏汪道琥妻。年廿一守節，撫遺腹子，没年七十六。

黄氏汪賢宋妻。年廿六守節，没年五十六。

許氏方德松妻。年廿五守節撫嗣。没年七十八。

金氏趙光領妻。年廿五守節撫孤，没年七十四。

馮氏余敦璵妻。年十九守節，没年七十四。列總坊。

阮氏程才煌妻。年廿七守節，奉姑撫孤，存年八十。

吴氏陳洪才妻。年廿四守節撫嗣，没年六十五。

吴氏趙光廷妻。年二十守節撫嗣，閨範嚴肅，没年八十一。

張氏洪屏翰妻。年廿九守節撫孤，孝奉孀姑。姑目暗，有幼子，氏并撫之。没年七十，列總坊。

張氏趙德寬妻。年廿五苦節撫孤，没年六十。

張氏許繼蓮妻。年廿八苦節撫嗣，孝事翁姑，存年五十六。

袁氏程存福妻。年二十守節，撫孤成立，没年七十四。

周氏侯成圓妻。年廿七守節撫孤，孝奉舅姑，存年七十。

馮氏余敦珪妻。年廿六守節，没年六十七。

樊氏程茂炳妻。年廿八守節，奉姑撫孤，没年五十。

向氏朱溥遠妻。年廿九守節，没年七十一。

全氏趙思升妻。年三十守節撫孤，存年六十五。

趙氏石光金妻。年廿六守節撫孤，没年六十八。

盧氏趙思蘭妻。年廿三守節撫嗣，存年六十。

余氏朱成亨妻。年廿八守節撫孤，没年六十九。

樊氏石可範妻。年廿九守節撫孤，存年六十七。

馬氏石泮瑞妻。年廿八守節，没年六十八。

潘氏方開堎妻。年廿三守節撫嗣，存年六十五。

陳氏趙思瑀妻。年廿七守節撫孤，没年五十七。

金氏許蘭桂妻。年廿三苦節撫孤，存年七十。

馬氏許承煜妻。年廿四守節，存年七十。

金氏朱象謀妻。年廿三苦節撫孤，奉孀姑，存年五十四。

陳氏許臨溪妻。年廿八守節撫孤，存年六十五。

石氏許先爓妻。年廿七守節，存年五十七。

余氏潘明生妻。年廿七守節，存年五十三。

石氏趙思錙妻。于歸數年孀，家貧撫子，子長復夭，没年六十七。

方氏程才洛妻。年廿五守節，撫遺腹子以終。

李氏程建蛟妻。年廿二守節撫嗣，孝奉舅姑以終。

向氏程建梓妻。年廿六守節撫孤以終。

金氏程建棣妻。年廿七守節撫嗣以終。

石氏趙德書妻。年廿五守節，刲股療翁，撫孤占鰲入武庠，存年六十一。

黄氏趙思堅妻。年廿七守節，撫夫幼弟成立，以其子嗣，存年六十二。

馮氏潘明榜妻。年廿五守節撫嗣，存年五十一。

陳氏趙思玉妻。年廿七孀，孑身苦守，没年四十二。

陳氏朱輝璋妻。年廿四守節，存年五十一。

趙氏汪道越妻。年廿六守節撫嗣，存年五十一。

梁氏汪道□妻。年廿一苦節立嗣，存年五十。

謝氏汪修誥妻。年廿六苦節立嗣，存年五十。

以上下豐樂里

劉氏馬遇槐妻。年廿七截取，撫孤成立，没年九十四。

馬氏潘學惕妻。年廿四苦節，没年五十四。

趙氏潘國織妻。年廿九守節立嗣，孝事舅姑，没年五十二。列總坊。

袁氏馮祖靖妻。年二十苦節，立嗣孝姑，年五十一。列總坊。

吴氏程聖道側室。年二十守節撫嗣，年六十餘。列總坊。

賈氏潘家模妻。年廿六守節撫孤，孝養舅姑，没年六十四。

陳氏汪清泉妻。年廿六守節撫孤，孤没撫孫，没年六十。列總坊。

周氏潘家爐妻。年廿八守節，存年九十。

柯氏陳希光妻。年廿八守節撫嗣。謹事舅姑，没年七十三。

潘氏鄧志松妻。初歸鄧，不得於姑，與夫每被楚撻，順受無怨。年廿六，姑與夫相繼没，盡鬻所有以葬。苦節撫嗣，没年七十七。

馮氏嚴桂華妻。夏氏嚴茂隆妻。馮年廿一守節，立嗣茂隆。夏年廿七守節撫孤。馮存年八十；夏存年五十二。

曹氏監生程列西妻。年廿八守節立嗣，没年五十八。

趙氏石朝唐妻。年廿九守節，事姑盡孝，没年六十。

潘氏曹聖和妻。年廿八守節，没年七十三。
王氏汪庭英妻。年二十守節撫嗣，存年七十。
歐陽氏馮祖運妻。年廿四守節立嗣，没年六十五。
方氏馬發奇妻。年廿三守節，奉孀姑、撫幼子，没年五十七。
張氏程應連妻。年二十守節，没年五十五。
歐陽氏梁楚玉妻。年廿三守節，撫數月孤成立，存年七十七。
張氏潘家鈿妻。年廿八守節立嗣，存年七十一。
柯氏潘光定妻。年廿一守節，孝舅姑，撫嗣成立，存年六十一。
蘇氏嚴桂鈴妻。年三十守節立嗣，存年七十一。
樊氏嚴桂利妻。年三十苦節，撫孤成立，存年六十。
孟氏嚴守幹妻。年三十守節撫孤，存年六十。
歐陽氏嚴桂僖妻。年廿七守節，存年六十九。
方氏蔡定基妻。年三十苦節撫孤，存年五十六。
樂氏嚴守玉妻。年廿七苦節撫孤，存年七十一。
謝氏葉世法妻。年廿八苦節撫孤，没年六十四，已旌。
夏氏潘定洪妻。年廿五守節，没年三十六。
柯氏梁介眉妻。年廿八苦節撫嗣，存年五十二。
陳氏嚴忠越妻。年廿九守節立嗣，没年六十七。
黄氏嚴茂椿妻。年廿五守節。姑没，撫幼叔成立，没年三十五。

以上新亭里

程氏費觀泗妻。年廿五守節，没年八十三。
李氏費以順妻。年廿六守節，事孀姑、撫幼孤，没年六十八。
舒氏費以敬妻。年三十守節，督孤成立，没年六十八。
向氏舒嘉樽妻。年廿七守節，没年六十五。
徐氏費以珀妻。年廿四，撫孤守節。孤夭，撫侄爲嗣，没年七十三。
柯氏李道禄妻。年廿九守節，没年七十二。
胡氏徐世郭妻。年廿五守節家貧，孝事舅姑，没年八十五。

費氏舒由瑚妻。年廿七守節撫孤。孤亡，撫孫德純。又亡，與孫婦曹氏相依爲命，没年七十九。

劉氏明應洪妻。年廿二守節，事翁姑、撫嗣子，存年八十六。

黄氏明士淋妻。年廿六守節，終養舅姑，撫子成立，没年七十九。

徐氏明師永妻。年十九守節，撫嗣成立，没年五十六。

費氏明士清妻。年廿四守節，没年六十五。

阮氏劉士偉妻。年二十守節家貧，孝事舅姑，撫嗣成立，没年七十二。

黄氏劉崑山妻。年二十守節，養舅姑，子未周月，撫之成立。

張氏劉興琳妻。年廿九守節，撫遺孤成立，没年八十三。

李氏向成川妻。年廿三守節，終養舅姑，没年八十一。

費氏何鼎鉉妻。年廿一守節家貧，子又早没，存年八十一。

佘氏程群芳妻。楊氏程群芳側室。芳故，佘氏年廿九，楊氏年廿五，其勵清操。佘氏没年七十九，列總坊。楊氏没年五十九。

徐氏向大托妻。年廿一守節，没年六十。

柯氏向虹彩妻。年廿五守節以終。

陳氏李善祜妻。年廿八守節，没年六十三。

金氏李善學妻。年廿八守節，没年五十三。

舒氏李士曜妻。年廿八守節，没年五十五。

陳氏李士宣妻。年廿六守節，事舅姑，教子成立，存年八十五。

費氏李善鋐妻。年廿八守節，存年七十七。

徐氏謝清桃妻。年廿八守節，事翁姑、撫孤子，存年八十一。

費氏謝清澥妻。年廿一守節，没年六十六。

費氏邱贊國妻。年廿八苦節撫孤，没年九十三。

張氏謝良唐妻。年廿七守節，没年七十五。道光廿七年彙旌總坊。

嚴氏邱漢守妻。年廿七家貧苦節，立夫從弟子爲嗣，没年八十一。

向氏徐士良妻。年廿九守節以終。

陳氏徐殿章妻。年廿六守節，没年七十四。

向氏徐良賢妻。年廿四守節，没年七十二。道光廿七年彙旌總坊。

向氏徐定九妻。年廿八守節，没年五十九。

成氏徐興雄妻。年二十守節，没年六十。

費氏談逢富妻。年廿七守節以終。

張氏陳恩楷妻。年廿三守節，事翁姑，撫侄爲嗣，没年七十九。

梁氏吕德潰妻。年廿四守節，没年八十一。

向氏柯昆山妻。年廿九守節，順事孀姑，教子成立，没年六十六。

馮氏王武發妻。年廿二守節，没年七十一。

吕氏張能橡妻。年廿六守節，没年八十八。

王氏張能檍妻。年廿五守節，没年五十二。

黄氏張敬松妻。年廿九守節，没年五十五。

費氏終承維妻。年廿三守節以終。

李氏張敬煋妻。年廿三守節以終。

曹氏舒德紀妻。年廿三守節，孝事孀祖姑及舅姑，撫侄爲嗣，没年六十一。

張氏李善英妻。年廿六苦節奉姑，撫孤成立，没年五十六。列總坊。

徐氏舒善垠妻。年三十守節家貧，撫二孤及孤侄成立，没年七十。

趙氏舒善奎妻。年廿五守節，事翁與繼姑惟謹，撫侄爲嗣，没年五十。長孫定國，郡諸生。

向氏舒靖源妻。年廿一守節，時夫弟生甫四月，氏助姑撫養。及叔生三子，姑命以一後氏。姑卒，叔蕩費家産，氏無怨意。未幾叔夫婦繼喪，代撫遺孤，勤苦終老，存年八十餘。

黄氏舒由熾妻。年廿三守節，没年六十四。

費氏舒善良妻。年廿五守節撫孤，没年五十四。

李氏舒善珆妻。年廿六苦節，事姑撫子，没年七十七。

陳氏費觀金妻。年十九夫故，課遺腹子成立，没年三十九。

潘氏費觀吉妻，年廿三守節，没年五十五。

黄氏費興璜妻。年廿五守節，没年三十六。

嚴氏費興珍妻。年廿四守節，没年六十六。

程氏費興録妻。年廿七守節，没年六十四。

呂氏費觀熠妻。年廿五守節，孝事舅姑，撫二孤子，没年六十九。

徐氏費以明妻。年廿九守節，没年六十四。

嚴氏費焕綿妻。年廿六守節，没年七十七。

向氏張金儀妻。年廿一守節，列總坊。

向氏陳鴻棟妻。年三十守節，存年五十二。

柯氏費光銀妻。年廿九守節，撫孤成立，存年六十七。

向氏費興清妻。年廿八守節，存年六十八。

明氏費仁光妻。年廿六守節，存年五十三。

黄氏費光富妻。年廿五守節，存年五十三。

袁氏費曙光妻。年廿七苦節撫孤。咸豐辛酉，賊匪犯境，劫氏，懼以刃，氏奪刃自刎未殊，賊義而舍之，存年五十四。

呂氏費仙光妻。年廿三守節，養姑撫孤，備歷艱苦，存年六十三。

柯氏費興起妻。年廿六守節，没年四十二。

劉氏謝明江妻。年廿七守節，存年五十七。

張氏劉先格妻。年廿九守節，家徒四壁，依母以居，存年五十八。

黄氏謝南城妻。年三十守節，存年六十二。

王氏周世英妻。年廿八守節，存年五十五。

嚴氏姜茂湘妻。年廿九守節，存年七十。

姜氏夏錫祥妻。年廿八守節，事翁姑，教子成立，存年五十五。

夏氏黄光濟妻。年廿九守節，存年七十七。

謝氏柯清栝妻。年廿一守節，撫六月孤，没年三十一。

程氏董學海妻。年廿四守節，存年五十六。

明氏張承旭妻。年廿六守節，存年六十五。

程氏向明昌妻。年廿四守節，没年六十。

柯氏向明焞妻。年廿五守節，存年五十五。

黄氏向光桓妻。年廿七守節，没年六十二。

費氏向先煒妻。年廿四守節，存年五十四。

方氏向明溢妻。年廿一守節，存年六十。

費氏李士玾妻。年三十守節，存年六十一。

舒氏李善柏妻。年廿四守節，没年三十九。

向氏李士宀妻。年廿八守節，事翁姑，課子成立，存年五十八。

李氏徐良逞妻。年廿九守節，存年六十八。

柯氏徐虞型妻。年廿八守節，存年七十三。

石氏明應炳妻。年廿四守節，撫遺腹子成立。事舅姑存没盡禮，存年六十。

李氏尹昌榮妻。年廿六守節，存年五十五。

柯氏明師賢妻。年廿九守節，事舅姑，立侄爲嗣，没年五十二。

李氏尹茂楊妻。年三十守節立嗣，存年六十一。

柯氏舒德金妻。年廿九守節，事姑撫嗣，没年四十。

向氏舒德錞妻。年廿七守節，撫孤侄成立，兼承夫後，存年五十八。

程氏舒清達妻。年三十守節，没年六十二。

黄氏舒獻梁妻。年三十守節，歿年六十五。

費氏吴仁堦妻。年二十守節，事翁姑、撫幼孤，存年五十二。

游氏邱廷選妻。年廿五守節，事孀姑、撫幼子，存年五十二。

以上寶政里

費氏黄材良妻。年廿七守節，没年七十。

王氏黄元佐妻。年三十苦節撫幼子，没年七十三。

劉氏譚天松妻。年廿一苦節立嗣，竭力事姑，没年六十三。

黄氏費觀楝妻。年廿九守節，没年六十三。

李氏費觀羆妻。年廿一守節，孝舅姑，撫孤成立，没年八十一。

李氏費觀瑜妻。年廿六守節，没年六十一。

羅氏黄希昭妻。年三十守節，没年七十二。

劉氏黄文敏妻。年廿七守節，没年六十二。

費氏黄象稷妻。年廿六守節，孝舅姑，教子成立，没年八十五。

劉氏黄象音妻。年三十守節撫孤，没年五十。

劉氏黄象德妻。年十九苦節，没年七十五。

歐陽氏黄源良妻。年廿一守節，遺孤九月，家無宿糧，奉孀祖姑不缺甘旨，没年九十。

汪氏費珍光妻。年廿六守節，孝事舅姑，教子成立，没年四十六。彙旌總坊。

黄氏費從化妻。年廿九苦節撫孤，没年七十二。

葉氏費重瑞妻。年廿八守節，没年六十五。

梁氏費有光妻。年廿八守節，没年六十八。

李氏費重鎬妻。年廿八守節，没年三十二。

陳氏費重傑妻。年廿六苦節子夭，没年七十五。

朱氏費用光妻。年廿八守節，姑没撫兩幼叔，没年三十八。

李氏費重闓妻。年廿九苦節，教子成立，没年七十八。

黄氏費重林妻。年廿六守節，没年四十九。

汪氏費觀霏妻。年十九守節，没年五十九。

李氏費興近妻。年廿三守節，没年五十九。

陳氏費興盛妻。年廿三守節，没年七十四。

李氏費觀鉦妻。于歸數月夫故，奉翁姑守節，五十六年没。

程氏費重義妻。年廿七守節，没年七十五。

黄氏費重紀妻。年廿一守節撫嗣，没年六十二。

向氏費重庚妻。年廿八守節，没年六十八。

劉氏費重振妻。年廿一守節，没年八十五。

程氏費重森妻。年廿七守節，没年七十二。

明氏費重慶妻。年廿九守節撫孤，没年六十五。

黄氏費光杞妻。年廿五守節，没年六十一。

舒氏譚世昆妻。年十九苦節，撫七日孤成人，没年六十。

許氏費重閶妻。年廿四守節，没年七十。

費氏譚威泮妻。年廿一苦節事孀姑，立嗣，没年七十六。

蔣氏譚威河妻。年廿九苦節，撫孤成立，没年六十。

李氏譚榮棠妻。年廿九苦節事孀姑，撫孤，没年六十二。

費氏黄道楓妻。年廿七苦節養姑，没年六十八。

李氏黃道木妻。年廿五苦節撫二孤，没年四十四。

田氏黃象震妻。年廿四守節事舅姑，没年五十二。

舒氏黃象啓妻。年廿三守節立嗣，孝翁姑，没年六十一。

費氏黃元焙妻。年廿六守節，事翁撫孤，没年八十。

羅氏黃元彬妻。年廿九守節，没年五十一。

費氏黃元闔妻。年廿五守節，没年七十八。

徐氏黃城良妻。年廿八苦節，撫孤成立，没年七十八。

費氏黃元彬妻。年廿四守節，時子生甫數日，撫之成立。孝事舅姑，存没盡禮，没年六十六。

李氏黃源良妻。年廿二守節養舅姑，立嗣，没年四十七。

王氏黃宏萬妻。年三十守節事孀姑，立嗣，没年四十三。

向氏黃榮良妻。年廿一守節，撫五月孤成立，没年五十。

李氏黃遺良妻。年廿九苦節立嗣，没年五十二。

李氏黃扶良妻。年二十苦節撫孤。孤没，復撫孫成立，存年八十一。

費氏黃家煇妻。年三十守節，謹事舅姑，没年五十二。

柯氏黃朝瑞妻。年廿五守節，孝舅姑，撫嗣成立，没年七十八。

譚氏黃家樟妻。年二十歸黃，夫病，刲股以療。夫没，氏年廿四，孝事姑，撫侄爲嗣，守節三十二年没。

陳氏黃元鏻妻。年廿九苦節撫孤，没年七十七。

李氏黃象虔妻。年廿九苦節，奉舅姑，没年七十五。

費氏黃煇極妻。年廿五苦節無依，撫四月孤成立，没年五十三。

劉氏黃家泮妻。年廿九守節，撫嗣成立，没年六十八。

費氏黃家點妻。年二十守節撫嗣，没年六十七。

李氏黃光清妻。年廿八守節，撫子成立，没年七十四。

田氏汪家訓妻。年廿一守節，立侄爲嗣，没年四十五。

黃氏費兆雲妻。年廿四苦節撫嗣，存年七十一。

李氏費綢光妻。年廿九苦節，子復早亡，存年五十八。

高氏費蘭光妻。年廿八守節，没年六十七。

黄氏費興鈿妻。年廿八守節，没年六十四。

向氏費興熉妻。年廿五苦節撫孤，傭工養姑，没年六十。

陳氏費光棣妻。年廿二苦節事翁，撫侄爲嗣，没年四十。

向氏費重英妻。年十六于歸，數月夫故。事舅姑、撫嗣子，守節五十四年。存。

洪氏費興璵妻。年二十守節，撫遺孤，授室而亡。與孀媳相依爲命，存年七十。

黄氏費炯光妻。年廿六守節，没年六十三。

胡氏費埧光妻。年廿九守節，孝舅姑，撫數月孤成立主，没年五十。

夏氏費洲光妻。年廿五苦節立嗣，嗣亡復立，没年五十七。

彭氏費進光妻。年廿二守節，事翁撫嗣，存年五十六。

黄氏費上賓妻。年廿七守節，孝翁撫孤，存年六十。

劉氏費興鉞妻。年廿四守節，没年五十。

劉氏趙啓詥妻。年廿一守節，存年五十九。

費氏陳光旭妻。歸陳七月而孀，撫遺腹孤成立，存年六十一。

費氏羅世椿妻。年廿四守節，存年五十七。

柯氏黄象漢妻。年廿三守節，撫嗣成立，存年七十七。

左氏黄道棣妻。年三十守節，撫二孤相繼亡，立孫復没。爰立曾孫承祀，没年九十。

李氏黄春良妻。年廿五守節，撫侄承祧，存年五十四。

徐氏黄家蘭妻。年廿八守節撫孤，没年六十五。

向氏黄家鑒妻。年廿六守節，事翁立嗣，没年五十七。

程氏黄家煌妻。年廿五守節，孝事舅姑，没年七十四。

明氏黄西觀妻。年廿九守節，事翁立嗣，存年六十五。

汪氏黄家盛妻。年三十苦節，事姑撫孤，存年七十。

費氏黄明良妻。年三十守節，孝事繼姑，撫教遺孤成立，存年六十七。

王氏黄煲極妻。年廿九苦節撫孤，存年六十四。

李氏黄柏極妻。年廿二守節撫嗣，存年五十五。

向氏黄永富妻。年廿五守節撫嗣，存年五十四。

陳氏黄良誨妻。年廿六守節，遺孤數日，撫以成立，没年五十八。

費氏黄燦極妻。年廿七守節，刲股療翁，立族侄爲嗣，没年六十五。

費氏黄善極妻。年廿九守節，孝舅姑，撫遺腹子成立，存年七十一。

劉氏黄光賓妻。年廿主苦節撫孤，存年五十三。

費氏黄光泮妻。年廿七守節，孝舅姑，撫子成立，存年六十一。

費氏黄光洪妻。年廿四守節，撫遺腹孤成立，存年五十六。

羅氏黄永清妻。年廿八守節撫孤，存年五十七。

費氏黄家銜妻。年三十守節，傭工養翁姑，撫遺腹子，存年五十七。

葛氏監生汪家咏妻。年廿三夫故，子夭立嗣，與孀娣田氏共勵清操，存年五十七。

周氏費重銉妻。年廿三苦節，撫遺腹子，没年四十七。

汪氏費興清妻。年廿一苦節，撫侄爲嗣，没年三十九。

以上善福里

明氏生員劉得功妻。年二十守節，没年六十六。

費氏柯世繩妻。年廿七守節，孝事舅姑，撫孤成家，没年五十二。

李氏陳合三妻。年三十守節撫孤，孝事孀姑以終。孫楷樹、鴻曙，曾孫若龍，俱諸生。

吴氏李正蘭妻。年廿六守節，没年六十五。

劉氏李興塘妻。年廿七守節，没年六十一。

曹氏李世實妻。年廿六守節，没年八十九。

劉氏程授予妻。年廿九守節，没年七十一。

袁氏程應搏妻。年廿四守節，没年七十一。

夏氏程應琮妻。年二十守節，没年六十。乾隆間建坊。

曹氏程應托妻。年廿八守節，没年七十八。

費氏程鴻儒妻。年廿八守節，没年八十一。

吴氏程文定妻。年廿三守節，没年八十三。

劉氏程述之妻。年廿三守節，存年六十。

劉氏汪德雄妻。年廿二守節，没年六十。嘉慶十一年旌。

劉氏李善鳳妻。年三十守節，没年六十八。

黄氏李國金妻。年廿九守節，没年七十九。

謝氏程文銘妻。年廿七守節，没年八十三。

汪氏柯錫釙妻。年廿一苦節立嗣，事瞽翁病姑，晨昏不懈，没年六十八。旌總坊。

程氏柯錫慶妻。年廿七守節，上奉舅姑，下撫二子，分資濟貧，族黨德之。没年五十六。

張氏柯觀其妻。于歸八月夫故，矢志事翁姑，至夫弟生子，撫以爲嗣，守節五十年。道光辛丑建坊。

馮氏柯亨澍妻。年廿四守節，事翁姑，撫三叔凌雲子爲嗣，没年五十八。

王氏劉顯芳妻。年廿五守節，没年五十三。

朱氏劉顯涌妻。年廿六苦節撫孤，没年七十五。

程氏劉顯拔妻。年廿九苦節，養舅姑，撫遺腹子成立。氏嘗病篤，婦王氏刲股療之，病隨愈，人以爲節孝之報。没年六十四。

徐氏劉顯淮妻。年廿八苦節撫嗣，没年四十五。

程氏朱全海妻。年廿八守節撫二孤，没年七十八。

程氏劉達熊妻。年廿一守節，子僅彌月，奉養舅姑，没年四十八。彙旌總坊。

朱氏劉榮鎮妻。年廿五苦節撫子，孝養舅姑，没年六十二。

李氏劉顯波妻。年廿九守節，没年四十。

汪氏劉楚英妻。年廿三守節，没年五十七。

胡氏劉顯位妻。年三十苦節撫孤，存年七十三。

程氏陳思瑰妻。年廿九守節，没年五十八。

費氏陳彦松妻。年廿九守節，没年七十三。

姜氏陳世禄妻。年三十守節，没年七十八。

李氏陳繼銅妻。年廿七守節，没年八十二。

李氏陳珖承妻。年廿四守節，没年三十七。

徐氏陳其觀妻。年廿八苦節，撫教孤子，没年七十六。

李氏陳志承妻。年廿八守節，没年五十七。

程氏陳思錦妻。年十九守節，没年六十六。

劉氏李國右妻。年廿七守節，没年五十七。

劉氏李光彩妻。年廿四守節，没年八十七。

徐氏李士慧妻。年廿五守節，没年五十三。

費氏李士智妻。年廿六守節，没年五十五。

費氏李士良妻。年廿二守節，没年七十八。

柯氏李明聞妻。年十九守節，撫遺腹子成立，没年五十九。

何氏李運鳳妻。年廿一守節，没年六十四。

劉氏李國清妻。年三十守節，没年七十七。

費氏監生李純一妻。年廿九守節，没年七十二。

曹氏李元興妻。年十九守節，没年七十七。

曹氏李世臺妻。年廿三家貧苦節，没年七十五。

程氏李國燧妻。年十七守節，没年五十八。

費氏李運昌妻。年廿四守節，没年七十一。

曹氏李運來妻。年廿五守節，没年五十五。

曹氏李祖明妻。年廿六守節，没年五十二。

明氏李運蓮妻。年廿四守節，没年八十。

吴氏李運錦妻。年廿九孀，守節以終。

明氏李世型妻。年廿五守節，没年七十五。

吴氏李運萃妻。年廿五守節，没年六十二。

黄氏李運芥妻。年廿一孀，守節以終。

戴氏李明訊妻。年廿九苦節，奉姑撫孤，没年六十五。

劉氏李士朝妻。年三十孀，守節以終。

柯氏李國取妻。年廿八守節，没年五十。

程氏李世壤妻。年廿八苦節撫孤，没年六十。

徐氏李善萬妻。年廿六苦節撫嗣，没年五十二。

嚴氏李運琪妻。年二十苦節立嗣，没年八十七。

徐氏李世經妻。年廿九守節，撫幼叔及幼子成立，没年四十五。

張氏李世賢妻。年廿七守節，没年七十四。

王氏李運坎妻。年廿一苦節，事舅姑、撫孤子，没年七十二。

柯氏董有章妻。年廿三守節，没年七十。

明氏董萬成妻。年廿八守節，没年六十一。

陳氏王贊堯妻。年十九守節，養舅姑撫孤，没年七十六。

程氏王隆迪妻。年廿二苦節，事姑鞠子，没年六十六。

柯氏王文灼妻。年廿五守節，没年九十六。

石氏王文燽妻。年廿七守節，没年七十八。

汪氏王武琇妻。年廿六守節，没年六十六。

陳氏王武相妻。年廿三守節，没年七十。

黄氏王文榮妻。年廿一守節，没年八十二。

徐氏程英緒妻。年廿九苦節撫孤，孝事舅姑，没年五十四。

石氏程才浩妻。年廿六守節，没年七十五。

曹氏程才榮妻。年廿六守節，没年七十五。

王氏程才亢妻。年廿九守節，没年七十五。

曹氏程應稠妻。年廿八守節，没年七十九。

陳氏程應圭妻。年廿三守節，没年六十。

王氏程應壎妻。年廿八守節，没年八十。

吕氏程應亳妻。年廿一守節，没年四十六。

曹氏程應護妻。年廿一守節，没年五十一。

曹氏程英欽妻。年廿七守節，没年五十六。

高氏程英國妻。年廿五守節，没年五十五。

李氏程才讓妻。年三十守節，没年六十一。

吴氏程東岩妻。年廿六守節，没年三十九。

費氏程周合妻。年廿六守節。没年六十一。

田氏程見樹妻。年廿三守節，没年四十八。

張氏柯茂孟妻。未笄適柯，事舅姑有禮。年十九孀，清操自勵，撫孤成立，苦節四十年没。

李氏柯洪運妻。年廿一守節，撫孤中殤，復立嗣承祀。

曹氏柯恒運妻。年廿七守節，教育遺孤成立，没年七十一。

李氏柯顯隆妻。年廿三守節，養老撫幼，没年六十五。

馮氏柯顯禄妻。年廿一守節撫孤，没年六十二。

王氏柯耀源妻。年廿九苦節撫孤，没年七十。

程氏柯錫柱妻。年廿九苦節，撫二孤成立，没年六十七。

程氏柯亨貴妻。年廿九苦節撫孤，没年五十九。

李氏柯秀峰妻。年廿五守節撫孤，孝舅姑，没年六十三。

陳氏柯亨裕妻。年廿八守節，傭工養瞽姑。姑没，哀毁盡禮，立嗣承祀，没年七十一。

尹氏柯世仁妻。年廿五夫故，撫孤成立，守節三十七年。

李氏柯詩運妻。年廿四守節，撫遺孤成立，没年六十七。

李氏生員柯丙杰妻。年廿六夫故，教養遺孤，守節廿九年。

王氏柯勝桂妻。年廿九夫故撫孤，守節四十七年。

侯氏柯顯家妻。年廿三孀，家貧，守節五十一年。

曹氏柯綱運妻。年廿七夫故，撫二孤，守節四十六年。

曹氏柯顯楻妻。胡氏柯煓妻。曹年廿六苦節，立嗣煓。娶胡氏，生子錫坦。胡年廿七，煓没，與孀姑同勵清操。曹年登八十，胡年五十一。

曹氏柯勝富妻。年廿八夫故。苦節三十七年。

張氏柯錫瀾妻。年廿三夫故，事孀姑、撫祧子，苦節三十六年。旌總坊。

盛氏李善翊妻。年廿八守節撫孤，旌總坊。

王氏李明隮妻。年廿五夫故，守節三十年。乾隆己酉建坊。

石氏監生李春藻妻。年廿九守節，孝事姑舅，年六十八。彙旌總坊。

孫氏李衡士妻。年廿一孀，孝事姑舅，撫孤成立，守節四十年。旌總坊。

劉氏李官章妻。年廿八守節，存年六十四。

鄧氏李咸鎰妻。年廿一守節，没年五十。

董氏李善喜妻。年廿三夫故，守節四十七年。嘉慶丙寅建坊。

汪氏李善衮妻。年廿九夫故，守節五十六年。道光甲辰建坊。

吴氏李善适妻。年廿八守節，没年四十六。

石氏柯世純妻。年廿九守節立嗣，没年六十四。

馮氏程建樹妻。年廿三守節，事舅姑，没年六十。

李氏程覲光妻。年廿九守節，没年七十六。

王氏程恒輝妻。年廿四守節，没年六十一。

曹氏程應慶妻。年廿八守節，没年六十二。

馮氏程繩祖妻。張氏程步遠妻。馮年廿三守節，撫嗣步遠。張氏年廿九守節，立嗣。姑婦冰霜共勵，馮年八十九没，張氏七十四没。

曹氏程應崇妻。年廿九守節，没年五十八。

劉氏程英富妻。年廿四守節，没年六十七。

何氏程英洪妻。年廿九守節，没年七十二。

李氏汪純壽妻。年廿六守節，没年八十。

朱氏汪萬一妻。年廿四守節，事舅姑，撫二孤，没年五十三。

李氏汪若遠妻。年三十守節，存年八十五。

盧氏汪純浩妻。年廿八守節，没年七十四。

張氏王武棠妻。年廿九守節，存年七十。

舒氏王全炳妻。年廿六守節，存年五十三。

蕭氏王武榮妻。年廿四夫故家貧，撫三月孤，守節。族人義之，予之公地，資其事畜，没年七十。

董氏王隆恒妻。年廿七守節，存年七十七。

程氏王武桂妻。年廿八守節，存年七十二。

程氏王武校妻。年廿七苦節撫孤，奉舅姑，存年五十八。

劉氏王全槐妻。年廿四守節，存年七十一。

劉氏王畏菴妻。年廿五守節，孝事舅姑，姒程未笄守貞，以己子分嗣之，兩祀俱延，没年五十六。

王氏李士州妻。年廿七苦節，奉姑撫孤，没年六十。

費氏李士廉妻。年□八守節立嗣，終養舅姑，存年七十七。

程氏李咸模妻。年二十五守節，存年五十四。

黄氏李士柯妻。年二十一守節，豐年五十三。
陳氏李咸洲妻。年三十守節，歿年五十八。
柯氏李運澤妻。年二十七守節，歿年六十三。
黄氏李運騰妻。年二十八守節，歿年六十五。
石氏李世境妻。年二十二守節，歿年六十二。
汪氏李永金妻。年二十四守節，歿年五十九。
石氏李永葵妻。年二十九守節，存年六十九。
曹氏李方訓妻。年廿六守節，撫三月孤成立，存年五十八。
費氏李懷芳妻。年二十八守節立嗣，歿年六十。
曹氏李運瀾妻。年二十八苦節撫子，存年五十五。
費氏李運鈖妻。年二十八守節，存年五十八。
洪氏李永星妻。年廿五守節撫嗣，孝事舅姑，存年五十八。
曹氏李運椇妻。年二十九守節，豐年七十六。
程氏李運桂妻。年二十八苦節，奉姑撫孤，歿年四十九。
曹氏李運青妻。年十八夫歿，傭工養姑，存年五十四。
程氏李永榛妻。年廿四守節，撫四月孤成立，存年六十七。
王氏李運代妻。年十九守節，孝養舅姑，撫嗣成立，存年六十。
費氏李永銓妻。年二十八守節，歿年六十八。
潘氏李曉泉妻。年三十守節，存年五十七。
嚴氏李祖海妻。年二十五守節，事舅姑，撫遺孤，傭工以給，存年六十。
程氏李祖波妻。年廿七苦節，存年五十四。
黄氏李永吉妻。年二十一苦節立嗣，存年六十六。
高氏李祖坤妻。年二十二守節，存年五十七。
曹氏李永福妻。年二十四守節立嗣，終養舅姑，歿年四十四。
何氏劉達泳妻。年二十九苦節，事翁撫子，歿年四十。
何氏劉達澍妻。年二十八苦節奉姑，撫侄承祧，歿年六十八。
費氏劉達武妻。年二十八守節，存年六十二。
費氏劉榮朗妻。年二十五苦節撫孤，歿年七十五。

劉氏陳三陽妻。年二十二守節，歿年三十七。

李氏劉達盛妻。年二十五苦節，養姑立嗣，存年五十四。

曹氏陳彦嵘妻。年三十守節，歿年六十七。

汪氏陳彦兼妻。年二十一守節，歿年六十。

姜氏陳漢三妻。年三十守節，存年七十。

黄氏陳繼雄妻。年二十八守節，存年六十。

柯氏陳才承妻。年廿六守節，存年六十。

柯氏陳守承妻。年廿四守節，存年六十。

朱氏陳建承妻。年廿七守節，存年六十一。

汪氏陳聲揚妻。年十九守節孝姑，撫侄爲嗣，没年五十四。

鄧氏陳昌艮妻。年廿四守節，存年六十六。

石氏程茂煋妻。年廿九守節撫嗣。嗣早没，復撫孫，存年六十三。

費氏生員程雲翔妻。年廿六守節，孝事舅姑。姑疾，割股以療。撫孤功熾成諸生。存年五十三。

李氏程建壽妻。年廿七守節，没年六十八。

李氏程登榮妻。年廿八守節，没年六十三。

王氏程建柜妻。年廿六守節，没年五十四。

祝氏程才璜妻。年廿四守節，存年七十六。

曹氏程才千妻。年廿七守節，存年五十七。

柯氏程鳴鳳妻。年廿八守節，存年六十二。

曹氏程建錀妻，年廿二守節，存年七十三。

丁氏程建昂妻。年十九守節，存年六十五。

劉氏程建迪妻。年廿九守節，存年五十四。

曹氏程建禎妻。年廿九守節，存年六十一。

曹氏程英虎妻。年廿九守節，存年六十四。

何氏程茂煌妻。年廿五守節，存年五十八。

費氏程才泮妻。年廿八守節，存年六十八。

劉氏程茂官妻。年三十守節，存年六十五。

李氏程才柏妻。年十六守節，存年六十五。

管氏程正先妻。年廿五守節，存年六十四。

柯氏程才喜妻。年廿八苦節撫孤，存年七十五。

李氏程英祥妻。年廿三守節，没年三十三。

石氏程西園妻。年廿四歸程，未三月而夫故，翁姑繼逝，撫幼叔成立，没年四十四。叔以長子嗣之。

石氏程才一妻。年廿七守節，没年四十三。

劉氏閔思泰妻。年廿二守節，存年六十二。

李氏朱本柏妻。年廿六苦節撫孤，存年五十九。

林氏汪觀旂妻。年廿一守節，存年六十二。

劉氏董魁名妻。年廿四守節撫孤，舅旋没，姑復失明。氏謹事十餘年，姑疾，曾刲股以療。卒年三十七。

劉氏朱永福妻。年廿五守節立嗣，孝事老翁。翁病，刲股療之。没年六十三。旌表建坊。永福係監生。

譚氏汪若棣妻。年廿九守節，存年六十四。

衛氏曹泗善妻。年十九守節，没年六十三。

曹氏柯長青妻。年廿七守節，傭工撫孤，存年七十六。

程氏柯登雲妻。年三十苦節撫孤，存年七十三。

李氏柯際貴妻。年二十苦節立嗣，存年七十。

劉氏柯際富妻。年廿九守節撫孤，存年七十。

郭氏李咸釗妻。年二十守節，存年六十三。

劉氏曹衍亨妻。年廿九守節，存年五十二。

程氏陳繼時妻。年廿三守節，存年五十二。

李氏程建坤妻。年廿七守節，存年五十二。

黄氏劉英木妻。年廿一守節，遺孤數月。尋遭寇亂，翁姑陷没。氏負孤子、携幼叔，顛沛流離，卒免於難，存年五十一。

王氏李升甲妻。年廿七苦節撫嗣，存年五十一

石氏程金飾妻。年廿九守節，存年五十二。

曹氏程建明妻。年廿五守節，没年四十八。

程氏職員李自平妻。年廿六守節，事舅姑、撫嗣子，没年四十一。

易氏李咸亨妻。年廿九守節，存年五十一。

王氏柯亨國側室。年廿九孀，苦節立嗣，存年五十一。

以上永章里

卷之二十七

列女志

節孝婦分里中

劉氏董太明妻。年廿四守節，没年六十九。

周氏董士德妻。年二十守節，没年五十一。

梁氏董太修妻。年三十守節，孝舅姑，撫孤，没年六十八。

馬氏董之遇妻。年廿四守節，没年六十二。

陳氏董之貞妻。年廿七守節，姑没子幼，翁患疾九年，親侍湯藥，浣滌垢穢，没年六十四。

鄧氏馬鼎三妻。年廿九苦節撫孤，没年八十二。

魏氏董之禄妻。年廿五守節，没年五十三。

石氏馬遇殿妻。年廿九苦節撫孤，傭工養姑，没年七十五。

汪氏朱獻廷妻。年三十守節撫孤，事翁姑，没年五十二。

潘氏董之逑妻。年廿七守節撫孤，没年六十七。

馬氏董方兑妻。年廿六守節，奉姑撫孤，没年八十。

馬氏董方矩妻。年十九守節，没年六十六。

石氏董正蓍妻。年廿七苦節撫孤，没年五十四。

石氏董正虎妻。年十九苦節，撫遺腹孤，没年五十。

李氏董先忠妻。年十九苦節奉翁，撫孤成立，没年五十。

石氏董正國妻。年廿八守節，撫孤成立，没年六十二。

石氏董兆孝妻。年廿一苦節撫孤，没年五十八。

石氏董正蘭妻。年三十守節撫嗣，没年七十。

李氏董兆夏妻。年廿二苦節，撫遺腹子成立，没年六十。

秦氏劉玖昌妻。年廿三守節，撫周歲孤成立，没年八十四。

朱氏劉宗成妻。年廿四守節，没年八十六。

黄氏劉宗湯妻。馬氏劉良柱妻。黄年廿七守節，撫遺腹子良柱，早没。馬年廿六守節，遺腹生子夭，撫侄承祧。黄没年八十三，馬没年六十三。

石氏劉占魁妻。年廿八苦節，撫遺腹子成立，没年八十二。

鍾氏劉材詩妻。年廿四苦節立嗣，没年五十二。

羅氏劉宗珠妻。年廿六苦節，撫遺腹子成立，没年六十。

石氏劉宗榮妻。年廿九守節，没年七十八。

蔡氏馬之昕妻。年廿二苦節撫孤，没年七十九。

歐陽氏馬明遠妻。年廿九守節，撫孤成立，没年五十四。

柯氏馬之惠妻。年廿八苦節撫孤。孤没，復撫孫，没年六十八。

柯氏馬之述妻。年廿三守節撫孤，没年八十四。

李氏馬之位妻。年廿四守節，没年五十四。

董氏馬發峻妻。年廿九守節撫孤，没年八十四。

蕭氏梁建棣妻。年廿三守節奉翁，没年五十九。

劉氏潘立角妻。敖氏潘顯材妻。劉年廿四守節，撫遺腹子顯材，早没。敖年廿八守節立嗣，孝事孀姑。嗣子早世，其婦馬氏亦能矢志勵操。劉没年八十四，敖没年七十七。

李氏王興祐妻。年二十七守節，存年七十八。

明氏陳德樹妻。年廿九守節，没年七十。

李氏陳才堯妻。年十七守節立嗣，年五十三。彙總坊。

馬氏石得潔妻。年廿四守節，没年七十四。

馬氏石得瀍妻。年廿八守節，没年六十八。

趙氏石得浀妻。年廿五守節，没年八十一。氏與得潔妻馬氏、得瀍妻馬氏爲娣姒，一門三節，鄉里稱之。

曹氏石得洽妻。年廿四苦節，孝事舅姑，没年六十二。

陳氏石應極妻。年廿四苦節，事孀姑，撫孤，没年七十五。

劉氏石得璧妻。柯氏石興吴妻。劉年廿二守節，子興吴早没。柯年廿四與姑共守，撫嗣成立，彙旌總坊。

陳氏石得治妻，治徙居河南南召縣娶焉。年廿七而治没，遺子二歲、女未周。氏携子女回籍婚嫁，没年七十五。

王氏石肇疆妻。年廿五苦節，撫二孤成立，没年六十。

董氏石得詩妻。年廿五守節撫嗣，没年六十一。

董氏石得誼妻。年廿七苦節撫孤。孤没，復撫稺孫，存年八十七。

潘氏梁道勳妻。年廿九守節撫孤，没年七十二。

蔡氏馬燦可妻。年廿九苦節立嗣，没年七十五。

馬氏石興榮妻。年廿九守節，撫月餘孤成立，没年四十四。

張氏石興緯妻。年廿四守節立嗣，没年五十三。

馮氏石應源妻。年廿九守節，没年六十二

馬氏石應瑽妻。年廿三十苦節，没年七十八。

曹氏監生石履泰妻。年三十守節，事姑課子，没年七十二。

吴氏石興起妻。年廿八守節，没年七十二。

張氏方越元妻。年廿八守節撫孤，没年六十四。

陳氏魏尚适妻。年廿九苦節，事翁姑撫孤，没年八十一。

羅氏阮洪全妻。年廿二守節，没年五十。

宋氏朱永月妻。年廿五苦節撫孤，没年七十四。

吴氏朱咸萬妻。年廿一守節，没年六十九。

馬氏范正祥妻。年廿八苦節，没年七十七。

楊氏范永貴妻。年三十守節，没年七十五。

萬氏王隆楚妻。年廿八守節，没年七十五。已旌。

石氏劉光适妻。年廿二守節，存年七十七。

張氏劉宗諭妻。年廿八苦節，奉姑、撫孤成立，存年六十三。

葉氏劉宗漢妻。年廿八守節，事翁、撫孤，没年五十五。

董氏劉良煊妻。年廿七守節，存年五十五。

項氏劉良琬妻。年十九苦節，傭工養姑，撫遺腹子成立。存年五十七。

潘氏劉東璧妻。年廿七守節，撫孤，存年六十二。

陳氏劉漢昌妻。年廿六守節，存年六十。

陳氏劉良熿妻。年廿六守節，存年五十七。

馬氏劉隆全妻。年廿二貧苦守節，存年七十三。

石氏董方楚妻。年廿三守節，存年六十。

曹氏董兆秋妻。年三十守節，存年五十六。

秦氏董可書妻。年二十守節，存年七十四。

王氏董兆柏妻。年廿九苦節，奉姑，撫孤成立，存年六十六。

朱氏柳建煌妻。年廿七守節，翁姑就衰，撫夫弟及遺孤成立，存年六十二。

明氏游明亮妻。年廿七守節，没年三十九。

劉氏馬可有妻。年廿九守節撫孤，存年六十八。

董氏馬祥射妻。年廿八貧苦守節。姑甚不慧，食息起居皆氏護持，與侄孫相依，存年六十九。

劉氏馬祥壽妻。年廿四守節立嗣，終養舅姑，存年六十二。

劉氏馬振發妻。年廿四守節、養姑，存年五十五。

舒氏石應旺妻。年十九苦節、立嗣，存年五十七。

王氏石興填妻。年十九守節，終養舅姑，没年七十二。

馬氏石光禄妻。年三十苦節撫子，孝養舅姑，存年七十四。曹氏石興琮妻。年二十守節，存年六十。

盧氏石宗浹妻。明氏石德棣妻。盧年廿九守節，撫子德棣，早没。明年廿七守節，事孀姑，撫子成立。盧存年七十五；明存年五十二。

劉氏石應曦妻。年廿九守節撫孤，存年七十七。

吕氏石興熊妻。年廿八苦節，撫五月孤成立，没年七十四。

陳氏石立評妻。年廿二守節撫孤，存年七十五。

李氏石立玉妻。年廿七守節，存年五十四。

李氏石興株妻。年廿八守節，存年五十四。

馬氏石得訖妻。年三十苦節，事舅姑撫孤，没年六十四。
馬氏石應乾妻。年廿八苦節，孝事孀姑，存年六十一。
劉氏石立基妻。年廿一守節，没年六十六。
姜氏朱可顯妻。年廿八守節，存年六十三。
馬氏朱可芸妻。年廿三苦節撫嗣，存年六十。
劉氏朱樸植妻。年廿三守節，没年五十四。
馬氏陳安墉妻。年廿九守節，存年七十七。
馬氏陳德魏妻。年十九苦節，存年七十六。
虞氏方周璈妻。年廿四苦節，養姑撫孤，存年六十。已額奬。
董氏陳德塘妻。年廿四守節，刲股療姑、撫孤成立，存年七十三。
石氏王文龍妻。年廿五守節，没年四十九。已旌。
方氏王永光妻。年廿五苦節撫嗣，事翁能孝，没年七十。
胡氏李善梧妻。年廿六守節撫孤，存年五十二。
馬氏梁儒煜妻。年廿三守節撫孤，孝舅姑，没年四十一。
謝氏石應柳妻。年廿七苦節，存年五十五。
吴氏王興後妻。年十九守節，存年六十九。已旌。

以上新安里

劉氏石光裔妻。年廿九苦節，撫孤成立，没年八十一。
吕氏石堪捷妻。年廿九守節，孝事舅姑，撫孤成立，没年七十三。
董氏石光拇妻。年廿五苦節，奉舅姑，没年七十一。
何氏曹立富妻。年廿四守節，家貧，撫嗣。没年六十二。
梁氏生員石修桂妻。年廿四苦節無依，依母家撫孤，没年六十六。
柯氏劉見鐸妻。年廿四守節，没年六十。
石氏劉崇琇妻。年廿四守節，没年八十三。乾隆年間建坊旌。
鄒氏劉士裔妻。年廿六守節，没年八十七。
熊氏劉承錫妻。年廿一守節，没年五十五。
陳氏劉承舉妻。年廿八守節，没年九十一。

王氏劉崇效妻。年廿八守節，没年六十九。

石氏吴大華妻。年廿八守節，撫孤成立，没年七十三。

潘氏吴先貴妻。年廿六守節，撫嗣成立，存年七十九。

馬氏吴先鏡妻。年廿二苦節撫嗣，没年六十八。

梁氏吴大實妻。年廿八守節撫嗣，没年六十四。道光間建坊。

陳氏趙周典妻。年廿八苦節撫孤，没年五十六。

陳氏趙興書妻。年廿七守節撫孤，没年五十七。

李氏趙魯修妻。年十七守節，没年四十三。

石氏趙裕後妻。年廿九守節，没年九十。

梁氏趙志義妻。年二十守節，没年八十。

曹氏趙啓疇妻。年廿四守節，没年六十四。

熊氏劉見諒妻。年廿五守節，没年六十六。

馬氏胡立壽妻。年廿九守節，没年七十八。

明氏胡立楷妻。年廿八守節，没年七十五。

程氏胡永煌妻。年廿七守節，没年六十七。

石氏胡太泮妻。年廿九守節，没年六十五。

馮氏劉定棣妻。年三十守節，没年六十三。

曹氏劉用柱妻。年廿六苦節，養姑、撫孤，没年六十三。

李氏劉定珊妻。年廿九守節，存年七十八。

吴氏劉見科妻。年廿二守節，没年五十二。

吕氏生員劉對書妻。年廿二守節，没年五十五。

李氏劉超群妻。年廿四守節，没年四十六。

盧氏劉承大妻。年廿八守節，没年六十九。

吕氏劉見栝妻。年廿九守節，没年八十三。

石氏劉定昂妻。年廿六守節，没年七十二。

石氏劉用清妻。年廿九守節，没年七十五。

曹氏劉用梅妻。年廿五守節，没年八十一。

石氏劉特見妻。年廿四守節，没年四十四。

曹氏生員劉長化妻。年廿六守節，没年六十九。

曹氏生員劉均石妻。年廿四苦節，抚孤早世，没年七十一。

姜氏劉見瑚妻。年廿二守節，没年六十一。

曹氏劉見儒妻。年廿五守節，没年七十七。

曹氏劉用漢妻。年廿二守節，没年七十四。

曹氏劉定作妻。年廿七守節，没年六十。

馬氏劉用連妻。年廿五守節，没年三十六。

程氏劉燕見妻。年廿九守節，没年五十。

梁氏劉成銓妻。年廿四守節，事姑、教子，没年五十五。

文氏監生劉敏中妻。年廿九守節，没年五十七。

劉氏吳振格妻。年廿七守節，没年七十三。

梁氏石作玗妻。年廿六玗故，時姑病委床，氏飲泣不令姑聞。姑没，葬祭盡禮，課子成立，没年七十五。孫上流，諸生。弟有恭呈請建坊。

任氏吳大二妻。年廿二守節，没年七十三。

侯氏石淮光妻。年廿三守節，謹事舅姑，撫侄爲嗣，没年九十二。

馬氏石亨滁妻。劉氏石亨漖妻。馬年廿五守節，撫嗣時棻成諸生，没年四十八。劉年廿五孀，與姒共勵清操，撫嗣時渠成諸生，没年五十三。侄時榘爲請旌，建雙節坊。

李氏石作班妻。年廿五守節，孝舅姑、撫遺腹子，没年八十九。

侯氏石宏霁妻。年廿八守節，没年五十六。

劉氏石作磊妻。年廿九守節，没年八十二。

吕氏石作勤妻。年廿七守節，没年七十五。彙旌總坊。

李氏石盤訓妻。年廿六苦節撫孤，没年五十六。

吕氏石宏啓妻。年廿二守節，事舅姑、撫幼子，没年六十九。

潘氏石書有妻。年廿五守節，没年八十五。

李氏石宏銘妻。年廿六守節，孝奉舅姑，撫遺腹子，没年五十九。

張氏石仲璧妻。年廿一于歸，六月夫故，奉舅姑、撫嗣子，守節五十六年。

潘氏石作鈃妻。鈃疾，氏刲股以療。鈃没，氏年廿四苦節撫孤，没年六十九。

汪氏石可寶妻。年廿八夫故，撫孤、苦節五十四年。

董氏石可煇妻。年廿六守節立嗣，敬奉舅姑，没年四十四。

董氏石華軒妻。年廿九守節，没年四十四。

劉氏石宏鍾妻。年廿一守節撫孤，没年六十。

王氏石宏義妻。年廿五夫故，孝事舅姑，守節三十八年。

蔡氏石滿有妻。年廿六守節，没年七十。

王氏石睿有妻。年廿三苦節撫嗣，没年六十。

劉氏石宏璘妻。年廿八苦節，奉舅姑、撫孤，没年六十一。

馬氏石建虎妻。年廿五苦節，奉姑、撫嗣，没年六十九。

馬氏石崧光妻。年廿八守節，没年六十八。

梁氏石建卯妻。年廿二守節，孝翁姑、撫嗣子，没年七十四。

李氏石亨然妻。年廿七苦節撫孤，没年九十六。旌總坊。

吴氏石時富妻。歸富後，母家徙河南。富没，氏年廿五，甘貧養姑。姑没，携孤及弱媳，往依昆弟。既至，家亦落，竟以艱窶終於河南。

邢氏石得突妻。年廿三苦節，没年六十三。

余氏石得溪妻。年廿三守節，事舅姑、撫嗣子，没年七十八。

羅氏石亨衎妻。年廿四守節，孝舅姑，撫侄爲嗣，没年七十三。

曹氏石時棨妻。年廿七守節，侍姑疾，衣不解帶者數月。撫嗣子建熿，舉於鄉。没年六十。

馬氏生員石□鯨妻。年廿三守節撫嗣。後子與孫相繼没，復撫從侄孫之子爲曾孫，没年七十。嘉慶二十三年建坊旌。

陳氏石興鍾妻。年廿二守節，孝事繼姑，撫嗣成立，年六十四。旌總坊。

方氏石興晷妻。從夫遷陝西，夫没於陝。氏年廿九，携弱孤匄食，走三千里以歸，撫之成立，没年六十七。

明氏石如選妻。年廿七苦節，有欲奪而嫁者，氏携其二子别居，家資一無所取，卒能教子成立，没年六十。

盧氏生員石得汶妻。年廿四守節，謹事舅姑，没年七十七。

梁氏石興信妻。年廿二苦節撫嗣，没年五十一。

鄧氏石興善妻。年廿八苦節撫孤，没年六十九。

周氏石得琇妻。年廿一守節，没年五十九。

盧氏石時楷妻。年廿七守節，事姑訓子，没年八十二。彙旌總坊。

董氏侯世晋妻。年廿七守節，事舅姑、撫遺腹子成立，没年八十四。

石氏侯定貞妻。年廿六守節，族豪將逼嫁，氏覺，引刀自裁，以救免。紡績撫孤成立，没年五十六。

曹氏侯世魁妻。年二十苦節，養姑、撫子。子没，煢煢無依，没年五十九。

曹氏侯定蕙妻。年廿四守節撫孤，没年六十。

曹氏侯沾光妻。年廿八苦節，養姑、撫子。子没，煢煢無依，没年五十九。

高氏侯萬仞妻。年廿六守節，没年六十七。

曹氏彭光炬妻。年廿一守節，事翁姑、撫幼子，没年六十三。

石氏彭宗室妻。年廿九守節撫孤，存年八十二。

劉氏彭徐元妻。年廿八守節，終養舅姑，撫嗣成立，存年八十六。

胡氏彭宗邦妻。年廿九守節撫嗣，存年八十七。

石氏歐陽時淮妻。年廿六守節，事姑、訓子，存年八十。

曹氏歐陽孟逴妻。年廿四守節，没年八十四。

石氏歐陽孟高妻。年廿一守節，没年七十一。

鄧氏樂光靈妻。年廿九守節，存年八十一。

明氏吴先福妻。年廿五守節，存年六十四。

曹氏吴著璜妻。年廿八苦節撫嗣，没年三十九。

熊氏江世徽妻。年二十守節，没年六十。

璩氏萬永修妻。年廿四夫故，家貧，撫嗣早亡，與孀媳相依以守，存年七十一。

劉氏趑啓欽妻。年廿五守節，存年七十四。

曹氏彭宗場妻。年廿九守節，孝事孀姑，撫孤成立，没年七十。

劉氏趙啓楫妻。年廿四守節，存年六十九。

朱氏趙利賓妻。年廿八守節，存年六十四。

梁氏趙志泮妻。年廿九守節，存年六十八。

曹氏璩遠垠妻。年廿三苦節撫孤，存年五十八。

吴氏胡方賨妻。年十九守節，孤甫周歲，翁姑相繼逝。夫兄逼改適，時氏有叔父徙居河南，遂繈負以往。既至，亦欲嫁之，復間關匄食以歸。其夫兄已出亡，乃得遂志，没年六十六。

董氏胡萬焜妻。年廿九孀，撫孤守節，三十一年。

劉氏歐陽時林妻。年廿二守節，事舅姑、撫孤，没年五十七。

璩氏歐陽昌榮妻。年廿六苦節，養舅姑，子殤立嗣，存年五十五。

徐氏歐陽時堅妻。年廿四守節，孝舅姑、立嗣，存年五十三。

吕氏侯年觀妻。年廿九苦節立嗣，没年六十五。

鄒氏侯世銀妻。年廿六苦節，撫遺腹孤早亡，與孀媳相依，苦節四十三年。

石氏侯宗連妻。年廿六苦節，子幼、舅姑衰老，傭工以養，存年七十五。

余氏侯世堅妻。年廿一苦節立嗣，終養舅姑，存年七十三。彙旌總坊。

曹氏侯世譜妻。年廿四苦節，養姑、撫孤，存年五十三。

曹氏侯鴻年妻。年廿五苦節、撫子，存年五十三。

馬氏劉用起妻。年廿九苦節，事姑撫孤，存年六十三。

吴氏劉定訪妻。年廿四守節，没年六十一。

姜氏劉定講妻。年廿四守節，没年五十四。

石氏劉定讜妻。年廿五守節，没年五十一。

侯氏劉定朝妻。年廿四守節，没年五十四。

石氏劉鳳停妻。年廿七守節，没年五十七。子繼志，貢生。

曹氏劉定玕妻。年廿七守節，存年六十一。

趙氏劉定敖妻。年廿三守節，存年六十二。

石氏劉定榭妻。年廿二守節，存年五十九。

曹氏劉定裕妻。年十七守節，存年六十九。

石氏劉文朋妻。年十九守節，存年五十七。

李氏劉定瑀妻。年廿九守節，存年七十七。

石氏劉定德妻。年廿九守節，存年七十六。

明氏劉興遠妻。年廿九守節，没年六十。

柯氏石亨平妻。年廿二苦節，没年六十四。

阮氏石亨通妻。年廿一守節，存年六十二。

梁氏石宏氾妻。年廿九苦節撫孤，存年六十八。

曹氏石崇梁妻。年十九守節，事姑孝篤，撫嗣恩深，存年七十。

曹氏生員石賞三妻。年廿四守節，撫教孤子，存年六十四。

曹氏石廣亭妻。年廿九守節，存年七十四。

劉氏石聲和妻。年廿四守節，存年六十二。

潘氏石建林妻。年廿九守節，孝事舅姑，存年六十二。

曹氏石崇鳳妻。年廿四守節，存年五十六。

曹氏石建燕妻。年廿六守節，撫嗣子致中成諸生，没年五十。

吕氏石建樘妻。年廿七守節，孝事。

劉氏石時洄妻。年廿六守節撫孤，存年七十一。

劉氏石建熯妻。年二十守節，撫八月孤，孝事衰翁，没年五十二。

馬氏石亨秋妻。年三十守節，存年六十九。

黄氏石亨樹妻。年廿七守節，存年七十一。

許氏石建燦妻。邢氏石中達妻。許年廿四守節，養姑、撫嗣中達。邢年廿九守節撫孤，兩世清操，人無間言。

曹氏石應湘妻。年廿八守節，没年七十六。

傅氏石應荷妻。年廿九守節，存年六十。

姜氏石興垿妻。垿從父徙河南娶氏，旋隨回里。年廿二垿没，謹事舅姑，先後遭六喪，勞瘁支持，存年六十四。

曹氏石興準妻。年廿八守節，没年七十六。

方氏石應鴻妻。年廿八苦節，養舅姑，存年七十四。

鄧氏石興丙妻。年廿四守節立嗣，存年七十。

秦氏石應會妻。年廿七守節撫子，存年七十四。

王氏石興田妻。年十九守節，奉舅姑、撫嗣，存年七十四。

王氏石亨貞妻。年廿九苦節，事舅姑、撫孤，存年六十四。

曹氏石宏鑛妻。年廿五守節，孝舅姑、撫嗣子，存年七十七。

舒氏石興彦妻。年廿七苦節，事舅姑、立嗣，存年七十。

姜氏石應森妻。年三十守節，存年五十二。

邱氏趙志燭妻。年廿七守節，存年五十二

曹氏趙世期妻。年十八守節，存年五十二。

以上崇仁里

梁氏葉啓蔚妻。年廿八守節，没年六十六。

劉氏馬維榜妻。年廿四守節，没年六十四。

李氏梁騰士妻。年廿五守節，没年七十五。

馬氏梁方賡妻。年廿八守節，教子成立，没年七十一。

秦氏劉泰閱妻。年廿三守節，撫嗣早没，復立嗣孫，没年七十七。

劉氏馬之彩妻。年三十守節，孝事舅姑，撫六月孤康侯成諸生，没年七十七。道光十八年建坊。

姜氏馬期禄妻。年廿一守節，没年六十九。

潘氏馬期香妻。年廿七守節，没年六十八。

劉氏馬尚恬妻。年廿四苦節撫嗣，存年九十。

劉氏馬尚煌妻。年廿七守節，没年七十。

趙氏馬可虎妻。年廿八守節，没年七十四。

王氏馬士巽妻。年二十守節，没年七十六。

梁氏劉泰善妻。年十九守節，没年七十。嘉慶十三年旌。

璩氏劉先華妻。年三十守節，没年八十四。

陳氏劉宏秀妻。年廿九守節，没年七十七。

石氏劉宏蕙妻。年廿四守節，没年七十六。

石氏劉宏冉妻。年廿三守節，没年八十六。

柯氏劉宏周妻。年廿四守節，没年八十。列總坊。

董氏劉宏連妻。年廿六守節，没年六十四。

石氏劉儀昌妻。年廿六守節，没年六十六。

鄧氏生員梁正琮妻。年廿八守節，事孀姑，没年七十八。子兆雲、孫炳春，俱諸生。

秦氏梁漢台妻。年廿八守節，没年八十一。

吴氏梁崇模妻。年廿四守節，撫數月孤，没年五十六。

石氏梁養乾妻。年廿八守節，没年七十六。

董氏梁道墩妻。年廿五守節，没年六十三。

明氏梁荆貴妻。年廿四守節，没年七十八。

李氏梁養志妻。年廿五守節立嗣，謹事瞽翁，没年六十八。

潘氏梁相庭妻。年廿七守節，没年七十五。

李氏梁月池妻。年廿五守節，没年五十八。

羅氏袁明仲妻。年廿五守節，奉翁撫孤，没年七十八。

卓氏袁崇治妻。年三十守節撫孤，没年八十一。

梁氏袁崇庸妻。年廿五守節，撫嗣子，没年六十。

邱氏袁崇靚妻。年廿三守節，立嗣，奉衰翁，没年五十八。

李氏朱士奕妻。年廿二守節，没年六十四。

石氏朱璧樫妻。年廿八守節，没年五十。

陳氏馮國咏妻。年廿一歸馮，越月夫故，守節四十七年。列總坊。

馬氏馮德栿妻。年廿二守節，没年六十三。

馬氏馮以壽妻。年廿九守節，没年八十四。

梁氏馮以律妻。年廿六守節，没年六十八。

劉氏馮正安妻。年廿七守節，事舅姑、撫嗣子，没年七十。

龔氏潘立達妻。年十九孀，夫兄謀嫁之，氏訴於官得免。立侄爲嗣，苦節六十一年。

石氏潘在之妻。年二十守節，事姑孝，没年六十。

向氏潘興孳妻。年廿九守節，撫遺腹孤成立，没年七十九。

曹氏潘學成妻。年三十苦節撫孤，没年六十四。

梁氏潘學敏妻。年廿一守節，養姑、撫嗣，没年七十九。

石氏潘立金妻。年廿七苦節立嗣，没年五十四。

石氏潘學柏妻。年三十苦節立嗣，没年五十四。

梁氏石德潢妻。年廿五守節，没年七十。

曹氏吕永止妻。年廿三守節，没年六十八。
馬氏吕德鳳妻。年廿九守節，没年七十三。
邱氏吕永映妻。年廿一守節，没年七十七。
馬氏梁先楣妻。年廿六守節撫孤，没年六十。
李氏朱美貴妻。年廿七守節，没年六十九。
劉氏何期利妻。年廿六守節，没年五十。
吕氏何應鍾妻。年廿六守節，没年九十一。
朱氏劉先烈妻。年廿九守節，存年五十九。
姜氏劉西清妻。年廿七守節，没年四十四。
曹氏劉德潤妻。年廿六守節，没年四十五。
徐氏監生劉煇吉妻。年廿九守節，存年五十四。
侯氏劉宏達妻。年廿七守節，存年六十九。
萬氏劉宏宋妻。年廿七守節，存年六十六。
石氏劉先攀妻。年廿八守節，存年五十三。
李氏劉德厚妻。年廿二苦節，存年六十五。
邢氏葉永詔妻。年廿四苦節，存年七十七。
梁氏吕家松妻。年廿三守節，存年七十。
歐陽氏吴盛玉妻。年廿四守節，没年四十六。
馬氏汪思珩妻。年廿八守節，存年七十一。
姜氏汪思寬妻。年廿五守節，存年五十二。
陳氏汪思瀾妻。年廿六守節，存年六十。
馬氏袁崇序妻。年廿一守節，存年七十三。
吴氏袁高餘妻。年廿八守節，存年七十三。
梁氏袁桂高妻。年廿九家貧守節，存年六十七。
劉氏袁□高妻。年廿五守節撫嗣，没年四十五。
蔣氏馬尚洦妻。年廿二守節，存年七十一。
梁氏馬維賓妻。年廿八守節，存年五十九。
章氏袁崇綸妻。年廿九守節，姑老失明，奉侍維謹，撫子及弱叔成立，没年六十九。

劉氏馬尚夷妻。年廿五守節，存年六十五。

梁氏馬期文妻。年廿六守節，没年六十三。

姜氏馬期棣妻。年廿九守節，没年五十六。

趙氏馬士佳妻。年廿七守節，存年六十五。

馬氏馮德高妻。年廿七守節，存年六十一。

馬氏馮正璠妻。年廿八守節，存年五十六。

李氏潘運熙妻。年三十守節，存年五十二。

劉氏馬杬甲妻。年廿三守節，撫孤早没，立侄爲嗣，存年五十九。

馬氏潘立虎妻。年廿八苦節撫孤，存年五十八。

馬氏潘顯璧妻。年廿四守節，孝翁姑、撫孤，存年六十三。

馬氏梁崇鄰妻。年廿七苦節，養姑、撫遺腹子，存年五十五。

羅氏梁建亨妻。年廿七守節，没年六十七。

柯氏梁養愓妻。年廿五苦節撫孤，存年七十。

羅氏生員朱鳴鳳妻。年廿七守節，存年五十二。

蕭氏梁建棣妻。年廿二苦節立嗣，存年六十三。

謝氏潘克成妻。年廿九守節撫孤，存年五十八。

石氏吕永詩妻。年三十守節，存年六十。

姜氏馮炳發妻。年廿八守節撫孤，存年五十二。

柯氏劉德世妻。年廿七守節，存年五十二。

舒氏劉先濟妻。年廿七守節，存年五十二。

曹氏潘立益妻。年三十守節，撫孤成立，存年五十二。

潘氏馬文材妻。年廿七守節，存年五十二。

以上懷仁里

吕氏鄒應舜妻。年廿七守節，没年四十八。

朱氏梁先挺妻。年廿九守節撫孤，孝事舅姑，没年六十四。

姜氏徐太印妻。年廿九守節，没年八十二。

馮氏姜福禮妻。年廿四守節，養舅姑，撫二子成立，没年八十八。

龍氏熊可待妻。年廿六守節，没年五十六。

董氏梁養開妻。年廿八守節，没年五十六。

石氏梁引佐妻。年廿八守節，没年八十八。

王氏石中現妻。年三十守節，没年七十三。

袁氏鄒啓璧妻。年三十守節，没年六十三。

梁氏馬芳璽妻。年廿六守節，孝事舅姑，撫嗣，没年五十五。列總坊。

趙氏馬采芹妻。年廿八守節，事姑、撫嗣，没年七十。

劉氏馬之松妻。年三十守節，撫孤、孝事舅姑，没年八十八。

夏氏熊文利妻。年廿五守節孝，没年六十七。

曹氏鄒啓巽妻。年廿三守節撫孤，刲股療姑，没年九十，列總坊。

石氏馬之駿妻。年廿九守節，孝奉舅姑，撫子維藩成諸生，没年六十六。

袁氏馬代行妻。年廿一苦節。姑病，刲股療愈。嗣子没，復撫孫成立。没年八十五。旌總坊。

陳氏馬熙光妻。年廿七守節，没年七十二。

袁氏馬燿光妻。年廿四守節，没年七十。

吕氏梁引虞妻。年廿九苦節撫嗣，没年七十一。

侯氏梁崇明妻。年廿九守節，没年七十。

石氏梁崇棣妻。年廿八守節，没年七十七。

胡氏梁道志妻。年廿五守節，没年七十。

曹氏梁養鈺妻。年廿五守節，没年八十三。

吕氏梁崇慶妻。年廿四守節，没年八十三。

石氏梁養慶妻。年廿八守節，没年六十三。

蔡氏梁養羽妻。年廿四守節，没年七十五。

程氏梁養幹妻。年廿三守節，没年七十三。

吕氏梁建安妻。年三十守節，没年七十二。

石氏吕德浤妻。年廿六苦節撫孤，没年八十六。

劉氏姜加亨妻。年廿二守節，没年八十三。

張氏明加清妻。年十九守節立嗣，没年七十九。列總坊。

梁氏姜家景妻。年廿七守節，没年七十六。

陳氏姜世啓妻。年三十守節，没年七十三。

姜氏鄒國枝妻。年三十守節，没年六十。

梁氏鄒啓遇妻。年廿二守節，没年八十五。

李氏鄒孝萬妻。年十八孀，撫嗣子旋夭，苦節六十二年没。

邱氏鄒國賓妻。年三十守節，没年六十八。

曹氏鄒國模妻。年廿四守節，没年八十。

曹氏石臨歡妻。年廿五守節，没年五十七。

李氏石之閑妻。年廿六苦節，奉姑、撫遺腹子成立，没年五十七。

吴氏石增超妻。年廿四守節，没年八十二。

馬氏石增潔妻。年廿六守節，没年七十二。

羅氏石焕武妻。年廿九守節，没年五十九。

何氏石增康妻。年廿九守節，没年六十。

曹氏石加賓妻。年廿一守節，没年七十七。

舒氏劉光依妻。年廿八守節，没年七十。

彭氏熊焕輩妻。曹氏熊開純妻。彭年十八守節，撫嗣子開純。曹年廿八守節，孝事孀姑、撫嗣。彭没年七十。已旌建坊；曹存年五十七。

謝氏生員馮木天妻。年廿九守節，没年七十五。

趙氏馮爲讓妻。年廿八守節，没年七十四。

張氏漢開財妻。年廿四守節，没年七十五。

張氏馮生源妻。年廿八守節，没年七十二。

舒氏張生桐妻。年廿一守節，没年六十八。

劉氏馮永欽妻。年十五守節，没年七十八。

李氏馮正伸妻。年廿六守節，没年五十九。

石氏馮正鋒妻。年廿九守節，没年七十二。

王氏馮國藻妻。年廿九守節，没年七十三。

程氏馮生扶妻。年廿七守節，没年四十四。

曹氏馮國訓妻。年廿四守節，存年七十。
梁氏敖其光妻。年廿六守節，没年八十。
劉氏姜明道妻。年廿七苦節，撫周歲孤，存年五十五。
王氏姜世星妻。年廿二守節，存年七十二。
曹氏姜學綱妻。年廿八守節，存年七十四。
曹氏姜學度妻。年廿六守節，存年五十五。
曹氏姜海鳳妻。年廿七守節，存年五十四。
程氏姜學沅妻。年廿四守節，没年三十七。
石氏馬芳家妻。年廿七守節撫孤，存年七十五。
石氏馬粹光妻。年二十守節，存年七十。
吕氏生員馬步青妻。年廿七守節，没年五十。
汪氏梁崇江妻。年廿八守節，存年七十三。
馬氏梁崇鉛妻。年廿二守節，存年七十一。
石氏梁道潛妻。年廿一守節，存年五十九。
姜氏梁崇邁妻。年廿二守節，存年六十七。
劉氏梁崇棻妻。年廿七守節，存年七十六。
劉氏梁建生妻。年廿二守節，没年四十七。
汪氏梁崇然妻。年廿五守節，没年六十。
侯氏石家璧妻。年廿八守節，存年六十五。
李氏石之淘妻。年二十守節，存年五十八。
梁氏石增樂妻。年廿八守節，存年六十二。
王氏石煥全妻。年廿九守節，没年六十四。
梁氏石煥錦妻。年廿三守節，存年六十六。
侯氏石煥梁妻。年廿六守節，存年五十九。已旌。
王氏石煥梓妻。年廿九守節，存年六十。
石氏鄒孝熊妻。年廿八守節，存年五十七。
馬氏鄒孝泉妻。年廿九守節，存年五十五。
董氏鄒孝煓妻。年廿五守節，存年六十三。

陳氏鄒孝煇妻。年廿七守節，存年五十七。
石氏鄒孝芳妻。年十九守節，存年六十六。
舒氏鄒孝榜妻。年十九守節，存年五十八。
饒氏鄒孝傳妻。年廿四守節，存年七十三。
宋氏鄒友亨妻。年三十守節，存年六十。
石氏柯延漢妻。年廿四守節，存年七十三。
趙氏徐祥遠妻。年廿一守節，存年六十三。
羅氏熊興泰妻。年廿五苦節、撫嗣，存年七十。
何氏熊焕波妻。年廿九苦節，撫教孤子，存年七十七。
程氏生員馮正鵠妻。年廿九守節，存年五十五。
吴氏馮永途妻。年廿一孀，苦節，存年六十五。
石氏馬祈生妻。年廿三守節，存年五十三。
袁氏馮永霖妻。年廿二守節，割股療姑，没年六十四。
詹氏馮世梁妻。年廿六守節，存年五十九。
王氏馮世楷妻。年廿六守節，没年三十六。
蔡氏朱相德妻。年廿九苦節撫嗣，没年四十三。
曹氏馮鑒國妻。年廿二苦節，撫孤、奉翁，存年七十三。
姜氏梁崇煌妻。年二十守節，没年四十三。
姜氏石焕洛妻。年三十守節，存年五十二。
陳氏朱溥慶妻。年廿二守節，存年五十二。
曹氏梁建植妻。年廿一守節，存年五十。
曹氏熊開師妻。年廿五守節，存年六十七。
王氏熊開美妻。年廿一守節，存年五十六。

以上樂歲里

梁氏曹立源妻。年廿九守節，事孀姑存没盡禮，教子成立，没年六十一。
全氏曹文炳妻。年二十守節，没年六十。
全氏曹若大妻。年二十守節，没年八十。

宋氏曹世星妻。年廿九守節，没年七十三。

李氏曹爲奇妻。年廿九守節，没年七十七。

江氏曹立祖妻。年廿六守節，撫遺孤早世，復撫孫成立，没年八十六。

何氏曹立富妻。年廿三守節，没年六十。

費氏吕世宫妻。年廿七守節，没年七十三。

劉氏生員吕參妻。汪氏吕太岩妻。吴氏吕太岸妻。曹氏監生吕士純妻。李氏生員吕樹德妻。鄧氏生員吕懋德妻。柯氏監生吕永焕妻。劉年三十守節，事姑、撫二子，長太岩、次太岸。岩、岸相繼亡，時汪年廿九守節，吴年廿五守節，撫侄士純爲嗣。純没，曹氏年三十，撫孤懋德成諸生；孫林鐘，諸生；曾孫名侯，舉人；名甸、元孫澤，俱諸生。李年廿九守節，鄧年三十守節，柯年廿八守節。五世七節，鄉族稱之。劉於乾隆十一年旌建坊，餘俱彙旌總坊。

劉氏生員吕浚妻。年廿三守節，没年六十。

曹氏吕世琮妻。年廿三守節，没年八十八。

馮氏吕太明妻。年廿四守節，没年五十九。

劉氏生員吕太巨妻。年廿二守節，孝舅姑、課嗣子，没年七十。

舒氏吕太易妻。年三十守節，没年五十二。

馮氏吕太彦妻。年三十守節，没年八十二。

柯氏吕世璽妻。年二十守節，没年七十八。旌總坊。

石氏馮爲楷妻。年廿九守節，没年六十五。

石氏吕世壎妻。年廿七苦節，撫遺孤青雲，恩賜舉人；孫永洲，諸生；曾孫名僖，歲貢生。旌總坊。

歐陽氏曾啓昌妻。年廿二苦節，撫遺孤。孤夭無依，没年八十六。

曹氏李應揚妻。年廿二守節，没年七十六。

王氏馮志瑚妻。年廿五守節，孝翁姑、撫祧子，没年九十二。

藍氏馮承衛妻。年廿三守節，没年六十七。孫鳴鶴、曾孫瑞錦，俱歲貢。

陳氏曹世昌妻。年廿九守節，没年八十二。旌。

張氏曹焕彩妻。年十九守節，没年四十一。

余氏曹立瑞妻。年廿三守節，没年八十。

梁氏曹立級妻。年廿六守節，没年五十四。

侯氏曹善仁妻。年十八守節，没年五十六。

程氏曹善評妻。年廿九守節，没年六十八。旌。

胡氏曹文旒妻。年廿一守節，没年六十七。

吴氏曹文俊妻。年廿四守節，没年七十九。

劉氏曹焕杞妻。年廿一苦節，撫三月孤成人，没年七十三。

劉氏曹善汪妻。年廿八守節，没年七十二。

鄧氏曹善沔妻。年廿六守節，没年五十一。

李氏曹善河妻。年廿九苦節，撫遺腹孤成立，没年八十。

李氏曹永振妻。年廿九守節，没年七十九。

石氏曹永田妻。年廿九守節，没年七十九。

侯氏曹善圳妻。年十九苦節撫嗣，没年四十九。

胡氏曹官南妻。年廿四守節，没年六十九。

駱氏曹善緘妻。年廿六守節撫孤，没年七十九。

程氏曹文治妻。年廿二守節，没年六十。

梁氏曹世禎妻。年廿四守節，没年八十三。

梁氏曹善元妻。年廿七守節，没年八十。

侯氏曹世遐妻。年廿九守節，貧苦撫孤，没年八十一。

阮氏曹焕周妻。年廿八苦節撫子，存年八十六。

石氏曹立翌妻。年廿九守節，没年五十九。

陳氏曹永亨妻。年廿六守節，没年七十。

李氏曹永達妻。年廿四守節，遺孤八月，紡績養姑，累日不食，晏如也，没年六十九。

劉氏曹立濂妻。年廿八守節，没年七十六。

程氏曹永印妻。年廿九守節，没年七十七。

石氏曹盛玉妻。年廿四守節，没年八十四。已旌建坊。

姜氏曹興覘妻。年廿五守節，没年六十一。

梁氏曹永訓妻。年廿五守節，没年六十五。

張氏曹萬善妻。年廿四守節，没年五十九。

胡氏曹興松妻。年廿八守節，没年七十。

趙氏曹善治妻。年廿八守節，家貧孤苦，没年七十三。

石氏曹盛杰妻。年廿六苦節，没年七十八。

李氏曹衍書妻。年廿四守節，没年七十。

程氏曹盛譽妻。年廿四守節，没年六十八。

程氏曹盡善妻。年廿六守節，没年六十。

李氏曹善忠妻。年廿二歸曹，六日夫故，守節，没年八十一。

劉氏曹爲寶妻。年廿九守節，没年六十七。

熊氏曹焕玉妻。年廿一守節，没年七十。

程氏曹焕謹妻。年廿一守節，没年七十。

柯氏曹文械妻。年廿九守節養姑，立子承祀，没年七十八。

馬氏曹善酬妻。王氏曹衍見妻。馬年廿九孀，撫遺孤衍見，辛苦備嘗。見没，王年廿七，孝事孀姑，撫孤。馬守節五十年，旌總坊。王守節三十二年。俱存。

王氏曹焕政妻。年廿六守節，養舅姑、撫孤，没年七十九。

吴氏曹善閡妻。年廿九苦節，撫遺腹孤成立，没年八十六。

向氏曹焕斗妻。年廿八守節，没年七十。

李氏曹衍時妻。年廿六苦節撫孤，没年七十五。

吕氏曹善江妻。年廿八苦節，没年七十六。

馮氏曹焕迢妻。年十八守節，没年八十三。

李氏曹善揚妻。年廿五守節，没年七十。

侯氏曹善嚴妻。年廿九守節，貧苦撫孤，没年七十。

盛氏曹爲運妻。年二十守節，没年七十六。

姜氏曹焕玉妻。年廿五守節，没年七十八。

趙氏曹焕知妻。年廿一守節，没年六十。

王氏曹焕嗷妻。年廿三守節，没年五十一。

程氏曹盛訏妻。年廿三守節，没年七十八。

張氏曹爲達妻。幼隨父遷陝西，達往陝婚，一載病亡，氏年二十。自秦至楚，載喪而歸，宗族嘉其意，以侄祧之，没年七十八。

馮氏曹焕岳妻。年廿八守節，没年六十。

馮氏曹月高妻。年十八守節，没年七十。

石氏曹懋材妻。年廿四苦節撫孤，没年五十五。

馮氏曹善達妻。年廿四守節，没年七十。

王氏曹振順妻。年廿三守節，没年六十二。

金氏曹文恂妻。年廿九守節，没年六十九。

胡氏曹焕峭妻。年廿八守節，没年六十四。

張氏曹焕校妻。年廿五苦節撫嗣，没年六十八。

鄭氏曹焕延妻。年廿八苦節撫孤，没年五十九。

程氏曹文謨妻。年廿五守節，孝翁姑、撫嗣，没年七十。

周氏曹永治妻。年廿五守節，没年五十八。

程氏曹爲梁妻。年廿八苦節撫孤，没年七十。

陳氏曹文柳妻。年廿一守節，没年七十。

馬氏曹興任妻。年十八守節，没年八十四。

姜氏曹焕嶼妻。年廿八苦節撫孤，没年七十一。

趙氏曹盛烈妻。年廿四守節，没年六十五。

胡氏曹善臣妻。年廿三守節，没年六十七。

石氏吕名曉妻。年廿八守節，没年七十三。

石氏曹友範妻。年廿九守節。訓子霞蔚與孫興莊，俱諸生。没年五十四。

趙氏曹交泰妻。年廿六守節。没年六十一。

曹氏吕名典妻。年廿七守節，没年五十七。

李氏吕德抒妻。年三十守節，没年七十六。

石氏吕映南妻。年三十守節，没年七十九。

曹氏吕有章妻。年十九守節，没年五十一。

吴氏吕育德妻。年廿六守節，没年八十二。

敖氏吕永蘭妻。年廿四守節，孝事舅姑，課子成立。列總坊。

石氏吕永平妻。年二十守節，没年七十。

石氏吕明訓妻。年三十守節，没年七十。

袁氏吕明輝妻。年廿七守節，没年八十二。

曹氏吕家秀妻。年廿八守節，没年七十五。

石氏吕家煇妻。年廿九守節，没年七十。

姜氏吕永址妻。年三十守節，没年七十六。

劉氏吕明茂妻。年廿九守節，没年七十二。

馬氏生員吕永洲妻。年三十守節，孝舅姑。課嗣子名億，歲貢生。没年五十，旌總坊。

劉氏吕永執妻。年廿七守節，没年六十五。

黄氏吕明佑妻。年三十守節，没年七十五。

王氏吕永琥妻。年三十守節，没年五十六。

丁氏馮永滂妻。年十九守節，没年四十五。

趙氏馮永易妻。年廿三守節，割股療姑，立子承祧。已旌。

趙氏馮德萃妻。年廿六守節，没年八十。

趙氏馮允恭妻。年廿七苦節，撫遺孤。孤没，復撫孫成立，没年七十四。已旌。

李氏曹善中妻。年二十守節，立侄承祧。已旌。

劉氏吕明堂妻。年廿九守節，没年八十五。

石氏吕德鈞妻。年廿八守節，没年六十。旌總坊。

石氏曹善維妻。年廿六苦節撫孤，没年五十一。

石氏鄧忠禮妻。年廿九守節，没年七十。

曹氏鄧忠然妻。年廿五守節，没年七十。

石氏馮以純妻。年廿七守節，没年八十四。

石氏馮祖慰妻。年廿七守節，没年七十。

柯氏馮祖仰妻。年廿二守節，没年六十二。

吕氏生員馮超然妻。年廿八守節，没年八十三。

曹氏馮德闔妻。年廿九守節，没年七十九。

曹氏馮祖翼妻。年二十守節，没年八十四。

吴氏馮德法妻。年廿六守節，没年七十。

曹氏馮圖南妻。年十九守節，没年八十四。

曹氏馮德利妻。年廿四守節，没年七十二。

曹氏馮正鈿妻。年廿六守節，没年七十六。

王氏馮祖禮妻。年廿一守節，没年七十六。

王氏焦守照妻。年廿九守節，没年七十八。

汪氏焦永銅妻。年廿二守節，没年七十七。

華氏駱承銘妻。年廿三守節，没年七十五。

趙氏生員王述謨妻。年廿八守節，没年四十六。

馮氏胡爲璋妻。年廿五守節，没年八十一。

陳氏駱承裕妻。年廿七守節，没年六十七。

陳氏監生胡爲瑯妻。年廿八守節，没年七十。

曹氏胡德紀妻。年廿七守節，没年八十一。

曹氏趙定鰲妻。年廿四守節，没年八十九。

王氏趙定衛妻。年廿五守節，没年八十五。

劉氏李興瑯妻。年廿六守節，没年七十七。

李氏舒靖榜妻。年廿八守節，没年七十四。

石氏吕乾名妻。年三十守節，存年六十。

梁氏吕家豫妻。年三十守節，没年六十六。

趙氏吕明仁妻。年廿八守節，没年七十五。

徐氏吕明貴妻。年廿三守節，没年六十七。

郭氏吕德密妻。年三十守節，存年八十。

劉氏吕開樹妻。年廿七守節，存年七十。

侯氏吕家楊妻。年十九守節，撫子成立，没年七十八。

王氏吕永嶽妻。年廿九守節，没年七十一。

馬氏吕鎮明妻。年廿九守節，没年六十四。

石氏吕宗武妻。年廿五守節，没年七十七。

鄒氏吕家福妻。年廿九守節立嗣，敬事孀姑，存年七十八。

董氏吕德貴妻。年三十苦節，撫孤，没年七十。

李氏吕家然妻。年廿六苦節事姑，立子承祧，没年四十六。

舒氏吕家燮妻。年三十守節，存年六十。

潘氏曹興道妻。年廿三守節，没年六十七。

姜氏曹衍平妻。年廿七守節，存年五十七。

劉氏曹焕餘妻。年二十苦節，立侄爲嗣，存年五十四。

程氏曹盛珀妻。年廿二苦節，養姑，遺孤旋夭。存年七十四。

黄氏劉士榮妻。年廿七守節，没年七十五。

丁氏曹永濟妻。年廿九守節，遣二孤相繼夭，煢煢孤苦，存年七十三。

石氏曹孔楨妻。年二十苦節，依孀嫂以居，撫子成立，存年六十二。

陳氏曹衍梧妻。年廿五守節，夫客死淅川，無子，翁姑俱老。氏往扶柩歸葬，存年六十六。

程氏曹善晴妻。年廿七守節，二孤早夭，備極艱辛，存年六十九。

石氏曹善選妻。年廿九守節，艱貞撫孤，没年六十七。

梁氏曹善念妻。年廿七守節，没年五十四。

侯氏生員曹繼昌妻。年廿九守節，孝翁姑，撫子成立，没年七十九。

石氏曹懋洪妻。年廿八守節，奉姑孝，撫子成立，存年七十。

鄧氏曹善强妻。年廿九守節。翁病，氏割股療之得痊，存年六十九。

馮氏曹衍煇妻。年廿九守節，存年六十二。

侯氏曹善纘妻。年廿八守節，存年七十七。

楊氏曹衍瑚妻。年廿七守節，没年四十一。

石氏曹懋珍妻。年廿四守節，存年五十三。

程氏曹善寧妻。年廿四守節，没年七十六。

吕氏曹善泰妻。年廿一苦節撫孤，存年七十八。

趙氏曹衍浠妻。年十九苦節撫孤，姑卧病三年，日夜承事，爲諸姒先，没年六十四。

劉氏曹興甲妻。年廿三守節，撫遺腹子，存年六十五。

侯氏曹永譚妻。年十八守節，存年六十六。

吴氏曹丹林妻。年廿五守節，存年六十。

馮氏曹立洪妻。年廿四守節，存年六十二。

舒氏曹善遠妻。年廿六守節，存年六十六。

梁氏曹永案妻。年廿六守節，存年六十一。

邢氏曹善綵妻。年廿三守節，没年五十一。

葉氏曹衍詵妻。年廿四守節，存年五十六。

王氏曹善紃妻。年廿八守節，存年六十七。

李氏曹興才妻。年廿四守節，没年六十四。

梁氏曹盛模妻。年三十守節，没年六十五。

鄭氏曹善度妻。年廿八守節，存年七十四。

劉氏曹善亨妻。年廿四守節，存年七十三。

侯氏曹坤二妻。年廿四守節，存年七十一。

劉氏曹永波妻。年廿二苦節，存年六十九。

劉氏曹焕梁妻。年十九守節，存年六十七。

舒氏曹松齋妻。年廿七守節，存年七十一。

李氏曹善安妻。年廿六守節，没年五十二。

吕氏曹焕喧妻。年廿七守節，存年七十一。

曹氏馮發亶妻。年廿四守節，没年八十四。

曹氏馮聽發妻。年廿二苦節，孤夭。夫兄與姒相繼没，遺一侄，撫如己出，卒延馮祀，存年五十七。

左氏馮祖攸妻。年廿四守節，存年六十五。

曹氏馮德閣妻。年廿四守節，没年四十五。

潘氏曹聖和妻。年廿八守節，没年七十三。

曹氏馮蘭發妻。年廿六守節，存年五十三。

余氏馮閶發妻。年廿五守節，存年五十六。

曹氏羅甫焕妻。年二十守節，存年六十六。

王氏羅國禎妻。年廿九守節，存年七十六。

董氏盛傳國妻。年廿二守節，存年七十七。

曹氏熊德嶺妻。年二十守節，存年七十六。

柯氏趙鋭昌妻。年廿四守節，存年六十八。

羅氏趙仁昌妻。年廿七守節，存年五十三。

陳氏廪生趙頂見妻。年廿八守節，存年六十六。

侯氏李克潤妻。年廿九守節，没年五十一。

曹氏李士福妻。年廿七守節，存年五十七。

姜氏李秀春妻。年廿七守節，存年五十三。

吕氏舒靖明妻。年廿八守節，存年七十。

歐氏舒靖朝妻。年廿五苦節，敬事舅姑，没年六十九。

吕氏鄧義鉉妻。年廿六守節，没年五十九。

曹氏陳堂承妻。年廿六守節，存年七十二。

石氏鄧義亭妻。年十九苦節，養孀姑，扶弱叔成立，以叔子爲嗣，存年六十九。

李氏陳志遠妻。年廿四守節，存年七十。

李氏陳承鴻妻。年廿四守節，存年七十。

曹氏馮正鉡妻。年十七守節，家貧，孝事衰姑，存年六十。

陸氏佘香萬妻。年廿五守節，存年五十八。

侯氏曹善愷妻。年二十守節，事翁姑存没盡禮，撫孤成立，没年四十五。

劉氏曹衍來妻。年二十守節，没年四十一。

李氏馮祥嘉妻。年廿三守節，存年五十二。

侯氏吕名盛妻。年廿一守節，存年五十二。

以上永城里

吴氏方遂鵠妻。年廿八苦節撫孤，没年八十六。

蕭氏方遂直妻。年廿六苦節，撫嗣，没年七十六。

楊氏方家歆妻。年廿三守節，撫孤成立，没年七十一。

明氏方遂冬妻。年廿二守節，事翁姑、撫孤成立，没年五十九。

蔡氏方志同妻。年廿八守節，没年七十二。

羅氏方遂渚妻。年三十苦節，撫遺腹子成立，没年五十四。

宋氏方惟大側室。年廿八守節撫孤，復課孫成立，没年六十三。

鄧氏蔡世登妻。年廿六守節，没年五十四。

石氏陳汝璋妻。年廿四守節，撫周歲孤成立，没年八十八。

鄧氏蔡鋭久妻。年二十守節，勤儉所餘分潤貧乏，族黨德之，没年七十二。

潘氏蔡世彩妻。年廿六孀，立侄爲嗣，與孀姒吴氏共勵清操，没年八十九。

楊氏吴洪義妻。年廿九守節，没年七十一。孫棣，諸生。

樂氏明歷可妻。年二十守節，事舅姑、撫嗣，没年八十。

王氏孫宏雯妻。年十七守節，没年五十七。

方氏李麟書妻。年廿五守節，教子成立，没年七十五。

金氏項國佐妻。年廿七守節，没年八十八。

陳氏趙聖贊妻。年十九守節，撫遺腹子成立，没年七十。已建坊。

石氏潘國校妻。李氏監生潘家筠妻。石年廿四守節，立嗣家筠。家筠没，李年廿八守節。兩世清操，俱於嘉慶七年建坊。

姜氏蔡興孝妻。年廿八守節，没年七十五。

石氏蔡際煦妻。年廿四守節，孝事祖姑及姑，撫嗣成立，年六十一。列總坊。

程氏陳思河妻。年廿六守節立嗣，没年四十四。

明氏蔡正發妻。年廿一苦節立嗣，計三十九。列總坊。

袁氏陳洪復妻。年廿八守節，養姑、撫子，没年五十六。

程氏蔡會□妻。年廿六守節，事姑、教子，計廿八年。列總坊。

秦氏陳知松妻。年廿三守節立嗣，没年八十四。

方氏蔡興焕妻。年廿四苦節撫孤，計三十六年。列總坊。

方氏陳延達妻。年廿五守節，孝事翁姑，没年七十六。

程氏劉中澍妻。年廿四守節，孝舅姑，訓子成立，計三十四年。列總坊。

蔡氏方立官妻。年廿四守節，侍姑疾三年不懈，撫子成立，計四十年。列總坊。

明氏劉中梁妻。年廿六守節撫嗣，計三十年。列總坊。

王氏方錫臨妻。年廿九守節，教子成立，没年五十二。列總坊。

明氏陳才計妻。年廿九守節，終養舅姑，没年六十四。道光庚寅建坊旌。

趙氏陳登朝妻。年廿二苦節，事舅姑，撫孤成立，没年八十三。

趙氏陳延龍妻。年廿一守節撫孤，没年五十一。

彭氏陳思孟妻。年廿五守節，孝翁撫孤，没年六十一。列總坊。

余氏明登發妻。年廿九守節，孝事舅姑，没年七十二。

李氏陳才楫妻。年廿四守節撫嗣，没年四十九。孫時夏，舉人。

方氏明登五妻。年廿五苦節，没年五十七。

劉氏明師閔妻。年廿六苦節，事翁姑、撫嗣，没年七十五。

伍氏明毓秀妻。年廿四守節，没年四十五。

陳氏明贊堂妻。年廿六守節，割股療姑，撫孤成立，没年六十一。

樂氏明萬鍾妻。年廿三守節，没年七十三。

龐氏明嘉楊妻。年廿六守節，孝事翁姑、撫孤，没年七十六。

俞氏明燈師妻。年廿一苦節，事翁姑、教嗣子，没年七十五。列總坊。

樂氏明應虞妻。年三十守節，撫孤成立，没年八十二。

李氏明邦渭妻。年廿五守節，敬事舅姑，撫孤殤，没年六十一。

程氏明師書妻。年三十守節，家貧無子，没年五十一。

樂氏明應星妻。年廿四苦節，撫孤事舅姑，没年六十九。

陳氏明恒青妻。年廿六守節立嗣，没年八十二。

方氏生員明瑩妻。年廿七守節，養姑、撫嗣，没年四十四。

程氏明師造妻。年十九苦節，養姑、撫遺腹子，婦亡復撫孫，没年八十八。

蔡氏明鈞衡妻。年二十守節撫嗣，没年七十七。

袁氏明乾五妻。年二十苦節，嗣亡，復撫二幼孫，存年八十。

陳氏明師政妻。年廿七守節撫孤，没年六十五。

堯氏明應奎妻。年廿四守節，割肝療祖姑，没年六十。

樂氏明應禄妻。年廿二苦節，没年六十四。

李氏方本林妻。年廿五守節，没年四十七。

孫氏監生方桂一妾。年廿九守節，没年七十五。

蔡氏方時宣妻。年廿九守節、撫孤，没年七十三。

明氏方開宏妻。年廿三守節奉姑，姑足有惡疾，手自浣滌，夜與同眠，日則負之場圃間，以適其意，歷十九年不少懈，没年八十有一。列總坊。

蔡氏方志孝妻。年廿七守節撫嗣，没年八十八。列總坊。

劉氏方志詩妻。年廿三，夫携家還陝，行至樊城病没，氏扶柩返里，立侄爲後，没年七十一。

邢氏方志佑妻。

程氏方敦恬妻。邢年廿八守節撫孤。敦恬没，程年廿七，守節立嗣，與姑共勵清操。邢没年七十三，程没年七十一。

樂氏方敦評妻。年二十守節立嗣，存年七十八。

劉氏方敦山妻。年廿五苦節，撫子生孫。子婦相繼亡，孫亦夭。没年八十七。

蔡氏方銘經妻。年廿四守節立嗣，敬事孀祖姑，没年七十二，列總坊。

李氏方敦樂妻。年廿七守節立嗣，没年六十七。

秦氏方銘璋妻。年廿七守節，奉姑撫嗣，存年八十五。

陳氏方周漢妻。年廿九守節，没年九十一。

蔡氏方敦慎妻。年廿八守節，没年七十。

程氏袁光傑妻。年廿五守節，課子成立，没年六十三。

張氏潘家阮妻。年廿四苦節撫孤，没年七十八。

明氏潘定曙妻。年廿九守節，傭工養舅姑，後三子相繼亡，哀慟致疾而没，年四十六。

邢氏潘家祜妻。年廿六守節撫嗣，没年五十七。

石氏潘定紋妻。年廿一守節，孝舅姑，嗣殤復立，没年六十七。

戴氏潘子玉妻。年廿六守節，撫嗣成立，没年六十二。

鄧氏潘萬達妻。年廿六守節，事姑、撫孤，没年七十。

鄧氏潘萬通妻。年三十守節，撫孤成立，没年六十四。

石氏蔡英純妻。年廿一守節，事舅姑、撫嗣，没年七十二。

鍾氏蔡際福妻。年廿一守節，家貧，撫子生孫。未幾，子婦及孫相繼没，族中憐其孤苦，争迎養焉，存年八十七。

柯氏蔡興漢妻。年廿九守節，撫孤成立，没年七十。

劉氏蔡興容妻。年廿九守節，課子成立，没年八十一。

方氏蔡文播妻。陳氏蔡際鏡妻。方年廿四播卒，子際鏡纔數月，撫之成立，生子潤會。鏡卒，陳年廿七，兩世清節。後咸豐辛酉粵匪犯境，潤會禦賊死，著名義烈。

方氏石興淑妻。年廿八守節，家貧傭工，存年七十八。

明氏蔡興波妻。波父遷陝，教匪滋擾，波以義勇陣亡。時氏年廿二，從翁携幼叔扶柩歸里，撫叔成立，没年七十八。

王氏蔡興誥妻。年廿一守節，没年七十八。

方氏蔡興名妻。年廿五守節，撫遺腹子成立，没年六十一。

陳氏蔡世湯妻。年廿五守節，没年七十九。

方氏蔡代佑妻。年廿六守節，孝舅姑、課子成立，没年六十六。

陳氏劉朝遐妻。年廿六守節，課子成立，没年六十九。

石氏劉士銘妻。年廿四守節，撫八月孤成立，没年七十八。

郭氏趙崇誥妻。年廿七苦節，没年六十四。

鄒氏劉步蟾妻。年二十守節事翁，撫叔及孤成立，没年六十四。

伍氏趙忠洰妻。年廿七苦節撫孤，存年七十九。

陳氏董松嶺妻。年廿九守節，孝舅姑、撫幼孤，没年七十一。

余氏趙忠渭妻。年廿八守節，没年六十八。

明氏趙尚价妻。年二十守節，孝舅姑、撫嗣，没年七十七。列總坊。

張氏趙忠虞妻。年廿四守節，撫嗣早亡，没年六十六。

樊氏趙崇憲妻。年廿七苦節，課子成立，没年七十三。

明氏趙忠鉦妻。年十九守節立嗣，没年六十九。

陳氏秦宏榜妻。年二十守節，没年七十七。

楊氏秦澤榮妻。年廿八守節，存年八十三。

程氏楊成恩妻。年廿八苦節，養姑教子，惠恤貧乏，没年七十七。

戴氏秦厚榜妻。年廿四守節，没年六十二。

方氏董學忠妻。年二十苦節，孝姑、撫遺腹子成立，没年七十二。

鄧氏楊性楠妻。年廿七守節，勤勞孤苦，存年七十九。

明氏向先亨妻。年廿九守節，遺孤殤，撫夫兄孫承祧，没年七十。

余氏蔡興琥妻。年二十苦節撫孤，没年六十七。

宋氏楊性柏妻。年廿五苦節，無子，立嗣復夭，没年六十三。

馬氏楊一珍妻。夫目瞽，氏事之甚謹，年廿八守節立嗣，没年六十六。

明氏王名都妻。年廿一守節，家貧，撫嗣，没年五十六。

程氏方立位妻。年廿八守節，計三十年。

劉氏方周銘妻。年廿一夫故，家赤貧，遺孤二歲，夫兄誘其改嫁，抵死不從，遂守節二十年没。

盧氏方壯元妻。年廿六苦節，課育嗣子，没年五十六。

羅氏方璜元妻。年廿二孀，家貧，撫遺腹子，守節四十六年。

石氏方立建妻。守節撫孤，孝翁姑，存年六十。

吴氏方立松妻。青年矢志，赤貧，撫孤，存年七十八。

胡氏柯必材妻。年廿三守節，撫孤成立，没年五十八。

馬氏秦宏河妻。年廿八苦節撫孤，没年七十一。

陳氏潘家祺妻。

陳氏程建澂妻。年廿五守節，奉翁、撫孤，存年六十。

吴氏程建湘妻。年廿八守節，養孀姑、撫嗣，存年五十六。

方氏程森山妻。年廿八守節，事姑、訓嗣，存年六十五。

尹氏王武濱妻。年廿七守節，没年五十六。

明氏程才禄妻。年廿二苦節，撫遺腹孤成立，存年六十一。

明氏王學玢妻。年廿二守節，孝事翁姑，存年六十。

袁氏陳承法妻。年廿四守節，存年五十五。

鄒氏趙志紳妻。歸趙三月夫故，氏年廿一守節奉姑，嗣子亡，孤貧無依，存年六十五。

劉氏趙允翰妻。年廿二守節撫孤，存年五十三。

鄭氏方敦莊妻。年廿六守節，孝事翁姑，存年七十六。

潘氏蔡月秀妻。年廿七守節，存年五十二。

陳氏方敦睦妻。年廿三守節撫孤，终養舅姑，没年五十八。

蔡氏方景法妻。年廿六守節，奉翁、立嗣，存年六十四，已旌。

王氏方銘福妻。年廿八守節，孝姑，撫孤早亡，存年六十九。

陳氏方銘雲妻。年廿九守節撫孤，存年六十六。

陳氏方銘珩妻。年廿四苦節養姑，存年六十六。

鍾氏方朝生妻。年廿二守節，存年六十。

潘氏堯賢丑妻。年廿七苦節，存年六十六。

饒氏袁達銓妻。年廿二守節撫孤，存年六十一。

方氏劉利用妻。年廿八守節撫嗣，没年五十八。

饒氏陳定遠妻。年廿七守節撫孤，没年七十一。

趙氏陳繼緒妻。年廿六守節，課二子成立，没年七十。

蕭氏陳繼黨妻。年廿三歸陳，未兩月而孀，家貧守節，終養翁姑，撫嗣，咸豐辛酉夏擄於賊，存年七十六。

秦氏陳承楷妻。年廿五守節，終養翁姑，没年五十九。

馬氏陳思義妻。年廿二守節，撫子成立，没年五十六。

潘氏陳延璥妻。年廿一守節，存年六十九。

石氏陳思明妻。年廿三苦節，撫侄爲嗣，存年七十五。

鄒氏陳廷玉妻。年廿八守節，没年四十。

李氏陳承麟妻。年十九守節養翁，課子成立，存年六十。

趙氏熊道椿妻。年廿九守節，家貧，翁老姑病，奉事不懈，撫幼叔成立，存年五十五。

彭氏熊承慶妻。年廿七守節，存年五十九。

方氏郭步泮妻。年廿四守節，存年六十二。

陳氏潘家暌妻。年廿八守節，奉姑、撫孤，存年五十七。

趙氏潘大新妻。年廿三苦節養姑，没年三十四。

鄧氏潘萬遐妻。年三十守節，孝事舅姑，存年七十七。

楊氏饒文典妻。年廿八守節，存年五十三。

李氏明家雪妻。年廿八守節，存年五十三。

明氏饒秀璣妻。年廿三守節，撫遺孤擄於賊，存年五十四。

陳氏明碧映妻。年廿七守節，撫孤擄於賊，貧苦無依，存年七十一。

蔡氏明應茂妻。年十八守節撫孤，没年五十五。

蔡氏明邦炯妻。年廿一苦節，撫嗣殤，存年七十。

姜氏明邦美妻。年廿八守節，存年五十三。

潘氏明聖與妻。年廿六守節，存年五十七。

伍氏明師玢妻。年二十守節，姑老多病，氏侍藥嘗糞，備極辛勤。撫二孤成立，存年六十。

鄒氏秦澤銀妻。年廿四守節，存年五十八。

李氏秦漢廷妻。年廿四守節，没年六十六。

蕭氏李盛雲妻。年廿四守節，存年五十三。

蔡氏李善舉妻。年二十守節，家貧，撫遺腹子成立，没年五十八。

郭氏李克熙妻。年廿七守節，撫孤成立，存年六十。

明氏蔡保元妻。年二十守節，没年三十六，嗣子翀達，諸生。

潘氏蔡際鋒妻。年二十守節，存年五十三。

樂氏蔡會楠妻。年廿四苦節，撫遺腹孤，没年七十一。

彭氏蔡會賁妻。年廿二守節，没年三十三。

明氏蔡會智妻。年廿七守節，撫八月孤成立，存年五十七。

方氏蔡際鋭妻。年十六夫覆舟水死，氏痛其非命，屢死復蘇，與孀姒共養舅姑，撫嗣，没年五十五。

陳氏蔡會湖妻。年廿五守節。有從叔姑，孤苦無依，氏推食食之，寢疾親爲浣濯，死資殯葬，存年五十九。

吴氏蔡昌秀妻。年廿六苦節養姑，存年五十八。

趙氏石立錦妻。年廿一守節，孝養翁姑，存年五十八。

陳氏汪若時妻。年廿二苦節撫嗣，存年七十四。

陳氏秦久柏妻。年廿二守節，存年五十二。

以上長慶里

鄒氏闞承謨妻。年廿七守節，没年八十。

伍氏闞承亨妻。年廿九守節，孝事伯翁，撫嗣，没年八十六。

鄭氏闞啓瑞妻。年廿七守節，存年七十二。

樂氏闞承雲妻。年廿一守節，没年八十七。

楊氏袁建武妻。年十九守節，没年七十一。

鄒氏袁泰渭妻。年三十苦節，没年七十。

孫氏王興材妻。年廿九守節，没年七十七。

尹氏王道顔妻。年廿七守節，没年五十五。

明氏王隆延妻。年廿九守節，没年七十四。

鮑氏王武滔妻。年二十守節撫嗣，没年八十二。列總坊。

鄒氏王耀彩妻。年廿四守節，没年五十八。

鄒氏王隆煓妻。年十七守節撫孤，没年六十四。列總坊。

鄒氏王漢宗妻。年廿六守節，没年七十四。

伍氏王武偕妻。年十九守節，没年六十一。

鄒氏王全忞妻。年廿八守節，没年六十二。

鄒氏王隆竇妻。年廿七守節，没年六十五。

鄒氏王武游妻。年廿九守節，没年七十一。

尹氏王方南妻。年廿六守節，事翁姑、教子成立。列總坊。

尹氏王文炳妻。年廿八守節，没年五十二。

鄒氏王全珪妻。年十九守節，存年七十四。

劉氏王文鐘妻。年廿一苦節，養翁姑，教子成立，没年六十八。列總坊。

陳氏王希寶妻。年廿四守節，事翁姑、撫孤，没年五十五。列總坊。

明氏王文英妻。年廿四守節，没年六十五。

周氏王學恕妻。年廿四守節，事姑撫孤，没年六十七。列總坊。

張氏王勷廷妻。年廿九守節，存年六十。

鮑氏王文連妻。年廿四守節，存年六十四。

尹氏王文濟妻。年廿九守節，存年七十三。

石氏王全瑞妻。年廿六守節，存年五十六。

何氏李良連妻。年廿八守節。列總坊。

姜氏李克塾妻。年十八守節，没年八十三。

明氏李之卣妻。年廿二守節，没年五十。

鄒氏李興龍妻。年廿二守節，没年五十八。

鄒氏李天曉妻。年十九守節，没年五十六。

蕭氏樂振通妻。年廿九守節，没年五十七。

明氏樂振梁妻。年廿七守節，没年六十三。

陳氏樂爲封妻。年廿四守節，没年五十七。

闞氏樂光謨妻。年廿九守節，没年七十七。

龍氏樂并元妻。年廿四守節，没年八十七。

王氏生員樂夔妻。年廿二守節，没年七十六。

魯氏樂啓鍾妻。年廿一守節，没年六十九。

鄒氏樂希聖妻。年廿六守節，没年六十。

方氏樂振芹妻。年廿九守節，没年六十二。

明氏樂修麟妻。年十七守節，撫二月孤成立。氏疾，婦劉氏刲股爲羹以療，没年四十四。

鄒氏樂用五妻。年廿五守節，没年七十六。

明氏樂餘慶妻。年廿九守節，没年六十五。

方氏樂晶華妻。年三十守節，没年五十。

尹氏樂義文妻。年廿一守節，存年六十五。

樊氏樂瑜昌妻。年廿八守節，存年五十四。

楊氏樂振篁妻。年廿八守節，存年五十九。

劉氏樂欽安妻。年廿七守節，存年五十八。

陳氏樂昌椿妻。年廿八守節，存年六十四。

陳氏樂得勝妻。年廿八守節，存年七十一。

李氏樂振按妻。年廿九守節，存年六十四。

盧氏樂俊之妻。年廿五守節，存年五十四。

李氏黄經庭妻。年廿一守節，存年七十九。

汪氏黄興光妻。年三十守節，没年八十四。

時氏明師炕妻。年廿七守節，存年八十二。

蕭氏明文綉妻。年廿二守節，没年七十二。

方氏明宣宫妻。年廿三守節，撫侄爲嗣，没年七十八。列總坊。

蕭氏明鶴菴妻。年廿二守節，没年七十一。

方氏明卿五妻。年廿九守節，没年七十六。
蔡氏明邦玲妻。年二十守節，没年七十二。
王氏明士震妻。年廿九守節，没年六十四。
蔡氏明燃光妻。年廿五守節，没年七十四。
蔡氏明師煬妻。年廿六守節，撫孤成立。列總坊。
陳氏明應玱妻。年廿九守節，存年七十四。
方氏明邦錠妻。年廿八守節，存年六十六。
陳氏明加楷妻。年廿二守節，存年七十七。
方氏明師衛妻。年二十守節，事翁姑、撫孤，没年七十九。列總坊。
欒氏明加楠妻。年廿四守節，存年六十四。
董氏明昌禄妻。年廿二守節，存年五十九。
陳氏明瑺應妻。年廿六守節，存年五十七。
鄧氏明周書妻。年十九守節，存年五十八。
蔡氏明金波妻。年廿一守節，存年五十八。
蔡氏明邦芸妻。年廿九守節，存年五十二。
周氏明昌西妻。年廿七守節，存年五十二。
欒氏鄒守鑒妻。年廿八守節，没年六十二。
鮑氏鄒良源妻。年廿九守節，没年四十四。
王氏鄒士煇妻。年廿七守節，没年五十一。
闞氏鄒學源妻。年廿三守節，没年五十七。
駱氏鄒士裕妻。年三十苦節撫孤，没年八十一。列總坊。
明氏鄒士垪妻。年廿九守節，没年七十七。
鄭氏鄒士連妻。年廿九守節，没年五十九。列總坊。
鄭氏鄒秀波妻。年二十家貧守節，養姑撫子。列總坊。
王氏鄒守漢妻。年廿四守節，没年六十四。
明氏鄒良汪妻。年廿七守節，没年七十一。
王氏鄒天巽妻。年廿七守節，没年七十二。
姜氏鄒天坤妻。年廿四守節，没年六十四。

方氏鄒天經妻。年廿二守節，没年七十六。
劉氏鄒守楠妻。年廿九守節，没年六十。
楊氏鄒守傑妻。年廿九守節，没年八十一。
李氏鄒日登妻。年廿九守節，撫遺腹子成立。列總坊。
彭氏鄒良汰妻。年廿八守節，存年五十六。
樂氏鄒守坤妻。年廿一守節，存年六十二。
汪氏鄒有道妻。年廿九守節，存年六十九。
尹氏鄒良文妻。年廿六守節，存年五十九。
明氏鄒學然妻。年廿二守節，存年六十二。
樂氏鄒時維妻。年廿四守節，存年六十三。
郭氏鄒良海妻。年廿二守節，存年六十二。
陳氏鄒良嗑妻。年十九守節，存年五十四。
尹氏鄒良碧妻。年廿六守節，存年七十二。
鍾氏劉士海妻。年廿四守節，没年五十三。
鄒氏劉顯光妻。年廿三守節，存年五十六。
張氏劉彦清妻。年廿八守節，存年六十四。
尹氏劉隆國妻。年廿九守節，存年六十四。
樂氏劉士龍妻。年廿二守節，没年六十二。
汪氏劉中興妻。年廿九守節，存年七十三。
明氏鍾紹泮妻。年廿四守節，没年六十七。
汪氏鍾萬順妻。年廿四守節，没年八十一。
明氏鍾聯璧妻。年廿七守節，没年六十一。
王氏鍾安萬妻。年三十守節，存年六十九。
汪氏鍾聲宏妻。年廿八守節，存年六十四。
吴氏鍾盛林妻。年廿五守節，存年五十六。
鄭氏龔開祥妻。年廿四守節，没年五十四。
鄭氏龔開銘妻。年廿九守節，存年五十九。
明氏鄭昌珩妻。年廿九守節，存年六十五。

王氏尹泰伯妻。年廿五守節，没年七十四。

閶氏尹應閣妻。年二十守節，列總坊。

王氏尹名昌妻。年廿四守節，没年四十七。

王氏尹應霜妻。年廿六守節，没年七十三。

王氏尹鋒昌妻。年廿五守節，没年六十九。

王氏尹士成妻。年廿五守節，没年八十一。

王氏尹啓治妻。年十九守節，没年七十一。

明氏尹諄昌妻。年廿五守節，存年六十。

鮑氏尹啓苯妻。年廿一守節，存年五十二。

王氏郭承經妻。年廿九守節，没年七十八。

鄒氏郭希南妻。年廿二守節，没年四十七。

明氏郭希周妻。年廿二守節，没年六十六。

胡氏周月桂妻。年十八守節，没年五十七。列總坊。

樂氏郭承啓妻。年二十守節，存年五十二。

袁氏周閔起妻。年廿五守節，没年六十一。

向氏周才兑妻。年廿七守節，没年五十七。

樂氏楊貫慶妻。年廿二守節，没年七十六。

李氏周才林妻。年廿六守節，存年六十八。

劉氏楊學運妻。年二十守節，立侄爲嗣。列總坊。

劉氏楊以運妻。年廿二守節，没年八十三。

姜氏楊貫有妻。年廿七守節，没年五十八。

鄒氏楊光鑒妻。年廿四守節，没年六十四。

陳氏楊之齊妻。年廿四守節，存年六十七。

明氏楊貫誥妻。年廿七守節，存年六十九。

盧氏陳萃元妻。年廿五守節，没年八十一。

方氏楊光升妻。年廿八守節，存年五十二。

汪氏陳士容妻。年廿九守節，没年八十一。

蔡氏陳承林妻。年十九守節，没年四十七。

鄭氏陳良麟妻。年十九守節，没年八十九。
李氏陳士表妻。年廿六守節，没年六十四。
鄒氏陳先松妻。年廿七守節，没年七十五。
王氏陳吉舉妻。年廿八守節，没年七十一。
周氏陳先齊妻。年廿四守節，没年八十八。
欒氏陳吉昌妻。年廿二守節，没年八十四。
樊氏陳明諭妻。年廿八守節，没年八十五。
欒氏陳盛點妻。年廿八守節，没年五十九。
劉氏陳盛烜妻。年廿五守節，没年七十四。
明氏陳思闖妻。年廿二守節，没年六十六。
明氏陳先澄妻。年廿九守節，訓子成立，没年七十二。列總坊。
明氏陳蕃秀妻。年二十守節，存年六十一。
周氏陳思禎妻。年廿九守節，存年七十一。
張氏陳吉泮妻。年廿五守節，存年七十六。
樊氏陳先孟妻。年廿二守節，存年六十一。
鄒氏陳先均妻。年廿九守節，存年六十七。
秦氏陳希蔡妻。年三十守節，刲股療姑，没年七十。
汪氏陳盛楙妻。年廿九守節，存年六十二。
袁氏汪斷六妻。年廿六守節，没年八十六。
張氏汪若忽妻。年三十守節，没年六十二。
陳氏汪覲光妻。年廿八守節，没年六十一。
蔡氏汪經邦妻。年廿四守節，没年五十七。
吴氏張國楨妻。年廿三守節，没年六十七。
蔡氏汪巨川妻。年廿八守節，存年五十七。
明氏張書籍妻。年廿八守節，存年七十二。
明氏張丹林妻。年廿八守節，没年六十八。
欒氏張啓和妻。年廿九守節，存年五十七。
柯氏張昌煦妻。年廿四守節，存年五十七。

潘氏鮑光斐妻。年廿四守節，孝事孀姑，没年八十七。列總坊。

陳氏張宗星妻。年廿二守節，撫嗣成立。列總坊。

鄒氏鮑宗俊妻。年廿七守節，没年七十。

樂氏鮑賢路妻。年廿八守節，没年八十。

尹氏鮑賢煒妻。年三十守節，没年七十二。

尹氏鮑春光妻。年十九守節，没年七十。

伍氏姜聖强妻。年廿九守節，没年六十。

明氏龐良瑜妻。年廿二守節，存年六十二。

明氏蕭顯啓妻。年廿三守節，存年五十四。

季氏姜聖冬妻。年廿三守節，没年五十九。

明氏彭宗請妻。年廿六守節，没年五十九。

趙氏馬祥賢妻。年廿二守節，存年六十三。

以上福慶里

潘氏伍開藩妻。年二十守節立嗣，没年五十三。

彭氏伍泰安妻。年廿三守節，撫數月孤成立，没年七十八。

彭氏虞永舜妻。年廿九守節，後携二孤遷陜，其孫多成諸生，没年八十九。

蔡氏彭宗溪妻。年廿九苦節，事姑撫嗣，没年七十九。

駱氏彭念祖妻。年廿四苦節，没年七十二。

伍氏彭宗華妻。熊氏彭宗仁妻。伍年二十守節，娣熊氏年廿四守節，遺腹生子，撫以兼祧，伍没年六十五，熊没年五十。

伍氏明士知妻。年廿七守節撫孤，没年七十三。

饒氏劉俊傑妻。年廿六苦節撫孤，没年七十六。

伍氏熊玉書妻。年廿七守節，没年七十八。

熊氏宋家傚妻。年廿三夫溺死，痛夫非命。屬其子，捐資立茶亭、建義學。守節五十三年。

彭氏伍倫額妻。年廿四守節，存年七十八。

尹氏伍先桃妻。年廿二守節，没年六十六。

程氏伍泰宏妻。年十九守節，撫孤養姑，没年六十八。

衛氏伍泰遂妻。年廿四守節，没年八十六。

尹氏伍先案妻。年廿六守節，没年八十一。列總坊。

趙氏石君宏妻。年廿五苦節養姑，撫孤成立，没年七十。

彭氏馮正溱妻。年廿八守節，没年七十八。

王氏費正國妻。年廿六守節，事舅姑撫孤，存年七十九。

王氏費碧樹妻。年廿四守節，没年七十九。

費氏蔡杰宏妻。年廿二苦節，撫孤成立，没年八十二。

楊氏費廣綾妻。年廿一守節，撫孤成立，没年七十六。

謝氏蔡崇松妻。年廿三守節立嗣，没年七十四。列總坊。

伍氏蔡杰榮妻。年廿八苦節養姑，存年七十八。

伍氏蔡承鎬妻。年廿四守節立嗣，没年七十九。

熊氏蔡杰湖妻。年廿八守節，撫孤成立，存年八十四。

費氏蔡杰達妻。年廿二苦節撫孤，没年五十六。

熊氏蔡甘杰妻。年廿三守節，孝事翁姑，没年七十四。

彭氏蔡美實妻。年十六守節，養舅姑、撫四月孤成立，没年五十。

熊氏蔡韜文妻。年廿八守節撫孤，没年五十八。列總坊。

明氏彭祖書妻。年廿七守節，撫二孤成立。列總坊。

鄒氏彭先恩妻。年廿八守節，没年四十六。

伍氏宋邦凰妻。年廿七守節，事翁姑，撫孤成立，没年四十七。

余氏宋魁元妻。年廿四守節，孝姑撫嗣，没年三十八。

張氏明應玉妻。年廿六守節，列總坊。

劉氏石興序妻。夫不辨菽麥，氏謹事之。後溺死，氏立侄爲嗣，守節七十七年。列總坊。

明氏伍倫耀妻。事繼姑孝，年二十九守節，計六十二年。

駱氏伍先柱妻。年廿八守節，撫孤養姑，計四十一年。

明氏伍倫紀妻。年廿五守節，没年六十。

尹氏佘永鋭妻。年廿九苦節撫嗣，没年七十。

樊氏佘長義妻。年廿七守節，家貧，孝事翁姑，同治八年旌。

伍氏彭宗瑾妻。年廿三守節，没年六十五。

樊氏佘爲風妻。翁疾，氏刲股雜藥以進。夫故，氏年廿五守節，立侄承祧。列總坊。

伍氏佘永魁妻。年廿六苦節，養舅姑，立嗣，没年六十。

陳氏佘永錫妻。年廿四苦節，撫孤成立，没年六十五。

明氏蔡略墉妻。年廿六守節，二子旋夭，立侄承祧。

彭氏蔡略鑫妻。年廿二守節，没年四十。

伍氏彭祖月妻。年廿七守節，没年七十六。

任氏蔡崇發妻。年十九守節，撫子英望。

明氏蔡英望妻。年三十守節，撫子杰鎮。

伍氏蔡杰鎮妻。年三十守節，没年七十二。三世冰操，蔚標綽楔。伍氏子韶元，副榜；孫翔，廪生。

伍氏蔡韶星妻。年廿三苦節，無子，孝事翁姑，没年五十四。

陳氏尹奇瓏妻。年廿九夫没於外，艱苦撫孤，命往負父骸反葬，守節五十年没。

伍氏彭宗模妻。年廿七守節，没年五十六。

楊氏蔡韶隆妻。年廿二守節，存年六十七。

虞氏蔡英寬妻。年廿四苦節立嗣，存年六十四。

鄒氏明志師妻。年廿一守節，孝翁姑，撫孤成立，没年五十七。

馮氏蔡英絃妻。年二十守節立嗣，没年五十三歲。

尹氏明應亨妻。年二十守節，存年七十。

鄒氏明應洵妻。年廿七守節立嗣，存年六十一。

伍氏明昌錦妻。年廿七守節，事翁姑，撫孤，存年五十七。

邢氏明邦連妻。烈婦鄒氏明昌祥妻。邢年廿一守節，撫嗣昌祥，娶鄒氏，生二孫。咸豐辛酉夏，粵匪擾境，鄒懼污自經死，昌祥被擄，逾年逃歸。邢年五十三，存。

伍氏明應溱妻。年廿九守節，事翁姑，立嗣。没年四十五。

衛氏明應曜妻。年廿二守節，事翁姑孝，撫嗣坎成諸生。存年五十七。

王氏明文德妻。年廿六守節，存年六十七。

伍氏彭祖交妻。年廿四守節，撫遺腹子成立，存年六十八。

鄒氏彭宜潔妻。年二十歸彭，家貧，夫染沉疴，氏竭力營湯藥，謹事五年，夫故。矢志事舅姑，撫嗣成立，没年四十七。

樂氏伍先懌妻。年廿七苦節撫孤，存年七十。

宋氏費廣杞妻。年廿八苦節，存年六十。

楊氏伍倫租妻。年二十八守節，姑失明，氏奉事十餘年無少懈，撫孤成立，存年五十四。

彭氏伍倫佑妻。年廿三苦節，存年五十八。

彭氏伍倫魁妻。年十九苦節，存年七十五。

彭氏伍倫次妻。年廿七守節，養舅姑，撫遺腹子成立，存年六十五。

彭氏伍開椒妻。年十七歸伍，數年夫外貿不歸，氏甘貧守義，存年七十。

劉氏楊之訓妻。年廿四苦節，無子，以孀姒子兼承夫祧，存年六十六。

明氏伍倫紛妻。年十九守節，存年五十七。

邢氏楊光徐妻。年廿六守節，撫孤成立，没年六十一。

馮氏熊承昉妻。年二十守節，養舅姑、撫孤，存年五十八。

鄭氏熊祖仕妻。年廿六守節，存年五十四。

蔡氏伍雨臣妻。年三十守節撫子，没年四十五。

蔡氏姜德治妻。年廿九守節立嗣，刲股療翁，存年六十八。

熊氏虞唐輝妻。年二十守節，存年六十三。

虞氏宋家錢妻。年十九守節，孝奉翁姑，課子成立，存年六十三。

熊氏虞唐瑾妻。年廿九守節，事舅姑，課二孤成立，没年七十四。

伍氏邢崇鐸妻。年三十守節，撫子成立，存年七十。

蔡氏費北賢妻。年廿六守節，事舅姑、撫孤，存年六十九。

王氏明邦咸妻。年廿二守節，存年五十一。

宋氏蔡韜緒妻。年廿八守節，存年五十一。

以上安樂里

石氏王居晃妻。年廿六守節，没年六十四。

李氏陳見人妻。年廿八守節，撫孤子，没年六十四。

劉氏陳彩臣妻。年廿九守節，撫六月孤成立，没年八十。

王氏陳朝賓妻。年廿一守節立嗣，没年六十。

倪氏魯可全妻。年廿七守節，没年七十七。

石氏王肇建妻。年二十歸王，旬有二日夫故，守節立嗣。列總坊。

尹氏王肇榭妻。年廿七守節，没年七十八。

劉氏王奇鼎妻。年廿一守節，没年七十。

陳氏王楚恬妻。年廿三守節，没年七十七。旌總坊。

陳氏王壹肇妻。年廿四守節，没年七十四。

魯氏王沅肇妻。年廿四守節，没年八十四。

阮氏劉德章妻。年二十孀，家貧苦節，没年八十二。

王氏劉萬明妻。年廿八守節撫孤，孝事翁姑，存年七十八。

王氏劉中曉妻。年廿八守節，存年七十八。

阮氏劉多達妻。年廿二苦節，無子，没年八十四。

宋氏艾廷琬妻。年二十守節，没年六十七。

阮氏艾金南妻。年廿九守節，姑瞽多病，氏調護十餘年，刲股以療，撫次孤文蘭成諸生。道光庚子旌建坊。

蔡氏艾良珅妻。年廿四守節，没年六十五。

伍氏尹泰銀妻。年廿六守節，存年八十三。

舒氏艾魯川妻。年廿一守節，撫數月孤，侍姑疾十餘年不懈，没年四十五。

尹氏石有松妻。年十八守節，没年八十。

劉氏石思愉妻。年廿四守節立嗣，存年八十四。

趙氏石觀古妻。年廿六苦節，養姑撫孤，没年五十七。

王氏石克昌妻。年廿二守節，事姑撫孤，没年六十八。

王氏石定瀊妻。年廿六守節養姑，孤夭立嗣，没年六十。

王氏陳東昇妻。年廿二守節，事姑撫孤，没年五十六。

阮氏陳上台妻。年廿九守節撫孤，没年七十六。

石氏陳亨遠妻。年廿三守節，事姑撫孤，没年六十二。

王氏陳芳徽妻。年廿八守節撫孤，没年六十九。

楊氏陳倫士妻。年廿八守節撫孤，没年六十二。

王氏魯慶星妻。年十九守節，没年四十七。彙旌總坊。

周氏黄光鳳妻。年廿四守節，没年六十一。

王氏倪達彪妻。年廿二守節，没年七十。

黄氏駱永鐸妻。年廿四守節，没年六十九。

汪氏向尊爵妻。年三十守節，没年七十九。

石氏陳三卿妻。年廿五守節撫孤，没年六十五。

李氏明美南側室。年廿七守節，嫡子授室而夭，嫡亦没。爲子立嗣，撫以成立，存年七十八。

劉氏陳良視妻。年廿七守節，没年七十二。

王氏陳定純妻。年廿九守節，刲股療孀姑阮氏，没年五十四。

楊氏陳良賞妻。年廿四守節，没年六十九。

李氏陳明利妻。年廿六守節，没年八十。

殷氏陳明政妻。年廿六守節，没年六十。

王氏陳盛鑒妻。年廿四守節，没年五十。

周氏陳輔邀妻。年廿五守節，没年六十五。

楊氏生員陳溟妻。年廿五守節，没年五十五。

阮氏陳文榜妻。年廿二，夫没於陝，氏扶柩歸里，守節五十三年没。

倪氏陳喜宙妻。年廿五守節，没年七十二。

石氏陳起洲妻。年廿四守節，没年六十。

石氏陳輔銓妻。年廿六守節，刲股療姑。後氏疾，其婦王氏亦刲股療之，没年六十二。

石氏殷重發妻。年三十守節，姑病，刲股以療，存年八十。

尹氏增生石思鯉妻。年廿八守節撫孤，没年七十五。

蔡氏艾欽明妻。年廿六守節，撫遺腹子，存年七十四。

劉氏艾良楨妻。年廿三守節，没年六十九。

邱氏石上瑚妻。年廿四守節，没年六十二。

魯氏石益悦妻。年十九守節，没年五十六。

闞氏尹文範妻。年廿四守節撫嗣，没年七十二。

吴氏尹應錫妻。年廿五苦節，没年七十五。

倪氏尹啓僚妻。年廿五守節撫孤，没年七十。

胡氏尹應誥妻。年廿三守節，没年七十四。

劉氏尹昌瓊妻。年廿三守節，立嗣，存年五十三。

明氏尹昌恒妻。年廿七守節撫孤，没年七十。

明氏王武材妻。年廿三守節，没年六十四。

鄧氏王重榜妻。年廿七守節，没年七十四。

尹氏王楚亨妻。年廿七守節，没年七十五。

石氏王肇傛妻。年廿三守節，没年六十六。

陳氏王肇博妻。年廿六守節，没年七十二。

陳氏王運塔妻。年廿三守節，没年六十一。

尹氏王肇南妻。年二十守節，終養舅姑。旌總坊。

劉氏楊性坤妻。年廿六守節，没年七十三。

阮氏楊步漢妻。年十九守節，没年六十三。

孫氏阮建勝妻。年廿八守節，没年八十三。

陳氏阮隆玢妻。年廿九守節，没年五十九。

高氏阮遠貴妻。年廿八守節，没年五十六。

劉氏阮大乾妻。年二十守節，孝奉翁姑，没年五十五。

邱氏從朝郁妻。年廿四守節，存年七十七。

汪氏向尚禄妻。年廿九守節，没年七十二。

黄氏駱承濼妻。年廿五苦節撫孤，没年五十三。

楊氏李興詩妻。年廿三苦節撫孤，没年六十五。

蔡氏丁鳳彩妻。年廿九守節，没年七十。

魯氏劉亨容妻。年廿六守節，没年六十五。

胡氏周才倫妻。年十八守節立嗣，敬事舅姑。彙旌總坊。

龐氏尹昌椿妻。年廿九守節，没年六十三。

劉氏艾文榜妻。年廿九守節，存年七十。

石氏陳定遷妻。年廿六守節，存年六十八。

石氏邱學炳妻。年三十守節，没年七十一。

闞氏尹啓模妻。年廿五守節撫孤，存年八十。

鄧氏劉廷輔妻。年廿九守節，存年六十五。

石氏倪端柳妻。年廿六守節，存年六十三。

李氏石隆弟妻。年廿一守節，事翁姑、撫孤，存年六十。

王氏石遠閣妻。年廿三苦節撫孤，存年六十五。

鍾氏監生王文經妻。年廿八守節，孝事翁姑，存年六十一。

李氏王隆詩妻。年廿八苦節，撫孤，存年六十二。

陳氏王運海妻。年廿九守節，存年六十三。

黄氏王隆春妻。年廿二守節，没年三十九。

劉氏魯慶恩妻。年廿二守節，存年六十二。

明氏蔡雄季妻。年廿九守節，存年六十四。

阮氏蔡韞然妻。年三十守節，存年五十三。

彭氏伍開奪妻。年廿五守節，存年七十三。

王氏駱光祚妻。年廿四守節，存年七十二。

丁氏王文攀妻。年廿五守節，存年五十二。

王氏艾太椿妻。年廿九苦節，撫二子成立，没年六十九。

萬氏倪方焕妻。年廿二守節，存年五十二。

阮氏陳繼九妻。年三十守節，存年七十三。

余氏明加扆妻。年廿三守節，奉孀姑、撫嗣，存年五十一。

以上永福里

卷之二十八

列女志

節孝婦分里下

王氏譚禹燦妻。年廿九守節撫孤，没年四十八，同治己巳年旌。孫華漁，諸生；曾孫德芳，歲貢。

袁氏諸生譚光彩妻。年十九守節，没年五十八。

王氏譚又書妻。年廿四守節，没年七十一。

徐氏阮周南妻。年廿二守節撫嗣，没年七十五。

陳氏阮孔登妻。年二十苦節撫孤，養孀姑，没年八十六。列總坊。

賀氏阮聖謀妻。年廿六守節撫孤，没年七十四。列總坊。

龐氏譚子桓妻。年廿一守節撫孤，孝舅姑，没年八十四，列總坊。

孟氏羅咸占妻。年廿九守節，没年六十七。

譚氏阮灞岸妻。年廿一守節撫孤，没年四十四。列總坊。

阮氏譚星海妻。年廿九守節，没年六十七。

全氏譚詩諒妻。年廿一守節，撫數月孤，孝事孀姑，没年六十二。

劉氏譚華星妻。年廿九守節，没年六十一。

曹氏阮善炘妻。年三十守節，撫孤養姑，存年七十六。

陳氏譚華波妻。年廿七守節，没年六十一。

吴氏譚熙禮妻。年廿九守節撫孤，孝奉孀姑，没年七十一。

章氏譚華溱妻。年廿六守節，没年五十二。

竇氏譚咏周妻。年廿九守節，没年七十五。

張氏譚詩季妻。年廿九守節，没年七十八。

朱氏阮殿元妻。年廿四守節撫孤，没年八十六。列總坊。

阮氏全北川妻。年廿五守節，没年八十。

袁氏阮鈞石妻。年廿四守節撫孤。孤夭，復撫侄兼祧，没年五十。

徐氏全鼎魁妻。年廿八苦節撫嗣，存年八十。

阮氏袁理周妻。年廿六守節，没年五十六。

王氏袁高柱妻。年廿一守節，没年七十二，列總坊。

王氏諸生全魁妻。年廿四守節，撫孤錫慶成諸生，没年六十五。

譚氏阮善紅妻。年廿九守節，没年八十。

方氏陳有容妻。年廿九守節，撫孤成立，没年七十四。

孟氏監生阮超群妻。年廿一孀，撫嗣守節以終。

袁氏魯萬春妻。年廿三守節撫嗣，終養舅姑，没年七十。

趙氏阮懷玉妻。年廿七守節，奉姑鞠子，没年八十。

李氏阮兆基妻。年十九孀，撫遺腹子，養姑，没年五十二。列總坊。

朱氏阮隆寶妻。年十九守節，撫孤奉舅姑，没年九十。

徐氏阮象北妻。年廿八孀，奉翁姑，撫嗣，没年四十。孫振聲，諸生。

朱氏阮善末妻。年廿四守節撫嗣，養舅姑，没年八十。

譚氏阮仙藍妻。年二十守節撫孤，孝事翁姑，没年三十。列總坊。

張氏譚周樹妻。年廿六守節，撫嗣歿，復撫嗣孫，存年七十八。已旌。

王氏阮承璠妻。年廿八苦節撫孤，紡績以養舅姑，没年六十五。列總坊。

阮氏譚華鈺妻。年廿六苦節奉舅，撫孤早世，復撫孫成人，没年八十。

袁氏廩生阮觀海妻。年廿八守節，撫孤、養姑，没年六十九。列總坊。

徐氏阮達暹妻。年廿八孀，有以家貧勸改適者，割鼻示志，遂苦節五十三年没。列總坊。

吴氏武魁阮鳩柏妻。年廿六守節，敬事祖姑與姑，没年四十五。列總坊。

徐氏監生阮憲妻。年廿九守節，撫教遺孤，敬奉祖姑、舅姑，没年八十一。列總坊。

林氏阮文濤妻。年廿七守節奉姑。撫孤承棫成諸生，恩賜副榜。没年八十三。列總坊。

張氏阮鵬程妻。袁氏阮承秦妻。年廿九守節養姑，撫二孤，長承秦；次賓賢，諸生。承秦早世，袁年廿五守節，撫遺腹孤逾晬而夭，復撫夫弟賓賢子兼祧，敬奉孀姑，張没年七十二，袁没年四十六，并列總坊。

鄭氏阮承櫃妻。曹氏阮先烱妻。鄭年廿一守節，撫孤先烱。烱故，曹年廿九守節，孝奉孀姑，撫侄兼祧。鄭没年六十九，列總坊。曹存年六十。

孟氏阮焕成妻。年廿七守節撫孤，没年五十三。

藍氏武舉孟鼎妻。竇氏孟顯泮妻。藍年廿八守節，孝事舅姑，撫孤顯泮。泮故，竇年廿五，與姑相依勵操。藍没年六十，竇没四十五。

尹氏趙光昌妻。年廿九守節撫嗣，没年七十九。

楊氏阮克新妻。年廿九守節，孝奉舅姑，撫二孤成立，没年七十。

成氏阮遠玗妻。年廿四守節撫嗣，没年六十三。

易氏阮遠珍妻。年廿五苦節，長育三孤，孝事翁姑，没年六十八。

王氏阮朝光妻。年廿四守節，善事舅姑，没年五十九。

阮氏趙茂盛妻。年廿七守節撫孤，孝養舅姑，没年八十三。

鄧氏阮君裕妻。年廿八守節撫孤，謹事舅姑，没年四十八。

王氏阮西霖妻。年廿五守節撫孤，孝事翁姑，没年六十二。

全氏阮先粹妻。年廿三守節撫孤，存年七十五。

袁氏全椿慶妻。年廿一苦節，撫孤煇成諸生，没年六十二。

阮氏全善紋妻。年廿五苦節撫孤，没年六十二。

鄭氏袁心齋妻。年廿六守節撫孤，孝事翁姑，没年六十二。

譚氏袁見堦妻。年廿六守節，没年七十五。

張氏袁見侃妻。年十九苦節撫嗣。嗣夭，撫侄兼祧，存年六十四。

姜氏孟紹傳妻。年廿二守節撫嗣，存年七十。

葉氏阮先爵妻。年廿四守節撫嗣，孝事舅姑，存年六十五。

陳氏阮先魁妻。年廿四守節撫孤，存年六十五。

徐氏生員阮俊妻。年三十守節撫嗣，存年六十。

陳氏阮接武妻。年廿七苦節撫孤，没年六十。

吴氏阮光忠妻。年廿六守節撫嗣，養舅姑，没年六十五。

周氏萬人杰妻。年廿九守節撫孤，没年六十六。

楊氏阮善光副室。年廿六守節，養姑，撫二孤，存年六十八。

孟氏丁材望妻。年廿九守節，撫嗣養姑，存年六十。

趙氏阮茂勝妻。年廿七守節，撫二孤成立，没年七十。

石氏阮遠清妻。年廿九守節撫孤，存年六十。

張氏李宗崇妻。年廿三守節撫嗣，存年六十五。

孟氏葉德仲妻。年廿九守節，没年六十八。

佘氏阮遠珠妻。年廿九守節，奉姑撫子，没年五十。

王氏袁見云妻。年廿四守節，存年六十二。

全氏阮廣大妻。年廿四守節撫嗣，存年六十三。已旌。

袁氏譚烈禮妻。年廿一守節，現年六十二。

徐氏譚鑒明妻。年廿二守節撫孤，存年五十六。已旌。

劉氏譚訓禮妻。年廿七守節，存年五十九。

竇氏阮希聖妻。年廿八守節，撫子成立，存年五十五。

祝氏阮應春妻。年廿一守節撫孤，存年七十八。

張氏阮浴蘭妻。年廿七守節，養姑鞠子以終。

阮氏譚華洸妻。年廿三守節，存。年六十三。

王氏譚稽章妻。年廿六守節，存。年五十六。

章氏譚先章妻。年廿四守節，存年五十七。

劉氏阮煇彰妻。年廿四守節，撫二孤，存年五十六。

徐氏譚星禮妻。年廿二守節，存年五十七。

陳氏王德全妻。年廿六守節，存年五十六。

譚氏阮承意妻。年廿九守節，撫侄兼祧，存年五十六。

徐氏譚憲章妻。年廿一守節，没年三十三。

阮氏林新錦妻。年廿九守節，舅老子稺。未幾，舅没，氏年四十三亦没，明年子殤，其祀遂斬。

王氏監生譚國桓妻。已旌。節婦譚禹燦妻，王氏之孫婦也，年廿九守節撫孤，没年七十三。孫晋，諸生。已旌。

黄氏父僑居隴西，以氏贅同鄉阮顯榮。越二年榮故，氏歷數千里扶柩歸葬。姑勸改適，不從。虐使之，忍受弗辭，孝敬倍篤，三十八年如一日焉。

熊氏周勝方妻。年廿八孀。

邱氏周勝見妻。年廿九孀。

吴氏周德福妻。

陳氏周德春妻。

李氏周德衆妻。

朱氏周德衆妻。

張氏周德鳳妻。

陳氏周光譜妻。

俱以青年矢志，鄉里稱爲周氏八節云。熊氏、邱氏没年、吴氏以下六節孀没年，分采訪俱未詳。

以上吉口里

林氏陳德治妻。年廿九苦節撫孤，孝奉舅姑，没年六十七。孫國煇，諸生。

朱氏徐文選妻。年廿二守節，没年七十五。

丁氏賀良臣妻。年廿二守節，没年九十四。

王氏徐敦地妻。貞女林氏徐仁鑼聘室。王氏廿三守節，奉姑撫孤。仁鑼年十七而殤，林聞訃奔喪，貧苦養孀姑，撫嗣，姑婦共勵清操。王没年七十，林没年三十三。并旌總坊。

陳氏鄧志春妻。年十九守節，養舅姑。舅姑没，撫夫弟志鵬成立，以其子爲嗣，没年六十五。已旌。

袁氏鄧必杞妻。貞女袁氏鄧成炘聘室。袁年廿四守節，躬操井臼，撫子成炘早殤，抱養媳袁氏，八齡矢志，孝奉孀姑，撫嗣成立。姑没年六十，列總坊。媳存年七十。

朱氏徐元善妻。年廿七守節，孝姑引嗣，存年五十。

王氏徐秀三妻。年十八守節，遺孤三歲夭，撫夫弟成立，以其子爲嗣，没年七十六，列總坊。

陳氏監生徐韻妻。年廿七守節養姑，撫二孤成立，没年七十六，列總坊。

鄭氏徐勝年妻。年三十守節，撫嗣三夭，終延其祀，没年七十九。列總坊。

朱氏徐長榜妻。年十七守節撫嗣。嗣夭，與媳楊氏煢煢相依，没年七十餘。

鄧氏徐長洽妻。年廿九守節撫孤，没年八十，列總坊。

何氏徐勛宏妻。年廿四守節撫嗣，養姑孝，没年六十五，列總坊。

徐氏朱國寬妻。年廿八守節，没年八十七。

鄭氏徐永茂妻。年廿四守節撫孤，孝事舅姑，没年四十，列總坊。

鄭氏徐時樹妻。年廿八守節，孝事孀姑，没年七十六。

陳氏徐啓東妻。年廿九守節，割股療姑，歿年七十四。

陳氏鄧金品妻。年廿三守節撫孤，没年六十二。

陳氏鄧必銀妻。年廿三守節，撫嗣相德，諸生。没年六十，列總坊。

鄧氏朱必裕妻。年廿七守節，没年八十八。

李氏徐建中妻。年十七守節撫嗣，孝事孀姑，没年七十，列總坊。

夏氏徐義游妻。年廿一守節撫嗣，没年六十，列總坊。

章氏徐義楻妻。年廿六守節撫孤，孝舅姑，没年五十四，列總坊。

凃氏陳國彩妻。年廿八守節撫孤，没年七十六。

徐氏陳定烜妻。年廿一守節撫嗣，没年七十七，道光間建坊。

李氏陳國澍妻。年廿九守節撫孤，没年五十四。

李氏監生徐焕妻。年廿九守節撫嗣，孝奉舅姑，没年六十九。

張氏徐遐遠妻。年十二苦節撫嗣，没年六十三。

程氏陳安時妻。年廿三守節，撫周歲孤，没年五十三。

梅氏徐近悦妻。年廿七守節撫孤，存年七十八。

黄氏徐義堂妻。年廿五苦節撫嗣，没年八十五，列總坊。

虞氏徐運烺妻。年廿五苦節，奉姑鞠子，列總坊。

黄氏徐義章妻。年廿三苦節奉姑，撫四月孤，没年七十七。

楊氏徐徵仁妻。年廿一守節，奉姑撫孤，没年六十二。

梅氏徐時壁妻。年廿四守節撫嗣，養舅姑，没年八十三，列總坊。

王氏徐仁珂妻。年廿七守節，没年六十八。

鄭氏徐仁珩妻。年廿八苦節撫孤，養舅姑，没年八十三，列總坊。

袁氏徐富仁妻。年廿一守節撫嗣，没年四十九。

鄭氏徐義蒸妻。年廿四守節撫孤，孝舅姑，没年六十八，列總坊。

萬氏徐仁璜妻。年三十守節，没年七十。

楊氏徐義啓妻。年廿一守節撫嗣，奉舅姑，没年七十六，列總坊。

徐氏陳義萬妻。年廿四守節撫嗣，没年五十一。

駱氏徐時泰妻。年三十守節，撫二孤成立，没年七十一，列總坊。

楊氏徐義奎妻。年三十守節撫孤。没年八十七。

朱氏徐以斗妻。年二十守節撫孤，養翁姑，没年七十六，列總坊。

朱氏徐從元妻。年廿四守節，没年八十八。

袁氏徐良宏妻。年廿一守節撫嗣，以女工養舅姑，没年七十五。

孟氏朱國槐妻。年廿五守節，没年八十二。

陳氏徐義沸妻。年廿三守節，没年五十。

阮氏賀自浣妻。年廿六守節，没年五十六。

鄭氏賀自珍妻。年廿七守節，没年七十一。

余氏賀源芹妻。年廿五守節，没年七十二。

徐氏朱翔雲妻。年廿三守節，没年六十一。

成氏徐右河妻。年廿一孀，剪髮誓志，孝事舅姑。姑疾數年，扶持不懈。撫侄爲嗣，没年五十，列總坊。

華氏監生徐文光妻。年十九守節撫孤，没年七十八。孫飛熊，諸生。已旌建坊。

阮氏徐懷玉妻。年三十守節，没年四十五，列總坊。

劉氏徐義燿妻。年廿一苦節，撫三月孤。没年七十，列總坊。

陳氏鄧必槐妻。年廿六守節撫孤，没年七十，列總坊。

王氏徐先芝妻。年廿二守節，奉姑撫孤，没年七十，列總坊。

袁氏陳裕仁妻。年廿八守節撫嗣，存年七十六。

阮氏陳邦烔妻。年廿一守節撫嗣，没年七十四。

夏氏徐文政妻。年廿九守節，存年七十一。

李氏陳安格妻。年廿八守節撫孤，孝奉舅姑，没年六十九。

劉氏徐永宗妻。年廿五守節，存年六十九。

郭氏朱國初妻。年廿六守節撫孤，歿年八十三，五世同堂。

周氏朱顯光妻。年廿四守節，没年六十一。

鄭氏徐近晏妻。年廿八苦節撫孤。孤殤，復撫稚孫。存年七十四。

阮氏徐蘭亭妻。年廿五守節，没年六十七。

鄭氏徐履忠妻。年廿九守節撫嗣，孝養舅姑，存年七十。

陳氏徐義敏妻。年廿一苦節撫嗣，没年六十一。

駱氏徐近錞妻。年廿八苦節撫孤，没年五十六。

梅氏徐時諭妻。年二十守節撫嗣，没年六十六。

鄭氏從九徐樹之妻。年廿六守節，存年六十五。

佘氏徐用之妻。年廿四守節，没年六十一。

袁氏徐含章妻。年廿八守節，存年六十九。

阮氏徐容光妻。年廿三守節，没年三十三。

鄧氏徐健菴妻。年廿二守節撫孤，孝奉舅姑，存年五十六。

鄧氏朱國星妻。年廿七守節，存年五十一。

周氏貢生徐雲章妻。年廿七守節，存年五十七。

袁氏陳雲泉妻。年十八守節撫嗣，存年五十八。

朱氏徐正寬妻。年廿七守節，存年五十六。

郭氏徐世初妻。年廿七守節，存年五十六。

楊氏徐聯達妻。年廿七守節，存年六十二。

徐氏鄧瓏大妻。年三十苦節，撫孤、養舅姑，存年六十。

鄧氏徐義禮妻。年十九苦節撫嗣，敬事舅姑，没年六十三。

朱氏鄧大華妻。年十九守節，孝事舅姑，撫匝月孤成立，没年四十三，已旌建坊。

譚氏徐翼廷妻。年廿九守節，孝養姑，撫子葆春游庠，存年六十六，已旌。

以上慈口里

魯氏楊成綱妻。年廿九守節，孝養舅姑，撫二孤成立。一日，氏病劇，婦王氏亦刲股以療。没年六十三。

鍾氏郭從經妻。年廿八苦節撫孤，没年六十七。

郭氏鄭永清妻。年廿四孀，孝翁姑，撫孤，守節廿八年没，列總坊。

鍾氏鄭宏周妻。年廿九守節，事舅姑，撫二孤成立，没年六十八，列總坊。

鄭氏生員成際寰妻。年十一，禱神愈父病。及歸成，恪事翁疾。夫卒，夫有弟已析居，負重欠，氏體姑意，代償之。姑病三年，洗滌垢穢，不辭勞瘁。没年六十，列總坊。

劉氏郭尚澧妻。年十九苦節，養姑、撫嗣子，年五十，列總坊。

朱氏楊貫逵妻。年廿九孀，依孀姑以守，没年七十。

王氏梅安待妻。年廿一苦節，奉舅姑，年五十三，列總坊。

孔氏楊以順妻。年廿八苦節，孝養瞽姑，没年九十五。

朱氏鄭紋光妻。年廿六守節，没年七十四。

阮氏郭雲棟妻。年廿九守節奉姑，撫八月孤成立，没年六十。

陳氏鄭丹若妻。年廿五守節，没年七十九。

徐氏鄭衍托妻。年廿八苦節，養舅姑撫孤，没年六十六，列總坊。

徐氏鄭道一妻。年廿九守節，没年八十三。

徐氏成崇訓妻。年廿七守節撫孤，孝舅姑，没年八十二，列總坊。

徐氏鄭霞廷妻。年十八守節，没年七十七。

陳氏鄭遐篆妻。年廿三守節，奉舅姑、撫嗣子，年五十四，列總坊。

孔氏鄭占鰲妻。年廿二守節，没年九十。

李氏鄭光家妻。年廿四守節，孝養舅姑，没年七十八，列總坊。

余氏楊貫梯妻。年十七守節，没年七十六。

談氏成游泮妻。年廿五守節撫孤，奉舅姑，没年七十一。

張氏楊以恩妻。年廿八守節，没年九十。

王氏鄒守漢妻。年廿六守節，撫孤、養姑，没年六十四，列總坊。

朱氏楊貫熹妻。年廿五守節，奉舅姑，没年八十三。

徐氏鄭遐恕妻。年廿三歸鄭，數月夫故，守節養姑，撫嗣子成立，年七十三，列總坊。

陳氏楊之松妻。年廿四守節，没年八十。

王氏梅魯山妻。年廿一守節，没年六十八。

陳氏楊以興妻。年廿一苦節，舅姑俱逝，撫弱叔成立，祧其子，没年七十六。

楊氏鄭遐朋妻。年廿二守節，没年八十七。

鄭氏王肇燨妻。年廿七守節奉姑，撫二孤成立。長孤没，婦陳氏亦守節，鄭年五十六，列總坊。

明氏陳才樹妻。年十八守節，没年六十一。

楊氏鄭昌清妻。年廿五苦節撫孤，奉翁姑，没年七十。

葉氏諸生鄭義和妻。年廿八守節，撫教孤子煽昌成諸生。存年七十。

陳氏鄭自東妻。年廿八守節，存年五十五。

易氏張玢必妻。年廿九守節，奉孀姑，撫孤成立，現年六十六。

蕭氏鄭素之妻。年廿八守節，没年三十九。

曾氏張瓊必妻。年廿八守節，奉姑、撫嗣子，没年五十六。

駱氏鄭昌孝妻。年廿六守節，現年七十。

徐氏張昌漢妻。漢性孝，早逝。氏年廿九守節撫孤，現年五十三。

蕭氏鄭希元妻。年廿三夫故，墜樓以殉，瀕死復蘇。舅病篤，割臂以療。没年六十三。

張氏鄭遐密妻。年廿六守節，現年六十九。

蕭氏尹盈餘妻。年十九苦節，奉舅姑、撫周歲孤，現年六十。

蕭氏鄭遐濱妻。年十九守節，現年七十六。

余氏阮光碧妻。年廿六守節，撫數月孤成立，現年五十五。

袁氏鄭昌忠妻。年廿二守節，撫嗣子，現年六十餘。

徐氏阮光桂妻。年廿二守節，立嗣奉舅姑，没年五十五。

徐氏楊貫志妻。年十九守節，没年七十三。

王氏楊前進妻。年十九守節，奉舅姑撫孤，没年七十四。

黄氏楊之楢妻。年廿六守節，没年六十九。

黄氏楊之桅妻。年廿八守節，没年六十一。

楊氏張顯棠妻。年廿三守節，没年六十三。

劉氏鄭昌春妻。年廿四守節，奉舅姑及伯叔舅姑，現年五十四。

徐氏鄭遐笈妻。年廿四守節撫孤，舅姑先没。惟本生舅存，氏致孝養，現年五十餘。

陳氏鄭步瀛妻。年廿三守節，現年五十二。

楊氏李善林妻。年廿八守節，現年五十二。

以上陽新里

劉氏郭對臣妻。年廿一，臣故，孤僅六月。初，臣以貧故奔走於外，氏依伯氏，傭工度日，伯欲改嫁，氏不可。至是復引族人逼之，氏忿自經，賴救蘇，乃抱孤訴官，謀始寢。守節三十九年没。

闞氏成梁任妻。年廿九守節，貧苦撫二孤成立，没年八十五。曾孫鴻構，郡庠生。

陳氏駱允臣妻。年廿七苦節，撫二孤成立，没年七十五。

張氏成盛和妻。年廿三守節，孝養舅姑，撫侄爲嗣，没年七十九。

鍾氏熊景菴妻。年十七守節，撫嗣子成家，没年九十八。

孔氏祖依福妻。年廿三苦節撫孤，養舅姑，五十歲列總坊。

徐氏黄中松妻。年廿七守節，没年八十四。

鄧氏成茂青妻。年廿四守節，孝養舅姑，撫教孤子，没年七十三。

梅氏駱廷獻妻。年廿四守節，没年七十四。

郭氏孔繼東妻。年十九守節，撫教嗣子，没年五十八。

蕭氏成祖洪妻。年廿三苦節，奉姑、撫嗣子，現年七十餘。

孔氏駱蔭棠妻。年廿五苦節撫孤。孤夭，孫復早逝，僅遺曾孫一人。没年七十六。

張氏黄中晋妻。年廿五守節，奉舅姑、撫嗣子，年六十四，列總坊。

明氏郭茂山妻。年廿七苦節，撫伯氏子爲嗣。子夭，復撫其孫。孫夭，復撫其曾孫，卒承夫祀，没年八十六。曾孫鑫，庠生。

洪氏駱鴻書妻。年廿四守節，奉舅姑，撫弱叔。叔生子，子之。没年六十七，總坊。

劉氏駱惠然妻。年廿歲守節，奉舅姑，撫子成立，没年七十一，列總坊，孫杰，庠生。

熊氏彭金元妻。年廿五守節，没年六十。

楊氏駱蔭禮妻。年廿四苦節撫孤，養舅姑，年五十六，列總坊。

蕭氏成佑如妻。年廿四守節，孤子弱叔并撫之，現年七十。

駱氏鄧必誠妻。年三十苦節撫孤，没年七十四。曾孫步雲，庠生。

陳氏黄鳴松妻。年廿九守節，没年五十五。

郭氏成心如妻。年廿九守節，養舅，撫教孤兒，現年六十二。

鍾氏成德鈞妻。年三十孀，節操凛凛，没年五十七。

易氏成蕭民妻。年廿八苦節，撫教二孤，現年六十二。

余氏成先周妻。年十八守節，養姑撫嗣，没年五十八。

王氏成商盤妻。年廿九苦節，奉姑撫孤，現年五十五。

張氏熊遠清妻。年廿八守節，現年五十二。

陳氏成德訓妻。年廿四苦節，奉舅，撫兩孤，没年八十，旌總坊。

以上下陽新里

陳氏譚浚章妻。年十九，章疾篤，請於父母，往侍湯藥，匝月章故，割耳誓志，没年六十八。已旌建坊。

朱氏譚晴峰妻。年三十守節撫孤，没年五十五。

吴氏王文述妻。年二十守節撫嗣，恪奉姑疾，没年七十三，列總坊。

石氏譚詩珣妻。年二十守節撫孤，没年六十五，列總坊。

汪氏州同銜程鏡妻。年廿五孀，撫孤大鵬列膠庠，没年三十六。

譚氏李大廸妻。年廿八守節撫孤，没年六十四。

吴氏李泉岩妻。年廿八守節撫孤，没年八十五。

談氏李映堂妻。年二十守節撫嗣，没年五十九。

葉氏程才綱妻。年廿三守節撫嗣，孝舅姑，没年七十，列總坊。

葉氏程茂暢妻。年三十苦節，撫二孤，没年六十五。

成氏李富萬妻。年廿九守節撫子，没年六十。列總坊。

舒氏李光任妻。年廿九守節撫孤，没年七十。

倪氏程建坦妻。年廿九守節撫孤，孝養舅姑，没年六十九。

王氏程品隆妻。年廿七守節，没年六十五。

李氏江紹魯妻。年廿四守節撫孤，没年七十五。

談氏程建墀妻。年廿四守節撫孤，没年四十一。

楊氏李光均妻。年廿三守節撫孤、紡績自給，没年六十三。

張氏李正仁妻。年廿六守節撫孤，没年八十四，列總坊。

劉氏王文理妻。年廿五孀，養姑、撫二孤，没年七十三，列總坊。

洪氏程建勗妻。年廿七守節，撫孤、奉姑，没年六十五。

阮氏袁高燮妻。年廿九孀，養舅姑撫孤，没年六十五。列總坊。

成氏陳思洸妻。年廿三守節，撫嗣，没年八十五。

王氏竇貫書妻。年廿八孀，撫孤、奉舅姑，没年六十四，列總坊。

江氏李大獻妻。年二十守節撫嗣，没年六十四。

王氏程才銑妻。年廿二孀，孤苦零丁，撫侄承祧，没年六十九。

譚氏李正傳妻。年廿四守節，撫遺腹孤，没年七十。

袁氏王翠恒妻。年廿四守節撫嗣，孝舅姑，存年六十，已旌。

陳氏張遠鵠妻。年廿四守節，躬操井臼以長遺孤，事舅姑喪葬如禮，存年八十。

阮氏幼育於袁，四歲姑没。年二十，夫騰甲卒，或諷他適，泣曰:“翁已老，吾去，誰子翁者?”撫嗣大冠、大冕，守節三十六年没，已旌。

王氏李光裕妻。陳氏李麟明妻。王年廿四守節，撫孤麟明。明没，陳年三十守節，撫二孤。王没年六十一，列總坊。陳没年七十。

周氏李相揖妻。年三十守節，撫子成立，存年七十三。

李氏石佑桂妻。年廿四守節，存年七十一。

成氏程建純妻。年廿二守節撫嗣，養翁姑，存年六十七。

舒氏王全鳳妻。年廿八守節撫嗣，存年六十七。

陳氏江步光妻。年廿二守節，撫教孤子成立，没年七十二。

梅氏譚麗藻妻。年廿三守節，存年六十。

舒氏譚盛禮妻。年廿三守節撫嗣，終養舅姑，存年七十。

陳氏譚詩芳妻。年廿六守節，現年六十六。

李氏譚詩懋妻。年三十守節撫孤，没年六十二。

鄧氏袁文明妻。年廿一守節撫嗣，存年七十一。

程氏李光咏妻。年廿八守節，撫教二孤，没年五十六。

陳氏石文謨妻。年廿九守節撫二孤，没年六十五。

陳氏李明英妻。年廿八守節撫孤，存年六十二。

舒氏陳承兼妻。年廿八守節，存年五十七。

全氏譚詩型妻。年廿一守節，没年五十九。

劉氏袁高發妻。年廿六守節，存年七十。

王氏張肇寄妻。年廿三守節撫嗣，養舅姑，存年七十。

徐氏譚筆田妻。年廿七守節，存年五十五。

高氏譚型芳妻。年廿八守節撫孤，存年五十。

蕭氏陳明泰妻。年廿九苦節撫孤，存年五十四。

徐氏譚詩教妻。年廿六守節，撫二孤。二孤早逝，與二媳相依爲命，耕穫樵汲皆躬親之，没年五十。

阮氏袁高明妻。年二十守節撫嗣，舅姑早没，隨伯姑貞女夏氏，孝養祖舅姑，存年六十四。

以上宣教里

陳氏王對遐妻。年三十孀，翁老子幼，零丁孤苦，或議奪其志，氏覺潜逃母家，議遂寢。苦節二十五年没。

陳氏舒德順妻。年三十守節，撫二孤，没年八十六，列總坊。

譚氏李裕安妻。年廿六守節，撫十月孤，没年九十一，列總坊。

華氏成協和妻。年廿八守節撫孤，養舅姑，没年六十四。

陳氏成玉光妻。年廿八守節撫孤，没年七十五。

洪氏王隆鐵妻。年廿一苦節，撫孤成立，没年八十二。

張氏王佐霖妻。年廿九苦節，養舅姑、撫孤。没年六十八。

徐氏成先紋妻。貞女王氏成祖來聘室。徐年廿七守節，撫孤祖來。來將冠而夭，王氏甫笄，聞信自陝來奉姑守貞，擇嗣承祧，家貧甚，里人醵會贍之，旌總坊。

全氏王文盛妻。廿四守節，撫孤、養姑，年六十六，已建坊。

孫氏王武愿妻。年廿八守節撫孤，没年五十六，列總坊。

孔氏王文灰妻。年廿八苦節，撫孤、養舅姑，没年七十五。

成氏王武悆妻。年廿七孀，撫孤、孝舅姑，没年八十二，列總坊。

王氏張中堯妻。年廿二守節，没年八十一。

李氏舒方來妻。年廿八守節，没年七十二。

賈氏王續述妻。年廿五守節撫孤，手植黄楊一株於階，八枝并茂，後果以一子而生八孫，没年五十一。

成氏方翠書妻。年廿七苦節，養二代孀姑，没年六十二。

王氏方錫齡妻。年廿九守節，撫孤、養舅，没年五十二，列總坊。

成氏王毅然妻。年廿九守節，撫嗣成立，歿年七十六，列總坊。

黄氏方平直妻。年二十守節，撫孤、養舅姑，没年九十。

劉氏蕭顯寶妻。年廿三守節，没年六十九，列總坊。

成氏王文托妻。年廿八守節，養姑、撫二孤，没年七十七。

李氏成崇英妻。年廿二守節撫孤，没年八十二，列總坊。

程氏朱良佐妻。年廿六守節，没年八十二。

王氏陳盛容妻。年廿九孀，養舅姑，撫嗣庭芳游庠，没年八十一。

葉氏王文怡妻。年廿九守節，撫孤養舅姑，没年八十一。

金氏王禮和妻。年廿四守節，没年七十六。

王氏成品玉妻。年三十守節，歿年六十。

王氏舒敬書妻。年廿五守節，撫孤獻廷入武庠，没年七十餘。

程氏朱良佐妻。年二十守節，撫二孤成立，没年八十二。

葉氏王全薪妻。年廿八苦節，撫弱叔，後以叔子嗣，現年五十五。

華氏王賓實妻。年二十守節，撫孤成立，没年六十五。

王氏陳南有妻。年廿一孀，矢志撫嗣，没年三十九。

葉氏王文記妻。年廿九守節，撫二孤成家，現年七十二。

華氏王昌有妻。年廿一守節，撫遺腹孤，孝舅姑，現年七十二。

成氏王忠鋭妻。年廿七守節，撫孤養舅姑，没年六十一。

朱氏方作謀妻。年廿五守節，撫孤養舅姑，好施與，現年八十。

陳氏王全鈞妻。年廿八守節，撫孤成立，現年五十四。

李氏陳彦理妻。年廿八守節撫孤，養舅姑，没年五十八。

華氏舒靖家妻。年廿六守節撫嗣子，現年五十七。

朱氏王雲衢妻。年廿八守節，養姑撫孤，現年七十。

蕭氏王聖元妻。年二十苦節，撫數月孤成立，現年五十六。

華氏王義雁妻。年廿四苦節養姑，力營喪葬，現年五十四。

賈氏王榮華妻。年廿九守節撫孤，事姑孝，現年五十三。

以上上雙遷里

葉氏華可傳妻。年三十孀，事翁撫孤，没年八十四，列總坊。

賈氏華世富妻。年二十歸富，數月孀，撫遺腹子成家，没年七十。

鍾氏華可大妻。年二十于歸，數月孀。撫遺腹子尚質，弱冠游庠食餼。没年八十四，列總坊。

蕭氏華可振繼妻。年廿七守節，撫前室子尚誦成立，娶婦劉，性孝謹，嘗刲股療姑。

梅氏華道淮妻。年廿八苦節撫嗣，年七十五，列總坊。

陳氏華可珍妻。年三十苦節撫孤，孝養老姑，没年七十一。

徐氏華尚進妻。于歸數月，進游蜀不返。家貧，紡績養祖姑，十數年不懈，祖姑没，力營喪葬。没年四十餘。

王氏華士宏妻。年廿四守節，撫孤養舅姑，没年八十四。

邱氏華向盛妻。年廿四守節，紡績供舅姑，没年五十三。

柯氏華世瑞妻。年廿五守節，養舅姑撫嗣，没年六十。

王氏華尚浹妻。年十八守節，養舅姑，撫遺腹子，没年五十。

張氏華可垠妻。年十九孀，姑先没，三叔并夭。氏虞其不祀也，勸翁娶姑劉氏，生子可坦，翁旋病，知不起，急爲氏立嗣。翁没，與劉撫兩世孤成立，没年七十。

徐氏華道恩妻。年廿五苦節，養姑撫嗣，卒年四十七。

陳氏華可堌妻。年十八守節撫嗣，没年五十。

徐氏華繼輝妻。年廿八守節撫孤，孝舅姑，没年七十二，列總坊。

葉氏諸生華尚适妻。年二十守節撫嗣，没年七十七。

聶氏華用申妻。年廿八守節，撫孤思璉入武庠，没年七十二。

賈氏華可恕妻。年廿四守節撫孤，没年七十二。

陳氏華美桂妻。年廿八孀，紡績養舅姑、撫孤，没年七十，列總坊。

張氏華尚週妻。年二十守節，撫嗣成立，没年七十九。

王氏華定誠妻。年廿二守節撫嗣，養舅姑，没年七十四。

王氏華尚榮妻。年三十守節撫嗣，養舅姑，没年五十五。

徐氏華遠承妻。年廿二苦節撫孤，没年七十二。

王氏華思開妻。年十九苦節，撫遺腹孤繼可成立。可没，復撫弱孫，没年八十一，列總坊。

陳氏華尚銘妻。年廿九銘卒，諸叔繼亡，氏守節撫嗣，養舅姑，没年七十五，列總坊。

朱氏華思質妻。年十九守節，養舅姑，没年六十八。

賈氏華貫萬妻。年廿六守節撫孤，奉舅姑，年七十三，列總坊。

賈氏華道岸妻。年廿二苦節撫孤，現年七十九。

張氏蕭顯遠妻。年廿六守節，事翁姑、撫孤，現年八十三。

徐氏華繼有妻。年二十苦節撫嗣，没年七十。

洪氏成崇梁妻。年廿五守節，撫孤成立，没年七十四。

葉氏成先義妻。年廿八守節，事翁姑、撫孤，没年四十八。

王氏成崇運妻。年廿三守節，紡績自給，没年四十六。

葉氏成德守妻。年廿九守節，撫孤奉姑，現年七十五。

徐氏華德光妻。年廿九苦節撫孤，奉舅姑，年五十九，列總坊。

歐陽氏成先佳妻。年廿四守節，以孝慈稱，現年六十八。

王氏華尚珠妻。年廿八苦節撫孤。孤夭，復撫嗣孫。現年七十六。

王氏華美紺妻。年十九孀，撫二月孤，孝舅姑，没年三十六。

賈氏華美芥妻。年廿九苦節撫孤，現年六十三。

成氏陳順梅妻。年廿八守節，現年七十二。

葉氏成善略妻。年廿六守節，現年六十六。

以上下遷里

李氏柯味加妻。年廿一守節，没年八十。

華氏蕭顯儉妻。年二十守節，没年四十五。

舒氏蕭仕薰妻。年十九于歸，隨薰貿陝，生子甫週而薰故。或欲奪其志，氏携孤載柩歸里，傭工養姑撫孤，没年八十餘。

成氏蕭顯虎妻。年廿九守節，没年五十四。

王氏蕭秀文妻。年廿五守節，撫孤養姑，没年七十二，列總坊。

劉氏陳思煊妻。年廿四守節，没年六十。

成氏張敬萬妻。年廿八守節，没年七十。

孔氏蕭仕穆妻。年廿一守節，没年六十二。

陳氏蕭顯巍妻。年廿六守節，現年八十七。

華氏監生蕭英羽妻。年廿八守節，没年六十二。

成氏蕭顯煜妻。年三十守節，没年七十二。

張氏蕭功駿妻。年廿九守節，没年七十。

梅氏陳彦煜妻。年廿二守節撫孤，没年五十八，列總坊。

曾氏蕭仕昌妻。年廿一守節，没年七十。

張氏蕭滙川妻。年廿八守節，没年六十二。

徐氏萬家宇妻。年廿九苦節，年六十五，列總坊。

張氏蕭奇才妻。年廿九守節，没年六十三。

熊氏蕭功驥妻。年廿二守節，没年六十。

蕭氏張敬詩妻。年廿六守節，奉舅姑撫孤，年六十二，列總坊。

阮氏蕭仕明妻。年廿九守節立嗣，奉舅姑。姑盲，左右扶持不懈，没年七十餘，列總坊。

陳氏張新澤妻。年廿二守節，没年六十七。

劉氏陳思可妻。年廿五守節，没年七十二。

張氏王佐霖妻。年廿八守節，没年七十八。

葉氏成先義妻。年廿八苦節課子，没年五十三。

張氏曾昌榜妻。年廿五守節，没年七十。

朱氏曾昌意妻。年廿四守節，没年六十。

成氏曾加鉉妻。年廿三守節，没年四十六。

劉氏曾加勝妻。年廿一守節，没年五十八。

張氏蕭仕麟妻。年廿九守節，没年六十二。

成氏陳彦楷妻。年十九守節，没年二十九。

劉氏陳彦群妻。年廿五守節，没年六十三。

余氏蕭顯倡妻。年三十守節，没年五十。

陳氏曾加欽妻。年廿二守節，没年五十八。

李氏余錦龍妻。年廿九守節，現年五十八。

陳氏余我吐妻。年廿七守節，現年五十七。

劉氏蕭功倩妻。年廿三守節，現年五十四。

柯氏蕭有容妻。年廿九守節，現年六十二。

李氏蕭廷材妻。年廿五守節撫嗣，養舅姑。同治元年建坊，現年六十三。

陳氏蕭承夷妻。年廿八守節，没年六十六。

王氏蕭仕信妻。年廿四守節，現年五十三。

鄧氏蕭功祥妻。年廿一守節，現年五十九。

陳氏張敬溢妻。年廿九守節，現年六十五。

蕭氏成滙川妻。年廿八守節，没年六十三，已旌建坊。

黄氏張敬楚妻。年廿九守節，没年四十一。

劉氏成敦樸妻。年廿四守節，没年八十一。

王氏成聯光妻。年廿四孀，守節廿七年。

陳氏成會六妻。年廿五孀，守節十九年没。

陳氏張揮楮妻。年廿九苦節，撫喑孤成家，現年五十一。

劉氏蕭宗虎妻。年廿一守節撫嗣，没年七十七。

成氏蕭顯坊妻。年廿六守節，没年七十六。

以上修净里

李氏陳論選妻。年廿五守節，没年七十六。曾孫萬鵬，武舉；元孫際春，援例知縣。

趙氏吴文煜妻。年廿九守節，事舅姑、撫二孤，没年七十四，列總坊。

陳氏程福才妻。年廿五守節，没年七十八。

張氏陳彦虎妻。年廿六苦節撫孤，没年七十，列總坊。

舒氏陳京山妻。年廿八苦節，撫孤、養姑，年六十六列總坊。

柯氏陳彦雷妻。年廿四苦節自勵，没年八十四。

柯氏陳彦顯妻。年廿六苦節，現年七十五。

柯氏陳謙承妻。年廿九守節撫嗣，孝養舅姑，没年八十一。

明氏陳性烈妻。年廿八苦節撫孤，現年六十五。

王氏陳繼堂妻。年二十守節撫嗣，没年三十八。

李氏陳思亮妻。年二十守節撫孤，現年七十三。

成氏陳在中妻。年廿三守節，現年六十八。

劉氏陳修亭妻。年廿七守節，現年五十五。

以上歸化里

阮氏劉伯朋妻。年廿五守節，没年七十五。

孔氏劉容週妻。年廿二守節，撫孤朝律，長以孝稱。没年六十五。

劉氏諸生李奪錦妻。年廿三守節，孝事舅姑，撫嗣啓善，幼時親授句讀，長就外傅，督課益嚴，遂登道光已亥賢書。没年六十六。彙旌總坊。

袁氏劉九河妻。年廿九守節撫孤，没年七十七，列總坊。

章氏劉潔實妻。年廿七守節，没年六十八。

陳氏劉中瑩妻。年二十守節，五十一歲建坊。

洪氏李克斌妻。年十九守節，没年六十七。

陳氏劉光射妻。年廿九守節，没年八十五。旌總坊。

羅氏劉光揖妻。年廿四守節，没年七十五。

劉氏李士明妻。年廿五守節撫嗣，奉舅姑，年五十彙總坊。

余氏李興巡妻。年廿三守節，存年七十四。

李氏劉朝琳妻。年廿八守節，没年五十二。

全氏劉暘谷妻。年廿五，夫疾篤，目氏不能言，氏剪髮付其手，遂瞑。紡績養舅姑、撫嗣，没年三十五。

陳氏羅文名妻。年廿二守節，没年七十。

譚氏劉際盛妻。年十九守節，撫嗣立烰陣亡，没年六十。

成氏李士鵠妻。年廿五守節，存年七十一。

王氏羅甫貞妻。年廿二守節，没年六十七。

陳氏李克櫟妻。年廿一守節，没年五十八。

陳氏李興渭妻。年廿三守節，没年六十一。

曹氏劉立堂妻。年十八守節，存年六十八。

蕭氏李瓊久妻。年廿二守節，存年六十八。

王氏劉開明妻。年廿六守節，存年五十六。

洪氏劉中泥妻。年廿八守節，存年五十四。

以上崇慶里

劉氏李應頒妻。年廿七苦節，撫周歲孤，没年七十九。

邢氏程建柳妻。年廿四守節，奉舅姑、撫孤，没年五十五，列總坊。

楊氏程英岩妻。年廿三守節，没年四十七。

談氏程英禄妻。年廿七苦節撫孤，没年六十三。

柯氏程兼善妻。年三十守節，没年七十三。

蕭氏舒臨風妻。年十八守節，撫嗣子夭，復撫嗣孫，現年八十餘。

柯氏程首先妻。年廿八守節，奉舅姑、撫孤，没年六十三。

柯氏程英志妻。年廿四守節，没年七十三。

程氏舒德瑶妻。年廿八守節，没年七十二。

劉氏程應棫妻。年廿七守節，没年六十五。

蕭氏舒善祥妻。年十九守節，没年六十四。

柯氏程挺之妻。年廿五守節撫孤，現年七十五。

舒氏程才煌妻。年廿六守節，没年六十八。

柯氏程蔚然妻。年三十守節，現年七十三。

陳氏程英班妻。年廿三守節，没年六十五。

羅氏程蒼玉妻。年廿八守節，病劇不許醫生診視，没年五十五。

程氏羅甫達妻。夫客於秦，卒，氏年廿二，倩人負夫骨歸葬，立嗣撫之，存年六十。

汪氏監生柯光烈側室。年十九歸烈，明年與嫡陳氏各舉一子。數月，烈與嫡相繼卒，氏守節，奉翁姑，撫嫡子如己出。没年六十。已旌建坊。

蕭氏監生李克前妻。年廿二守節，奉舅姑撫孤，孤夭，現年六十。

吴氏舒有文妻。年廿九守節，没年五十四。

蕭氏舒德松妻。年廿五守節，撫教孤子，現年七十餘。

陳氏羅甫堦妻。年廿五守節撫孤，殁年五十八。

徐氏柯大章妻。年廿四守節，現年六十三。

周氏柯耀廷妻。年十九守節，現年七十三。已旌建坊。

吴氏舒靖焕妻。年廿一守節，現年七十三。

羅氏舒靖秀妻。年廿九守節，現年七十。

吴氏程英貞妻。年十八守節，没年五十二。

陳氏舒兩峰妻。年廿四守節，現年五十五。

以上朝陽里

洪氏劉萬元妻。孫氏劉士括妻。洪年廿七守節，撫嗣士括。孫年廿九守節，撫孤、奉孀姑。洪没年八十九，孫没年七十二，并列總坊。

李氏監生劉芳妻。年廿八守節撫孤，没年八十四，彙入省志。

成氏劉翰文妻。年廿一守節，事舅姑。姑病脹，晨夕侍湯藥。姑没，事繼姑、庶姑，悉愜其意。撫嗣攀龍成諸生。年五十一彙總坊。

劉氏李克楷妻。年廿五苦節撫嗣，年五十一彙總坊。

袁氏劉次可妻。年廿四苦節，養舅姑、撫孤，没年八十三，列總坊。

吴氏李添隆妻。年廿七守節，没年八十。

駱氏李善滐妻。年十九守節，事舅姑、撫嗣，没年八十七，列總坊。

劉氏李善鄰妻。年廿二守節，没年八十九。

周氏劉朝釺妻。年廿三苦節撫嗣，養舅姑，年五十一彙總坊。

熊氏劉士金妻。年二十守節，没年七十五。

李氏劉中福妻。年二十守節撫孤，奉舅姑，年五十一彙總坊。

祖氏張盈春妻。年廿六守節，没年七十六。

程氏劉士校妻。年廿九苦節，奉舅姑、撫孤，年六十四彙總坊。

李氏劉萬潢妻。年廿二守節，撫孤以終。

蕭氏李善紋妻。年三十守節撫嗣，奉衰姑，年七十一彙總坊。

戴氏李克孝妻。年廿四守節，没年七十五。

鍾氏劉曉亭妻。年廿九守節，孝奉孀姑，没年五十，列總坊。

張氏劉朝勳妻。年三十守節，没年六十八。

明氏劉朝淮妻。年廿七苦節撫嗣，刲股療姑，年五十七彙總坊。

郭氏吴格瑚妻。年二十守節撫孤，没年七十。

鄭氏劉中邦妻。年廿二守節，奉姑鞠子，没年四十一。

郭氏李克楫妻。年廿五守節，没年六十七。

王氏李克全妻。年廿五守節，没年六十。

明氏李士梅妻。年廿九守節，没年六十一。

明氏李善紅妻。年廿七守節，没年五十一。

鍾氏劉中佳妻。年廿三守節，没年六十二。

楊氏李興玉妻。年廿五守節，没年五十六。

談氏劉士然妻。年廿三守節，没年五十一。

明氏李善達妻。年廿一守節，存年六十二。

尹氏戴昭壽妻。年廿三守節，存年六十三。

孔氏李士棠妻。年廿五守節，存年五十六。

李氏徐近春妻。年廿六守節，存年五十三。

王氏劉士佺妻。年二十守節，没年六十二。

柯氏劉朝簡妻。年廿六守節，没年四十二。

程氏劉士則妻。年廿四守節，没年四十五。

畢氏劉朝考妻。年廿八守節，没年四十二。

陳氏劉士昌妻。年廿五守節，没年五十七。

張氏劉朝孝妻。年廿四苦節撫遺腹子，存年六十九。

柯氏劉朝均妻。年十八守節立嗣，存年六十一。

李氏劉平玉妻。年三十守節立嗣，存年六十三。

蕭氏劉朝緑妻。年廿六苦節撫孤，存年六十三。

蕭氏劉朝衎妻。年廿五苦節撫孤，存年八十。

蕭氏劉朝忠妻。年廿三守節，没年五十。

李氏劉中義妻。年二十守節，没年四十一。

成氏劉立恒妻。年廿六守節，存年五十。

劉氏戴佐珩妻。年廿三苦節撫孤，没年七十七。

以上新興里

王氏鍾潤先妻。年廿六苦節撫孤，没年七十一。

胡氏鍾復旦妻。年廿四守節，撫嗣養姑，没年八十四。

傅氏鍾祐初妻。年廿六守節，没年七十。

明氏袁政蘧妻。年廿一守節，奉姑鞠子，没年四十七，列總坊。

袁氏明國棠妻。年廿三守節，撫六月孤，没年八十。

李氏明南山妻。年廿二守節撫孤，没年八十六。

王氏袁政基妻。年廿四守節，没年六十八，列總坊。

程氏生員李以清妻。年廿三守節撫孤，没年五十四。

孔氏明繼道妻。年十八守節，没年七十。

熊氏彭光潢妻。年廿二苦節撫孤，養舅姑，没年六十七，列總坊。

李氏譚時訓妻。年廿七守節撫孤，没年六十六。

劉氏鍾方鑒妻。年十八苦節，奉舅姑、撫嗣，年五十旌總坊。

郭氏闞承亨妻。年廿五守節，没年七十四。

張氏鍾炳也妻。年廿七守節撫嗣，孝舅姑，没年六十一。列總坊。

鄭氏袁能三妻。年廿八守節撫嗣，没年六十八。

李氏明大光妻。年廿六守節撫孤，孝奉舅姑，年六十七彙總坊。

闞氏明應潜妻。年廿八守節撫嗣，没年七十二。

汪氏李興機妻。年廿二守節撫孤，養舅姑，没年七十六。彙總坊。

明氏袁政筍妻。年廿九守節，没年六十四。

鍾氏張宗伶妻。年廿二苦節撫孤，養舅姑，没年七十一。彙總坊。

明氏黄茂江妻。年廿五守節，没年七十一。

蔡氏李士昭妻。年廿二守節，奉舅姑、撫孤，年五十三彙總坊。

明氏黄茂河妻。年廿五守節，没年五十八。

周氏張廷錫妻。年廿四守節，事舅姑，年六十四彙總坊。

張氏黄茂海妻。年廿五守節，没年六十六。

鍾氏明東山妻。年廿一守節，奉舅姑、撫孤，没年五十一。列總坊。

楊氏袁政學妻。年廿三守節，撫七月孤，孝奉舅姑，没年七十餘。孫益謙，諸生。

吴氏李添甲妻。幼隨夫遷蜀，年廿四孀，扶柩歸葬，撫嗣成立，没年六十九。

吴氏尹金如妻。年廿四守節，没年七十五。

馮氏袁翠玉妻。年二十守節，没年七十八。

程氏李士信妻。年廿七守節，没年九十四。

吴氏馮榮焕妻。年廿二守節，撫嗣開泰中武科，没年八十三。

袁氏鍾純齋妻。年廿二守節，没年七十六。

金氏監生袁彦中副室。年廿六守節撫嗣，存年八十四。

汪氏鍾步梁妻。年三十守節，没年五十四。

成氏袁太鷗妻。年廿五守節撫嗣，孝養舅姑，没年五十三。

汪氏袁光淮妻。年二十守節，没年七十。

明氏沈懷萬妻。年廿八守節撫嗣，養舅姑，没年六十五。

程氏生員常經妻。年廿九孀，守節五十三年。

袁氏鍾詩詒妻。年廿九守節，撫孤、養姑，存年八十一。
袁氏明應珍妻。年廿七孀，周恤族鄰，守節四十七年。
成氏鍾詩誂妻。年廿一守節撫嗣，奉姑惟謹，没年七十二。
袁氏明士經妻。年廿九孀，清節五十五年。
張氏袁錦石妻。年廿五守節撫孤，奉舅姑，没年五十五。
汪氏林良鐸妻。年廿四守節，没年六十四。
張氏陳繼壽妻。年廿八守節，存年八十三。
林氏周曙光妻。年廿四孀，養姑鞠子，苦節以終。
鍾氏袁在郊妻。年廿四守節撫孤，奉舅姑，艱貞以老。
李氏袁太銓妻。年三十孀，守節四十五年。
王氏明應恒妻。年廿六守節，奉舅姑、撫孤，没年六十三。
鍾氏袁崇汧妻。年廿八孀，守節四十五年。
汪氏明應泰妻。年三十苦節撫孤，歷三十八年。
明氏袁光芳妻。年廿六孀，守節三十九年。
汪氏李善慶妻。年廿八孀，守節三十一年。
袁氏周登資妻。年廿六孀，守節三十四年。
馮氏明師桃妻。年廿二守節，没年七十四。
汪氏明加材妻。年三十守節撫孤，没年五十四。
陳氏袁光瑾妻。年廿六守節，没年四十九。
謝氏明師槐妻。年廿六守節，没年六十。
鍾氏張調律妻。年廿八孀，守節四十年。
陳氏尹奇韶妻。年廿一守節，没年八十一。
張氏明滙川妻。年廿六守節撫孤，孝事衰翁，没年八十。
陳氏李士渭妻。年廿四守節，存年六十三。
汪氏馮榮泰妻。年廿八守節，没年七十八。
盧氏馮裕冀妻。年廿一守節，存年六十。
袁氏明師格妻。年廿三守節，存年六十三。
陳氏袁光環妻。年廿三守節，存年六十五。

張氏袁見湖妻。年十八守節，存年七十。
欒氏張宗仁妻。年二十守節，存年七十。
宋氏袁太講妻。年廿二守節撫嗣，孝養舅姑，存年六十。
闞氏常顯瑞妻。年廿九孀，守節五十年。
張氏萬家夔妻。年廿七孀，守節三十年。
汪氏明攀五妻。年廿五孀，守節四十五年。
劉氏常奇信妻。年廿三孀，守節四十四年。
吴氏舒德高妻。年廿一守節，存年六十。
張氏鍾漳茂妻。年十九孀，守節三十六年。
汪氏程龍英妻。年十九守節，養姑撫嗣，没年六十。
劉氏袁達麟妻。年十九守節撫孤，孝養翁姑，没年六十四。
李氏明邦棟妻。年廿八守節，存年六十八。
汪氏袁達道妻。年廿八苦節，撫八月孤，謹事姑疾，没年七十三。
洪氏明秀亭妻。年廿八守節，存年六十。
鍾氏明邦材妻。年廿一守節撫嗣，存年六十六。
張氏鍾禹書妻。年廿六苦節，養姑撫孤，存年五十四。
張氏明邦足妻。年二十守節，存年五十八。
蔡氏袁宗兖妻。年廿三守節，存年五十七。
袁氏鍾步高妻。年廿九守節，姑没，撫孤及夫弟，存年六十七。
后氏袁宗徐妻。年廿七守節，存年五十五。
吴氏袁宗堅妻。年廿四守節，奉姑鞠子，存年五十九。
明氏陳才發妻。年廿一守節，存年五十二。
成氏陳繼然妻。年十九守節，存年五十三。
劉氏鍾漢書妻。年廿九守節撫孤，孝事孀姑，存年五十二。
阮氏庠生袁占魁妻。年二十九守節，撫教二孤，存年五十有七。

以上修善里

謝氏胡國焕妻。年廿六守節，没年六十九。

謝氏王定洋妻。年廿五守節撫孤，養舅姑，没年七十。

陳氏成祖謙妻。年廿一守節，没年八十，已旌建坊。

孫氏王興材妻。年三十守節，没年七十七。

吴氏王善長妻。年廿八守節，没年九十三。

陳氏吴根學妻。年廿三守節，奉姑撫嗣，没年六十一。

明氏王學彩妻。年廿七守節撫嗣，養舅姑，没年六十四。

吴氏王定鎵妻。年廿八守節，奉舅姑，撫教二子，没年八十。

柯氏胡添弦妻。年廿一守節，没年八十。

明氏王隆泮妻。年廿八守節撫孤，孝事衰翁，没年六十一。

尹氏王道顔妻。年廿八守節，没年五十五。

陳氏成先梁妻。年十八守節撫嗣，孝奉舅姑，没年七十四。

陳氏王崇進妻。年廿四守節，没年六十二。

吴氏王興樞妻。年廿八守節撫孤，孝事翁姑，没年七十。

蔡氏王興諷妻。年廿五守節，没年八十四。

陳氏成崇樂妻。年廿二守節，養舅姑，没年七十二。

黄氏成貞一妻。年廿一守節，没年七十。

陳氏胡方芊妻。年廿八守節，撫孤養姑，没年九十。

劉氏鄭國選妻。年廿五守節，没年七十八。

成氏胡永棟妻。年廿三苦節，養姑撫孤，没年六十三。

柯氏吴根佳妻。年三十守節，没年六十四。

孫氏胡定李妻。年廿五守節，没年七十六。

黄氏吴根墅妻。年廿五守節，没年六十七。

明氏成紹武妻。年廿一守節撫嗣，敬事舅姑，年六十四彙總坊。

賈氏王同泌妻。年廿九守節，撫嗣子。子没，復撫稚孫，没年七十五，列總坊。

陳氏王隆奎妻。年廿五苦節撫嗣，孝事老姑。姑没，有憐而助之者，力却之曰："吾姑已没，吾何敢再受人惠。"存年六十三。

明氏胡定杞妻。年廿七守節，没年七十九。

何氏吴炳恢妻。年廿八孀，苦節撫孤，孝奉舅姑，没年四十九。

汪氏王心制妻。年廿八守節，没年六十。

明氏王譽章妻。年廿九守節撫孤，孝事舅姑，存年七十一。

明氏鄭善周妻。年廿四守節，没年六十五。

陳氏王學易妻。年廿七苦節，撫周歲孤，零丁無依，存年六十五。

朱氏鄭大衡妻。年廿七守節，没年七十。

明氏王茂林妻。年二十守節撫嗣，孝奉舅姑，存年七十二。

陳氏王學珩妻。年廿五守節撫孤，事姑孝，存年六十。

黄氏成祖交妻。年廿九守節，存年七十。

鄭氏吴炤萬妻。年廿一守節，存年七十四。

謝氏鄭茂廉妻。年廿五守節，存年六十三。

明氏胡乾禄妻。年廿四守節，存年七十四。

明氏王學江妻。年廿八守節，存年六十六。

明氏鄭衍宣妻。年廿五守節撫孤，存年七十四。

陳氏胡永椿妻。年廿八守節，存年六十四。

王氏成崇焕妻。年廿三守節，存年六十。

鄭氏王明萬妻。年廿五守節，存年五十八。

陳氏成祖珩妻。年廿一守節，存年六十三。

胡氏王衡玉妻。年廿五守節，存年六十二。

明氏王文光妻。年三十守節養姑，没年五十七。

羅氏胡隆運妻。年廿二守節撫嗣，存年五十五。

吴氏柯隆炯妻。年廿四守節，存年五十六。

汪氏王學兼妻。年廿四守節，存年五十三。

胡氏王興珍妻。年廿九守節撫孤，存年五十四。

張氏成崇珩妻。年廿八守節撫孤，存年六十三。

汪氏成德祊妻。年二十苦節撫嗣，没年五十七。

李氏胡文譜妻。年廿五守節，存年五十五。

以上樂平里

汪氏胡萬禩妻。年二十守節，没年六十三。

陳氏明加武妻。年廿二守節，養舅姑、撫嗣，没年七十九，列總坊。

張氏王隆恕妻。年廿一守節，没年七十四。

汪氏鄭遐英妻。年廿二十孀，截指以明不二，没年六十三。

汪氏張焕文妻。年廿八守節，没年七十二。

汪氏明清波妻。年廿二守節，養姑撫孤，年五十七列總坊。

胡氏汪純荆妻。年廿九守節，存年七十八。

陳氏張濟亨妻。年廿二守節，奉舅姑，植遺腹子，年七十列總坊。

鍾氏汪道臣妻。年廿一守節，撫數月孤，没年六十八。

張氏汪德楻妻。年廿一守節，奉舅姑、撫嗣，年五十二列總坊。

談氏汪德坤妻。年廿八守節，没年七十五。

陳氏胡士豪妻。年廿五孀，撫嗣，事舅姑盡禮，年七十八列總坊。

明氏汪遠山妻。年廿八孀，植遺腹孤，以苦節終。

汪氏張廷采妻。年廿六守節，奉舅姑、撫孤，年七十列總坊。

胡氏汪若雄妻。年十九守節，没年三十。

邱氏監生張奎壁妻。年廿九守節，撫教孤子，年六十四列總坊。

明氏向正東妻。年十九孀，守節六十三年。

明氏汪純惺妻。年廿六守節，撫孤、奉舅姑，没年七十。列總坊。

汪氏胡乾奉妻。年廿八孀，守節五十六年。

明氏汪載颺妻。年廿四守節，撫周歲孤，孝事舅姑，没年八十六。

胡氏汪濟遠妻。年廿四孀，養姑撫孤，守節三十八年。

吴氏汪秉秀妻。年二十守節，撫數月孤，奉舅姑，没年七十七。

陳氏汪大燠妻。年廿五孀，撫孤、奉舅姑，以節終。

張氏汪臨憲妻。年廿四苦節撫孤，養舅姑，年六十四列總坊。

明氏汪有元妻。年三十孀，守節五十八年。

鄭氏張家然妻。年廿二苦節，撫遺腹子，孝事舅姑，存年六十三。

陳氏張家綸妻。年廿三孀，守節五十年。

明氏汪有福妻。年廿六守節，撫教孤子，孝奉舅姑，没年五十三。

汪氏張萬燭妻。年廿八孀，守節四十八年。

陳氏汪有守妻。年廿四孀，截指誓志，身親稼穡，存年七十一。

鍾氏張聲坦妻。年廿九孀，守節廿八年。

向氏張克皇妻。年廿三苦節撫孤，孝養舅姑，没年九十。

沈氏汪紹成妻。年廿五孀，撫六月孤成立，守節以終。

明氏汪象儀妻。年廿七守節，養舅姑，鞠子成立，没年六十。

程氏向先榮妻。年廿四孀，守節四十六年。

明氏汪思禄妻。年廿一孀，撫孤、孝翁姑，守節三十四年。

闞氏張曜采妻。年廿一守節，現年七十七。

王氏汪有格妻。年廿九孀，孝事舅姑，艱苦以終。

朱氏張克燦妻。年廿五孀，撫二孤成人，守節以終。

成氏汪紹淮妻。年廿九孀，撫數月孤，孝奉舅姑，守節三十年。

鄭氏張克嶷妻。年廿八孀，撫二孤、養舅姑，苦節以終。

朱氏汪德煌妻。年廿九守節，孝舅姑，没年六十二。

袁氏鍾盛熷妻。年廿八守節，現年六十八。

袁氏汪純銓妻。年廿五孀，守節五十四年。

汪氏張克虎妻。年廿一守節，撫孤成立，没年六十。

周氏汪純録妻。年廿七孀，守節四十九年。

鄭氏明士廣妻。年廿六守節撫孤。孤夭，抱養媳談氏，依姑不字，撫侄承祀。鄭年八十五，談年六十五。

明氏張孝幹妻。年廿四孀，守節二十六年。

王氏張學謙妻。年廿三苦節撫孤，存年五十六。

袁氏明士炫妻。年十八孀，守節五十五年。

明氏胡昌泮妻。年廿五孀，守節五十四年。

成氏鄭興玉妻。年廿七孀，守節四十三年。

柯氏汪聖欽妻。年二十守節，存年六十。

吴氏明士弦妻。年廿四孀，守節四十一年。

鄭氏汪純惠妻。年廿九守節撫孤，敬奉衰翁，存年六十。

鄭氏明士康妻。年廿四孀，守節五十二年。

袁氏張貞肇妻。年十九守節撫孤，孝事舅姑，存年六十二。

汪氏明士潤妻。年十八孀，守節五十一年。

汪氏胡集五妻。年廿一守節，没年三十七。

陳氏鄭世柏妻。年廿七孀，守節三十九年。

謝氏張成中妻。年廿八孀，守節廿六年。

明氏鍾世虎妻。年三十守節，存年六十。

朱氏傅勳譓妻。年廿七孀，守節廿三年。

明氏鍾先清妻。年十八守節，存年六十六。

汪氏胡隆鐵妻。年廿三孀，守節廿七年。

胡氏汪若炳妻。年廿八守節，存年六十八。

袁氏汪有杞妻。年廿二守節，存年五十八。

張氏汪純桂妻。年廿四守節，存年六十六。

陳氏鍾有楨妻。年廿八守節，存年五十七。

胡氏張家波妻。年十九守節，存年六十八。

汪氏張家炬妻。年廿二守節，存年五十八。

明氏鄭世松妻。年廿八守節，存年六十八。

林氏明應文妻。年廿二守節，存年五十七。

陳氏汪作舟妻。年廿五守節，存年六十一。

鄭氏汪有蛟妻。年廿九守節，養姑育子，存年五十四。

董氏汪若近妻。年二十孀，守節三十年。

汪氏張學儒妻。年廿九守節，存年五十三。

王氏汪若煥妻。年廿八孀，守節三十年。

王氏張家浚妻。年廿九守節撫孤，存年五十二。

朱氏張克熿妻。年廿五孀，守節五十三年。

鄭氏汪純欽妻。年廿二孀，守節五十三年。

明氏汪純鏡妻。年廿六守節，奉孀姑，没年七十二。

張氏汪純桂妻。年廿二守節，奉翁姑，没年六十四。

向氏張立魁妻。年廿九守節撫孤，没年八十四。

以上長樂里

陳氏張興達妻。柯氏張日清妻。陳年廿八，苦節撫孤日清。柯年三十守節，奉孀姑。陳没年五十五，柯没年九十。

吴氏柯若翁妻。年廿七守節，没年七十九。

胡氏陳希述妻。年廿一守節撫嗣，没年四十九。

汪氏陳希遥妻。年三十苦節撫嗣，没年九十二。

陳氏柯静遠妻。年廿八守節，没年七十一。

吴氏柯廷瑞妻。年廿六守節，没年四十九。

成氏陳希洋妻。年廿四守節撫孤，敬奉病姑，存年八十二。

謝氏朱樸上妻。年廿七守節，没年七十二。

王氏朱永恩妻。年廿二孀，撫一月孤成立，没年八十四，列總坊。

胡氏朱樸慶妻。年廿四守節，没年八十二，列總坊。

王氏朱全宏妻。年廿六守節，撫遺腹孤成人，没年七十四。

柯氏朱樸均妻。年十八守節，没年七十。

洪氏謝文壽妻。年廿九守節撫嗣，孝奉翁姑，没年七十六。

陳氏朱全厚妻。年廿一守節，没年七十。

陳氏朱全洪妻。年十九守節撫嗣，終養舅姑，没年七十八。

俞氏黄亭湛妻。年廿五守節，没年六十三。

陳氏朱美榮妻。年廿六守節撫孤，丐食養姑，没年七十二。

吴氏陳泰諒妻。年廿八守節，没年七十六。

柯氏朱樸讓妻。年廿九守節撫嗣，没年七十三。

吴氏陳泰富妻。年廿五守節，没年六十七。

張氏鄭兆富妻。年廿九守節，存年八十四。

黄氏陳公星妻。年二十守節，没年七十八。

何氏朱首元妻。年十八孀，撫周歲孤，力穡以養，没年七十八。

王氏吴炤文妻。年廿六守節，没年五十八。

周氏謝文德妻。年廿八孀，傭工撫嗣，復撫嗣孫，没年八十六。

陳氏謝安楠妻。年廿六守節，没年八十一。

鄭氏柯道照妻。年廿二守節，族鄰醵金成會資助，没年八十。

鄧氏吴樂墉妻。年廿四守節，撫嗣成立，列總坊。

孔氏陳周赤妻。年廿九守節，没年七十五。

陳氏謝槐祖妻。年廿七守節撫嗣。家貧，姑欲嫁之，不從，暴遇之，常不得食，氏勤苦自勵，没年七十八。

朱氏生員陳大之妻。年廿二守節撫孤，奉翁姑，没年七十四，列總坊。

史氏陳汝楠妻。楠好博，有索負者，輒指嫁氏以償。未幾，楠卒，氏年廿四，矢志不嫁，勤苦撫孤，向之博徒遂失所望，存年六十一。

明氏陳才瑚妻。年二十守節撫孤。祖舅卧病，旦夕調治，歷十餘年不怠。存年五十六。

成氏謝祖武妻。年廿六守節，撫孤養姑，没年六十三。

鄭氏陳汝圳妻。年廿九守節，存年五十九。

王氏朱樸展妻。年廿九守節，存年六十九。

柯氏謝盛准妻。年廿二守節，没年七十。

鄭氏陳慶山妻。年廿五守節，存年六十三。

周氏陳必近妻。年廿六守節，没年五十八。

柯氏陳汝燕妻。年廿二守節，存年七十五。

王氏陳道清妻。年廿六守節，存年六十三。

萬氏黄奇臺妻。年廿八守節，没年七十八。

洪氏陳汝湖妻。年廿四守節，存年六十二。

胡氏吴坤玨妻。年廿七守節，存年五十五。

陳氏王崇欽妻。年廿八守節，存年五十八。

成氏陳必致妻。年廿六守節，没年四十八。

柯氏陳立慶妻。年十八守節，存年六十。

吴氏黄加林妻。年廿七守節，没年五十六。

談氏黄加泰妻。年廿九守節，没年五十五。

胡氏陳純萬妻。年廿一苦節撫嗣，孝奉舅姑，存年六十二。
程氏柯書田妻。年廿二守節，奉舅姑，没年六十二。
盧氏柯楚玉妻。年二十苦節撫孤，存年六十。
鍾氏陳恩鉅妻。年廿六守節，存年五十。
朱氏成德洋妻。年廿六守節撫嗣，存年五十二。
黄氏朱美詩妻。年廿六守節，存年五十。
鄧氏朱美季妻。年十九守節，舅姑繼没，撫夫弟成立，立侄承祀，存年五十。

以上仁義里

柯氏漆九安妻。年廿五夫故，守節三十五年。
汪氏黄中孝妻。年廿三守節撫嗣，孝舅姑，没年七十三，列總坊。
陳氏黄宇楫妻。年廿一守節，没年七十二，已旌建坊。
成氏黄維玉妻。年廿五守節撫孤，没年七十七，列總坊。
黄氏陳必充妻。年廿九守節，没年七十二。
柯氏黄景華妻。年廿一守節，撫孤成立，終養舅姑，没年八十。
柯氏黄中順妻。年廿一守節，没年八十二。
王氏黄加鳳妻。年廿八守節，没年七十一。
成氏陳九思妻。年廿九守節，没年七十二。
吴氏周自梅妻。年廿三守節撫孤，没年七十三。
柯氏黄奇楨妻。年十九守節，没年五十三。
陳氏黄加祥妻。年廿八守節，没年六十一。
陳氏周宇理妻。年廿八守節，没年六十八。
漆氏柯隆泗妻。年廿九守節，没年八十二。
劉氏柯瑞琮妻。年廿九守節，没年六十八。
柯氏明師璠妻。年廿五守節，没年七十七。
王氏孫學注妻。年廿九守節，没年八十。
萬氏柯愈芬妻。年廿五守節撫孤，没年六十六，列總坊。
柯氏孫法俊妻。年廿九守節，現年八十。

王氏黄梧岡妻。年廿一守節撫嗣，孝事舅姑，列總坊。

李氏黄超凡妻。年廿八守節，没年七十，已旌建坊。

阮氏黄晏河妻。年廿五守節，存年七十八。

成氏黄鳴富妻。年二十守節，没年七十。

明氏陳守校妻。年廿六守節，孝奉繼姑，撫教二孤，没年八十。

陳氏柯道興妻。年廿二守節，没年五十一。

李氏黄善根妻。年廿八守節撫孤，孝事舅姑，存年七十。

柯氏周慶城妻。年廿五苦節，撫二孤。或議改適，氏覺投水瀕死，以救免。旋兩孤逝，氏率兩婦共礪冰操。存年七十。

漆氏黄紹宗妻。陳氏紹宗副室。漆年廿六守節，没年五十二。陳年廿一守節，存年五十三。

陳氏黄善政妻。年廿六苦節撫孤，存年六十四。

漆氏黄加熊妻。年廿一家貧守節，存年五十八。

柯氏黄善芊妻。年十七守節，没年三十四。

朱氏黄加坤妻。年廿六守節，孝事舅姑，没年五十二。

吴氏黄加楊妻。年廿八守節，存年六十四。

王氏黄善泰妻。年三十守節，存年七十四。

吴氏黄加楷妻。年十九守節撫嗣，存年六十七。

王氏劉榮梅妻。年廿二守節，存年五十六。

朱氏劉榮瑭妻。年廿三守節，存年六十。

黄氏孫萬邦妻。年廿四守節，存年五十三。

明氏周學禮妻。年廿三守節，存年七十五。

柯氏孫師銀妻。年廿六守節，没年五十六。

張氏周宇璠妻。年廿九守節，存年六十。

周氏柯道苾妻。年廿八守節，存年五十八。

談氏孫友諒妻。年廿一守節，存年六十四。

郭氏黄復焜妻。年廿八守節，存年六十三。

成氏陳孝思妻。年十八守節，現年五十六，已題請建坊。

劉氏陳本梓妻。年三十丐食守節，存年七十四。

陳氏孫從崑妻。年三十守節，現年六十七。

胡氏劉興芳妻。年廿六守節，奉姑撫嗣，存年六十二。

柯氏黄顯善妻。年廿九守節，没年四十四。

張氏監生黄鳴賢妻。年廿七守節，存年七十三。

黄氏柯際謙妻。年廿二守節，現年七十。

柯氏漆經季妻。年廿一守節，没年六十七。

余氏武生孫步青妻。年廿八守節，撫二孤。姑病，刲股以療。存年五十二。

柯氏漆光海妻。年十九守節，没年六十三。

柯氏漆宗貴妻。年廿三守節，存年五十七。

以上東鄉里

陳氏柯祥蕃妻。年廿六守節，没年八十五。

孫氏柯瑞和妻。年廿五守節，没年五十九。

黄氏柯瑞燭妻。年廿六守節，没年六十。

胡氏柯隆焕妻。年廿二守節，撫孤道坦登賢書，没年六十一。

何氏華巨盛妻。年廿八苦節撫嗣，没年六十九。

袁氏柯隆傑妻。年廿三守節撫孤，奉舅姑，没年七十七，列總坊。

何氏柯運泰妻。年廿九守節，現年七十八。

明氏柯隆紳妻。年廿九苦節撫孤，没年六十一。

何氏柯運通妻。年廿八守節撫嗣，孝舅姑，現年七十九。

朱氏柯增炳妻。年十九守節撫孤，奉舅姑，没年六十九，列總坊。

華氏何慶桐妻。年廿六守節，没年八十一。

王氏柯隆實妻。年廿八守節，孝養舅姑，没年五十九。

劉氏柯隆焕妻。年廿一歸侍焕疾，月餘焕卒。氏矢志守節，奉舅姑，撫嗣子成立，没年八十四。孫逢春，庠生。

華氏何仁棠妻。年廿六守節，没年七十六。

黄氏諸生柯瑞瑊妻。年廿一守節撫嗣，孝舅姑，没年七十三。

陳氏柯道玨妻。年廿八苦節撫孤，現年八十。

徐氏柯瑞泰妻。年廿八守節，丐食撫孤，没年七十一。

胡氏柯隆敬妻。年廿八守節，每傭工，忍饑留晚飧，裹歸哺二孤。没年七十七。

楊氏柯進貴妻。年十七苦節，歸依母弟，弟亦貧，以女紅佐之，没年三十二。

王氏柯增照妻。年廿五守節，孝養舅姑，撫遺腹孤，没年八十三，列總坊。

吴氏柯瑞承妻。年廿八守節，没年五十五。

陳氏柯道珀妻。年廿九苦節養姑，自茹草根，没年七十九。

鄭氏柯瑞丑妻。年廿四守節，没年七十八。

陳氏柯進輝妻。年廿七守節，孝事癱姑，没年七十七。

羅氏柯隆泰妻。年廿一守節，没年七十九。

劉氏柯道泗妻。年廿三守節，撫孤養姑，没年七十五，列總坊。

歐氏柯進龍妻。年廿四守節，没年七十四。

談氏黄顯綱妻。年十九守節，紡績奉姑、撫嗣子，没年六十。

王氏柯崙隆妻。年廿二守節，没年七十八。

何氏柯進柳妻。年廿九守節撫孤，没年七十四。

劉氏柯道廷妻。年十八守節，没年六十六。

陳氏柯運寧妻。年二十苦節，奉舅姑、撫孤，没年五十七。

陳氏柯道理妻。年廿六守節撫嗣子，没年四十八。

劉氏柯顯國妻。年廿九苦節，撫三孤，没年八十二。

陳氏柯道枝妻。年廿八守節，没年七十六。

陳氏柯道成妻。年廿八守節，孝事癱姑，没年五十六。

陳氏柯進鎰妻。年廿四守節，撫遺腹孤。姒早逝，遺子三齡，氏并撫之。没年七十三。孫春煦，諸生。

曹氏監生柯道權妻。沈氏權側室。曹年三十，沈年廿三，相依守節。沈没年七十七。嗣子長春，庠生。

陳氏柯進玨妻。年廿六守節，没年七十二。

孫氏柯瑞鶴妻。年廿七守節，没年八十九。

王氏柯道焕妻。年廿九苦節，現年七十九。

胡氏柯進坡妻。年廿五守節撫嗣，孝舅姑，現年八十五。

陳氏柯瑞衙妻。年廿九守節，没年七十一。

陳氏柯進淇妻。年廿一守節，没年五十四，見省志。

徐氏柯隆淬妻。年廿一守節，没年五十六。

王氏柯進猛妻。年廿二守節，没年七十一。

劉氏柯進淵妻。年廿六守節，撫遺腹孤，没年八十三。

柯氏華谷宏妻。年廿二守節，没年七十三。

王氏柯益桀妻。年廿八守節，現年八十二。

陳氏柯道寓妻。年廿四守節撫嗣，現年六十四。

陳氏柯道湧妻。年廿八孀，有諷之嫁者，氏曰："改節生何如守節死。"丐食撫孤，没年六十四。

劉氏陳立榮妻。年三十守節，没年四十二。

黄氏柯隆隹妻。年廿六苦節，撫嗣子、孝舅姑，没年六十七。

李氏柯宇隆妻。年二十守節，没年六十四。

陳氏柯進禧妻。年二十苦節不移，現年六十九。

陳氏柯進升妻。年廿三守節，没年六十。

洪氏柯道風妻。年廿六守節，孝事癱姑，現年七十七。

王氏柯進湖妻。年廿六守節，現年五十七。

王氏柯進燕妻。年廿五守節，孝舅姑、撫二孤，現年六十五。

劉氏柯進燈妻。年廿五守節，現年五十四。

周氏柯益模妻。年廿二守節撫嗣，現年七十。

孫氏柯道謳妻。年十八守節撫嗣，現年六十九。

黄氏柯益明妻。年三十守節撫孤，現年七十三。

黄氏柯益海妻。年三十守節，没年六十三。

黄氏柯益江妻。年廿八守節撫嗣，奉衰舅，現年五十九。

成氏柯益堂妻。年廿五守節撫嗣，孝奉祖舅及舅姑，現年五十四。

何氏柯進錩妻。年廿八守節，現年六十六。

陳氏柯進楷妻。年三十守節，没年七十一。

劉氏柯兼才妻。年廿九節，歿年四十九。

徐氏柯進佳妻。年廿六守節，没年六十。

陳氏柯耀如妻。年廿五守節，奉舅姑、立嗣，没年五十七。

何氏柯道墅妻。年三十守節，現年六十一。

何氏柯鋨隆妻。年廿一守節，現年五十三。

何氏柯進榜妻。年廿六守節，没年七十。

柯氏陳立柱妻。年廿九守節，現年七十。

何氏柯道高妻。年廿八守節，現年七十一。

劉氏柯道常妻。年廿九守節，現年六十二。

周氏柯道錫妻。年廿一守節撫嗣，現年五十五。

胡氏柯進墐妻。年廿六守節，没年五十九。

王氏柯進璺妻。年廿六守節，現年六十七。

陳氏柯進坺妻。年廿一守節立嗣，現年六十七。

陳氏柯道錦妻。年廿五守節，現年六十八。

黄氏柯愈堂妻。年廿一守節，没年三十一。

黄氏柯益懋妻。年廿八守節撫孤，現年七十。

胡氏柯隆闢妻。年廿五孀，夫弟逼嫁，誓死守節，没年六十六。

柯氏陳本煜妻。年廿七守節，奉孀姑、撫嗣子，現年五十二。

黄氏柯道鎧妻。年廿五守節撫嗣，現年五十二。

黄氏柯愈容妻。年廿二守節，現年五十一。

劉氏柯翠亭妻。年廿八守節，存年七十。

以上興瑞里

嚴氏劉慶商妻。年廿九守節，没年六十六。

劉氏柯祥祚妻。年三十守節，没年八十。

袁氏陳相周妻。年廿五守節撫孤。姑疾，刲股以療，没年七十二，列總坊。

柯氏胡開顯妻。年廿九守節，没年四十二。

陳氏劉興龍妻。年廿四守節，没年六十六。

王氏柯道燦妻。年廿五守節撫嗣，没年六十一。

徐氏陳立潮妻。年廿九守節撫孤，孝舅姑，没年八十。

陳氏柯道烈妻。年二十歸侍烈疾，甫十日，烈卒。守節，撫教嗣子。子没，復撫嗣孫。現年八十四。

曹氏柯進里妻。年廿四守節撫孤，現年八十八。

龔氏成鯤化妻。年廿八守節撫孤，養舅姑，没年七十八，列總坊。

柯氏陳本案妻。年廿八守節，没年三十八。

劉氏成席珍妻。年廿三守節，養姑立嗣，没年六十八，列總坊。

袁氏劉國典妻。年廿八守節，孝奉兩代舅姑，撫二孤。旋二孤繼殤，涕泣喪明，人咸憫之。没年五十四，列總坊。

何氏劉懋鱠妻。性穎慧，通書算，年廿四守節養姑，撫侄爲嗣，没年七十餘，列總坊。

陳氏劉光榮妻。年三十苦節撫嗣，没年八十。

能氏劉光淮妻。年廿六守節撫孤，足不逾閾，没年八十餘。

王氏劉光潮妻。潮没於秦，氏年三十。傭工撫二孤成立，負潮骨歸葬，守節三十四年没。

柯氏劉慶倫妻。年廿二守節，撫二孤，姑老姒盲，惟氏是倚，没年五十。

柯氏劉慶浚妻。年廿六守節撫孤，没年六十。

馮氏劉慶汪妻。已旌建坊，見省志。

柯氏劉慶波妻。年廿七守節，没年七十。

程氏劉慶何妻。年廿九守節撫孤，没年五十。

黄氏胡心迎妻。年廿八守節，現年五十九。

劉氏柯道汕妻。年廿五守節，没年四十九。

周氏諶守棣妻。年廿一守節撫嗣子，現年七十六。

胡氏柯貴廷妻。年廿三守節，没年五十一。

何氏吴先富妻。年廿五守節，没年五十八。

黄氏柯進玥妻。年廿三守節，没年三十六。

劉氏陳本楕妻。年三十守節，没年七十二。

孫氏柯席光妻。年廿九守節，現年八十二。

劉氏柯均需妻。年廿六守節，没年五十三。

胡氏柯秀文妻。年廿四守節，没年六十六。

陳氏劉延升妻。年三十守節，孝事兩代舅姑，撫嗣嗣芬。氏疾，芬嘗刲股以療。没年六十。

柯氏劉懋莾妻。年廿七守節撫嗣，没年八十二。

陳氏劉延堉妻。年廿三守節立嗣，没年五十一。

柯氏劉懋苔妻。年廿八守節撫孤，現年七十八。

柯氏劉延達妻。年廿六守節立嗣，没年六十。

柯氏劉營懋妻。年廿三守節，孝事舅姑。撫嗣瑞霖，游庠食餼。没年七十二。

楊氏劉延貴妻。年廿五守節，歷三十餘年没。

柯氏劉珩懋妻。年廿六守節，没年五十。

柯氏劉瑄懋妻。年廿六守節撫孤，没年五十。

柯氏劉汰嗣妻。年廿三守節，没年七十五。

柯氏劉琇懋妻。年廿九守節，没年六十六。

柯氏劉嗣音妻。年廿五守節立嗣，現年六十四。

柯氏劉玠懋妻。年廿五守節，没年六十。

胡氏徐登級妻。年廿四守節，没年七十三。

柯氏劉盛美妻。年廿二守節，現年五十二。

陳氏胡心遂妻。年廿五守節，現年五十二。

柯氏劉慶耀妻。年廿五守節立嗣，没年五十。

鄒氏劉慶寬妻。年廿八守節撫孤，没年六十。

柯氏劉慶孟妻。年二十守節立嗣，没年五十。

柯氏劉慶通妻。年廿六守節撫孤，没年八十。

柯氏劉福益妻。年廿六守節撫嗣，没年七十。

柯氏劉益林妻。年十九守節，囓指矢志，撫侄爲嗣，没年七十六。

黄氏郡庠劉冕楊繼室。年廿二夫卒，遺孤二，長三齡，次煇甫六月。氏矢志養老撫孤，後煇舉於鄉，曾孫紀弱冠游庠，五世同堂，壽登九十歲。

柯氏劉益楊妻。年廿一守節撫孤，没年七十餘。

周氏劉懋鯉妻。年三十守節，没年八十一。

邢氏劉益璉妻。年廿二守節撫孤，没年六十餘。

柯氏劉懋梓妻。年二十歲歸劉，三月夫故，守節撫嗣，没年六十一。

陳氏劉益梧妻。年廿六守節撫嗣，没年六十四。

鄭氏劉懋校妻。年廿七守節，没年六十。

柯氏劉益泮妻。年廿五守節撫嗣，没年六十五。

柯氏劉懋梲妻。年廿四苦節撫孤，事舅姑，没年六十。

熊氏劉懋熊妻。于歸三載，夫亡。孝事两代舅姑，終身茹素，撫侄爲嗣，守節四十餘年没。

杜氏劉益商繼室。年三十守節，撫二孤，有叔太姑，嫠而貧，邀與同居，始終以禮待之。没年八十四。

朱氏柯道海妻。年廿三守節，撫孤養姑。現年七十二。

程氏鄭先之妻。年二十守節，孝養老姑，没年三十一。

胡氏何鼎炘妻。年廿六苦節撫孤，没年六十四。

柯氏陳敦勳妻。年三十孀，傭工撫孤，節操凛然，没年五十五。

柯氏劉明蘭妻。年三十守節，撫二孤，現年六十三。

陳氏柯際松妻。年十九守節，没年六十。

翟氏柯道清妻。年廿八守節，現年六十四。

柯氏劉嗣鋼妻。年廿八守節，没年六十八，撫孤延祀。

以上興教里

卷之二十九

列女志

節孝婦再分里。此上卷兩坊重疊，閱者詳之

石氏監生石棣樓之女，員外郎銜、試用主事秦承壎妻。年二十九，壎殉苗逆之難，氏守制。現年五十五歲。已旌：忠義節孝，伉儷齊輝，不愧甲門，允扶彝教。

李氏向志詩妻。年廿八守節，孝翁姑，撫二孤成立，没年四十。已旌。

汪氏向志易妻。性穎慧，通書算。年廿二守節，事姑孝，引祧延祀，存年五十一。

盛氏李善翊妻。年廿六守節，家貧撫孤，没年五十八。已列總坊。

張氏蕭功珩之妻。年二十二守節，現年五十一。

石氏監生袁卿甫妻。年二十五守節，紡績自給，存年五十二。

以上尊賢坊

張氏陳知漢妻。年廿四守節撫孤，没年六十三。

馬氏監生俞壽鼎之妻。年二十四守節，没年三十二。

劉氏李文如妻。年二十四守節，現年五十。

艾氏袁懋修妻。年二十四守節，存年五十。

王氏文童邢南濱妻。年二十八守節，没年四十。

易氏監生余鎧善妻。年二十八守節，存年五十三。旌表。

以上宣化坊

馮氏柯興清妻。年廿五守節，家貧，撫孤成立，没年八十一。

馬氏張世鰲妻。年廿九守節，存年五十二。

柯氏劉繼炡妻。年三十苦節撫孤，没年六十三。

柯氏王世謀妻。年廿五守節，存年五十一。

宋氏蔡定春妻。年十九苦節，存年五十。

謝氏余麟德妻。年十九守節，没年六十四。

羅氏賈盛經妻。年廿四守節，家貧，撫孤成立，存年五十。

馬氏石潤恒妻。年二十一守節，没年九十。

王氏趙清金妻。年廿四苦節，存年五十三。

江氏程功敦妻。年廿四守節，引祧延祀，存年五十二。

余氏賈渝石妻。年三十守節，撫孤成立，存年六十二。

柯氏王世德妻。年三十守節，撫遺腹子成立，没年六十二。

柯氏王世謀妻。年廿四苦節撫孤，没年五十。

陳氏賈炎溪妻。年廿一守節撫孤，存年八十。

歐陽氏賈允執妻。咸豐間，允執抗賊遇害。氏年三十，奉姑撫孤，慈孝兼盡，鄉里稱之，没年六十。

以上豐義里

王氏陳永清妻。年廿六守節，引祧延祀，没年六十二。

陳氏李善德妻。年廿三守節，存年七十三。

鄒氏柯際炓妻。年廿五苦節，孝事翁姑，撫孤成立，存年五十七。

蔡氏趙志雨妻。年廿九守節撫孤，没年六十六。

鍾氏趙志考妻。年三十守節撫孤，没年五十二。

吕氏李興杞妻。年廿九守節，存年六十五。

盧氏邢克恭妻。年二十五守節，没年六十四。

邢氏柯朝俊妻。年二十守節，引祧延祀，存年五十二。

袁氏柯和貴妻。年二十九守節撫孤，没年七十九。

陳氏汪有清妻。年二十四守節，存年五十一。

石氏蕭功杜妻。年二十六守節撫孤，存年六十九。

朱氏蕭功梗妻。年二十六守節撫孤，没年四十二。

吴氏邢世樹妻。年二十八苦節撫孤，没年四十二。

石氏鄭世華妻。年三十苦節，没年八十一。

馬氏盧功晴妻。年二十一守節，存年五十三。

石氏盧功旭妻。年二十三守節，存年五十。

陳氏柯冲如妻。年三十守節，存年六十五。

梁氏柯霆精妻。年三十守節，存年五十。

趙氏柯亭梅妻。年二十八守節，存年五十。

周氏柯邦之妻。年二十八守節，存年五十。

成氏邱潮宗妻。年二十六守節，没年五十七。

董氏邱清泉妻。年二十四守節，存年五十五。

羅氏邱良泰妻。年二十九守節，存年五十六。

阮氏邱東至妻。年二十九守節，没年五十五。

李氏萬清臣妻。年二十守節，事姑孝，撫侄爲嗣，存年五十。

王氏鄧遇煒妻。年二十二守節，存年五十三。

陳氏鄧隆閒妻。年二十六守節，存年五十二。

樂氏鄧隆澄妻。年二十一守節，存年五十一。

彭氏鄧昌秋妻。年二十五守節，存年五十一。

蔡氏鄧隆茂妻。年二十守節，存年五十。

陳氏鄧昌譜妻。年十九守節，存年五十。

馬氏鄧遇斷妻。年十九守節，没年七十。

黄氏萬琢玉妻。年二十四守節，胡文忠公獎給匾額，没年六十。

以上豐葉里

董氏石興郁妻。年二十四守節，現年七十二。

董氏石臨戟妻。年十九守節，現年五十。

董氏馬祥唐妻。年二十五守節，没年五十一。

劉氏庠生馬彩章妻。年二十五守節，没年三十六。

董氏阮遠浦妻。年二十五守節，撫遺腹子成立，年五十一。

馬氏梁儒燃妻。年二十七守節，存年五十二。

劉氏梁儒炳妻。年二十七苦節，織席奉養翁姑，存年五十二。

張氏石立釗妻。年二十六守節，存年五十六。

侯氏馬之詔妻。年十八守節，存年五十三。

朱氏馬祥燚妻。年二十七守節，祧子延祀，存年五十五。

邢氏馬發榮妻。年二十五守節，存年五十。

鄧氏馬祥著妻。年二十九守節，存年五十。

潘氏馬祥美妻。年二十五守節，孝事翁姑，没年四十八。

董氏明師梓妻。年二十八守節，撫孤成立，存年七十一。

陳氏儒童石懋如妻。年二十五守節，存年五十一。

石氏馬子兼妻。年二十六守節，没年三十。

李氏石承露繼妻。年二十六守節，没年四十四。

柯氏監生石象六妻。年二十九守節，存年五十。

鄭氏石恒直妻。年二十五守節，存年五十四。

邢氏石瓊林妻。年二十八守節，現年五十五。

王氏馬發華妻。年二十一守節，存年六十。

以上辛安里

柯氏梁儒壽妻。年二十一守節，存年五十。

嚴氏武生馮得元妻。年廿二守節，撫數月孤成立，存年五十二。

以上辛亭里

方氏封職汪景荻妻。年二十八守節，孝事翁姑，撫孤成立，存年七十五。孫兆有，庠生。

袁氏汪徵禹妻。年二十四守節，没六十四。

李氏汪心一妻。年二十六守節，存年五十二。

以上尊賢坊

孫氏李紫峰妻。年二十六守節，存年五十。

楊氏佘鐙善妻。年二十二守節，存年五十四。

陳氏周廣至妻。年二十六守節，孝事翁姑，撫侄爲子，没年七十五。

費氏佘鍘善妻。年二十守節，存年五十。旌表。

以上宣化坊

黄氏費國輝妻。粤匪入境，輝被擄死，年二十七貧苦守節。族人嗾其翁姑，兩次奪志，氏以死自决，存年五十三。

譚氏費造光妻。粤匪竄境，光被擄死，氏年十八艱苦守節，存年五十一。

趙氏費青衢妻。年二十九守節，孝事翁姑，撫孤成名，已額獎，没年四十七。

舒氏黄象敢妻。年廿二守節，没年五十六。

張氏費上璉妻。年廿九守節，撫孤成立，存年五十八。

陳氏費上模妻。年二十八守節，存年五十四。

譚氏黄元滿妻。年二十四守節，存年五十八。

彭氏費進光妻。年二十八守節，存年七十一。

鄧氏王全遠妻。年二十六苦節，孝姑撫孤，存年六十七。

以上善福里

王氏劉才前妻。年廿二守節，存年五十。

費氏柯長楫妻。年廿四守節，存年五十。

陳氏劉英域妻。年二十一苦節，存年五十四。

李氏劉顯其妻。年二十守節，存年五十三。

程氏李士杬妻。年二十一守節，存年五十。

以上永章里

向氏陳延棟妻。年三十守節，家貧，教子成立，存年六十六。

費氏王忠鎰妻。年二十苦節，撫嗣延祀，存年六十。

張氏夏齊南妻。年二十八守節撫孤，没年八十六。

胡氏李崇漢妻。年二十九守節撫孤，没年五十七。

王氏曾世英妻。年二十九守節撫孤，没年六十五。

明氏費録熄妻。年二十一守節，引祧承祀，存年五十一。

嚴氏李士懋妻。年二十七守節撫孤，没年五十九。

徐氏柯遐法妻。年二十七守節，引祧承祀，存年五十八。

費氏儒士李贊廷妻。年二十四守節，孝事舅姑，撫孤成立，存年五十。

趙氏費録政妻。年二十九苦節撫孤，存年五十六。

吴氏費録渭妻。年二十七苦節撫孤，存年五十一。

張氏費録楫妻。年三十守節撫孤，存年六十八。

謝氏費焕緬妻。年二十八守節，存年八十。

以上寶政里

羅氏陳参三妻。年二十四守節撫孤，存年五十三。

柯氏監生羅星泰妻。年二十六守節撫孤，存年五十。

許氏劉材煬妻。年三十守節撫孤，存年五十七。

馬氏汪德銀妻。年廿六守節，祧子延祀，存年五十三。

馮氏汪德玉妻。年三十守節撫孤，存年五十四。

李氏陳汝之妻。年二十二守節撫孤，存年五十七。

潘氏庠生潘免哉女，劉邦章妻。年三十守節撫孤，存年五十。

陳氏吴竹亭妻。年廿三守節，孝事翁姑，祧子延祀，没年六十七。

程氏陳審度妻。年二十九守節撫孤，存年六十六。

舒氏監生陳金之妻。咸豐辛酉，粤匪入境，金之被擄，不屈死。氏年三十守節撫孤，存年五十八。

羅氏陳亦之妻。年二十三年辛酉，粤匪入境，亦之被擄，不屈死。氏年二十八，守節撫孤，存年五十六。

以上上豐樂

柯氏陳思達妻。年三十守節，没年八十四。
王氏陳彦洗妻。年二十七守節，没年六十三。
柯氏陳謙承妻。年二十九守節，没年五十二。
柯氏陳彦盛妻。年廿六守節，没年七十。
余氏胡純二妻。年二十二守節，没年四十八。
朱氏胡思虎妻。年二十五守節，存年五十。
馮氏石修河妻。年二十守節，存年五十九。
趙氏舒在鋭妻。年廿五守節，存年五十。

以上中豐樂

潘氏朱輝頂妻。年二十三守節，存年六十一。
從氏朱輝丁妻。年二十六守節，事翁撫孤，孝慈兼盡，存年六十二。
石氏朱輝危妻。年二十六守節，家貧，事姑孝，存年五十二。
胡氏程建全妻。年二十九守節，存年五十。
吴氏陳惠大妻。年廿九守節，奉姑撫孤，存年五十。
石氏陳思韜妻。年二十九守節，事翁撫孤，存年六十。
劉氏趙思合妻。年二十二守節，撫嗣子成立，存年五十。
謝氏汪修誥妻。年二十三守節，没年六十一。
金氏方開珩妻。年一十九守節，存年五十五。
余氏朱成亨妻。年二十八守節，没年五十六。

以上下豐樂

萬氏董文道妻。年三十守節撫孤，没年八十一。
余氏胡名琦妻。年三十守節，没年六十六。已額獎。
石氏胡剛蕘妻。年三十守節，没年五十七。

汪氏曹文東妻。年三十守節，撫二子成立，存年五十一。
明氏曹文良妻。年二十九守節撫孤，没年五十。
胡氏葉隆江妻。年二十一守節撫孤，没年七十九。
徐氏梁崇森妻。年二十四守節撫孤，存年六十七。
余氏陸登洧妻。年二十三守節撫孤，存年五十。
羅氏邱良泰妻。年十九守節撫孤，存年五十五。
徐氏吴作松妻。年二十一守節撫孤，没年六十五。
王氏余策森妻。年二十八守節撫孤，存年六十六。
張氏馮德貴妻。年二十四守節撫孤，存年五十六。
石氏王忠正妻。年二十八守節撫孤，存年七十。
馬氏董嘉禮妻。年三十守節，貧苦撫孤，存年五十。
王氏吴萬川妻。年二十六守節撫孤，存年九十三。
鄭氏楊性誥妻。年二十八守節，没年七十二。
蕭氏楊一運妻。年二十三守節，没年三十五。
易氏知縣易亨女，馬有榮妻。年廿九守節，祧子延祀，存年五十。

以上宣化里

彭氏伍開奪妻。年二十五守節，存年七十三。
彭氏伍倫教妻。年二十九守節，没年五十。
蔡氏伍開櫬妻。年二十守節，存年五十八。
熊氏伍理衆妻。年二十一守節，存年五十一。
伍氏彭祖安妻。年二十一守節，存年五十五。
明氏彭先燿妻。年二十七守節，孝事翁姑，撫嗣成立，没年五十。
陳氏伍倫玉妻。年二十九守節，養姑撫嗣，存年五十。
鄭氏貢生余閱妻。年二十五苦節，課子入泮，存年四十九。
尹氏明昌楷妻。年二十八守節，存年五十一。
邢氏明邦連妻。年十九守節，存年六十六。
傅氏彭以升妻。年二十五守節，存年六十二。

彭氏明青雲妻。年二十六守節，存年五十三。

以上安樂里

駱氏尹西川妻。年二十六守節撫孤，没年五十九。

尹氏劉朝輝妻。年二十守節撫孤，没年五十三。

陳氏王學實妻。年二十三守節，撫侄爲嗣，没年五十。

駱氏尹暢洋妻。年二十二守節，存年六十四。已請旌。

邱氏陳鳴鳳妻。年二十六守節撫孤，没年六十九。

魯氏明聚星妻。年二十八守節撫孤，存年五十四。

以上永福里

蕭氏程才述妻。年十六歸述，甫兩月述卒，守節，祧子延祀，存年七十四。

盧氏楊貫孝妻。年二十六守節，孝姑撫孤，茹苦勵操，存年五十四。已請旌。

馬氏石立懋妻。年二十一守節，孝事翁姑，引祧延祀，存年五十。

石氏彭宜松妻。年二十四守節，祧子延祀，没年六十三。

王氏石應波妻。年二十五守節，孝事翁姑，祧子延祀，存年五十二。

楊氏劉懋玨妻。年二十四守節，撫孤成立，存年五十五。

張氏董明玉妻。年二十五守節，没年五十一。

以上長慶里

鄧氏梁勛場妻。場貌寢，唇缺，氏敬事之。年二十二場故，姑以貧，欲嫁之。媒來，氏卧不食，泣曰：“我本欲奉姑以終天年，今若此，是使我不得生也。”遂自經。

樂氏王先南妻。年二十九守節，没年五十一。

周氏陳思禎妻。年二十九守節，没年七十八。

鄒氏樂有貴妻。年二十八苦節，存年六十四。

吴氏李善龍妻。年十七守節，孝事舅姑，祧子承祀，存年五十一。

以上福慶里

曹氏呂崇坎妻。年二十四守節，存年五十三。

鄒氏呂家隆妻。年二十守節，存年五十三。

劉氏呂明哲妻。年二十八守節，存年七十。

曹氏呂明芬妻。年二十六守節，存年八十一。

趙氏呂家炘妻。年二十八守節，存年五十一。

陳氏呂家燻妻。年二十四守節，存年五十二。

鄧氏陝西廩生鄧承禹之女，監生呂修明繼室。年二十一，修明故，撫前孤成立，存年五十二。

黄氏趙恢桐妻。年二十四守節，存年五十二。

黄氏曹杏懋妻。年二十，杏没於外，家貧，苦節撫孤，存年五十。

楊氏曹毓蘭妻。年十九守節，存年五十。

石氏曹盛升妻。年二十一守節，存年五十三。

王氏曹懋貞妻。年二十五守節，存年五十。祖姑馬氏、姑王氏均列節孝，三世清操，尤足矜式云。

白氏曹衍信妻。年二十二守節，存年五十。

吴氏曹衍蘋妻。年二十八守節，存年五十四。

李氏曹衍桓妻。年十九守節，存年五十。

李氏曹庭瑞妻。年二十六守節，存年五十三。

阮氏曹庭拔妻。年二十六守節，存年五十一。

李氏曹之光妻。年二十六守節，存年五十。

劉氏曹衍舉妻。年二十六守節，存年五十一。

梁氏曹衍莘妻。年二十守節，存年五十三。

梁氏曹庭貴妻。年十八守節，没年四十四。

侯氏曹衍盛妻。年二十六守節，存年五十二。

石氏曹善池妻。年二十守節，存年五十。

鄧氏曹懋錢妻。年二十守節，存年五十一。

以上永城里

費氏梁建台妻。建台揭眷遠貿，卒於外，氏年二十五，携子女沿途覓食，時際兵荒，氏竟無恙以歸。存年五十一。

曹氏馮永河妻。年三十守節，存年六十四。

曹氏馮永謙妻。年二十七守節，存年五十九。

劉氏馮永淦妻。年二十六守節，存年五十二。

石氏梁道煒妻。年二十六守節，引祧延祀，存年五十一。

吕氏梁道安妻。年十九守節，存年六十三。

姜氏梁道烺妻。年二十七守節，存年五十。

馬氏梁道謙妻。年二十八守節，撫孤成立，没年五十九。

劉氏馮永賢妻。年二十四夫没，撫嗣成立，存年五十六。

姜氏梁建楨妻。年二十四守節，存年五十九。

石氏梁道順妻。年二十五守節，存年五十一。

潘氏梁興文妻。年二十八守節，撫嗣成立，存年五十八。

馬氏梁建椿妻。年二十九守節，引祧延祀，存年六十三。

張氏石家煒妻。年二十八守節，引侄承祀，没年五十三。

鄒氏石家熊妻。年二十七守節，孝事翁姑，撫孤成立，存年五十八。

趙氏石治銀妻。年二十六守節，撫孤成立，存年五十六。

阮氏袁建棫妻。年三十苦節，存年五十。

以上樂歲里

柯氏趙世祥妻。年廿一守節，姑盲子幼，孝慈兼至，存年五十三。

石氏劉金用妻。年二十九守節，没年五十七。

傅氏劉定基妻。年二十五守節，存年五十二。

曹氏石崇猛妻。年二十六守節，存年五十三。

吕氏劉定棣妻。年二十九守節，存年五十二。

曹氏劉文坤妻。年二十五守節，存年五十五。

歐陽氏劉綵邦妻。年二十九守節，存年五十三。

李氏曹衍功妻。年廿一苦節，紡績度日，撫孤成立，存年五十五。

李氏呂明選妻。年二十一守節，没年八十六。

黃氏曹興地妻。年二十八守節，存年六十三。

阮氏石亨通妻。年二十三守節，没六十二。

柯氏石亨平妻。年二十二夫故苦節，没年六十四。

李氏曹衍意妻。年十八夫故苦節，存年五十。

曹氏李家杰妻。年十八守節，祧子延祀，存年五十。

曹氏石建焯妻。年二十五守節，存年五十二。

陳氏孝廉石潤金嗣子正廉妻。年十八守節，卒年二十三。

以上崇仁里

劉氏朱鍾期妻。咸豐辛酉，髪賊入境，鍾期被擄，不屈死。氏年二十三守節撫孤，存年五十。

呂氏汪思惠妻。年二十六守節，存年五十三。

張氏馬有燃妻。年二十三守節，存年五十二。

陳氏梁養菁妻。年二十七守節，没年八十。

曹氏梁兼道妻。年二十六夫故，家貧苦節，存年五十。

石氏梁相周妻。年二十六守節，養姑撫子，没年三十八。

呂氏梁養鰲妻。年二十六夫故，家貧苦節，引祧延祀，没年三十八。

梁氏馬文三妻。年二十六守節，存年五十四。

邢氏馬祥行妻。年三十夫故，存年五十七。

以上懷仁里

鍾氏謝盛裕妻。年二十八守節，孝姑祧子，存年五十四。

謝氏陳才福妻。年二十三守節，孝姑撫子，存年五十三。

陳氏謝繼禄妻。年二十七守節，勤儉撫孤，没年六十五。

陳氏鍾世璧妻。年二十九守節，撫孤成立，没年七十一。

袁氏朱璧根妻。年二十四守節，存年五十四。

胡氏陳廷邁妻。年二十九守節，家貧撫孤成立，没年七十六。

以上仁義里

王氏黄澤之妻。年三十守節，存年八十。

柯氏高泰伯妻。年二十九守節，存年五十三。

張氏黄復誦妻。年三十守節，撫孤成立，存年五十一。

劉氏監生孫師壆妻。年二十三守節，存年五十一。

徐氏黄加榮妻。年十六守節，存年六十二。

黄氏柯昌溢妻。年二十四守節，存年五十二。

陳氏黄復錞妻。年二十八守節，事姑撫孤，孝慈兼至，存年五十五。

以上東鄉里

陶氏柯求仲妻。年二十守節，没年七十五。

王氏劉嗣向妻。年二十二守節，没年三十二。

陳氏柯際廣妻。年二十七守節撫孤，存年五十八。

袁氏太學生陳洪杰妻。年二十八守節，祧子延祀，存年六十。

黄氏太學生陳洪煇妻。年二十守節，没年四十四。

程氏柯邦彦妻。年二十守節，家貧孝養，祧子延祀，存年六十。

王氏柯益銘妻。年二十五守節，存年五十。

周氏柯勝梅妻。年二十六苦節，年八十而没。

汪氏六品軍功劉延執妻。執陣亡，氏年二十七苦節，没年五十七。

柯氏徐自檀妻。年二十守節，祧子延祀，没年八十。

羅氏柯世魁妻。年二十守節，撫遺腹子成立，没年八十二。

袁氏陳治平妻。年二十一守節，祧子延祀，没年四十五。

譚氏柯益偉妻。年二十四守節，存年五十四。

周氏劉玑妻。年二十九守節，没年七十九。

熊氏劉守初妻。年十七守節，没年六十五。

吴氏劉守轍妻。年二十八守節，没年五十九。
高氏劉守轍副室。年十八守節，没年六十八。
胡氏劉師孟妻。年十九守節撫孤，没年七十一。
王氏劉之日妻。年十八守節，没年五十三。
陳氏劉用國妻。年二十二守節，没年八十二。
吴氏劉用焕妻。年二十三守節，没年八十四。
柯氏劉洪繩妻。年二十四守節，没年六十。
柯氏劉鷄峰妻。年二十八守節，没年七十六。
柯氏劉慶浴妻。年二十四守節，没年六十二。
柯氏劉延國妻。年二十三夫故苦節，存年六十四。
劉氏吴良牧妻。年十九守節，没年六十二。
余氏布理問劉德先妻。年二十九守節，現年五十一。
柯氏劉延元妻。年二十九守節，没年六十五。
何氏徐啓冬妻。年二十八守節，孝翁姑，撫孤子，存年八十。
黄氏周起順妻。年三十守節，存年五十五。
易氏陳儀甫妻。年二十四守節，引祧延祀，存年五十。
柯氏劉嗣烈妻。年二十八守節，存年五十。
柯氏劉嗣堅妻。年二十四苦節，存年五十。
柯氏劉延梅妻。年三十守節，存年六十。
柯氏黄攀隆妻。年二十守節，没年二十四。

以上興教里

孫氏柯進煇妻。年三十守節撫孤，没年七十。
鄒氏何鍾鴻妻。年二十八守節，存年五十。
柯氏何鍾渭妻。年二十三守節，存年五十一。
陶氏何以素妻。年二十七守節，殁年七十五。
劉氏柯大芹妻。年三十守節，存年五十。

孫氏柯進烊妻。年三十守節，歿年五十四。

以上興瑞里

陳氏汪希儒妻。年十九守節，奉翁姑撫孤子，存年五十一。

王氏胡坤勇妻。年二十六守節，引祧延祀，存年五十二。

明氏汪若勳妻。年十九守節，引祧延祀，没年五十五。

成氏胡萬伯妻。年二十一守節，事奉姑，引祧延祀，存年五十。

羅氏胡瀊運妻。年二十二守節，引祧延祀，存年七十。

李氏張克呈妻。年二十二苦節，存年七十五。

王氏汪純江妻。年二十五守節，事姑撫子，存年五十六。

邢氏張學豐妻。年二十二守節，存年六十一。

袁氏汪思城妻。年二十八守節，没年三十八。

蔡氏汪克華妻。年二十二守節，存年五十。

以上長樂里

朱氏王崇鎧妻。年二十五守節，撫孤成立，没年五十二。

陳氏王永康妻。年二十八守節孝，没年七十二。

陳氏柯維光妻。年二十七守節，撫孤成立，存年五十一。

汪氏王隆焌妻。年二十二守節，引祧承祀，存年五十。

朱氏王文高妻。年三十守節，孝奉舅姑，引祧延祀，存年六十七。

鍾氏王文忠妻。年二十六苦節，没年六十。

以上樂平里

明氏袁光煇妻。年廿九守節，存年六十。

鍾氏袁光烱妻。年三十守節，存年五十八。

劉氏袁光焜妻。年三十守節，孝事翁姑，存年六十九。

常氏明國本妻。年二十九守節，存年六十二。

黄氏吴欽安妻。年十八守節，存年六十七。

張氏明國貴妻。年二十三守節孝姑，引祧承祀，殁年八十三。

吴氏袁光漢妻。年二十八守節，現年五十八。

周氏袁進之妻。年二十七守節，存年五十一。

萬氏袁觀梁妻。年二十八守節，現年五十。

萬氏明昌圭妻。年二十七守節，存年五十。

林氏馮華福妻。年二十四守節，存年七十三。

張氏陳彦隆妻。年二十三守節，引祧承祀，存年五十八。

以上修善里

蕭氏陳彦武妻。年二十七守節，引祧延祀。存年七十四。

劉氏陳彦梅妻。年二十六，梅被擄遇害。氏矢志守節，存年五十二。

楊氏庠生楊希仕女，蕭頡書妻。年廿四守節，没年五十四。

楊氏庠生楊赤城女，蕭功炆妻。年二十六守節，存年五十八。

成氏張興茂妻。年二十九守節，引祧延祀，没年六十。

郭氏成會和繼室。年二十六守節，存年五十五。

徐氏陳翔遠妻。年三十守節，存年五十。

以上修净里

程氏李士濱妻。年二十八苦節，孝事翁姑，存年五十五。

王氏胡坤水妻。年二十五守節，存年五十。

黄氏翰林待詔李作賓妻。年二十五守節，没年二十五。

王氏李盛述妻。年二十五守節撫孤，孝養矢志，存年五十六。

陳氏李盛嶽妻。年二十三守節，存年五十一。

以上崇慶里

李氏程建坦妻。年三十守節，孝事翁姑，撫孤成立，存年五十一。

舒氏阮光壁妻。年二十九守節撫孤，没年八十五。

成氏王蘭室妻。年十七守節，孝翁姑撫嗣子，存年五十四。

舒氏王成玉妻。年二十二守節，撫孤夭，引孫延祀，存年五十二。

劉氏王品士妻。年二十六守節撫孤，存年六十五。

朱氏竇景恩妻。年二十六守節家貧，祧子延祀，存年六十。

譚氏竇華室妻。年二十夫故，家貧苦節，存年五十八。

譚氏袁太焆妻。年二十二守節，引祧延祀，没年三十二。

以上宣教里

蕭氏李紫琴妻。年二十守節，存年五十一。

以上辛興里

成氏阮松光妻。年十七守節，孝翁姑撫嗣子，存年五十九。

楊氏阮鋕光妻。年二十七守節，没年五十三。

徐氏尹昌梯妻。年二十七守節，孝事姑嫜，撫孤成立。子鵬舉，武生。存年五十八。

劉氏阮遠澍妻。年二十一守節，引祧延祀，没年六十七。

成氏郭尚櫪妻。年二十九守節，没年八十四。

蕭氏郭時换妻。年十九守節，没年七十六。

孔氏郭尚𥟖妻。年二十四守節，没年七十。

洪氏郭時河妻。年二十二守節，現年七十九。

鄭氏楊光兑妻。年二十三守節，没年六十四。

朱氏鄭文實妻。年二十一夫故，以死殉者再，家人勸止。引祧延祀，現年五十八。

李氏梅錦堂妻。年三十苦節，孝姑撫子，存年八十三。

蕭氏梅家福妻。年二十九苦節，紡績養姑，存年五十一。

朱氏張隆均妻。年二十八守節，存年六十七。

梅氏李麟書妻。年二十五守節，没年五十。

黃氏楊之榮妻。年二十五守節，没年五十二。

梅氏李克昌妻。年二十八守節，没年六十。

劉氏郭至銀妻。年二十一守節，存年五十四。

以上上陽辛里

明氏成德塔妻。年二十四守節，没年五十。

劉氏鄧國杰妻。年二十九守節，現年五十三。

洪氏孔傳鑣妻。年十七苦節，没年七十八。

孔氏余永齊妻。年二十二守節，引祧延祀，存年七十八。

劉氏郭茂林妻。年二十八苦節，引祧延祀，存年七十四。

劉氏洪定枝妻。年十八苦節，引祧延祀，胡文忠獎“巾幗完人”額。現年七十一。

劉氏孔傳古妻。年二十七守節，撫孤成立，没年八十六。

余氏鄧傑鎮妻。年二十五守節，撫孤成立，道光十八年旌表，建坊。没年六十八。

方氏鄧傑銑妻。年二十五守節，撫孤成立。道光十八年旌表，建坊。没年七十六。

汪氏郭美之妻。年二十六守節，事翁孝謹，引祧延祀，没年五十九。

尹氏成德鎔妻。年二十二守節，孝姑撫孤，没年五十八。

明氏郭鍾輝妻。年二十三守節，引祧延祀，存年五十六。

以上下陽辛里

萬氏八品議叙阮潤田妻。年二十七守節，遺孤二，上事下撫，織紝以給。姑没，哀毁成疾。存年六十二。

袁氏試用訓導袁均平女，阮承檜妻。年二十守節，引祧延祀，存年五十。

阮氏生員阮爲幹女，劉立鎧妻。年二十六守節，存年五十三。

朱氏王道明妻。年二十五守節，存年五十九。已旌。

吴氏阮維禎妻。年二十七守節，没年五十。

阮氏劉國賓妻。年二十一守節，没年六十一。

欒氏孟朝綱妻。年二十九守節，歿年四十五。

陳氏監生陳中立女，譚凌漢妻。年二十二守節，孝事翁姑，撫孤成立，存年五十九。已旌。

葉氏阮濟川妻。年二十八守節，存年五十。已旌。

鄧氏阮凌雲妻。年二十三守節，没年四十七。

袁氏譚資治妻。年十九守節，存年六十二。

陳氏王敦書妻。年二十四苦節，歿年八十一。

以上吉口里

蕭氏徐有取妻。年二十八守節，撫侄爲嗣，存年五十二。

楊氏監生徐焕妻。年十八守節，没年七十七。

阮氏徐象東妻。年三十守節，没年五十九。

劉氏生員徐箴妻。年二十八箴故，家貧苦節孝姑，存年五十二。

程氏徐時櫨妻。年二十六守節，存年五十二。

張氏徐振爐妻。年二十八守節，歿年五十二。

成氏徐時藻妻。年二十九守節，存年五十。

鄧氏徐振烺妻。年二十四守節，存年五十三。

以上慈口里

聶氏王忠秦妻。年二十六守節，傭工撫孤，存年五十六。

成氏王全禮妻。年二十七守節，存年七十。

孫氏方實之妻，州同銜幹之母。年二十二守節，存年五十二。

王氏朱象鼎妻。年二十二夫故，苦節撫孤，没年七十二。

成氏孫貢彰妻。年二十六守節，孝姑撫孤，存年六十五。

葉氏王忠開妻。年二十九守節，存年八十二。已額獎。

以上上遷里

徐氏朱清坤妻。年二十七守節，没年六十八。

葉氏成崇高妻。年二十七守節，傭工撫孤，没年七十一。

王氏成崇奎妻。年二十六守節，引侄承祀，存年六十八。

王氏成達材妻。年二十八守節撫孤，存年六十六。

聶氏成焕文妻。年二十八苦節，撫孤成立，存年五十七。

王氏成寶臣妻。年二十八守節，引侄爲嗣，存年五十四。

王氏監生王心一之女，華祖梯之妻。年三十守節，孝事翁姑，戚族欽其節，醵資請旌。存年五十。

陳氏柯定執妻。年三十守節，孝事翁姑，嗣子向榮，庠生。没年八十二。

葉氏華祖樸妻。年二十八苦節，事姑撫子，存年五十二。

以上下遷里

劉氏程耀廷妻。年二十八守節，孝姑訓子，存年五十。

柯氏吴坤剛妻。年二十四守節，存年五十。

劉氏程服之妻。年二十七守節，没年五十四。

談氏羅甫鉽妻。年二十九守節，没年八十三。

王氏羅世棟妻。年二十八守節，没年六十四。

柯氏程介廷妻。年二十八守節，存年五十。

李氏程正衡妻。年二十四守節，存年五十三。

羅氏程用和妻。年二十六守節，存年五十。

蕭氏劉立價妻。年二十九，價客死四川，苦節撫孤，存年六十五。

以上朝陽里

蕭氏陳彦江妻。年二十八守節，存年六十一。

舒氏陳彦榮妻。年十九守節，没年七十三。

以上歸化里

節孝婦又分里。此下卷坊里重疊，閲者詳之

徐氏賈貴業妻。年廿四守節撫孤，歿年三十八。

程氏生員賈紹嚴妻。年廿九守節立嗣，存年五十三。

陸氏賈盛泌妻。年廿七守節撫孤，存年六十五。

吴氏賈道玉妻。年廿六守節撫嗣，刲股療姑，存年五十一。

劉氏梅家變妻。年廿一守節撫孤，存年五十一。

朱氏柯顯爵妻。年廿九守節撫孤，歿年八十二。

馮氏柯興清妻。年廿七守節撫孤，歿年八十六。

賈氏王忠圭妻。年廿四守節撫嗣，存年五十一。

李氏王鼎圻妻。年廿三守節撫孤，存年六十一。

明氏王立棟妻。年廿四守節撫嗣，存年五十五。

羅氏樂殷仁妻。年廿八守節立嗣，年七十八。

王氏樂殷禮妻。年廿七守節撫嗣，歿年六十。

何氏王世英妻。年廿五守節立嗣，存年七十四。

倪氏張世元妻。年三十守節撫孤，存年六十一。

佘氏袁書塾妻。年廿三守節撫孤，歿年四十九。

陳氏李善麟妻。年廿九守節立嗣，存年七十七。

潘氏李士玉妻。年廿四守節撫孤，存年五十四。

石氏汪道垣妻。年廿二守節撫孤，存年五十九。

賈氏汪宏萬妻。年廿五守節立嗣，存年五十。

張氏汪森蕊妻。年廿九守節撫孤，歿年六十二。

黄氏汪翼廷妻。年二十守節撫孤，存年六十二。

賈氏柯際會妻。年廿五守節撫孤，存年六十一。

汪氏柯際杰妻。年廿七守節撫孤，存年五十二。

張氏馮以勤妻。年三十守節撫孤，存年七十三。
蔡氏張龍星妻。年廿一守節，撫遺腹孤成立，存年五十。
歐陽氏張星滿妻。年廿九守節立嗣，存年八十。
柯氏張列源妻。年廿九守節撫孤，存年五十一。
王氏江大衡妻。年廿五守節撫孤，歿年七十七。
周氏盛衍隆妻。年廿六守節撫孤，歿年七十一。
張氏盛衍武妻。年廿一守節撫孤，歿年七十一。
賈氏馮正剛妻。年廿二守節撫孤，歿年五十一。
宋氏馮祖基妻。年廿九守節撫孤，歿年五十八。
張氏程應蓮妻。年十九守節撫孤，歿年六十四。
王氏張曜柏妻。年廿五守節撫孤，歿年三十六。
劉氏明師猛妻。年廿七守節撫孤，歿年七十一。

以上豐義里

汪氏黃復海妻。年廿六守節撫孤，存年五十五。
陳氏石宏述妻。年廿一守節撫孤，存年五十二。
羅氏劉材熟妻。年三十守節撫孤，歿年七十一。
田氏劉材珠妻。年三十守節撫孤，存年六十。
洪氏劉一滿妻。年廿四守節撫孤，歿年八十四。
馮氏謝艮嵩妻。年廿九守節撫孤，存年六十七。
秦氏李恒善妻。年廿七守節撫孤，存年七十二。
黃氏田勤文妻。年廿七守節，存年五十三。
羅氏黃慶書妻。年廿八守節撫，遺腹孤成立，歿年七十一。
陳氏劉材璜妻。年廿六守節撫孤，歿年七十二。
姜氏劉之衛妻。年三十守節撫孤，歿年五十八。
柯氏張勝義妻。年廿六守節撫孤，歿年五十。
石氏黃期茂妻。年廿六守節，歿年七十八。
黃氏劉材庚妻。年廿四守節撫孤，存年五十一。

梁氏吴仕旭妻。年廿一守節撫孤，存年五十。

劉氏柯永蓉妻。年廿二守節立嗣，存年五十六。

舒氏吴仕鋭妻。年廿七守節撫孤，存年五十二。

劉氏柯百川妻。年廿二守節立嗣，存年五十六。

汪氏吴仕洧妻。年廿三守節撫孤，存年五十。

劉氏潘良侑妻。年三十守節撫孤，歿年六十五。

以上上豐樂里

曹氏儒士李世現妻。年三十守節，歿年六十八。

程氏李永坊妻。年廿九守節，存年五十三。

曹氏李運瀾妻。年廿九守節，存年六十四。

戴氏蕭輝懋妻。年廿九守節，存年六十三。

黄氏劉才發妻。年廿九守節，家極貧，携孤乞食，存年五十一。

王氏監生陳玉書妻。年廿九守節立嗣，學憲梁額其門曰“節孝可風”。存年六十三。

張氏監生李永襄妻。年廿八守節，遺腹生一子。子甫生孫，旋歿。氏撫寡媳弱孫，備嘗艱苦，存年五十一。

費氏程建溱妻。年廿一守節，存年五十二。

徐氏陳繼開妻。年廿九守節撫孤，存年五十二。

陳氏談時波妻。年廿一守節撫孤，存年五十八。

黄氏陳知楊妻。年廿八守節撫遺腹子，存年五十一。

曹氏陳承鵠妻。年廿八守節，家貧，乞食以養舅姑，存年七十二。

梁氏汪有炳妻。年三十守節，存年六十四。

吕氏王武弟妻。年廿四守節，歿年五十三。

羅氏王武楝妻。年廿九守節，歿年八十。

談氏王全熇妻。年廿九守節，存年五十九。

汪氏王武强妻。年廿八守節，存年五十八。

劉氏王全盛妻。年廿九守節，存年五十九。

程氏王忠江妻。年二十守節，存年五十八。

王氏柯增直妻。年廿八守節，歿年六十四。

程氏柯長欽妻。年廿二守節，歿年七十八。

曹氏文庠柯和鍾妻。年廿七守節，歿年七十八。

黄氏柯衍運妻。年廿六守節，歿年廿九。

馮氏柯顯仁妻。年廿六守節，歿年六十。

葉氏柯錫池側室。年廿九守節，存年五十七。

蕭氏柯長茭妻。年廿九守節，存年五十。

程氏職員李義哉妻。年廿八，義早逝。族人設義學，氏蠲助田一石，僉德之，氏泣曰："此亡夫志也。"無嗣，祧夫兄子承祀。

梁氏李永焠妻。年二十焠歿，氏晝夜哭不止，越數月，嘔血而亡。族人哀之，爲立嗣。

李氏柯鳳運妻。年二十守節，歿年七十七。

梁氏李祖遠妻。年廿四守節撫孤，存年五十。

王氏劉才詩妻。年十六守節撫孤，存年五十。

石氏生員李凌翰妻。年廿八守節撫孤，存年五十一。

程氏李祖丙妻。年廿二守節撫孤，存年七十一。

以上永章里

李氏費興庶妻。年廿三守節，存年七十。

葉氏費接光妻。年廿一守節，存年五十二。

李氏黄永城妻。年廿六守節，撫侄爲嗣，歿年六十二。

徐氏費上智妻。年廿八守節撫孤，存年五十四。

李氏費上貴妻。年廿六守節撫孤，存年五十五。

黄氏儒士費秀春妻。年廿九守節撫孤，存年五十六。

徐氏石應祉妻。年廿八守節，存年五十二。

劉氏謝明江妻。年廿八守節，孝奉衰姑，撫孤成立，歿年六十一。

陳氏柯世堂妻。年廿九守節，歿年六十二。

梁氏柯永波妻。年廿八守節撫孤，存年五十一。

涂氏蒲金盛妻。年廿七守節撫孤，存年五十三。

劉氏費孔範妻。年廿七守節，存年七十九。

汪氏費文斗妻。年廿六守節撫孤，歿年八十七，已旌。

程氏黄良誨妻。年廿六，生孩六月，夫故，茹苦撫孤，歿年五十八。

王氏黄杰吉妻。年廿八守節撫孤，歿年六十二。

費氏黄煒吉妻。年廿九守節立嗣，歿年五十九。

劉氏儒童黄光濡妻。年十九守節，孝奉舅姑，撫嗣成立，存年五十。族人如例請旌。

黄氏馮天禧妻。年廿二守節，歿年六十二。

柯氏馮榮波妻。年廿九守節養姑，歿年四十八。

黄氏馮華楠妻。年廿二守節撫孤，歿年五十四。

黄氏馮祖吉妻。年廿六守節，歿年五十六。

費氏馮祖清妻。年廿一守節，存年五十三。

譚氏馮發坡妻。年廿二守節撫孤，存年五十六。

馬氏儒士費見俊妻。年廿一守節，撫侄爲嗣，存年五十。

黄氏程英理妻。年廿八守節撫孤，歿年七十二。

李氏柯永漢妻。年廿五守節，歿年四十三。

黄氏費興蘭妻。年廿五守節，存年五十。

費氏黄元璞妻。年三十守節，歿年六十五。

李氏譚文端妻。年廿七守節，撫孤成立，歿年六十。

以上善福里

駱氏鄧家杰妻。年三十守節撫孤，存年五十。

黄氏成德炯妻。年廿三守節，存年五十一。

郭氏孔繼祖妻。年三十守節撫孤，歿年七十八。

明氏孔廣裕妻。年廿三矢志守節，歿年九十一。

郭氏孔繼瑚妻。年十九矢志守節，歿年八十六。

劉氏孔廣儉妻。年廿七守節，歿年七十七。

梅氏駱廷獻妻。年廿四守節，存年六十二。

成氏駱永坤妻。年廿五守節，孝養翁姑，撫孤成立，歿年五十五。

鍾氏郭承模妻。年十九守節立嗣，得翁姑歡，存年七十三。

潘氏駱應聯妻。年廿四守節，存年六十六。

王氏鄧俊春妻。年廿八守節，割股療姑，歿年七十三。

駱氏孔昭洋妻。年廿二守節撫孤，存年五十九。

蕭氏成祖泮妻。年廿五守節撫孤，存年七十五。

劉氏成祖觀妻。年廿七守節撫孤，存年五十四。

以上下陽辛里

石氏梁道泮妻。年廿三守節，歿年五十九。已旌。

吕氏梁道杰妻。年廿九守節，存年六十六。

劉氏梁道棋妻。年廿六守節，存年六十。

鄒氏石有志妻。年廿四守節立嗣，存年五十一。

馬氏石德達妻。年廿六守節，歿年七十九。

胡氏石增義妻。年廿五守節，存年五十。

石氏熊開傳妻。年廿五守節，存年五十一。

歐陽氏石家燭妻。年廿六守節，撫遺腹子成立，歿年四十四。

曹氏馮永廸妻。年廿二守節，存年五十七。

余氏馮國顗妻。年廿九守節，歿年五十。

曹氏儒士馮永廷妻。年十七歸馮，甫三月，夫歿，矢志靡他，歿年三十。

黄氏馮永鎮妻。年十九守節，存年五十。

石氏馮祺生妻。年廿二守節，存年六十一。

董氏馮敬國妻。年廿九守節，歿年七十。

姜氏儒士馮世棨繼室。年廿九夫亡，姑旋歿。翁年高善病，家貧，氏紡績供湯藥惟勤，祧族人子承夫祀，存，年五十一。

徐氏儒士馮永鑒妻。年廿九守節立嗣，存年五十九。鑒側室王氏，年二十，亦能矢志，存年五十。

曹氏馮生庶妻。年廿六守節，存年五十一。

侯氏馮正傳妻。年廿九守節撫孤，歿年五十。

劉氏馮世楓妻。年三十守節，存年五十八

李氏馬應艮妻。年廿三守節，存年五十。

趙氏馬應剛妻。年廿八守節，存年五十。

曹氏馬佐代妻。年廿八守節，存年五十一。

傅氏儒士馬佐長妻。年廿九守節，歿年五十二。

石氏馬佐發妻。年三十守節，存年五十一。

佘氏儒士馬明毅妻。年廿五守節，存年六十三。

石氏儒士馬明密妻。年三十守節，存年六十七。

石氏劉華星妻。年廿九守節，歿年五十二。

饒氏劉朝進妻。年廿九守節，歿年六十。

饒氏劉朝作妻。年廿八守節，歿年六十五。

曹氏劉中南妻。年廿二守節，存年五十三。

劉氏佘先訓妻。年廿九守節，存年五十八。

熊氏佘繼賢妻。年廿五守節，歿年七十。

曹氏佘賢茂妻。年廿八守節，歿年六十。

趙氏佘賢貴妻。年廿七守節，存年六十。

曹氏佘賢祥妻。年廿三守節，存年五十一。

石氏柯延輝妻。年三十，歿年七十八。

吕氏石之行妻。年廿八守節，貧苦，歿年七十三。

趙氏石增茂妻。年廿九貧苦守節，歿年七十四。

劉氏石增鋭妻。年廿一貧苦守節，歿年五十七。

馮氏石增鑵妻。年廿五貧苦守節，存年六十七。

以上樂歲里

曹氏胡昭鏡妻。年廿七守節，存年五十一。

張氏馮德敏妻。年廿六守節，歿年六十七。

劉氏馮發江妻。年廿九守節，存年八十一。

黄氏馮發朗妻。年廿二守節，存年五十三。

何氏孫時貴妻。年廿五守節，歿年四十六。

梁氏吕家煜妻。年廿五守節，存年五十。

劉氏吕翠明妻。年廿二守節，存年五十一。

柯氏吕興政妻。年廿四守節，歿年四十二。

曹氏吕世猷妻。年廿八守節，歿年六十二。

邢氏吕伸德妻。年廿三守節，歿年七十。

董氏盛傳國妻。年廿四守節，歿年七十三。

秦氏盛邦禹妻。年廿二守節，存年五十三。

侯氏曹爲地妻。年廿四守節立嗣，歿年五十一。

馮氏曹懋壁妻。年廿八守節，存年五十四。

胡氏曹焕堅妻。年十九守節，存年六十三。

李氏曹善清妻。年廿二守節，存年四十九。

曹氏馮以珂妻。年廿三守節，歿年六十二。

王氏馮正鳳妻。年廿八守節，歿年六十一。

程氏馮祖江妻。年廿七守節，存年七十八。

石氏儒童趙任昌妻。年廿六守節，撫孤成立，外貿亡。撫憲胡額其門曰“守身爲大”。歿年五十二。

吴氏儒童趙克瑟妻。年廿五守節，事老翁鞠孤子，歿年五十一。

陳氏儒童趙克瀚妻。年廿五守節撫孤，存年六十二。

焦氏馮官發妻。年十九守節，立侄承祧，存年五十四。

汪氏趙克珍妻。年廿八守節，撫孤成立，存年五十八。

陳氏趙克瑞妻。年廿八守節，撫子成人，奉衰翁惟謹，存年五十三。

王氏羅甫柱妻。年廿四守節，甫能貿，歿於外，撫孫成人。

劉氏趙銹昌妻。年廿四守節立嗣，存年六十四。

胡氏趙克賓妻。年廿七守節，撫孤成人，存年六十。

陳氏趙克康妻。年廿二守節，存年五十四。

吕氏趙克簡妻。年廿六守節立嗣，歿年五十一。

程氏趙克椝妻。年廿四守節，孝養翁姑，撫子成立，存年五十。

以上永城里

熊氏蔡英裕妻。年廿八守節，歿年七十三。

蔡氏宋邦豪妻。年廿八守節撫孤，存年八十二。

彭氏伍先奎妻。年廿九守節，勤紡績少羨，蠲資爲族賓興，族人至今德之。歿年七十。

彭氏伍理榆妻。年廿四守節，孝事舅姑，撫孤成立，存年五十二。

馮氏蔡杰炳妻。年廿九守節，建亭施義茶，蠲田四斗二升，又蠲田一石，助族子弟塾學之資。

宋氏蔡崇杰妻。年廿七守節，歿年七十六。

彭氏蔡杰潮妻。年廿九守節，歿年六十。

蔡氏伍倫銀妻。年廿一守節，存年五十四。

虞氏伍理炯妻。年廿二守節，存年五十二。

蔡氏伍倫芳妻。年廿四守節，存年五十六。

明氏彭先月妻。年廿二守節，存年五十六。

伍氏彭容裕妻。年廿六守節，歿年九十二。

姜氏伍先文妻。年廿八守節，歿年八十四。

彭氏伍理洽妻。年廿九守節，存年六十。

熊氏馮錫九妻。年三十守節，歿年七十七。

劉氏伍泰龍妻。年廿四守節，歿年八十七。

熊氏伍理庭妻。年廿九守節，歿年五十二。

蔡氏明邦模妻。年廿二守節，歿年四十五。

彭氏蔡金三妻。年廿三守節，歿年四十九。

彭氏伍先濤妻。年三十守節，家貧，紡績養姑。姑病，刲股以療。撫子成立，存年七十七。

衛氏尹暢榮妻。年廿八守節，存年五十七。

明氏蔡略義妻。年廿守節立嗣，存年七十二。

熊氏伍克濟妻。年廿二守節，存年五十。

虞氏伍宣泰妻。年廿八守節，歿年七十。

明氏蔡略銑妻。年廿四守節，存年六十二。

李氏杜光遇妻。年三十守節，歿年八十一。

伍氏彭祖安妻。年廿一守節，存年五十一。

以上安樂里

劉氏盧嗣南妻。年二十四守節撫孤，存年五十二。

劉氏黃奇鑒妻。年二十八守節撫祧，存年八十六。

易氏黃奇鈺妻。年二十二苦節孝姑，歿年六十八。

陳氏俞期峰妻。年二十七守節，存年六十。

盧氏俞期焉妻。年二十八守節，事翁姑，存年六十。

鍾氏俞道藻妻。于歸數日，藻歿，矢志守節立嗣，歿年七十六。

潘氏余瑞堂妻。年二十九守節，歿年六十九。

石氏吴美珠妻。年十六守節，存年五十三。

俞氏余松堂妻。年十九守節，歿年六十三。

柯氏黃經楷妻。年二十三守節，歿年五十一。

葉氏樂清如妻。年二十四守節立嗣，存年五十一。

李氏周宇紅妻。年二十五守節事姑，存年五十七。

梁氏成德錦妻。年二十三守節，存年五十三。

方氏吴寶善妻。年二十四守節，存年五十七。

趙氏吴文煜妻。年二十六苦節，歿年七十六。崇祀節孝祠。

姜氏秦子康妻。年二十八守節，存年五十。

鄧氏阮伊明妻。年二十九守節，撫孤事姑。歿年六十。列總坊。

吕氏俞道川妻。年二十七守節撫孤，割股療姑，歿年五十八。

以上宣化坊

李氏劉朝莘妻。年三十守節撫孤，殁年六十三。

程氏劉中發妻。年十九苦節撫孤，殁年五十七。

談氏劉中安妻。年二十四守節，殁年八十一。

柯氏李興常妻。年二十四守節，殁年七十五。

黃氏劉儉中妻。年二十八守節撫孤，孤殤，氏泣曰："吾不從亡人於地下者，以有是子耳。今既夭，復何望?"遂自經於夫塋右，時氏年三十六。

方氏李善海妻。年二十九守節，存年五十一。

程氏李楨士妻。年二十八守節，存年五十一。

石氏李滋善妻。年二十九守節，殁年七十三。

舒氏李應林妻。年二十一守節，殁年七十四。

孔氏劉士涵妻。年二十守節撫孤，殁年六十三。

鄧氏劉立煥妻。年二十守節撫孤，存年六十。

曹氏劉士寅妻。年二十五守節撫孤，存年八十七。

王氏劉正發妻。年二十六守節撫孤，存年六十五。

全氏劉朝照妻。年二十五守節撫孤，殁年三十四。巡撫胡獎額。

蕭氏李克前妻。年二十二守節，殁年七十五。

章氏劉朝濂妻。年二十七守節撫孤，殁年六十八。巡撫胡獎額。

劉氏李乙善妻。年二十六守節，事姑撫祧，存年五十三。

袁氏劉士宇妻。年二十九守節撫孤，殁年七十八。建總坊。

以上崇慶里

吴氏劉中場妻。年二十二守節，存年五十八。

明氏李之卣妻。年十九守節，殁年五十。

劉氏李士秀妻。年二十九守節，存年五十七。

郭氏劉桂中妻。年二十一守節撫孤，存年五十。

洪氏李克瓏妻。年二十三守節，殁年七十。

以上辛興里

左氏馬顯耀妻。年三十二守節，孝翁姑，撫嗣子成立。
劉氏馮正金妻。年二十九守節，孝翁姑，存年七十四。
馮氏梁建桂妻。年二十九守節，存年五十二。
歐陽氏梁道森妻。年二十六守節，歿年五十一。
劉氏梁崇進妻。年二十七守節，孝翁姑，撫孤成立，存年五十四。
姜氏梁養定妻。年二十九守節，孝翁姑，撫孤成立，存年六十三。
何氏馬期章妻。年三十守節撫孤，存年八十。
石氏馬之光妻。年二十五苦節，歿年八十三。
石氏馬維化妻。年二十三守節，歿年八十三。
王氏馬維勳妻。年二十七苦節，歿年七十七。
吴氏馬尚龍妻。年二十六苦節，歿年六十八。
趙氏馬尚渭妻。年二十四苦節，歿年六十一。
柯氏馬尚坦妻。年二十苦節，歿年八十五。
石氏馬尚堈妻。年二十九守節，歿年八十六。
黄氏馬尚構妻。年十九苦節，歿年六十三。
秦氏馬期鳳妻。年二十三苦節，歿年六十一。
歐陽氏馬期榜妻。年二十八苦節，歿年六十五。
石氏馬期鏇妻。年二十六苦節，歿年五十五。
劉氏馬尚渚妻。年十九苦節，歿年六十九。
朱氏葉明本妻。年二十八苦節，憂勞成疾，歿年三十三。
李氏梁崇槐妻。年二十九守節，存年五十三。
馬氏梁儒煜妻。年二十四守節，歿年五十一。

以上懷仁里

袁氏汪家城妻。年二十六守節，養姑撫孤，存年六十七。
陳氏汪大垓妻。年二十五守節孝翁姑，存年五十。
陳氏胡乾冬妻。年二十八守節，存年七十一。
袁氏汪有筆妻。年二十二守節，存年五十一。

明氏汪家潤妻。年二十四守節，家貧養姑，撫侄爲兒，存年六十二。

鍾氏張九合妻。年二十九守節撫孤，存年六十三。

周氏汪聯輝妻。年二十二守節，存年五十一。

汪氏胡乾俸妻。年二十二苦節，歿年七十。

江氏明崑玉妻。年二十九守節，歿年六十九。

陳氏成祖杰妻。年三十守節，歿年七十八。

陳氏成偲恭妻。年二十七守節，存年四十。

陳氏成祖珩妻。年二十苦節，撫祧子教讀成名，歿年七十一。

柯氏成祖合妻。年二十四苦節，歿年七十四。

邢氏傅鍾烈妻。年二十七苦節，歿年六十七。

明氏成崇蘭妻。年二十八苦節，歿年七十八。

明氏成祖交妻。年二十九苦節，歿年八十。

王氏成財煥妻。年二十四苦節，歿年七十六。

陳氏王道嶧妻。年二十四苦節，孝事翁姑，立嗣，歿年七十四。

鄭氏汪若棠妻。年十七守節，歿年七十四。

汪氏胡世貞妻。年二十六守節，存年五十七。

柯氏胡興和妻。年三十守節，撫遺腹子，歿年七十六。

袁氏胡萬達妻。年二十五守節，存年八十八。

以上長樂里

陳氏阮祖佳妻。年十九守節，撫弟子爲嗣，存年五十。

蔡氏監生樂振妻。年二十守節撫孤，存年五十四。

孟氏阮首益妻。年二十九守節，歿年六十一。

李氏阮岳齋妻。年二十四守節，存年五十。

賀氏阮至善妻。年二十四守節，存年五十。

孟氏阮承教妻。年十八守節撫孤，孝養翁姑，歿年三十四。

趙氏阮耀堂妻。年十四守節，歿年七十四。

姜氏袁啓恩妻。年二十四守節撫孤，歿年七十五。

樂氏阮周萬妻。年二十九守節，歿年七十三。

熊氏阮峻峰妻。年二十六守節，歿年五十九。道光甲辰王學憲旌獎“松柏節操”額。

阮氏吴洪分妻。年二十五守節，撫孤成立，歿年七十五。

李氏阮臨川妻。年二十七守節撫孤，存年七十六。

竇氏阮燦呈妻。年二十二守節，年六十，知州歸獎給“節操可風”匾額。

章氏阮君璜妻。年二十九守節撫孤，歿年八十六。

夏氏阮華碧妻。年二十六守節撫孤，歿年三十九。

阮氏袁高旦妻。年二十四守節撫孤，歿年七十七。

舒氏袁定祥妻。年二十七守節，存年五十九。

鄧氏袁見讓妻。年二十二守節，存年五十七。

鍾氏阮祖柄妻。年二十四守節，歿年四十八。

魯氏阮宏佐妻。年二十三守節撫孤，歿年七十二。

王氏阮善澍妻。年二十五守節撫孤，巡撫胡獎額。

阮氏李高燮妻。年二十七守節，歿年五十三。建總坊。

袁氏林新悦妻。年三十守節，存年七十三。

陳氏譚恒才妻。年二十九守節撫孤，歿年四十。

阮氏全承興妻。年三十守節撫孤，存年五十。

袁氏譚縉章妻。年三十守節撫祧，歿年五十五。

全氏譚惇實妻。年二十七守節撫孤，歿年六十二。已建總坊。

楊氏譚光吉妻。年二十一守節撫孤，歿年四十八。

徐氏譚冰霞妻。年二十五守節，存年六十四。

劉氏譚開堂妻。年二十七守節撫祧，存年六十五。

全氏譚堅模妻。年二十守節撫祧，歿年七十。

阮氏譚盈川妻。年二十三守節撫孤，存年七十三。

蔡氏林新洲妻。年二十八守節撫孤，歿年五十二。

袁氏阮洛書妻。年二十四守節撫孤，存年五十八。

阮氏全承凡妻。年二十九守節撫祧，存年五十二。

伍氏阮周旋妻。年十九守節撫孤，存年五十一。

阮氏全承福妻。年二十九守節撫孤，歿年八十。

陳氏阮光祖妻。年二十八守節，胡撫院給有“巾幗完人”匾額。歿年七十八。

陳氏阮祖堂妻。年十九守節，存年五十。

萬氏阮勝萬妻。年二十九守節，存年五十七。

黄氏阮永和妻。年二十八守節，歿年四十一。

竇氏孟觀旂妻。年二十五守節，歿年五十五。

以上吉口里

陳氏明安溶妻。年二十七守節撫孤，存年五十七。

劉氏李士聞妻。年二十七守節撫孤，歿年六十七。

陳氏李月田妻。年二十四守節撫孤，存年七十三。

闞氏李光冬妻。年二十八守節撫孤，歿年七十二。

汪氏李爲盛妻。年二十二守節，存年五十五。

劉氏李善麟妻。年二十二守節撫孤，歿年七十八。

明氏鍾方國妻。年三十守節撫孤，歿年八十五。

鄭氏鍾詩選妻。年二十九守節，事姑撫孤，存年六十二。

以上修善里

王氏柯景浩妻。年二十三守節，歿年八十二。

陳氏柯世塏妻。年二十六守節，歿年六十四。

黄氏柯昌寧妻。年二十六守節，歿年七十七。

劉氏柯際塏妻。年二十九苦節，撫祧成立，歿年六十七。

柯氏陳才儀妻。年二十五守節，存年五十七。

柯氏孫從封妻。年二十四守節，存年五十八。

程氏孫學本妻。年二十九守節，歿年八十三。

柯氏孫學標妻。年二十二守節，歿年七十二。

陳氏孫從春妻。年二十三守節，歿年七十五。
陳氏孫從書妻。年二十八守節，歿年七十。
劉氏孫師琫妻。年二十六撫孤苦節，存年五十二。
王氏陳才旺妻。年二十九守節，歿年五十八。
柯氏朱士鼎妻。年二十三守節，歿年五十一。
陳氏黄貽之妻。年二十一守節，存年五十。
胡氏黄加瑾妻。年二十三守節，歿年四十。
柯氏黄復也妻。年三十守節，存年五十三。
柯氏黄復成妻。年三十守節，存年六十三。
黄氏陳必浚妻。年十九守節，五十九。
陳氏柯進錦妻。年二十六守節，存年五十七。

以上東鄉里

賈氏羅拱北妻。年二十一守節立嗣，歿年八十。
陳氏羅世炳妻。年二十八守節撫孤，存年六十一。
柯氏羅雙玉妻。年二十七守節立嗣，存年八十一。
費氏羅世春妻。年二十四守節立嗣，存年六十五。
程氏羅甫洧妻。年二十六守節撫孤，存年七十八。
徐氏馬了莽妻。年十七守節，歿年七十二。
張氏羅大文妻。年二十七守節立嗣，存年六十四。
陳氏羅觀天妻。年二十一守節立嗣。
吴氏羅厚禄妻。年二十六守節撫孤，存年五十九。
金氏李祖星妻。年三十守節，刲股療姑，存年六十一。
華氏程茂德妻。年二十四守節撫孤，存年七十五。
吴氏程才邦妻。年二十五守節撫孤，歿年七十三。
舒氏程建梁妻。年二十七守節撫孤，歿年五十八。
徐氏余德明妻。年二十八守節撫孤，存年六十二。
雷氏江明格妻。年二十九守節撫孤，存年五十九。

馬氏江明倩妻。年十九守節立嗣，存年六十。
賈氏樊恭發妻。年三十守節，存年六十一。
劉氏吕德英妻。年二十五守節，歿年七十三。
王氏趙德梁妻。年二十九守節撫孤，歿年四十九。
鄧氏樊善鈦妻。年二十九守節，存年五十六。
江氏樊之紅妻。年二十一守節撫孤，歿年七十二。
趙氏李承楷妻。年二十九守節，歿年七十六。
王氏李承利妻。年二十五守節，歿年七十八。
吴氏董正絹妻。年二十九守節撫孤，歿年七十二。
盧氏張小窑妻。年二十七守節撫孤，存年五十二。
董氏張學聯妻。年二十二守節撫孤，存年五十四。
胡氏劉九杰妻。年二十八守節撫孤，歿年五十五。
樂氏董兆樹妻。年二十八守節撫孤，存年六十八。
方氏董兆元妻。年二十四守節撫孤，歿年六十。
石氏胡開唐妻。年二十六守節撫孤，存年五十六。
程氏石厚易妻。年二十八守節撫孤，歿年八十二。
黄氏余爾梅妻。年二十五守節撫孤，歿年九十一。
石氏余爾檜妻。年二十七守節撫孤，歿年九十七。
張氏石喜瑞妻。年二十八守節撫孤，歿年五十二。
馮氏石尊三妻。年二十九守節，存年五十。
程氏石厚易妻。年二十八守節撫孤，歿年八十二。
胡氏陳繼坦妻。年二十八守節，存年六十二。

以上宣化里

徐氏陳國地妻。年二十一守節立嗣，没年七十。
阮氏陳邦炯妻。年二十一守節立嗣，歿年七十七。胡中丞給匾。
朱氏陳安集妻。年二十七守節立嗣，存年六十一。
朱氏陳佐甲妻。年三十守節撫孤，歿年六十五。

鄧氏陳佐垣妻。年二十二守節撫祧，存年五十。
譚氏徐光洪妻。年二十九守節撫孤，歿年六十一。
徐氏陳德取妻。年二十三守節撫孤，存年五十。
鄧氏陳相賓妻。年二十九守節撫孤，存年五十一。
劉氏陳芝妻。年二十三守節立嗣，歿年八十八。
程氏陳雲龍妻。年二十七守節撫孤，歿年三十六。
徐氏朱國樊妻。年二十五守節撫孤，存年七十七。
朱氏徐宏楝妻。年二十三守節撫孤，歿年七十。
徐氏鄧瑞海妻。年二十九守節撫孤，歿年五十一。
朱氏陳國璧妻。年二十八守節撫孤，存年五十二。
鄧氏陳以安妻。年二十七守節撫孤，歿年七十九。
朱氏陳國朋妻。年三十守節撫孤，歿年八十四。
楊氏徐以崙妻。年二十三守節撫孤，歿年六十六。
鄭氏徐文成妻。年二十九守節撫孤，歿年六十九。
成氏徐南華妻。年二十七守節撫孤，存年五十四。
丁氏朱守棣妻。年二十六守節，存年六十。
朱氏徐近權妻。年二十七守節，歿年五十三。
鍾氏朱化龍妻。年二十一守節撫孤，存年五十七。
鄧氏徐啓泮妻。年二十六守節立嗣，存年七十八。
鄧氏徐遠塘妻。年二十九守節，存年六十五。
陳氏徐恒如妻。年二十六守節撫孤，歿年三十八。
徐氏賀萬清妻。年二十七守節，事姑教子，存年五十。
譚氏徐時棫妻。年二十六守節立嗣，歿年六十七。
袁氏陳定愛妻。年二十八守節撫祧，巡撫胡奬額，没年八十二。

以上慈口里

鄧氏袁世裔妻。年二十三守節，歿年七十三。已建總坊。
竇氏袁見澍妻。年二十一守撫孤，年六十七。

譚氏袁世愈妻。年二十八守節，歿年七十。
章氏袁世璨妻。年二十六守節立嗣，没年六十。
王氏袁世遇妻。年二十三守節，撫遺腹子，歿年七十六。
朱氏袁定選妻。年二十六守節，歿年八十三。
阮氏袁霞蔚妻。年二十三守節，歿年八十五。
徐氏袁縈波妻。年二十四守節，歿年六十二。
劉氏章前川妻。年二十九守節，歿年五十七。
吴氏章學五妻。年二十七守節立嗣，歿年六十七。
阮氏章恢宇妻。年二十九守節，歿年五十一。
袁氏章汝霖妻。年二十八守節立嗣，存年五十一。
劉氏章瑞璜妻。年二十四守節撫孤，請旌建坊，存年五十七。

以上宣教里

張氏王春園繼室。年二十九守節撫孤，存年六十。
鍾氏王映華妻。年二十八守節，存年七十。
王氏陳洪基妻。年二十八守節，撫孤孝姑，存年六十。
陳氏王元首妻。年二十四守節，歿年七十四。
楊氏陳偏士妻。年二十八守節撫孤，歿年六十二。
徐氏王居京妻。年二十六守節撫孤，歿年六十四。
萬氏陳良渡妻。年二十三守節撫孤，歿年六十八。
謝氏倪禮賢妻。年十九守節，歿年八十二。
聞氏王基宗妻。年二十七守節，存年五十九。
伍氏尹成寶妻。年二十六守節，歿年八十三。
倪氏王肇統妻。年二十六守節，割股療姑，歿年七十一。
艾氏駱肇模妻。年二十四守節，歿年四十一。
明氏劉維岳妻。年三十守節，存年五十一。

以上永福里

聶氏邱先疇妻。年二十九守節，殁年六十九。

華氏張繼梁妻。年二十一守節，撫孤養姑，存年五十五。

汪氏蕭曙光妾。年二十九守節，存年六十二。

劉氏蕭功文妻。年二十九守節，殁年五十六。

蔡氏蕭功文妾。年二十守節，養姑立嗣，存年六十二。

成氏鄧杰略妻。年二十五守節，存年六十九。

劉氏蕭仕爵妻。年十八守節，殁年六十二。

葉氏蕭正六妻。年二十八守節，殁年五十四。

徐氏蕭輝南妻。年二十三守節，殁年四十二。

成氏張繼宙妻。年二十八守節，存年七十九。

梅氏蕭漢啓妻。年二十三夫故，子幼，悲泣成疾，殁年二十五。

王氏蕭如衡妻。年十九守節撫祧，殁年七十四。

李氏余雲登妻。年二十九守節，存年六十七。

陳氏余玉廷妻。年三十守節，存年六十一。

以上修净里

彭氏曹衍謐妻。年二十四守節，殁年三十九。

石氏曹善維妻。年二十八守節，殁年四十二。

何氏曹巨萬妻。年二十三守節，殁年五十八。

王氏曹會章妻。年二十七守節，殁年七十二。

王氏劉文爐妻。年二十七守節，存年五十四。

石氏刘定鳳妻。年二十九守節，存年六十八。

熊氏刘定檜妻。年二十五守節，存年五十。

曹氏刘文渊妻。年三十守節，存年五十五。

石氏吴集之妻。年二十九守節，事姑抚嗣，隆師课讀，存年五十九。

趙氏石立锦妻。年二十一守節，存年六十。

侯氏石瑛光妻。年二十五守節，殁年七十二。

以上崇仁里

柯氏陈思美妻。年十八守節撫孤，存年五十五。

鄢氏陈思訏妻。年二十四守節立嗣，殁年六十。

以上歸化里

王氏柯益盛妻。年二十八苦節，奉事翁姑，存年五十六。

王氏庠生柯時彦妻。年二十四守節，奉瞽舅撫孤，存年五十四。

黄氏柯益城妻。年二十四守節，存年五十四。

朱氏柯進萬妻。年十八苦節撫嗣，存年五十四。

程氏柯益隹妻。年十九守節撫嗣，存年五十。

程氏柯道榮妻。年十九守節，存年六十五。

以上興瑞里

徐氏張文蔚妻。年二十五守節撫孤，孝翁姑，殁年四十六。

王氏張耀炬妻。年二十三守節，殁年四十八。

劉氏楊名魁妻。年二十九守節撫孤，殁年八十五。

李氏梅有堂副室。年二十守節，遺腹生子，存年六十七。

朱氏鄭昌譽妻。年二十一守節立嗣，存年五十四。

徐氏鄭錦昌妻。年二十五守節，殁年五十七。

以上上陽辛里

鄧氏陳肇峧妻。年二十五守節，撫遺腹子，殁年五十一。

鄧氏陳永清妻。年二十九守節撫孤，存年七十三。

金氏王武用妻。年二十五守節，撫二孤，殁年八十一。

方氏王忠彈妻。年二十六守節，養姑訓子，存年五十三。

以上上遷里

王氏柯隆清妻。年二十一守節，存年八十四。

李氏尹茂楊妻。年二十八守節，歿年七十二。

胡氏李崇漢妻。年二十九守節，歿年五十七。

黄氏李善枝妻。年三十守節，存年七十。

金氏李習之妻。年二十六守節，歿年七十二。

舒氏徐士滿妻。年二十守節，撫遺孤，翁姑目瞽，事之庭無間言。存年五十五。

馬氏舒獻泰妻。年三十守節，存年五十八。

陳氏李既順妻。年二十六守節，歿年八十。

費氏徐芳芝妻。年二十九守節，撫二孤，存年六十一。

汪氏李文豪妻。年二十六守節，歿年三十一。

黄氏向光讓妻。年二十二守節，歿年六十一。

嚴氏李春芳妻。年二十七守節，歿年五十七。

李氏向光靄妻。年二十八守節，歿年七十九。

陳氏李士宣妻。年二十五守節，歿年九十。已旌。

柯氏向光霽妻。年二十五守節，歿年八十四。

黄氏徐清玉妻。年二十五守節，撫遺腹子，奉孀姑，存年五十。已請旌表。

夏氏向明教妻。年二十五守節，歿年六十六。

石氏向明芹妻。年三十守節，歿年八十四。

李氏向明燈妻。年二十八守節，存年六十七。

石氏向心鑾妻。年二十六守節，存年五十八。

張氏向先堦妻。年二十九守節，歿年五十七。

方氏張公偉妻。年二十九守節，歿年七十五。

黄氏謝尚典妻。年二十八守節，歿年六十八。

李氏張承應妻。年二十九守節，歿年六十一。

嚴氏張承基妻。年二十七守節，歿年六十三。王學憲獎給“節孝流芳”匾額。

張氏陳端書妻。年二十一守節撫孤，事翁姑，歿年七十八。

黄氏張公拔妻。年二十四守節，歿年六十一。

以上寶政里

何氏成德武妻。年十八守節，存年五。

以上樂平里

鄒氏楊光炳妻。年二十二守節，存年五十。

明氏鄒良昆妻。年二十九守節，存年五十。

以上福慶里

柯氏劉延杰妻。年二十八守節撫孤，孝翁姑，存年五十二。

以上興教里

潘氏易方川妻。年二十九守節，事姑立嗣，歿年六十五。

余氏李宲士妻。年二十八守節撫孤，歿年七十。咸豐元年旌。

董氏翰林院檢討萬年書之次媳，臨風之元配也。年二十守節撫孤，學使王贈“芳有清門淑德”匾額。

劉氏易京則側室。年二十七守節，歿年六十九。

董氏易盛柏妻。年二十六守節，歿年三十二。

李氏阮階平妻。年二十八守節，存年五十。

柯氏李興梁妻。年二十三守節撫祧，事舅姑，歿年七十八。

曹氏鄢萬才妻。年二十五守節，事翁姑撫孤，已旌入祠。

劉氏易盛奎妻。年二十九守節。

宋氏易盛斗妻。年二十一守節。

易氏袁大銘妻。年二十六守節。

郭氏鄧孝法妻。年十八守節，存年五十六。

李氏鄧孝質妻。年十六守節，存年五十。

鍾氏馬玲光妻。年十八守節，存年六十六。

秦氏萬雍泗妻。年二十七守節撫孤，存年五十六。

以上尊賢坊

明氏潘定琰妻。年三十守節，存年五十三。

方氏李善就妻。年二十五守節立嗣，存年六十。

張氏趙志欽妻。年三十守節，存年五十。

李氏蔡清源妻。年二十守節，存年五十二。

陳氏石興大妻。年二十二守節，歿年三十二。

鄒氏潘用奇妻。年二十六守節立嗣，存年五十。

以上長慶里

談氏賈綸業妻。年二十八守節，撫遺孤，存年六十七。

王氏徐仁智妻。年二十四守節撫孤，存年七十八。

夏氏明紋綉妻。年十九守節撫孤，歿年六十五。

袁氏張士和妻。年二十一守節，歿年七十。

以上豐義里

汪氏歐陽熙玉妻。年二十三守節，歿年七十三。

宋氏潘大坦妻。年二十二守節，立嗣撫孤，苦節成家，現年七十七。

以上辛亭里

曹氏夏淅義妻。年二十六守節，撫孤事姑，存，五十一。

庫氏舒靖亨妻。年十九守節撫孤，歿年八十八。

張氏石道岸妻。年二十四守節撫嗣，存年五十六。

王氏劉士秋妻。年二十守節撫嗣，歿年七十四。

賈氏胡純儒妻。年三十守節撫嗣，存年五十四。

程氏阮大棠妻。年二十守節，存年五十。

謝氏阮大松妻。年二十守節，存年五十。

胡氏舒献宗妻。年二十九守節，存年五十。

羅氏胡心基妻。年二十九守節撫孤，存年五十一。

陳氏胡心地妻。年二十八守節撫孤，存年五十。

王氏胡心强妻。年三十守節撫孤，存年五十一。

朱氏田德璠妻。年三十守節撫孤，歿年五十八。

胡氏劉士林妻。年三十守節撫嗣，歿年七十。

陳氏樂昌淮妻。年二十五守節撫孤，存年五十。

周氏侯成圓妻。年二十六守節撫孤，歿年七十八。

舒氏劉中魁妻。年二十五守節撫嗣，存年七十一。

向氏阮遠龍妻。年十七守節，歿年三十七。

向氏舒金玉妻。年三十守節撫孤，歿年七十三。

從氏舒獻斐妻。年二十七守節撫嗣，歿年三十七。

以上中豐樂里

劉氏舒靖福妻。年二十二守節，存年五十七。

成氏舒鎔靖妻。年二十七守節，存年五十。

成氏舒鋭靖妻。年二十六守節，存年五十三。

以上朝陽里

陳氏王賨光妻。年三十苦節撫孤，存年五十七。

明氏王道浚妻。年二十九守節，事翁姑，撫幼子，歿年六十六。

羅氏柯隆和妻。年二十五守節撫子，存年五十四。

柯氏胡安鈿妻。年二十九守節，撫孤子，年五十七。

張氏王道泮妻。年二十二守節，家赤貧，事翁姑，撫幼子，備竭艱辛，存年五十七。

陳氏王學芬妻。年二十七守節撫嗣，存年五十七。

朱氏鄭二哉妻。年二十九守節撫孤，歿年七十六。

胡氏王鳴遠妻。年二十七守節撫嗣，存年六十一。

陳氏王華茂妻。年二十七守節，養姑撫嗣，歿年八十二。

羅氏胡安燻妻。年二十九守節，歿年四十二。
明氏鄭世進妻。年二十二守節撫孤，養翁姑以孝，存年八十一。
王氏羅甫貞妻。年二十一守節，歿年六十七。
吴氏胡松有妻。年二十八守節奉姑，撫孤夭，復立祀，存年六十。
汪氏王全仁妻。年三十守節，歿年四十八。
張氏吴衍班妻。年二十七守節，撫孤成立，歿年六十四。

以上樂平里

汪氏梁崇清妻。年二十六守節，撫侄承祧，孝事翁姑，卒年七十三。

以上辛亭里

郭氏儒士劉桂中妻。年二十一守節，撫遺腹子，孝事翁姑，存年五十一。
明氏李克珊妻。年二十三守節，撫孤成立，存年六十四。

以上辛興里

張氏王全贊妻。年二十九守節，存年七十。
欒氏周登齊妻。年二十一守節，年五十五。
鄒氏王忠麒妻。年二十六守節，歿年四十。
黄氏周貫畢妻。年二十一守節，歿年六十一。
黄氏周文道妻。年二十五守節，歿年七十九。
方氏陳思湍妻。年二十六守節，歿年五十六。
柯氏張裕光妻。年二十六守節，歿年六十一。
龐氏陳盛誥妻。年二十七守節，存年七十六。
欒氏張道美妻。年二十八守節，歿年六十二。
張氏陳良智妻。年二十五守節，歿年五十。
陳氏鄒守田妻。年二十四守節，存年六十。
雷氏陳良道妻。年二十五守節，歿年七十五。

陳氏鄒守虎妻。年二十二守節，存年五十。

鄭氏陳時和妻。年二十守節，歿年六十。

闞氏鄒守鋮妻。年二十一守節，存年八十。

尹氏陳盛治妻。年二十九守節，存年七十九。

李氏鄒良臣妻。年二十一守節，存年五十八。

王氏陳盛煦妻。年二十七守節，存年五十五。

鍾氏鄒誼人妻。年二十九守節，存年八十一。

樂氏陳時桄妻。年二十六守節，存年五十三。

劉氏鄒誼諷妻。年二十四守節，歿年六十一。

陳氏張祥光妻。年二十四守節，歿年七十。

周氏鄒敦烈妻。年二十七守節，存年五十四。

王氏鄒茂源妻。年二十五守節，存年六十。

鮑氏鄒守突妻。年二十六守節，存年七十四。

樂氏鄒良冰妻。年二十九守節，歿年七十五。

陳氏鄒良清妻。年二十一守節，歿年六十五。

闞氏鄒時紅妻。年二十九守節，存年五十五。

陳氏鄒東海妻。年二十二守節，歿年四十五。

袁氏鄒時達妻。年二十八守節，歿年五十九。

陳氏鄒良淮妻。年二十四守節，歿年六十五。

陳氏鄒恒足妻。年二十六守節，存年五十。

李氏郭步炷妻。年二十九守節，存年六十一。

趙氏樂瑶昌妻。年二十六守節，歿年四十六。

馬氏陳藩池妻。年二十四守節，存年五十一。

張氏樂賓揚妻。年二十守志，歿年三十。

鄧氏明邦武妻。年二十七守節，歿年七十一。

方氏樂雲樓妻。年二十五守節，存年六十。

陳氏明印月妻。年二十八守節，現年五十六。

王氏龔開戊妻。年二十五守節，存年五十五。

以上福慶裡

何氏劉鍈嗣妻。年二十八守節，孝奉兩代舅姑，撫孤，歿年四十三。

程氏儒士鄭嗣正妻。年二十守節，與姑時同寢處，朝夕侍奉，撫祧，歿年二十八。

談氏黄顯剛妻。年二十三守節，事翁姑孝，撫嗣成立，道光戊子年，學憲王獎額“節孝揚徽”四字，歿年五十五。

柯氏黄繼敦妻。年二十六守節，事翁姑孝，撫祧成立，存年六十九。

柯氏黄冠群妻。年二十八守節，事翁姑孝，撫孤成立，歿年八十一。

鄭氏黄繼恩妻。年二十二守節，事姑孝，撫孤成立，歿年七十三。

柯氏周英榮妻。年二十九守節，事翁姑孝，撫孤成立，歿年八十六。

范氏柯坤益妻。年二十六守節，事姑孝，撫孤成立，存年八十一。

宋氏柯進鐸妻。年二十四守節，撫孤成立，歿年六十。

周氏黄瑜群妻。年二十九守節，撫子成立，存年五十八。

陳氏黄光瑶妻。年二十四守節，存年九十。

黄氏周起炤妻。年二十九守節，撫二孤，存年五十九。

柯氏黄月群妻。年十七守節，撫嗣成立，歿年五十。

何氏徐啓冬妻。年二十八守節，撫孤成立，歿年八十六。

柯氏成崇禮妻。年二十五苦節，撫祧成立，存年五十三。

柯氏劉嗣錞妻。年一十八守節，事姑孝，撫祧成立，存年五十。

彭氏袁宗武妻。年二十五苦節，奉翁姑，存年五十二。

程氏何清訓妻。年十九守節，撫嗣成立，歿年六十三。

鄧氏胡國本妻。年二十九苦節，事翁姑撫嗣，歿年七十三。

劉氏柯道辿妻。年二十八守節，歿年四十八。

劉氏柯益趾妻。年二十四守節，現年五十四。

何氏劉延暉妻。年二十八苦節立嗣，歿年七十三。

柯氏劉延塝妻。年三十苦節，撫嗣成立，存年五十七。

黄氏柯家杰妻。年二十六守節，歿年三十六。

何氏劉懋星妻。年三十守節，撫嗣成立，歿年八十五。

孫氏劉鳴琇妻。年三十守節，事姑孝，撫孤成立，歿年五十三。

陳氏劉鼎懋妻。年二十四守節，孝事翁姑，撫侄爲嗣，現年七十三。

以上興教裡

吴氏柯益廣妻。年二十守節，撫侄爲嗣，教養成立，存年六十六。

袁氏柯隆杰妻。年二十八守節，撫遺腹子浚川，歿年七十六。

劉氏柯浚川妻。年二十二守節，事姑孝，撫嗣成立，克媲姑美，道光十九年，學憲方獎“節孝雙全”額，歿年七十五。

劉氏柯道江妻。年二十六守節，事姑孝，撫嗣成立，存年七十六。

陳氏柯隆宅妻。年二十七守節，歿年七十。

王氏柯益光妻。年二十九苦節奉翁，撫嗣成立，存年五十。

劉氏柯益彩妻。年二十七守節事姑，撫嗣成立，存年五十。

王氏柯蘭書妻。年二十九守節，撫二孤成立，歿年八十六。

徐氏柯進翠妻。年二十九守節，撫嗣成立，歿年六十八。

劉氏王興杖妻。年二十七苦節撫嗣，存年八十二。

董氏王隆煐妻。年十九苦節立嗣，存年六十一。

譚氏柯進炳妻。年二十三守節立嗣，事親孝，存年五十一。

以上興瑞里

朱氏周慶隆妻。年二十九苦節，撫二孤夭，復祧，存年五十九。

田氏柯勝興妻。年二十四守節，事姑孝，撫遺腹孤成立，歿年八十三。

鄧氏余橋之妻。年十九守節，撫孤成立，存年五十一。

黄氏陳思問妻。年二十九守節，存年七十。

胡氏劉興芳妻。年二十二苦節，撫祧成立，歿年七十二。

以上東鄉里

柯氏程輝玉妻。年二十九守節，存年五十三。

柯氏程仲意妻。年二十七守節，撫孤成立，歿年七十五。

劉氏程英盛妻。年十九苦節，歿年六十一。

王氏舒肇篪妻。年二十八守節，存年五十一。

以上朝陽里

吴氏監生石秉鈞妻。年二十七餐苦勵節，孝奉舅姑不衰，存年五十一。

梁氏吴正培妻。年二十五守節，歿年六十八。

陳氏吴著梅妻。年二十二夫故，苦節三十六年，存年五十八。

潘氏吴大熙妻。年二十一守節，歿年七十三。

李氏劉法用妻。年二十四守節，艱苦備嘗，存年八十六。

石氏吴先松妻。年二十二守節，存年五十八。

以上崇仁里

石氏劉儀昌妻。年二十三守節，歿年七十。

李氏馬大章妻。年二十二守節立嗣，孝事翁姑，存年三十九。

潘氏劉材格妻。年二十六守節撫孤，存年五十二。

吴氏馬可漢妻。年二十四守節立嗣，孝養翁姑，歿年八十二。

梁氏馬文三妻。年二十二守節，撫孤成立，存年五十一。

鄧氏馬文達妻。年二十八守節立嗣，孝養翁姑，存年二十一。

王氏石春萍側室。年二十二守節，養姑撫孤，存年七十三。

董氏馬祥塘妻。年二十九守節撫孤，孝事孀姑，歿年五十三。

陳氏封職石用廷妻，舉人陳咸亨之女。年二十四守節，撫遺腹孤立煐，教養成立，兩淮候補鹽運司分司。存，年五十六。

柯氏石應楠妻。年二十四守節撫孤，歿年四十八。

石氏劉爲蒙妻。年二十五守節撫孤，存年五十一。

向氏石兆民妻。年二十六守節撫孤，歿年五十四。

邱氏石宗禄妻。年三十守節，家貧撫孤，存年五十三。

董氏柯興錠妻。年十九守節，歿年七十七。

王氏石光海妻。年二十四守節，撫孤養姑，歿年五十八。

邢氏石德禄妻。年二十六守節，引嗣撫養，歿年五十六。

邢氏方定揆妻。年二十二守節，撫孤成立，歿年五十八。

馬氏劉爲棟妻。年二十四守節，家貧無嗣，以女紅奉養舅姑，甘旨無缺，存年五十一。

石氏王文蘭妻。年二十八守節，家貧無子，節操凜然，存年六十。

李氏文童王隆仁妻。年二十守節，撫遺腹孤成立，存年五十一。

曹氏文童王隆果妻。年二十一守節，撫夫兄鳳池子賜珍兼祧，存年五十一。

邢氏方定汰妻。年二十四守節，撫孤成立，艱苦備嘗，歿年六十五。

以上辛安里

劉氏趙先諫妻。年三十苦節撫孤，歿年八十二。

劉氏洪懋溢妻。年十九苦節，撫嗣成立，存年五十。

潘氏吴慶槐妻。年二十四苦節撫孤，存年五十。

吴氏秦厚虞妻。年二十八守節，撫嗣成立，存年六十八。

汪氏秦厚炘妻。年二十七守節，孝奉翁姑，撫孤成立，巡撫胡額獎“巾幗宛人”。存年七十四。

陳氏秦久瑗妻。年二十五守節，存年六十四。

以上下豐樂里

李氏舒文治副室。年二十七守節，撫嗣成立，巡撫胡額以“操勵松筠”。存年七十七。

羅氏舒靖瓚妻。年二十六守節，歿年七十一。

胡氏舒献炲妻。年二十九守節，存年五十一。

以上中豐樂里

吴氏曹善發妻。年二十三，粤匪竄境，發遇害，守節撫孤，存年五十。

劉氏曹自卓妻。年十八適卓。六越月，卓病，氏夜焚香叩天，求以身代。歿後，氏形毀骨立，引夫兄子爲嗣，存年五十八。

邢氏曹孔書妻。年十八適曹，事孀姑惟謹，二十二夫故，子僅周歲，撫養成立。

石氏曹自糾妻。年二十適曹，事舅姑惟謹，夫故守志，年七旬。邑侯額以“壺齡柏操”。

趙氏曹恒一妻。年二十四守節撫孤，存年五十八。

李氏曹立左妻。年二十守節，孝奉孀姑，撫孤成立。

侯氏曹永譚妻。年十八守節，存年六十六。

洪氏曹博士妻。年二十七守節，教子成立，歿年七十四。

程氏曹善南妻。年十六于歸，甫周月，夫故，家貧苦節，存年五十。

石氏曹懋銹妻。年二十八守節，貧苦無依，事衰姑，撫弱叔，安之若素，存年五十。

劉氏曹衍亨妻。年二十九守節，存年五十。

侯氏曹卓爾妻。年二十三守節，家貧撫孤。歿年六十。

衛氏曹泗善妻。年十九守節，歿年六十三。

馬氏曹興乾妻。年二十四守節撫孤，歿年七十六。

吕氏曹盛文妻。年二十六苦節撫孤，歿年九十八。

石氏曹興旺妻。年二十一苦節撫嗣，歿年七十四。

高氏曹永舜妻。年二十四守節撫孤，存年八十三。

李氏生員曹霞蔚妻。年三十苦節，撫二孤成立，歿年五十八。

程氏曹立厚妻。年二十九守節撫孤，歿年七十七。

鄭氏曹立楷妻。年三十守節撫孤，歿年七十四。

以上永城里

袁氏鍾潘妻。潘病，割股以進，時年二十七。苦志守節，歿年五十。

汪氏鍾廟玉妻。年二十四苦節撫孤，歿年八十一。

汪氏生員林鶴妻。年二十三守節，事姑撫子，現年五十。

樂氏武生袁騰甲妻。年二十八守節撫子，現年五十七。

李氏徐椿茂妻。年二十四守節撫孤，事舅姑以孝，現年六十一。

胡氏林良杞妻。年二十九守節撫孤，現年五十八。

周氏袁攀枝妻。年二十七苦節，歿年六十一。

以上修善里

柯氏潘明揚妻。年二十八守節，存年六十四。

趙氏鄒守鏞妻。年二十守節，歿年六十一。

葉氏樂振麟妻。年二十四守節，存年五十一。

以上宣化坊

程氏劉朝均妻。均病，曾割股以醫之。年二十六守節，孝事翁姑，撫孤成立，歿年七十四。

程氏李峙屏妻。年二十八守節撫孤，存年五十四。

以上崇慶里

董氏周炳吉妻。年二十三守節，存年六十。

彭氏貢生邢宋台妻。年二十五守節，現年五十三。

余氏邢光國妻。年二十八守節，現年五十八。

邱氏邢崇煦妻。年二十三守節，歿年六十四。

羅氏邢恩永妻。年三十守節，現年五十四。

以上豐莱里

鄧氏李盛逮妻。年二十九，逮被粵賊難，氏苦節，撫遺孤成立，孝姑，存年五十一。

以上長慶里

劉氏樂泮林妻。年二十九守節，撫孤孝姑，歿年七十三。
王氏朱樸坎妻。年十八守節，家貧無嗣，孝事翁姑，存年五十。
陳氏徐典五妻。年二十三守節，立侄爲嗣，存年六十三。
柯氏朱樸棣妻。年二十守節撫孤，歿年四十五。
陳氏朱溥宣妻。年二十六苦節，撫孤成立，歿年六十九。
劉氏黃顯校妻。年二十一苦節，撫孤成立，歿年七十二。

以上仁義里

陳氏梁道松妻。年二十八守節，存年五十一。
朱氏鄧方諧妻。年三十守節，家貧，撫孤成立，存年五十九。
張氏鄧文田妻。年二十九守節，撫侄承祧，旋殤，困苦度日，存年八十二。
鄧氏黃奇鎰妻。年二十六守節，家赤貧，撫孤成立，備竭艱辛，存年五十七。
鄒氏鄧禋可妻。年二十六守節。
鄧氏文童余橋之妻。年二十四守節，撫孤成立，存年五十一。
邢氏梁道植妻。年三十苦節撫嗣，存年五十六。
歐陽氏黃嘉慎妻。年二十九守節，存年六十五。
梁氏生員李翔鳳妻。年二十三守節，現年五十五。

以上尊賢坊

趙氏石光金妻。年二十二苦節，撫孤成立，歿年七十。

以上上豐樂里

徐氏蕭仕雄妻。年二十三守節，撫二孤成立，存年六十一。
陳氏成淩雲妻。年廿五守節，以侄承祧，現年五十四。
陳氏成序韜妻。年廿二守節，歿年六十二。
陳氏成永錡妻。年廿九守節，撫孤成立，歿年六十一。
王氏成永鈿妻。年廿三守節撫祧，歿年八十六。

李氏成肇和妻。年廿一守節，歿年六十三。

葉氏成理仁妻。年廿三守節撫祧，現年五十七。

王氏成柳溪妻。柳病，割股和羹以進。年廿四歲守節養姑，歿年五十九。祧子都游庠。

陳氏成祖什妻。年廿八守節，現年六十。

葉氏成華玉妻。年廿六守節，歿年七十餘。

蔡氏張萬程妻。年廿八守節，歿年六十。

以上修净里

孫氏陳良盛妻。年十八守節撫孤，現年五十三。

以上歸化里

涂氏周昌松妻。年廿七守節，歿年六十五。

石氏邢崇鈞妻。年三十守節，存年六十。

劉氏鄧隆柒妻。年廿八守節，傭工撫孤，現年五十。

明氏鄧隆淮妻。年廿六守節，現年五十六。

石氏鄧昌冬妻。年廿三守節，歿年四十三。

陳氏鄧隆念妻。年廿四守節撫嗣，現年五十。

萬氏鄧遇鋒妻。年廿四守節撫嗣，現年六十三。

邢氏欒永湖妻。年廿四守節，現年五十三。

石氏附生邢大亨妻。年廿四守節，現年七十六。

李氏儒童周宇廉妻。年廿四守節撫祧，歿年五十八。

以上豐葉里

吕氏梁道安妻。年廿八守節，歿年五十一。

石氏樂歲里劉景鐸妻。年二十五守節，歿年六十一。

以上樂歲里

節　　婦補遺

鄧氏尊賢坊拔貢易步瀛繼室。夫病，割股和藥，延齡三載卒，氏年二十九守節，存年五十四。

李氏尊賢坊易賓賢妻。年十八守節，茹苦孝姑，撫養嗣子，存年五十八。

吴氏尊賢坊李得春繼室。年二十四夫故，苦節，卒年四十一。

佘氏尊賢坊易大釗妻。年二十六守節，引祧承祀，存年五十九。

陳氏尊賢坊易大銀妻。年二十四守節撫孤，存年五十。

葉氏尊賢坊佘以煊妻。年二十八守節，存年七十四。

袁氏尊賢坊劉嗣典妻。年二十八守節，家貧丁單，抑鬱喪明，存年六十二。

彭氏豐葉里李釧善妻。年二十七守節，存年五十九。

柯氏豐葉里周昌瓊妻。年二十七守節，存年八十五。

張氏豐葉里周先玉妻。年十九守節，存年六十二。

石氏豐葉里邢巽以妻。年二十九守節，存年五十。

邱氏豐葉里方明貴妻。年二十九守節，存年五十八。

陳氏豐葉里李大誠妻。年三十守節，歿年六十五。

江氏豐葉里李士然妻。年二十守節，現年六十一。

徐氏豐葉里監生李紹蓮妻。年三十守節，現年五十六。

馬氏豐葉里監生李肇桂妻。年三十守節，存年五十八。

柯氏豐葉里李知潤妻。年二十七守節，存年五十。

劉氏豐葉里石紹珷妻。年二十四守節，歿年五十。

趙氏豐葉里石義先妻。年二十三守節，引祧承祀，存年六十二。

周氏豐葉里石承梓妻。年二十三守節孝姑，訓子成立，存年六十四。

吴氏豐葉里張啓孝妻。年二十一，家貧苦節，孝事翁姑，存年九十二。

馮氏辛安里方天德妻。年十八守節撫孤，歿年六十一。

鄧氏辛安里方應絢妻。年二十三守節撫孤，歿年七十九。

鄧氏辛安里方應遴妻。年二十守節撫孤，存年六十一。

蕭氏辛安里方應梓妻。年二十七守節撫孤，存年八十。

羅氏辛安里方宏中妻。年二十八守節，事姑撫孤，存年六十。

周氏辛安里方舜中妻。年二十一守節撫孤，存年六十四。

袁氏辛安里方洽中妻。年二十八守節撫孤，存年八十四。

劉氏辛安里方定拔妻。年二十六守節，事姑撫孤，存年七十。

佘氏辛安里方定講妻。年二十七守節撫孤，存年六十九。

陳氏辛安里方立義妻。年二十三守節撫孤，存年五十五。

張氏辛安里方立官妻。年二十六守節撫孤，存年七十一。

陳氏辛安里方立星妻。年二十五守節，事姑撫孤，存年七十。

石氏辛安里方立建妻。年二十三守節，孝事舅姑，撫孤成立，存年八十一。

郝氏辛安里方立徐妻。年三十守節，存年七十。

羅氏辛安里方璜元妻。年二十二守節，存年八十。

潘氏辛安里方周森妻。年二十三守節撫孤，存年六十一。

張氏福慶里明振三妻。年二十七守節撫孤，歿年五十三。

蔡氏長慶里陳景望妻。年二十六守節，撫孤成立，卒年七十八。

朱氏長慶里李善洲妻。年二十九苦節，孝姑撫孤，存年七十三。

蔡氏長慶里李善庠妻。年二十二守節，撫孤成立，存年六十三。

劉氏長慶里李盛汪妻。年二十五守節，撫孤成立，存年五十九。

袁氏長慶里秦厚如妻。年二十九苦節，卒年六十。

劉氏興瑞里職員柯大杰妻。年二十四守節，存年五十。

鄧氏長慶里越志金妻。年二十八守節，家貧紡績，孝養翁姑，撫孤成立，存年五十四。

劉氏安樂里楊□□妻。年二十六守節，歿年八十八。

蔡氏安樂里伍倫典妻。

潘氏安樂里伍開籓妻。年十九守節，没年五十二。

熊氏安樂里伍倫衆妻。年二十二守節，存年五十一。

潘氏辛亭里從季和妻。年二十五守節，存年六十七。

陳氏下豐樂許時漢妻。年二十八守節，撫孤成立，存年五十。

舒氏宣化里楊一迂妻。年二十九守節，歿年六十二。

秦氏上豐樂里李恒善妻。年二十九守節，歿年八十。

石氏宣化里羅厚俊妻。年二十四守節，孝姑撫孤，存年五十一。

張氏宣化里羅廣杞妻。年二十四守節，存年五十二。

劉氏宣化里羅占先妻。年三十守節撫孤，存年五十四。

馬氏宣化里羅甫璜妻。年二十四守節，貧苦撫孤，存年九十二。

石氏宣化里羅德業妻。年二十五守節，存年五十二。

周氏宣化坊吴柱壽副室。年二十九守節，存年七十一。

吴氏宣化里羅甫綏妻。年二十七守節，貧苦撫孤，存年六十六。

舒氏宣化里羅羽儀妻。年二十九守節，存年五十九。

朱氏宣化里羅德化妻。年二十三守節，存年五十一。

鄭氏仁義里袁光錢妻。年十八苦節，存年八十二。

朱氏慈口里徐定英妻。守節年紀未詳。

吴氏慈口里徐文智妻。年三十苦節，孝事舅姑，撫孤成立，存年五十一。

尹氏永福里艾景參妻。參卒，矢志守節，知州靳公獎“冰肌玉骨”額。

熊氏永福里艾泰宙妻。年二十守節，撫嗣延祀，知州蘇公獎“柏舟比操”額。

明氏永福里尹榮輝妻。二十四守節，存年五十一。

石氏永福里艾選格妻。年二十九守節，存年七十一。

朱氏永福里徐元杰妻。年二十八守節撫孤，歿年五十一。

胡氏東鄉里黄加謹妻。年二十七守節，存年五十六。

袁氏吉口里監生阮永清妻。年二十六守節，存年五十。已旌。

徐氏吉口里阮能静妻。守節。

柯氏尊賢坊王毓秀妻。年二十八守節，撫孤成立，存年五十四。

萬氏尊賢坊鄧志楷妻。三十守節，撫孤成立，歿年六十四。

盧氏尊賢坊王恒鑒妻。年二十二守節，撫孤成立，存年六十。

萬氏豐葉里陳德校妻。二十四守節，子安郁。存年六十七。

梁氏陳安郁妻。年二十一守節撫孤，存年五十。

王氏中豐樂里劉中坊妻。年二十二守節撫孤，存年五十一。

阮氏中豐樂里劉中信妻。年二十三守節撫嗣，存年六十四。

李氏寶政里舒廷光妻。年二十二守節，卒年九十。子先華。

羅氏先華妻。廿七守節，王學憲獎“兩世貞持”額，孫鴻羽，舉人。

吕氏寶政里李盛熇妻。年二十二守節，現年五十一。

鄒氏安樂里伍先坤妻。年二十三守節，存年五十。

駱氏安樂里伍理均妻。年二十九守節，存年五十。

舒氏上遷里王貞元妻。年二十守節，歿年七十二。

成氏上遷里王塗山妻。年二十五守節，存年七十一。

蔡氏福慶里欒有合妻。年十九守節，孝姑撫孤，存年五十二。

□氏福慶里儒士明振三妻。年二十三守節，存年五十六。

尹氏上陽辛里鄭正廷妻。年二十二守節，卒年四十七。

明氏永福里李朝瑞妻。年十八夫故守節，依孀姑黄氏。家貧，紉績以養，撫孤成立。姑八十餘歿，鬻産以葬，明氏五十有七而卒。

□氏下陽辛里郭時梅妻。年二十八守節，歿年五十二。

張氏長樂里鍾先鳴妻。年二十苦節，孝姑撫孤，歿年六十九。

□氏長慶里秦墊久妻。年二十一守節，現年五十一。

蔡氏長慶里陳占庭母。年二十六守節，歿年七十一。

明氏仁義里謝祖煦妻。年二十八守節，存年七十。

朱氏仁義里陳才琥妻。年三十守志，存年六十四。

胡氏仁義里朱璧近妻。年二十八守節撫孤，存年五十一。

黄氏東鄉里監生孫師埰妻。年二十一守節，撫遺腹子成立，存年五十一。

袁氏東鄉里黄善瑶妻。年二十七守節，存年五十四。

向氏東鄉里孫師忠妻。年二十九守節，孝事翁姑，撫孤成立，歿年八十五。

袁氏仁義里陳才位妻。年二十九守節，存年五十八。

鄧氏辛安里方成瀛妻。年二十九守節，孝姑撫孤，歿年七十五。

吴氏宣化里曹善發妻。年二十八守節，存年五十八。

石氏辛安里劉光遠妻。節婦。

易氏興瑞里生員柯家驥妻。年二十五守節，割股療翁，存年五十一。

陳氏樂平里王文漢妻。年二十六守節，存年五十九。

鍾氏仁義里陳公溪妻。年二十九守節，歿年七十七。

成氏仁義里陳思瑜妻。年十八守節，撫孤成立，存年五十。

崔氏善福里蒲永鏶妻。年二十五守節，存年七十六。

陳氏東鄉里文童黄復其妻。年十九守節撫孤，存年五十。

黄氏仁義里陳才瑶妻。年二十九守節撫孤，殁年五十九。

汪氏修善里袁本瑲妻。年十八守節，殁年七十三。

朱氏修善里袁高楹妻。年二十八守節，殁年六十七。

朱氏仁義里陳必詩妻。年二十六守節，存年五十八。

吴氏永城里曹懋萬妻。年二十四守節，存年五十。

烈　婦

明

莊八兒劉學良妻。其父爲富池莊家奴，學良亦人奴子也。越歲，良卒，執喪甚哀。久之，爲舅姑所厭，許少年傭入贅，八兒自度不能抗，佯許之。至期，八兒與姒晨春，謂姒曰："明日不相舂矣。"姒疑之。至暮，改新妝出拜舅姑，舅姑以爲將納婿，喜之，不知其訣也。須臾，入室自縊死。節吴國倫《傳》。

從二姑宣化里從必達女。適趙璁六年，璁病且死，目二姑而不能言，二姑泣曰："得毋以妾爲念乎？妾惟與君同穴耳。"璁目始瞑。其姑因囑一老婢護之，未幾，語婢曰："吾夫待吾冥中且旬日矣。"尋以他事紿婢出，開户解其經縊死。姑舉其喪與璁合厝。節吴國倫《傳》。

艾氏四川什邡人。陶弼令綿竹，納爲小姬。後弼左遷福建指揮使經歷，死無子。有妾黄氏，素悍妒，與嫡室黄同惡相濟者也，至是恬不爲哀，姬慟哭七晝夜，不食，瀕死，囑從者曰："可焚吾尸裹骨歸，庶祔主人之餘土藏焉。"從者如其言。至家，黄氏瘞其骨於壤垣下，且徑其上。後五年，知州楊公士元遷與弼合葬。節吴國倫《傳》。

王氏諸生李本素妻。獻賊入境，偕二子避徐山，間警，與夫同死。本素詳《義士》。

李氏黄巨室妻。明末，遭賊摽掠，執巨室將戮之，氏冒刃哀告，愿以贖，釋去。驅氏行，氏度姑與夫已遠，遂奪刃自殺。

國　朝

夏氏程應宗妻。年十八于歸。宗以攻苦致疾，婚三月而亡。氏號痛絶食，七晝夜卒。

吴氏李應清妻。年二十孀，欲以身殉，復念有娠，冀生子以延夫祀，竟失望，遂死之。

程烈婦徽州人。隨夫遷吉口里之石嘴頭。順治乙酉，闖賊入境，擄婦欲污之，不從，協以刃，仍不從，乃强縛之，婦嚙賊手，賊怒，支解之。至今八十五年，里人言及，猶爲寒心。故老凋謝，逸其夫名，并不知婦爲誰氏女，第相傳爲程家烈婦云。

烈　婦增補

朱氏明楚藩郡主。儀賓係善福里諸生董曰壯。崇禎末，流賊入境，郡主恐被辱，遂偕王氏、許氏、吴氏分白綾同日自經。按：王氏，大學士王家植女；許氏，都堂許公女；吴氏，南康府少尹吴天授女。

吴氏宣化坊明昌漢妻。年二十四夫故，姑以家貧，欲嫁之，氏覺，自盡。

陳氏樂平里鄭名魁妻。年二十一夫故，自經以殉。

劉氏修净里陳承然妻。夫歿，年三十二，投繯以殉。

徐氏慈口里庠生徐稟經女，石常心妻。夫故，氏年二十五，引祧延祀，即飲藥以殉。已請旌。

馬氏豐義里劉彦仁妻。年三十五夫故，自經。

鄧氏下陽辛里成德堅妻。年三十夫故，哭泣不食，自經以殉。

謝氏實政里張承薰妻。薰故，以死殉。嘉慶間奉旨建坊。

欒氏宣化里葉開炯妻。夫故，氏年三十，自經以殉。

袁氏崇慶里劉榮柱妻。咸豐辛酉，避賊山中，賊至，欲污之。不從，身受數十槍，死猶堅握其绔。榮柱至，親執其手乃解，更衣殮之。

馬氏豐葉里候選訓導邢廷揚次子世煌妻。于歸半載，煌病故，氏引侄承祀，遂不食而死。已請旌。

鄧氏福慶里梁勳場妻。場貌寢脣缺，氏敬事之。年二十二，場故，姑以貧欲嫁之。媒來，氏卧不食，泣曰："我本欲奉姑以終天年，今若此，是使我不得生也。"遂自經。

吴氏貴州吴竹村司馬女，尊賢坊安徽修補同知秦承惠繼室。惠疾，衣不解帶。及卒，屬前子若孫努力詩書，乘間仰藥以殉。經安徽同鄉官禀婺源縣詳請旌表。

張氏仁義里陳慶鐿妻。在室事繼母孝，于歸後，事舅姑。夫病篤，典衣延醫診治，彌留之夕，誓以身從。越十七日，送葬歸，投繯以殉，里人哀之。

柯氏興教里劉懋燿妻。年二十歸劉，逾歲生子，甫三日而燿逝。氏一痛幾絶，旋以哀毀卒。

成氏興教里陳猷謨妻。歸陳七月夫故，哀毀嘔血而卒。

烈　婦分里。永城重叠，閲者詳之

梁氏監生阮斌妻。年二十九夫故，既殯，以二孤托娣姒，潛入室自經死。

以上尊賢坊

程氏盧懋江妻。年二十三江卒，遺一女，矢志守義。夫兄欲奪之，度不能抗，潛入室勒女斃，遂自縊。

胡氏程建相妻。年十八相故，葬畢投繯死。旌總坊。

吴氏馬期瑞妻。性孝謹，姑疾，刲股以療。年三十夫故，以身殉。

以上宣化里

汪氏張列渼妻。于歸月餘渼故，矢志守節，有欲奪其志者，不從。洎服闋復呶呶，氏度難抗，乃抱布售母家爲禫祭，訃信宿言旋，季弟送往，部署如常。禫除禮畢，入室服鳩死。旌總坊。

陳氏明應柱妻。于歸十月柱卒，殯葬既畢，自經死。

以上豐義里

陳氏石澤榫妻。年二十一榫卒，家貧無子，氏哭月餘，投繯死。家人解而尸諸榻，顔面如生，族某知方書，手候其息。兩目忽張如怒，某惶怖而退，乃復瞑。

趙氏邢尚波妻。妻生而痴，翁姑屬其父母改字，氏不可。年廿一于歸，侍疾，飲食湯藥必躬親之，雖結褵一載，猶處女也。事王姑舅姑克孝，姑鍾愛之。夫歿，姑謂氏曰："吾子不幸有惡疾，久累若，若所以事之者至矣。若年尚少，盍早自爲計？氏不對而泣，旋旋闔户自經。彙旌總坊。

方氏盧正鼎妻。年二十六，舅姑已歿，無子女，其夫病革，顧氏曰："我生汝留，我死汝嫁，可也。"氏不應，夫歿七日，沐浴更衣，自經死。

李氏蕭聚月妻。夫故，越五旬，喪葬畢，吞金而卒。

以上上豐樂里

田氏舒由極妻。年二十于歸，夫患瘋，朝夕侍奉。越九年夫故，舅姑繼逝，服闋自縊死。

以上中豐樂里

石氏趙德義聘室。年二十，義病羸，告父母歸趙侍湯藥，泣謂娣姒曰："婦人以夫爲天，倘失所天，吾不獨生矣。"及義卒，投繯死。

程氏樊廣珠妻。年二十于歸，三月珠故，無翁姑可依。立嗣既定，自經死。知州高夢龍額褒之。

以上下豐樂里

侯氏趙清元妻。年二十夫故。氏摒擋喪事畢，自經死。

以上新亭里

徐氏費上連妻。年十六夫故。姑先歿，氏矢志奉翁。年餘，翁有他議，氏聞，嘆曰："天不諒人竟若此耶？"私屬叔姑曰："翁倘疾病飢寒，幸善視之。"叔姑莫解其意，至夜扃户自經。

以上寶政里

陳氏曹興華妻。事舅姑以孝聞。年廿三，夫遠貿病故。柩歸，氏屢圖殉，家人密防乃止。三年服闋，自經死。

以上永城里

馬氏劉材爵妻。爵父良班傭耕州北之海口，歲大祲，以疫故。爵與婦相繼往，爵亦病，旋卒。氏拮据治二喪。時炎疫益急，巷無居人，丐貸無所，不能具棺，乃藁葬於憑廬之側坎而虚其右，誓以身殉。日夜哭不絶聲，已乃自沉於溪，溪水淺，不死。自斧其腦，又不死。入夜，以剪刺咽，乃死。年二十有七，時道光壬寅年夏五也。里人哀之，醵資爲槥，啓其夫墓，附葬於右。州編修潘觀藻賦詩紀其事。

孫氏河南人石得仁游河南賺爲妻。與之歸，知已有室，謂得仁曰："勢已至此，復何言？但使得從一，雖爲妾不怨也。"得仁竟逼改嫁，投水死。

以上新安里

李氏石作鬲妻。年十九于歸，甫三日夫故，氏號慟觸棺，目裂頭破，奄息數日而卒。

伍氏石建灼妻。年二十四灼故，盡日泣涕，月餘而卒。

劉氏石建荻妻。生子一女二，荻故，匄食以給。無何，子殤，遂縊死。

以上崇仁里

洪氏吕鳳池妻。篝燈佐讀甚相諧。池卒，氏絶粒數日，翁姑泣諭，勉啜米汁合許，輒復累日不食，如是者月餘，卒殞其生。聞者哀之。

朱氏葉炳南妻。年二十七生一子，甫數月而夫故。欲以身殉，既而視呱呱者，則又念此一綫之傳，當撫而成之，乃强起操作如平時。閲五年，孤夭，乃大慟曰："未亡人不亡何待？"母勸以立嗣，可無死，對曰："族中無可嗣者，且家貧，誰愿嗣我者？"歸遂自經。時年三十二。

以上懷仁里

劉氏曹永衍妻。年三十八夫故。立嗣既定，扃户自經。

曹氏馮德閱妻。年二十三于歸，數日夫故，氏號慟自縊。

吴氏曹善應妻。于歸旬有五日，應以家貧，舌耕老河口，無何病死。柩歸，氏大慟，入室自盡。

李氏馮鼎純妻。純試於鄂，以喪歸，氏欲以身殉，因呱呱在抱未果。旋倏族有産姆，以孤托之，自縊死。

以上永城里

伍氏方敦臨妻。乾隆末，隨夫遷陝西。居無何，白蓮教之亂起，敦臨率家人奉父喪歸。途遇賊，欲降敦臨，敦臨遂以罵賊死。氏在傍，驚慟氣絶，賊去始蘇。遇家人指示敦臨死所。將遂投崖死，家人强止之，且責以舅喪未葬，勉從之。及歸葬舅畢，以二子屬夫兄弟，且泣曰："吾今可以從夫於地下矣。"遂不復而死，後敦臨之死，凡七月云。

李氏程茂炌妻。年廿七夫故，誓以身殉，因家人密防不得死。越月，乘間縊於夫靈前。

以上長慶里

馮氏石忠志妻。年二十九夫故，越明年，歲歉，母家欲奪其志，自經死。

李氏熊可選妻。夫尪弱多疾，割股療之，弗愈。殮畢，以身殉。乾隆二十二年，請旌建坊。

以上樂歲里

鄧氏明定國妻。夫病危，謂氏曰："吾殁後，汝如何?"曰："從君逝耳。"夫殁，越三日，自縊，時年二十五。

以上福慶里

蔡氏伍倫典妻。舅殁於秦，夫往負骸，身故。姑以思子致疾，卧床榻，氏事之廿一年弗懈。姑目盲，割股以療，目旋明。及姑卒，葬畢，請嗣於姒，姒許。闔户自經，衣履皆素。

以上安樂里

邱氏漢陽人。年十八，贅尹啓健。健以軍功保舉知縣，常在戎行，以病告歸，旋故，氏絶粒旬日而歿。

以上永福里

徐氏阮應傳妻。年廿五，傳疾篤，目氏不能言，氏曰："君無顧慮，妾誓相從也。"傳目遂瞑。氏哭泣盡哀，入室自經。

以上吉口里

汪氏名亭松，漢陽徽賈女。通子史，適慈口徐先登。初，登隨父客漢陽，已而父亡母存，挈家寓都昌爲幕。無子，疾劇，謂氏："我家零丁七傳，聞興國有洲頭名者，是吾所從出也，汝志之。"遂卒。氏載其喪以西。其弟思奪而嫁之，氏覺，哭且誓曰："若不入興國，有如此水。"抵洲頭。遍拜先壟，求嗣子不可得。行乞養姑，姑歿，復如漢陽，以翁之柩歸，嘆曰："此七傳者庸當斬歟！"涕泣而求之官，得七歲兒義啓撫之。獨居節孝祠，日則工以償廩，夜則成字於灰以教義啓。數年，義啓殤，痛憤曰："我十四年忍死間關者，爲此七傳耳。天何奪之酷也！"題絶命詞於壁，殮兒既，投繯死。榻上死兒顧其母，繯中死母顧其兒，四目相對如生，其可哀也已！氏二十二寡，至是三十五。節武寧張望《傳》。

鄧氏陳芳谷妻。谷攻苦致疾，氏禱於神，願以身代，遂服毒自斃，時年廿八，越數日，谷亦歿，族里悼之。

以上慈口里

談氏李善聽妻。于歸甫數月，夫歿，自經死。

以上新興里

徐氏袁介眉妻。年十八歸袁，炊火屢虚，女紅達日，僅可給舅姑養。年廿九夫故，投水死。族人憐之，爲會致祭，且恤其孤云。彙旌總坊。

張氏李青照妻。隨夫携子至湖南長沙縣。夫出，强暴饒賢望計誘逼奸，不從，投河死，饒復沉其子以滅口。及事發，賢望伏誅，氏旌。

以上修善里

程氏劉朝拔妻。年二十二夫故，無子。殯殮如禮，越七日，投繯柩側。

程氏吴焕支妻。嘉慶間，隨夫傭工陝西安康縣。值其地水漲，夫溺死。求尸不得，氏號泣投急流中，土人撈其尸，則兩手携其夫手不釋。已詳請旌。

以上崇慶里

黄氏吴根墀妻。年二十九守節，紡績撫嗣。嗣夭，思立孫，因貧未獲。泣曰："未亡人不能爲亡人立後，何生爲？"遂投繯而死，時年五十。

廖氏王啓貴妻。年二十夫故，家甚貧，翁欲奪其志，氏聞，剪髮毁容，絶粒七日而死。

胡氏王文經妻。年廿三夫故，或勸改字，悲憤自經。

以上樂平里

明氏汪若玫妻。年二十三夫歿，無子，自經以殉。

黄氏張堇孝妻。父金甲，官鄖西把總，堇孝携婦往依之。同治元年，金甲陣亡，堇孝亦遇難，氏自經死。時年三十。

以上長樂里

吴氏鄭昌裳妻。年二十六夫故，殮畢投繯，救蘇。遂絶食，家人環守，勸以撫孤存祀。逾年，孤夭，自經死。

以上上陽辛里

徐氏駱冠一妻。年二十五夫溺死，悲慟自經，家人救免。絶食號泣，血泪迸流而死。

鄧氏郭建節妻。年二十四夫故，絶食七日而死。

以上下陽辛里

程氏王敬五妻。夫病篤，奄奄將絶，術士言：“氏命刑夫。”氏意身死可免，至夜，禱天自經，而夫果愈。

葉氏王義兆妻。年二十一夫故，家貧無子，葬畢投繯死。

以上上雙遷里

柯氏黄顯保妻。咸豐乙卯，粤匪擾境，執氏欲污之，不從被害。

以上興瑞里

烈　　婦又分里

王氏譚廷杰妻。年十九夫歿，以身殉，已旌。

以上吉口里

阮氏封職阮玉衡女，張理臣妻。歸一載，夫卒，遺腹生女，泣謂其仲姒、胞姊福春曰：“吾旦夕不死者，冀一綫之延，今已矣。”乃請於姑以夫兄三子坫承夫後，勸貞姒善事姑，毋違志。事畢，飲藥卒。已旌。

以上上陽辛里

陳氏章明川妻。年二十六夫故，誓以身殉，念姑老無嗣，茹苦奉姑。年三十三，有欲奪其志者，氏仰天大慟曰：“未亡人之不獲終事姑老，天也。”投繯死。

以上宣教里

陳氏蕭顯解妻。年二十一夫故，數日，沐浴更衣，焚香再拜，投繯死。

以上修净里

邢氏黄人善妻。年三十三善逝，氏泣告宗黨曰："妾不幸無出，又失所天，焉用生？"請伯子炳嗣夫後，遂絶食，越數日，猶蘇，仰藥死。

以上東鄉里

蔡氏明應樹妻。年二十四樹歿，族人憐其家貧，謀嫁之。氏奔其夫墓樹下，投繯死。

賈氏石金聲妻。年二十八聲歿，氏慟失所天，勺飲不入，毀卒。

徐氏李祖錫妻。夫故，悲極，自經而亡。

張氏李德恒妻。賊逼，投繯死。

以上宣化里

馬氏陳才芹妻。年二十芹故。氏已有娠，生一女，夭。氏守制期年，自經。

以上上豐葉里

王氏汪思鏜妻。年二十一，慷慨赴義，節烈殉夫。

明氏汪璠石妻。年二十四夫故，悲號數月，自經死。時年二十五。

汪氏明師炳妻。年二十五炳歿，氏絶粒而死。

以上長樂里

潘氏石開棟妻。年二十三夫故，哭兩月，咯血數日，不食卒。

以上崇仁里

樊氏石德仲妻。笄歸五年，夫歿，大慟欲絶。父母翁姑憫其年少，謀嫁之。氏聞之，紡績自若，夜半閉門，沐浴齋□，自經，目不瞑，□床中孤兒而亡。

以上下豐樂里

明氏石興敦妻。年二十四守節，夫從弟□以氏無子，私議婚。氏覺，閉户投繯，爲其姑與娣救免。光緒庚辰留旅人□□乞食，氏羞與同行，飲毒死。

陳氏方開玉妻。夫歿未百日，姑逼其改嫁，自經死。

以上長慶里

范氏朱發清妻。年二十夫故，無子，欲以身殉，因翁老皮幼，不忍遽死。人有以家貧必嫁，不能終制告之，大慟竟日是，以死繼之。

以上辛安里

李氏曹興淮妻。年十七淮歿，氏大慟，矢不欲生，以姑力勸乃止。越二年，姑卒，自經。

以上永城里

附未詳里居烈婦

柯氏羅德洽妻。生一子，家貧，夫没，自經以殉。

汪氏王學利妻。年二十五夫故，姑老家貧，家人欲嫁之。氏聞，抱夫靈主自縊死。

殉難遇害烈婦女

劉拈姑明劉洪枋女，修善里鍾斗妻。由排市徙居下羊。闖賊之亂，逃至石田，爲賊所獲。氏乘間挾二子投水死。

陳氏辛安里方天澤妻。明末，携子避亂。遇賊於大窑寨口，以計脱其子，自投水死。

三烈婦永章里諸生柯永亮之長子天潤妻茆氏、次天生妻閔氏、三天淑妻李氏。順治乙酉春，李賊復陷荆襄，蔓延州境，亮集鄉人禦賊於大冶湖。勢大難支，將殉，諸子乃各囑其婦曰："善撫吾兒。"時閔氏牽夫衣曰："願從死。"茆氏止之曰："死難亦當有禮。"蓋茆氏，荆王甥也。遂盛服，北面謝君，次偕二娣拜舅，次各拜其夫畢，命婢負子另挽一舟，依次坐。少頃，婢辭曰："奴先赴泉下，掃除以待。"一躍而逝。隨命僕移棹水深處，破舟沉焉。

陳氏興教里劉洪楷妻。順治乙酉，避闖賊於石馬洞。賊破洞，氏撞石而死。葬梁上村左，冢猶存。

明氏福慶里楊成文妻。順治乙酉，爲流寇所執，被逼不從，殺之，時年三十五。氏女啓姑，見母被殺，遂罵賊，賊又殺之，時年十八。

□氏福慶里明良鋭妻。順治乙酉，流寇戕良鋭，欲污氏，不從，殺之，時年二十一。

□氏永福里陳大任妻。順治乙酉夏，流寇擾境，執氏欲污之，氏度力不可拒，乃紿往岩邊掘窖金。賊信之，至險絶處，墜岩而死。

姜氏永福里石光祖妻。順治間，流賊淫掠婦女。氏被脅，弗屈，賊好語，氏益憤詈，賊怒，倒懸而烟薰之，曰："從我，貸汝死。"氏齘齒閉目一晝夜，口耳目鼻悉血出而死。時村中陷賊者睹其狀，皆感嘆，有泣下者。

袁氏福慶里監生楊紹春妻。咸豐辛酉，粵賊竄境，氏年十七，懼污投水死。

袁氏福慶里尹啓興妻。年十八，賊至。謂其妹曰："女子貞潔爲重，豈可委身受辱哉？"遂携手投水而死。

邢氏豐葉里黄秀靈妻。遇賊，被害。

蕭氏興瑞里柯進義妻。咸豐間，粵匪至，欲污之，不從被殺。

樂氏福慶里鄒全楹妻。年二十五，遇賊懼辱，投井而死。

鍾氏福慶里鄒孝桂妻。年十九，遇賊懼辱，投井而死。

劉氏福慶里鄒孝檀妻。年十七，遇賊懼辱，投水死。

鄒氏安樂里明昌祥妻。賊至，氏年二十一。懼污，自經死。

咸豐十一年辛酉夏竄州殉難遇害婦女分里

江氏謝祖識妻。賊至欲污之，抱幼女赴堤頭湖死。時年二十有二。

張氏李德恒妻。粵匪刃其姑，氏冒刃衛之。賊釋姑，欲污氏。勢急，投於水，遇救，懼賊再至，其夜遂自經。時年二十有六。

程氏馮正廷妻。年七十五，駡賊被殺。

劉氏馮正鈐妻。年五十八，遇賊被殺。

樊氏馮祖鑒妻。年六十七，遇賊被殺。□□而死。

以上宣化里

劉氏吴焕富妻。少以女紅養寡母。于歸逾歲，賊擾境，氏避水濱。賊至，投水，賊曳之起。氏泣且駡，賊怒，搯其喉，垂斃，語喃喃猶駡之，手自開，時年二十一。知州徐芝率官紳往祭焉。

方氏萬國平妻。賊至懼辱，携男一女一投河死。數日，尸浮，面如生，仍抱子女於懷，時年二十四。

趙氏張揮吟聘室。被賊逼，躍池死。時年十七。

以上豐葉里

劉氏桂大定妻。家甚貧，以女紅自給。粤匪掠境，見氏貌美，欲污之，峻拒獲免。恐終難脱，遂躍池死，時年二十四。賊退，家人殮之，面如生。

以上中豐樂里

黄氏費上典妻。年十九寡，夫兄及姒相繼亡，遺二孤，氏撫之，以一爲子。賊至，翁携孤先避。氏扶姑行緩，爲賊執，欲污之。遂駡賊，賊刺其吻，駡益厲，賊殺之。二孤聞聲奔至，并縛去。賊退，翁倩人舁歸，氣尚未絶，瞪目呼翁曰："兒未辱阿翁也。"遂殞，時年二十五。

劉氏黄鎬極妻。賊入境，偕諸姑避舟中。勢急投水死，時年二十一。

柯氏費興茂妻。生子一女一。賊犯境，氏方在母家，聞賊至，以子托其兄曰："速携遠避，我則死耳。"隨衆奔譚家湖，賊獨尾氏，氏恐被污，遂抱幼女沈於湖。賊去，撩其尸。口嚙女袖，抱持牢固，時將分娩，蓋殞命者三焉。

以上善福里

曹氏劉才輝聘室，及笄未婚。賊至，氏匿田禾中，賊曳出，驅之前行。中途有井，遂投井死。

以上永章里

汪氏劉良木妻。賊至被逼，偕女蜀姑溺水死。

陳氏劉良松妻。夫故守節，賊至遇害。

以上辛安里

袁氏劉光江妻。賊犯境，氏率子婦陳氏出避，賊見而尾之，至池邊，氏語婦曰："婦人以潔身爲貴，勢急矣，可奈何？"婦泣指池水曰："此非我姑婦潔身所乎！"携手躍入池中，死之。

以上樂歲里

吴趙氏蓮姑隨姑避賊。賊至，姑絶裾而逃，氏大哭，投水死。時年十三。

明氏方銘菁妻。與小姑登弟、蘭姑、弟婦石氏、明氏避賊於下灣。賊至懼辱，連臂投米埠湖死。經黄給諫元善彙奏，旌表建坊。

秦氏方開琳妻。避賊下灣，與侄婦明氏一家五口同赴水死。年二十。

李氏方銘雁妻。賊至其家，欲污氏，投塘水死。

陳氏方敦雄妻。賊至懼辱，投塘水死。

陳氏方開成妻。賊至懼辱，投水死。

彭氏方銘發妻。賊至懼辱，投水死。

趙劉氏賊至遇害，夫名未詳。

章氏明邦澄妻。賊至懼辱，投塘水死。

姜氏趙良樟妻。賊至家，搜索無所得，将殺之。氏投水死，年七十。

陳氏趙元麟妻。携幼女弱婦避賊，經塘畔，一賊追逼，氏扭賊縱女婦逸去，賊擊以刃，不釋手。計女婦已遠，出賊不意，投塘水死。

李氏陳思須妻。方氏陳思孝妻。同族娣姒也。共避賊於水濱，賊至，乘木筏以逃，一悍賊入水，緣筏而上，二人把手投水死。

蔡氏明昌鈞妻。被賊逼，抱幼女投水死。

蕭氏明邦綸妻。携幼女避賊於米埠。賊至，并投水死。

陳氏趙志瀾母。年近七十，乘舟避賊。賊至，掠同舟婦女，氏大駡，賊以長矛刺之，未殊，復投諸水，溺死。

戴氏程建金妻。賊至其家，氏逸，賊追之，赴水死。

張氏劉朝炯妻。年三十六而寡，被賊逼，投水死，時年四十九。□中鐸葬母訖，投繯以殉。

明氏李士沂妻。賊逼不從，死之。

明氏劉中信妻。賊逼，偕女四姐赴水死。

以上均旌

以上長慶里

袁氏張永泰聘室。被賊追急，投水死，時年十六。

楊氏楊貫証女。賊至懼污，赴水死，時年十七。

樂雪娥鄒時乾聘室。隨母避賊，中途赴水死，年十歲。

樂望姑樂昌炯女。遇賊懼辱，自經死。

楊氏楊廷和女。賊追急，投水死，時年十五。

尹氏鄒西山妻。賊擾境，執氏欲污之，不從，遂遇害。

劉氏鍾大光妻。賊擾境懼逼，投水死。

王氏鄒良境妻。賊擾境懼逼，投水死。

闞氏陳先玉妻。與吴氏同遇賊，携手投水死，年二十一。

吴氏陳盛炳妻。與闞氏同遇賊，携手投水死，年十八。

佘氏姜城章妻。賊至，夫被執，翁忿與争，賊怒，殺之。氏抱嬰兒投塘水死，時年二十一。已旌。此名係安樂里。

以上福慶里

彭氏王全榮妻。賊至懼污，翁墻走，賊追之，投塘水死。

以上安樂里

周氏黄國湖妻。年十八于歸，逾年夫故。誓將殉，家人勸止。越三年，聞賊犯境，倩人護翁姑遠避，抱夫木主自經，年二十一。

以上吉口里

李氏鄭傅緒妻。賊入室欲污之，氏忿，批其頰，罵不絶口，賊擊以刃，受重傷死，時年十六。

以上上陽新里

張氏舒獻冲妻。賊焚其廬，燒斃，年四十六。

方氏潘運柏妻。年六十，遇害。

以上上雙遷里

徐氏華烈文妻。賊擾境，與侄昇恒妻張氏并投河死。

張氏華繼勇妻。被賊追急，溺水死，年四十六。

以上下雙遷里

張巧弟張繼仁女。遇害，時年十四。

張陳氏張承生孫婦。遇害，時年十二。

張陳氏張承遠聘室。遇害，時年十歲。

張望弟張敬雲孫女。遇害，時年十歲。

劉細嬌劉立恩女。被賊燒斃。

蔡氏蕭佑申聘室。賊至，溺死。時年十五。

蔡清嫺蕭漢登聘室。遇害，時年十六。

蔡琴翠余炳辰聘室。遇害，年十五。

孫貞英孫宗方女。拒賊被殺，時年十六。

劉氏蕭功福妻。年二十四孀，避賊母家。賊適至，氏泣告母曰：“與其失節而生，曷若全節而死？”見火光四起，遽入床下，以麻自勒而死。賊退，鄰舍灰燼，惟氏盡節之室巍然獨存。

劉氏陳彦榜妻。年二十二夫故，事姑撫嗣。賊至，執其姑將殺之，氏乞代，賊不聽。氏忿與賊相搏，遂與姑同遇害。時年五十有一。

陳氏張加財妻。隨夫避賊於下坑源。賊至，夫越澗而逃，氏懼辱，投身茅屋糞窖中。賊怒，火其屋，氏焦爛而死，時年四十二。

陳氏張揮權妻。賊至懼污，抱幼媳歐氏赴水死，年三十七。

成氏歐宗灼妻。賊至懼污，自經死。

劉氏成德立妻。避亂母家，被賊焚死。

王氏張承譜妻。年四十六，女玉姑年十七，同遇害。

成氏張承玉之母。與承玉妻劉氏同遇害。

成氏張揮璧妻。年四十八，媳徐氏年十八，同遇害。

陳氏張敬龍妻。賊至，龍被殺，氏及妾汪氏、女旺弟、貞弟同遇害。

劉氏張繼孝之母。與孝妻成氏及孫婦劉氏同遇害。

成氏張敬逷妻。年六十，與孫女容秀同遇害。

陳氏張繼萬妻。年六十，弟婦劉氏年四十，子婦成氏年二十，同遇害。

陳氏張敬本妻。年三十六，與女元英年十六，同遇害。

洪氏張能萬妻。與冢婦洪氏、次婦洪氏同遇害。

陳氏張敬然妻。年三十七，與女玉枝年十二，同遇害。

駱氏張敬林妻。年三十二，遇害。

陳氏張敬順妻。年二十五，遇害。

陳氏張敬應妻。年三十七，遇害。

劉氏張承福之母。年三十七，與養媳劉氏同遇害。

陳氏張繼密妻。年三十九，遇害。

陳氏張繼玉妻。年五十七，遇害。

明氏張承戌妻。年五十三，遇害。

劉氏張敬有之母。年五十五，遇害。

成氏張敬豪妻。年七十三，遇害。

劉氏張繼友之母。年五十五，遇害。

陳氏張能興之母。年八十三，遇害。

成氏張敬廷之母。年七十一，遇害。

陳氏李克璋妻。年四十四，遇害。

張氏李承善妻。年五十，遇害。

蕭氏成先琥妻。年五十，遇害。

陳氏紀章琇之母。年七十三，遇害。

蕭氏陳彦禮之母。年七十，遇害。

李氏陳承班之祖母。年七十七，遇害。

張氏陳承昌之祖母。年七十八，遇害。

陳氏張繼群之母。年六十，遇害。

蕭氏蔡杰性妻。年十八守節。賊至懼污，赴水死，時年四十六。

張氏王賢裕妻。年三十四，遇害。

劉氏蔡杰懽妻。賊至懼污，抱媳劉氏同赴水死，時年三十九。

蔡氏鄧安順妻。賊至懼污，抱幼子同赴水死，時年二十六。

成氏蕭功定妻。賊至欲污之，堅拒被殺，時年三十六。

周氏蕭功榮妻。與子婦陳氏不受賊污，俱被重傷死。

祖氏蕭功純妻。賊至懼污，抱子赴水死，時年二十二。

吴氏蕭仁泰妻。年四十六，賊至，抱幼孫同女溺死。女年十四，孫方兩月。

劉氏蕭功連妻。年六十六，遇害。

張氏蕭功柳妻。年四十二，遇害。

劉氏蔡韜虎妻。年二十三，遇害。

蕭氏唐正興妻。年四十五，遇害。

劉氏蔡英玢妻。夫亡守節，賊至遇害，年五十二。

成氏鄧安玉妻。賊至遇害。

成氏鄧安泰妻。年三十三，同夫遇害。

陳氏鄧安平妻。年二十九，同夫遇害。

駱氏蕭功銘之母。年四十二，遇害。

劉氏蕭功如之母。年八十八，遇害。

劉氏蕭功愷之母。與愷同遇害。

熊氏曾逢章妻。年六十四，遇害。

王氏陳才延妻。賊至遇害。

孫氏賈正雲妻。拒賊被殺，年五十三。

成氏賈紀柳妻。賊至欲污之，堅拒被殺，時年十六。

華氏賈紀義妻。賊至懼污，自經死，時年二十八。

吴氏陳承月妻。被賊追急，自跌斃，年四十。

熊氏陳承亨妻。携三歲子、一歲女，與陳承敏女適張氏者抱三歲媳同出避亂。遇賊被執，詐言從行，過藕塘，并赴水死。

舒氏陳攀龍妻。被賊追急，自溺死。

葉氏陳思禮妻。年七十二，遇害。

華氏王兆五妻。賊至欲污之，堅拒被殺，時年三十五。

成氏郭肇鑒妻。被賊逼，投水死。年三十六，子從慶年六歲，同母死。

成氏張承應妻。賊犯其境，氏擊以石，爲賊所殺。

陳劉氏夫名、死事未詳。

張桃英張鉅遇之女。年十八，妹元弟年十三，同時遇賊被害。

以上修净里

李氏劉中珠妻。賊掠境，珠率族人禦之，身受重傷，氏奮起赴救，賊殺之，珠亦遇害。

戴氏劉正紀妻。賊至懼污，投塘水死，年二十二。

陳氏劉正法妻。賊至懼污，投塘水死，年二十七。

蕭氏劉應文妻。賊至懼污，投塘水死，年二十三。

陳氏劉立盛妻。賊至，抱女元姑赴水死，年三十四。

陳氏劉正發妻。夫被賊執，與養媳陳氏赴水死。氏年二十七，媳年十歲。

陳氏劉士勳妻。年八十，遇害。

陳氏劉應達妻。年十三，遇害。

李氏劉中煒妻。年七十一，遇害。

陳氏劉朝恪之母。年七十一，遇害。

陳氏劉萬崒之嫂。年七十九，與萬崒同遇害。

張氏劉朝蘭妻。年七十，遇害。

聶氏劉中未妻。年三十八，遇害。

吴氏劉朝樹妻。年五十，遇害。

孔氏劉中官妻。年三十九，遇害。

王氏劉中賓妻。年二十，遇害。

張氏劉浣中妻。年十六，遇害。

柳氏劉朝考妾。年五十，遇害。

以上崇慶里

吴氏劉中離之母。賊至遇害。

柳氏劉中圭之母。與中圭妻張氏同遇害。

成氏劉朝芬妻。年六十，遇害。

成氏劉中春之母。賊至遇害。

陳氏劉中杰之母。賊至遇害。

吴氏劉立云之母。與立云妻吴氏同遇害。

李氏劉立哲之母。與立哲妻鄭氏同遇害。

吴氏劉中詩妻。年三十六，遇害。

袁氏劉建中妻。賊至遇害。

舒氏劉立亨妻。賊至遇害。

吴氏劉朝鑒妻。年四十一，與子婦張氏同遇害。

李氏劉士鈞妻。年四十，遇害。

張氏劉立忱妻。年二十六，遇害。

徐氏劉立啓之子婦。賊至遇害。

陳氏劉正玢弟婦。夫亡守節，賊至，被焚死。與其姒王氏同遇害。

鄭氏劉正興妻。年四十六，與子婦談氏同遇害。

鄭氏劉正亭妻。年四十八，與子婦陳氏同遇害。

劉氏李盛杞妻。年二十二，遇害。

舒氏劉正庚妻。年二十七，遇害。

以上朝陽里

袁氏劉榮柱妻。賊掠境，執氏將污之，氏手執下裳，斫之不釋，且哭且駡，賊擊其齒盡脱，駡不輟，復斫其頂，遂斃。血不出，倚石僵立。榮柱至，謂尚生也，前撫之，頂血迸涌而仆，時年四十。

以上辛興里

明氏汪有相妻。賊犯境，氏避湖濱，勢急赴水死，年十六。

以上長樂里

葉朱氏遇賊被害，夫名、里居未詳。

殉難遇害婦女

伍氏伍贊輔女。遇賊，跳崖死。

以上安樂里

蔡氏余擇榮妻。遇賊懼污，投塘死。

劉氏蕭仕遴妻。年八十，賊至遇害。

秀枝鄧安順女。被賊逼，投水死。

蔡女清釵蔡杰階女。年十五，遇賊懼污，投塘死。清閒：蔡术階女。遇賊，與姊清釵同赴水死。

以上修净里

柯氏費盛周妻。辛酉，粤匪竄境，氏抱嬰女避湖濱。賊至，氏狂奔，賊追急，氏度不免，乃大呼曰："我死則死，豈受賊污！"遂投湖，時氏尚孕，蓋與所抱而死者三。嗚呼，慘矣！氏死年僅三十。

以上善福里

附未詳里居殉難婦女

葉朱氏遇賊被害。佚其夫名。

袁氏尹啓興妻。年二十，遇賊，投水死　　　　　　　　　　　　。

袁氏張肇明妻。年十五妻。年二十，懼賊逼，投水死。

鄒氏劉鳴玉妻。年二十八守節，粤逆竄境懼逼，投水死。

卷之三十

列女志

孝　　婦

趙氏諸生賈一豫妻。遭流寇執其姑，拷勒財物，氏奮不顧身，厲聲罵賊。賊怒，傷其手足，氏泣曰："可碎吾尸，勿殺阿姑。"旋斃，賊悔，釋其姑。姑憐其死，每飯不忘也。按舊志列《烈婦》，今彙入《孝婦》。

萬氏陳公銓妻。事姑陸氏，先意承志，姑年八十，齒牙盡脱，氏節兒乳調米糊進之。姑不粒食，而神氣益王。偶病，氏左右抱持不少懈。姑年九十餘卒，臨終語家人曰："吾無以報，願孝婦世有賢子孫耳。"子汝昂，廩生。

曹氏石其丹妻。其丹素孝，後染病，自知不起，泣曰："死生有命，其若老母何！"氏曰："姑即母也，媳即子也，苟有二心，神必殛之。"夫故，與姑共寢，事無巨細，必稟命焉。姑歿，哀毀骨立。子光誥，諸生。

司氏監生董儒林妻。敬事孀姑十數年無懈。姑卒，哀慟，氣絶復蘇。繼母方氏病篤，氏割股以進，母疾旋愈。

吴氏周元亨妻。事翁孝，遇歲歉，針黹易肉以奉。里黨賢之。

以上舊志

徐氏東鄉里漆一枝妻。夫早世，孝事繼姑，姑病癱，左右扶持數十年如一日，鄉里稱之。

尹氏永福里石思勤妻。家貧，丐食養姑。光緒丙子，大水猝至，將没其廬，婦從外入負姑，爲頹垣所壓。水退，掘垣出尸，兩手猶扳其姑。

孝　婦增補

賈氏儒士賈臨湖女，封職劉正之配，贈夫人。幼習詩書，明大義，歸正之，克盡婦職。姑張太宜人，有隱德，知氏憐貧意摯，凡周急事專屬以行，倚之如左右手。張歿，哀毀幾不起，每遇誕日忌辰，必泣以祭，至老無間。卒年八十二。

陳氏興教里封職劉烇元配，鄉賢陳治策女孫，州司馬湄女也，贈太宜人。幼育於雲和官舍，一日宵深，啼泣不止，鄉賢公抱出廳事，適見儀門火，遂呼撲滅，以此益鍾愛之。及笄于歸，奉盥調羹，承歡無間。舊衣殘炙，輒以惠貧，姑賈太夫人故好施，見氏能推解，喜曰："陳媳大如我意，必能教其子矣。"年三十四卒，一時寠媼、貧兒莫不流涕。舅，資政大夫，親爲定兆曰："陳媳，非常女，好葬之，令其得所也。"其獲高堂眷愛如此。子鳳綸，庶常；孫澍，諸生。

黃氏仁義里諸生陳元霖元配，諸生黃厥修女。幼嫻女誡，于歸後，孝事舅姑，奉甘旨必盥沐以進，數十年如一日，翁姑賢之。和於娣姒，有鍾郝風。貧媪稱貸，即無餘必分以應，歿之日，受惠者爲之感泣。子熉、烺，俱諸生。

潘氏辛安里監生李紹膺妻，舉人金堂、玉堂祖母也。姑疾，侍奉扶持，又患便閉，以蜜實葱吹之，不避穢臭。姑稱孝婦，人無間言。

明氏辛安里李楚奇妻。合巹之夕，聞舅太息聲，即起以新衾奉舅，而自擁敝絮。紡績孝養，二十年如一日。

李氏豐葉里蕭功楊妻。夫癡家貧，翁嗜酒，氏典衣截髮，沽以供養。翁姑卒，賣宅營葬，曲盡婦道，里人賢之。

劉氏修净里從九銜程履泰妻，幼養於程。家貧，孝養侍姑疾，衣不解帶，婦道克盡，人無間言。

盧氏歲貢盧宗渠女，長慶里中書銜彭子杰妻。年十三于歸。奉養勤勞，侍姑疾，滌腧扶持，曲意承奉，無微不至，族黨稱孝婦焉。

王氏下遷里職員華秉衡妻。事姑徐曲盡婦職，逢姑怒則跪床前請罪，怒輒解。姑病哽噎，遍覓甘旨以進，又病秘結，氏磨指甲撥之，不知穢也。居平賑恤貧寠，不一而足。享年九十，人頌令德壽母云。子藻，諸生。

馬氏懷仁里諸生劉文雄妻。年十七于歸。姑吴宜人病篤，氏持瓢承溺，時污手面，無少却，衣不解帶者累月。舅病，刲股和藥以進。事祖姑梁宜人，極得歡心，非氏捧盤不食。孝婦之譽，溢於閭門。

黄氏職員徐子長妻。家貧，事姑孝，績紝以奉甘旨。逢姑怒，柔色婉言，務得歡心。有餘則周恤窮困，不少吝。

周氏長樂里汪姓之婦，佚其夫名。姑嬰錮疾垂危，氏禱竈籲天，割肝和羹以進，姑病霍然。《陳盤谷集》有《汪孝婦詩》。

柯氏仁義里朱姓之婦，佚其夫名。割肝療姑。《陳盤谷集》有《朱孝婦詩》。

華氏上遷里監生王廣域子婦，監生華幹妻。廣域病，潛刲股和藥以進，病愈。姑朱氏疾，亦如之，未痊，又於夜深禱天，割股以療，蓋凡三次云。

賈氏賈敦榜女，上遷里舒獻壽妻。家貧，鬻奩衣以養。翁病危，醫藥不效，氏刲股和羹以進，次日病瘳。

秦氏福慶里陳小峰妻。事姑孝，冬温夏凊，數十一年無或懈。姑病，割股和藥以療，思食鮮不得，氏徬徨焦灼，忽聞樓上潑刺聲，梯視，則雙鯉在焉。烹而進之，人謂孝感奇於姜詩云。

董氏宣化里陸登池妻。年二十二守節，紉績養姑。姑病，刲股和藥以進，病頓瘳。

成氏修凈里陳定山妻。夫婦侍親疾，衣不解帶，氏潛刲左肱和藥進，姑疾立瘳。

盧氏豐葉里李超萬妻。翁患痔劇，割股爲羹以進，頓愈。

馬氏永城里曹盛俊妻。節婦，割股療姑。氏年二十八夫故，苦節撫孤成立。

朱氏東鄉里黄善漢妻。年三十五夫逝，家貧無嗣。姑患脱節瘋，兩足膿血腥穢，氏親爲敷洗，不解帶得月餘。今猶蹠盭，跬步相須倅十指力。忍飢奉養，二十載如一日。族黨無間言。存年五十五。

柯氏東鄉里孫法道妻。奉旨以“貞孝”旌表。

闞氏長樂里汪凈灣妻，性柔順。翁年七十，有疾，氏隨夫侍奉湯藥，衣不解帶者月餘。祖母李，貧寡無依，延至其家，供養以終。

阮氏吉口里趙相海妻。割肝療姑，州尊陸公製詩并序獎之，又賜“孝光彤史”額及銀參各物。

郭氏宣化里董承發妻。年二十七守節撫孤，兩次割股療舅姑疾，存年五十一。

孝　　婦分里

陳氏孝子鄢子遴元配，并著孝聲。乾隆四年，郡守以雙孝聞，奉旨准建坊入祠。

潘氏秦春林妻。翁晚年患目疾、足疾，氏出入扶持，朝夕罔懈，歷數年如一日。林患嘔血瀕死，氏兩次刲股和藥，疾瘳。

柯氏李克鈞妻。家貧，奉姑必具甘旨，而自食草蔬，姑病割股以療。

以上尊賢坊

全氏職員張鰲妻。孝事孀姑，鬻嫁衣供甘旨。姑臥病，侍湯藥數月，衣不解帶，復刲股以療。姑卒，哀毁，遇忌日必涕泣致祭。叔姑梁氏患風疾，穢污裳服，氏代浣濯者三年。已旌。

以上宣化坊

樂氏常宏楊妻。幼養於姑，夫没。姑患中風，偃卧床褥，口不能言。氏晝夜調護，飢渴溲便，以意揣之，悉當其候。凡五易寒暑，弗懈。

柯氏邢圓潤妻。家貧，翁多病，氏晝夜勤苦以供養具。翁年登大耋，語人曰："吾老而貧病，不至凍餒者，賴有孝婦耳。"

蕭氏監生邢尚增妻。事兩世翁姑十有餘年，孝敬不衰。

以上豐葉里

李氏王武富妻。家窘甚，操井臼，忍飢寒，奉舅姑甘旨無缺。姑病，刲股以療。

李氏監生程光裕妻。幼歸程，能得翁姑歡。翁病篤，刲股和羹以愈。姑患目疾，以舌舐之，姑目復明。

以上永章里

馬氏董兆然妻。幼爲姑抱養，長奉姑如母。歲歉乏食，采野蔬雜米以供，必待姑飽而後自食。後遘疾，自恨不能終事姑，垂危，强起泣拜，卒年三十有六。

汪氏劉萬點妻。性和順，克盡婦道，公病劇，祝天求代，病遂愈。既而姑病，思啖鴿肉，貧不能常得，氏默禱竈神。晨起，有鴿飛集屋梁，捕之，和羹以進，姑病亦愈。并嘗割股、剖肝以療翁姑。

以上新安里

梁氏馬尚懋妻。舅病三年，侍養不怠。姑患腹脹，水沾床褥，氏親洗滌，弗覺其穢。年三十二夫故，家貧子幼，紡績自給。

以上懷仁里

李氏方開棣妻。兩次割股療翁姑疾。年三十四，夫與翁姑相繼没，無子，貧不克葬。氏日勤女紅，積資營宅兆，又歷數年勤苦，改葬夫祖父母，立石表墓，并營置祭産。年八十卒。

明氏秦文泰妻。泰客死，氏矢志奉姑，傭工致養。咸豐辛酉，賊入境，姑卧病不能起，促氏出避，氏不忍，賊至欲污之，氏忿罵賊，擊以刃，血流殷地，死而復蘇。今姑猶存，氏事之益謹焉。

劉氏李盛汪妻。年十二歸李，姑已没，事翁曲盡孝敬。及笄合巹，未及一年夫故，翁哭喪明，憐氏年少，以己故不得改適，時欲自盡，氏覺，涕泣勸慰，奉事益謹。族人感其孝，爲醵金營産，以俟立嗣。

趙氏方敦鎰妻。夫客死，家貧姑老，氏年三十餘，矢志不嫁，乞食養姑。

以上長慶里

王氏鄒良坡妻。夫没家貧，行乞養姑，凡所得食，必先以奉姑而後自食。姑疾委床，扶持浣濯，數年如一日。

以上福慶里

伍氏彭祖茂妻。茂久客關中，氏茹苦養姑。姑中年病痿，年至八十有二，氏奉藥餌、滌垢污不少懈。

以上安樂里

劉氏魯象雅妻。象雅母事姑孝，母没，氏嗣事祖姑，奉養惟謹。祖姑病痢，抱負浣滌，數年弗懈。

鄧氏劉有光妻。光幼孤，生母亦早世，嫡母病筋骨，動履需人，氏扶持抱負，不少憚勞。夫没後，以婦兼子，孝敬益隆。

阮氏陳廷閣妻。姑患癱疾，伏枕焦灼，氏以帶負諸背，巡行檐間，使忘其苦。家事雖纖，悉必稟命而行。娣姒欲分居，氏泣曰："姑遘疾在床，同居尚難如姑意，況異居乎？"卒感悟而止。

舒氏艾魯川妻。年十九于歸，越二年夫故，姑患手疾，艱於舉持，氏爲櫛沐抑搔，十餘稔不少懈。

以上永福里

陳氏阮大寀妻。生二子，夫遘惡疾，不能治生産，氏以女工養翁姑。翁病哽，刲股以療。翁没，家益窘，氏行乞養姑，孝敬不衰。

以上吉口里

汪氏武生林達三妻。姑嫡庶常相詬誶，氏感以誠，卒相雍睦。舅姑及家人迭遘惡疾，氏奉湯藥，七年弗倦。年三十夫故，守節訓子。平時好周恤飢寒，卒之日，環棺泣者百餘人。

黄氏吴分鰲妻。夫故子幼，姑鄭氏年八十有餘，舉動必需人，氏背負行乞，得一飯即以奉姑。

以上修善里

柯氏孫從坦妻。家貧，養舅姑必具甘旨。姑老患哽，氏斷兒乳乳姑，姑獲壽終。

以上東鄉里

陳氏何益先妻。奉姑惟謹，姑老患乳癰，櫛沐抑搔皆氏爲之調護，并刲股和藥以療之。

陳氏柯瑞璠妻。奉舅姑甚謹，舅患癱疾，朝夕扶持，茵褥垢污必親滌除，雖雪夜，聞呼則起。鄉里咸稱道之。

何氏柯道汪妻。孝事孀姑，姑病癱，調護十餘年弗懈。夫没無子，獨養病姑，又歷五稔，姑没，竭力營葬，立侄承祀。

以上興瑞里

附割股孝婦

周氏尊賢坊易杰妻。年二十八守節，割股療姑。

駱氏永福里監生王茂林妻。割股療姑。

蔡氏豐葉里邢擅其妻。割股療翁。

劉氏尊賢坊武職吴思贊妻。割股療姑。

鍾氏豐葉里邱桂芬妻。割股療姑。

程氏辛安里方周淮妻。兩次割股療姑。

明氏修善里李朝室妻。割股療姑。

譚氏吉口里貢生阮經邦妻。割股療姑。子巽峰，諸生。

李氏宣教里郭杏林妻。割股療姑。

王氏宣教里江綸月妻。割肝療翁。

程氏宣教里陳貢南妻。割股療翁。

馮氏永城里曹衍榮妻。割股療姑。

李氏上陽辛里郭尚湜妻。割股療姑。

何氏懷仁里劉德池妻。割股療姑。

費氏永章里程建沾妻。年十九守節，两次割股療姑，存年五十八。

張氏中豐樂武生石毓秀妻。割股療姑。

程氏中豐樂舒靖榮妻。割股療姑。

柯氏中豐樂監生舒能之妻。刲股療姑。

曹氏興瑞里柯道芬妻。割股療姑。

鄭氏興教里劉延亨妻。割股療姑。

從氏豐義里劉清玉妻。武舉成金母，刲股療姑。

吴氏宣化里豈若妻。刲股療翁。

郭氏宣化里昌禄妻。刲股療姑。

劉氏宣化里明咸郁妻。刲股療姑。

趙氏宣化里候會堂妻。刲股療翁。

鍾氏豐葉里監生邱萬咸妻。割股療翁。

周氏豐葉里監生邱漢書妻。割股療姑。

邢氏豐葉里職員邱鳳藻妻。割股療姑。

董氏辛安里安徽鳳盧同知劉鑌妻。割股療姑。

方氏辛安里馬祥霽妻。割股療翁。

劉氏辛安里馬雲光妻。刲股療姑。

程氏辛安里石異於妻。刲股療翁。

吴氏辛安里石孔雲妻。割股療翁。

董氏中豐樂武舉胡射斗妻。刲股療翁。

宋氏豐葉里李應河妻。刲股療姑。

梁氏豐義里監生張盛光妻。刲股療姑。

袁氏宣化坊潘文漢妻。年二十六苦節，刲股療姑，歿年七十六。

王氏上遷里陳體元妻。刲股療翁。

陳氏宣化里石楚賓妻。刲股療翁。

劉氏辛安里石景旺妻。割股療姑。

夏氏程才伉妻。割股療姑。

許氏程建地妻。割股療姑。

方氏程建豪妻。割股療姑。

王氏程金鉞妻。割股療翁。

舒氏程建煜妻。割股療姑。
朱氏陳玉山妻。割股療姑。
朱氏陳繼文妻。割股療姑。
程氏汪修誨妻。割股療翁。
汪氏仁義里陳思銀妻。割股療翁。

割股孝婦分里

盧氏誥贈振威將軍秦澤林妻。療翁。
劉氏貤封武翼都尉秦彬妻。療姑。
趙氏貤封武功將軍、誥贈通奉大夫秦定一妻。療翁。
張氏俞有樟妻。療姑。
石氏柯永貞妻。療姑。
佘氏監生秦定選妻。療翁。
彭氏伍先濤妻。二次療姑。
石氏監生秦定邦妻。療姑。
董氏昭武都尉吴啓發妻。療姑。

以上尊賢坊

饒氏成衍慶妾。療翁。
黄氏俞家樂妻。療姑。
邢氏俞家苯妻。療繼姑。
柯氏萬輝禄妻。療姑。

以上宣化坊

馮氏石珊瑞妻。翁病，割股以進。弗愈，復割肝以療。
盧氏鍾世德妻。療翁，復療繼姑。

馬氏董榮右妻。療翁。

侯氏監生石魁斗妻。療姑。

李氏庠生張萬里妻。療翁。

吴氏石諒瑞妻。療翁。

司氏盧茂本妻。療姑。

陳氏陸安情妻。療姑。

郭氏董雲程妻。療翁，復療姑。

王氏陸定福妻。療姑。

李氏羅世荷妻。療姑。

袁氏羅德周妻。療翁。

陳氏石啓弟妻。療姑。

陳氏石國寶妻。療翁。

陳氏羅德珍妻。療姑。

陸氏羅世蔚妻。療姑。

陳氏董恒青妻。療姑。

蔡氏董大郁妻。療翁。

洪氏程建珩妻。療姑。

陳氏張恒盛妻。療姑。

潘氏增生李參鳳妻。療姑。

趙氏董祥泮妻。療姑。

陳氏郭松玉妻。療姑。

徐氏郭文龍妻。療姑。

劉氏全起鏴妻。療姑。

朱氏石孝魁妻。療翁。

樊氏陳士泮妻。療翁。

朱氏陸盛發妻。療姑。

汪氏司進楫妻。療姑。

王氏郭有仁妻。療姑。

明氏楊以勛妻。療姑。

以上宣化里

樊氏監生柯元春妻。療翁。
張氏世襲守備歐陽定儼妻。療翁。
程氏監生張春林妻。療姑。
柯氏監生張問善妻。療姑。
羅氏監生張國泰妻。療翁。
柯氏監生張拱端妻。療翁。
陳氏生員張鰲妻。療翁。
劉氏王覲玉妻。療姑。
劉氏王凌萬妻。療姑。
賈氏劉立綜妻。療翁。
陸氏劉正海妻。療翁。
王氏張丹月妻。療姑。
許氏張裔發妻。療祖姑。
從氏劉興梅妻。療姑。
馮氏劉茂山妻。療姑。

以上豐義里

李氏監生邢玉芝妻。割肝療姑。子鴻翔，諸生。
梁氏石萬選妻。割肝療姑。
盧氏監生邢功之妻。療翁。
鄧氏監生邢步墀妻。療翁。
周氏葉隆銀妻。療翁。
王氏監生柯凌雲妻。療翁。
周氏監生邱安妻。療姑。
周氏樂理直妻。療姑。

山氏李東有妻。療姑。
鄒氏樂信禮妻。療姑。
柯氏生員邢鴻鑫妻。療姑。
鍾氏邱大經妻。療翁。

以上豐葉里

石氏阮光清妻。療姑。
董氏監生阮大鳳妻。療姑。

以上中豐樂里

舒氏秦隆三妻。療姑。
盧氏監生秦鏡妻。療姑。
劉氏潘明誥妻。療姑。
袁氏朱輝登妻。療姑。
石氏朱輝德妻。療姑。
舒氏趙先遹妻。療姑。
劉氏趙德茂妻。療祖姑，復療姑。

以上下豐樂里

劉氏舒獻均妻。療翁。
盧氏黄加泮妻。療翁。

以上寶政里

王氏劉達鏻妻。割肝療姑。
王氏陳才烧妻。割肝療姑。
石氏李世增妻。療姑。

以上永章里

劉氏梁道鳳妻。療姑。

謝氏梁崇芬妻。療姑。

石氏監生梁朝元妻。療祖姑。

張氏葉雨膏妻。療姑，復療翁。

石氏梁崇熙妻。療姑。

曹氏馬期著妻。療姑。

鄧氏生員梁正琮妻。療姑。

以上懷仁里

王氏朱維新妻。療姑。

以上樂歲里

李氏潘中梁妻。割肝療姑。

李氏陳思啓妻。幼歸陳，割肝療姑。長，復割股療翁。

方氏蔡際燈妾。療翁。

蔡氏秦澤柳妻。療姑。

以上長慶里

明氏闞啓有妻。療姑。

龐氏陳盛誥妻。療姑。

秦氏陳先沈妻。療姑。

鄒氏陳盛枚妻。療姑。

明氏陳盛梓妻。療姑。

樂氏陳時渥妻。療姑。

尹氏鄒良潔妻。療姑。

以上福慶里

倪氏石啓祥妻。療翁，復療姑。

聶氏阮應明妻。療翁，復療姑。

王氏陳定純妻。療孀姑。

石氏殷重發妻。療姑。

駱氏倪顯名妻。療翁。

邱氏生員王棻妻。療姑。弟婦明氏，監生王應藻妻，相繼療姑。

蔡氏艾景開妻。療姑。

高氏王武朗妻。療姑。

以上永福里

袁氏阮譽邦妻。療翁。

汪氏阮達杰妻。療繼姑。

張氏阮先烈妻。療姑。

以上吉口里

李氏郭錦帆妻。療姑。

以上陽新里

陳氏程貢南妻。療翁。

以上宣教里

夏氏劉熙中妻。療姑。

萬氏李盛輝妻。療姑。

以上崇慶里

吴氏生員鍾杰妻。療姑。

以上修善里

柯氏汪步王妻。療姑。
周氏汪德璋妻。療姑。
成氏汪心一妻。療姑。

以上長樂里

羅氏朱美芝妻。割肝療翁。
朱氏生員陳登甲妻。療姑。

以上仁義里

□氏談□□妻。療姑。
陳氏柯進占妻。療翁。

以上興瑞里

吴氏劉蒸懋妻。療姑。

以上興教里

吕氏曹善紀妻。療姑。
熊氏鄧永明妻。療姑。
鄧氏曹善强妻。療翁。

以上永城里

張氏李永隆妻。療姑。
易氏劉萬英妻。療姑。

以上新興里

盧氏董方英妻。療翁。
馬氏董正漢妻。療翁。

劉氏監生董微高妻。療姑。

周氏董可得妻。療姑。

陳氏潘萬輝妻。療姑。

劉氏董可重妻。療姑。

以上新安里

華氏王忠志妻。療姑。

以上上雙遷里

柯氏陳彥聞妻。療姑。

以上歸化里

割股孝婦又分里

俞氏詹事府供事袁耀祖原名開平妻。割肝療姑。已旌。

阮氏秦邦清妻。割股療姑。

以上尊賢坊

羅氏監生劉華國妻。割股療姑。

石氏劉榮煌妻。年二十五苦節撫遺孤，割股療姑，存年五十五。

以上懷仁里

萬氏倪顯玉妻。割股療姑。

汪氏陳子芳妻。割股療翁。

以上永城里

蔡氏伍倫典妻。夫歿，苦志養姑，兩次割股療姑，疾愈。

以上安樂里

王氏鄧俊春妻。割股療姑。

以上陽辛里

魯氏艾開祥妻。割股療姑。

以上永福里

盧氏黄魯宫妻。割股療翁，撫遺腹子，慈而有法，族人欽之。

以上東鄉里

舒氏陳功瓊妻。割股療姑。

邢氏程燮巨妻。割股療翁。

李氏徐炳燮妻。割股療翁。

費氏徐旭妻。割股療翁，立愈。

舒氏徐有作妻。姑屢發心痛，氏於光緒乙亥年，跪竈前割股療，姑即愈。

費氏徐泮采妻。性至孝，翁病篤，割股療之，後翁永年。

劉氏徐于柏妻。割股療姑，學官李萬獎給“孝著鄉間”匾額。

趙氏柯茂堂妻。割股療姑。

向氏李聖山妻。割股療翁，沈州尊獎題“巾幗芳徽”。

陳氏李盆嶺妻。割股療姑。

以上寶政里

金氏樊萬青妻。刲股療翁，其次媳賈氏，亦割股療姑。四媳胡氏，割股療翁。三子善坤，承夫弟兆平祧，割股療嗣母疾。人以爲金氏誠孝所感。夫婦壽登八十有奇，孫曾林立，同居五十餘人。

徐氏樊茂林妻。割股療姑。

程氏劉紹周妻。刲股療姑。

以上中豐樂里

王氏縣丞石炳奎妻。療姑。

吴氏石立祺妻。療翁。

以上辛安里

吴氏曹丹林妻。療翁。

舒氏秦澤瀶妻。療翁。

許氏趙誠溪妻。療姑。

以上下豐樂里

趙氏石耀彩妻。療姑。

以上樂歲里

張氏高昌評妻。年二十守節，孝事翁姑。姑病，氏割股和藥以進，姑病愈。

以上吉口里

費氏王武輝妻。翁疾篤，割股以備湯藥。

程氏柯璧卿妻。割股療姑。

李氏程茂棫妻。得翁姑歡心。翁疾篤，氏私禱竈神，愿以身代，割股和藥以進，疾果愈。

以上永章里

曹氏馮生度妻。姑病篤，服藥不應，氏割股療愈。

趙氏石焕輝妻。姑有宿疾，默求自代，刲股療治，姑獲永年。

以上樂歲里

陳氏袁魁鰲妻。性至孝，光緒丙子夏，姑嬰痼疾，婦刲肝和藥以進，姑疾遂瘳。吴州尊優加奬給。

以上修善里

李氏蕭廷材妻。姑患疾，氏割股爲羹進，病遂痊。

以上修净里

董氏石亨玕妻。割股療姑。

以上崇仁里

馮氏賈遇禄妻。刲股療姑。

吴氏賈道玉妻。年二十六守節，割股療姑，存年五十一。

潘氏毛鴻翥妻。割股療翁哽疾。

王氏張逢時妻。時沉痾瀕死，氏割股醫之，疾瘳。

程氏張克成妻。刲股療翁。

以上豐義里

明氏成德理妻。翁姑早逝，養於叔姑。叔姑患寒疾，氏割肝和羹以進，頓瘥。吴州尊獎額旌表。

梁氏汪思純妻。翁疾，割股和湯藥飲之，立愈。

以上長樂里

卷之三十

列女志

貞　　女

馮慕潔辛亭里人。幼許嚴氏子，未歸，嚴子殤，慕潔斬衰哭臨。逾年舅姑歿，氏力殯三喪。顧無可依，乃依弟，弟又貧，知州楊公祜請於上，歲給米四石贍之。巡按御史伊公生給錢帛存問。

石瓊秀豐樂里人，諸生石漢女。女少抗志自好，許聘張經世，未歸，經世卒。女聞訃奔喪，已而，所親勸之歸，弗聽。稍迫之，即引刀欲自裁。未幾，舅卒，獨奉姑，並日而食，無怨色。後乃癯然骨立，嘔血死矣。知州楊公騰鯉以上聞。節吴國倫《傳》。

劉卯姐興教里劉桂枝女，四歲許字柯祥世。世年十七，隨里人往河南傭土工，越數年，同往者歸，知已死。兩家議改字，即持剪自刺，議遂寢。已而父母繼逝，遺一弟。弟貧，女以女工助之。族有憫其苦而饋之食者，輒蓄以飽弟，而自咽糠粃。所居縛草爲門，嚴風朔雪，爐無火，榻無絮，生平未獲一飽，亦不知綿之如何奇温也。苦貞以卒，可哀也夫。

舒引淑舒達五女。幼事繼母以孝聞。許字季應林。應林素农苦，又遭父喪，哀毁漸劇，女請於母，往視之，至則目將瞑，在呼吸間矣。女泣，呼曰："母老弟幼，郎未了之責，責在妾，郎識妾面，異日相逢地下，猶今日身也。"應林遂長吁氣絶。女視斂畢，遂不歸。母以病紿女歸。一日，有媒至，女引刀大哭曰："爾若有言，請畢吾命。"即拜辭其母，養老姑以終。

石氏歐光朝聘室。未嫁而光朝患惡疾，兩家父母欲改字，女不可，竟歸歐。紡績以供藥餌，夫病日甚，指膚斷裂，人不敢近，氏涕泣調治無少離。夫卒，氏年二十三，矢節終身。雖歸歐四載，實處女也。

黄貞婦佚其氏并其夫名。幼養於黄，年十七，夫外出死，貞婦持家，引嗣子教養成立。鄉賢陳治策《盤谷集》有《黄貞婦詩》。

尹瓊姑尹輝連女，修善里李南臺之子士暘聘室。暘病危，瓊姑匍匐奔視，暘卒，矢志守貞。見《陳盤谷集・瓊姑吟》。

陳嚴姑樂平里鄭姓養媳，佚其夫名。未婚夫故，陳氏守貞以終。見《陳盤谷集》有《嚴姑吟》。

陳竹意樂平里張錦聘室。年十七錦卒，匍匐奔喪，孝謹執婦道，二十三歲歿。見《陳盤谷集》内《竹意吟》。

林氏名寶，字珍之，幼慧識書數，慈口里徐仁鏹聘室。鏹死，氏聞訃奔喪，事孀姑以孝聞，撫嗣子，守貞以歿。見《陳盤谷集・林貞婦詞》，附姑節婦王氏傳。

宋氏安東里伍倫杰聘室。年十六守貞，存年五十三。

李氏修净里蕭輝中聘室。因輝被擄遇害，依母以生，存年五十五。

陳氏長樂里王道翼之母，幼養於王。年十二夫故守貞，引子道翼承祧，歿年五十。

蕭氏下陽辛里郭步孝聘室。年十四夫故守貞，引祧延祀，歿年六十一。子鑫，增廣生。

馮氏安樂里伍懿誠聘室。誠卒，奔喪守貞。光年采訪，年歲未詳。

明氏長慶里李秉三聘室。年二十秉三故，聞訃，奔喪守制，撫侄承祧，李方伯續宜奬“志貞金石”額。

李氏朝陽里羅亨前聘室。年二十夫故奔喪，守貞孝姑，撫侄爲嗣，存年五十一。

鄒氏下陽辛里郭肇智聘室。年十九智卒，聞訃麻服奔喪，父母阻之，不可。家窘甚，氏跪舅姑前，愿以婦代子，服勞奉養。辛苦萬狀，引祧延祀，卒年四十四。歲貢鄒魯光爲之傳。

徐氏興教里劉延封聘室。年十九夫故，奔喪守貞。

徐氏宣化里馬祥智聘室。年十六守貞，卒年六十一。

吴多姐修净里蕭顯遇聘室。年二十遇卒，聞訃奔喪，孝事翁姑，撫嗣子成立，歿年五十五。

譚氏吉口里袁姬周聘室。周歿，聞訃奔喪守貞，撫祧嗣子成立，已旌。

陳氏修凈里成先秦聘室。年十四奔喪守貞，存年七十九。

袁氏慈口里鄧成炘聘室。幼養於鄧，八齡守貞。附姑節婦哀氏傳。

王氏上遷里成祖來聘室。年十九奔喪守貞，附姑節婦徐氏傳。

石氏豐義里張曜國聘室。年十六奔喪守貞，附姑節婦向氏傳。

程氏豐義里張世蓬聘室。年十七奔喪守貞，附姑節婦從氏傳。

柯氏歸化里陳彦順聘室。年十八，順客死四川，奔喪守貞，歿年七十五。

程氏永城里曹善智聘室。年十八智卒，氏奔喪守貞，存年四十九。

徐氏尊賢坊李升河聘室，徐衡石女。年未及笄河卒，聞訃奔喪守貞，孝事翁姑，歿年二十九。

程氏朝陽里主簿程勉堂女，大冶劉其望聘室。年十九望故，氏聞訃奔喪，守貞以終，潘太史光藻爲之傳。

王氏豐葉里明應林聘室。年十四林殤，奔喪守貞，撫祧子成立，存年七十四。

吴氏豐葉里鄧隆海聘室。年十五夫故，聞訃奔喪，守貞立嗣，艱苦備嘗，現年四十五。

未詳里居貞女

徐氏三歲育於柯，佚其夫名。九歲夫故，守貞以終，柯孝廉冠時爲詩紀之。

袁氏庠生盧繩之子婦，佚其夫名。夫故時氏未于歸，聞訃奔喪，矢志撫嗣，孝奉舅姑，歿年七十二。

談氏柯勝堂聘室。已旌。

袁氏劉士垠聘室。已旌，列總坊。

石氏張耀明聘室。

馮氏嚴姓子聘室，佚其名。

貞　　女分里

曹氏萬業成聘室。業成病故，奔喪守貞，光緒三年請旌，已建坊。

徐氏徐衡石女，李升河聘室。年未及笄河故，聞訃奔喪守貞，孝事舅姑，歿年二十九。

吴氏張穎泉聘室，泉疾女。年二十請歸視疾，未婚泉卒，矢志守貞，撫侄承祀，歿年五十七。

陳氏周先溶聘室。年二十一溶卒，奔喪守貞，十九年歿。

郭氏袁光洵聘室。婿故守貞。

以上尊賢坊

鍾氏幼字俞道藻。及笄藻病，請歸侍湯藥。藻卒，遂留事舅姑，撫侄爲嗣，歿年七十六。彙旌總坊。

許氏幼字吴林熉。年十九婿卒，聞訃歸吴，矢志守貞，孝翁姑，撫嗣子，茹荼飲蘖，卒年五十三。

孫氏黄毅菴聘室。年十七婿故，奔喪守貞，歿年五十八。

以上宣化坊

袁氏程望英聘室。年十六英殤，奔喪撫嗣，歿年五十六。

朱氏幼育於江。年十九，未婚婿正料殤，矢志守貞，歿年七十二。

賈氏樊本棫聘室。年二十棫故，奔喪立嗣，歿年五十六。

洪氏羅德富聘室。年十五富殤，奔喪立嗣，歿年七十二。

吴氏陸元豹聘室。豹夭，奔喪守義，刲股療翁，完貞以終。

馮氏幼育於明。未婚婿師鋒夭，守貞撫嗣以老。

石氏劉萬青聘室。聞青疾篤，請於父母，往侍湯藥。越二日青卒，矢志撫嗣，歿年六十五。旌總坊，復建專坊。

程氏幼鞠於馮。年十四，婿從浚外出不歸，翁姑繼歿。家貧，依叔姑趙氏，耰鋤樵汲，皆氏躬親，存年六十四。

舒氏從明訓聘室。年十四訓夭奔喪。越三年，家人以微言勸之歸，泣曰：“我犬彘哉，去此安归？”守貞撫嗣，存年六十四。

方氏賈學潤聘室。年十六潤殤，守貞撫嗣，存年五十六。

劉氏金國銓聘室。年十五銓殤，矢志全貞，存年五十三。

蕭氏幼育於楊。婿一運成童抱病，連年弗瘳。運故，氏年二十一未婚，矢志撫嗣，歿年三十五。

向氏馮祖珀聘室。年十六珀殤，奔喪撫嗣，存年六十八。已旌，建坊。

賈氏佘以琬聘室。幼歸佘，年十六，未婚婿故，守貞，立侄承祧，存年五十五。

以上宣化里

白氏王定迪聘室。年十二迪殤奔喪，食貧守貞，歿年六十。

張氏王安鑒聘室。年十九鑒歿奔喪，奉姑撫嗣，歿年三十三。

程氏袁士贊聘室。年十四歸袁，未婚贊殤，守貞立嗣，歿年八十三。

宋菊姑吴炳京聘室。幼歸吴。年十六京故，矢志完貞，孝養翁姑，存年七十。

柯氏胡詩麟聘室。年十八歸侍麟疾，未婚麟歿，矢志撫嗣子，孝奉舅姑。姑疾，刲股以療，食荼茹苦，存年五十三。

以上豐義里

方氏李敦五聘室。年十八，聞婿訃奔喪，撫侄爲嗣，守貞四十三年歿。

周氏邱良仁聘室。年二十一婿故，聞訃奔喪，守貞三十四年，存。

邢氏邱良齊聘室。年十五，婿故奔喪，守貞四十年，存。

陳氏許時熹聘室。年十七聞婿訃奔喪，守貞二十年歿。

涂氏邢崇漯聘室。幼歸邢，年十四漯夭，矢志守貞，孝事翁姑，歿年六十一。

周氏董開鉈聘室。幼育於姑，年十七銓歿，矢志守貞，孝翁姑，立嗣，存年五十五。

蕭氏程茂盛聘室。婿夭，氏年十六，奔喪守貞，存年五十八。

涂氏董常清聘室。婦節王氏：董開樊妻。涂氏八歲歸董，孝事翁姑。姑疾，割股爲羹以進，姑疾旋愈。年十六常清歿，矢志守貞，以侄開樊爲夫後。娶媳王氏，年三十四，開樊歿，復立孫，與孀媳撫之成立。涂氏存年七十一；王氏存年五十。

陳氏生數月抱養於邢。年十五婿崇蘭夭，矢志守貞，立侄承祧，存年五十四。

方氏鄧安僚聘室。年及笄，聞婿寢疾，請往侍湯藥。逾月婿夭，矢志守貞，孝翁姑，立侄承祀，計十年氏没，嗣亦旋亡。

汪氏生數月抱養於陳。甫五歲婿功梁殤。及長，矢志守貞，養姑立嗣，存年六十六。

以上豐葉里

馬氏柯延壟聘室。年十八，壟病篤，請於父母，往視疾。壟卒，矢志不返，孝奉舅姑，立嗣，没年六十一。

羅氏劉之植聘室。年十七植故奔喪，撫嗣子，孝養翁姑，歿年八十一。

石氏幼許劉之楚。年十六楚故，奔喪撫嗣，没年六十三。

朱氏欒振璨聘室。年十六璨殤奔喪，孝奉翁姑，守貞以終。

以上上豐欒里

向氏幼育於石。咸豐癸丑，粵匪掠州境，婿顯訓被擄死。矢志養姑，家人議更字，以其母病紿氏，登輿入門，氏覺其詐，婉言以拒，絶食累日。某姓不敢强，肩輿送歸。貧苦特甚，每值納稼，以拾穗爲生，然男子收獲未畢，不入其田也。没年三十七。

向氏阮遠龍聘室。年十九龍故，奔喪撫嗣，没年七十五。

以上中豐欒里

石氏幼育於朱。婿象鳳有兄早没，嫂改適，以遺孤付鳳。無何，鳳亦没，氏年十四，矢志守貞，奉姑撫侄，没年八十六。

以上下豐欒里

石氏幼字謝清桂。桂没，氏年十八，奔喪守貞，家貧，紡績以養翁姑，撫侄承祧，没年七十二。列總坊。

劉氏胡立麒聘室。年十九麒故，涕泣奔喪，矢志完貞，撫嗣成立，孫曾蔚起。

侯氏明師應聘室。年十七婿故，聞訃縞素奔喪，孝事翁姑，撫侄承祀，守貞五十年没。

向氏明師灼聘室。年十四灼殤，氏聞奔往，泣拜舅姑前曰："媳猶子也，愿終夫事。"遂竭力奉養，撫嗣成立，守貞四十八年，存。

費氏謝南法聘室。年十六婿殤，衰麻奔喪，哀毁成疾，守貞十六年没。列總坊。

以上寶政里

馬氏費靈鏡聘室。節婦汪氏費文斗妻。馬年廿三，未歸而靈鏡没，衰麻奔喪，撫夫兄秉國子文斗爲兼祧計，娶汪氏，生子二，以長名漢波者爲孫，以次爲秉國孫。文斗没，汪年廿七，承姑志。未幾漢波没，遺一子朝幹，汪課之成立。馬没年五十，汪没年八十七。俱旌。朝幹，州同具；曾孫定甲，武舉。

明氏譚榮河聘室。年二十，未歸河故，奔喪，奉翁姑。翁姑没，家益窘，竟日斷炊，恬如也。撫嗣成立，守貞四十二年没。

劉氏許字黄家信，幼育於黄。年十三信殤，悲悼不食，翁姑以立嗣慰之。越數歲，歸省父母，微諷之，氏曰："兒志已定，豈敢有他？"遂没身不歸。舅姑甘旨，紉針以給。姑疾，刲股愈之。守貞三十七年，親見六孫而没。旌建坊。

徐氏程功燦聘室。年十七未婚婿故，矢志完貞，現年五十八。

黄氏幼許費興代。年十六代殤，覓鄰媪導詣費，費不敢留，氏誓死撫嗣奉翁。族人義之，釀金成會，爲建坊計。存年五十。

李氏黄家盛聘室。幼育於黄。年十九未婚婿故，誓不欲生，姑勸慰之，遂矢志奉姑，立嗣完貞，存年五十一。

以上善福里

劉氏柯貞運聘室，幼育於柯。貞運殤，氏年十七，矢志撫嗣，没年五十八。

柯氏儒士程才洸聘室。洸卒，氏年十九，守貞三十八年没。已旌，建坊。

石氏儒士程英瑶聘室。瑶殤，女年十九，聞訃奔喪，割鼻誓志，卒年七十一。道光丙午建坊旌。

程氏柯世任聘室。任少患痼疾，寄語辭昏，氏誓死不易，遂歸柯侍湯藥。任疾日甚，人皆畏避，氏謹事之。任卒，氏年三十九，猶處女也。立侄爲嗣，没年七十九。

羅氏陳桂承聘室。桂殤，氏年十三。越三年，父將更字，氏潛赴陳。陳家貧不能留，請女父勸之歸，女曰："欲兒歸，惟頭可斷去耳。"已而舅疾篤，刲股療之。姑卧病，曲意扶持，二十餘年不懈。撫嗣成立，存年六十六。咸豐庚申年旌。

向氏汪若檠聘室。未嫁檠故，氏年二十一，奔喪。已而家人勸之歸，泣曰："所不遂吾志者，即血刃亡人靈前耳。"事翁姑孝，撫嗣成立，存年七十。已旌。

程氏王雲菴聘室。幼鞠於王，四歲雲菴殤，及長，將議别字，氏泣曰："兒所以不即死者，以舅姑缺養，夫祀無主耳，去此安歸?"遂依舅姑終身，撫侄爲嗣。咸豐丙辰冬，大兵復湖北，氏斂其所有以助餉，曰："誠知無補，欲爲好義者倡耳。"存年六十一。

汪氏幼育於李。年十一，婿祖安遠出不歸，氏依翁姑，自食其力。翁歿，姑幾不能守，氏泣勸乃止。撫侄爲嗣，存年五十九。

劉氏程才湞聘室。幼歸程，年十六未婚婿故，矢志完貞，存年六十一。

李氏劉英泮聘室。幼歸劉，泮殤，氏年十五，服闋，未嘗見齒。翁姑憐其少，議再字，女聞哀號不食，議遂寢。立嗣守貞，存年五十一。

程氏李朝杰聘室。未婚杰殤，氏年十九，聞訃奔喪，哭泣喪明，事舅姑孝，立嗣全貞，歿年四十一。

以上永章里

馬氏董方楠聘室。幼歸董，年十九，未婚婿故，誓志不嫁，養姑盡孝，守貞六十四年。

李氏陳汝蘭聘室。婿故，氏年十六，聞訃奔喪，守義以終。

柯氏董正乾聘室。婿故，氏年十八，奔喪矢志，歿年六十。

阮氏董方宋聘室。宋故，氏年二十，聞訃奔喪，葬畢，投入池中，賴救得蘇。翁疾，割股進羹，獲愈。存年六十四。

陳氏董遠淮聘室。幼育於董，年十五淮殤，父母勸他字，氏泣曰："女子從一而終，舍此何之?”存年六十四。

馬氏朱樸脩聘室。脩歿，氏年十九，聞訃奔喪，守貞四十二年歿。

馬蓮姑馬可美女，阮久福之抱養媳也。年十五，婿外貿不知所終，誓死守義，以女紅養姑，晚得痿疾，猶勤劬自活。以貧故，族無肯嗣之者。

石氏王隆瑲聘室。瑲歿，年十九，衰服奔喪，養翁姑以孝聞，撫嗣成立，守貞四十五年，存。

馬氏王隆珩聘室。年十九珩故，聞訃號泣往，誓志靡他，孝養舅姑，足不逾梱，守貞四十七年，存。

以上辛安里

羅氏石得堂聘室。年十八婿歿，守貞撫嗣，歿年六十二。

侯氏劉見漢聘室。年二十，未嫁漢死，氏聞奔劉，守貞，孝翁姑，恩養祧子用桂成立，歿年七十八。已旌。

陳氏石如暉聘室。暉負販於陝卒，氏年十九歸石，奉舅姑，食貧撫嗣，歿年七十一。

曹氏侯宗籥聘室。年二十一，未嫁夫故，欲奔喪，父母不可，將自刃，許之歸。茹苦撫嗣，守貞五十年，存。

曹氏歐陽良燦聘室。幼歸歐陽，年十五婿殤，毅然矢志，守貞四十三年歿。已旌。

曹氏石宏須聘室。年十六，聞訃奔喪，服闋，或議更字，氏聞，將自裁，乃止。紉針挂鍾同，足不逾梱，存年六十二。旌建坊。

趙氏歐陽昌迪聘室。年十八婿卒，父母欲更字，氏泣曰:“名分已定，奚更耶?”潛歸歐陽。時姑已歿，舅卧病，奉湯藥惟謹，諭之歸，即飲泣，舅疾篤，爲置後，一意撫嗣，存年五十二。已旌。

曹氏侯暟年聘室。年十六婿故，奔往守志，哀毁過甚成疾，卒年二十八歲。

以上崇仁里

馬氏吕德清聘室。年十六夫故，奔喪守貞，歿年七十四。

馬氏劉德焕聘室。焕故，氏年十六，誓死靡他，守貞四十年，存。

陳氏馬尚湖聘室。湖殤，氏年十二，矢志守貞，存年六十九。

梁氏馬尚純聘室，進士梁有恭女。年十九婿疾革，往侍湯藥，隅坐衣不解帶者數旬。婿卒，葬畢，遂留事翁姑，撫嗣夢龍成諸生，存年五十八。

馬氏柯思鳳聘室。年十五夫故，泣告父母曰：“何氏家貧，而翁姑已衰，我不去，不惟舅姑無依，夫祀且絶矣。”遂剪髮歸何，飲冰撫嗣，守貞六十年歿。

馬氏何思封聘室。年十六封故，矢志靡他，守貞四十八年歿。

以上懷仁里

石氏吕名隆聘室。隆夭，氏年十二，矢志歸吕，奉舅姑以終，守貞五十八年卒。

佘氏馬應泮聘室。幼育於馬，年十三泮殤，翁姑憐其少，欲更字，氏泣曰：“兒去，則此長逝者虚生矣。”遂操井臼奉舅姑，撫侄爲嗣，存年六十二。

石氏劉華蔭聘室。二歲蔭殤，及長，父母爲擇婿，氏覺奔劉，誓死不二，存年六十三。

陳氏梁崇焄聘室。年十九婿故，奔喪守志，杜門紡績，存年五十二。同治十年請旌。

鄧氏馮開基聘室。年十六未婚婿故，守貞十二年歿。

馬氏石增書聘室。年十九婿病篤，歸侍湯藥。三日婿故，憂憤成疾，尋卒。

石氏劉華佑聘室。幼歸劉，佑殤，氏矢志守貞，貧苦終身，歿年六十。

劉氏姜景梓聘室。未嫁梓卒，號泣奔往，撫祧子，年八十歿。

以上樂歲里

吕氏曹爲芷聘室。幼歸曹，年二十二未婚，爲芷故。矢志守貞，歿年七十七。

彭氏曹焕映聘室。年十八焕映卒，聞訃絶粒，遂歸曹。奉姑孝，撫嗣成立，守貞六十八年歿。嘉慶十三年旌。

柯氏曹善沁聘室。幼育於曹，年十九未婚，沁故。父母欲更議，氏不可。紡績奉舅姑，自食糠秕，卧草具不言苦，撫侄爲嗣，守貞三十六年殁。列總坊。

石氏曹永介聘室。年十九永介故，衰服奔喪，養姑立嗣，守貞四十六年殁。

吕氏曹興琬聘室，幼育於曹。年十四婿殤，以死自誓，舅姑以立嗣慰之。閉門紡績，戚族罕面，守貞四十九年殁。

石氏趙榮任聘室，幼歸趙。年十五榮任殤，翁姑諭令更字，氏不可。紡績食貧，撫侄爲嗣，守貞四十八年殁。

曹氏馮祖樹聘室，幼歸馮。年十七未婚婿故，或諷他適，氏不可。紡績以養舅姑，守貞四十一年殁。

吕氏鄧永杰聘室，幼歸鄧。年十一杰殤，將議更字，氏執不可，願奉舅姑以終，撫嗣成立，守貞五十年，存。

袁氏曹衍灼聘室。年二十灼故，號泣往臨，守貞三十八年，存。

李氏曹衍濱聘室，幼歸於曹。年十三淇殤，矢志從一，守貞三十七年，存。

梁氏曹善械聘室，幼歸曹。械早夭，及長，舅姑勸改字，氏不可。姑殁，事衰翁益孝謹，存年五十二。

曹氏李克密聘室。幼歸李，年十四，密殤，誓不他適，養舅姑盡孝，守貞三十七年，存。

程氏幼許曹衍恕。年十九恕殤，奔喪，守貞茹苦，立嗣，殁年三十六。

以上永城里

明氏堯賢矩聘室。年十八婿故，聞訃奔喪，泣跪舅姑前，請守義不可，氏以死誓，乃留焉。静坐一室，紡績度生，惟定省舅姑始逾閾，殁年八十。

蕭氏許字石興鎧。鎧殤，氏年十七，奔喪撫嗣，嗣子早卒，媳楊氏守節，嗣孫無賴，族人恐累氏，欲廢之。氏泣曰：“我忍死數十年者，恐地下人餒耳。孫若廢，家又貧，誰肯嗣我者?”族人乃止，孫亦改行。守貞六十三年卒。已旌，建坊。

石氏趙志清聘室。未婚婿故，氏年十九，奔喪守貞，殁年六十七。

明氏方敦霸聘室。年十三婿殤，奔喪守貞，孝事翁姑，立嗣。嗣卒，婦鍾氏年甫二十，亦撫二孤不嫁。明氏殁年四十一。列總坊。

明氏許字李善鈞。年十五婿夭，奔喪守志，家甚貧，嗣子不禄，孤苦無依，嘗以斗米爲一月糧。族子士浦重其義，商族人輪養之。歿年八十六。

伍氏劉照然聘室。年十八婿故，奔喪守義，束身内困，酷暑不脱裙裳，歿年八十。

袁氏蔡會盛聘室，幼鞠於蔡。年十六未婚婿卒，誓死守貞，歿年六十。

趙氏明藝齋聘室。婿殤，氏年十四，歸明守志，孝事翁姑，嚴撫嗣子，卒年四十七。

趙氏明應淑聘室。年十三淑殤，聞訃奔喪，紡績撫嗣，守貞二十六年歿。列總坊。

明氏幼育於方。九歲婿奉玉夭，矢志事姑，紡績以養，嗣子早卒，戚族醵金成會，以時周恤，現年六十四。

王氏陳并茂聘室。年十七未婚婿故，守貞奉姑。姑歿，慟哭累日而卒，苦貞十七年。

明氏幼育於程。年十二婿建朗殤，父母議更字，誓死不從，苦貞三十九年，存。

蕭氏潘定松聘室。年十六，婿故奔喪，守貞撫嗣，養舅姑，存年五十四。

王氏幼鞠於明。年十六，未婚婿家烈殤，茹苦守貞，存年五十二。

蔡氏方銘釗聘室。年十六，未婚婿歿，衰麻終身，奉養翁姑，足不逾閾，守貞三十九年，存。

以上長慶里

伍氏許字袁風安。年二十，婿卒，聞訃奔喪，躬操井臼，孝奉翁姑，歿年五十一。

王氏儒士樂宗世聘室。年十六婿故，奔喪守貞，歿年八十四。

明氏儒士樂宗河聘室。年十五婿故，奔喪守貞，歿年四十七。

方氏幼育於明。年十二，姑歿，婿師鈞殤，守志奉翁，一家多故，賴氏支持，歿年五十六。

陳氏幼育於明。三歲婿師美夭，及長，矢志事翁姑，歿年三十。列總坊。

尹氏許字樂明德。年十七未婚婿故，守貞六十六年。

劉氏姜聖宿聘室。年十一婿外出不歸，守貞六十一年歿。

鄒氏郭肇智聘室。年十九，婿歿奔喪，奉姑撫嗣，苦貞二十五年歿。列總坊。

陳氏鄒守墳聘室。年十六未婚婿故，守貞五十一年歿。

明氏鄒守鋺聘室。年十九未婚婿卒，守貞六十三年，存。

張氏樂觀止聘室。年二十婿故，奔喪矢志，歿年三十一。

李氏鄒誼英聘室。年十八未婚婿卒，矢志守貞，存年七十一。

明氏樂永丁聘室。年十四婿殤，矢志全貞，存年六十五。

樂氏王全模聘室。年十三婿殤，矢志不嫁，存年六十五。

明氏數歲抱養於尹。年十七婿熙泰故，守貞五十九年存。同治四年旌。

陳氏鄒守圻聘室。年十六未婚，婿遠游不返，誓死靡他，歿年三十八。

樊氏幼育於鄒。二歲婿良義殤，長議更字，不可。撫侄承祀，氏先有建坊會積百餘金，氏以捐修丁橋，人咸賴之。存年五十九。

鄒氏幼育於闞，姑鍾愛之。年十四婿盛萱殤，矢志奉姑，寢食必侍，守貞四十五年歿。

明氏許字樂振杰。年十八未婚杰卒，誓死守貞，存年五十七。

以上福慶里

馮氏幼許字伍懿誠。誠殤，氏年十六，奔喪誓守，歿年八十九。

伍氏劉宗模聘室。年十八模殤，聞訃奔喪，艱貞撫嗣，歿年六十餘。

明氏幼育於伍。年十三婿倫弟殤，矢志不嫁，存年五十八。

袁氏幼育於宋。年十六未婚，婿家湯外出不歸，氏憑女工養舅姑，族人爲立嗣焉。歿年七十三。

蔡氏幼育於虞。婿唐麒夭，氏方九歲，一日歸省，母家憐其少且貧，勸改字，憤然返，終身不入蔡門。存年七十四。

明氏楊貫麒聘室，幼育於楊。年十六婿歿，嚙指自誓，茹苦撫嗣，存年六十八。

楊氏宋家鑣聘室。年十二，婿遠游不歸，誓死全貞，歿年五十。

陳氏幼許蔡英恩。年十二往侍姑疾，姑歿仍返。年十六婿病，同母往視。數日婿故，遂留焉，茹苦守貞，歿年六十八。列總坊。

熊氏幼育於伍。五歲婿理甲夭，即知以禮自閑。及長，或勸更字，以死拒之。歲飢，乏食無愠，存年六十一。

伍氏幼歸彭。年十七婿祖合故，髡髮自誓，存年六十。

明氏幼許汪純坎。年十四坎卒奔喪，孝奉舅姑，撫養嗣子，存年六十。

蔡氏邢崇釗聘室，幼歸邢。釗遠游不返，舅姑將議別字，誓死不從。嗣子早卒，乳孫在抱，家益窘，雖斷炊無怨，存年六十。

馮氏幼育於伍。七歲婿先朗殤，及長，矢志不嫁。姑患足，負之起居者數年，存年五十六。

以上安樂里

殷氏石有鼎聘室。節婦王氏：石定桂妻。殷年及笄，有鼎故，奔歸誓守，或諷以家貧，泣曰："薄命人餒不足惜，不可使泉下人餒耳。"撫嗣定桂，娶王氏，年廿二定桂歿，遺孤學準娶王氏，生子當隆。準歿，婦歿，孫、婦相繼殞，殷撫曾孫以延一綫。歿年八十二。

尹氏幼字駱祖榮。年廿二歸榮，榮已患瘋疾，未婚。越五年榮卒，壹意守貞，歿齒不變。

樊氏幼育於尹。十歲婿啓愉夭，有言改字者，即涕泣不食。孝養翁姑，終身不懈，存年七十五。

舒氏鄧日晏聘室。年十八日晏卒，矢志完貞，歿年七十三。

石燿姑幼育於李。年十三婿興祿卒，矢志養姑，守貞三十餘年歿。

林氏幼字王學洄。年十四學洄歿，矢志守貞，存年六十二。

石氏幼字王懋運。年十四懋運殤，或諷他字，輒厲聲曰："我姓石，我心亦石也。"守貞二十六年歿。

劉氏陳承銘聘室。年十六銘故，矢志守貞，存年五十六。

李氏幼字駱克其。及笄而其歿，矢志養姑，自啖藜藿，卒全清操。

以上永福里

阮氏譚福山聘室。年十四山夭，奔喪，父母不可，遂絕粒，許之。素服往，入門拜舅姑，姑手其髮，大慟曰："猶辮也。"已而易素以麻，詣喪次，哭奠如禮。扃户獨居，越數年，撫侄修安爲嗣，守貞四十年歿。已旌，建坊。

劉氏全先泰聘室。年十七泰故，矢志守貞，存年七十三。

陳氏譚道垣聘室。年十八垣故，奔喪，撫嗣碧峰，守貞五十三年，存。已旌，建坊。

趙氏阮耀堂聘室，幼歸阮。未婚堂故，守貞五十九年卒。

徐氏阮善聘室。年十七璋故奔喪，矢志養翁姑，撫嗣，苦貞四十一年歿。

張氏譚致禮聘室。年十五婿故，艱貞矢志，孝奉舅姑，撫嗣成立，現年五十六。

全氏幼育於阮。年十六婿梅鼎殤，矢志養舅姑，撫侄祖奎兼祧，現年五十六。

阮氏譚詩昌聘室。年十七昌故，奔喪守貞，歿年三十二。

以上吉口里

孔氏徐宏翰聘室。年十七翰故，奔喪守貞，歿年五十七。

鄭氏幼育於徐。年十五婿宏栅夭，以女工養姑，引嗣延祀，歿年六十一。列總坊。

郭氏幼鞠於徐。年十八婿重玉故，奔喪矢志，孝奉舅姑，撫嗣成立，歿年六十六。列總坊。

楊氏幼鞠於徐。年十四婿時焕卒，請立嗣以示靡他，守貞十四年卒。

梅氏幼育於徐。年十五婿近明殤，守貞撫嗣，歿年五十五。

鄧氏幼育於徐。年十五婿運基卒，矢志不字，孝事瞽翁，嗣子早夭，現年五十六。

譚氏幼育於徐。年十七婿時根殤，守貞撫嗣，孝事舅姑，現年六十。

以上慈口里

黄氏梅自賢聘室。年十八婿故，奔喪守貞，奉舅姑，撫嗣子，歿年五十二。

陳氏幼育於鄧，七歲婿必金殤，及長，矢志奉舅姑，苦貞五十二年歿。

柯氏幼育於郭。八歲婿尚晏殤，及長，矢志守貞，孝奉舅姑，撫嗣子，歿年五十八。列總坊。

孔氏幼育於郭。十歲婿雲煥殤，及長，矢志養舅姑，撫嗣子，苦貞五十餘年，存。

李氏鄭昌增聘室。年十五未婚婿故，矢志守貞，歿年六十七。

劉氏諸生鄭清和聘室。年二十一，聞婿病篤，往侍湯藥，月餘婿故，矢志守貞，撫嗣子，歿年三十七，道光甲午建坊。

以上上陽辛里

成氏幼育於鄧。讀女經即能解意，七歲婿安平殤，堅貞自矢，事舅姑養葬如禮，撫嗣子成立，現年五十六。

以上下陽辛里

夏氏袁崇官聘室。年十二官夭，矢志全貞，孝奉舅姑，撫教嗣子，存年七十八。

華氏程建萬聘室。年十六萬故，奔喪撫嗣，終養舅姑，存年六十四。

以上宣教里

成氏王炳文聘室。年十八婿故，奔喪立嗣，艱貞以終，歿年七十三。

李氏王全鑒聘室。年十六鑒逝，號慟奔喪。服闋，有欲奪其志者，以死拒之。閉門紡績，撫嗣子成立，守貞四十五年歿。旌總坊。

孫氏王武紹聘室。年二十紹故，號泣奔喪，孝養舅姑，撫教嗣子，守貞六十四年歿。

王氏幼育於成。年十三婿德珍殤，及長，或勸他適，泣曰："人生有二天哉？"矢志撫嗣子，家徒壁立，里人立會贍之。現年六十三。

王氏朱象賢聘室。年十八婿故，奔喪守貞，養舅姑、撫嗣子，現年六十二。

以上上雙遷里

伍氏華可任聘室。年十八婿故奔喪，奉舅姑惟謹。姑患癱，吮之而愈。撫嗣子成立，年五十建坊。

華弟姑幼受聘於成。成氏子外出不知所往，女長，誓不嫁。父殁，四兄相繼亡，女與諸孀嫂相依爲命，孝奉老母，没年七十六。

徐氏華尚賁聘室。未嫁，賁遠游，莫可踪迹。氏依父母守義，已而兄弟析居，紉針自給，六十給年卒。道光辛丑旌總坊。

陳氏柯嘉禾聘室。年十二婿殤奔喪。及笄，或勸他適，即飲泣，撫嗣子成立，守貞七十二年殁。旌總坊。

王氏華繼材聘室。年十九材故，縗絰臨喪，矢志撫嗣子，足不逾閾，年七十二殁。

徐氏幼許華尚銍。年十六銍殁，欲奔喪，父母不可。密倩鄰嫗導往，父母要於路曰："爾若能死，當歸爾尸。生而往也，不可。"氏泣曰："兒，華氏婦，當死於華。然有姑在，何敢死?"强曳之返。越三年姑病，泣請於父母曰："姑若不測，何以爲婦? 兒必往矣。"遂往，與姑同卧起，紡績撫嗣子，現年六十三。

王氏成善倫聘室。奔喪守貞，撫嗣子、孝舅婿。現年五十八。

賈氏幼鞠於華。年十四婿繼訓故，時姑已殁，翁與祖姑存，伯姒病廢，諸侄俱幼。奉養撫字，氏孑身任之。立侄承祀，現年七十二。

孫氏華屏南聘室。年十七婿故，奔喪守貞，殁年六十五。

以上下雙遷里

劉氏蕭斐章聘室。年十六章故，奔喪守義，殁年五十七。

劉氏蕭顯麒聘室。年十七婿故，守貞五十八年殁。

駱氏蕭仕杰聘室。年十三杰殤，矢志不二，殁年五十八。

劉氏幼鞠於張。年十三婿敬璵殤，守貞五十二年。

劉氏蕭廷錫聘室。年十五錫夭，矢志撫嗣子，日不再食，殁年六十二。列總坊。

劉氏成松陵聘室。年十八婿故，奔喪守貞，殁年六十一。

劉氏成心和聘室。年十八婿故奔喪，守貞以終。道光乙未年建坊。

以上修净里

成氏陳作巽聘室。年十九巽故，號慟臨喪，矢志奉舅姑、撫嗣子。有哭夫詩數十首，情詞凄惻，聞者哀之。守貞四十五年歿。列總坊。

柯氏幼許陳彦名。年十四名殤，奔喪守貞。歿年六十一。

蕭氏幼許陳瑞玉。年二十一玉故，奔喪撫嗣子，孝事舅姑，守貞五十四年歿。道光辛丑旌總坊。

蕭氏陳廷彦聘室。年十六婿故，誓死守貞，歿年六十餘。

陳氏柯遐宗聘室。年十二婿夭，奔喪盡禮如成人，現年五十餘。

程氏陳彦鍾聘室。年十九鍾故，奔喪守志，現年五十二。

吕氏陳彦湘聘室。年十七婿故，誓死從一，舅先歿，事姑以孝聞，現年五十二。

以上歸化里

鍾氏幼字李富士。年十八富夭，奔喪守義，并日一食，孝事翁姑，撫侄爲嗣，歿年二十八。列總坊。

尹氏李士�聘室。年二十一暍故，奔喪。姑病廢，扶持數年無倦。撫教嗣子，守貞三十三年卒。旌總坊。

鄒氏李泉石聘室。年十六石故奔喪。孝事舅姑，撫教嗣子，歿年五十六。旌總坊。

郭氏李士昱聘室。年十六昱夭奔喪，孝事孝翁，撫嗣成立，完貞以終。旌總坊。

程氏羅甫宥聘室。年十七宥故，矢志守貞，存年五十九。

以上崇慶里

程氏幼許舒靖煌。年十五煌疾篤，隨父往視，留侍湯藥。旬餘婿故，家人以氏年稚，不令爲服。氏誓死守貞，孝事衰舅，撫教嗣子，現年六十一。

程氏舒華國聘室。年十五婿殤，聞訃奔喪守貞，撫教嗣子成立。已旌。

石氏程功進聘室。年十九婿故奔喪。上事重闈，割股療姑，撫養兩叔均列諸生，貧苦守貞以歿。

朱氏劉光遂聘室。年二十婿故奔喪，守貞撫嗣，歿年七十一。

陳氏程應充聘室。年十九婿故，奔喪守貞，歿年六十一。

吴氏程才禮聘室。年二十婿故，奔喪守貞，歿年七十六。

以上朝陽里

成氏劉士鈵聘室。年十九鈵故，奔喪撫嗣，歿年七十五。彙列總坊。

袁氏幼育於劉。九歲婿士垠夭，及長，矢志守貞撫嗣，歿年五十。列總坊。

柯氏李添祄聘室。未嫁祄故，奔喪守貞，歿年八十二。

蕭氏劉榮棟聘室。棟故，奔喪守貞，奉舅姑以終。

張氏劉中煇聘室。年十九煇故，奔喪守義，存年八十二。

李氏劉朝輝聘室。年十五輝故，奔喪守貞，歿年六十三。列總坊。

鄧氏幼育於劉。年廿一，婿朝倫賈於蜀，旋故。矢志守義，夫弟飄蕩無子，氏立嗣兼祧，歿年六十八。

孔氏劉祥榮聘室。八歲榮夭，及長，矢志養姑，歿年六十。

以上辛興里

劉氏明師榮聘室。年十七榮故奔喪，孝養舅姑，守貞四十七年歿。

周氏袁宗銀聘室。幼歸袁，未婚銀夭，矢志從一，守貞四十年歿。

劉氏明國漢聘室。年十四漢故奔喪，孝養舅姑，撫嗣成立，艱貞以老。

王氏明應林聘室。林夭，氏年十四，奔喪守貞，奉姑撫嗣，存年六十三。

黃氏幼育於李。七歲，婿興巽殤，矢志不二，守貞以歿。

以上修善里

鍾氏幼育於成。年十五婿崇玉夭，苦貞撫嗣，存年五十二。

以上樂平里

胡氏明光元聘室。年十八元故，奔喪，守貞以終。乾隆壬辰建坊。

陳氏鄭盛靈聘室。年十六靈疾篤，隨母往視。婿故，守貞立嗣，歿年六十一。嘉慶丁丑年建坊。

陳氏張貞錦聘室。年十六錦故奔喪，苦貞十四年歿。

鄭氏汪若棠聘室。棠殤，氏年十二，聞訃奔喪，守貞以歿。

吴氏汪有順聘室。年十八順故，矢志撫嗣，艱貞以終。

明氏汪若遠聘室。年十九遠卒奔喪，養姑撫嗣，守貞以歿。

胡氏幼育於明。年十五婿師次夭，矢志奉翁姑，立嗣，歿年四十二。

吴氏幼鞠於汪。年十七，未婚婿若岫故，奉舅姑，撫侄爲嗣，歿年六十。

明氏幼字曹立堂。年十四堂故，父母欲更字，泣曰："兒已字曹矣，又將誰字？"歸曹撫嗣，卒全貞操。

羅氏幼育於張。未笄，婿孝圯殤，矢志守貞。有私謀嫁之者，及期，媒輒患心痛，急懺悔乃平。家酷貧，丐食以終其守。

張氏幼許鄭遐禮。年十四禮歿，奔喪守貞，歿年五十。

袁氏幼鞠於汪。年十四婿若通夭，矢志守貞，孝養舅姑以終。

以上長樂里

鄭氏幼許字朱全壽。壽外出不歸，矢志守貞，歿年七十五。

柯氏黄奇琛聘室。年十八琛故，堅貞自矢，歿年五十二。

王氏黄加垠聘室。年十九垠故，奔喪撫嗣，嗣長而歿，復撫孫成立，存年七十一。

以上仁義里

陳氏黄善長聘室。年十一，姑迎歸，以女畜之。十七善長殤，尚未婚也。親理殮事畢，易衰哭奠。父往唁，試之曰："汝歸乎？"曰："女不歸矣，父母思女，可時一來相見耳。"守貞撫嗣，道光癸卯，從弟光亨官給事中。爲請旌，建坊。歿年八十。

虞氏柯隆珩聘室。年十六珩卒，奔喪撫嗣，孝奉舅姑，年七旬，戚族尚罕見其面。

柯氏吴炳鎰聘室。年十六未婚鎰故，守貞五十年歿。

柯氏幼育於孫。年十三婿法道夭，矢志養姑，存年六十。

以上東鄉里

陳氏華煌盛聘室。年廿一婿故，聞訃奔喪，毁容矢志，苦貞三十八年歿。

汪氏何隆珠聘室。珠外出不歸，氏年十六，往奉舅姑，足不逾閾，守義五十四歿。

譚氏柯梗隆聘室。及笄，婿故奔喪，矢志守貞，二十四年歿。道光元年建坊。

孫氏幼歸柯。年二十未婚，而婿進奎殤，矢志不二。守貞四十四年，存。

陳氏柯進鏘聘室。年十五婿故，誓死守貞，現年六十。

周氏柯益淮聘室。淮幼隨父客金陵，已别娶矣。囑氏改字，氏不可，有媒來輒慟哭，遂悒以卒，歸葬於柯，時年二十五。

以上興瑞里

柯氏黄中臺聘室。年十三歸黄，越歲而臺殤，堅貞自矢，撫嗣子成立，歿年五十六。列總坊。

孫氏幼許成先理。年十五理殤，衰服奔喪，孝事舅姑，慈撫嗣子，守貞二十一歿。

柯氏幼歸畢。年十六未婚而婿德梁殤。守貞奉舅姑，現年七十八。

汪氏易萱盛聘室。年二十婿故奔喪，謹奉翁姑，侍姑疾衣不解帶。撫教嗣子，守貞四十四年歿。列總坊。

鄒氏陳敦旭聘室。年廿一婿故，衰服哭臨，撫侄爲嗣，守貞十六年歿。

以上興教里

貞　女又分里

譚氏王蘭田聘室。年十六田歿，聞訃奔喪，守貞撫祧，歿年五十四。

阮氏譚先榮聘室。年十六榮歿，矢志守貞撫祧，歿年三十三。

劉氏全登慶聘室。年十六慶歿，守貞撫祧，歿年七十五。

以上吉口里

孔氏朱國荀聘室。年十六荀故，守貞奉姑，歿年三十一。

張氏徐時楫聘室。年十七楫故，匍匐奔喪，孝事翁姑，撫祧守貞，存年六十二。

以上慈口里

阮氏張蓮臣聘室。年十四奔夫喪，得孀姑歡。子長伯子埤，慈逾所出。好書史，邑侯孫公賜以“寧方并屹”額。光緒丙子上聞，旌以“貞孝”。

徐氏明應漢聘室。年十八漢故守貞，存年七十七。

以上上陽辛里

徐氏嚴桂書聘室。年十四書故，奔喪守貞，存年五十。

張氏潘顯揚聘室。年十七夫故，奔喪守貞，歿年七十一。

以上辛亭里

譚氏袁見旦聘室。年十六旦故，奔喪守貞，撫侄爲嗣，存年三十九。

以上宣教里

成氏張敬輝聘室。年十六夫故，聞訃奔喪守貞，養姑立嗣，歿年八十五。

以上修净里

成氏劉萬相聘室。年□□相故，聞訃奔喪守貞。

李氏舒靖燮聘室。年十八燮故，守貞立嗣，存年四十二。

伍氏劉忠涇聘室。年□□涇故，聞訃奔喪守貞。建總坊。

劉士楊女名桂蓮，幼適鄭。未婚，翁姑及夫相繼歿，女守貞數載。未幾，父逝，母獨存，無人奉養，乃折其環瑱，紡績躬耕，養母終老。喪事畢，女遂無疾而終，歿年五十八。建總坊。

以上崇慶里

梁氏劉文昭聘室。年十二歸劉，越數歲昭故，氏堅貞自矢，閉門不出，族黨咸欽之。存年五十。

以上崇仁里

吴氏黄加楷聘室。年十六楷病革，氏奔省，越三日楷殁，氏誓守貞。其父母屢促歸寧，氏恐見奪，卒不應。撫伯子爲嗣，殁年七十七。

以上東鄉里

梁氏柯際錋聘室。年十四錋故，聞訃奔喪，守貞立嗣，有“彤管流芳”獎額。

湯氏周慶芳聘室。年十三守貞立嗣，割股療姑，存年五十五。

以上豐義里

丁氏曹懋乾聘室。年十四乾故，矢志守貞，孝事孀姑，存年四十八。

以上永城里

王氏陳盛承聘室。幼鞠於陳，舅姑最鍾愛之。不數年而承殤，氏矢志守貞，足迹未嘗逾閾。及笄，母家欲奪其志，氏比聞，搶地痛哭，嘔血數日而亡，時年二十。

曹氏程建然聘室。年十六然故，聞訃奔喪，矢志守貞，殁年四十五。

以上永章里

明氏楊光才聘室。年十二才故，聞訃奔喪守貞，殁年五十四。

以上安樂里

劉氏馮正鄉聘室。年十八卿故，聞訃奔喪，矢志守貞，言動不苟，撫嗣如己出，存年五十二。已旌。

以上樂歲里

劉氏幼鞠於談。年十四，婿景楊殤，氏矢志守貞，歿年七十。

以上辛興里

郭氏成冬先聘室。年十五婿故，矢志守貞，茹苦養姑，存年六十六。

以上下陽辛里

鄒氏李士滘聘室。年十六滘歿，聞訃奔喪，矢志守貞，歿年七十六。

鍾氏李貴田聘室。年十九田故，聞訃奔喪，矢志守貞，歿年五十二。

以上修善里

謝氏王定化聘室。年十八夫故，聞訃奔喪守貞，撫祧子成立，歿年六十四。前王州尊獎給"閨閣完貞"四字。

以上樂平里

潘氏方景芒聘室。

以上長慶里

馬氏阮洪通聘室。年十七，通外往不知所終，堅志守貞，孝奉翁姑，歿年七十。

陳氏石應甲妻，數月抱歸。三歲甲故，稍長，即知大義，矢志守貞，引嗣撫立，存年五十三。

朱氏馬烜第聘室。年十八聞烜卒，奔喪守志，事節姑劉氏謹恪，立夫堂弟子爲嗣，存年五十歲。

馬玉嬰煒之女。笄未字父卒，母遺腹生弟，甫周歲而母亦卒。女憐弟無依，極力經營，撫弟成立，遂終不字。築室白痕山麓，清潔自守，至今弟裔蕃昌，感撫育恩，春秋致祭。

以上辛安里

鄒氏王文讓聘室。年十二守貞，存年五十九。

黄氏楊之榮聘室。年十二守貞，存年五十二。

以上福慶里

黄氏柯愈增聘室。增被粤逆虜，時氏年十七，母憐其貧，欲改醮，誓不從。年二十五歸柯，守貞二十九年歿。

以上興瑞里

袁氏陳恩先聘室。誕二月，夫嫂抱養成立。三歲夫夭，終身守節，事夫嫂如姑，家貧供養無缺。歿年五十一。

以上仁義里

湯氏周慶方妻，幼育於周。方故守貞，事姑撫孤，存年六十二。

以上宣化里

烈　　女

陳登姐歸化里陳次安女，柯必驗之聘室。幼聰慧，讀女經輒解其義。未嫁夫殤，訃至不哭，旋入臥室，沐浴更衣，越日自經死，族鄰勒石記之。

阮攣姑吉口里候選縣丞阮治進女，通山朱少璞聘室。攣姑幼承庭訓，明詩礼，解咏吟。年及笄，少璞病故。訃至，哭欲奔喪，勺飲不入口者五日。家人婉勸，泣不止，乘間仰藥，救而免。乃依重闈如初，不之防也。元旦，竟登樓自縊。越二日殮，面如生，衣带有絶命詞云："誓欲從夫去，恩義兩難全。多拜生父母，恕報養育恩。"朱爲舁棺合葬焉。已請旌。

明氏辛興里李朝淮聘室。年十七淮故，氏聞訃欲奔喪，家人阻之，遂自縊。

烈　　女分里

張氏幼字馬方榮。年十九榮殤，欲奔喪，姑以家貧拒之。乃服鴆，謂母曰："我死必以尸歸婿族，或有哀吾志，不忍斬夫祀者。"語畢而絶。馬義之，迎尸與榮合厝。

江氏從慈剛聘室。剛年十二，隨父賈於蜀未歸，氏年已廿五矣。有誤傳剛死者，氏聞，投繯死。

以上宣化里

陳氏劉繼乾聘室。及笄歸劉，未婚乾故，家人欲奪其志，自經死。

以上豐義里

劉氏李秀峰聘室。年二十婿故奔喪，立侄爲嗣，母托疾召歸寧，氏不得遂志，投繯死。

以上樂葉里

羅氏諸生陳守釗聘室。年二十釗疾篤，隨母往視。釗故，請舅姑立嗣，未許，三投繯皆以救免。因舁歸，母家防之，乘間自經死。乾隆己亥年建坊。

馬氏幼鞠於劉。年十七婿永燈殤，矢志守義，家人欲奪之，自經死。

以上上豐樂里

程氏幼許柯勝文。年十九未嫁婿故，欲奔喪，父母不許，即入室自經。婿家義之，迎柩歸葬，執紼數百人。

以上新亭里

謝氏張承塤聘室。年二十婿故奔喪，三日投繯卒，嘉慶五年旌。

以上寶政里

明氏費光松聘室，幼育於姑。年十六未婚松故，愿留事翁姑，族人欲强奪之，氏知，大哭，嘔血數升。姑慰之，氏曰：“兒非犬馬，顧令市人估值耶，何生爲！”絶粒旬日而卒。

以上善福里

石氏劉令文聘室。年廿三未嫁，聞婿病革，告父母往視未遂。已而婿卒，自經死。

以上崇仁里

李氏蔡際珍聘室。幼失怙，年十六聞婿病，告母往侍疾，不許。越三年婿故，欲奔喪，又不許。遂自經，幾死，不得已許之。衰服往，朝夕哭奠，不食而死。時年十九。

以上長慶里

劉氏艾文溯聘室。未嫁溯故，聞訃絶粒數日。女素敬事盲祖姑，及是，泣謂之曰：“兒死誰奉予？盍强起，俟吾歿，適艾爲溯立嗣，則溯爲不死矣。”女始收泪從之。未幾，女父憐其少，欲更字，女聞赴水死。

石氏倪達通聘室。未嫁，通遘癘疾，歸侍湯藥。家或不給，即鬻衣釵以供。人問之，泣曰：“疾苟瘳，此何足惜？如不諱，又焉用此？”通故，絶粒數日，及葬，勉扶柩出，夜扃户自經。

以上永福里

王雍姐譚國超聘室。婿故，欲奔喪，父母力阻之，自經死。乾隆間旌。

以上吉口里

王氏譚詩椿聘室。年十八椿故奔喪，舅姑繼歿。力營宅兆，既竣工，嘆曰：“吾忍死數年，今事畢矣。”不食而死，時年廿三。

以上宣教里

鍾氏幼字汪有光。光卒，氏欲奔喪，父母不可，遂毀容焚奩具。他日，父母陰許字富家子，女聞，自經死。

以上長樂里

程氏柯隆礎聘室。年十八聞婿病，往視。數日夫故，矢志守義，已六年矣。聞家人有改嫁之議，夜奠其夫，投水死。已旌。

以上興瑞里

徐蕙賢幼許劉延封。及笄封殤，聞訃自經，以救免。遂剪髮誓死，未幾卒。

以上興教里

王氏幼育於陳。八歲婿盛承夭，矢志奉翁姑。及長，毋家欲更字，氏聞，嘔血升餘，累日不食卒，族黨傷之。

以上永章里

孝　　女

成鳳姐生於康熙甲戌。年十三，母病篤，刺血和丸，復割股調羹以進，母獲痊。衆異其事，白於官，州牧佟公旌以“女童貞孝”之額。後五載，母卒，越二旬，竟以哀毀夭。

俞龍姐俞文衍之女。年十三，父病劇，貧不能延醫，龍姐嚼右股肉寸許調羹以療，父聞，喜且泣，不三日而動履如平時。

易學秀宣化坊拔貢易步瀛女。甫十歲，母目患翳，醫曰：“障深矣，藥不可爲也。若以舌久舐當愈。”女聞之，母夜五更舐以舌，半載翳退。侍父病湯藥，嚴寒不解衣者兩月，復割股和羹以療。

周氏宣化坊周明德女。幼失恃，事繼母徐以孝聞。母病，與其妹相繼刲股進羹，病若失。知州椿奬以“閨孝雙美”額。

涂氏豐葉里室女。父殁無子，終身奉母不嫁。

石先姐崇仁里室女。生十一歲，其母遘厲瘧，疾發輒昏迷。一日，顧謂女曰：“吾疾不可爲，夫弟妹俱稚，汝當自愛惜，母重累汝父也。”先姐益悲，徐曰：“兒愿以身代母死。”母叱之。越日，母病復作，先姐哀號投繯。比母蘇，先姐已不可救矣。

石菊姑永福里石善池女。無兄弟，矢志不嫁，養親終老。

馬玉英樂歲里馬駿明女。幼事親孝，十餘歲，父母相繼殁，遺弟襁褓，玉英念祖父宗祧恃此一綫，遂自誓不字，以撫其弟。教讀婚娶，備極勤劬。迨弟成立，乃别築室於白閬山麓，以終餘年。弟裔至今春秋祀其墓。

程姑朝陽里程青萬女。事親孝，見母病篤，刲股以療。

劉桂蓮辛興里室女，幼許字鄭氏。年十五，未嫁而婿故，桂蓮念母老，家貧無依，矢志不嫁。力農以養母，母殁，號泣者數年。現年五十四。

邱根弟豐葉里邱顔懋女。刲股療母。

張貞姑豐義里張亨九女。永樂間，亨九輸糧卒於邊，貞姑携幼弟走萬里，負父骸歸。遂矢志不嫁，撫弟成立。補遺。

女　壽

葉氏下雙遷里華聖道妻。家非素封，遇窮苦輒勉力周恤。親見七代，五世同堂。道光三十年届百歲，旌表，建坊，恩賜“貞壽之門”。没年百有四歲。

成氏上雙遷里生員王浚堂妻。年二十六守節，没年百歲。

譚氏宜教里程英瑜妻。五世同堂，没年百歲。孫錦雲，諸生。

王氏樂歲里石之綸繼母。没年百有二歲。

舒氏明周德妻。五世同堂，没年百有一歲。子若孫三，列諸生。

張氏崇慶里劉先蘇妻。亨年百歲。

王氏興瑞里柯道正妻。五世同堂。没年八十三。

舒氏宣化里馮正坪妻。殁年九十有五。

劉氏宣化坊貤封文林郎佘允杰妻，貤封孺人。殁年九十有一。子三，兩列諸生。

女　　壽增補

余氏上陽辛里明鄭文通妻。年九十二。

徐氏上陽辛里鄭則靈妻。年九十四。曾孫依固，舉人。

鄧氏上陽辛里鄭祚煉妻。年九十。

徐氏上陽辛里鄭衍沃妻。年九十二。

鄭氏上陽辛里楊之錕妻。年九十。

鄭氏上陽辛里楊之錢妻。年九十六。

鄭氏上陽辛里楊盛光妻。節孝，年九十二。

楊氏慈口里徐鼒妻。年九十二。

劉氏慈口里徐以唐妻。年九十三。

鄭氏慈口里徐易堂妻。年九十一。

梁氏懷仁里馬士產妻。年九十六。

葉氏宣教里張衛六妻。年百有三歲。

許氏永城里增廣生趙瓊妻。年九十三。

華氏上遷里王興淮妻。年九十二。

袁氏樂平里王興利妻。年九十四。

舒氏宣教里李以純妻。年九十二。

陳氏寶政里李鳳栖妻。年九十。

王氏寶政里向金鎰妻。年八十九。

嚴氏寶政里徐良凰妻。年九十。

黄氏寶政里徐子長妻。存年八十八。

袁氏上陽辛里鄭昌饒妻。年九十。

梅氏上陽辛里郭從繹妻。年九十。

華氏上陽辛里李善槐妻。年九十一。

石氏永福里陳恒芳妻。年九十。

王氏上遷里樂瑞隆妻。年九十。

周氏上遷里王華文妻。存年九十五。

王氏下遷里華秉衡妻，孝婦。年九十。
黄氏上遷里王道新妻。年九十二。
吴氏上遷里成若是妻。年九十二。
洪氏上遷里朱象柳妻。年九十。
袁氏修善里封職鍾鴻衆妻。年九十六。
汪氏修善里張榮鋭妻。年九十六。
袁氏修善里吴恢先妻。存年九十。
汪氏修善里明習之妻。年九十一。
明氏修善里袁玉峰妻。年九十。
盧氏懷仁里梁方德妻。年九十。
朱氏懷仁里梁引倜妻。年九十二。
曹氏懷仁里梁養冰妻。年九十一。
向氏善福里費惟光妻。年九十二。
馮氏善福里李善坦妻。年九十二。
程氏下遷里人朱元石妻。年九十。
魏氏懷仁里馬洪書妻。年九十。
艾氏永福里邱光仁妻。年九十三。
程氏永福里陳傅玉妻。存年九十四。
鄒氏永福里鄧日咸妻。年九十四。
吕氏崇仁里監生侯入覲妻。年九十六，五世同堂。
馮氏崇仁里侯世炯母。年九十五。
劉氏崇仁里侯全禮母。節孝，年九十二。
江氏樂歲里太學生馮遵先妻。存年九十一。
方氏豐葉里監生邢奇峰妻。年九十三。
李氏豐葉里邢慶餘妻，庠生必解母。年九十。
洪氏辛興里劉尊樸妻。年九十，五世同堂。
李氏辛興里優庠生劉潤章妻。年九十。
董氏中豐樂舒國治妻。年九十四，五世同堂。

陳氏仁義里朱溥意妻。年九十二。
朱氏慈口里徐鄭川妻。年九十，五世同堂。
明氏宣化里郭有泰妻。年九十一。
陳氏宣化里柯瑞枝妻。年九十五。
姜氏宣化里趙興傳妻。年九十一。
石氏宣化里全犀嶺妻。年九十二。
譚氏宣化里田先懋妻。年九十三，五世同堂。
趙氏仁義里陳柏亭妻。存年九十。
謝氏仁義里陳希志妻。年九十二。
陳氏尊賢坊郡庠生鄧成信妻。五世同堂，年八十八。
尹氏修净里蕭任南妻。年八十八，五世同堂。
洪氏修净里蕭憲臣妻。存年九十。
鄢氏歸化里陳思偉妻。年百一歲。
蕭氏修净里李克君妻。存年九十二。
蕭氏長慶里趙大榮妻。年九十六。
徐氏上遷里段子文妻。年九十四。
鄒氏豐葉里蕭功雲妻。年九十一。
石氏豐葉里盧緝熙妻。年九十二。
方氏豐葉里庠生盧宗藻妻。年九十一。
石氏豐葉里庠生盧聞香妻。年百歲。
張氏豐葉里李添梃妻。年九十三，四代同堂。
舒氏豐葉里李魁一妻。年九十三。
董氏豐葉里監生邱榮甲妻。年九十。
石氏樂歲里馮肇德配。年九十一。
李氏樂歲里石焕信妻。年九十。
阮氏吉口里周簡書妻。現年九十八。
鄢氏歸化里陳彦喜母。年百二歲。
程氏□□里曹首儒妻。五世同堂，年九十一。

明氏□□里曹春林妻。五世同堂，年九十四。

阮氏□□里石富光妻。年九十三。

左氏辛安里馬遇植妻。年九十二。

姜氏辛安里監生馬瑞廷妻。年九十一。

秦氏辛安里馬可授妻。年九十，子二：長鳳廷，貢生；次鳳翥，監生。

鄧氏辛安里梁澤贇妻。年九十，孫曾蕃衍。

彭氏辛安里鄭世仲妻。現年九十一。

陳氏辛安里范承忠妻。年九十二。

侯氏辛安里劉宗濂妻。年九十二。

李氏辛安里石韞琳妻。年九十一。

馬氏豐義里石潤恒妻。年九十。

趙氏豐義里張列鼐妻。年九十二。

汪氏豐義里張武星妻。年九十二。

石氏豐葉里李新德妻。年九十五。

鄒氏福慶里王隆江妻。年九十一，五世同堂。

明氏福慶里江松軒妻。年九十七。

陳氏福慶里鄒卜雲妻。年九十四。

明氏修善里柯世廷妻。現年九十五。

吴氏修善里袁秉銘妻。年九十三。

馮氏修善里明應龍妻。年九十五。

張氏長樂里汪粹玉妻。年九十一。

曹氏樂歲里馮生熹妻。年九十二。

潘氏辛亭里梁逢春妻。年九十。

田氏興教里鄒飛萬妻。年九十一。

石氏永福里陳恒芳妻。年九十。

魯氏永福里陳萬相妻。年九十三。

王氏永福里陳輔權妻。年九十三。

艾氏永福里陳太原妻。年九十。

陳氏永福里石昇平妻。年九十。

王氏永福里石惟則妻。年九十一。

魯氏永福里□□□妻。年九十。

阮氏吉口里監生林元勛妻。年九十，親見四代，孫曾繁衍。

朱氏仁義里王全潔妻。年九十有三。

阮俞氏尊賢坊監生阮品芳之妻。現年九十二歲。

常氏修善里監生李栖鳳妻。年九十有六。

王氏宣化坊儒林郎黄寶齋妻。宗室教習庭之母、詹事府供事浚之祖母。年九十六歲，四世同堂，例請建百歲坊。

柯氏東鄉里黄加松妻。年九十。

劉氏福慶里黄盛萬妻。年九十一，親見四代。

明氏興瑞里柯世廷妻。年九十五，五世同堂。

許氏宣化里吴崇友妻。年一百零一歲。

田氏□□□方玉成妻。年九十五。

舒氏□□□程□英妻。年九十四。

舒氏□□□程雲英妻。年九十二。

樂氏□□□趙先岱妻。年九十五。

謝氏崇仁里諸生石時棐妻、孝子建烜母。年九十五。

尹氏修净里蕭任南妻。存年九十。

洪氏修净里蕭憲臣妻。存年九十。

劉氏安樂里伍端倫妻。存年九十。

劉氏上豐樂監生石成章妻。存年九十。

張氏豐葉里竹山訓導邢克爕妻。年九十。

明氏辛安里方立信妻。年九十二。

劉氏豐葉里柯觀白妻。年九十五。

陳氏崇仁里監生石亨鴻副室。一百一歲，五代同堂。孫建熷，曾孫中寅、堅中，俱諸生。

胡氏宣化里羅毅安妻。年九十一。

趙氏宣化里羅廣珠妻。年九十。

樊氏宣化里羅文泰妻。年九十一。

馬氏宣化里羅永貞妻。年九十一。

梁氏宣化里羅長青妻。年九十。

石氏尊賢坊佘澹菴妻。年九十一。

鄭氏尊賢坊佘謙益妻。年九十一。

王氏慈口里徐思三妻。年九十。

劉氏吉口里阮文軒妻。年九十，五世同堂。

袁氏吉口里阮亨衢妻。年九十三，五世同堂。

阮氏吉口里孟參雲妻。年九十六。

曾氏吉口里阮遠瀅妻。年九十。

陳氏長慶里鍾先杶妻。年九十九。

吴氏修善里袁政柳妻。年九十一。

陳氏上豐樂里黄加升妻。年九十五。

朱氏歸化里住上豐樂吴迎來妻。年九十，四世同堂。

徐氏寶政里耆壽李國楊妻。年八十九。孫召棠，諸生。

王氏仁義里陳泰洋妻。存年九十。

袁氏仁義里胡國鳳妻。年九十四。子安遠。

明氏安遠妻。年九十一。

鍾氏仁義里謝檠祖。存年九十。

張氏長樂里鍾先炬妻。年九十。

彭氏長慶里李善玉妻。存年九十。

李氏寶政里舒廷光妻。年九十三歲。有傳列《節孝》。

曹氏宣化坊楊恒典妻。年九十四。

陳氏東鄉里柯有萬妻。年九十。

李氏東鄉里孫春亭妻。年九十。

梅氏慈口里徐敬長妻。年九十一。

華氏慈口里武生六品銜徐健妻。存年九十。

陳氏興瑞里柯萬點妻。年九十九。

陳氏興瑞里柯瑞奎妻。年九十九。

劉氏監生石琇瑩妻。年九十□，五世同堂。

羅氏石康用妻。年九十四。

吴氏儒士張啓孝妻，節婦。年九十二。

盧氏監生周賓妻。年九十五。

王氏仁義里陳希遐妻。年九十三。

朱氏仁義里陳公洽妻。年九十。

王氏仁義里陳公説妻。年九十。

女　　壽分里

徐氏阮能静妻。年九十七，子孫繁衍。邑侯沈詳賜匾額。

王氏阮樂齋妻。存年九十一。

馮氏阮際清妻、武舉鳩柏之母。年九十三。

夏氏阮善後妻。年九十二。

丁氏阮可念妻。年九十六。

阮氏袁振凡妻，武舉高輻祖母。年九十三。

徐氏全盈廷妻。年九十。

阮氏周光歡妻。年九十二。

袁氏監生譚詩柯妻。年九十，五代同堂，貤贈安人。

章氏譚詩桃妻。年九十六。

阮氏李聯芳妻。年九十三。

方氏譚詩光妻。年九十一。

黄氏阮仁金妻。年九十。

聶氏阮云章妻。年九十。

陳氏阮悦成妻。年九十三。

欒氏孟光信妻。年九十六，五代同堂。

以上吉口里

陳氏徐義防妻。年九十七。

王氏監生徐仁鈐妻。年九十二。

朱氏徐槐三妻。年九十二。

成氏徐淩雲妻。年九十。

成氏徐時運妻。年九十二。

夏氏監生徐希穆妻。年九十四。

阮氏監生徐錦河妻。年九十一。

阮氏監生徐蘭舟妻。存年九十一。

以上慈口里

譚氏張大臨妻。年九十一。

夏氏張方獻妻。年九十一。

朱氏楊性春妻。年九十。

以上上陽辛里

成氏陳萬禄妻。年九十，五世同堂。

徐氏郭端厚妻。年九十四。

許氏郭兆英妻。年九十四。

譚氏郭瑋如妻。存年九十八。

以上宣教里

陳氏鄧俊珖之母。存年九十四。

徐氏成文錦之母。年九十四。

□氏鄧俊檴之母，年九十二。

成氏孔昭亨妻。存年九十一。
郭氏孔廣潤妻。年九十。

以上下陽辛里

華氏王達林妻。年九十五。

以上下遷里

陳氏劉朝掄妻。年九十五。
張氏劉光蘇妻。年百歲。
張氏李善選妻。年九十。

以上崇慶里

周氏柯家禎妻。年九十三。
徐氏柯隆飛妻。年九十四。
黄氏柯本謨妻。年一百零六。
劉氏處士柯碧嚴妻。年登九十。

以上興瑞里

劉氏舒明遠妻。年九十六。

以上朝陽里

王氏石臨淦妻。年一百零二。
梁氏石增達妻。年九十。
石氏劉景析妻。存年九十四。
吕氏馮國平妻。年九十一。
藍氏馮國賜妻。年九十一。

以上樂歲里

陳氏石成玉妻。存年九十。
呂氏曹見東妻。年九十二。
徐氏劉春廷妻。年九十。
趙氏石鍾秀妻。年九十三。
石氏劉見珍妻。年九十三。

以上崇仁里

李氏伍秀廷妻。存年九十一。
蔡氏彭渭川妻。九十二。

以上安樂里

吴氏董盛周妻。年九十二。
劉氏羅蕃升妻。年九十三。
馬氏羅漢臣妻。年九十。
胡氏羅毅菴妻。年九十。
歐陽氏江世倬妻。年一百零一。

以上宣化里

洪氏蕭顯益妻。年九十四。
張氏蕭顯道妻。年九十。
賈氏張敬遠妻。年九十三。

以上修净里

周氏張孝煬妻。年九十六。
胡氏汪紹泮妻。年九十四。
陳氏胡旋吉妻。年九十五。

黄氏汪茂久妻。存年九十。

以上長樂里

陳氏何仁亨妻。年九十。

王氏柯時兑妻。年九十三。

黄氏孫學軏妻。年九十三。

以上東鄉里

王氏張敬勝妻。年九十。

賈氏張敬炯妻。年九十。

張氏尹世松妻。年九十一。

陳氏李修純妻。年九十五。

陳氏李定岱妻。年九十一。

盧氏程珠波妻。年九十三，五代同堂。

以上寶政里

司氏王文哲妻。年九十三。誥封太宜人。

瞿氏易啓疆妻。年九十五，旌表，崇祀節孝祠。

汪氏易開恒妻。年九十二。集賢坊。

以上宣化坊

劉氏吴根扶妻。年九十三。

朱氏賈學濟妻。年九十一。

張氏賈學愷妻。年九十四。

趙氏賈贊銘妻。年九十一。

柯氏賈理南妻。年九十。

張氏馮正炯妻。年九十三。

柯氏張耀亨妻。年九十一。

馮氏歐陽宗樓妻。年九十三。

石氏歐陽宗植妻。年九十四。

柯氏袁爲山妻。年九十一。

黄氏袁君意妻。年九十一。

以上豐義里

馬氏劉玉綰妻。年一百零一。

汪氏生員石鐸妻。年九十三。

秦氏陳自天妻。年九十一。

黄氏陳守錫妻。年九十三。

盧氏陳焕章妻。年九十。

楊氏吴蓮塘妻。年九十二。

以上上豐樂里

石氏曹興乾妻。年九十三。

以上永城里

劉氏馬期虎妻。年一百，五世同堂。

馬氏劉占恒妻。年九十二。

梁氏吕拱盛妻。年九十。

明氏劉孔樹妻。年九十，膝下三十二人，族人常以孝敬慈稱之。

劉氏馬道岸妻。年一百，裕後有方，三子俱列膠庠，孫入泮者有二。眼見元孫三十餘人，計有元孫一百二十四人。州尊高夢龍親送“德高壽永”匾額。

石氏八品銜劉萬山妻。年九十三，子孫蕃衍。

以上懷仁里

鄧氏方開法妻。年九十三。

蔡氏方遂愚妻。年九十一。

吴氏方志益妻。年九十一。

伍氏方開杰妻。年九十五。

盧氏係贈儒林郎方桂森妻，署安徽和州、直隸州知州翊元，議叙縣丞、濟川附生煦春之母。存年八十有五，親見五世孫昌祺、昌福。

以上長慶里

王氏黄寶齋妻，舉人黄庭之母。存年九十。

以上宣化坊

朱氏謝嵐軒妻。年九十。

鄒氏監生陳沆妻。年九十一，子恩貢陳元棉。

劉氏朱樸辰妻。年九十四。

尹氏仁義里陳公鑒妻。年九十六。

以上仁義里

柯氏吴衍珀妻。貤封宜人。年九十三。

朱氏吴根培妻。年九十。

王氏胡天照妻。年九十。

吴氏胡順槐妻。年九十六。

以上樂平里

葉氏劉承塾妻。艱苦撑持，課兒孫讀書成名。歿年九十八。

歐陽氏監生侯良材妻。歿年九十六。

蘇氏劉定栝妻。存年九十三。

石氏劉崇榮妻。年九十二。

趙氏監生石劍泉妻。以子潤玉誥贈安人，年九十三。

以上崇仁里

石氏監生曹麟鳳妻。年九十一。

劉氏監生曹善綸妻。存年九十一。

馬氏曹永堈妻。五世同堂，歿年九十一。

吕氏監生曹兆元妻。見五代孫，歿年九十三。

馮氏曹誠實妻。年九十。

鄧氏生員曹國佐妻。子占元，武舉。見五代孫，歿年九十八。

明氏曹秀嶺妻。年九十。

石氏曹耀章妻。年九十一。

侯氏曹興玳妻。年九十二。

梁氏曹永澍妻。年九十六。

以上永城里

游氏馬輝斗妻。歿年九十四。

石氏馬雲起妻。歿年九十二。

劉氏馬觀其妻。年三十二夫故，撫孤成立，存年九十三。

李氏王興祐妻。存年九十一。

劉氏柯觀白妻。歿年九十六。

劉氏朱勛臣妻。歿年九十七。

馬氏王永汝妻。存年九十。

石氏朱雄才妻。歿年九十二。

梁氏生員王興秀妻。歿年九十。

以上辛安里

石氏監生雷開玉妻。年百歲。

司氏梁明齊妻。年九十九。

以上尊賢坊

王氏陳裴有妻。年九十四。

吴氏貤封文林郎陳輝光妻。例贈孺人，年九十五。

柯氏朱恭壽妻。歿年九十二。

柯氏陳宗昌妻。歿年九十五。

劉氏柯勝茂妻。現年九十。

以上東鄉里

袁氏明應瑞妻。歿年九十一。

鍾氏修善里袁見栝妻。年九十一。

以上修善里

陳氏劉玲益妻。年登九十二。

柯氏陳本樸妻。年登九十一。

柯氏陳本燧妻。歿年九十一。

柯氏陳順福妻。年登九十二。

王氏庠生劉元剛妻。例贈孺人，年登九十三。

柯氏劉慶熥妻。年登九十七。

以上興教里

伍氏陳思琯妻。秉性淑慎，翰林陳世馨顔其壽曰“福齡”，歿年九十二。

以上福慶里

程氏監生劉湑一妻。敕封七品孺人，親見五代，壽登百歲，光緒四年請旌。

以上懷仁里

陳氏王毅臣妻。現年九十三。

以上雙遷里

桂氏封職汪焕若之妻。年九十二。

以上豐義里

卷之三十一

時事志

天時人事，變遷不一。《晋書·司馬彪傳》云“立史官以書時事”，正謂此也。舊志有《祥異志》，天時也。而人事之變莫若兵警，今并録之，而爲《時事志》焉。

祥　　異

宋

英宗治平二年夏六月，放生池中蓮，一葩兩房同跗。軍廪小池中蓮雙花連蒂。

孝宗乾道七年，春旱，夏秋尤甚，至冬不雨。八年大旱。據《宋史》本紀增入。十年旱。據《宋史》本紀增入。

淳熙七年，自七月至九月不雨。八年自七月至十一月不雨，十年七月旱。十一年旱。十四年七月，旱、蝗。

光宗紹熙四年六月，大水漂民廬舍，有溺死者。

寧宗慶元五年大水。據《宋史》本紀增入。六年，大風壞船六十餘艘。嘉定甲申，學宫泮池蓮駢花并實，至三至四。按:《宋史》甲申係嘉定十七年。八年春旱。

理宗景定五年十一月壬寅，地震，是年大旱。此時興國尚屬宋。

度宗咸淳五年二月，雨雹大如馬首，小者如鶏子，殺禽獸無算。十年，有鳥百餘飛至郡西白閬山巔，狀如人立，去而復來者數次。宋帝㬎德祐元年，即至元十二年，興國軍當是此年屬元，按《宋史》，至元十七年，宋亡。

元

順帝至正三年秋，大旱。興國路永興縣雷震，擊死糧房册書尹章于縣治，朱書其背云："有旱却言無旱，無灾却道有灾，未庸殲厥渠魁，且擊庭前小吏。"據《元史·五行志》增入。

明

正統間患虎，知州樊繼禱於城隍神。越數日，兩虎鬥死於南市。

成化十年秋，大水，民皆乘船入城。十九年，北分司火延燒丁字街。二十年大旱，民食草木葉，多殍。

弘治七年冬，祁寒，樹枝凍折。十三年，北分司火，延燒丁字街。秋，大水，船入城。

正德二年正月朔大昕，儒學戟門外，五色雲拔地起。三年，竹花結實可食。四年八月朔未時，日食既，晦如夜。是年，旱，米貴。天雨黑穀如棗，民食草實。五年，旱。五年、六年，東鄉、興教、崇慶諸里患虎，約噬六七百人。十三年，大水。十四年六月，新堤火，延及東關外。

嘉靖五年，蝗，禾幾盡。七年春，大風起蛟。十二年冬，祁寒，樹枝凍折。十三年夏，旱。十四年春，州市火，民舍幾盡，張氏一門焚死二十三人。夏，大水。十六年夏，旱，大水。二十三年三月三日，大雨雹，殺鳥獸草木，大者重四五觔，屋桷爲折，大澤源、下彭源二處尤甚。是歲夏秋，大旱，饑。二十四年，旱。二十五年，龍王廟鐘鳴。在州南三十里，士人陶弼讀書處，是科弼中式。三十年九月二十六日夜，大風拔木。長河及明、綱諸湖，舟多覆，溺人無算。二十一年，患虎，崇慶、樂平二里尤甚。

萬曆六年，龍水驟至，吉口、慈口二里田盡没。七年夏，旱。八年，蝗遍野。秋大風，城市屋脊、牌坊俱圮。九年，旱。十年，旱。十七年，大旱，疫。三十六年夏，大水。四十一年，大水入城。四十五年，鹽一觔價三錢。四十八年秋，大水。冬，大雪四十日。

天啓元年正月，大雪。二十一日，自午酉雨黑雪如穀，人畜多凍死，薪貴無鬻者，鹽一觔價四錢。三年，龍水自通山大至陽辛、排市等處，廬舍漂没，老幼死者以千計。

崇禎元年七月初九日，大風拔木，儒學署右古松折數十株。二年春旱，二麥不登。秋，大旱，民多饑殍。十五年，大疫，飛蝗蔽天。十六年，有鳥數萬，形似鴉而小，噪集之處，林野皆滿。十七年六月初十日，鄉兵剿茅坪寨賊鄭老大等，戰敗，殺傷過半。是日，雪週其地十里所。

國朝

順治二年乙酉正月朔，暴熱如夏。五月，流賊過境，殺掠一空。鹽一兩價三分，米一升價八分。三年丙戌秋，大疫。大麥一石價一兩八錢。八年辛卯正月，有鴛鴦數十飛集蓮花池中，數旬始去。二月二十七日夜，大雨雹，碎屋折樹，麥苗野菜俱成泥。既旱，池塘拆深三尺。八月，雨，禾乃反生。

康熙二年癸卯八月，淫雨二十餘日，大水入城，經冬不退。十月十三日，大西門外火，延燒城内，至大東門外，民倉皇赴水死者以千數。知州楊遵給棺收殮，盡發常平倉穀以賑灾黎。三年甲辰八月二十二日，大火，大東門内俱燼，延燒十字街、丁字街及小西門。

雍正六年，麥穗兩岐。

乾隆五十年乙巳，大旱。

道光十一年辛卯，大水入城。十九年己亥，大水入城。二十年庚子六月，大東門外火，延燒數十餘家。二十八年戊申，大水。二十九年己酉，大水入城，八門俱浸，壞民屋無算。

同治十一年壬申十月二十六夜，富川門外火，焚數十餘家，延燬富川樓。冬十一月二十四日，雙虹見於西北方。

光緒三年，大疫，連歲不止，斃人無算。十二年，大雪，平地深二尺，經旬不霽。十三年，大旱，自六月至十一月不雨，澤涸川竭，塘堰成蹊。十二月，大雪，平地厚二尺許，積月不消，大樹凍折，民多餓斃。十四年七月，陰雨大作，朝陽、崇慶、東鄉、興教、興瑞等處同日起蛟，山溪陡漲，衝毁隄堰、漂没田廬、淹斃人口以百計。十二月，大雪，平地深尺餘。十五年正月二十二日，城北二里雷震斃二人。七月，景星見東南方。

兵　　警

唐僖宗乾符末，黄巢亂江南，永興民皆亡爲盜。鄂州刺史崔紹募民强雄者爲土團軍，賊不敢侵，於是人人知兵。僖宗光啓二年，永興民吴討據黄州，駱殷據永興，二人皆隸土團者也。昭宗乾寧初，杜洪爲鄂州節度使，自將擊討，乞師淮南。楊行密遣將朱延壽助之，延壽拔黄州，俘討獻京師。駱殷弃永興走，行密取其地。洪得駱殷，倚爲心腹，間取永興守之。行密使李神福、劉存率舟師萬人討洪，殷又弃永興走。縣人方詔守以待命，神福得詔大喜，以永興壯縣，餽餫所仰，已得鄂半矣，遂進圍鄂州，州旋陷，洪被執。見《唐書》。

宋高宗建炎三年，金人窺洪州，由黄州渡江至武昌縣上岸，遂入興國軍大冶縣界，取山路犯江西。見《宋史》。

高宗建炎四年九月，李成遣馬進犯興國軍。見《宋史》。

高宗時，瑞昌、興國之間茶商失業，聚爲盜賊，樞密都承旨洪遵奏請揭榜開諭，許其自新，愿充軍者填刺，愿爲農者放還。上可之。

紹興時，李成據江淮、湖湘十餘郡，連兵數萬。朝廷以張俊爲招討，使岳飛副之。元年三月，張俊、岳飛大敗李成於樓子莊。在江西建昌縣。遂復筠州，復追至江州。成勢迫，截江而去，走蘄州，降於僞齊，已而興國軍等處群盜皆遁。

景定元年春二月，江西帥司言：“興國民被兵存者，奔竄他所。”見

《宋史·理宗本紀》。

元世祖至元二十三年，勅禁漢民持鐵尺、手撾及杖之有刃者，悉輸于官。興國軍以籍兵器致亂，行省命陳天祥權知本軍事，天祥命以十家爲甲，十甲爲長，弛其器以從民便，境内遂平。其後代者務更舊政，治隱匿兵器甚急，天祥去未久，興國復變，鄰郡及大江南北諸城邑，多乘勢殺其守將以應之。

至正十一年辛卯，羅田徐壽輝舉兵作亂，以紅巾爲號。十二年壬辰，遣僞將丁普郎、徐明遠等陷漢陽，並陷興國。乙未，有龍麻線之變，鷄犬無遺，燕巢林木。丙申，吴朝貴繼起，酷暴尤甚。庚子，陳友諒據九江，乃殲朝貴。

明崇禎五年四月，湖廣流賊自興國入江西泰和、吉安等處。

崇禎十年，袁繼咸除湖廣參議，分守武昌，以兵搗江賊巢興國、大冶山中，擒賊首吕瘦子，降其黨千餘人。見《明史》。

崇禎十六年，張獻忠陷武昌，改武昌府曰天授府，以興國州柯、陳兩姓土官悍勇，招降之。

國朝順治二年閏六月，英親王奏：流賊李自成率衆二十萬，聲言欲取南京，官兵水陸躡其後，追及承天德安、武昌富池口。

順治四年正月，湖廣總督白永盛奏：興國州等處砦寇悉平。初，陳友諒遺孽有興國州土賊柯抱冲者，與何騰蛟結連，遣其黨陳珩玉等殺武昌同知即肇陳同知，張夢白寇掠江西武寧。南贛總兵柯永盛遣將分剿，連破賊砦，抱冲、珩玉並就擒斬。

順治五年，江西總兵金聲桓叛，興國、孝感、雲夢、黄安、麻城、蘄州諸土賊亦皆蠢動。湖廣提督柯永盛分兵防守要地，遣將搜剿賊寨，以時奏捷。

順治五年閏四月，湖廣總督羅錦綉奏：興國劉大刀與僞總督鮑瑞玉合謀爲亂，游擊張國忠等剿平之。

康熙二十七年五月，湖廣督標夏逢龍因裁兵作亂，震動四邑，州屬戒嚴，官軍旋平之。

道光二十一年辛丑冬，崇陽鍾人傑等，因書差苛索錢糧致變，鄰境震動。州人士捐貲練勇，至通山界防堵，旋聞官軍平之，乃還。

咸豐二年冬，廣西僞太平王洪秀全等由湖南竄湖北。十二月初四日，省城陷，州人聞變，遽徙避。

三年正月，賊弃省城，水陸並下，過富池，焚漕倉。越數日，提督向榮追賊至州。

三年五月，粵匪分股由江南竄江西。八月，由江西上竄入州，大掠數日始去。初十日，荆門直隸州知州李槱駐師田家鎮，渡江逐賊于半壁山，孤軍追擊至富池，戰殁。今富池地藏廟後有碑紀其事。十月初二日，賊船復入州，旋退。是冬，出没城鄉。

四年九月廿日，道員羅澤南由陸路追賊至州。二十五日，提督塔齊布亦至，分兵兩路夾擊。羅軍中途遇賊，敗走之。十月初十日，大破賊於半壁山。

五年正月，賊復上竄。初七夜，由半壁山入州境，按察使司胡林翼由九江拔營援鄂，道經州，會都司石清吉，擊賊於雙港，旋由通山進省，賊復據州城。

六年六月二十四日，僞翼王石達開統賊衆數十萬上竄，官軍迎擊，賊敗走，復由州下。十一月，道員李續賓尾賊至州，州境始清。

七年，撫院胡林翼委候補府邢高魁駐州，督辦團練，立十六團以時相機防堵。又設釐金局，委員抽收，以助軍餉。一在州治，一在富池。

五月，賊圍黄州。六月初，道員李續宜上援，踞兵北門外獅子岡。

十二月十八日，臨江潰賊至柯樂源，道員邢高魁移營下馬石，防堵失利，賊入州城。二十五日，道員孫守信將步馬軍，大破賊於州東下港橋，逸出者各團遮而殲之。

卷之三十二

藝文志

史家《藝文志》，但載撰著書目。近日方志則多録詩文，舊志亦然，此於體例爲不合。今採自宋以來名家著述之已入四庫者，備録提要，列之於首。其見於四庫所採他書，亦爲録入。餘則書目、卷數附於本人名下。至詩文之有關係者，另爲《詩録》《文録》，庶於相沿之中，猶存古義云爾。

撰著書目

宋

《北湖集》五卷

吴則禮撰。則禮字子副，富川人，以父御史中復廕入仕，官至直秘閣，知虢州。晚居豫章，自號北湖居士。其事迹畧見陳振孫《書録解題》而不詳備。今考集中所與唱和者，若唐庚、韓駒、曾紆、陳師道諸人，皆一時名士。其李長者像序署銜，則嘗爲軍器監主簿。又《續百憂集行》，有"疇昔罪臣投荆州"之句，蓋中間曾以事貶謫也。又《永樂大典》載有韓駒《北湖集序》，題"宣和壬寅"，而中稱"則禮卒於虢州之後一年，其子垌綴輯詩文"云，則當終於宣和辛丑。楊萬里《誠齋詩話》乃稱：尤袤賞其二絶句，其一有"華館相望總使星，長淮南北已休兵”句。乃似高宗時語，豈萬里偶傳訛乎？駒序稱坰所編集爲三十卷，《書録解題》則作《北湖集》十卷、《長短句》一卷。世久無傳，未詳孰是。今從《永樂大典》各韻中裒輯編綴，尚得詩三百餘首、長短句二十餘首、雜文三十餘首，謹校正訛舛，釐爲五卷。則禮詩格峭拔，力求推陳出新，雖間涉於頹唐，而逸趣環生，正復不煩繩削。近體好爲生拗，筆力縱橫愈臻遒上。雜文雖寥寥數首，而法律嚴密，具有典型。觀所作《歐陽永叔集跋》《曾子固大般若經抄序》，知其於古文一脈具有淵源，宜其折矩周規，動符執度，固非渡江以後講學家支離冗漫之體所得而比并矣。《提要》。

《詩總聞》二十卷見《宋史・藝文志》

王質撰。質字景文，興國人。紹興三十年進士，官至樞密院編修，出通判荆南府，改吉州。周亮工《書影》以爲宋末人，蓋考之未審也。亮工又稱，是書世久無傳，謝肇淛始録本於秘府，後肇淛諸子盡賣藏書，爲陳開仲購得，乃歸諸亮工。則其不佚者僅矣。其書取《詩》三百篇，每篇説其大義，復有聞音、聞訓、聞章、聞句、聞字、聞物、聞用、聞迹、聞事、聞人凡十門，每篇爲“總聞”。又有聞風、聞雅、聞頌，冠於四始之首。南宋之初，廢《詩》序者三家：鄭樵、朱子及質也。鄭、朱之説最著，亦最與當代相辨難；質説不字字詆小序，故攻之者亦稀。然其毅然自用，别出心裁，堅鋭之氣，乃視二家爲加倍。自稱覃精研思幾三十年，始成是書。淳祐癸卯，吴興陳日强始爲鋟板於富川，日强跋稱其“以意逆志，自成一家”，其品題最允。又稱其“删除小序實與文公朱先生合”，則不盡然。質廢序與朱子同，而其爲説則各異。黄震《日鈔》曰“雪山王質、夾漈鄭樵，始皆去序，言詩與諸家之説不同。晦庵先生因鄭之説，盡去美刺，探求古始，其説頗驚俗，雖東萊先生不能無疑”云云。言因鄭而不言因王，知其趨有不同矣。然其冥思研索，務造幽深，穿鑿者固多，懸解者亦復不少，故雖不可訓，而終不可廢焉。《提要》。

《雪山集》十六卷

王質撰。質文章氣節見重於世，亦深爲《宋史》本傳所推。惟周密《齊東野語》載：張説爲承旨，時朝士多趨之，惟質與沈瀛相戒勿往，已而質潛往説所，甫入客位，瀛已先在，物議喧傳，久之皆不安而去。與史殊相乖剌。考史稱“虞允文以質鯁亮不回，薦爲右正言。時中貴人用事，多畏憚質，陰沮之”云云。則質非附勢求進者，殆張説等惡其彈劾，反造蜚語。史所謂“陰沮之”者，正指此耳，密不察而誤載也。觀其初受張浚之知，又以湯思退薦爲太學正，而《論和戰守疏》中排擊二人，皆無所假借，此豈放利偷合所能爲與？其集久佚不傳，僅散見《永樂大典》中。史稱其嘗著論五十篇，言歷代君臣治亂，謂之《樸論》，今止存漢高帝、文帝、五代梁末帝、周世宗四篇。又質自序《西征叢紀》云：“自丁亥至庚寅，得詩一百三十有九、詞五十有一、記十、序六、銘二。又於淳熙二年作退文，有六悔、有六變。”《永樂大典》所載乃總題曰《雪山集》，無可辨别。《宋史・藝文志》稱《王景文集》四十卷，又别出《雪山集》三卷。陳振孫《書録解題》亦作三卷，焦竑《經籍志》、朱彝尊《經義考》則俱云四十卷，考王阮原序稱：“其家以遺稿見屬，乃爲蒐羅删次，釐爲四十卷，名曰雪山，本其舊也。”然則質初有小集三卷，自題曰“雪山”，迨阮編次全集，篇帙雖增，而標目如故，故三卷之本與四十卷之本，諸書互見也。至張端義《貴耳集》載其“何處難忘酒”詩，稱“所撰有《雪齋集》”。則又刊本流傳訛“山”爲“齋”耳。今據《永樂大典》所載，分類排列，共得一十六卷。其詩文，先後有歲月可稽，各加考正，附於題下。雖殘缺之餘，十存四五，其生平出處與文章宗旨亦足以見其梗概矣。史稱質博通經史，善屬文，與九江王阮齊名。阮序是集亦稱：“聽其論古，如讀酈道元《水經》，名川、支川貫穿周匝，無有間斷。”自明以來，《阮義豐集》尚傳，而質集湮没不彰，談義家亦罕能稱道。今仰蒙睿鑒，取其《論和戰守疏》及《上宋孝宗疏》諸篇，詞旨剀切，頗當事理，特命校正剞劂，以發幽光，洵爲千載之一遇。至集中青詞一體，本非文章之正軌，欽遵諭旨，概予芟除。又如《會慶節功德疏》《福勝化緣疏》《真如修御書閣疏》《天申節開啓疏》《滿散疏》《水陸修齋懺經疏》及《修造榜文》諸篇，皆語涉異教，亦併爲刊削，以示別裁。恭録聖訓，冠諸卷首，用以見表章散佚、防遏奇邪之至意焉。《提要》。

《紹陶録》二卷

王質撰。質於淳熙中奉祀山居，以陶潛、陶弘景皆弃官遺世，其同時，唐汝舟、鹿何可繼其風，因作此書。上卷載栗里、華陽二譜，而各摘其遺文、遺事爲題，别爲詞以詠之。下卷記唐鹿事，而附以林居詠物之詩。其曰山友詞者，皆詠山鳥；曰水友詞者，皆詠水鳥；曰山友續詞者，皆詠山草；曰水友續詞者，皆詠水草；曰山水友續詞者，則雜咏禽蟲諸物。蓋自耿直忤時，阨於權倖，晚歲欲絶人逃世，故以鳥獸草木爲友。蓋亦發憤之作，舊於《雪山集》外别行。康熙中，商邱宋犖嘗摘録其山友諸詞，分爲五卷，改題曰《林泉結契》，亦取其有寄懷塵外之致也。今觀録中諸作，雖惟意所云，往往不甚入格，然人品極高，神思自别。誦其詞者，賞之於鹹酸之外可矣。《提要》。

《夷堅别志》二十四卷

王質撰。《文獻通考》。

明

《陳張本末畧》一卷　附《方國珍本末畧》一卷

吴國倫撰。國倫字明卿，興國人，嘉靖庚戌進士，官至河南布政司參政。《明史·文苑傳》附見《李攀龍傳》中。是書於陳友諒得姓爲吏諸事，張士誠與李伯昇起事之由，方國珍弟國瑛、國珉諸人俱未臚叙。所載明初攻戰諸事更爲疏漏，前有國倫自序曰：“每聞祖父言國初陳友諒、張士誠事甚悉，因誌其始末大畧，而以方國珍附焉。後閲《洪武目録》

及諸野史，所記載往往不符。尚冀熟於掌故者爲我正之。”則國倫先不自信矣。《提要》。

《甔甀洞稿》五十四卷　《續稿》二十七卷

吴國倫撰。初，國倫爲兵科給事中時，以倡衆賻繼盛，忤嚴嵩，左遷，世稱其義。在後七子中，最爲老壽。初與王世貞、李攀龍倡和，後與李維楨、汪道昆輩狎主詩盟。其著述頗富，然在當時，胡元瑞作《詩藪》，已譏其用句多同，一篇而外不耐多讀。朱彝尊《静志居詩話》亦謂：“王李既没，甔甀幾與四部争富，而海内之爲真詩者寡。”則文章不逮其行誼矣。此《甔甀洞稿》，國倫所手定，《續稿》則其子士良所校刻，《明史·藝文志》此二集外，又載其《詩稿》十五卷，今未之見，意其散佚歟。《提要》。

《春秋世譜》十卷

吴國倫撰。其書以春秋列國事實見於《史記》及他書者，分國爲諸侯世家。《明史·藝文志》。

《訓初小鑑》四卷

吴國倫撰。《明史·藝文志》。

國　朝

《河洛先天圖説》二卷

劉天真撰。天真字汝迪，號去僞，興國州歲貢，官安仁縣訓導。其言《易》大旨謂：“天數五，地數五，五位相得而各有合。六七八九之數，乃一二三四倚五而成。”蓋即參天兩地而倚數之説。張尚瑗序之，以爲“後天八卦配洛書，若合符契，《帝震》一章是其注脚。”不知圖書之數，正影附此章而作，即以配河圖亦相脗合，不僅圖書可配也。《提要》。

卷之三十三

藝文志

文　　録

奏　　疏

宋

論和戰守疏孝宗隆興二年

王質

陛下即位以來，慨然起乘時有爲之志，而陳康伯、葉義問、汪澈在廷，陛下皆不以爲才。於是先逐義問，次逐澈，獨徘徊於康伯，不遽黜逐，而意終鄙之。遂決意用史浩，而浩亦不稱陛下意。於是决用張浚，而浚又無成，於是决用湯思退。今思退專任國政，又且數月，臣度其終無益於陛下。

夫宰相之任一不稱，則陛下之意一沮。前日，康伯持陛下以和，和不成；浚持陛下以戰，戰不驗；浚又持陛下以守，守既困，思退又持陛下以和。陛下亦嘗深察和、戰、守之事乎？李牧之在雁門，法主於守，守乃所以爲戰；祖逖之在河南，法主於戰，戰乃所以爲和；羊祜之在襄陽，法主於和，和乃所以爲守。是和、戰、守，本殊塗而同歸者也。今陛下之心志未定，規模未立。或告陛下金弱且亡，而吾兵甚振，陛下則勃然有勒燕然之志；或告陛下吾力不足恃，而金人且來，陛下即委然有盟平凉之心；或告陛下吾不可進，金不可入，陛下又蹇然有指鴻溝之意。臣今爲陛下謀，會三者爲一，天下烏有不定哉？

論鎮盜疏

王質

盜之所出有三：一曰飢民，二曰愚民，三曰姦民。飢民求生，愚民求福，姦民求利。其初皆生於有所避、有所慕。而要其情之所終，則有可返者，有不可返者。可返者飢民，不可返者愚民、姦民也，何者？飢民之爲盜，非有所大欲也，無可生之計，是以爲冒死之策，而其心未嘗不好生惡死也。至於情之所迫，而勢之所切，以爲生者必死，而爲盜猶介乎可生可死之間，當是時，苟非忠信廉耻之人，其誰能安坐而待必死也？故歲凶則不得不爲無恥之謀，攻掠攘奪，以濟一旦之命，歲豐則逡巡銷縮，返而顧其有可生之路，皤然助其欲生之心，其勢不得不返田畝。故飢民可閔而不可疾，可濟而不可殺，有所甚擾，亦有所甚不必畏也。惟夫愚民之求福也無厭，求之於佛者而以爲未足，又轉而求之於鬼神；求之於鬼神而以爲未足，故左道惑人焉。則是食菜事魔者，蓋生於愚民求福之無厭也。姦民之求利也無已，然惰而不肯爲農，拙而不能爲技藝，以爲務農而業技藝所獲無幾，而其勞有不可償者，故相率而猖狂於三尺之外，以僥倖於十倍之利，得利而死，姦民之所不恤。則是盜販茶鹽者，蓋生于奸民求利之無已也。

求福之無厭、求利之無已，是心易入而難出、易聚而難散，可以術解而不可以刑迫。且朝廷所以禁止食菜事魔者可謂甚嚴，而此弊未嘗除；所以限制盜販茶鹽者可謂甚密，而此弊未嘗絶。爲官吏者熟視而不敢訶，曲蔽而不敢去。無事而去官，則後人當其患而任其責，豈暇爲拔本塞源之術也？然臣以爲，小人可離而不可合，小人合而爲朋，未有帖然者也。臣往在江西，見其所謂食菜事魔者，彌鄉亘里，誦經焚香，夜則閧然而來，旦則寂然而亡，其號令之所從出，而語言之所從授，則有宗師。宗師之中有小有大，而又有甚小者。其徒大者或數十人，其小者或千人，其甚小者亦數百人。其術則有雙修二會、白佛金剛禪，而其書則又有《佛吐心師》《佛說涕淚》《大小明王出世》《開元經》《括地變文》《齊天論》《五來曲》，其所以爲教戒傳習之言，亦不過使人避害而趨利、背禍而向福。里民眩惑而莫知其所以然而然，以爲誠可以有利而無害、有福而無禍。故其宗師之御其徒，如君之於臣、父之於子；而其徒之奉其宗師，凛然如天地神明之不可犯，較然如春夏秋冬之不可違也，雖使之蹈白刃、赴湯火可也。由是言之，莫若擒宗師，則其徒不解而自散。盗販私鹽，臣之所甚詳也，臣往在江西，見其所盗販茶者，多輒千餘，少亦百數，負者一夫而衛者兩夫，横刀揭斧，叫呼踴躍，以自震其威，使人有所畏而不敢迫。其在江西，則江州、興國軍屢被其害；其在江北，則舒、蘄之國不堪其擾，積累浸漬而不已，臣恐其患不止此數郡也。臣嘗推其原，以爲非獨此曹之過也。北界利其茶，則以貨誘之於外；園户利其貨，則以茶誘之於内。北界雖未可以制，而園户我之所及制也，園户有茶而不敢售，則姦民欲茶而無所得，臣不知其自能採而煮治之耶。由是言之，莫若禁園户，則其黨不治而自銷。然欲擒宗師，要使勿驚；欲禁園户，要使勿怨。何者？無故而擒其首，則其黨疑；其黨疑，則懼而有所煽而爲亂者。臣愿陛下密詢州縣之臣，籍記其宗師之姓名，鄉里多方誘之，使自陷於刑辟，而後鋤治而誅絶，夫如是則可使不驚。園户所資，以爲生私茶之商也，驟塞其資之之門，則必有不平之心。臣愿陛下增降長短之引，使其茶有所宣洩，而不至於底滯，夫如是則可使勿怨。陛下試熟思之，足以見愚臣計算利害，如此其深也。

論吏民札子

王質

臣嘗論古之爲吏者，無所忌於民，而爲民者無所忌於吏，吏民不相忌，故其情通而氣協，情通則無乖阻，氣協則無鬥争。

古者，郡邑之間，吏不猜民，民不疾吏，懽忻怡愉如父子之相信、兄弟之相愛。平時追呼號召未嘗及於民之門，而鞭扑笞箠亦未嘗切於民之肌膚，間則出之阡陌，勞來相勸，以勉其耘耔蠶織之事，然其色怡和而不厲，其辞委曲而不徑，若有以傷民之情者。故民之於吏，依依切切，常有慕戀感悦之意，出力以供其衣食，雖甚勞而不辭，及其無事之時，則又爲補葺其宫室，以庶幾無虞於風雨鳥鼠之害。蓋嘗讀《詩》而至《七月》之篇，則見其吏民之情相親，豈弟慈祥無纖毫齟齬扞格之態？故曰："三之日于耜，四之日舉趾，同我婦子，饁彼南畝，田畯至喜。"又曰："春日遲遲，采蘩祁祁，女心傷悲。"其情亦可見矣，然猶以爲未也。"七月鳴鵙，八月載績，載玄載黄，我朱孔陽，爲公子裳。四月秀葽，五月鳴蜩，八月其穫，十月隕擇。一之日于貉，取彼狐貍，爲公子裘。"績以爲己裳，而公子則以玄黄；貉以爲己裘，而公子則以狐貍。蓋其不敢自愛其身，而愛其吏也如此。當是時，爲吏者優游泮奂得以盡其志，而爲民者謹樸勤厚以安其生，雖有狠戾無親之人，咸悦慕而不肯疾視其上。

蓋自秦商鞅設法以鬥吏民，而其情遂離散而不可復合，而平居吏之視民惴惴然，如睹其仇讎，故吏得間則肆其忿以毒民，而民得間則泄其憤以毒吏。蓋嘗思之：至於秦皇二世之際，都縣之吏屠人之父、戕人之子，暴虐慘酷，假天子之法令以濟其凶。及夫劉、項、勝、廣之變，則紛然剚刃於郡縣之吏者不可勝數，蓋其勢之相激不得不然者。故臣謂吏民不可使之相忌，忌則争，争則必至於交讎而不可止，而後之有天下者不能平其争之之心，而反授以争之之具，以趣其鬥，其初欲制姦吏，而不知其弊或至於長姦吏，姦吏未必可制，而良吏先受病矣。

今夫民之訟長吏者，使共誠無辜而濫罪，則不得不自伸其寃；誠過制而横斂，則不得不自訴其抑。然其間或啗童僕以伺其陰，或結胥吏以制其失，或陽與之往來而餽遺，他日則持之以爲不法，雖狡猾者未有不墮其計也。此其端生於豪强兼并之家，恃勢以暴民，挾私以屈法，多不便於能吏，是故必欲擿法搜求而使之去。且今之爲郡縣之吏者，蓋亦甚難矣。監司不邮郡縣，故嘗有不時之需，稍緩則符檄紛紛，逼切則急於星火；權要不邮郡縣，故嘗有難應之求，稍不如所欲，則怒罵陵拂，以至於浸淫摇撼，以快其志；而又加之兼并豪强之民，持其短長，以逞其詐，以肆其横。殆非所以保護能吏也。嗟夫！郡縣之間，烏能事事盡善而人人無失哉？臣愚以爲，非有大姦大慝，一號令之不審，一措置之失當，不甚害民而蠹國者，則包涵掩覆有以略其過，責其效而盡其才，使豪民不至於縱其姦，而能吏不至於沮其志，如是而吏民之争庶乎其可息也。

明

劾汪直等疏成化十九年

徐鏞

竊見汪直與王越、吴綬、戴縉等結爲腹心，大肆羅織，中外寒心。天下之人，但知有西廠而不知有朝廷，但知畏汪直而不知畏陛下。又聽信陳鉞誣執建州進貢，使人請兵征剿，妄報功次，傾竭錢糧，侵盗府庫，未及班師，建州遂即報仇。軍民被其屠害，陳鉞等冒陞者數百人。獨王越不得與，密爲别圖謀之，汪直偕往大同，暗地撥兵連夜出境，至威寧海子部落休息去處，殺擄老弱婦女，虚張聲勢，妄報大功，冒濫陞賞。不顧啓釁，以致醜類激忿，大入擾邊，聲言報復。軍民横罹鋒鏑，上廑九重宵旰之憂，而直等若罔聞知，其罪尚可容邪？伏乞將直等明正典刑，籍没家産，以爲奸臣結黨、欺罔弄權、擅開邊釁之戒。見朱璘《明紀輯畧》。

是年八月，罷太監汪直，削王越威寧伯，追奪誥券，編管安陸州，革兵部尚書陳鉞、工部尚書戴縉、錦衣衛都指揮吴綬職。

劾魏忠賢疏天啓四年

劉之待

題爲權璫不去，議論滋紛，懇乞聖明宣諭閣臣，早賜平章，以息群議事。

自古權璫未有不殆人家國者。蹤迹未著，罪端未暴，陰擠善類，潛操魁柄，爲害猶小；蹤迹既著，罪端既暴，置之不能，攻之弗克，展轉不休，爲禍滋大。以臣目擊，東廠太監魏忠賢良可懼也。當起家進用之時，羽翼未張，猶有卑飛斂戢之意。及太阿在手，神叢有托，城社可憑，知天下莫敢誰何，遂至倚勢横行，作威作福，靡所顧忌。

人人切齒，道路傷心，其猶隱忍而不驟發者，一二小臣急難措手耳。惟臣堂官左副都御史楊漣受先朝之托，誼不容辭；處大臣之位，言猶足重。毅然一疏，舉國歡騰，以爲發千古之窮奇，雪神人之積憤，莫有善於此者，冀一舉而墉隼可弋，内蠹一清，太平之休可立致矣。不意積誠未喻，天聽難回，嚴旨切責，不分碔玉。憲臣貞亮公忠，反目之爲沽直；忠賢膽麄手辣，反目之爲小心。夫物平則不鳴，薪去則沸止。事不平而欲無言，譬則揚湯而止沸，雖欲息議，胡可得也？自是公忿益深，旬日，内省臣、臺臣交章累奏，亦可謂激切之至矣。乃言者自言，不動者自不動，莫可誰何，則不得不相率而望之輔臣矣。小臣雖言，卑而不尊；大臣雖尊，疏而不親；至輔臣於皇上，親則心膂也，尊則保傅也，事則平章也，輔臣不言，誰當言者？輔臣一言，誰弗應者？且如今日忠賢之惡，中外臣民知之，獨皇上不知耳。即中外臣民不盡知，未有閣臣不知者也。今日論列諸疏，群臣見之，未有皇上不見者也。即或皇上不見，未有閣臣不見者也。奈何數日之内，獨綸扉之地，竟寂然無一説乎？藉曰大臣格心，人不足適，諸臣諫之無益，徒自取辱，亦當出一言以相告誡，豈容明知明見面竟付之默默乎？將謂聖意未可頓回乎？將謂大奸未易距脱乎？將謂權衡係忠賢一手把定，難以争執乎？將仍怯於忠賢蜂蠆之威，使喧嚷無忌，而含章緘默乎？將謂忠賢之惡蹟不可根究，根究得實則難處置，不若付之不問乎？抑將謂從來閹宦怙勢，萬無不敗之理，俟鐘鳴漏盡，自然天奪之魄乎？

不知天下之不可失者，時也；天下之最易忽者，機也。昔劉瑾專政五年，中外切齒，輔臣楊一清等乘機定策，瑾卒受誅。可見天下事未有壹於志而不動于氣者也；未有成器而動，動而不獲者也。今忠賢之惡業已浮於劉瑾，輔臣之望亦不減於一清，而耳聽蛙鳴、静聆蟬噪，罯不動心，不知閉户自思，輔臣亦能晏然否也？矧近日御前諸疏，雖蒙嚴旨屢下，然旋而訶責，旋而寬貸，及續接邸報，樞臣趙彦等權璫罪狀已著一疏，奉旨微愠，朝上夕下，可見聖心未始不可回者。皇上於大臣之言，未有不起敬起信者，特在輔臣善導之耳。故數日以來，不知者以爲皇上庇護忠賢，呵斥言官，而臣獨謂不然。忠賢服役皇上有年矣，皇上憐其藩邸勤勞，不忍即逐，等之常情亦是如此。况始而論忠賢者，不過一二臣，憲臣一疏突然臚列，委似創見，旬日之内，俄然交疏，委似符同。至忠賢悲啼叩首，謙言引避，又將何所不至者？又孰知其心之不可測乎？臣願皇上急召輔臣面賜商榷，論以宫府重寄，不得漠然異視，勅以須臾裁决，不得猶豫懷疑。將從前諸疏悉行檢發，勘明回覆，如忠賢怙勢專恣，大逆不法，則當立正典刑。皇上其何愛一么麽而以社稷與易？移郊移遂，有常典在，總惟乾剛之獨斷，無至姑息而養奸。不然，議論日滋，指視日衆，將忠賢之心益懼，懼而思伏，其伏必深。矧其黨與衆多，機械百出，又不知作何行徑以流毒縉紳，禍延宗社，皆有不可知者，願閣臣之速計之也。

臣草疏方畢，忽見同官楊漣建列議論日多一疏、奉旨銓部司官一事，牽連彼此，争辯朝端，幾同聚訟，豈成政體？前後原本俱下，該部院便會同九卿科道，從公參看具奏。臣不覺作而起曰：有是哉，聖心之明决乎！臣熱中聞之，真不啻飲冰矣。則今日諸臣劾逆璫一事，正類是也。顧銓部一疏，部院九卿科道能參之；逆璫一疏，則部院九卿科道自言之。未有自言而自參之體，總惟皇上召諭閣臣，速爲參看。元輔葉向高雖謝病私第，然直亮公忠疾惡之心則一，其受先朝顧命，報國之念皆同，以三朝之老臣，垂千載經營之相業，未有忠賢諸惡狀，而毫忽能逃其耳目者，皇上試一問之可悉數也。臣於堂官公疏，曾已列名其間，似可無言，屢欽明旨，切責森嚴，益無復敢言。竊見政府爲庶事之所從出而密，勿爲群議之所折衷，心切息紛，志存憂國。故不覺言之肫摯，如此雖有忌諱，不遑恤也。臣無任激切、悚息待命之至。

本年六月十三日奉旨：已有旨了，閣臣奏陳，聽朕裁決，何必宣諭該部知道。

國　朝

河工疏

京畿道監察御史　吴甫生

題爲敬陳挑河之難易利弊仰請乾斷以收實效事。

臣近見漕臣桑格疏稱："白塗河等處，需費二十五萬兩，請倣直隸挑河事例，議開捐納。"奉旨："九卿、詹事、科道會同，速行確議具奏。"會議諸臣以爲果否有益河工，請勅漕河諸臣確查題覆。臣何敢置喙，但以臣愚見，有數難焉，有數弊焉。河工一事，捐納之人不齊，開濬之期難待。平日從容徧募，則人多而工賤；一旦併力合作，則時迫而價高；彼此觀望必至逡巡不前，此急公之難也。工小者多屬納監捐貢，工大者多屬還級贖罪；小者已告成，大者方興作；大者之工程不完，小者之前功復弃，此挑濬之難也。河工原期速效，有銀則挑，無銀則止，捐納之數或有未敷，必復請發帑，遷延時日，終無成效，此報完之難也。且其中有親身料理者，有覓人代濬者，保無有包攬之弊乎？銀至數十萬，皆係河道臣收放。道臣馮佑現今年老，奉旨留任，俟查清經手錢糧，再行請旨。若令經管，保無有挪前補後、戀缺貪位之弊乎？白塗河横挑十三餘里，唐子鎮等處淤塞共二百二十餘里，經管不止一人，此例一開，歸旗者借端逗留，未任者希冀題補，保無有夤緣鑽刺之弊乎？工程數百里，非旦夕之事，遲之又久。朦朧報完，徒有捐納之名，竟無利導之實。及至差官稽查，藉口水漲淤壅，保無有侵蝕欺罔之弊乎？我皇上明見萬里，臣請先發帑金二十五萬兩挑濬，後令捐納歸款，則時不迫，而人人樂輸，自不難於急公也。二百三十餘里之河齊集興工，不致此挑彼淤，自不難於挑濬也。著令河臣親身督率，勒限成工，自不難於報完也。不論工程大小，按定銀數，向河庫親身交納，不許冒名頂替，豈尚有包攬之弊乎？月選賢能一員，專管此項銀兩，不許馮佑經手，豈尚有挪移戀缺之弊乎？以地方之官挑地方之河，以地方之夫供地方之役，成功之日，准其加級紀録，不得另行題補，如是而夤緣之弊可絶矣。立爲定限，一方計銀若干，一里計銀若干，寬窄淺深，備造清册送部。工完，差官查核，如是而侵蝕欺罔之弊亦絶矣。臣奉命巡城，不與會議，敬抒管見，欲轉難以就易，除弊以興利。字多逾格，伏乞睿鑒施行。

奉上諭：挑濬下河，事關民生，朕軫念民生，先經交與凱音布、孫在豐、于成龍、王新命挑過，伊等俱以挑完大有益於民生等因具題，檔案俱在部可查，人俱在可問。今看來，徒糜費錢糧，并無水涸田出、有益民生之處。今桑格又稱應行挑浚具題，九卿並不問明先經挑過之人，不查檔案，即議准行。如果此番挑浚，水涸田出，有益民生，朕不惜錢糧，即發庫銀興工。捐納事例斷不可行，現在山西捐納銀米事例尚未明白，桑格等如果將河工照伊等所題挑浚，即能水涸田出，有益於民，將伊等身家産業出具保結，即准挑浚具奏。監察御史吴甫生亦經條奏，將吴甫生條奏事宜一併發與九卿，問明先經挑過之人，查閲檔案確議具奏。

禁認師生摺道光十九年

山東道監察御史　陳光亨

奏爲内外臣僚競認師生，請旨飭禁，以肅官方，仰祈聖鑒事。

竊惟人臣之義，公而無私；門生之稱，例有明禁。故雖鄉、會試憑文取中之士，謁見考官，亦祇用光名帖。乃近來内外臣僚於考官之外，更有認爲師生者。一爲閲卷之師生，一爲保舉之師生，一爲拜結之師生，三者迹雖不同，而其意則同歸於私，臣愚謂不可不禁。

何爲閱卷之師生？國家設科取士，每届會試後有殿試，有朝考，此大臣公閱，恭候欽定者也。乃近來名列二甲者，一經館選，即與讀卷官認師生。朝考入選者，一經館選，即與閱卷官認師生。是以殿廷考試之典，爲仕路趨附之階也。臣伏見嘉慶元年，欽賜翰林院二額曰勵品、曰儲才。竊思儲才者，非以奔競爲能；勵品者，當於始進之日。今當策名伊始即以干進爲懷，從此踐歷仕途，安望廉隅自飭乎？若是者當禁。何爲保舉之師生？國家三載考績，内爲京察，外爲大計，此揚清激濁之大典也。乃近來京察一等者，即與堂官認師生；大計卓異者，即與上司認師生。臣思保舉雖出於上官，簡拔實由於皇上，若身受簡拔之恩，而心感保舉之力，則其報效上官也，必殷於報效朝廷，亦何賴有若臣爲哉？若是者當禁。何爲拜結之師生？國家設官分職，有統有屬，此其名分爲至嚴也。乃近來外省風氣，州縣輒與府道認師生，府道輒與督撫認師生，非有平素之淵源，第以勢利爲結納。臣思大僚庶品皆曰命官，今爲朝廷之命官，更拜上司之門下，此其品已可概知；又况恃門生之情面而專事請托，假上司之聲勢而相率招摇？則其弊更不可問。若是者當禁。

抑臣更有請者：大臣者小臣之表也，小臣每樂爲夤緣，大臣當嚴爲拒絶。今使閱卷之大臣有嚴氣正性之風，則私謁無由而進矣；考績之大臣凛薦賢爲國之義，則私恩自在所輕矣。封疆之大臣勵正己率屬之方，則私類咸知所儆矣。由是中外肅清，官方澄叙，其於皇上大公無私之治，贊助豈淺鮮哉？臣愚昧之見，是否有當，伏乞聖鑒。謹奏。

道光十九年二月十七日，奉上諭：所言甚是，嗣後内外臣工總當各勵品節，不准藉師生稱謂。以爲攀援上進之階。至院部大臣及各省督撫等，尤當正己屬率以人事君。遇有藉端干謁者，即行面爲屏斥，概不准因遜詞卑禮，稍事姑容，庶屬吏共知敦品用，以杜奔競而肅官方，將此通諭知之。欽此。

序

重修興國州志書序

馮之圖

郡舊有志，其增修至今而三矣。夫志，爲郡邑紀事之書，非史也，太史採貢因之；聖喆代興，事不相沿襲，務使民宜以適於治，其揆一也。粤稽漢唐以降，於《周官·職方氏》所掌財用穀畜之數、要知其利害者，遺意尚存，實三代之政法係焉。雖然，其爲舉廢，蓋存乎其人也。攷興志昉自宋嘉定中，經元迄明永樂，逾百餘年，書已燼，有郡牧訪遺老所記誦，博求元事，始成書。又百五十年，嘉靖間廉訪使歎郡志陋且簡，屬牧兹土者再新之，具在前志叙内。今志成，郡大夫楊遵屬馮之圖叙。若摛辭引類依以博物，知郡大夫實厭且憎，唯之圖竊愾然於廢興之故也。

前志之幾廢，復續若此，嘉靖迄明末幾何年？郡志乃至殘闕不可復讀，豈兹邦文獻凋敝，氣運使然？亦杜當陽博綜故實、陶武昌憂勞軍國，皆治楚疆前哲，可無起而身任之，以光昭國朝文物其人與？或曰："爲之衣食以厚民生，爲之教化以淑民性，均賦役、平訟獄、固疆圉、用休威以相董勸，牧固有急務也，奚暇是？客亦烏知夫牧必才且賢，達乎三代以上之政法，而能克舉其所急，否則務赫赫名、倖旦夕近功者耳，又焉知志之足述也？"

繇今觀公來守興，其於緩急爲知務矣。始知郡，鋭意舉廢，歷五載報政績，既備列最書，不悉數。若夫極山川之險易，總風物之耗殖，咸若目營而掌運，雖在軍書旁午、水火薦灾，未嘗撓其才之所必有爲，而或失愷悌名，斯不已難乎？猶且搜求郡志，以謂使《周官·職方氏》所掌遺意不自我昭垂，但役役修簿牘故事，則吾耻之。其意視一二前哲之爲政楚疆者當復何如？會有上臺檄下郡州邑各修志，兹舉也殆應運而起事哉！匪偶然也。修之日，先購求舊志，悉訪州里遺老。已，乃集貢籍子衿諳識體要者，裒益於簡，續所未備，至取義定例一裁於公，三閱月而竣事。之圖蓋感乎舉廢之故有運數焉，其人存則其政舉，志蓋其文之足徵者云，將使後來者咸感起於是夫。

重修興國州志書序康熙四年

楊遵

蕭何入咸陽，而獨收律令圖書，其意以爲事有舊章，物有時宜，必稽古而後酌今，則於國政民情爲無弊也。遵當初任閿鄉令，案無煩牘，賦則常貢。簿書之暇，輒搜殘簡、訪遺老，考核往代實蹟，銳心成牒，以爲一縣志而後已。建置量移興郡，衙門久在燼餘，捐資營構，差還舊觀。奉職事事，加之西山剿寇，日給軍書，及捷聞，匆匆不遑暇食者已三年矣，未嘗不睠懷興志。而徧訪久採之，未有舊本缺漏繁冗之不可再讀者，徒付諸歲久散佚，而歎其漁獵、筆削之定待有人也。且遵蹇聞嚴計矣，自視已爲贅疣。凡錢穀刑名非關時事，目前無可已之急者，强支鷄骨以應上命，其又何能旦夕以謀興郡垂久之志？適奉兩部、臺憲、行司道府廳大人下檄，纂修楚省各府州縣志書，而興郡則又楚州第一。當部臺不行憲令，而興郡一志已實見爲不可少者。矧憲行叠至，遑敢因循散佚、不極力蒐輯舊本修復，以光國典？於是勉執衰杖，延請鄉先生之年高博聞、通達志體者，諸人士之性和行樸、素諳史略者，郡中父老所嘗覩聞、確知其人其事之無有異言者。夫不知者不强問也，知而不以告者薄也，告而不以實者欺也，告之而不行者有司之過也。踵故增新，就其事而考定之，屬在諸君。遂爾自任亦重，未及數月而書成，以報遵。

遵曰：夫郡之於志，非國之於史也。田賦舊有定額，書諱褒貶之事，吾與若不與焉。惟沿革、風俗、官制、人物、山川、關險、文章不廣收詳識，不足以見興郡千餘歲相傳之盛。第代遠則傳聞多謬，事近則粉飾易工。其或弃同取異、穿鑿傍説，以至世宦之家庸夫而有令名，寒微之士淵脩而抱遺憾。此皆古惇史之所深羞也。寧簡而該，毋繁而複；寧闕疑以俟信，毋枉信以滋疑。故張衡摘史班之舛，傅子譏《後漢》之煩。

吾向於閿鄉志而幾費籌度也，又安敢不借前鑒於此志？展卷再翫，回溯三年之所聞而且見者，古今皆同。况文直事核，不至虚美、詭僻之有鄙檮杌，其未敢自信乎？以云興國志則亦庶乎其可也。故授諸梓，爲之弁言，以見重修興國志之由云。

重修興國州志序

劉晋元

武昌爲海内名郡，興州居其東南，幅員甲於諸屬山川，積精焕爲人瑞，文章、氣節、忠孝、正亮，世不乏人。而珍産之美秀、風習之龐厚、循良之政績，往哲前徽，則有《甑甎傳稿》、謝公遺踪、孟嘉逸響，又若甘寧勇戰、李煜屯聚，仲覽偕友所游、陸宣使軺所經，自然仙蜕，時中心耀之靈怪；菁婦化石、蘇髯掃壁之險阻，何多奇也！覽勝觀風，則志爲之徵。我世祖章皇帝繼天立極，河源海澨，莫不來賓。暨聖祖仁皇帝懋德綏猷，誕敷文教，百禮叙而萬樂和，天下同履乎法度，而沐浴於膏澤矣。今皇上嗣極，詔令風行，好生德洽，規矩應天地，舉措順四時，六合蕩蕩，九有皥皥，矧夫漢南式化，自爾澄徹岷江。省部院司道府廳大人燮理楚江，位高而有冰檗之聲，屬衆而無苞苴之累。惠心有孚，都人士女視正行直，瀟湘雲夢之區咸含和而吐氣也。

魏侯魯邦高賢，來領興邑，恪遵功令，百政俱舉，緝衙蠹、嚴保甲、驅游惰、和軍伍，隆學恤饑，月聚父老子弟讀法，州愈大治，僚屬吏胥莫不讋於明而怖於威，斷《召棠》《郇雨》世世頌之矣。夫侯原以文章起家，巍科高第，而學富左思，孜孜嗜古，欲彰往勸來，闡幽立教，考覽舊志之餘，慨然於州志之宜修，延禮知名士，重加纂輯。晋方奉檄赴銓曹，愧無以助厥成，賴有顔學師爲復聖苗裔，多聞識而裕經猷，比臨興，即體魏侯精勵之意，葺宫墻，營射圃，嚴月課，祭器務求美且備焉，吐景歊雲，炳然可觀。復有鄧學師者，學富五車，才齊二陸，紹家聲於四登，續先緒於三公。杜學師，元凱遺踪、少陵芳躅；李學師，青蓮妙慧，白鹿傳經。之四師者，共襄其事。晋引領望全志告成，大啓蓬心也。

夫三長之説，史家所難，陰陽黑白揭，月珪畢照以發潛德之光，閲志者安能無所興起乎？嘗考古至管幼安之澡潔、石慶之閭門孝謹、楊伯起之却金暮夜、閔仲叔之不以猪肝累安邑，往往敬至而慕深。惇史載筆紀善，且以風激萬代矣。志書昉於《禹貢》之水土、周職方之圖籍，皆所以奠民生而維治運也。魏侯敬慎修撰，折節虚懷。寅協顔、鄧、杜、李四師，相與集思廣益，極意梳爬，期以允當人心。而局中郡人士尚殫力攄愫，以贊鴻章也。

重修興國州志序

魏鈿

己酉歲余承乏兹土，恭逢聖天子詔天下州縣，重修志書，寬以歲月，厚之禄稟，使莅斯民當斯任者，得以從容搜羅，殫心著述，勒成一書。上以鳴昭代之盛，下以爲紀載之光，煌煌乎甚巨典哉！蓋我國家深仁厚澤，休養生息幾百年矣。其間，詩書禮樂之懿，兵農積貯之要，以及一切惠民造士諸大政，無不遠出漢唐之上。而此百年中，薰清風、沐膏澤者，亦皆回心嚮化，風移俗易，烝烝然進於雍熙之美。則當斯任者，討索之不勤，必將病於挂漏矣；著作之未優，必更失於樸陋矣。且夫志者，所以紀其實也，文獻無徵，何所據以書乎？又志者所以同於史也，言之不文，何以行之能遠乎？鈿於是首請于列憲，而開局於學宫，署學博顔君，有道而文者也；再如署學李君、新學鄧君，皆行修而藝精者也。相與商榷，而求其庶幾於美備，亦惟原本舊志而加斟酌焉爾。載觀舊志，其於紀載之體，非不全且備也，然有意於簡，如圖考、界域、沿革、田賦，最其顯明者，亦苦於綱目不分，遺漏或多；至於兵防、禮樂，國之大事也，况增置防守、塘汛，更定文廟祀典，乃我朝保固疆索，尊崇聖道之至，意爲前代之所未有，猶且畧焉不載，語焉不詳，則其他亦又不必言矣。既以是商於顔君及諸從事，而更望其坊劘爲文，以明稱上旨。甫踰歲書成，披而閲之。其搜羅之廣、討論之精、補益之當，亦既殫厥心力矣。至其著作之慎，詳而不至於支，該而不失於靡，彬彬乎質文相稱焉，夫亦足爲下雉之《國策》，而無慙於昭代之邑乘乎！揆厥由來，聖天子作新文教之意，鼓舞震動，使有斯民、斯文之責者，奮興感激，咸能殫精畢慮，仰酬高深於萬一，專精焉而英華從也，夫豈鮮見寡聞之吏所敢侈以爲功者歟！

興國州志原序

明　俞彧

志書，變史也。秦漢黨邑之史廢，後之人推志其山川、人物、風土、貢賦之概，不敢與廢興褒貶之事焉。富川自漢迄五代，四易爲縣，至宋太平興國中升爲軍。紹熙間，知軍趙善宣始爲志書六卷。嘉熙中，知軍李壽朋益爲十卷，表貢於朝。宋社既屋，元之官此者或不足於文，或忽畧於政，俾是書不續者百年，已而飈回霧塞，元運又遷，軍府所藏、世家所積悉爲坑燼。及勢稍息，鄉先生馬鏞迪堅氏紬繹舊本之可記憶者，得其七八，博求元事，再集成書，未克鏤行。聖朝混一，先生之仲子濤曰用舟者，典訓儒庠，嘗慨先子之志未伸，後遷霸州學正，因詣藩方，得游元之書府，求録壽朋舊志，歸合迪堅之書，欲卒其先子遺緒，又以名絆東西，行藏未定。永樂甲申，郡守薊州平谷錢公泉繼源、二守饒州浮梁汪侯深叔淵莅政之五年，歲豐人和，廢事漸興，嘗屬余以郡志，余辭寄寓不能悉風土事實。未幾，用舟老歸桑梓，余極薦於二公，具筆札以供繼述。越三年書成，合壽朋、迪堅之志，益以元氏見聞，及今代名宦，總爲一十一卷。若郡治沿革、山川形勝、土田瘠肥、貢賦多寡，與夫人物之饒、風俗之美、文章之麗、典故之實，善可爲勸，惡可爲戒。凡有關乎世教者，莫不備載於是。千載之事實、千里之風致，展卷一目瞭然在几，誠宦游爲治之一助也。將鋟梓則錢公去位，汪侯公出。又二年，侯復政，遂與節判東皋馬衷至善、長幕平陽劉公粲子玉、儒學正高凉陳宗盛守約、司訓汶川羅景文彦銘、柯山管福餘慶，各以傳不朽，其歷代沿革燦然著焉。嗚呼！古今人述言紀事，或積書以遺子孫，遭不肖蕩析無遺者衆矣。苟能繼先世之志，世謂之賢子孫也。用舟歷艱難、張空手，白首不渝，卒成君子之業，其庶幾矣乎！後之同志者，相時而益，俾是書也與叠山增秀、富水益清，並峙流而無窮焉，豈不美歟！

重修興國州志序雍正十三年

知州　高鑒

興國舊志，迺康熙四年州牧楊衷素遵先生所刻，僅有上下二卷，畧而不詳。數十年來，熙皥休徵，民忘帝力。其間制度名物、潛德幽光應列諸記載者，正復不少。雍正六年戊申，奉詔直省纂通志，檄行郡邑，咸爲蒐輯。前任魏理齋錮先生膺兹巨典，又蒙上憲委學博顔星、鄧天人、杜世英、李一朝、郭春汶諸君子及州中劉太令晋元、李孝廉應明諸紳共襄其事。攷據精詳，缺者補、舛者正，不繁不夸，臚列井井。首列上諭，次及星圖、疆域、山川、户口、賦産、兵農、禮典、官制、科目、人文、忠孝、節烈、藝文、祥異，分爲十卷。洵可謂無美不彰、搜羅鮮漏矣。夫興國居吴楚之交，當荆鄂之隘，風俗人物甲於三楚。鑒奉命承乏是邦，於癸丑夏莅任，而志將垂成。披覽全書，較之舊志，已稱大備，獨是剞劂欠工，率多魯魚亥豕之訛，且有續舉節孝，復牒鄧、郭兩先生，查載簡末。因嘆徵信者莫如史乘，作新者首先宫墻。今志書幸已告成，而文廟日就傾圮，又何以仰副聖朝《菁莪》《棫樸》之化！第工費浩繁，鑒不揣綿力，勉捐俸廉，爲諸紳倡，亦猶《志》之不可一日緩也。至若斯志考訂之精嚴、損益之明當，皆在事諸公之力，鑒不再贅一辭焉。復緣儒學兩先生請序修志始末。鑒雖不文，敢不附數語於簡端。

修興國州學序

明檢討　張文光

粤惟虞庠教讓、夏校程能，爰逮商周，各敦膠序。《棫樸》廣薪槱之化，西伯壽考以作人；泮林流芹藻之風，魯侯色笑而造士。他如文翁守蜀郡、寧武治豫章、盧蒲宰鄱陽、鍾離相魯國，靡不崇孔孟之道術、廣洙泗之壇壝，俾稷下遜芳、西河媲美。而吾尤愛子産之聽鄭也，觀其鑄刑書、别章服、譬水火、楮衣冠，桃李之垂於行者莫之援，錐刀之遺於道者莫之舉。僑蓋用嚴爲理矣，而能留念鄉校諸生。竊議執政，世所公患者，僑獨曰："善，吾行焉；不善，吾改焉。若之何毁之？"於以教子弟殖田疇，師事伯昏無人，往見壺邱子林，則倚其相於門，聞申徒嘉讜言，則蹙然改容更貌，其注精教學者深遠矣，謂爲"衆人之母"豈虚哉？夫第云："勿毁已耳。"猶然稱之不衰，矧有進此者乎？今天下郡邑所在，設學棊布星列，幾於家禮樂、户詩書，熤熤乎綦盛矣。乃始未嘗不崇飭壯麗，而後稍陵夷衰微，有司疾師生爲仇敵，守土藐文，囿若蘧廬，甚至廟貌閴爲垝垣，學舍鞠成荒草，曾不若二氏梵宫刹宇，燿日聯雲，其徒子精舍叢林、布金匝藻，則安所稱，數仞之墻、致道之肆，以群聚而州處也。下雉軍於宋、路於元、府於明初，洪武九年改州興國，隸武昌郡。儒學因之建寘蟠龍山麓，自守李文聲、葉菁、胡瀛、李東、劉綸、吴希賢、周鵬一再改造拓修後，迄今幾百載，未有爲塈茨丹雘計者，敝陋靡飭，日就圮壞。萬曆己亥歲，蜀巴人馬侯以韓城令治行高等擢守兹土，下車謁文廟、升講堂，顧瞻徘徊，大懼弗稱朝家尊師崇儒、優化文士雅意，心欲急庚新之。屬中使礦鑄雲興、狐鼠狂逞，輿情惶惑，帑藏罄匱，計無從出，侯奮當盤錯，百方拮据，節約處財，風勸董役，凡費數百緡，不煩官、不擾民，悉所自捐俸餘也。一年經始，二年就緒，三年落成。陶埴斫材，塗彤繪綵，欹者正、敝者理、陋者輯、圮壞者更，上自殿廡欞星、橋戟亭祠，以逮倫堂、齋厨、官廨、號舍，矍相之圃、雲路之門，無弗焕然改觀易色也者。妥靈釋菜，以肅以嚴，鳴鐸刺經，各寧厥寓。於時學博士許君瑞、吴君守經、何君永淶、徐君卿召，聚族而謀，謂侯隆施儒林如此，可無文以紀功德、垂久遠？而何君，余舊識也，因紹介承筐，買舟走鄂城，向不佞徵言焉。辭不獲已，則避席擇言以諗曰：倡道斯文，弘奬士類，督風化之原本，撤舊貫以圖新，此侯師帥責也。感思時奮淬厲就，將翱翔乎詩書禮樂之林，琢磨乎仁義道德之府。教知所以教，學知所以學，則非侯事而師若弟子事也。所以教學者何在？取法孔子而已。姑無遠引謝叠山一讀書，若鄉至今人懷景仰；吴明卿振藻北園，海内桴會而影從。兩先生非異人也，或以忠義，或以文章。僅得聖人之一節，而能拔俗動人若是，况真能法孔子者哉？真能法孔子，言其言，行其行，孝爲子，忠爲臣，處爲醇儒，出爲名士，宫墻若增而峻嵷，山川如倍其崇深，接尼山之衣鉢，嵬然四代以上人物也。斯不負侯作新盛念，而素王爲有徒、國家欣得士矣。如第圜冠句屨，縫掖青衿，呫嗶口耳，罔補身心，黔淺撇莩，巷議蠹倫，無論上玷宣聖、下孤賢明，抑何以步兩先生清塵、稱其鄉人而敢高變虞夏間乎？語未既，何君憮然曰："愿歸與二三子勖之。"馬侯，名攀龍，起家賢科，明敏剛斷，綽負治才，遇事電掣風行，不啻僑之用嚴。而先任開渠灌田，今任拓倉積穀，力捍貂璫，誠回旱魃，多大善政，不具論。論其嘉惠庠序者，將譽髦烝皇，如周如魯，非但産之勿毁、足稱遺愛已也。俾勒貞珉、記成事，以永思頖宫云。其同知楊君克抑、判官陳君懋齡、幕雷君霈，同寅其事，與有勞焉，類得附書以見績之所在，固有所歸而勖勸厥功，勤勞治事，非比協心力，無以開厥始、無以成厥終。以追美於古，而必傳於後，無疑也。

之燕草序

劉子壯

天地之氣與人受，受者有四：春氣奇艷，紫的縣林，紅鬚蔽樹，注入文章，鮑昭、庾信以筆采承之。夏氣壯茂，地髓抽條，山筋抗節，注入文章，韓愈、杜甫以筆神承之。秋氣清幽，梧散寒砧，葭迷晚棹，注入文章，陶潛、王維以筆趣承之。冬氣凉悴，月影含水，風聲悽夜，注入文章，孟郊、賈島以筆思承之。四氣排蕩，萬有咸被，獨諸才人仰天吸雲，如取如擕、如斟如酌，雖有中黄之力、鴟夷子皮之智，猶不能目睨而口掠也。予生近世，無能逮鮑、庾、韓、杜諸君，窺其玄津，染其丹采，幸與本房朱老師邸舍差近，得數過從上下，往昔一日，出一帙相示，顔曰《之燕草》。予取次讀之，不覺大叫：古邪？今邪？塵邪？仙邪？詢之，乃知爲吾楚華老年臺賓翁先生，因相與抵掌歷碁，以爲不異公安在會稽架上得田水月集時也。奇其畦徑既絶，變化以生，驚采絶艷，含乎春容；壯骨强藻，備乎夏德；至愁思要眇，梗莽邱墟，復兼體秋冬，殆元氣所鍾，扶輿所授，以章我國家之物采者。予周旋日久，擬議斯真，儻曠代之下，有提衡文質、總銓著作者，當不謬於予言。

程節女傳

潘觀藻原名光藻。

吾里自昔號稱詩書節義之鄉，然主持風教，爲人倫砥模者，越惟數巨家，吾戚程氏，其一也。自爐峰先生舉楚闈第一人，成進士，宰西蜀，東魯别駕；子尋溪先生繼之以鄉舉，司鐸漢陽，用薦擢令山左。兩世趾美，以儒術飾吏治，福祚其子姓。自是，子姓式穀誦芬，洊陟膠序，類能以典墳自律，不隕其家。聞昔歐陽兖公爲廬陵曾氏《世節堂記》謂："欲知其閨閫之良，觀其庭階群從間斯亦得矣。"吾於程節女而有歎於是言也。節女者，少尹玉岑翁之孫、主簿勉堂翁之子、明經賓巖先生猶子。而爐峰、尋溪，世稱名父子者，是爲節女之曾王父、太世父也，鍾毓之華其來有自矣。玉岑翁有子六，日望抱孫爲樂。節女之生，實冢其諸昆，特奇愛之。父母以祖之所愛也，愛之異於諸子，訓之禮節，爲授《内則》、小學、《女四書》，輒能領略其大義。長益端靖，足不踐户庭，不喜鉛華，語言、色笑有若操繩尺以從者，其天性然也。以故爲相攸者彌年，凡閲數名族卜爲懿氏，兆則惟曰"弗吉"。迨年十九矣，始得冶邑劉氏子其望字焉，望少女餘七歲，體孱善病，比冠，病且瘵，尫羸日甚。母氏憂之，時聞太息聲，而節女若不爲意。居無何，劉氏之僕以求醫，來人白望族危，母戒勿言，而節女已知之，即請於父母，欲一往視疾而返。父母微諾之，然終擬婿疾平，備嘉禮以遣也。甫數日，訃者至矣，節女撫膺大慟曰："兒夢噩，固稔知劉郎之必不起也。前日之請正爲今日，兒往矣，愿父母從今之不吾愛也"。慰之者曰："汝未嫁也，在禮無服，明未成爲婦，弗責以從一之義矣，故經無在室奔喪之文也，然則汝之所執者殆非耶。"則又哭曰："吾一女子惡知禮？雖然，吾父母既以兒身許人矣，縱弗能死，又弗爲之服，重使親弃言焉，是吾不婦且不女，吾於禮其奚居也？且日者，吾義不欲生，父母憐而生之，猶幸能執是義以終也。苟使無執則死已後矣，雖不生，猶賢於生也。”慰者又曰：“汝志誠嘉，顧不念汝親顧復意耶？”曰：“此正所以報吾親恩也，使吾得以女身還蒼天、以女身從夫，他日以身見吾顯祖宗於地下，是使吾親以一女子而重吾先十世與吾九族也。父慈子義，孰大於斯？此正所以報吾親恩也。”於是僉知其矢志堅不可奪，乃不復言，亦不忍言也。然則是時，舅已前殂，惟祖翁姥在，皆篤老，姑亦就衰，靡所倚依。故有勸以留母室守志者，弗得；則勸以少需期涓日而往，亦弗得。即日拜辭其父母，凡諸父、伯叔、昆弟之來慰者，皆拜之，若受吊然。節女乃衣縞衣、髽總括，去笄，乘素輿，遄赴於劉氏。至則見祖於寢，升堂拜太翁姥與姑，次及諸長，猶饋焉而不敢哭。已，迺純縗服加絰以涖於殯，則哭盡哀，朝夕奠惟謹。至朝其翁姥與姑則輟泣，且爲好語愉之。君子曰：“知禮哉！非詩禮之門，孰克有是哉？”時節女年二十有五，嘉慶十四年三月也。先是，劉室素裕，數遘陵轢，重以頻年死喪之威，日益凋索。節女送往事居，靡弗稱槩，則不蓄壯僕，井舂織作、黹紉女紅之事悉躬親。聞有語其家盛，謂故業在當不至斯，亦無幾微見於詞色。初，得服侄宗元襁歸鞠之，十六而殤。歲乙巳，重撫服侄宗綿，今十九矣。識者謂：“根器厚雅勝前子，必能有成，殆天摧其窳而酢以良，豐節母之報也。”往事習聞吾母太淑人言：“吾憐程節女之義烈可紀也，爾能筆之以傳志，貞教足偉爾文矣。”予敬識之。洎通籍之三年，端夏多暇，始獲肅謁其廬，致再拜焉。素髪青裙，動止有禮法，而具有一種嚴冷峭特，珞珞焉見於儀徽意象之表，如寒梅、如貞松、如霜天之鶴、如幽人真逸，勁挺拔俗，塵壒所弗能涴。予瞿然自失，益悚然以異之。既乃從其群從昆弟游，語次輒及之，皆云：“吾姊自爲女子日已然。”嗚呼！所際如斯，所成就於斯，孰知天之位置之已宿定於有生之初乎哉？然則吾士君子之爲賢大夫、爲名儒、爲俊杰，有學問、文章以澤躬猷爲，以淑物皆非其所自爲也，天命之也。彼反是者，毋亦當作是觀耶？今觀節女之行，而得士君子與纖人之辨，彌以歎吾鄉自昔有詩書節義之美，於以砥俗模世，顧晚近亦稍稍衰微焉，繄吾黨之責也。然則吾之憮然於口澤之存，緬昔訓而欽芳烈，其烏容已於言哉！適程、劉二姓之友以書來告曰："節女今年六十有四，例得旌典，欲子爲之傳，以介於臺省執事，庶資以翼公牘，其益信它日，且將瑑諸貞石，壽之家乘，維斯人不朽之是賴。言之無文，殆非所以光令典、永貞徽也。"予拜受書曰："敢弗祗諾？予不敏於他文，不敢率作。惟於貞孝節烈事，則毅然勇任，爲之若職事然，壹無敢辭者。且其爲之也，必齋祓、整冠裾，滌筆若几，如臨帝天。比其成也，蠲日而端繕之，再拜而授之。其嚴也若斯，故見者或迂予，即予亦不知何以然而然也。噫！有深知斯意者，其傳中人與！其傳中人與！請歸而諗之。"

卷之三十四

藝文志

記

唐

重巖寺記文宗太和元年

舒元輿

官寺有九，而鴻臚其一，取其賓而往來也。臚也者，傳也，傳異方之賓禮儀與語言也。寺也者，府署之別號也，古者開其府、署其官，將以禮待異域賓客之地。

竺乾之教，蓋西土絶徼者也。自漢人夢人如金色之降，其流來東，吾之鴻臚待西賓一支，特異於三方。厥後斯來委於吾土，吾人仰之如神明焉，伏之如風草焉，至有思覿厥貌若肹然如見者，則取其書，按其云云之文，鎔金琢玉、刻木扶土、運毫合色，而强擬其形容，搆厦而貯之，猶波之委於瀆、瀆之注於溟，晝夜何曾知停息之時？其如是，非官寺之一而能容焉，故釋寺之作由官也。其非九而能拘也，其制度非臺門梔樹而能節也，故十族之鄉、百家之閭，必有浮圖，爲其彩黛。

國朝沿近古而有加焉，亦容雜夷而來者，有摩尼焉、大秦焉、祆神焉，合天下三夷寺，不足當吾釋寺一小邑之數也，其所以知西人之教，能蹴踏中土而内視諸夷也。及其繁也，學徒如林，金貝如山，故文昌宫祠擘局而司之，東西都命貴人分衢而使之。商其畧，猶天文隷於河漢，而莫之極也。非名無以别之，乃隨意而出焉，有見天地符祥而稱之者，有取山川徼絶而稱之者，語其額而名可知也。

重巖之作，蓋山川秀絶之大統，江夏之永興，寶應元年秋七月，自天有命，而升於文昌宫之春官籍。攷其地，有重巖峽焉，故命寺乞此名。以大歷十三年遷縣於長慶鄉，寺亦與遷。貞元八年，縣又遷之長樂深口，寺亦隨動。今之地，直縣之坎三百六十步。有邑人葉望者，心存於金色人，不待布金，而出其地以奉之。輪廣二百畝，右肘於熊耳，左腋於覆盆，連岡伏其背，深湖朝其嚮，擁抱之勝，盡在其土。有僧曰謙、曰諷，手開榛蕪，亶而立困，竟遺其恨於後焉。長慶三年春三月，上座僧良鑒沙門，器有公識，爲其徒所推，乃執柄結構，主廢興爲已任。寺以利堅沙門與都維那道援志力是俱，物亡横議。邑俗之倫，以貨來資者，如官司驅焉。至明年春二月，星一周而新功成。樹宇之爲殿者，其間五；扶土而爲象者，其形七。帳之飾寶者，如殿間焉，乃鑿門而三，張翼而廊。殿陰有北方挂金革天神之宫，東北有禪氏七代祖沙門栖心之室也，凡二十四。曲突而能庖，築堂而會食，拓庭而寬，植木而陰，湖山參差，金碧相錯，捨舟車而極其心相者，宜化成焉。嗚呼！域外之教而入於域中，如此而大邪！人謂沙門之亡才，吾不信也。

良鑒既以力之辛勤而就，亦欲其事流之於異時，乃買武昌石，琢磨爲碑，自永興録其狀，訴授於予。因摭其狀而書之，復紀以銘。銘曰：重巖重巖，無峽無友。釋宫斯闢，土矗星斗，虹霓梁棟，日月户牖。金相凝凝，烟水奔走。雷飈箭雨，溟濛不朽。礫然之石，附地之厚。刻其成功，垂耀於後。見《文苑英華》。

宋

興國軍重修刻漏碑記

周紫芝

凡郡必有城，城有樓，其名曰譙。樓之上設鼓、角與漏三物，所以壯軍容、定昏曉。興居有節，不失其時，其爲制舊矣。予始至郡，每日影下罘罳，聞鼓聲紞紞然，鳴於闉闍之間。日明天旦，晨鷄三號，則鼓又鳴，率以此而候夜旦。然夜漏不設，常使守障者占天星以候百刻，風雨晦冥則笳鼓失節，往往夜半奏角，黎明而受初更者，猶弗易也。予慨然念之，乃賦財於邑，鳩工於野，匄法於旁郡，而一新之。閲兩月而漏乃成。

始，予命有司使治是漏，客固有聞而竊嘆者，謂:“吾邦雖無事，而歲入不足備供億。凡邦之祭祀、賓客、兵食、廪稍與夫不時之需，一有闕焉，事急上聞，則吏咄嗟罷去，顧暇恤於是乎?”余曰:“是非君所知也。古者，朝必辨色而後入，禮也；設庭燎而朝群臣，非也。今郡國吉月必拜朔於後廟，又望而拜於庭，是亦朝也，一失其時則爲弗欽於君。季氏逮闇而祭，繼之以燭，禮經譏之。他日，子路與質明而行事，晏朝而退，孔子以爲知禮。今律，釋奠於文宣王，月用仲春，時以丑刻；月用仲秋，時以丑刻，至於社稷、風雷雨師則異於是。反是，則爲失其時，亦曰弗欽於神。夫朝，人臣之節也；祀，國之大事也。斯而失焉，國非國矣。然則予修是漏也，豈可謂無意於其間?噫!時有遷徙，事隨廢興，前人爲之，安知後人不從而隳之也?昔杜牧之嘗謂:百刻長短，取口不取於數，天下多是，獨宣、池、荆三郡，皆太和間詞曹王臯用處士王易簡之法爲之。宣於予爲鄉邦，見其法尚存，而牧之記猶在焉，余然後知易簡之法與其名所以能久其傳者，徒以牧之之文。今無易簡之法、無牧之之文，而欲保其不隳於後人，理豈有斯哉?謂百刻不取於口而取於數，斯亦可傳矣，安得復有如二人者乎?”

興國太守題名記孝宗隆興二年

王質

滎陽張公采元亮爲此郡，無毫髮不稱人意。郡闕太守題名，元亮心不滿之，間謂某曰："前事之不忘，後事之師也。去者漫然，來何觀焉？不惟如是，太守於民，有父母之道、師帥之義，行路視之，人情薄哉！顧有所不決，江西一道十餘州，此最毒於兵，凡圖書、金石皆散壞不可稽。念我最後於諸公，故老遺黎，日就彫零，益無所諮叩。數熙、豐來，楊公繪、王公琪各以文章事業表見；李公宜又捍難保門，有即墨平原之功，至於今誦之，然追其歲紀、官稱，已莫獲其詳，姑憑其概見著之，懼有舛焉。獨得王公旉以次實之，將於此乎權輿。闕者夥矣，如之何而可？"質曰："著而舛，猶未著也。疑者於法從闕，又何尤焉？"於是始定於王公旉，凡若干人，具次於左方。

汪參政生祠堂記孝宗乾道元年

王質

紹興三十一年秋七月，詔以御史中丞、鄱陽汪公宣諭荆、襄。自行都及襄陽，所過搜疵剔隱，凡格而不流與壅而不上達者，咸驛置以聞天子。惟公爲信，疏函朝通，膏澤夕下，而興國被惠最厚。

興國地多山谷，其稍夷衍者，則漫爲深瀦淺澤，不得盡爲民資。又當江淮走集之衝，往嘗與東南巨寇桀賊爲巢窟，蹂躪戕圮，較一道十州獨甚。舊占籍八萬四千九百有奇，今二萬三千六百有奇，是存者四之一；舊輸苗六萬一千有奇，今三萬二千七百有奇，是損者十之五。以四之一民輸十五之租，其他稱是，已不可復任。而淮衣與税縑并征，税縑四千有奇，淮衣六千三百有奇，垂將倍之。公且至，衆相謀曰："被此毒以來，叩郡庭、溙使臺、謁省闥，先後以數十計矣。朝廷取决於民部，民部有司也，奚敢議繩尺之外？故屢進弗獲。今天子寄公耳目心腹，公又聰明果達，祥順慈厚，與天子意相通，試告之，宜納。"既至，相率群拜於庭，列次於門，且延於衢。千人一色，慘怛怵惕，久乃得言曰：“維氓幸生茲時，還定安集，尚敢冀其他？惟是淮衣，沿襲因循，遂成不革，灼爛肌膚，灰滅頭顱，於今有年。願假須臾之景，有請於公。”公曰：“何哉！吾惟有不知，知之敢有不告天子？惟有不知，知之豈有弗行？爾其示我以詳。”於是進曰：“初，大河未他裂，郡有賦曰黄河卷埽，錢緡計一萬七千有奇，蘄、黄爲代輸，而郡以縑充之，匹計一萬四千有奇，自大觀二年始也。今黄河不卷埽，蘄、黄不代輸而淮衣著爲經常，自紹興五年始也。其初二千一百有奇，二十五年增六千三百有奇，及大觀之數則止。膏竭命殫，可以損不可以加，公其哀之！”公應曰：“諾。”又進曰：“往者以錢視縑，緡計一百二十有奇得縑百。承平時其直相當，民雖不欲而猶能堪之。今無易縑之錢，而一縑之估錢四千五百有奇，是一縑而羡三倍之錢。往者蘄、黄與興國各有，虧餘相通，蘄、黄爲興國供河埽，興國爲蘄、黄調省縑。今蘄、黄自若，而興國獨抱虚逋、承實禍，是一州而輸三郡之賦。”公又應曰：“諾。”明年春正月，公歸，拜參知政事，具白其事。天子即詔有司，以爲率勿增。令下，闔一郡三邑、數萬之生靈，扶仗踴躍，首擊地、手加額，上戴天子，次則載公。維天子高視兩儀萬物之上，敝屣、神器、褰裳遺之，何藻色之可狀而端倪之可窺？公出而與世同憂，公不能忘世，世亦不能忘公。

衆又相謀曰：“古者敬愛其人而不得親，或思其人而無所寄情，則貌而奉之，故其像有畫，其祠有堂。”於是鄉黨喜事有力者，相與述人情、規古義，以請於太守張公采。太守曰：“地痺薄則不稱位，宇囂隘則不稱德，畫得其略而不得其詳則不稱容。”乃得西城佛宫，相其位置之尤者，傑爲之屋，而擇其輩行之名者，工爲之貌，奔走經營，無所不用其至，而後得公精神、儀幹、冠冕、佩服之真。既具，以曉其部之民，民曰：“如是，可以無憾。”

雖然，自辛及乙，宿師用兵五年，溝池、棹艦、樓櫓、營屯之役，金鐵、絲纊、穀粟、皮羽之斂，魚鱗、鳥毳，錯布叠出。嗚呼殆哉！斯民岌岌乎此邦也！淮衣至是亦將無以爲輸，且朝廷知其無名，盍亦除之？吾儕小人，苦不知足之嘲，愿受而不避，無亦使盛世清朝，何有待來年之云。太守曰："天子視民如傷，公愛物如己，千載一遇，不謀而同符。公將秉執元鈞，佐佑太平，兵甲斂息無所興發，府庫充牣無所庇藏，復常庸、蠲常租、省常調，爾行將見之。"民曰："如是，誠可以無憾。"則以告其客汶陽王質，求文以列實。質不敢辭，不獨以彰天子之聖、著公之賢，凡志士仁人，皆可以動心焉。

去思樓記孝宗乾道二年

王質

興國太守張公未去郡之三月，作南門冠樓於其上。通守王君濱間語余曰："樓將成，名未具也。此邦人民，心不負於公之去、而力不足於公之留，有怏怏不滿之容，有鬱鬱嗟吟之聲。夫未去而惜，則既去而思也，不既切乎？吾以去思名之，人情宜、事實稱也。"

余曰："今之爲吏，與古異也；不論古，與往數年又異也；不論數年，與往十餘年又異也。古者事省而易應，法簡而易行，物豐而易征，人醇而易令，故吏之爲力也易施。長老所傳，承平未亂之時，雖拙者猶能從容閑暇，有辦而無趣，退食之餘，賞心樂事，銷太平之景。以余所見，距此三數年，太守亦或閑庭几，而府庫、倉廩聞其充，未聞其竭也。有時而竭，亦有時而充，未聞其不可復充也。獨八九年來，爲吏者至不可終朝。余往來兵間，所歷殆遍東南，平時豐州壯縣，氣象變改，月異而歲不同。諸公所憂，方隅乏佳政之吏，田野少歡聲之民，此亦何足怪也。事益繁，法益急，物益窘，人益澆。御益澆之人，掊益窘之物，守益急之法，應益繁之事，雖黄霸、龔遂、卓茂、魯恭之賢，將施其所積而遂其欲，不獨余知其難也。民不能以盡徇吏，故吏之怨民日深；吏不能以盡假民，故民之讎吏日毒。當是之時，有未去而怨者矣，烏有既去而思者乎？而張公所遇，又天下之至難。建炎、紹興之交，江西無地無兵，而興國受毒最酷。舊占籍八萬四千九百有奇，今二萬三千六百有奇，是存者四之一。舊秋輸六萬一千有奇，今三萬二千七百有奇，夏輸十一萬三千九百有奇，今五萬七千一百有奇，是損者十之五。以四一之民，輸十五之租，而又無故輸淮衣六千三百有奇，雖解兵二十餘年，益困弗蘇。而辛巳至於甲申，復連兵四年，溝池、棹艦、樓櫓、營屯之役，金鐵、絲纊、弓甲、皮羽之斂，視大州同科；而以和爲糴者少，亦不下五千有奇；以汰去軍者多，稍增至一百有奇。大州不堪，而況於興國？公來以甲申之夏，其去以丙戌之秋，經大役者二。興國平居爲盜賊之淵，甲申之虞猺毒垂發，公獵取數輩，亟慘治之而警其餘，姦不得肆，民乃少定。凡城之隅，若江之瀕，布民兵其衝，遠者敕吏調存撫視，近輒自行熾薪爇酒，躬酌以飲，民博殆巨譤佐之。部勒卒乘，整厲弓戈，出入游警，以張民兵之聲。行者歸，居者安，强者奮，弱者不恐，市無讙言，野無走塵。若貧若富，相安以卒無事。故警既撤而民始親。乙酉合忠義新軍于江州，露食草宿，立須具廬。興國當三百有奇，爲木若竹、若蘆、若鐵十萬有奇，伐削之工、覆築之工、建治之工、遷運之工舉不在其間。讙訛相驚，欲遁欲移，不能者含憂以俟斃。已而一物以計，皆賦資於民而易其物；一工以積，皆假直於民而取其工。凡物視其時之價，凡工視其私之傭。内郭外郊，奔衝銜屬，而樂與之從事。既周其身，又濡其家，故役既已而民益愛。以再歲考之，上供之運，錢計十萬五千有奇，米計十二萬三千有奇；吏兵之俸，錢計五萬七千有奇，米計八萬四千有奇。至陋之國，極困之民，然而財以時輸上，上不繩愆；俸以時給下，下不告病。此宜其度越經常，醖釀新奇。有所不免者，問之在廛；在廛不知，問之在野；在野不知，余能言之：窮其微妙而塞其漏，鉗其變態而銷其姦，析其奇羸而嗇其出，嚴其開闔而謹其藏。如若儒專經，窮晝夜之力，争尺寸之功；如枯僧縛禪，弃形體、寢食於寒暑之外，拾遺腐於糞壤之聚，奪掩匿於盜賊之懷。故財紓於上，而賦不及於下；勞切於身，而擾不至於民。自公觀之，以身之勞易民之擾；自民觀之，移己之痛爲他人之苦。此而不有所感，禽魚無此情，蠻貊無此理也。則未去而惜，既去而思，何異之足言？而余獨念夫當古人難施巧之時，處今人至不幸之地，去而得思於民，此不亦天下之至難哉？或者不以余言爲然，自履之則知矣。故余之於公，惟憐其至難，而歎其不可能也。”公名釆，字元亮，鄭人。是爲記。

興國軍學記

王質

學，在郡之北，西附而東鄉，舊者也；在郡之西，北附而南鄉，新者也。其新者，今太守縉雲葉公之爲也。

請論昔：自紹興二十年寖毁，歷二十年大毁。奚以寖毁？吏無政也。奚以大毁？吏無志也。奚以弗新？吏無才也。請論今：自乾道六年秋八月以興，冬十二月以成。

奚以必新？公有志也。奚以能新？公有才也。奚以能速？公有仁人長者之心也。必新以志，能新以才，速亦才也，不以才、以仁人長者之心，何也？請論志：人各有私，異同相形，愛憎相搏，不撓者寡矣；而不撓者，志健也。請論才：才各有量，抵其窮則咫尺不加進、毫毛不克舉也；而不窮者，才充也。請論心：夫民戚上而弗之歡，敬上而弗之愛，心不交也。我與民爲親則勞佚同，民與我爲親則緩急同。蹶然動之，趯然其趨我也。此略也。

請論詳：公始至，有事於先聖之庭，悼先聖之失其居，而懼己之弗虔其職也。公之言曰：“佛老之宫嚴且麗，率與皇居相侔，而先聖所庇乃弗及中下之廬。先聖，吾天也，慢天者不祥。且吾所受制書：學，吾事也，違制者當論如律。”于是公之志立也。既稽諸有司，則負上之逋以萬計，負下之逋亦以萬計。上以峻督，下以哀蘄。公之言曰：“峻不已則怒繼之，哀不已則怨繼之，上下交相憤也，志將何之？”於是公之志既立，而未果行也。期年，戢姦整慢，嚴藏嗇出，而平時飛揚滅没之財並集，峻者夷，哀者怡矣。又推而應公上之羡征，滿既往之宿負，待後來之急須，得衍算也，於是公之志行也。此迹也。

請論理：志者，有意而無體，必有所依而行。才者，所以爲行志之具也。才者易縱而難收，微失所控則肆，故仁人長者之心所以爲御才之器也。志健而才不足，則事弗濟；才充而仁人長者之心弗篤，則事雖濟而多傷。事且濟而無傷，非三者相須而無虧，何以及此也。此名也。

請論實：凡物，木，章計；若竹、若石、若瓦、若甓，箇計；灰，石計；若鐵、若丹、若堊，斤計，取其爲物三十二萬三千有奇。地爲官者積，弗取多閑材，不足則定其價而後市，賦具資而後輸，視其願則徇而從之，餘須皆如之。凡工，爲廬事，常廪；爲土事，常廪；有差，不時而撫其勞、而扶其疾也，餘須又有差。既役，爲工二萬二千有奇。凡用，以材事之質劑，命掌比之治者主之。凡掌比之治，皆民之有力、自重、善持家、耻犯法者也。以役事之稍食，命掌學之政者主之。凡掌學之政，皆士之秀且賢、遵法度、可蹤跡者也。民之良者勞於外，士之彦者持于内，姦者有以寓目而無以措手也。靡錢貫計五千一百有奇，粟石計九百三十有奇，無一而不至於民也。凡民，受役要者咸喜，弗受役要者咸慕，相勸而至，不忍捨而歸，此其情，非有感乎利也。凡室，自殿若堂達於門，皆序而兩之，自殿若堂衍於旁，皆挾而兩之。暨他室楹計二百五十有奇，昔之所有必具而有加，其無也乃今有之。此政也。

請論人：公名模，字叔範，其考是爲石林先生。嗚呼，可謂有子矣！

興國四營記

王質

興國升軍則有兵，自太平興國二年始也。二十五之忠節，十五之效勇，十九之武雄、牢城，此凡軍之額也。其肄額自何年始也？六百六十有七屬諸禁，二百六十有七屬諸厢，此凡軍之籍也。其著籍自何年始也？城之北少西，忠節、效勇、牢城營之；城之東少北，武雄營之，此凡軍之營也。其建營自何年始也？其廢自建炎三年始也，其興自乾道六年始也。六年，則太守縉雲葉公爲政之再期也。

六十有四以舍武雄，四十有九以舍忠節，三十舍效勇，皆即其故營營之；又三十以舍牢城，更而西之，非其故也。四十四萬二千一百有奇，積其物而計之也；六千九百六十有奇，積其庸而計之也。二千三百三十有奇，以貫計錢；二百八十有奇，以石計粟，市材召工之費也。市者弗告，虧酬之優也；役者弗告，勞廩之厚也。爲坊五于其郭，爲鄉十有三、爲里六十有五于其郊，無毫毛之自出也。于是兵之雜處者皆遷：兼其家者，專舍之；止其身者，合舍之；其身他隸而以其家自隨者，闕之；戍而未歸者，制其室數以待之；募而未集者，分其地域、飭其材事以待之；戍兵之歸皆具而未來者，乃今有以逆之，則其爲恩至衍也。嗟夫！月一其廩，歲兩其縑，既有限也；征役則添有給，慶禮則横有頒，又弗常也。鐫其有限弗常之禄，而廬人之廬，甚矣其難也，且非惟其私而已。

凡兵，非涅不爲兵，貴其辨於民也；涅而去之以某罪論，惡其無辨於民也。不足又以其服判之，其品七巾而至於屨，其采五白而至於緋，謂之軍容，其弗遵者以某罪論，惡其無辨於民也。不足又以其居别之，當舍而弗舍、弗當舍而舍，與弗當入而入，皆以某罪論；聽而弗問，又以某罪論，甚惡其辨於民也。請有鬥傷之禁，有博戲之禁，有禽犬之禁，有巫卜之禁，有飲禁，有濫禁，有逃禁，有盜禁，有詭名之禁，有匿姦之禁，有斂財之禁，有弛藝之禁，有竊造軍器之禁，有私傳兵式之禁，有出法物之禁，有結義社之禁。法也者，馭兵之器也；營也者，施法之地也。官無寺無以施政也，士無學無以施業也，工無肆無以施事也，兵無營無以施法也。

凡營，别而謂之都；都有頭，總而謂之指揮，指揮有使以伏事之。儀制階級之律，重則死之。有兵於此，弗嚴則弗肅，弗肅是縱而菑之也。凡營有房，房有號，號有籍，損闕而失繕修，一日以某罪論，三日以某罪論。若垣墉之敗，則登時築之，庇兵於此，弗整則弗安，弗安是錮而苦之也。登時較之一日爲多，二日較之三日爲多，四十三年而弗復，可以爲多否也。

歲秋八月乙丑，有令禁兵之占於籍者，以盈爲度，其闕額錢毋輸。冬十一月乙酉，有令禁兵之疏於帳者，多闕弗登，必罰無赦。此地曠而人稀，五方之游罕集，初皆以致兵爲難。及是，憚爲兵者趯然動，疑爲兵者毅然决。變其目之所習見，而感其心之所樂爲，則營之勸也。奚爲勸？示其不恝然於彼，而覈其不漠然於此，此營之所以爲勸也。官日以丑酉之令從事，孰敢不力？惟公之敏而功也。奚爲敏而功？無驅之以勢，而致之以道，此公之所以敏而功也。

東坡先生祠堂記

王質

先生以元豐七年别黄，見詩“桑下豈無三宿戀，尊前聊爲一身歸”者是，見詞“好在堂前楊柳，應念我，莫剪柔柯”者是，今載《集》。楊元素起爲富川，聞先生自黄移汝，欲順大江、逆西江適筠見子由，令富川弟子員李翔要先生道富川，《滿庭芳序》所謂“會李仲覽自江南來”者是，今藏下雉李氏。先生自臨皋渡武昌，見詩“清風度水月銜山”者是，今載《集》；見詞“高安更過幾重山”者是，今藏磁湖陳氏。先生至富川，見詩“吾曹總爲長江老”者是，今傳富川；見詞“緑槐高柳咽新蟬”者是，今載《集》，且藏下雉李氏。先生自富川趣高安，與元素濃醉解别，不及石田已暮，見詩“惟見孤螢自開闔”者是，今載《集》；見詞“過湖携手屢沾襟”者是，今傳富川。前三十年一嫗尚及見修軀：黧面，衣短緑衫，纔及膝，曳杖，謁士民家無擇，每微醉輒浪適，歡相迎曰“蘇學士來”，來則呼紙作字，無多；飲少已傾斜，高歌不甚著調；薄睡即醒，書一士人家壁云“惟陳季常不肯去，要至廬山而返，若爲山神留住，必怒我”；書一民家户云“借得西寺《法華經》，其僧欲見遺，吾云汝須得，我不須得”，今傳富川。先生至京師，入禁林，猶不忘此土，見“書都下，全無佳思。坐念公家，水軒蒲蓮，豈可復見”，今藏下雉李氏。吾廬切與蒲蓮相鄰，以小詞從事。欽惟元豐，矯揉琢磨，先生於江湖之間五年，不如是奚以爲？先生去齊安以四月一日，至富川以七日，去以十日；至廬山以十五日，至高以五月一日，去以十一日，至吴、楚、梁、宋、河朔、交廣，又十七年。不必考，亦不忍考。吁！

明

成城記

吴國倫

初，楊侯城興國。成，父老欲碑之，侯不可，曰："予虞其有復瑕，瑕不足恃也，其俟之三年乎！"逾歲，淫雨嚙而瑕者數處，更築之，蓋三年，城不復瑕。父老曰："可碑矣。"侯又不可，曰："城非從地出，予實罷民力興事，而復攘以自勞，人其謂之何？"父老以告吴子，吴子曰："侯意深哉！夫春秋成城，必書重民力也。昔華元巡功，子罕行築，皆以謳者之口增畏。可知古人大役，必不得已而後興，即防民之口猶防川，難矣，豈其易居成功乎？侯過自謙讓，有以也。"父老識之。又逾歲，侯遷襄陽丞去。父老環城而嗟曰："微侯，其孰遺我以安？可碑矣。"乃礱石以請於吴子，吴子曰："今乃知父老之不忘侯，非有爲也。"因紀其事而勒之。

按：興國居鄂下雉間故永興縣地，歷宋、元，或爲軍，或爲路。明興，始署爲府，尋改州。州故有城，委土爲之。城西一面墉山，其三面皆塹湖。久之盡圮，而僅址存。屬承平百餘年，民間外户不閉，小有野警，一虞侯之力能制之，故有司不恃城，居人亦晏然無所告急。至嘉靖中，鄰境盗漸起，間一竊發，則陰結里人爲鄉道，然猶憚捕，不敢近城。久之，鄉道皆盗，且引鄰境盗深入，爲父老憂，有司始戒嚴，議城守，請給縣官緡錢繕治之。既得請，乃復料民而役，計畝而材，民自爲城，而縣官緡錢莫知所出入矣。未一二年，城又盡圮，頗爲黠盗所窺，遂有乘墉而入、斬關而出者，有司絫息莫敢問，且亟下令勿告變，告變者杖殺之。嗟乎！兹毒於藉寇兵甚哉！隆慶中，唐汝禮來，請括鄰邑之田廬，我境内者籍爲里氓，因得而租庸之、衣冠之，使無負險，而潛奪其遠心，且用以備他盗。蓋自籍里以來，而又繼以楊侯善彈壓，四境庶幾其安堵矣。乃楊侯視城之圮也，則憤然不勝其憂，曰："古者司空不視塗，猶以爲非國，而况國無城郭乎？夫盗賊何常之有，今恃一日覊縻，而忘久遠計，非是。”因與父老約曰：“亡羊而不補牢，可謂智乎？厝火而卧積薪，可謂安乎？今父老皆有闔廬以辟燥濕，而郡不城，猶野處而露寢，難且復作，將奈何？”諸父老無不欣然願受命，侯乃率其丞、吏，物土方，度丈數，揣高卑、厚薄，而差筭其徒、庸、財、糗，奏記兩臺使，兩臺如其議，以請於朝，報可。於是得留貢金三千有奇爲城資。侯乃聚諸父老之稍有家者，授以心計，分董其役。掘舊址，入地深五咫，實以巨石基之。基以上則琢石鱗次而甃之，石以上則陶埴而陴堞之，外削而内陁，豐下而鋭上。周遭可六百餘丈，高二仞，厚半之。爲門五，而樓櫓其上，東曰下雉，西曰永興，小西曰陽新，南曰鎮山，北曰高陵，蓋從其道所鄉適也。爲水門三，爲警舍三十。始，事在萬曆戊寅之初夏，而即以其秋告成，望者莫不稱神速。城既成，侯乃議所與守，於是設門候，嚴更柝，以徤卒布守諸警舍，而猶偵以游徼，提以邏騎，以故居人無不帖席卧者。予聞之：民所曹好，鮮其不濟也；民所曹惡，鮮其不廢也，故曰衆心成城。是役也，侯不得已與衆圖之，而因與衆守之。籍令當外户不閉時，父老且晏然，難與慮始，侯亦且避選事名而無因以動衆，城豈真從地出哉？夫事以時舉，功以會成。今侯去郡且一年，而城已五年，巍然爲江漢巨觀，外足以銷邪心，内足以壯士氣。父老不能一日不恃城，宜不能一日忘侯矣。予庶幾無愧辭哉。

侯，吴郡人，名士元，字仁輔，起家進士。在郡故多善政不書，特書其成城者如此，其爲諸父老先而碑侯者，予從兄國典也。銘曰：九州群牧，星錯禹疆。爲墉爲垣，具曰金湯。肆予永興，麗彼職方。内包山澤，外塹長江。承平滋久，城復於隍。奸宄竊發，比屋踉蹌。楊侯至止，維民所恃。牧職既修，民艱斯庀。爰省頹雉，殷憂如毁。乃詢耄耆，乃謀鄉士。鳩工慮材，衛我赤子。豈不閔勞，久安伊始。百工斯陳，百堵載新。堅壁文堞，空爾嶙峋。自夏徂秋，厥功何神。塗歌巷頌，我侯何仁。侯也不有，退讓逡巡。去而見思，始被貞珉。

北園記

吴國倫

鄉余治文木園，舍傍曾不盈一畝，已復爲貧鬻去。久之，意鞅鞅無所適。閑出北郭，步過高陵橋，觀園丁蓺蔬，乃得低徊。熟視其地，凡二三區，在獅子山之陽，面滄浪湖。郡郭前抱，元觀後褆，左瞰富川，右揖萬松嶺。四顧遠山迴合，庶幾攬結百餘里之勝。中有古塘，三畝许，名小滄浪，水常不涸，即園丁所資以灌蔬者。其東二區，畦隴鱗次，蔬品頗蕃，皆余家鼎俎具，不能割而为廬。獨其西一區，竹樹茂密不可蔬，則園丁營土屋居之。余偶越塹壘，入憩焉，居然清凉境也。因大喜，與友人時時列藉談飲其下，然猝不能置一椽。

乃余家两兄頗憐余癖，稍稍齎糧，轉木石見助。又一二故人，从宦邸餉余。山資適至，遂得匠，余意塹以垣，除委巷，闢重門。門以内古柏夾徑，罄折而入，建兩小亭，一曰石蘚，一曰青桂。石蘚亭南樹一石，高不盈丈，狀如龍首。已，介兩亭間，規池如圜，周岸可二百武。從池中壘石爲三小山，曲折連亘，具體三十六峰，曰壺嶺。空其中爲甋甀洞，其説在夏革之答湯問，謂壺嶺在北，甋甀狀其小也。池東西兩岸各爲石嶼，因從嶼架兩木橋，跨池如度飛棧。東嶼南數武穿渠爲九曲，竇垣而出，可二十丈，引滄浪水入灌圜池，乃得受一艇，環山洞之麓泳焉。西嶼隅竹間又結一茅亭，其小視兩亭之半。其南數武又置一館，以待宿客，曰匏居。東數武則木香架，與壺嶺中峰相直，木香長經歲自蒙，其架如屋，不假甍壁，曰自然菴。坐青桂亭望匏居、自然菴，隱隱山外又一村矣。青桂亭後數武，栝柏數十株，修幹繁枝，森爽成列。柏以内，地復平曠，又規一池弦月，種朱魚可千頭，其中經以石梁，環以木楯，而門其上曰浣芳池。池左方故多竹，而新長又數千竿，因名緑雲塢；其右故多老梅樹，花時如積雪數畝，因名香雪林。林、塢各置石几一，可觴、可琴、可席而卧。池上爲佚我堂臨之，蓋取蒙莊氏“大塊佚我以老”語也。堂止三楹，旁起兩丙舍翼之。尋架堂之後縈爲飼鶴軒。最後則古松十餘株，竄起崇岡，蒼翠可食，而密篠雜木，蓊薈其下，若爲護鱗甲者。於是因岡培土，築爲撫松臺。臺高仞餘，廣視，堂深倍之。其陽，三面皆斧石甃之，中爲洞門，曰松關。由松關入洞，左右各梯石十餘級。登臺，臺上建小閣，曰元覽。閣中騁望，又可盡城南諸山。臺後稍削級而下，於松竹最幽窕處，結一小亭，曰雲根。諸好事親友聞之，各以所珍花果草木來，分植山亭籬落間，自相暎帶虧蔽，不復知一區之爲小矣。凡四年成園，而工屢輟，則以余家瓶粟易罄而材不繼云。

初，余以不善宦免歸，人皆吊之，豈知余非用世才，而置之邱壑，性也。兹所爲園，地不必選勝，景不必求備，力不必盡自己出，殆亦有所謂天游者在焉。端居寡營，圖史在案，游息眺咏，從其所如，遂與木石禽魚相親狎。客至，旋以菜羹、竹脯佐酒爲歡，間乘餘興，弄舟滄浪，負缶別圃，泉溜洗耳，烟光娱目。雖偷安盛世，徼有所托以葆吾真，庶幾無殆辱哉。夫於陵子、漢陰丈人，皆吾楚之産也，丈人耻有機事，於陵子不以楚相易其桔槔。彼豈倒行而逆施之？殆有志焉。孔子曰：“人有所貴，亦有所否。”予竊從其後矣。

修大成殿記

盧高

州刺史楊公以考績天下最，擢蜀叙守。行有日，修學，工成，諸人士謀，欲樹諸石，期以風將來、傳不朽。因相率過余，屬爲記。余方辭不敏，在座詰之曰：“聞古爲政者，下車崇學，用敷文治，迄登厥效如流水也。今楊公之刺州也，在七年之前，而兹工之成也，在報政之後。意則何居？”

諸君曰：“古者龍蛇起陸，四長興組鼎沸，生民墜於塗炭，學宫鞠爲茂草。聖人當陽，簡俊在位，是以首建學宫，爲山澤徵。嚮若我清之有天下也，十有八載矣，聖天子崇儒重道，四倡區寓海内，蒸蒸覃被，雖窮陬下邑，莫不奠釋有嚴，廟貌聿焕，以徵吾夫子至德之教。而學宫之在吾州也，則往者分巡少參，今司空五鹿李公以金璧之姿，緯以雲雷之材，肇興學宫，文化覃浹。而我楊公之來也，適丁厥盛，縱欲修之，又安所庸修之？不寧惟是，國家所以期有位、飭官箴，非僅是堂廡之輝煌，抑將欲登其實也。若我公之莅州也，六七稔間，重淑行而閭閈盡吉士，勤試課而蓬蓽有寒烟，懲佻達而子衿無慝行，重師儒而函丈生色，虔享祀而陟對維寅。凡若此，豈嘗須臾忘學宫哉？蓋至於今，風奔雨馳，而前之堅者腐矣，直者撓矣，碧者毁矣，峙者圮矣。夫不當廢壞之後，不知興起者之急也；不際改作之前，不知經營者之勩也。我公既素以清白自矢，念獨力無以勷是役，於是首捐俸百餘金，以爲闔屬倡，而又疏勸之，而視力輸者鮮給焉，而又鍰續之，而又自縮續之，底厥成焉。兹者棟不加竣而翼如，墉不加闢而躋如，寢不加深而肅如。使我州人士瞻仰有赫而講誦有所者，伊誰之賜也？且勤始怠卒，毋乃人情。今公方旌旆在郊，而秣馬以竣，顧不自以爲五日京兆之身，必欲畢此千秋之舉，則公精純一心，期對越聖賢以作我多士，豈有所爲而爲之乎？夫蜀之有文學，自文翁始也。今叙爲蜀，重郡罹於干戈，須文治孔亟，聖天子不以畀他人，顧獨以煩公夫固知公之爲文翁也。則學宫在吾州後舉，不以既去，間者在叙，必有以先之，而使甫入版圖之地得沾聲教，以大施吾夫子之化，令異日傳者比文翁焉，豈不美哉！客又何先後之疑？”

盧高聞而起，謝曰：“邦大夫之以既去成學宫也，非藉是爲名高可知也；且公行矣，諸君顧欲邀予壽之石，非藉是爲結納可知也。皆古聖賢者用心，於事可紀。余雖不敏，又安敢辭！”公名霖，字蘇生，乙未進士。在興多異政，兹不具述。

建州治記

盧高

郡大夫楊侯之鼎建州治也，經始於壬寅之春，落成於癸卯之夏，距今甲辰又一年矣。郡人士仰而瞻，俯而慚，中而嘆，且羡樂其爲德之遠、而感其致功之神也。思爲侯被之無窮，而徵記於予。予因進郡人士而謂之曰：“甚矣，夫興人之舉義何後也。予考興之爲郡縣於漢、晋、隋、唐，軍於宋，路於元，府於明初，而後定爲州，以逮今日，由來非不久也。其爲臨民之所，則自宋改卜、明聿新，其中有廳、有堂，前有儀門、有譙樓，後有廨，東西序有六房，有站亭，右有同知判官署，左有吏目署；又有庫、有廒、有獄、俱在儀門内，有賓館、有册局，俱在譙樓内，工費非不繁也。諸先後職事兹土者，李公文聲、趙公闢、婁公睿、胡公瀛、周公鵬、楊公士元、萬公廷謙，增華踵事，建置非不力也。迄勝國之末亂起，肇陳鞠爲茂草，閲二紀於兹。雖清運鼎新以來，小民猶存闔廬以蔽風雨，而忍令飲射讀法之無所委蛇，退食之弗遑，至假民舍以居，而又火焉。行者傳舍矣，方來者其若之何？甚矣，夫興人之舉義，誠後也。乃侯甫下車，而咨嗟徘徊，顧堂中一茅如覆笠，然則何能旦夕安乎？奏記兩臺，使者捐官俸、括囊裝，庀材鳩工，曾未幾而四知堂、退思堂成，諸廒庫從之；未幾而重闢堂成，諸同知判官、吏目署從之；又未幾而儀門、譙樓成，諸六房、站亭、賓館、册局悉從之；推而分司之整整也，便民倉之鱗鱗也，雉堞、樓櫓之屹屹也，皆以次舉焉。其將爲侯之私第乎？抑吾郡之公事乎？其諸父老趨蹶恐弗及乎？抑侯之殫精竭財以爲之乎？”

諸父老曰：“嗟乎，興之民憊矣。國家鋭意蕩平，惟南徼嚮化獨後。郡介吴、楚間，徵輸旁午，重以旱澇之變，公私交痡。侯入境而廉其情，浸久而彌其衅，方且撫循之不暇，而忍疲吾民乎？一材木、一瓦石，侯自市之也；一工匠，侯自招之；一力役，侯自倩之也。而且率僮僕以督惰，出脯醬以勸勤，吾儕小人有立觀厥成耳，何力之有焉？乃侯殊不自以爲功德，屢請樹石，猶辭而謝者再三，又寧獨舉義者之後耶？”

予作而應之曰：“信哉，侯之爲德遠而致功神也。夫民非官罔理，官非署罔以莅厥事。昔之建斯署者，歷數百載、十餘輩而尚有殘缺，乃侯經營於一手，而觀成於期年，視舊加壯，維新彌光，雖昔之攻靈臺、作楚室者不是過焉，則過者化而存者神，即施之工作猶然矣。將自兹以往，侯其以予興億萬斯年受天之休，悉受侯之休也。德莫遠焉，功莫神焉，是宜爲之記也。”故記之。至於侯之公正存心，清廉秉節，息訟而勸農，平價而通市，勤月課以養士，固疆圉以靖民，踏蘆洲則省浮稞，請改折則斷積逋，救水拯焚以恤貧困，平圖審丁以抑豪强，諸美善不殫述，則又自有輿人之口碑在。

侯諱遵，字從先，晋之蒲坂人，乙酉科京魁。初，尹閿鄉，擢守興國，行且考績徵庸矣。諸有事者，例得書石。

王公侯修儒學記

吴景祉

學校之設，内國學，外府、州、縣、衛學，爲名雖異，要以尊崇聖教、長育群才，義一也。學校廢，則人材萎苶、教化泯闕；而其興也，則士以文章顯者，類通經術，明於當世之務。學校之廢興，人文之盛衰係焉，不綦重哉。今天子睿聖，御經筵，勤日講，臨雍釋奠，廣勵學宫，六館生徒以經學登巍科者，一歲率若干人，國學之盛如此，宜海内翕然嚮風，争自濯磨。而或廢興不一，動人隆替之感，則長吏之過也。

我郡侯長白王公，少游太學，酉戌聯捷南宫，丙辰膺簡命來守斯邦。下車日適秋祭，力復鹿兔成禮。祀畢，環顧堂宇，茂草鞠荒，因喟然嘆："興郡古稱才藪，名賢踵武，何學宫凋落至此？"越數月，遂捐清俸，次第修舉。自大成殿明倫堂，易其棟宇瓦桷，凡漶漫不鮮者，一更新之，花磚、柱礎悉費裁成。而東西兩廡，而名宦、鄉賢兩祠，莫不更修峻啓舉。向之榱雲棟蛇拱而雀菌者，今且壯麗争嚴矣。逾年，更考諸圖志所載，虎山内基地及港口學租十有二金，兵燹後，侵於民而漁於暴者，前之人懼其府，怨弗敢言。公獨力請於督撫兩台，以及藩、臬、道、府諸憲，得嚴檄是公議。爰親履查勘，酌量更宜，悉還舊規，已復甃泮水，布藻芹，禁虎山窆瘗，俾往前屠肆、菜傭不得逼處，以肅宫墻。至敬一亭碑箴委諸榛礫間，幾百十年所，公又捐費特建，宏廠較昔有加焉。而公猶視殿堂之左右，構立齋房，拔積學能文之士，肄業其中，歲捐俸金資膏火。又相其東偏隙址，别建書舍，爲擇師以教郡子弟。公之廣育人材，鼓舞後進，其澤誠未有艾也。是役也，始事丁巳冬，訖成己未秋。

不假斂助，不勞民力，不煩差督，惟率子衿之老成、耆約之樸慎者，以董其成，卒以事逸而功垂不朽焉。方斯時，大軍分路進剿，羽檄交馳，簿書鞅掌，食寢不遑，宜無暇及此。蓋由公問學沉深，日惟一道德、同風俗係念，而其治吾州也，登禮讓，篤撫字，省刑罰，愛養安全，由是人和政暇，得畢力於黌宮，故不撓於時與勢，而勸兹盛舉也。

於是學博士偕諸紳衿屬言於祉，用貞厥石以勸來者。祉思學校之興，莫爲之前，難於慮始；莫爲之後，懼其鮮終。公既圖其始矣，宏國學，作人之雅化，被之方州。我州人士將世食其恩澤焉，後之官斯土者當無不踵事而增華也。因僭爲之記。公名俟，號陟庵，山東濟南府長山縣人，登庚戌科進士。

高公夢龍建修儒學記

徐學榜

周制，秩宗典三禮以和神人，凡廟事之修除黝堊，祠享之肥腯博碩，悉隸焉。黌序上妥聖靈，下育賢才，所關最巨，固秉禮者日望其雲構藻飾者也。然郡縣莫不有學，漢唐以下，如王沂公歷四鎮，所至輒捐俸以修庠序者，指不多屈。大約官其土者，不過因前所創，補苴罅漏，以爲苟且之計也。興學之移構於郡治西偏者，勝國守胡瀛、國朝監司李公五鹿及楊使君蘇生、王使君逸庵輩，皆葺治之，今闕狀久矣。臨淮高郡侯來守兹土，甫釋菜即進諸生，諗之曰：“聖天子崇儒重道，康熙甲子駐蹕曲阜，增飾殿宇，親灑宸翰，以揚宏休，意至渥也。兹有庠序而棟折榱崩，其何以仰副天子德意，而順惠聖人之靈爽乎？余薄俸不敢少靳，所恃戮力以勷厥成者，惟兹有位及薦紳士庶之力。”於是蠲吉告廟，募助斂財，咨司鐸，督護法曹課程，庀材鳩工，而濟濟多士咸克廣德心矣。時復單騎省試，不數月而文廟鼎新，門廡、垣墻次第繕修。余睹之色喜，曰：“學校，郡邑所共有也。昔成都一建而西蜀訓行，常山大啓而北州式效，今高郡公以斯道爲己任，而建學明倫，彼聞風興起、加意膠庠者，且接踵而起矣。文運之隆，與國運相表裏，余詎不額手以志慶乎？”

郡人士因倩余爲記。余乃憶夫《思樂》之詩矣，其美僖之莅泮也，馬蹻音昭而歸美於敬明其德；若三章，則祝之以難老，蓋惟難老，乃得順此長道也。郡公厥德懋修，爲吾道干城，故能趾美胡公之續。聞胡當經營締造之日，工未竣而報最超遷。及其二子，一中丞，一直指，同宦吴楚，遣使橐金以成父業。如公之功，當無俟於令子也，肩巨而任重，不已駕楊王而上之也哉。所冀長道之順，惟斯難老之錫，州人士於落成後飲酒在泮，而以魯之祝僖者爲公祝，取其事書之文石，是則公之名與斯學同千古矣。公諱夢龍，字荀伯，號明亭，淮安山陽人。其同官勷事者，例書名於左。

高公夢龍重建大堂記

徐學榜

楚之爲府十有五，武昌其首；武之所屬凡有十，興國其一。前此爲縣、爲路、爲府、爲軍，名稱屢易，至洪武九年改之爲州，本朝仍之。自唐、宋、元、明，官斯土者，代有名賢，説者謂“山川秀美，風水幽異”。

州署北坐南嚮，左巄山，右雉水，人之杰由地之靈使然，非妄論也。大堂建自康熙元年，碑載堂左，康熙二十七年傾頹。甲午春，我高父臺以淮海大儒來牧兹土，德行文學與前賢相媲美，其亦地脉之所感召耶。治州七載，無廢不興。葺黌宫以端化民成俗之原，建戒飭坊以致敬天勤民之實，設義學以興士類，修城垣以固邦圉，他如先賢之殿亭，罔不捐俸修造，是以郡城東謝公祠、城北滄浪亭，理其廢圮。匪直此也，若郵舍、若塘房、若橋梁道路，有便於是者，皆一一成之。而大堂之舉則姑待焉，殆亦盡力民事而卑宫室之遺意乎！顧大堂固萬姓之德宇、一州之觀瞻也，苟不重爲鼎建，而忍令誠心保赤之父母處局促之地耶？彼《詩》云“躋彼公堂”，又曰“君子攸躋”，其謂之何也？上年六月之望，爲公誕岳之辰，稱無疆者遂爲公築公堂焉，遠近響應，多寡聽捐，估木於江而民不困，爲陶於野而財不費。經一寒暑，起視大堂而巍然，顧瞻兩廡而焕然，趨事之勇，成功之速，正若有天神其工而地效其靈者，不益信古者“子來”之咏、“不日”之歌爲不虚哉？今將鐫諸石以志不朽，函書屬余爲之記。

余思公之莅興，體至天子惓惓斯民之意，七年之内，實心實政，莫能殫述，而大要則以民生爲基址，以士氣爲墻垣，以興利除害爲梓材而樸斫，以廣教化俗爲黝堊而丹雘。一切創業垂統而可久者，則皆所以奠民室家而使之得所，肯民堂構而遺之以安也。惟公致治忘其勞，故民之趨事亦忘其勞；聽政忘其苦，民之赴功亦忘其苦。然則斯堂雖共成之，實無異公自成之，其舉從前所未獲復者，至公而一旦全之，夫豈偶然也哉？

康熙辛丑派丁隨糧碑記

黄澄

子輿氏曰：“有粟米之征，有力役之征。”此丁糧所由名也。然古者井田之法，計口授畝，有丁始有糧，而丁與糧合。自後世兼并之術起，富者田連阡陌，貧者無立錐之地，糧與丁分矣。故征糧者素豐豪富而丁不增，征丁者窮檐單户而丁不减，甚者死亡之後以一夫而兼數丁，逃竄之餘以數丁而歸一户。五年編審，有力者類多隱瞞，雖成丁不報；無力者或難豁免，即故丁不除。種種流弊，不可勝道。歲辛丑三月，余承乏是州，目擊心傷，欲以江浙丁隨糧派之法仿而行之，生我窮黎，而未遽發也。閲兩月，衿民阮聖正、萬英、成其校等以懇憐窮丁、輸納慘苦等事，呈求丁銀均入田糧。予即申文，府憲批云：丁隨糧派，貧富苦樂皆均。既衆議僉同，自積累可豁，如有梗頑，豈無國法？候各憲批示。轉文詳請道憲、臬憲批候兩院。兩院批藩憲確查妥議，而藩憲專批本府取各糧户甘結、行文到州，隨具印結復詳。其批詞大意同於前批，而更加嚴密。此皆各上臺仁慈濟世、誠信愛民，舉數千年相沿之弊，一旦毅然革之，不爲議摇，不爲勢隔者也。予嘗統一州，而論之田地與塘，共五千二百八十三頃九十六畝零，科秋糧二萬八千二百七十六石五斗零，每糧一石徵銀一兩六分五厘零，共徵銀三萬一百三十一兩零。人丁二萬九百三十丁，每丁科銀二錢五厘，共徵銀四千二百九十兩六錢零。以若干之丁，攤入若干之糧，不過一石糧加增銀一錢五分二厘，而有糧者受派無幾，有丁者已食無窮之福矣。或日富者得毋不樂從乎？余曰：“貧富之道如循環。然今日之富户，安知異日不變而爲貧？今日之貧民，安知異日不變而爲富？是則丁隨糧派，目前若有加賦之名，而將來同享均丁之樂矣。”爰爲之記，勒諸碑石，永垂不朽。

去日遺叠山祠碑記

黄澄

先生弋陽人，天資敏邁，博學，爲文章有奇氣，風岸孤峭，不能與世浮沈。舉進士，仕理宗朝，教授建寧府。明目張膽摘賈似道奸，發策試，宣城、建康等郡漕使陸景思上其稿，景定甲子遂竄置興國軍，天下號爲風漢。先生來，愛郡南百叠，自號叠山，築室於軍之東湄。開講堂，士林鑾集，慨然以植世教、立民彝爲任，刮劘頑鈍，集《詩》傳注疏，文章軌範，豈惟甄陶一邑，百世仰高山焉。

恭宗德祐起監司，士大夫裂一坏祠之，公以山自予，後人以墩予公，至今山亦稱名，墩亦姓謝。弘治二年己未，郡守胡瀛徙祠於學宫北，再徙學東。自嘉靖十八年庚子，郡守吴希賢徙故址。歷萬曆四年丙子郡守楊士元修、順治十一年丙申司訓魏師段修。距今百九十餘年，土弱水驕，涯岸如蕉剥，漸成谷，公祠且折一楹入河矣。

康熙辛丑，余來視州篆，率諸生謁先生祠，立敗瓦殘礫中，悚息一拜，不敢仰視。肅余入後閣，四壁凌空，瓦稜參差，不蔽椽烟，且荒居民塞以草具。諸生曰“居無守”，余曰“國無人”。先是，萬曆楊買祠祭田五十五畝，歷飽中橐。前郡守高夢龍得原券，厘清積弊，實存今田四石六斗、莊二所，地稞一兩，山一面給佃人薪，歲計出入，以印簿學校掌之。自是發會計，得所餘資若干，諸紳士賞所糾資若干，翼以清俸，新故閣。期年，閣成，通計金若干，擇日妥先生像，故址則環一堵焉，門之庭且徑矣。雍正七年己酉，余奉調改潮分府。去之日，祖道於祠，吾揖諸紳士而言曰：“凡吾所以爲此者，以先生之大有造於兹邑也。先生仁且勇，孝且忠，前則劉忠齋門下丙辰一忠實老門生，後則江西招諭使、知信州、亡宋一逃逋臣。”觀其驛樓給卜，從容就義，今學士猶侈談之，而却聘數書，每潸然以九十三歲老母爲念，其與程雪樓云：“君子取人，先觀大節。”呼！士品蔑以加矣。余謂學先生者，當從大節始，請以此爲多士别，兼爲祠志不朽。董事生員朱士經、石泰臨、明如漢、盧斯爲、王朝盛、張裔靖。

游坡山記

周鐸

城東一角碧峰，突兀挂雲，古名碧雲，以髯公來游改今名。歲癸巳，余肄業小泉，每欲携謝朓驚人句搔首登峰，殊未果。初夏與門人席間語及之，皆神往，請先游觀音洞。觀音洞，即小泉之後巔也。惟時炎暑乍威，路滑如苔，捫蘿附石，於亂石嶙峋得洞門。其石俱具，有雲霞、木卉、鳥禽狀，雖起虎頭道子，於今恐未易摹繪。洞内軒豁，可坐百人，崖壁結鐘乳，右成大士蓮座珠纓寶珞像，左列天柱，可一圍，色瑩如白蠟，膩光皓皓。旁一石笋，班剥中空，霜雪同根，爲樵子擊斷，横卧地，因列坐其上。少焉寒生，肌起粟。土人謂，内有石床、仙竈諸景，非炬不可入，一時莫辦，遂别去。沿崖而上，踞其巔，一州佳山水盡推來眼底，真不啻鐵脚道人在南岳觀海上日出，大叫“雲物蕩吾心胸”時也。日過午，暑甚，從人皆喘汗不肯行，乃尋故道歸。擬次日游會，不果。自是暑漸盛，無復作游山想。秋杪，門人何杰來請，曰：“坡山往有約，今爽氣漸薦，盍往乎？”余戲曰：“讀書戒浪游，越十數里而無名以出，人誰與我？”曰：“不然。龍門足迹遍天下，即齊安距州三百里，坡公不以遠而來，孰以我游爲浪？”遂結游裝，具餱糧，從者八人，穿徑渡磧，不數里至坡山之麓。得一洞，不知其名，拾級而上，循磴而下，中有石窗，圓如瓮，反挂斜陽，光亮如曠野。内有井泉，不溢不竭，土人争汲之。四壁石如拳，参差嵌入，鳥若、兔蹲若，頂圓平如覆掌。當門縣石臼如月樣。傍一石立，若俯躬肅客入狀。余喜謂："文貴起意佳，游貴起脚佳。以兹洞起脚，可覘坡山外户矣。"遂題曰"映月洞"，洞受余名。辭洞門，沂流進大衍冲，數里皆平曠。山中粟初熟，如行萬頃黄雲中。漸次就山路愈仄，道傍怪石環立迎人。余恐髯翁待我久，不及效米公具袍笏一拜也。已而渡小澗，層累至半山，憑石一坐即興發前驅，諸子尾之不及，謂余有濟勝具。懸崖各置茅屋，茶烟四起，青聚一團，老人牽兒舞，鷄犬成隊若仙家，頗自願息。遥看前山，干霄輕雲半掩丹楓，緑篠與菊英拉雜點綴，誠别有天地，非人間矣。過石瀨，杳不知石壁墨池在何處，倩童子導之。童子不知游人趣，不許，會老嫗從欞隙間窺客，知非常人，慫恿之，乃許。時山澗久涸，幸有松濤可代溪聲，殊不寂。由岑穿南峰，宛轉曲阿，古藤、怪石轇轕去路，惟於草木間猿臂升岡。童子拈一石，贈余曰："此響鈴石也。"摇之果有聲，諸門人争攫之不得，回視手中所拈，皆已失。童子云："此可遇不可謀。"遂群舍之，逶迤而前，始得墨池。中窪外稜，一水沁徹見鬚眉，應是髯公精魄躍躍撩人，可想見濡毫潑墨一班焉。右有石，起如雲蓋，新青欲墮，殊不愜諸子意，相視而笑，謂"坡公誑我"，皆欲下。童子指前崖老虎洞，多幽異，有石几，豈髯公當年憩息處耶？悔不一入盡得窺坡公堂奥，與映月洞分内外户爲憾耳。爰攀崖際，踏高臺，藉草夷坐，四顧百叠、鷄籠、黄笠諸峰，皆横亘迴繞，嵐光照人，較觀音崖上所見，又重開一番生面矣。俯瞰平田萬頃蒼茫，村落四匝星羅棋布，楚楚承睫，各有意致。乃舉頭天外，出烟波如匹練，與湖光山色氤氲迷離。童子告我曰："此大江汩汩東去也。"會日將下，春不可久，起尋髯公題詩處，俯視峭壁千尺，膽落不敢下，重尋别徑，失歸路，於平塢中得石罅一窩，光平如勺。旁有筆架石，殊勝前。諸子笑曰："此真洗墨池也。"子曰："無庸即謂之大小墨池可也。"於是遵東峰而下，回顧夕陽餘曛，猶照見山頭送客處。時癸巳秋九月廿日也。

續修甘將軍墓記

周旋

將軍寧，甘姓，字興霸，巴郡臨江人。仕鼎吴，拜西陵守，統下雉、陽新。西陵，漢置江夏郡所隸十四郡之一，即今黄岡等地也。歷升城督、折衝將軍、前部督。功在吴，卒死吴社稷。其靈降於宋，北狩尤奇，謚號於宋凡五增，昭毅武惠遺愛靈顯王九字，宋敕也。明從生爵，改詔吴將軍，祠曰"昭勇"，政和二年徽宗額。郡先賢王景文記將軍始末，凡千二百言，恨無一語及將軍墓，缺有間焉。按墓距鎮東三里許，蟻一垤濱江之滸，與祠争向背。每上已辰，鎮老幼藉爲祓禊所，用大牲，先鼓於祠，昇順佑、柔懿兩夫人，若會稽、若尚書，其子也，以奠將軍墓，貝錦夾道，歲靡費百金。奠墓日，人以手招鴉，遽群集；奠已，祭鴉人持餕肉，曲踴擲而上，群鴉飛飛，從空中攫之，距躍喙張，頗形靈異。其他舟人之次江口者，亦時時瞰鴉試之，鴉亦傍人就食。吾聞將軍歿，中流矢，群鴉繞尸嗚嗚，如悲泣狀，故至今鴉亦稱神。其軼事，則建炎中逆寇馬進屠蘄黄，席捲興國，屯富口，齊宿卜將軍，筊不許，再卜再不許。馬怒，自取筊擲之，筊亦怒，從地踮起飛空中，横着門額不下。馬懼，解甲謝而去，郡賴以全。夫將軍於宋，以霖雨顯，以靈卜顯，以陰兵夜慴金營顯；於郡，以神鴉顯，以筊篳活數萬口生靈顯。今一邱壟，尚無片石可語，郡父老何居不若桐民？雍正戊申，鎮紳士耆庶張文煒、張士仁、柯瑞調、沈學淳等，捐資倡義礱將軍封。封高五尺，植原碑。嘉靖，郡人劉珂撰文。塋廣五丈許，縱三倍之。石植以坊，坊四礎，獅、象各一，石几一，石馬二，翁仲三，其一則故所遺也。春秋祠將軍血食，食用豕一、羊一、奠帛一，度一丈八尺。已載《祀典》。

重修崇聖祠記

顏星

從來治化莫重於學校，良以人心風俗，鳳起蛟騰，俱本諸此。而本復有本，則報本之中，自當溯流而窮源。古帝之制祀典也，祀始祖矣，復推及始祖所自出，無非廣崇德報功之心，敬其所尊，愛其所親，以及於無窮也。我皇上隆儒重道，尊禮先師，又復追封五代，洵歷朝所未有。夫非以敬聖人之先人，庶聖人得以展其報本之心，而後報聖人之心乃無餘恨。星於上年代理興序，祇謁之下，見學宫之形勢甲於三楚，殿宇之巍峨遠過九邑，略施洒掃即足以肅人觀瞻。獨崇聖一祠則風雨漏濕，傾頽將及，不勝惶悚。爰謀之同寅李，請於州父母魏。欣逢魏侯以東魯名儒，盛代甲科，仰體聖天子崇以王爵之至意，捐俸以爲一邑倡，復任諸生鮑�、梁佩蘭等董其事。闔邑士民，群見賢父母敬聖之心，亦欣然樂助。當年祠宇殊爲簡陋，今則視昔有加，更創前殿一楹。始事於季春，落成於孟秋，歷五閲月，費貳百餘金。輝煌壯麗，庶足以妥五聖之靈爽矣。想大聖人鑒興邑父母子弟推報之心，尊崇其先，當必顧而樂之，自今以始，邀在天默相，人心日以正，風俗日以淳，鳳起蛟騰者且聯接踵，斯真聖人之澤也，魏侯之功也，士民之力也。星欣逢其會，藉手告成，凡督理之勤、捐助之衆，自應撮其始末，詳志不朽，且爲後之敬聖人者勸。是爲記。

興國州儒學衙舍碑文

李應熙

宋移永興建今治，四塞以土。明正德六年間始置城，地勢不及圍宫墻，故今學距陽辛門百步。學之左腋，負城一凹，曰古學舍，踪迹不盡考。至元庚寅年，學師陳松年以富水湖息宏肆厥規。富水湖者，古學租歲出魚草稞以供兩齋薪芻、膏火之需者也。作之閈閎，作之垣墉，門階、堂室，整整齊齊，又翼以號舍，以時課諸生業。伐石泐禮殿，今存。明季兵燹鞠茂草，學師踵至者，則或僦直民居講席也，而廛肆溷迹矣；或僑蘭若先生也，而鐘板方丈矣。幾二百年，至今無定所，亦無倡議經營者。辛亥春，鄧先生來，襜帷下東郭，耻傍門户，召諸生詰之曰："武城室豈先生自爲耶？待先生如此，曷其奈何弗敬？"諸生有難色，蹙然相視，無以應。既數月，乃嘆曰："所志若此，予弗忍講堂之辱在湫塵也。"乃率諸生相厥址，召匠陶估直，擇日興事，諸生以白手張拳也而駭之。先生曰："固然。數百年不可已之舉而已，人謂我何？"袖出一册，且囑曰："毋逡巡，各輸以力，予終不爾苦！"越數月，計捐止得數十金，散給土木，立無剩囊。湊以顔先生講堂數椽，而費尚不及三之一。先生亦不復言，竟千里走家僮，解橐支放，凡九月落成。先生冲淡夷猶撤岩岸，心無畛域，大雅淵博；課士峻嚴有法度，丹鉛甲乙，賞罰無所回護；難經"伉伉戛戛"，掃章句陳言。尤痌恤寒士，時割清俸周其緩急。其教人之法，大要以立品爲先，文藝次之。嘗言秀才讀《卧碑》、謹廉節，敦尚實修，罔負國恩，罔薄於爾親，能如是亦足以觀矣。論者比之文翁，又或以方之蘇湖先生，殊不懌。夫師道立則善人多，先生之勇於爲義若此，其栽培若此，栽成又若此，則今之賓賓修弟子贄，以請業請益於先生者，實不啻游匠石之門，而楹、而杙、而宲、而欂櫨梏楔，俱收并蓄，胥可施以成室也。寧區區一傳舍小試哉！先生諱天人，字儼三，别號竹郵，湖南長沙府之安化人。時雍正十年，歲官壬子，林鐘月上澣，闔郡紳耆公立。

百福山記

李應明

治西郭門外，巍然突兀，曰銀山。距山十五里，嶙峋蜿蜒，曰百福山。巔小而高，隱隱如空中臺閣然，曰龍樓。昔蘇長公陟銀山，望百福，有"龍樓靄靄白雲封"句，因是尋勝者頻登焉。余居相近而未游也。壬寅春，讀書寺中，窈然深藏，聳身天際，左右環抱，若拱若揖。居久之，竊見兹山雲氣之吐納也，霧靄之噴飛也，星辰之隱匿也，日月之蔽虧也。靉靆綿亘，山天一色，行人迷路，征鳥失巢。異哉！"雲傍馬頭生"不足方其勝矣。嗜奇之癖，恨不携謝眺驚人句搔首問青天耳。癸卯秋，訪山人若玉，因重游其地。亭午，天高日晶，攀藤捫壁以陟龍樓，東望溪上百叠，南望落帽龍山，西望伍將軍屯營、鍾太傅墨池，北望西寨，遥憶劉孫試劍所，情與景會，況與神宜，何減南樓達旦老子興復不淺時也。夫山以仙名，水以龍靈，諸山雖小，名以人傳。當日髯蘇遥瞻遠矚，又不若余之身登絶頂、宇宙皆空、一親睹勝概之爲快也。嗟乎！名山勝迹，千古常新，選奇尋芳，别有興感。山之幽邃，景之佳妙，亦在人領取何若耳，詎克使人各如我之意趣哉？倦游少憩，不忍好景當前作等閒放過也，是爲記。

重修興國州東關外官塘湖柳堤碑文

徐仁鑒

興國州城從東關而外，其西南負郭之區，與官湖而逼近。律以浹歲之中，維是初夏既入，則水漲桃花，烟雲浩淼，宛然竟成澤國，徒令濱岸閭閻、即次商旅往往有風濤之警焉。則意者天設其險，而人事無權，即欲從而轉移之，未免操約望奢，有類於强作解事耶！乃聞諸前此所謂思患而預防者，原有柳堤以爲之障，彌縫其闕，迄今猶稱道而不衰。顧何獨以柳堤名之也？蓋仿《周官》列樹以表道之意。想當時，劬勞而任其事者，亦相其土之所宜木，而蒔之以柳，人遂以柳堤謂之，義蓋取諸此也。不意歷年浸久，漸次淪廢，而向之所謂柳堤者，蕩焉而無有。桑滄之變，固有數存，而人情亦復靡然而以之竟且視爲故址矣。近賴州人士王騫若、徐坡、陳運生、陳祥萬、徐海石等，蒿目諸艱，圖復其舊，所謂有其舉之而莫敢廢者，亦雉城中近來之韻事也。顧猶以慮始則易，而圖終則難，諸務周章，須衆擎而易舉，緣是稟請州主阿公，行將視爲玉律金科之奉，令當體恤輿情，與言廢墜，慨然頷之而從其請。尋且親度其地，製以序文，舉嗣後考成諸務一一諭之而轉其責焉。已乃誼篤同人，情聯桑梓，抽分醵金，以豫鳩工庀材之費。距今三載，始定規模，從此回既倒之瀾，而作中流之砥。行見居民奠特地之安，而宦賈脱寡岸之嘆，歷劫彌新，群游仁人之化宇，則睹兹柳色依然，其亦猶《甘棠》之遺愛也夫。

重修補柳堤記

陳光亨

吾州四境多水，每至夏秋水漲，則城之東、南、北，河湖灌輸，遂爲巨浸。其時又多暴風，風鼓浪奔，舟楫之往來者，茫乎其無畔岸，一遇危險，莫可救援。此前人所以思患預防，而後人所當有基勿壞者也。溯自嘉慶己未，原任山東鄒平縣令、慈口里徐公仁鑒，監生徐坡、耆士王騫若等，請於前州侯阿公，審曲面勢，於城東門外之官塘湖中築長堤，俾中流遇風者得以趨而避之，其費則里人之商於景德鎮者積有厘金五百餘兩，慨然傾出以爲領袖，而阿公暨後任康公，并宦於斯、貿於斯、長於斯者，皆樂捐以勷其事，不一載而堤成，又一載而柳植，人因呼之曰“柳堤”。自此帆檣相望，飄泊無虞。美哉二公，其利溥矣！越道光丙申，耆民陳聯書、徐子懷等，首領培修，而經費支絀。至歲辛丑，軍功陳象震，職員陳日生，監生鄭光文、徐近型、曹曰璉，耆士徐均平、馮生熙、徐義廣、徐蘭石、曹善儀，軍功徐擎宇等，設局於城隍廟，或勸捐，或抽厘，增土砌石，堤乃益固。事既竣，尚有餘資，因買北門外瓦窑壟地方菜園、花地若干厢，歲收其息，以爲歲修之費。諸君子之用力也勤，而用心也遠矣。曩者碑記毁於兵燹，今爲綜其前後，刊於石，以告後之存心利濟者。

記增補

元

劉公橋記至治二年

静江教授　范士奇

富川縣於隋於唐，繇太平興國而興國郡。於宋水本川多，本富。以富川望三縣，不得抗，水多故也。襟江帶湖，派接湘楚，翠屏六溪之支流弗與。春夏水積怒漲，驚瀾渺瀰，苞山截道，勢浮天極，嘗以坡仙“宿石田驛”數語傾動今古，地亦從是而勝。劉公子善爲此邦名家，以書抵予，曰：“山川風景，子概其諗諸。乃若歲罹大浸，驛塗康莊莽爲一壑，行人病涉，往往倚擔胥咨，對面如隔删丹，寧無汎汎其逝之憂，非惟馳驛之難而已。吾與景顔群從如杜固城南，延祐庚申間嘗序耊艾，展墓聯翩，與偕而經其塗。不知幾何年，黄岡橋壓焉，石摧柱腐，廢興固有時，經塗九軌，自非人力莫致，因在行者而語諸其叢：吾二家之力成此以濟人，可不可？時則景顔輩矢義勇發，歡然一辭，罔有疪庣。越明年秋杪，復拈舊話，惟允差穀經畫，乃命浮圖賢董其役。弃故基數弓擇地，堅塏改創，𨄅畚雲趨，各策其力，依山結構，氣勢百倍，捍堤以石，暴集無虞，功邁石鱉，夷庚無留行，又足以證大蘇題驛之芳踪。爲近落成於至治壬戌之春，鄉人利其便，群然而請，易名劉公橋。子爲我記之。”予曰：“古以橋而繫姓者多矣。崔公得延壽而著史，何公遇子瞻而泐銘，風聲氣烈，照映天壤，然皆持節搴帷，宅民之生，顯於當代。今公家介弟從子，因素封捐資而躋百世之盛美，其殆過於崔、何也，非耶？繇是而之使過是橋者睹其名、撫其迹，裵徊徙倚，□懷劉公之德而歌舞之，子孫孫子又能以精神志氣承之於不朽。纏綿人心，山長水遠，斯自然之福力也。視區區駟馬題柱之流，於公不足回首一笑，識者必感於斯文。”

國　朝

靄園記

陳治策

藹園者，劉氏之别業也，在鄂城崇府山中。山形蜿蟺如長蛇，適跨其脊，徑可五百餘弓，圍十之二於石齒開齾處。趾甓爲門，門内編竹爲鹿眼籬，雜花虧蔽。傍右鑿隥而上，爲月榭，背開罄口窗，挹高觀曉翠。

循左角出，大石削立中分，狼牙下扼，虎耳草倒垂葱蒨，裂出縫中，疑贔屓之壁也。石下嫩緑可咽，爲箬谷，谷口迤邐而升，十數武至白華亭。亭出莽蒼中，望大江西來，一髮漭漭，黄鵠磯挂紺飛青，樓在天半。旁爲沁雲窩，以脊茅爲蓋，壁嵌古石刻數十，有擘窠大於箕，作倒薤狀。折而南，雕闌曲引，由梅坪出松關，遂登緑綺臺。臺高逾尋，廣十笏，棐几膽瓶，置絲竹諸器。其後爲連墻，無所見平，懸方鏡十許面，雲母霏微，對面池光花影倒嚮空明沙湖，一甌晃白江，鋪萬頃琉璃。北岸諸山，尖尖點點，水天澒洞，宛銀海蕩漾青螺，光景幻絶，不知身之在何境也。延伫既久，始徐拾級至春草亭。天宇皚皚，列廛遠綴如蜂房，望不可了。乃東折而下，盤渦浸蘚，石山矗起千葉蓮，霅霅紛敷，中空如十石瓮，人鱉行竇瓮底出，始歷平墀，度木香架，則以去濠上不遠矣。濠上者，蓋取蒙莊濠梁之意。斧石爲方池，石髓流溲，色微藍，深注不涸，種朱魚百許頭。桃花泛泛，紅貼鑒面，雲影天光，涵虚混碧。倚檻微吟，若枝策而據梧也。小奚以茶至，乃甛啜墨莊中。墨莊臨濠池，翼丙舍，斫文木，甃柴石，上當緑綺臺。鏡光閃閃，人影依稀入無相空界，背後疏欞面面，微風颯然。邃谷中橥木攢簇，如井擁出，黝籐屈蟠而升，蓊鬱弸彋，圓張翠幄。高空窅寥作釃緑色，吸木鼛鼛發響。茶罷欲下，覩斗削不受足，遂從蕉塢出。一路石皆五色，隨意鑲禽、魚、卉、獸之形。山茶數十木，落英滿地。因緩步徙倚北窗，下女墻外，茶寮烟縷曳練起。墻册一角，白光冒水，仿佛風帆沙鳥上下檐端也。忽鷓鴣長鳴，斜瞰岩腹，有矮屋露臍中。石稜稜鋸齒扶葛下，水溜而潭，則乳竇之微沁鴝睛者。竹外略彴横斜，一區稍復平曠，其四角如菱，首尾鉤鬥交互作鴛鴦形，而支椽石磴者，則爲鶴島。其磵溜灑雪沾衣，雲根滃滃，墻以薜葉，瓦以松鬚。而寒氣襲人者，則爲冰窟，最後乃登藜閣焉。閣勢摩雲，軒敞四達，八分九曲拱其後，湘波前吸，天外鵶鬟黛髻隱隱如拳，睇視既久，九疑十二峰空濛中疑若可見。於是憑高發興，浮白長歌，溯景差、宋玉之遺風，吊巫女、湘娥之舊迹，手揮目送，懷古情深，始嘆斯園之勝，匪特人工，蓋深得江山之助焉。園周遭不過數畝，而整整斜斜，咫尺迷幻。予猶記幼時至其地，在榛莽中，一經設色，遂入丹青，近既配孅習池，遠且與輞川、洛谷并争不朽。然則邱壑之勝，固有待而開乎？人之負奇越俗，泯泯不見知，一但闇極而章有目者，莫不咨賞，其曷以異哉？於兹殆重有感焉。丙辰洗來游，宿墨莊西偏。時既望，碧紗漏蟾，隙光撩人如銀蒜，蛙鼓喧闐，夜不能寐，凌晨爲走筆記之而去。

浣花亭記亭在坡山麓

劉冰

癸巳冬，兩大人春秋已高，一切塵襟垢累，悉杜門屏之，相羊溪上，謀築一亭於其旁，字曰浣花，志志也。亭廣半畝，面山帶流，水瀌瀌日循除鳴，若亭中人伊吾聲。環以短垣，旁廣窗欞數間，閈地手植名花數十種。當夫晴雲烘日，沙漬花容，亦曾沃溪水浣之，已而銀河倒瀉，白露横空，醉卧其間，花影零亂，滿人衣袖，不惟玉樹皎擢青霄，并若濯魄冰壺。彼亢塵容、走俗狀，何不怡情花竹地乎？記成，與阿咸嘯墅以落之觴，琳碧走書而去，時甲午秋八月。

重修沿埠石橋記

萬柳宫

漢皋乘舠下四百餘里，折入富鎮，溯而上氐古永興城。駐數日，復自闤東迤邐陸而西，晵程之邈鄰，度古方田數里，三十有畸，遇新石梁，憩焉。滑而整，砥而潔，不窪不兀，不褊不磷，其下水色如奩，溶溶而東注，有朝宗必到之勢，視上游滚滚汩汩，蓋有源頭活水來矣。人言斷港絶潢，終古無由至海，非此之謂也。俄焉，居人魚魚出，負者任者酒擔羫挑，厖眉鳩杖，拖縞曳絲，翩然紛然，綜錯其間，皆於兹少坐。迹其由來，始知日中爲市，交易而退也。詢居名，俗款異余，皆靳之曰：“不識也。”耽斯景，淹留逾昃，與僕從交繩不置喙。既宗人梅評晤，因話旅次。宅旅次。“宅此乎？”曰：“然。”“何名？”曰：“古楊春畈，而今没埠頭也。”“橋誰肇?”曰:“俗傳鄧通甫公礽爲禱似構也，甲子百千數矣。”“胡以新?”曰:“今兹某与某八人纲領而重修也。”“獨八人乎?”曰:“佽君鱗鱗焉。”“胡不傳?”曰:“俗古樸不尚文也。”餘曰:“是義舉也，不容憖置。子歸，以余之詰屈丹於石，鎸諸義芳名，或可博都人士之一粲。無事，他日再作記也。”

修興國州儒學記

尚書　陳名夏

興國領武昌十邑之首，風俗素以美著，大山、長谷、險阻不得礙焉。且星聯翼軫之域，上下爲吴楚之門户，而樂易敦樸、養廉遠耻者，視諸邑爲多，蓋緣盛國崇儒勸學、誘掖進修之道立隆以至是也。余庚辰冬寓雉城，越五月，因過聖人之宫，其車器竹册皆有先民之遺焉。縱覽殿廡弘麗，繞砌琳瑯，固地脉哉?抑曩之爲吏者所謀猷也。後余應召入長安，贊勷皇路，間接下雉公車輩，輒詢之。僉曰:“圮甚矣。”嗟乎?此非一二有道君子，風勵鼓舞之，其能克復也哉!今上御宇之六年，晋五鹿李公奉簡命備兵武昌，出鎮雉城，首謁孔廟，行釋菜禮，審顧嗟嘆:“何先聖賢俱不宇也?”因毅然建修任起，與州牧季子裁定，商度捐俸倡修焉。夫先聖廟之頽楝、櫺星門之殘額、東西廡之荆榛、名宦鄉賢之瓦礫，至啓聖祠之荒失厥居、敬一亭之風雨其碣，進德、修業兩齋之敗垣孤峙、芹藻削色、鐘鼓無聲，公皆指授經略，厘飭詳明，而紳士、義庶競相助勉，是以材不遴而集，匠不徵而多，蠹者鼎之，廢者興之，失者遷之，靡不堅麗塏爽、丹雘芬芳。視所云富資財、贖資鍰、貧資力，去昔人陋規萬萬也。約略積室木七百餘幹，積階石一百四十餘丈，積陶埴二十萬有奇;圍垣重複四周，積步三千有奇，爵斝、籩豆璀璨輝煌。經始庚寅之冬，落成辛卯之夏。興士屬功者，郵請志於余。余謂帝王革代，衆務未張，即具大牢，祠事先師，而盛美見於史傳，五公兹舉正得其要領矣。按公清節惠政，偉業宏功，屢奏爲天下治行第一。聞其駐節下雉，復寡嗜欲、博慈愛、勤教思，且市不飭價、野不輟耕，一卒不出郊、一偷不入境，諸郡邑僚役昔號虎而翼、蛇而足、狐鼠而城社者，憚公廉威，宛色屏氣，誠以粹白之操冰玉也，寬恤之政乳保也，摘發之神鏡之與珠也。而尤合於古有道君子者，直領聖天子建學之旨，有詩書、六藝俯仰之容、升降之節，以養其睿聖哲謀、周旋威儀之性；又有祭祀、鄉射、養老之禮，以習其恭讓、進材、論獄、出兵、授捷之法，猗歟休哉。金聲玉振，集厥大成，公足俎豆兹土矣。興人士宜日深壽考作人之澤，以仰對朝廷，爲經明行修之實用，庶可以報公。余爲之琢詞碑石，兼以永十年之夢思於不朽也。公諱呈祥，號五鹿，秦隰州人，登庚午科。

李觀察使俄記

劉鳳綸

外夷俄羅斯者，國於蒙古極北，横暨冰海，夏至不夜，冬至不晝。即漢之堅昆、丁令，唐之骨利幹地，一名黠戛斯，又名阿羅思。滅於元而興於明，浸以强大，今域廣二萬里，袤六千里。其東鄙羅刹部，界黑龍江外興安嶺；西鄙喀山科斯俄言科斯，華言行省，界哈薩克，戈壁迢遞戈壁即流沙，直接伊犁之沙拉伯勒焉。康熙十五年，遣使入貢。二十一年，彭都統春以兵獵黑龍江，臨羅刹，徑薄其郛，偵形勢於黑爾根及齊哈爾，築城置驛。二十八年，大臣索額圖與俄臣費耀多囉定中外界，嗣後朝貢，間歲一至，歷雍、乾、嘉、道、咸、同無改。自回逆白彦虎竄擾新疆，敗竄入俄。俄乘寇亂，遂竊踞我伊犁城，潢池弄兵，覬覦重鎮，特值大軍未臨時耳。光緒五年，恪靖侯左文襄公既掃蕩逆巢，玉關内外、天山南北以次廓清，與金將軍順會奏，派委文武大員前往俄國索取白逆，收回伊犁。武則噶爾薩巴圖魯、提督殷軍門華廷國卿，文即我州二品頂戴、甘肅題奏道李觀察滋森蘅石。二公輕騎遄征，傔從通事不過十餘人。人賫糧，駝負水，行數千里砂磧不毛之地，重譯以達，比汾陽單騎見回紇，跋涉之艱，不可同日語矣。其初抵俄境也，地曰土爾根，有官曰嘛伊子職如中國州縣。首塗恭迓，以未奉江太郎牌子俄之江太郎，清語固必納吐，職如中國巡撫。牌子，如中國公文，請暫駐節驛邸，椎牛封羊，供張優甚。居數日，嘛伊子備軺西行，至阿喇木圖，謁江太郎哈巴高斯克俄言斯克，華言官長。時當盛夏，炎氣歊蒸，其避暑館在果子溝，棟宇壯麗。初見彼此免冠俄俗以去髮爲姣好，以免冠爲恭敬，平時相見輒握手。其免冠如中國叩首禮，握手如中國長揖禮，稱木大夷提俄言木大夷提，華言問好，又稱活樂士俄言活樂士，華言兩相好。凡事説好曰也叙，説歹曰唫豆，問答均由通事傳語。旋即肆筵留晏，婦女同座。俄官三女，均慣侑酒，獻媚作態，不以爲羞。觀察解俄語，不操其音；從俄俗，不循其意，一二爵洒如也。殷軍門則高視酣飲，蹲蹲然起舞矣。俄人窺軍門大醉，拍掌哄堂，遂扶上軺車同歸邸館館即俄幫辦格喇尼機方格楞衙署。次日俄官酬謁，選兵四十巡邏、伺候、守門者，終日侍立如木偶人。時蒙古在俄者，苦苛政，環泣館外，乞收其衆回内地，俄禁不與通，聞之惻然。數日，索文赴東木斯克即俄國都，行抵達什坎，謁俄官高佛滿職如中國總督，即俄主母弟，禮貌恭順，譯稱此二件須電奏國主遵行。觀察復索文西進，俄官壹志款留。其國向崇耶穌，以之紀年，亦尚浮圖。自國王及庶民，皆有四季大齋，當禮拜期房、虚、昴、星四宿直日即禮拜，男女羼雜，宵則聚於廳事，相抱以舞，音樂作於後，亦具節拍，但有舞無歌。廳外一亭，雜蒔花木，醉則男女握手向亭子而去，恣意行樂，泥溷波靡，蓋蕩然無復禮教之防矣。越兩禮拜尚無耗，觀察向俄官詰責。譯稱：“白彦虎在貴國罪定論死，我國好生，不忍交兩大人。伊犁，代貴國守有年所，大耗兵費，若允給銀二百萬，即奏國主交還。”觀察反復駁辨，謂：“兩國既申和約，中國罪人逃俄，不惟不得藏匿，文到即應檻送，倘貴國罪人入中，抑豈甘任稽誅？我國亦必照約送出。至於代守兵費，貴國在伊，每歲額征外加收八十餘萬，尚不足以償乎？”次日，俄領事官迪哩雅覆語，譯稱委是兵費無出，求兩大人允給百十萬，乃便撤回；白彦虎患病垂死，再奏國主如何交出。觀察以給費不敢擅允，催其速奏，權回阿喇木圖以待。甫離達什坎三站，總理衙門到文，已許給兵費矣。俄胥以白逆伏冥誅聞。遂長驅東歸，計往返八閲月云。世動稱張博望月氏游歷之遠，傅義陽使樓蘭樹績之奇，若觀察兹役不血刃而退勍旅、返侵地，俾戈壁外不夜荒服效順如指臂，其遠近難易何如也！顧吾邑而有士焉，擁節遐方，克持大體，不亢不卑，使命無辱，其爲邦家之光、梓里之榮，又何如也！余不文，摭其事而覼縷述之，以俟後之司喉舌、效折衝者。

墓志銘

宋

吴舉墓志

吴舉，字大冲，興國永興人。事實詳君本傳。獨當五代僭竊時，喪君亡國不可勝數，舉獨守其志，歐陽修爲志其墓曰：

世逢屯兮廉耻道缺，中國五禮兮九州分裂。朝存夕亡兮莫知守節，昧者習安兮懦夫志奪。偉哉吴君兮凛矣其烈，世不我知兮不妄自伐。有韞必昭兮後世而發，嗚呼吾君兮寓銘斯碣。

國　朝

節婦王氏墓志

巡撫　法敏

國家旌門之典，崇臺綽楔，仿古表厥宅里之制，所以重風化、昭激勸也。我皇上御極之初，首下恩詔，詔所在有司搜厥幽隱，廣示旌别。於是海内苦節至行咸得仰邀綸綍，揚潛德而發幽光，典至隆矣。武昌府興國州節婦王氏，爲王龍圖女，適李右孟，生子之昇、之昱。右孟亡，王氏年二十九歲，撫視藐孤，謂一死不足以塞責。家徒壁立，躬親操作，茹荼飲蘗，奉事其舅，甘旨罔闕，力禦外侮，門賴以安。儉勤所餘，戚屬之貧乏者，生養死葬，咸受其惠，延師訓子，俾皆習於德教，故之昱以純孝聞，同日受旌，一時傳爲盛事。蓋節婦生十八而嫁，嫁十一年而夫亡，仰事俯育，心勞力悴，越五十年而以壽終。迄於今又十有八年，而始得上其姓名於朝，用邀天子之休命，而節氏乃以不死矣。古人有言：惟節與孝，國之元氣，天地之所與立也。今李氏一門節孝聚焉，而之昱之於應熙復舉孝廉，有聞於時。使顧名思義，克自振拔，於以紹其家聲，不亦可知天道之必復而節婦之遺祉爲未艾也哉。《詩》曰："無念爾祖，聿修厥德。"又曰："無忝爾所生。"應熙勉之矣。爰因其請，爲書梗概，俾表於節婦之墓。庶幾見且聞者嗟咨慨嘆，轉相告語，有所感勉而相勸，將風俗在醇，而人心胥歸於厚，不負聖朝風勵之意云。

王德尚墓志

知州　魏錮

公諱德尚，字功遠，號若人，州屬上雙遷人。余己酉夏銜命守興邑，甫下車輒訪高人達士及先哲潛德幽光，都人士首以公對，已心焉識之，每以不獲蚤莅兹土、親晤公顔爲憾。迨壬子奉文纂修郡志，舉人物而闡揚之，合邑紳士呈請，咸嘖嘖推公爲冠郡名雋。益知公自幼磊落不群，穎異多才，長讀祖、父書，慷慨有大志，尋登丙午賢書。而于庭幃間尤怡怡聚順，事其父福朝，凡定省温凊，不惟其迹而曲承其意，常恐以功名故一日離膝下也。公母舒孺人，早世，盡哀盡禮外，益求以慰其父。方病而藥餌、起居俱躬親之，衣不解帶者三越月。父没，痛號幾絶者再四，泣血三年如一日也。後事繼母張，一如生母，愛敬兼至，而曲體其心，并厚待其前子，孝德益彰矣。弟德高幼遭亂，爲賊所獲，遇僧脱幻贖之，公感僧德，築寺居焉，并施田與地。後弟游泮，旋逝，公愛侄如子，撫字成立，教授詩書，故二侄銓補郡庠，六侄遇午中辛卯副榜，友于之愛昭矣。雙遷明末遭寇蹂躪，人逃業荒，逋欠最多。公倡首籲上豁免，招撫急公、有益于民生吏治者多矣。癸亥大旱，捐穀五百餘石賑荒，一方藉以安全，其他救人急、濟人困，難以枚舉。合邑重大之務、疑難之事，藉其籌畫，欽其卓識者不乏，其經濟之宏深，一時無與露面頡頏者。且雙遷爲宋先賢吴仲庶舊壤，所建有龍圖書院，後廢爲寺，又遭兵燹，至公而舊制一新，上繼先賢樂育之志，下啓後學進修之勤，毅然振一方之文教自任，抑何偉與！興邑舊志蕩然無存，極意尋覓，率多殘缺，惟公笥藏一册，計頁押號，以貽後人采輯，向非識慮宏遠、售諸鄰人，不幾嘆文獻之無徵耶？余于兹益服其度，越尋常萬萬矣。夫積善餘慶，理有固然。長君銑增廣生，學破萬卷，理綜朱程，爲士林首望；次鉉篤學力行，陶然世外；三鋭孝友性成，名登大學，俱有祖、父遺風。而余所得晤者，公冢孫大興也，學問優長，品行端方，爲子衿中楷模。又公冢曾孫隆啓，亦秀姿特出，學博識超，冲年食餼，屢試冠軍，洵足儲公輔偉望。其他孫曾輩，悉翩翩佳士，異日售世而致顯揚，所以娱公於地下者，余尤有厚望焉。余慕公爲人，樂概其生平而叙之，并望其後人光裕于無窮，非敢曰力能表彰之也，聊爲公銘諸石，以貽其世云。

墓志銘增補

明

劉方回郎中墓志銘見《甑甀洞集》

吴國倫

嗟乎！武選公，吾執友也，又三世内親，今弃余二十餘年，墓木可材。有司者業以録其賢，而祀之鄉校。其八歲孤之斗且壯，應選貢、入大學，始狀公遺行，涕泣請銘於予。予曰：“兹不佞缺事也，其奚以辭？”公姓劉，名師穎，字方回，自號叠峰居士，楚興國州人。其先山東莒州人，宋季自試經公徒步入興國，十居坡山。初猶力耕自給，已漸開産業、長子孫，子孫衆多。旋有釋來耜而爲儒者，進士四人，貢士十五人，博士弟子且百人。其因山澤之利而擊鐘鼎食者，不可勝數。雖各隨所宗，散處異宅，然率與坡山聯絡，周遭數十里冠蓋相望，鷄犬之聲相聞，劉遂屹然爲州望族矣。子承公仲子仕榮，生宗允，徙居軍山；宗允生鉅，鉅生珽，珽生承直公守敬。承直公善治生，而尤好施不倦，鄉人稱長者。配莊安人，有子五人，而公行四，尋又徙居南塘。公生而蚤慧，七歲能屬辭，每爲其舅莊克温氏所奇。嘗過外家，外家諸長老知其奇，無不儼然賓之，一有所輒應聲成文，諸長老莫能難，而難以强記，授星歷書讀之，一再過成誦，由是無遠近稱公神童。十歲嫻舉子業，十三就試督學使，其時行尚未健，則舅氏躬負而前，已爲督學使識，拔名冠荆楚。荆王聞而異之，致幣焉請得爲國婿，公固謝弗從。郡大夫戲之曰："劉郎徒手取金紫，不足艷乎？"對曰："非志也。"郡大夫益嘆公國器。其後公病羸者，十年不能出。至嘉靖庚子，始强出應鄉試，輒中鄉試。凡三上春官，不第，歸而羸益甚，曾又遭承直公喪，哀毁幾絶，久之稍平。舉癸丑進士高等，會廷試當奏列鼎甲，而相臣分宜公意有它屬，抑置公二甲第二名。已，當應宏詞科，入備史職，適以面瘍發見遺。尋授兵部武庫司主事，提督武學。武學之政由公一新，而出其門者多識略勇敢士。尋上書言軍政，上嘉納之。未幾奉命督發輜車餉邊，及趨雲中兑塞馬，公一切用軍法，所過不擾，所至稱便，一時諸大臣聞而賢之。丙辰奏績，上特褒以璽書，贈其父承直郎，母封大安人云。丁巳，遷職方員外郎，監修重城。會三殿灾，公又從大司馬分董大工，日奔走傭伍間，不少休息，上賜白金文綺勞之，尋升武選郎中。公方勵精修復祖宗朝武選故法，冀一清内蠹，而使天下介胄之士各得以其所苦自通，乃不任焦勞而怔忡之病作矣。因請告還里中，杜門慎恤，省侍太安人外，惟有枕書高卧耳。庚申七月十日，竟以怔忡不起，年纔四十有二。娶泗州判官董朝翰女，封安人。一子即之斗，庶慎氏出，娶婦張氏。墓在團山，祔承直公塋之左數步。而所謂坡山，則峨峨當其前也。嗟乎傷哉！公生平慈諒冲虚，負異才而能下人，與人易親而始終無所自失，至遇宗鄙外親，每自處其厚。友人有貧而鬻田於公者，既不吝厚直收之，旋折券與其人曰："通才友道，吾何利而田也？"爲郎六七年，曾不改其素風，尤非時輩所及。人言公食不盡豆而吐氣若洪鐘，貌不勝衣而任重若大輅，知公哉。乃不盡究於用，且嬰多疾蚤世，則無問識、不識皆傷之。公卒之日，予方客大梁，夢公執予手作長别，狀甚哀，予亦放聲大哭，聞於寢外，寢外人呼予起之。未數日，凶問且至，此不神相感乎？因憶少與公論文於鄉，壯與公稱詩於朝，已非偶然。即丙辰之春，予以忤分宜故，將赴廷鞫，公度予必死杖下，陰使人裹飯、抱烏羊從之，余因托以後事。已，雖賴主上恩見寬，而公生死交情則耿耿至於今矣。今其孤又視余猶父，非余銘公而誰哉？銘曰：孑孑爾祖，荒彼坡山。樹德百稔，以蔭以蕃。雲仍星布，鬱爲名閥。及子之孫，翹然鼎甲。匪直也文，贊籌經武。帝錫嘉名，逮父與母。天實祚劉，挺兹國器。胡浸夙疴，溘焉奄逝？團邱纍纍，宰木垂垂。泉户既閟，長夜如斯。

卷之三十五

藝文志

詩　　録

朝天隄

宋　李翔

兩山吞浪白如烟，忽見橋梁接岸邊。已是築成堤上路，不須重喚渡頭船。千年野鶴歸華表，百尺長虹駕巨川。歲物已收人力暇，閭閻争頌使君賢。

白雲洞

王賓

石路無塵瑞草生，樵歌斷續夢難成。對花且酌尊前酒，刻石空留身後名。百折藍輿松徑滑，數聲幽鳥露華清。碧山明月中秋夜，富貴浮雲去就輕。

銀　　山

王質

但聽清圓不覺喧，松床紙帳腹便便。草深稚子争烘日，樹暖蜂雛懶趁烟。無事石牀頻打睡，有時村店暫逃禪。尋花問柳山前後，隱隱鐘聲暮已傳。

銀山鐵壁

國朝　吴甫生

精華不與衆山同，寶氣常浮映碧空。一躍洪爐流液白，九還仙竈化丹紅。月移清影孤松下，雲渡奇花半嶺中。望去莫教貪者識，東坡題後幾人雄。

小箕山

盧高

搜奇萬仞逼清虚，石穴新鐫玉宇書。怪得山靈深秘惜，卻將風雨滯遊車。

曉登顔子山絶頂

明　吴國倫

凌晨躡飛巒，海日射天表。三楚其在兹，衆山亦何小。襟袂生流雲，巖蘽息過鳥。何當遂巢居，勿爲塵緣擾。

鳳棲洞

楊儒魯

彩石懸巖文在兹，丹山不道羽毛奇。飲泉食竹長幽地，授璽銜圖須盛時。

又

秦鰲

嘗聞陽羨多名洞，咫尺蘇常隔齊宋。今朝冒雨遊鳳棲，賞心幸遇良朋共。欲描奇勝諒匪能，矗敍經由聊自誦。石門垂蘿結簾櫳，禪窩穴壁開牖甕。紫綃黄羅天染成，珠宫貝闕誰梁棟？仙掌高懸指節明，玉笙細吹商音動。中有峯巒勢轉奇，相傳普陀名亦中。萬態似經斤斧琢，千巖若有風雲擁。霞標旁列偃復起，天柱崔巍伯與仲。地雷還疑鉦鼓振，霜鐘恍惚瑶琴弄。鸚鵡臺空事已非，丹爐灰冷人猶哄。海底魚遊意自如，澗中魚躍誰能控？雲海茫茫留野心，雨山漠漠推征輇。望月盈盈碧海犀，朝陽噦噦丹邱鳳。遠峯淡淡雪初晴，叢林葉葉春方縱。紙衣真人骨應朽，白面書生情猶重。列炬攀藤渡石梁，側身入磴窺山縫。始悟長庚勞秉燭，郤笑張翁發哀慟。便欲移來獻上方，擬作當年怪石供。無逸豳風豈宜此，只應麋鹿野人用。安得仙凫生兩足，日夕飛來一吟咏。與翁築石煉九還，不羡軒裳與侍從。

又

國朝　袁良恪

當日巨靈費斧斤，形形色色不虚聞。乾坤有意留仙窟，一壁清凉鎖翠雲。

戎湖洞

吴國倫

我昔探奇至，猶疑景未全。豈知巖際屋，翻礙洞中天。束火穿雲竇，飛觴挹乳泉。靈宫自天造，深入轉堪憐。

何年疏地肺，一徑取天台。流水穿厨過，飛雲擁座來。石犀渾欲吼，山鬼誤相猜。變幻看浮世，何如此泛舟。

次　韻

易應斗

何年開石竇，一隙景俱全。不道虚無地，仍藏小有天。雲心楮絳壑，樹杪飛清泉。點染丹楓色，秋容轉自憐。

無多靈勝處，風景亦天台。蹻舄穿雲入，扶筇仄磴來。群龍應自伏，萬家豈須猜。洞口新秋月，流光照酒杯。

滓　洲

吴國倫

幾日清秋色，沙頭樹已殘。夾溪横怒石，擁棹落驚湍。雁侶俄相失，鷗行轉自安。前峯如別戟，聊倚暮雲看。

黄龍洲

吴甫生

滔滔富水入江流，一臂東環勢盡收。白浪銀隨晴雪捲，黄沙金帶暮烟浮。遥增爽氣吞雲夢，静抱清光射斗牛。仙讖傳來如欲合，寘身今在鳳麟洲。

鍾山墨池

國朝　張令聞

偶經舊蹟想臨池，勝概猶傳鍾傅遺。壁蝕苔蒼無點畫，雨添石溜更淋漓。遊天一鶴歸何處，戲海群鴻覺在兹。不是五靈重救活，中郎筆法竟誰師？

又

吴甫生

臨池高士遠流芳，千載依然吐墨光。水漾龍蛇烟送影，風吹芹藻浪生香。淋漓落紙人歸久，磅礴揮毫客思長。抱犢學書終異地，鍾山偏喜屬元常。

步高陵橋望北園懷古

周鐸

一抹殘霞染縹緗，高陵風雨入斜陽。緑荷池畔漁歌渺，青桂亭前燕子忙。三徑野燒留醉客，百城冷坐笑書狂。英雄此後何能跡，目斷遥天秋水長。

捲雪樓詞

宋　焦抑

抑赴杭會試，餞樓上，遇黄衣道人，執抑手曰："子必中！"抑題樓壁曰：

軒冕儻來日，貴賤未分時，茫茫俗眼憑誰？先知惟先生水鑑，握手便許登雲梯。十載燈窗下，不負男兒酌流霞。登捲雪，覺天低，甘公靈跡，至今血食大江湄。愿助我胸中英物，筆下走如飛，斫蟾宫桂，羅袖惹香歸。

又　詩

明　白玉蟾

烟水蒼蒼古渡頭，寒鴉噪罷纜方收。泊舟凫渚鷗汀晚，夜入蘭宫桂殿秋。緑葦黄蘆悲落日，白蘋紅蓼鬥蒼洲。冥冥千古於今夢，浩浩長江不管愁。雁陣歸時雲似幕，風檣高處月如鈎。驚濤飛起銀花舞，萬頃寒光十二樓。

川上樓

吴國倫

古臺官閣迴岧嶢，浪涌天低水郭遥。故國儘容舒覽眺，此身兼已屬漁樵。日高雲氣千山净，風起烟光萬井飄。空外杳然聞玉箋，仙人黄鶴坐堪招。

川上樓晚眺詩

國朝　佘士楦

危樓浮水國，暮靄正蒼蒼。一望津梁闊，共安烟火長。湖光寒碧秀，山色晚霞翔。縹緲飛雲净，清虚徹大荒。

在兹閣

明　石炬

高閣崚嶒擁郡東，仙源誰詑路難通。烟横雉堞占生聚，氣接藜光辨鬱葱。入坐諸生紛白馬，清言吾道有冥鴻。却憐舊雨人無恙，肯放當杯入手空。

又

仙閣憑空四望開，登臨差得恣徘徊。春歸緑樹頻啼鳥，雨過千峰忽送雷。永日同人還卜夜，驚筵雄辨更徵才。觥籌不負尋常酒，老去何如少壯哉。

又

易應斗

重湖飛閣鏡中攢，直逼青冥傍斗看。九柱危憑鰲脊穩，八窗吞吐電文寒。光聯象緯騰奎壁，高並金莖濯玉盤。只訝海天浮蜃氣，樓臺幻結碧雲端。

雨中望文昌閣即在兹閣

馮之圖

積雨平湖萬緑渾，堤楊岸草欲銷魂。僧閑不管春歸去，亭午烟收出閣門。

水湖亭

桂南昇

面面青山擁縣亭，登臨已識使君清。且看春意隨人好，曾惜花光帶日明。夢裏舊遊勞屐齒，眼邊佳咏得詩名。東風不解私桃李，爛熳河陽似有情。

映月亭

國朝　華國禮

社侶招攜酌野松，談今話昔吐吞雄。濃陰遶座浮光翠，麗日穿卮映色紅。一股蟲髏忙萬蟻，百鬚花粉亂千蜂。謾嗟此日歌巴里，別調豪賡興未慵。

書富池驛壁

雷作霖

當年有客許題橋，瘦馬長途久見邀。白眼於人逢阮籍，黄金何地築燕昭。書留鐵壁從花覆，魂散天門覓句招。萬里君恩何所恃，晴江明月舊詩瓢。

花潭夜泊

盧秀

出門身即客，事事若天涯。野水帆難定，初冬日易斜。疎鐘寒雁陣，遠火隔漁槎。何意辭家始，閑潭夢落花。

南市夜泊

劉世系

獨泛孤舟去，愁心夜可憐。湖平鷗掠水，岸曲柳藏烟。野哭亂吟角，漁歌聞扣舷。星星雙鬢短，飄泊尚依然。

昭勇祠

高賓

炎劉運阻焰銷光，老瞞眦睨膽目張。江東討逆志肅將，天與輔佐搤其吭。桓桓將軍守大陽，執符禀令來帝旁。威驅雷霆氣飛霜，負旄帶鈴驚四方。機投意合魚水忘，所向披靡全無當。瑜蒙遜肅相頡頏，功成鼎立聲喤喤。長驅席卷志未償，瞥然騎龍歸帝鄉。英風凛凛不俱亡，下憐澤士時回翔。遺休餘澤滿湖湘，保民護國靈貺彰。調雨順風時泰康，奔走禮向來梯航。皇明有道獎忠良，擊鐘考鼓隆蒸嘗。桂以酒兮椒以漿，歲時明德播馨香。瑶宫閬寂劍佩藏，鬼物呵護松筠蒼。孕鍾嘉休儲吉祥，翊我皇祚浩無疆，千秋萬歲靈風長。

又

吴國倫

黄龍洲接大江迴，捲雪樓高巨浪摧。古屋將軍遺像在，荒村伏臘瓣香來。何年一破窺吴計，異代還憐翊漢材。有客停舟薦蘭芷，檣烏噪雨若爲哀。

疊山祠

吴國倫

古祠依鷺渚，疎柳過漁舟。不是名賢寓，誰知水郭幽。樹杪千峰躍，城頭二水環。當年讀書處，不忝是東山。

又

國朝　盧秀

爲問謫居日，何如賣卜年。左官猶有託，晦迹已難全。衣履尊先輩，文章軌後賢。野祠今寂寞，何幸在南天。

孟嘉墓

吴國倫

爲問陽新令，誰如孟氏賢。孤墳不可弔，虚識永和年。

太浩寺

潘師道

蕭寺霏微古木中，湖光山色半烟籠。燈傳諸品空王偈，行苦雙修大士功。都向卧輪忘伎倆，總無鐃舌動旛風。雲間鐘磬松間月，萬劫千秋轉蒨葱。

北臺寺

袁良恪

雲横山半露珠宫，我卻乘春放眼空。曲水遶階清佛座，遥山屏户隱仙櫳。樹生絶壁根盤石，磬擊層樓響應松。剩有衮衣餘韻在，琴書此日將無同。

石壇寺

袁良恪

四合層巒捧石壇，倦遊聊假片時安。危樓月皎松陰滿，古剎秋深葉落寒。夜寂僧猶談戒偈，山空客亦坐蒲團。悠悠半枕清思杳，隔院曉鐘驚夢殘。

惠澤龍王廟洪鐘歌

劉學易

陶弼讀書於廟。嘉靖二十五年八月二十九日，鐘自鳴竟夕，弼以是日登榜。易爲作歌。

讀書結閣高倚雲，梅橋本是人中英。神龍有意報捷音，洪鐘不扣鳴朝昏。一朝顯親揚姓名，平步雷震躍龍門。大究厥施敷甘霖，龍王赫赫信有神。扁舟我亦過祠庭，助我駕風鞭雷霆，大扣一聲徹天閽。

禮殿古柏

吴唐

蒼官何代物，百尺與天參。黛色風霜古，虬枝日月含。不甘松爵五，詎效柳眠三。道是文翁樹，元機共我談。

又

潘士英

數仞墻頭一古柏，渾似龍門高百尺。繁華謝却鐵幹存，孤影蕭蕭映皓魄。那知疎淡自含香，盤根能耐水霜阨。若逢大匠度其材，遠近聞之聲嘖嘖。

又

佘文清

何代蒼官謝鬱葱，猶沾聖澤倚膠宫。不隨凡艷入時眼，獨有勁枝留古風。新甫山中千樹廢，葉林園内兩株空。誰如此地植根穩，一任歲寒元氣充。

滄浪懷古用杜工部《丹青引》元韻

李應明

郭北層巒似兒孫，滄浪倒影映千門。瀲灩光中小亭出，名流逸韻今猶存。行人隄上踵相接，柳陰如布亞夫軍。朝暮晴霞屏翠列，居然濤湧捲岫雲。鷄罔獅嶺遥相見，東殿通真巍古殿。僧行送客到溪邊，紅白一塘映人面。町畽平蕪縱遊騎，營卒逐隊飛羽箭。天中競渡弔屈原，舸艦迷津逞雄戰。太守來此乘花驄，景物四序迴不同。獨愛盛夏芙蕖放，騷壇結伴對薰風。興酣尋勝登古刹，絲絲烟雨闇淡中。漁火佛燈夜皎皎，一灣祥光射波空。桑麻鷄犬盈陌上，東村西市歡相向。擊壤康衢雜管弦，嘈嘈唧唧奚惆悵。何緣化日躋羲皇，萬類裁成資輔相。幾人能謝利名場，此地逍遥忘得喪。山水之間應有神，陶然自得發天真。顧瞻佳景情無極，咫尺甑甄憶昔人。狂歌長嘯天地外，由來風月不嫌貧。但愿從龍休暇日，濯纓清流且澡身。

滄浪煙雨

李翔

峯潤烟波翠靄濃，危亭飛聳到晴空。鴛來菡萏紅香裏，人在琉璃翠影中。洗出嵐光全是雨，捲回秋暑却因風。使君夜宴冰壺裏，更有銀河一派通。

又

石炬

夏日蓮池好，滄浪復此亭。風遲一葦渡，雨過萬山青。石磴盤空出，波光入坐冥。獨醒吾豈敢，孺子咏堪聽。

又

國朝　吴文焕

湖亭風景意凄凄，烟雨蒼茫入望迷，疑重若輕千障出，似無如有萬枝低。風來池畔寒臨閣，水落澗中響入溪。日暮漁舟歸罷釣，披簑戴笠步長隄。

又

易應斗

天闊亭虛得趣幽，八紘景物望中收。魚龍入夜啣珠出，鷗鳥忘機狎浪浮。遠近鄉村連市井，空濛煙雨幾漁舟。閑來此際堪凭眺，不必殊方覓勝遊。

仙觀晴霞

張令聞

鷄犬桑麻數處家，飛驚樓觀亘隄沙。仙人解悟三生石，才子荒凉幾度花。鶴背聲微清玉笛，漁梁影動濕星槎。晴嵐一抹千山洗，横泊洲邊漾彩霞。

又

潘士英

道觀氤氲起片霞，晴空遥望色殊嘉。光籠綉壁疑朱幔，影落雕甍似絳紗。曉日直穿梁吐彩，夕陽返照瓦生花。層層密布盈丹室，不異東來紫氣奢。

恩波夜月

陶去秦

高閣嵯峨壓古隄，平湖烟景占東西。洗空塵累登臨爽，暉映天光上下迷。樹影納波山吐月，落香入座雨收霓。使君爲惠真無已，拉我閑來倚杖藜。

又

李鵬

滿輪精魄挂長空，光映堤邊水浪紅。一切凡塵何處入，分明人在玉壺中。

楊林晚渡

梁有孟

漫羡桃花渡，楊林兹亦傳。村烟迷樹色，漁火照波妍。擊楫何辭晚，乘風勢欲前。星光同泛我，袖接斗牛邊。

又

俞慶維

長途病涉漫經過，休怕漁郎獨棹歌。日暮不嫌擊楫晚，數聲欸乃濟人多。

南市漁歌

黄正昌

持竿不須彈鋏歸，那管城南是與非。美酒嘉魚皆自得，輕舟蕩漾笑采薇。

又

雷作和

望裏南湖别一天，鮮鱗爲市水爲田。風波不起垂綸穩，鼓枻浩歌鷗鷺前。

又

周旋

如畫南湖一片影，水光摇碧山光冷。烟嵐一抹野市晴，石根盤軋釣臺穩。風送漁歌天外縹，小艇半繫蘆花杪。十船九船養烏鬼，朝擒魴鱮暮赤鯉。有酒得醉是生涯，生前有限杯如此。予懷渺渺漁家樂，伊人長天水一角。

又

姜隆福

城繞南湖景物悠，蘆花淺水泊漁舟。數聲短篴驚沙雁，幾曲狂歌動野鷗。飽食烹鮮頻唱和，興酣沽酒交傳籌。浩然共樂昇平世，圖畫天成一望收。

宋山樵唱

柯時懋

都道宋山春意早，還傳春意宋山好。樵人嫋嫋發長歌，飛入雲中驚絶倒。

宋山一抔無私曲，東可採薇西採玉。忽動悠悠太古心，子規啼罷樵歌續。

又

李之章庠生

林巒聳翠近郊關，樵子乘時競入山。有曲無腔頻唱和，悠然聲唱遏雲間。

黌序秋香

陳遇瑛

閟宫巍焕麗天章，紫氣氤氲毓秀長。望裏金莖龍卧地，墀端玉笋鳳毛翔。千年俎豆流聲遠，萬古人文被澤昌。丹桂一枝攀入手，聖靈到處發秋香。

又

石朝光

何處飛來種，蔚然俎豆旁。探從月窟出，躡得天根長。化洽西京棫，愛深南國棠。秋高春意足，黍稷共馨香。

謝墩夕照

吴振緒

河洲直出水環中，萬景烟波倒影空。三面山光分上下，半山日色隔西東。殘霞乍映千門紫，落彩輕餘兩岸紅。獨惜謝公踪迹杳，有懷薄暮欲臨風。

又

李應明

西山啣落日，倒影謝公樓。四顧烟光斂，一望暮紫收。魯戈揮不返，虞劒指空躊。棲鳥歸林急，忠魂萬古幽。

玉印洞

吴甫生

和氏已持良璧去，鑿光遺映此孤村。徒云秦璽曾無影，不及荆山尚有痕。烟起山頭聯碧漢，月明洞口失黄昏。世間抱璞原非少，未剖祇今處處存。

初春同友重遊銀山

蕭淳

聞説長公紀舊遊，嵯峨鐵壁烟雲浮。千松屈曲盤山古，一水清漣抱寺幽。香篆爐中聚復散，風生檻外去還留。因貪名勝重攜友，坐話高僧隔數秋。

遊滄浪亭

劉十賢

愛惜清光好，攜手滄浪過。水雲牽荇藻，烟雨足芰荷。望去長天渺，聽來短棹歌。飄飄塵外立，杯酒澆詩魔。

初霽夕遊滄浪亭

石朝光

水聲灺灺問滄浪，布襪青鞋過草塘。兩岸柳梢凝曙色，一天銀漢映湖光。池翻橋影魚翻浪，亭繞荷花風繞香。如此長懷新霽月，方知秉燭不爲狂。

坡山返棹

張異卿

登臨非細事，天意若爲遲。倚枕鶯聲滑，歸舟燕子隨。古今同黛色，横側各幽奇。作賦登高者，千秋自有知。

登叠山祠懷古

張兆基

臨風直上謝公樓，慨想當年講學秋。節峙宋山懷故國，瀾迴富水作中流。君臣南渡嗟何及，烽火北來恨未休。剩有丹心垂夕照，孤墩憑吊古今愁。

登寫功樓望中八景

張元凱

直上高樓望眼賒，臨風把酒酌流霞仙觀晴霞。漁人唱罷楊林晚南市漁歌，楊林晚渡，樵子歌殘夕照斜宋山樵唱，謝墩夕照。月滿湖橋帆送客恩波夜月，香飄黌殿桂生花黌序秋香。滄浪日日迷烟雨滄浪烟雨，樹色朦朧噪暮鴉。

楊林晚渡

潘道閔

日暮楊林古渡傍，往來人唤扁舟忙。櫓摇深渚烟霏白，帆挂中流月吐黄。樹色朦朧迷遠岸，星文燦爛照飛航。乘風莫道濟時晚，破浪騰空萬里長。

川樓閑眺

陳夢麟

徙倚岑樓上，超然一望收。水光連岸濶，山色帶雲浮。喜有漁歌唱，頻來騷客遊。無邊供野趣，頓覺襟懷悠。

望江南十咏

宋知軍　王琪

江南酒，何處味偏濃？醉卧春風深巷雨，曉尋香旆小橋風。竹葉滿金鐘。檀板碎，人面粉生紅。青杏黄梅珠閣上，鰣魚苦笋玉盤中，酩酊任愁攻。

江南柳，烟縷拂人輕。愁黛長空描不似，舞腰雖瘦學難成。天意與風情。攀折處，離恨幾時平。已縱柔條留客棹，更飛狂絮撲旗亭。三月亂鶯聲。

江南燕，輕颺綉簾風。二月池塘春社過，六朝宫殿舊巢空。頏頡恣西東。王謝宅，曾在桂堂中。烟徑落花飛欵欵，曉窗驚夢語匆匆。偏占杏梁紅。

江南草，如種復如描。紅映落花鶯舌亂，緑迷南浦客魂消。日日鬥青袍。風欲轉，柔態不勝驕。遠翠天塵驚夜雨，冷殘沙上帶昏潮。誰夢與蘭苕。

江南雨，風送滿長川。碧瓦烟昏沉柳岸，紅銷香潤入梅天。飄灑正瀟然。昏與夢，長在楚峯前。寒夜愁歌金鈿枕，暮江深閉木蘭船。烟淚遠相連。

江南水，江路轉平沙。雨霽淡烟收素練，風晴細浪吐寒花。迢遞送星槎。名利客，飄泊未還家。西塞山前漁唱遠，洞庭波上雁行斜。征棹宿天涯。

江南岸，雲樹半晴陰。帆去帆來天亦老，潮生潮落日西沉。南北别離心。興廢事，千古亦沾襟。山下孤烟漁市遠，柳邊疎雨酒家深。行客莫登臨。

江南月，清夜滿西樓。雲葉開時冰吐鑑，浪花深處玉沉鈎。圓缺幾時休。星漢回，風露入新秋。丹桂不知摇落恨，素娥應信别離愁。千里共悠悠。

江南竹，清潤絶纖埃。深徑欲留雙鳳宿，後庭偏映小桃開。風月影徘徊。寒玉瘦，霜霰倩相催。粉淚空留班點在，羊車曾傍翠枝來。龍笛莫輕裁。

江南雪，輕素剪雲端。瓊樹忽經春意早，梅花偏覺曉香寒。褫佩想清歡。蟾正迴，清夜好重看。謝女聯詩褰翠幕，子猷乘興泛平瀾。空惜午陰殘。

滄浪烟雨

宋知軍　張釜

此身原是滄浪客，暫向亭中作主人。捲箔尋詩山有味，凭欄觀物水無塵。酒邊風月寧論價，妙處丹青總失真。安得濯纓酬素志，烟波萬頃一絲綸。

過石田驛

蘇軾

溪上青山三百叠，快馬輕衫來一抹。溪邊修竹有人家，横道清泉知我渴。芒鞋竹杖自輕軟，蒲薦松牀儘光滑。夜深風露滿中庭，一點孤螢自開合。

謀野堂

王十朋

滿目江山富一堂，公餘身在水雲鄉。遥岑更作有無色，西子爲誰濃淡粧？荷有香能凝燕寢，纓無塵可濯滄浪。使君坐此謀何事？境静心清百慮忘。

銀　山

明知州　丁璣

懵騰春色又清明，乘輿登山得遣情。拄頰偶來忘俗慮，息肩隨處問農耕。落花到地不多片，啼鳥傍人時一聲。坡老荒巖遺墨在，我今重續舊題名。

楊林晚渡

明通判　富甯

浩浩通津無處無，往來誰復嘆窮途。西風晴漲連雲起，落日輕舟隔岸呼。不遣征夫寒駐馬，任教估客晚攜壺。乘輿焉得人人濟，堪笑當年鄭大夫。

宋山樵唱　　又

丁丁斤斧響晴川，緩緩行歌意自便。澗底蒼龍應熟聽，洞中白鹿不成眠。聲聞野寺朝隨伴，調轉雲崖晚息肩。但幸太平無一事，爛柯何必問神仙。

黌序秋香　　又

一樹叢生文廟前，月中分得幾千年。貼雲黄鵠曾銜子，行雨蒼龍數吐涎。拂拂隨風來絳帳，芬芬和露落青氈。淵源吾道同根柢，金粟開從太極先。

謝墩夕照　　又

半山曾説謝公墩，匹馬經過正夕曛。暝合叢林僧入定，影留高樹鳥呼群。幾家漁網臨溪晒，何處疎鐘隔岸聞。吟愛晚來風景好，淡烟一縷抹紅雲。

登城望甑甎洞

國朝知州　高夢龍

滄浪寂寞雉城西，迢遞嵯峨一帶齊。竹裏寒雲依古洞，橋邊野水遶長堤。衡陽雁語空驚遠，元武漁歌獨唱低。徙倚女墻頻寄目，閑情如取復如攜。

宿竹橋山館　　又

傍石雲生屋，臨溪水照門。挑燈盡著述，把酒足鷄豚。壞壁行饑鼠，空山叫斷猿。平生樂幽寂，相對静無言。

遊銀山寺詩

知州　高鑒

紺宇幽深一逕開，嶙峋鐵壁滿蒼苔。非關遠識金銀氣，特爲看山振策來。

恩波夜月　　又

長虹百尺跨東湖，星斗縱横映玉壺。郊外岷居山作障，潭中龍窟月爲珠。湘江源遠流應溥，楓陛恩寬惠久敷。喜際昇平耕鑿廣，千秋童叟舞康衢。

富池捲雪樓晚眺詩　　又

朱欄傑閣勢千雲，翠巘丹崖對夕曛。石嶺西盤三楚濶，烟波東去九江分。將軍舊壘甘興霸屯軍處餘鴉陣，羅漢荒祠有檜芬。昔日黄衣人不見，浪花如雪自紛紛。

詩　　録增補

桃花尖乞茶栽雪堂

宋　蘇軾

周詩紀苦飲，茶茗出近世。初緣厭粱肉，假此雪昏滯。嗟我五畝園，桑麻若蒙翳。不令寸地閑，更乞茶子藝。饑寒未云免，已作大飽計。蔗漿適有無，本末不相戾。春來凍地裂，紫筍森已鋭。蓓蕾煩呵護，筐筥未敢睨。江南老道人，齒髪旦夜逝。他年雪堂品，空計桃花裔。

送吴仲庶出守潭州

王安石

吴公治河南，名出漢庭右。高才有公孫，相望十載後。平明省門開，吏接堂上肘。指撝談笑間，静若在林藪。連檣畫山水，隱几詩千首。浩然江湖思，果得東南守。傳鼓上清湘，旌旗蔽牛斗。方今河南治，復在荆人口。自古楚有材，酃渌多美酒。不知樽前客，更得賈生否。

鍾成觀

白玉蟾

疑是蓬萊第一宫，緑窗翠户玉玲瓏。暮雲蒼葦碧涵碧，落日朱樓紅映紅。嵐影波棱中夜月，湖光山色半天風。旌陽到此彰靈異，昔日先生本姓鍾。

懷坡閣

宋　王十朋

窮途喜見富川波，已覺兹行所得多。杭穎西湖堪鼎足，兼懷六一與東坡。

勸　農

知軍　周紫芝

星言出郊坰，緩轡遵微途。陂池湛新緑，阡陌問上腴。春色響畹晚，農事日已趨。有司奉漢詔，訓詞宣帝謨。父老數十輩，龍鍾白髮鬚。扶杖前致詞，謂當極勤劬。曩也事格鬥，今皆返田廬。農桑遂温飽，里胥絶征誅。兹焉不少力，是自貽瘠癯。椒漿酌大斗，起坐時勸呼。有如一日蜡，相期悦須臾。殷勤頗自愧，小信殊未孚。倘非獲三登，何以謝汝徒？同寮數君子，妙畧懷遠圖。願言規遲暮，共此豐歲娱。

贈公車

周紫芝

雲衢欲上馬蹄輕，莫問長安路幾程。霜劍竟須騰巨澤，夜光原自當連城。偶因祖餞金樽滿，獨記臚傳玉陛聲。淡墨榜題知有日，更開春甕爲君傾。

入慈口拜劉四郎墓

劉彭年

慈口新來梓里過，鄉心其奈客情何。山連楚蜀峯全秀，地接東南勢轉多。盛世百年誰舊族，移家數代已鳴珂。匆匆又逐征途發，草樹烟光意自和。

蠻王砦

吴國倫

突兀不知何代壘，相傳曾此駐蠻王。群山霧帶旌旗影，萬石星流鎧甲光。風氣久開秦井邑，士人俱習漢儀章。登來欲挽長湖水，一洗蠻雲護帝鄉。

富池鎮

劉子壯

初日滄江宿雨醒，亂山無數一峯青。錦帆公館灰飛盡，幾點寒鴉送客舲。

富池驛樓觀江回文

御史　成始終

悠悠碧水遠連天，落日江隄柳繫船。樓對晚山青點點，户臨春草緑芊芊。鷗邊渚接晴霞暮，鶴外雲迷遠樹烟。愁客遣懷詩共酒，遨游重到已來年。

大塘橋

提學　韓陽

眼前景物漸凄凉，屈指郵程百里長。楓葉園林千樹赤，菊花籬落幾枝黄。溪沙淺水魚皆見，野徑人稀草半荒。愧我菲才叨聖秩，頻年巡督敢還鄉。

芭蕉亭

明參政　陳焕

驅車連日冒炎威，鳥道間關入翠微。忽過蕪汀雲漠漠，暫停蕉院雨霏霏。宦遊多險知誰是，狂散惟應與世違。肉食藩垣無寸補，廿年慙愧越山薇。

又

明僉事　楊祐

伊昔分符地，於今攬轡過。山川原不改，衰舊欲如何。古木含雲潤，新花過雨多。陳詩謝耆舊，樂職在中和。

又

楊祜

春風江上罷鳴橈，小坐層軒散寂寥。最是可人詩思處，一天新雨響芭蕉。

芭蕉亭有感

劉楝

龍眼磯頭望，麟洲春色微。江空便去鳥，雪霽冷斜暉。卜歲知豐稔，行年覺是非。江湖遠廊廟，憂樂與時違。

梁公舖

韓陽

傳舍臨官道，輶車且暫停。雲收溪樹緑，雨過隴秧青。時泰民安業，山深客少經。寸心圖報稱，雙鬢奈星星。

白沙舖

參政　劉儲秀

不畏長江險，何由涉遠途。漁航横野渡，樵斧入寒蕪。多病逢殘臘，浮名伴腐儒。歸來何處雁，立馬倍踟躕。

釋心亭

明　毛友

水邊緑樹不知名，時有黄鸝一兩聲。籜葉藏身尤自得，向人作意更飛鳴。

送陳孝廉南還懷華夫子小相

尚書　朱之弼

論交幾日公車發，才子思歸拜省專。三歲久懸陳氏榻，一肩今附李家船。燕臺客送花朝後，楚國人還午日前。君到寶塘應問訊，伏生函丈最高年。

犀牛山

盧高

孤峯中斷楚江秋，十里川原一望收。石隙偶然形迹似，時人浪説有犀牛。

叠山祠

訓導　杜世英

人去驛樓北，澤深吾道南。典型尚可作，運會豈能堪。流水悲亡國，高風寄遠嵐。至今臨悼者，講席對兹慙。

遊真如寺

桂南昇

未踏重關只見山，木鯨時吼翠微間。老僧隨逐看雲起，居上忘緣共鶴閑。入眼湖光依砌濕，倚空蒼木趁山環。三朝寶訓神明護，伏讀淩兢想玉顔。

遊坡山

高鑒

山色空濛樹色重，響鈴不遇獨聞鐘。醉吟粗了蘇堤債，又向坡山覓舊蹤。

滄浪亭

高鑒

半堤楊柳連波緑，百畝荷花繞郭紅。恍在西泠亭子上，漁歌遥起月明中。

禮殿古柏

廖廷相

嘉種來新甫，後凋不計年。炎凉無異色，榮落有心堅。凛凛持楨幹，蕭蕭耐雨烟。負墻資聖澤，何意世人傳。

又

董儒柱

摩挲千尺倚層霄，不數宣籀碣半凋。大谷倒生添錯節，泮池孤影立清標。苔痕斑剥龍偏矯，虹彩斜垂鳳挂么。閲盡繁華渾不解，獨憐明月照霜條。

中秋夜泊大冶青龍閣

吏科給諫　曹景参

在水中央望不賒，空明如揖短舟拏。一窗白積波千尺，半壁蒼涵縣萬家。漁火漫携雲忽合，雁聲分遏月將華。耳根正逐歌喉熱，冷露無疑淬酒花。

端陽前一日向刺史招飲黄鶴樓

劉世系

仙客乘雲去杳然，空餘高閣漢江懸。千年鐵笛留黄鶴，萬井金沙漾紫烟。細雨斜連雲夢澤，飛濤遠蹴洞庭天。明朝節序天中日，好擬葵榴醉綺筵。

鍾山墨池

楊儒魯

高源從未到，山色似曾來。寒壑生秋思，樵門起壯懷。明池注潢漢，芳草積芸臺。何處鍾繇墨，烟雲文字該。

鳳棲洞

潘師道

昔日看山山逐客，客來此日愧高山。摩崖賸有登臨意，傾取烟波落照間。

羽葆凌空勢欲飛，晴嵐一片罨斜暉。避秦那必桃源地，解有山僧葛紙衣。蔣之奇有“空傳趙居士，不見紙衣僧”之句。

氤氳小有自天開，貝闕雲幢半蘚苔。幾度霜鐘聲隱隱，漫驚石上卧如來。

天柱崚嶒插普陀，懸巖窅窕幾摩挲。杖頭殘火時明滅，疑嚮璇宫月下過。

低回寒谷足逃喧，滿目藤蘿拂洞門。貰酒買山都不費，却拚十日醉平原。

銀山寺

知軍　張釜

煙巒住處有叢林，門掩春風一院深。我欲問禪無半偈，落花啼鳥自飛吟。

銀　　山

知州　楊祜

東嶽經行處，西山秋色微。庭虛幽鳥下，塵遠白雲飛。爽氣青薰樹，嵐光翠濕衣。汲泉聊盥耳，未息漢陰機。

平野秋成趣，名山羡遠過。清風喜仲覽，逸思愧東坡。苔石縈文字，雲門引薜蘿。夕陽車馬動，惆悵意如何？

絶磴危通壑，層梯翠入雲。峯迴天欲隱，山迴氣全分。風樹鳴高葉，寒流引曲文。更看纖月上，巖際自紛紛。

遊銀山

袁承楚

峯頭寶氣映流霞，懷古詎同翫物華。泉繞疎林涵鐵壁，雲封静室護袈裟。尋梅緩步蹤無定，選石啣杯興更奢。空谷苔痕誰踏破，忘歸且聽説曇花。

銀山讌集

胡謙

寶氣虚涵山幾重，招提精舍出塵封。周遭盤屈藏雲樹，結撰靈奇隱霧峯。傾倒玉壺頻唤酒，劈開曹洞漫尋宗。老狂得飽高臨興，天籟悠然發遠松。

銀山鐵壁

張令聞

苔紋斑駁辨難真，風雅須歸絶代人。高勒巖端堅逾鐵，浸凌石骨皎如銀。題無濃淡沾毫墨，畫密微茫帶土塵。即是不貪欽寶氣，得從坡老問前身。

銀山即景

李應熙

蓬萊深鎖紫雲間，鶴背仙人去不還。土釜黄苗留石罅，至今銀汞滿空山。仙洞。

明月�州夢五祖，幻身取道破荒叢。千秋墨瀋苔浪鐵，誰買黄金鑄

長公。鐵壁。

嶄嶄雲峯劈絳砂，分來南嶽乳丹霞。扶輿磅礴煩巨手，定許何人浴日華。朱砂巖。

一卷心經定刹那，空潭幌影静無波。獨憐古壁荒凉月，猶爲山僧洗薜蘿。和尚洞。

花竹數家小有天，甕門踏破往來船。漁郎莫漫譚秦晋，往事如今過碧烟。武源徑。

玉刻樓檣金作篙，揚帆銀海信風濤。癡兒貪看郭家穴，何似空山不繫舠。銀艇。

鼎中殘沫水中漚，消息無憑問小鯈。解付去來還大化，道人昨夜夢莊周。放生塘。

鹿苑經繙舌底魔，載來白馬意如何。從今不踏少林壁，貝葉無文石上多。晒經石。

金莖奮臂埽晴雲，鐵笛聲高夜半聞。我欲移家天上住，世人何事怨離群。飛仙臺。

萬文青蓮出海隅，盪波摇日勢全孤。願將近訊煩鸚鵡，南國衆生度盡無。普陀岩。

詩　　録又增

夏日泛舟訪劉方回師穎阻風横泊洲有作

吴國倫

百叠青山一水浮，興來思共美人遊。波摇洲渚天無力，日薄蒹葭雨欲流。長夏已拌河朔酒，北風偏滯剡溪舟。盈盈不比瀟湘隔，采采江蘺轉自愁。

方回山莊

吴國倫

舟地四十里，三日始停橈。浥露尋山徑，梯雲過石橋。已無塵跡近，而況美人招。一聽南薰曲，炎威坐自銷。

愛爾幽棲處，尤宜避暑來。圖書偏狎客，景物解憐才。岸幘花間出，眉輿樹杪回。吾交枕流卧，莫令酒籌催。

書吴仲庶中復傳後

陳治策

仁宗景慶朝，群臣承一德。卓哉名御史，侃侃見風力。富公賴保全，韓公資羽翼。白簡自霜飛，斯爲古遺直。

懷波橋

陳治策

李翔，字仲覽，永興軍人。與蘇文忠友善。文忠謫黄，泛舟造焉。李送至橋，後人因名爲懷坡。

二公昔臨岐，此地爲野渡。今居闤闠中，不是青郊路。湖光白萬頃，風流杳難訴。檻外酒旗飄，猶思貰飲處。

汪孝婦

陳治策

母家冷嘴洲，夫家白茶壢。周之女，汪之媳。問其年，二十一。問其姑，嬰錮疾。當垂危，婦情急。哀竈神，籲天泣。夜月朦朧持刀立，解衣長跪銛鋒刲，出肝寸許血痕鮮，鬼神拱手皆愓息。聞者愕眙，見者悽戚。姑病霍然，所苦若失，共以告於官。官曰：“汝兹愚誠，非中庸之至極。”不肯以上聞，但奬其綽楔，而事已畢。時乾隆五十八年四月之二十三日。

竹意吟隴口頭張姓女

陳治策

吁嗟乎！兒生未識夫，惟有三更一片冷月照人孤。杜鵑到曉猶嘑血，又聞林中啞啞不住嘑慈烏。憐兒十七齡，蒼天太不仁！孤鸞別鶴操來，幽怨不成聲名。兒以竹直節，虛心在空谷。六載嚴冰，寒封古木。搔首奈何天，命薄不可延。而今而後，受全歸全，不覺淚下漣漣。試看九莖芝草松千尺，完然白壁瘞黃泉。

重登富川書院奎光閣

胡興遐

足跡遍天下，樓臺旅夢看。秋風吹海嶠，流響忽雲端。機錦成還織，袖桃種復餐。遊仙飄緲意，高極迴忘寒。

丹梯曾我上，綉闥定誰開。天近環如水，雲低弃若埃。舊吟將鶴去，新韻索琴來。賴有空中葉，瓊箋不用裁。

永州寄書

劉宇儀

鄂城一去二千里，明月懸看十四團。此後鄉書何地寄，高堂權與報平安。

石鏡山

劉宇儀

一鏡誰磨石不磷，懸光照破古今人。大荒滿眼鬚眉客，若個從今面目真。

過永州司馬塘陳北溪上舍振之文學園林别後寄贈

劉宇儀

瀟湘門外足幽棲，鏡裏樓臺畫裏溪。半畝竹籬山郭外，一池荷葉水亭西。未曾相識人如舊，尚復能來路豈迷。爲報道南大小阮，鹿車斗酒即相攜。

和劉嘯墅名宇儀

李之恢

亦有枯毫在，對君未敢揮。天臨空海濶，桂占小山稀。論古聊孤賞，投人大半非。長河秋耿耿，我憶謝元暉。

叠山祠懷古

李之恢

毵柳賸煙鎖寺門，謝公埭上月黄昏。湖濤並作勤王愾，屋漏重添舊淚痕。三甲姓名成了局，一生牛馬未歸魂。荒祠猶有具鷄黍，麥飯冬青不可論。

永城書館歸省兩夜懷二兄心蓮時任新疆巡檢

劉鳴盛

趨庭當夏日，樂意滿南陔。麥穗連雲熟，荷花映日開。相逢新燕語，不見旅鴻回。何事空山裏，淒淒風雨來。

廉纖長不絶，徧地永城煙。萬里霾雲接，千山瀑布懸。投林多好鳥，依樹有鳴蟬。是物皆同氣，孤身祗獨眠。

蘭州甯不雨，此夕最關情。漫滴椿萱葉，如聞兒女聲。幾時違富水，三載滯長城。仕路原無定，天涯百感生。

馬烈婦哀辭有序

潘光藻

烈婦同州馬氏女，父名期棠。幼適其鄰劉良班之子材爵。劉故貧，傭耕州東之海口湖。值歲大祲，沴作且死，子往省，亦病劇。氏往哭其翁喪，且告曰："阿翁一子耳，脱死，則新婦旦夕相從，事翁地下耳。顧姑老貧無養，則奈何?"無何，婿亦卒。氏以一弱女子，拮据治二喪。時炎疫益亟，巷無居人，行旅幾絶。匄貸無所之，不能具棺匱，廼藁瘞於賃廬之側，坎而虚其右，日夜哭不絶聲，不勺水濡其吻，人蓋知其必死。及事訖，自沈於溪，溪水淺，不得死。乃斧其腦，又不死。入夜以剪刺咽，乃死。時氏年二十七，其死事則道光壬寅夏五之某日也。嗟乎！此死可謂烈矣！吾黨諸君子以狀屬予，歌詠其事以傳，且醵貲爲槥，易葬而碑之，期他日上之有司，以事聞於朝，獲膺旌典。斯人斯節，蓋不没矣。吁！予文安足希古人狀中蒙述李習之與皇甫持正書，言所作高愍女楊烈婦傳事，意甚盛，石君秀升筆也，顧此事，予責也，雖不文，其焉辤！

五月炎沴海如爇，江草江樹壓岸坼。頳鱗泣波波不流，寡鶴呌雲雲欲裂。海口有室十九空，歸燕亡巢鵑嚦血。古來奇灾玉畸行，萬口一聲烈婦烈。烈婦新息未裔之，鵁雛髫年從婿得。黔婁阿翁攜兒遠，厥孥百里海口湖。上廬賃、隴而耕、渚而漁，室無瓶粟無尺襦。老姑倚婦貧不臞，一夜噩夢棲庭烏。戒旦辭姑亟奔趨，婿疴已沈翁前徂。曾不浹旬溘焉俱，藁而坎之虚其隅。祇辦一死殉黄壚，子殉其父妾殉夫。豈不戀慈母？豈不悼衰姑？仰瞻失所天，俯視無藐孤。吁嗟乎！人生際此復何俟？夫生妾生，夫逝妾逝耳，一死之外靡他矣！吁嗟乎！有婦如此夫不死，有死如此無子勝有子。手剪皮金字字香，夫亡不肯稱未亡。丈夫志節有如此，諂臣媚子何處藏。咄哉世儒好論逞目睫。刲股剜肝動抨擊，口談律令詑經義。神聖微言爾烏測，落落痛癢不關身。振袖哆口驚萺氓，姦蚋噆膚邉螫指，有淚涔涔雙頰頳。一朝事至怛喪魄，羅胸經律都不説。七尺軀胑着鬚眉，會教群姝讓巾幗。那知白首同所歸，祇污邱壟怍檜柏。

惜哉！爾不聞斯人能汗爾頤、彊爾舌。吾鄉師儒小鄒魯，謂此奇節一何孑！伐石表阡誄之碣，曷言醱之曰冰檗，佐以椒醑其牲特，謂予太史職簡册。此辭實秉綱常責，况乃貞徽之門巍綽楔。羲畫堯文焕重闑，天語錫類曷敢越。再拜端簡栗以瑟，正氣慘淡凛吾側，寒光入楮香到墨。吁嗟乎！海口之湖何澂澈，海口之山此巀嶪。水可竭，石可泐，烈婦之烈亘不滅。我屬諸君同予歌一闋，我辭陋矣，君再發壽之一片好竹帛。他日輶軒使者采詩詩上徹，有命自天天心惻，賁以綸言副在牒。歸然穹坊華嵩列，日光玉潔熒汝穴。行者齎咨涕洟，指此嘆欲絶。鬱鬱翠壁蒼巘上，有九死不死之貞松，渺渺寒空一白太始雪，炯炯江天萬古高秋月。

送昶暹兩兒舟行赴鄂

潘光藻

富渚征帆發，新楊靄夕霏。乞渠千柳色，緑汝雙萊衣。怬角襄駒健，檣烏學母飛。緇塵勤拂拭，密密是春暉。

我昔齡如爾，蘭成射策能。關河雙屐雪，風雨十年燈。肩弱頻行旅，脛腓倚瘦藤。翩翩裘馬侶，顧盼何崚嶒。

桃李吾親植，梗楠此待羅。主文羔雁集，名士鯽魚多。莫倚桐鳴爨，須教壁謝磨。汪汪人海畔，行矣慎風波。

幸託名師去，斯須懔道心。春風梅子熟，夜月棣花深。蘭玉三株植，松筠百世陰。惜分逾惜寸，賾汝此籯金。

題羅羅山中丞澤南遺像

陳光亨

大星已隕武昌城，此地飛書尚請兵。共盼戎行千里至，忽傳噩耗一軍驚。英雄有淚巾方滿，天地無情棟又傾。誰與東南撐半壁，龍圖老子最淒清。

廿載傳經耐寂寥，一朝從事霍票姚。直將肝膽酬知己，好把頭顱奉聖朝。百戰勛名傳列郡，九重恩眷頒層霄。書生似此應無憾，只憾塵氛尚未銷。

半壁山前送去驄，百花洲畔感飄蓬。持籌事過還思我，仗劍來遲竟負公。精爽已歸霄漢上，清高猶見畫圖中。何時得返江城路，一幅重摹祀閟宫。

送吴又桓比部赴京供職

劉炳

冷官愧我贅疣身，戡亂追隨温太真。入幕欣交司馬客，登堂時拜老萊親。柳營色壯離亭飲，梅邑香添野館春。從此勳名光宇宙，詎惟明允荅楓宸。

喜金陵克捷有感

胡純修

折衝漫説氣無前，未協機宜枉著鞭。虎踞蒼茫千百劫，鴟張奄忽十三年。衡陽夜雨紓籌筆，浦口秋風到戰船。此日重圍聲震叠，天戈指處靖烽烟。

飲鄂城聽笛館懷友

胡純修

秋日弄長笛，霜筠誰與裁。折殘頹岸柳，落盡故園梅。快馬嘶風去，飛鴻帶雨來。倚樓人不見，悄對菊花杯。

滄浪亭

方翊元

勝蹟迹武陵名，荒亭景自清。沿堤芳樹晚，向郭遠山晴。夏漲船通市，秋高月在城。誰歟傳畫稿，匹練寫空明。

甑甄洞

方翊元

北郭甑甄洞，當年迹已陳。寒潭生皎月，野菜占殘春。廢圃今遺址，高歌古幾人。風流如可接，悵望曲池濱。

贈左季高京卿宗棠

方翊元

月白當空雲任侵，飄然巾扇壁門臨。刀明帳外軍書就，礮墮尊前薄酒斟。千古兵農名士論，卅年風雨故人心。相攜高處一回首，湘上群山深復深。

克復湖口柬李迪菴方伯續賓

方翊元

帷幄謀成樽酒餘，深宵飛渡搗空虛。將軍此日從天降，劇寇頻年負窟居。礮湧波間烟燄徹，旗揮山頂火荼如。兼旬並奪關津險，自此潯城困釜魚。

土錢謡有序

方瀛

荆州隄工有土錢，苛政也。友人來都者，細述病民之狀，爲惻然者久之。余亦楚人，不敢效元次山作《道州行》，因仿白太傅樂府之意，敷陳其事，名之曰《土錢謡》，蓋紀實也。情哀而迫，詞質而俚，聊備輶軒之采云爾。

催土錢，荆民殃，荆州一郡濱湖江，七縣之中五縣有隄防。濱湖久已成澤國，濱江猶可作保障。工多費鉅帑不足，不比瓠子與宣房。民愿出力衛田里，吏願斂金飽私囊。從此履畝竟加税，一歲所入何浩穰，土錢之名煌煌成舊章。一解。

催土錢，倍蓰徵，正供之外加數成。往者愛民吏，正供一金土半金；今者愛民吏，正供一分土三分。正供蒙恩有緩時，土錢稍緩罪及身。正供入官土入私，私家更比公家横，司是役者橐笥皆豐盈。二解。

催土錢，吏如虎，遣官四出臨鄉堡。有時縣令親出巡，不爲催工为催土。縣胥來，具鷄黍；府胥來，㲃加俎。殺鷄烹㲃供虎狼，虎狼未飽唧人去。唧人竟到虎冠處，虎冠一怒更難禦。東家老翁杖下死，西家兒童縶於柱。更將革履代掌刑，齒落氣絶衆所覩。我民何罪罹此辜，從此土錢入官府。三解。

催土錢，策最高，吏反託名鋤强豪。封翁頸可縶，富家骨可敲，搢紳敢怒不敢號。誰無妻子，室家難逃；誰無宗祖，邱墓難抛。吞聲質釵珥，竭力奉脂膏。大户且魚肉，小户更弁髦。千萬百萬無非供老饕。四解。

催土錢，報工程，興工竣工工送迎。民出貲，吏募人；吏腹飽，民家傾，名爲利民實害民。江陵隄，利害均；松滋隄，害十分。其餘他縣亦虚名，膏腴萬頃歸波臣。歲時草率補罅漏，見者側目不敢嗔。明年水至一望平，哀鴻嗷嗷中澤鳴，簿籍一一編分明。五解。

催土錢，民心傷，有隄不若無隄良。無隄猶或間歲歉，有隄竟無歲不荒。非歲殺人吏殺人，無分水鄉與山鄉。歲殺人，猶可訴；吏殺人，不可當。訴之反謂民譸張，天心仁愛罔弗到，九閽虎豹誰爲通上蒼？六解。

催土錢，民心苦。豈無鄉先生？畏禍舌吞吐。豈無賢大夫？左右肆簧鼓。我聞此言心酸楚，欲上書兮無言責，欲除弊兮非官守。聞昔白香山，好吟古樂府。百篇諷詠皆有補，流傳禁中聖心許。我今亦欲效前賢，土錢聊作風謡譜。曲未終，淚如雨。七解。

過江陰有感

方瀛

兩山收東勢如腰，天險層層夾岸礀。東去波濤秋後急，北來鴻雁日邊遥。樓船壁立能横海，鈌弩風生欲射潮。不禁臨江私灑涕，謝公碁墅舊賓僚。今南洋大臣即曾文正弟、九帥國荃。回思往事，能不慨然。

雨中自漢口乘輪西上時鮑帥飛書相召，過楚不暇歸家

方瀛

莽莽連江雨，匆匆别漢關。南交氣甚惡，莫唱念家山。

夔州懷古

方瀛

赤甲瞿唐虎豹蹲，天教全蜀有司閽。千峯懸絶通孤徑，萬派争流奪一門。峽口猿聲征舸急，江頭旆影榷關尊。蕭蕭夜雨空園裹，按劍披圖子細論。

渡　瀘

方瀛

自古南征路，依然入不毛。我軍徑赴越南。孤城當地要，兩水合流高。錦江自西而下，瀘水南來匯流，達于三巴。轉餉資鹽鐵，瀘州爲川鹽總局，銅鐵等貨亦由此過，軍餉賴之。宣威仗節旄。蜀邊多險隘，攀越莫辭勞。

由川入黔

方瀛

漸與苗彝近，風光迥不如。蔽形無卉服，十三四齡女子皆無中衣蔽體，觸目愴然。架木似巢居。過客囊馱馬，居民不能負擔，運物皆用騾馬。登峰縴挽輿。不經蹤迹到，枉讀史公書。

黔西夜發

方瀛

燈火千星夾道流，笳聲催動萬貔貅。烏蒙山上霜如雪，一夜征人盡

白頭。

臘月廿六日宣威州途次爵帥奉到年終福字一方食物十二事擬謝表後賦詩志慶

方瀛

五色雲霞到驛門，焚香細拆紫泥痕。時爵帥屬瀛敬謹代拆。宸章分燿因新第，帥有新舊兩府，恭摹一分，並懸。玉食同嘗亦曠恩。鹿脯、蓮粉、奶餅等物，幕府及將領皆得分嘗。一紙遠來天語厚，四方多事帥臣尊。只慙橐筆南征客，徒作周家元老孫。

宿宜良縣

方瀛

虬蟠虎攫擁巖阿，地氣鍾靈勛閥多。岑帥部將多出此間。遠岫繞城青入畫，新秧分隴緑生波。花門戰壘餘荒草，茅屋遺民傍舊河。曾是元戎起家處，岑帥初官宜良知縣。至今父老尚謳歌。民呼岑中丞爲我宫保。

越南行傷遠征異域也

方瀛

越南行，募滇兵，來者去者如流星。問君何所往，云是往東京。越南都城。我軍深入不毛地，數百里路芭蕉林。由雲南蒙自縣出保勝，數百里老林，不見天日。五日未見天光青，孔雀巨蟒巢其中。毒水流入溪溝盈，涉則脚重飲腹膨。道傍時有雙人足，虎食之餘供蒼蠅。千艱萬苦纔過此，不見明營見暗營。關外官軍盡居地窨以避夷礮。暗營猶如居隧道，上潦下濕瘴尤薰。前者出戰三千人，氣勢欲將西夷吞。距敵猶隔三十里，飛礮一轟化爲塵。戰死猶與賊交手，轟死並未見敵兵。轟死猶作疆埸鬼，瘴死徒然埋榛荆。去年出關二萬人，籍中半存舊姓名。貴賤賢愚同一盡，猿鶴蟲沙夜有聲。昨有歸兵至通海，予參鮑帥軍事，因病暫留通海。嗚呼凄楚難爲情。自言同歸四十人，到此只有四人生。死者遺骸委道路，父母妻子不相聞。生者氣息亦奄奄，中途欲行不得行。予爲酌給川貲。詔書昨又起霆軍，光緒十年鮑帥奉命會辦雲南軍務，統兵出關。霆軍敢戰舊有名。由夔至滇六千里，攀崖越嶺逾層冰，憊甚不得片時停。精鋭之帥變孱弱，百戰驍將無人形。未逢矢石與煙瘴，走死已多白骨横。吁嗟乎！聖朝寬大柔遠人，犬羊無知肆憑陵。可憐壯士好身手，徒作一片秋宵燐。天心仁愛當厭禍，中外相安烽煙平。君不見滇南七十城，十室九空居無人，滇省亂後，千里爲墟。今日死亡明日募，豈惟無兵將無民。我作《越南行》，誰爲達天閽，天閽萬里難爲聽。客中獨對青燈明，轉輪夜夜聞駝鈴。

憶　昔

方瀛

萬里滇南補此行，天涯鴻雪亦三生。悠悠十五年前事，郤負劉公一紙情。同治辛未，雲貴總督劉蓋臣制軍嶽昭以書相招。

入粵東界有感封川縣

方瀛

扁舟又到粵東天，南服河山盡目前。塞外新歸沙吒利，劉淵亭軍門永福，越南三宣提督，屢以孤軍大挫法人，朝廷嘉奬。今和議已定，軍門遵旨入防内地廉州邊隘。浪西舊識馬文淵。馮萃亭軍門子材，屢出鎮南關，有功。今督辦欽廉防務。藩籬撤後嚴扃户，奇巧來時隱耗錢。太息侯官憂國早，九原誰爲起名賢。林文忠公則徐，以粵逆之亂督師，歿於梧州。

泊香港有感

方瀛

海中突起數峰尊，由虎門南出百餘里，大洋忽有山突起，名曰香港。蜃市真留金碧痕。英人於道光中力争此地，劃山填海，立爲埠頭。依嶺人家樓叠叠，滿堤燈火月昏昏。坤輿南去無餘土，按地球圖説，由正北至正南，香港不獨中國地盡，即海外亦無寸土。胡賈西來第一門。由西南各國直抵英吉利、法蘭西，其舟入中國以此爲初口。自是而閩、而浙、而齊、而遼，各口盡開矣。五十年前謀國老，誰教萬里成烏孫。林文忠不謫伊犁，英人必不能據香港。

粤江紀遊

方瀛

我行遍天下，歷觀天下水。南條與北條，大者江河是。河水過龍門，平地方順軌。落則冰易堅，漲則急如矢。江水下巫峽，灘高石如齒。浩浩達三吴，洪濤天半起。淮從桐柏來，漢自嶓冢始。中流稍寬平，淺或盈尺咫。黔水經辰沅，噴怒何迅駛。東滙爲洞庭，四望無涯涘。轉漕南北河，南運河，北運河。浮送資閉起 。水皆有閘。潤州多橋梁，濟州阻泥滓。惟聞越中遊，江山信清美。佳人斫銀膾，簫聲度芳沚。雕檽珠箔間，日在畫圖裏。惜乎舟所至，只盡七百里。自我從南征，荷戈殊未已。萬山趨越裳，攀陟窮岵屺。昨者發廣南，艱險尤難擬。豈知八日行，忽覺得清泚。由廣南八日至剥隘，始得乘舟入粤。匪惟勞逸分，寬深更足喜。無石亦無波，隨意舟可艤。東西路三千，横州一灘耳。行盡左右江，百色爲右江，南甯爲左江。便將入南海叶。中原流萬派，安流無若此。惜哉西南行，落在百蠻底。苗彝不知商，里巷甘老死。士夫鮮眺遊，題詠發風采叶。賈客萬斛舟，往來徒爾爾。江山得詞人，草昧成文綺。詞人得江山，意氣薄金紫。舟行名勝多，適意誰與比。聊紀粤江遊，應貴洛陽紙。

由剥隘舟行入粤西

方瀛

一載山程苦，由夔至成都，又由瀘入黔、入滇，直抵邊關，皆山路難行。今朝擊楫歌。到舟滇地盡，對酒粤峰多。土俗祠槃瓠，民多苗種。雄圖説尉佗。願求南徼外，長此息干戈。

桂平感事

方瀛

江上湖光湖上樓，城邊樹色樹邊洲。城臨江，又有湖繞，風景可愛。如何一郡清華氣，化作妖氛遍九州。道光季年，粤匪之亂，即起於潯州桂平縣金田村。

過覃洛土司

方瀛

川原奥衍土田饒，世有酋豪順國朝。江驛饋糧舟代馬，廣東糧運，一由龍州出關，一由剥隘入滇，皆經此道。夷民趁市女多樵。後峰日色前峰雨，上水風帆下水橈。坐倚雕窗看不盡，畫圖絶好倩誰描。

中秋日行羅貢山前經啞吧山，今又經啞吧泉。此地何多毒也

方瀛

亘古蠻荒路，千山復萬山。有天同嚮化，無徑强躋攀。飲水泉多惡，耕巖土亦頑。殊方遇佳節，一醉變紅顔。

九月九日雨中到南甯

方瀛

風雨連宵到客航，邕州古郡度重陽。樓臺隱隱横江晚，雲水迢迢出塞長。兩管官儀天吏貴，桂管邕管，謂之兩管。南甯、太平諸府州，一州兼轄數土州。百蠻生計女兒忙，苗俗婦女力田。邊儲此日開雄鎮，龍州設有重兵，後路糧臺駐此。只爲南關重外洋。越南議歸法人保護，則鎮南關以外即西洋矣。

九月十四夜枕上口占

方瀛

欲歇未歇庭中雨，似鳴不鳴街頭鼓。枕上黄鶴忽飛來，千絲萬絲起

愁緒。劍客思屠東海鯨，將軍閑射南山虎。老作平泉談笑賓，江湖魏闕究何補。長安上書三十年，會嚮雲天振毛羽。

廣南懷古

方瀛

蹋舞跳歌古鬼方，將軍白馬有祠堂。白馬將軍廟，即儂智高也，後有儂氏宗祠。爵帥駐節於此。韋編講藝王新建，廣西文教自王陽明始。銅面揚威狄武襄。太守何年收版籍，土酋遺裔襲冠裳。至今儂氏子孫尚襲土同知。惟餘一事堪貽笑，六十阿儂作嫁娘。智高爲狄青所敗，其母阿儂年六十餘，逃至此地，與土酋爲婚。

邊城曲美霆軍也

方瀛

白楊蕭蕭圍野屋，莽莽黄沙没馬腹。邊城三月草未青，但覺濤聲湧平陸。古來戍山今戍海，詔起元戎下巴蜀。急如星火盛如雲，八千里外渡瀛渤。長城月黑咽清笳，滄海雲開飛大纛。南中子弟好身手，驍健不減朔方卒。但聞岸側熊羆嗥，不見水中鮫鱷觸。平州號稱天平雄，東京北京綰樞軸。將軍休唱大刀環，敵國聞名皆慴服。嗟余弱冠客侯門，年來感歎髀生肉。即今又借籌邊箸，鞍馬爲文差可速。千駒伏櫪宵有聲，萬士提戈晝争逐。蒐罷平原日未斜，帳前分賜葡萄緑。

道逢星使前赴滇粤各邊與法分界立碑有感

方瀛

五雲捧節護行邊，赤徼胡通島客船。聖代從來薄金玉，雲南五金並産，朝廷不措意，外夷覬覦在此。荒山何事榷緡錢。鎮南關蒙自縣外均許法國通商，彼此設關抽税。鄭公高辨關南重，博望清名海外傳。我是人中老戎馬，獨依長劍問青天。邊地深林密箐、絶徑荒山，今乃呼曰海關。爲法人計，恐亦無大利益，真不可解。

霆軍奉詔撤防感賦

方瀛

富民新爵拜彤階，從此休兵事亦佳。畫界已聞揮玉斧，越南議歸法人保護，滇粤各軍撤入内地守邊。班師又説到金牌。霆軍以客兵遠戍，軍食不繼，奉旨全撤。闕門生入鬚眉老，邊地瘴甚，自大帥以下無人不病。岑帥鬚眉俱皓，鮑帥丰采亦非昔比矣。鐃吹高歌士卒皆。二軍皆慶生還。郤痛川湖年少婦，家家猶夢瘴江骸。霆軍瘴故者三千，文武將吏亦數百。

自霆軍入滇以來，川餉以道遠不繼，兩廣制府張帥之洞累疏自請協濟，此次撤防，滇督岑帥毓英墊撥十萬粤餉，又解到十萬，得以資遣，惠及我軍多矣，舟中清暇，賦此誌感

方瀛

伏波南伐氣縱横，半日蒐兵半日程。當入滇時，半日拔隊，半日練兵。只覺荒山行不盡，可憐遺骨朽無名。時欠餉已五箇月，疲困之餘，加以重瘴，歿者數千人。官猶議郵，兵則可憐矣。宣公深意調群帥，滇桂各軍皆由粤東協餉，即關外劉淵亭軍門永福亦得分潤，可謂公忠體國矣。蕭相宏謀饋遠征。料得北歸諸將士，中宵秣馬亦歡鳴。

霆軍凱撤，余先航海入都，營務處何伯卿觀察以詩贈行，即和其韻

方瀛

蓮城歸旆動秋風，廣南山如蓮花，故名。見説葡萄入漢宫。時憶與法人議和，法之葡萄酒最佳。記得來時冰雪路，蜀雲黔樹幾千重。

談兵虎幄已經年，總讓軍諮祭酒先。今之營務處，比古之軍諮祭酒。宗澤有書三請戰，五更燈火尚籌邊。議和時，爵帥累表請戰。

癸未七月望後由通州舟行至津書所見

方瀛

九陌紅塵媿客顔，扁舟偶對水雲間。推蓬一片嵐光落，知是皇陵東去山。

儀部人歸駕部來，文武公車往來絡繹。黄金百萬橐空回。科名畢竟成何用，閑煞中原文武材。

紫竹林感事

方瀛

斷堤積水帶平沙，荒塚纍纍夕照斜。借問春光在何許，緑楊紅杏賈胡家。

耗盡中原有用錢，海西奇巧勝年年。惟餘天庾如珠粒，猶認江南第幾船。

紫竹林邊互市場，連雲樓閣現西方。而今士女增知識，不禮禪堂禮教堂。

寓天津口占

方瀛

海上聊爲客，萍蹤又雪泥。孤衾鄉國夢，殘月市門雞。豸署多章疏，鮫宫正鼓鼙。罪言如可採，願與牧之齊。

大沽雜詠

方瀛

無邊斥鹵帶平沙，茅屋連村兩岸斜。借問生涯何處是，紅旗一片海舟家。沿海居民多操舟爲業。

尾臨碣石首崑崙，異域何嘗許問津。九萬西天俱在眼，潮來潮去送飛輪。

犄角連營鐵壁高，一軍獨抵海波濤。健兒校罷渾無事，閑釣鯨魚付晚庖。

望海東諸山

方瀛

採藥何須兒女身，天心特許闢東隣。三千如有思歸者，只怨徐生莫怨秦。

由大沽至烟臺口占

方瀛

零星諸島峙中央，山外青山洋外洋。絶似故鄉湖上過，白鷗無數傍人翔。

暮泛碧湖

柯冠時

一葉扁舟十里湖，輕波蕩漾曳菰蒲。漁歌遠唱秋風晚，帆影斜收落日孤。瑟瑟蘆花迷獨雁，蕭蕭柳樹感啼烏。忘機却羡閑鷗侶，兩兩親人來往俱。

湯公尖在厚嶺山，與顔山對峙

陳希邁

壁立開翠微，烟潯抱叠嶂。石磴躡雲根，隱約變萬狀。風高摩松頂，層層捲碧浪。萬壑下平蕪，鏡空迷色相。攬勝豁我懷，曠朗洗塵障。

顔山雜詠

陳元棉

虎踞凌吴楚，東南一黛煙。鳥飛多在地，人到半依天。兩岫如雞鬥，群山似螘旋。此中堪枕石，何事誤流年。

絶巘隨人起，攀蘿一上躋。磴容雙屐窄，天抱四山低。雲霧飛常墮，陰晴望不迷。臨風虛咳唾，沈響答崖西。

富川樓送楊子皋太守赴鄂即用留别原韻

劉灼

曲唱陽關三叠聲，滿堤官柳繫離情。何時更翦西窻燭，風雨瀟瀟話鄂城。

題菖湖釣雪圖

柯奎斗

湖天黯淡水雲浮，戴笠披蓑古渡頭。七尺竹竿垂嫋嫋，無風波處一漁舟。

秋晚眺富川樓

徐巁

登樓無語問荒煙，颯颯西風似去年。暗卷霜華侵岳鬢，高排雁字拂雲箋。露凝草影連山浄，月濕鐘聲落水圓。一片愁心何處寄，星槎載向斗牛邊。

石屋泉

柯景涵

百叠峯高擁翠堆，雲中石屋小蓬萊。不嫌深澗清流去，只恐泉聲引客來。

過甑甀洞遺趾

唐鍾庚　通山人

森森柏影老雲間，洞口苔封石碣斑。幾點青燐風雨夜，猶同元美哭椒山。

題曹朴臣竹隱山房

劉漢杰

處士好觀梅，可能和羹否？先生不折腰，門前偏種柳。異哉所好戾所爲，徒託空言娱詩酒。何如此君節挺然，正直之氣摩雲天。虚心應物是我師，小大叩之空空焉。所以避俗人，醫俗斯爲近。良友寒與共，酷吏暑全屏。生來臭味本相符，覓得山居號竹隱。

紀　災道光己酉

石建黥

瑶宫勅下豐隆泣，蹴踏獰龍驅海颶。鞭霆撼地地欲黐，破山飛雨作山立。蒼黄艖艑那能施，屋上呼號如鳥集。濤頭欲折忽喧豗，千家並作蛟蛇蟄。於時五月雉水東，溺人纍纍不可汲。崖巔樹杪憗孑遺，摽擗無歸堪於邑。我聞驚輟紫芝歌，郡國不盡長安吪。欲排閶闔訴群疴，九關雙闕巍嵯峨。愿借壯士如夸娥，揮曦獨挽魯陽戈，隻手障盡東懸河。口銜封章驌天鼓，郤恐神物來撝訶。我鄉歷載無潦患，溪澗亦復陵陂陀。室廬倒塌禾苗没，轉愁性命隨盤渦。帝心由來覆無外，得非汝輩干天和？近聞按騐勞州牧，對此能無涕泗沱。日暮啾啾萬鬼哭，吁嗟奈此遺黎何！

月夜登七峰山咸豐癸丑

石建黥

灝氣蒼茫接太荒，欃槍猶自閃妖芒。長鯨跋浪腥南土，飛羽連雲動朔方。涕淚幾曾聞賈誼，勛名何日到汾陽。夜深極望迷吴楚，白月如霜冷戰場。

喜官軍逼武昌咸豐甲寅

石建點

誰向洪濤剸怒鯨，傳聞獷騎近江城。愁來獨自停杯語，喜極無端遶屋行。散黨諒知關大計，同仇應不負先聲。書生何事偏無賴，笑擲毛錐苦論兵。

俠客行

石建點

男兒二十無堅對，結客傾家多意氣。腰間寶劍萬黄金，那有人間不平事。華堂昨夜綺筵開，高燒銀燭照金釵。朱履三千誰得似，座中争捧葡萄杯。酒亦不能吐，言亦不能茹，湧身拔劍斫庭柱，躍馬不知何處去。

憩十八折山亭在百福山東

陳賓寅

行經十八折，峭壁晃嵐霏。路引千盤入，泉流衆壑飛。聚雲榕葉重，過雨蕨苗肥。偶向山亭憩，晴光轉翠微。

卷之三十六

雜　　志

流　　寓

唐

陸贄，奉使寓劉婆市，奏免永興酒税，市祠祀之。《舊志》○光亨按：劉婆市，在今州南長樂里八角亭，今市廢亭存。内供陸宣公神主。但考宣公，吴郡人，年十八進士及第。大歷六年以博學宏詞授鄭縣尉，又以書判拔萃授渭南尉，遷監察御史。未幾，選爲翰林學士，遷祠部員外郎。德宗幸奉天，贄隨行在，書詔皆出其手，累遷考功郎中、諫議大夫、中書舍人兼翰林學士。免喪，權知兵部侍郎。德宗七年，真拜兵侍，知貢舉。八年，遷中書侍郎、平章事。後因裴延齡罷相，爲太子賓客。十一年，貶忠州别駕。居忠十餘年，閉門不出，集古今名方，爲《陸氏集驗方》五十卷。卒年五十二。此宣公一生宦迹，似不應至興國。

楊益，字筠松，唐進士。精堪輿，人呼爲“楊救貧”。僖宗時避黄巢亂，寓永興三年。

宋

蘇軾見《文録》宋王質《東坡先生祠堂記》。

朱服，字行中，烏程人。神宗時，以第二人及第。後遷起居舍人，以直龍圖閣知潤州，徙泉、婺、甯、廬、壽五州。廬人饑，以便宜賑護，全活十餘萬口。後歷中書舍人，拜禮部侍郎，以事謫知萊州。徽宗時，加集賢殿修撰，再知廬州、廣州。坐與蘇軾遊，貶海州團練副使，蘄州安置，改興國軍，卒。《舊志》列《職官傳》云：坐蘇軾黨，貶知興國軍。光亨考《宋史》列傳末云“蘄州安置，改興國軍”，並無“知”字，則改興國亦係安置可知，故彙入。

汪藻，字彦章，江西德興人。登進士，以文名。徽宗時遷著作佐郎，以忤宰相王黼，出判宣州。高宗時爲中書舍人，多所論奏，爲宰相黄潜善所惡，罷爲集賢殿修纂，奉祠。明年，復官，拜翰林學士，一時詔令，多出其手。紹興二年出知湖州，尋知徽州，徙宣州。有譖於秦檜者，奪職，居永州，累赦不宥。二十四年卒，後贈端明殿學士。所著有《浮溪集》，集中有《過瑞昌永興界》詩，當是由宣州遷永州路次興國而作也。新增。○浮溪先生僅路過興國耳，然其生平三忤奸相，屢遭貶謫以卒。光亨讀《宋史》，仰其風節，復讀《浮溪集》，見有《瑞昌永興道中》詩。竊謂先生足跡所至，所謂“風過人間草木香”也。《舊志》未載，亟登於此，以爲志乘光云。

段拂，字無塵，建康人。紹興七年三月，以翰林學士参知政事。十八年，聞趙忠簡公鼎死於海南，爲之歎息，秦檜怒，罷爲資政殿學士，尋落職放興國軍。二十五年，檜死，聽自便。據《通鑑綱目續編》新增。○按：拂，《宋史》無傳。李心傳《朝野雜記》載，拂於高宗十年改作明堂大禮，十四年同周三畏、秦熺、詹大方等議普安郡王喪服。又十六年以雅樂多闕，命拂等補遺。其人似與秦檜比者，惟歎息趙忠簡一節，尚有可取耳。

王十朋，字龜齡，温州樂清人。高宗朝對策擢第一，其所對萬餘言當時傳誦。授紹興府簽判，召爲秘書郎，告歸。孝宗起知嚴州，除起居舍人，遷侍講，改吏部侍郎，力辭。出知饒州，移夔州、湖州、泉州，凡歷四郡。布上恩，恤民隱，所至民繪像祠之。既去，猶思之如父母。以龍圖閣學士致仕。卒謚文忠。生平以諸葛亮、顔真卿、寇準、范仲淹、韓琦、唐介自況，朱紫陽、張南軒雅敬之。子聞詩，知光州，提點江東刑獄；聞禮，知常州，江東轉運判官。皆篤學自立，爲治能守家法，人亦思慕之。考《梅溪集》，由饒赴夔時，二子自南太學來送，至興國，故有《論二子詩》。其在吾州也，有《懷坡閣》《謀野堂》諸詩。

王聞詩見上。

王聞禮見上。

白玉蟾，蹤跡神異。在州題詠極多。《舊志》。《湧翠亭記》有“嘉定戊寅，瓊山白玉蟾攜琴過玉隆訪富川”之語。按《尚友録》云：葛長庚，母以白玉蟾名之，應夢也。年十二，應童子科。後隱於武夷山，號海瓊子，草書若龍蛇。所著有《武夷》《上清》二集行於世。

謝枋得，字君直，信州弋陽人。豪爽介直，與人論古今國家治亂事，必掀髯抵几，跳躍自奮。以忠義自任，徐霖稱其“如驚鶴摩霄，不可籠縶”。寶祐丙辰，中禮部試高等；比對，方詆時宰閹宦，抑置二甲第一。初，父潯州僉判，忤使者董槐以死。先生既第，董槐執政，竟不堂參而歸。丁巳，召試教官，調建甯教授。己未，除兵部架閣，令募兵援江上。江東漕司試士，徵較藝。先生憤賈似道竊政，讒忠毒民，發策十問摘其奸，極言天心怒、地氣變、民心離、人才壞，國有亡徵。漕使陸景思上其稿於似道，竟以訕謗鐫兩秩。景定五年甲子，謫居興國軍。讀東坡石田驛詩，有“溪上青山三百疊”之句，遂號疊山。授徒講學，批點文章軌範，守令以下皆及門執弟子禮。丁卯，召試史館。先生曰：“似道餌我也。”不赴。里人行事有不循理者，輒曰：“謝架閣聞乎？”無秋毫假與人意，人亦高其風，必自審乃進，非義者不敢至其前。在興國四年，以咸淳三年赦放歸。德祐元年，授江東提刑、江西招諭使，知信州總兵。守饒、信，與元兵戰，不利，遂易服負母走閩中。天下既定，遂居焉。後元福建行省參政魏天祐欲薦枋得，與之言，坐而不對。天祐怒，强之而北。二十六年，至京師，不食，卒。《舊志》景定五年安置興國軍，咸淳七年赦歸，在興國八年。今據《宋史》更正。

雪菴和尚。即明葉希賢。靖難後遯跡武、黄，托堪輿以自晦。嘗至興國。

流　　寓增補

宋

南宫靖一，江西甯州人。端平二年進士，與馮偉桂評爲齊年生。嘗至州東，愛坡山峰巒秀特，林壑清美，自號坡山主人。

元

范士奇，江西德化人。官靖江路儒學教授。親喪廬墓，詔旌其閭，復其家。時往來州東永城驛。至治二年，撰《劉公橋記》，記載《藝文》。

國　　朝

陳名夏，江南溧陽人。官至吏部尚書、大學士。曾撰《州儒學記》，自叙庚辰冬寓雉城五月。

仙　　釋

唐

鍾離嘉，相傳鍾成觀，其飛昇處也。

宋

吉祥大禪師，岳飛門僧陳無極也。飛死，無極亦趺坐而化。州西長興寺是其所建。

章自然，武甯人。闢觀於太平山，以元帝靈符濟人。宋贈通真元妙、靈應自然、廣惠真君，賜金鐘、玉磬。

雷時中，字可權。累舉不第，遇異人，授《混元法書》一卷。居東平顏子山，爲民禱雨晴，驅邪治病，捷如影響。著有《雙橋詩集》。卒葬顏山之麓。道場在山巔，朝謁者時見天燈之異。

戒生和尚，浙江人。明末弃官落髮，州人劉興覲、鍾大鼎等迎至銀山寺，開堂接衆。歲饑，捐賑，多所全活。對人，與父言慈，與子方孝，隨地開示，未嘗勸人奉佛。

無無和尚，名戒顯，字悔山，號罷菴，太倉州人。明末避亂，薙髮住善福里慈雲寺。州人馮之圖與之遊，卒，志其墓。《舊志》無無和尚不知何許人，馮之圖誌其墓，不詳其姓氏，或曰此故國楊維斗先生也。遺詩百首，存六，以誌其概。李應熙《鐵甕集》：遊荷葉庵，拜無無和尚，墖詩序所言亦同。按：楊廷樞，字維斗，吴縣人。順治四年以不肯薙髮被殺，何嘗有爲僧之事？又按：《罷菴詩偈》係雲居山僧戒顯著，順治十年六年自序"詩凡百三十首"，《舊志》所刊無無和尚詩六首皆在其中，則無無即戒顯，非維斗明矣。《國朝詩别裁》録戒顯《黄鶴樓詩》下小注云：戒顯，字晦堂，太倉人，玩其詩，當是遺民而爲僧者。《黄岡縣志》云：明末江南諸生，或云太倉王元達，張采之門人，自江西雲居山来黄。據此，戒顯原太倉人，其詩百餘首，亦非專在興國州而作。既正《舊志》之誤，復表其名號於此。至其詩則不登載，以免掛漏之譏。

僧無方，有道行，入百福山，披荆棘，築菴堂顏寺，額曰"重興"。厥後寺遭燬。有法孫順也，性厚重，爲州護印司。偕徒徹虚輩，勉力重修，不假募化，殆守無方衣鉢之真傳歟！

國　朝

慧然和尚，住長樂鄉仙姑臺。悟緣覺坐化。

懶拙道人，辟穀朝陽洞。嘗以蟒蛇、黑虎自衛。隱語報人禍福，無不中。後入終南。《採訪册》云：懶拙相傳爲前朝進士，滄桑後削髮雲遊，駐錫朝陽赤溪多年。後遍遊鳳棲、九宫等處，不知所終。和尚道行高，里人拜謁，方丈多不答禮。喜吟咏，吟已輒焚其稿，僅傳其以扇贈上遷里王某書有《遊九宫山》詩。此詩《武甯志》已採。一稱懶拙和尚。

《舊志》方外一門，尚有唐羅公遠、劉德本，明黄中理數名。按：公遠、德本雖是鄂人，其事蹟均於州無涉。黄中理，甯州人，學道於興国九宫山，九宫山今屬通山，亦與州無涉。故皆删去。

寺　　觀

康熙志寺觀與祠廟等項并入“古蹟”，雍正志另爲一目，而寺、觀、庵、閣以類相從。今合録之，而隱分遠近，至此次採訪亦參入焉。

福聖寺，社稷壇下。唐咸通八年建，舊名“延壽”。宋嘉祐八年改名福聖，後經兵廢。明嘉靖二十一年，知州吴希賢重建。萬曆十五年，州人吴國典重修。有碑，鄭宗學撰文，莊以善書并篆額。同治二年廢，即其地改建保康祠。

西禪林，治西北二里。今廢。

桃花菴，治西北二里桃花泉側。舊爲八大寺之一。今廢。

通真觀，北門外獅山麓。宋名真武。明洪武間建道正司。萬曆十五年，州人吴國典重建。雍正元年，闔州紳耆重建。今廢。碑存。

蓮花菴，在城北蓮花池中，滄浪亭左。今廢。

玉皇閣，蓮花池畔。袁良陞建。傍有保赤菴，前有觀音泉。今廢。城西六七里郭家畈有寺，亦名玉皇閣。

貝葉菴，城西二里。劉之待讀書處。

大佛寺，城北二里。久廢。

赤壁寺，城西北二里。州人余自昭建，吴希頌重修。《舊志》係赤庵。

雙樹菴，城西十里。孫敏政讀書處。今廢。

鍾成觀，城南十里。相傳晋鍾離嘉飛升處。道士陳文聰建。咸豐三年燬於粤逆。

大浩寺，古刹，城東北十里。

靈仙觀，治南十里，在南市鎮山之巔。陳天佑二年建，唐貞觀八年廢。宋隆興元年，道士梁文聰復建，獲石弩、斧劍之異，蓋古道場也。自觀而西，挹山面湖，有館曰清虚，菴曰貞一。光宗龍潛，嘗賜貞一爲號，復書“靈仙觀”字，向於廓爲記。後廢，遺址爲民據。

銀山寺，城西北十五里，今名長壽觀。左有三賢祠，祀蘇東坡、黄山谷、僧佛印；右有泉，名乳泉。有倉督吕耀曾撰記，有州人盧庭琮撰重修三賢祠祀。

真如寺，城南十五里，山名渫泉，即唐三藏院也。唐天祐六年建，有御書閣，奉唐太宗宸翰一百二十軸。座下有泉。明嘉靖間廢。《舊志》：蘇東坡有詩。今考蘇集，係江西筠州真如寺也，故删去。

香巖寺，真如寺側，舊名善財院。

龍湧寺，城北二十里，巖頭山右。

雲峯菴，城南二十五里，顔子北。三面臨湖，修篁繚繞，菴藏其中，甚爲幽邃。竹外有巨石，平如列几，名望江臺。

圓覺菴，治南二十五里，柳峯砦下。菴内大鐘崇禎十三年鑄。

東山寺，城南東山上。竹樹蒼翠，泉石清幽，亦勝地也。

顔真觀，治南三十里，在顔子山兩峯間。宋道士雷時中修煉之所，故奉其像。觀分福、禄、壽三宫。前有塘，塘前爲香爐礅，礅右有巨石，名試劍石。塘側有古樹，百竅玲瓏，又有老藤纏護，州人稱爲勝境。咸豐間頹壞，同治十一年道士歸順募金重修。

隆興菴，治南三十里山棗嶺上。知州高夢龍過其地，手書匾額曰“静與雲偕”。

仙姑臺，有二。一在長樂鄉，即慧然和尚坐化處；一在犀牛山，詳見《山川》。

景德寺，原名重巖寺，見唐舒元輿《重巖寺記》。宋真宗詔郡國建景德寺，今長樂源離城三十里，尚有此寺名。

楊成菴，西山側。未詳其處。宋紹興間楊擔力成，明月修道處。

石池寺，城西北三十里。寺後石池廣丈許。唐天祐四年建。

百福寺，城西北五十里百福山巔。境地清幽，雖盛暑遊人皆有寒色。

竇山寺，城北四十里，一名長壽寺。開山僧大機鐘識，天順七年鑄。

三公殿，城北四十里三豐樂里。祠罏係崇禎二年鑄，祀漢後主，旁有岳鄂王像。道光丁酉年蝗害稼，群禱於王，應時殄滅，歲獲豐收，里人遂於殿旁僧舍改建一祠，專奉王像。

楓林寺，城西南四十里。

筠山寺，城北四十里，舊名華嚴寺。唐建。光緒元年，燕公永烈捐廉，設義學於此。

興曠寺，在筠山。顧景星《白茅堂文集》載有郡博士柯沅仙記。建於東晋，詳《山川志》，今久廢。今寶政里祠亦名興曠寺，蓋昔日寺僧分居者，故因其寺名歟。

大章寺，城北五十里大章山下。

問梅菴，在永章里勝筶山之巔。相傳明初有道士携一童結茅爲亭，倒插梅枝於井旁，越旬，遣童往觀，問梅活乎，曰："已華矣。"笑而去。里人程志安因易亭而菴。康熙間進士吴豈黄捐貲補葺，題曰"問梅禪林"。

香巖觀，城東北，未詳其處。

靈巖寺，城北五十里靈巖山上。

永壽寺，在三溪口之鳳凰山。舊有寺，僅存廢址，明太監阮浪等捐貲付沙門善海，興修殿三，翼以長廊，有方丈僧堂、齋堂、鐘鼓樓，山門繚以周垣。善海爲圖，告成。浪以上聞，賜名永壽。正統八年冬，立石，禮部尚書楊□撰文，順天府府丞朱孔易書，太常寺少卿程南雲篆額。

法華寺，城西北六十里，辛安里石姓建。

雙泉寺，城東南六十里，四面山匝，一徑可通，泉自兩腋出。

石壇寺，城西北六十里。

羅漢寺，在富池。有陳朝古檜。

净教寺，在富池江口。

來佛寺，在城東七十里。道光十一年大水，有佛像浮江而來，止黄伏灣渡口，三日不去。近山有洞，土人舁像其中，就石壁立寺，因名來佛寺。左有排石磯，右有黄磯。寺前有蒲泉洞。道光二十五年，知州陳公及瑞昌縣知縣謝、廣濟縣知縣王在黄磯定有湖北、江西界石。

長興寺，城西七十里。宋吉祥禪師建。

慈雲寺，城西北七十里，一名荷葉菴。明末僧戒顯住此。

白雲觀，在城北八十里千秋鄉。今不詳其處。《舊志》：百八十里千秋鄉。按：千秋鄉距城無百八十里，今據康熙舊志改正。

四峯寺，在大箕山腰。側有郭公泉、瀑布石諸景。

齊光寺，境極清幽，有泉甘冽。明給事中曹景参勒二詩於石，今存。

東覺寺，在永城里東覺山下。曹景参讀書其中，施有銅磬一枚。咸豐三年毁於粤逆。

寶泉寺，紫荆山之西，大乘山之南。相傳明僧戒顯参禪於此，題壁詩句尚存。明侍郎徐綱讀書處。

湧泉菴，在紫荆山之東。泉自菴後湧出，繞菴而西，上負高崖，下臨絶壁，竹影樹陰，映帶左右，亦幽境也。

白雲菴，大德山半白雲尖下。

麓源寺，距城八十里，在福慶里麓源山。峰巒聳翠，林壑深秀。寺東有泉，遇旱，禱雨必應。康熙戊戌僧清引修葺殿宇。知州高公夢龍過其地，覽勝給額，更名作霖寺。

西禪寺，城西南百里慈口市。後咸豐甲寅毁於粤逆，光緒六年朱姓重建。

石門菴，在陽辛市上二里許。里人徐綱重建。菴前爲石門，潭水中峙，兩石如門，故名。

石燕寺，城西百二十里。

北臺寺，上雙遷里北臺山。半山起石臺，平如掌，廣可數畝。臺上懸崖攢石垂覆，可庇風雨，流泉繞石罅。宋學士吴中復讀書處，號龍圖書院，其旁爲寺。國朝咸豐間，粤匪擾州，寺遭燒毁。光緒十八年朱文焕公侄裔重建。

崇福寺，城西百八十里。

赤溪寺，在崇慶里。國初懶拙和尚《舊志》作道人。駐錫於此。

普門寺，在厚嶺山西南，距城一百十里。寺左右有泉，不涸，本名雙泉寺。

南巖寺，在白崖山麓，巖壑幽邃。舊有宋代碑碣，毀於粵逆。存香爐一，係康熙五十三年鑄。

劉龍宫，舊名劉公殿，記有宋徽宗大觀元年字樣，當是宋建。知州高公夢龍過此，題詩其上，有“泉長拋瀑布，雲斷點山衣”之句。

小石壇寺，舊名石鼓寺。唐懿宗時僧明惠建，明改名接雲菴。知州高公夢龍改今名，並紀以詩。

修真壇寺，在父子山。寺後懸崖萬仞，有乳泉從石隙湧出，繞寺迤邐而西，奔落石澗，激聲若雷，似匡廬瀑布，可溉千畝。歲旱，禱雨輒應。

普渡庵，在功德坪。進士趙鰲讀書處。有泉流出溉田。歲旱，禱雨輒應。

高陽菴，城北三十里，踞雞鴨山之脊。

真仙庵，舊名雲峯古剎，在父子山東。庵左有泉，甘冽異常，澄渟不溢。歲旱，禱雨輒應。又有石臼，相傳真人擣藥處。

碧雲仙館，在坡山巓。光緒元年左爵相郵題。

八峯菴，在黄山嶺東崖下。黄姓舊建。菴下有泉，冬温夏寒。

華嚴菴，在善福里。費姓舊建。祀祖師。左有泉曰晏家井，昔爲龍潭。歲旱，禱雨輒應。

峨嵋寺，在豐義里峨嵋山巓。歲旱，附近居民恒依此禱雨。

大泉寺，在修浄里。明成伯滔建。寺後懸岩百丈，泉自半空落。四圍喬木陰翳，雖盛夏可忘暑。

唐莊寺，在修浄里。明成伯迪建。或以爲唐之莊王修真於此。寺枕山腰，下數武，則留風亭在焉。亭外盥月池，水冒石出，游人題詠甚夥。

慈光寺，在修净里。明成伯澄建。佛前有放生池，魚鱉無數，見人不驚。静室桂二枝，花開時僧折一枝貽人，珍如拱璧。

禮佛寺，在吉口里之南。前僧鼎建，衣鉢相傳，爲名寺。洞内有雪山、雨山、龍塘、鷺絲、仙人磶、擎天柱、普陀巖諸勝。

道興寺，在吉口里峯火尖山腰間。

九龍菴，在州南興瑞里。相傳陳谷真人得道處。

曹王廟，在崇慶里。廟旁古樟二株，大十圍。

龍角寺，在龍角山。唐貞觀二年建。

牛湖洞寺，在治東三十里湖山。寺當洞門，山下有渡。

静室寺，在治東坡山。明萬曆間劉姓建。

東台寺，治西南百八十里石艮山下。宋熙寧間敕建。崇禎十七年，闖賊踞庵，鄉人焚之。順治間，處士孫如東重修。編修王鳳池詩云："千山萬壑二溪流，五嶽歸來此妙遊。澗水出迎三十里，山雲引座幾重樓。神仙境界觀棋住，吴楚畫圖走筆收。四大空中空不得，乾坤景物挂心頭。"

墨池寺，在治南鍾山嶺。明提學鄭宗學讀書處。

續修目録

卷之三十七

學費章程

光緒二十一年九月十三日稟

具稟：刑部主事熊冠斗，前棗陽縣訓導楊金鎔，揀選知縣石烷，國子監博士萬斛泉，河南許州直隸州州判陳鳳恩，前署雲南元謀縣知縣秦學賢，中書朱芳，前黄梅縣訓導袁光澍，前孝感縣訓導劉鳳高，教職秦承忠、方兆鼎、劉鳳綬、劉汝霖，舉人程雲、佘寅中、黄生茂、黄緯、張琴、張鋆、柯錫福，副貢陳若水、欒鴻章、王萬年，歲貢劉赤、張毓林、趙潤林、佘青選、石致中、蕭蔭青、柯鳳翥，廩貢李光裕、阮紱、曹從龍、曹占春，廩生熊奎斗、費陞琪、羅雲、劉文雄、劉文駿、明祖兆、石鼎、徐榮、徐朝瑾、徐守基、王少維、佘燦甲、馬步逵、陳寅、賈森桂、佘宗裕、鄧鴻鈞、盧鴻舉、劉銈、柯化龍、張杰、梁澍光、吕侃，生員吴兼善、邢楫、陳廷瑞、陳治安、孫貽謀、柯春煦、劉金皆、孔昭坤、吴聯璧、程子箴、汪逢源、華維藩、譚琛、秦璜、朱英、馮若水、吕鏜音、劉澍、明步月、易郁芳、劉瑞藻、程錫麒、黄金，國子監典籍佘以埜，封職萬功成，職員李作霖、柯光堂、黄善興、吴錦春、佘渭中，附貢秦辰龍，監生李善根、胡春藻、梁福泰，生員李蔭清，爲遵諭議定，懇准。

詳案：事緣武昌學費在券號錢提取辦理，職等前賫武昌刊本呈閱，稟請仿照武邑定章，蒙面准施行，不勝忻忭。兹奉批示，稟商妥覆遵，即赴學議定：州學費並隨禮，每歲共錢一千二百串文；府學費並隨禮兩届，共錢柒百六十串文；書門喜禮俱係新生自備。照三年攤派，每歲府、州兩學共需錢一千四百五十三串三百三十三文，已蒙學師允准。再於八月二十五日户書請仝職等核算議妥。券號錢二千七百七十二串有零，除辦學費外尚餘錢一千三百一十八串有零，作爲津貼及荒年供辦學費之資。該書等僉願具結承辦，别無異説。至院費卷價，武邑所無，職等遵諭酌裁院費，擬由新生自備，卷價擬設法另籌。此外各款，亦切照武邑定章，如此辦理則與武邑符合無異。雖該書浮收習慣，欲從中狡獪，諒亦無從置喙也。爲此，再叩台階，伏乞准詳立案，以垂久遠，並飭户書具結承辦，則士林戴德，直與山河並壽。望光上稟。以上錢文俱係九八大錢。

批：如稟定案，並希將條款議妥，以便移學一面具詳。

四品銜湖北武昌府興國州知州宋熙曾謹稟：大人閣下，敬稟者，竊興國文風素盛，士庶多寒，每因應試無資，致阻上進之願。卑職身爲民牧，目覩斯情，不得不代爲籌款，隨即面飭紳首，籌撥去後，兹據刑部主事熊紳冠斗等稟稱：緣武昌縣學費向在券號錢内提取辦理，職等前稟仿照武邑定章，蒙面准施行，不勝忻忭。兹奉批，稟商妥覆遵，即赴學議定：州學費並隨禮每歲共九八錢一千二百串文；府學費並隨禮共九八錢七百六十串文，書門喜禮俱係新生自備。照三年攤派，每歲府、州兩學共需九八錢一千四百五十三串三百三十三文。已蒙學師允准，並據户書請仝職等核算，州屬券號每歲約可收九八錢二千七百七十二串有零，除辦學費外，尚餘九八一千三百一十八串有零，議定作爲津貼及荒年供辦學費之資。該書等僉願具結承辦，别無異説。至院費、卷價，武邑所無，自應由新生自備，卷價擬設法另籌，此外各款亦仿照武邑定章。如此辦理，則與武邑符合無異，理合公議條款。開具清摺，叩乞詳請立案，以光緒二十二年正月爲始，照章辦理，並請飭令户書具結承辦，俾垂永久等情。計粘呈印卷章程條款清摺一合。據此，卑職覆查敝州錢糧券票，向來每券一張，隨徵收取大錢一十四文、又封筒錢一文，共計十五文，每年上下兩忙，約可收九八錢二千七百七十二串有零，本爲户總經書長年火食辛工之資，雖爲陋規，而積習相沿爲日已久，尚於地方無所擾累。今該紳等議定章程，擬請將此項券號移作新生印卷學費，並將所餘錢文仍作户總津貼及荒年供辦之資，核與武昌縣章程相符，既足以培植士林，而户總亦無慮匱乏，實屬兩無妨礙，所請似可准行。每年造券流水簿本，由官給總書九八錢二百串文，亦照武昌之式。除取具敝州户總書蔡樂之等甘結聲明，以光緒二十二年正月爲始，永遠遵辦，並分移府、州兩學一體知照外，所有敝州券號移作新生印卷、學費。妥議緣由，理合開具條款清摺，並檢同户總書甘結。稟請大人俯賜查核，批示立案，再現議章程，擬令勒石署前，以垂久遠。肅此寸稟，恭請勛安！伏乞垂鑒。

除稟督部堂、撫部院、督學院暨糧、藩、臬、守憲外，卑職熙曾謹稟：

計稟賫印卷章程清摺一合、户總書甘結一紙。

謹將敝州券票號錢移作文武新生印卷妥議章程十條，開具清摺，呈請查核立案。須至摺者計開：

一、此項券票錢歷來已久，並非今日創始，現在移作文武新生印卷之費，歸户總具結，承認辦理。係爲培植士林起見，每券一張，在各花户名下收取典錢一十四文，又封筒錢一文，合共一十五文，大小户一律交納，永爲定例，不得再增分文。户書不得另立名號議加，紳衿大户亦不得恃勢短少。

一、此項糧户券票錢，係隨正供收取，均應一律十足制錢交納。

一、外籍紳商，凡在興國州屬置有田産者，照號繳錢，不得藉詞混籍取巧。

一、每年所收券票封筒錢，應俟年終照流水簿結算，除照章備繳分送開銷外，所有贏餘若干，盡數由户總書稟州請領，以作津貼及荒年賠墊之用，永不提充别項經費，倘遇歉收，仍歸該總書墊繳分解。如有推諉短少，由學牒州嚴追。

一、州糧房總書六名，永作定額，不得妄干加添。如有更换，此項券票封筒錢應作公款交代。前充者核算清楚，不得虧欠分文；後充者出具甘結承領，照案遵辦。倘有徇情接受前充總書虧欠若干統著，後充者照數賠繳。

一、州學束脩並隨禮錢文，自光緒二十二年正月爲始，無論有無閏月，概歸總書，按季如數備繳，毋得逾延。

一、州學新舊交接，應得卷價錢文，按日攤算，以昭公允。

一、州學科歲兩考，文武新生束脩，分作三年備送，每歲兩齋共計備送九八典錢一千二百串文，署内隨禮在内。遇有荒年，概不議減廣額，閏月亦不議加。每年不計閏，分作四季備送，每季兩齋，共送九八典錢三百串文，按季由學備文，牒州請領。

一、府學科歲兩試，文武新生束脩，無論撥額多少，每届共送兩齋束脩九八典錢三百八十串文，隨禮在内，先由户總繳州存儲，俟學院按試武昌府屬畢棚後，備交移州支用。如有短缺，由州嚴追。此係專以送考學官爲主，無須照《州學章程》按日扣算。

一、每年由州捐給户房九八典錢二百串文，定於正月内先行全數發給，具領以作該房造券紙筆費用，州中新舊交接，按已徵正銀分數攤算，以昭平允。

以上十條經現在會商妥議，釐定章程之後，府州各學師不得别立名號，再議加增，理合登明。

正堂宋批：所議條款尚爲允協，候轉詳並飭户總書等，具結立案，一面文移府州學，知照可也。

具甘結錢漕税契總書蔡樂之、張耀廷、程欽之、劉焕然、王增祥：今當大老爺臺前實結得。書承辦錢漕税、地丁、漁課、錢糧、券票，向來每券一張，收取錢十五文，封筒、銷號一並在内，作爲紙筆等費，已歷多年，書等接充照舊承辦，今蒙准，將此項券票錢文自光緒二十二年正月爲始，永遠提撥，合州文武新生，府州各學師印卷之費，每年由官捐出九八大錢二百串文，作爲造券費用，自應遵照辦理，所定州學東西兩師束脩及隨禮，每年呈繳九八錢一千二百串文，不計閏月，分四季呈送，每季彙送九八典錢三百串文；又府學師無論撥額多寡，每逢歲科兩考，俟學院考試武昌所屬畢棚後，每屆繳解兩齋束脩及隨禮，共九八錢三百八十串文。下餘券票錢文永不提充別項經費，作爲津貼辦公及荒年塾賠之用。倘遇歉收仍歸書塾解，如有推諉短少，許學師移州追繳。花户名下不得額外多加分文，自取重咎。學師新舊交接學費，按日扣送。户總如有更换，接辦之書，照案具結承認，依限遵繳，理合具結是實。

兼護督部堂譚批：如稟立案，仰北布政司核飭遵照，仍候撫部院衙門批示，繳摺結存。

撫部院譚批：仰布政司查核，飭遵具覆，仍候督部堂衙門批示，繳摺結存。

督學院龐批：既據各紳妥議允洽，准即如稟立案，仍候兼護督部堂、撫部院批示，繳摺結存。

藩憲王批：如稟立案，仰武昌府核飭遵照，仍候三院暨臬司各道批示，繳摺結存。

署臬憲朱批示：立案據稟已悉，仰武昌府飭候兩院學院暨藩司各道批示，繳摺結存。

鹽法武昌道趙批：如稟立案，仍候督撫學院暨各司道批示，繳摺結存。

督糧道岑批：如稟立案，仍候三院憲暨各司道批示，繳摺結存。

武昌府李批：既據徑稟，仰候各憲批示遵行，並報本府查考，勿違此，繳摺結存。

光緒二十二年歲次丙申　月　日刊

生童自備向章公議條款附

一、文武新生龍門費十足錢九串六百文，自交學院衙門。

一、文武新生入棚覆試，給九八錢一百文，又巡捕官九八錢二百文。

一、文武新生初入學謁師贄儀九八大錢二串文，分送兩齋，府學如之。書門隨禮均給十之一，又備九八大錢壹串六百文津貼州學兩齋送考費用，無隨禮。

一、文武新生州學素無印紅，府學印紅每名備九八大錢二串文，分送兩齋，無隨禮。

一、文武新生每名備九八大錢八百文，交送府考州學師作飯食費；每名備九八大錢五百文，交送府考州門斗作飯食費，無隨禮。

一、文武新生親供費，每名九八大錢一串五百文。

一、文武新生門斗在省喜條，每名九八大錢一串文。

一、文武新生無論府、州學，每名給書門九八大錢五串文，門書各半，在小覆試前交清，作爲外加一之資。

一、文武新生無論科歲試及録遺，只初試一次，每名給入册禮九八大錢一串文，付書門收，以後不得再取。

一、生員報名費無論科歲試，均備九八大錢三百二十文，新生倍之。

一、生員補考，每次報名費九八大錢五百文。

一、生員考録遺，每名備卷費九八大錢五百文。

一、補廪，無論府、州學，擬分上、中、下三等，上户自備九八大錢三十二串文，中户自備九八大錢十六串文，下户自備九八大錢八串文，分送兩齋，隨封門斗各給十之一。學書筆資，切照學師錢數給予，上户給九八大錢十六串文，中户給九八大錢八串文，下户給九八大錢四串文。

一、補增收廪，每名備九八大錢二串文，分送兩齋，隨封門斗各加一，學書筆資九八大錢一串文。

一、出貢，無論府、州學，分上、中、下三等，上户九八錢十二串文，中户九八錢八串文，下户九八錢四串文，分送兩齋。隨封門斗各給十之一。學書筆資上户九八錢六串文，中户九八錢四串文，下户九八錢二串文。

一、考拔報名，無論府、州學，分上、中、下三等，上户錢十六串文，中户九八錢十串文，下户九八錢六串文，分送兩齋。隨封門斗各給十之一。學書筆資上户九八錢八串文，中户九八錢五串文，下户九八錢三串文。

一、生童經古報名卷費，九八錢五百文。

一、佾生辦册卷費，上户九八錢四串文，中户九八錢二串文，下户九八錢一串二百文，分送兩齋，隨禮門斗各給十分之一；學書筆資上户九八錢二串文，中户九八錢一串文，下户九八錢六百文；府院申文費九八錢二串文。

一、文武生員，每名報丁憂九十錢三百文，辦起復九十錢五百文。

一、文武新生入學，門斗報費、下馬紅喜資等項，上户共給九八錢二十串文，中户九八錢十二串文，下户九八錢六串文，不准額外需索。鑼竪轎馬價另開，上户外加喜禮錢二串文。

附列公議條款四則

一、流品宜分。所有三代不清及犯刑杖等項，例不收考，廩保務必嚴查，不准應試，如或失察，取進後始行發覺，公同稟請扣除，不使魚目混珠，廩保亦公稟學師責罰。

一、籍貫宜别。所有外省、外府、外縣流寓多年，身家亦清，例應收考。但學費、卷價、賓興諸款，俱係州人士捐辦，外籍必須捐出巨款歸局，稟請入籍，才許與試，倘驀地混考，一經查出的實，罰捐重倍，違抗者不准收考。

一、槍冒宜杜。國家取士，期拔真才，如劣童倩人作槍，僥倖功名，寒素、宿儒不免扼腕，廩保務必從嚴稽查，杜其弊端。倘蹈此弊，一經旁人舉發，該童稟請扣除治罪，廩保亦稟請斥革；冒名頂替者，切照此例辦理。

一、倫常宜飭。朝廷以孝治天下，讀書士子詎容蹈不孝之罪？如或隱匿親喪，苟且混考，不孝孰甚！一經查出，的實憑証，公同稟請懲治。

秩　　官續補

知　　州

已丑王肇祥字依仁，安徽涇縣人，十四年由牙厘專局兼理。

已丑濮文昶字春宇，江南溧水縣人，由進士復署。

辛卯何逢孫雲南晋甯州人，何彤雲子，賞給舉人署。

癸已陸佑勤字彦頎，籍貫詳前，復署。

乙未宋熙曾字菊坻，籍貫詳前，再蒞斯土，多善政，創辦學費，尤得士心。實授。

州　　判

金契蘭

朱繼宗字紹卿，江蘇甘泉縣人。

夏峻峰字次山，河南陽武縣人。實授。

學　　正

金宗培字樹人，南彰縣人，舉人。

訓　　導

李導源

張增炎

王大紳

吴傳榮字小山，漢陽縣舉人。

吏　目

王開泰已丑由龍港巡檢兼理。

王步鰲字者香，安徽桐城縣人，已丑署。

王峻宇字鏡屏，河南人，十六年實授。

夏峻峰字次山，由州判兼理。

彭守榮字敏求，江西萍鄉縣人，十六年代理。

韓祖經字馥亭，江蘇甘泉縣人，十七年實授。

富池鎮巡檢

謝鈺字麗生，福建龍巖州人，監生。

龍港鎮巡檢

王開泰字奠六，四川大竹縣人，監生。

興國營參將

楊恒足字逢春，黄岡縣人，行五

楊通純字一堂，湖南武陵縣人。

鄒軒廷字敬齋，本州世襲雲騎尉。

俊清字蓮舫，鑲白旗漢軍佐領下人，調補湖南宜章營參將。

守　備

李家勳字策臣，德安府陰山縣武舉。

蔣明榮字信甫，江夏縣人，行五。

松盛荆州府滿洲正白旗甲兵。

興貴字春圃，京城滿洲西領佐下領催。

王勝祥咸甯縣人，武生。

李廷魁字彤階，山東臨清直隸州人，進士。

鄒軒廷詳列《參將》。

詹兆榮字鎮湘，江夏縣人，行伍。

閔文成字蔚亭，襄陽府襄陽縣人，行伍。

富池千總

陳以祥字吉齋，本州人，行伍。

李貞福字海門，黄岡縣人，行伍。

梁仁字觀成，本州人，行伍。

左司把總駐龍港泛

李得春

李貞福詳列《千總》。

梁仁詳列《千總》。

佘濱字沃泉，本州人，行伍。

陳經魁字磷玉，本州人，行伍。

右司把總駐大冶縣

蔡紹陽字雲峰，麻城縣人，武生。

千總外委駐黄顙口

李殿元字湘臣，本州人，行伍。

袁占鰲字心德，本州人，行伍。

把總外委駐通山縣

孫萬勝

梁仁

陳經魁

王魁元字雁門，本州人，行伍。

把總外委駐保安鎮

梁鴻聲字治文，本州人，行伍。

柯定三字樹齋，本州人，行伍。

陳龍字雲程。

鄧朝選字文明，本州人，行伍。

把總外委駐道士洑

汪定甲字登雲，本州人，行伍。

存城額外外委

孫占彪字建川。

洪萬勝字生萬。

明鼎亨字嘉之。

李魁五字萬青。

陳順發字静亭。

明鵬翥字盛亭。

明正邦字楚卿。

以上俱係本州人行伍。

卷之三十八

職　官

易俊字南舫，掌浙江道監察御史，巡視南城。

李滋森字衡石，布政使銜，新疆候補道署伊犁塔兵備道。

劉鳳玉字翰青，二品銜，陝西升用道候補知府，歷署同州、鳳翔府事。

馮德材字達夫，運使銜，廣西候補知府，署鬱林直隸州知州。

劉鑌字曉峯，安徽候補知府，現任鳳廬同知，前代理鳳陽府事。

易壽崧字鍊堂，運使銜，現署新疆烏什廳。

明邦忠字□□，選授甘肅平羅縣、平遠縣知縣，歷署靖遠中衛、平門等縣知縣、知州銜。

劉孔彰字柳泉，選授隕西縣學教諭。

成可貞字慎亭，選授漢川縣學教諭。

陳鳳恩字子香，選授河南許州直隸州州判。

秦承恩字俊臣，四川候補知州，前署高縣銅梁，現署會理州知州。

秦學賢字哲臣，選授雲南魯甸通判，署元謀縣知縣。

舉　人

光緒十七年辛卯科鄉試

黃生茂字達材。

光緒十九年癸巳恩科鄉試

佘寅中字亮臣。

黃緯字寬仁。

光緒二十年甲午科鄉試

張鋆字星月。

張琴字丹嶽。

程雲字雪門。

陳鳳恩字子香，北闈中式。

歲　　貢

張龍翔字鳴鳳。

庚辰蔡藝成字□□。

辛卯趙潤林字聯柏。

壬辰石鳳來字吉威。

癸巳柯鳳翥字荻生。

甲午欒瀧清字立如。

丙申熊奎斗字雪帆。

副　　貢

光緒八年壬午鄉試

欒鴻章字羽儀。

光緒十一年乙酉鄉試

陳若水字淡仙。

王萬年

正途例貢

吳登善字梯雲，廪貢。

黄炳字燮臣，廪貢。

吕逢時字肇璜，廪貢。

費逢瀛字右軒，廪貢。

阮守謙字赤霞，廪貢。

劉文雄字瓊芳，優廪貢。

李光裕字迪齋，廪貢，候選訓導。

鄭子黄字璧臣，附貢，候選訓導，六品銜。

秦辰龍字輝京，附貢。

蔡揚芬字曉嶧，附貢。

艾荚字慕韓，廪貢，選授興山縣教諭。

援例貢生

蕭召南字傑三。

武舉人

光緒十四年己丑恩科鄉試

朱龍生

陳鑫

光緒十七年辛卯鄉試

賈華藻字子仁，解元。

楊恒春

光緒二十年甲午鄉試

陳戊寅

王之翰

軍　　功

江濤字□□，武生，投軍積功，保花翎守備。

楊得全字華國，五品藍翎，保用守備。

蕭傳理字敬臣，五品藍翎，補用守備。

援例職官

劉炳煇字梅嶺，附貢生，選用訓導，捐選甘肅徽縣知縣，告近改選，任四川大甯縣知縣，同知銜。

艾荚選授興山縣教諭。

援例職銜

華俊卿字漢三，縣丞銜。

梁輝祖字春林，布理問銜。

張書紳字冰玉，翰林院待詔銜。

吴金名字□□，縣丞銜。

梁奎光字青雲，布理問銜。
趙光寅字綬珊，布理問銜。
柯長青字古柏，州同銜。
趙光宇字蓬山，州同銜。
柯奎昇字蘭池，布理問銜。
孫廷璧字瑞玉，按照磨銜。
秦基字柏臣，積學未售，翰林院待詔銜。
高廷珍字炳書，州同銜。
徐孝先字勉齋，同知銜。
方遜周字讓三，縣丞銜。
蔡宗瑞字重遠，按照磨銜。
孫作春字錦雲，州同銜。
舒炳麟字曉東，府知事銜。
舒良翰字最光，布理問銜。
潘秀三字月軒，府知事銜。

援例武職

梁赤字焕榮，武生千總銜。

例考職官

焦廷選字玉階，翰林院供事官。
焦廷貴字廉卿，翰林院供事官。

恩賜副榜

癸巳蔡有水

癸巳梁朝元

封　　贈

誥封中憲大夫熊周二恭人楊氏以曾孫冠斗官刑部主事。

誥贈中憲大夫熊煥錫恭人祝胡。氏以孫冠斗官刑部主事。

誥贈中憲大夫熊夢飛恭人衛梁。氏以子冠斗官刑部主事。

貤贈中憲大夫熊榮恭人張劉。氏以侄冠斗官刑部主事。

貤封中憲大夫熊夢昌恭人余石曹。氏以侄冠斗官刑部主事。

貤封中憲大夫熊文斗恭人袁氏以弟冠斗官刑部主事。

貤封奉直大夫梁忠印宜人徐氏以孫建梯布理問銜加二級。

誥封奉直大夫梁春泰宜人曹石。氏以子建梯布理問銜加二級。

誥封奉直大夫徐輝先宜人譚氏以子海榮州同銜。

誥封武德騎尉趙占元安人汪曹。氏以本身千總銜。

敕贈承德郎梁生光安人潘氏以子輝祖布理問銜。

敕贈儒林郎梁輝祖安人秦氏以本身布理問銜。

貤贈武略騎尉梁養奎安人陳氏以侄柏臺宜昌府衛昌營千總。

誥封奉政大夫晋封朝議大夫劉繼志恭人李氏以子炳煇官四川大寧縣知縣，同知銜加一級。

誥封奉政大夫晋封朝議大夫劉炳煇恭人石氏以本身官四川大寧縣知縣，同知銜加一級。

誥贈修職郎艾輝長興組孺人劉阮。氏以子葵官宜昌府興山縣教諭加一級。

貤贈文林郎楊文星孺人伍氏以孫光榮、金鎔揀選知縣，一官安陸縣教諭、一官棗陽縣訓導。

敕贈文林郎楊東書孺人明氏以子光榮揀選知縣安陸縣教諭。

敕贈文林郎楊新茂孺人伍氏以子金鎔揀選知縣，官棗陽縣學訓導。

誥封武功將軍袁光崧夫人鍾氏以孫祖禮官副將。

誥封武功將軍袁宗庸夫人明氏以子祖禮官副將。

誥封武功將軍袁祖禮夫人蕭柳。氏以本身官副將。

誥贈奉直大夫駱用餘宜人萬氏以子仁壽州同銜加二級。

誥封奉直大夫駱仁壽宜人曹氏以本身州同銜加二級。

誥贈奉直大夫馮振先宜人李氏以子耀祖州同銜加二級。

誥封奉直大夫馮耀祖宜人曹曹。氏以本身州同銜加二級。

貤封儒林郎賀殿廷安人駱氏以子萬清布經歷銜。

誥封儒林郎賀暄之安人朱氏以弟萬清布經歷銜。

奬　敘

趙光容字撰三，監生，隨營採買，蒙爵撫部院曾賞六品頂戴。

李鳴鳳字東園，勸捐團練，李忠武公賞六品銜、巡撫胡文忠公賞給五品頂戴。

陳南樹字月明，監生，團練胡文忠公賞六品銜。

艾心安字古溪，監生。咸豐間粤逆竄州，安奉邢太尊扎，帶任字營，兼團練，辛酉歲以剿賊保六品銜，賞戴藍翎。

方蘅字掄元，增生，邢觀察委辦軍需，咨奬六品銜。

文　學

黄貞字卧巖，東鄉里人。事親綦孝，而襟懷豪爽，凡義舉輒傾囊襄成。居恒手不釋卷，尤工詩，著有《問津詩草》，美不勝收，擇其尤佳者畧登之，以見一斑。以子善興官兩淮鹽大使知州銜誥封奉直大夫，已刻封贈類。

《遊風栖洞》：百里探幽奇，輕舟浮一葉。好風自東來，挂帆飛河捷。下琴山在日，白雲横叠叠。三十六洞天，别有神仙窟。繫纜綠楊灣，登岸試攀越。危崖滚松濤，仄徑侵苔髮。老僧絶塵俗，見我亦欵接。飲餘拍子茶，讀罷古銘碣。相引臨幽龕，冷驚風獵獵。初行三十步，斜可通日月。窈窕漸杳冥，松炬照移屧。絶壁蘚縫開，石乳流馝馞，滿掬而飲之，頓覺清徹骨。雲氣鍾其間，指點承目睫。或撑若天柱，或飛若雲鶻；或亂若抽笋，或整若列笏；或淡若烟拖，或濃若霧浡；或華蓋齊張，或瓊葩競發；或石田誰耕，或巖佛誰謁；或似山水形，淪漣而屹屼；或如龍虎姿，蟠屈而騰蹀；或設爲修煉，丹竈恒不没；或備以高眠，石床難動扤；或若鏡光明，或若眼晶曄，或若施丹青，或若經鈇鉞。種種由天成，人力無相涉。幻化一何多，難以盡尋躡。匍匐欲深入，雷鳴腥氣勃。應有神物在，不許人衝突。陡然毛發竪，心神殊震慴。縈紆循故道，泥滑戒倉卒。步出真君府，踟石暫憩歇。霞彩繞襟袖，雲漿濕履襪。游歷憶生平，無如此幽愜。赤壁且留題，景餘才已竭。日暮一聲鐘，依依返舟楫。

梁建材字國選，懷仁里廩生。性敏嗜學，老而彌篤，尤有《左傳》癖，杜林諸家註疏，體究入微。棘圍五膺房薦，運奇，卒不獲售。退而授徒，成就多知名士。生平無疾言遽色，人咸敬而愛之，著有《青雲室文稿》。子翀漢，上庠生；翀霄，庠生。

方立經題《太平山祖師》：合沓層巒劈太荒，蕊宫高倚白雲旁。宋元兵火留仙骨，吴楚江山擁法堂。委地殘鍾新日月，參天古柏老風霜。到來便與紅塵遠，頓使人間萬慮忘。

程茂熙字松泉，長慶里增生。性峭直，品行端方。解元程英銘曾孫，舉人才濂孫。本家學淵源，篤志講習，經術湛深，數奇不偶，退而授徒，興冶兩邑知名士類多出門下，著有《周易象義集成》，學者珍之。歿年八十一歲。

姜佐武福慶里庠生，字時霖，宿儒松軒子。生平温柔敦厚，性穎悟，善屬文。應童子試，拔取州案首。游泮，試取超等。著有《翼經集》《彙征集》《正僞集》《古學尋源》《徑草義方集》十餘種。

袁致祥字麟洲，修善里人。幼育於繼母，事之饒有鯉躍、雀投餘風。性嗜學，博通經史。爲文有奇氣，不落恒蹊。入泮後，拔超等者九，膺鶚薦者七，運奇，終未獲售。遂無心進取，退而授徒，從遊多知名士。尤工詩，著有《詩集》《文集》。録其詩一篇，有《鸚鵡洲懷古》云：一賦揮成壓等儔，至今鸚鵡尚名洲。阿瞞狡種黄家毒，名士魂歸漢水秋。漫笑山膏惟好罵，只看芳草亦含愁。江濤怒作漁陽操，夜半聲聲到客舟。

佘以堦字鼎台，宣化坊副榜。性遲鈍，苦志力學，卒成淵博。遊其門者多知名士，著有《經字三通》百餘卷，待梓。

程繼高字端夫，庠生茂熙侄。性謹厚，立品端方，教人有法。著有《十三經集字辨義》。梓行《字遵》《正體韻義》，詳明洵堪，嘉惠來學，爲窮經者之始基云。

孔昭坤字安邦，下陽辛里庠生，詳見《義行》。

武　功

新　增

秦定三，字竹坡，尊賢坊人。前志有傳，韜鈐功伐，詳紀傳内，無容復贅。惟光緒十九年，廣西武闈，撫臣張聯桂充考試官，畢闈，刊試録奏，御有曰“唐宋以來，武科起家者動稱郭子儀、狄青。子儀志量出自性生，青雖以騎射著名，而尹洙推薦之日，范仲淹授以《左氏春秋》，青乃折節讀書，悉通古將帥兵法，其戒盛滿、讓功伐，保全始終，非誦讀不爲功。我國家選士之法視古加詳，武科得人之盛，如楊遇春、梁化鳳、殷化行、秦定三之儔均能樹績疆圻，名傳竹帛，直駕唐、宋、有明而上之”等語，捧讀之下，不覺起敬。念人士爲式，鄉閭猶戛戛難之，以本朝數百年，獨舉定三及楊、梁數人爲一代楷模，此誠山川靈秀所鍾，足爲邦國光者也。因節録之，登諸州志，以垂不朽雲。孫二：承恩、學賢，詳載蔭襲。

江自康，字壽菴，宣化里人。咸豐九年，粵匪盤踞吴楚，適廣東提督唐公仁廉襄辦徽防。往謁行轅，與語奇之，留營效用，遇敵敢戰，由六品擢把總。十年，隨同霆軍收復安徽黟縣羊棧嶺蘆村。十一年敗賊於洋搪，擢千總，賞戴藍翎。旋攻安慶赤岡嶺，大捷，擢守備，賞换花翎。同治元年春，克復青石、太涇各城，擢都司。六月，擊敗賊於甯郡、涇縣、西河，爵相曾公保奏，擢遊擊、擢參將。十月克復東壩、勾容、金壇。三年，克復許灣、金谿、新城、南豐、瑞金等城。四年，進剿廣東嘉應州，身先士卒，掃蕩餘孽，爵相左公保奏，擢副將，賞給强勇巴圖魯，加總兵銜。六年，剿捻於湖北安陸府屬，鏖戰五晝夜，奮不顧身，比受重傷。捷聞，爵相李公保奏，擢提督，賞换薩凌阿巴圖魯。七年，轉戰山東、河南、直隸等處，蕩平西捻，上諭記名，以提督遇缺簡放，錫三代正一品封典。旋赴直隸，爵相李公委辦天津海防事務。光緒五年，委署欒亭都司。六年，防俄，爵帥鮑公檄委統領馬隊三營。事平，詔免騎射。九年，法夷擾粤，鮑公檄調統領新五營，李爵相留保畿甸，不果行。鮑公眷念舊部，具奏"自康謀勇兼備"，復奏"自康有精練隊五，臨敵力戰"等語。十年，爵相委帶淮軍駐守北塘。十六年，總理通永鎮練軍馬步仁義等營翼長。十七年，奉檄督帶練軍馬隊進剿朝陽教匪，委充前敵營務處，十一月克復貝子府老巢，擊破下長皋賊圍。上諭：遇有提督、總兵缺出，請旨簡放，賞加頭品頂戴，議叙軍功加一等。二十年六月，奉爵相李公檄，統帶仁字、義勝、練左等營，由海道進兵高麗之牙山剿倭，以少擊衆，賞穿黄馬褂。蓋其忠勇素著，宜聖朝之頻加乃勳也。長子登瀛，花翎，直隸州知府。

武功補遺

袁華，字伯昭，修善里人。生而瑰異，好讀書，精武略。初謁明祖，與語大悦之，遂留帳下。時高郵張士誠號誠王，武昌陳友諒稱天漢。稗史載：士誠侵明祖淮西，先擊安豐，撤其藩蔽。明祖救安豐未捷，友諒遂乘虚襲南昌，明祖遂釋安豐救南昌。華從於彭蠡之浦，會友諒駐兵康郎山，以木楯及毳革固其舸艦百鷁爲城，掊擊不能入，明祖患之，華與丁普郎等三十五人投友諒爲反間，入其寨栅乘便焚之，友諒敗亡，華以火烈不能出，殺賊數十而死。由此觀之，康山無華與丁等，則南昌未可知，友諒未必敗也。洪武初，追封公一人、侯二人、伯二人、子十二人、男六人。華以虹縣男爵，與丁公等皆敕賜祠祀康山忠臣廟，至今遺像存焉，有司歲致祭事，載《明史》。

孝　友

吴柱榮字仁則，宣化坊人。性恬淡，不慕榮利。失怙後，唯依母側，寢膳躬親，委曲養志。壯，患癩疾，恐母憂，不延醫治，纏痾十年，倏爾愈，僉以爲孝感焉。生平持己正，待人厚，延師教子極優禮，大節多可稱述，而明發之懷尤無毫髮憾。榮歿數十載，口碑流傳尚嘖嘖勿替云。子從善，久困文場，上庠生；兼善，字達卿，邑優生。

石義臺豐葉里人。隨父裕泰橋行，泰老墮溪，臺赴水援父，抱流數里，俱死。後得尸，手猶纏結父尸，聞哭聲乃解，里黨哀之。

曹衍詠字琴書，監生，崇仁里人。幼失怙，獨與母居，先意承志，曲盡孝道。其舅氏家貧，老且病，母隱以爲憂，詠逆探母意，迎舅至其家，奉養以終。弟早故，撫孤侄如己出，督課綦勤。易簀時，猶瞻諵語侄曰："汝僅博一衿，吾尚無以對爾父於地下也。"嗚咽以逝。

吴揚善字蘭臺，宣化坊人，庠生。家貧，舌耕養親，先意承志，生事葬祭，無毫髮憾。獲脩金稍有餘，輒推以濟族人，而植品端方，不可士以私。前邢惺齋太尊屢以賢良徵，却不赴，惟日以課讀爲業。貧者不索脩金，門下知名士不下數十人。善歿廿餘年，州人士猶懷遺愛云。

董可權宣化里人。幼失怙，與母氏居，依依孺慕，夏日扇母枕，冬則晨著母衣侍側，母起，以煖衣進，人目以癡。母死，廬墓，初夜，有一物大於牛，繞廬周行，自此不逢不若，大祥後，鄰望墓田，火光飈灼，疑廬焚，逼視，但微燈存，其感異如此。在廬業箬笠、草屨自給，所服斬衰三歷寒暑，不浣亦不解，服闋仍依墓廬不歸家，有急變趨告之，不之顧。鄉人稱其孝，即云以罪孽加我。權，一農夫耳，非激於經籍、有所觀感，而篤孝若斯，蓋其天性本厚云。

駱伯大永城里人。父早逝，事母馬氏，以孝聞，母病篤，割股和羹以進，立愈。

徐稟經慈口里人，附生，字輔三。父年邁，經自侍湯藥，積勞成疾，不應州府試，父憐之，慰以金爲納粟費。父歿，服闋，始入泮，出父金分給昆弟，蓋孝友實根天性焉。子紹崙，諸生。

阮應彪字含芳，附貢生，吉口里人。性孝謹，依依有孺子慕，母年九十餘，纏沉痾，彪朝夕侍側，湯藥必躬親，歷數十年無少間。昆弟友愛，有姜家大被風，鄉里稱孝友，以彪爲舉首焉。

袁鏡如修善里人。母疾，百藥勿靈，割股和羹進飲，母疾得愈。

鍾耀先修善里人，監生。服賈養親，常出餘貲分給昆弟。

阮超字焕成，上陽辛里人，監生。性純孝，事祖母及父母，敬養備至。遇母病，時嘗糞、嘗藥無難色，以母病遂讀方書，成名醫。活人無算。子守謙，廪貢生。

方南成辛安里人，上庠生。母四旬餘目瞽，飲食衣服必躬自承奉。母七十三卒，哀毁骨立，不數年亦逝。初，兄嫂故，遺侄甫數月，鞠育逾所生。戚族喪無所歸，率爲具木，俾於己山窀穸，今幾爲義塚。子兆鼎，歲貢生，以軍功保舉教諭；兆鐘，上庠生。

佘仲遐字竹岐，宣化坊諸生。授徒家塾。貧者不計束脩，並資以膏火。事繼母定省無曠，菽水承歡。且正以持己，毫無外預。刺史蘇公擬舉鄉飲大賓，辭以足疾。卒年八十有八。

佘照耀字金臺，宣化坊上庠生。事親盡職，待兄弟以友恭聞，析居後養葬獨任，並出千餘金分潤之。生平多善舉，倡捐賓興，提建節孝總坊，與修聖宫試院文峰塔，更立義會以濟窮乏，里黨多德之。子以增，舉人。

義　　行

熊周二字直齋，性剛介。生平無二諾，鄉人嘗有急需百緡，許代借諸富室，富室傲，周二怒而歸，鬻積産以給之，終不食言。家有棉花，商貨之已成議，既而棉騰貴，商欲增價，弗之許，讓數百緡。又由興通大冶，有堤無橋，行人病涉，倡邀族人及馮姓會資五百金，架石橋三座，行人便之。其孫、曾，科第踵盛，蓋信義之報焉。

舒石亭上遷里人。善外科診治，如神人，請之雖風雪夜必趨赴，愈不索謝籠，常儲藥物以濟貧人。子嘯岩亦然，鄉里均稱之。

何登明上遷里人。性儉樸，積有田租百石，捐出爲本里義穀，仿社倉意，積以待荒。又捐竹山一所，其子孫永遠看管，取息每贈納棵四串以爲會賑酒資。州尊陸公爲定章立案，獎賜“義周桑梓”匾額。

邢南澗豐葉里人，監生，性仁厚。境患水，提修蘆湖壩，防遏溪漲，費私資無算，合境受惠，屢贈匾額。

石增池字南溟，監生，樂歲里人。性好施，遇孤貧輒事賙恤。道光乙未、辛丑，值歉歲，二族黨嗷嗷，池出穀數百石濟之，全活頗衆。戊申、乙酉，大水，子訓導焕杞、監生焕椿、增貢焕棣繼父志，兩次捐穀數百石以賑。今孫、曾林立，衣衿勿替，蓋陰德之報焉。

趙連字之材，永城里人，同知銜。道光辛丑及己酉歲饑，各捐穀三百餘石以濟宗族。咸豐丁巳，粤匪竄州，辦理團捐，蒙巡撫胡公賞給五品頂戴。

曹興桂字攀月，崇仁里人，州同銜。家饒好施，遇貧苦推解無吝色。鄰近有争，陰解囊以息之。燕家山路崎嶇，行人苦之，桂捐千金修砌數里，至今往來稱便。子六，盛金，工文，著《井蛙集》；曙東，訓導。

曹盛瑄字官玉，監生，崇仁里人。輕財好義，一切祭會俱提創捐培，稍積囊資，輒剖分以濟孤貧。自小箕鋪至湖外十餘里無驛舍，炎天，人行暴日中苦甚，瑄憫之，出囊金創建涼亭。舊無水，試掘井，甘泉湓噴，人以爲神助云。

曹衍誼字正其，崇仁里人，性仁厚，常以濟物爲心。妻陳氏亦有匍匐救喪遺風。咸豐丙辰歲祲，誼囑舉家食粥，出餘穀分給族黨，人多賴之。子二：監生聯達，庠生兆鯉。

吕佳祥永城里人，上庠生，好善樂施。道光戊申己酉歲歉，傾家賙恤宗黨，全活頗衆。里有屠牛人，給資改業，屠者遂感而貿。先時祥倡邀育嬰會，未及成，以病，易簀時猶諄諭語育嬰云。

吴玉霖字丹陽，監生，崇仁里人。飽學，屢躓文場。性廉嚴，不諧俗。而族黨貧急，傾囊濟之無吝色。尤隆師重道，延師課子，優禮冠一鄉，歿之日，曾館其家者，咸嗟悼焉。子，庠生聯芳。

吴伐桂字魯直，廩貢生，崇仁里人。性豁達，有器幹，鄰近有争，排解之立寢。祖祠壞，仝再叔達卿邀同族籌資萬緡，提創重修，至今輪奂并美，桂實與有力焉。

張楨良長慶里人。設義學於高橋五塅地方，捐錢三百緡，生息以備束脩。又捐錢二百四十緡，造石橋於袁家隴門前，行人便之。又在三溪口鳳凰山麓創建福善庵，捐有香火田壹石一斗九升。土名袁家壟、新屋下、首屋、東地、壹連五塅。

吴乾亨字茂矣，監生，崇仁里人。性豁達，輕財好義，優禮師儒，凡有益學校事，慨然身任不辭。倡捐祭會直費千金，族黨僉推爲長厚君子焉。子聯璧，庠生。

柯秉鈞字玉堂，樂歲里人，監生。好善樂施，多義舉。道光辛丑歲歉，出穀數百石賑宗族。己酉水灾，復散穀給流民，賴以全活者多。鄉里義之，兢談遺愛焉。子二：

奎斗，舉人；奎昇，布理問。

梁輔國字相廷，懷仁里監生。先是族孝廉浚來家貧乏嗣，祀遂絶。國割膏田八斗、房屋一重爲之立嗣。又屋側港無橋，行人病涉，捐資修橋以通往來，至今行人稱便。其好行義舉類如此。

馬清發字品高，懷仁里例貢。性慷慨，提捐軍會以濟漕運，倡建宗祠，培捐祭會以妥先靈。晚年復割精産，立義學，俾族人讀書有資。其生平義舉類如此。子步州，上庠生。

駱仁壽字如山，永城里貢生。家不中資而樂善不倦，居恒恤貧拯急，鄉里有争輒出橐金排解之，貧不能供喪者給以棺木。尤足重者，倡建學屋，費五佰金，又捐田一石作爲束脩之資，其慷慨大率類此。

明有三修善里人，提修橋梁、凉亭。

明春園字芳宗，永福里人，好義舉。嘗買沔陽婢，詢知爲茂才伍某女，早有婿家，園因著人送至沔陽交伍，不索直且給嫁奩。鄉里義之，至施棺木、修橋路，殆餘事爾。

柯夢蘭字西平，永章里廪貢生，宜城縣教諭，復任安陸府學正。饒於資，性好施濟，賑饑救貧，族里多賴焉。同治戊辰捐田數十畝倡立永章、善福、寶政、永城半鄉賓興，大小士子至今皆仰給稱頌。子：光室，荆門州教諭；光堂，同知銜。孫多列膠庠。

劉希華字楚材，長樂源人。少孤貧，母改適趙。華傭萬三峰家，積所得值告歸，養母及兄，并撫趙姓弟。未幾母卒、兄歿，兄子二，華引其次爲嗣。無何，二子相繼没，家益窘。峰重其人，復召之。歷十三餘年猶念母不置。時有欲請華者，歲許錢三十緡，辭不赴，曰：“先生遇僕厚，不忍離也。”後鄂渚董某邀與同貿，久留不得歸，及聞峰凶問，悲痛不自勝，董感其義，不復留，歸數月而卒，萬爲歛葬，歲設奠焉。

徐光彩寶政里人，字彩光，輕財好義。里有費海礄，係吴楚通驛，圮於溪漲。彩捐錢仟緡提創重修，行人稱便。

孔昭坤字安邦，下陽辛里人，廣緐次子。幼失怙，事兄維謹，素負大志，老成慎重，兄課之讀，博通經史、諸子百家言，無不綜覈。屢薦未售，隱居授徒，所成就多知名士。生平義舉甚夥，惟條陳税契利弊事尤昭著。先是粤匪突州境，契據多毁，光緒已卯歲，邑令李公示出，挨户查催，吏胥假威勒索，闔境惶惶，幾不聊生。坤憤甚，首訢上憲，定章善後，永革税差。自是州無差擾，坤力也。所爲詩文多古趣，尤工駢語，著有《分韻啓蒙》五卷，詩、文集各一卷。子憲琴，庠生。

熊夢飛字伯川，樂歲里人，以子封中憲大夫，已列封贈。性至孝，父疾嘗糞，疾革僵，累日不食矣，飛泣禱城隍，日數次，一夕父忽夢神就醫，豁然愈。飛爲人正直公恕，逢人勸導，孜孜以憂世爲心訓，治家以孝弟、勤儉、廉節爲本，人多化於善。家雖貧好爲義舉，施拯不吝。歿後，遐邇痛悼喪家，從不謀面之人號泣而來，稽首而去者甚夥，殆士大夫居一鄉則善一鄉之效歟。

吴棋字戴書，監生，修善里人。性剛直，磊落光明，與修祖祠，族黨稱之。

吴詩字咏南，修善里人。好善樂施，嘗捐錢千餘緡，培修排市兩岸渡口石路，至今行人稱便。

吴春和字融和，修善里人。好義舉，里中有貴賽橋圮，行人病涉，提倡議捐修，往來德之。

阮裕光字金門，吉口里，藩經歷銜。端方質直，持大體。父患痺，先意承志，曲展孝誠。母年邁，光亦年逾六十，昕夕以皤梨子依皓龐母，宛若嬰兒，供具必悦。即溺器亦躬自薰濯以進，十數年未嘗假諸人手。母終，哀毁盡禮。兄體孱弱，事之讙愉怡然。終其身，無疾言遽色。遇貧寡，輒周恤之。長厚之風，鄉里稱焉。子：緯，歲貢生；綸，廩貢生。

耆　壽

譚正典吉口里人，年九十歲，五代同堂。

方遂全上遷里人，字倚臣，年九十一歲。

袁西文宣化里人，年九十一歲，四世同堂。

袁秀坡宣化里人，年九十歲，子孫繁衍。

何希遜興瑞里人，字鳳玉，庠生，恩賜副榜，現年八十八歲。

柯秉鈞樂歲里人，監生，字賓堂，年九十歲。忠厚傳家，隆師重道。長子奎斗，舉人；次子奎昇，布理問。

方志文字會萬，上遷里人，年八十六，妻朱氏年八十八歲。邑侯郭獎給“五世同堂”額。

方堅若上遷里人，年八十六歲。

方開衍字用九，上遷里人，年八十六歲。

孔憲松字茂林，下陽辛里人，年八十五歲，四世同堂。

柯崇亭東鄉里人，質實好施與，生平義舉甚多，年八十八，尚强健如中年，論者以爲寬厚之報云。

明文思修善里人，年九十歲。

隱　逸

柯懷經東鄉里人，性沉静，好讀書，尤精於《易》陰陽消長之理，則窮源索委，終日不倦。年五十，隱居横山嶺中，調元養性，山中不恒見也。著有《養性篇》一卷，識者寶之。

節　婦

邢氏豐葉里吴焕耀妻。年二十八夫殁，矢志苦節，撫祧子，存年五十六歲。

朱氏上遷里王德華妻。年二十三守節，痛夫，常常飲聲泣，見舅姑則破涕爲笑容，存年五十歲。

石氏宣化坊楊貫智妻。年二十四守節，茹貧撫孤，孤旋夭，年三十四歲，以悲傷卒。

程氏尊賢坊易依永妻。年二十四守節，存年五十二歲。

明氏樂歲里熊開雄妻。年二十八守節，家貧子幼，茹苦矢志，存年五十歲。

楊氏安樂里明昌炳妻。年二十九夫故，家貧，撫子成立，殁年四十八歲。

易氏長慶里明紹周妻。年二十八守節，現年五十四歲。

石氏崇慶里監生，曹聯達妻。年二十七守節，存年五十八歲。

袁氏修善里吴金名妻。年二十守節，存年五十一歲。

周氏修善里明鑑昌妻。年二十二守節，殁年三十八歲。

袁氏修善里明應顔妻。年十八守節，存年五十一歲。

劉氏興瑞里縣丞銜，柯偉臣妻。年二十四守節，存年五十四歲。

袁氏崇仁里吴作柱妻。年二十一守節，矢志靡他，事舅姑咸得歡心，存年五十歲。

劉氏懷仁里馬祥禄妻，年二十三守志，存年五十二歲。

石氏懷仁里梁勛坤妻，年三十守節，孝奉祖姑，存年五十一歲。

劉氏上豐樂里黄修鋥妻。年二十一夫故，氏不食，日夜啼血，越數日，自經以殉。

曹氏永章里李祖和妻。年二十二守節，姑逝，祖姑纏疴十數年，氏事之以孝聞，存年六十歲。

劉氏永章里李祖代妻。年二十一守節，撫侄承祧，茹苦勁志，存年五十八歲。

明氏寶政里舒南陽妻。年廿七守節，孝事姑、撫嗣子，存年六十歲。

潘氏長慶里蔡明川妻。年二十六守節，撫遺孤，事後姑，備盡其道，存年七十歲。

石氏興教里劉雪齋妻。年二十二守節，事姑孝順，撫子成立，存年五十有三歲。

羅氏樂平里王冠華妻。年二十守節，撫侄承祧，里黨欽之，贈以“玉骨冰肌”匾額，歿年五十七歲。

成氏歸化里陳辰鳳妻。年二十四守節，家貧撫孤，存年五十二歲。

劉氏宣化里俞期詩妻。年二十四夫故，矢志撫孤，姑疾，割股療之，存年六十歲。

葉氏豐葉里石名樹妻。年二十二守節，存年五十歲。

胡氏豐葉里葉輝隆妻。年二十八守節，傭工養翁姑暨叔翁，撫孤成立，存年六十歲。

袁氏宣化里監生徐步陞妻。年二十五守節，性極孝，割股療姑疾，存年五十六歲。

蕭氏修净里張繼法妻。年二十五夫故，守節，事翁孝篤，課子義方，存年五十二歲。

張氏上豐樂里陳才麒妻。年二十六守節，矢志柏舟，課督成立，歿年五十歲。

袁氏修善里監生沈定甲妻。年二十七守節，孝事繼姑，撫侄猶兒，存年五十歲。

李氏長慶里庠生劉逢辰妻，年二十七守節，姑老家貧，紡績養姑，引子承祧，存年五十三歲。

劉氏慈口里徐福堂妻。年二十八守節，存年五十三歲。

馮氏安樂里郡庠生蔡明之妻。年二十五守節，躬操井舂，孝養舅姑，請獎懸額，歿年四十一歲。

黄氏豐義里夏錫偃妻。年二十八守制，撫孤教讀，甘苦持家，族人欲請旌無力，存年五十一歲。

彭氏豐棄里生員萬豫亨妻。年二十五守節，撫孤課讀，茹苦不懈，存年五十二歲。

萬氏豐棄里石顯揚妻。年二十一，苦節矢志，存年五十二歲。

朱氏慈口里儒士徐元善妻。二十七守節，事祖母及孀姑，以孝聞，撫侄爲嗣，州尊濮公賜以“異粻凝雪”匾額，存年五十六歲。

蔡氏豐棄里監生吴文定妻。年二十九失所天，矢志撫孤，存年六十四歲。

胡氏崇仁里石崇仁妻。年二十五割股救夫，歿年六十一歲。

曹氏崇仁里劉邦年妻。年二十五夫故，堅節自持，孝慈兼盡，存年五十歲。

馮氏宣化里羅德毅妻。年二十二守節，青年矢志，之死靡他，存年五十歲。

易氏豐棄里萬若之妻。年二十二守節，孝事翁姑，撫孤教讀，存年五十歲。

張氏永章里人，誥封中憲大夫李正德妻。年三十夫故，矢志教子成名，歿年八十歲。

王氏永章里人李樫士妻。年十九夫故，撫侄爲嗣，存年五十歲。

曹氏永章里柯長進妻。年二十一夫亡，遺腹生子，茹苦守節，存年五十六歲。

程氏永章里柯長純妻。年二十三夫故，撫孤成立，茹苦矢志，存年五十六歲。

黄氏永章里監生柯光漢妻。年二十三夫亡，矢志守節，撫侄爲嗣，存年五十歲，請旌建坊。

王氏永章里柯長彬妻。年三十夫歿，矢志撫子成立，存年六十二歲。

朱氏宣化坊職員洪時亨妻。事翁姑以孝聞，翁疾篤，醫告術窮，氏割股療之，立愈。

吴氏長慶里蔡大實妻。年二十九守節，撫侄爲嗣，存年六十四歲。

鍾氏長慶里蔡美會妻。年二十八守節，撫孤成立，存年六十一歲。

蔡氏豐葉里鄧隆茂妻。年二十二，苦節養孤，撫侄爲嗣，存年五十一歲。

佘氏長慶里劉中炯妻。年十四守節，撫侄爲嗣，存年六十三歲。

石氏豐葉里鄧冬妻。辛酉夏，冬被粵逆擄，不屈自刎。氏時年二十，貧苦守節，奉姑以孝，撫子成立，歿年四十二歲。

張氏永章里朱美焯妻。年二十四夫亡，妻事翁姑以孝聞，存年五十七歲。

陳氏尊賢坊葉隆霙妻。年十九夫故，矢志靡他，孝事翁姑，撫孤成立，鄉里稱之，存年五十二歲。

袁氏尊賢坊六品軍功儘先把總王輔仁妻。年二十九夫故，守節撫侄賢坦承祀，備極辛勤，存年六十九歲。

盧氏宣化坊文童楊以萱妻。年二十四夫故，矢志守節，存年五十歲。

成氏修善里鍾彬書妻。年二十九夫故，事翁撫孤，無倦色，族里稱之，存年五十七歲。

常氏修善里鍾科書妻。年二十七守節，苦志撫孤，性至孝，姑患足疾，十六年服事，不少懈，存年五十六歲。

明氏長樂里汪毅然妻。年二十三夫故，養老撫孤，矢志靡他，存年六十六歲。

陳氏豐葉里盧憲福妻。年二十七夫故，苦節，存年五十九歲。

邢氏豐葉里盧學齋妻。年二十六守節，孝養舅姑，存年五十三歲。

朱氏上遷里王德華妻。年二十三夫故，守節，存年五十歲。

吴氏宣化里華竹亭妻。年二十七夫故，養老撫孤，矢志靡他，存年六十二歲。

王氏永福里監生陳敦仁妻。年二十九，矢志守節，歿年六十歲。

袁氏吉口里監生阮永清妻。年二十六夫故，守節撫孤，存年五十八歲。

袁氏豐葉里張肇機妻。年二十九夫故，茹苦撫孤，存年六十八歲。

胡氏東鄉里劉榮夏妻。年二十九夫故，家貧苦節，撫孤成立，存年六十有七。

凃氏豐葉里周昌松妻。年二十四守節，刲股療姑，歿年七十歲。

熊氏豐葉里周先炳妻。年二十八守節，立嗣，存年七十歲。

吕氏崇仁里曹衍魁妻。年十八于歸，克全婦道，越二載，生子茂達，未一月，夫歿，食力撫孤，卒年六十八歲。

程氏崇仁里曹懋瀛妻。年二十夫故，守節，茹苦撫孤，歿年六十有三。

焦氏永城里趙克經妻。年二十五夫故，家貧，矢志守節，紡績自給，存年五十有五。

黄氏永城里趙恢同妻，年二十四夫故，立志靡他，撫侄承祀，歿年四十九歲。

葉氏懷仁里梁善建妻。年二十二夫故，家貧，矢志引子，撫養成立，歿年五十歲。

王氏永福里監生石永耀妻。年二十七夫故，撫孤創業，苦節課讀，歿年六十歲。

陳氏永福里石茂盛妻。年二十九夫故，家貧，苦節，存年六十歲。

孟氏吉口里儒士阮輔國妻。年二十八守節，孝事孀姑，撫子成立，歿年三十九歲。

馮氏永城里監生歐陽先達妻。年二十九守節，存年六十四歲。

曹氏永章里李祖佑妻。年二十八守節，撫侄爲嗣子，如已出，志潔冰操，存年五十歲。

黄氏永福里楊之敖妻。年二十六夫故，苦節撫孤，歿年六十七歲。

陳氏上遷里舒周祥妻。年三十夫故，撫孤成立，存年五十七歲。

鄭氏長樂里汪若炡妻。年二十五夫故，奉養舅姑，撫孤成立，存年五十七歲。

洪氏上陽辛里鄭盛隆妻。年二十五守節，孝奉翁姑，撫夫弟子爲嗣，存年五十五歲。

鄭氏下陽辛里郭榮甲妻。年二十七夫故，家貧子幼，清苦自矢，存年五十七歲。

袁氏上陽辛里儒士鄭相平妻。年二十七夫故，孝事兩代翁姑，撫孤成立，存年六十一歲。

劉氏樂歲里文童姜聖輝妻。年二十夫故，守節，茹苦撫子，歿年八十一歲。

侯氏樂歲里監生姜輝先妻。年三十歲夫故，子早逝，引子延祀，存年五十九歲。

馬氏樂歲里文童姜華藻妻。年二十四夫故，守節，孝事翁姑，課子勤篤，存年五十歲。

劉氏樂歲里姜欽賜妻。年十九夫故，守節，親老子幼，貧苦矢志，存年五十三歲。

曹氏樂歲里姜哲坦妻。年二十九夫故，守節，教子成立，辛苦備嘗，存年六十三歲。

李氏尊賢坊余觀成妻。年二十三夫故，守節，撫子承祀，存年五十二歲。

孔氏修净里儒士蕭玉山妻。年三十守節，親老子幼，清苦勵志，存年五十七歲，子敬臣。

馮氏崇仁里文童趙星階妻。年二十五守節，倍歷艱辛，撫嗣成立，存年五十歲。

曹氏崇仁里劉文蘭妻。年二十九守節，孝事翁姑，恩養子媳，存年五十一歲。

李氏崇仁里劉文光妻。年二十九夫故，守節，孝事老姑，不辭辛苦，存年五十一歲。

甘氏樂歲里胡德釗妻。年二十九夫故，家貧苦節，傭工哺孤，存年七十六歲。

吴氏宣化里曹善發妻。年二十四苦節撫嗣，存年六十三歲。

李氏樂歲里儒士馬象山妻。年二十二守節，奉親撫孤，清苦勵操，值忌辰輒茹素，背翁姑飲聲泣，眼遂失明，歿年五十有四。學憲龐獎以額云“柏舟勵志”，翰林院編修王鳳池欽其節，撰文竪碑以誌不朽。

曹氏崇仁里生員劉中漢妻。年三十夫故，柏舟矢志，艱苦備嘗，存年五十歲。

黄氏崇仁里劉活用妻。年二十九守節，孝翁姑，撫子定棕成立，歿年六十四歲。

費氏善福里黄恒茂妻。年二十八夫故，守節，矢志靡他，歿年七十歲。

曹氏崇仁里吴著蕃妻。年二十七守節，事姑盡孝，遺腹生一子，撫之恩勤備至，存年五十一歲。

陳氏崇仁里曹正其妻。年二十八守節，事孀姑，曲盡婦道，存年五十八歲，子兆鯉，庠生。

石氏崇仁里監生趙學海妻。年二十九守節，事姑撫子，備盡禮法，存年五十一歲。

陳氏豐葉里吴相全妻。年三十夫故，矢志柏舟，苦節撫子，存年七十歲。

石氏豐葉里吴著辰妻。年三十守節，夫歿，撫嗣子承夫祀，存年五十歲。

蔡氏長慶里方用恒妻。年二十四苦節矢志，引子承祀，歿年五十六歲。

明氏永章里程建璡妻。年二十九夫亡守節，家貧，孝事翁姑，躬耕鞠養四子，孫曾林立，存年七十一歲。

鄭氏安樂里貢生佘閬之妻。年二十四夫亡，苦節，孝事翁姑，和丸課讀，有歐母風，存年五十四，子廪生燦甲。

萬氏修善里明南之妻。年二十五夫故，矢志柏舟，備歷艱苦，存年五十一歲。

羅氏宣化里從繼虎妻。年二十八夫故，家貧撫孤，艱苦備嘗，存年八十歲。

馮氏修善里萬雍堦妻。年二十四守節，事姑孝順，教子成人，歿年六十四歲。

李氏修善里萬和庸妻。年二十五守節，茹苦矢志，撫侄爲嗣，存年五十一歲。

徐氏永城里吕家揆妻。年二十夫亡，茹苦撫孤，存年六十九歲。

邢氏豐葉里李善洫妻。年三十三守節，存年五十五歲。

成氏下陽辛里儒士洪定官妻。年二十八夫故，家貧，養親撫孤，備極艱苦，存年八十三歲。

徐氏慈口里監生陳周爰妻。年二十夫故，矢志柏舟，族里重之，存年六十二歲。

孫氏宣化坊李士江妻。年□□守節，家貧無嗣，矢志靡他，孝事翁姑，存年六十二歲。

柯氏宣化坊陳睿妻。年二十四守志，撫孤子，備極艱辛，族敬慕之，存年五十三歲。

羅氏樂平里鄭衍勳妻。年三十夫故，時投繯者再，姑嫜勸慰乃止，族里競以孝稱，持家勤苦，撫孤成立，存年五十有四歲。

趙氏豐義里李克啓妻。年二十二夫故，矢志撫孤，備極艱苦，存年六十六歲。

吴氏修善里文童周慶雲妻。年二十六歲守節，孝事衰翁，曲盡艱苦，存年六十二歲。

趙氏尊賢坊秦文選妻。年二十六守節，姑早逝，事翁及叔翁以孝聞，惟祖姑年九十餘，不能動履，卧床二十年，飲食起居氏悉心事之。歿，祭葬均能盡禮。撫媳立嗣，卒成小康，族里稱焉。

吴氏宣化坊監生陳錦春妻。年二十九守節，性穎慧，識字文，能書算，時翁姑俱下世，遺幼叔，撫之，愛逾己女。及冠，爲完婚，生二子，立長以繼夫嗣，養教均若親出。未幾，叔歿，日慮式微，因延地師擇不吉祖墳改葬十數冢。家政艱巨，惟身任之，迄今産業保門户立，氏力也。存年六十二歲，待旌。

袁氏修善里鍾承善妻。年廿九夫故，家貧茹苦，孝事衰姑，教養遺孤，族里稱焉。歿年四十六歲。

阮氏慈口里陳國鎰妻。年二十七守節，翁姑俱歿，祭葬盡禮，祧侄爲嗣，力持門户，存年五十六歲。

柯氏宣化坊吴保明妻，年三十守節，翁姑歿，子亦殤，祧子爲嗣子，旋歿，遺幼孫，悉心撫養，族黨稱之。存年五十四歲。

萬氏永福里王秋山妻。年二十四夫歿，孝事翁姑，茹苦撫孤，存年五十六歲。

李氏宣教里儒士譚經妻。年二十八夫故，孝慈兼盡，操潔冰霜，族里賢之，存年六十歲。

李氏賓政里徐庭三妻。年二十二守節，翁姑相繼歿。生一子甫數月殤，夫弟欲奪其志，陰許張姓黑夜劫氏。至，氏踞張祖堂，叫罵死拒得保全節。次日，爲里紳李芳植等以禮送還。祧侄爲嗣，猶存門户，氏力也。現年五十有二。

鄭氏修净里蕭功定妻。年二十三歲，時夫被粤匪擄斃，翁亦被戮，氏殮翁喪事姑，刻苦矢志，祧孤爲嗣，存年五十九歲。

李氏宣化坊從九品陳孝之妻。二十四歲守節，現年五十歲，心如鐵石，性若冰霜，事姑孝敬，教子義方。

樂氏尊賢坊易占軒妻。年二十二守制，節比松柏，操若冰霜，持身端肅，撫孤慈祥。

李氏樂歲里人熊開趙妻。年二十七守節，撫子成立，現年六十，閤户公贈“旌節花榮”匾額。

葉氏懷仁里儒童梁善建之妻。年二十二守節，引兄子撫養成立，歿年五十歲。

石氏永城里儒童曹盛萌之妻，年二十守節，引兄子撫養，存年五十歲。

馮氏永城里趙恢榔之聘妻。年二十二喪夫，苦節自守，存年五十歲。

孝　女

吕癸巳永城里吕錦雲女，幼許瑞邑庠生王鳳書子。年十三，翁姑先歿，而夫婿相繼去世，癸巳欲奔喪，苦王氏無依。遂念父年高，諸弟未生，矢志不字，敬供子職。勸父引立後，未數年繼母生弟，竟於净室茹素持鉢，抱佛脚以終。

陳玉仙宣化坊監生陳錦春室女，年十一歲，母病篤，割股療之，病立愈。己後適吉口里監生阮綬。

貞　女

王氏長慶里明邦容之聘妻。幼育夫家，未及婚配，辛酉歲被賊害，氏矢志養姑，家雖貧，無倦色，現年五十四歲。

馬氏樂歲里儒士朱樸烟妻。年十七，烟病革，奔朱家視疾，未婚配。烟故，氏矢志守貞，敬事翁姑，言笑不苟，引子承祧，存年六十。

李氏朝陽里舒靖燮之聘妻。年十七未婚配，燮故，奔喪守貞，現年五十六歲。

李氏福慶里姜成炘之聘妻。炘病故，時氏年十七，聞訃奔喪，父母欲奪其志，氏矢志靡他，家雖貧，操愈堅焉，歿年四十三歲。

孝　婦

王氏上遷里舒汝璜之妻。璜肄業省垣，適祖母華陡患疾，醫告術窮，氏割股療之，病立愈。

柯氏樂歲里主事熊冠斗之繼室。姑病，割股療之，病立愈。

王氏永章里塘角頭監生劉英柏妻。爲姑療病，刲股三次，存年六十一歲。

駱氏永福里王孔安妻。年三十守節，翁患病，刲股療之，旋瘳。

程氏永章里柯長綿妻。夫亡，矢志撫侄爲嗣，舅早逝，事姑至孝。姑患痨疾，不能步履，一切飲食起居，氏撫持數年罔懈，姑歿，祭葬盡禮。即叔姑病，氏亦如之。至其茹苦躬耕，守分安貧，雖鬚眉丈夫莫及焉，存年五十歲。

李氏永章里柯盡善妻。年二十九夫亡，矢志守節，撫侄爲嗣。翁早逝，氏惟姑與叔翁是依。叔翁年邁，患心痛疾，割股療之而愈，存年五十歲。

烈　婦

王氏上遷里人舒在枋妻。枋死，氏日夜號泣，經月餘，投繯自縊以殉，時年二十四歲。

饒氏永城里人駱蕃潤妻。年二十，咸豐辛酉夏，髮逆竄州，大肆奸掠，氏被逼投水完節。

曹竹姑永城里儒童李善陶聘室。年十七，陶歿，姑聞訃欲奔喪，父母禁之，志未遂。啼泣月餘，躍入池溺斃，鄉人欽之，争贊貞烈焉。

俞嬌姐宣化坊俞昌鎰女，幼配樂振鰲爲妻。年十九歸樂，姑素不良，屢誘婦以非禮，不從。後逼之急，遂投繯死，時年二十。姑匿尸橱内，雇舟載出盜埋。州主陸廉知其事，拘姑，置之法。改葬於郭家畈驛路側，立碑給聯：捐軀所以保軀，冰霜比潔；出死斯爲不死，金石同堅。並題額“舍生取義”云。

余氏宣化坊柳子建妻。歸柳纔數日，夫故，視殮後即殉節，待旌。

女　壽

袁氏安樂里王槐茂妻。現年九十五歲。

徐氏上陽辛里楊之震妻。早寡，翁喪、姑瞽、子幼，清苦持家，年九十二歲。

洪氏修净里蕭功海妻，年九十四歲。

石氏永福里駱南枝之母，年九十歲。誥封宜人。

陳氏懷仁里梁崇輝妻。幽閑婉懿，孫曾蕃衍，年九十一歲。

羅氏永章里李永烜妻。夫痞疾，善體親志，勤儉治家，四世同堂，歿年九十四歲。

余氏上遷里方治安妻。年八十五歲。

吕氏崇仁里監生石清月妻，現年九十歲。

劉氏吉口里儒士阮西岐妻。年九十歲，五代同堂，子姓繁衍。

譚氏□□里周昌鈞妻，年九十歲。

吴氏尊賢坊誥封奉直大夫鄧瑶圃之妻。貤封五品銜林選、壬午科舉人揀選縣知縣林春、候選參軍府林蔚、州同銜林蒸母，廪生鴻鈞、增生鴻杰、邑廪生□之祖母，邑庠生英□之□祖母，年九十歲。孝奉翁姑，勤課子孫，禮法自飭，五世同堂。